自由中國

FREE CHINA

合訂本　第十七集

（第十八卷）

中華民國四十七年八月一日合訂
社　址：臺北市和平東路二段十八巷一號

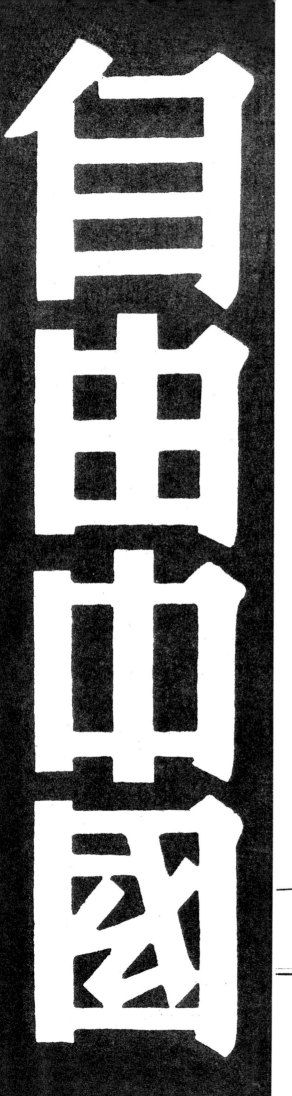

自由中國合訂本第十七集要目

定價：精裝每册七十元
平裝每册五十元

自由中國

FREE CHINA

第十八卷 第一期

目錄

中華民國四十七年一月一日出版
社址：臺北市和平東路二段十八巷一號

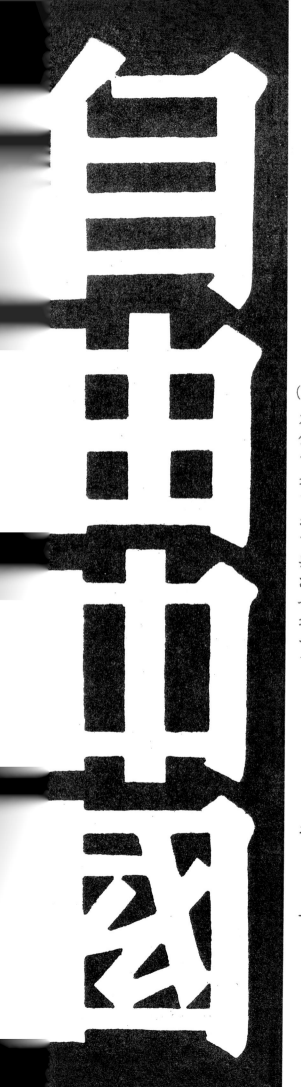

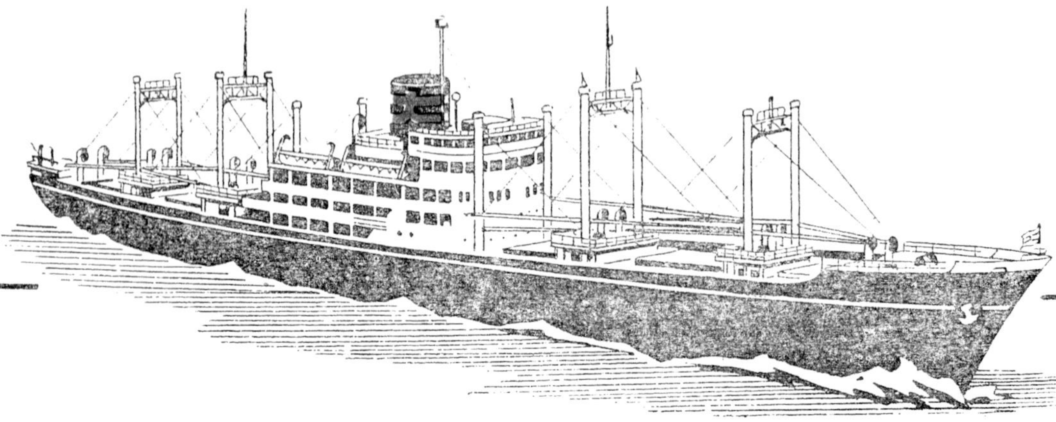

半月大事記

十二月七日（星期六）

大西洋公約常設理事會秘密討論荷印問題，荷要求採取團結措施對抗印尼，理事會已提交各國研究。

美英已擬訂計劃，在英設四飛彈基地，供一千五百哩彈道飛彈之用。

十二月八日（星期日）

美試射「雷神」飛彈成功。

印尼外長要求荷蘭與印尼間恢復正常關係，謂荷人在印尼利益將受保護。

十二月九日（星期一）

美國防部長麥艾樂會晤英外相勞艾德，討論相互依存政策。

印尼下令接收荷人橡膠園及農業。

巴格達公約四回教國外長在土京集會，討論巴黎會議問題。

十二月十日（星期二）

我科學家楊振寧、李政道今在瑞典領諾貝爾物理獎金。

美英國防部長會議，討論自由世界防務。

荷蘭僑民被印尼驅逐，撤退抵新加坡。

聯大通過對阿爾及利亞問題之決議，盼以合作精神謀求適當解決。

十二月十一日（星期三）

蘇俄總理布加寧分函西方領袖，致艾森豪函建議舉行領袖會議，致英法德函分別破壞歐盟團結。

美陸軍發射「紅石」式試驗飛車成功。

十二月十二日（星期四）

美國艾森豪總統與國家安全會議舉行會議，商討北大西洋公約組織高階層會議策略。

美國務院評布加寧函件乃圖影響歐盟會議。

『自由中國』的宗旨

第一、我們要向全國國民宣傳自由與民主的眞實價值，並且要督促政府(各級的政府)，切實改革政治經濟，努力建立自由民主的社會。

第二、我們要支持並督促政府用種種力量抵抗共產黨鐵幕之下剝奪一切自由的極權政治，不讓他擴張他的勢力範圍。

第三、我們要盡我們的努力，援助淪陷區域的同胞，幫助他們早日恢復自由。

第四、我們的最後目標是要使整個中華民國成為自由的中國。

十二月十三日（星期五）

印尼總理正式宣佈，蘇卡諾將出國「休息」，國會議長薩托諾將任代理總統。

西歐十五國同意，發表自由憲章，譴責俄帝狂妄。

十二月十四日（星期六）

艾森豪抵巴黎，參加北大西洋會議，發表聲明，呼籲盟國眞正團結，對付蘇俄橫蠻挑戰。

十二月十五日（星期日）

艾森豪電告尼赫魯，停止任何核子試驗，必須成立視察制度，同時應停止核子武器的製造。

十二月十六日（星期一）

大西洋高階層會議今在巴黎正式揭幕。艾森豪鼓舞各盟邦，英勇對抗俄帝挑戰。杜勒斯提議建立原子武器貯存體系，並表示美準備以中程飛彈供給盟國。

艾森豪向阿拉伯國家保證，在大西洋高階層會議中，對於中東各項問題，美反對作任何決定。

十二月十七日（星期二）

美試驗發射「擎天神」洲際飛彈成功。

十二月十九日（星期四）

大西洋高階層會議今閉幕。盟國鄭重發表公報，決以武裝對抗侵略。儲藏核子武器，並設立飛彈基地。

十二月廿一日（星期六）

艾森豪將提出緊急計劃，加速在歐配置飛彈，增强盟邦對蘇俄防禦。

赫魯雪夫又向西方挑釁，要求簽訂「非戰」協定。

俄最高蘇維埃會議通過七點冷戰策略，要求與英美終止製造核子彈，設立非核子區大量裁減部隊。

對俄提東西方高階層會議，美官員表示冷談，英法等國亦對俄建議不感興趣。

美視蓋瑟報告爲極機密，各單位在安全會中將向艾森豪提意見。按蓋瑟報告爲一特別委員會應艾森豪總統之要求而提出的建議。

十二月二十二日（星期日）

美國第七艦隊司令畢克萊透露，美將配置原子潛艇，增强第七艦隊實力，並配備「獅子星座第二」導向飛彈。

十二月二十三日（星期一）

北大西洋公約組織聯軍最高統帥諾斯達稱，大西洋公約國境內部署十個飛彈中隊，每隊將裝備十五枚飛彈。

美召開國家安全會議，商討巴黎會議事項。

社論

(一)

青年反共救國團問題

(「今日的問題」之十二)

在我們這個社會裏，有許多事態顯得那麼反常，像是一列無軌列車，橫衝直撞，造成了今日的種種問題。對這一序列的問題，我們已本着「是甚麼，就說甚麼」的基本準則，逐次分別的坦白檢討過。現在我們要繼而檢討另一個爲全國各方面所共同重視的問題，那便是中國青年反共救國團（以下簡稱青年救國團）問題。

青年救國團成立迄今，已五載於茲，但這一單位究竟是何種性質，社會上還普遍的感到莫名其妙。據青年救國團本身的解釋：「救國團是一個具有教育性、羣衆性，和戰鬥性的青年組織。」(引自該團刊印的「新團員入團訓練」教材)然另據青年救國團副主任胡軌說：「救國團的組織是教育性的組織，救國團的工作是教育性的工作。」(引自教育與文化社編印民國四十五年度「中國教育與文化」) 顯又置羣衆性和戰鬥性而不提。難怪社會上普遍的說，這是性質不明的組織。其實，青年救國團之幾乎無事不可過問，以至無處不可插足者，也就是由於這一點。換言之，青年救國團正是利用這種方便，許多事情一把抓。不過，若僅從其組織之眞正精神而言，這實在是一個政治性的組織。關於這一點，青年救國團本身也不得不坦白承認：「救國團的名稱是『反共』『救國』，顧名思義，是一個政治性的組織。」(見前引「教材」，下同)老實說，這個組織的性質，表面上，雖有各種不同的說法，但骨子裏，是以所謂教育性、羣衆性、以及戰鬥性爲手段，而以政治性爲目的。很顯然，這是第二個三民主義青年團，是國民黨的預備隊，此可從其團章及有關規定中，所謂信仰三民主義，所謂宣傳三民主義，所謂以三民主義爲中心思想，以至於所謂背叛三民主義是違犯團紀，而獲得具體證明。甚至國民黨內有人說，這不過是國民黨內新興的所謂某一派，利用國民黨的招牌，所公開做的培植私人政治資本的工作而已！這話似乎更有道理。但無論如何，這是個政治性的組織，理該是毫無疑問的了。

這樣一個政治性的組織，據青年救國團自吹自擂說：「本團是愛國青年自己的團體。」假使對於這所謂「自己的團體，」青年們享有選擇的自由，那倒也罷了。所可怪的，雖然團章上有所謂「申請加入」的說法，事實上，却規定高中以上學生一律參加，對於這種顯然的矛盾，儘管青年救國團有一個自以爲巧妙的解釋：「救國團的訓練是每一個青年學生應該接受的訓練，救國團的工作是每一個愛國學生應該從事的工作，所以規定高級中等以上學校學生一律參加救國團，並且爲求學校管理上的便利和學生生活行動的一致，也以全體參加救國團爲宜。」但其爲强迫入團，則甚顯然。不管怎樣曲辯，又何能掩飾事實？

這種强迫參加的方式，一如過去三民主義青年團之强迫學生參加。但當年的三民主義青年團，學生在强迫之下，雖然名義上是參加了，但青年人的心並非那麼容易被控制；此所以到了抗戰勝利之後，多少個三民主義青年團的團員，都紛紛投入了反對的行列。同時，在抗戰勝利以後，國民黨的內部，由於黨團幹部的彼此弄權，以至由明爭暗鬥，造成了黨團火併的局面，到後來，好容易費了九牛二虎之力，才將三民主義青年團撤銷，勉强使黨團統一。這一慘痛的教訓，對國民黨的朋友而言，應該是記憶猶新。凡此種種，都可謂殷鑑不遠。何以時至今日，在退守孤島的局面下，國民黨經過「改造」之後，還要把歷史重演，而成立這樣一個政治性的組織呢？

對於這一問題，根據青年救國團本身的解釋是：「當前反共抗俄的戰爭，是中華民族存亡絕續的戰爭，有良心有血性的中國青年，必須英勇地起來與俄寇共匪作生死的決鬪，才能扭轉國家的命運，搶救民族的危機。但是經驗告訴我們，沒有堅强的組織和正確的領導，就不能發揮青年有效的力量，所以要成立中國青年反共救國團，加强青年的團結，並且以三民主義的基本思想來教育和領導全國青年，共同完成反共抗俄復國建國的使命。」很明顯，青年救國團之所以成立，便是爲了要青年人起來與俄寇共匪作「生死的決鬪」，負起「時代的使命」。儘管如此，假使每一局面的扭轉，必需靠青年人都參加政治，而犧牲他們很多求學的時間，那總是一件十分不幸的事。今天這樣慘局，青年人是沒有甚麼責任的，這責任理該由老一輩的人負擔，尤其是該由老一輩政治上始終身居要津的人負擔。近代中國政治上最可痛心的一點，便是極少數的政治掮客，做着青年販子的勾當。因爲這少數掮客，相信「誰有青年，誰有前途」的說法，一如商人之相信誰有資本，誰可賺錢的道理，於是對於青年人的純眞和熱情，加以充分的利用。結果是盜用若干美麗的名詞和動聽的口號，欺騙青年，愚弄青年，麻醉青年，進而犧牲青年，使自已的權位，建築在青年人的鮮血頭顱上。天下事之可悲與可鄙，寧有過於此者？此所以爲了保存國家元氣，尤其是防止政治掮客的殘酷利用，青年救國團實在沒有存在的必要。假使青年救國團眞是愛護中國青年，根本便該自動撤銷才對。

這種組織之無成立必要，既無疑問，本可不再討論。但現在不妨退一步談，姑且假定有成立必要。然如此龐大組織，當時究又根據甚麼而成立呢？據青年救國團解釋說：「第九屆青年節總統發表了『告全國青年書』，號召全國青年繼承北伐抗戰的光榮傳統，爲反共抗俄復國建國作第三次大結合，並提出組織

『中國青年反共救國團』的具體指示，全國青年即時風起雲湧，熱烈響應，紛紛要求參加，政府乃遵照總統的昭示，接受青年的要求，於本年（編者按：係指民國四十一年）十二月三十一日總統六六華誕，成立了『中國青年反共救國團』。」很顯然，這不是一個民衆團體，用青年救國團自己的解釋說：「救國團隸屬國防部是政府機構。」既是政府機構，試問除掉總統的文告以外，又有甚麼法律上的依據？像這樣一個職權與組織都極其龐大的機構，其基本依據如團章，也只是在民國四十一年九月經行政院臺四一教字五二六五號訓令核准而已！顯未另經立法手續，這豈非太草率了一點？難道像這種龐大的機構，還不該經立法院加以鄭重的立法嗎？不經立法院通過，而由行政機關擅自成立機構，這豈是國家的常法？現代民主政治，貴在法治，假使僅憑總統的一紙文告，便可以成立一個龐大的機構，但尚有何法治之可言？此所以僅從成立的依據言，法外的這種「黑」機構便該根本撤銷。

這種法外機構之應予撤銷，既無疑問，原不必再浪費筆墨。但現在不妨再退一步談，姑且假定在我們這個開無軌列車的國家，根本無法侈談法治，現僅就其從四十一年十月三十一日成立以來，整整五年的具體工作中，加以更進一步的檢討，以求明瞭其應否撤銷。

五年的時間，不能算短，但青年救國團的工作結果又如何？就其最主要的中心工作而言，顯然是推行學校軍訓，然軍訓實施的情形如何？說句老實話，全無成績可言。因爲學校軍訓的目標，根據青年救國團的解釋是：「救國團所實施的軍訓，在高級中等學校是預備士官教育的準備訓練，在大專學校是預備軍官教育的準備訓練，換句話說，學校軍訓是爲國家預備軍官和預備士官教育打基礎。」但由於青年救國團總團部負責策劃人員，既沒有受過良好的普通教育，又沒有受過正軌的軍事訓練，例如該團業務上的主要負責人主任秘書，只不過是警察學校出身，其餘便可想而知了！以這等角色，而策劃全國高中以上學校軍訓，那有不敗事之理？於是一切顯得全無計劃，自高中以至大學，雖有七年之久的軍訓時間，但既沒有分別規定一定的訓練進程，又沒有規定學科和術科的全部內容。其結果，高中是這一套，大學還是這一套，事事雜亂無章，處處手忙脚亂，一大堆的軍事和政治課程，便由少數軍訓教官臨時應付。老實說，就大學而言，要講師以上才有資格開課，而且每開一門課程，總是經過了多年的研究，此所以很少有人開上三門或四門課以上。但軍訓教官則不然，每能短期速成，以至於無所不教。不要說軍訓教官的素質本就很差，縱然是個萬能，也無法勝任，結果當然只有笑話百出，弄得學生們哭笑不得。何況一般軍訓教官的素質，又都極其低劣，其中尤其是女教官更低得驚人。教官在大學裏，雖然大多數都是拿講師以上待遇，在中學裏的待遇，雖然又都比照中學教員，但大多數教官之差，差到高中的教官，可以既非軍校畢業，又連高中也沒有進過；大學的教官，可以既非軍校畢業，又連大學門也沒有進過；這些所謂教官其人，只不過在某某崗的甚麼幹部學校，混了個資格而已！但這個所謂學校，目的原只在造就黨化軍隊的「革命幹部」；實際上，學生所具有的普通知識既有限，軍事訓練又不足，由此等人來推行軍訓，又何能有成績可言？有之，只是破壞學校行政而已。其中尤以在中學，有很多軍訓教官之專横跋扈，幾乎令人不敢想像。此所以弄到中學學生，視教官如鬼神，隨時敬而遠之；大學裏的學生，視教官爲贅物，根本不屑一顧。至於青年救國團某些所謂考察之類，雖然自吹自擂的認爲有成績，但終不過是自欺欺人而已！試問在計劃和進度都沒有的情形下，所謂成績，又如何評定？

其實，五年來，青年救國團非但無成績可言，而且還發生了重大弊害。這弊害，就其最主要者而論，至少有兩點，那便是破壞法制與浪費公帑。先就破壞法制而言：在急需建立制度講求法治的今日，任何政府機構，都應在法制範圍內活動，已是天經地義的道理；但青年救國團却憑藉其特殊的背景與地位，而置國家法制於不顧。例如在今年（四十六年）六月間，青年救國團發動荒唐的鬼湖探險時，據六月十六日臺北各報所載幼獅社訊說：「中國青年反共救國團於昨日下午四時，在該團會議室邀集教育部、國防部、經濟部、陸軍供應司令部、交通處、警務處及農復會等有關單位舉行會議，商討有關青年鬼湖探險問題，會議由該團會憲鎔組長主持……有關單位決盡力支援他們完成探險任務。」這樣一個所謂隸屬於國防部的下級機構，居然可以同時邀集幾個部處開會，不知這是從那裏來的特權？其破壞法制之事實，由此便可想見。次就浪費公帑而言：在國家財政萬分困難的關頭，任何大小單位，都該盡力節省開銷，早成爲公認的眞理；但青年救國團却運用特殊的方式與關係，在各方面要津貼找財源，而置國家財政於不顧。例如去年（四十五年）一年的開銷，據傳便高達臺幣三億元左右，這當然是青年救國團的高度機密，非局外人所能證實。但由其三天一活動，五天一訓練的情形觀之，便不難想見其開支的浩繁了：即以出版書刊一項來說，據青年救國團副主任胡軌公開指出：「各支大隊的刊物，四十四年度統計，共有期刊二百一十一種之多，百分之九十爲月刊，少數爲半月刊或雙月刊。單行本書總團部共出版一百三十六種，計一百萬八千六百册。（引自教育與文化社編印民國四十四年度「中國教育學術與文化」），這還是四十四年度的統計，至於四十五年的情形，雖未見繼續發表統計數字，但就其一日千里之勢推測，必又超過了不知多少倍。在學術界出版書刊難如登天的今日，誰又能想到，青年救國團出版全無價值的書刊，竟能如此的方便呢？即此一點，其浪費公帑的事實，便不難想像了！

綜上所述，足證青年救國團這樣一個政治性的組織，成立的理由既不充分，成立的根據又不合法，成立後的工作結果，非但無成績可言，而且還發生了破壞法制與浪費公帑的重大弊害，則其根本無存在的必要，又何庸贅述？

對於這一撤銷的主張，說不定會有人以學校需要實施軍訓做擋箭牌。其實，坦白說一句，學校軍訓，根本可以停辦。因據上引青年救國團的解釋，學校軍訓的原意，原不過「為國家預備軍官和預備士官教育打基礎」而已！事實上，又何嘗需要這樣一段時間來打基礎？即以第一期青年軍為例，預備軍官教育的時間，只化了短短的三個月；就接受軍訓的全部時間而言，也不到兩年。但現在一個預備軍官的養成，却需要在三年高中與四年大學或兩年專科的所謂基礎教育以外，又化上兩年的時間，接受預備軍官訓練，前後共需七年甚至九年的時間。老實說，這時間實在不能算短，試問一個人在青年時期，又有幾個七年或九年？這樣的一訓再訓，對青年人的時間，豈非重大的浪費？為甚麼要青年學生把生命消耗在立正稍息之上？又為甚麼要如此剝奪青年學生圖書館實驗室的時間？何況今天根本沒有完整的軍訓計劃！何況現在所推行的軍訓又毫無成績可言！說良心話，政府如眞愛護青年，便該取銷學校軍訓。否則，便該免除畢業後的預備軍官訓練。

再退一步說，姑且假定學校軍訓也有必要，但仍不能以此為理由，便認為青年救國團應該存在。誰都知道，今天教育行政的責任，國家早有立法，是由教育行政機構負擔。我國目前的教育行政機構，中央有教育部，省有教育廳，縣市有教育局或教育科，舉凡教育政策及法令的執行，以至各級學校行政的監督與指揮，都分由各級教育行政機構負責。假使說為了要實施軍訓，便該另設青年救國團，來專負策劃指揮與監督之責，則其他諸如童軍、體育、公民等課，又何嘗不可另設機構而專司其事？但若事實果眞如此，則國家教育行政，還成何體統？老實說，軍訓根本便該劃歸教育行政機構辦理，有何特殊之可言？充其量，在教育部之內，設立一個委員會負專責便已足够了！此所以唯有青年救國團撤銷，才可以使教育行政系統不至混亂，而免使學校行政受雙重指揮，這實在是最簡單的道理。

歸根到底的說，解決青年救國團問題的辦法，只有一個，就是撤銷青年救國團。我們在提出了最後的總評以後，還進一步希望代表我們人民說話的立監委員諸公，對於這樣一個成問題的機構，也能澈底的做一次調查與檢討，以求使這一問題能够早日解決。

社論

(二)

北大首長會議的決定及其影響

舉世矚目的北大首長巴黎會議雖已結束多日，但這一會議所帶來的新聞高潮至今仍在繼續。世界各地已有很多人評論過這一會議，今後仍將有很多人繼續要研究這一會議的結果。不過正如美國務卿杜勒斯所說：這一會議的眞正的含義和影響，在數月內甚至數年內，尙無法完全表現出來。

究竟這一會議可說是一次成功的會議還是失敗的？顯然各方的看法是並不完全一致。不過除了最少數的一部份人以外，不論認為這一會議是成功的或失敗的，都沒有採取一面倒的說法。認為這一會議是成功的，並未說這一會議已獲得絕對的成功；認為這一會議是失敗的，亦說不出這一會議有何明顯的失敗。就是對這一會議批評得最激烈的美民主黨參議員漢佛瑞，也並不否認這一會議所獲致的「原則上的協議」。

我們要估量這一會議是否獲致成功，主要就要看這一會議是否已達成它的基本目標。假若這一會議已達成其基本目標，縱使具體問題尙未盡獲致協議，這一會議就是成功的。假若這一會議並未達成其基本目標，縱使獲得枝節協議，這一會議也是失敗的。那麽這一巴黎會議的基本目標是什麽？正如這一會議公報所表示，這一會議的基本目標，就在「團結、實力、與安全」上面。就是要加强北大集團的更大的團結，充實北大集團的更大實力，以保障北大集團的更大安全。更大團結的所以列為首要目標，就因為已有不團結的現象和疑懼發生；而這種不團結現象和疑懼的所以發生，就因為北大集團的安全感已發生了問題；而安全感的所以發生問題，主要由於蘇俄的洲際飛彈與人造衛星的出現，相對削弱了北大集團的防衛實力。所以要加强團結，保障北大集團的安全，就必須從充實北大集團的防衛實力着手。換言之，就是要從把美國的中程彈道飛彈與核子彈頭儲存於西歐，以應付蘇俄新武器的威脅着手。就這一角度來說，這次巴黎會議是的確成功了。他如科學合作制度的建立，軍備與武器生產的協調，政治協商辦法的加强與改進，更使這一會議有了廣泛的協議。

在這次會後所發表的公報中，對於這一最基本的目標作了如下聲明：「我們決心實現北大西洋公約防衛力量的最有效形式，並顧及武器及技術的最新發展。為了實現此一目的，北大西洋公約組織已經決定設立起核子彈頭的儲存，在需要時可以立即用於本聯盟的防衛。更鑒於目前蘇俄對新式武器的政策，理事會又決定中程彈道飛彈須由歐洲盟軍最高統帥指揮使用」。這一聲明就是說：這次北大首長會議對於美國中程飛彈與核子彈頭進駐西歐的問題，已作了明白與肯定的決定。一般都知在這次會議開幕之初，挪丹等國對美國中程飛彈的儲存該國頗有異議；同樣作了這一決定之後，有若干技術與具體問題尚待由盟軍總部及外交方面繼續商談解決。但從這一有關中程飛彈及核子彈頭的聲明看來，美國中程飛彈與核子彈頭進駐西歐基地一事，顯然祇留下一個時間問題，已經不是原則問題了。而所謂時間問題者，主要又要取決於美國本身對中程飛彈的生產及供應能力，而不在於解決這種飛彈基地的外交談判。事實上祇要英法土等較大國家已接受了這種中程飛彈，挪丹等小國的是否接受已顯得並不重要。

不過，這一決定的最後取得，也是付過一筆相當重大的代價。這就是美國終於屈服於西歐盟國的壓力，準備在一面建立北大公約國家境內的中程飛彈基地的同時，另一面亦同意與蘇俄舉行外長級的裁軍談判。美國這一讓步的實質含義究竟如何，還需要看未來事實的具體發展才能決定，但就這一行動的表面意義來說，美國這一決定至少表示了兩種退讓。一是這一決定與杜勒斯國務卿於十一月二十一日在芝加哥所講不與蘇俄舉行和平商判的立場是相反的。甚至與杜氏在這一會議前夕所發表的言論相反的。二是這一決定乃表示接受了自一九五七年二月七日以來蘇俄所提出的一項要求，即裁軍談判須由閣員級的會議改變爲外長級的會議。有人認爲這一決定是杜勒斯外交政策的一次挫折；也有人認爲這是軍事與外交的一項平衡，使美國與其西歐盟國的意見由此獲得協調。不過就眼見的將來而論，這一外交決定並不影響這一軍事決定。因爲即使不舉行任何談判，美國中程飛彈的進駐北大公約國問題，也不是短短數月即能解決的。同時除非這一裁軍談判獲得了決定的結果，這一談判實在亦無法影響美國中程飛彈與核子彈頭儲存西歐的決定。

從歷史眼光來看，美國中程飛彈與核子彈頭的進駐西歐，對自由世界的長期安全與生存，具有一種特殊的重大意義。在某種程度上，美國這一行動正如在第一、第二次世界大戰時期，西歐盟國已精疲力竭之後，美國突宣佈參戰一樣，對西歐人心發生了鎮定作用。㈠自蘇俄製成洲際飛彈與人造衛星，美國便失去了在西歐的軍事優勢，北大公約防衛體制立即發生危機。再加上蘇俄一再向西歐諸國大施恫嚇威脅，致西歐各地中立論調一時極爲盛行，甚至要求美軍從西歐撤退，以求與蘇俄和解自保。而現在美國中程飛彈及核子彈頭的決定儲存西歐，準備隨時大舉報復以制裁蘇俄挑戰，便根本穩定了北大公約的這一式微傾向，使蘇俄藉新武器威脅以遂行各個擊破的如意打算無所施其伎倆。㈡美國中程飛彈與核子彈頭的進駐西歐，使美國在與蘇俄所進行的洲際飛彈競賽中，暫時獲得了一個喘息的機會。因北大公約體系下的西歐基地加上美國的中程飛彈與核子彈頭，實際即等於蘇俄的洲際飛彈，或尤甚於蘇俄的洲際飛彈。這一決定使美國重新奪回西歐的優勢，得以充分時間，等待美國的洲際飛彈發展能趕上蘇俄。所以不論從任何方面講，美國中程飛彈與核子彈頭的儲存北大公約地區以內，是一件歷史性的重大決定。

從今以後的一個相當長時間以內，世界局勢顯將圍繞着兩個重心進行。一是如何將美國的中程飛彈及核子彈頭儲存西歐，以加强北大公約防務；一是如何與蘇俄舉行談判，以和緩軍備競爭。前者將帶來美國與其西歐盟國間一連串的談判，後者將帶來西歐與蘇俄、及美蘇兩國間不斷的外交接觸。這種情形正如一九五五年初美國對於臺灣海峽，一面要求緊急授權，一面又進行和解一樣，是並行不悖的。總之，美國中程飛彈與核子彈頭的儲存西歐，是一個在任何情形下都不可能會有改變的問題；而與蘇俄舉行談判，還要看事實演變以決其究竟。

社論

(三)

行政院長應不應到監察院報告備詢

監察院於本年三月二十五日爲「杜絕浪費、調整待遇」問題，將專案小組歷時數月之調查結果，經財政等十個委員會聯席會議決議，提出糾正案，函送行政院，「促其注意改善」。這是依據憲法第九十七條行使糾正之職權。糾正案的理由是這樣的：

「年來吾國軍需浩繁，財政困難，軍公敎人員生活備感艱苦，然部份政府機關仍不能共體時艱，而猶擴充不急需之政事，興辦不急需之事業，舉辦不急需之設計、訓練、考查、會議、考試、招待及展覽，增加不急需之機構及人員，建築不急需之房屋，購置不急需之汽車，丁此時艱，俱屬跡近浪費，自有加以糾正之必要。誠能力求精簡，厲行節約，同時整頓稅收及公營事業，以增加收入，則軍公敎人員生活未始不能賴以稍加改善。」

這一糾正案的用意是很明顯的。因爲年來軍公敎人員生活之淸苦，報紙屢有呼籲，民意機關一再決議，而政府總以「財源無着」來搪塞，置之不理。監察院認爲其癥結在於政府浪費，如果政府能厲行節約，杜絕浪費，即可以其財源充作調整待遇之用，軍公敎人員之生活即可賴以稍加改善。

此一糾正案提出後，監察院在二個月限滿以後，接到行政院於七月十九日及同月二十四日函復辦理情形，深致不滿，認爲：第一、行政院對糾正案逾期答復（監察法第二五條規定答復期間爲二個月），第二、行政院未能就糾正各點爲適當之改善與措置，乃於本年七月二十日及九月三日由財政等十個委員會決議，依監察法第二十五條及第二十六條之規定，邀請行政院院長來院報告並備查詢。

行政院復於九月二十七日函復監察院稱：如監察院對前次糾正各該事項續有糾正時，應請再行列出，以便依照監察法第二十五條規定，再飭各機關注意改善。如對本案各項辦理情形，尙有予以調查或詢問之必要時，行政院各機關自當依照監察法有關規定辦理。在這封復函中，行政院並未說明行政院長不應到監察院的理由。

監察院財政等十委員會復於十月五日第四次聯席會議決議：

「查杜絕浪費，調整待遇，事關國家重大政策，應由行政院長負其責任，而對糾正案之逾期答復，尤須向行政院院長直接提出質詢，自應依照前項決議，切實執行。並仍由十委員會舉行聯席會議執行調查任務，依照監察法第二十五條及第二十六條第一項第二項，約請行政院院長來院，就行政院對本院前提糾正案未能依法如期答復，並未能對糾正各點爲適當之改善與處置等項，提出質問及查詢。」

監察院並認爲行政院年來處理糾正各案，率多推拖敷衍，例如糾正美援會人員待遇過高案，殷臺造船公司案，及行政首長違法兼職案，迄今多日，俱未見其改善，所以必須約請行政院院長來院備詢，俾行政院院長得詳爲說明，而監察院得以確定其有無違法失職情事。

至此，行政院除仍堅持原來觀點函復監察院外，並「指派」行政院龐主計長松舟，財政部徐部長柏園，行政院陳秘書長慶瑜前往監察院，列席十一月三十日財政等十委員會第六次聯席會議，就行政院對原糾正案之書面答復作補充之說明。這些人只是由行政院長指派前往，而又不是代表行政院院長，究是用什麼身份去的，亦未加以說明。但經監察院拒絕。行政院另於十一月三十日發表處理此案節略，並說明行政院院長不能列席監察院之理由，謂：

「監察法第二十五條僅規定『監察院得質問之』，並無來院報告並備查詢之規定。至監察法第二十六條第二項係規定『調查人員調查案件，於必要時得通知書狀具名人及被調查人員，就指定地點詢問』，……所謂『就指定地點』與所謂『來院』似亦有別。行政院對監察院之糾正案業經答復，如監察院方面認爲對糾正案各點未能注意改善，似亦應就行政院前次對糾正案之函復內容，敍述其應行質問之點，依監察法第二十六條之規定，派員赴各機關詢問，亦未便以綜理院務之行政院院長視爲『被調查人員』，而爲監察法第二十六條第二項之適用。」

惟截至此時爲止，行政院以前對監察院之復文，從未說明行政院長不到監察院的理由。

監察院在報上看到行政院聲明後，亦於十二月一日對行政院所作解釋發表聲明，認爲行政院院長應列席監察院備詢，謂：

「查憲法第九十六條規定：『監察院得按行政院及其各部會之工作，分設若干委員會，調查一切設施，注意其是否違法或失職。』又憲法第九十七條規定：『監察院經各委員會之審查及決議，得提出糾正案，移送行政院及其有關部會促其注意改善。監察院對於中央及地方公務人員，認爲有失職或違法情事，得提出糾擧案或彈劾案，……』國家爲保證監察院糾正案之能貫澈實施，特以監察法第二十五條規定：『行政院或有關部會接到糾正案後，應卽爲適當之改善與處置，並應以書面答復監察院。』此爲行政院及各部會應盡之職責，行政院長接到糾正案後，如不能爲適當之改善與處置，監察院卽可以質問。如經查明在處理上有違法失職情事，並可提案彈劾。但爲審愼將事，並予行政院院長以說明辯解之機會。在確認其違法失職之前，監察院自當先加質問或調查。而依監察法第二十六條第二項『指定地點詢問』之規定，監察院自得約其來院備詢。行政院長在接到監察院此項通知時，應卽如期到院就糾正案之處理經過提出報告，並答復監察委員之質問或查詢。

「行政院院長既無監察上之豁免權，自得被視爲『被調查人員』，且唯其係因綜理院務，而杜絕浪費調整待遇之糾正案，又係行政院院長負責處理，本院自當以其爲『被調查人員』，而爲監察法第二十六條第二項之適用，不容曲解。」

監察院並對行政院不向監察院解釋俞院長拒絕來院之理由，而竟在報章公開指責，認爲殊屬不當，表示遺憾。接着監察院於十二月四日對「杜絕浪費調整待遇」糾正案發表處理節略，認爲：

「憲法既科監察院以注意行政機關是否違法失職之責任，故特授以『調查一切設施』之權力(憲法第九十六條)。至調查之方式，自非憲法所能具體規定，而有待於監察法規之補充，故在不違反憲法之條件下，監察院自得依監察法規(包括監察法施行細則)之規定，採用一切必要之調查方式。其中之一，卽爲提出問題，邀請行政院及有關部會首長列席各委員會之調查會，就各該問題提出報告，並答復詢問。」

於是監察院又定於十二月十日邀請俞行政院長列席監察院聯席會議。此次俞院長仍拒絕列席，並謂「在依據憲法精神及在監察法有關條文適用之見解，未獲一致前，行政院長歉難應邀列席監察院委員會聯席調查會議備詢」。事情發展至此，監察院在無可奈何之中，遂於十二月十日由大會議決，組成「行政院長俞鴻鈞違法失職處理小組」，從事調查俞鴻鈞院長在調整待遇及浪費方面的違法失職，並已於二十三日提出彈劾案。

× × × ×

事實的經過，大致已如上文所述，監察院主張依照憲法及監察法之規定，行政院長應列席監察院各委員會報告並備查詢，而行政院認爲依據憲法精神及在監察法有關條文適用之見解，未獲一致前，行政院院長不能列席監察院委員會議備詢，但在事實上卻又指派其他政務委員前往列席說明。換句話說，行政院長應不應到監察院，乃是雙方爭論的焦點。我們現在從憲法之規定及其精神來分析，究竟行政院長應不應列席監察院會議報告，並備查詢，不論是監察院的委員會抑或院會。

要解答這個問題，必須先把現在憲法所規定的監察院的性質和職權搞個明白，不然的話，可能牛頭不對馬嘴。譬如說監察院是「對事而非對人」，是「調查設施而不是調查人」，眞是奇特之論。須知彈劾的對象就是人，古今中外，只有彈劾「人」決沒有彈劾「事」的事例。

我們現在來檢討現行憲法關於監察權之規定：

㈠「監察院爲國家最高監察機關，行使同意、彈劾、糾擧及審計權」(憲法第九十條)

㈡「監察院得按行政院及其各部會之工作，分設若干委員會，調查一切設施，注意其是否違法或失職」(憲法第九十六條)

㈢「監察院經各該委員會之審查及決議，得提出糾正案，移送行政院及其有關部會，促其注意改善」(憲法第九十七條)

請大家注意「失職」、「糾擧」或「糾正」各辭的意義。失職乃是「政治上」的責任，非若違法乃是「法律上」的責任。因須課究政治上的責任，乃有糾擧或糾正案的規定。本刊在民國四十一年十一月一日起繼續發表的「監察院之將來」(自由中國第七卷第九期、第十期、第十一期及第八卷第一期及第二期、第三期刊載，現已輯成專册)一文中，指出違法與失職之區別有云：

「違法與失職最大的區別是：違法云者乃是違反一定的法規，卽某種行爲違反了國家已經頒佈的現行法規。故違法與否，可從客觀上去論斷。而失職一辭，在一般的界說裏，則含有『政治性』的意義，其主觀的判斷則多於客觀的解釋。政治上的問題，常有『仁者見仁、智者見智』之不同，同一問題可以隨着各人的看法而差異極大，很難說有絕對的是非。何況政治上有許多設施，由於時地的關係，同一原因未必卽得同一的結果。」

該文的結論是：「從過去解釋失職的實例，以見我們的彈劾權，實已包括了外國議會所有的彈劾權和不信任決議權在內。」陳之邁先生也是採取同一的說法，而他還是就「行憲前」的監察權來立論的（見陳著中國政府第二册第二五〇頁，民國三十四年重慶商務印書館出版）。

該文論及「糾正案之實質」時說：

「現行憲法監察院對於行政部門之監察權，尙有提『糾正案』之規定，這很顯然的是將監察院的工作，使其在實質上接近於民主政制的議會制度。」

我們現在要研討者，厥爲憲法第九十六條及九十七條兩條立法之用意。

「憲法第九十六條規定：監察院得按行政院及其各部會之工作，分設若干委員會，調查一切設施，注意其是否違法或失職。監察院得『調查一切設施』，其目的雖爲達成提彈劾、糾擧或糾正案而設，但這裏包含有有權監督政府一般施政（包括政策）之用意。

「憲法第九十七條規定：監察院經各該委員會之審查及決議，得提出糾正案，移送行政院及其有關部會『促其注意改善』。根據這一條文的規定，監察院已干涉到行政各部門的施政工作，其爲廣泛的監督政府的全般行政，更爲十分明顯之事了。所以監察法依照上述兩條的立法精神，而有左列之規定。

「行政院或有關部分接到糾正案後，應卽爲適當之改善與處置，並應以書面答復監察院，如逾一個月未辦復者(現修改爲「如逾二個月仍未將改善與處置之事實答復監察院時」)，監察院得『質問』之(監察法第二十五條)。

「這一規定是明明賦予監察院以『質問權』。由此推論，行政院的一切施政均要受到監察院的監督了。這不能不說是監察院已具有與現代議會性質相同之權力，除立法權和財政同意權之外(監察院對於決算有審核權)，監察院的權力明明是由糾擧官吏的違法失職而進入干涉政府的行政政策了。「此外，行憲後之監察院，又賦有『同意』官吏之數。故行憲後之監察院，其性質決不是單單行使彈劾權，而已變為具有上議院之功能了。這是無法避免的，因爲彈劾權實在無法獨立行使的。

「在過去的御史制度之下，御史並不是只有彈劾官吏之權，御史並不是只兼裁判官吏之權，其監察行政部門的權力，範圍是十分寬泛；御史不僅可以建議政事，御史不僅可以質詢政策，御史還可調查行政設施，御史還可以受理人民請願。可以說，整個行政部門的工作，都要受到御史的監督和控制。因此之故，在御史制度之下，彈劾權或監察權決不能超脫當時的政治問題而獨立行使的。說更明白一點，御史決不能離開當時政爭的漩渦而獨立執行職權的」(以上係摘錄「監察院之將來」，見該書八十二頁至一一八頁)。

根據上文分析，可見現行憲法的規定及其精神，監察院已具有民主國家議會的性質，所以行政院院長是應該列席監察院會議去作報告的，不論是委員會抑或院會，這是毋庸爭辯的事。持反對論者說：「卽令監察院等於英國的上院，英國的首相並不走進上院去答覆質問」，可是英國上院並無「調查一切設施，注意其是否違法或失職」之權，更無「得提出糾正案，移送行政院及其有關部會，促其注意改善」之權。不僅此也，英國上院連彈劾權亦沒有的。以英國上院來比擬我國監察院，眞是「擬於不倫」。如要用外國上院的例子，日本首相和其他國務大臣是出席參議院的（日本戰後新憲法第六三條，舊憲法第五四條），法國的內閣總理和閣員都是出席參議院（法蘭西第四共和國憲法第五五條第一項，舊憲法關於公權之規定第六條第二項），瑞士聯邦行政委員會委員亦出席參議院(瑞士憲法第一〇一條)。德國聯邦共和國基本法卽西德憲法第五三條，比利時憲法第八十八條第三項，丹麥憲法第五十九條，都有同樣的規定。總之，這類例子太多，不勝枚擧。

其次，行政院院長與其他政務委員，就法律的觀點來說，大家都是「政務官」，地位相若，不過行政院院長是「領班」而已。一般稱之爲「內閣總理」、「閣揆」者以此。何以其他政務委員可以列席監察院，偏偏「綜理院務」的行政院院長則不能？何以「監察院與行政院的爭議無論如何解決，亦不宜開創行政院院長到監察院備詢的法例？」有識之士，殊難索解。須知行政院是一體的，普通稱行政院是包括行政院院長和其他政務委員。若謂行政院院長列席監察院，在憲法上沒有規定，那末，其他政務委員到監察院去做報告，憲法上又何嘗有明文的規定呢？「依據憲法精神及在監察法有關條文適用之見解，未獲一致以前」云云，不應僅僅適用於行政院院長一人吧！

還有，所謂「依據憲法精神及在監察法有關條文適用之見解，未獲一致」云云，究竟是什麼意思？是不是說監察法與憲法有牴觸？如果認爲有牴觸，究竟什麼地方在牴觸，亦應明明白白的說出理由來，不應這樣籠籠統統的說什麼條文適用之見解未獲一致，令人感到迷惑。依照我們上面的解釋，就是依據憲法精神，行政院院長有到監察院報告備詢之義務。

× × × ×

事情演進到今天，監察院唯一的武器是彈劾。爲今之計，監察院只有走這一條路，根據憲法及監察法的規定，對於違法失職之行政院院長提出彈劾案。這不僅是維護憲法上賦予之職權，也是交代責任，留待「歷史裁判」。

誠然，今日卽令監察院提出彈劾案，卽令懲戒機關議決交付懲戒，依然無裨實益，對杜絕浪費、調整待遇問題，仍不能獲得有效之解決。今日行政院的政務委員過去被監察院提出彈劾，甚至經懲戒機關決議懲戒者，仍能安於其位，這不能不說是中國近代政治史上一個特例，實在值得我們大書而特書。在今日一般民主國家裏，內閣閣員而受彈劾懲戒者，未有不立刻挂冠而去的。像我們這種特例，在民主國家近代政治史上是找不到先例的。因爲這些人在國民面前已無威信可言，自無繼續工作之可能。我們記得二年前，日本有一位防衛廳長官，計劃在防衛廳下面設立一個什麼委員會，因預算案未被議會通過而立刻辭職不幹，因他感到已經不被議會信任了。這是「責任政治」之表現。民主政治而不注重責任，政治永遠不能走上軌道。

我們這樣說法，並不是鼓勵監察院與行政院爲難，而是要爲中國政治留下一線生機——責任政治。猶之如我們今日說的話，明知其不爲當局所重視，無補時艱，所謂言者諄諄，聽者藐藐，但是我們仍不能不竭盡智能，說出由衷之言，不僅是要盡我們的言責，行其心之所安，最重要的還是要佈下一點種子，留在後代發芽滋長。如果連這一點的種子都沒有了，那才是最大的悲哀。

最後，我們有一點要求，請監察院迅卽公佈糾正案原文及行政院的答復，俾大家明瞭其內容。你們說，行政院對此一糾正案——杜絕浪費、調整待遇——的答復，措詞籠統含混，衹是敷敷衍衍表示「注意改善」，而無改善之具體事實提出，因而感到不能滿意。這是很有理由的，因爲杜絕浪費如不能認眞執行，而調整待遇就無着落，最多祇能表示「施捨小賬式」的加薪而已。現在行政院既不認爲這一糾正案關係秘密而發表處理節略，並公開指摘，想必其內容都是普通的行政，因此，我們請監察院從速公佈糾正案的內容及行政院的答復，其中是非曲直，讓現在的老百姓來判斷判斷，固不必留待歷史來裁定也。監察委員曹德宣先生認爲此次爭執，實爲是非不分，黑白不明，監察委員應向歷史負責，故主張把有關違法失職的資料，公諸天下，讓大家公論，這到是一件明智之擧。總之，貪汚、腐化、欺騙、矇蔽這些黴菌和毒素只有在黑暗裏才易滋生繁殖，如經公開討論，任何汚穢醜行，在光天化日之下，總不容易隱藏和存在的。

社論

(四) 彈劾案與調查權

監察院彈劾行政院長俞鴻鈞違法失職案（全文見四十六年十二月廿四日聯合報、徵信新聞及公論報），是行憲以來第一號重大的彈劾案。這一案子於行憲十周年的前夕提出，這是時間上的巧合。這一巧合，引起我們無限的感慨，可也給我們帶來了一線希望。

無限的感慨；可以簡括爲一句話：十年來——尤其近幾年來，行政部門違法亂紀的事請做得太多了！現在，由於這件彈劾案的提出，惡劣的政風或可稍一轉變。當着行政權流於腐化的時候，監察權能够伸張，總算是我們國家不幸中的幸事。

彈劾案的內容分六大部份。其中有的屬於事實問題，有的偏於法理問題。屬於事實問題的，只要所舉的事實不虛，俞院長即不能解脫違法失職之咎。偏於法理問題者，最重要的是第二部份，即行政院長應否拒絕列席監察院會議接受調查。關於這個問題，我們另有社論（三）討論，本文只就彈劾書的第三部份，即說明俞院長兼任中央銀行總裁之浪費情形及拒絕查帳的那一部份，補充點資料，並申述我們的感想。

在監察院成立這件彈劾案的前幾天，我們收到一封署名「中央銀行同人」的投書，標題是「中央銀行總裁俞鴻鈞違法瀆職歷舉事實如後：」。所舉的事實，分甲乙丙丁四大部份。「甲、浪費國帑、報答私恩」，其中列舉三項事實。「乙、安插私人、破壞人事制度」，其中列舉四項事實。「丙、總裁副總裁供給制度，變相貪污」，其中分三項敍述，每項又列若干細目。「丁、同人待遇不平等，要員浪費太多」，其中分四項敍述。這篇投書，我們不知道是不是監察院所收到的「訴狀」的副本。如果不是的，我們覺得這裏面還有值得監察院參考的材料，可作爲進一步調查的根據。例如在「供給制度、變相貪污」這一項下，該投書說：「總裁(住中山北路)副總裁(住杭州南路)公館一切開支，應有盡有，一概由行供給。」「總裁副總裁公館一切開支出帳辦法：1總裁公館名爲『中山北路宿舍』，比如每日飯菜錢二百元，由『中山北路宿舍』的副官具條領取，收條上蓋有『中山北路宿舍』字樣條戳，及領欵人名章，事務科出帳時，必須作『傳票』，上項飯菜錢夾入同仁伙食帳內。」「會計處帳簿上看不出上項開支，必須看一切雜支『傳票』。看到『傳票』，再追查原始單據，因爲銀行『傳票』上一筆支出，就有一件『原始單據』」。

偷天換日的出帳辦法，調查人員必須知道。否則查不出全部眞相來。彈劾書第三部份舉出的已查明的事實，只是俞總裁公館四十六年上期六個月內，木炭的開支已達七千五百斤，共計金額一萬零八十元；尙有煤氣費一千六百零八元。——只就煤炭這筆黑帳看，俞公館每月的燃料費將近二千元。這個數目，很明顯地包括有「變相貪污」的成份在內。據說去年（四十五年）下半年六個月的木炭，是用去二萬餘斤，合臺幣三萬餘元，每月在五千元以上。又俞總裁是不會用自行車的，但俞公館的自行車修理費也由央行開支（這是查有實據的）。那末，從飯菜錢插花、到衞生紙都由行供應，想不是誣告。問題是要從掩飾的帳簿科目中來發掘眞相。

據說：從十二月十三日至十八日監察院調查中央銀行帳冊憑證的結果，發現該行浪費的開支甚多，彈劾書中未及一一列舉。例如該行現在並無多大業務，但所雇的技工(司機)、工友，竟達一百二十人之多。這些工人大都派在高級人員的公館內工作；該行自有房屋共一百卅幢，另外租頂房屋二十九處，共付押金一百六十多萬元，每年支付租金三十六萬元以上，這些房屋有許多並不是行內職員居住。

這種浪費公帑之變相貪污的供給制，其內幕眞是黑暗重重，這一次如能澈底揭發，再謀以補救之道，未始不可慢慢地達到弊絕風淸的理想。可是監察院調查權的行使，居然被阻了。

監察院調查權之不能行使，這是件「嚴重」的事體。我們不要憲法、不談憲政則已，如果我們要憲法、談憲政，則來自憲法的監察院調查權，任何人不得侵害或蔑視。如果侵害蔑視，就是監察院彈劾書所說的「毁法亂紀」，這一論斷是一點也不能含糊的。

俞鴻鈞以中央銀行總裁的身份，拒絕監察院繼續調查帳册。據說，他曾面告監察委員，他是奉總統的命令不讓監察院繼續調查，而且行政院的帳，也奉命暫不給予調查。俞鴻鈞這一說辭，我們很難確定其眞僞。如果說他的話是假的，這就關係到他的人格問題，我們不敢如此假定。如果說他的話是眞的，我們又不敢相信總統竟會用命令來毁壞憲法。總統的權力來自憲法，決不能超越憲法或違反憲法而下命令。如果如此，我們政府所賴以號稱合法政府的根本依據，也就給自己摧毁了。這個關係太嚴重，太嚴重了！

照監察院彈劾書第三部份所述，關於這件案子的調查，因中途受阻而未完竣。亦即是說，這件案子並不因彈劾案的提出而告結束。尙待調查的仍須繼續調查，決不可中途氣餒以貽監察權之羞。

我們知道，民主憲政是一奮鬪性的信仰。行憲初期的人民代表，應該有爲萬世開太平的抱負，應該有爲憲政奠基礎的宏圖。我們向來以此矚望立法委員，也以此矚望監察委員。

社論

為「自治」半月刊橫遭查扣而抗議

（五）

四十六年雙十節總統在其告全國軍民同胞書中，提出「免除恐怖迫害，恢復六項自由」的諾言。第六項裏面，已明明白白說到保障人民言論出版的自由。

這個諾言，是叫人歡欣鼓舞的。若干年來，各級政府對於言論出版自由的任意侵害，事例太多了。有了總統這個諾言以後，情形是否可以好轉一點呢？

事實答覆我們：正在這個諾言提出後的幾天（十月中旬），又一項侵害言論出版自由的禁令，在臺灣各縣市開始執行，而且現在繼續中。被害的，是個地方性的政治刊物「自治」半月刊。

「自治」，創刊於民國四十五年六月，曾依法向內政部登記，取得合法發行權。四十六年八月二十五日出版的該刊，其卷期改為革新號第一期。該期因刊載當時臺灣省議會第三屆第一次大會議員們對省府施政的嚴厲質詢，而銷路大增，在半個月以內由再版而三版。據說，從那一期起，該刊發行額竟達到兩萬份以上。

省議員對省政的質詢，原已全部刊載「臺灣省臨時省議會公報」（週刊）。這份公報也是依法登記，公開發行的。只因為它是公報性質，在市場上不大引人注意。「自治」轉載了公報的一部份，再加以廣告性的標題，於是那些從來不看公報的人，倒很踴躍來看「自治」了。這個現象，從民主政治的實踐或民主政治的教育意義上講，都是很好的。我們常常說到，立法委員對中央政府施政的質詢，應該全部讓人民知道。官方對於這類新聞的封鎖或檢扣（通常是把嚴厲的質詢全被檢扣），十足地表現了反民主作風，為我們所一向反對。現在，在省級政治方面，有「自治」這個刊物把省議員執行職務時的言論，儘量轉達給選民知道，一方面讓這些言論接受選民的批評，一方面好讓這樣形成的與論來督促政治上興革。這正是民主政治的常軌。這一常軌，未見之於中央而見之於省級，未始不是一件差强人意的事體。可是「自治」半月刊反因此而橫遭查扣了。

查扣的區域，普及臺灣省各縣市鎮。查扣的機關，除各縣市警察局、鐵路警察局、司法行政部派駐各地的調查站以外，還有各縣市的所謂「書刊檢查小組」。查扣的方式是由查扣人員向書店和報攤逐一查看，遇見有「自治」，即强制地掃數拿走。拿走時，有的塡掣一紙油印的收據。收據上註明查扣的書刊將彙案報請焚燬；有的只潦草寫下一紙便條。條上有的寫明「奉令沒收」，有的寫着「暫借」，有的還加上「內容荒謬」的按語。查扣人員的姓名，有的在條上明白寫下，有的不具姓名只寫下一個號碼。所謂「奉令」的令，有的註明是保安司令部安練字第九九六號通令，有的註明是警務處(四六)？一字第九二一二五號令。至於屬於中央機關的司法行政部調查局的調查站，奉的是那裏的命令，他們沒有明白寫出。

侵害言論出版自由的勾當（就「自治」這件案子講，也是侵害財產權的勾當），竟爛糟到這步田地，作為自由中國的人民，我們不得不提出抗議。

我們認為：

一個正正當當的政府，決不能說的是一套，做的是另一套。做的事與說的話完全相反，那就是政府自毀威信。

我們堅持：

命令要根據法律（依法定程序經代表人民的立法機關制定的法律）。凡是違法或於法無據的命令，人民有抗不服從的權利。作為一個現代化的法治國家，決不許有糊塗官打糊塗百姓的事。如果有，我們就要大叫大嚷，從黑暗叫嚷到光明。

我們深信：

言論自由、出版自由，是一個進步社會的特徵。凡是這些自由得不到有效保障的社會，政治必然地要一天腐化一天。尤其是在泛政治主義的國度內，政治一經腐化，其結局每不免一場砍砍殺殺的浩刼。要扭轉這個可怕的趨勢而進於和平的改革，最重要的就在經常有言論自由、出版自由。我們為爭取這些自由而不斷奮鬪，我們為維護這些自由而堅守立場，就是由於這一信念給了我們的勇氣。

像「自治」半月刊這次遭受查扣的事體，本刊過去也零星地遭受過。我們對於這種橫逆之來，同具深惡痛絕之感。我們除為言論界出版界表示抗議以外，最後我們還要沉痛指出：

任意地查扣書刊，是我們政府在施政方面表現得最愚蠢、最無知的地方；是號稱「自由中國」的最大恥辱！

文化——一個名詞的滄桑

徐道鄰

語言者是我們人類用以代表宇宙間種種事物過程的一種符號。爲了說明和劃清這些符號所代表的事物的範圍，於是我們爲之加以定義。這一個過程，仔細看來，正是文化過程的一個微小模型；就是說，對於進行不息中的經驗，加以一種約定的固定形樣。

任何語言中，有若干代表一種概念的名詞，含有特別重量的意義——譬如「價値」，「思想」，「文化」等等——都是非常不易加以界說的。就好像集中於一塊磁石附近的許多鐵末，很難予以一一的明確指出。但是，正如同磁石是這些鐵末堆的中心一樣，這些概念，也正是每一個文化裏思想過程的中心。它們帶有極豐富的情感作用，它們的含義愈不易界說，它們愈成爲投射思考的工具，於是在明意識或潛意識中，它們也成了每一個文化的焦點。因此，在這些概念的發展中，也正反映出這一整個文化的發展。

最足說明這一種概念的發展情形的，莫過於最近非常流行的關於「文化」的思考。可是如果我們試把「文化」這一個名詞的來源和變化，加以檢討，就可以發現，這一個表面上像是簡單的一個名詞，背後却有無限的滄桑！

「文化」這兩個字，是我們用來翻譯英文裏 Culture 這個字的。Culture 在英文裏之具有「文化」的意義——這個現代的，人類學的意義——是由英國人類學家泰洛爾 (Tylor) 在一八七一年創始的。可是等到這一種意義之普遍化，至少就英美兩國的字典來說，中間還要經過半個世紀多些 (人類學者可以意味到，他們對於他們的社會所發生的影響，是多麼渺小了！) 註一。

註一：泰洛爾一八七一年的定義，到了一九三三年，才被牛津大字典收入它的補編。

泰洛爾所採用的 Culture 這個字，是從德文裏移借 (borrow) 來的。德文裏這個字之最早在字典中出現，似乎是在一七九三年 (在其他書中，例如康德和其同時人物的著作中，使用的當然還要早一些)。但是一直都是代表「培植」「養育」等的意思。在德文裏，最先使這個字具有現代的、「文化」的意義的人，大概是克萊姆 (G. Klemm 1802-67)。他在一八四三年出版他的「人類一般文化史」(Allgemeine Kulturgeschichte der Menschheit) 的第一冊時 (全書共十大冊)，就常常用現代的 (代表「文化」) 意義，和原來舊有的 (代表「培植」「養育」) 意義，滲雜着來使用這個字 (所以這一個字在他這部書裏所含蘊的，有時候是一七八〇的，有時候是一九二〇的意義)。我們可以說，這一個萌芽中的概念，在他頭腦中，此時還沒有一個淸楚的固定的輪廓。泰洛爾之使用 Culture 這個字，就他書中的若干引據來說，毫無疑問的是受到克萊姆的影響。但是他對於這個概念的內容，却要比克萊姆認識的淸楚得多了。他不但給予這個字一個正式的定義，而且他乾脆就用這個字作他一本書的書名 (Primitive Culture)。就這一點來說，泰洛爾的貢獻，比起克萊姆來，眞要說是靑出於藍了。

和「Culture」並行的一個字，是「Civilization」——在中文裏，我們通常譯作「文明」——這個字，在法文英文和德文裏，全要比 Culture 出現的早。在法國，十六世紀的布丹 (Bodin 1536-96)，和十八世紀的屠爾哥 (Turgot 1727-81) 都曾經使用過這個字。一八三五年，法蘭西學院 (French Academy) 就把它收入它的字典。在德國，康德 1724-1804 就常使用這個字，哥林姆 Orimm 大字典一八六〇年出的一本，也就有這個字的動詞形式。在英文裏，這個字的使用，最爲落後。就是在一七七三年的時候，約翰生 (Samuel Johnson, 1709-84) 還堅決的拒絕把它收入他的字典 (包司威 Boswell 當時力主採用而約翰生却偏愛 Civility 這個字)。過了兩年，艾什 (John Ash) 的字典出版，才收進了這個字。一八五七年，布克爾 (Buckle) 並使用這個字在他的書名裏 (History of Civilization in England)，不過它的含義還不十分淸楚。到了一八七〇年魯波克 (Lubbock) 的「文明的起源」(The Origin of Civilization) 出版時，這個字的用法，才接近了現代人類學的意義。

Culture (文化) 和 Civilization (文明) 兩個字的使用，在許多種文字裏都是非常混亂的。有時候，兩個字被認爲具有同一的含義，彼此可以互相解釋，所以就常常被交替和互換的使用着。有時候，兩個字被認爲在含義上有極大的差別，是一種相互對立的名稱，可是兩個字的含義是什麼，則各人的意見，又極不一致，因而造成一種極端矛盾、混亂的情形。

就如在美國的社會學裏，有若干學者，曾經非常强調這兩個字的對立性。在一九〇三年，華德 (Lester Ward) 說：「文化 (Culture) 是限於物質創造的，而文明 (Civilization) 則包括心理、道德和精神的各種現象。所以，文化可以說是一種物質的文明」。兩年之後，司摩爾 (Small) 說：「文明是社會對於人的控制，文化是社會對於自然的控制。文化是我們使用天然資源的一套技術的裝備，並不含蘊一種高度的文明」。二十五年之後，麥基維 (McIver) 的說法，却和此恰恰相反。他認爲文明 (Civilization) 是工具，而文化 (Culture) 是目的。上者是我們用以生存的器械，而下者是我們生命的表現 (一九三一)。墨登 (R. Merton) 更加以修飾，說文明是沒有人格性的 Inpersonal，是客體的，而文化完全是人格性和主觀的。所以文明是由累積而成，而文化則各有其獨具的特性（一九三六）。但是大多數的社會學者，尤其是從一九三〇年以後，却全都採用了人類學的觀點——最早的一個，大概是烏格朋 Ogburn（一九二二）——而不復從事於文化和文明在概念上的區分：他們通常都是使用文化（Culture）這個字，而把文明（Civilization）當作它的同義字來使用。

這個文明和文化的區分，是顯然在反映着德國思想界裏的情形。在這裏，就洪波德（W. V. Humboldt 1836），舍佛爾（A. Schaeffle 1875-78）李培特（Lippert 1886），巴爾特（Barth 1922），幾家的觀點說，文化（Culture）是物質性，技術性的，而文明（Civilization）則在提高人類的內心（上面所說華德，司摩爾，就是採取這幾家的觀點）。另一方面，鄧尼思（F. Toennies 1887）和阿佛瑞·韋伯（Alfred Weber 1912），則把文明看成技術的，維持生活的，物質的一方面，而文化則是精神的，情感的，理想的一方面（這就是麥基維和墨登的學說的來源）。這一種理論，雖然一直到今天，還有不少人在德國維持它（譯者註：在中國，似乎也發生了不少的影響）。但是無論如何，把文化看成物質的人，和把物質看成文明的人，數目至少相等，而不作任何區分，祇以籠統的意義來使用文化這一個字的人，則比以上兩種人合在一起還多。而且，文化和文明的這個區分，在今天關於文化的思考中，也不再有當年那樣重要的意義。所以，這個區分，可以說是德國人在這一段思考過程中的一個小插曲。

關於文化的思考，主要的是德國思想家的貢獻。我們檢討過去的文獻，大約可以分辨出三個階段。

第一個階段，是在十八世紀的後半段，當時法國的服爾德（Voltaire）和百科全書派已經開發「歷史哲學」的思考，繼續這一個努力的一羣德國學者，不久分成兩個宗派。第一個宗派，特別着重歷史的事實，他們要知道在我們人類之間，過去究竟發生了些甚麼事情，所以他們對於各種制度和風俗，都非常關心，而發展了廣泛的民族學的興趣（用現代的話來講，他們有了「文化的意識」）。其中代表人物，我們可以舉出伊爾文（K. F. v. Irwing 1725-1801），阿德隆（J. C. Adelung 1732-1806），赫爾德 J. G. Herder（1744-1803），邁奈斯（C. Meiners 1747-1806），言尼式（D. Jennisch 1762-1804）幾個人，而赫爾德對於當時及後代的影響，尤爲龐大。赫爾德認爲「文化」（Culture）者，是人類能力的逐漸的培植和發展。他也常常稱之爲「人文」（Humanitaet），偶而也稱之爲啓明（Aufklaerung）。而傳統（Tradition）一字，尤其常用，有時候單獨使用，有時候和文化兩字聯用，這一點更非常類似現代人的語氣。

第二個階段，差不多和第一個階段同時開始，而繼續的時間較長，是從事歷史哲學的探討的第二個宗派。這個宗派所着重的不是歷史的事實，而是它們所代表的最高的原理，就是說，他們的重點不在歷史，而在哲學。他們要研究的，不是若干個別的民族，而是人類的整體；不是零碎的制度和風俗，而是存在其中的基本的概型（Schemes）。他們用以運作的中心概念，是「精神」Spirit（Geist），而不是「文化」（Culture）。十八世紀前後的德國哲學，從康德到黑格爾，走的都是這一條路。其中最具有代表性的是黑格爾，而黑格爾在他的「歷史哲學」中，似乎從來沒有使用過「文化」（Culture）這個字。文明（Civilization 一字，雖然曾經偶而用過一次，但也是在一處毫不相干的地方。

第三個階段，大約是從一八五〇年開始。在一般知識界及專門學者當中，文化的現代的意義，逐漸地被認識和看重。最先開始的，是克萊姆和布克哈特（Burckhardt 1860）（歷史家），其後李克特（Rickert 1898）和司本格勒（Spengler 1918），都曾經有力地幫助這一個概念的發展，從此以後，這一個字，就很快的爲一般學者們所採用了。

一般說來，「Culture」這個字的意義，第一是「培植」（Cultivation）的意思（Civilization 的意義，也是這樣）。在拉丁文是如此，在所有其他借用這個字的文字也是如此。而且主要的是對於「個人」而言（在英文裏，一直到今天還是這樣）。第二個意義，是從德文的（Kultur）孳生出來，表示一個「社會」的高級的價值，一個社會的「啓明」（Enligtenment）。第三個意義——人類學的意義——則包涵着風俗（Custom）的意思在內，一種有長期歷史的風俗，約略如「傳統」，「社會遺產」之類。不過這個字在英文裏之被採用，極其遲緩。英國的人類學先進佛萊塞（J. Frazer），雖然自承受過泰洛爾的多方面的影響，可是在他一生的寫作中，他始終避免使用 Culture（文化）這個字，而祇是講 Custom 或 Customs（風俗）。就是一九一二年出版的馬萊特（R. R. Marett）寫的人類學，也祇有 Custom（風俗）而無 Culture（文化）的字樣。到了一九二三年，拉特克利弗·布朗（Radcliff-Brown），才放棄 Custom（風俗）一字，而把 Culture or Civilization（文化或文明）二字連合在一起來使用。到了一九四〇年，他才敢單獨的使用 Culture（文化）一字，而不再囉囉嗦嗦的每次加上 or Civilization（或文明）字樣。大概在這個時候，Culture（文化）的含義，才逐漸的爲一般有知識的英國人所熟悉。

同時，「Culture」這個字的歷史，對於文化論（Culture theory），帶來若干極有趣味的問題：爲什麼文化概念在德國得到發展和發生重大作用？爲什麼在英法兩國，它的發展一直那樣艱難？爲什麼它後來在美國忽然一下子變得十分時髦，甚至於在連環圖畫中出現？

對於這幾個問題，我們祇能試作一種揣測式的答案。

第一、從一七七〇年以後，德國人對於歐洲文化的貢獻，才逐漸重要，開始能和法英對比，在某些領域上，甚至於還比法英的貢獻爲多。但是在政治上，他們還是若干分散的民族，而不是一個統一的有組織的民族國家。因爲在政治地位上的落後，所以他們的民族主義祇有在他們的文化成就上尋找安慰。因之他們一方面對於文化的整體作一個全面的新的評價，另一方面，他們更進而對於構成文化的基本因素，領先的作一個深入的探討。

第二、十八十九世紀中的德國思想家——不管究竟是爲了哪一種理由——都有一種喜歡從事於大規模的抽象思考的脾氣(法國英國，都沒有這種現象)。

第三、在這個時期內，德國的文化，不像法國的和英國的文化那樣純一(Homogeneous)，至少不是那樣集中在一個凌駕其他城市之上的一個首都裏。法國和英國，這兩個具有廣大殖民地的强國，當然知道世界上有許多和他們不一樣的生活方式，但是他們對於這些文化差異和知識上的意義，漠然視若無覩(大概這也許是帝國主義的作用吧)。而在德國，這種情形恰恰相反。(根據我們留學的經驗，德國人也比任何其他國家的人，更能尊重和了解外國人的文化)。

第四、美國人的文化背景，是非常繁雜的。再加上現代交通的迅速，和世界政治的演進，使人不得不注意各地方的社會傳統之不同。於是造成一種思想氣候 (climate of opinion)，對於文化的觀念，異常適宜，所以它也就呈現了非常迅速的發展。

雖然如此，「文化」這一個概念，其明白和精確的程度，就現在說，還是十分不够。這個當然是要人類學來負責的。不過人類學是一門很年青的學問，過去祇知道去搜集、整理和分析各種「資料」，對於「理論思考」之注意，還祇是最近的事情。所以也未足深咎。但是文化這個概念，現在對於人類學，社會學，心理學，和正在發展中的人類行爲學，已經成了一個主要的基本概念，所以對於這些有關的問題，我們還非要再切實的下一番功夫不可呢。

註：本文取材於 Kroeber-Kluckhohn, Culture, 1952.

讀者來函

編者先生：頃閱
貴刊第十七卷第十二期載有署名陳繼平者之投書適與本人之姓名相同不知是否確有其人抑係假借名義因該項投書既批評
貴刊之立論復指摘立法院之決議本人未為此文誠恐各方友好誤會敢請惠將本函賜予披露俾明文責是幸
專此敬頌
撰安
湖南臨湘陳繼平謹啓
十二月十八日
于司法行政部刊事司

多目標的水庫之發軔——石門水庫

宋希尚

中國水利事業有悠久的歷史，爲大家所週知。但中國水利資源，堪稱世界各國之冠，恐尚爲一般人士所不了解。過去在大陸上，大家所認識的水利工作，偏重於防洪，年年救濟不遑，很少談到眞正的水利建設。國民政府成立以後，對於建設工作甚爲重視，尤其對於水利建設更爲積極。舉其犖犖大者！先後成立各河流域水利委員會；完成導淮，永定等大工程的基本計劃，確定黃河治本方針；更組設建設委員會，統籌各大港埠及全國各灌漑區之開發。一時全國建設事業，大爲展開，惟以赤共倡亂，日本軍閥侵凌，發生八年抗戰，致所有計劃，均不得不束之高閣。建設理想，頓成泡影。即今思之，猶爲痛惜之事。

臺灣水利建設，因環境需要，過去已粗具規模。光復以後更大爲擴充，但一般的講，仍多急於治標，忽於治本。現代水利技術，日新月異，吾人墨守成規，不僅不合經濟條件，更不足以應付民生需要。同時防洪、灌漑、發電以及給水等工程，仍有各自爲政，互不相謀的缺點。根本治導工程既不多見，所謂多目標區域開發計劃，更談不到。石門水庫爲國內第一個多目標的水利建設。此一計劃，遠在三十年前，日本已有此擬議，但並未積極進行，亦無具體計劃。光復以後原有資料多已蕩然無存，經水利局繼續研究，直至民國四十年，因得農復會之資助，研究與規劃工作，方正式開始。當時主其事者爲經濟部石門水庫設計委員會。其工作，大體爲地質之鑽探，水文之研究，測量之推進，農村經濟資料之搜集與分析，以及工程費用之估計等等。由於中國工程師之努力與外國顧問之建議，以一年之時間，完成定案報告一種，經美國權威方面之審定，得以取得美援。同時因政府對於此一空前的大計劃，具有最大之決心。乃於四十四年成立石門水庫建設籌備委員會，從事各種附屬工程之興建，例如：交通及運輸道路之開闢，施工房屋之籌劃，土地之徵收及各項章則之擬定，以及桃園大圳隧道之改建等等。復於四十五年正式成立石門水庫建設委員會，與美國有經驗之工程公司，簽訂合約，從事基本設計，並約請有經驗之營造公司，作施工顧問等等。現在各項附屬工程，行將完竣。第二期工程即將開始。茲就個人所聞所知，略將該項計畫概要，分別簡述，藉作介紹。

一　興建理由

①臺灣桃園一帶臺地，面積約六百平方公里，位於淡水河支流大嵙嵌溪之左岸，地勢高亢，引水不易，爲農田灌漑計，只能從事築塘蓄水，以致池塘羅列，不僅佔地太多，而且亢旱稍久，即行塘乾渠涸，甚致飲水亦成問題。約在三十三年以前，桃園大圳(地址正在石門，引用大嵙嵌溪之水)完成以後，可灌之地不過二萬三千公頃，仍保留水塘二百餘個，佔地二千公頃。其西南區，雖曾興建光復大圳，但因水源不足，荒歉時聞。此外在桃園大圳以南之高地，或爲看天田，或爲茶園的荒地，可加以改善者，達兩萬餘公頃，爲求開闢灌漑水源，增加灌漑面積，即爲興建石門水庫之理由一。

②臺北盆地，面積約二百五十平方公里，爲淡水河及其支流匯聚之區（在新莊江子翠的附近，支流新店溪之水自南而來；在臺北橋西北，受基隆河之灌注；大嵙嵌溪爲淡水河最南一支流，在石門以下即稱淡水河），每年水災幾成爲不可避免之威脅。加以土地日形開闢，人口日益增加，因之災害日益加甚。其中影響最大者，即爲大嵙嵌溪。換言之，在石門之洪水流量，對於淡水橋站洪水流量之影響，最少佔百分之三十，最多竟達百分之六十，平均約佔百分之四十五。所以爲解除臺北盆地之洪水威脅，石門水庫有興建之必要者二。

除此以外，大嵙嵌溪流經石門，兩岸山岩屹立，形成一極狹之谷口，形勢天成，岩質堅硬，爲一天然建壩良址，當又爲興建水壩之基本條件與根據。

二　計劃目標及內容

石門水庫既爲多目標之建設，茲將其目標，分別說明如下：

①灌漑　石門水庫之水量，可以供給桃園臺地及大嵙嵌溪下游各區雙季水稻之灌漑，計改善桃園大圳灌漑區二萬三千公頃；新莊圳灌漑區三千三百八十公頃；海山灌漑區一千六百公頃；大溪灌漑區五百公頃；光復圳灌漑區五千四百六十公頃；新增石門大圳灌漑區，二萬六百公頃，總計改善及新增耕地，共計爲五萬四千五百四十公頃，每年可增產糙米六萬九千公噸。如專以稻米之收益計，其效益與遠東第一之嘉南大圳相若。

②防洪　石門水庫完成後，可以減免淡水河沿岸低地(包括臺北市一帶)之洪水災害，上游洪水峯，經水庫之欄蓄，可以降低；洪水峯到達下游之時刻，亦可延緩(石門洪水峯流到臺北橋之時間，可由四小時延緩到八小時)；目前淡水河各支流洪峯同時聚合之情形，大可改善。——以臺北橋爲例，其洪水位，約可降低一公尺至一公尺半左右。

③發電　每年春季枯水時期，臺灣系統電力需要殷切，因此石門發電功能，必須供應一級電；其餘時期，依照灌漑需要，放水發電，發電廠即位於緊接壩之下游，擬設置十二萬瓩尖峯水力發電廠，第一期完成四萬瓩發電機一組，平均每年發電量爲一億九千八百二十萬度。

④給水　目前桃園區居民飲水水源，均仰給於水井水塘或水圳，一遇乾旱，飲料供應堪虞，居民至以爲苦，石門水庫完成後，在計劃區域內三十四萬人之日常用水及灌漑區域城內輕工業之需水量，可以供應無虞，改善居民生活，的功效甚大。

⑤其他功能　石門興建水庫之其他間接功能：一爲美化環境，堪供遊憩娛

樂，促進觀光事業；一爲水運及漁業，增加若干副業。加之作有計劃的區域開發，繁榮地方，其效益不可勝計。

三　重要工程內容

①大壩　石門壩型，經過多種壩型研究，及外國專家之建議，決定採用混凝土拱壩，壩高一百二十五公尺，壩底寬四十公尺，頂寬五公尺，壩長在底部約八十公尺，在壩頂處約三百八十公尺，壩身總體積約一百萬立方公尺。壩之上游形成一容積爲三億一千六百萬立方公尺之水庫，大於日月潭之容量兩倍以上，庫長由石門至角板山下約十七公里，庫週長約四十公里，水庫面積爲八平方公里。大嵙嵌溪水流含沙量不大，水庫壽命可以延長至一百年以上。

②溢洪道　爲保持壩身安全，免受洪水壓力以宣洩洪水量計，在大壩之右岸距離約三百公尺處，建一鞍槽式之鋼筋混凝土溢洪道，溢流頂高度在海拔二三五公尺處，密度爲九十四公尺，分成六孔，各寬十四公尺，高十公尺，各裝置弧形閘門一座，以調節水庫之容量。

③發電廠　在大壩壩址右岸，標高一四四公尺處，建屋內式電廠一座，爲鋼筋混凝土建築。裝設四萬瓩法朗西士豎軸式水輪發電機三臺（第一期先完成一臺），有效水頭爲九十七公尺。總控制室亦裝設在廠房以內，壩內設壓力水管三道，內徑爲四至三·四五公尺，長七八公尺。

④後池及後池堰：

（甲）後池：由大壩至下游一·八公里處，建一後池堰，形成一後池寬度由一百公尺至七百公尺，其作用爲調節發電後之尾水，容量可達一、九二〇、〇〇〇立方公尺，移供桃園大圳、光復圳、海山、新莊及大溪等區灌溉之用，共計可灌面積約三三、九四〇公頃。

（乙）後池堰：此堰分爲溢流及非溢流兩部份，右側長約二二六公尺之堆石壩爲非溢流部分；左側約長三二五公尺部分爲溢流堰，其頂高爲海拔一三三、六〇〇公尺，上加一公尺之閘板，溢流堰上建一寬四公尺之混凝土橋，分二十一孔，每孔跨度爲十五公尺。橋頂與堆石壩頂相接，高度約在海拔一四二·五〇公尺。

（丙）冲刷閘：溢流部分之左端，設一冲刷閘，裝寬五公尺，高三公尺之下射式閘門三座，一面可供應堰之下游灌溉需水，一面可以排除新桃園大圳進水口前及後池內之淤積，同時並可用以調制閘門，即在灌溉不需要水時，可以降低後池水位，增加發電水頭。

（丁）桃園大圳進水口　冲刷閘之左側，卽爲桃園大圳之新進水口，大壩開工以後，用以代替現有之進水口，此進水口設寬四公尺高五公尺之弧形閘門二座，以自動調節機控制，使在水位經常變化情形下，可以引入一定之流量，並新開長三百二十公尺之導水隧道，與原有之桃園大圳相聯接。

⑤石門大圳　爲新增灌區，均爲高臺地，計劃灌溉面積爲二萬零六百公頃，大圳水源，直接由水庫供水，其結構物如下：

（甲）進水口　在大左側壩，標高一九三·七公尺處，進水口設管道二道，內徑爲二·二公尺，長約五十公尺，與直徑三·三公尺，長二、二〇〇公尺之馬蹄型隧道相聯接。

（乙）幹渠　分爲第一幹渠及第二渠，前者長六、一七〇公里，隧道佔二、一三七公尺；後者長七、六五一公里，隧道約二二五公尺，餘均爲明渠。

（丙）支分渠　長度共計約長二九八公里，其中有五條支渠須抽水灌溉；其餘則係重力式灌溉。

⑥公共給水　給水方案分下列各項。

（甲）在桃園平溪設立中心處理處，供應桃園、中壢、楊梅等十一鄉鎮之水，水源取自石門水圳並裝設快濾設備，總出水量每日六九、〇五〇立方公尺；

（乙）在龍潭設獨立水廠，每日出水量三、三五〇立方公尺，供應龍潭及八德等鄉鎮。水源取自附近之灌溉渠或蓄水池。

（丙）在觀音、鶯歌、樹林等九鄉鎮，設獨立小水廠供應給水之需，總出水量爲每日一四、〇〇〇立方公尺，分別在各該鄉鎭附近之灌溉渠或蓄水池取水。

四、效益與成本　石門水庫計劃所需經費，根據四十四年十月間初步估計，其總數約爲新臺幣六億一千餘萬元；美金爲一千四百九十餘萬元，前者大部份以政府出售四公司股票三成地價欵中央與臺灣省府所得欵內，統籌調度支應，其餘一小部分由農田受益省分擔，但在施工期間，農民尚未受益以前，仍由政府先行墊撥；後者美金部分，擬向美援申請撥貸。

此計劃之經濟效益，可分下列幾項估計，例如：灌溉效益，估計年可收益七千五百餘萬元；發電效益，約可年達四千一百餘萬元；防洪部分，年值約達九百餘萬元；公共給水年約八百餘萬元；總計每年可獲效益數值，約達新臺幣一億三千五百餘萬元。

此一計劃完成後，每年營運成本，約爲新臺幣九千〇九十萬元之數，所以根據上列估計，此計劃收益與成本之比率（簡稱益本比）約爲一·四八五，爲一有開發價值之工程。

上文所述，均係根據石門水庫委員會兩年前所擬之報告與估計，兩年以來，中外物價指數均較上漲，預計此一工程完工時期，當在民國五十年，將來實際情形，勢難免不超出原有預算，但其經濟價值，當不致有所影響。

石門多目標工程，在我國爲一創舉，亦爲世所矚目。現在從事工作人員，均爲一時英俊。我國過去水利人才，技術的水準，本不後人，惟在實際經驗方面，對如此巨大工程，殊感不足。所以事實上舉辦此項工程及爭取美援，勢必借材於國外。聞石門水庫建設委員會，已與美國著名 TAMS 工程公司，訂立合約，藉作他山之助，甚望國內水利工程專家，藉此機會，集中精力，接受訓練，藉以吸收新知，同時協力同心，完成大工，不僅爲臺灣水利建設方面，放一異彩，爲臺灣同胞永奠無疆之庥；且亦爲反攻復國，重建大陸，獲得經驗，樹立基礎。試觀長江三峽之多目標工程，其計劃之偉大，經濟價值之優厚，固數爲百倍於今日之石門水庫（詳見拙著長江多目標水庫之檢討，登載學術季刊中），作者站在水利界同志立場，濡筆述此，實不禁馨香禱祝並樂觀厥成。

執政黨控制臺灣地方選舉的心理分析

朱文伯

近兩三年來，我寫了不少有關臺灣地方選舉的文字，有法規的檢討；有事實的剖析；有消極的批評；也有積極的建議，其目的，無非在求選舉事務納入正軌，地方自治可以名副其實而已。原來我懷有一種信念：政府當局和執政黨人，經過大陸慘痛失敗以後，退居臺灣，痛定思痛，必將有所覺悟，為了收攬民心，確保臺灣，為了改革政風，準備反攻，必將改變已往的作風，開誠心，佈公道，說實話，做實事。因為不這樣，將無法團結反共光復大陸，所有三十多年來北伐抗戰等對國家的勛績，都將不免付之東流。依常理推斷，收拾臺灣民心，團結反共力量，以圖光復大陸，在朝者應該比在野者希望更為急切。因此，他們無論在文字上或口頭上表示要實行民主、法治、地方自治，我都信以為眞，當實施時期發生了偏差，我就很眞誠地提起他們注意。「君子愛人以德，小人愛人以姑息」。「可與言而不與之言，失人」。本着古人的訓示，不憚瑣煩的三番兩次的批評與建議，盡在野諍友的責任。七八年來，事實告訴我們，地方選舉的情況不但沒有進步，而且每況愈下，到了去年春季第三屆省臨時議會議員暨各縣市縣市長的選舉，集違法舞弊之大成，我更大聲疾呼的希望政府當局急謀改正。詎知「言者諄諄，聽者藐藐」，這次第四屆各縣市議會議員的選舉，仍然「率由舊章」，毫無改變跡象，雖在技術上有一兩點枝枝節節的新花樣，但本質上，所有選舉事務監察工作，依然是執政黨一手控制，不願他人過問。與中央政權的得失毫無關碍的縣市級議員選舉，尚且要控制到底，其漠視輿論，無意改進，未免令人感到驚異。儘管省政當局一再表示要辦理選務人員遵守法紀，也還是老生常譚。只要翻看一下舊日的報紙，無論那一次選舉，事前都有要人們諄諄部屬公平守法，但結果如何呢？有幾位政府官員因辦理選舉不善或舞弊受到懲戒？有幾件選舉訴訟是政府官員敗訴的？難道歷屆的選舉，都是弊絕風清的嗎？

我失望了，失望之餘，仍然非常關懷，在此國勢極端艱危之際，執政黨何以竟不顧輿論的批評，不管人心的向背，仍然我行我素，控制選舉到如此地步呢？我發現下列三種心理因素，是導致選政日趨黑暗的癥結所在。

第一、對地方自治缺乏誠心：地方自治與土地改革，同是政府號召海內外建設臺灣為「三民主義模範省」的重要課題。現在，「三七五減租條例」、「實施耕者有其田條例」、「都市土地平均地權條例」，都已先後完成立法程序，並均指定在臺灣開始實施，有聲有色，業績昭著，地方自治呢，憲法地方制度章規定：省縣都得召集省縣民代表大會，依據省縣自治通則，制定省縣自治法。地方自治的母法省縣自治通則，擱在立法院將近十年，始終不能完成立法程序，是什麼人的責任？我曾親自聽到一位當過司法行政部長的國民黨要員公開說過：省縣自治通則如果制訂公布，各省可據以制訂省自治法，將來省自為政，那成什麼樣子？這話雖是他個人的意見，但也多少可以代表政府當局的想法。可是政府號召實行地方自治，又不能沒有法條依據。於是由臺灣省政府自身組織委員會擬訂一套縣市自治法規，交省參議會審議通過，報行政院核准施行。這樣做，當然不是憲法第一百七十條所稱之法律，法院不應據以處理訴訟案件。行政院因以命令規定地方自治法規是「具有法性」的，應視同法律；行政院所屬的司法行政部本着「司法應配合國策」的方針，只好遵照辦理。繞這麼大的圈子，費這麼多的氣力，來「削足適履」，所為何來？

就現行地方自治法規而論，既是政府自己訂頒的，應該可以不折不扣的貫澈實施了。但事實上並不如此。自治業務，自治財政，自治人事，無一不受上級政府嚴密控制，縣市政府每年的施政準則，由省政府頒發；縣市政府每年的收支預算，須報請省政府核定；縣市政府自主任秘書各局科長以下的人事任免獎懲，縣市長無權決定。縣市議會的議決案，只要與人或錢發生了關係，就非報經省政府核准後無法執行。自治綱要所規定縣議會職權雖有十項之多，實際上只有施政質詢一項，留給民意代表們酌量運用。近兩年來，由於議員們的態度有些「過火」，政府當局還是看不順眼，始則頒發命令不得任意休會；繼則頒發「縣市議會開會政府派員輔導辦法」；派員臨場「輔導」；最近內政部更通知臺灣省政府說：三十六年司法院釋例，議員在議會開會時如有侮辱政府主管言論，仍應負法律責任，議員在議會裏講話也受到警告了。此外，縣市政府與議會的人事，除受有黨籍的限制外，其日常活動，還有地方黨部保防組織或明或暗的從旁監督。像這樣一層又一層的控制，任何人當選縣市長或議員，也將無法越出軌道，執政黨理應可以放寬胸懷，聽任人民自由競選，自由選舉，竟還要嚴格控制，不讓黨外人士有多少當選的機會，豈非怪事？地方自治是人民推派代表，辦理本地方的事務，就孫中山先生遺教而言，臺灣也已有資格實行完全的地方自治，像上述那樣纏小脚似的一層層的束縛着，還能算是自治嗎？政府如有實行地方自治的誠意，能這樣辦理選舉嗎？

第二、對政黨政治缺乏信心：民主政治就是一種政黨政治，民主選舉就是兩個以上的政黨爭取人民的信任投票。抗戰勝利以後，國民黨宣布還政於民，實行憲政，就應以普通政黨自居，與在野黨派平等共處，沒有這種雅量，就不配談民主。撇開軍隊司法等應該超然於黨派之外等憲法規定不談，只談選舉問題。選舉既是人民全體的事，就應由各合法政黨共同辦理，共同監督，才能表示公正與公平。政府遷臺以後，有人認為大陸的失敗，錯在民主，於是臺灣的地方選舉就不讓在野黨參與。民國四十一年省政府初度修改地方自治法規，我也濫竽充任法規修改委員，曾建議在選舉法規內增列政黨提名一項，修改委員會通過了，提到省政府會議就被國民黨籍委員否決，並進一步將原有選舉監察委員會組織規程內的政黨字樣全部删去，改爲「有關機關」，他們似乎有意不讓人民腦筋裏除國民黨以外還有其他政黨的印象。實際辦理選舉的時候，只有省縣市選監機構點綴一兩名在野黨人士，其餘選務機構投開票所，一律由官方指派執政黨人士包辦，所謂公平，所謂公正，自然不免要大打折扣。關於候選人提名部分，法規上祇有選民簽署一種，國民黨爲控制其黨員自由競選，始則採用勸導或壓迫「讓賢」辦法，繼則用黨內投票辦法，有時兩者兼用，無非想支持黨部所愛好的人出而競選。候選人既是由黨支持，如不當選，將影響黨的「威信」，又因無在野黨提名候選人出而競選，形成國民黨與人民競選的態勢，敗固難堪，勝亦不武。於是進而利誘威迫無黨派候選人也非退讓不可，致造成一年前各地方「一人競選」的局面。一人競選，一票也可當選，選民提不起投票興趣，投票率有低至百分之十者。官方又覺得這種類似極權國家的競選辦法實在有碍觀瞻，去年第三屆省臨時議會議員暨各縣市首長的選舉，才邀請青年民社兩黨共同公開提名競選。青民兩黨曾以共同派員監察投開票所爲交換條件，政府初則虛與委蛇，終則於投票前夕藉口「法無明文規定」公然拒絕，致發生民社黨公開聲明不能證明是次選舉是公正選舉，青年黨方面亦有不少人爲文嚴詞指責。至於那次選舉的違法舞弊，烏煙瘴氣，則是人所週知的事實，這裏不用贅述。今年一月辦理第四屆各縣市議會議員選舉，事前青民兩黨亦曾表示：如不能共同參加辦理選舉與監察投票開票，不擬再公開提名競選，政府方面竟不加理會，我行我素，可以證明國民黨人決不考慮政黨公平競選的問題，儘管該黨去秋八全代會的宣言與政綱說得非常漂亮，但黨的性質仍然保持「革命民主」四字，其不願退爲普通政黨是很明顯的。

第三、對公平守法缺乏信心：選舉競爭和體育競賽一樣，最重要的原則就是「公平守法」四個字，這是政府當局和國民黨人士所熟知的。孫中山先生提倡「知難行易」，蔣總統倡導「力行實踐」，選舉應該公平守法這一點，何以執政黨人士知而不行，說了不做呢？這可分基層黨幹與高級領導人兩方面來說。在基層黨幹方面，爲了對人民示威逞能，對上級邀功固位，必須使黨所支持的候選人獲勝當選，否則不僅逞不了能邀不了功，還要受上級嚴厲懲處。如果公平守法，自問並無把握，於是爲目的不擇手段，運用一切力量使出渾身解數，以期必勝。

至於高級領導人所顧慮的是：自由中國現在僅存臺灣一省，雖然中央政府，由於國大代表立法委員無法改選，國民黨可以長期執政，但如果臺灣地方選舉在多數縣市失敗了，就等於臺灣省民對執政的國民黨失去了信任，勢必影響國際視聽與海內外人心。過去第一屆縣市長的選舉，如臺南市臺中市，如花蓮縣苗栗縣，官方支持的人失敗了；第二屆縣市長的選舉加强了控制，仍然有臺北市嘉義縣的失敗；如果第三屆縣市長的選舉，臺北嘉義繼續失敗，甚至增加其他縣市的失敗，不僅是榮辱問題，實在關聯到今後復國建國的領導問題，於是激勵同志，一致動員，只許成功，不許失敗，這可從中央高級從政人員不惜公然函令所屬助選，其他軍事機關司法機關教育機關乃至公營事業機關所有員工可以給公假發旅費去爲選戰努力，而所謂「安全措施」，據說也是上級的秘密指示，領導階層的心境緊張可以想見。其實越控制人心越離散，越不擇手段人民越感不平，我們看去年選舉，郭國基高玉樹在臺北，李茂松余登發在嘉義高雄，就是利用官方人員的舞弊壓迫作宣傳資料，以贏得人民的同情，如果政府人員能公平守法，這些人所得票數可能不會有那麼多。事實上，臺灣光復之初，人民對於蔣總統的愛戴出於至誠，如能於總統每作一次賢明的民主法治的號召以後，各級政府立卽遵照實施，建立信譽，人民過去對國民黨人的不滿情緒是可以扭轉過來的。尤其去年雙十節總統文告發布以後，繼以八全代會的政綱發表，如能跟着有事實表現，而非徒託空言，例如卽將舉行的第四屆縣市議員選舉，如能接受在野黨派的建議，主動邀請共同辦理選舉，共同監察投票開票，以示大公至正，則一轉念之間，人心之挽回，收效必大，國民黨候選人得票自可增多，不必採用任何控制手段，也可獲得重大勝利。不幸由於缺乏信心，依舊控制一切，將來選舉結果，各縣市議會裏的席次，自然是國民黨人佔絕大多數，但人心距離日遠，實在得不償失。

上述三種心理因素，是互爲因果的，最重要的關鍵，就是醉心革命二字，無意於民主法治。本來，地方自治是民主政治的基礎，不願意實行眞正的地方自治，就是不願意實行眞正的民主政治。黨權高於一切，黨幹唯我獨尊，「公平」云云，已經失去對象。至於「守法」，這有兩種看法，第一是「刑不上大夫」，專制時期的法律，原祇爲控制人民而設，官吏可以不受約束；第二是法條名詞是可以活用的，可以因時因地作不同的解釋。歸根結底，「開誠心，佈公道，說實話，做實事」，只是忠愛國家主張民主的我的片面相思。雖然如此，我仍不死心，政黨原是有排他性的，革命二字與法治不能相容，因此與革命政黨談民主法治，未免不識時務，但我們既支持政府反共抗俄光復大陸，仍不能不盡最大誠心，進逆耳忠言。大陸共產政權最後必然崩潰，但什麼力量什麼時候才能予以摧毁，就要看各方團結奮鬥的努力如何。民主才有前途，團結就是力量，是我們的信念。關於地方選舉，國民黨籍省議員楊仁綢女士在省議會曾對省政府周主席說過：

「選舉辦法如無澈底糾正改善，今後無黨派之社會人士，不能參加競選，亦不敢出來競選，對民主政治之發展，是一種損失。且無黨派人士遭受種種意外之打擊，自然懷疑政府之政策。……國民黨員與非國民黨員皆中華民國國民，希望主席一定要同樣愛護，以免民心紛亂。民心紛亂，非常不好，說不定會發生大事情。」

爲國家計，爲執政黨計，我特引楊議員這一番語重心長的話，對政府與執政黨當局再進一次諍言。

日匪貿易之死結

王沿津

(一)日匪舉行北平貿易談判

近半年來，日匪雙方，對日匪貿易的不能如理想展開，都表示焦急。日本方面所焦急的，是一批熱中於匪方貿易的短視商人，以及若干匪偽在日的地下組織——左傾的日本議員——，他們都要靠日匪貿易的發展，才能獲利活動。在中共方面所焦急的，是滲透日本的工作，將受到若干影響，不能如預期的那樣展開，而且日本政府當局，正在走向自由集團的正確途徑。由於日匪雙方的共同焦急，就有在北平重行談判日匪貿易協定的事。他們雙方的貿易會談，是在九月二十一日，於北平西交民巷八十九號偽中國國際貿易促進委員會總部舉行。到十月底爲止，開會多次，所討論的問題，有一部份是已經取得協議，但還有若干不容易解決的難題，預備暫行擱置。因爲這些難題，非由日本方面作極大讓步，就不能解決。所以乘着日本舉行臨時國會的時機，日本通商代表團中，自團長以下，有若干議員代表回國開會，會談就此中止。大家認爲在十月底可以完成的第四次日匪貿易協定，又成泡影。

(二)日匪歷次貿易協定締結簡說

自從我國大陸變色，中共偽政權，在民國三十八年五月五日，成立所謂「中日貿易促進會」，日匪貿易接觸開始，雙方陸續交換物資。等到四十一年六月一日，第一次日匪貿易協定，在北平簽訂。在這一協定的執行期間，是四十一年六月一日到四十二年十月三十一日爲止，規定貿易額爲雙方輸出入額六千萬鎊，計一億六千八百萬美元，但結果只有三千零三十萬鎊，還不到協定額的百分之五十一。四十二年十月二十九日，第二次日匪貿易協定，又在北平簽訂，規定貿易額爲雙方輸出入額六千萬鎊，期間自從四十二年十二月起，到四十四年四月底爲止，成果爲二千三百二十八萬鎊，佔協定額的百分之三十八。第三次日匪貿易協定，是在民國四十四年五月四日於東京簽訂，到四十五年五月，爲期一年，貿易總數仍爲雙方輸出入額六千萬鎊，成果爲三千三百八十九萬鎊，佔協定額的百分之五十六點四。等到同年五月，日方建議延長第三次日匪貿易協定一年，經匪方同意。而在同年十月十五日，匪方勾結日方訪問匪區貿易代表人員，於北平簽發日匪貿易加緊促進的共同聲明。這一共同聲明的簽名人，日方是日本國際貿易促進協會代表村田省藏，日「中」貿易促進議員連盟代表池田正之輔。勝間田清一、加藤高藏、帆足計等五人，匪方是偽中國國際貿易促進委員會，代表南漢宸、雷任民、李燭塵、盧緒章等四匪。共同聲明的具體內容，首先强調第一次日匪貿易協定簽訂以來，忽已經過四年，其間因日匪兩國人民的努力，雙方的貿易，正在增進的一途展開着，實在是值得欣慰的事！不過根據日匪兩國傳統的歷史關係，以及地理的立地條件，對日匪貿易的現狀，還痛感着沒有充份的發展，確是事實。大家認爲這次在北平所開日本商品展覽會的成功，和兩國人民對日匪貿易的熱烈期望，爲了促進兩國貿易的發展，第三次日匪貿易協定，有延長到四十六年五月四日的必要。同時雙方對第三次日匪貿易協定中還沒有實現的各問題，以及其他有關各種問題，經彼此交換意見，對下列各點，彼此已經獲得一致的同意：㈠雙方在第三次日匪貿易協定的延長期間內，對互相設置常駐民間通商代表部，努力以求實現。㈡雙方基於需要及可能性，希望貿易額更求擴大。還有在必要的情形下，根據第三次日匪貿易協定的商品分類原則，在別表所列商品，得個別的加以調整。㈢雙方在正式締結兩國國家銀行間的支付協定之前，使先行發生兩國外滙銀行間的直接業務關係，希望在短期間內，獲得具體的協議。㈣雙方努力强化兩國間的技術交流和合作。㈤雙方爲了達成兩國貿易關係的正常化起見，努力促進加速締結兩國政府間的貿易協定。

根據了這一共同聲明，中共偽政權，就積極佈置對日的貿易經濟滲透工作，除原來在日本的匪諜外，更加强各種外圍組織，匪方接着就派遣漁業代表團到日本各地視察，表面上是從事日匪漁業合作的各種活動，實際上却爲佈置日本沿海各港口的匪諜接應組織，使匪方的走私上岸工作，能够進一步的順利擴充，以適應今後的緊急需要。

(三)中共在貿易談判前向日攻擊

當第三次日匪貿易協定行將期滿的時候，日本正是政治上發生變動的重要關頭，日本石橋湛山內閣的外務大臣岸信介氏，正式接任爲首相，他是一個澈底的反共人物，對當前日本的危機所在，看得非常清楚，認爲過去鳩山一郎內閣的親俄政策，對日本是有害而無利，爲了挽救日本，必須加强經濟外交工作，主張和自由集團國家，加緊聯繫，尤其對美國，更應澈底合作，他頗有意於建立長期性的政權，使日本奠定立國基礎，有助於東亞的永久和平，所以他不惜在百忙之中，訪問東南亞各國，更不苦跋涉，遠渡太平洋到達新大隆，和艾森豪。總統商討復興亞洲的大計他在訪問各國的途中，對中共問題，坦白地重申不承認的主張，這在中共匪偽政權看來，是所謂「一個頑固的反動政權」，因此利用日匪貿易協定行將重訂的時機，對日本作一頑强的抵抗，如果說他們是根據共產主義辯證法的積極攻勢，也無不可！

周匪恩來，在七月二十五日，於北平接見日本民間廣播視察團的時候，一變其過去僞裝和日本假親善的面目，而開始咆哮，對岸首相的訪問美國，大肆攻擊，尤其對岸氏的來訪臺灣，最爲不滿。他對岸氏的反共行動，居然說比較反共的吉田前首相更爲惡劣，因爲吉田雖反共，尚不想去臺灣，現在岸氏竟到國民政府所在地的臺灣。周匪並根據朝日新聞的報道，對蔣總統的反攻大陸，表示同感，而對中共僞政權，竟恣意攻擊，一再强調遵循聯合國意志，不承認中共，對中共是採取極不友好的態度，說他侮辱『新中國』，也無不可！岸氏對日匪貿易，口中儘管在說希望擴大，設法推廣，但事實上，日本政府的態度，對於雙方交換設立通商代表，不加支持，固執着要打手印，而圖阻礙，打手印在中國的傳統習慣上，是對犯罪者所施的行動，無異在侮辱中共的通商代表。關於這些反日的論調，周匪一經發表以後，中共政府，指使人民報紙新華通訊社廣播電臺等，一齊對日本攻擊，態度十分强硬！

（四）貿易談判前日匪冷戰

中共對日本的態度急變後，日本政府方面，一時抱着冷靜態度，而許多熱中於中共的貿易商人，却大爲着急，他們不辨是非，也不了解中共的狡詐手法，天眞地認爲岸首相的種種言論，的確會使中共發生誤會，主張乘此時機，應當派遣代表團到中共匪區，和匪方解釋誤會，而從速簽訂第四次日匪貿易協定，以免節外生枝，影響雙方貿易往來。於是慫恿日本社會黨黨員以及自由民主黨的和中共貿易有關黨員，極力向首相取鬧，並加壓力於通商產業省，以便和中共從速談判第四次日匪貿易協定。在這時候，日本政府，頻頻受各方的紛擾，但岸首相並不屈服，依舊堅持對中共不遷就的態度，藤山外相，也强調日本外交方針的不變。而中共方面，看到日本政府的强硬態度，始終不把周匪談話當作嚴重，於是他們進一步表示對在匪區的日本通商駐在人員，不予繼續滯留的許可，原因是由於日本政府並不支持日匪貿易的擴展，日本商人，在匪區沒有生意可做，自無延長駐在的必要，這使日本的商界着慌了！同時中共應用巧妙的政治技術，故意裝出和西歐國家加緊貿易的手法，對西德英國的貿易商，放出訂購機器的呼聲，日本工商界，認爲中共第二次五年經濟建設計劃所需的大量材料，準備向西歐國家採購，日本將坐失貿易良機。周匪恩來，更在八月二日，表示：「中共在日本名古屋福岡兩市的商品展覽會，由於日本政府的以打手印來妨害籌備人員的入境不能不作暫時的延展。本來在前年於日本的東京都和大阪市兩地舉行中共商品展覽會，而在去年在北平上海兩地舉行日本商品展覽會，在今年的秋季和明年的春季，預定在日本的名古屋和福岡兩地，舉行中共商品展覽會，根據日本在戰後的法令，是效法美國的外國人登錄法，凡屬非日本政府所承認的國家的外交官或者不是國際機關的公務人員，要入日本國境逕留六十日以上，必須打手印，中共和日本是沒有外交關係的，所派代表，自不能以外交官身份看待，在日本立場，必須取得入境人員的手印，中共方面認爲故意侮辱留難，因此中共想在名古屋和福岡兩地舉行的商品展覽會，不能不作無限期的延擱了。中共在對日採取强硬態度後，日本政府方面，並沒有就此軟化讓步的表示，因此中共匪幫，就暗中聯絡在日的特務人員，策動匪日貿易有關人員，用種種利誘方法，使日本對匪貿易有關單位主管者，出面打開僵局，於是地位比較超然的日「中」貿易促進議員連盟代表理事池田正之輔氏，在日本對匪貿易有力人士的催促下，和日本國際貿易促進協會、日「中」輸出入組合兩個對匪貿易有關機構，共同商討進行第四次日匪貿易協會談判的方法，經議定由池田正之輔氏，致電匪方，轉達他想到匪區協商日匪貿易問題的意思，經匪方國際貿易促進會僞主席南漢宸的覆電，表示歡迎池田氏的來訪匪區，並盼三個對匪團體，都派代表前來。至此，日「中」貿易促進議員連盟，日本國際貿易促進協會，日「中」輸出入組合，經磋商之下，互派代表，推舉池田爲團長，前往匪區談判第四次日匪貿易協定的締結，行前曾向政府當局請求機宜，並約定在談判期間，隨時用電信聯絡。

（五）貿易談判協議內容

日本貿易代表團到達匪區北平後，和匪方展開談判，爲了檢討的方便，採取分組討論的方法，對於通商代表部問題，專設一小組，商品分類和清算問題，也都另設小組。這三小組的互相討論，雙方都有激烈的爭執，商品分類問題和清算問題，最後獲得一致的意見，而成問題的，就是通商代表部，沒有獲得全部的協議，以致第四次日匪貿易協定的締結，就告擱淺。關於取得協議的：第一，關於協定期間的輸出入額，雙方增爲七千萬鎊，比較第三次協定增加一千萬鎊，這是日本方面提出增加，經匪方詳細考慮後同意了。第二，關於商品分類，日本主張由以前的三分類改爲二分類，最初匪方不同意，後來再三說明，才得意見一致。不過日本主張甲類佔總額的百分之六十，乙類佔總額的百分之四十，經匪方的要求，改正爲甲類佔百分之六十，乙類佔百分之四十，日本提案的輸出甲類：包括鋼鐵、非鐵金屬、機械類、化學肥料等。乙類：包括窯業製品、化學製品、化學纖維、動植物纖維製品、輕機械器具、木材、木製品、動物食料飲料、雜品等。輸入甲類：包括煤、鐵鑛石、銑鐵、鐵屑、鎂塊、大豆、米、鹽等。乙類：包括其他農產物、雜豆類、桐油、飼料、食品類、原皮、原毛、絹類、麻類、油脂類、雜製品等。第三，關於清算，支付應由雙方國家銀行間簽訂支付協定，不過目前還由民間滙兌銀行間訂立契約。第四，關於貿易計劃方面，雙方同意的，對中共輸出重要商品，日方同意簽訂長期契約。如鐵鑛石，明年一百萬噸，到一九六〇年，可增加到三百萬噸，煤包括開灤煤和一般煤，每年一百萬噸到三百萬噸，倘訂長期契約，再可酌量增加，米每年十五萬噸，大豆二十萬噸，以至四十萬噸，鹽一百萬噸。由日本輸往中共方面的：是鋼鐵製品、鋁塊、銅塊、鎳塊以及其他非鐵金屬、二萬基羅瓦特以上的發電設備、雷達、電子計算機、工業用電汽機器、工作母機、纖維製造品、肥料及其他化學品、醫藥品等。第五，關於通商代表部的設置，原則上彼此同意，但討論到具體內容，雙方意見，極不相同，經屢次折衝而已經一致的：㊀代表部的任務：規定爲Ⓐ有關實施貿易協定的聯絡事項；Ⓑ本國經濟事情的介紹事項；Ⓒ對手國家市場的調查事項和資料的搜集事項；Ⓓ商品交易的介紹周旋事項。Ⓔ兩國工商界人士來往的協助事項。Ⓕ兩國技術交流的聯絡促進事項。㊁代表的入境和出境，都得自由，國內旅行，基於相互主義，雙方同樣辦理。㊂海關通關時的課稅和檢查，得採取便宜措置而免除。㊃代表部的名稱，日方「爲貿易通商事務所」，匪方爲「國際貿易促進委員會東京駐在通商代表部。」㊄代表部的掛國旗，原則上自由，但儘可能的限制於國慶及其他紀念日。㊅對代表人員，予以安全保護。以上各項，是池田代表團到匪區停留一個多月的收穫，可是中共談判人員和日方人員的討價還價，極盡疲勞交涉之能事！在這一場四十多天的談判中，有關於純貿易部門的，匪方的策略，在和日方相當堅持之後，往往讓步以採納日本的意見，好像關於以上各項的協議，大都如此，就是有關商事的仲裁，雖經多次折衝，也是同意日本提案的，可是有關政治性的，匪方就絕不遷就，爭持到底了！

（六）日匪貿易死結所在

匪方爭持到底而不肯讓步的，就是通商代表入國打手印的問題，匪方不顧日本的法令，一意主張代表入國免除打手印。不但代表本人免打手印，就是代表的眷屬，也同樣不打手印，關於這一點，日本代表讓步到五人代表可以免打手印，匪方仍不同意。同時對於代表部人數，日方主張彼此都限定五人，可是匪方堅持五人代表之外，必須不限制家屬人數，正在互相從詳檢討的時候，匪方代表，突然提出一次派代表部人員三十名的建議，這使日方代表，大爲驚異，結果不得不停止談判。而在日方代表堅決不接受的時候，匪方施其一貫的欺騙手段，向日方再三婉轉說明，中共目前正在提倡節約，對外人員的派遣，儘量減少，不過爲擴展對日貿易，預留餘地而已。此外匪方又在協議「對代表人員予以安全保護」之外，對日本要求確定代表人員的安全保障問題，這又和日本當前的不承認中共政策，有所抵觸，因爲安全保障而出之於日本政府的書面保證，等於給予中共以外交特權，無異在事實上承認中共了。匪方在談判時，提出三項要求：㊀對於代表部人員及其家族，不接受日本政府的傳喚命令，日本政府，不得加以搜查、逮捕和拘留。㊁代表部的事務所和住宅，不得侵入，也不接受搜查，同時日本政府，必須保障代表部的不受任何人侵入與搗亂。㊂代表部人員，如果發生民事或刑事糾紛的時候，法院裁判所的傳喚命令，得拒絕接受，用互相談話方式，經過雙方同意的方法，加以適當的處理。這三項要求，日方代表，認爲對於日本的警察權和裁判權，有所損害，不能同意，如果貿然加以允准的話，無異是一種外交上的領事權了。根據以上匪方的各項堅持意見看來，完全是一種政治手法，匪方的貿易談判，目的不在於經濟性的貿易本身，而却着重於政治性的各種條件上，他們故意製造出種種方式，使日本代表投入他們的陷阱，以求日本政府的事實上承認中共。這就是日匪貿易死結之所在，說得明白些，解不開的死結，在於日本對匪貿易的觀點，站在純貿易的立場，儘量把政治分開，這次貿易談判，完全和政治無關。中共對日貿易的觀點，站在夾入政治的立場，務須把政治攙入貿易，貿易談判，和政治外交必須混在一起，這次貿易談判，是根據「中」日友好互惠平等的原則而進行的，如果拋棄政治關係，就毫無意義了。目前日本岸內閣的立國方針，再三聲明遵守聯合國憲章，不承認中共政權，中共就想利用第四次日匪貿易談判的機會，使日本在事實上承認中共，逐漸粉碎岸內閣的外交政策。當然中共的主要目的，在於奉行蘇俄世界侵略政策的一部份，想利用第四次日匪貿易協定，從事大規模的滲透工作。因此，這一協定，日本如果遷就中共而予以簽訂，允許給予中共通商代表部以特權，那末共產特務在三島有了據點，東亞大局，從此更多事，前途正不堪設想了！

根據筆者的觀察，這一個死結，在最短期間，極不容易解開，故第四次日匪貿易協定，在最短期間，絕對不能成立的。理由是：第一，關於打手印的問題，必須經過立法手續，變更外僑登記的條文，如果在議會通過了放寬居留期限一年，一年以上才打手印，而對於代表人員的人數及家屬人數，還須經過討價還價的爭執，至於人員的安全保護，日本政府只能答應以安全保護，證與護之間，出入相當大，而且不願見之於明文。同時這一次的談判，共匪給予池田代表團團員們的印象太壞了。他們都沒有興趣在北平過冬天疲乏談判的生活。第二，對於日匪貿易的前途，根本發生了暗淡的感覺，認爲中共第二次五年計劃期間所需的物資，不可能向日本大量採購，由於各種工業建設的規格，都是蘇俄式的，必須向共產集團國家採購。同時中共今後五年的貿易增加率，並不大量提高，雙方貿易的商品種類，也極有限，中共所要向日本購買的，不過肥料、水泥、船舶、鐵鑛、染料、人造絲、機器、測量器、輕工業品、無線電、三輪車和其他電機材料而已。對日輸出品，不過煤炭、鐵砂、鹽、米、大豆、鐵石、樹脂、羊毛、桐油及藥材等而已。第三，中共由於天災人禍，農產品生產量大減，出口物資，除供應共產集團各國外，極少餘額輸往日本，同時大陸國民，受盡剝削，貧困得連最低生活也不能自保，那裏有購買力來向日本大量採辦消費物資呢？第四，日匪貿易在技術上有許多不易克服的困難，運費保險費等，都成問題，運費雖以日匪距離較他國爲近，然因日本船運貨到匪區海岸，往往空船回來，因而反較運往他國爲昂貴，且受自由中國海上封鎖的影響，保險費也特別漲高。第五，雙方互相猜疑，不予信任，大有同牀異夢之概。如果蘇俄對中共不予以解開死結的指示，第四次日匪貿易協定，不知何日才能簽訂，因爲政治成份濃厚的協定附件，岸信介首相是不想接受的。

蘇嘉諾、哈達能合作嗎？

椰嘉達通訊・四十六年十月十五日

葛偕吾

蘇嘉諾與哈達，同爲印尼建國元勳，在印尼獨立革命時期，他們携手合作，反抗荷蘭殖民主義的統治。由於他們「兩位一體」，合作無間，終於能够領導與團結印尼民族，推翻殖民地政治，建立印度尼西亞共和國。一九四五年八月十七日印尼獨立宣言，就是由蘇嘉諾與哈達以印尼民族代表名義聯署發表的。因此，蘇哈二人，同被視爲印尼民族領袖，開國元勳。印尼立國以後，蘇嘉諾任總統，哈達任副總統。蘇嘉諾是理想家，陷於空泛；哈達是力行家，較重實際；設二人能如獨立革命時期的「兩位一體」，合作無間，則此新興國家是有其前途的。無如蘇、哈二人，只能共艱苦，不能同安樂；蘇嘉諾以大權在握，對一切國策，並不徵詢或重視哈達的意見，甚至兩人的主張與作法，幾乎背道而馳。以致哈達不得不於一九五六年十二月一日毅然辭去副總統職務；這表示哈達不願再與蘇嘉諾同流合汚，因此，蘇哈二人乃正式分裂；而印尼這個國家，亦開始步入厄運，陷於分崩離析的狀態。

哈達曾經被印尼人視爲「印尼團結的象徵」。哈達是深愛其國家的，他之忍痛辭去副總統職，自有其客觀原因在；而辭職之後，對印尼政局所引起的動盪不安，乃爲世人所矚目。印尼是東南亞最大最富的國家，其安危對於世界尤其是東南亞的影響甚大；同時印尼又爲華僑衆多的國家，其政局的動盪，引致華僑之杌隉，其與我國的關係，尤不容忽視。印尼民族協商會議之後，「兩位一體」運動，風起雲湧，蘇嘉諾與哈達的重新合作，成爲印尼朝野的一致要求。我們分析蘇、哈二人「分家」的原因，以及哈達辭職後所引致的情態，不禁有「蘇嘉諾、哈達能合作嗎」之感。

一　地域的成見

印尼共和國是由四個大島和二千餘小島組成的，這四個大島是：爪哇、蘇門答臘、婆羅洲、西里伯斯，面積廣大，民族衆多，語言亦複雜。在殖民地時代，荷蘭人採用民族分裂政策，以遏止聯邦制度之形成，利其控制。印尼獨立之初，分爲十一個邦和四個自治區，組成印尼聯邦共和國。這種分據形勢，即受荷蘭人民族分裂、分而治之政策的影響。當時的蘇嘉諾和哈達，非不明瞭這一缺憾；所以展開「强幹弱枝」的單一國運動，終於一九五〇年七月，各邦自動取銷邦政府，統一乃告成。由此，印尼政制，採取中央集權制度，沒有健全的地方自治制度；中央過份集權，引致地方與中央脫節；益以島嶼分散的形勢，使地方對中央離心傾向日甚，乃形成地方與中央對立局面。

印尼在進行獨立革命時期，因爲蘇嘉諾是爪哇人，哈達是蘇門答臘人，由於兩民族領袖的關係，所以爪哇與蘇門答臘，成爲革命主力。單一國的統一運動告成後，爪哇與蘇門答臘兩島組成的印尼共和國，乃合併其他各島的邦政府而完成統一。由於原有各邦受荷蘭人分而治之政策的影響，地域之見甚深，對爪哇與蘇門答臘組成的印尼共和國，固仍存有離心傾向；即組成印尼共和國的爪哇與蘇門答臘之間，亦因權力不平衡而存有地域和人事的歧見。爪哇籍的蘇嘉諾任總統，蘇門答臘籍的哈達任副總統，蘇哈二人，同爲民族領袖，同獲人民愛戴。但因蘇嘉諾係總統，故在人事與權力方面，蘇門答臘方面總覺有委屈之感；而在經濟建設方面，爪哇也遠比其他各島爲優，因而引起地方的極大不滿。以土地面積論，印尼主要的四大島，以爪哇爲最小，次爲西里伯斯；再次爲蘇門答臘，比爪哇大三倍半；最大爲婆羅洲，等於爪哇的五又二分之一。以人口數量論，印尼八千一百萬人口，爪哇一島佔五千七百餘萬，蘇門答臘爲一千一百萬，爪哇較之約多四倍；西里伯斯只有四百萬，婆羅洲則地曠人稀，只有三百六十萬。論資源，印尼的出口物資，大部出產於爪哇以外各島；單只蘇門答臘一地，其外滙收入，就佔全國外滙總收入百分之七十有餘。爪哇因爲人口衆多，中樞機關龐大，已經是一個消費地區；不如蘇門答臘之地大、物阜、人稀，比較有開發價值與前途。所以在印尼的政爭中，只有蘇門答臘比較可與爪哇爭衡；而爭衡的結果，乃演變而爲爪哇籍的蘇嘉諾與蘇門答臘籍的哈達之爭。蘇哈兩人之失和，由於地域成見不能化除所造成者甚大。

二　政黨的分野

印尼爲戰後新興的國家，基礎未固，然而政黨之多，爲世界任何民主國家所僅見。由於黨派林立，政見亦紛歧，在國會中，沒有一個政黨可以單獨組閣，自然更沒有一個如美英兩國的有力反對黨。印尼國家由四個大島及無數小島嶼組成，印尼國會亦由四個大黨和很多小黨派參加；但這種巧合，並不表示每一個大島有一個大政黨。不過第一大黨的國民黨主力在爪哇，而第二大黨瑪斯友美黨的主力在蘇島，却可以說明蘇、哈二人勢力的分佈。這四個大黨在現有國會議員二六八席中，共佔了一九八席，其餘七十席，分屬于不同的二十餘個政黨；其他參加競選而未獲得一席地的黨派，尚復不少。這四個大黨是：

㈠印尼國民黨：以蘇嘉諾爲領袖，在國會中擁有五十七議席；其所得席位原與瑪斯友美黨相若，因其總選票較瑪黨爲多，故被列爲第一大黨。其政策爲中間性，但常偏左，在內政上以親共鞏固其政權，在外交上附庸尼赫魯走所謂「中立主義」。

㈡瑪斯友美黨：亦稱回教黨，在回教黨派中，屬於溫和派，其政策爲中間偏右，極端反對共產黨，擁哈達爲其領袖；在國會中擁有與國民黨相若之議席五十七席；因其總選票較國民黨爲少，故被列爲第二大黨。

㈢神學會：亦稱回教士聯合會，原屬瑪斯友美黨中之一部份，後脫離瑪黨而獨立設黨；其宗教性較瑪黨尤爲强，屬於回教黨派中之保守派，反共意識不亞於瑪黨；在國會中擁有四十五議席，爲第三大黨。

㈣印尼共產黨：在國會中擁有三十九議席，包括由該黨提名之建設系七席在內，爲印尼第四大黨。印尼共產黨雖成立於一九二〇年，但其發展乃近數年來印尼國民黨執政採行親共政策所造成。今日國民黨有識之士，鑒於地方議會選擧，印共得票，凌駕而上，已有「爲虎作倀」之感，表示不願再與合作了。

這四大政黨，瑪斯友美黨和神學會是擁護哈達，堅決反共的；假如國民黨不走親共路線，蘇嘉諾不偕共自重，不偏袒印共，則此三大政黨，可以解決歧見，組成堅强的反共陣線；蘇嘉諾與哈達亦不致行徑相左，各走極端。無如蘇嘉諾幻想用容共手段，換取蘇俄與中共的支援，及印共所屬印尼總工會的擁護，以牽制瑪神兩黨，及對付阻礙他統一印尼的蘇門答臘和婆羅洲兩地區；因此他以元首之尊，干預政黨，偏愛國民黨，左袒共產黨，漠視其他政治團體。這種偏袒主義，乃迫使才猷卓絕，受人崇敬的哈達，辭去其副總統職務；亦由于哈達的辭職，乃造成除爪哇以外各省之背離與對立。

三　內政的腐化

印尼是個新興國家，但也是個落後國家，行政效率，非常低落，且賄賂公行，貪汚之風甚盛；哈達有心人，力主嚴懲貪汚，提高行政效率。但蘇嘉諾爲環境所包圍，不瞭解全國人民的思潮與熱望，犯了對實況估計過低或判斷不確的錯誤，他不信官吏貪汚，甚至有些中央要員的貪汚且加以掩護。哈達對于蘇氏未能肅清政界之貪汚，難予容忍，乃亦其憤而辭職的原因之一。其辭職時的談話會謂：「印尼獨立十一年以來，只產生了政治與經濟的混亂，結果演成腐敗與衰頹」。哈達不但被認爲全國團結的象徵，且以其立場公正，從不顧及個人之私利與得失，故並被認爲「國旗良心代表」。觀夫哈達之所言，可知印尼內政之腐化不振，經濟之混亂與衰頹。此外，「工作內閣」總理尤安達，於召開民族協商會議聲明中亦謂：「由于二位一體關係之發生裂痕，繼以哈達博士之辭去副總統職務，益增加社會方面對政治主張之對立，使中央與地方關係疏遠」。尤氏並擧出政府不正常現象：㈠各地方當地出身之人士，掌理地方政府各機關行政者，日益減少；㈡中央及地方政府方面，中央集權主義與官僚作風，影響各種工作之進行；㈢政府中重要職員貪汚作弊，誤用權位行爲之層出不窮，均使人民感到不滿；㈣政府各機關間缺少合作聯絡；㈤政府對國家機構工作缺乏有效及充分之監督。這些現象，而充分表現印尼內政之腐化與無能，而被列爲召開民族協商會議，解決國是的原因；也就是地方對中央政府不滿因而導致哈達對蘇嘉諾不滿，憤而去職的要素。若蘇嘉諾早見及此，早加改革，則哈達不致去職；而有哈氏崇高人格的維繫，地方或可不致發生政變。故今日印尼的危機，蘇嘉諾之偏見與獨裁，及其錯誤的領導，實應負其咎。

四　地方與中央之對立

印尼是羣島之國，但是海軍與空軍並不發達，只有陸軍憑着獨立革命時期對荷血戰的歷史，在國內具有左右政局的力量。在中央，依據緊急法令，陸軍參謀長成爲最高軍事執權人，發號施令，頒行法例，從外僑的監督，外滙的管制，財產的調查，以至國籍問題，均由陸軍參謀長以軍事執權人名義辦理，最近修正印花稅例，徵收籍民證費，亦由軍事執權人修訂條例，頒佈施行，儼然在內閣之外，另成一個軍事內閣。在地方，分防各區的軍區司令，均爲各該地區的軍事執權人，可以指導監督地方民政長官，集軍政大權于一身，成爲地方權力的代表者，他們以地方領袖自居，也頗能獲得地方支持。

印尼陸軍，本質是反共的，且始終擁戴哈達副總統，對于蘇嘉諾所行的親共政策，以及內政之腐化無能，早具不滿之心。印尼人以哈達爲「印尼團結的象徵」，哈達不辭職，他們還不會變，一旦哈達辭了職，各區不流血政變，就先後爆發。哈達于一九五六年十二月一日正式辭職，哈達的出生地中蘇門答臘的胡辛上校，立即于十二月二十日發動政變，接收民政大權，實行自治，作爲對中央忽視蘇門答臘人民福利的抗議。多年以來，爪哇以外的各島人民，不斷要求在財政及行政問題上，取得廣泛的自治權，俾得進行各自的發展計劃；但得到的都是「口惠而實不至」的答復。中蘇門答臘政變之後，北蘇門答臘與南蘇門答臘、南婆羅洲、西里伯斯，以及摩洛加羣島，也相繼響應，先後發動了同樣的政變，宣佈脫離中央政府，擴大地方自治。影響所及，整個印尼共和國，除爪哇島外，均在「地方領袖」控制之中，印尼中央政府權力，僅限于爪哇一島上；而駐防于爪哇的陸軍，也並非完全效忠于中央政府。此時的蘇嘉諾，處境眞是十分險惡。

不過此種地方政變，並不是一種脫離運動，要在印尼共和國之內，另建國家，實行「國中建國」。地方政變的本質，只是一種「兵諫」，一種「地方自治」運動，地方領袖雖然宣佈脫離中央的控制，但他們只是要求中央政府的自淸，要求蘇嘉諾與哈達的合作，要求擴大地方的自治權。中央雖然力斥地方領袖的擁兵自立，爲叛國行爲，但實際上也無從事武力解決的意圖；中央與地方之間，就這樣對立着而不能解決。中央對地方的策略是「一折」，以高官原祿，折散地方的團結，以便各個擊破；地方的對策是「拖」，因爲印尼外滙收入，僅蘇門答臘一島，卽佔全國總收入百分之七十餘，地方政變後，外滙均爲地方截留，財源旣裕，繁榮隨之；「拖」得越久越對地方有利；中央到了山窮水盡時，不怕不就範，接受地方的要求。因而地方與中央之間，亦就在這「拖」與「折」之中對立着。

五　「領導的民主」

哈達副總統在辭職之時，曾指出印尼的病態說：「印尼自在二次世界大戰之後，獲得獨立以還，只產生了政治上和經濟上的紊亂，結果出現了普遍的腐敗和頹廢」。哈達除說明了政府的無能外，還指出執政者的剛愎安爲。但是，蘇嘉諾爲本身護短，不但不知悔改，反而諉過于西方的民主制度，而幻想實施形同獨裁的「領導的民主」制。蘇氏在訪問蘇俄和中共大陸之後，曾幻想仿照蘇俄政治局方式實行獨裁政治，以挽救印尼。但是印尼人民厭惡共黨式的獨裁政制，「領導的民主」一經宣佈，立卽招致朝野人士的反對，反而增加了印尼政治的紊亂，和經濟的危機的程度。

所謂「領導的民主」，實際就是蘇嘉諾實行獨裁的藉口。因爲國內亂象日深，地方背離日甚，蘇嘉諾乃于今年三月十四日宣佈戒嚴令，置全國于緊急狀態之中。于是利用戒嚴法例，改組內閣，自任內閣組閣人，以尤安達爲總理，組成「超國會制非常事務內閣」。因爲是超國會制，所以不問閣員在國會中的黨派關係，閣員也不代表任何政黨，而僅以私人資格參加，故被稱爲「工作內閣」。

「工作內閣」的主要任務，乃採取明確與適當步驟，設立民族委員會，實施蘇嘉諾的「領導的民主」。這個民族委員會是在內閣與國會以外的政治機構，原先的計劃，是要比照蘇俄政治局的組織方式。後來鑒于各方反對的強烈，乃略改變其性質爲設計和建議。委員會由蘇嘉諾自任主席，有權確定政治方面的大綱，不經國會認可，不問政府之同意，向政府提出建議，內閣僅爲技術上執行機構，爲一實質的太上內閣。

印尼爲實行內閣制的民主國家，總統爲國家元首，只有崇高的地位，無權直接干預政務。但蘇嘉諾總統却利用戒嚴法例的機會，親任組閣人，組織超國會制的工作內閣；又于內閣和國會之外，另設置民族委員會，自任主席，躬行「親政」，實行其「領導的民主」，侵奪內閣與國會的職權。此種跡近獨裁的作風，遂引起朝野暨各黨派之指責，認蘇氏有違憲與干政的重大過失；哈達且認：「蘇嘉諾總統所擬組織之民族委員會，與憲法規定不符，如欲組織此種委員會，必須先修改憲法」。並強調實施民主制的地方自治，促進地方之發展；加強合作社之組織，引導人民朝向平均與幸福之繁榮境地兩點，以對抗蘇嘉諾的「領導的民主」制。蘇氏原意以「領導的民主」，加強中央集權力量，以統一全國。誰知治絲愈紛，結果適得其反，國內之亂像愈甚，政局的動盪益劇；而全國的一致要求，是恢復兩位一體，蘇嘉諾與哈達重新合作，以解決印尼分裂的危機。易言之，蘇嘉諾沒有得到哈達的合作，則無法解決印尼分裂的危機。大勢所趨，民意所求，迫使蘇嘉諾不得不讓步，而籌開民族協商會議，以求解決國是之道。

六　協商解決危機

印尼民族協商會議係於九月十日至十五日在椰嘉達獨立宣言大廈擧行，是一種基於一九四五年八月十七日印尼獨立宣言之民族協商，其範圍不僅及于軍事問題，且包括民政問題，以恢復印尼共和國正常情勢爲目標，以維護印尼共和國國家完整爲目的。中央方面被邀請協商者爲；尤安達總理，哈第第一副總理、伊淡哈力第二副總理、雷孟邦第三副總理、陸軍參謀長納壽申少將、海軍參謀長蘇比亞多海軍少將、空軍參謀長蘇里達空軍少將，總警監蘇于多，總檢察長蘇伯拉多，及最高法院院長韋約諾等十人。顧問爲民族委員會副主席鴨都干尼、國會議長沙多諾、第一副議長阿利芬、第二副議長阿魯齊、第三副議長阿末、制憲議會主席韋洛坡、第一副主席普拉禾多、第二副主席華拉杜曼、第三副主席沙基曼、及第四副主席希達悅夫人等十人。蘇嘉諾與哈達，同以民族領導身份，被邀請參加。

地方方面出席代表，每一地區爲二人，卽地方軍事執權人與地方民政長官；再由兩人共同遴選顧問三人，如有關地區有地方議會，則三名顧問中，應有一人爲地方議會主席或副主席，全國劃爲二十一個地區，計蘇門答臘分六個地區，爲亞齊、蘇北、蘇西、廖島、占碑、蘇南；婆羅洲分五個地區，爲加里曼丹、南加里曼丹、西加里曼丹、東加里曼丹、中加里曼丹；東印尼分五個地區，爲南蘇拉威西、北蘇拉威西、摩洛加、西伊里安、東南島；爪哇分五個地區，爲西爪哇、中爪哇、東爪哇、日惹，與大椰嘉達。地方應出席代表合計爲四十二人，顧問爲六十三人。

在出席協商會議的代表和顧問中，僅哈達一人屬平民身份，旣無職，又無權；但其在協商會議中的地位，其重要性，幾凌駕蘇嘉諾之上，其影響力幾乎可左右此會議之成功抑失敗。此可說明哈達對于印尼是何等重要，一身繫印尼之安危，難怪印尼人民目爲「全國團結的象徵」，哈達有心人，當知所以珍惜也。

民族協商會議有四個基本問題，㊀軍事問題，㊁民政問題，㊂民族警惕感，與㊃特殊問題。這個「特殊問題」最重的是協商「兩位一體」問題，也就是蘇嘉諾與哈達合作問題；是協商會議要解決的最最重要的問題，設特別委員會商討。其次是軍事問題，由三軍統帥蘇嘉諾總統、國防部長、陸軍參謀長、海軍參謀長、空軍參謀長及哈達組一軍事會議以商討之。此外另設㊀一般與行政委員會，㊁財政經濟與建設委員會，商談一般行政與財經建設事宜。吾人研究協商會議之成敗以及蘇哈兩人能否合作，只要看對「兩位一體」，及軍事問題有無具體解決辦法，則可以思過半矣。

會議之初，地方代表提出四項先決條件：第一，放棄蘇嘉諾的「領導的民主」，解散民族委員會；第二，恢復哈達副總統的職位；第三，改組不依憲政常規而產生的內閣；第四，解除蘇嘉諾所宣佈的戒嚴令。因此會議爭執甚烈，中央以「法統」問題，糾正地方，指地方擁兵自立，爲破壞法統；地方以「違憲」問題，指摘中央，指蘇嘉諾的「領導民主」，根本是違憲。旋乃改由四巨頭——蘇嘉諾、哈達、內閣總理尤安達、陸軍參謀長芮壽申——秘密協商，取得基本諒解，蘇嘉諾迫于情勢，一再讓步，乃達成下列協議：

㈠關于「兩位一體」問題，由蘇嘉諾與哈達共同簽發聯合聲明，確保一九四五年八月十七日印尼獨立宣言之精神。

㈡關于哈達的地位問題，除由哈達出任改組後的民族委員會副主席外，另成立一全國計劃委員會，由哈達任主席。

㈢關于民族委員會問題，決定該會雖不撤銷，但將擴大基礎，增加地方的代表，變質成爲參議院式的國會上院。

㈣關于軍事問題，設一軍事小組委員會，由蘇嘉諾與哈達兩人，共同領導。此軍事小組設委員七人，除蘇、哈兩人外，爲總理尤安達、第三副總理雷孟邦、衛生部長阿勒斯沙勒、陸軍參謀長納壽申，及「蘇丹」哈孟古普禾諾等。出席協商會議全體軍官，並於異常莊嚴的典禮中，向蘇嘉諾與哈達作效忠宣誓，一致決定將接受軍事小組七人委員會對解決陸軍問題所採取之一切決定。

㈤關于國家首都問題，原則上贊同將首都由椰嘉達遷往適合之地點，由于此問題牽涉之範圍甚廣，應另設一小組委員會以討論之。

㈥關於財政經濟建設問題，地方方面答應在統一實現之後，即行終止截留稅欵，終止對外的易貨貿易；惟中央方面應在地方的輸出結滙中撥出一定的成數，充作地方的建設經費。

七　蘇哈能合作嗎？

恢復「兩位一體」，蘇、哈重新合作，早爲印尼朝野上下的一致要求，亦爲印尼國家統一所必需。所有政黨，除印尼共產黨深懼蘇、哈合作，統一告成，有碍該黨之發展，表示恐懼與反對外；其餘皆一致要求蘇哈兩人言歸于好，重行合作，而支持政府爲解決目前國家與人民面臨之困難而舉行民族協商會議，希望達成：(甲)中央與地方間能恢復互相諒解與互相信任；(乙)爲民族之利益與團結，蘇嘉諾、哈達兩民族領袖重新合作；(丙)取得對國家之完整與安全，以及人民有益之成就，大家認爲蘇嘉諾、哈達兩位一體之重新合作，以及蘇嘉諾、哈達發表之聯合聲明，共同合作在任何情勢中維護一九四五年八月十七日獨立宣言，乃民族協商會議最成功之成就。爲取得對國家有利之合作，主張最好由國會建議哈達復任副總統，並賦予對國家負責之固定職權，一如賦予蘇嘉諾對國家負責之固定職權然。

蘇嘉諾與哈達的聯合聲明，誠可謂民族協商會議對恢復「兩位一體」的具體表現。但聯合聲明稱：「確保一九四五年八月十七日印尼獨立宣言之基礎，乃余等之絕對責任」；並無「合作」兩字。查一九四五年八月十七日印尼獨立宣言全文爲：「我們印尼民族，謹此宣佈印尼之獨立。有關政權移交及其他事項，當於最短期間求澈底之實現。椰嘉達，一九四五年八月十七日，印尼民族代表蘇嘉諾、哈達」。寥寥數字，並無詳細說明治國之道；故所謂確保獨立宣言「基礎」云者，意在保證印尼依獨立宣言之精神，爲單一國國家，不容分裂，或「國中建國」。此一聯合聲明，在措詞與實質上，與哈達在協商會議開幕時所發表之書面致詞，幾無二致。哈達辭職後，爲一介平民，雖有政治力量，但無政治地位；此一聲明之發表，等于承認哈達負有與蘇嘉諾相同的政治責任。於此可充分反映蘇嘉諾之重大讓步；但哈達與地方反對派，亦僅獲精神上之勝利，因爲所有重要問題，並未獲得具體解決，仍有待未來作局部與地方性之商討。

聯合聲明最主要之一點，爲顯示哈達同負有政治責任，將重入政海；但如何與蘇嘉諾合作，則未提及，而且目前亦似言之過早。據椰嘉達中華商報九月十四日報導蘇嘉諾、哈達會談紀錄如下：

蘇嘉諾：余贊成在任何形式中，恢復兩位一體關係，即以舊形式由翁哈達任副總統，或以其他形式。總之，余願意循任何途徑，亦願意不顧余之身份，以及應有之禮儀，使翁哈達重返舊職，與恢復兩位一體關係，或予其他能表現兩位一體之職位。

哈達：在地方與中央關係未恢復正常之前，余不願接受任何職位。余認爲，目前最重要者，乃立即撤銷最近不合憲法之措施，恢復原有之氣氛，即工作內閣，民族委員會等須全部解散。

蘇嘉諾：有何不合憲法？目前所進行之一切措施均合憲法。此一切經由余之顧問作詳細之解釋。

哈達：請君之顧問與余辯論，余將對渠等重申工作內閣、民族委員會等均以不合憲法方式組成。若蘇嘉諾擔任內閣總理，余願爲總統顧問。

蘇嘉諾：若余任內閣總理，須爲「合作」內閣，余不願排除任何潮流之代表，余身爲民族領袖，不能歧視共同居住、生長、與生活於印尼之同族。

哈達：何謂合作內閣？內閣內必有印共份子。而印共係反上帝，應加以排除。

看了這個會談要點，蘇、哈合作，恢復兩位一體關係，似爲時尚早。要恢復兩位一體，重新合作，先決條件，必須哈達復任副總統或出任政府要職。但哈達已嚴正表示，在地方與中央關係恢復正常前，不願接受任何職位。而地方與中央關係之不正常，主要在于軍事問題，與工作內閣問題。軍事問題雖由軍事七人小組委員會負責處理，全體軍官亦向蘇、哈二人宣誓效忠；但解決軍事問題之關鍵，，爲陸軍參謀長納壽申少將之必須去職因納氏如繼續在位，爪哇以外的各區島嶼，將不願與中央合作。爲解決軍事問題，哈達曾主張以現任華府武官加維拉朗上校，或駐「北平」武官華魯上校取代之。如加維拉朗出任陸軍參謀長，則對軍事團結解決軍事問題，必有極大的幫助。但加、華二人均爲魯比斯系人物，而魯氏因反對蘇嘉諾，尚在通緝中，蘇嘉諾之不會接受，可以想見。若軍事問題不能解決，地方與中央關係不能恢復正常，哈達則不接受政府職位，則影響蘇、哈之合作。

關于改組工作內閣問題，最現實的辦法，是蘇嘉諾自任閣揆，實行「親政」；而以哈達爲其顧問。但蘇氏的幻想，是組織包括共黨在內的「合作內閣」；而哈達則堅持印共必須排除於內閣之外。觀點不同，蘇氏自然不致自任閣揆。最具理想和成效的辦法，是由哈達組閣。以哈達的聲望，以及在協商會議的考驗，哈達任閣揆，地方與中央的不正常關係，立可化除；而二位一體，蘇哈合作，也立可實現。但蘇嘉諾頗具獨裁野心，他既干預內閣與國會職權，豈肯將大權落諸與他「分庭抗禮」的哈達手上，而作虛有其名的總統。所以，國人同具此心，而蘇嘉諾總不欲其實現。此次會議中處處討好，步步遷就，對哈達作重大讓步，只是想借哈達的號召力量，恢復以自己爲本位的兩位一體，以改善地方對中央的關係而已；一旦須把大權交哈達，蘇氏雖愚，是不爲也。

關於哈達的出處問題，他是個學者，亦是力行家，他自然不願出任投閒置散的職位。復任副總統，不是蘇嘉諾所可決定，因哈之辭職，是經過國會通過的。國會既通過准辭於前，依法亦不能決議復任於後；國會不能決議，則誰也無法決定。所以復職問題，恐將無法實現。關于擴大民族委員會基礎，改變其性質爲參議院式的國會上院，以哈達任副主席問題。哈達是反對民族委員會最力，而指爲違憲之學者；在改變其性質未經國會修改憲法之前，是否願出任此自認爲違憲的副主席，實不無疑問。至於另設全國計劃委員會由哈達出任主席一節，乃屬「因人設事」之舉；因內閣之下，已有計劃局，再設全國計劃委員會，實類疊床架屋；且計劃局主席有職無權，似亦非實幹如哈達者所樂爲。所以哈達之出處，尚在「拖」之中，何時「拖」出來，尚是未知數。出處不能解決，合作將屬空談。蘇、哈不能合作，則印尼分裂之局，仍無法統一。

印尼共產黨是在蘇、哈不和，及三大政黨存在已久的歧見下發展起來。蘇、哈能夠合作，則三大歧見能解決，印共即失去發展之機會。故蘇、哈之合作；印共視之爲剋星，處心積慮，加以破壞。觀夫今年地方議會印尼共所獲驚人票數，若蘇、哈終不能合作，三大政黨不能解決歧見；而印共在今後兩年與一九五五年至一九五七年獲致同等發展，則一九五九年底印尼全國第二次國會議員選舉，印共將會獲得多數票，而於一九六〇年起控制國會，把持印尼政權。印共掌握政權，則蘇俄在東南亞將獲得一堅强據點，民主國家在遠東的形勢，必將改觀；而我二百餘萬的華僑之處境，亦將日益惡劣杌隉矣。

明寮一年

雷震

我於民國八年的夏天，考取日本東京第一高等學校附設的中國學生特別預科的文科。

所謂「特別預科」，專爲訓練已經考取的中國學生聽講日語能力而設立的，期間爲一年。就是希望中國學生在這特別預科一年修業期滿後升入本科與日本學生同班上課時，可以聽得明白先生的講義而不致有太大的隔閡。故第一高等的特別預科，在文科方面，除日語英語之外，還有數學、物理、化學、歷史、體操等課，而理科則把文科的歷史改爲動植礦和生理學。數學一課，理科亦比文科教得深些。

我個人除在投考一高以前，已經學習日語一年多不計外（一高特別預科的入學考試，全部用日語考的，英語則爲英譯日和日譯英二種），這一年特別預科讀完之後，而且是和日本學生共同生活了一年，次年分發至名古屋第八高等學校肄業，課堂上課聽講時，還只能聽懂與學科有關的先生的講話，就在這中間，還有多少地方聽不明白，尤以日本歷史爲甚。日本人名地名之難讀、難記，殊非想像所及。倘若碰到先生講故事或說笑話時，我們還是不懂的時候多，看到日本學生發笑，我也跟着笑笑而已。遇到鄉音、土音很重，或口齒不清的先生，初聽講時還是很吃力的。有些人以爲學了幾個月的日本文就可以看懂日本書，這種說法，眞是「皮相」之論，不足置信。

中國學生特別預科係清朝末年由我政府商請日本文部省轉令四校設立的，兩國訂有文化專約。所謂四校，即東京第一高等學校，東京高等師範學校，東京高等工業學校，和千葉醫學專門學校。各校每年招收中國學生五十名，以十五年爲期。凡考取此四校者，均爲官費生，由我政府供給費用，每月由各省留日學生經理員或留日學生監督處發給。留學生多的省份多設有經理員，北京政府則設一留學生監督以總其事，未設經理員的省份，則委託監督處代辦。

第一高等學校特別預科分爲文理二科，這是因爲各高等學校此時分爲文理二科（過去高等學校分爲一部、二部和三部，民國七年起改一部爲文科，合二部三部爲理科），特與之相配合耳。文科每年招收新生二十人，理科每年招三十人，一年修業期滿考試及格後，依各人之志願及學年考試時的名次，分發至各高等學校肄業。

× × ×

第一高等的學生，以住學校的宿舍爲原則，除因身體患病（大都爲肺病或心臟病）經過校醫檢查得到特別許可者外。其他高等學校的學生（當時高等學校有二十餘所），似乎沒有受到這樣嚴格的限制。以第八高等來說，全部宿舍在當時僅可容納在校學生的三分之一，故不一定强要學生非住宿舍不可。

一高學生宿舍的名字，均冠以「寮」的字樣，我住的這一棟叫做「明寮」，與西隣的「和寮」都是這一年新建築成的。全部宿舍共有八個寮，位置在學校課室後面大操場的西頭。八個寮都是東西向並列成爲八排，彼此的大小和式樣完全相同，只有建築的年代略有先後耳。寮與寮之間，相隔約有三丈遠的距離，兩寮的人如站在窗口大聲呼喚，對方清晰可聞。宿舍靠南的一頭，即接近學校課室這一頭，有一條很長的走廊貫穿其間，以爲連絡八個寮的交通，俾宿舍住的學生在雨天上厠所、浴室、飯廳，和各寮互相來往而不至淋雨濕脚（宿舍內須穿草編拖鞋）。在走廊的南邊靠西，有一棟獨立的房子，學生自治委員會辦公室在焉。宿舍的北西頭有一所孤獨的陋室，和宿舍不相連接，學生均稱之爲hall，販賣糖果、點心、紅荳湯和涼麵、熱麵。這裏可以下棋消遣，也可以玩日本紙牌和撲克牌，但宿舍內無論臥室或自修室，絕對不許有這類玩意，以免妨碍功課。

宿舍都是二層樓的房子，每寮每層分隔爲三十間，靠西這一面有一條很寬的甬道通至各室。上面一間爲臥室，與其相對的下面這一間爲自修室。臥室的構造是由甬道進來後，分爲左右兩排，中間有三尺寬的通路，兩排均裝成北方土坑的形式，約有三尺多高，像一條長櫃子，上面鋪着塌塌米，每排鋪有十疊，學生晚間就睡在這蓆子上面。每室住十四人至十六人不等，故每人有一疊的塌塌米可睡。櫃子的中間是空的，可置衣箱及雜物，外有拉門兩扇，關起來可以看不見裏面的東西。臥塌上面約在五尺高靠板壁的地方，有一條很厚的橫板，上面可以置放洗換的衣服和日用的書籍。不論在橫板上面或櫃子中間，每人只可享用相當於自己睡覺這一蓆的部位，不能侵佔他人的地位。如果不小心把洗換衣服放在別人的部位，很可能就會不見，並不是他們要偷你的，而是隣蓆的朋友要用時就順手牽羊，等到你要用時，才發見自己東西不見了。有時他們也會發覺拿錯了。室與室之間係用木板隔開，不僅隣室講話聽得很清楚，從板壁的裂縫中，尚可窺見隣室學生的動作，故一到就寢的時間，談笑風生，唧唧喳喳，總要鬧上個把鐘頭，大家才慢慢的安睡下來。

寮的下面爲自修室，其大小與臥室完全相等。每室置放書桌兩排，每排四張書桌，每桌坐二人。兩排桌子對放，中間用一個約有一尺多高的書架子放在兩桌中間，以隔開面對面的視線，故對面只聞其聲不見其人。此桌與隣桌之間，恰可通過一人。自修室內如一人高聲講話，闔室都可聽到，頗不適於用功讀書。但大部分學生頗能自愛，在自修的時間並不隨意說笑，而特別用功的學生，都菌集於圖書館內。圖書館在夜間要開放至九時爲止。

× × ×

我住在明寮第十六室，恰在這一寮正中的一間。全室有日本學生十四人，中國學生只有我一個人。全部宿舍中國學生不過三幾人，而這一寮也只有我一人。中國學生如想住宿舍，需要特別申請，因爲宿舍不是準備給中國學生寄宿的。申請之後，宿舍學生自治委員會指定委員定期和你談話，他們認爲合格後再指定房間讓你搬進去。可見他們是鄭重其事也。

我住宿舍的目的有三：一爲想了解日本學生的生活，並進而了解日本人的性格；二爲想藉此機會多學習點日本話；三爲宿舍十分便宜，可以節省一點錢來購置書籍。

我在考取學校以前，雖已學習日語一年多，但大部分是在課室內上課，只聽先生講解，住的地方多爲寄宿中國學生的公寓，平素交往的多是中國學生，所講的多是中國話，和日本人來往的，只有旅舍的下女、下男、老闆娘、老闆和商店的伙計等等，說日本話的機會眞是不多。儘管還有一年特別預科，仍是在課室內學習，而同學全是中國人，所以日語很難希望有很大的進步。至於日語的習慣用法，如不多和日人交談，更不容易明白。那末，第二年要和日本學生同班上課，聽講時難保不無困難。抑有進者，我既然留學日本，就應該了解日本人乃至日本民族的性格。我住進了日本學生的宿舍，一天到晚和他們共同生活，既可以多和日本學生講話，多多學習慣用語和方言，又可以多多了解他們的生活習慣和日本人的性格。所以，在這一年當中，我儘量參加他們各種集會，一如日本學生一樣。每遇我們學校和他校賽球時，我也和他們一起做拉拉隊。有一次和早稻田大學打野球(棒球)失敗，前往做拉拉隊的學生近千人很嚴肅的整隊徒步返校。回到操場後，由領隊學生檢討失敗原因，檢討畢大家嚎啕痛哭一場。其悲哀如喪考妣，其沉痛若喪權辱國。卽令一件遊戲工作，他們都是十分認眞。當時我雖未哭，可是我未離開隊伍一步，始終和他們患難與共。他們常對我說，過去的留學生多是來做客人，惟有我眞是和他們同甘共苦。

開學二三星期後，宿舍各室各別紛紛集會，叫做 Room Meeting。每人大約出塊把錢，買上許多糖果和水菓，晚間六時左右在自修室舉行。開始前臨時推定一人爲主席，說明集會之意義後，由他開始自我介紹，除報告姓名年歲外，並說明過去讀什麼中學，第幾名畢業，家住何縣何村，有什麼風景名勝和出名土產，或者出了一些什麼大人物，歷史上有些什麼名人和古蹟。經過一遍自我介紹之後，每人再講一個故事或說個笑話，或唱一支曲子。這一室日本學生完全是一年級新生，和我一樣是新入此校，不過他們是本科生，而我則是特別預科生耳。這次由自我介紹而使我最感到驚異的，就是這一室的日本學生在中學畢業考試時，很多是第一名畢業，最低者亦不過第五名左右，幸我在中學畢業時爲第四名，否則，我一定感到羞慚。一高學生成績之優秀，來考的學生成績特佳，當是一個很大的原因。可以說是集全國之英才而教育之。故除東京及其近畿外，外縣的中學畢業生非其成績列在前十名者，決不敢冒昧來嘗試，而我這一室的學生有一大半都是外縣的學生。

這一次集會最使我受窘不置的，就是臨到我表演的時候，他們要我講個故事，或唱一支中國歌曲。我根本不會講故事，故事也聽過不少，聽完了就忘記了，臨時想怎麼樣也想不出來，腦筋好像不能活動一樣，而用日本話講中國故事的語言能力，此時還不够應用，故不敢胡謅一氣。至唱歌一道，我根本是外行，也可以說是低能，在中學唱歌一課所學會的幾支歌曲，早已忘得一乾二淨。我說不會唱歌，他們幾乎不肯置信，認爲現代的學生是沒有不會唱歌的，他們那裏曉得我對學校教育還是半途出家呢！隨後他們要我唱一首「國歌」，作爲銷差。在他們的腦筋中，以爲國歌一定是人人會唱的，殊不知這更使我爲難。此時中國尙無正式國歌（卿雲歌似乎還未頒佈），無國歌好像不是現代化的國家，我當然不願意說出來，眞是狼狽不堪。但是，今日這個集會，無論那一個，非扮演一齣不能過關。天下之事，你越是不能，他們越是會逼，尤其是這些年輕的孩子們，他們口中吹哨，手拍巴掌，更使你着慌不已。最後還是我同桌的人出來解圍，替我出個主意，叫我唸首中國詩來過關，因爲他看見我桌上放有一本中國詩集，飯後無事時也常拿來唸誦。此時我如釋重負，隨卽高聲背誦了一段長恨歌。平素我對長恨歌似乎背得很熟，無事一人散步時，也常常哼上幾句，不料這個時候竟結結巴巴的不能背誦完篇，殊可恨也。日本學校一年分爲三個學期，每學期開始後不久都要開一次「室會」，第二次集會，我早有準備，臨到我的時候，我就講了一個孫悟空大鬧天堂的故事，敍說齊天大聖的封贈和偷吃金丹的玩意，他們聽得皆大歡喜。其實這個時候，我的日本話確比入學時高明得多，我自然可以信口胡謅了。

我住宿舍另一目的爲省錢買書。民國八年九月開學時的官費數額，高等學校每月只有日幣三十三元，不久加了六元爲三十九元。日本經濟界趁着歐戰，輸出而賺了日幣十六億元，達到了空前未有之繁榮，因而百物上漲，尤以食物一類爲甚。日本工業突飛猛進，人口集中都市，東京深感房荒，校外公寓式的宿舍，六疊蓆的房間每月房金爲十餘元，加上一月伙食約二十元，故三十幾元的官費只足一月食宿之用，稍不謹愼，還要超支，絕無餘欵可以買書。我很喜歡買書，常常罄囊中所有以購之，不足時還要賒賬。而學校宿舍每月房金僅收一元，伙食一個月爲十五元，如果頭一天聲明第二天停止伙食，每天還可扣除四角，一個月却可以省下十幾塊錢置備書籍。

除上述與我個人有關各點外，明寮一年的學生生活，有足記述之事頗多，茲擇幾件最不平凡的事件，錄之於左：

× × ×

第一件奇事，就是一高宿舍學生自治委員會處理學生重大犯規的辦法。

一高學生宿舍的管理，不論是屬於事務方面或學生行爲方面，完全由學生自治，學校當局可以說是完全不管。不僅此也，學生在課室以外的行動和有關學生的諸種事情，差不多都由這個宿舍學生自治委員會來管理，重要者只於處理後報告學校當局一下就算了。學校當局認爲學生除在課室以內的活動，都應屬於宿舍的範圍，希望由此以養成自治的能力。既云自治，就不必過分顧慮，多加限制。所以自治委員會的權力是很大的，對於學生在校內的行動和宿舍內諸般秩序的維持，其管理權僅次於學校當局的。

自治委員會由宿舍學生選舉委員七人組織之。我入宿舍之後，自治委員會業經改組完成，不曉得是用什麼方法選出的。每天有一輪值委員，處理日常瑣碎事務。下面擔任實際工作者，乃是一批學校的體操教員。他們受委員會之指揮，協理委員會處理實際方面的工作，因各位自治委員還是要按時上課的。這些體操教員都是士官學校畢業，任過多年的下級軍官而年老退休後轉業的。他們做事經驗豐富，爲人和藹可親，對學生講話的時候，滿臉露出笑容，從未用斥責的口吻，即令學生是做錯了。其態度比自治委員還要客氣得多。

輪值委員一下課之後，馬上跑到自治委員會辦公。譬如，某生今晚有事不能回舍住宿，必須事前陳明委員會核准，或托同學代爲辦理請假手續，否則，一經查出是要受處分的。所謂處分，大概是「禁足一週間」，即一個禮拜不准走出校門。對於累犯者，亦有禁足二週至一月不等。惟據我所悉，許多學生晚間臨時不回來，並未事前陳准，同房的學生，不僅不去做小報告，還要代爲掩飾說謊。學生在自修室內，常常放言高論，批評學校當局，批評某某教授，乃至批評政府措施，毫無忌憚，從不怕有人在背後監視。當然，學校裏面沒有設立執政黨的黨部，學生甚至連黨員都不是的。

學校大門規定晚上十時上鎖。過了十時回來的學生，常常越牆而入。圍牆很矮，攀越極易，無人干涉。就是警察老爺們看見亦佯爲不知。我也有過越牆的經驗，毫不費力。

自治委員會對宿舍內部各種問題和學生在宿舍內的一切行動，雖握有絕對的管理權，可是經我一年的細細觀察，他們工作得有條不紊，眞是勤勞而負責。委員與委員之間，頗能合作無間，學生們對委員會的處置，十分信服，絕少怨言。自治委員會辦公地址在宿舍走廊之南，是一棟獨立的房子，門口既無牌子，出入人數極少，又不張帖佈告，如不留心注意，好像偌大宿舍全無人管理似的。這是什麼緣故？乃是數十年來常常縈廻我的腦際的一個問題。

學生在宿舍內如有犯規的，先經這批體操教員調查確實後，由自治委員會寫一條子秘密通知某生於某日某時到委員會辦公室談話。該生按時到達，由一位委員說明情節，當面申斥一頓，或面示禁足若干日子，該生認錯道歉，就算了事。委員會以外的人，務令不知道，當然不張貼佈告。像這類輕微的犯規，似乎每月都有。

現在要說明的，乃是自治委員會處罰重大犯規的學生所採用「拳頭懲罰」的奇特辦法，這是大家所意想不到的。據說，偷竊東西，打傷別人，和對女性不禮貌等等，均爲重大犯規。自治委員會對這類事情，究竟有無明文規定，我不甚詳悉。其辦法是如發現某生犯了這類重大過失時，先經委員會調查證實後，由委員會開會討論，決定應否予以「拳頭懲罰」。如決定這樣處分，則秘密通知某生於某夜十二時到委員會辦公室，然後由全體委員率同該生來到距離宿舍很遠的操場一角上。此時大概爲次晨一時左右，就是等候宿舍學生大家睡熟以後。操場上沒有燈光，僅燃了一堆柴火，光線暗淡，夜深人靜，使身臨其境者頗有毛骨悚然之感。除自治委員和犯規學生外，不准其他學生來到，亦不使他們曉得。亦有好事之徒者會偷偷的去竊聽，如被委員們發覺，視同犯規而遭受嚴厲的斥責。這大概是要保全犯規學生的面子——自尊心，不使其精神上遭受太大的損害。此與共黨之當衆淸算，當衆坦白者，其心理作用正不可同日而語也。

自治委員與犯規學生既到操場後，由一位委員對某生所犯過失詳爲報告，如有遺漏，其他委員補充說明。然後詢問犯者是否如此。如該生承認其事，自治委員們就重賞幾拳和幾下耳光，該生認錯道歉，謂今後一定改過自新，請委員們予以原諒等等。最後由首席委員聲淚俱下的痛責一番，認爲這是損毀校譽的大事，今後要自愛自重。犯規學生接着向各委員逐一鞠躬爲禮後，退出操場，回房睡覺。此事就算了結，自治委員會沒有紀錄，學校當局不給知道，而宿舍學生更不曉得，蓋好事之徒究屬少數中之少數。如犯規學生不服委員會之處置，由自治委員會報告學校，學校一定開除。

我住宿舍這一年，據說有過兩次這樣的懲罰：一次是有人偷竊東西，一次爲一高校慶之日，有一學生寫一情書强迫來賓中一位美麗的少女接受，那位少女當場拒絕，該生乃將情書强塞在少女的長袖裏頭，少女隨即檢出交與紀念會場擔任招待的學生。這兩次都是事後聽人傳說，其確實性如何，我也只有姑妄聽之。校慶日這一件事，知道的人較多，我有一個朋友事先知道處罰的日子，曾偷偷的去看，惟站得極遠，詳細情形仍不能明白。

× × ×

其次，爲一高校慶之日，把宿舍各自修室佈成各種各樣的景色，開放任人參觀。這確是一高每年校慶而可以轟動社會的一件大事。全校學生爲此確實花了不少金錢和時間，也絞了許許多多的腦汁。學生宿舍的自修室共有二百多間，每間由其寄宿的學生，各出心裁，集體創作，或者根據一個故事，或者根據某書的某一段，對這些故事和書中文意，或從正面去解釋，或故意加以曲解，以其造意佈成各色各樣的景緻，使這二百多間的自修室，蔚成一系列的奇景偉觀。以故事而言，如桃太郎之遠征，如日俄戰爭中沉船旅順港口之壯擧，如黑船之來征（指美國培里提督率領兵艦强迫日本開放海禁訂約通商），如西鄉隆盛之勤王，如電影明星和武士道等等，都是佈景的題材。各室的佈置，極盡構思、幻想、揑造、穿插之能事。

佈置的方法，就是把自修室這一間，依照他們解釋故事的意思，用紅綠黃藍黑各色彩紙，各色各樣的電燈泡子，和其他應用的工具，裝成一幅畫景，猶如話劇舞臺的佈景一樣。有些室也參加有人，但不講話表演，可是很少很少，因爲那一個都不願做這個寃大頭而吃這一天的悶苦。在房間的入口處，貼一張很小的字條，說明這一室佈景是什麽。此室與彼室之間，完全單獨行事，沒有系統可言，彼此可能採用同一故事，而設計則各有巧妙不同。佈置所需費用，由各室寄宿的學生平均負擔，大概一個人不致超出日幣五元。這些佈置之中，有很精緻的，也有極其粗陋的。

一高學生素來不修邊幅，而戴破帽子，穿髒衣服，着爛皮鞋，是頂頂有名的。有人說一高學生頗以此爲榮，故意把帽子弄髒後再戴。這些都是外人過甚其辭的說法。據我幾年的經驗，一頂帽子戴過一年就會髒的，帽緣兩條白帶會變成黃的，用不着特別着汚，何况戴過兩年以上呢！這一年的佈景之中，居然有一室以此爲題材，找了許多爛皮鞋、破帽子和髒衣服放在室中，題曰：「一高學生的生活」。引得來此參觀的人，無不捧腹大笑，尤以女學生笑得厲害。

我們這一間房子，選用論語上「里仁爲美」這一章下面一段話來佈置，不能不說是獨出心裁也。

「君子無終食之間違仁，造次必於是，顚沛必於是」。

他們是這樣解釋的：「仁者人也。人就是愛人。君子雖在吃飯，睡覺(含有別意)和顚沛流離的時候，也不違背愛人的意志。」他們就以這個歪曲解釋來設計佈置，除以日語寫明此意於一小紙條黏在入口處的桌子上外，還要我用毛筆把這一段論語寫在一長條白紙上懸掛於室中，好像中國客廳裏掛的中堂，俾參觀者一望而知其原意和出處與歪曲解釋。這一室的佈置儘量採用中國氣氛。他們爲什麽想到這一段話？據我的猜想：因爲一年級學生上漢文一課時正讀到論語這一章，還有我這個中國學生在這一室，若用日本故事則不能包括，必使我有冷落或局外人之感，可見他們在構思題材以求爭奇制勝的時候，是絞盡了各人的腦汁。

每室在校慶一二週前，就開始計劃，研討題目，愈新奇愈能炫耀別室，愈不平凡愈能吸引觀衆。迨題目決定之後，大家據以創造、設計內容，然後寫下大綱和細節，以便採辦應用的物品。到校慶前數日，各室就開始剪裁配置。這個時候，彼此不相往來，同學之間有事必須商量時，只能在室外大呼小叫，把同學喊到走廊上談話，任何人不准闖入他人的自修室，怕的是秘密洩露，把將要佈置的玩意兒先期給人知道了。本室的人對外亦須守口如瓶，絕對不准洩露自己室內的佈置。萬事準備妥貼之後，在校慶前一夜，大約十時以後就開始裝璜，裝就後覺得不如意的時候，又折了重做，往往一而再，再而三，差不多要搞到天亮才完成。這一晚大部分的學生是不眠不休。

校慶之日上午八時開放，而參觀的人不到八時已排成長蛇陣在等候開門了。參觀的來賓，不自寮的入口處進內，魚貫的通過走廊，對每室的佈景，即可一覽無遺。這一寮看完後，接着又進入另一寮。各室的佈景，五花八門，稀奇古怪，許多參觀的人均笑得前仆後仰而不能直起身來。自晨至下午五時來參觀的人，眞是人山人海，五尺多寬的走廊，常常擠得水洩不通。參觀的人本可逐室賞玩，詳加品鑑，可是後面的人常常蜂湧前進，把前面的人推得只顧往前移步而來不及參觀。女子的笑語聲和被擠得叫喚之聲，孩童被擠得哭啼之聲，更使走廊裏嘈雜喧囂，連彼此說話都不能聽見。來看的人多爲中學生和女學生，尤以女生爲衆。一高學生的家屬亦有自遠道來參觀者。女學生何以如此之衆？日本女學生素來崇拜高等學校的學生，對一高生尤甚，常視爲其理想中的伴侶。因爲高等畢業後可升入帝國大學，當時政府高級官吏約有百分之八九十爲帝大出身者，學校教授和國會議員亦如此。

一高這套化粧展覽起於何時，我未曾下過考據工夫，民國九年春天，即我住宿舍這一年的校慶展覽，眞够熱鬧的。參觀來賓之衆，門窗的玻璃不曉得擠破了多少塊，而招待人員簡直無法應付。以我當時的眼光觀察，這些佈置中，少數幻想有餘，大部幼稚可笑，居然能够轟動這些人來參觀，其中道理如何，當可想而知。換句話說，就是崇拜心理在作怪，非展覽物之本身有什麽可參觀之價值也。我於民國九年分發至第八高等肄業，而八高校慶則無此偉觀。

×　　×　　×

一高宿舍的 Storm，也是各寮年中有名的行事之一。其聲勢和動作，正若這個英文字義之所示，猶如夏天的大暴風雨一般。有時來勢之兇猛，場面之偉大，比得上夏秋季西太平洋上的「超級颱風」，狂風暴雨，挾山倒海以俱來，一陣甫過，一陣又接踵而至，此落彼起，徹夜不停，好像天坍地崩，世界末日快要降臨似的。身受其竄者，頗有戰慄、恐懼和驚惶之感。有時來勢並不大，僅蹦蹦跳跳，胡吵一陣，鬧得你不能安睡而已。這完全要看他們的興緻如何，以及「發作」那一天是在平時還是什麽節期而定。

每次參加 Storm 的人，人數並不相等，大概每隊不會少於十人。人數太少了就不够熱鬧，也不能與 Storm 名實相稱。其辦法就是遇到他們高興的時候，就立刻組織一羣人，這些當然是烏合之衆，臨時拼湊攏來。他們手持火把、臘燭、電棒、燈籠、棍棒、手杖、洗臉盆、洋鐵罐、漱口缸等等，像瘋子似的蹦蹦跳跳湧到各臥室，有些人以棍棒敲打洗臉盆洋鐵罐，有些人以手杖木棒撞擊地板，更有人擧起燈籠火把四面舞動，敲敲打打，手舞足蹈，引吭高歌，狂呼亂叫，敲擊和歌唱，其節奏互相配合，猶如唱戲的時候鑼鼓喧天一樣，鬧得烏烟瘴氣，誰也無法睡覺。每次他們所携帶的東西，並不完全相同，都是隨手拼湊。他們高興的時候，還帶上許多啤酒、汽水、清酒之類，邊唱邊喝，酒喝完了，又灌上一些冷水當酒喝。唱的歌叫「對敢學」(這種歌是高等學校學生唱的。「對敢」是九州方言「偉大」之意。據說「對敢學」是由九州熊本地方的歌謠轉變而來。)。這種歌曲在同一腔調之下，而詞句可以隨時應景編造。他們在這一室鬧了一陣之後，又跑到隔隣一室，每室停留時間，不過一刻鐘左右。有些被鬧醒的人，常常起來一同舞唱；有時也跟着他們的隊伍繼續前進。最後，他們鬧得精疲力竭，喉啞聲嘶，然而吊而郎當回房睡覺。

一高宿舍共有八個寮，共有二百多間臥室，每室均可自由隨時組織這種玩意兒到各室叫跳。這種 Storm 可以說每晚都有，等於家常便飯，決無人出來干涉阻擾。在平時每寮一週中大概有一起或二起，在午夜前後，鬧上一兩個鐘頭就完事，可是逢到學校紀念日，天皇誕辰，校際賽球勝利之夕，情形就大不相同了。這一晚的 Storm，不僅聲勢浩大，陣容堅强，而且花樣繁多，甚至化粧表演。各寮都有幾支勁旅，你來我往，四出叫跳，狂歡通宵達旦，誰也休想睡覺。

這裏有一極可注意之事，每當 Storm 來到的時候，你必須起床，縱不欲和他們合舞同唱，但決不能睡到置之不理。你如果睡到不理，他們認爲你是不表歡迎，無禮貌，甚至是不買帳。他們就會來捉弄你的。有一次我十分困乏欲睡，當他們走進我的臥室時，我雖被鬧醒，仍然埋頭被內佯爲不知，忽然有一傢伙條的把我蓋被掀開，把手中啤酒傾倒在我的嘴裏，一手把我的鼻子捏住，我不僅被灌得發咳，而臉上頭上儘是啤酒，被服亦被啤酒浸濕。這一夜眞倒霉，只有候他們走後再用被單隔好繼續睡覺，心中儘管痛恨咒駡，表面上仍是莫可奈何！

這種惡作透頂的習慣，究由何人發明和起於何時，我雖問過好多次，誰也說不出其所以然，故始終不明其究竟，我也不欲多花工夫去加研究。據說，德國大學的學生宿舍有這種玩意兒，他們可能是從德國學來的。日本這個時候的大學教育，是「德國至上」，一切以學習德國、抄襲德國爲能事。德國學生如有這套名堂，必然很快的就會傳染到日本學生裏頭。他們的用意是要發揮青年人的「狂熱精神」，也可能與武士道的玩意兒有些關聯。

這一年我住宿舍，所得固然不少，省錢却也可觀，而失眠的毛病，則一天加深一天，因爲常常被 Storm 吵得整夜不能安睡，眞是困惱之至。九年春我趁着假期，另外請准了兩個星期的病假，去鎌倉海邊小憩。

× × × ×

「寮雨」也是一高宿舍有名的景色之一，可惜這種景色是在夜間出籠，忽隱忽現，出沒無常，故無人願意來欣賞。

什麼是寮雨!? 若非加以特別的注釋，寮外面的人誰都不會明白的。

寮雨者，就在住在宿舍的學生，夜間要小便的時候，就推開它臥室的窗門，兩脚跨在窗沿上，一手扶着板壁，對着天井「撒尿」之謂也。當尿龍下落時掉在地面上滴滴涔涔的聲音，猶如天上下雨一般，而這種雨水乃是從寮的樓上降下，一高宿舍學生遂名之曰「寮雨」。宿舍裏住上了頭二千人，這種寮雨幾乎無夜無之。如果要寮雨的人，每夜每百人中平均有二人，則一齊發射，亦可蔚成奇景壯觀，可惜都是零零落落，此起彼伏，而且又在深更半夜，就無人加以注意了。

我初住宿舍的時候，極度厭惡這種不良作風，認爲大學生竟在樓上窗口小便，未免太不成樣子，而且妨碍衛生，製造病源，口中雖未公開指責，內心實深痛恨。可是在這一年隆冬的某日，大概是在陰曆新年的時候，我在外面友人處吃晚飯，多喝了幾杯老酒，接着就多喝了一些茶，不料夜半忽要小便，我就急急忙忙的跑到樓下厠所去辦公，迨回房時身子已凍得半僵，鑽進被窩之後，好久還不能溫暖，次日就傷風咳嗽，雖未請假休息，而頭昏腦脹眞够受的，竟搞了個把禮拜才痊癒。

前面已經說過，宿舍本是一棟很長的房子，只有兩頭有兩條樓梯通到下面。經過這個樓梯去到後面厠所，在樓上就需要走上一大段甬道，而下面還有好一段路程。我這一間房子正在這一寮的中間，無論從那頭下去都是很遠很遠，故上一趟厠所，猶如遠征一次，殊非易事。而冬天午夜之寒風襲人，刺入骨髓，不僅容易着涼，而且令人害怕。爲要不欲同流合屑而竟吃了這樣一場大虧，始悟寮雨之由來有自，確有其萬不得已的苦衷，決非住寮學生之不知自愛。

經過這一次創鉅痛深之後，第二次我要起夜的時候，也就「隨俗」寮雨一番，決不標奇立異，眞是簡單明了，毫不費力。當然不會傷風生病。以後凡要方便的時候，我就寮雨，決不再長途跋涉去自討苦吃，久則習以爲常，毫不足異，也不感覺討厭。習俗移人，聖賢不免。如入鮑魚之肆，久而不聞其臭，或即此之謂歟？夜間大家都願寮雨而不欲奔波厠所，當然是經驗告訴他們這樣做的。

一高宿舍的建築如不改良，寮雨的制度是無法消滅的。天下的人大都趨易避難，此爲一切制度要以「方便」、「簡明」爲其着眼點，過分的矯枉過正是行不通的。好在年輕的人，夜間小便不多，故寮雨尚不至造成很大的災害。惟當春夏之交，若遇一兩個禮拜天不降雨，而寮雨積地經太陽晒後之臭氣薰人，在自修室的時候，也是不好受的。這是大家自作自受，誰也不敢口出怨言。寮雨既無人譴責，自治委員也不會干涉，縱有怨言，亦屬徒然！

× × × ×

以上所記，乃是三十七八年以前的往事，現在回憶起來，歷歷如在目前。民國十二年九月一日正午十二時關東大地震之後，第一高等校舍焚燬，遂遷至東京市區郊外重建，後各寮是否照舊，不得而知。又日本自戰敗投降之後，其教育制度已大爲變革，第一高等學校改爲大學的教養部，等於東京大學(原東京帝大)之預科，這些玩意兒是否繼續保持，更不得而知了。

四六、一二、一四於手術後四十日記。

歐遊雜詩二首

李　經

(一) 威尼斯之夜(註)

酒是我的心意，
燈是我的情感——

這古老的城市裏，
提琴啼喚着睡去的帝國。
昔日的光榮閃爍如水面的燈火，
珠寶和繁華都已沉埋在時間的海底。
剩下褪色的畫舫，
滿載了酸辛的記憶，

酒是我的心意，
燈是我的情感——

迷幻的虹橋架起歷史，
徬徨於錯綜的河叉。
到處是過去，
到處是感傷，
連少女的歡歌，
也沉重如苔痕斑駁的宮牆。

酒是我的心意，
燈是我的情感——

是迦太基的運命在這裏重演？
　當市儈用笙歌誇耀他們的權力和智慧，
　當妖巫的符咒被尊崇爲神奇的防線，
　眞理反被鄙視，唾棄，傴僂在一邊。
於是：府庫裏到處是胡騎的鼾息，
　廟堂前羶腥的酒杯狼藉。

水與夢的故鄉；
在抑鬱的夜色裏，
我彷彿看見預言者微慍的目光，
迎接懷古的東方人的悲哀。

〔註〕威尼斯（Venice）在中世末期是一個十分富庶强大的自由城邦。因爲迷信建築在金元上的武力，忽略了立國的基本精神和道德價值，結果敗亡。威城河叉交錯，有「水上都市」之稱。

(二) 巴黎街頭的頓悟

當我年青的時候，
生命是一團紅艷的烈火。
她，威脅，誘惑，美麗，
我，膽怯，勇敢，好奇。

當我年青的時候，
生命是夏夜成熟的果園。
躺在她肥滿的胸膛裏，
閉起眼睛，我唱歌。

是我，受了希羅多德(註)的催眠？
是她，突然在時間裏癱瘓？
此刻，(白色手術單已經掀開)，
我手中無情的解剖刀，
正指向她枯槁的骨盤。

〔註〕西洋醫學鼻祖。

讀者投書

(一) 異哉所謂安全室主任

謝琇如

本學期南自高雄北至基隆，所有的中等學校，都添上了「安全室主任」這麼一個職位。他分明是特務、分明是「秘密警察」，却名之曰「安全室主任」，而且據聞有些學校的「安全主任」還「兼營黨務」(國民黨的黨務)，儼然成爲國民黨駐校的「派出所」。嗚呼！名詞的造作，何其巧也！

這些「安全主任」的到校，其初並不露面。後來他也有一個辦公室，是全校辦公室中最小的辦公室，只有一間小屋，門外並無招牌，與什麼事務處、教務處、訓導處、人事室、主計室、收發室，門外都有牌子者相比，大異其趣，此其所以爲「安全」，及其所以爲怪者也。

這些「安全先生」，他們眞太安全了，不任功課，只拿薪水。每天到他那最小的辦公室一坐，就是上班了。

這些「安全先生」，他們的工作情形，約可分爲三種：一種是按時點卯，在最小的辦公室中，坐半分鐘就走，回家抱孩子，或做點商場上旁的生意，這是「安全先生」中最老實，最少數的一種。一種是做點事的。他在最小的那個辦公室內，坐上幾點鐘。他在那裏，都作什麼呢？因爲是秘密，誰也不知道。一種是最愛作事、最愛生事的人，他對全校教職員，展開調查，今天暗查這個，明天訪問那個。連圖書館的書，他都要隨便的胡亂的來加上一番檢查。

還有些忠於職務的「安全先生」，他們正在製調查表，差不多和國民黨過去的自清表相似，要叫教職員塡，有些學校且已塡過。一個學校一百上下的教職員，似乎都不可靠，只有「安全先生」一個人可靠。他們可以調查一切人，他們可以控制一切人。學校的教職員們，皆敢怒而不敢言。「秘密警察」半公開進入了學校，這是自由中國的學校所應有的現象嗎？這還有一點自由民主的氣味嗎？這不是把萬惡奸匪的辦法又抄來了嗎？這個半公開的特務政策，實在是多此一舉。十年來的臺灣中等學校本是十分安全的，平空添上了「安全先生」，除掉喪失人心，爲安全的學校製造一些同人們感情上的不平與憤恨外，不知還能有些什麼作用？我們每次想起這類事，以及每次看見我們學校那個一小間屋的安全辦公室，我們輒不禁自問：這是自由民主的學校制度嗎？極權國度裏的學校不也是這樣嗎？我們爲什麼要學牠們的樣？

十年來的臺灣中等學校圈內，教職員及學生們，已養成了這樣的意識：他們都由衷的愛護政府，他們都自信他們是最堅決的反共者，他們都自信他們是信任政府，他們自信政府也信任他們。今忽每校設上一個「安全主任」，這不是表示政府對他們不信任了嗎？這簡直是一種侮辱。十年培養好了的人心，一旦便可由這種制度打碎，因而盡行喪失。我們眞想不出這種制度的設計者，是何居心！希望貴誌將此函刋出，讓我們自由中國有第一流心智的偉大政治家看一看，這種「半公開秘密警察」走入學校，他們所起的作用，到底是得是失？

讀者省立中學一教員

謝琇如上　四十六年十二月一日

(二) 爲永久性的臨時雇員說一句語

林合源

編輯先生：

有一件事情我想說出來給有關當局研究，請將你們寶貴的篇幅給我一角之地予以刋登，感德匪淺。

地方機關爲了鼓勵員工的工作精神，也可以說公開的津貼，所以有了年終獎金這個辦法。這在專以薪水度日的窮公務員來說，在此年關迫切的時候，這筆不算很多的錢確實是一個需要的數目。這裏所要說的是一些工作不少做、工資(不能算薪水)少而又拿不到年終獎金的一些人——就是所謂「永久性的臨時雇員」。請先讓我解釋一下，這「永久性的臨時雇員」實在應該說是「雇工」。

各機關因爲編制有限，但實際工作又不是這些編制內的人員可以做得完的，因此就化一點錢(沒有一切其他實物等，每月淨三百元，據說這是省府的規定)請了一些人來做。這些人是長期雇用，有的已經幹了四五年，甚至更長的時間。他(她)們的工作並不比任何在編人員少做，爲了怕「解雇」，祇有更認眞更賣力，因爲他(她)們祇要得罪了什麼「長」字號的人物，隨時就有被請回家的危險，簡直就是招之卽來拂之卽去，當然有背景關係的人不在此限。他(她)們沒有考績，不算年資，所以也就沒有升級或加薪的希望。可憐他(她)們爲了保住「飯」碗整年整月的低着頭不停的在幹，這種人每縣市最少有四百人左右，也就是說全省有五六千以上，這不能說不是行政及人事制度上一値得考慮的問題。

剛才說過，他(她)們沒有考績，不算年資，還不止此，每到過年他們眼看着大家捧着年終獎金回家團年時，他們却沒有年終獎金。編輯先生，你想他們心裏是一種什麼滋味。因爲目前是人浮於事，求個這麼個位置已經很不容易了，所以不敢多說任何一句怨言，一年年的把涎水往肚子嚥。

政府不是極力在提倡好人出頭嗎？這些人到並不想出頭，祇要不成天爲着「飯碗」就心，就心滿意足了。再說，這年終獎金他(她)似乎也應該有一份罷！因此我們請新上任的周主席及人事當局把這問題研究一下，當你們在高聲朗誦什麼成果數字時，這裏面就含有他(她)們一份血汗的啊！

讀者　林合源敬上

四十六年十二月四日

(三) 立法院應設立資料部門

趙岡

儆寰先生：

日前讀貴刊社論：「今天的立法院」，岡覺得：除了所述各點外，對於各立委在資料搜集方面，似也值得說一說，例如美國國會 Hearing 的制度，國會圖書館對議員們的服務等都值得彷行，這樣才表示對立法工作的愼重。議員們是民意代表，但未必都是專家，美國每決定一件政策時，常聽取數以百計的民間學者，專家及有關方面的見解，每一次 Hearing 的報告，往往厚達千頁，不但是立法者的良好參考資料，而且是學術界的寶貴文獻。國會圖書館專門設有供議員查詢資料的服務部門，只要議員提出所需資料之性質，立即有人為其滙集全部有關資料。在今天這種情形下，已經不是僅憑常識就可以立法的，這點意見不知您以爲然否。

趙岡 十二、十六

（四）爲僑資進口物資辦法再進一言

邱　平

我們假定有關當局所訂鼓勵華僑投資辦法，不是在製造虛僞宣傳，更不是爲經辦人員製造混水摸魚機會，而是堂堂正正爲國家經濟建設而訂出此辦法，假如是前二者，夫復何言？我們深以爲經濟建設爲假想，故愈不計得失，坦白而冒昧進言（請參閱七月一日出版十七卷一期自由中國「外滙貿易體系應予一元化」一文），期其拋磚引玉，果也近二個月來，各方目光，已看到該項僑資進口物資辦法之諸多流弊，連日各方指摘尤多，或主張廢除者，有主張修改者，在主張修改方面，以爲從嚴查華僑身份着手，或將華僑投資之欵先滙臺銀作保證金後開 L/C，或將進口「其他物資」取消，改爲進口一般准許進口之物資等；本人與有所感，爰再申述管見如後：

一、竊以爲僑資問題的重點，應就僑資進口物資辦法公佈後，以華僑名義投資約二千餘萬美元而建設的一百三十六家工廠（當局公佈數字）之中，研究屬於眞「僑資」者若干？而原屬「臺資」經套滙而僞裝者若干？作一眞實之解答，以測出該辦法之收效爲何如？（唯此項應需確切之數字，因一時無從取得各投資人適當資料，未便列舉，故暫予從略）惟就我們民間耳聞目睹所得之印象，例如某某紡織廠等，誰也知道他是臺資，但在政府方面却以僑資爲名。總之我們民間認爲眞正僑資者，實屬鳳毛麟角，即從寬估計，惟恐亦不能超過全部百分之廿，其餘百分之八十以上，則都有絕大疑問，且此百分八十之臺資轉變爲僑資，其中更免不了要付給被利用名義之華僑一部份權利金或利益金，（民間名此曰資僑）此項暗中漏出「資僑」的外滙，爲數或不少於百分之廿，而大可與眞僑資之流入相對消，且有得不償失之勢，此即表示我們民間對於華僑投資的看法，一些人以爲能增加國家外滙收入一事，是不敢贊同，或是看做等于零，當然更無實效之可言。

二、1有主張從嚴查華僑身份着手者；查現在居住臺灣的人，有親友在國外者甚多，誰想迎合華僑投資辦法做生意的人，誰也可能事先聯絡以華僑名義適應之；現在不是已經嚴格調查嗎？發現些什麼呢？至謂要查其資產以決定其投資資格，則其明明有錢存在國外銀行，聽任調查，誰敢硬指錢不是他的？總之，無論由你任何調查，絕不會發現他不是華僑身份，他果眞不是華僑身份，事先也就不會被利用來冒充名義的。

2又如主張將華僑投資之外滙，先滙入臺銀作保證金後 L/C；更屬不知底蘊，須知彼等既聯絡在先，又能由臺灣套滙至香港（大多由香港轉接），難道由香港再滙入臺銀有何困難？不過多一番兜圈子手續而已，行見添湯不換藥。

3論者或主張將僑資進口「其他物資」取消，改爲進口一般准予進口之物資；如此論調，更不敢苟同，此無異叫已具基礎之全體貿易商放棄業務讓一班不納稅而非法套滙假名假義的假華僑來代替現有的貿易商，此而可行，則國家可以不要外滙貿易政策。有人提出現在西藥市價過高，爲利用僑資進口物資，藉以平仰之理由，須知最近西藥價高之唯一理由，乃受流行性感冒後，存藥量空虛，一時未能補充所致，倘稍假時日或多撥一點外滙，自能平復；但反一面請試觀市場上其他物價如化工原料及染料等，每一美元之進口臺幣成本在四十五元以上，而市上售價僅二三十元者有之，其虧損情形又如何？時論自應以公正爲主，不宜偏一時之見，況年來進口貨價之安定，一切均在成本邊緣競售，此種情況，當局及社會人士，均爲目所共睹之事實，苟有一二貨價，因一時供求關係，稍有波變，即採其他手段以壓迫之，則國家又何有政策之可言？

三、僑資進口物資辦法，其顯明之流弊，尙有如下列二點：

1因其絕大部份係由臺資經套滙轉變而來，來源根本名不副實，且造成黑市美金漲勢，最近由三十五元餘，已漲至三十八元餘，果眞有僑資流入美鈔黑市價格，只有下跌，絕不會上漲，此種黑市之漲勢，即可窺見套滙之一斑，其破壞政府規定滙率之程度，將日甚一日，終有導致貶抑幣值之危險。

2容易製造一班僑棍混水摸魚，利用美麗的華僑名義，作有計劃的投機詐騙之機會，（如報載某華僑詐騙權利金一百八十萬元後，逃逸無踪）正直商人乃被欺矇，此僑資進口物資辦法，實有廢除之必要。

根據公佈顯示，僑資以投在紡織工業爲最多，但是抱憾得很，我們到現在爲止，尙未聞有那個紡織工廠，是那個華僑的「眞僑資」所建立，而我們所曉得屬于「眞僑資」的，只有僑泰興麵粉工廠一家而已，因此我們有個小意見，最好請有關當局，將一百三十六家所謂僑資建設工廠，其投資經過詳情，原原本本記載明白，作爲表式，在報上公佈三天，好讓人民調查與批評，未悉以爲可否耶？

最後，我們仍强調，果眞有華僑對某項事業有興趣、有計劃、有遠景肯來臺投資，彼必不需要此麻煩之投資辦法，蓋彼之目光，必注重于建設後之遠景，只要政府所訂優惠滙率，能比較合理，接近黑市市價，不使投資人吃虧，有心投資的人，決定樂于接受。否則，如當局所公佈之投資空浮數字決無補於實際，徒增紛擾已耳。

給讀者的報告

「是甚麼，就說甚麼」，在本期的「今日的問題」中，我們提出了青年反共救國團這個問題來討論。我們坦白而冷靜的從其成立的理由、成立的根據是否合法、以及成立以後的工作成績而分析這個機構應否存在。青年是國家的命脈，我們這一代幾經浩刼，人的原氣已經斲傷得差不多了。現在最迫切的問題，是如何保存一點國家生機，如何為反共復國的大業培養有創造力、有血性的青年，實在不能再拿青年要猴戲了！希望當局能正視這個問題的嚴重性。因此，我們的結論是撤銷青年反共救國團，使教育走上正常化的道路。

北大西洋公約首長會議已於十二月十九日在巴黎閉幕，當蘇俄發射人造衛星成功之後，此一會議顯然具有很大意義，其成敗對於今後的世界大局將有很深遠的影響，在本期社論㊂中，我們從此會議的基本目標而分析此會議的成敗。

由於監察院為「杜絕浪費、調整待遇」向行政院提出糾正案，而引起了行政院長應不應到監察院報告備詢這一個問題之爭論。本期社論㊂根據四十一年十一月一日在本刊連載的「監察院之將來」一文中所指出的意義，認為現在行政院長應該到監察院報告備詢，不論是委員會抑或院會。（本文付排後，監察院已於本月廿三日通過彈劾俞行政院長案。）

監察院於本年十二月二十三日彈劾行政院院長俞鴻鈞違法失職，這是行憲十年以來第一次彈劾行政院長，也可以說自監察院成立以來第一件重大的彈劾案。現在的政府是普遍貪污，中外報紙早有記載，不料竟見之於俞行政院長。這是這一次彈劾案整飭綱紀的有力作用。其次監察院的調查權載於法，而俞總裁竟絕他調查，並說是總統下的命令。這是值得大家深切注意的。因此我們發表社論㊃，來申論我們的意見。

「言論自由、出版自由」為民主政治的精髓，為本刊自創刊以來所奮力維護的。總統於四十六年雙十節所提出的「恢復六項自由」之中，便說到保障人民言論出版的自由。但就在總統提出保障此項自由的同月內，「自治」半月刊就橫遭查扣，我們站在與論界的立場，並基於本刊過去遭受查扣的經驗，在本期社論㊄中，提出了我們沉痛的抗議，希望當局能予以冷靜的考慮，從速撤銷查扣。

「文化」這個名詞所代表的概念，直到現在還沒得到明白精確的程度，而「文化」這個概念現已成為人類學、社會學、心理學的基本概念，我們必須把它加以更清晰的界說。徐道鄰先生在「文化——一個名詞的滄桑」一文之中，論述「文化」這一名詞的來源和變化，使我們可以看出一個文化是如何發展的。

石門水庫為我國第一個多目標的水利建設，有灌溉、防洪、發電、給水、供遊覽觀光、與水運漁業等等功能。水利專家宋希尚先生在「多目標的水庫之發軔——石門水庫」一文中，對於我國此一空前的水利計劃，作有一簡要的介紹。

臺灣省第四屆縣市議員選舉行將屆臨，我們希望這次選舉時執政黨不要舞弊，故發表朱文伯先生對「執政黨控制臺灣地方選舉的心理分析」。朱先生是青年黨負責人，過去在臺灣工作十年，對臺灣地方情形非常明瞭，而遭受選舉苦痛的經驗甚多。

王沿津先生的「日匪貿易之死結」對數年來日匪之貿易關係分析甚詳，並指出日前日匪貿易之死結在於：日本將對匪貿易看成與政治無關，中共却把貿易與政治攪在一起，而企圖進行其政治陰謀。

葛偕吾先生的「蘇嘉諾、哈達能合作嗎？」這篇通訊收到很久，因為編排上的困難，本期始登出，謹向作者致歉。現在蘇嘉諾已出國，由國會議長薩托諾任代理總統。文中許多報導已與現況有些出入，但此文對於印尼政情分析甚詳，仍有助於我們對於印尼國情的了解，所以我們還是將此文登出。

本期文藝欄有雷震先生大作「明寮一年」，對於他在日本留學時代的一段生活有生動的記載。

李經先生在美研究文學數年，本學期擬赴某大學教書，不幸途中撞車受傷，現已康復。「歐遊雜詩二首」一為李先生在病榻上寄給本刊的，謹此致謝。

自由中國　半月刊　第十八卷第一期　總第一九六號

中華民國四十七年一月一日出版

發行人兼主編：『自由中國』編輯委員會

出版者：自由中國社

社址：臺北市和平東路二段十八巷一號

電話：二八五七〇

航空版：友聯書報發行公司（香港九龍新圍街九號）

總經銷：自由中國社發行部

經售者：

美國：紐約友聯圖書公司

紐約光明雜誌社

Sun Publishing Co., 112 Mulberry St., New York 13, N. Y. U. S. A.

日本：東京僑豐企業公司

韓國：漢城裕昌德號

馬尼剌：大中華日報社

新疆書店

印尼：椰嘉達天聲日報

泗水文光圖書公司

緬甸：仰光振成書報店

印度：阿拉哈巴中印文化出版社

澳洲：雪梨瑞田公司

北婆羅洲：西利亞坡青年書店

星加坡：友聯書報發行公司（小坡大馬路四六九號）

吉隆坡：友聯書報發行公司（馬華公會大厦三樓七室）

怡保：友聯書報發行公司（希尼華沙甘街十六號）

檳城：友聯書報發行公司（林連登律七十二號）

澳門：友聯圖書公司

印刷者：精華印書館股份有限公司

廠址：臺北市長沙街二段七一號

電話：二三四二九號

本刊經中華郵政登記認為第一類新聞紙類　臺灣郵政管理局新聞紙類登記執照第五九七號　臺灣郵政劃撥儲金帳戶第八一三九號
（每份臺幣四元，美金三角）

自由中國

FREE CHINA

第十八卷 第二期

目錄

中華民國四十七年一月十六日出版
社址：臺北市和平東路二段十八巷一號

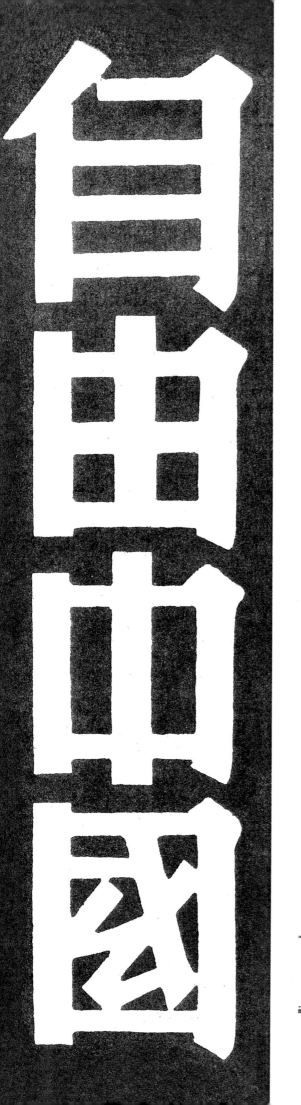

半月大事記

十二月廿四日 （星期二）

艾森豪、杜勒斯向美全國播告巴黎會議結果，强調盟國團結重要，並謂裁軍未達協議前，美必須整軍。

十二月廿五日 （星期三）

美下年度軍事預算，總數約爲四百億元，將於下月交給國會審查。

十二月廿六日 （星期四）

堅決反共的他農被泰國家社會黨推選出任泰國總理。

美國駐歐洲陸軍部隊，全部編爲新五師。

俄向各國駐莫斯科使節，提出七點「和平」計劃，要求轉達各該國國會和政府。

蘇俄把持的「亞非會議」今在開羅開幕。

十二月廿七日 （星期五）

美將答覆蘇俄總理布加寧函件，拒絕與俄開高層會議，正式覆函兩週內送俄京。

十二月廿八日 （星期六）

美國務卿杜勒斯會晤東南亞組織代表，報告北大西洋會議情形。

杜勒斯促東南亞及中南美各國代表提出建議，加强聯繫洲際間區域性組織，但不主張合併爲全球性大聯盟。

韓境聯軍統帥部發表聲明，斥責共黨十次違反停戰協定。

杜勒斯對美年終文告，重申對和平信念，謂鐵幕內人民普遍冀求獨立自由。白宮表示美國對俄防禦地位決不軟弱。

十二月廿九日 （星期日）

佳納代表在亞非會議上，抨擊蘇俄，認俄干涉匈革命是帝國主義。

美國原子能委員會宣佈，俄帝在西伯利亞，繼續爆發一項核子裝置。

黎巴嫩拒絕俄經援建議，表示願受美援助。

十二月三十日 （星期一）

美總統艾森豪批准擴大科學教育計劃，撥欵十八億美元獎勵優良學生。

美空軍訂戰略計劃，對於中程彈道飛彈，詳細規定使用辦法，目標包括俄中部烏拉山地區。

美下年度新預算案將近七百四十億元，爲美平時所提出的最大預算案。

菲總統加西亞正式就職，保證與美友誼，重申對亞洲各國採睦鄰政策。

十二月三十一日 （星期二）

日韓簽立協定，雙方同意互相釋放被扣人員，定期重開談判，解決戰後問題。

四十七年元月一日 （星期三）

歐洲共同市場與歐洲原子合營條約生效。

亞非會議閉幕，通過若干反美決議。

元月二日 （星期四）

美計劃在國會同意下，將原子潛艇的機密，供大西洋公約國家。

元月三日 （星期五）

美空軍部正式宣佈，成立兩個飛彈中隊，訓練使用中程彈道飛彈，陸軍天帝飛彈今秋可派駐歐洲。

元月四日 （星期六）

俄以吉普車八百輛，運交印尼陸軍。

美陸軍部繼續撥欵，大量製造「天帝」飛彈。

『自由中國』的宗旨

第一、我們要向全國國民宣傳自由與民主的真實價值，並且要督促政府(各級的政府)，切實改革政治經濟，努力建立自由民主的社會。

第二、我們要支持並督促政府用種種力量抵抗共產黨鐵幕之下剝奪一切自由的極權政治，不讓他擴張他的勢力範圍。

第三、我們要盡我們的努力，援助淪陷區域的同胞，幫助他們早日恢復自由。

第四、我們的最後目標是要使整個中華民國成為自由的中國。

元月五日 （星期日）

英國首相麥米倫建議與蘇俄簽訂互不侵犯公約，並主張舉行高層會議解決歧見。俄報抨擊英相建議；對麥米倫建議，美反應表冷淡。

西德總理艾德諾與俄駐德大使舉行密談。

元月六日 （星期一）

美總統艾森豪主持國家安全會議商討美國冷戰策略。

英外務部發表聲明，英相主張與俄締約，只是整套談判中的一部份，並非單獨建議。英內閣緊急會議，研究麥米倫建議反應。

美海軍軍令部長勃克表示，美「北極星」飛彈將裝備海軍單位。

元月七日 （星期二）

傳俄發射載人火箭，到達一八六哩高空，並使該火箭乘客返回地球。俄文化關係委會謂未接獲關於該傳說的消息。

俄派孟希可夫使美。

元月八日 （星期三）

北大西洋公約理事會議開始討論布加寧函件。美順應衆議，姑且同意開高階層會議，但需俄在初步會議中表現誠意。

美噴射練習機一架，被阿爾巴尼亞攔截迫降。

元月九日 （星期四）

美國務卿杜勒斯堅決反對東西方高階層會議。

艾森豪對國會提出警告，削減對外援助計劃將爲粗率愚蠢之舉，並强調應與盟國共享科學知識。

社論

(一)我們的教育

(「今日的問題」之十三)

近八九年來，臺灣在某些方面有若干進步。郵政是顯著的實例。可是，在另外某些方面則有實質的退步。教育則是顯著的實例。今日臺灣的教育，細細觀察，不僅不及民國初年，而且不及滿清末年。那時的教育，是逐步向一「開放的社會」發展；今日臺灣的教育，則是向建立一個「封閉的社會」之途邁進。大致說來，這幾年臺灣教育的退步，至少退步了五十年。這就等于說，這半個世紀的時光是白浪費掉了。照目前的情形看來，這一浪費，還不知到何年何月才停止。我們眞爲下一代人憂。

這幾年來，在背後控制臺灣教育的原則有兩個：一是「黨化教育」；二是狹隘的「民族精神教育」。而這兩個原則又是互相滲透，互相支持，互相作用的。

臺灣黨化教育的得以實施，顯然並非出于家長及受教者之歡迎悅納，而全係藉政權便利從事佈署。厲行黨化教育者挾其無可抗拒的政治優勢和一二頂大帽子，控制學校機構，樹立黨團組織，並且掌握大部分敎職人員。網既佈成，彼等進而規定課程，灌輸黨化思想，傳播政治神話，控制學生課內外活動。彼等藉黨化教育，把下一代人鑄造成合于他們主觀需要的類型。

提倡狹隘的民族精神敎育之類的教育，在第二次世界大戰以前，最積極者有日本和德國這類軍國主義的國家。這類國家提倡此類敎育的目標，係藉誇張自己民族的優點並抹煞其他民族的優點，來養成國民「老子天下第一」的自矜心理，與仇視隣國的態度及不能自持的狂熱之情。最後的目標，則爲驅策狂熱的火牛，奔赴戰場，對外侵略。我們從來沒有聽說走民主路線的國家强調狹隘的民族精神敎育的。目前臺灣之强調民族精神敎育者正是極力主張黨化敎育的人。彼等之强調狹隘的民族精神敎育，其目標當然談不上導致對外侵略。彼等强調狹隘的民族精神敎育，是想替黨化敎育找傳統上的依據，進而使黨化敎育與傳統化合，最後等而爲一。揆諸「黨卽國」的主張，此種作用甚明。當一社羣的危亡感從潛意識裏湧出時，這類敎育所標榜的口號確乎多少可以使人得到象徵性的安慰。例如，寫一手很好的毛筆字，使若干人直覺地認爲國性未失，國種猶存。然而，這種敎育，行之過當，結果是造成偏狹心理，並收迷戀過去和自我陶醉之效，何補時艱？更何補于發奮圖强？

近來辦教育的人震于科學成就之偉大，也知道非急起直追究習科學不足以圖存。但是，他們徒炫於科學的結果而不明科學的根本。科學的根本是科學的精神，科學的態度，科學的方法，與科學的思想模式。今日科學的成就，是從科學的根本產生出來的。沒有這一科學的根本，便不會有科學的成就。但是，科學的精神，科學的態度，科學的方法，及科學的思想模式，與黨化教育所培養出來的心理狀態是絕不相容的。前者是重解析的，重實證的，富于懷疑的；而後者則是籠統的，空幻的，和獨斷的。一個人頭腦中怎能同時裝進這樣冰炭不相投的兩種東西？一個人一隻脚向前，一隻脚向後，怎樣能够走路？

當人在數量上處于劣勢，在形體上對比起來較小，在直觀中的强弱之勢相形見絀時，心理方面難免產生自卑感。有了自卑感，就要想方法彌補。彌補自卑感的方式之一，就是想處處表現其優越。個子不够高的人喜穿高底鞋。瘦人聽到別人說他胖而欣然色喜。臺灣這幾年施政之最原本的推動力，就是深沉的自卑感。有自卑感者，唯恐別人瞧不起，所以處處要表現得堂皇壯大。而傳統的面子心理，再加上現代的廣告技術，益使這一點心理作用發揮到史無前例的地步。這幾年來，凡屬長面子的事，雖耗資鉅萬，亦毫無吝色。至于表現壯盛軍容，製造新聞鏡頭之事，則日日相繼，不厭重複。若干人在一方面高調民族自尊；可是在另一方面對于國際過往客人由于禮貌所發口頭贊揚之詞，則不厭其詳，認眞刊載。官方派駐海外通訊社對于新聞報導也以此爲最基本的選擇原則；而並不是「是什麼，就說什麼」。於是，海外一有恭維臺灣的言論，雖一鱗半爪，也誇大報導。對于海外批評臺灣的言論，則不是一字不提，便是斷章取義，或歪曲竄改。久而久之，把臺灣在紙上構成世界上至美至善的樂園。至于過年過節和壽慶時的鋪張，則把「節約」的美德置諸腦後。……總而言之，這幾年的政治是競相大作其表面文章，以圖博取耳目聲色之娛。於是這幾年的政治成了「廣告政治」。所以，爲政越來越趨于表面化，內容則日益空虛。關係乎百年樹人大計的教育也不能例外。不僅不能例外，由于辦理敎育者之好大喜空，反而更變本加厲。臺灣這幾年的教育，似乎很發達，其實是在製造統計數字，重量不重質，素質日趨低落。各種學術機構，文敎館所，看起來有如雨後春筍，大有「中興氣象」。其實，稍一究詰，內容則空空如也。有的館所有開辦費而無維持費，有的館所有薪水而無事業費，有的館所幾乎只有一塊招牌而已。館所「通貨膨脹」的現象，是官僚政治廣告化的產物；是急求見功和表面熱鬧的結晶。我們知道眞正沉得住氣爲遠大的目標而苦幹者那會有這種澆薄的作風？那會以爲撒豆可以成兵？

世界的局勢演變到了今天，我們這一羣人想要生存下去，只有在政治上採取讓大多數人得以自由發展其才智的民主制度，並且在學術上亟力從事科學研究。其餘的說法，不是空話，就是不切要之談。時至二十世紀六十年代，在自由世界陣營裏，如果還有人想藉一個黨派霸佔一塊土地，高調一個主義，壟斷財政、經濟、教育，一切的一切由一個集團一把抓，這顯得多麼尷尬，多麼不合時代需要，又多麼令人憎厭！

今日要實現民主並提倡科學，我們的教育必須從黨化思想裏根拔出來，而與民主及科學密切配合。我們這樣的教育主張，一點也不是什麼新奇的說法，而是歐美民主國家行之有年的原理原則。依照這樣的原理原則來辦教育，才能使青年的心智和身體得到正常而健全的發展。歐美青年的心智和身體得到正常而健全的發展，才會有今日輝煌的科學成就，才有今日的富强康樂。我們爲什麼只羨慕人家的科學成就和富强康樂之結果而却否定獲致此諸結果的教育制度？在黨化教育和狹隘的「民族精神教育」園地裏，是開不出科學之花的。楊李是在美國培育出來的。基于配合民主與科學的要求，並爲了挽救下一代，我們對于教育作下列的建議：

第一、停止黨化教育。我們反對蘇俄共黨的重要理由，就是反對黨化。聲言反共抗俄者爲什麼還要實行黨化？黨化教育壓窄人心，製造偏見，除對一黨以外，對國家民族有什麼好處？老實說，在世界的現狀之下，黨化教育是不會成功的。退一步說，黨化教育即令可以成功，充其量也不過是造出一批只聽一個黨的話的盲從之衆而已。這樣的人，離開了黨的窩子，根本不能適應外界的新環境，只有成爲廢料。眞正「爲國家民族的前途」而辦教育的人，怎會做這樣「傷生害理」的勾當？現在辦教育的人，如果稍有良心和常識，應該建議有權力者趕快停止黨化教育。停止黨化教育，卽停止對大家毫無益處的黨化課程以及圍繞黨化目標的一切設施。讓青少年們的心身從黨化的迷陣中解放出來，多用時間精力于吸收科學知識，學習科學技能。

第二、學術自由。自古至今，鉗制學術自由的勢力很多。其中最主要的有泛宗教主義，泛道德主義，和泛政治主義。泛宗教主義者把學術當做宗教的侍女。在泛宗教主義的籠罩之下，凡抵觸宗教教條及神話的學說或理論，都被認爲是異端邪說，都拿不出來，或壓得不敢抬頭。泛道德主義者認爲一切思想學說必須從屬于道德倫範。凡不從屬于道德倫範的思想學說，都被認爲是敗壞人心的淫詞邪說。敗壞人心的淫詞邪說，都在當被禁阻之列。在東方世界，泛道德主義者常在被御用的條件之下與現實政治結合而藉現實勢力以行其道。現代的泛政治主義者從泛宗教主義者和泛道德主義者接收其管制學術的傳統，而在技術上則更加精鍊。蘇俄統制，可說是把泛政治主義發揮到了極致的統制。在泛政治主義之下，一切學術思想都變成政治工具。政治教條成爲學術思想之「先天的前題」；政治綱領成爲學術思想之不可踰越的綱領。因而，政治領袖也就成爲學術領袖。於是，一切學術思想的發展，必須受政治路線之規定。然而，可惜得很，經驗世界對于人間形形色色的政治一概是中立的，自然界尤其不能聽命于辯證唯物主義，或人間的任何其他「主義」。蘇俄要能造原子武器，從唯物史觀和列寧「遺教」裏推論不出來；她只有請教被俘的德國科學家，或派間諜到西方世界去盜竊，要不然便向本國科學家讓步——不硬性規定他們從馬列主義來研究科學。泛政治主義已經走到山窮水盡之境了。奈何臺灣官方有一部分人士還迷戀這將死的骸屍？我們總不能不承認，這派那派的政治是少數人一時鬧的事，而學術則是社會百年千年的事。今日之鬧政治者，何必連這冷僻的學術角落也不放過？爲了社會的長久生命着想，我們應該讓學術從政治權力之下解放出來，讓它自由發展。不然，這個社會的智慧會由萎縮以至于死亡。常常裏會有前途可言？

第三、簡化課程。現在，臺灣從大學到幼稚園的課程之繁重，無疑居世界首位。課程名目之多，也是世無其匹的。小學學生竟有忙到夜晚十一點鐘才能上牀休息的。世界各國，那有這樣辦教育的？這樣辦教育，臺灣的學術貢獻應該居世界之首位了。但是，在事實上呢？是一部分學生被壓得喘不過氣，心身受到戕害；另一部分學生則採取敷衍手段，浪費時光和金錢。教師亦然。這樣製造出來的學生，品質那會特別精良？

第四、提高品質。老實說，處于臺灣目前的地位，我們要在量上與別人爭多比少，那是沒有希望的。製造統計數字，是幼稚的宣傳手法。何況區區的統計數字並不足以驚世駭俗？我們要謀出路，必須從提高品質着手。要提高品質，必須首先停止教育方面的通貨膨脹政策。這一政策停止了，再剔除那些爲政治目標而設立的課程，剔除那些爲彌補自卑感而添設的課程以及活動，讓教師和學生們多些時間來究習有益心身的課目。這樣行之十年，教育成果之品質自然就可提高了。

當然，要改善臺灣的教育，方案不止上述四條。不過上述四條方案是最基本的。如果能把上述四條方案行通了，那末其他方案就易逐步實行。

我們對臺灣的教育作上列的論評和建議，並沒有一點意思說臺灣現在辦教育的人不够努力。恰恰相反，我們認爲臺灣目前病在辦教育的人太努力了。可是，辦教育的基本方針錯誤，愈是努力結果愈糟。所以，我們認爲要搶救臺灣當前的教育，須請辦教育的人「高抬貴手」。祇有首先終止把這部車子向深淵裏開，然後才談得到熟籌健全教育的細節。

社論

(二)

供給制爲浪費之源

這裏所說的供給制，就是指雇用機關對其員工除了給予一分薪水之外，還要供給他本人及其家屬各種生活之所需的一套辦法而言。此在今日的臺灣，確實已經成爲一種制度，尤其是政府機關及公營事業，幾乎已找不到什麼例外。供給的範圍，已漸漸從房屋、車輛等擴展至於公館或宿舍裏的水電、傢具、伙食、燃料、醫藥、僕從、各種日用物品、以至於半公半私的交際酬酢費用，祇除了衣穿由公家供給的事例似尚未有所聞之外，差不多已經包含了家庭開支之全部。這個供給範圍，通常又與職位之大小略成正比。高級官吏配給豪華寓所，在寓所的屋簷之下，種種花費，都可以報銷公帳。中級人員，則擠在統艙式的宿舍裏，食息於斯，也可以不必自掏腰包。最可憐的下級人員，則祇能拿到一點實物配給，慰情聊勝於無。如此這般的辦法，行之有年，好像大家也都視若固然，感覺不出有什麼不合理之處。最近監察院對行政院俞鴻鈞院長提出彈劾，牽涉到他在中央銀行報銷煤炭、鮮花、郵票、草紙等等浪費情事，這才引起國人注意。我們於此，無意於評論俞氏個人之事。俞公館的那種浪費，據說還遠沒有到達登峯造極的境界。外間人言鑿鑿，如某某等要員的公館，由公家供給的數額，可能數倍於俞公館，其確實數字，祇有辦報銷的人知道，我們無查帳之權，祇是根據道聽途說，人云亦云，祇希望監察委員也能切實的調查其他國家銀行，如中國銀行等供給制度一下。

這種駭人聽聞的開支情況不僅是一種浪費而已，同時還有甚大的貪污舞弊之嫌。一個人或一家人衣食住行等基本需要有其饜足之時，到一定的限度儘管有大的「胃口」，並且恣情花費，也會花費不下去。那些龐大數字，究竟是否全部都眞正花用掉，實在大成疑問。如果事實上並未完全花用，那就必然爲經手人所中飽。據我們所知，公家汽油已經大批大批的在民間出賣，這就是一個並未全部使用的實例。關於這一類事，我們也希望監察院能够澈底調查一下。

浪費的情形，並不局限於高級人員的豪華官邸，即連中級人員的公共宿舍以至下級人員的福利供給，亦非例外。人決不會像愛惜私物那樣的愛惜公物，這幾乎是我們大家所共同的弱點。公的範圍愈大，浪費的機會就愈多。旁的不說，公家宿舍如果不採行「燈火管制」，電燈就常是點個通宵，在私人住宅，就不會有這樣的情形。祇此一例即可概其餘。至於福利配給，各機關的辦法並不完全一致。有的機關，發給一張米票要員工自己乘坐三輪車到指定的米舖去提取，遠不如發給代金那樣的方便而實惠。有的機關爲了分發所值甚微的食油與食鹽，要雇用工役，一家家去派送，從都市北區一直派送到南區甚至還要派送到近郊鄉鎭。爲管理福利品，機關又要添雇人員專司其事。實物管理的監督，又遠較財務監督爲困難。錢可以一筆筆的點數與核帳，絲毫差錯都能發現，而實物的點數與核帳，卻最容易偷天換日，稍一不愼，弊端隨之。一個機關最容易生弊的處所，通常不在會計部門而在事務部門，其理由即在於事務最易逃避監督。現在各種各樣的供給制，卻使機關事務工作變得更爲複雜。在房屋修理與實物採辦等等方面，隨時都可爲經辦人員製造撈錢機會。近年政治風氣之敗壞，供給制多少有助長的作用。

供給制的弊害，尚不止於造成浪費與貪污，同時還是一種最大的不公平。最高階層的特權，一般員工無法享受，此種情形，前已言之。即在同級人員之間，各機關有「肥」「瘠」之別，因此供給待遇，亦大相懸殊。甚至在同一機關之內，也有甚大的參差。此於房屋的配給，尤爲顯著。有些人員僅僅是由於人事利便，配得相當寬敞的房屋，照臺北市的市價計算，此類房屋的月租當在一千五百元至二千元上下；但是同機關同等級的人員，可能配不到房屋而僅按月領取所謂房租津貼，此項津貼通常不過三五百元之數。這樣的差別待遇，不得謂之公平。由於待遇不公，自然就影響個人情緒與工作效率。

房屋之配給，同時大大的妨礙了人事制度的流動性，使之無法做到調撥自如，人盡其才。對大多數人，職位與房屋，牽連一起，離得開職位，却離不開房屋。在雇用者方面，因考慮到房屋之不易收回而致無法裁遣，在受雇者方面由於找房屋比找職業更爲困難，而喪失了選擇的自由。雙方關係被房屋所釘死，理應退職的不能退職，以致新進者就因名額之限而無從入門。由於人事殭化，政治也就跟着流於殭化而缺乏新生氣象。

各種各樣的供給制，除了最高層官吏所享受的特權以外，也並不能使受供給者得到甚多的實惠。即以房屋一端而論，如果各機關將配作員工住宅之用的房屋一律照市價出租，而將所得租金全部加在員工的薪金上面，我們相信，這一辦法定然會贏得絕大多數員工的贊同，他們得到這筆加給，反而可以把生活安排得更爲舒適而合理，不會像今天這樣除了擁有一座比較像樣的房屋之外，在生活各方面都捉襟見肘。至於那些實物的福利供給，又往往不能適應各人的眞實需要，數量不是太少，就是太多，且對品類亦無選擇之自由。多餘的供給品常要貶價求售，增加麻煩，否則就祇有聽任其損毀。倘能把所有實物一律改爲代金，那更無疑是一件人人皆大歡喜之事。

供給制既是這樣一個有百弊而無一利的制度，何以竟會存在？這倒值得研究。在我們看來，今天在臺灣所普遍實行的供給制，主要有三個造因。第一個造因是政府遷臺之初，有大批公職人員隨行，這批人員的生活，無可奈何的必需由政府來代為統籌安排。如果有人要為供給制辯護，這個理由是比較堅強的。但是它也祇能適用於遷臺時的最初幾年，到現在已不復適用。在這漫長的八九年歲月之中，政府早就可以設法誘導這些隨政府遷臺的員工，打定自己的生活基礎，何至於到今天還必須事事依賴公家。自然，最難解決的莫過於住的問題。但雇用機關也儘可為員工墊欵，讓他自己能購置或建造房屋，墊欵則在薪金項下分期扣除，到今天也可把問題解決。據悉，郵政局就已採行這樣的辦法，惠而不費，甚得員工的贊美。其它政府機構，應能仿行。

第二個造因是現在公職人員待遇低微，倘若不以各種供應來補充其生活，就簡直無法維持。此一造因，如作為供給制應予延續的理由，就顯然不能成立。當然，要削除所有供給而不增加薪水，那是不可能的，但為什麼就不能把供給制所需的正當費用以及附帶的龐大浪費，統統都移用在加薪上面呢？化供給費用及其浪費為正式薪水，也許少許特權者的享受難免被剝奪一些，却一定可以做到更大的公平，並改善低級人員的生活。

第三個造因，可能與流行的社會主義思想以及現代的統治技術有點聯帶關係。共匪在大陸，就普遍採行供應制，從表面說，似乎這樣才符合於社會主義所標揭的「各取所需」的原則，事實上却是為了對其幹部的加強控制，使之無法擺脫，因為一擺脫組織關係，生活上一切都無着落。我們這裏的政治，雖未明言，却常常有意無意的在模倣共黨的辦法。竭力減少貨幣報酬，而寧願配以實物，那是使人無法儲蓄，無法積聚起個人的一宗產業來。人無恆產，那就永遠被人控制；生活不得自主，思想也就無法自由。一旦身為公務人員，除貪污者外，就祇好打算幹一輩子，豈有不戰戰兢兢，力求自保之理？至於那些居高位者，則寵之以洋房汽車，以及種種生活上的特權。要知在享受慣了的人，喪失洋房汽車的痛苦，遠甚於喪失職位。官不可一日不做，乃不得不竭盡阿媚逢迎之能事，為一身的利祿而變得骨氣全無。這樣，權力者雖因此而獲得甚大方便，但政治的敗壞與腐化，却也正由此而起。

對於這樣一個毫無益處的制度，我們要求改革。而且我們認為，除了房屋一項以外，其它種種，祇要有改革的決心，不會遭逢什麼難以克服的困難，最大的困難還是在於與此制度結合一起的特權。我們深知，要特權者經由自己的反省、檢討、及改革來取消特權，殆無可能。所以我們還是希望民意機關能够負起責任來。立法院應該成立硬性的法律案，即使不能把供給制完全取消，至少也得使其受到一定的限制。有了法律案的根據，監察院乃更易執行其監察的任務。民意機關倘仍然不能有所作為，則貪污無止境，浪費無已時，即其它方面的政治革新，也將連帶的永無現實之望。

社論

(三)

勿陷總統於違憲

——駁斥中央日報一月九日社論

本年一月九日的臺北中央日報發表一篇題名為「監察行政兩院爭議」的社論，內容離奇荒謬，出人意表。這篇文章，由於論點之牽強蹩扭，所以行文也就曖昧支離，沒有一個人能够完全看懂。但我們細察其命義之所在，實是企圖剝奪憲法所賦予監察院的神聖職權，把一個法紀問題強指為「政治爭執」，繞過憲法常軌，最後交由總統來作政治性的解決。這樣一個建議，倘若果眞為各方面所接受，則法治精神將為之破壞無遺。我們為維護國本，對此種主張，不得不予以嚴詞駁斥。

放在我們眼前的事實非常簡單：那是行政院長因違法失職而受到監察院的彈劾；彈劾案既經成立，就祇有依照法律常軌等待公務員懲戒委員會的最後決定，任何其它的處理方法均屬違憲。彈劾案提出之經過情形，也是非常清楚：監察院先行提出的是「杜絕浪費、調整待遇」的糾正案。糾正案如能達到糾正的目的，彈劾案可以不必提出；如未能達到糾正的目的，彈劾案就必須提出，否則就是監察院的失職。

至於在糾正案提出與彈劾案提出之間所發生的行政院長拒絕赴監察院備詢的一段糾紛，充其量祇可說是整個過程中的一段插曲。我們可以說，糾正案與彈劾案是根本，而赴院糾紛祇是一個連帶的枝節；也可以說，糾正案與彈劾案是實質問題，而赴院糾紛祇是一個程序問題。對於任何事的處理，決不能因程序而妨礙實質，而變更實質。更明白一點說，即令赴院糾紛從未發生，監察院並無邀約行政院長赴院之事，或行政院長並無拒絕赴院之事，糾正案與彈劾案還是要依憲法的常軌進行：這常軌便是，如果糾正案達不到糾正的目的，就必需繼之以彈劾。

在我們看來，即連邀約行政院長赴院備詢那一件事，也是不應該引起爭執的，其理由已見上期本刊社論「行政院長應不應到監察院報告備詢」一文之中，於茲不再贅述。即使我們退一步承認這是一個可以爭執的問題，則此爭執也祇能局限於是否應該赴院，而不應該牽涉到糾正案與彈劾案上去，更不應該讓程序的爭執來取消糾正案與彈劾案實質的意義。前舉中央日報那篇社論發表於彈劾案提出之後，却還在標題上說是「兩院爭議」，並在文中一再使用「憲法爭議」「政治爭執」那些字樣，好像整個問題都祇是憲法條文解釋的問題，這不僅是避重就輕，而且是有意的錯亂眞相。彈劾案明明是糾正案的延長，而中央日報那篇社論却偏要說它是憲法爭議的延長；從糾正案發展到彈劾案，明明是照着憲法的常軌在進行，而中央日報那篇社論却偏說它是「脫軌」。請問中央日報之所謂「軌」，是不是法律的軌道之外，另外還有一條軌道存在？

中央日報社論中指摘監察院的行動爲「脫軌」的那一段文字，艱澀難通，我們實在看不清楚究竟它在說些什麼，因此我們也不願在此引用，好在原文具在，讀者有興趣的話，儘可覆按，看看是否能獲得比我們更爲明晰的印象。倘容許我們猜測，那位作者似乎是這樣的意思：彈劾案之終於提出，是由於赴院糾紛之僵持，如果赴院糾紛獲得解決，彈劾案是不致於提出的。他大概是本於這樣的想法，才把彈劾案視爲「憲法爭議的延長」。其實，赴院糾紛既不能引出彈劾案，更不能取消彈劾案。縱然在彈劾案所舉六項之中，包含了「蔑視監察職權」一項，與赴院糾紛有所關聯，其餘五項，都是由「杜絕浪費」一案所引出，卽所稱蔑視監察職權，也包含了中央銀行拒絕調查帳目的違憲行爲在內，亦不是專指赴院糾紛而言。除非赴院糾紛之順利解決能導致糾正案目的之充分達成，彈劾案之提出仍然爲不可避免；監察院倘竟因赴院糾紛之獲得解決而聯帶的讓糾正案無疾而終，那將是一次監察院的嚴重失職。我們對此項嚴重失職，斷然不能輕易放過。而中央日報那篇社論，似乎是深致遺憾於糾正案之未能大事化小，小事化無，深致遺憾於監察院之居然能未嘗失職，乃欲揮魯陽之戈，使時光倒流，叫整個過程回轉到赴院之爭的階段上去，於是才想出了憲法第四十四條之適用，要求總統出來解決整個的問題。

那篇社論又說，如果因彈劾案之提出，經公務員懲戒委員會確認行政院長有違法失職情事，而決定應予免職，則必將導致行政院之改組，如此則違背了憲法所規定行政院長對立法院負責的精神。我們於此亦須指出：所謂對立法院負責，乃是負政治責任(卽政策上的責任)之意，至於監察院之彈劾案，以及由此彈劾案所可能引起公務員懲戒委員會之決定，所牽涉的並非是政治問題，而是法律問題。如果懲戒委員會決定作免職的處分，那是行政院長個人受法律制裁，此種制裁，憲法並無規定得有任何條文予以豁免。卽使因此而導引行政院之全盤改組，也並不與憲法的精神有所違背，因爲憲法並未規定行政院改組所必需經由的途徑與必需採取的方式。

中央日報那篇社論的最後建議，是要援引憲法第四十四條的規定由總統出來解決政院與監院之間的「爭執」。憲法第四十四條是這樣說：「總統對於院與院間之爭執，除本憲法有規定者外，得召集有關各院院長會商解決之。」但放在我們眼前的，並不是院與院之間的爭執，而是行政院長兼中央銀行總裁個人以公務員的身分被彈劾的問題。而這個彈劾案既經依法成立，就既不是總統所能改變，亦不是行政院長與監察院長所得而會商解決。中央日報在彈劾案既經提出以後，還在那裏要求總統出面調處，那是準備陷總統於違憲，要總統出來非法剝奪憲法所賦予監察院的彈劾權。

此外，監察院的調查權也像它的彈劾權同樣的不容任何人來加以破壞，它也同樣的無法作憲法第四十四條之適用，由總統出來召集有關院長會商解決。監察院在提出彈劾案以後，仍擬對中央銀行的帳目繼續調查，這表示監察委員之忠於職守。在已經提出的彈劾案之中，曾舉有中央銀行拒絕調查的事實，此實爲整個彈劾案中最嚴重的一項，本刊上期社論「彈劾案與調查權」一文中業經强調。我們於此更須指出：監察院之調查，可以任何政府機關及其人員爲對象，任何特殊機構都不能假借任何權力來予以阻攔，包含總統的權力在內。如果中央銀行的總裁或人員可以藉口總統的命令而拒絕調查，那也同樣的陷總統於違憲。

總之，彈劾案既經成立，就祇可能遵照法律所規定的程序，靜候公務員懲戒委員會的處理，再無其它的合法的解決方式。而且，卽連被彈劾的行政院長本人，也正在遵循一定的法律途徑，提出答辯，而中央日報偏在此時提出違法亂紀的主張，我們眞難明瞭其動機何在。如果是一個尋常的報章雜誌，作此論調，可能是知識的問題，倒也可以一笑置之。中央日報是代表執政黨的首要言論機關，乃竟發此謬論，實不能不使人懷疑整個執政黨對憲政的誠意。如果整個執政黨眞在那裏要求他們的總裁，也就是曾經宣誓過遵照憲法以行使職權的總統，來親手把憲政毀棄，那眞是何等嚴重之事，我們豈能對之默爾無言！

英國政黨史上一位偉大的鬭士

——福克思查理 (Charles James Fox)

程滄波

予前草「英國兩黨政治的歷史背景」一文，歎息稱賞福克思查理之爲人，而致其衷心無窮之嚮往。我談英國政黨人物，在十八世紀，不談威爾帕爾 (Robert Walpole)，不談璧德父子 (William Pitt)；在十九世紀，不談格雷 (Grey)，不談帕莫斯頓，不談狄思雷利與格蘭斯頓，而獨拳拳不忘於福克思查利。這不是因爲福克思的勛業，福克思三十年的政治生涯，除了三次短時間的從政（綜計不及二年），二十七八年悠長的歲月，完全是在野，完全是國會中一位反對黨的領袖。英國史家稱他爲終身的反對黨，英國史家亦稱他爲十八世紀的大政治家，英國史家更稱他爲英國政黨政治建造的大功臣。一個沒有政績的大政治家，一個三十年在野的政黨領袖，而其對英國政治的貢獻，既與他同時的璧德父子，各有千秋。亦並不亞於後來的狄思雷利與格蘭斯頓。所以講成功罷，那有一位政黨領袖，在三十年的議會生活中，極少機會碰到政權？但是講失敗罷，那有一位失敗的政黨領袖，生前受到同輩與其黨徒那樣的信奉，死後在歷史上獲得那樣的好評？我談英國政黨人物，必須抬出福克思查理先生請他坐首席，就因他是這樣一位奇突的人物，因他是一位終身的反對黨領袖。這位奇突而偉大的英國政黨史上的鬭士，其一生可歌可泣的行誼，實在太值得我們的追念。我認爲今天對福克思查理先生的介紹與宣揚，對民主自由是有重大幫助的。

× × × ×

福克思查理 (Charles James Fox 1749–1806)，一七四九年一月二十四日生於倫敦威士敏斯區康廸衕 Conduit Street。福克思亨利 Henry Fox 的第三子。福克思亨利在喬治二世時，曾兩度做下院的領袖，也數次入閣做大臣。可是這位老福克思先生，他的生平，正可用中國一句老話「升官發財」四字來綜括。當七年戰爭時，老璧德 (Lord Chatham) 正用全力應付英國空前的危局，而老福克思先生卻利用戰時政府會計長的地位，盡量積累其私人財富，因爲當時英國政府的會計長，是政府中一個既暗而肥的缺。每財政年度開始，國庫將一應支出預先撥付會計長，而會計長對全部國家支出，並不需一時發放。所以會計長可將手頭之公欵盡量存放生息。此種利息，例不歸公，全入會計長私囊。此外，英政府當時對外國政府的津貼，會計長照例可得百分之四分一的回扣。老福克思先生在七年戰爭時，因爲依附王室的關係，就在這個肥缺中盡量營私肥己。這一個肥缺，老璧德也曾做過，而且做過九年，但老璧德在任內，把一切漏規完全革除，所以老璧德雖亦擔任此職九年之久，卸任時一身虧空。這是璧德與福克思兩家上代作風的不同。喬治三世曾說福克思亨利是最沒有原則的政客，也是永遠不能信任的人。

老福克思在政治上阿附取容，然其結果還是被王室一脚踢開。垂老雖得封爵，然爵等僅得子爵，屢謀晉爵，亦未能如願。所以他晚年寄託，全在家庭，尤其在他的幼子查理。他對查理的愛護瀕於溺愛。有一個故事，可說明老福克思對兒子的溺愛，無所不至。查理幼時有一天拿着父親最愛的一隻金錶，想在地上摔破，要看看錶內究竟是什麼？父親對查理說：「你愛把錶在地上摔碎，我想你是必須，你儘管摔破好了。」查理幼時入學，一任他自己選擇。最初查理從一位法國亡命之徒名潑姆褒龍讀書，後來查理自己要去伊頓(Eton)學院。在伊頓學院六年，他對於古典文學深感興趣，終身對於古典文學的修養就在此時培養了基礎。老福克思對自己孩子，一如朋友，對查理尤爲客氣。一七六三年，老福克思帶了查理，到巴黎及斯巴 (Spa) 遊歷。在遊程中，老子敎兒子盡量縱樂，還勸兒子去賭博。查理天性好學，並不因爲各種打擾而中止其向學之殷。一七六四年查理進入牛津大學哈德福學院。在假期中，不斷到法國及意大利去遊歷。他對法文及意文，深有研究，尤其對意大利的文學藝術，甚有心得。在查理少年時，雖其生活沒有規律，然他從不懶惰。他做事，從不半途而廢，他對治學與運動，同樣是努力不懈。

一七六八年老福克思爲兒子買進密突赫斯脫郡選舉區 (Pocket borough of Midhurst)（〔註〕當時英國所謂「口袋選區」Pocket borongh，此種選區選民極少，貴族對區內選舉，控制一切，且於選舉前可出賣，英國十八世紀爭論國會改革時所稱「腐敗選區」rotten borough，卽指此），使兒子查理得當選爲國會議員。當時英國的世家子弟從政，大半是由這種路徑。等於滿淸時代宦家子弟做官，是用蔭生與捐納雙重手段，使他們仕宦盡量能走捷徑。老福克思早年敎養兒子所播的種子，後來好的壞的都同樣開花結子。查理對父親的孝順愛慕，終身未嘗稍變。但是他父親敎導他的賭博習慣，使他終身受累且屢致毁滅。查理對賭博樣樣都好，也樣樣都精。他對跑馬是專家，他自己養了許多馬，在跑馬上，他赢的時候比輸的時候多。但在賭檯上，他屢次慘敗。在倫敦在巴黎，他不知被賭徒剝光多少次。然他儘管輸，全不關心，毫不在乎。到一七七四年，他父親看兒子負債實在不能再混下去。曾經一次拿出十四萬鎊替兒子還債。查理一輩子負債。到晚年他洗手不賭，他的生活，全靠朋友維持。他許多有錢的朋友，在一七九三年曾經爲他籌集一筆基金共七萬鎊，專爲維持他的生活。

這是查理幼年的家世敎育及其嗜好，英國的社會是講究道德的。當時英國的王室，如喬治三世，尤重視嚴肅的生活。小璧德有一位法國朋友，有一次曾對小璧德說：「我眞奇怪，像英國那樣講究道德的國家，而能使私人生活那樣闕失的人，成爲政治領袖，使國人樂於受他的領導。」小璧德立刻答覆他：「那因爲你從來沒有在這位魔術家的魔棍下面過生活。」這是查理當時惟一政敵對他性格與能力的解釋。

在正面敍述福克思查理以外，我想簡單再介紹與他政治生命最有關係的幾個人物，如當時的英王喬治三世，諾斯勛爵，及璧德父子等。這是爲說明福克思所處環境必不可少的側面敍述。

喬治三世 (King George III 1760–1820) 是亨諾佛王朝第三位嗣君，喬治二世的王孫。這位國王是英國近代史上一位奇突的人物，他從即位到死，恰恰享國六十年。在英國國王享國的久，他是僅次於維多利亞女王。喬治三世在位之日，正當中國清代乾嘉兩朝。他即位的那年，是乾隆二十五年，而駕崩的那年，是嘉慶二十五年。他享國之日既久，在他一朝發生的事情也多。英法七年戰爭，是在他登極後三年結束的。北美殖民地的獨立與喪失，是在他手裏完成的。最後，法國大革命接着拿破崙戰爭也在他晚年結束（他於一八一一年最後發瘋委政於太子，至一八二〇年死。）一般讀歷史的人，尤其讀美國獨立史的人，讀波克 Burke 對美戰爭的各種演說辭紀錄，無不切齒痛恨於喬治三世之爲人。然平心而論，他不是暴君，也不是昏君，而是不明時勢剛愎自用的一位專制之君。這位國王，正可合中國一句舊話，「生長於深宮之中」。他的父親佛里特立克做太子時，便和父王喬治二世水火不相容。這是亨諾佛王朝的傳統惡習慣。王室中國君與太子不睦，各立門戶從事鬬爭。佛里特立克不及登位而死，但他的兒子喬治三世，自幼年即耳濡目染於宮廷鬬爭。喬治三世幼時的師傅愛斯喀博士 (Dr. Ayscough)，便是幫助他父親反對他祖父的。愛斯喀博士不久被罷斥。王孫的師傅，也變成一個政爭。一個師傅，教讀不到數月，再換一個。喬治三世的母親，是德國一小諸侯名 Saxe-Gotha 地方的公主。這位母后，智識極低，而一切强不知以爲知。她對英國本一切不懂，她也不求了解。她心目中的一切標準，是德國舊時代的標準。當時王孫母子住的地方叫雷斯脫大厦 (Leister House)。她把王孫與外界一切隔絕，不許任何雷斯脫大厦以外的人，與兒子來往。當時這個小圈子內，標德勛爵 (Bute) 是最有力的代表。標德便是昔時贊助太子反對其父親各種陰謀的主持人。喬治三世在幼時，宮中均稱他爲懶惰不能振作。然既登大位，他似力圖振作有爲。他喜怒無常，愛憎不定，有時他的忿怒，一變成爲陰恨。他晚年曾對一位親信洛斯喬治 (Rose George) 承認，他記憶力極强，凡他所不能忘懷的，也不能寬恕或原諒。這說明他對於福克思查理的一貫態度。喬治三世曾經對他的親信說：即使冒着內戰的危險，他也不能用福克思查理來參預朝政。他那種陰沉而專斷的性格，多半是受了他母后在宮廷中的薰染。白林白洛克 (Boiing broke) 所提倡的「愛國之君」"Patriot King" 是這位幼王奉爲作君的規範。他的母后不斷地對兒子誥誡：「喬治，你要像樣做一個國王」。這與喬治二世(他祖父)的依民權黨巨頭爲治，是一個極大的反照。

喬治三世爲政之道，是想一掃一六八八年革命對王權所加之限制，壓棄喬治一世二世所遺之憲政規範。他要把國家一切大權，仍歸於國王。他的方法是控制選民，控制國會議員，分化或拆散政黨。在內閣，在國會，都採用特務間諜的方法，獎勵對任何政治領袖的秘密報告，而他盡量用威脅利誘的方法，使政黨及內閣一切直屬於國王。這是他所理想的「愛國之君」的個人統治。當時閣員之中，如愛格門 (Egmont)，哈德福 (Hertford)，洛居福 (Rochford)，都是隨時向喬治上小報告而仰承「聖眷」的。其中如諾丁登 (Northington)，以洛根黑姆內閣閣員而奉密旨破壞內閣，使內閣瓦解。最後諾斯 (Lord North)，尤爲喬治所識拔，故任首相將及十二年。北美殖民地獨立戰爭中，諾斯屢上辭呈，喬治至以退位相威脅，不許他辭職。喬治三世的個人統治，不僅在於政策的大端。他對一切庶政，也喜事必躬親，照他遺傳下來的信札看，他對諾斯勛爵的一切指導，幾乎自己在幕後做國會的領袖。他於軍政，如勘查船塢及校閱軍隊，甚至壯丁募集及外國軍隊之徵募裝備，他都一一親自過問。有時出巡，他的隨從侍衛，什麼人可以扈駕前往，什麼人應當乘車乘馬，那種車馬，應從御廐中徵募，他都一一過問。但是因爲他怕用有能力的高才，肯負責任的大才，而只能用低能及小心眼兒的人如仇門勛爵諾(Lord George Germain)、諾斯勛爵以及森德惠居 (Sandwich) 等人。這批人在喬治心目中，有時也嫌其庸碌與不才，如森德惠居，喬治曾當面罵他是「壞肝」，但他除了這一類的人，他不能用。有才有行的人他用了不放心。他對付國會，既用各種空銜，或乾薪，甚至直接用賄賂，從事收買。以致王室用費虧累日增，他與標德 (Bute) 最厭惡政黨。在他們心目中，政黨不過是私人相互勾結、損害國家而圖謀個人利益之結合。他們揚言，要使政客們明白，如果他們只知道對政黨效忠，他們個人便首先受禍。這是他們認爲對政黨的致命打擊。喬治三世個人統治，在一個時期是相當成功的。這個成功，一半也由當時的國會及內閣制度，機構本身雖然好，但是缺乏道德的力量與人民普遍的支持。當時內閣與國會的根據，不是民主而是貴族，不是民意而是「管理」。(G. M. Trevelyan: History of England pp. 546–548) 到一七八〇年，鄧寧 (Dunning) 在下院中動議：「王權已經增加，而且天天在增加，是應當減削的時候了，」竟爲馴服已久的下院所通過。這是北美殖民地戰爭完全失敗以後的結果。

一七六五年開始，喬治偶嬰微疾，瘋癲的病徵初見，一七八八年，瘋病大發。翌年始恢復正常。一八〇一年，一八〇四年及一八一〇年，均先後舊疾發作，後來遇着刺激，瘋病隨時發作。據小璧德及其他朝臣所述，他們不願過分違反喬治三世的意旨。如對天主教徒解放問題及福克思問題等，都怕因此引起他發瘋。最後到一八一一年，因他愛女病亡，他的瘋癲，終於大發而沒有再好。九年瘋癲直至於死。喬治三世親攬大政時，人望甚壞，後來他委政內閣，瘋病時發，人民漸漸恢復擁戴，他想做事，他也想親民。他的綽號「喬治農夫」，表示人民對他親熱。他是英國國王中極具勇氣的人，他亦以此自負。他在政治鬪爭時，雖不顧一切，但當他承認失敗時，亦能怡然處之。當一八〇六年全能內閣成立，福克思最後入閣，他對福克思說：「我無意回憶過去的不愉快，我可保證不會向你重提舊事。」他私生活的節儉嚴肅，家庭中的簡樸與忠誠，也是他的美德，爲當時歐洲宮廷中所少見的。

諾斯勛爵（Lord North 1732-92）是一個意志薄弱而好做官的人，他做了喬治三世個人統治的工具，闖下了北美殖民地獨立的大禍，一再辭職，不能邀准，他擔任了十二年首相，最後英軍在約克鎮投降，他再不能戀棧。在下院中宣布辭職，狼狽在人叢中低頭離開下院大門。福克思查理當時在議會中，有一篇攻擊他著名的演說：其中名句：「不是邦德姆（老鼈德），不是莫爾般樂公爵，不是亞力山大，也不是凱撒所能征服那許多土地，而諾斯爵士可於一場戰爭中喪失乾淨，其喪權辱國，可謂史無前例……。」一七八三年後，福克思又與諾斯聯合組閣，會貽人對福克思批評極大之口實。

鼈德父子無疑是英國十八世紀的大政治家，大雄辯家，大財政家，也是英帝國的大功臣。七年戰爭的勝利，是老鼈德（後稱邦德姆勛爵 Lord Chatham）一手造成的。因爲七年戰爭的勝利，使法國在北美與印度的勢力退出。他對北美殖民地的獨立，初期是反對喬治三世與諾斯的高壓政策，然最後英國承認北美獨立，他是激烈反對。一七七八年五月和議將成，當時他已久病不起。扶病到國會，作最後一次抗議的演說。演說完畢，即昏倒於議場，沒有幾天，就在私寓病歿了。兒子小鼈德，二十四歲出任首相。在職十七年，拿破崙戰爭中，他在英國全力運用外交及軍事力量與拿破崙相抗。出師未捷，中道病歿（一八〇六年）。那是英國歷史上最嚴重與慘痛的時期。鼈德父子，均出身政黨，而其後均脫離政黨，老鼈德更揚言論事不論人，使喬治三世利用之以打擊政黨。鼈德父子，最初均爲英王所不喜，因爲諾斯及「王之朋友」實在太不成了，故先後登庸鼈德父子。小鼈德對喬治三世之個人統治，甚多迎合，而其當政時，對人權，對民治，許多地方且有倒行逆施之處。小鼈德少於福克思十年，最初一度會與福克思合作，終於分道揚鑣，且成終身之政敵。在政黨政治立場上，鼈德父子視福克思均有愧色，他們是功名之士，是十八世紀英國標準的功名之士。他們都做大官、享大名、立大功。但是他們對英國的思想，對人類的貢獻，是不及福克思。他們所着眼的是當時，是現實的功名。福克思所着眼的是未來，是未來的理想。小鼈德與福克思是同一年死的（一八〇六年），小鼈德死於正月，而福克思死於九月。（福克思五十七歲，小鼈德四十七歲）小鼈德死後，國會中鼈德友人提出威士敏寺碑文，稱他爲最完美的政治家，福克思起來反對，謂小鼈德誤用其聰明才智，以助成個人統治，未足語於最完美的政治家，這與格蘭斯頓在狄思雷利死後的歌頌，別出一格（格蘭斯頓在狄思雷利的殯禮演說，對此終身政敵，大爲稱頌，大史家麥皋萊而譏格蘭斯頓不類其平生之直道。）這又是福克思忠誠人格的另一寫照。

福克思查理因爲是一個長期的在野黨，也幾乎是終身反對黨。他沒有功業可說。他的功業，就是他在議會的言論，與包含在他言論中的理想。他一生中，除了三個短時期在政府中任職，其餘差不多三十年中，都在議會做反對黨。福克思查理的終其身爲反對黨，也有人說是先天的命運，這是怎麼講呢？喬治三世對查理的父親福克思亨利平素深鄙其爲人，其次對福克思查理的私生活，更深惡痛絕。這話雖亦言之成理，不過深知喬治三世的人，知道他的愛憎標準，並不在什麼私生活，更不與什麼親屬觀感有何牽聯。要望喬治的「聖眷」，只要迎合他的心境，仰承他的意旨。當時「國王之友」，許多人是穢德彰聞，然而喬治對他們的「聖眷」，始終不衰。福克思初入國會，對他最有影響的人，莫如波克（Burke）。波克是當時英國國會中的思想家，同時也是雄辯家。他珍視一六八八年革命的成果。他崇奉洛克的思想，他對老鼈德的政治路線，加以猛烈攻擊。他認爲老鼈德，首次組閣的方法，完全是錯誤的。因爲他和喬治三世同樣要想打破政黨。喬治三世覺得惟有打破政黨，可以毀滅產生政治意志的中心。這個中心摧毀了，然後施用各種威脅利誘，使政客們盡入彀中。波克是當時猛烈攻擊此種個人統治的急先鋒。對人權的維護，對美高壓政策的反對，波克都是時代的先驅。福克思查理在國會初露頭角時，即認波克爲其精神導師。福克思對美國獨立戰爭，他的看法比較波克及老鼈德，還更進一步。但是他們同認美國殖民地爲自己弟兄，不是外國敵人。福克思更認爲美國殖民地武力所反抗，也和他自己所抵抗的，是同一個敵人。美國殖民地所以對祖國離異，就因爲英王喬治專橫地蔑視他們的權利，而國會情願做喬治的工具，以壓迫殖民地。福克思覺得如果喬治在北美勝利了，他在英國國內的勝利更可穩固。而英國的民權，更難抬頭。當時英王對美的政策，先用經濟壓榨，繼用武力鎮壓。而這種武力，多半是在德國募集的傭兵。諾斯內閣中且有人公然主張募傭紅人去北美殖民地打平叛亂。福克思對美國的獨立戰爭，用現代的名辭來說，認爲是一種理想的戰爭。而美國的獨立理想，便是英國民權黨的舊理想。

一七八三年卜脫蘭（Portland）聯合內閣成立前後，福克思與諾斯聯合起來，當時引起國會內外不滿，認爲過去福克思對諾斯攻擊那麼嚴厲，現在一朝又聯合起來，未免反覆無常。但福克思爲自己辯護，過去的紛爭是爲了北美戰爭，現在北美戰爭結束，他對諾斯的爭辯也應中止。「匿怨懷恨不是我的本性，我對人友好是永久的，讎恨是暫時的。」這說明了福克思待人的個性。在卜脫蘭聯合內閣內，福克思擔任了外交，諾斯擔任了內政。喬治三世這次起用福克思，是出於萬不得已。福克思接事後，喬治對福克思始終不快，福克思有事求見報告，喬治每婉拒之。但福克思負起責任後，並不稍存畏縮與因循。除了完成對美和約外，他立時想到印度。在北美獨立戰爭後，東印度公司早已變成一管理印度的政府。當時東印度公司的總管是黑斯汀(Warren Hastings)，雄才大略的黑斯汀，在印度的開發，弄得民怨沸騰。不但印度人怨聲載道，許多英國人亦深為不滿。在諾斯內閣時，國會中已經選出兩個委員會，責成調查東印度公司在印度的情況。波克是一個委員會的主席，波克在批閱許多文件後，認為東印度公司在印度許多魚肉人民違反人道的事，是不能容忍的。福克思查理這次入閣，便認為對東印度公司的改革，是不容再緩。他的改革方案，分為兩個案：一個方案，關於組織方面，他建議對於管理印度事務，應另組一委員會，專負其責。另一個方案，為一連串流弊的改革，尤其財政方面的整頓。上述負責管理印度事務的委員會，按照福克思提案，應由國會指派七人組織之，其任期為四年，經過初期四年後，嗣後委員會委員由國王指派。印度事務的實際管理，歸於該委員會，委員會向國務大臣及國會負責。委員會之下，設置執行組，包括助理八人，掌理公司商業及其他活動。這個案子牽涉的問題，第一為英王平時酬庸安插之權，因為英王過去在東印度公司，可以隨意安插及酬庸他所喜歡的人，以為調劑。第二為東印度公司有關人等的既得利益集團。如果福克思的改革新案實行，英王及既得利益集團，均將深感不便而認為損失重大。在福克思只想替印度人解除痛苦，儆策東印度公司人員雖在海外，亦應顧到本國立國及憲法的精神去開疆闢土。這個法案提出後，國王在表面上是不反對，而既得利益集團，根據了公司的特許狀，認為政府侵入公司範圍，是破壞了契約與財產權。我們看福克思在國會的辯解：

「什麼是特許狀？它是一種委托，是為了不負某種利益的委托。這種委托的繼續，是靠委托的行使，能否得着預期的利益。現在東印度公司是犯着極大的罪惡，把委托給它們土著印度人的幸福，完全忽視了。大家知道政府之目的是什麼？是被治者的快樂幸福。別人也許懷着別的見解，但我宣言這是我的意見。如果一個政府，它的繁榮是由於人民的災難，它的強大要靠人類的慘苦，我們對這種政府是怎樣一個感想！這就是東印度公司在印度的政府，所以在這種狀況之下，立法機關出而干涉特許狀是應該而且必要的。……」(Erich Eyck: Pitt versus Fox pp. 253-54)

波克當時稱賞福克思對本案的發言，說福克思負起了一種艱鉅的責任，想把極多數的人類，從最大暴政中拯救出來。福克思對既得利益集團的反對，與喬治的陰謀，一概置之度外。這個案子於一七八三年十二月八日在下院投票，贊成的人比反對的人，超過一半而本案通過，成立，但是喬治三世運用各種力量使上院打銷了此案。接着免了福克思的職。這是福克思第二次閣為了人權的一場奮鬥，也是為了人權，為了獨立的主張而遭逢第一次的大碰壁。

× × × ×

法國大革命對英國的影響，至深且遠。大革命對璧德與福克思兩人的生活及思想，更有重大的轉變。大革命使整個英國入於短時期的大反動。小璧德做了這一個大反動的代表人物，而福克思在各種惡劣環境中，還是維持他的一貫的獨立奮鬥的立場。革命的洪濤把整個英國捲入一個大反動中。把英國民權黨打得粉碎，更把福克思未來的政治命運，註定了十年的孤苦奮鬥，直到他生命垂盡，他的命運，方纔略為轉好。英國社會最初對法國革命的消息，是表示同情。而政府中人如璧德等且暗中欣幸，以為從此法國不能再為英國之患。但後來革命演變，英國人怵惕震駭，後來則視為洪水猛獸。其中最可說明英國與情的反應，便是波克個人的變化。波克是當時英國最開明而前進的政論家，並且在議會中為了民權主義而奮鬥了幾十年。在法國革命初期，國民大會在巴黎召集的時候，波克的觀感已開始轉變。一七九〇年初，他開始寫他的「法國革命的回想」。波克對於巴黎國民大會草擬的憲法，從英國眼光來看，已覺是荒謬不經。後來法國革命愈演愈劇烈，波克幾盡棄其生平的主張，以防止「極谷屏」(Jacobin)的恐怖。「法國革命的回想」一書，在當時英國流行極廣，喬治三世且稱此書應為每一位縉紳先生所必讀。但是讀者能欣賞這本書文辭之美的人不多，多數人看了這本書，認為舊秩序是不容破壞，一切新改革再不能輕談，談改革就等於聲援革命。喬治三世平素對波克視為敵人，現在經他的手筆，反對改革，反對革命，正是再好不過的事。由於波克這一個變化，使整個英國籠罩在反動空氣中，凡是過去英國所自負的一六八八年革命，及百年來所呼號的各種改革，此時都沒有人再敢談了。

惟有福克思查理，在思想上，在行為上，他是屹然不動。譬如關於宗教上的容忍，這是英國民權黨基本政綱之一，而民權黨思想權威如波克者，曾經為此奮鬥了數十年。但到此時，波克也因受着法國革命的刺激而反對再談宗教容忍了。從查理二世時制定許多刑法，限制英國國教以外教徒，不許其有擔任公職的資格，其中尤著者如宣誓條例(Test Act)，不但不許國教以外的教徒，擔任公職，並不許他們進入大學。一七九〇年三月，福克思在全英反動空氣中，在下院提案，取銷宣誓條例。此時波克起立發言，說照現在大勢，他再不能支持這個提案。因為「異端」份子都是帶着危險思想的黨人。換句話說，都是支持法國革命的人。波克態度對當時的影響，可於國會中投票結果窺測，在一七八九年五月，對這個動議提出時，反對者只有二十票。但至翌年三月，經福克思正式提案後，下院中投票，三分二的票是反對票，終於把這個提案否決了。福克思與波克的分手，莫逆於心，竊竊欣幸的，自然莫過於小璧德。潘托麥(Thomas Paine)所著的「人權」小冊子，就在這個時候發行。這本小冊子，對英國現存政制與教制同樣攻擊，這引起了波克的痛恨，他認為革命的洪水已氾濫到英國，倒挽狂瀾，他自認是義不容辭的。當時的民權黨，同樣不主張極端，但亦認為不應因此而廢止改革。當時民權黨中一新進後生，名格雷查理

(Charles Grey)，便是四十年後領導第一次國會改革案的人，他於一七九二年四月，提出國會選舉區改革的問題，不但波克盛氣出來反對，小璧德也認爲時機不宜。小璧德認爲如果國會在此時同意改革，整個國本將被動搖。福克思挺身而出，直言惟有及時與公平的改革，是避免禍亂最穩固的辦法。他的話當然沒有效力，但他還是照樣發抒他良心上的主張。

一七九一年五月，福克思在國會中提出一個法案，規定陪審員有權決定被告所發表的文字是否涉及誹謗。小璧德對這個法案也同樣支持，幸能在國會通過，不久以後，英國大鬧文字官司，而在這個時期，英國全國的陪審員，加上福克思黨徒大律師倭思根 Erskine 的盡力爲著作人出力辯護，對言論自由，盡了維護的責任，保護了許多發表文字的人，使不受迫害。沒有福克思提出的法案，英國在此時期的言論自由，不知要受到多少蹂躪。

英國和法國正式進入戰爭後，英國國內的反動空氣，變本加厲，小璧德從前以開明進步頗得時譽。此時獨當朝政，他在國內的許多措施，日趨高壓，最後變本加厲，甚至倒行逆施，亦所不顧。一七九三年初，對拿破崙戰爭的第一年，愛丁堡有一位律師名繆邪 (Muir)，平素爲人端正，因他曾向人介紹閱讀潘托麥所著「人權」小冊子，被法庭判決充配波敦海灣苦役十四年。這位法官在宣判時說：「在現存環境中，提倡擴大選舉權，這本身就是叛亂行爲。」福克思在國會中提出這個案子質詢說：「上帝佑助我們的人民，使有這樣的法官！」但是小璧德毫不爲所動。一七九四年春，小璧德停止人身保護狀的使用。這是老璧德在生前對英國保障人權最頌讚的制度。小璧德把當時改革運動的領袖「通信會」的組織者鞋匠哈第 (Hardy)，牧師洪都克 (Horne Tooke) 等交法庭審判，幸而當時的陪審員沒有判他們死罪。洪都克在法庭上說：他今天所做的，都是現任首任十年前自已竭力所提倡。小璧德政府對內高壓政策，尙不止於此。一七九五年，人身保護狀再度停止，國會通過新法律，對「叛逆行爲」施以重刑。另制法律取締「謀叛集會」。在此法律下，五十人要想集會是不可能的。一七九九年，國會通過法案禁止各種政治結社，對報紙更制定嚴厲取締的法律。

這許多法律，都在當時的國會，經過大多數通過。「在戰時，在思想戰爭中，這種現象原是難免。不過歷史的考證，證明當時這許多恐慌，尤其說英國醞釀着叛亂的活動，完全是過甚其辭。福克思堅信英國並無任何革命或叛亂的運動。各種恐怖空氣之傳布，都是當時政府爲遂行其政策的藉口。無論國會中的情形怎樣一面倒，無論社會中民情如何洶洶，福克思查理對於反抗這種高壓政策的決心與怒火，決不爲之稍阻。他讓別人，或甚至他的至友，見法國「極谷屛」(革命)而談虎色變，福克思還是挺直了胸膛，堅信自由是恩物，是必不可少，是無可替代。每一個外來的侵襲與打擊，只有使他的信心格外堅强。用着英國人一句話，不但在天氣晴朗時稱頌民主自由，卽在風雨晦冥中，還是照樣抬舉與維護它。

「自由是秩序，自由是力量！」

這是福克思常在議會中，在廣坐中所高呼。

他在國會中指着政府代表說：

「如果你們認爲制衡與憲政的政府，只合於陽光普照的天氣，而不適用於艱難危險的局面，你們公開的講出來好了！」

這個信心，是他在國會中對政府每一個高壓政策奮戰的指導原則。

福克思查理不否認當時英國國內充滿了不滿意的批評，但他認爲對各種批評意見的發表，想用刑罰去平息制止，是無用的，而且對國家窒息了一個宣洩的活門，是有害而無益。他再四叮嚀告誡並大聲疾呼：要平息批評與消弭不滿，惟一有效的方法，是尋覓各種怨恨之根源而剷除之。所以對此情勢的補救，應該是改革；而不是高壓與暴政！「表示給人民看：「自由與秩序，秩序與自由，都是相輔相成，絕對不衝突，不相反。」他一再勸告盡量去除弊，那就不滿意的人會減少下來。「讓各種根據宗教意見而生之社會與政治歧異，立刻廢止。讓英國國教以外的教徒，得着同樣的保護與鼓勵。讓許多中立國家，尤其像北美合衆國的權利得着尊重」。「向邪惡去奮鬪，對不利於我們憲法的人，加以改造，並除去其弊端；國會的代表選擧方法加以改造；對人民守信；對違反人道的黑奴販賣，立予禁止。國家憲法的完美，讓人民知道；知道我們的環境是利於自由的原則，然後我們的敵人，自然會減少。」

「我知道自由是人類最大的幸福，而和平次之。」(以上摘錄 Erich Eyck: Pitt versus Fox pp. pp. 318-320)

福克思當時所想所說，是自由主義的精髓，他的思想言論，早在自由黨成立以前，也早在自由主義成爲政治信條以前。

× × × ×

從法國大革命開始到英國進入對拿破崙的長期戰爭，英國整個國家沉浸在大反動氣氛中，上面已略爲敍述。國會的情形也不能例外。我們看福克思在國會中是怎樣慘苦的奮鬪！民權黨在十八世紀下期，在國會中每次投票時，聲勢何等浩大。但在這個時期，福克思所領導的民權黨，已經不能超過五十票。在此危難困苦之中，怎樣能維繫少數人圍繞環拱福克思而不散？這全靠福克思的領導人格。每一個黨徒，都覺得追隨福克思是光榮的。當時的政情，一個政黨人物，跟着別人，跟着政府黨，可望做官，或得勛爵的顯榮。而跟着福克思的人，在眼前是富貴無分的。然而他們覺得跟着這位領袖，每日不是虛度，過一日有一日的價值，每當黨魁福克思發言時，他們欣賞那不但是一篇好演說而且含着堅定與崇高的理論與原則。這一批忠誠的民權黨黨員，辛苦虔誠擁護他們這一位堅貞的領袖，在萬難甚至絕望的環境中，爲英國民主自由的傳統，種下寶貴的種子，以待未來的滋長發揚。這種奮鬪，不僅需要理想，還需要勇氣。

因爲在當時，海峽對面(法國)傳來各種消息，使英國輿情激昂。在英國國內，凡講改革的人，就等於思想上含着革命的毒素，被目爲人民的公敵。只有福克思及其黨徒，認爲他們所奮鬪的與執干戈以衞社稷，有等量的重要。

在英國國會中有所謂長期缺席的一個事例，在英文中直譯爲「分離」Secession。這對代議士是一種有虧職守的舉動，但福克思在國會幾年的苦鬪，一舉一動，遭着院內外的譏評，幾乎目爲國王及國家的奸臣。他慨然於當時現狀之無可奈何，當格雷査理在一七九七年五月提出改革國會選舉權法案，下院全院多數嗤之以鼻，福克思挺身出來支持，但在他演說末尾，他表示全院旣已痲木到此地步，他今後將以他的時間多料理他的私事。他從此過了一個時期的退休生活。他的生活，全由他許多有錢的朋友經常維持，使他不爲債務及生活而窘迫。在短時退休中，有一年民權黨朋友在民權黨俱樂部替他祝壽。有一位公爵名諾福克(Duke of Norfolk)舉杯向福克思慶祝，口稱：「人民，我們的最高主權。」其後那位公爵因爲說了這句話，政府認爲他思想不穩，把他在約克夏地方威士萊區所兼的地方官免職。民權黨俱樂部爲此召集大會，討論這個問題。福克思爲人民主權的原則，起來雄辯。最後仍以諾福克公爵上次的舉杯祝詞，結束他的發言。當時小璧德亦在場，據後來證實，小璧德當時會致書格倫維爾爵士，考慮是否要傳召福克思，當衆儆告。假使他在民權黨俱樂部再有不敬或不穩的言論，是否應驅逐出國會並在倫敦塔中監禁。後因內閣同僚不能同意，而其事始寢。小璧德在此時曾想對福克思下毒手，這是英國政治內幕的一段。

一八〇六年正月小璧德死後，政府幾乎要瓦解，全體提出辭職，喬治三世召見格倫維爾爵士，他提出組閣條件。是網羅各種政治色彩的人入閣。喬治三世曾作最後之努力，想摒除福克思於新閣之外，但因格倫維爾的堅持，喬治終於屈服。福克最後一次入閣仍任外交部長。他的生命也只有幾個月了，他接任外交部長未及一月，此時英法暫時講和。忽有一陌生客人到外部求見外長。說有要事當面密陳，福克思終於接見了這位怪客。這怪客對福克思講：他萬事俱備，千穩萬妥，立刻動身渡海到巴黎，將行刺拿破崙，爲歐洲除一暴君。這位怪客，深信福克思生平提倡自由，對他行刺暴君拿破崙的計劃，必欣然贊同。那知福克思最恨爲目的而不擇手段，他曾經在演說中講，兩大國爭戰，卽對最惡的敵人，亦不能用卑鄙罪行的手段去對付。所以他當時把這位法國怪客拘禁，並且通知當時法國外長泰留朗。泰留朗答福克思回信，「已將尊函轉呈，陛下(拿破崙)看信後第一句話，我承認尊榮誠實是福克思生先特殊的德性。」

在福克思逝世前三月，他的體力已十分衰退，他在下院再度提出禁止販運黑奴。爲了這個運動奮鬪數十年的威爾般福斯，原來福克思請他首先提案發言，但因爲議程上已有人替福克思報名，所以福克思自己出來說明這個案由。他對禁止販運黑奴案的理由，說過去講得已多，爲人權爲自由，已不容再爲辭費。他告訴璧德在議會中許多朋友，說璧德生前，從來沒有像對這一個問題再流露其偉大的思想與雄辯。璧德這種爲人類謀幸福的精神，是後世永不能忘懷的。他把這一件大事業與他的終身政敵連在一起，使璧德派的議員，亦樂於投票完成此一大法案。他前後結束他的發言：「本席在議會度了四十年的歲月，如果幸而能完成這一件事。卽使我一生僅完成這一件事，我想我對自己對國家，可以交代，我也可從此優遊退休，使我的餘生無所愧憾了……。」

這是福克思在下院中最後一次演說，最後一次提案。這個案子經過多數通過，在他死前幾天，他簽署這個法案成爲法律。四十年的議會生活，最後完成了這一件大事。

英國現代大史家屈萊梵爾瀛先生 G. M. Trevelyan 對福克思的生平，低徊讚歎：「他是生成的一位反對黨領袖。這位反對黨領袖，一輩子在下議院。璧德父子都是國會的大雄辯家，但雄辯中兼具辯才與感情，一言旣出，精光四射，福克思是沒有敵手的。他早年私生活浪漫，中年爲了黨爭，誓死反對璧德，中道與諾斯合作，雖一時貽人口實，爲盛德之累，然中年坎坷，晚景潦倒，使他神志清朗，轉其心思才力於解除被壓迫人類之苦難。……假使拿破崙戰爭時期，福克思受不了當時內外的磨折，站脚不定，倒到璧德那一邊去，英國以後便不會再有民權及自由黨的產生，英國十九世紀的政治過程，將是另一番氣象或者將循暴力革命而繼之以大反動，不是後來不流血的一步一步國會大改革。……」(G. M. Trevelyan: History of England pp. 569–571)

兩黨政治之存在，與反對黨之峙立，能使國家免於流血的革命。這一個道理，是今天基本的政治教育，也是反共抗暴中最大的道理。我草本文與前文「英國兩黨政治的歷史背景」。要使談政黨政治的人，明瞭政黨政治何由而造成，在野黨更何由維持而不墮？本文中福克思在戰時所以維持五十人黨員，與夫五十人所以能追隨其黨魁而不去！這是政治道德，這也是社會經濟的環境，因素複雜，最應尋味。至於人君用人，進退黜陟，不能隨其喜怒愛憎，而一以制度與賢不肖爲據，此又自古治道之極則，中國唐虞三代所難能，而在近代憲政國家所視爲當然。希望研究實際政治者，三致意焉。(完)

本文參考資料：

1) Edward Lascalle: Life of Charles James Fox, (1936).
2) Sir George Trevelyan: The Early History of Charles James Fox.
3) Sir George Trevelyan: George III and Charles Fox.
4) Marjorie Villiers: The Grand Whiggery (1939).
5) G.M. Trevelyan: History of England.
6) Erich Eyck: Pitt versus Fox (1950).
7) Encyclopaedia Britannica.
8) John Morley: Biography of Edmund Burke.

四六、十一、二十於臺北。

人造衛星與社會制度

王厚生

自蘇俄向太空先後發射二顆人造衞星後(第一顆在十月十四日發射，第二顆在十一月三日發射)，全世界的確爲之震動，對於蘇俄科學界在彈道飛彈方面的成就，不能不表示佩服，不過所可惜者，是蘇俄共產黨把這樣一件有重大意義的科學成就竭力地染上了政治的色彩，使人造衞星寃枉地爲共產黨的政治目的而被利用了。共產黨人照例沒有放過人造衞星爲政治服務的機會。

第一顆衞星發射後，共產黨卽誇稱蘇俄科學技術方面的成就，由於「社會主義制度的優越性」，對資本主義國家極盡揶揄之能事。第二顆衞星的發射是在十月革命四十周年紀念日(十一月七日)前四日，朱可夫被鬪倒後不久，其政治宣傳的意義格外濃厚了。十一月六日，赫魯雪夫在蘇俄最高蘇維埃作了題爲「偉大的十月社會主義革命四十年」的報告，其中有一段話，充分顯示了共產黨人在發射衞星成功後優越感和傲慢態度。赫說：

過去美國曾經宣布說,他們準備發射一顆名叫「先鋒」的人造地球衞星。不叫別的名字，恰恰叫「先鋒」!我們也宣布過，我們打算發射人造地球衞星。現在大家都看到，蘇俄科學技術的創造努力獲得了成功。在小小的「蘇俄月亮」出現之後，美國的某些國家活動家聲明說，他們並沒有想過要在製造人造衞星方面同蘇俄進行競賽。現在，當我們的兩顆衞星在圍繞地球飛行時，他們就這樣說了，顯然，「先鋒」這個名字反映出了美國人相信他們的衞星將是世界上第一顆衞星這個信心。但是實際生活表明了，領先的、打先鋒的是蘇俄的衞星。

美國人是天眞的，他們在爲行將發射的人造衞星命名爲「先鋒」時，根本沒有想到這個名字會變成被赫魯雪夫嘲譏的藉口，在命名的時候，也只是科學家們的意思，政治家們未必參加了意見。科學家們在決定這個名字時，或因手邊無情報，不以爲蘇俄會在這方面領先，或在科學家們的心目中，「先鋒」這個名字並不包含第一的意義，而是探索太空的先鋒之意，我們人類只是繼這些先鋒而登上太空的隨後行者。我不知赫魯雪夫何以知道美國準備發射的衞星定名爲「先鋒」，這可能是由於二個原因，一個是蘇俄的間諜探悉了美國科學界的秘密，知道美國行將發射衞星，且定名衞星爲「先鋒」，另一個是天眞的、享有研究自由、發表自由的美國人把消息洩露了出去，報刊上有了論文或模型。但不管是什麼原因，美國還來不及發射衞星，蘇俄人已經知道了，而且知道得那麼詳細，曉得美國準備發射的衞星叫做「先鋒」。據我猜想，蘇俄共產黨人知道美國準備發射衞星一事還不很重要，因爲在事實上，世界各國人士多已知道有此事，比較重要的，恐怕還是「先鋒」這個名字，因爲從上引赫魯雪夫的報告文字看來，似乎「先鋒」這一名字給了蘇俄共產黨人一個很大的刺激，於是，他們埋下頭，撥出巨額的經費，命令科學家們趕快建造人造衞星，並在美國發射「先鋒」之前，搶先發射，以奪取第一的地位。這種競賽如果單純是科學性的，未嘗不是好事，可惜在這種競賽的背後，有着共產黨人的政治考慮，這不但不是好事，反而成爲壞事和可慮的事了。

發射人造衞星成功，替人類增添對太空的更多知識，爲人類遠征太空開闢道路，這原是極可興奮的事，可是，因爲被蘇俄共產黨作了政治宣傳和冷戰上的工具，人們的心中儘管感覺欣喜，但未嘗不在心中另添憂懼，蒙上陰影，深怕人造衞星可能被蘇俄共產黨人利用，作爲軍事上侵略自由世界的手段。所以這一次，共產黨人爲發射人造衞星成功而向世界擺出的那幅得意獰笑和妄自尊大的姿態，對於世界和平的損害性委實太大了，因爲它的態度使人們擔心、害怕和疑忌，而這類心理的培養正是人類到最後走向戰爭的原因。有人說，東西兩方的冷戰現已達到巔峯狀態的話是不錯的。

其實，對於發射人造衞星成功一事，應作客觀的評斷，不應和政治牽連起來，與所謂「社會主義制度的優越性」根本不發生必然的關係。

首先，我們知道，科學上的成就是日積月累的結果，而不是那一個國家那一個科學家一時的創見，所謂成就或發明，必定有賴乎基本的知識，而這種基本知識乃是世界各國科學家經過數千年來的努力和發見方始奠立的。人造衞星的成就也是這樣，蘇俄科學家和技術人員不是憑空造成衞星的，也是以科學上的基本知識作爲基礎的，蘇俄科學家和技術人員不過在這一基礎之上，另外創獲了若干東西，於是做了前人所未曾做的事業，這就算是他們的成就了，這種成就固然值得世人的贊揚，但却不能因此忽略了基本知識那回事，尤其不能否認那種基本知識是全世界科學界以點點滴滴的方式累積起來的總成績，而不是某一國家某一科學家在某一時期突然地創獲了那麼一大堆的成就。

各方面消息傳來，蘇俄在培養科學家和技術人員方面相當努力，以致最近這幾年來，蘇俄科技人材的人數已超過西方任何一國家。就這一點來說，未始不可說是蘇俄的成績，但這個成績之所以造成，不能單純歸功於共產黨的領導，應從其他方面去撥掘眞正的原因，我想蘇俄青年們鑽研理工課程的熱心決不是受了黨團的號召，而是由於：一、逃避風雲詭譎的政治；二、理工人材易於求得職業，且待遇較高，這批專門人材由於職位較高、人數漸增，在蘇俄國內已慢慢形成一個階級，其政治和社會地位也有日益高陞的趨勢。有此二個原因，蘇俄青年們不待共產號召也樂於鑽研科學技術。自然，近年來蘇俄建設和科學的發展已因科技人材衆多而占了不少便宜，但這一次人造衛星的造成和發射成功，未必是蘇俄科學家技術人員的單獨努力，還有被俘囚的德國火箭專家的協助，足見人造衛星的發射和「社會主義制度的優越性」完全是二回事。

其次，以發射衛星的先後來論，與「社會主義制度的優越性」更其沒有關係了。假定說，在科學上完成第一的國家就有資格自稱其社會制度的優越性，那末，蘇俄在科學發明方面的落後是不勝枚舉的，資本主義國家在科學發明方面的第一更是數不勝數的。如以蘇俄今日由人造衛星發射第一推論「社會主義制度優越性」的邏輯是正確的，則蘇俄共產黨人沒有辦法不承認一資本主義制度的優越性」了。我們知道，當第二次世界大戰時，納粹德國首先造成遠程火箭V一、V二，並向英倫三島轟擊，我們如以蘇俄共產黨人的邏輯論之，豈不要被迫承認納粹主義的優越性嗎？我們又知道，首先控制原子能、並加以利用的國家是美國，共產黨人也應該承認美國「資本主義制度的優越性」了，但共產黨人豈肯作此承認呢？因而，科學發明上的先後是不能作爲社會制度優越與否的標準的，這次共產黨人由人造衛星首先發射而推論其「社會主義的優越性」，完全是一種政治上的宣傳作用，是冷戰的一種手法，事實上不見得就是這樣。

不過，我們也不應忽略一項事實，這就是專制國家和民主國家在完成某種工作時的方法有根本上的差別。在專制國家，爲了完成某種工作，可以不顧民生的艱苦，不惜一切代價，全力以赴，在民主國家則不能這樣做，首先，民主國家的政府不能隨意向民間搜刮，不能隨意動用國家公帑，這是一種限制，使民主的政府不能不顧民生的疾苦，不能不惜代價地完成某項工作，至少由於經費的限制，民主政府往往爲完成某項工作而需要較長的時間，在這一方面，專制國家似乎要比民主國家强一些，或者說優越一些，事實上，我們如以人民的痛苦和福利着眼，專制國家却是要不得的，民主國家顯然要比專制國家强得多，優越得多了。埃及皇帝造金字塔，秦始皇造萬里長城，隋煬帝鑿運河，都是一些歷史上輝煌的事跡，但是這些偉大的成績只能作爲後人編寫歷史的資料，如以人民的血汗、犧牲和代價計較一下，未必是化算和值得的。蘇俄不先增產人民生活必需品，先造衛星；中共不先解救民衆饑荒，先造長江大橋，都是這種情形。但無論值得或不值得，我們在這裏看得出科技上的一項成就和社會制度多少也有些關係，不能說兩者毫無關係，特別是最近的科學和技術問題，因爲工程浩大，沒有巨額經費和衆多專家是辦不了的，這樣，經費的籌措，專家的聘請，大部分的責任落到政府的身上，私人企業和研究機構只做一些指定的部分的工作，僅爲政府所主持機構的幫手而已。這趨勢晚近已越來越明顯了，換句話說，科技研究和社會制度的關係的確是逐漸密切起來了。但是關係密切是一回事，科技研究上有無成就又是另一回事，因爲社會制度所能影響於科技研究的只限於經費、設備和計劃方面，眞正的科技研究還有待於科學家的努力和創獲。至於科技研究上有創獲和社會制度的優越性更是另一回事，沒有必然的聯帶關係，如果認爲有所創獲，即等於或足以說明社會制度的優越性，那末納粹德國在第二次世界大戰期間在科技方面創獲了許多東西(噴射引擎即是一例)，美國從第二次世界大戰迄今，創獲得更多，共產黨人何不承認納粹制度和資本主義制度的優越性呢？最近，我國留美青年物理學家李政道、楊振寧合作研究，推翻了物理學界三十年來認爲可信的宇稱守恒定律，因而獲膺一九五七年度的諾貝爾物理學奬金。共產黨人肯不肯承認李、楊二氏的成就，是由於資本主義制度的優越性呢？又豈可完全否定李、楊二氏的辛苦努力呢？

我們可以承認科技研究和社會制度有些關係，大凡在自由的社會制度之下，科技研究因得自由交換消息、經驗和不受政治干涉的便利，進步較速，科技上的成就比較沒有爲不正當目的而使用的危險性，在不自由的社會制度之下則相反，科技研究完全爲政治考慮所束縛，沒有自由交流情報和經驗的便利，科技上的成就有被專制野心家作不正當用途的危險性。假使我們一定要把科學成就和社會制度拉上關係的話，即應作如此的看法。共產黨人所謂人造衛星發射成功證明「社會主義制度的優越性」，純粹是一種奇談，而且是自相矛盾的詭辯，因爲共產黨人只肯承認他們自己所獲的科學成就可以反映其社會制度的優越性，却拒絕承認非共國家的科學成就也可以反映其社會制度的優越性，這種片面的推理豈能令人心服？所以，人造衛星的本身原是好事，值得世人歡欣鼓舞，但是，蘇聯共產黨人利用人造衛星對非共世界進行神經戰，使世人歡欣鼓舞的心情爲之大減，這實在是可惋惜和遺憾的壞事。

雖然如此，我倒以爲人造衛星和社會制度的關係的確有值得我們重視的地方，這不是說人造衛星的發射確是由於今天蘇俄「社會主義制度的優越性」，而是說人造衛星既已發射成功，人類升太空登星球的展望比前擴大多了，作者非科學家，不能說出我們人類飛月亮上火星還要十年或二十年的確實年期，我只是考慮到一個問題，即我們人類本身是否因人造衛星發射成功，對太空知識增加而在心理和觀念上有所改變，而與舊日的心理和觀念有所不同；再有一點，我們人類飛上其他星球的展望既是那麼佳好，那末，我們是不是現在已有準備，即準備以怎樣的一種人生態度和社會制度移植到其他星球上去？我們現在雖然還不能確切說出月亮上或火星上有何種形狀的生物，以及這種生物的維生狀態、社羣關係，但是我們人類以移民身份前往，不能完全適應那邊的環境，而不帶去我們人類的生活方法、人生態度和社會制度，換句話說，我們不能不將我們數千年累積下來的文化帶上其他星球，以表現我們人類的個性，縱使這種呈現人類個性的文化完全不能適用於其他星球，我們假定那邊也有文化，則那邊之歡迎地球文化該是可以想像的。還有一個問題也是非常重要的，今天世界各國科學家互相競賽，試圖率先登上星球，不少有勇敢的人士，紛紛

(下接第19頁)

倡導護憲運動

楊金虎

中華民國四十六年十二月二十五日，爲我國行憲十年紀念，亦爲第一屆國民大會年會日期。國大代表，並於是日舉行慶祝。此外，全國各級政府機關、各級人民團體，竟至默爾無所表示，民衆更不知所謂。時逾半月，中懷仍感愴痛難已。

我國現行憲法，係經民國三十五年十二月二十五日制憲國民大會通過，三十六年元旦經國民政府所公布，至同年十二月二十五日正式施行。於三十七年三月，依以召集第一屆國民大會，在南京選舉第一屆總統、副總統。四十三年在臺北召開大會，於三月二十二日選舉第二屆總統、副總統。此等期日，均應在中國歷史上大書特書。雖其間自起草制憲以至行憲，遭受不少曲折與頓挫；行憲未久，大陸錦繡河山，卽陷匪區，大陸五億同胞，卽罹浩刼，政府偏安海隅，重整反攻旗鼓。實則此部憲法，係經全國一致所公認，比較民主進步，可以導致國家於民主正軌。現在執政黨，卽爲當年領導制憲的政黨：㈠依據憲法以奉行孫中山先生還政於民遺敎，㈡依據憲法以產生政府，㈢依據憲法以標榜民主。尤其以民主反攻作號召，從事爭取自由世界同情。這部憲法不失爲國家當前、資以救亡圖存、復興圖强之大經大法。政府自應更加珍惜愛護，推誠竭智以謀求民主憲政早日眞正實現，造成自由康樂之臺灣。以事實作反攻，將來號角乍動，大陸人民定然簞食壺漿，接迎我軍於海濱。大陸人民在去年之大鳴大放言論，已儘量表露其選擇情緒。況政府既曾遺大陸人民以還出印象，此時準備還入，如無新事實以引起新信仰，自無從激發其同情心，並加深其對敵人厭惡；更無從促成其同仇敵愾，爭向其敵人拼命。我人深信，爾後政府當以貫澈實行民主憲政爲新事實，將不斷加强向大陸人民昭示。今後欲以民主憲政行之於收復後之大陸者，現在應能先實現於政府所在地之臺灣。如果今日不能給予臺灣人民以普遍認識民主憲政，亦自難期大陸人民之能先對我具有好感。此係依照邏輯推理，決無或爽。政府果眞決心爲民主、爲反攻，自應不事瞻顧，慨然將全部憲法作訓在臺人民，使人人得以認識憲法眞諦，洗刷十年對憲法沉寂之氣，爭相宣揚憲政享受，西向大陸表達，定見實大聲宏，全國翕服。惟此爲配合反攻決策，確保達成勝利，應由政府倡導，發爲全民護憲運動，增進人民愛國信心，消除年來「公共場所莫談國事」之畏懼心理。務使各級政府機關、團體、學校，一致研讀憲法，講演憲法，廣播憲法，如同今日之誦習黨綱黨訓然。

倡導護憲運動，旨在團結臺灣人心，爭取大陸人心，惟最低限度，仍須政府堅決實行下列數事：

一、協助組織强大反對黨　眞正民主國家，莫不有强大反對黨存在。因强大反對黨，爲民主國家人民權利保障之基本利器。有强大反對黨，始能監督執政黨執行所賦予人民之各種權利。有强大反對黨，始能警惕執政黨不致發生腐化自私之趨勢。故强大反對黨之存在，實爲人民之有力代表，而爲執政黨眞正之諍友。須知政黨之成立，槪爲國家人民之福利服務，有互相制衡作用，而無私心妨害行爲。中華民國係民主國家。其當前目標在反攻復國。故所有政黨，須共同負起貫澈民主任務，齊向反攻復國大道奮鬪。政府如果決心協助組織强大反對黨，卽是決心實行民主，決心來與共產黨作政治競賽，相信事實證明則賢於一切。反之，民主國家而無强大反對黨存在，則難免陷於專制、獨裁。故策動護憲運動務先協助組織强大反對黨。

二、實行司法獨立　民主政治之推行，有賴於健全之法治。民主而不法治，是爲暴民政治。法治而不民主，是爲專制暴政。所以民主國家，民主、法治，實爲兩位一體。我國自行憲法以來，不斷以民主法治宣示內外。依據憲法第七章司法所規定，司法院爲國家最高司法機關，掌理民事、刑事、行政訴訟之審刑，及公務員之懲戒。法官須超出黨派以外，依據法律獨立審判，不受任何干涉。明顯規定其系統及用人，以確保獨立尊嚴地位，而防止任何干涉。玆查我國司法實行制度，法官任用多爲黨派中人。如此系統人事，不免紛歧扞格。欲求維持憲法與法律之尊嚴、獨立而不受任何干涉，實爲事勢所不易許可。卽令政府向人宣傳，我已實行民主，我已實行法治，確立眞正民主國家，亦不易使人深信。以當前政體，不爲民主，當爲極權。不重法治，卽爲專制。極權專制屬於大陸政權，而非我所應有。故策動護憲運動，務先確保司法獨立。

三、奉行基本國策　我國憲法所規定基本國策，實爲立國之要素。全國國民均應一致擁護其實施，不容有任何人加以利用，或更易。故其內容，如國防規定，中華民國之國防，以保衞國家安全，維護世界和平爲目的。亦卽明示軍人貢獻自己之智力身體爲國家服務，而非以供政黨作工具。又如敎育規定，敎育文化，應發展國民之民族精神、自治精神、國民道德、健全體格、科學、及生活智能。亦卽明示學生在校進修，博取通才專才，以備爲國服務，爲人羣造幸福，而非供政黨利用，作爲政治爪牙。故黨化軍隊，黨化敎育，實與憲法規定相違背，而爲世界民主國家所未見。以國家之主權，屬於全體國民。若政黨得以控制軍權，以掌握政權，其趨勢最易演成政治血劇循環，殊非國家前途之福。若政黨得以控制敎育，以掌握學校，其趨勢，惟有妨害學術獨立、研究自由，使學生無法追求智識，探求眞理。尤其中等學生，基本智識尙未確立，何能任其馳心課業之外，易於習染太保太妹而不知所返。此在利用者，固足以快一時雄心，而不知實已貽國家於無窮禍患。現在我國正以民主憲政號於世，自不宜有黨化軍隊，黨化教育，以自異於眞正民主國家。況政府在大陸時期之措施，效果如何，國人記憶猶新。我人追懷孫中山先生「天下爲公」之遺訓，深感現世紀人心熱望眞正民主自由，政府既以實行民主憲政爲民主盟邦所推許，安可不迅謀放棄黨化軍隊，放棄黨化教育，認眞奉行基本國策。

四、糾正選舉作風　去年第三屆縣市長及臨時省議員選舉，政府辦理有欠公平，早爲社會所公認，備受輿論所指摘。究其弊害因素，雖由選舉法規多生漏洞，予黠者以上下其手，主要還是政府以黨統政，以行政配合助選，以司法配合國策，確保其「安全措施」、安全勝利，這無異明顯鼓勵其候選人非法競選。卽臨時學行里長集訓，所訓何事。如舉辦投票競賽給奬，票少當罰，尤屬公開迫人非法助選。軍公敎警被派人員，可得公假，復享公差，三月奔忙，如赴前線，如索兇犯，結果僅因一人一票，竟至强人放棄血統關係，打破家族觀念，造成其天牢地網，於法無所恐懼。致使異黨人士，眼看自己選票被人自由搬過攤位，而莫可奈何。全里指模被人一手蓋去，而告訴無效。慘敗至此，聊以光榮解嘲，可憐又復可笑。廻念蔣總統曾在選舉之前訓示有關人員，「寧可競選失敗，千萬不能失去民心」。普選爲人民直接參加政事行動，最易呈現人心感應。地方多一次選舉，人民多一次困擾，想蔣總統當早有所聞。玆當第四屆縣市議員選舉在卽，主辦選舉人員，萬勿恃半載未將三屆選舉法規另事修改，可以再來一次不光榮勝利，辜負蔣總統關懷民心之至意。故必須糾正選舉作風，達成公平選舉，保障民權。玆陳管見於左：

㈠補救選舉法規漏洞。

㈡軍公敎警人員，絕對不得協助競選。

㈢辦理選務人員，絕對公平。

㈣設投開票所監察員須派用各政黨人士共同負責，各區民衆服務站工作人員不得指爲地方公正人士。

㈤投票所嚴禁非投票人自由出入。

㈥監察小組應隨時接受擧發，不得拒絕規避。

五、嚴肅吏治摒斥庸劣　政風敗壞，至今爲極。然如坐收回扣，分配公差此等現象，大多因生活困苦，調整遲遲，今日實不忍在此加以論列。惟世人每以破壞吏治，罪在貪污，而不知庸劣出頭，坐致誤事，其罪實百十倍於貪污。玆試擧臺灣省民政廳去年主辦補征十九年次役男一案以明之。臺灣省民政廳去年補征多已娶妻生子之民國十九年次役男爲常備兵，於法完全無據。該年次役男，原在民國三十九年爲適齡役男時，應行征集。既於當時不予征集；或已超額，依兵役法第三十四條規定，應列爲國民兵，不能再以常備兵征之。卽使政府續後爲應征常備兵及補充兵不足額，而須征集國民兵遞補，則依兵役法第二十一條規定，亦應就各年次國民兵依次予以征集遞補，而不應遽予徵召十九年次役男。玆列兵役法第三章「士兵役」明文規定於下：

第十六條　補充兵役之區分如左：

一　現役以適合常備兵現役之超額男子征集入營者服之。陸軍爲期三個月至六個月。海空軍及特種兵爲期三個月至一年。期滿退伍。

二　預備役，以現役期滿退伍者服之。至年滿四十五歲除役時止。

第十七條　國民兵之區分如左：

一　初期國民兵役，以男子年滿十八歲者服之。爲期二年，得就所在地以軍事預備敎育。

二　甲種國民兵役，以初期國民兵役期滿，適合於常備兵與補充兵現役所需之超額者服之。由縣市政府施以一個月至三個月之軍事訓練。

三　乙種國民兵役，以初期國民兵役期滿而未服常備兵役補充兵役、或甲種國民兵役者服之。就所在地施以一個月以內之軍事訓練。

第三十一條　常備兵補充兵平時現役補缺，依本法第三十七條規定，應補行征集者遞補之。尙不足額時，以補充兵國民兵依次遞補，遞補後卽分別轉服常備兵役、補充兵役。

第三十四條　經征兵檢查之役男，應區分體位爲甲、乙、丙、丁、戊等，依左列規定服役：

一　甲乙等體位，爲適於服現役者，應服常備兵現役、及補充兵現役。其超額者服甲種國民兵役。再超額者服乙種國民兵役。

二　丙種體位，服乙種國民兵役。

三　丁種體位，不合格者免役。

四　戊種體位，爲難以判定者，應補行體格檢查，至能判定時爲止。

依照兵役法規定，第十九年次役男至今尙無改爲補充兵或國民兵之規定。再依照第三十一條之規定，去年應征集第二十五年次（滿二十歲）役男爲常備兵，其不足額，應以補充兵國民兵依次遞補，方爲合法。第十九年次爲超額不征集之役男，既無補充兵及國民兵資格，當然依法按序應征集二十四、二十三、二十二、二十一、二十、各年次補充兵及國民兵遞補。如仍有不足額時，始可征集第十九年次補充兵及國民兵。不應由第二十五年次跳越二十四、二十三、二十二、二十一、二十、各年次，而征召第十九年次役男非國民兵非補充兵入伍。實屬紊亂役政，違反兵役法，破壞憲法所賦予人權。於此，查妨害兵役法治罪條例第三條規定，「辦理兵役人員强迫不應征集之男子服役，或對於已受征集之男子有凌虐之行爲者，處一年以上，七年以下有期徒刑。」依法去年臺灣省主辦征集第十九年次役男爲常備兵，實犯本條前項之規定，應負刑責，一年以上七年以下有期徒刑。但其經過並未受如貪汚四千元九千元者之被人檢舉、或遭彈劾。雖曾經一度省議員嚴厲質詢，旋亦平靜無事。不意時屆第四屆縣市議員辦理選舉，民政廳長兼任選舉監督突令各縣市選務所，限制候選人不得以十九年次役男改訓補充兵工作作競選資料以刺激人心。事經縣市選務所紀之議案，刋之報章，一時轟動役男家屬，有至聲淚俱下，四出探詢眞相。殊不知此處無銀三百兩，所以刺激人心，卽是自己發出之命令。無形中復犯破壞總動員法。以一身一事，竟連犯如許罪責，並貽累全省若干役屬號寒啼饑，而不自覺自警，上級機關復不懲辦，寧不可哀！故策動護憲運動，應振刷吏治，摒斥庸劣。

六、完成臺灣地方自治　臺灣推行地方自治日久。全省二十一縣市，已由第一屆至第三屆，實行民選議員，成立議會；二十一縣市長，實行民選充任；卽省議員亦經第一屆至第三屆由人民直接選任。祇對省議會名稱，迄仍冠以「臨時」二字，不作正式省議會看待。至省政府理應隨同省議會推進，早由人民選擧省長，然而從未聞有所提及。「臨時」等於籌備，凡擧辦大事不妨有一段籌備過程。若一屆三年，一屆又一屆，臨時復臨時，將何以肅內外之觀瞻！況省主席凌駕在上，不憚隨時借命令以變更民意，實悖民主憲政本旨。孫中山先生遺敎，「地方自治以縣市為單位，省內有半數以上之縣市完成自治，成立議會選擧縣市長時，應卽成立省議會，民選省長。」臺灣全省二十一縣市同時正式成立議會，民選縣市長，已歷三屆之久，不止超過半數以上單位完成自治。而始終未將省議會正式成立，久久保持臨時二字，以配合省主席官派之存在。姑勿論顯違孫中山先生遺敎，其極度宣揚實行民主憲政，完成臺灣地方自治，將從何處踏實。辯者有以地方自治通則尚未經制定法案為辭。殊不知全省縣市正式成立議會，民選縣市長，係採何種依據？豈非制定臺灣省單行法——臺灣自治綱要，便足等於自治通則。我國行憲十年，自治通則草案擱在立法院，遂迄無法成立法案，使臺灣地方自治長期滯留於縣市間，無力發揚。地方自治僅至半途，而侈言建設民主臺灣模範省，實於復國進行有損無益。我以為當前完成臺灣省地方自治之目標有三：㈠鞏固反攻後方基地。㈡向大陸作政治號召。㈢作復國後大陸施政之楷範。三者關係重大，自不應止於跬步。卽有以自治通則為藉口，政府自可以最近所制定實施「耕者有其田條例」及「都市平均地權條例」為比照，問題雖屬全國性，但經行政院指定，卽已在臺次第實施。卽不然，依據臺灣省單行法的辦法，亦不難援案完成全省自治，表現民主，配合反攻政策。故策動護憲運動，正式完成臺灣自治，更為迫切之圖。

去年雙十節，蔣總統曾本憲法涵義，鄭重提出六項自由，三項保證，向全國內外，作最有力昭示，其懇切號召，擧國一致莫不感覺無限興奮。惟念蔣總統歷有剴切偉論發布，政府竟有未付之行動實踐，祇制成標語，發出口號了事。這樣難收效果，辜負總統公忠為國苦心孤詣。故我於四十六年十二月二十五日國大年會，特向大會獻辭，掬誠呼籲。玆將末段錄陳如次：

「……須知，宣傳是一種先聲，一種表達。如果沒有行動實踐來支持，這宣傳便要落空。因此，今天我人為了民主，為了反攻，最關鍵，最迫切，是要言行一致，名實相符，才能引起大陸人民的信心，激發大陸人民的熱望。時亟矣。勢危矣。現在擺在我們面前，祇有一條路，一條反攻的路。反攻登陸，爭取勝利，才是生路。問題是我們的立場，再不能立著不動。一立定，怕要僵化。一立定，怕要腐潰。並且也沒有後路可退。後有大海，再退，便要墮陷。實在是不容大家再事躊躇，也是不容私人沾沾自計。」

現在略述中國國民黨八全大會兩點基本政綱，來結束我的說話：

第一、團結一切反共力量。

第二、貫澈實施中華民國憲法。

「團結」「貫澈實施」這是我們自由中國人民日夕所要求；也是今後我們自由中國生死存亡之所繫。我人在此，衷心希望，希望政府首長，卽下決心，眞誠擁護領袖，團結一切反共力量，貫澈實施中華民國憲法！

（上接16頁）

要求作試乘火箭上星球的試驗品，在我們的想像中，將來可能發生二種不好的現象，一種是人類對太空星球採殖民主義式的掠奪，另一種是最先登上星球的少數人在那邊成立「獨立王國」，敵視地球，與地球對立，或者在那少數人之間發生爭奪的磨擦，甚至戰鬪。這一些現象，雖然都屬想像，但鑑於地球上人類歷史的敎訓，這現象未嘗沒有重演的可能性。

我並不是一個悲觀論者，認為當上述現象發生時，人類將面臨末日。為此，我特地提出一些與人類本身有關的問題，提醒大家不要老是睜大着眼，仰望天空，而應該俯首想一想地球上的問題，想一想我們人類自身的缺點，以謀改革，以眞正「世界公民」的優良修養，準備行裝，輪流購票，搭乘火箭，移居他鄉。

說到這裏，我們倒可以順便問一問「社會主義制度的優越性」了，因為假使蘇俄共產黨人所實行的社會主義制度果眞是優越的，我們人類似乎可以考慮、接受蘇俄的制度，以為日後搬去其他星球應用，假使蘇俄所行的社會主義制度實際上並無優性，那末，我們為登上星球作準備，首先端正人類自身的行為和品性起見，就應該設法在尚未登上星球之前，剷除那種不良的敗壞人性的極權制度。

我以一個蘇俄政治和社會制度多年的觀察者的資格主張：蘇俄的制度應該抹掉，因它鼓勵鬪爭、仇恨和清算，不要說不能適用於將來星際的睦鄰關係，卽地球上人類也不宜採用。

（四十六年十一月於香港）

從「中國劇團」訪問西班牙說起

西班牙通訊．四十六年十二月十日

牧　人

一　前言

「中國劇團」一行五十人，於十一月廿日浩浩蕩蕩從法京巴黎乘車來到了瑪德里，這是中國戲劇自開天闢地以來，首次正式訪問這伊比利亞半島上的鬪牛王國西班牙。從文化交流的觀點來說，這是中西兩國復交以來，最大規模的一次疏通兩民族感情與文化之表現，其意義應該是非常重大的。

「中國劇團」訪問西班牙的消息，是自他們離開臺北那天，我們就在此間的報上讀到了。在中國人的圈子裏，大家都熱切的期待着，不時就聽見人發問：喂，老兄你知道中國劇團何時來瑪德里嗎？就是許多異國朋友們，也親切的問這詢那，希望滿足他們好奇心。

二　在瑪德里的十天

十一月廿九日中午時分，瑪德里的北火車站，忽然間出現了五十多張黃色臉孔的中國人，新聞記者們電光閃灼，搶盡各種歡迎者與被歡迎者間的鏡頭。歡迎者除了我駐此間使館全體職員外，還有幾位學生代表兼新聞記者，人數雖不多，但熱烈的氣氛，一時籠罩了火車站的一角。深秋的天氣，並不現得多麼寒冷，溫和的陽光，懶洋洋的晒在每一個人的面上，背上……大家的心情都有一點激動。好奇的外國人，對着這突如其來的中國人，唧唧咕咕的談個不休。

廿九日那天晚上十一時，瑪德里的「紗蘇愛樂」戲院坐滿了西班牙政界、社會、文化、外交界及新聞界的達官貴人和名流顯媛。他們期待着欣賞一下來自幾乎不可想像的遠方之「中國戲」。他們的確等得有點不耐煩了，因爲他們總是認爲中國的東西，永遠是那麼神秘，那樣的莫測高深。

事實上也是如此，若果他們對中國文化沒有基本的瞭解，他們是無法欣賞我國國劇的。國劇一幕一幕的演出，從關公斬顏良、二百五（外文譯爲「紙人」）三叉口、天女散花、小放牛、蘇州城、拾玉鐲及白蛇傳等八幕，每演完一幕，照例均有熱烈的掌聲。但從第一天晚上的反應，就預感到有一種不甚熱烈的氣氛籠罩着每一觀衆的心田。

國劇隆重上演後，從十一月卅日那天各大早晚報之評論看，有以下幾種不同的情形：其一、他們乾脆開門見山地說明，對中國文化認識太少，不敢妄加評論，於是就事論事地寫出了他們的觀感，驚歎中國戲劇某些象徵境界的高超，直覺地欣賞某一演員在某一幕戲中的某些動作的細膩；其二、有一些評論家，他們是以西方人的戲劇觀點評論中國戲。當他們看完那每十分鐘至一刻中即演完的每一個節目後，就下評論說，中國戲是很短促的。（這次上演的戲是每一幕戲中抽出的一節，其用意是爲着使人易於瞭解中國戲臺藝術之實際情形，但他們不了解這一點。）第三種評論家的態度，他們實際上是說不出什麼，抱着好話多說的禮貌態度，所以較保守些，極力的加以誇獎。總結起來，他們一致推崇演員們服裝之豪華，化裝得法是沒話可說的，他們也奇怪中國戲臺沒有佈景，簡單到只有幾張椅子和桌子。在其他方面，若完全依白紙黑字所寫的評論，反應堪稱優良，頗爲客氣。至於十日來一般觀衆們的反應如何，說起來話也太長，非篇幅所容許，故不想多贅。唯在這十天的上演期間，沒有特別賣座的現象是一個鐵的事實。十二月九日，中國劇團完成了他們在瑪德里十天之任務後，啓程到西班牙的東方大港巴塞羅納去了。據說在那裡仍要上演十天，將來情形如何，當然不便逆料。據一些熟悉那邊情況的西籍友人之看法，其效果可能優於瑪德里。原因是他們一方面受瑪德里方面報紙評論的影響，在心理上有了一些準備，同時，那邊的人，藝術水準也比瑪德里方面高些。這究竟是一個預測，很難有所肯定。

三　文化交流的意義

「中國劇團」此次訪西，能得西政府當局的重視、贊助和支持，盡其東道之誼，這不能說不是我方國民外交的成功；同時，我們生活在海外之僑胞，感到政府能在最困難的今日，能想到爲祖國文化對外宣傳的工作，也是難能可貴，並且對該劇團之不辭辛勞，遠跡重洋，覺其精神是可佳的。正因爲如此，愛之越甚，求之也愈切，對於「劇團」的要求也就更高了。前面說過我們此次國民外交之成功，那是對官方之外交活動而言。但由於顧此失彼，我們此次忽略了一個更重要的事實——設法使西班牙人民藉此對中國戲劇文化有更深廣的瞭解。這一點我們此次沒有絲毫的表現，的確是很遺憾的事。任何一件事欲爭得他人之愛好與讚揚，非先使別人對事情的本身有基本的認識不可。西政府對我之友好表現，我們應該珍惜，但切勿忘記，我們的戲是演給廣大的西班牙人民看的，故不能以爭得西政府之贊助爲自足，而應進一步以謀得西班牙人民對我國文化的了解。這一點我們沒有實現，與其說是成功，毋寧說是失敗。因爲我們付出的代價太高，收到的效果並未能成正比。我們中國人關起門來說家內事，看法是否正確，自有賢者明白，唯言者是出於至誠，沒有絲毫攻訐政府惡意。蓋吾人今日所處時代，應有是非黑白的科學精神，才能生存下去，憑空僞造之歌功頌德的文章，只有增加自我陶醉，加速走向滅亡。基於此，我願說出幾句不甚順耳的話：

一、沒有行動計劃：從「中國劇團」負責陳先生對記者之談話，知道他們此行沒有一定的行動計劃。這是中國人一向以無計劃爲計劃的做事態度最具體之表現。像這樣一個大隊人馬，沒有一個具體之行動計劃，其冒險精神實在「可佳」。他們是以「中華民國歌劇演出團」的名義出國的。即是說，他們代表政府對外執行文化宣傳的工作，實現政府對外宣傳政策的一部份。他們飄洋過海的精神雖佳，但無計劃做事情的態度是與時代精神不符的。他們的行動反映出國家宣傳政策的無計劃性。這種無計劃性的做事態度，事實上與「江湖式」的玩藝是沒有多大分別的。能做多少就做多少。國家是一個有機體的組織，他的任何一項政策，均有一定之計劃和目的。他的領導階層既是一羣受過訓練的組合，則他的一切行動，都必須先有周密的考慮和策劃，以期水到渠成，收事半功倍之效。假若事先既無擬好行動計劃或是擬得不妥，屆時而「隨機應變」，不但達不到預定之目的，其步驟一定也會混亂。說不定還會收到反宣傳之效果。到底「江湖式」的做事態度，不是我們可以學習的啊！

二、缺乏對外宣傳：此次劇團來西最大的缺點就是缺乏對外宣傳。筆者不敢妄加斷定在倫敦、都柏林或巴黎等地情形都是如此。起碼在瑪德里的情形，逃不了活生生事實的證明。就是最基本和必需的宣傳工作，如張貼廣告也一直等到劇團來西前兩天才張貼出去。此事本應在半月多以前加以完成，好讓老百姓們心理上有一些準備。國劇在某些中國人看起來有一時還很吃力，何況這次上演的對象是一個思維方式全異的一個民族。並且是一個這樣保守而從未見過中國戲之國家的人民。所以，宣傳工作實在太重要了。假定在中國劇團來西以前，我們能舉行一個「中國週」，專以介紹中國戲劇爲目的，有系統地介紹一下中國戲劇之各種概況，配合劇團訪西的行動，其效果就完全不同了。若果只以一篇小文章及幾幀圖片，當作新聞資料發表，就想收到宣傳的目的，那實在太天眞了。記得在一九五三年春，中西復交後首次（到現在仍是唯一的一次）舉行中國週時熱鬧的場面，不禁使人想到，西班牙人民是如何有興趣認識我們的文化啊！

推敲劇團訪西缺乏宣傳之原因，還是由於行動沒有計劃的結果。若果有一定之行動計劃，不要說別的，劇團與各必經地之使館就應先有聯絡，前者能因此明瞭各地的情況，並提出應如何製造適宜的氣氛來配合劇團之演出，至於後者也藉此知道劇團訪問之計劃及包括之內容，擴大宣傳，因時制宜加以適當的處理和安排。事實上，劇團方面祇知將準備好的一套每到一地，依樣畫葫蘆，而各地使館，則只以拉攏政界名流，達官貴人在開演時捧捧場面，忽略了劇團上演之眞對象。假若我們想這樣就能穩操勝算，除非是自我陶醉的說法外，我想沒有其他的適當解釋了。

三、劇團演出之技術問題：筆者不是戲劇評論家，故不敢冒昧的批評中國的戲劇。但從這次實際情形的反應，說明了一件事情：我們對事物的看法太主觀了。我們有時也要看看客觀環境的情況。我們對外宣揚固有文化，無非欲謀其他民族對它有眞正的認識。這次上演之八幕戲，經過兩點鐘（中間包括一刻鐘休息）的時間就表演完畢了，對中國文物稍有研究的人當然知道每幕本來都是很長的，這是經過緊縮的，爲的要避免外國觀衆們看中國戲有冗長的感覺。可是，一些沒首沒尾的表演，外國人却感到丈二金鋼摸不着頭腦。甚至令人誤會了中國戲每幕就是那麼短促。這不是大笑話嗎!?諸如二百五，三叉口或白蛇傳，他們實在領悟不到上演時比手劃足，蹦蹦跳跳所代表的意義，蓋東西各民族慣用的手勢不同。何況牠們又是經過緊縮後的一段故事呢！相反的，如小放牛，天女散花這一類的舞蹈，他們就容易領悟得多了，但這裏在跳唱之技術上却應加以更大的努力。外國人不懂中國話，但他們有很高的音樂欣賞能力，舞蹈的愛好更是拉丁民族的特長。既然是拿來代表國家民族的戲劇，在劇情、人才與技術之選拔和訓練，絕對不能馬虎從事。一個對中國文化有較多接觸的國家（如英法等），他們無論如何要比一個較少認識中華文化的民族（如西班牙），有更高的欣賞能力。由此我們發現不是任何的中國文物，外國人都有相同的領會能力。正如同我們對一些較少往返的國家之不瞭解一樣。上述的八幕戲，在巴黎可能有很賣座的場面，而在瑪德里或別的地方，則可能祇得到普通的反應。此說明文化宣傳對象研究的重要性。主觀上，我們必需拿出一套够水準的，有代表性的東西，介紹出去，因爲沒有足以駭人之代表作，會被人看作落後，在客觀上，我們絕對不能疏忽對象之接受能力，否則所付出代價，將盡付東流。

還有如佈景的問題。中國戲不是沒有佈景的，而且有許多美麗的佈景。但這一次中國劇團來西上演一點兒佈景也沒有。筆者不知爲何不帶佈景。許多西國的朋友看後皆有同樣的發問：中國的戲臺都是這麼簡單嗎？正如此間的ABC日報之幽默漫畫說的：「既然一根鞭子代表一匹馬，一張座子代表一座山，那我當然是該劇團之代表了。」

四、疏忽對海外僑胞的聯絡工作：假如筆者之看法不錯，我們從「中國劇團」逗留瑪德里十天的表現，他們對於海外僑胞的聯絡工作，沒有給人們留下親切感的印象。於是乎有人說他們是出來做生意的而不是爲祖國宣揚文化。像在西班牙這樣單純的華僑社會，都不能藉機代表政府加以爭取（或者他們認爲沒有這種需要）老實說，在倫敦和巴黎，更是不可想像了。要知道，一個負有文化使命之團體，代表國家訪問他邦，在太平盛世，他們之責，當然較輕，唯當國家處此多難之秋，它的使命就重大了，對外當是宣揚祖國文化，聯絡他邦感情。但它的另一項任務，還要帶給寄居異域同胞的溫暖，採取最大可能的合作態度和各地僑胞，打成一片，共爲發揚祖國文化而努力，斷不能棄之一邊而不理睬，這是極大的錯誤。政府每每以經濟能力不足，無法展開文化宣揚，但爲何不知利用許多等待政府運用的力量。今年二月葉外長訪西時，表示政府要自力發展宣傳工作，再不從僑胞身上去設法，這說明政府的宣傳態度。倘若過去沒有善用僑胞的捐獻，今日抱着將功贖罪的心情，認眞的幹一番事業，僑胞一定會不咎已往的。古希臘時代之伯里克利會說過一句名言：「貧窮並不是一種侮辱，而不設法解決困窘才是丟人之事」。這句話說明了解決問題的方法是由人想出來的。時至今日，那一套陳腔濫調的宣傳技倆已不合時宜，那麼我們對內和對外之宣傳政策，都必須徹頭徹尾的改革。這是接受宣傳者的我們對宣傳政策的感覺。當我們看到人家藐視由政府宣傳機構發行的東西不感興趣，並以「還不是那套企圖騙人的玩藝」之態度時，我們的心情是沉痛的。

總括起來，從此次中國劇團訪西，使我們連想到今日我們所處的時代所憂憂終日的，不是沒有人反對共產主義及它的政權，我們絕對有理由相信，大多數的中國人民都是反共的，而是，沒有一個能够團結這些無可限量的反共力量。爲反共的中國人民所希望的自由中國政府，今日的一切措施，斷不能再令希望者失望，否則，五千年來中華民族的歷史，從此將走上巴比倫文明古國的道路。生爲這一代的中國人眼看着共產主義對中國文化之摧殘而不能爲自己找出一條新生的道路，實在是很痛心的事。我們若繼續在保備民族文化工作上如此馬虎從事，我們這一代所負的歷史罪名還堪設想嗎？最後，我們沉痛地呼籲：

一、發揚民族文化的領導者，必需確切地爲發揚文化而努力；

二、負有發揚民族文化的任何智識階層，我們要努力督促政府，確實地走向建設中國新文化之最高目標。

被遺忘的人

子　強

（一）

「拍神箭啊，拍鬼箭啊——；拍神箭啊，拍鬼箭啊——……」

這重複而呆板的調子，一遍一遍地從羅媽媽住的穀倉那個方向傳過來。每唱到一句，就跟着「拍」的一聲，不曉得是拍擊的什麼東西，那樣清脆。而那首唱詞又重複呆板得叫人心煩。

「秋老虎」剛剛過去，下午的太陽顯得蒼老而無力，照在那晒穀的稻場上，空洞而寂寞。知了也忽然不叫了。實在應該有些什麼音響來點綴這一時的荒靜才好。然而，那個調子太不適合了，認眞地聽下去，不僅心煩，而且會使人感到一絲倦怠，一絲淒涼。

「羅媽媽又在發什麼神經？」細姑一面摺疊着剛收下來的衣服，一面這樣自言自語地說。接着，她臉上不自主地浮上一絲勉強的笑容，那笑容不是表示某種理悟，也不是表示一種同情，而是對於自己不可索知或不必索知的東西表示近乎鄙夷不屑的神氣。

我們小孩子都怕看到那座空穀倉，據長工承熙說，那裏邊有鬼。「羅媽媽住在裏邊，怕也活不了幾年了。」這是承熙的結論。所以，晚間不必說，即使是白天裏，只要太陽一西斜，我們是很少會玩到那邊去的；偶然經過，也要繞些道，對那座穀倉不敢正視一眼。漢生哥在我們堂房兄弟中是個最大的孩子，邀他同去，我心裏悶得慌，想去看羅媽媽，但心裏又等怕，就想起了大房的漢生哥，可以壯膽。

我從竹床上一骨碌爬了起來，穿過天井，跑到後進的屋子裏找漢生哥。我們兩人穿過那廣濶而空曠的稻場，這時秋收已過，稻場上乾乾淨淨，一無所有。太陽的光熱散佈在地面，微微燙着我的一雙光脚板。我一面興冲冲地走，一面問漢生哥：

「你聽……眞奇怪，我從來沒有聽過羅媽媽唱過歌，還有那拍啦拍啦是什麼聲音？」

「曉得呢！」他低頭只顧走着，好像嫌我多事似的。其實，我想他也和我一樣，想急於探知這個秘密。

羅媽媽坐在房簷下一張低矮的長條櫈上，左邊一隻褲脚捲得高高地，差不多捲齊大腿的一半，露出一大截細白的腿膚。她脚邊的泥地上，擺着一個小茶盅，裏面盛着小半盅清水。原來她用左手蘸着清水在拍打着自己的左腿，一邊拍，一邊唱，唱幾句，蘸一下水，又拍，又唱。大腿肉上紅紅地一大塊。

我們從未見過這樣奇怪的舉動，不禁看得發楞。她瞟了我們一眼，依然繼續她的動作和歌唱。那樣子是虔誠的，也是無奈的。

「拍神箭啊，拍鬼箭啊——；拍神箭啊，拍鬼箭啊——……」

這聲音現在聽來却不是呆板的，有若斷若續的節奏，空漠而惶惑。

一直到盅子裏的水差不多完了，她才抬起頭來望着我們：

「好耍是不是？唉，昨天上山檢柴，怕是中了神箭，腿痛的要命。拍拍，求求，才會好哩！」

「神箭？那是什麼東西？」懂事的漢生哥，也不免吃驚地問。

「不是神箭就是鬼箭，——那是一樣邪風，我說的是邪風啊。」羅媽媽沒頭沒腦地回答。

關於「邪風」的故事，我們也曾聽說過，歪嘴三叔叔就是從小被一陣邪風把嘴巴吹歪的，大家都這樣說。可是昨天的天氣明明很好，哪來的什麼邪風？羅媽媽見我們納悶的神氣，接着又咕嚕地解釋：

「山上有邪氣啊！要不，怎麼會腿痛，外帶（「並且」的意思）只痛這一塊地方？這是神箭鬼箭射的呀！」

「羅媽媽，你從前上山檢柴也碰到過邪氣？」

「沒有，從前沒有。我也有好些時沒上山了，在今年，昨天還是第一回去。」

本來，這一兩個月忙着收穀、晒穀進倉，羅媽媽的小脚都要一拐一跏地來來往往奮忙，騰下的時間便坐在厨房裏大灶邊燒火。只有秋收忙過了，她才有時間上山去檢柴。所謂「檢柴」，不過是拾些落葉和枯枝，擱在一個大篾簍裏背回來，大約幾十斤重，在大灶裏最多也只够燒個兩天三天的。這本是長工們做的事，後來不知怎的，有時也輪到她了。我們屋背後不遠就是一座山，祖墳就在那裏，來去也要不了多大的工夫，可是她走起來却也要好半天，所以逢着她上山檢柴時，家裏可以臨時免除她燒火一類的雜役。我們只要看到灶門口坐的不是羅媽媽，準知道她是檢柴去了；要不然就是病了。

她說的什麼「神箭」啦，「鬼箭」啦，立刻使我們想起倉房裏有鬼的傳說來，漢生哥先搶着問：

「羅媽媽，你怕鬼不？」

「哪來的鬼？芽兒不許瞎說！」她鄭重地說。

「聽說這倉房裏就有鬼……」我湊上一句。可是羅媽媽已經拿起地上的茶盅，站起來，蹣跚地走回她的房子裏去，不再理我們了。

她穿的一身敝舊的藍布衫褲。腦後盤着一個微帶花白而滿盤稀鬆的髻，上面橫別着一根銀簪。步履遲緩，意態頹唐。在斜陽的返照中，那背影一幌一幌地擺進那個黑洞似的倉房裏。她，本身不就像一個幽靈？我從心底打了個寒噤。

（二）

羅媽媽是祖父的偏房太太。按着我們那邊的叫法，稱祖母爲媽媽，喊母親爲姆媽，羅媽媽之所以被冠上娘家的姓，很顯然的，是大家爲了與親生的祖母表示有個分別。我們孫輩的人，無論是當面或背地裏，都喊她做羅媽媽。大人們對她的稱呼就很不一樣了，在背地裏，有人跟着祖母一樣地稱她爲羅妹，甚至伯伯叔叔提到她時，有時也這樣叫過，而不會有被人斥爲僭越的危險的。他們對她正當的稱呼應當是「羅姆媽」，後來好像是爲了方便，索性跟着我們小孩子叫羅媽媽了。

關於她的故事，我當時所知道的實在太少，只從母親那裏聽到一些些。她是徽州人，是祖父在安徽主辦釐金卡時討來的。祖父就死在任上，大伯趕去奔喪，搬回靈柩時，就把她一併帶回家，後來還生了一個白白胖胖的遺腹子，可惜幾歲時就染上急病死了。母親說：「羅媽媽是披蔴帶孝，哭着進門的，一直哭到祖堂前，向祖堂磕了頭，向媽媽磕了頭……唉，要是那個囝不死就好了。不管麼樣，將來總要替他在譜上載一筆才好。」

自從我開始懂些事，可以記憶得清楚的時候起，羅媽媽就一直住在那個空廢的穀倉裏。她是一個被遺忘的人。只有在三四月裏收菜籽，榨油；六七月裏檢棉花，軋花；七八月打穀，進倉，以及冬天裏做年粑，大家才想起她，他們說她手脚太慢，但少了她還不行。此外，成年累月地她就坐在灶門口燒火，像一尊菩薩。可是，當灶內的火正燒得旺，那熊熊的火光在她臉上跳躍着，那張蒼白而微現浮腫的臉立刻就顯得生動得多。有時她也偶然會打個盹，弄得掌鍋的姑姑們急得直叫：「羅媽媽！你怎麼搞的？趕快加一灶火呀。」她唔一聲，像從夢幻中驚醒過來，趕快用手裏的大火鉗先撥一下火，那火光重新跳躍起來……飯燒好了，她就靠在厨房案板頭邊，磨磨蹭蹭地吃她的飯。

這便是我所知道的羅媽媽。

其實，在羅媽媽的一生中，也並非完全遭受人家的輕視，也曾有過「揚眉吐氣」的地方。一次是前面所提到過的，她曾生下一個白白胖胖的遺腹子，聽說，祖母雖然不覺的怎麼樣，族上的人却公認那孩子的相貌好，天庭飽滿，長大了定有出息。於是，羅媽媽便頗有「母以子貴」的可能。退一萬步說，「無論如何，他總是周家的骨肉。」這句話，就連祖母也否認不了。僅僅憑這句話，也使羅媽媽快活了好幾年，直到那個孩子死去的時候爲止。後來，好心的人就這樣安慰她：「將來總要替你在譜上載一筆的。」一聽到這話，立刻有一陣朦朧的喜悅在那張微現浮腫的臉上浮升起來。

她的身體本來相當福泰，皮膚細嫩白晳。有一次，細姑當她面半開玩笑地說：「徽州本來就是出美女的地方呀，羅媽媽老了也還是這個樣子。」言下之意，頗有批評祖父當年的眼光不錯的意味。她聽了，還不好意思。後來還是母親把話岔開了：「三妹，你這人……」母親一面望着羅媽媽那時用刨花水掠過的頭髮，一面接着說：「羅媽媽替媽媽梳的頭倒是不錯的。」於是，羅媽媽淡然一笑；這笑容，在當年也許眞是美麗的，可是她現在究竟老了，而且，笑時老愛歪扯着嘴，嘴角的肌肉鬆弛地微向下拖着。配上那張微微浮腫的臉，便有些動人憐憫，那笑容本身之爲喜爲悲，也就有些捉摸不到了。

（三）

隨着年歲的增長，我所知道羅媽媽的故事，也漸漸多些。最使我印象深刻的，是有一次，竟因爲羅媽媽的緣故，我受過母親一次嚴重的斥責；而也因爲這，讓我有機會聽到關於羅媽媽不少的故事。

記得是我十一二歲的那年，一個夏夜，大家都在稻場上乘涼，天上滿佈的繁星，爭着眨眼。羅媽媽這時多半是遠遠地隔着稻場在她住的倉房廊簷下獨坐。我們小孩子一夥在稻場上追逐着，用大蒲扇搶着撲螢火蟲，口裏一邊唱着兒歌。

「夜火蟲子夜夜來，
婆婆點燈照茶來。
茶不來，水不去，
借我牛，耕田坵；
借我馬，上徽州。
徽州落裏一朶花，
搖搖擺擺到謝家！
謝家門口一口塘，
打個鯉魚扁擔長。
大的要吃，細的要嚐，
留得三哥上學堂。
…………………
…………………」

年年的夏夜，我們一面撲螢火蟲，一面就要唱這首歌。全村的孩子都唱得滾熟爛熟。這一天，我心血來潮，忽然觸起那「徽州落裏一朶花，搖搖擺擺到謝家」的兩句應當和羅媽媽有些關聯，她不正是徽州人麼？細姑說的——也是我們這邊的人所公認的——「徽州是出美女的地方」，羅媽媽當年不就像一朶花，搖搖擺擺地到了我們的家麼？想到這裏，我便叫住一位年齡較大一兩歲的堂哥哥，向他唧噥了幾句，他笑着拍起手來。馬上，由我們倆首先改唱：

「徽州落裏一朶花，
搖搖擺擺到周家！」

「謝家」改作「周家」，這是多麼熟悉而新鮮的詞句啊，大家不管懂與不懂，立刻唱開了。那位堂哥哥好像還感到不滿足，臨時又加上他的傑作：

「…………
…………
到周家，
原來是個羅媽媽！」

「到周家，原來是個羅媽媽！哈哈……哈哈…

⋯」我們此唱彼和，笑做一團。

大人們也跟着笑了。母親從屋裏趕出來，「檢到什麼笑票子？」這時，澤生嫂忽然插一句嘴：「你們不要笑了，好不好？不怕羅媽媽聽到了？」其實澤生嫂剛才也是笑的一個。

待母親問清了原由，平地又攢出一個小孩子告狀：

「是閩生哥這樣唱起的。」

我不好意思推給堂哥哥。母親見我有些斁斁的樣子，也不說什麼，登時就抓着我往屋裏跑。

「你怎好拿羅媽媽說來耍？」母親用嚴厲的眼光譴責我。

「又不是我一個人說的。」我強嘴。

「還有哪個說的？——你今年幾歲，自己曉不曉得？十一二歲的人了，這樣不懂事！」

我從未受過母親這樣嚴厲的斥責。這一晚，睡下去竟做了許多惡夢，不知道是不是心理上對羅媽媽有着愧疚。在夢中，我幾次驚叫起來，母親推醒我，伏在我耳邊柔和地說：

「快點醒醒！閩兒，快點醒醒！是剛才玩瘋了是不是？」接着她想起了什麼似地，又說：「不要怕，姆媽疼你，下次不要再說羅媽媽就是了。」

母親這時也睡不着了，索性起來，摸索着喝茶，又摸索着檢查竹床底下的蚊煙。然後坐下來低聲歎氣。更深人靜，涼意侵膚。母親叫我不要再打赤膊了，替我穿上一件單背褡。

「這件背褡還是羅媽媽替你做的呢。布也是她的；可憐，從箱底翻出來的，曉得是哪一年存的布？她自己不够做的，一定要拿給我，替你做了一套棉襖褲。多下來的一點，我還給她，她就做了這件背褡。還多餘一點點，細姑拿去塡了鞋底。羅媽媽是個苦命的人，也是個好人。唉！」

「布是公公從前替她買的麼？」我問。

「怕不是！」

「公公很喜歡她是不是？」

「不喜歡她怎會討她？公公說她長得福相。」

「大伯伯爲什麼那樣討厭羅媽媽？還有細姑？⋯⋯」

「這個話，不是你們芽兒該問的。」

「你說說看，好不好？」我纏着母親。剛才夢中的恐懼已經消匿得無影無踪。

關於羅媽媽在這個家庭裏的地位問題，我總感到不解，公公雖然早已死了，我雖然沒有看過他，可是我懂得他在我們心目中仍有無比的尊嚴和支配的力量，那麼，一個被公公生前所喜愛的人，爲什麼現在會受到這樣的冷落，這樣可憐的待遇？我把這些意思絮聒地向母親提出，她叫我說話小聲一點。然後，在這靜夜的空氣中，母親用那特有的低沉調子開始敍說了——

「那還不是因爲公公不在的緣故⋯⋯你們芽兒不懂，人在人情在，人死兩撒開！

「大伯伯爲什麼討厭羅媽媽？說起來，你就曉得我剛才爲什麼說你不該那樣瞎唱什麼『徽州』什麼『周家』的緣故了。你還不曉得，大伯伯從前另外有一個大姆媽(即大伯母)，也是安徽人，死了多年了，是自己吃鴉片煙毒死的。——你可不要提起嗨！說不得的嗨！——她和大伯伯不好，本來大伯伯的脾氣要不得啦。他自己磨老婆，打老婆，還要錯怪羅媽媽從中多的事，天曉得啊。羅媽媽不過是和那個大姆媽同壞了鄉，大伯伯疑心她和她會搞在一起，說他的什麼壞話。媽媽也是這樣地疑心。後來有一天，爲了一樁事，呀，那個大姆媽實在受逼不過去，只好偷偷地吃下大半缸鴉片煙，等到人家發覺，嘴唇已經烏了。她說自己也捨不得死呀。說起來眞叫人傷心，大家忙做一堆，灌屎啊，灌尿啊，她都肯吃下去，想讓她嘔出來呀。不過太遲了，哪裏來得及？不消一會工夫，人就不中用了。一個那樣體面的人，就是這樣去了。這才把大伯伯嚇呆啦，要趕人送信到她娘家去哇，怎樣交代呢？後來，族上的人出了一個主意：就說她是得急病死的。從安徽坐船到我們鄉下來，至少也要三天，大家趕忙封殮，把棺材釘死了，不讓她娘家的人和死人見面，就說是等不及好了，就說是我們這邊的規矩好了？本來，那是看不得的呀，全身是青的，棺材裏滿做鴉片味，這是要打人命官司的事呀！⋯⋯果眞，那個親家母來了，從河下一直哭上岸。那眞慘咧！她一聽說封殮好了，馬上就不答應，無論如何，她要看女兒一眼，非要開棺不可。她說：『我只有這一個女兒，遠遠地嫁過來，還不到一年，怎麼平白就得急病死了，事前又沒有一個訊。這又不是大熱天，還停不得幾天？有什麼等不得的？』不怕我們這邊的人怎樣好說歹說，她還是一百個要看。說到最後，她也軟了，哭着賭咒：『就算不是好死的，我王家也不找你們半點麻煩，只求你們讓我見女兒一面，也好讓她死了閉眼。看過了，如果我們再有什麼話說，那就遭天雷劈，回去時翻船，做水淹鬼！』那話說得多慘咧，你大伯伯也給說動了心。倒是族上的人堅執不肯，說規矩要緊。接着，大家把鑼嘭了起來，這才把那個親家母和她們娘家的人嚇唬住了；棺材這才落了土。

「說起來也好笑哩，那幾天，你大伯伯再不敢得罪羅媽媽了，怕她說歹話啦。那親家母還沒有來的頭兩天，大伯伯扯個影子把羅媽媽送到勞家去住，不讓她出來，怕她和他的丈母娘見面。過後，羅媽媽私下對我說：『我懂得啊，我又不是一個癡子！我才不多這個事咧。生是周家人，死做周家鬼，這一輩子還不都定了！不過，不讓人家見死人一面是要不得的，人家一生一世只有這麼一個女兒！就是讓她看出了什麼，當眞又拿周家怎麼樣！』羅媽媽就只暗地裏說過這麼一句公道話，後來也不曉得怎樣傳的，給傳到大伯伯聽了，不得了咯，他馬上跳起來，發狠勁說，要把羅媽媽趕出去。大家把他勸住了，說是好歹都看在公公的份上吧。從這以後，羅媽媽更沒有好日子過了。⋯⋯有好多事，我們二房裏又作不得主呀。」

母親的話，當時並沒有滿足我的好奇心，倒是替我多添了一層恐懼的陰影，我想起鬼，吃鴉片毒死的，吊死的，青面獠牙⋯⋯。

大概一直過了七月半，說不定是直到中秋過去，我每晚都是縮在母親一頭睡覺。聽長工承熙說的：「七月裏大開鬼門關」；他又指指房門後背說：「七月半，鬼在門角落裏睏！」

這是個多麼陰森的世界啊！

（四）

自從羅媽媽「拍神箭，拍鬼箭」的那天起，我們漸漸知道她是得的痛風症。

往後幾年，她在那座空廢的倉房中獨自消磨的時候更多了。我長大了些，便隨着父親，和楊姆媽住在省城，我在那裏唸書。只有母親還留在鄉下。每年過年，我們回鄉團聚一次。所以關於羅媽媽的情形，知道得更少了。聽說有一年，她上山撿過一次柴，那是她自動去的，可是丟了柴不檢，跑到公公的墳邊哭，有人經過那裏，親眼看到的。那人這樣描述着：「她一邊哭，一邊訴：我的人，我就要跟你來了，請不要怪我，我早該來的呀……」大伯伯聽到這話，眉頭縐了老半天，自後就吩咐不要再答應羅媽媽上山檢柴了。

最後看到她的一年，她已是大半癱瘓狀態，躺在倉房裏，幾乎不能動彈，丫頭金花一日替她送三頓飯。

臘盡冬殘的時候，我們回到家裏，向祖母磕過了頭之後，母親暗暗吩咐我：「也要去看看羅媽媽，回頭你爹也要去的。」

我逕自穿過那熟悉的稻場，脚下是一片被凍得堅凝的土地。

那倉房還是老樣子，沒有什麼改變。只是在這黯黯的寒冬裏，看過去顯得更孤單了。

羅媽媽躺在那張古老的「寧波牀」上，裹在一床舊得發硬的棉被裏。被子和褥子都是一色的實藍，看來倒是給人以寧靜安祥的感覺。帳子是花藍布，洗成灰黯色了。枕頭是一個長長的圓筒形，枕頭背後靠帳子擋頭的地方是一塊窄長形深紅色的擋風板，也許那是用來壓帳子的吧。床很高，床前有一塊踏脚板，也是漆着深紅色的，不過好幾處已經褪成白色了。上面擺一雙鞋子，小脚，比得齊齊地。這些，和祖母的床都沒有什麼兩樣。

她朝外躺着，灰白的頭髮披散在枕邊，臉盤子瘦了一些。那對眼睛，深陷了下去，驟看像兩個黑洞。

金花也許對她說過，她知道我們回來了，也許她算到過年，預測到我們這時會回來，所以當我進到房裏喊她時，她沒有顯著的驚異。

「閩生！你長得這樣高。」她一面撫摩着我的頭，「你也有些掛欠羅媽媽——沒有忘記，是不是？你姆媽總是這樣說起的。」

她的樣子頗有幾分興奮，我低頭無語，有說不出的難過。

接着，她問了一些省城的情形。

「唉，省城我也去過的，算起來三十多年了咯！」說時，她用那凝滯的目光望着我，好像要從我臉上尋回那記憶中已經失去的東西。那特有的目光又彷彿是在探索一種無底的空虛。

這是我和羅媽媽見的最後一面。此後幾天，我和爹忙着到各村各家走走，再往後就是過年。過年在鄉下是一樁大事，大人們的禁忌也特別多，連母親都好像避免提到羅媽媽了，只是有空時才問起送飯的金花，問羅媽媽這兩天吃了飯沒有。

大年初四那天，當大家還是忙着拜年和請春酒的時候，金花跑來說：「羅媽媽怕不行了。」我們趕去看，她已經倒在床前的踏脚板上，半邊身子靠外，頭仰垂着，眼睛差不多是兩條縫，嘴微張着，灰白的頭髮雜亂地披垂在泥地上。飯和菜都原封未動地擺在床頭的櫃子上面。

空氣中有過分沉默的悲哀。不過也有人在大聲罵着金花，說她太不中用，爲什麼不早給個訊，既然不行了，就該守住不走。據推測，羅媽媽多半是自己下床屙尿時跌下的。

大伯伯和一羣人站在稻場中商量棺木的問題，他是一家之主，這時議正事要緊。只見他急着跺脚：「這眞不是時候，大年初四，哪裏去找人幫忙啊！」我們鄉下，沒有棺材店。講究的人家，都得自己趁早準備。可是誰曉得羅媽媽會死得這樣快呢？

母親跑過去，扯一扯爹的袖子，跟爹商量：

「棺材倒好辦，我的那一口，讓羅媽媽睏了去吧。」母親在三十六歲的那一年，一場大病，九個月都沒轉好，眼看着不行了，所以家裏給預備了棺木。「那是整塊木頭合的，漆了七層髹漆。」

爹說也好，但也要和大伯伯和祖母商量一下。母親說：

「這還錯得了？……不過，我倒是要說一說：羅媽媽在生老是和我提起敍譜的事，可憐，牽腸挂肚的！這一點，你也要和大哥提一提。最好，請大哥就在羅媽媽頭邊去說一句，讓她也好閉眼。」

「唉，譜總是要敍的，說不說還不是一樣，人死了還當眞聽得到？」爹憂傷地說。

（五）

羅媽媽這樣地結束了她黯淡的一生。我當時總覺得她去得太快，太突然，那大概是因爲回家才不到幾天，一切感覺都不免敏銳一些的緣故吧。日子一久，便也漸漸淡忘。到了現在，羅媽媽的影子，在我的記憶中可說已經消褪得差不多了。偶然想起，總像覺得那不過是一場虛幻，好像她在這個世界上，不曾有過眞實的存在一樣。

只有母親有時還提到她：

「羅媽媽總算福氣的咯！她倒是睏了我的棺材先走了，那口棺材是整塊木頭合的啊，漆上加漆，漆了七層髹漆呢。」

綠窗漫筆

聶華苓

（一）祖母與孫子

暮秋，傍晚，淡水河畔。一隻孤舟漂浮在河上，幾片奇形怪狀的灰雲掛在枯樹梢。一個皤然白髮的老祖母，扶着她八、九歲的小孫子，站在堤上，木然凝視着那冷寞的流水。

「奶奶，你在想什麼？」

「什麼都想！」

孫子擺脫了搭在他肩上的祖母的手，蹲下來，用手指在沙地上畫着玩：一隻鳥、一個弓、還有大礮和坦克車。他時而抬起頭來看看他的祖母，咬咬下唇。祖母仍楞楞地望着河上，她穿着一件黑緞卍字旗袍，拄着一根盤龍手杖，臉雖皺得像橄欖似的，却鬆鬆的吊着一個雙下巴。不用說，這是一位福壽雙全的老太太。

「奶奶，回去吧！好不好？」孫子抬起頭來，不耐煩地望着祖母。

「……」祖母仍渾渾沌沌地望着那蒼茫的流水。

「奶奶，回去吧，這有什麼可看的？不是天，就是水！」孫子站了起來，用手在空中一揮。

「……」

「走，奶奶，你不走，我就不能走，我和同學約好了去打鳥。我等不得了！天快黑了！」

祖母低頭狠狠地瞪了他一眼。

「奶奶，你在家裏多舒服！要什麼有什麼！我送你回去，走，我的好奶奶！」孫子雙手抱着祖母的腿，帶着一臉乖巧的笑。

「……」

「眞是，我要是你，我才不要出來，又怕摔交，又怕走丟了，非得我帶你出來不可！」孫子放鬆了手，撅着嘴。

祖母望着他使勁咬了咬她的假牙，然後用沙啞的聲音叫道：「我坐够了！坐够了！一年三百六十天，從早到晚，一張椅子，四面白牆，我坐够了！」

「好，你不走，是不是？」孫子溜溜轉動着他那一雙慧黠的眼睛，用威脅的口吻說道：「好，你不走，我可要走了！」

「小鬼，你走就是了！」祖母轉過頭來罵了一句。

孫子果眞走開了。但他沒走兩步，就停住用眼角瞟了祖母一下，正好祖母轉過頭來惶然地看着他。他又轉回來說道：「奶奶，你還是跟我一起回去吧！爸爸說了的，無論如何，要我照拂你，你一個人小心回不了家！」

「你能，你什麼都能！」祖母看見孫子轉來了，氣燄又高了起來。「小猴崽子，我看着你生，看着你長大的！你到比我能幹了！你別管我！」

「好，我不管，你說了的，我不管！」孫子又舉步欲行。

「小宣！」祖母將手伸進衣服內在荷包裏掏什麼，聲音變得溫和了一些，「來，我給錢你，你高興買什麼，就買什麼，你只讓奶奶在這裏多站一下！」祖母將掏出的兩張嶄新的十元鈔票抖的嘩嘩只響。

「我不，我只要現在去打鳥！」孫子搖幌着他的小身體，看都沒看一眼那兩張硬挺挺的新票子。

「好，」祖母又將錢放進荷包裏，「奶奶明天給你買個米老鼠手錶，你不是天天吵着要手錶!?奶奶再在這裏站一下就走！」

「我也不要米老鼠手錶，世界上的任何東西都沒有打鳥好！」孫子更堅決地說道。「我不明白，這兒有什麼可站的!?」

「唉，我的乖孫子，你老了就明白了！」

「我才不要老，動也動不得，吃也吃不得，一臉的皺紋，連搖籃裏的小妹妹看見你都要哭。出來還要人帶着！」

「所以你要可憐可憐奶奶，你就再等奶奶一下，好不好？」

「我不！誰叫你老的？你老了歸我倒楣！鳥也打不成！」

「好，好，你走，你走，沒有你，我就活不了？」祖母氣沖沖地說道。

暮色漸濃，那一葉孤舟也不知漂到那兒去了。一眼望去，長堤上，空漠漠的，沒有一個人影。賣麵茶的淒涼的哨子，吱——吱——，不知打那兒飄來的，像老婦人絕望的嗚咽。

祖母打了個寒噤，轉身遙喊道：「小宣，來！我跟你一起回去！」

於是，祖母像隻老綿羊似的，終於被那個眉飛色舞的小牧童牽走了！

（二）人，又少了一個！

三年前，也是冬天。一個瘦骨嶙嶙的女人來到我家門前。

她頭髮蓬亂，臉色蒼黃，穿着一件空盪盪的破舊花棉襖，和一條褪色的灰布褲子，手中提着一個白布口袋。她輕輕推開我家虛掩的大門，縮縮瑟瑟地探進頭來。我正站在窗口。

「太太，我不是叫花子，我只是要點米，我的孩子餓得直哭！」她沒等我回答，就自我介紹下去：「我也是大學畢業的，哪，你看，」她抖着手由內衣口袋中掏出身份證來，「這上面都寫着的，這是我以前的照片！」

由於好奇，我接過她的身份證。那是一個富泰的中年女子的照片：光亮細碎的髮鬈，整整齊齊地貼在頭上，淡淡的雙眉，彎在那一雙恬靜滿足的眼睛之上，衣襟上還盤着一個蝴蝶花扣。

我端祥着那照片的時候，她就一個人絮絮叨叨地講了下去：「我先生坐了牢，我就一個人帶着四個孩子，飽一天，餓一天。我替人洗衣服，付了房錢，喝稀飯都不够！孩子們餓得抱着我哭，我只有厚着臉皮出來討點米。我只要米，不要錢，我不是叫化子，我是憑一雙手吃飯的人！太太！唉！我眞不好意思，我開不了口，我走了好幾家，都說不出口，又退出來了！我怎麼到了這一天！」她掠起衣角來拭眼淚。

我將她的口袋裝了滿滿一袋米。她抖動着兩片龜裂的嘴唇說道：「這怎麼好意思!?您給我這麼多！這怎麼好意思!?謝謝，太太，我不曉得怎麼說才好，我——我直想哭！」她淌着淚背着一袋米走了。

三年後的今天，我又看見了那個女人。她正站在巷口一家人家門前，我打那兒經過。她皺縮得更乾更小了！佝僂着背，靠在門框上，臉上已經沒有三年前那種羞怯的神情了，咧着一嘴黃牙，陰森森的笑着，用一種熟練的討乞聲調高聲叫道：「太太，做做好事，賞一點吧！太太，做做好事，賞一點吧！」

只聽見門內噹啷一響，是金屬落地的聲音，接着是一聲吆喝：「一角錢拿去！走，走，誰叫你進來的？你這個女人，原來還自己洗洗衣服賺錢，現在連衣服也不洗了，還是討來的方便！」

那女人笑嘻嘻的。「再賞一點吧，太太，一角錢買個燒餅都不够！」

「唉，那有討飯的還討價還價的？走，走，在這裏哼哼唧唧的，成什麼樣子？」

那女人的嘴笑得更開了，「再給我一點就走，免得我把您地方站髒了，再多給一點！」

嘭的一聲，大門被踢上了。那女人回過頭來，冷笑了一聲，然後漠然望了我一眼。她已經不認得我了！

（三）霓虹燈下

是一個週末的晚上，電影院前面蠕動着好幾條長蛇陣。戴着白鋼盔、白手套的方肩頭警察，在人羣中踱來踱去，誰都知道，他們在搜尋黃牛。

霓虹燈下，那些人的臉顯得更蒼白、疲倦，像掙扎着的病人。長蛇陣中有一個穿綠軍裝的軍人，帶着他的妻子和兩個孩子，等着買電影票。他妻子正搖幌着懷中睡着了的嬰兒，他正低下頭哄着嚷要回家的大孩子。「乖乖的，看完了電影再回家，今年爸爸還是第一次帶你和媽媽出來看電影。乖乖的，看完了電影，爸爸再給你買一個泡泡糖。」

一個將帽沿壓得低低的人從他身邊擦了過去。

他直起身子，快輪到他買票了。他摸了摸衣袋，面孔一下綳緊了，又摸了摸褲袋，上下內外，全摸到了，最後叫了起來：「糟了！糟了！」

他妻子瞠然望着他。

「糟了！我的錢統統丢了，一塊錢也沒有了！」

他妻子跺脚叫道：「那怎麼辦？那怎麼辦？」

「怎麼辦？這一家人吃飯的錢都丢了，這個月一點指望都沒有了！」他還四面八方轉動着身子在找錢。

「多少錢？」旁邊一個穿着咖啡色舊西裝上身的人問道。

「五十塊，還有好些零錢！」那軍人哭喪着臉。

「我是說不來，你要來，」他妻子淚眼欲滴的說道：「明天吃什麼？都是窮光蛋，借都借不着！」

那個穿咖啡色西裝上身的人向四面望了一下，跑走了。軍人身後有人指着那人罵道：「那個傢伙，是個黃牛，我每次來看電影都碰到他，他賣的票特別貴！」這話剛說完，那跑開的人抓着一個年青小伙子的衣領走回來了，對那軍人說道：「先生，是不是他？要是他，我叫他把你錢拿出來。」

軍人搖了搖頭：「我不知道，我沒看見是誰，我不能亂說。」

「是我？你有什麼證據？我沒拿他錢！」那小伙子骨碌着一雙狡猾的眼珠子，一手拿着一頂帽子，一手捏着幾張電影票，趁他們不注意，又一溜煙地跑掉了。

「那——那——，這樣好了，」那個被稱爲黃牛的人在身上掏着什麼，一面囁嚅着：「先生，那傢伙是我一起的人，我猜是他偷了你的錢，只有他會，我知道。但他不承認，我也沒辦法。這樣好了，」他由衣袋中掏出了一小紮舊票子，還夾着幾張電影票。「我把我所有的錢都賠給你，我今天站了一整天就賺了這二三十塊錢，我統統賠給你。我一個單身漢，混飽一天肚子就行了，你妻子兒女一大家人，沒有錢不行。」他一手拿着電影票，一手將錢塞在那軍人手裏。

「不，我不能要你的錢，朋友，」軍人將錢又塞回他手中，「我不能要，朋友，我已經很感激你了！」

軍人正準備握那黃牛的手，旁邊閃出了一頂冷颼颼的白鋼盔，一隻强有力的白色巨掌已經緊緊按在黃牛的肩上。「好，這回你可賴不了了，」警察用另一隻手一把將他手中的錢和電影票抓了過來，揚了一揚，「這是什麼!?走，到派出所去！」

讀者投書

（一）年終檢討會上

石柱

自從中國青年反共救國團成立以來，到現在已經四年多了，它是不是有所成就，是一件舉國矚目的事。由於它每年開支浩繁，如果沒有收到預期的效果，試想：如何向資薪微薄的前方戰士、公務員以及納稅人交待？設使它有害而不利於青年們，這將更是何等嚴重的問題呀！

談到成就，我們不能不提及它創立的目的。就遠一點來說，是爲了團結海內外愛國青年而作第三次的大結合，以達到反攻復國的時代使命；而栽培青年使其成爲文武雙全、德術兼備的人是它目前最主要的目的；換句話說：它是爲青年着想的！可是，事實並沒有眞能够如此。爲了進一步的證實個人的觀點，日前我便展開了訪問工作。感謝學生們的幫助，我有機會參加團員們以區隊(班級)爲單位的年終檢討會。茲就所搜集到的材料敍述於下：

起先討論的是組織的優劣問題，經過了數分鐘的沉默，某一姓侯的同學發表說：「我簡直不知道它是否有優點可言，因爲我所接觸、想到的都使我相信它只是一個令人失望的組織而已；如果有人硬要我說出它的優點，我想『軍訓』和『先鋒營、戰鬪訓練』是它唯一的『特色』，不過最令人遺憾的是：連在這唯一的『特色』中，後者也只有少數人可以參與的——當然我知道這是經費的問題……」當他的話尚未完結時，幾乎所有的人都鼓掌表示稱許(指導的教官不在其列)。他繼續說：「顧名思義，『團』是領導我們向前邁進的組織，在中學教育偏重於『升學主義』的今天，如果它確能輔助學校當局鍛鍊出有用的人材，促使學校德學並重，我想將有無數的人會擁護它的，而事實上却有一些同學自嘲似地說他除了配帶臂章以外，實在無從明白參加救國團有甚麼益處，而且入『團』也不是他所志願報名的，因此團的活動他就『人云我云』、敷衍了事。我相信這不是團員們無理的忽略，而『團』是應負相當責任的」。他說完以後，還有人發表意見，因爲大部分都是强調他的意思或是再重複了，所以這裏從略。

其次提到工作內容的充實與改進，這時，發言的人較剛才已踴躍多了。其中我認爲意見較他人完整的是一姓程的學生說的話，他說：「團部竭力使我們能够進步，這種措施殊屬可貴，可是這種努力也只是止於某一二無關我們切身問題的事而已，譬如拿分隊會議來說吧：據我所知，分隊會議的目的是爲了給我們以自治能力和民主精神的訓練以及培養合作互助的情操，但是我們每次討論的却都是一些玄虛的問題，像前幾次都是些類似『榮譽是我們的第二生命』這些問題，就連『我們爲什麼要活着』這問題也還無法解決的我們，還高攀甚麼『第二生命』呢？無怪乎每逢開分隊會議的時候，只有主席先生和紀錄團在一張桌子前面忙個不亦樂乎，而團員們個個逍遙自在，有的抱着無限心思，有的嘻嘻笑談，與有老師在場時的會場裏個個呆若木雞那種神態，形成了一種可笑的對比！遇到敎官或指導先生來時纔做『緊急集合』，而主席倒也善於應變，馬上說甚麼：『剛纔這位同志講的話非常對，其他的人還有什麼高見妙論，請不客氣地提出來，好供大家揣摩研討。』我雖然不知道什麼做法是最好的，然而像這種置青年於虛僞中的事情，我却意識到這是眞正『誤人子弟』的！所以這種情形如果繼續下去，爲民族的前途，也爲我們的下一代着想，我以爲『救國團』徒然耗費公帑，實在沒有存在的必要！」

還有一位姓王的說：「我不以爲剛才這幾位發言人是把壞的成果推諉於『團』，因爲事實上也是如此。我現在所補充的是：每當『團』發給我們講義或節日時的言辭，都具有高度的抽象性，大家索然無味，就拿今年的青年節來說吧：青年節應該是青年最值得引以爲榮和高興的一天，可是當團員們聽主席講演二分鐘後，他們也嗡嗡地響起來了。這是什麼景象？我想『團』的主事先生們至少應當稍加注意，而不以我們的提醒當作『欠具體、擬保留』」。

最後，團員們都提出設學術演說巡廻和科學講座的建議。散會時，敎官告訴我，這次的會議是歷來表現得最好的，雖然他們的意見頗欠妥善；他有他的立場和見解，我不擬說什麼。後來，我問他們之中的一位姓楊的學生，他們對救國團所持的信心是什麼？他茫茫然不知所措。旁邊的某姓黃的低聲向他的同學說：「我很有信心，而這個信心便是每學期有被記一警告的把握！」引起大家的哄然大笑。可是他却正色地說：「先生，我所說的也許是無稽之談，可是我想團的政治測驗眞正認眞去讀的恐怕沒有幾個人；有的是怕被記過，臨時抱佛脚應付的；成績如何，我們可以從記過的標準由六十分以下降低到二十分以下這點看出。老實說，我們課業倒並不煩重，像大學入學考試廢去解析幾何我認爲就不是好辦法！眞正使我們覺得難於負荷的是塡鴨式的去讀總理遺敎、總裁訓詞一類的東西。」

由上述的記述和種種事實，我們可以覺察到救國團與不少的團員們有着很深的隔閡，更確切地說，它成爲部份團員精神上的累贅，我深信沒有人會反對我這種的說法，除非他不瞭解詳情！

一九五七、十二、廿九于彰化

讀者投書

（二）治安機關應知所警惕

李士龍

在十二月十二日四十六年的各報紙上，都登載着這樣一段新聞：有李英謙、馬永堯者，得知臺北市住民丁樂亭於本年一月下旬因犯匪諜嫌疑案被保安司令部拘捕偵查，二人遂共同冒充保安司令部便衣人員，向丁樂亭之妻王念堂僞稱係調查她丈夫案子的負責人，有權處置她丈夫而迫令丁妻由彼等擺佈：先勒索重二錢金戒指一枚，繼之二人並進住丁家，一切吃穿花用悉由丁家供應，更強姦丁妻，丁妻會向二歹徒跪地求饒，二人以要殺害其夫爲恫嚇，丁妻爲顧全丈夫生命，只得忍氣吞聲，委曲求全，與二人共榻，供彼等洩慾。丁妻在二人威脅之下，茹辱含羞，任憑擺佈，李、馬二歹徒見丁妻可欺，變本加厲，典當衣物用光後，再威逼丁妻把房屋變賣，得欵兩萬元又全部侵佔花光。今年六月，丁樂亭經查明無罪出獄，但李、馬二人仍冒充便衣人員，命令丁樂亭不得回家，丁遂不敢回家。李、馬二人又逼丁妻與其夫離婚，否則卽殺害其全家，丁妻會幾次跪地求饒，二人不允，致令丁樂亭夫婦忍無可忍，終在十一月間至保安司令部哭訴，始知二人乃冒充治安人員，保安司令部並逮捕李英謙、馬永堯偵辦云。

看到這一段新聞以後，不但感到歹徒的所做所爲令人髮指，而且令人也爲這種案子的發生而氣沮，因爲這實在不像是在二十世紀號稱民主的國家中所應發生的事情。光天化日朗朗乾坤，竟有這種案子發生，歹徒借治安機關的名義居然毫無顧忌的橫行半載，如果不是當事人忍無可忍而去保安司令部哭訴，則歹徒仍然要法外逍遙的爲所欲爲。一提起治安機關的名稱，就可以使老百姓懼怕到這種程度，這豈不是人民做主人的「民主」國家一個極大的諷刺！

由於這一類冒充治安機關滋事的案子時或發生，我深覺這兩個歹徒固然應該給他們極嚴厲的懲處；可是這也正好給予治安機關一個提醒（雖然在這種案子上治安機關也蒙了寃枉）：就是何以兩個歹徒假治安機關的名義就能使老百姓害怕、就能做出這樣的壞事來呢？這就是值得治安機關警惕的地方了。

在一個民主國家中，政府的一切機構都是爲替人民服務而設置的，治安機關的設置，更是爲保衛老百姓安全的。

爲老百姓安全而設置的機構應該不可能使老百姓感到懼怕的。一個保衛人民安全的機構而使人民一聽這個機構的名稱就感到害怕，就不寒而慄，這個機構的威嚴固然是樹立起來了，但如就爲人民服務的觀點來講，這種爲人民服務的態度，我以爲實在是值得政府當局和治安機關的負責人深自檢討的！

日前報載蔣總統在召見軍事機關考績最優等的人員時，會以砥礪品德而諄諄勉勵，蔣總統的話眞可以說是語重心長，足以發人深省的。因爲軍事機關，尤其是治安機關，措施的好壞，執行人員的好壞，人民是要直接承當利害的；正因爲治安機關與人民的利害太直接了，所以治安機關就一定要苛求所屬工作人員必需有極嚴肅謹慎的行爲和態度！

這些年來，我們的保安司令部，由於是擁有較多工作人員的機構，主持者偶有疏忽則極少數的一二個素質不好的人員，或難免有仗持權力胡作非爲的，如以前敲詐孫元錦致死的李基光之流就應是屬於這種例子，因爲在治安機構中有這種極少數的不肯者持勢欺人，所以才給社會上的歹徒以可乘之機，他們利用治安機關的權威和老百姓的懼怕心理這一縫隙，游刄其中以取利。所以我們應該有這樣一個結論：如果治安機關人員從來就沒有濫用權力胡作非爲的，老百姓把治安機關看成是保衛人民安全的機構，根本沒有恐懼的感覺，則社會上的歹徒就不會想得起來、也就不可能會假借治安機關的名義去犯罪、去胡來了。

因此，治安機關人員應該特別珍視自已手中掌握的這種不太等閑的權力，時時刻刻檢點自己的行徑，治安機關的負責人更應嚴律所屬不能頤指氣使，不能濫用職權，這樣才算不負總統的期望，才算不負人民咐託保衛人民安全的責任！

這一案子的發生，正給治安機關一個警惕，有了這個警惕，就可以有助於保持我們的治安機關一向很好的令譽，不知治安當局以我的意見爲然否？

讀者投書

（三）青年團破壞法制與浪費國帑

路狄君

拜讀貴刊第十八卷一期獲益至多；尤其社論（二）青年反共救國團問題令人心折。關於該團「破壞法制」一點，尚有一事足資補充。依大學法，大學設教務訓導總務三處，由教務長，訓導長，總務長分別主持三處事務。爲了遷就「現實」，各大學及專科學校二三年前添設了於法無據的所謂「副訓導長」，例由「軍訓總教官兼任」。此外訓導處所屬的生活指導組組長例由軍訓教官兼任，顯在控制學生的生活與思想。（該組組長過去是由大學教員兼任的）。

至「浪費國帑」，亦有新鮮實例。該團現正籌辦之四十七年度各種學科青年年會，計有理工、文史、師範、農科、法政、華僑等六科，參加青年共九百人，時間一週，其中四天爲討論研究，三天爲旅行參觀。學生在校經常在「討論研究」，隨時在「參觀旅行」，何須該團多此一舉。而該團爲六個年會所費之欵爲數尤鉅。四十六年十二月下旬在該團舉行之指導委員會全體委員會議和分組會議，該團某某高級官員對年會舉辦計劃報告頗詳，獨對經費豫算一字不提，是何道理？全國大專學生二萬數千人，高中學生亦有七、八萬，爲何該團祇給九百人有享受年會的機會，而置其他十萬學生於不顧。須知「使青年發揮自覺自動自治精神，倡導學術研究風氣」，（這是年會宗旨）絕非九百「特選」青年在一星期所能做到的。

總之在國家正常教育系統之外，另設於法無據的、黑市的、私人控制的（成立以來始終由一個人主持）青年救國團組織，浪費青年的時間精力，做無聊的事，開無聊的會，是千不該萬不該的。希望立監委員正視此一事實，不要「避重就輕」，「王顧左右而言他」。

××大學熱血青年　路狄君謹上

四十七年一月四日

自由中國　第十八卷　第二期　內政部雜誌登記證內警臺誌字第三八二號　臺灣省雜誌事業協會會員　七六

給讀者的報告

臺灣今日的教育處處表現得是在開倒車。這是有目共睹的事實，本刊曾刊登不少討論此問題的文字。有鑒於此問題之嚴重性，在本期的「今日的問題」中，我們又提出教育這個問題來討論。一個社會要想顯得生氣勃勃，必須讓大多數人得以自由發展其才智，教育制度不能為任何政治勢力所控制，不能作為滿足一己私慾的工具。我們對當前的教育提出了幾點建議：即停止黨化教育，倡導學術自由，簡化課程，提高品質。希望教育當局為下一代着想，為社會長久的生命着想，能冷靜的考慮我們的建議。

社論㈡是討論供給制。我們認為供給制是一個有百病而無一利的制度：浪費、貪污、待遇差別、政治缺乏新生氣象等弊病莫不由此而生。俞鴻鈞院長在中央銀行報銷煤炭鮮花等浪費情事，便是一個很好的實例。供給制不取消，臺灣政治革新將永無希望實現。因此，我們在社論㈡中，呼籲政府下決心改革這個制度，並希望立法院從速制定一個供給的辦法，不能像今天這樣無限制的供給。

監察院於去年十二月二十三日通過彈劾行政院院長俞鴻鈞案。此案既經成立，便只有等待公務員懲戒委員會的最後決定，這才合乎憲法常軌。但是，執政黨的言論機關中央日報竟於一月九日發表社論，將此問題曲解為「政治爭執」，而主張交由總統來作政治性的解決。我們認為，這是中央日報陷總統於違憲。不是一個民主法治的國家所能容許的現象。因此，在社論㈢中，我們痛切駁斥這種破壞法治精神的言論。

程滄波先生在「英國政黨史上一位偉大的鬪士」一文中為我們介紹了英國一位奇特而偉大的政治家——福克思查理先生。他的偉大，不在於他在政治上的勛功偉業，而在他屹然獨立的思想與言行。他在各種惡劣的環境中，孤苦奮鬪，直到他生命的末日。在我們竭力宣揚政黨政治的今天，滄波先生來介紹這一位安貧樂道、一生為在野黨領袖的福克思查理先生，這是有重大意義的。要想成立强有力的反對黨，必須先有一個「富貴不能移，威武不能屈」的人物來領導，而福克思查理先生便是一個很好的榜樣。

蘇俄發射人造衞星成功後，共產黨便藉此推論「社會主義制度的優越性」，對自由世界極盡揶揄諷刺之能事。王厚生先生在「人造衞星與社會制度」一文中，即反駁此種論證。最後作者勉勵地球上的人在登上太空星球之先，先想想自身的問題，糾正自身的缺點，這是一個發人深思的意見。

中華民國的憲法，就文字而言，是一部民主法治的良好憲法，但因為政府未能依據這部憲法來澈底實行民主憲政，以致這部憲法只有空洞的條文，而無實際的內容，人民在不知不覺之間也就漠然視之了。楊金虎先生在「倡導護憲運動」一文中，建議政府倡導護憲運動，掃除社會上對憲法的沉寂之氣，而在倡導此運動之先，政府必須以行動來建立憲法的尊嚴。

牧人先生的「從中國劇團訪問西班牙說起」這篇通訊收到已久，因為編排上的困難，本期始登出。牧人先生在這篇通訊裏對於我劇團訪西的情形以及各方面對該劇團的反應，報導甚詳。中國劇團訪西雖是兩個月以前的事了，但對於這件事的檢討仍有供我文化宣傳者參考的價值。

「年終檢討會上」這篇投書，是在「今日的問題之十二」「青年反共救國團問題」排印後未出版之前收到的。但該投書的內容竟與我們在該社論中所表示的意見不謀而合，可見對於這個問題，是「人同此心，心同此理」了。

自由中國　半月刊　總第一九七號　第十八卷第二期

中華民國四十七年一月十六日出版

發行人　兼主編　『自由中國』編輯委員會

出版者　自由中國社

社址：臺北市和平東路二段十八巷一號

電話：二　八　五　七　○

航空版　友聯書報發行公司（香港九龍新圍街九號）

總經銷　自由中國社發行部

經售者

美國　紐約友聯圖書公司　紐約光明雜誌社　Sun Publishing Co., 112 Mulberry St., New York 13, N. Y. U. S. A.

日本　東京僑豐企業公司

韓國　漢城裕昌德號

馬尼剌　大中華日報社

印尼　新疆書店　椰嘉達天聲日報　泗水文光圖書公司

緬甸　仰光振成書報店

印度　阿拉哈巴中印文化出版社

澳洲　雪梨瑞田公司

北婆羅洲　西利亞坡青年書店

星加坡　友聯書報發行公司（小坡大馬路四六九號）

吉隆坡　友聯書報發行公司（馬華公會大廈三樓七室）

怡保　友聯書報發行公司（希尼華沙甘街十六號）

檳城　友聯書報發行公司（林連登律七十二號）

澳門　友聯圖書公司

印刷者　精華印書館股份有限公司

廠址：臺北市長沙街二段七一號

電話：二　三　四　二　九

本刊經中華郵政登記認為第一類新聞紙類　臺灣郵政管理局新聞紙類登記執照第五九七號　臺灣郵政劃撥儲金帳戶第八一三九號（每份臺幣四元，美金三角）

自由中國

FREE CHINA

第十八卷　第三期

目錄

中華民國四十七年二月一日出版

社址：臺北市和平東路二段十八巷一號

半月大事記

元月十日（星期五）

美總統艾森豪昨向國會提出國情咨文，提出八點實力計劃，對付俄帝太空威脅。

美空軍第四次試驗發射「擎天神」飛彈。

布加寧又提出新照會，要求舉行高階層會議，討論重大世界問題。

元月十一日（星期六）

杜勒斯駁斥布加寧新建議，指為宣傳技倆。

元月十二日（星期日）

艾森豪函覆布加寧，拒絕立即舉行高階層會議，提六點建議，作為談判基礎。

元月十三日（星期一）

艾森豪要求美國會通過新預算，總額為七百卅九億，國防費用逾四百億。

元月十五日（星期三）

艾森豪在記者招待會表示，盼俄公佈美國覆函，拒與匪幫同席開會。

英向北大西洋公約組織十五國建議一項替代計劃，以代替波蘭的要求，即在中歐劃一個禁用核子武器區。

元月十七日（星期五）

哈瑪紹促美俄秘密談判裁軍。

元月十八日（星期六）

俄共頭目赫魯雪夫密訪波蘭，曾召波共頭目舉行會談。

元月十九日（星期日）

臺灣四屆縣市議員改選。

艾森豪赴芝加哥演說，激勵共和黨人，爭取國會控制。

南斯拉夫與印尼締軍火協定。

元月廿日（星期一）

艾森豪要求國會通過一次八點方案，擴展世界生產貿易，協助經濟復興。

美國防部考慮設立遠東飛彈基地。

元月廿一日（星期二）

艾森豪演說保證將改組國防部，對付蘇俄威脅，改組計劃將提國會。

傳俄在保加利亞及阿爾巴尼亞建立七個飛彈基地，射程及於地中海區。

美衆院撥欵委會通過緊急法案，以十四億一千萬美元加速發展美飛彈計劃。

俄建議在中東設「和平地區」，威脅巴格達公約盟國，勿作美核子武器基地。

元月二十二日（星期三）

美國務院譴責俄指責美國將迫使巴格達公約國家接受美國設立飛彈基地一事「純屬子虛」，指俄陰謀在破壞巴格達公約會議。

艾森豪派遣杜勒斯國務卿訪問中東，並發表聲明，美堅定支持巴格達防禦原則。

「自由中國」的宗旨

第一、我們要向全國國民宣傳自由與民主的真實價值，並且要督促政府（各級的政府），切實改革政治經濟，努力建立自由民主的社會。

第二、我們要支持並督促政府用種種力量抵抗共產黨鐵幕之下剝奪一切自由的極權政治，不讓他擴張他的勢力範圍。

第三、我們要盡我們的努力，援助淪陷區域的同胞，幫助他們早日恢復自由。

第四、我們的最後目標是要使整個中華民國成為自由的中國。

杜勒斯赴土參加巴格達公約組織會議途中，將前往德黑蘭訪問，因俄正對伊朗加以重大壓力。

元月二十三日（星期四）

今為「自由日」，為一萬四千義士選擇自由四週年紀念。

委內瑞拉軍民委員會宣佈推翻該國政府，新政府執政團宣誓就職，下令釋放在押政治犯。

對委國新政府，美已考慮承認。

西德外長向國會報告外交政策，反對設立原子禁區，堅持應有自己防務。

美國務部長告美參院小組會，美已採十四項步驟，加速發展武器。

法國會對蓋雅外交政策投票信任，接受美在法建飛彈基地，拒絕俄所提設原子禁區。

美衆院通過撥欵案，加緊發展飛彈防務。

元月二十四日（星期五）

美空軍部長陶格拉斯稱，美擎天神飛彈單位將可完成作戰準備，雷神飛彈單位本年底派赴英國。

巴格達公約國今開軍事會議，研討加强各盟國間防禦力量，對抗共黨在中東日增之滲透。

西德國會批准艾德諸實力政策，贊成與大西洋各盟國相聯合。

社論

(一)

近年的政治心理與作風

（「今日的問題」之十四）

近來常常有人憂慮臺灣社會風氣之日趨頹敗；且憂慮之詞正式見于報章。這種「面對現實」的言論，與八九年來官方人士所製造的粉飾太平與進步的紙面氣氛對照起來，不能不算是一點眞正的進步。不過，綜觀所有這類言論，大都是些枝節之談，尙未觸及社會風氣何以這樣日趨頹敗的基本原因。之所以如此，不外乎兩個情故：一、認知不够；二、並非認知不够，而是明知之而諱忌太多，不能明言。我們的國家與社會到了今天這個地步，對于這樣深沉的病痛，如果我們明知其故而尙不能明言，這才是絕望的現象。絕望，不是解決問題的方法。如果大家都抱着樂觀奮鬪的積極心情，我們相信一條新路是走得出來的。這條新路的起點，端在先認淸病根，明白剖示，然後對症下藥。

八九年來，臺灣社會逐漸爲泛政治主義所籠罩。政治力量滲透到社會的每一層面和每一角落。時至今日，政治已經成爲社會的一部引擎。社會的各種活動都得套上這部引擎的帶子，由這部引擎來發動、來支配。於是，政治引擎開向什麼方向，社會就得跟着走向什麼方向。政治引擎發生什麼偏差，社會活動也不能不隨之而發生什麼偏差。臺灣社會不能在這部政治引擎以外作一個社會應有的主動發展。近幾年來，臺灣社會的種種發展，是這部政治引擎導演與支配之直接的結果。所以，今天，我們要說明臺灣社會風氣何以日趨頹敗，便不能不「正本淸源」地從解析近年來臺灣的政治作風着手。

稍具政治觀察力的人不難看出，近八九年來，在政治作風的基本原則和基本範疇上，官方人士並沒有什麼新的創造。過去在大陸上有些什麼法寶，遷臺以後帶來的還是那些法寶。這幾年來，有些作風，不過是將在大陸時代一些隱而未顯的因素加以「發揚光大」而已。當然，由于痛切失敗，由于臺灣局面狹小，在控制的策略上，較在大陸時代稍見精鍊。此外，由于時移世變，政治作風中也加添了少許新的技術因素。不過，無論怎樣，凡此等等主要地是一些政治心理的直接展現。所以，我們要能把近年的政治作風說得透澈，必須從分析那些一直流行于政治圈內的基本心理狀態開始。請讀者注意，我們在這裏所要做的工作，只是解析的記述；既沒有貶抑的意含，又沒有頌揚的意含。

近幾年來，在臺灣最發生推動政治活動的作用之基本政治心理，可以列擧於下：

①虛無感　現在臺灣搞政治的人在辦訓練時滿口的「主義」和「歷史使命」，這些術語叫得震天價響，但叫者的內心則是虛無的，且充滿了幻滅感。徵之叫者的行事爲人，與口頭所叫的相去十萬八千里，即可看出彼等所叫者自己也不相信。但是，正因愈是充滿了幻滅感，便愈要拿「絕對的信仰絕對的主義」這類口號來彌補內心的空虛，讓自己得到象徵性的滿足：聊勝于無！

每當社會遭逢激劇變動，社會的結構解體，行爲的軌範失去效用時，就常出現一對雙生子：個人的虛無 (individual anomie)，和團體的無政府 (group anarchy)。個人的虛無，即人格失去統一與協調，一切價值都看得半文不值；於是，或趨于痲木，或充滿涼性的憤世疾俗之情。團體的無政府，即一個或一個以上的團體在一個國家社會以內橫衝直撞，爲所欲爲，肆無忌憚，且不對其行爲的後果負任何責任。這種團體的行徑，儼如脫繮之怒馬，無人能使之納入軌道——除非它自我毀滅。所謂團體的無政府，並非說該團體一定取消政府的形式。古代的游俠者流是沒有政府形式的。現代的團體的無政府者則常以奪取政府形式爲作無政府的勾當之最高手段。所以，它的無政府之實質更不易爲一般人看穿。現代的團體無政府者不僅常有政府形式，且多標揭足以愚惑饑餓或情緒不安的人衆之意諦牢結 (ideology) 或政治神話或主義。共產黨及法西斯就是具備這些條件的典型產品。除此以外，尙有各形各色的雜交串種。

個人的虛無最易爲團體的無政府所乘。團體的無政府，往往可以造成一陣子狂熱。但是，一陣子狂熱既過，政權更迭以後一切更糟，往往造成個人更空虛的虛無。這時，主義不復爲人信仰，曾流行一時的政治神話遭一般人鄙棄。到了這個地步，爲了維持既有權力，暴力就裸露出來，而成爲「裸露的權力」。輔助「裸露的權力」的重要工具，則有金錢，官爵，以及特殊的秘密力量。如果這些工具得以維持「裸露的權力」于一段時間，那末就養成運用之者一種社會觀，「以爲一切人類通性，惟見白刄則戰慄，見黃金則膜拜，見官爵則心動神搖。」習之既久，成爲天性，所謂「爲國爲民」的理想，早置諸腦後，而窮年利用金錢、官爵以及特殊的秘密力量要弄權力。到了這個地步，要弄權力之目的，完全是爲權力而權力。權力對于要弄者而言，成了不可須臾離開的嗜好。嗜好權力到了這種純淨的程度，就前無古人，後無來者；除延續其權力以外，對任何事都不感眞正的興味。這眞是虛無到了極點。

②黨會意識　黨會意識在下層會社有其好的作用，但一用到政治上就壞。現代國家之行「政黨政治」，是把政黨作爲國家的工具。黨會意識一用到政治上，就倒過來把國家作一黨的工具。直到現在爲止，中國並沒有英美意義的政黨政治——雖然許多人這樣希望着。凡少數人利用單一的政治組體想永久獨佔國家者，未有不是天下爲私者。愈是天下爲私者，愈要打起「天下爲公」的招牌。因爲這個招牌可作私圖的掩飾。在天下爲私的一念之下，黨會意識成爲凝固並且充實此念之器用意識。黨會意識可以表現于幾個方面：

第一、碼頭獨佔。充滿黨會意識者佔了一塊土地時，他們就認爲這塊土地是「老子流血換來的」，別人想「拿去」，也「只有流血」。他們視國土爲禁臠，他人不得染指。這種心理一天存在，天下那有不「爭地以戰」，「血流漂杵」之理？

第二、入彀有份。這就是說，如果你想分肥，那末你一定得入黨。只問是否在黨，不問有無功勞、才能、學識。入了黨的人，卽令學識再差，才能再低，也比未入黨的人得到較好的機會。

第三、小天小地。黨會以內的人每一動念，主要的着眼點只在此小圈子的存亡與利害，小圈子以外則非所問。旣然如此心眼如豆，於是在國家的利益與這小圈子的利益不能兩全時，小圈子裏的人一動念就是犧牲國家以成全小圈子。事例昭昭，在人耳目。

第四、家醜不可外揚。民主國家有「撥糞運動」。撥糞運動是盡可能地將醜事或壞事公開，讓大家公開批評，公開指責，好讓類似的事以後不再發生。我們這裏則盛行「家醜不可外揚」。寧可讓壞事悶在裏面發臭，以致潰爛，而不許公開說出。這本是中國傳統的社會心理。有黨會意識者，進一步將這種傳統的社會心理變成一個組織意識。他們不樂意甚至不許人公開揭露不光彩的事。他們動不動說：「有什麼問題向我提出」。問題一經向他們提出，是否能够解決，只有天曉得。不過，這樣一來，遮醜的效果可以收到一點，不僅如此，只要大家眞的向他提出問題，這也就是典形承認了他是足以代表一切的中心，並且在任何條件之下歸向這一個中心。

③民可愚弄　做官的人幾乎有一個共同的「基本信念」，就是認爲自己才智高人一等，玩弄手法時老百姓蒙在鼓裏，永遠看不出來。近年來臺灣的選舉以及若干經濟上的措施把官方人士的這種心理暴露無遺。至于政治上的顚倒黑白，造作傳奇，那更不用說了。傳統的「民可使由之，不可使知之」的訓誡，可謂深入官心。他們得到這條訓誡，在欺民時更覺得有了深遠的基礎。這種心理之上再加一條「不可動搖人心」的口號，更可應用不窮，無往而不適。我們不敢說現在官方人士對老百姓惟「唬嚇詐僞」四字足以盡之；但是，我們有充分的經驗證據說，現在要找爲政者之存心與民「誠信相孚」的人，恐怕比沙裏淘金還難。卽令有這種人，在這種環境裏一定行不通，老早遭到反淘汰了。

④自卑感　潛在的自卑心理，自義和團之亂以來卽已植根，遷臺後表露得更爲顯著。患自卑感者唯恐旁人瞧不起。爲了要使人瞧得起，於是處處做出種種動作。可是，基于彌補自卑感所做出的種種動作就難免現得矯飾與自大。我們現在將臺灣官方報刊上的語氣、詞令、色調、和命意的方向，與二十年前一家平實清明報刊上的語氣、詞令、色調、和命意的方向作一比較，將會發現一個如何顯明的對照！現在，官方人士爲了彌補自卑感而導演的節目計有兩大類：一類是對于日常發生的細小事件儘量渲染誇大；另一類是誇耀歷史過去文化上的光榮偉大。於是，讀經、寫毛筆字、理學救世之類的復古動作應運而生。浮誇之氣也隨之瀰漫上下。

⑤疑懼感　着實說來，臺灣這幾年爲一種疑懼感所征服。官方人士的許許多多舉措都是從疑懼出發的。疑懼感像一層濃霧，成年籠罩着臺灣，並且浸透着每一個人的心身。我們爲了疑懼感所付的代價，這一生是償不完的！疑懼些什麼呢？疑懼臺灣以外的幾種巨大的因素；疑懼臺灣以內的因素；又疑懼內外因素之可能的交互影響。疑懼的本身又可產生疑懼。疑懼過度，可以使人神智不淸，舉措失常，行動乖謬。疑懼感一與自卑感化合，於是疑懼的圈子愈來愈大，疑懼的層面愈來愈深。終于，除了一個極小的圈子以外，無人可以信賴，無人不可疑懼，無事不可疑懼。於是，人與人之間的信賴消失了，社會的合作破壞了，遑論大規模的積極作爲？反共，是需要健康心情的。

因爲有上述的政治心理，所以直接產生了下列的政治作風：

a、便宜行事　三十餘年來，政治權勢人物心目中從無法治觀念。所謂「奉公守法」之說，完全是對被治者片面的要求。彼輩心目中所存的觀念厥惟「便宜行事」。掩護「便宜行事」的藉口，無非是「革命」，無非是「非常時期」，無非是「緊急狀態」。

「便宜行事」所衍生出來的弊端眞是不可勝數。「便宜行事」一日不停，法治就一日建立不起來。法治一日建立不起來，中國就永遠不能成爲一個現代化的國家。中國不能成爲一個現代化的國家結果就站立不起來。而遷臺以來，「便宜行事」之結果，竟夾帶出一個「超級權力」。這個超級權力，不公不私，亦公亦私。這個超級權力駕乎政府之上，同時又深入政府骨髓之中。這股勢力之存在，你如要明白指出，却又像是「視而不見，聽而不聞」。它在任何政治機構或軍事編制之外。且是，它確能在任何政治機構或軍事編制裏發生主宰的作用。如果任何人不同意它，那末便立卽感到它的阻力。許多人一提到它，精神就不由自主地緊張起來。可是，如果你投靠它，那末你也許會暢行無阻。總而言之，這一超級權力在臺灣可管一切事，但它不負任何責任，法律更管它不着。它像一部紅色救火車，當者披靡。

我們眞不明白，這一超級權力古今中外還有第二個沒有？如果將來有人替中國寫政治史，這一超級權力又歸到那一類中去？

b、只講利害，不講是非　比年以來，政治作風中最令人觸目驚心的特色是，爲政只講最直接的現實利害，而不講是非。搞政治的人，只要能够得到最直接的現實利益，其餘的是非問題可以擱在一旁不管。行之旣久，就把利害當做權衡是非的標準。傳統的「義利之辨」，爲什麼在實際上這樣失却拘束力？

只講利害者，當然唯力是尙。許多人不難感到：這年頭，沒有什麼「理」好講，一切唯力是視。「力量卽是眞理」。誰有力量，誰就有「眞理」。這裏所謂的力量，包括槍桿、羣衆、和鈔票。這多少年來的政治風氣幾乎完全是力的較量：你有多少槍桿，你就說多少話。槍桿愈多，說話愈響。沒有槍桿，縱上千百封萬言書，結果與燒冥紙相同。你身後有多少羣衆，你便被人打了多少分數。你被打了多少分數，便得到多少光彩。如果你沒有羣衆，那末隨便下一個紙條子就可解決你。如果你有大量鈔票，不怕你不受人尊重，更不怕你不會成爲新聞人物。如果這三種力量你統統都有，那末你在此時此地搞政治的人物之心目中自然可中上上之選。可是，如果一個人不具備上述三種力量的任何一種，那末他縱有救國救民的大抱負，縱然有治國平天下之才，雖叫得力竭聲嘶，也不會有人理睬。這多年來爲政者底作風如此，於是弄得一般人也唯力是尚，而不知講理爲何事。一般人總是多少接受經驗教訓的動物。當大多數人眼看着講理的人都吃了虧時，誰還跟在後面做傻子呢？

c、捧紅吃黑　今日政治圈內之捧紅吃黑，眞是已經顯著到路人皆見的地步。請看現在的辦法吧！有勢力的，捧。有聲望的，捧。走紅的電影明星，捧。在科學上成就于外國的，捧。可是，在另一方面，躲在靜僻的角落裏作無聲無臭的努力者，誰也不去理會他。眞正埋頭苦幹的人，縱使不受摧殘，也任其在生活的困難中掙扎，誰也不伸出援助之手。搞政治者之勢利，從無今日之甚。

d、海派作風　海派作風與捧紅吃黑同出一個心理根源，因此二者有相通之妙。不過，海派作風特別注重花花綠綠的色調，特別努力于製造新聞，特別看重人的娛樂價值。海派作風的特質就是只講求表面熱鬧好看，而不顧裏面的實際。所以，這幾年來，官方人士在慶賀、祝壽、表演、紮彩坊，這些方面特別起勁。亦若天下已大太平。

e、遠交近攻　遠交近攻，本是戰國時代這國用來對付另外的國家之策略，現在則被政府用來對付人民。這可以說是舊策略的新運用。這幾年來，政治權力人物對待人民的態度與辦法，和他們的實力所及之遠近成反比：他們對待愈遠的人愈客氣；對待愈近的人愈不客氣。換句話說，他們對待愈離其實力所不能控制的範圍以外的人愈寬厚；對待愈是其實力所及的範圍以內的人愈苛刻。至于對「籠中之雞」，那就是「隨心所欲」了。同是中國人，即令是單幫客、無聊文人，只要來臺祝壽觀光，有助于官方做成「天下歸心」的樣子，便待遇優渥，方便多端。同是一位大學教授，在臺執教時所受的尊重並不比一位中學教師多的太多；可是，一旦從香港來臺便身價十倍，一旦從美國來臺便身價百倍。人的價值，竟隨着政治廣告需要而定高下！

政風之澆薄，無一時代可與今日比擬！

f、推拖敷衍　古人說：「君子之過也，如日月之失」。今人之搞政治者，有功歸己，有過則歸人。此點與口頭提倡的舊日文化剛好背道而馳。中國弄成今天這個局面，政治地位愈高者應負的責愈多。但是，我們做百姓的從來沒有聽見兗兗諸公有任何眞心承當責任的話。恰恰相反，遷臺以來，若干唯紮臺子是務的人士有計畫地造成大家一個印象：似乎目前在政治舞臺上活動的一批人是從天上掉下來的。至于大陸之淪陷，不是怪外國，就是怪別人不聽話；不是怪「思想龐雜」的人，就是怪手無寸鐵的人；與他們自己則毫不相干。

這是一個大的推卸責任。有這一個大的推卸責任作模樣，並且在整個政事範圍裏發生暗示作用，底下的各層各級自然「依樣畫葫蘆」，於是整個政事範圍充塞着推拖敷衍的氣氛。在這種氣氛浸襲之中，「分層負責」的制度怎樣建立得起來？今日在臺灣政府部門裏，中下層人的事最難辦。他們做對了不見得一定有賞；做錯了一定有禍。所以，爲了自保，爲了遠禍，大家心中抱定一個宗旨：「少做少錯，不做無錯。」人不能永久做傻子。後面的人眼看前面的人吃虧太多，閱歷既久，公事場中就磨練出目前盛行的一套推拖敷衍的絕技。

大帽子壓人，也是助長政場推拖敷衍的一個重大因素。這幾年來，臺灣的大帽子之多，在世界上是數一數二的。滿天飛的大帽子，眞是壓得死人。其實，這些大帽子，多半都是空話，沒有人知道其確定的意義內容，有的話更是永遠不能兌現。雖然如此，但是這些大帽子却象徵着至高無上的權威，所以即令你心知其非，也不敢公開指出。這些大帽子雖然不能發生積極的推動作用，但在消積方面却能發生阻嚇作用。目前，在臺灣，一碰到這些大帽子，眞個是「軍民人等，一體廻避」。茲舉一件很細小的事爲例。一月十八日香港工商日報載：「三十九年以前，臺北市的公共汽車是漆成灰色的，給人的印象十分惡劣。據說理由是爲了防空襲。其實，臺北偌大一個都市，如果還需要公共汽車在給敵人指示目標，那才是奇聞。後來，灰色變成了黃色，爲市區增加了不少美觀的成份。不過，官場中人誰都怕負責任，誰都不敢站起來說公共汽車不在乎空襲。因此，改漆黃色之議，還是由美國顧問提出來的哩！」這點細小的事尚且如此，其他的事就可以想見了。

g、得過且過　行推拖敷衍者，一定是得過且過。今日在官場中，任何事只要當時那一下應付過去就算了。至于是否因此遺禍無窮，誰都不去考慮。官場中充滿了「混」的氣象。積非成是，現在官場中已徑很難找到公開指責「混」是不應該的事之人了。現在官場所餘的問題，只在看誰「混」的「得法」。混的得法者，可以扶搖直上；混的不得法者，沉淪深淵。上下交相「混」，「混」之至極就是「人哄人，鬼騙鬼」，大家都不拿出眞情實意做事，而是見利必趨，見害必避。這樣一來，結果就是：「舉目斯世，求一攘利不先，赴義恐後，忠憤耿耿者，不可亟得；或僅得之而又屈居卑下，往往抑鬱不伸，以挫，以去，以死。而貪饕退縮者，果驤首而上騰，而富貴，而名譽，而老健不死。」這就是今日所說的「反淘汰」。

上面所陳敍的，是年來臺灣政治心理與政治作風的基本部份。也許，有些人士看到這一番陳敍而在情緒上感到不快。對于這樣的人士，我們可以奉告一聲：當你不快時，請別忘記了眼前的事實。情緒並非眞理的標準，我們在上面陳敘的種種，任何一個不帶成見的人都可憑他的經驗來印證。年來臺灣的政治心理和政治作風如此，而政治引擎又發動社會跟着它走，非跟着它走不可，社會風氣怎會獨不頹敗呢？

現在，臺灣社會是個什麼光景呢？一般說來，缺乏積極活躍的生之動力。老年人冬眠。中年壯志消沉，或蠅營狗苟，或躭於逸樂，打發無聊的歲月。青少年人正常發展的道路大部份被堵死了，因之只有日漸向歪路上走。一切較遠大的計劃都在被官方疑忌之列；只有吃、喝、玩、樂，網開一面。這樣的社會，酒家營業如何不鼎盛？大街小巷的麻將聲如何不響？鑽營奔競之徒如何不充塞于途？太保太妹的預備隊如何不年有增加？像道不失遺，扶助老人，這等等事在文明的西方社會老早像呼吸空氣一樣平常的事，沒有人拿着當話題的；而在我們這裏，居然有新聞價值，這可以反襯出我們社會已經頹敗到什麼程度！

在臺灣，政治既然是發動社會活動的引擎，所以我們要正本清源地改造社會風氣，必須從根本上改造政治心理與政治作風着手。怎樣改造政治心理和政治作風呢？所需方法當然很多。但是，目前的先決條件是開放言論自由。開放言論自由，讓大家得以將前面所提示的種種病癥公開說出來，使之無所遁形，這才是改造的開端。

社論

(二) 已是財經改革的時候了

本刊對於當前財政經濟問題之檢討，已花費了不少的篇幅。時賢對於財經政策之分析及建議，更是連篇累牘。言之諄諄，而聽者藐藐。所以在這一方面，我們本不擬再多所辭費。惟鑒於近來財政之愈形苦窳，經濟之益見萎縮，險象環生，危機畢露，深懼其「厝火積薪之上」，如再顢頇的拖延下去，不特當局所標榜的「建設臺灣、反攻大陸」徒託空言，而當前低度的人民生活亦將重受威脅。因此不得不再作呼籲，以期略盡言責。我們徵求了許多專家的意見而寫這篇社論時，心情異常沉重，決不敢「危言聳聽」，只簡略的「就事直陳」。謂予不信，請看看次列數點：

一、財政：自三十九年以降，中央及地方的財政收支，歷年皆有虧欠。除由美援項下撥欵協助外，歷年虧欠總額，截至最近爲止，如按外滙官定牌價折算，當在一億美元以上。本會計年度(四十七年)之逆差，如照當局所估計者計算，而美援對財政之協助如又因美援總額之減少而隨之減少，則財政上虧欠之累積，約等於全年出口貿易之總額，勢將達到全國國民負擔不起的程度。財政旣如此短絀，「剜肉醫瘡」之不遑，自談不到施行「功能財政」，以輔助經濟之成長！在我國生產事業及金融機關大半屬於公營的現狀下，如因彌補財政而實行「羅掘」，則過去的「經濟害於財政」的悲劇，不但要連臺續演，而且要更加緊加重的扮演下去。我國經濟本來就很脆弱，已是黃臺之瓜，何堪再折？

二、稅收：財政之要項爲稅收。我國稅收總額，歷年雖有增加，但因貨幣貶值，購買力減低，足以與之抵消，故稅收並無實質的增加。當局基於負擔平等的原則，致力於直接稅之推行，但近數年來，並無成效。直接稅在稅收總額中所佔的比重，四十一年爲百分之一八點一八，至四十五年反降低爲百分之一四點四六，可爲事實的明證。全國公營民營的工商業單位計有十二萬七千餘戶，而設有帳簿申報繳稅者僅四千餘戶。以戶數論，設帳申報者僅佔工商單位總數的百分之三點六。這固然是經濟組織之不健全，亦係財政上之一大痼疾。同時法院管理違反稅法的案件，聞有二百餘萬起之多，識者謂臺灣的工商業建立在「逃稅」的基礎上，似不爲過。市井的流言，更盛傳「三三四」之說，稽徵人員之貪汚舞弊，鬧得「滿城風雨」。這樣腐敗的情形，豈可再讓它繼續發展下去!?

三、金融：毛貨幣供給量，在三十八年年底爲新臺幣一億一千六百萬元。至四十六年六月底則增至六十三億二千七百萬元，約爲三十八年的五十倍，此自足以引起貨幣之貶值。代辦中央銀行業務的臺灣銀行，其存欵總額在各銀行存欵合計額中所佔的比率，漸見低下，三十九年爲百分之七六點八六，至最近則降低到百分之六〇左右。再查該行存欵的內容或來源，約有半數（百分之四八點五九）係公共機關存欵，而公共機關存欵又有過半數以上係美援存欵。此可見銀行未能充份吸收社會資金，已無調節金融的能力。至於臺灣銀行的放欵，偏重於少數公營事業，數額旣鉅，期限又不斷的延長，形同久假不歸。而公營機關借得鉅欵後並非作爲短期週轉，多用於「資本支出」，更從根本上違反了金融的功能。又公定利率雖然一再減低，但市場的高市率仍屹然未動，最近且有向上挺進之勢。一般工商業痛感週轉資金之枯竭，已岌岌不可終日。

四、物價：據已公佈的統計，臺北市躉售物價指數，如以三十八年六月爲基期指數一〇〇，至四十五年年底，已增達八三四點五六，換言之，即是四十五年年底之物價較三十八年已增高八倍。四十六年一年物價仍續有增漲，尚未計算在內。物價旣漲了八倍，試問軍公教人員之待遇竟爲三十八年的幾倍？但在另一方面，兩個月前，調整公教人員待遇之消息傳出，其所調整者雖甚微薄，但許多日用必需品的價格，却已聞風先漲，一般民衆生活遭受到嚴重的威脅。照前項金融的情形言之，現在正是信用緊縮之時，而物價猶蠢蠢波動，爲逃避做官的責任，決無法增加國民的「有效需用」，只有讓經濟繼續萎縮下去，使多數國民掙扎於饑餓線上，像這樣束手待斃的情形，誠不知將伊於胡底。

五、就業：臺灣人口之年增率高達百分之三點五，足以阻碍經濟成長，時賢述之已備。惟人口總數增加雖速，而就業人口（或稱經濟活動人口）卻未能以相同的比例增加。據專家統計，臺灣經濟活動人口在人口總數中所佔的比率在三十九年為百分之三七點七一，至四十五年則減為百分之三二點一一。又我國實施四年經濟計劃，以努力於工業化為目標，但根據已發表的統計，我國的工業生產指數，以四十年為基期，按四十一年至四十五年的次序，其指數為一三四·九，一七六·二，一八四·四，二〇二·〇，二〇六·七，各年較其前一年增加之差，順次為三四·九，四二·二，八·二，一七·六，四·七，可見近三年來之增加率，遠較以前低落。而四十五度工業生產指數之增加率縮小到四·七，更足證工業生產之日就衰退，而國民之未能充份就業。

六、貿易：民國四十六年係我國出口貿易成績最優越的一年，全年出口總額高達一億六千八百五十萬餘美元，創歷年來的最高紀錄。但若將其內容略加分析，則知此種成績係由糖米兩項出口金額之增多而來，而國際糖價上漲更是一個主要的原因。砂糖係典型的國際商品，其價格之高漲，是靠不住的，例如目前已趨下跌。國際糖價跌落後，我國糖輸出金額減少，則貿易減退之窮相立見。故以四十六年出口貿易成績相誇耀者，乃是欺騙「外行人」的說法。四十六年出口貿易，如將糖米兩項除外，其他產品之輸出額，如與四十五年相比，則不但未見增加，反已減少了數百萬美元。所謂其他產品，除了鹽、鋁錠及樟腦等係公營者外，其餘多係民營的生產品。當局曾侈言鼓勵出口，如就民營出口方面言之，則並無受到鼓勵的實效可言。如再將進出口的總額加以檢討，在進口方面如將美援物及自備外匯進口等項一併計算，則我國的對外貿易每年皆有大量的入超。且進口之增加率，連年皆在百分之一〇以上，而出口之增加率，則不過在百分之三左右，由此可見我國的貿易亦已陷入萎縮的泥淖之中。

七、外匯：外匯匯率之偏高，足以扼殺出口貿易，其理至為淺顯，已不待智者而後知。而差別匯率之流弊百出，其為害更不可勝言，此處無暇備述。我國於四十四年三月一日公佈「外匯結售及結購處理辦法」，原以廓清「實績」積弊及調整差別匯率相標榜。除了「實績制度」演變為「牌照頂讓」已騰笑於中外；而差別匯率不但仍然存在，而且「變本加厲」的成為極端複雜的差別匯率。據最近財政部公佈，我國現行匯率，竟有九種之多。計為㈠一般民營出口之匯率，㈡公營事業出口之匯率，㈢一般貿易商進口普通商品之匯率，㈣政府機關及公營事業進口、民營工業原料及直接用戶器材原料進口、及美援進口之匯率，㈤民間匯入匯款之匯率，㈥政府機關及公營事業匯入匯款之匯率，㈦匯出匯款之匯率，㈧僑報僑刊內銷匯出款之匯率，㈨優惠匯率。第七種與第四種相同，實為八種，如加上市場匯率，仍為九種。因為有許多種的匯率，除了市場匯率不計外，美金一元兌新臺幣之元數，計有一八·七八，二〇·三五，二四·六八，二四·七八，二六·三五，二九·〇三，三二·二八，三四·〇〇八種之分，如再加上各種不同的牌照頂讓費，則我國外匯就不知有多少種匯率了。如此五花八門，眞可嘆為觀止！像這樣複雜的差別匯率，其如何為害於一國經濟之成長，暫且存而不論，我國係國際貨幣基金之會員國，國際貨幣基金係以穩定匯率及劃一匯率為職志，我國以前有兩個匯率，該基金對我即有微辭，現在我們的匯率，鬧成這一幅慘狀，不知我國更有何顏面去出席那一年一次的國際貨幣基金會議？

以上各點，乃是犖犖大者，差可將當前財經實況表現出來，像這樣的財經，縱然在平時也是難以容忍的，何況現在正是高呼「積極建設臺灣、準備反攻大陸」緊急之秋？本刊以前本於「是什麼，就說什麼」之旨，說出了一些逆耳之言，被誣指為「反攻取消論」。其實，像這樣的財經，如任其長拖下去，那纔眞是「取消反攻」。因其雖無「取消反攻」之言，卻有「取消反攻」之行也。新年伊始，財經現象愈趨險惡，時迫矣！事急矣！不可再拖！所以我們要大聲疾呼：「已是財經改革的時候了」！

社論

（三）

世界上有這種政治制度麼？

——總統有權，內閣有責——

民國四十七年一月十二日中央日報發表了陶希聖先生所記的「憲法學家一夕談」，一月十九日又發表了方岳先生所記的「憲法學家續談憲法」。兩篇文章，據陶希聖及方岳先生說，是「一位將近八十高齡的憲法學家」說的。在今日自由中國，一個憲法學家，同時又是「將近八十高齡」的，人數固然不多，然而亦有三四人。一般社會尤其是法學界或疑甲，或疑乙，甚且疑及日前逝世的丙，懷疑不甚重要，乃至這三四人的學問及人格也受「後一輩的法學家」懷疑，這是諸位將近八十老翁的人所不值得的。到底有否這位八十老翁，到了今日還是一個謎，就如方岳先生是誰為一個謎一樣。薩孟武先生在「評憲法學家續談憲法」（聯合報一月二十日）裏，說他「行不改姓，坐不改名」，這是負責學者應有的態度。不肯說出眞名，博得世人贊成，則謂「此我大著之力」，受到世人攻擊，又將責任推到八十老翁身上，甚至推到死人身上，這是「學奸」的行徑。

若有若無的八十老翁的那篇論文，已有薩孟武先生（聯合報一月十七日「評憲法學家一夕談」及一月二十日「評憲法學家續談憲法」）及陶百川先生（聯合報一月二十一日及二十二日）「評憲法學家一夕談」的駁斥。誰直誰曲，誰是擁護憲法，誰是破壞憲法，世人已有定評，本刊不擬再駁。

本刊所反駁者屬于薩陶二位先生所未提到的問題，該憲法學家在「憲法學家一夕談」裏，說過制憲當時有「總統有權，內閣有責」之說，我們不知該憲法學家有何根據。他既列舉憲法第五十五條第五十六條及第五十七條，一反中央日報過去的主張，明白說出「這三條條文很顯明的規定行政院就是對立法院負責的內閣，毫無疑義」，而又提出「總統有權，內閣有責」的主張，這種權責不明的言論，我相信國內任何「八十老翁的憲法學家」都不會作此自相矛盾之言。照憲法第五十七條規定，吾國總統乃站在立法行政兩院之外，以國家元首

（憲法第三十五條）之資格，成爲調節的機關，立法院的意見對，則改組行政院，行政院的見解對，則將立法院的決議退回覆議。猶如德國威瑪憲法所規定的總統一樣，凡國會與內閣衝突之時，總統或更迭內閣，或解散國會，（我國憲法，總統不能解散國會，同時國會也沒有不信任投票權）或將國會通過的法律提請人民複決。這種權限絕不是行政權，而只可視爲「調節權」（pouvoir moderateur）。若像那位憲法學家所說那樣，「總統有權，內閣有責」，試問古今中外那裏有「有權的沒有責」，「有責的沒有權」的制度。我們也讀過憲法，從未讀到「總統有權，內閣有責」的制度。

這位憲法家在「憲法學家續談憲法」以爲「法律學是與數學和邏輯一樣」，這句話本刊絕對同意。但依數學和邏輯的方法，研究吾國憲法，絕不會得到這位憲法學家所得的結論，一加二是三，這是一切民主國共同承認的定理，只惟共匪的辯證法，才有一加二有時是二，有時是四的主張。我們不怪這位憲法學家，我們所怪的乃是中央日報，關於吾國的根本制度，竟然前發表兩後種矛盾的見解，忽而主張總統制，忽又主張內閣制，到底中國憲法採用那一種政制，黨辦的報對這重要問題，沒有固定的見解，何能希望黨員有一致之見解！

這位憲法學家在「憲法學家續談憲法」第六項裏，忽然一跳，提出「反攻無望論者所護何憲？」的問題，這種文不對題的論法，用意何在，本刊不甚理解。薩孟武先生對這一點，則提出警告，謂一「討論學理，須根據學理，不要亂把帽子戴在別人頭上，因爲曲解憲法，別人也將謂你破壞憲法，動搖國基，而把帽子戴在你的頭上」。

「憲法學家續談憲法」最後一段，由憲法談到領土，由領土扯到兩個中國，這又是一種特有的邏輯。堂堂中央日報登載這種邏輯的文章，而寫的人又是中央日報董事長陶希聖先生。所以我們認爲這都是中央日報的主張。中央日報對於憲法的見解忽而內閣制，忽而總統制，樸朔迷離，到底黨辦的報是那一種主張，我們是要請教的。

社論

(四)

救國主義與亡國主義的對照

上月十七日中央日報有一篇以「亡國主義與救國主義」爲題的所謂社論。一開頭就說：「有人要救國，有人要亡國。」——這一架勢，作者自己也許以爲來得很兇，一頂「亡國奴」或「漢奸」的帽子，拿在手裏，就可向某人或某些人的頭上一箍！其實，可笑得很，這頂帽子，好像是做帽子的人照自己的頭型做成的。

這篇東西講些什麼呢？它說：「在民國三十三年，陰曆以干支計算，是甲申年。當時國民政府在重慶領導抗戰，有些亡國主義者就拿『甲申』做題目，大唱其亡國論。現在民國四十七年，以干支計是戊戌年，又有新亡國論以『戊戌』爲題，再度出現於國內」。接着，它就把民國三十三年郭沫若發表的「甲申三百年祭」與所謂「以『戊戌』爲題再度出現於國內的新亡國論」或「亡國主義」相比。並且說，新亡國主義者要用滿清亡國來影射今日我們政府；新亡國主義者利用歷史事實來暗示政府必亡，反攻無望。

這篇大作，我們看完以後，看不出它所要講的道理是什麼（不僅邏輯上有問題，有的地方文法也不通。），只知道它是在罵人。罵誰呢？作者又不明明白白指出來，只是吞吞吐吐，鬼鬼祟祟地弄文墨。（這正是一種人格分裂型的代表作！）所以我們當時也看不出它是在罵誰。後來我們才知道「文星」雜誌第一卷第三期（一月五日出版的）上面登載了成舍我先生一篇文章，題目是「狗年談新聞自由」。這篇文章就是中央日報那篇「社論」所罵的主要對象。

現在我們來看成先生那篇文章——也即是被罵爲「亡國主義」的文章，說些什麼。

「今年——中華民國四十七年——歲在戊戌……。戊屬狗，戊年俗稱狗年，狗是最富於警覺性的……過到狗年，大家似乎都應該特別提高警覺。」

「『甲午』、『戊戌』、『庚子』、『辛亥』，在中國近代史中，是四個最重大的年號。……試問甲午之戰，如中國不創鉅痛深一敗塗地，則戊戌維新運動，如何會那樣如火如荼，聲勢浩大？維新運動不失敗，庚子拳禍無從發生，辛亥革命也許就都將延緩。六十年前的戊戌，是清廷存亡興敗唯一轉捩點。

「戊戌這一年，擺在清廷面前的是兩條路，一條是『存』與『興』，載恬在康梁敦促下所要走的，一條是『亡』與『敗』，那拉氏及其豢養的那些股肱心腹所要走的。清廷終於選定了後一條。於是庚子和辛亥兩大年代，遂無可避免，接踵而至。

「戊是狗年，狗是最富警覺性的。上一個狗年，那拉氏竟在外患內憂萬分急迫的時期，毫無警覺，自召覆亡，相信世之當國者，定能永垂鑑戒！」

以上所引的幾段，是那篇文章的大間架。其間對於戊戌新政與廢的經過，尤其關於報紙的開放與封閉的經過，有較詳的敘述。這樣一篇文章，作者是以負責任的態度，正正堂堂，明明白白地在結尾處指出，希望當國政者以上一個戊戌年的史實做鏡子，把自己照一照，不要像那拉氏那樣向腐敗滅亡的方向一直走。他說得一清二楚，毫不含糊，無所謂「影射」，無所謂「暗示」。

這樣一篇文章，被中央日報罵爲「亡國主義」。那末，「救國主義」是什麼？救國主義當然是亡國主義的反面。成先生那篇文章的結論已如上述，如果那樣的結論算是亡國主義，那末，救國主義當然是與那個結論相反的主張了，也即是主張當國政者應該效法拉那氏的所爲，一心一意向腐敗滅亡的方向一直走，不許別人提出警告，不接受別人的建議與批評，更不從事實際的改革。這樣的「救國主義」，是不是代表國民黨的中央日報所主張的呢？現在，兩文（成文與中央日報社論）俱在，大家可以拿來對照對照，看看今日官方報紙所罵的「亡國主義」是什麼。從而推知他們心目中的救國主義是怎麼回事。（下轉第12頁）

論政治的干涉經濟

陳式銳

一 自由經濟

「日出而作，日入而息；王，於我何有哉」？就此玩味斯時人民的生活，其悠然自得之態，當不亞於古典學派所憧憬的「任意而行」(laissez faire)了。由此，我們自然意識到「自由」；而「自由」，應當是天所賦予人類者。在人們充份享受自由時，有如生物活動於空氣中，反而不覺得空氣的重要；直到它被侵襲或剝奪時，有如失掉了空氣，就感到難受，且呼喊「不自由毋甯死」了。西洋人曾於個人自由受侵犯時不斷地起而革命，因而產生民主政治；骨子裏，我以爲全在保衞個人的自由。所謂個人自由，約言之有宗教自由、言論出版自由、免於獨斷政治之自由、免於殘忍刑罰之自由……到了美國革命，自由的含義益加彰明，且視爲不可轉讓的權利；美國人於「獨立宣言」中指出：

我們認爲這些眞理是自明的：人生而平等，上帝且賦予不可轉讓的權利，包括生命、自由、及追求幸福；爲保障這些權利，人民於是設立政府，而政府的公正權力，乃被統治者所同意授予；任何政府對這些目的有所損害時，人民有權予以改變或廢止，進而組織新政府，秉承原則以建立基礎，依一方式以運用權力，從而使他們最可能獲致安全及幸福。

於是我們涉到政治自由，卽人民對政府的關係；換言之，政治自由的基礎：㈠人民爲政治權力的唯一來源，㈡政府屬於共和政體；㈢政府的權力及人民的權利均載明於憲法[註一]。此外，另有一個自由，其所以不爲哲學家所傳誦，或少爲政綱所指陳，且亦未爲列入「人權淸單」(Bill of Rights)，實因其存在早視爲當然；它就是經濟自由，亦卽私人經濟企業之權(right of private economic enterprise)。根據「人權宣言」Declaration of the Rights of Man and Citizen，財產權包含於天然且不可轉讓之人權之內，更引申以示個人有選職業之權；美國一七九一年三月二日的法令，廢止產業基爾特i (ndustrial guilds，立下一個原則，「每人應自由從事於其企業，或操作他認爲有利底職業、工藝或手藝」。到此，古典學派的「任意而行」應用於政治時，主張政府的活動，僅限於人身及財產的保護、私人契約的履行、社會秩序的維持、保衞外來的侵略；應用於經濟方面，則以個人該讓其自由選擇職業工作、彼此自由訂立取得及處置財產暨個人勞務買賣的契約。蓋依自然法則(natural law)，人若秉其天性與才能而儘量讓其自由發展，則整個社會將獲得最大底成果。個人進取精神(individual initiative)的自由活動，且爲「取得天性」(acquisitive instinct)所激勵，則將獲致最大財富的生產；再由「競爭天性」(competitive instinct)而循供求律以建立價格制度(price system)，那末財富的公平分配將儘如人的能力所許可[註二]。

人的經濟努力，有其中心「誘因」(incentive)，就是利潤(profit)的獲得；所以私人經濟企業制度，就受了孿生要素——價格與利潤——所支配。工業、交通、農業等的產品，儘管品類、質量、數量、式樣各不相同，每一貨品標有一個價格，而且彼此互相影響；企業家從事經營，其所專心致意者，則此有效底「價格利潤結構」(price-proft mechanism)的活動，捨此他將無法成功了。他必需注意供求關係與變動，由統計以觀察價格的趨勢；他必需注意成本的影響，凡方法、工具、運輸、工資、租稅等的變動，在在可以改變價格；他必需注意競爭，不但買者而包括賣者，價廉物美東西，在市場可占優勢；他必需注意價格的漲落，以作生產擴張或縮小的計劃；他又必需注意生產的幅度，以爲利潤或損失的衡量。一言以蔽之，正因爲追求利潤，整個經濟在價格的功用之下不斷地向前轉動[註三]。

二 企業、投機、信用調節

一般人所謂底自由經濟，它的中心是私人經濟企業；就經濟社會結構言，它特重個體的活動，而假定個體的進步，自然導致羣體的發達。如果可以比羣體如森林 forest，那末個體是森林的每棵樹木 tree；由明瞭大森林是由大樹木所構成，亦可理解發達底經濟社會應當有活潑底私人企業。如果應用術語，前者乃「總體經濟」(macro-economy)，後者是「個體經濟」(micro-economy)。我們再由常識知道，適宜底地質、環境、與氣候，自然就孕育出天然森林來；所謂造林，也必需具備這些適宜底條件，才能把樹苗一棵一棵地栽種而培育成爲森林。換言之，沒有一棵一棵底樹，自然沒有偉大底森林；是以私人企業在經濟社會中的地位，也就可想而知了。

經濟的中心關係是人，人有「取得天性」及「競爭天性」；因此，人也就不斷地發揮他的進取精神——它，乃是經濟進步的原動力。人因爲追求生活，大家從事經濟活動，以求取所得(income)，作爲消費或再投資，循環不已，讓人類生生不息。自由社會採取私人企業制度，它今日且已達到標準化底階段；一個企業希望成功，必需顧及幾個基本要件：㈠盈利性 profitability (對投資的酬報)，㈡市場的地位(share of the market)，㈢設備的能率(plant efficiency)，㈣研究與發展(research and development)，㈤員工的關係(employee relation)，㈥公共責任(public responsibility)[註四]。一個企業的投資，目的在求取利潤，它首先顧到盈利性；但要達到此一目的，它要爭取市場，欲爭取市場，需要價廉物美，由是它更要顧及設備的能率、不斷地研究改進、以及員工關係的融洽，蓋生產質與量的增進，成本也就不斷地降低；一方面，力求企業的永續，它應當對社會負有責任，因爲片面底有利，惟暫時存在而已。由於技術的進步，生產方法日新又新，人的愛好 (taste) 也不斷地變遷，昔日的手工業，今日變爲大宗生產，往者用馬車，現在乘汽車了。利潤、競爭兩者在價格結構之上，推動了整個經濟社會。

私人企業進至貨幣經濟階段，銀行盡了它的重要功用。到此時節，貨幣不再僅是交易的媒介 (medium of exchange)，它且可以影響生產與消費。往昔貨幣供量的變動，由於金銀礦的開採或其進出口，隨後採用紙幣，供量則繫於發行的多寡；此時，貨幣的效用，仍限於其基本功能。時至今日，商業銀行的放款與投資，由於信用的創造，也就創造了貨幣的供應量。美國的企業，在經營中仰賴銀行借款多至三〇%以上，不以爲異。且美國在第一次大戰期間，以準備銀行存款三十億元的創造，使商業銀行得創造一百五十億元以供流通；第二次大戰期中，再以準備銀行存款二百五十億元的創造，又使創造了一千億元作爲活動資金。而貨幣的供應量，通常要與貨物及勞務的生產相適應；反之，多卽爲膨脹 (inflation)，少卽抽緊銀根 (deflation)。美國在兩次大戰中，因生產的急激擴充，雖貨幣供量由銀行大量地創造，據云還恰到好處(註五)。一般私人企業在價格結構之下經營其業務，其間不免發生障碍 (disturbances) 如氣候變態、禍患、歉收、罷工等，以其有調節的彈性，此失彼獲，循供求原理以自作適應，彼此盤節前進，成了自然底運行。惟銀行的放款與投資，適度時可以促進經濟的發展，多少均可爲害；在或多或少時，價格機能發生變化，投機 (speculation) 應運而生，經濟乃轉入病態。所以控制貨幣的供應量，對於自由經濟成爲必要底一擧，這一責任又交給了政府，讓它添了一個活動；要它在明智底調節之下，既避免漲落，又讓私人企業得自作打算。

三　干涉、剝奪經濟自由

自由學說有一個假定，就是儘量讓個人秉其天性與才能而自由活動，他受「取得天性」所刺激，盡其進取精神以達到財富的最高生產，更由其「競爭天性」以循供求律的作用，在價格結構之下獲得公平的分配。這一假定且形成爲一自然律，在實際底考驗之下，倘若一切社會結構——政治、社會、教育……——達到相當底境界，而沒有其他特別勢力的滲入，應可如願以償；不幸，在經濟發展的過程中，也不斷地發生了矛盾 (paradox)。自從新技術的應用，在生產一方面確曾建樹了輝煌底成就，使物質的進步超過了精神的發展；而在分配一方面，在生產擴大之中却並行着普遍底「貧窮」(poverty)，因此而被否定了公平分配的可能性。就在工業化底民主政治國家中，爲要改善私人企業的缺點，學者與政治家們且逐漸地感覺政府有「干涉經濟」“meddle in business”的必要；這一干涉，乃在政府原限定於保護生命財產、履行契約、維持秩序之外，凡足以獲致整個人民的適當生活條件者則認爲可以行之(註六)。尤其在戰爭發生時，經濟越乎常規，政府的干涉固無論；而在平時，亦於同一見解之下，政府也不斷地擴展它的干涉範圍，美國羅斯福總統的「新政」New Deal，及杜魯門總統的「公政」(Fair Deal)，卽其顯著底例子。

至於其他各方面，主張干涉經濟尤其深刻，且趨於極端。概括言之，有所謂法西斯主義，共產主義，社會主義，社會民主主義 (Social Democracy)；其由其本質的不同，其干涉的程度也就各異其趣。法西斯主義雖早有其根源，其成長乃在第一次大戰之後，其他三者在思想上已成立於十九世紀，及蘇俄革命成功，共產政權建立，乃見於實行；其後，歐洲如意大利、德國、西班牙等也先後發生革命，惟她們主要乃起於對付蘇俄的共產主義。這四種主義有一共通之點，就是大多傾向於政府加重對人民經濟生活的管制，形成了四個不同底干涉型式；不過，在程度方面，也有其不同之處。自由的內涵，通常可歸入三類：㈠智識底自由——言論、出版、宗敎、敎育等自由；㈡政治底自由——討論政事、選擧官吏、制廢法律等自由；㈢經濟底自由——私有財產權暨以營利爲目的底私人經濟企業權。法西斯主義要人民永遠放棄所有三項自由，仰賴於一人及一黨的獨裁，謂其思想其作爲將較勝於人民的思與爲。共產主義要人民永遠放棄經濟底自由，並暫時放棄智識及政治底自由，其一人及一黨的獨裁，謂在一未可知底將來視爲適當時機時將交還人民。社會主義要人民永遠放棄經濟底自由，但保證不須捨棄其他任何一自由。社會民主主義並不要人民放棄任何一項自由，僅需服從政府對私人企業有關糾正缺點的管制，及其爲大衆求取所有權 (possessions) 及機會 (opportunities) 適度平等的措施(註七)。法西斯主義與共產主義均產生極權政治，一切自由被剝奪淨盡，那止干涉經濟一端而已！法西斯的失敗，成了歷史的陳蹟，已不待曉舌；則共產集團的「集體經濟」(collective economy) 或「計劃經濟」(managedor planned economy)，歐亞兩地先後不斷地發生弊端與變亂，共產政權以强力剝奪人民的自由，將來人民的革命將比推翻舊時帝制尤爲嚴重，乃非一單純底經濟改革了。至於社會主義，只看二次大戰後英國工黨的執政，它初試行幾種企業的國有化，分配未獲其利，生產先受其害，不旋踵而政權爲保守黨取去。姑不論人民沒有經濟自由，其他自由均不切實際，而人類「取得天性」及「競爭天性」乃其進取心的基礎，亦爲文化所以躍進的緣由；法西斯主義、共產主義、乃至社會主義之一致地主張奪取人民的經濟自由，以其違反人性，其難得成功自不待言了。

所謂社會民主主義，它乃以人民的自由爲基礎，仍保持私人企業制度，只對此一制度的缺點，以民主程序 (democratic method of procedure) 予以充分地改善；換言之，政府對干涉經濟的措施，須先經過立法程序。干涉的目標偏重於分配一方面，主要在使貧富之間其所有權與機會逐漸趨於平等；在過程中，毋寧取幸運者之所餘以助不幸者的不足。惟政府的適當行動，務在幫助私人企業而不是予以障碍；倘其干涉在限制私人企業的發展，或其產生了此一影響，它終無法達成使命。此一學說的本質，乃在造成一個境界，使生產與分配得以齊頭並進，消除社會的矛盾，讓人類可以一致地獲得幸福；孫中山先生的民生主義同具此一理想，亦正如美國憲法的所謂「促進全體底福利」了[註八]。

四　凱恩斯及「混合經濟」

政府的干涉經濟，其程度至於剝奪了人民的經濟自由，其招致不良底後果，我們已有蘇俄集團的事象及英工黨的施政作爲龜鑑，可不必多贅。就是在社會民主主義之下，干涉的程度及其對生產與分配所發生的影響，也深有研究的必要。自由經濟固然發生了缺點，但對之糾正的管制，或造成平等的措施，應當採取何項方法或手段，仍然在爭論之中。在這一方面，凱恩斯 (John Maynard Keynes) 以維持高水準底生產及就業爲目標，主張政府管理人民的經濟生活，即政府篡奪 (usurp) 人民的一部份用錢之自由；他以爲消費者及投資人的用錢無常，所以政府要加以干涉，尤其資本物及建設事業的計劃及監督，用以保持繁榮。他且主張：㈠政府推行公用事業、都市發展、公共衛生以及其他社會計劃；㈡累進稅及遺產稅；㈢赤字開支，並以延緩所得支付 (deferred income payment) 强迫個人儲蓄；政府管理投資，以政府力量補償個人儲蓄及投資之不足。繼之，受凱恩斯氏影響而並不完全同意其主張者，則倡導所謂「混合經濟」(Mixed economy)；在此一制度之下，政府設計並指導經濟，讓私人從事生產活動；他們懸想着將來有一天可終止政府的管理經濟[註九]。

凱恩斯氏及「混合經濟」的倡導者雖然仍支持私人經濟制度，且標榜欲使私人企業「較善運行」"work better"，但政府一旦干涉經濟，因其傷害了競爭企業的機能，毛病容易滋長，益使其傾向於增加干涉。這時節，經濟結構的主要功用如貨幣流通與價格、利潤作用受其干擾，必然發生問題；政府每又不以其干涉之不當而有所減歛，反而擴大其干涉範圍，且不惜增設機構以加强干擾，更令經濟趨於紛亂。其結果，干涉欲罷不能，不但不能使私人企業「較善運用」，直將迫其結束生命。譬如某一國家的管制金融當局一旦採行「貴幣」(dear-money) 政策，企業家在銀行的影響之下開始削減購買、減少存貨、延緩資本支出、限制一切活動；訂貨一下降，逐漸擴大而由零售至批發，再由生產者而至原料的供應者。如果零售商削減一〇%，批發商或將削減二〇%，工廠或將被迫緊縮至四〇%；生產一經減縮，整個就業及所得水準將下降，又迫使整個經濟陷入蕭條了[註十]。政治的干涉所發生底影響，只金融一端就可使企業家喘不過氣來；而管制經濟又時常派生着腐化與貪汚，那更超出計算的範圍了。

總之，價格、利潤結構爲生產的指導力量，主張管制者忽略了干涉就在放棄此一結構，亦則必然地在遺棄競爭底企業制度。他們不明白官吏的從事業務，並不依賴利潤爲生；惟私人企業者的注視利潤，他們乃時時考查價格的變動及其影響於利潤的遠景，用以作其經營的計劃。其次，正因爲政府的干涉而使價格、利潤結構不再發生作用，價格的變動不再表明供求或生產成本的自然變遷，利潤變動亦不再表示生產與買主的正常關係。再者，在自由社會裏，生產的穩定不可能以任意增減貨幣的數量及成本而獲致，蓋漲落的影響價格、利潤結構，足以延緩就業與生產的大起伏。當政府當局採行緊縮金融時，在六月中就不斷地發生作用，在此期間新訂貨減少，生產減低而失業增加起來；反之，予以膨脹，並不能即時使其達到繁榮[註十一]。可知政治力量無法如意算盤地逐漸緩和或迅速刺激生產活動。此僅就政府控制金融政策而言，倘它再取行紙幣方法，有如所謂「生產本位發行說」[註十二]，由此而造成的膨脹局面，尤足以促成經濟的崩潰，中國大陸的法幣與金圓券可爲例證。

五　落後地區不宜侈談干涉

歐美由「工業革命」促成經濟的進步，同時政治亦隨之逐步改善，以形成今日西方之民主政治，無論在國際或內政上，它都是以人民的利益爲服務的前提。因此，西方國家以其政治已納入常規，其行政也已上了軌道，所以今日西方人士談經濟可不再涉及政治問題。但在落後地區如拉丁美洲、亞洲、非洲、中東等地，大多經過封建及殖民地的統治，在政治獨立初階，不論其爲王國或共和國，都有一個不健全底政府。且以人民大多仍過着窮困與無知底生活，人權未發達，政權常爲一羣官僚政客所竊據；他們不少只知私人利益，漠視國計民生，只知結黨營私，並不顧及行政效率。而由於政治的無能與貪汚，它的干涉經濟不但不能救弊，而簡直在給予阻碍或破壞。去年五月，黎格斯氏 Frederick W. Riggs 發表一篇文章：「公共行政——經濟發展中一個被忽略因素」(Public Administration: A Neglected Factor in Economic Development [註十三])，他首先指出吾國清朝治河機構，早期每年支出三百萬兩，二百年後到十九世紀，增加到一千萬兩，但是保養退化，年年成災，臨時修費年益增加；考其原因，經費實際支用於水道保持者不及十分之一，堤壩失修，使其「速壞、速崩、而被冲潰亦較速，因亦有增加撥欵的緣由」；一八五五年黃河決口，穿入運河，結束了治河機構，而清朝因財政的枯竭，亦由是加速了崩潰。黎格斯氏繼謂此一現象並非中國所獨有，他由世界銀行調查團的報告，提出很多例子。古巴經濟的進步並非受資源不足所限制，她的經濟遠景主要爲「組織份子」的無能而無法實現；伊拉克的農業部以過分集權，使部下毫無主動餘地，甚至出差巡視也要事先批准；土耳其的中央層工作爲細小問題所煩擾，各部長提出於部長會議者，政策與事務混淆不清；哥倫比亞的每一類工作幾乎都有繁複底機構，彼此又缺乏配合；錫蘭的引用外國技術援助，不重複就是誤用；伊拉克技術學校的學生雖仍不足供應需要，但畢業之後並不全受聘用。在外滙、金融、貿易管制方面，他舉出菲律賓及印度爲例，以政策不够明晰而法律缺乏解釋，人民的申請許可，開了狗私與舞弊之門；至公務員的無能與貪汚，他舉伊拉克爲例，緣於薪水低微及缺乏責任感。試想一想：如此政府與如此行政，讓其干涉經濟，我們可希望有奇蹟出現嗎？

再看我們自己的情況。我不必再敍述制度、機構、行政的詳情，但只就報紙所發表者舉出幾宗來，就可以概見一般了。就官員工作言：「身爲某一個機關主管，總難免兼上幾個響亮的頭銜；次者無非圖利，多兼一個差事，可以多有一份收入。……好似終日忙碌不堪，結果一件事也不能專心做好，影響行政效率低落，並且搞壞了政界的風氣」(註十四)；就請託之風言：「行政院主計處歲計局科長包馥，因受商人童允爭之託，將一件積壓已久之公文迅速處理，受賄八千元，案發經法院判刑一年六個月」(註十五)。關於貪汚舞弊者：「稅捐稽征處職員周水土涉嫌與掮客謝錫明、劉添丁、邱新高、劉庚郎等虛設商號，套購貨物漏稅經查獲者達一千五百萬元，經省警務處查悉，將周水土等逮捕法辦」(註十七)；「內政部衞生司藥品審核委員會審核西藥貪汚巨案，外滙貿易委員會職員高士珍、內政部麻醉品經理處長劉遜、藥品供應處長陳東震、副處長潘經、及專員覃砥柱、李人虎、陳娟等被扣押，彼等官商勾結自四十三年開始，本年一至十月止受賄已知者達十八萬元」(註十八)。我不能說整個政府都是這樣底敗壞，惟其蔚成風氣，却爲不可否認的現象。在這一風氣之下，政治的干涉經濟，我不必列舉經濟政策、執行、及其所生不良底後果，但須再引用一段新聞，就知其已發生了嚴重的影響：

年關迫近，銀根日緊一日，工商界招架不了，難免形成嚴重倒風。……據說臺南一地，業已先後倒下三十多家，臺北也倒了好幾家，將要倒下的尚不知多少。……雖然臺銀決定加強重貼現以強化對各商銀之資金融通，圖以緩和市面銀根，但以規定過嚴，其作用未見若何有效。有關人士表示，如主管方面仍堅持一向之作風，影響將來倒閉之事則很難講了」(註十九)。

落後地區的政治不及西方先進國家，不待再言；是欲談干涉經濟，基本上自各異其基礎。但其間也有一共通之點，就是人有不可轉讓之權利：生命、自由及追求幸福；經濟自由，亦由此而來，它可以私人經濟企業之權代表之。人民組織政府，則爲保障這些權利；且爲謀個體與羣體利害的調和，亦即「促進全體底福利」，乃容許政府干涉私人企業的活動。極權國家只見及羣體，忽視個體，其干涉乃至剝奪了經濟自由，直欲造林，而又不顧樹木的生長，已超越我們討論的範圍；但我們可以指出，任何政體底國家倘其干涉至於剝奪經濟自由，她無形中納入了極權國家的範疇。西方國家的干涉，初限於調節金融，嗣又顧及分配，但必須有助於私人企業，至少亦不予阻碍，且希望有一天可以中止；而這些干涉，又務必經過立法程序。統觀落後地區的情況，政治既不健全，不宜侈談干涉，只要努力於創造一個適宜底環境，讓私人企業自由發展，自可集樹木而成林；數年來香港經濟的生長，可爲借鏡。我以爲今日落後國家爲着經濟的正常發展，應當從速放寬經濟管制至於最低限度，盡管不好不如不管，其害且輕；我知道她們難免「欲罷不能」，惟各國的立法機關應不放棄權力，爭取逐項完成立法程序。此外，黎克斯氏提出一個「表現效果之壓力」(pressure to show results)，藉民主力量的發揮，用選票與輿論促政府就範。

(四十六年十二月九日)

註一：Carl L. Becker, Freedom and Responsibility in the American Way of Life, P. 65.
註二：Ibid., PP. 89-91.
註三：Waddil Catchings and Charles F. Roos, Money, Men and Machines, PP. 3-15.
註四：Havard Business School, The Wright Knight Company, P. 2.
註五：Money, Men and Machines, P. 81.
註六：Freedom and Responsibility in the American Way of Life, PP. 91-95.
註七：Ibid., PP. 105-106.
註八：Ibid., pp. 97-103.
註九：Money, Men and Machines, PP. 52-78.
註十：Ibid.
註十一：Ibid.
註十二：拙作「臺灣經濟」一〇四——一一五頁。
註十三：The Annual of the American Academy of Political and Social Sciences, Agrarian Societies in Transition, May 1956.
註十四：九月六日徵信新聞。
註十五：八月廿九日徵信新聞。
註十六：六月九日聯合報。
註十七：九月二日聯合報。
註十八：十二月七日徵信新聞。
註十九：十二月二日自立晚報。

(上接第8頁)

最後，我們還要補充一點：

中央日報那篇「社論」，主要地是罵「文星」雜誌所登的文章，同時也附帶地罵到我們「自由中國」。因爲我們在「反攻大陸問題」一文中，特別提醒大家不要被「馬上就可反攻大陸」的心理所誤，而要培養持久的心理基礎，實事求是，實質反共。由於這一主張的提出，我們就被官方戴上另一頂帽子——「反攻無望論者」。現在「反攻無望論者」，又被他們歸併到「新亡國主義者」羣中。因爲中央日報那篇社論裏面，除說到新亡國主義者暗示「政府必亡」以外，還加上「反攻無望」四字。因此我們要請大家詳細看看我們在「今日的問題」中所提出的一序列的問題和解決這些問題的方法，再把近年來，尤其是近一年來政府的作爲和不作爲來一對照，大家當不難看出：現在在以事實保證反共無望的，正是政府自己。

現行租稅政策之商榷

趙岡

我曾經在本刊寫過幾篇文章，討論臺灣目前的經濟問題，我的感想是這樣：目前臺灣財經當局已經感覺到問題的嚴重，他們也很希望，而且已努力設法要把局面改善。可惜沒有把握住問題的重心，而且處處受着許多陳舊觀念的縛束，無法邁出這些觀念所形成的格局以外去覓求新辦法，所以表現的結果是，在原則上只有一個模糊的目標，那就是我們要發展經濟，做法上則只能在枝節上下功夫。我們的財經政策始終沒有原則性的改絃更張，我們的外滙制度沒有變更，我們的租稅政策沒有變更，我們發展經濟投資標準也沒有變更。如果今天臺灣的經濟問題不嚴重，這種做法也沒有什麼不好，只要我們有改善的意圖，經濟總會有進步的。可是臺灣今天的經濟問題十分嚴重，已經不是平常的辦法所能奏效的。在這種情形下我們應該有勇氣打破舊的格局，針對着問題的癥結，從各方面來尋求新的「特效藥」。

今天財經問題的癥結何在？那就是：人口增殖過速，資金過度缺乏，所以經濟發展緩慢，每人平均眞實國民所得逐漸下降，貧窮的惡性循環已經在開始發生作用。今天財經政策的中心目標是什麼？那就是：要把有限的資金作最有效的運用，要確立最有利最經濟的投資標準，除了吸引外資以外，還要想各種辦法增加經濟內部資本形成的速度，如果可能的話，最好也能有一個理想的人口政策。關於投資標準問題我已經談過（見自由中國半月刊第十六卷十一期拙作「發展臺灣經濟的方向」）。現在我想討論一下加速經濟內部資本形成的問題，先從現行的租稅政策談起，以後有機會再談租稅以外與此有關的事項。

到如今為止，我們對於租稅功用的看法仍然很單純。租稅的用途就是在為國家取得收入，此外再沒有其他正面的意義。租稅是一種 necessary evil，所以在選擇與比較各種租稅時，應取其為害最輕的一種或幾種而採行之。難道租稅眞是如此，一點沒有正面的效用嗎？如果有，我們為什麼不把利害雙方都加以比較，而決定租稅制度之取捨呢？大家對於這些問題似乎沒有深加考慮。今天的歐美經濟學家已經承認租稅除了為國家取得收入以外，還有其正面的意義，而且不只一種。今天我們要建立一個稅制，應該對其利害雙方做全面的比較，不僅要擇取為害最小者，而且要擇取其利益最大者。如果有一種稅能够為害最小，而利益最大，則尤為理想。

臺灣幾年來一向是間接稅比直接稅在整個稅收上的比重要大，所以近年來國內學者極力鼓吹推廣所得稅，財政當局在稅務改革上也盡力朝這個方向走。大多數人都是如此的信賴所得稅，信賴得幾乎近於「迷信」。很少有人深入一步研究所得稅是否適合我們目前的需要。不錯，今天各先進國家也都以所得稅為稅制的骨幹，學者們也認為它是一個良稅。不過我們要注意，各先進國家與我們的經濟環境不同，彼此的需要也互異。他們認為是好的稅制對我們未必是好的，符合他們需要未必能滿足我們的需要。所得稅之所以被視為良稅，主要的根據是平等原則。所得稅比其他稅制更能符合「按能力納稅」的原則。換句話說，這種稅有對財富「再分配」的效果。租稅平等原則是社會價值判斷的問題，並沒有太多的經濟理由。如果純粹從經濟立場上來看，在很多地方上所得稅都不是最理想的稅制。譬如說它不利於勞動的誘因，有減少儲蓄和投資的作用。從功能財政的原則上來看，所得稅調節經濟的性能也並不最理想。這許許多多的影響，在先進國家並不覺得有太大的重要性，起碼不比平等原則更受重視。但是在臺灣則不然，我們今天的「中心」問題不是要平均分配的問題，而是如何加速資本形成，促進經濟發展的問題。如果今天有人願意贈送臺灣幾個鋼鐵大王，煤油大王，或是汽車大王，我想大家應該是不會反對的。因此我們不必把平均分配的考慮放在第一位。更近一步，以臺灣現存的經濟結構而論，所得稅的缺點尤多。以農業為主的社會，以 Self-employed 的小型商號為主要工商業單位的社會，徵收所得稅最為困難，因為他們的實物所得比貨幣所得多，折算起來很難公允合理，所得申報的準確性很難控制，既使是較大型的企業，如果沒有合理的會計制度做為納稅的依據，所得稅也難做到公平合理的地步，漏稅之事勢所難免。在這種經濟制度下，要堅決推行所得稅，等於是懲罰誠實之人，也是歧視公務員，因為他們的所得是唯一「有案可查」的。最後的結果恐怕連所得稅公平的理想都要被大打折扣，甚至還不如財產稅和其他的稅更能符合平等的原則。臺灣幾年來推行所得稅，收效不大，間接稅的比重仍高，其罪並不全在稅務當局，我們的經濟結構也要負相當的責任。

我並不是否認「平等原則」是建立稅制的標準，而是認為它不是唯一的標準。尤其在今天的臺灣，平均分配不是最迫切的問題。我們應該考慮到租稅對整個經濟的其他影響，我們不一定要放棄平等原則，但也不必把它奉為唯一的標準。趁着大家在呼籲改進稅制的今天，我們不妨把這個問題做一次通盤的考慮。如果能够找出一個既符合平等原則而又有利於經濟建設，能加速資本形成的稅制，豈不更好。

這不是奢望和幻想，下面我就提出兩個不同的建議，供財經當局參考，這兩個租稅政策的建議，需要更動現行稅法的程度不一，但却多少都能彌補一些所得稅的缺點。我因為身在國外，手頭沒有歷年稅收的統計資料和現行稅法做根據，所以只能提出些原則性的建議供有關人士參考，而一時無法擬出詳盡的執行辦法。

（一）第一個建議是把現行所得稅改爲支出稅（expenditure tax）。這種稅制是一位英國著名經濟學家卡豆爾（Kaldor）教授在兩年前所提出的。卡豆爾與英國工黨有密切關係，他的財政政策受到工黨的全力支持。支出稅的理想，並不始於卡豆爾。美國一位著名的國際經濟專家納爾克斯（R. Nurkse）在其一九五三年所出版的「落後國家資本形成問題」(Problems of Capital Formation in Underdeveloped Countries）一書中就曾强調提出，在落後地區採行支出稅比所得稅更有益處。不過納爾克斯並沒有提出具體的執行辦法。卡豆爾有鑑於近年來英國內部資本形成過於緩慢，追不上美國和其他的國家，經濟開始走下坡路，所以在一九五五年寫成一書名爲"An Expenditure Tax"，爲把這種理想設計成一個具體的稅制。同時卡豆爾也正在贊同印度的經濟計劃委員會設計印度的租稅改革，這個稅制便被提出正式成爲印度的一種稅制。

支出稅的內容，我可以簡單介紹如下。這種租稅的對象不是個人所得，而是個人的支出總數。它的公式如下：

支出＝〔期初現金＋本期內各項收入＋從他人處借得之款＋變賣資產收入〕
－〔期末現金＋貸與他人之款＋各項投資〕

這種稅是高度累進的，它的邊際稅率是百分之三百。課征的辦法與所得稅相同，採課源的辦法，每一期結束之後，納稅人再做一次總的申報，多退少補。這是支出稅大概的內容，因限於篇幅，無法在此列舉其詳細辦法與條例。有興趣者可以自行參考卡豆爾的原書，或是印度計劃委員會關於稅制改革的報告。

這樣的一個支出稅具備下列許多優點。

（A）它能滿足所得稅所能滿足的條件，也是符合平等原則的，不過在平等的含義上略有改變。所得稅的主張者，認爲平等與否是由個人的所得代表，而主張支出稅的人認爲平等與否應由享受的程度來判斷。前者注意可能消費的能力，後者注重實際的消費。平心靜氣的講，後一個平等觀念似乎更合乎情理。試問如果所有的大資本家都與小公務員一樣全家擠在八席塌塌米上，每天以鹹菜稀飯爲食終其生而不變，我們又何必去反對他們呢，令人不平的地方就在彼此享受懸殊。支出稅的邊際稅率是百分之三百，所以它也是符合平等原則的租稅。不然的話，英國工黨決不會全力支持這種稅制。

（B）這種稅與所得稅一樣，沒有轉嫁的問題。納稅人就是負稅人，租稅的歸宿明確易辨，不會如貨物稅那樣，因轉嫁而變成累退稅。

（C）支出稅是對所得及收入的消費部份課稅，而不是在購買貨物交易發生時課稅，因而不會使物價上漲。商人不能把它列爲成本的一部份而加價。因此支出稅沒有 Price-distorting 的效果，是中性稅。

（D）最重要的是，它對於所得中被儲蓄與投資的部份不課稅，所以有鼓勵投資與儲蓄的功能。這一點恰巧是所得稅的最大缺陷。也是對一切落後地區經濟開發影響最大的一點。納爾克斯提出支出稅的理想，就是針對着落後地區資金缺乏這一點所提出的。卡豆爾在英國提倡支出稅也是因爲有感於目前英國資本形成太緩慢之故。這是臺灣經濟問題的基本癥結所在，所以即使它沒有其他的優點，單憑這一項，就值得我們加以考慮。

（E）因爲高度累進的關係，人民對奢侈品的消費一定要大形減少，於是可以使許多用以生產奢侈品的資源與人力被解放出來，而移用於其他有用的生產上。這一點對落後地區的影響也很重要。在落後地區很多人的消費水準大大超過該社會的生產水準。人們的消費習慣和味口受了先進國家人們消費習慣的影響，而不顧及本國的生產能力。高度累進的支出稅可以限制人民不必要的消費。

（F）所得稅中的若干困難問題，例如資本利得（capital gain）的課稅問題，不規則所得的課稅問題等，在此都不再存在。

（G）它對於勞動誘因、與承擔風險投資的誘因的惡影響較所得稅爲小。

（H）它不會減少政府的收入，因爲我們可以隨意決定支出稅的累進率以獲得足够的稅歘收入。除非所有的有錢人果眞都因此而遷入八席塌塌米的住宅，粗衣陋食，稅收是不會發生問題的。

（I）如果支出稅被建立爲一個長久的稅制以後，它對經濟安定也有很大的功用。在一個社會的經濟發展到相當程度，就會有經濟循環的問題發生。所得稅可以用來作爲一種反循環（counter-cycle）和穩定經濟的工具。支出稅在這一點上比所得稅更理想。所得稅的作用還不够直接，效力也較小，因爲有 leakage 存在。但是支出稅可以靠其稅率的高低變動直接決定一個社會的邊際消費傾向，和儲蓄傾向，所以我們可以完全靠調整支出稅的稅率來改變我們認爲理想的邊際消費傾向，而使儲蓄等於投資。這時，我們就無須依靠赤字財政來救治恐慌，也不必顧慮 time lag 的問題。政府永遠可以靠收支平衡的財政，使經濟穩定於任何國民所得水準上。這是所得稅所無法企及的功效。關於租稅在功能財政上的運用，有的讀者可能還很陌生，看了我這樣簡單的幾句說明，也許不易明瞭。不過這也沒有關係，功能財政的理論二十年來已經成了英美經濟學者確信不移的理論，不但在學理早已被證明爲正確，而且在實際應用上也著有成效，在此我無法把全部理論從頭說起，大家只須記着這個結論卽可。

從以上這幾點看來，支出稅遠勝於所得稅，它不但照顧到平等原則，而且能够符合經濟成長與經濟安定的要求。而其中許多問題，又是臺灣目前所必須解決的。所以我們可以考慮一下，如果眞要改良稅制，爲什麼不採取一種更好的、更適合需要的稅制呢？據我看，上述的許多理由，在理論上完全可以成立。唯一的困難發生在稅務行政——和執行方法上，例如許多定義的劃分，逃稅的防止，假借對企業投資爲名而由商號或工廠負擔股東的一部份支出與消費等情形之防止。不過，話又說回來了，所得稅行政上的困難並不次於支出稅，如果我們有決心推行所得稅，爲什麼就不能換這種支出稅呢？印度現正在試行這種稅，我們可以密切注意。印度政府的行政效率不會比我們高，他們能辦到的我們一定也能辦到。

（二）第二個方案，是在現行稅制的基礎上來進行改革以求適應經濟建設的需要。它的要點如下：

1.仍採所得稅，不過不課徵營利事業利潤用以再投資及擴充企業規模之部份。其餘部份在分發給各股東或由合夥人提回自用，併入個人綜合所得稅重課之。

2.個人所得用以儲蓄之部份免稅，所謂儲蓄應以銀行存欵爲限。除了各銀行外，政府可指定郵政局代辦儲蓄業務，以期深入到鄉間每個角落。每期期終由銀行出具客戶存欵證明，作爲申請免稅之憑證。本期儲蓄可以由期末存欵額減期初存欵額計算之。

3.爲了彌補政府稅收之減少，對可稅部份提高累進率，但起徵點不變。調整累進率的標準與公式有五，我們最好採取 Residual income progression 的調整辦法。

英美各國的公司所得稅與我國的營利事業所得稅之課徵，最缺乏之堅强的理由。這種稅不但不能滿足其他的原則，甚至也不符合平等的原則。一來因爲公司所得稅在某一點以上稅率不變，二來這種稅之課徵與股票執有人的經濟狀況根本不發生關係，大股東與小股東，富有的股票執有人與不富有的股票執有人，要遭到同比例的犧牲。公司與非公司組織的企業是生產單位，個人與住戶才是消費單位，利潤被保留的部份是未來的生產能力 (Potential production power)。只有利潤被留着紅利分發的部份 才是未來的消費能力 (Potential consumption power)。除非有特種理由，否則便不該對生產能力加以課稅。如果要增加稅收，則可以提高所得稅的累進率。如果認爲公司陸續保留利潤擴充規模，股東手中握有的股票價值上漲，則可以課以資本利得稅。英美之所以有公司所得稅，一方面是要以之提高整個社會的投資量，以求經濟穩定，一方面是限制大公司的過份擴充以至變成獨佔或寡頭勢力。大規模的企業，獲利大，內部累積容易，如不加限制，聽任其不斷累積下去，可能變成獨佔或寡頭勢力。可是臺灣今天的經濟狀況距離這種境界還遠得很呢。所以我不知道臺灣今天要强調這種租稅的理由何在。我們現在深感投資不足，經濟內部的累積不够，爲什麼還要自我限制生產能力，減少資本累積？所以我建議取消對企業利潤保留部份的課稅，而把已分紅利部份併入個人所得中重課之。

個人所得之儲蓄部份免稅，今日也甚有必要。談到臺灣金融問題之人都感到有一個進退維谷的矛盾，我們資金不够，市場上有游資存在，老百姓有窖藏黃金美鈔及其他貴重品的習慣，但是我們又不能提高銀行利率來吸收這筆資金，納入投資的正軌，因爲提高利率會影響生產成本，對工商業有極不利的影響。大家一直在爲這一件事頭痛，可也一直想不出辦法。這筆被浪費的資金繼續在被浪費着。除了提高利率、辦理優利存欵以外，難道就沒有其他更好的辦法嗎？辦法是有的，租稅就是最現成最有效的一個，然而幾年來大家從來就沒有在這上面動過腦筋。這就是因爲我們被既有的觀念縛束得太緊了，租稅只是爲了財政收入，金融問題全在於利率，兩者沒有聯繫。人們對於自己的利害最關切，他們的經濟活動一定是選擇對自己最有利的方式，大家總會記得去年政府開徵存欵利息所得，要求各金融機關抄具存戶姓名名單。結果在很短的時期內，各銀行大批存欵被提出。結果政府稅收沒有增多少，但整個經濟幾乎都被窒息。由此可見租稅對金融的影響不但有，而且大。現在如果我們規定所得的儲蓄部份免稅，則可以斷言，銀行存欵一定會增加，資金的供應一定會增加。假定在這種稅制之下的平均稅率是百分之二十，則所得儲蓄部份免稅便等於是在現行的銀行利率之上提供百分之二十的利息，因爲人們多節省一百元而存入銀行就等於免掉了二十元的稅欵。而且所得高的人，稅率更高，如果一個人的邊際稅率是百分之七十，則儲蓄對他來說，等於是在現行利率之上又增加了百分之七十的利率。這比銀行利率的調整對存欵之增加更爲有效，我們決無法把銀行利率提得這麼高。而且這個辦法對於工商業只有利而無害，因爲銀行的放欵利率，並未變動，將來甚至尚可降低，這個辦法對於窖藏和黑市游資都有決定性的影響。由於對工商業的顧慮，銀行利率不能提得太高，黑市市場不爲所動，窖藏的習慣也不會被打破。在這種新的稅制下，所得被窖藏的部份和投入金融黑市的部份照常被視爲課稅對象，唯有存入銀行之儲蓄才可免稅，有窖藏和向黑市放欵之人大多是邊際稅率相當高之人，利害關係太大，他們勢必愼重考慮與權衡雙方得失，因此窖藏的習慣與黑市上的游資一定會受到決定性的影響。

也許有人會提出，以銀行存欵清單爲申請免稅之根據，可能發生弊病，例如英國銀行應付存欵準備金檢查所採行的「窗帘」制。也就是說人們爲了要免稅，可能到期末時向別人借來大批錢存入自己戶頭，然後憑存欵清單去申請免稅。這種事可能發生，不過我想不會太嚴重。如果你今年借別人欵存入自己戶頭來申請免稅，當你第二年提出這筆錢歸還別人，你自己的存欵就要減少，第二年的稅負就要增加。只有在極不規則的所得狀況下才會有人採用這種辦法。也就是說當你第一年所得高，邊際稅率也較高，於是你期末借錢來存入自己銀行戶頭，以免掉巨額的邊際稅欵之負擔，第二年所得甚低，將借欵歸還以後，自己稅負雖然增加，但因邊際稅率低，所以還是有利。除此以外沒有人願意採用這種逃稅辦法。再說，你期末向別人借欵來免稅，別人自己却要因此而少免稅，這種事恐怕也是沒有人肯幹。眞要防止這種現象的發生，我們也可以將一年中十二個月份內每月存欵增減額加權平均。譬如說第一個月存欵增加額乘以

（下轉第18頁）

高速電腦計算機簡介

溫新徽

一　電腦計算機的重要

在臺灣的時候曾在臺灣銀行參觀過一次電動的製表機，對其高度的速率，已經是嘆為觀止了。來到美國，常常聽到別人提起IBM一詞，最初不知道是什麼東西，後來才知道它是International Business Machine的簡稱。這種機器在商業上的用途就是編製會計統計報表。換句話說，所謂IBM就是我在臺灣銀行看到的那部「神奇」的機器。（看過最近一張由史本塞屈賽和凱塞琳赫本主演的Desk Set一張很好的片子，它在一開頭的片首中就是IBM三個大字。片中很多很大很大的機器，也就是這種機器，對IBM不太熟悉的讀者，這部電影倒是一個很好的參考。）

然而我還不太明白為什麼這一個區區商業上應用的東西，會使得全國婦孺皆知。我說這句話並不算誇大，十個美國人至少有七八個，儘管他們受過的教育也許很低，如果你抓住他問什麼是IBM時，他們會源源本本告訴你一大套。（另外一個使它出名的原因，或許是因為每天在全國最大的紐約報登有巨幅的IBM重金徵聘學員、管理員、工程師的廣告，出的報酬遠高出一般企業之上，所以很吸引一般人的注意）。前年學校裏增設這樣一門研究課程，為了有興趣，特去修習了一年，才知道別人這套東西，並不是僅僅在商業上應用。反過來說，商業上應用只是其中最簡單的一部份而已，這種機器已經發展到七百〇五號，其中五百號以下的（比如一百多號的是打洞機，四百多號是編表機等等）屬于商業應用的範圍之內，六百號七百號的便是所謂「電腦」，或者一般稱為「高速電腦計算機」（High-speed Electronic Computer），其應用主要的是在科學研究和軍事方面的。在研究方面，只有幾家很大的公司（如奇異電器公司）為了改良產品，減低成本，偶有設置此種機器者。並且大多數的公司縱有這種機器，也多是向IBM租賃而來，因為其成本太高，光說租金，七百〇四號的機器「使用」一五分鐘須租金四百元美金。其昂貴足以令人咋舌，更毋論購置矣。實際上研究的中心，都設置在幾個大學研究院裏。在軍事方面，美國軍部擁有此種機器多部，其中有些是為了適合某些特別需要或者特殊的計算程序而製的。有很多其構造至今尚屬于軍事秘密，外人不得而知。然而不談構造只講原理的話，則兩者並無甚區別。以本文所要介紹的就是屬于科學研究方面的IBM。

上面所說它在軍事和科學方面的應用，才是使它譽滿全國甚而至于譽滿全球的眞正原因。舉個最簡單的事實來說，最近一月，人造衞星的問題在美國簡直到了最高潮，街頭巷尾無人不談。然而人造衞星和IBM便有着最密切的關係，在人造衞星放射上去以後，因為氣候的劇變，風向的不定，以及其他種種不能預知的原因，它的軌道並不能像事前所預籌的那樣固定，它的調整完全是靠衞星內部的無線電機將其現在的位置用電波發射到地面上，地面上的工作人員立刻須將這些資料，代入繁複的數學公式，再算出它校正以後的部位和它今後在不變狀態下應循的軌道。因為它的公式包括很多變數在內，因此要應用到很複雜的「反方陣」（Inverse Matrices）的計算。這種工作在沒有這種高速計算機以前，差不多是一個人用手操計算機累月經年才能解答的工作，現在利用高速電腦計算機六百號已經縮短到幾小時之內，而七〇四號和七〇五號的發明更將它縮短到幾十秒鐘。就這樣它仍舊不能適合科學上的需要，因為這些人造衞星、人造月球在太空中運行，其速度是驚人的，如果等到幾十秒鐘算出結果時，可能已經失去其效用，所以科學家們現在所致力的就是怎樣可以再提高它的速率以配合事實上的需要。

二　電腦計算機的發展

電腦計算機的發源是在第二次世界大戰期間，兩個美國賓夕法尼亞大學的教授——數學教授茂克萊博士（Dr. John W. Mauckly）和電機工程教授艾克特（J. Presper Eckert），相信無線電眞空管可以應用到高速度的計算方面去，他們于是設計並且造成了世界第一架電腦計算機——Eniac（Electronic Numerical Integrator and Calculator）。一九四六年他們兩人組織了一家艾克特——茂克萊公司，並且開始製造可以應用到商業方面的這類計算機——一般稱為Model Univac I，而且為政府製造了三架。不久之後，這家小公司因為經營不得法，不得不宣告破產，一九五〇年雷明頓（Remington Rand Co.）打字機公司買下了他們的專利權，然而雷明頓公司的推銷也不甚得法，不知展開施用這類計算機的教育，所以進展很慢，否則的話，今日IBM機器的天下應該是雷明頓的了。因為雖然在一九五一年，IBM公司也開始了計算機製造的研究，並且在一九五三年出賣了十二架，但是在商業機器的市場上，它還沒有一部機器出售，一直到一九五四年，一位哈佛大學數學系的畢業生李爾遜（T. V. Learson）接充該公司的副總經理，以他靈活的手腕和普遍的宣傳和教育，才在短短的兩年之中擊倒了雷明頓公司而躍居全國第一，甚至使得IBM這三個字變成了「電腦計算機」的代名詞（事實上，因為市上廣大的需要和美國政府反托拉斯政策的鼓勵，美國現在有十八家製造此類機器的公司，其中十家是相當大規模的）。

在另一方面，為了對抗雷明頓的擁有艾克特——茂克萊機器的專利權，IBM敦請了哈佛大學的計算實驗室（Computation Laboratory）主任愛金教授（Professor Howard Aiken）從事改良計算機的研究工作。愛金氏在一九三九年就曾嘗試過建立一套此類計算機的基本原理，現在正好用IMB來試驗改進它，從而製造出第一部大規模的計算機——the Mark I。

一九五〇年以後，到現在不過短短的幾年功夫，但計算機的發展却是驚人的。Mark I問世不久，IBM又設計了SSEC（Selective Sequence Electronic Calculator)，一方面還在研究更快更新的機器——卽是現在問世的七百號機。事實上這中間有過一個革命式的改良——磁性線板(Magnetic-Core)的發明。這個發明歸功于一位年僅三十九歲的麻省理工學院的教授，福雷斯脫博士(Dr. Jay W. Forrestor)。這一發明使這新興的科學又向前邁進了一大步，使機器的速度一下增加了數十倍，也同時奠定了現在六百號、七百號的基礎。一九五三到五四年之間，IBM正式推出了十二架七〇一號。七〇一是純粹科學研究用的，和它相同，但是專適用于商業上應用的是七〇二號機。但是，因爲受到雷明頓廠 Univac 機的劇烈競爭，它的推銷並不十分成功。

在雷明頓方面，一位女科學家哈普博士(Dr. Grace Murray Hopper)發明了一種稱爲「規劃」制度的理論 (Programming System)(註：Progrmming 一字在現代科學中應用甚廣，爲避免與「計劃」plan 和「設計」device 諸名詞混淆起見，特暫譯成「規劃」，此字隱含利用現有的資料(data)而用數字方法作全面性的設計之意)。所謂「規劃」制度，簡單言之，就是設計整套的計算程序，用最簡單的方法敎導機器去做我們所要做的事。自從有這種制度以後，計算機才又更進了一步，從僅僅會加、減、乘、除的計算機變成了有記憶力有判斷力的電「腦」。關于這種制度的原理，我當在下一節中簡單說明。這裏我只想提醒大家一下：計算機的發展，是兩部份人員——數學家和工程家學——共同努力出來的成果，數學家的責任是在設計 (telling a computer what to do)，而工程師們則在根據這些數學家們的需要，根據已經研究出的原理，來做成各種適合不同使命的機器。

電腦計算機發展的最近情形，便是IBM的七〇四號和七〇五號機的推出。原來他們因鑒于七〇二號機的失敗，覺得七〇一和七〇二都有改進的必要，一九五六年，他們終于完成了七〇四以代替七〇一，七〇五代替七〇二。這一改進的成功，使IBM的七百號機器成爲現在最重要的科學計算工具。

三　電腦計算機的原理

電腦計算機的簡單原理，可以分成兩部份來說明。

第一：在計算方面的原理，和普通的手搖計算機一樣，電腦雖然能做各種不同的工作，加、減、乘、除、乘方、開方、甚至于更複雜的「方陣」計算，但是它最基本的原理，只不過是一個加法而已。減法是加負數，比如說，在一個「五」上，使計算機向前轉進三個單位，便是加上了一個「三」，結果是「八」，如果將它退後三位，便等于加上了一個「負三」所以結果便是「二」。如果將「五」延加三次，便等于乘上「三」，結果便是「十五」，而從「十五」中連減去「五」，三次以後十五減成了〇。換句話說，十五除五等于三。根據這些乘方、開方，以至于更複雜的方陣，也不過只是加、減、乘、除的原理的反覆運用而已。比如說一個「方陣」，不過是幾百或幾千次的除法，乘法以後的加減總和。所以科學家們所致力的，並不是計算原理的改造，只是怎樣加快其速度而已，由于前述的眞空管和磁場線板的運用，其速度已經增加到用千分之一秒的單位來計劃了。例如一個十行十列的「反方陣」，通常一個人用桌上電動計算機計算是需要好多天的，用六百五十號機IBM計算只需要一又六分之一分鐘，用七〇四號機算只需要百分之五秒鐘就能獲得準確的結果。一個幾行幾列的方陣，用六五〇號機計算需要 $0.072n^3$ 秒鐘，而用七〇四號計算還可以快一千五百倍。

第二：在「記憶」和「判斷」方面的原理，此種機器的所以被稱爲電腦(Electric Brain)或是『能思想的機器』(Thinking Machine)，主要的是因爲它能够「記憶」和「判斷」，已如前述。自然這種能力也須要人來控制的，它的原理是先由管理員在卡片上打好一些孔，每個孔的地位都不相同，代表不同的「訊息」(Information)，這些用不同的地位代表不同的訊息都是在事先「制定」(Code)好的，這種「訊息」的置入，在術語上叫「實以指示」(Feed in Instruction)。換句話說，機器在最先就需要用它的磁刷 (Magnetic Brush) 讀出這些「指示」(Read the instruction)，然後知道以後所有的卡片有着同樣的部位底小孔時，就是可以接受的準確資料(Acceptable)，否則就是應該拒斥的資料 (Rejectable)。這樣，從一大疊不同的卡片中，我們可以選出我們所需要的一張卡片來。前者我們叫做「記憶」，後者就叫做「判斷」。擧一個最簡單的例子來說，有六十張卡片 P_1，P_2……P_{60} 代表六十個學生，現在我們要找出一個成績最好的學生，假如事先我們給機器實入一個指示，叫它接受小孔地位「低」的，而排斥「高」的(假如我們以小孔地位低的代表較高的分數)，此時我們只須將這六十張(六百張，六千張，甚至幾萬張都可以)一次實入機器，它便會一張張的比較，選出其分數較高的一張，如下圖所示：

圖 1

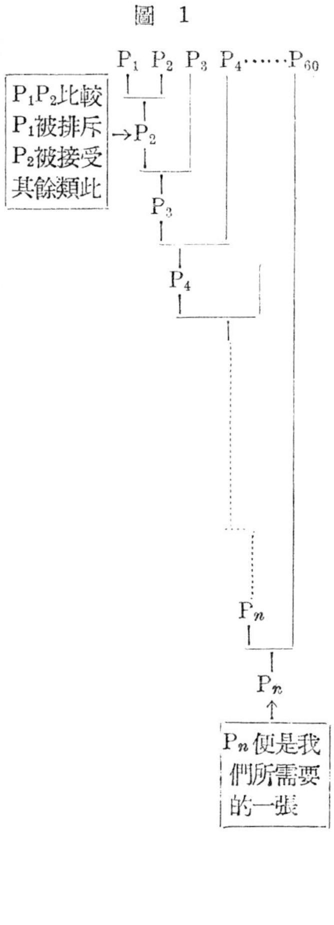

幾秒鐘之後，所有的卡片都經過了機器，我們所想找出的一張也給機器檢了出

來，既迅速又準確，這便是機器的妙用。

更有進者，在很多科學方面，有時我們在一個方程式算出以後，還想要知道它的軌跡。例如一個二元方程式，我們要知道它是一根直線還是曲線，還是波狀曲線，如果是一根波狀曲線，它的波長是多少，變動的程度如何等等。爲了方便起見，他們特地在七〇四號機器旁邊附設了一張電視機的銀幕，銀幕上映出來的是一張方格繪圖紙，每當機器算出用一個不同值代入該方程式中的變數而求出其「應變數」的值時，銀幕上便自動的繪上了一點，因爲機器運算極快，所以點的出現也極快，銀幕上出現的景象便不再是單純的點，而是一條在不斷的變動着的曲線。一面他們還配有攝影機，如果需要的話，他們可以將這些曲線攝好洗出，以備以後的研究。

然而神奇者還不僅至于此而已。前兩個月麻省理工學院舉行了一次示範表演，參觀的人數很受限制，我們的教授却是座上佳賓之一。他回來對我們講說這次示範表演中的噱頭。第一次，銀幕上出現的是一個井字，負責解說的小姐說，機器現在準備和你們諸位做劃×××〇〇〇的比賽，請任何一位出來。有一位先生應聲而出，說他要在中間一格畫一個圈圈，表演的小姐點點頭，在一個機紐上按了一下，這個井字的中央出現了一個圈圈，但幾乎是同時的，一個×便出現在井字一個角上，（這是機器所劃的），情形爲下圖所示，按這種游戲，人和機器誰先聯成一線×××（或〇〇〇），誰就贏了，據說玩到結果，機器是絕不會輸的，而比賽的人如果一不小心的話，倒是常常要吃敗仗。

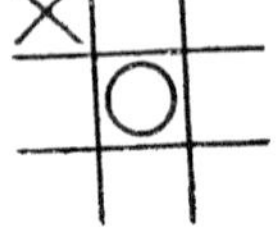

（圖二）

表演的第二幕，是一幅如圖③所示的景象，那上面有三個點，最上面一個橄欖形的，向右方平行移動，最下面一個長條形的也是向右方平行移動，中間一個小黑點，向右下方對角線移動，不多一會，情形便變成了圖④，情形繼續下去，最後那一黑點接觸到了那根長條，忽然轟然一聲巨響，一陣火光和一陣濃烟從銀幕上顯示出來，觀衆沒有防備着的都嚇了一跳。表演小姐說，這是飛機轟炸軍艦。

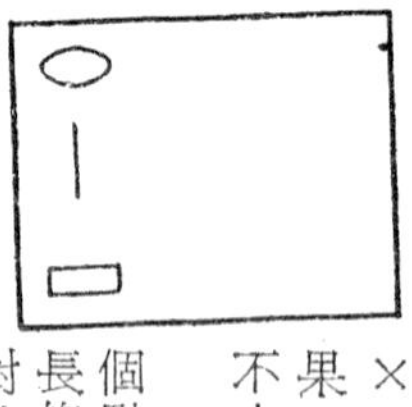

（圖三）

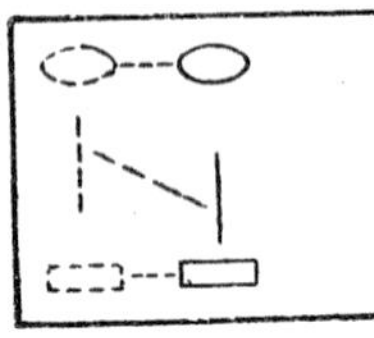

（圖四）

第三幕出現的是一個南美女郎，她隨音樂起舞，一件件的脫去衣服，原來是一幕脫衣舞表演，又引得觀衆一場哈哈大笑。

以上這些，讀者或者要感到太過神怪而不肯輕信吧，其實何只我們覺得新奇，連那位教授看了回來和我們講時，也手足舞踏，驚奇得不得了呢。（最近該校又學辦了一個最新發明的七〇四機 Programming 節目的訓練，爲期一週，有數十學生在麻省理工學院受訓，其中有一位中國同學郭善洵君參加）。

四　結　論

寫到這裏，不禁連想到我們國內的情形。我們每每說「迎頭趕上」，彷彿讓它們發展去，不論它走得多遠，我們都可以「迎頭」趕得上，不必着急似的。殊不知「迎頭趕上」並非「迎頭堵上」，它的重點是在這個「趕」字。我們容易趕得上，只是因爲別人已經跟我們開好了路，披好了荆棘，讓我們走得快些，但是每一個步子仍舊是要經過的，不能說一下子就跳越到前面去來個「迎頭堵上」。就是這樣，別人跟我們開好了路，我們還得拼命的趕才能趕到。因爲我們實在落後得太遠。假如不但不拼命，甚至連「趕」都不趕，而僅寄希望于將來有一天的「迎頭堵上」，那不是一個希望，而是一個不能實現的幻想、狂想。我很希望國內的研究機構不論在那種學術方面，都能趕快的普遍建立起來，從事這一趕的工作，千萬別節省這一筆錢，因爲它的重要性，都不亞于石門水庫或者中山北路大橋的重要性的。

（上接第15頁）

權數十二，第二個月的增加額乘以權數十一，以下諸月依此類推，十二月份的權數爲一。無論存欵增加或減少都依此法計算，然後加總平均之，作爲本年內存欵增加之總額，據以免稅。這樣就可以防止流弊。

另一個考慮是稅收的問題。前面討論支出稅時已經說過，只要可稅部份的累進度增加，儲蓄和企業利潤保留部份免稅不會減少稅收。如果起征點不變，也不會增加低所得階級的負擔，大體上仍是符合公平原則的。新稅制所造成的儲蓄增加，並非來自政府稅收的減少，而是來自窖藏，黑市游資，與消費額之減少。即令稅收眞因此而略有減少，但過去被浪費之資金如今能够被發掘出來而加以利用，其利益一定要遠超過稅收減少的害處。而且若生產事業及經濟開發因此而有大的進步，以後的稅收反會增加。在這一點上我們應該做一個全盤的衡量。而不要斤斤於一時的財政得失。政府損失一元的稅收，就能換得幾十元的建設資金，利害之輕重應該是很明顯的。

總之，第二個方案，比第一個方案簡單易行，我們可以不必爲支出稅的許多概念重新下定義，而只要就現有的所得稅略加變更即可。但這種稅制却具備支出稅所有的各項優點。

以上是我對現行租稅制度提出的幾點商權，因爲篇幅的限制和手頭資料不足，無法詳細討論某個方案的細目與執行辦法。我在此只是提出兩個原則性的建議，供有關方面參考。總之，我們的現行租稅政策頗有重新檢討之必要。上述各節只是其中較重要的一部份。過去我們的財政措施，過於拘泥於幾個不合時適的觀念。在改革稅制的工作上，我們又過份强調了租稅平等的原則，而忽略了租稅在經濟上的其他效果。

西德通訊

西德新內閣

鄭壽麟

本文中時常要提到西德的政黨，爲着節約起見，只得採用流行的簡稱，在這裏謹先列出說明，請讀者注意。

CDU Christlich-Demokratische Union 基督教民主同盟，西德國會中的最大黨。

SPD Sozial-Demokratische Partei Deutschlands 德意志社會民主黨，西德的次大黨。

CSU Christlich-Soziale Union 基督教社會同盟，與CDU組成聯合黨。

FDP Freie Demokratische Partei 自由民主黨。

DP Deutsche Partei 德意志黨，與FVP Freie Volks-Partei 自由國民黨組成聯合黨。

BHE Bund der Heimatvertriebenen und Entrechteten 被逐離鄉者與喪失權利者聯盟，簡稱難民黨。

西德現在的新內閣，是德意志聯邦共和國成立以來第三屆的內閣，「內閣」一詞，德人却習慣稱爲「聯邦政府」(Bundesregierung)。它在過去一九四九至一九五七年已經蟬聯了八年，這次重新組織，還要繼續執政到一九六一年，可以說是歐洲各大國中最穩定的內閣。它緊鄰的蓋雅 (Gaillard) 內閣，已經是法蘭西二次大戰後的第二十四任內閣了。

組織新閣，原是國會大選後必然的措施。德意志聯邦共和國的國會衆議院第三屆大選，已於今年(四十六年(九月十五日舉行完竣，當時阿德諾在勝利之餘，應該老早就意味到必須第三次出來組閣了，可是遲遲醞釀到了十月二十八日，組織新內閣的大事纔算告一段落。這中間自有其不大簡單的經過，我們姑且就有限的資料，逐步加以體察。

衆議院大選之後，照章在一個月內新國會卽須召集第一次全體大會，事實上是由舊衆議院議長格兒士滕勱埃兒博士(Dr. E. Gerstenmaier)宣佈定於十月十五日在西柏林舉行，其唯一的重要議案，便是選擧議長及副議長。結果仍是CDU的格兒士滕勱埃兒博士連任議長，SPD的石米特教授(Prof. Dr. Carlo Schmid) 仍當選爲第一副議長，CSU的耶格兒博士 (Dr. Jaeger) 連任第二副議長，FDP的貝克兒博士 (Dr. Becker) 連任第三副議長。這是合於衆議院一向的傳統，卽第一大黨擔任議長，第二大黨任第一副議長，以下依次類推。不過這第三屆衆議院，不再推選第四副議長，比較上屆便省去一位副議長了。新國會於是組織完成，隨卽訂定十月二十二日在臨時首都波恩召集第二次全體大會，這時的課題，乃是依據聯邦總統何伊士教授 (Prof. Dr. Theodor Heuss) 所提名的阿德諾博士，去選擧第三任聯邦總理。結果全部投四七五票，內中計贊成者二七四票，反對者一九二票，棄權者九票；西柏林出席的代表二一位，投贊成票者八位，投反對票者一三位 (柏林代表照章尙無投票權，此等票實際上並不予計算)。於是阿德諾終以多數票當選連任聯邦總理。總理一經選出，組閣的事體，便不容再緩。但閣員是由國會衆議員所產生，而衆議員則是各政黨競選的成果，所以要明白閣員的性質，首先須要明瞭政黨在國會的勢力爲如何。目前第三屆衆議院當中，只得五個政黨佔有議席，分別起來，則有兩個陣營，卽

執政黨：CDU議席二一五(外加柏林代表八名)
CSU 五五
DP 一七

反對黨：SPD 一六九(外加柏林代表一二名)
FDP 四一(外加柏林代表二名)

由這一簡表看起來，可知阿德瑙埃兒主持的聯合政府，應該是由CDU、CSU、DP三黨組成的，其中CSU因爲在國會擁有五五位議會，便要求四個部；DP雖只有十七位議員，但亦要求兩個部。至於一班舊人，何者應去，何者應留，當然有一度頗費周章。所以阿德諾根據一九五三年第二次組閣的經驗，便有一點感慨，以爲領導競選强似組閣。而舊閣員之中，尤其難處的，莫過於財政部長舍非兒 (Fritz Schaeffer)，他是除了總理與經濟部長以外，最有勳績的一位閣員，又是長於口才且富經驗的國會議員，但在任內，因爲態度剛强，却招致了各方的不滿。阿德諾在多番磋商之後，纔於十月二十八日率領各部部長晉謁聯邦總統，接受任命狀，十月二十九日在衆議院第三次大會的時候，全體閣員宣誓就職，自是新閣纔算正式成立，它的全部陣容乃是：

聯邦總理：阿德諾博士 (Dr. Konrad Adenaur)，八一歲，自一九四九年任聯邦總理，一九五一至一九五五年兼外交部長，黨籍CDU。

外交部：部長白倫塔諾博士 (Dr. Heinrich von Brentano)，五三歲，自一九五五年任外交部長，CDU。

內政部：部長石累德 博士 (Dr. Gerhard Schroeder) 四七歲，自一九五三年任內政部長，CDU。

司法部：部長舍非兒(Fritz Schaeffer)，六九歲，自一九四九至一九五七年任財政部長，CSU。

財政部：新任部長埃冊耳 (Frank Etzel)，五五歲，自一九五二至一九五七年任歐洲煤鋼聯營高級委員會副主任，CDU。

經濟部：部長埃哈兒特教授 (Prof. Dr. Ludwig Erhard)，六十歲，自一九四九年任經濟部長，自一九五七年兼任聯邦副總理，CDU。

糧食、農林部 (Bundesministerium fuer Ernachrung, Landwirtschaft und Forsten)：部

長呂普克博士 (Dr. H. C. Heinrich Luebke)，六三歲，自一九五三年任糧食農林部長，CDU。

勞工與社會秩序部(Bundesministerium fuer Arbeit und Sozialordnung)：部長白郎克 (Theodor Blank)，五二歲，一九五五至一九五六年任防衛部長，CDU。

防衛部：部長石特勞士(Frans-Josef Strauss)，四二歲，一九五三至一九五五年爲無任所閣員，一九五五至一九五六年任原子問題部長，自一九五六年任防衛部長，CSU。

交通部：部長塞波姆博士 (Dr. Ing. Hans-Christoph Seebohm)，五四歲，自一九四九年任交通部長，DP。

郵政電訊部：新任部長石提克侖 (Richard Stuecklen)，四一歲，自一九四九年爲衆議員，CSU。

住宅建築部：新任部長呂克 (Paul Luecke)，四三歲，自一九四九年爲衆議員，CDU。

被逐者、難民與戰時損害者部 (中國文獻簡稱難民部)(Bundesministerium fuer Vertriebene, Fluechtlinge und Kriegsgeschaedigte)：部長峩貝冷德教授 (Prof. Dr. Theodor Oberlaender)，五二歲，自一九五三年任現職，CDU(原隸難民黨BHE)。

整個德意志問題部(Bundesministerium fuer gesamtdeutsche Fragen)，部長：冷姆美兒 (Ernest Lemmer)，五九歲，一九五六至一九五七年任郵政電訊部長，CDU。

參議院及各邦事務部(Bundesminiserium fuer Angelegenheiten des Bundesrates und der Laender)：部長 美兒卡次博士 (Dr. Hans-Joachim von Merkatz)，五二歲，一九五五至一九五六年任參議院事務部長，一九五六至一九五七年調任司法部長，DP。

家庭與青年問題部(Bundesministerium fuer Familien-und Jugendfragen)：部長旣吳美令博士 (Dr. Frank-Josef Wuermeling)，五七歲，自一九五三年任家庭問題部長，CDU。

原子能與水利部 (Bundesministerium fuer Atomenergie und Wasserwirtschaft)：部長巴耳克教授 (Prof. Dr. Siegfried Balke)，五五歲，一九五三至一九五六年任郵政電訊部長，自一九五六年調任原子問題部長，CSU。

聯邦經濟財產部 (Bundesministerium fuer wirtschaftlichen Besits des Bundes)：新任部長林特啦特博士(Dr. Hermann Lindrath)，六一歲，自一九五三年任衆議員，CDU。

西德內閣，在這八年經過兩度依法改組中間，並無太大的變更，至於依據實際需要而增設或變更部分，倒不是沒有，茲簡要說明如次：

一九四九年首屆聯邦政府祇包括馬歇爾計劃部、內政部、司法部、財政部、經濟部、糧食部、勞工部、交通部、郵電部、住宅部、難民部、整個德意志問題部、參議院事務部，凡十三個部。當時的西德，尚在美、英、法三國高級委員監視之下。

一九五一年，盟軍對西德逐漸放寬管制，始得設置外交部，由總理兼任部長，連前共十四個部。

一九五三年，因着國會衆議院第二屆大選的結果，成立第二屆聯邦政府，除上述的十四部以外，增設家庭問題部及四位不管部長，於是成十五個部；同年十月馬歇爾計劃部改稱經濟合作部，仍由白呂歇 (Bluecher) 任部長。

一九五五年，自德意志聯邦共和國恢復獨立主權之後，添設防衛部及原子問題部，連前共得十七部。至於四位不管部長中之一位，專司原子問題者，已正式改部，所以不管部長減剩三位。這可說是西德內閣閣員人數最多的時候。

自一九四九年聯邦政府成立直至一九五七年的八年期間，聯邦經理均爲阿德諾兒。副總理一職亦均屬兼經濟合作部長的白呂歇擔任。

一九五七年第三任聯邦政府，於國會大選後重新組織，新設聯邦經濟財產部，同時撤銷經濟合作部，其餘各部除一部份改變業務及名稱以外，大體仍然照舊。總數亦仍保留十七個部，但不管部長，則不再設置；副總理一職，亦改由經濟部長埃哈兒特教授兼任，這是比上屆簡化與不同的地方。

新閣爲着簡化管理並且避免事權過於偏重起見，對若干部實行相當的調整，所以發生名義與職掌的變更，歸納起來，可分述如次：

廢止的經濟合作部所經管的歐洲復興計劃資產 ERP-Vermoegen)，劃歸新設置的聯邦經濟財產部接管，其他有關歐洲經濟合作組織(OEEC)的事宜，則劃歸經濟部掌理。

財政部與經濟部舊管的經濟財產，亦統歸聯邦經濟財產部掌管。原屬財政部的公共服務法(Recht des oeffentlichen Dienstes) 部門，改隸內政部；對於聯邦負擔平衡局 (Bundesausgleichsamt fuer den Lastenausgleich) 的監督權，則撥歸難民部。嗣後財政部專管屬於財政的業務，尤其是聯邦預算、關稅、專利、稅捐、財政平衡、聯邦債務、貨幣、戰後清償等項。

內政部舊管的屬於青年問題事項，劃歸家庭問題部掌管，所以舊日的家庭問題部改稱爲家庭與青年問題部。

舊日的勞工部，須兼管不能自立的中層階級，各級職員與自由職業，名稱亦改爲勞工與社會秩序部。

原子部亦略有擴充，增加水利事業部門，所以改名原子能與水利部。

參議院事務部應兼顧各邦事宜，所以改名參議院及各邦事務部。

十七部之中，由經濟、財政、糧食、勞工、交通、住宅、原子、財產八部部長組成經濟委員會，以經濟部長爲主任委員。

全體閣員連總理在內共十八人，年齡最長的始終是八十一歲的總理阿德諾，他並且是五百十九名衆議員當中最年長的一位，最年輕的閣員，以前是防衛部長石特勞士(四十二歲)，現在則輪到四十一歲的郵電部長石提克侖了。

在任最久的閣員，除總理以外，應算是經濟部長埃哈兒特和交通部長塞波姆，都是自一九四九年在原部蟬聯下去。餘如舍非兒，則是前八年任財政部長，今後却調長司法部。這次完全新任的爲財政、郵電、住宅、財產四部部長。其餘十位，都是一九五三年及以後第二屆聯邦政府入閣的。至於這次新閣成立之後舊任閣員離職的有前副總理白呂歇（先FDP，後FVP），勞工部長石托希（Anton Storch, CDU），住宅部長普雷伊士克（Dr. Preusker，初FDP，後FVP），整個德意志問題部長開塞兒（Jakob Kaiser, CDU），內中尤其是白呂歇以馬歇爾計劃部和經濟合作部部長的身份，主持戰後西德的經濟復興大業，先後達八年之久，厥功甚偉，而且爲着擁護阿德瑙埃諾政策的緣故，不惜退出FDP，而與其他同志另組FVP新黨，現在却連那主管的部，都不復存在，公正的人們撫今思昔，應不禁有滄桑之感。

論起閣員們的黨籍，除CSU四位及DP二位之外，其餘的十二位(連總理在內)都屬CDU。上屆的難民黨，這次在國會中已經落選，所以也不復有人參加內閣，問題自比上屆更加單純了。

至於新內閣的政綱，則於CDU競選大勝之日以及全體閣員在國會宣誓就職之日，由阿德諾一再宣佈過，大要卽是外與自由世界加强合作，內求恢復全國統一，至如更謀農業、水利、交通、原子能、社會福利等等事業的發展，那只不過是大政綱裏包括的枝節問題了。

與聯邦政府密切相關的是聯邦以內的各邦政府(Laenderregierung)，我們也應當加以一番體察。西德的各邦首長，不叫主席，而是叫做總理(Ministerpraesident)，市的首長叫做市長(Buergermeister)，在西德各邦當中的漢堡和白雷門，原是兩個自由市，它們在聯邦的組織上，都是與其他的邦列在同等地位，名稱亦叫做邦，但它們自身，却仍是市的組織。至於柏林則因四强共管而東柏林又在鐵幕後的關係，暫時只得由西柏林去參加聯邦，它在國會上下兩院的議員，只屬顧問性質而無投票權的代表。

我們知道，臨時首都波恩的聯邦政府或內閣，乃是西德的中央政府，至於各邦的政府，則是地方政府，無異是小型的內閣。聯邦的國會大選，是全國性的，固然重要，而各邦亦自有其邦議會（Landtag），它們的選擧時間是參差不齊的。比如最大的北萊因——西法侖邦（Nordrhein-Westfalen），照章是在明（一九五八）年六月擧行選擧，屆時CDU與SPD兩大黨之間，自必有一場劇鬪。漢堡則於今年（四十六年）十一月十日已經選擧了。這次國會大選的結果，對各邦不無發生多少影響，以致若干邦政府有提早實現改組的事情。在國會大選以前，各邦政府的首長，原來的分配是這樣的：

各邦首長屬於CDU者：

邦別	首長姓名
石勒士威希—何耳石太恩 (Schleswig-Holstein)	哈塞耳 (Kai Uwe von Hassell)
巴登—威兒滕貝兒克 (Baden-Wuerttemberg)	米于勒兒博士 (Dr. G. Mueller)
漢堡 (Hamburg)	西維卿博士 (Dr. K. Sieveking)
萊因蘭—法耳次 (Rheinland-Pfalz)	阿耳特勱埃 (P. Altmaier)
薩爾蘭 (Saarland)	萊內兒特 (Egon Reinert)

屬於SPD者：

邦別	首長姓名
拜燕 (Bayern)	賀克內博士 (Dr. W. Hoegner)
柏林 (Berlin)	蘇兒博士 (Dr. O. Suhr)
白雷門 (Bremen)	開森 (W. Kaisen)
黑森 (Hessen)	秦恩博士 (Dr. G. Zinn)
北萊因—西法侖 (Nordrhein-Westfalen)	石太恩何弗 (Fritz Steinhoff)

屬於DP者：

邦別	首長姓名
下沙克森 (Niedersachsen)	黑耳維格 (H. Hellwege)

這些邦中間，北萊因—西法侖等須到明年纔屆改選時間，已如上述，至於近月(四十六年)已經改選過的各邦情形，略述如次：

西德國會大選後各邦政府最先改選的乃是柏林，因爲它的市長蘇兒博士於八月三十日逝世，市議會議員一一八名於十月三日投票選擧新市長，結果是SPD黨籍的市議會議長白朗特(Willy Brandt)以八六票當選。於是SPD在西柏林，仍然保持其政治優勢；試看柏林派到西德衆議院的代表二十二位當中，SPD便佔有十二位，由此也可以想見SPD在柏林的勢力了。再說白朗特今年纔四十三歲，因爲當選柏林市長的緣故，又在十月二十五日繼蘇兒而當選爲西德參議院議長。並且依據波恩憲法第五七條的規定，當聯邦總統因故不能視事時或缺位時，由聯邦參議院議長代行其職權。實際上在十一月十九至二十二日，正好逢到聯邦總統有訪問意大利之行，所以白朗特之代理總統一節，就不僅僅是具文而已了。這位幸福的中年人，在短短的二十幾天至四十幾天當中，便由市議長而市長而參議院長而代總統，亦可說是官運亨通了。

隨後就有拜燕邦政府的改組。拜燕政府本是一九五四年九月十四日由SPD，拜燕黨(BP)，難民黨(BHE)與FDP四黨所組成的聯合政府，總理是SPD的賀克內，到明年（一九五八）改選邦議會，約尙有十一個月工夫。但因爲在國會大選中，小黨失去選民，大黨則相反地增添選民，在拜燕邦便自然造成CSU的勢力膨脹。同時BHE與BP兩黨的大員突然退出聯合政府，迫得賀克內不得不於十月八日宣告下臺。於是拜燕邦議會定於十月十六日進行改選，CSU的主席賽德耳博士(Dr. Hawns Seidel)在二〇四名的議員當中，擁有贊成的議員一一六名。他的新政府包括CSU、FDP、BHE三黨。

接着便是西德北部的漢堡改選。在這西德最大都市裏面，SPD的勢力暗中在逐漸增長，一九五三年第二屆國會大選的時候，漢堡人屬於SPD的選民佔三八・一%，屬於CDU者佔三六・七，相差並不甚遠。到了今年的第三屆國會大選，則SPD突然獲得四五・八%的選民支持，而CDU只得三七・四%。在漢堡議會裏面，SPD以外的CDU、FDP、DP、BHE四個黨便聯合起來，造成

星加坡通訊

星加坡的隱憂

——由星加坡最近市選推測星洲將來的政局

林　僧

（一）星洲在亞洲佔最重要之情勢

星洲（以下「星加坡」均略稱「星洲」）是大英聯合王國的「司閽」；東亞和平的「鎖鑰」；世界反共陣營的「前衞」。試回想第二次大戰期中，日本南進，就是先佔星洲，得手後，整個東亞就屛息待命，不敢頑抗。所以此一富軍略而更有政略價值基地，英美不能放棄它，我們更不能忽視它。此次星洲市議會選擧，在三十二席中，向以親共之左派「人民行動黨」，竟贏得十三席，獲壓倒之勝利，打敗執政黨的「勞工陣線」。行動黨（人民行動黨以下仿此）勝利之日，即預伏現反共政府下臺之先兆；亦即共黨傾覆運動抬頭之前奏。星洲之安危就是整個亞洲命運之所繫，決不可等閒視之。

此次市選，擧行於本年十二月廿一日。全市三十二區，每區選市議員一人，合共三十二席。參加競選者，除無黨派者外；計競選政黨，有勞工陣線、自由社會黨、人民行動黨、巫統、（馬來人組織）工人黨。得票結果：則以向在議會僅得三席之小黨人民行動黨，竟一鳴驚人，佔十三席。最大執政黨之勞工陣線，僅得四席。被視爲財雄勢大、資本家集團之自由社會黨，得六席。而成立不及一月半之工人黨、居然亦獲得四席。巫統二席。無黨派者二席。

覩全部結果，就是左派（行動黨、工人黨）勝利；執政黨（勞線）失敗。此次市議會選擧之勝敗，自可以推斷到今年九月立法議院（即國會）之勝敗，九月誰勝誰就可以執政，敗則就要下臺。故今次市選，極關重要。

（二）左派勝利之分析

此次左派的勝利基於下列幾個原因：

①巧用仇恨心理：　利用潛伏本市共黨餘孽傾覆之陰謀，與青年（廿二歲）學生、工人、對政府迭次（即執政黨勞陣）明智的斷然處理學潮、工潮所懷之仇恨心理，作總動員之拉票行動。

②挑撥：　左派極端挑撥佔市民絕大多數之貧苦工人，以盲目攻擊政府使人民擁護行動黨。

③用小組方法：　以組織來控制無組織的選民，仍用共黨學生在校之「小組運用」，操縱班會方法，移用於此次選擧。故如南方諺語所謂「十拿九穩」，穩操勝算。

④鼓動傾覆分子：　當選者多爲隸黨籍於行動黨，而其實爲傾覆運動分子。觀內中當選分子之構成：不是多爲一九五四年五月十三（共黨所謂五一三事件。）共黨指使學生「及徵役」之大罷工、大罷課中大暴動中心人物；即是數次受「公安法令」下被拘捕之人物：如當選人劉彼得、史立華等。現被選之卅二歲市長王永元，亦自敍爲反帝國主義著名人物。

人民行動黨決推派出任市長之王永元氏。（卅二歲）

一個所謂「漢堡集團」（Hamburg-Block），以謀抵抗，果然生效，因爲它們在一百二十個議席中，居然獲得六二席，而SPD則得五八席。所以市長寶座是屬於CDU的西維卿博士。不過好景不常，FDP首先退出，於是那個集團，便迅速瓦解。十一月十日，漢堡議會改選的結果，又是SPD大獲全勝，因爲它得到五三·九%選民的支持，已是首次在漢堡達成絕對多數了。全部一二〇名議員的分配，是SPD佔六八名，CDU四一名，FDP一一名。DP只得到四·一%選票，未能滿足選擧法規定的五%，便遭淘汰。今後的漢堡邦政府是SPD與FDP的聯合政府，首長則是SPD的白勞埃（Max Brauer）了。這次SPD在漢堡改選中的勝利，其一部份原因固然可歸功於反對黨素日的嚴密組織，而另一部份原因，則是以往曾任議長和市長的白勞埃在漢堡人民當中的聲望，比較前一任的西維卿，是有過之而無不及呢。

下沙克森邦政府原本是由CDU、DP、FDP、BHE四黨組成的聯合政府，最近在十一月六日因爲FDP與BHE別有作用，收容了極右翼的德意志國家黨（DRP）的六名議員，企圖在兩大黨中間，形成一種「第三勢力」，於是促使政府的解體。十一月十九日由原任的DP籍的總理黑耳維格，聯合CDU與SPD實行改組政府。今後下沙克森邦的總理仍屬黑耳維格，副總理兼內政部長則是SPD的柯普弗（H. Kopf）。

我們綜合上述幾個既經改組的邦細看起來，可知西德目前CDU和SPD兩大黨在各地方的劇烈政爭結果，是互有消長的。在CDU方面來講，是贏得了拜燕邦，却失去了漢堡，一得一失，只拼得死個得失相抵。將來更有七個邦，還要陸續改選，誰手，正未可知呢。這些邦的改選，對於國會的鹿參議院，當然發生直接影響，因爲參議員乃是由於各邦的首長及代表充任的。至如SPD之鑑於三屆國會大選之失敗，而準備再接再厲，加强對付CDU的戰略，那亦是必然的。（四六、十二、五作）

⑤勞陣引狼入室　聞在運動選擧之前，勞陣因先與行動黨早有默契，故願將勢力範圍下之選區，讓出七區之多(或不止此數)，准行動黨進入拉票，選左派人士。誰知行動黨侵入其地盤，穩孔穩打成功在握後，竟化友爲敵，蠶食勞陣利益。因爲事先勞陣恐自由社會黨（以下略稱自社黨）爲資本家集團，有錢有勢，易爲所敗，乃預與行動黨、及巫統聯合對付之。豈知行動黨利用青年學生，反要暗中拆勞陣之臺，搶勞陣之票，其勝利終落在行動黨身上。可知共黨一類的左派仁兄，眞無「溫情」，大可棄信背義。故此次勞陣所受行動黨禍害，比自社黨侵入之危機更甚。

⑥民族主義思想之抬頭：　星、馬近二、三年工潮、學潮、反帝、反徵役、及獨立或自治運動……等，皆由此思想澎湃，而造成莫大之主流。行動黨領袖之小律師李光耀，雖食法律飯、而不懂法律的短小精悍的傢伙，懂得這些羣衆心理，善於利用此一主流，凡社會有會必到，到必以反殖民地、反帝、……等時髦口號，哄騙民衆。尤其對盲從學生，更大唱大擂，煽動其仇外（英）情緒。每次在學潮、工潮大暴動後，當嚴重時，則噤若寒蟬，縮頭如龜；到無事時屢次表出「僞善」態度同情被拘之工人、學生，這正所謂「馬後炮」之詭滑政策。無人知其虛僞，於是登高一呼，羣山皆應，乃至獨佔鰲頭。

⑦勞陣心有餘而力不足：　現執政之勞陣雖潔身自愛，努力欲有作爲；可惜不知延攬人才（尤其中國富有學問經驗人才）。聞其主腦之左右，僅得一二個淺薄的新聞記者，代他策劃，故發言獻計，均甚幼稚，因此輩所能作到的，只一些空泛之常識，而太缺精深之學識。且以淺薄輕佻、胸無點墨之市儈、鄧炳耀出任秘書長，致百事措置無方，語出令人噴飯。夫得人者昌，古有名訓。何況政治鬪爭，情形複雜事工艱鉅，不循延攬人才道路，未有不慘敗的。

⑧好人不問政治，壞人得以抬頭：　此次三十二區擧行市選，參加候選人共八十一人。每區選一人，即以三十二席，而由八十一人競爭。可惜競選者雖極熱中；但選民投票，並不踴躍。計三十二區，放棄選權者，每區有三分之二以上。故左派就得以小勝多，造成其成功機會。後查選民所以放棄，皆因一般瞧不起行動黨等左派，太無人才，幼稚到不成樣子；而對執政黨之勞陣，或亦有未饜民意，在施政上使人有失望之處，故寧棄權不投。誰知這三分之二人數，乃是多數穩健分子，工商界之中堅，亦即社會之安定力。他要當誰就誰勝；但他放棄時，壞人就會抬頭了。

⑨勞陣自行安排致命打擊的日子：　選擧，是十二月廿一日，正是各校剛剛放假之時。勞陣偏偏選了這個日子，這是等於替左派造機會，而自甘受致命的打擊。勞陣政治之幕僚人才，缺乏到這樣地步，眞是世界之奇聞！

因爲此時正值各校由十二月六日起放假一月，而行動黨就手急眼快地把這些易受蒙混、自命前進的衆多學生羣，順手搶奪過來，做左派拉票的生力軍。更鼓動其以前憎恨政府（執政黨）之心，燃起復仇之火。所以這批傻爪，就像着迷般，自願當義務的分途拉票，連食飯、交通、都淘腰包。其志可嘉，但其愚，眞不可及！不過勞陣替敵黨造機會，那更是罪不可恕的蠢上加蠢了。

⑪利用愚夫愚婦：　上項之生力軍，雖無法打動前述各區三分之二不願投票之有識工商界；然大可以聯合各女生上門胡扯亂拉那些母親們，和老大婆，無識婦女……等，連逼帶誘，拖她們到場投票。——這一行動人所不知，而數目是至爲可觀的。何況這些馴良婦女，不是比那些成竹在胸的知識選民，不更易籠絡，而且可靠嗎！

（三）得意忘形的插曲

①未登市長寶座，先嘗鐵窗風味：　自十二月廿二市選揭曉爲行動黨等左派勝利後，於是常以共黨姿態和論調欺騙民衆、學生之李光耀所率領之行動黨，就趾高氣揚，其徒子徒孫，大批紮成大掃把，向天豎立，扛之隨處游行（此掃把，表示掃除貪汚之意。），以代行列中路程碑之用。甚至不顧警律，亂作亂爲，在市府大門，燃放爆竹，共申慶賀。當時其領袖李光耀及屢次變節、語無倫次之工人黨主席馬紹爾（聞爲錫蘭與猶太混種，故鼻鉤如猶太人。）亦不阻止也，縱任所爲。依法須請准方許燃放爆竹。誰知此二人吃法律飯，而不懂法律（辦案，也是如此。），接二連三，讓他黨徒大嚷大鬧，正燃放到興高彩烈時，就突被到場保護之警官盡將左派十三個市議員，連新市長（預定爆竹放完，就決選這祇有卅二歲的小伙子，作世界聞名大星洲的市長。）和三數羣衆，盡扒入警局，誤了「選長」及「就職」佳期。市長之寶座未登，就先嘗鐵窗風味。——此一焚琴煮鶴，大煞風景之情形，愈暴露列寧罵共產黨徒的「幼稚病」，可見其鹵莽輕率的行爲，即預伏他日大大失敗之先光。

②跣足穿屐之新民主：　議員就職選擧市長時，旁聽羣衆，一連多日，可以跣足濶步，或穿木屐，昂然蹓躂而入議會，無人或阻。至男議員則衣冠不整，既不穿上衣，亦不必打領結，（此間傳統，即不穿上衣亦必須打領結，否則無禮。）擐臂、袒胸、高踞議席。而女議員，則身穿短衣，如傭婦、工女裝束，足曳拖鞋，高視濶步，搖曳生姿。怪象百出，不一而足。據左派仁兄贊美自己說——這是打倒殖民主義傳統之新民主哩！

③飛舞大鐵椎的「怪物」：回溯前日當行動黨十三議員連同那個未來的市長被拘入警局後，有一個肥頭大耳，面目犂黑，目光烱烱，張牙舞爪之怪物，暴跳如雷，大罵「豈有此理！豈有此理！」——這一猙獰怪物，就是前被勞陣鄙棄擯出之黨首，至今日搖身一變而騙得一些愚孝愚忠的工人，又擁他爲工人黨（組織僅一個半月）主席的「馬紹爾」！

馬氏原爲左派行動黨，李光耀之敵黨，去年自到倫敦談獨立憲制，失意歸來，被李氏的敵黨，攻擊得體無完膚；並用種種挑戰方法，逼馬氏退出政壇，把原任之首席部長，連同立法議院議席，一同辭掉，讓勞陣現任之林有福繼承其位。

馬氏自被逼退出政治舞台，在極度熱中而又在極度苦悶的當兒，蘊釀成一種强烈的心理變態，以發洩其鬱結，大談其不可思議之怪論，獨行其不近人情之怪行。所以語無倫次，怪狀百出如：①此公自執政以來，無日不以標榜「反共」爲施政方針；自失意於英廷後，居然又反而「親共」，欲借重隣國中共之同情，以自重其聲價。所以去年就不顧一切，率意孤行，親赴大陸，投入中共懷抱，用搖尾乞憐姿態，冀得冷酷無情主子之垂憫。推其用心：就是想拿這套本錢，以作重振旗鼓，再握政權，償其富貴功名的慾望。但結果呢？——竟失望而歸。②由於恨林氏坐收漁人之利，而承當首席部長，遂轉而憎惡勞陣全體。近數月來，不論選擧前後，無時不罵。其情形，恰如赴大陸時，對中共歌功頌德；失意歸來，則又無情毒罵一般。③認敵爲友。前既被行動黨李光耀恥笑怒罵，不顧法律、公然侮辱、逼其退出政壇；今日因組織工人黨，自稱左派，擬借重李氏徒子徒孫，代爲拉票，又拍肩攬頸，稱兄道弟，親熱逾恆，認敵爲友了！

那天拘捕事件發生後，這怪物就在身上淘出個大鐵椎，飛舞而起，在席上大敲特敲，聲振四壁。據謂鐵椎乃工人黨之黨徽。但須知鐵椎是武器，在議會而身携武器入內，便是犯刑法。以英國大律師而不懂法律，眞是奇怪之至。試問以人口一百卌五萬，關係世界安危之政治、軍事重鎭、如果被奪取在此輩鹵莽無知、無法無天的人物之手，能不寒心嗎？

（四）星洲將來之推測

此次代表左派之行動黨得志，佔據市會，自任市長後，將來的情形可作下列之推測：

①行動黨等登台後，必挾其戰勝餘威，礪兵秣馬，以迎接一九五八年九月立法議院大選，再用此次手法奪得多數議席，（現則勞陣佔多數。）而組織星洲最高政府。此時勞陣祇好慘敗，頹然忍痛下野。

②左派之行動黨，既志驕氣勝，相率登台，誰知一切登場人物，都是廿二歲上下之乳臭黃口，學問全無（最多亦中學而已，）經驗缺乏的年輕人。讓他們來統治一百三十五萬人口重要之小邦，其複雜情形絕難同於他們在一個學校，或一個班會裏，那麼易於處理。這麼一來，他們就會到處碰壁，雖焦頭爛額，亦無法應付。

③行動黨既高踞政府寶座，雖大過其官癮；可惜綆短汲深，志長才短，既不能履行競選許下之諾言；又人才短絀，更無法應付艱危之局面。何況凡事出於鹵莽，措置乖方，大失人民期望，其勢必致被逼下台。那時人民，對於勞陣，或有「退後思君子」之心了。

④行動黨如果眞被人民打下臺的話，那麼屆時，何黨何人，可以崛起，出來收拾殘局。如果無黨無人有此魄力的話，就會給共黨囊括而去！此一使人惴息不安的危局，實是危險萬分。環顧星洲亦祇得勞陣或有此實力，可以重握政權，給它一個自新機會。

然而勞陣究竟能否重登舞台，仍要看下述數點，爲決定之因素。

Ⓐ 等候四個年後，人民對左派行動黨一切幼稚乖張行爲，是否已作徹底之覺悟？

Ⓑ 勞陣有無決心急起直追，加緊羅致才德兼優，學問精深之專門人才，切切實實，負起建國之大任，及徹底改變其政治鬬爭之策略否？

Ⓒ 四年後大選前，勞陣有何方法，可自信爭取充分之票數，及目前有無豫定之成就？

以上四點的檢討，如果是肯定的話，勞陣仍可捲土重來；否則恐成混亂局面，永淪爲共產基地，其惡劣情勢，將近如印尼；遠甚中國大陸。人類將水深火熱，世界永無寧日了！

李隆老店

司馬中原

小時候，我總愛到對街那些老店的錢筒附近去檢銅角子。像老喬的鐵舖、徐家蠟店、協和酒坊，都是我常流連的地方，而我最愛去的莫如對門李隆開設的雜貨舖子了。

李隆是六十開外的人了，除了他那一頭白髮和微呈佝僂的背，使他看上去顯得蒼老外，他的笑聲比集市上的年青人還響。人們都曉得，李隆早先是個孤苦孩子，十六歲就出了遠門，中年時千山萬水的從外鄉回來，娶了親，生了兩個孩子大嚼吧和二嚼吧；老大生後不久便患驚風夭折了，老二自小就在湯藥罐裏打滾，好不容易鬼門關前撈回命來。不幾年，李隆的老婆又得了喉蛾症死了。祇剩下李隆跟二嚼吧爹兒倆守着一爿老店。

不管人們怎麼傳說，我從沒關心過李隆的過去，說穿了——它跟到錢筒附近去檢銅角子毫無關聯。

雜貨舖的門面很窄，古老的牆磚上盡是經過風霜雨雪的斑痕。街呢，也窄，我們家院心的梧桐樹蔭，能够罩得住老店屋脊上的瓦楞子。從街口朝裏瞅，整個集市像一隻葫蘆，李隆家的舖子正當葫蘆口口兒上；流動的人羣就像是漏斗上打旋的酒，經過那窄窄的店門口，流進街裏去。店舖門前有塊匾，上面寫着「李隆老店」字樣。店門裏，當街豎塊黑底金字的長招，招上寫的是「公平交易，童叟無欺」八個大字；招面的黑底已經裂開很多龜紋，字上的金漆也大塊剝落了；長招的木塊受了潮，害風溼症似的弓着腰，彷彿學它主人佝僂的神氣。白木的櫃枱黏着一層褐漆似的油灰。山架躲在黯黑的角落裏，蒙滿了蛛絲和塵土；若逢陰雨天，客人們簡直看不清架上的貨物。不過，在我眼裏，那些都不關緊要，最使人忘不了的該是老店的錢筒了。錢筒是用碗口粗的山竹做成的，靠在櫃枱外面的牆壁上；我必須舉起手，蹺起腳尖，才勉強能攀到它那吞銅角子的大嘴。

逢集時，街上擠滿了四鄉來的趕集人，牽着長耳朵的毛驢，捲毛的大綿羊，推着吱吱唷唷的鷄公車和獨輪手車。車子進街卸脫了米糧雜物，成排翻靠着街兩邊的牆壁，車槓上栓着牲口使懸空的車輪輕輕打轉。這時，所有黯黑的老店也都跟着光輝起來了。老喬的鐵舖早就扯起風箱生旺了爐火，每當鐵鎚打在鐵鉆上，那些迸射到街心來的火花常使過路人擔心的抖抖衣裳。蠟燭店的大缸裏昇起熱騰騰的白霧，老遠都能嗅到一股牛油和蠟脂混和的香味。而李隆的店門口更是擠滿人頭，黑壓壓地，像陽春三月野塘裏使長竹竿趕着的鴨羣。

李隆的顧客中很少陌生人，那些人一進門，便大爺二老爹的叫喚着，心不在焉的把自己的油壺掛到頭頂的掛鈎上去，照例招呼說：「隆老爹，我的四兩」，「我的半斤。」然後，掉頭便走，串着街，買要買的，賣要賣的，再找一家飯舖兒，叫幾壺花雕喝紅了臉。等到日頭掛上西邊柳樹梢，人們才開始在掛鈎上摘下自己的油壺，壺裏正好是所要的份量，決不會錯了斤兩。笑着，寒暄些講熟了的話，從肚兜裏掏出一串早經數好的銅子兒，隨手扔進錢筒去。銅角子嘿啷啷地響，像井欄邊滾回井底去的水滴。

我羨慕那些滾落在錢筒外面的光亮的銅角子。但我更羨慕二嚼吧從他爹手上學得的本事，那眞是我甘心自認一輩子也難學得會的。他可以一眼認出哪一個油壺是那一家的，比如李三爺家的油壺是歪脖子葫蘆做成的，三分潤的口，塞着玉蜀黍的穰子；張大嬸兒家的是隻凹心的綠玻璃瓶，可裝滿二斤四兩；拐兒爹家的是個土窰燒，紫面子，圓耳朵，上頭還紮了兩根紅布條。

等到集市上人流退盡了，每家矮簷下浮出黃黃的燈光時，老店又回復原先的蒼老了，永遠是一盞豆粒大的小菜油燈，昏昏濛濛的。李隆老爹照例躺在竹躺椅上，閉上眼，把彎管兒的水烟袋吸得呼嚕呼嚕地響，我相信，除了關王廟前空場上野臺子戲開鑼，或者十字街口茶樓上有唱黎花大鼓的來包唱，他是不會離開他那張躺椅的了。二嚼吧每晚都傾倒那隻大錢筒，整理零碎的毛票，把銅角子歸到錢板上，每板十吊錢，一個子兒也不差。

一到背集，街心空盪盪的，拋出棍子也打不着人頭。太陽懶懶的照在一溜灰色的瓦脊上，「李隆老店」四個大字也張開嘴打呵欠似的，想瞌睡一陣兒，再打起精神迎接下一個集。李隆老爹總愛把躺椅拖到門外來，躺着曬太陽；二嚼吧呢，照例起五更，摘下掛鈎上圍着藍布風罩的畫眉籠子，提到鄉野的墳頭上去放，回來時，搭起竹梯爬上屋去，拔除瓦面上絨茸茸溜的瓦松，掃掉瓦楞中飄落的梧桐葉子。

那當口正是我們一羣孩子檢銅角子的好機會。我們都曉得隆老爹跟二嚼吧壓根兒不在乎那點子錢，要不然，錢筒決不會放在櫃枱外，隨顧客自己扔了。

我們總是首先放倒竹梯，讓二嚼吧做做無法下凡的天神。然後我們就在對街磚牆上碰錢，故意找呀找的叫着：「錢呢？錢呢！我的錢呢!?」其實，自己那枚錢早已裝進了荷包。利用找錢做引子，我們當然會找到我們要找的地方去——錢筒附近的地上，或是櫃枱縫裏。一蹲下身，我們就搶着檢銅角子，若不是屋頂上天神窮嚷，我們八輩子也想不起放倒的竹梯。

找銅角子時，誰也不用擔心隆老爹會低頭看你那紅一陣白一陣的臉，他祇顧瞇縫着眼吸他的彎把水烟管兒！

「呼嚕……呼嚕……」烟管上兩個紫線球跳動着：「乖龍子，做什麼呵？」

「我碰丟了錢。」

「嗯!?」他側過臉：「說大聲點兒。」

「我、碰、丟、了、錢！」幾乎咬住他耳朵，我們大聲的喊着。

「噢，噢……」隆老爹滿是皺紋的臉上浮現出一種滿意的表情，慢吞吞的聽懂了，打鼻孔中噴出兩道白霧來，一聞就知道那是上好的皮絲烟的香味：「什麼樣的錢!?——說，說不上來不準拿了走。」

我過過這種事，曉得那不是追究。「乾隆通寶，十文的！」我會理直氣壯的說。其實，銅角子的種類很多，隨你說哪一種都行，只要打找來的錢裏，檢出一枚十文的乾隆通寶來就成了；我會舉起錢，在他鼻尖上搖幌着。「哪，您看，這可不是我的乾隆通寶!?」隆老爹瞇起眼，彷彿眞看的樣子，水烟袋却吸得更響了。看着看着，他會猛地伸手擰住你的耳朵說：「叫我一聲，來，叫我什麼?乖龍子。」

乖巧點兒的懂得他那門道兒，叫一聲隆老爹沒事，碰上他高興還會使鬍子刺刺你的臉，聽憑你玩弄他水烟袋上的紫線球兒。如果你不自量，叫什麼老棺材攘子啊，外鄉老爹啊，隆老頭兒啊，那包管會惹得他眞的在你耳朵上使一把勁，擰的生疼。

「哼！滾開去，惹厭的胚子！再來，我使門閂打斷你那骨拐！」他會氣虎虎地罵着，把你攆出大門。

儘管這樣，你隔一天仍然可以再去碰錢，再走進老店的大門，李隆老爹決不會認出你，或許，他會跟上回一樣，又一把擰住你的耳朵：「叫我一聲，叫我，來，乖龍子！」

就這樣，我口袋裏積滿了各式各樣的銅角子，龍的，嘉禾的，國旗的，人頭的，每一枚都磨得亮閃閃地，再塞進我聚寶盆的肚子裏去。

如果隆老爹跟牛車進城去賣貨，對付二嚼吧可就難了。二嚼吧細高個兒，扁平鼻樑，走路搖搖幌幌的，活像風吹的竹竿。他已經是三十出頭的人了，還是一條光桿，主要的是因爲他過份口吃，大脚媒婆就很少上門了。二嚼吧對付我們永遠是一個老法門兒：瞪大爛紅眼，一隻手拎着門閂子，一隻手叉着腰，張牙舞爪像逼老鼠似的，唬——的一聲奔過來，吓得我們沒有一個人敢回頭。但我們對于二嚼吧也並不會客氣些兒，抓住機會，總要千方百計的設法捉弄捉弄他。

而且我們還有別的法門。我們裝着大模大樣的跨進舖裏買物件，二嚼吧對於顧客總會高興接待的。當然囉，我所指的物件決不會超出蔴餅，山楂糕，猫耳朵之類的吃食。我們手裏搖着銅角子，叫道：「十文錢的猫耳朵，要脆鬆的呀！」二嚼吧把脆鬆鬆的猫耳朵隔着櫃枱送過來了，我們就故意把手上的銅角子對準錢筒，用碰錢的手法一碰就碰到街心去。走出店後，我們再將錢拾起來重新裝進自己的口袋。

起先，我們總幸運地分食不花錢的東西，可是日子一久呀，二嚼吧就不容易哄得住了。有一回，正當我把銅角子碰開時，二嚼吧突然一翻眼，伸長腦袋，像一隻被踩住尾巴的猫似的大叫起來：「好哇！你？你！你你你……騙，騙我！小，小兎崽子！」我只有拔腿飛跑，跑着跑着，只聽見耳後呼風響和「丟下錢來！丟下錢來！」的吆喝。跑了一大段路，轉臉已瞅不見老店的影子了，心裏還突突地跳。

前門不中了，再從後門下手罷。老店的後門被竹籬隔成一個不大不小的院子，這邊種的苦杏樹，那邊也種的苦杏樹。苦杏將熟時，我們就分做兩批，一批用盡各種方法偷摘苦杏，另一批大聲唱着：「人啦唉，人啦喲，有人來偷苦杏了喲！」一直唱到籬笆門吱唷一聲響，門縫中探出二嚼吧的頭，我們才像受驚的鳥樣飛開去，留下二嚼吧一個人嘰咕地咒罵着，一面檢回他拋出來的東西——往往是一把禿頭掃帚或是一隻破鞋子。不用說，到那時，我們已抬走了成筐成熟的苦杏，而二嚼吧祇能找到苦杏的葉子了。

奇怪的是，事情過後，二嚼吧決不會再計較我們這些偷苦杏的小賊。祇要一離老店的門，他比他爹還要和善。二嚼吧是個編鳥籠的能手，不單鳥籠編得細緻，而且深懂養畫眉的法門。每天清早，我睡在舖上，一聽街心的畫眉叫，就曉得二嚼吧又去放溜他的畫眉了。集上人們提起二嚼吧，總贊嘆地數出他各樣好處，然後却轉成婉惜的語氣：「可惜嚼吧討不到相宜的媳婦呀……」

儘管每一個熱鬧的逢集跟太陽一道來，那份光輝照亮了「李隆老店」的黑匾；儘管老店門前搖幌着帶笑的人臉，橫木掛鈎上掛滿各式各樣的油壺；在畫眉鳥快樂的流水似的叫聲裏，總有一點兒心事掛在隆老爹的眉梢。隆老爹逢人便說：「嗨……儻着留留神，你曉得，我家嚼吧老二三十出頭的人了呀！」

「嚼吧長眼睛幹什麼來!?」受托的總愛衝着二嚼吧的面打趣他說：「不用老爹多費心神，——嗳，嚼吧，當面鑼對面鼓的，媳婦要你自家挑呀！」

「啃呀，還談得上挑！」隆老爹摸着白花鬍子：「嚼吧這種人，憨厚得見了姑娘家，漲粗了脖子也放不出一個屁來。——我呢，半生飄泊在外，受盡了辛苦，這如今，老嘍，老嘍，嗨！守着這爿老店，我還能帶進棺材!?……外頭風言風語地，世道說不定哪天要亂啦，趁我還有口氣，能跟嚼吧帶上一房媳婦來，一家一道過日子，死也安心。」

我常常在夜市中茶樓的前排條橙上，看見隆老爹閉上眼，醉意燻燻地聽唱黎花大鼓的傅姑娘敲起嘣隆隆、嘣隆隆，急雨似的鼓點子，用北方腔調唱着古老的民間故事。他凝神側耳的聽，彷彿自己也變成書裏的主人。尤其是幾部苦戲，像李三娘磨房產子、牙痕記、王淸明合同記之類的，更使隆老爹百聽不厭。每當悲劇的情節發展到高潮時，唱者以悲涼欲絕的聲音，唱盡書中人物的淒楚，那當口，隆老爹那張蒼老的臉上就會浮現出痛苦的表情。但是，侉姑娘總愛在隆老爹淚眼欲滴時，突然把擅板撩起一個花，再變腔調，從悲苦裏唱到落難公子中狀元，妻榮子貴，回鄉祭祖，用大團圓作爲結局。這一來，隆老爹呵呵的笑開了，露出上顎上一顆七歪八扭的門牙，一面揉着眼角說：「我呀，我才不想二嚼吧進京去中個狀元回來，我這一輩子跑得還不够呀！——早點娶媳婦倒是眞的！」

二嚼吧找媳婦眞比我在錢筒附近檢銅角子還難，隆老爹見人托人也總得不着回音。但是，霜降過後，梧桐樹成天飄下巴掌大的落葉時，隆老爹卻興冲冲地打城裏帶了喜信回來。老店裏的小暖閣被左鄰右舍的姑婆們幫忙收拾成二嚼吧的新房了。人們探聽出來了，隆老爹進城販貨時，相中了城裏一家紮匠店的閨女，就請集上驢駝販子馬二做大媒，合過生辰八字，那閨女跟二嚼吧正好是大吉大利的上上婚。

「多早晚帶新媳婦呀?隆老爹。」

隆老爹一瞅別人衝着他動嘴，便笑得兩眼瞇成一條縫，側過頭，忙不迭地說：「嘿，嘿，說大聲點兒，——我的耳朵不好呀！」

「我說，媳婦多早晚進門!?」

「噢，噢，日子訂在春頭上，」隆老爹猛然想起什麼來：「哦——正趕上城裏戲班子下來唱春戲的時候哩。」又自言自語的：「好啦，我早說了，媳婦進門後，店裏店外統交給他小倆口料理去，呵呵，我也好放下心看春戲去了。」

二嚼吧娶媳婦的事，就這麼飛快的傳遍了整個集市。聽說有了媳婦，二嚼吧成日家樂得手忙脚亂的，說話都懶得出大聲。我們不單檢銅角子不再會吃他的門閂子，我猜想，卽使把老店後院的苦杏樹連根刨掉砍柴燒，他也不會咒罵一聲哩。

日子在藍布風罩中畫眉鳥的叫聲裏，流水也似的過去了，又是臘盡歲尾了！每逢臘月底，集上照例有一陣年忙。趕集的人羣越來越多，多得簡直不能橫起扁擔走一步路。蠟燭店大敞着門，趕製大紅的年夜燭；往常靠滿手車的街道兩邊的牆壁上，掛滿了五顏六色的年畫，送竈的鞭炮、紙馬；賣年玩意的肩着人形草把，嘣嘣隆隆的搖動小鼓，在人羣中擠來擠去，花刀花槍，轉得人眼花。

二嚼吧胳膊上吊着裝滿洋錢的雙馬子（註：帆布做成，兩頭有兩袋，北方用以裝錢。），騎了毛驢進城去迎親。二嚼吧娶新娘子，跟過年、唱春戲一樣，叫我等得心急。二嚼吧成親的那一天，我們可以大模大樣的鬧洞房，紅紙捻裏放些胡辣子，燒出新娘子的眼淚來，不必擔心二嚼吧會像被踩住尾巴的猫似的伸頭大叫了。我幻想着一頂新娘子乘來的彩繡大轎，聳着肩胛的抬轎人走動時，轎頂上抖動着盤銀飾珠的麒麟，笙簫管笛跟在轎後吹吹打打，炮竹聲震得人要捂起耳朵來。

可不知怎麼的，正熱鬧的年市突然冷淡起來了。日子當着逢集，卻看不見趕集的人。老店仍然開着門，李隆老爹躺在落滿無力冬陽的竹躺椅上，對着脚下一盆炭火，鎖住眉毛，沒命的吸水烟，吸得滿地烟灰。店門前的黑匾頂着寒風，鐵青着一付臉，瓦楞的落葉也蓋上一層硝粉似的濃霜。

「集上怎的沒人趕集呀，老爹。」我坐在他躺椅邊，手裏玩弄着他水烟袋下的紫線球。

他抬起多皺的臉，端祥我半晌，才說：「天冷了哩。」

「你在想嚼吧叔罷。」

他搖搖頭：「他又不會叫鬼迷在亂葬崗裏，咳咳，想他怎的。——我在想城裏的戲班子快下鄉了，總該唱一堂武家坡罷。」

「武家——坡。」我說，我想起往年裏下鄉來的戲班子和隆老爹最喜看的那堂戲來了。

往年，臘月底，集上的人們便會尖着耳朵打聽這一年裏是哪個戲班子下鄉來唱了。不管城裏下來的是幾流班子，更不管花旦唱出老旦的嗓子，跑龍套的衝着觀衆屁股翹得高高的，活像受驚的野雉；只要人們能看看五彩古裝裏的蟒袍玉帶和聽得一些似懂非懂的戲詞，也就够了。

集上眞能懂得幾堂戲的，數來數去只有爺爺跟隆老爹，自爺爺死後，單賸隆老爹一個人了。至于我的一點兒京戲常識，還是得自隆老爹的口，他告訴我：縣官塗的是三花臉，白粉的猴兒鼻尖；貪官奸賊多半是歪戴着烏紗帽兒；番邦武將的頭盔上總插兩根翎毛……

每年整修戲臺時，隆老爹總跟我說起，希望今年的戲目上能有武家坡，最好是薛平貴回窰那一段。事實上，這本戲每年也都有的，但隆老爹始終忘不了它。當臺上唱到薛平貴騎着馬，從遼遠的番邦回到他那貧賤時的老家——寒窰，去跟他忠實的妻子王寶釧相會時，他常會拍着我的肩膀說：「好呀！好一個有良心的薛平貴，——人就要這樣，不能忘本。他是被別人逼走了的呀，——忘本還算人嚥？——哼，咳咳，放着番邦的一個王位，又娶了公主娘娘，舒泰日子他不想，咳咳，單祇念着結髮的恩情，微賤的破瓦寒窰!?」

隆老爹說話時，用手撫着我戴着風帽的頭，眼裏放出痛苦的光：「根生土長的，移不得呀，乖龍子。——你老爹，年青時不該做出一個人不想做的事，害得飄泊了半輩子，又千山萬水的摸回來。嗨……孩子家，出了窩的鳥似的，翅膀一硬了，就想飛。」

現在，蒼老的太陽像一團白糊糊的影子，射在他的臉上，寂寞，安祥。天頂上，梧桐樹枯黑的枝枒那邊，一塊灰雲流過去，另一塊追逐着，漸漸的凝固起來，變成碎冰似的黯影。再也聽不見滿把銅角子撒落在山竹錢筒裏滾動的聲音了，也看不到在陽光下搖幌的掛笑的人臉了，老店眞的老了，跟隆老爹一樣蒼老，有一份說不出的悲涼。

一個身披蔴布風衣的人從集頭走到店門前，提着油壺招呼說：「打它五錢油罷，隆老爹。」

「怎末!?」隆老爹詫異地瞇起眼：「打五錢呀!?虎子。——快過年啦，咳咳，哪，這麼着，你拎瓶回去吃着，我劃在這兒，明年麥口一併算罷咧。」

虎子搓着手，天氣太冷了。

「下鄉遍地挖戰壕哪，老爹。」虎子說：「縣城離脚下一百多里，您家嚼吧二哥去迎親，還沒回來呀!?」

「挖戰壕。」聾老爹嘰咕着：「嚼吧當眞會叫鬼迷在亂葬崗裏?隔不上幾天他會回來的，嘿嘿，許是讓風雪擋了路，那就得在城裏過年啦。」又自顧思量地說：「廿七、廿八、年都快盡了，戲班子還沒有個影兒，戲班子要是年前不下鄉，嘿嘿，那就不該又不該了。」

虎子是集市上最後一個趕集人。我成天朝街頭張望着，巴望二嚼吧迎新娘子回家，或者戲班子下鄉來。直到一天傍晚，才聽見遠遠的傳來了驢頸下的鈴聲。

「看新娘啃，看新娘啃。」孩子們閃亮着眼，一抬頭，便挨了一刀似的狂喊起來。

遠遠的，驢背上果眞駝來個新娘子。新娘子倒生得滿標緻，白淨的瓜子臉上，抹些紅胭脂白粉，像個畫兒上的人，穿着簇新的粉紅圓花襖兒，大紅壽字長裙，滿頭插着紙花絨花，一走一聳地，把耳朵上魚骨頭的耳墜子碰得叮噹響；可不知怎麼的，滿身新衣外，却披着一件男人的安安藍的罩袍。

二嚼吧氣極敗壞的跟在驢屁股後頭，肩膀上斜背着個大紅包袱，弓腰駝背，喘吁吁地趕驢。他打扮得有些異樣：頭戴沒邊的銅盆帽兒，身穿黑線春長袍，腰間勒一根女人包頭用的葛巾；爲了趕路方便，掖起袍角來，露出袍裏上兩塊焦胡的窟窿眼兒。

小毛驢趕過街口，有人迎頭問道：「哎呀呀，怎的這等狼狽樣兒，二嚼吧，——怎末沒放一頂轎子?」

二嚼吧頭搖得像潑浪鼓，喘着氣吃吃地說：「風，風，風聲緊，抬轎的不不，不肯出城——北牛邊，廿里地……灰，灰，灰鴉鴉一羣亂兵。」一面扯起袍角，手指着焦胡的窟窿眼子，惶急得說不出話來。

問話的一眼瞅見槍打的窟窿，不由倒抽了一口冷氣。那晚，滿天蓋着灰雲，風勢猛得像棍打似地，吹起沙粒來亂打人臉。渠上人們聽說北邊廿里地有了亂兵，紛紛把細軟物件收拾着藏進空心的夾牆和地窨子裏去。二嚼吧就在慌亂裏草草的成了婚。成婚時，隆老爹還是貼好了紅紙喜聯，放完一掛扁担長的喜炮，又在李隆老店的黑匾底下，挑起兩盞冬瓜大的紅燈籠。燈籠在寒冷的夜風裏胡亂地盪來盪去，一點兒新婚的喜氣也叫盪得無影無踪了。

年夜裏，風定了，街上却飄起雪來，雪花揚揚灑灑地，像摸不着回家的浪人。街對面吱唷一聲門響，老店的門開了。一塊燈光落在雪地上，照見街心一些黑洞洞的踏碎了積雪的脚印。我看見二嚼吧背着小包袱，新娘子披着擋雪的蔴布，走了出來。

「走罷，爹。」新娘子柔聲地：「世道亂了，好歹一家子還得團在一起呀!」

門裏傳出隆老爹乾咳的聲音：「你倆口兒走罷，——嚼吧，好生帶着媳婦兒南鄉避難去。——我老了，賭咒不再做自己不情願做的事了，你曉得，我在這集上生的。——老了，任什麼統見識過，兵們再兒狠，諒他不是樹杈上跳出來，石縫裏蹦出來的!咳咳，俗語說得好：吃的鹽和米，講的情和理，天理王法管着他，我這把老骨頭怕他怎的!?——店，我守着，記着，倆口兒，平靖了就回來。」

二嚼吧剛動身，隆老爹跟出來，手裏拎着畫眉籠子。

「你忘了這個。」隆老爹說：「天暖時勤溜溜，南鄉多的是荒墳——開了春，母的快抱窩了。」

二嚼吧走後，集上人也逃空了，街道上積雪結了冰，簷口掛着的凍鈴有尺把來長，白森森地，像野狗發亮的爪牙。太陽出來了，積雪化成左一攤右一攤的泥漿，照見家家戶戶貼上紅紙對聯却又上了鎖的門，和一排排小牕戶的黑眼。

南鄉田莊的長工放牛車來接我們，上車時，我還看見隆老爹，躺在竹躺椅上，脚下是一盆紅燄燄的炭火。他仍然閉着眼，一手抓着紙楣兒，一手端着彎把的水烟管，呼嚕呼嚕地，鼻孔裏噴出兩道安閒的白霧。

芒芒的牛叫聲驚動了他，從昏睡裏睜開眼。

「我下鄉去了，老爹。」我說。

他凝神的望望牛車，又抬眼瞅瞅梧桐樹那邊的太陽，對我說：「約莫北牛邊眞亂了，看樣子戲班子不會下鄉來了，晦，嘿嘿……今年福氣薄，聽不成武家坡了。」

牛車滾動之前，我看了老店最後一眼。店裏沒人打掃，顯得更黯了，陽光擠進門縫，照亮了弓着腰的長招和山架上零亂的貨物，油垢的櫃枱生長着綠白相間的菌毛。

亂兵過後，我再回到集上時，再也看不見隆老爹了!很多人都說曾看見隆老爹胸口插着一把刀，横倒在老店門口的泥漿裏，他臉朝外，一隻手捂住心，另一隻手粘滿碎雪，胸窩上流出的血也凝固了，把身下的殘雪染得透紅。

「怕人呀!」人們掩住臉尖叫着。

鄰舍們集錢買了一口棺材，把他埋葬了。直到我離老家前，他兒子二嚼吧一直沒有再回來。

梧桐樹每年落下來的葉子，把老店屋脊上的瓦楞子積滿了，店前的牆壁上鹽霜和斑痕更多了，屋宇也傾斜了。趕集的人們不會再在那兒停留了!

我常常孤獨地跑進老店去，撫摸那些撒滿鼠糞的錢板，聞着地面上泛起的霉蒼蒼的味道。在一片死寂之中，我會聽見自己的聲音：「錢呢?錢呢!我的錢呢!?……人啦唉人啦嘅，有人來偷?苦杏了嘅!」

代郵

聖三先生：投書已經收到。文中列舉有關立法委員的幾個現象，如四五百立委之中僅有一二百人經常出席會議，有少數立委轉賣電話、蓋違章建築、轉賣不能轉讓的三七五土地、將房屋轉賣給機關、申請建築材料轉賣圖利等現象，我們亦早有所聞，希望身爲民意代表的立委，對此有所警惕。但投書中所表示其他意見，敝刊不盡同意，有些方法且是違憲，所以不擬將原投書發表。敬此致謝。

編輯部敬啓

讀者投書

誰是「亡國主義」？誰是「救國主義」？

朱大川

編者先生：

作爲一個國民黨員的我，這一封信，本不應投寄貴刊，因爲我這一類型的，愛國，愛黨，愛領袖的話，在目前各黨報的大部份主持人看來，多半是不合胃口的。我寧可被若干死硬派目爲叛徒，將此信投寄以「反對黨」爲號召的貴刊，而不願被黨報主持人，將牠扔進廢紙簍中，化爲烏有。

我所要喚起大家注意的，就是最近半月來，代表我們執政黨發言的中央日報，不知何故竟連續不斷發表了許多親痛仇快的怪論。除監院彈劾案的憲法問題，已經有憲法學者，嚴詞斥責外，最令人驚奇的莫如一月十七日該報社論「亡國主義與救國主義」，任何人一讀再讀都覺到這一怪論，實非神經正常者所能撰寫。該文硬指談「戊戌政變」的人爲「亡國主義」，與抗戰末期郭匪沫若談「甲申三百年祭」，同爲罪大惡極。戊戌政變是歷史，談歷史不但有罪，更會套上一頂與匪首郭沫若相同的帽子。這是那裏來的邏輯？眞令人無法理解。

「亡國主義與救國主義」這一類的題目，對我並不陌生，因爲抗戰時期，我淪陷在日僞地區，好幾年，我記得淪陷初期的日僞報紙，總歡喜以這一類題目向被淪陷的老百姓說教。他們將領導抗戰的重慶，指爲亡國主義，認爲以貧弱的中國，戰強大的日本，結果一定非導致亡國不止。他們最精彩的一個譬喻，也就是汪精衞所十分得意的兩句話，說抗戰等於「吃砒霜，毒老虎」，老虎未必因吞下吃砒霜的人而眞會毒死，但吃砒霜的人，確一定百分之百無法再活。重慶之所以爲亡國主義者在此。至於怎樣才是救國主義呢？當然，只有汪精衞大智大勇脫出重慶，主張與日本共榮共存，救生民於塗炭，那才眞是國家民族的救星。諸如此類的宣傳，我們在淪陷區的人，幾乎無不聽之作嘔，但這是當時日僞的宣傳綱要。這種情形，我想一度陷入魔窟，主持宣傳，終於起義歸來，有功抗戰，今日榮任中央日報董事長名政論家陶希聖先生，一定還能記憶如新，證明我這些話，決非揑造。固然中央日報這一篇「亡國主義與救國主義」與日僞時期所謂亡國救國，內容完全不同，但也或許因爲我在日僞時期太討厭那種宣傳了，總覺得站在今天民主自由反共抗俄的大旗幟下，何爲「亡國主義」？何爲「救國主義」？總應該有一使人心悅誠服的正確界說：切不可瞎三話四，尤不可亂丟帽子，這才是光明正大的黨報作風！

我爲好奇心所驅使，在多方打聽之下，才知道中央日報所指的「亡國主義」，竟意外的就是本月五日文星雜誌一篇題爲「狗年談新聞自由」的文章。作者爲成舍我先生。我不認識成先生，但我知道他是一位老報人，爲抗戰反共，一再犧牲了他在大陸上許多已有成就的新聞事業。他現在臺北木柵主辦世界新聞學校。不久以前，我似乎還在中央日報和其他報紙上，看到一則新聞；去年總統誕辰，青年救國團舉辦全省各學校研讀「蘇俄在中國」講演競賽，臺北縣將近二十所公私立學校，男生第一名，和女生第一名錦標，都爲世界新聞學校學生所得。單就這一點看，他不但不配戴那頂與郭沫若同等的大帽子，連加入像貴刊所倡導的「反對黨」，也都有點不稱。爲什麼竟會被中央日報指爲「亡國主義」呢？難道「救國主義」是那位社論作者的獨家專利，除此以外，就都有「亡國主義」的嫌疑？

反共抗俄是要羣策羣力，手拉着手大家一起幹的，眞正愛國、愛黨、愛領袖的人，決不該走向「獨家專利的道路上去，把朋友看作仇敵」。

我籲請貴刊，准許我再將文星雜誌和中央日報的原文，照抄如下：讓每一位有良心有智慧的讀者，去公平批判，究竟說話的人，誰是「亡國主義」？誰是「救國主義」？

（一）「狗年」談「新聞自由」成舍我

（載一月五日文星第三期）

今年—中華民國四十七年—歲在戊戌，在「掉書袋」的人們說來，也許要變作歲在「著離」「閹茂」。戊屬狗，戊年俗稱狗年，狗是最富於警覺性的，「人爲萬物之靈」，因此，遇到狗年，大家似乎都應該特別提高警覺。

「甲午」、「戊戌」、「庚子」、「辛亥」，在中國近代史中，是四個最重大的年號。從甲午到辛亥，雖短短不足二十年，但每一年號，都有其劃時代的特殊意義，聯貫起來，並有其因果必然關係。試問甲午之戰，如中國不創鉅痛深一敗塗地，則戊戌維新運動，如何會那樣如火如荼，聲勢浩大？維新運動不失敗，庚子拳禍無從發生，辛亥革命也許就都將延緩。六十年前的戊戌，是清庭存亡興敗唯一轉捩點。當時那拉母子，若均能接納康有爲建議，誓告全國：「決萬幾於公論，採萬國之良法。協國民之同心，無分種族。一上下之議論，無論藩庶。」則載湉及那拉后，行且與異地同時之明治，維多利亞比肩並美。那拉氏兇暴愚昧，毫無警覺，不特不許載湉採納變法維新的大計，反信用她自己豢養的那些股肱心腹，也就是她的忠實幹部，幽囚載湉，屠殺志士，舉一切新政而廢棄之，甚且迷信符咒，欲藉以扶清滅洋。聯軍入京，倉皇西竄。腐爛潰決，無可補救，卒至辛亥首義，天下響應。三百年的滿清，從此宣告死亡。這眞符合了一句成語，「要毀滅一個人，最好先叫他發瘋。」我們今天身爲中華民國的國民，不是大清帝國的子民，那拉氏的發瘋，是應該値得我們感激的！

如上所述，六十年前的戊戌，對清室運命，是那樣重要。戊戌乃清室存亡興敗大關鍵。能貫澈維新變法則存，不能則亡。而在康有爲梁啓超等所倡導的維新運動中，雖然練兵購艦，開礦築路，千頭萬緒，綱目極多，但統觀康有爲八次上書，他所認作能否貫澈維新變法的最大關鍵，似乎又只集中在廣開言路一點。廣開言路的具體方法，則是號召全國，出版新報，如果拿六十年後今天的用語來說，即爲「尊重新聞自由」。所謂「決萬幾於公論」，「協國民之同心」，「一上下之議論」，無一不是「尊重新聞自由」的表現。「公車上書」中最激動人心，傳誦一時的名句，如云：伏願陛下先罪己以勵人心，次明恥以激士氣，集羣材咨問以廣聖聽，求天下上書以通下情，明定國是，與海內更始。又云：「否則皇上與諸臣雖欲苟安旦夕，歌舞湖上，求偏安而不可得，求爲長安布衣亦不可得」，又云：「沼吳之禍立見，裂晉之事即來，職誠恐不忍見煤山故事也。」如此激昂慷慨，載湉亦不能不爲之動容感歎。接着，他就要求淸廷以事實證明尊重新聞自由。在禁辦新報的壓制下，請政府獎勵民衆廣設報館。第四次上書，有「設報達聽，各省州縣鄉鎭，應普設報館，以解蔽隔」的建議。康氏之意，如不廣設報館，不尊重新聞自由，則民智不開，上下壅隔，任何新政，都將無從實施。這與三十年後英國拉斯基敎授所稱：得不到新聞自由的人，等於失去了自由。眞可算若合符節，誰能說前一輩中國知識份子，不了解新聞自由的重要？

戊戌新政，起自民前十四年（一八九八，淸光緒二十四年）六月十一日（陰曆四月廿三日），淸載湉下詔變法，迄九月廿一日（八月初六）那拉氏再下詔垂簾聽政，前後共一百零三天。這一期間，淸帝確會下過不少有關新政的詔書，如廢科舉，建學校之類，其中最重要，而影響亦最大的，則莫如開放報禁，准人民自由辦報，當時全國雖已有若干官報、民報，但官報只登載諭旨摺奏，不許議論時政，臧否人物，民報則只通商口岸有租界可資庇護的，能享有新聞自由外，自京師以至各省，隨時均有報館被封，主筆被捕的危險。尤其北京首都所在，事實上幾乎不許私人辦報。新政時期下列的兩項詔諭，在中國新聞自由史上，實具有重大意義：

㊀在准派康有爲督辦上海時務報一旨中，孫家鼐原奏，有許多主張開放言論的卓見，如云：「今之論治者，皆以貧弱爲患矣，臣竊謂貧弱之患猶小，壅蔽之患最深」。又云：「官書局雖有彙報，係遵總理衙門奏定章程，不准議論政事，不准臧否人物，……應請開除禁忌……」。淸帝根據孫奏，下諭：「孫家鼐奏遵議上海時務報改爲官報一摺。報館之設所以宜國是而通民情，自應亟爲倡辦……其天津、上海、湖北、廣東等處報館，凡有報章，擇其有關時務者，由大學堂一律呈覽。各報體例，自應以指陳利害，開擴見聞爲主，中外時事，均許據實昌言，不必意存忌諱，用副朝廷明目達聽勤求治理之至意……」

㊂准瑞洵奏請徧設報館實力勸辦一摺的詔諭中，謂：「報館之設，原期開風氣而擴見聞，該學士所稱現商約同志於京城創設報館，……即着瑞洵創辦以爲之倡，此外官紳士民，並着順天府五城御史切實勸諭，以期一律舉行。」

載湉如此開放言論，倡辦新報，尊重新聞自由，無疑地，都是康梁大力苦勸的結果。無如那拉氏及其親信幹部，却誓死反對，硬要將淸廷拉向腐敗滅亡一方面去，除誅殺維新首要譚嗣同等六人，嚴拿康有爲梁啓超外，並大封報館，濫捕主筆，自京師以至各省，報人被捕者百名以上。下列論文，即是那拉氏復政後一篇最得意傑作，換一句話說，也就等於奠定了後十三年隆裕下詔退位的命運。

「光緒二十四年十月上諭：莠言亂政，最爲生民之害，前經降旨將官報局時務報一律停止。近聞天津、上海、漢口等處，仍復報館林立，肆口逞說，妄造謠言，惑世誣民，罔知顧忌，亟應設法禁止。著各該督撫飭屬認眞查禁。其館中主筆之人，率皆斯文敗類，不顧廉恥，即飭地方官嚴行訪拿，從嚴懲辦，以息邪說，而靖人心。」

那拉氏此諭，和載湉開放言論諸諭，是一項何等黑白分明的對照。本來，戊戌這一年，擺在淸廷面前的是兩條路，一條是「存」與「興」，載湉在康梁敦促下所要走的，一條是「亡」與「敗」，那拉氏及其守舊幹部所要走的，淸廷終於選定了後一條，於是庚子和辛亥兩大年代，遂無可避免，接踵而至。眞所謂種瓜得瓜，回天無力，非局外人所能以任何方法挽救的！

戌是狗年，狗是最富警覺性的　上一個狗年，那拉氏竟在外患內憂萬分急迫的時期，毫無警覺，自召覆亡，相信世之當國者，定能永垂鑑戒！

（二）亡國主義與救國主義

（一月十七日中央日報社論）

有人要救國，有人要亡國。國家民族到了存亡生死的關頭，總有這樣兩種思想和主張，相互爲不可調和之對立。在民國三十三年，陰曆以干支計算，是甲申年。當時國民政府在重慶領導抗戰，有些亡國主義者就拿「甲申」做題目，大唱其亡國論。現在民國四十七年，以干支計，是戊戌年，又有新亡國論以「戊戌」爲題，再度出現於國內。

明朝亡國是甲申年。民國三十三年，郭匪沫若發表其所謂「甲申三百年祭」，分析明朝亡國的情勢，用明代的政府影射國民政府，用李闖影射毛匪澤東，用李嚴影射他郭匪自己。大意是說明朝亡國是必　的事情。如果李闖聽了李嚴的話，必定成功。可惜李闖不這樣做，所以他也失敗了。

今日的新亡國論，是用淸代末年的戊戌政變影射目前的情勢。這就是說，新亡國論是用淸朝亡國來暗示我們中華政府是要滅亡的。

舊亡國論與新亡國論的共通點，是叫一般社會發生一種「末日感」。如果一般社會感覺國家是到了末日了，那就是失敗主義發展了最高潮。反攻大陸固然無望，就是保衛臺灣也成問題。

國父說：「三民主義是救國主義」。凡是救國主義者，都應該警覺這種論調的危險性。

民國三十三年，本報在重慶，當時我們發表社論，對亡國主義者痛加抨擊。今日我們又不能不發言，對新亡國論者加以指摘。

明朝亡國是在甲申。明亡之後，一般愛國志士奔走呼號，喚起民衆，共圖光復。這些愛國志士不僅是爲了復國運動，被滿淸慶興大獄，前仆後繼流血犧牲，且在民衆中間埋伏會黨，堅持復國運動。直至淸代中葉以後，太平天國革命的興起，以及我們國父創立興中會，領導國民革命，終竟有辛亥革命的成功。這一歷史事實，說明了我們中國國民黨乃是承繼明亡以後的復國運動的系統，而辛亥革命以及辛亥以後的討袁護法，北伐抗戰，都是這一復國運動的發展。民國三十三年的亡國主義者要用明朝亡國來影射當時領導抗戰的國民政府，自然是荒謬無比了。

今日新亡國主義者要用滿淸來比喩中華民國，也是一樣的荒謬。因爲戊戌政變發生的時候，我們國父早已於四年之前創立興中會於檀香山，鼓吹國民革命，以「恢復中華，建立民國」爲號召。滿淸政府在戊戌政變之後，益趨反動，於是一般士大夫轉向國民革命者漸次增多，到了八國聯軍之後，同盟會的影響更加擴大，最後終有辛亥革命之役，推翻滿淸政府，建立中華民國。我們領導國民革命的中國國民黨從興中會起，六十餘年來爲了國家的獨立平等與民主法治而奮鬪，到今日已經是憲政時期，雖在這國家危難之中，我們中國國民黨仍然繼續爲貫澈民主憲政而竭盡其一切的努力。這一段歷史事實，說明了新亡國主義者要用滿清亡國來影射今日我們政府，要叫一般社會對我們反攻復國運動失望。這種論調，作為史論來看，是不倫不類的，同時如作為政論來看，那就要注意其所取的立場，及其所預期的後果如何了。

我們今日為什麼要救國？因為國亡之後，代之而統治中國者乃是俄羅斯帝國主義。自抗戰結束以來，俄帝及其侵略工具朱毛匪黨，繼續不斷的誣毀我們政府的勦匪戡亂是「內戰」，是「黨爭」。他的企圖，是要叫一般社會誤以為這個政府倒了，還有一個更民主的政府出來主政。殊不知這個政府被迫而撤出大陸，而大陸淪入共產主義的鐵幕，造成這一場歷史上空前未有的慘禍。到現在，我們中華民國只賸下這塊乾淨土，而新亡國主義者又利用過去歷史的事實來暗示政府必亡，反攻無望。如果一般社會又誤認這個政府倒了之後，還有一個更民主的政府，那就是說，大陸淪陷的慘劇將再演於臺灣。

我們要喚醒新亡國主義者：如果臺灣淪陷匪手，你還有第二個臺灣供給你去唱亡國論嗎？如果你也在淪入匪手之下，你能唱亡國論嗎？我勸你還是與我們站在一起，為復國救國來努力吧！

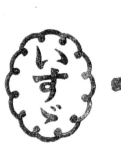

自由中國　第十八卷　第三期　內政部雜誌登記證內警臺誌字第三八二號　臺灣省雜誌事業協會會員　一〇八

給讀者的報告

近年來，臺灣報章關於社會上傷風敗俗的新聞日多。社會風氣日趨敗壞，這是不可諱言的事實。而我們社會的每一層面每一角落又都爲政治力量所支配，因此，我們要明瞭臺灣社會風氣敗壞之因，必須首先剖析近年來的政治心理與作風。在「今日的問題」之十四中，我們即是從事此一剖析工作。但我們認爲，若要改革風氣只有從開放言論自由開端，將一切的病癥暴露出來，才能對症下藥，以謀改進。至於具體改革辦法，我們在「今日的問題」這一序列中所提出的意見，都可以說是改革的意見。

本刊對於臺灣財經問題曾發表過不少文字，但鑒於近來財經現象愈趨險惡，我們不得不再提出這個問題，在社論㈡中對於財政、稅收、金融、物價、就業、貿易、外滙各方面就事直陳，向當局呼籲：「已是財經改革的時候了！」爲配合此篇社論，我們又發表陳式銳先生的「論政治的干涉經濟」與趙岡先生的「現行租稅政策之商榷」二文。式銳先生大作中指出今日臺灣經濟萎縮癥結之所在，他認爲：一個國家的經濟是由於人的「取得天性」及「競爭天性」不斷的發揮才得以進步，政治應盡可能的不干涉經濟，尤其是在落後地區，更應從速放寬經濟管制到最低限度，經濟才能得到正常發展。趙岡先生則討論現行的租稅政策，他提出兩點建議：一是把現行所得稅改爲支出稅，它有所得稅之利，而無所得稅之害；另一建議是在現行稅制的基礎上來進行改革，以求適應經濟建設的需要，此建議中最重要的一點是：個人所得用以儲蓄的部份免稅。

中央日報一月十二日曾載「與憲法專家一夕談」一文，文中所提出荒謬之點，除薩陶二先生已爲文糾正外，本刊在社論㈢中特再對「總統有權、內閣有責」之謬說，予以糾正。並指出破壞這部憲法的，不是本刊，而是現在的國民黨政府。

「文星」雜誌第一卷第三期曾登載了成舍我先生的一篇文章「狗年談新聞自由」，要旨是提醒當國者應以上一個戊戌年的史實爲戒，不可自取腐敗滅亡之路。接着十二月十七日的中央日報發表一篇社論「亡國主義與救國主義」，爲舍我先生那篇文章戴上了一頂「亡國主義」的帽子。我們對此也不願再多所費辭，僅在社論㈣中，將兩篇文字作一對照，讀者對於兩篇文字的眞正內含就一目了然了。（本文付排後，接到朱大川先生的一封讀者投書，文中將成舍我先生的「狗年談新聞自由」與中央日報的社論「亡國主義與救國主義」二文全文引出，爲讀者方便計，特將此投書一併發表。）

電腦是當前最新的科學工具，報載美國通用公司的火栓部，已發展一種電腦，能將一枚衛星送進太空，並能指揮太空船往返月球。溫新徽先生大作「高速電腦計算機簡介」，有助於我們對於此科學工具初步的了解。

鄭壽麟先生的「西德新內閣」對於西德政治現況作有簡要的介紹。林僧先生的「星加坡的隱憂」是報導去年十二月廿一日星加坡市議會選舉左派的行動黨、工人黨和執政黨之間的競爭情形，並分析左派勝利的原因。

自由中國 半月刊　第十八卷第三期　總第一九八號

中華民國四十七年二月一日出版

發行人兼主編：『自由中國』編輯委員會

出版者：自由中國社
社址：臺北市和平東路二段十八巷一號
電話：二八五七〇

航空版：友聯書報發行公司（香港九龍新圍街九號）

總經銷：自由中國社發行部

經售者：
美國　紐約友方圖書公司 Hansan Trading Company, 65, Bayar D Street, New York 13, N. Y. U. S. A.
紐約光明雜誌社 Sun Publishing Co., 112 Mulberry St., New York 13, N. Y. U. S. A.
日本　東京僑豐企業公司
韓國　漢城裕昌德號
馬尼剌　大中華日報社
印尼　新疆書店
椰嘉達天聲日報
泗水文光圖書公司
緬甸　仰光振成書報店
印度　阿拉哈巴中印文化出版社
澳洲　雪梨瑞田公司
北婆羅洲　西利亞坡青年書店
星加坡　友聯書報發行公司（小坡大馬路四六九號）
吉隆坡　友聯書報發行公司（馬華公會大厦三樓七室）
怡保　友聯書報發行公司（希尼華沙甘街十六號）
檳城　友聯書報發行公司（林連登律七十二號）
澳門　友聯圖書公司

印刷者：精華印書館股份有限公司
廠址：臺北市長沙街二段七一號
電話：二三四二九號

本刊經中華郵政登記認爲第一類新聞紙類　臺灣郵政管理局新聞紙類登記執照第五九七號　臺灣郵政劃撥儲金帳戶第八一三九號　（每份臺幣四元，美金三角）

自由中國

FREE CHINA

第十八卷第四期

目錄

中華民國四十七年二月十六日出版
社址：臺北市和平東路二段十八巷一號

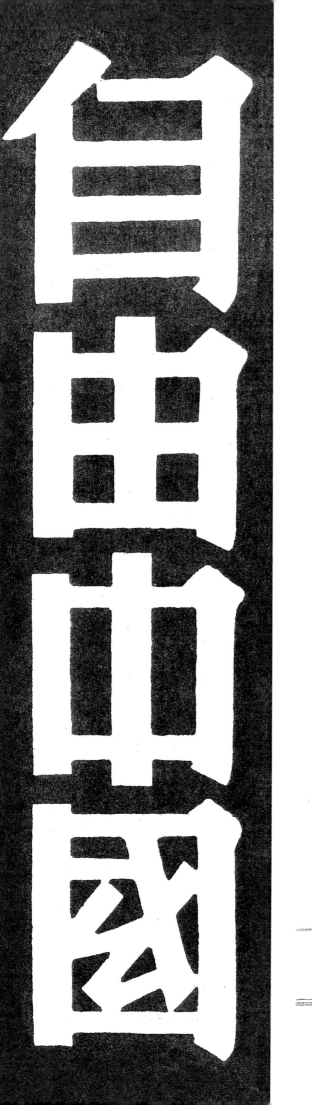

半月大事記

元月廿五日（星期六）

艾森豪呼籲訂定全球原子和平計劃。

杜勒斯在德黑蘭與伊朗總理會談，商討美對伊軍財政援助。

對抗中東顛覆活動，土耳其伊拉克獲致充分協議。

元月廿六日（星期日）

赫魯雪夫在明斯克一農民會議上重彈舉行高層會議老調，謂俄準備討論禁止洲際飛彈問題，但西方須剷除對俄四週的包圍。赫魯雪夫並誇耀發射衛星非技術極限，能將更重的衛星射入太空。

俄爲中東火箭基地問題再威脅巴格達公約國家。

元月廿七日（星期一）

巴格達公約組織理事會今揭幕，回教國家要求美英迅速供應最新武器，聯盟軍事計劃人員已廣泛獲致一項意見，即除土耳其外無需在中東設中程火箭基地。

杜勒斯在巴格達公約組織會議發表演說，美國將以機動軍力支持中東抗禦侵略，警告共黨倘敢蠢動，必得不償失。

安卡拉恐佈份子向美使館投彈，土當局加强警戒保護美國人員。

艾森豪向美國會提出緊急四年計劃，促進擴展科學教育。

美俄簽訂文化協定，加速交換人員訪問，電影電視廣播亦將互相交換。

元月廿八日（星期二）

巴格達公約理事會同意，結合各國武裝部隊，防止蘇俄入侵中東。並宣佈設立聯合軍事參謀處，將爲建立統一指揮部的開端。

美國會開始討論放寬原子秘密條款，艾森豪促國會授權政府，與各盟國分享原子秘密。

俄報首次刊佈西方三國覆函。

傳德共在柏林以南建立火箭基地。

美國務院拒絕赫魯雪夫有關高層會議建議。

元月廿九日（星期三）

杜勒斯對巴格達公約國保證，美將同情考慮續予經濟援助，但並未作任何具體承諾。

美參院軍事委員會通過五億四千萬元，加强美在太空時代的防務。

元月三十日（星期四）

巴格達公約會議今結束，發表公報，斥俄利用滲透顛覆，加緊進行控制中東，呼籲各盟國警覺加强團結。

赫魯雪夫演說，要求承認東歐現狀，作爲高層會議先決條件。

解決塞浦路斯問題，英土已獲協議，未經土國同意，英不採取行動，英接受以分割作爲解決基礎。

美原子能委員會稱，美將舉行核子試驗，發展較清潔原子彈，並將促進對付洲際飛彈之武器。

二月一日（星期六）

艾森豪正式宣佈，美衛星放射成功，正環繞地球運行。

埃及敍利亞正式合併，稱爲「阿拉伯聯合共和國」。

二月二日（星期日）

蘇俄與波蘭外長會開秘密會議。

二月三日（星期一）

布加寧又致函艾森豪，願意商討管制太空，接受以外交途徑準備高層會議，但拒絕事先舉行任何外長會議。

二月四日（星期二）

法政府擬立即實施阿爾及尼亞自治法案。

美參院一致通過緊急國防撥款案，總數十四億一千萬元，加强發展飛彈核子潛艇。

二月五日（星期三）

艾森豪論高階層會議必須預列具體議題，斥布加寧未接受美任何一項建議，美永不與俄單獨談判在歐設中立區域事。

二月六日（星期四）

美國防部擬六項計劃，向太空大規模探險。

二月七日（星期五）

美國防部正式會報報導，美國現有核子武器，可予敵人致命還擊，反飛彈裝備正同時進行。

二月八日（星期六）

美爲發展太空武器，設高深研究企劃署。

俄對高層會議問題已讓步，同意事先應有準備，但俄電臺仍反對舉行外長會議。美拒波蘭所提使中歐成原子禁區。

「自由中國」的宗旨

第一、我們要向全國國民宣傳自由與民主的真實價值，並且要督促政府(各級的政府)，切實改革政治經濟，努力建立自由民主的社會。

第二、我們要支持並督促政府用種種力量抵抗共產黨鐵幕之下剝奪一切自由的極權政治，不讓他擴張他的勢力範圍。

第三、我們要盡我們的努力，援助淪陷區域的同胞，幫助他們早日恢復自由。

第四、我們的最後目標是要使整個中華民國成爲自由的中國。

社論

(一)

反對黨問題

（「今日的問題」之十五）

本刊有系統的討論今日自由中國所面臨的諸般重大問題，現在要拿反對黨這個題目來作一個總的結束。我們相信這是解決一切問題關鍵之所在。

首先要說明，爲什麽我們需要强大的反對黨？但我們不擬從政治理論闡釋反對黨的重要性。這已經成了一個一般所共同接受的常識，卽使是在內心極端恐懼强大反對黨之出現的人們，也不敢公然與這個常識挑戰。我們需要說明的是，特別在今天，我們需要强大的反對黨。今天我們的政府，擔當了萬分艱巨的反攻復國的任務，却始終沒有能够培養起反攻復國所需要的力量來。稍稍有點理智的人們，都一天比一天更加懷疑，在這種一切措施都不能走上軌道的情況之下，我們如何能提高我們的政治號召，達成我們反攻復國的目的？三十年來實質上的一黨政治，已漸漸使我們這一輩人喪失了全部的動力與活力，一切必要的改革，竟不知該從那裏去推動。我們今天空談反攻復國已屬徒然，我們是要把反攻復國的憑藉從頭建立起來。我們的政治需要新的血輪，唯有依恃此種新的血輪，才能從頭培養我們新的生機。

民主政治是今天普遍的要求，但沒有健全的政黨政治不會有健全的民主，沒有强大的反對黨也不會出現健全的政黨政治。這是我們早就確定了的一個認識。但的確，卽使是衷心服膺民主政治的人士，在過去也曾對反對黨之組織，一度躊躇。爲什麽？爲了團結反共。倘若政府確實能够厲精圖治，奮發有爲，則卽使仍然保留實質上的一黨政治，反對黨的要求，也不會像今天這樣的普遍。大家都會感覺現在祇是一個過渡時期，一切百年大計都要等待到反攻勝利以後再說。反對黨將來是需要的，但不妨延遲。現在，大家漸漸發現這種想法是完全錯了。我們爲團結反共而容忍一黨政治，這個一黨政治却正好成了一切進步的阻礙。我們不能進步，又如何能建立反攻勝利的憑藉？我們要求進步。我們發現必需從根本上建立起眞正的民主政治來，才有進步的可能。我們所喪失的已經太多，我們不能繼續聽任其喪失下去。我們必需趕快有所行動來挽回這個一天比一天嚴重而危急的局面。

今天事實上已經很少人懷疑成立强大反對黨的重要性，但對其可能性，却仍然有許多人看法不能一致。似乎有許多人都有這樣的認識，在今天要成立强大反對黨，無論客觀與主觀條件均嫌不足。所謂條件中最困難的一項，就是反對黨不容易找到一個實力的基礎，以與執政黨相抗衡。今天的情形是：不僅政治爲一黨所包辦，甚至全國的經濟事業與文化事業，也都爲一個中心勢力所掌握，任何新興力量幾乎沒有成長的隙縫。形式上，我們也有兩個在野黨派，但說到這兩個在野黨派近年來的遭遇，眞可說是歷盡酸辛，而成就依然有限。因此，有些人不免悲觀，將來卽使有新黨成立，似亦難逃現在兩個在野黨派的命運。我們承認，在目前這樣的情形下，爲建立强大反對黨的努力確實是艱苦萬分。但艱苦與不可能二者，畢竟是兩回事。首先，新黨至少可以合法的成立並合法的存在。這雖然爲執政黨內心所不喜，它畢竟從未公開表示過要毀棄憲法所保障的集會結社之自由，絕對不容許新黨之產生。至低限度，新黨不必採取地下組織的形式，也不必被迫而採取「革命」手段，儘可以循憲政的常軌而活動。反對反對黨的人們，却斷然無法找到一個合法的方式，來消滅其存在。當然，從存在到成長，有一段路程。執政黨如果意圖妨礙其成長，祇有一個有效方法，那就是趕快在政治上奮發有爲厲行改革。誠如此，則反對黨雖未嘗强大，卻已經達到了它的目的，是否眞能强大，對國家已無關緊要。如果執政黨並不能因感受刺激而力圖振作，則它就無時無刻不在製造反對黨强大的條件。

在我們看來反對黨成立之條件，事實上已經到了瓜熟蒂落、水到渠成的程度。我們與其認爲强大反對黨之不能出現，是由於客觀條件之不利，無寧認爲那主要是由於主觀條件之欠缺。現在已經存在的兩個在野黨派，如果不是由於過去的錯誤，它們也可以成爲强大的反對黨，而無待他求。此所謂過去的錯誤爲何？在我們看來，主要就是它們缺乏遠大的抱負，急急乎的要與執政黨分一杯羹之想。它們的失敗，是從大陸時代與執政黨進行選擧協商、分配名額開始的。這使人民對它們喪失信心，同時也使它們自己內部陷於分裂。我們不願對兩個在野黨派有所苛責，但必須指出它們所以不能充分擔當反對黨任務，以及終於不能强大的基本原因。這原因大部分在它們自身，祇有一小部分可以歸諸外界的客觀情勢。

至於新黨之所以遲遲未能出現，我們實不得不歸咎於今日中國知識分子精神狀態之不振。無可避免的，國家新生的機運，是掌握在知識分子之手；反對黨的運動，也必需以知識分子爲領導核心。無奈我們的高階層知識人士，却是那樣的畏縮消極，抱持一種「不爲天下先」的人生觀，似乎始終沒有意識到自己對國家所擔負的責任。許多人都明白該怎樣做是對的，但他們不做；或者，他們祇是希望人家做，而自己不做。上焉者，他們祇想做一個獨善其身的隱士，下焉者，甚至於趨炎附勢，同歸於腐敗。知識分子精神狀態之不振，可說是從根本上妨礙了國家新生之機。問題的關鍵祇在毫釐之間，我們的知識分子能把獨善其身的人生態度改變爲兼善天下，就人人都可以爲「雖無文王猶興」的豪傑之士。祇有整個知識階級的自甘沉淪，我們才喪失了挽回危局的全部希望。我們願大家趕快去此「心中之賊」，國事就大有可爲。

關於組織反對黨的諸般具體問題，也可說是經緯萬端，恐非本文所能詳盡的討論。但我們卻可以爲之劃出一個構想中的輪廓，並就此輪廓擧出若干要點來略加說明：

㈠我們想像中的反對黨，當然是一個忠誠於國家，忠誠於憲法的政治團體，也就是一般先進民主國家所謂「忠誠的反對」（loyal opposition）。爲此，它決不是一個革命政黨，並且反對任何其它政治團體使用非法方式來奪取政權。我們決不相信用暴力來轉移政權眞能開展一個健全的局面。同時，我們也不認爲反對黨的責任是在對執政黨事事反對。反對黨必需支持執政黨的反共政策，而以推翻大陸上的極權統治爲一項不可動搖的目的。爲此，反對黨內不能容納任何形式的暴力主義者，也不能容納任何準備與共匪尋求妥協的人們。

㈡反對黨用不到像現在的執政黨那樣先標榜一個什麼主義。它沒有成見與偏見，但是，它並不是無所主張。我們發現，今日自由中國以及海外反共僑胞的民意，幾乎對許多問題都趨向大致共同的看法。大家所要求的是改革，是民主自由，即使沒有共同的理論基礎，至少目標是相同的。未來的反對黨可說是已經有了一個大致現成的政治綱領，至於其有關的細目，必須在行動的過程中漸漸確定下來。

㈢在初期，反對黨的組織，可以採取政團同盟的方式，以便尋求較爲廣大的合作。它可以包含獨立分子和現在兩個在野黨派的黨員，它甚至也可以包含執政黨的黨員，而聽任各參加者保留原來的黨籍。至於其終極的組織形態以及其領導核心，那都是要在行動的過程中逐漸解決的問題，無法在一開始時就確定一個一成不變的計劃藍圖。我們所能想像得到的，它大概將不採取個人的黨魁制，以期在自身的營陣以內獲得儘可能限度的最大民主。

㈣最重要的，我們當然要討論到反對黨與政權的問題。當然，任何政黨都必需以取得政權爲其終極的目標。但是，由於我國的特殊政情，在三年五載的短期間內，可能還談不到政權移轉的問題，而且反對黨也不必急急乎達到終極目標之實現。它的迫切任務，還是在於督促政府，使其能夠從事各種必要的改革。反對黨應祇求主張之得以現實，而成功不必在我，倘若主張之現實能經由現在的執政黨之手來完成，則反對黨即使一輩子無法取得政權，也對國家有了積極的貢獻。

但是，反對黨縱不必實際掌握政權，却必須爭取取得政權的可能性。因爲，唯有這種可能性，才能發揮督促政府從事改革的功效。要使執政黨深深感覺到倘若對人民沒有交代，就隨時有喪失政權的危險，它才能有所警惕而奮發有爲。我們原是希望輿論能發揮這樣的作用。但當前的現實卻已經使我們失望。儘管說，言論自由的尺度在今天多少已經放寬，但是被政府當局採納的機會依然微弱，所謂言者諄諄，聽者藐藐，甚至笑罵由他，一切都我行我素。因正爲執政者極少尊重輿論的誠意與行動表現，我們才必需以反對黨的力量來支持輿論，使執政黨瞭解祇有尊重輿論，順徇民意，才能保持政權於不墜。

爲此，反對黨在現階段的中心任務，除了發表有關實際政治的種種主張以外，應在於爭取取得政權的可能性。在民主國家，合法政黨取得政權的唯一途徑，就是經由選擧。所以反對黨在今日所要努力爭取的是中央級民意機關之改選，以及各級選擧事務之大公無私。我們相信，祇要有強大反對黨之存在，同時祇要選擧能辦理認眞，則即使這個反對黨始終處於少數黨的地位，它也還能對實際政治發生積極的有利影響。

我們所想像的反對黨，應該是有抱負而不熱中。所謂有抱負，是它必須與險惡的環境鬪爭，排除一切困難以爭取主張之實現。所謂不熱中，就是它決不能爲了權力之爭而不擇手段。執政黨作得不好，它可以訴諸於選民；執政黨能够作好，它要能保持永遠處於在野地位的淡泊心情，既不是爲自身取得政權而反對，更不是盲目的爲反對而反對。所謂反對，是爲了建設而不是爲了破壞。反對黨所着急的是國家的安危，而非本身的榮辱。反對黨之組織是一項百年大計，其基本的意義是在於永遠保持一種進步的動力，而不是爲了少數人一時的飛黃騰達。要在這樣的基礎上建立起來的反對黨，那才是健全的。

客觀情勢指示，在今日自由中國出現新的反對黨，應有極大的可能。剩下，還有一個大家所至感關切的問題，那就是，如果有新的反對黨出現，它是否會受到執政黨的阻撓、干涉或甚至於迫害？但我們無法在這裏確切答覆這個問題。這問題最好應該向執政黨提出。我們站在輿論界的地位，也甚盼執政黨對反對黨的看法有一個明朗的表示。我們所能確說的祇是一點：我們決不希望執政黨來「扶持」反對黨，一個強大的反對黨之存在，必需經由它本身之苦鬪，而不能出於任何方面的恩賜。世界各國民主發展的過程，莫不經歷艱苦的階段，我們不能例外，也不必去盼望奇蹟之出現，以爲可以無需耕耘而收穫。問題的關鍵，應不在於執政黨的態度，而是在於我們的獨立知識人士與在野黨派有沒有決心與勇氣。國運的安危是繫諸我們大家的一念之間。

社論

（二）

一篇血腥氣的怪論——「中立主義的轉變」

爲着把我們對於當前國事的一個整套看法，就教於海內外成千成萬的讀者，以期各盡心智，共策改革，好把我們反共建國的努力納入正軌，所以本刊自去年八月以來，一本「是什麽就說什麽」的負責態度，在社論欄裏陸續發表一序列的「今日的問題」（本期社論（一）「反對黨問題」爲「今日的問題」最後一篇）。這些文章的發表，已經爲官方少數人所深惡痛絕。最近兩三月來，我們又以行政院長被彈劾這件事爲中心，發表過好幾篇關於憲法與憲政的社論，其中「勿陷總統於違憲」一文（登在第十八卷第二期），我們加了一個副標題，明白寫出「駁斥中央日報九月一日社論」。因此，這些時的中央日報，接二連三地給我們戴帽子，加罪名，而這些戴帽子加罪名的文章，從不規規矩矩地論理，從不針對我們言論的主旨來辯論，而是有時斷章取義，有時含沙射影。對於我們給時政的批評或指責，它從未舉出事實來反駁；對於我們所提的主張或建議，它也從未好好地就問題本身來辯難。我們決不認爲我們所講的話全對。任何人都沒有全對；這是我們信仰民主政治的人若干基本信念之一。我們信賴多數人的智慧；我們尊重多數人的想法。所以我們發表一篇言論以後，總希望有人提出相反而又健全的言論，給我們以教益。可是，中央日報討厭我們的言論，反對我們的言論，但它又不能從理論和事實上硬硼硼地拿出反對的理由來，只是一味地漫罵。它罵人的文章，差不多已經八股化、公式化了。就是，從罵共匪而罵到大陸淪陷前所謂「民主人士」，有時再罵罵淪陷後的所謂「靠攏份子」，然後畫龍點睛，罵到它所要罵的人。這時，一項特製的帽子，就順便給你戴上。這樣千篇一律的公式，已成了近年來官方報刊罵人文章的特色。這類的文章，有它所特有的邏輯。它可以隨便拿出一個不能成立的前提，再把這個前提像以牛頭對馬嘴一樣，硬套在一個定罪式的結論上面。這樣的代表作，最近見之於中央日報者，已有了好幾篇。現在我們所要駁斥的是本月七日該報的社論「中立主義的轉變」。

「中立主義的轉變」這篇東西，我們把它的全文（毫不刪節）附登在本文後面。我們之所以這樣做，由於我們信賴讀者，信賴讀者的是非心，信賴讀者的鑑別力；同時也由於我們有自信，自信「眞金不怕火」，自信不怕比較與對照。請問專以斷章取義、含沙射影爲能事的中央日報，敢不敢像我們這樣信賴讀者，能不能像我們這樣有自信心，把你所要駁斥、所要反對、所要加罪名的文章毫不節刪地也全文轉載出來，讓讀者互相參證？是非曲直，要拿出全面的眞憑實據來論理，不能憑你用障眼法來胡謅。

這裏，我們要請讀者翻開後頁，先看看「中立主義的轉變」，再回頭來看我們的下文。

「中立主義的轉變」是怎樣一篇東西，大家已經看到了。現在讓我們做做剖析工作：

它前半篇的大意是說，國際共黨與朱毛匪黨都不能在臺灣直接行動。「他們採取的方式，只是通過中立主義來間接作戰。他們的間接作戰到今日是正在從合法轉變爲非法的階段。」接着它就說，在臺灣，「中立主義是存在的。如果中立主義嚴守其合法的與和平的範圍，也是可以繼續存在的。」「然而……中立主義也正在轉變。」

寫到這裏，就有三個問題應當剖析：

一、什麼叫做中立主義？

二、在臺灣的中立主義者是誰？

三、中立主義如何地在轉變？

關於第一個問題，該文沒有解釋，也即是「中立主義」一詞它沒有下一確切的定義。照我們大家所了解的字義來講，「中立」應該是介乎兩個敵對方面之間而不左右袒的態度。就現時現地講，「中立」就是介乎我們政府與匪僞政權之間而不左右袒的態度。這個定義，我們想，應該是大家所同意的。

從「中立」一詞的應有定義，來看第二個問題「在臺灣的中立主義者是誰？」，我們實在看不出來。至少，我們「自由中國」半月刊所代表的態度，是無法稱爲「中立主義」的。因爲我們根深蒂固的反共立場，不是基於個人的利害關係——政治的或經濟的，而是基於對民主自由的信仰。基於利害關係的可能朝秦暮楚地轉變，基於信仰的，就會至死不渝。八年來我們在本刊上所發表的反共文章，與講民主自由的文章是相互爲用的。共產主義與民主自由根本不能相容。我們認定，從理論上闡揚民主自由的眞實價值，才可以使大家認知共產主義罪惡的根源；從事實上發揮民主自由的力量，才可以保證我們反共建國的勝利與成功。因此，我們對於政府的一切措施，並不是漠不關心，而是關心太切，期望太高。我們有時引述歷史上慘痛的往事，我們有時分析國際間鐵石般的現實，這都是希望我們的當政者引以爲戒，引以警惕。我們批評，我們指責。批評指責的結果，不幸地，常常是官方報刊給我們一頓不講理的漫罵或濫加罪名，而不是政府中人的反省和檢討，更看不見實際上的一點改革。到了這時我們對於政府，仍不絕望，仍本着知識的責任，道德的勇氣，再接再厲地講我們所要講的話。

這是我們的態度。過去如此，今天如此，將來還是如此。這種態度，是中立主義嗎？依照「中立」二字應有的含義，我們的態度無法說是中立的。

那末，中央日報所指的中立主義者，究竟是誰呢？它有這樣一段話：「在去年，中立主義者誇張尼赫魯的和平勢力足以阻止世界戰爭。因而主張我們放棄反攻的國策。這種論點，當然歸結到『兩個中國』，也就是歸結到承認中國大陸匪偽政權。」——這是該文妙處之一，也許是作者認爲最扼要的處所，因爲這裏有「畫龍點睛」的妙用。但我們不明白他爲什麼要含糊其詞，而不明白地點出。這裏，我們得請讀者回憶一件往事：

去年八月一日本刊十七卷三期發表「反攻大陸問題」一文以後，中央日報曾經加了我們一個罪名，說我們主張「兩個中國」，同時還給我們一頂帽子——「反攻無望論者」。大家想起那件事來，就會看懂上面那段妙文所說的中立主義者就是指的我們。我們現在把它據以論斷我們是中立主義者的一段文字，也即「反攻大陸問題」一文中關於尼赫魯的那段文字引在下面，請讀者看看我們是不是「誇張」尼赫魯的和平勢力？是不是「因而」主張放棄反攻？是不是「當然」歸結到「兩個中國」？是不是就可以憑這段文字斷定我們爲中立主義者？(請讀者特別注意中央日報社論中對於「因而」、「當然」這一類字眼的用法)

我們是這樣寫的：

「國際第三勢力是尼赫魯所創導的國際力量。這一力量的目標是想在自由世界與共產世界之間構成一股中間勢力，減少雙方的衝突，維持世界和平。自由中國有人提起尼赫魯就痛罵。這種辦法，如果是由於在思想方式上痛恨『第三可能』(The third alternative)，而且如果出發點是對內宣傳，那是可以的。可是，同時，我們也要清醒一點，我們管不了別人的思想方式，國際上這一勢力的發展也並不因我們的痛恨而絲毫停止。國際上這一勢力之所以發展，是有其客觀原因的。這一客觀的原因就是我們在前面所說的各國人民普遍厭惡戰爭及渴望和平，企求生活安定，繁榮進步。如果我們忽略了這一大趨勢及其所派生出來的結果，而一味執自己的標準以衡量世界萬事，那末世界雖大，我們看來却太小了。」(本刊對於尼赫魯的態度，另有一篇社論，刊在四十四年十二月十六日出版之第十三卷第十二期。題目是「尼赫魯先生當心點！」讀者無妨參考)

這樣的一段文字，完全是憑冷靜的頭腦，指陳國際上鐵石般的現實。這個現實，今天還存在。凡不是閉着眼睛說瞎話的人，誰能否認這一現實？這裏有那一點是「誇張」？又從那一點可以推論出我們主張放棄反攻的國策？更憑什麼說「當然」歸結到兩個中國？「中立主義者」這頂帽子，又如何可以用這些材料來編製？我們在上面說過，中央日報的社論，有它特有的邏輯，它可以隨便拿出一個不能成立的前提，再把這個前提，像以牛頭對馬嘴一樣，硬套在一個定罪式的結論上面。這裏不是一個明證嗎？

中央日報，既以其特有的邏輯，把我們指稱爲中立主義者，上面提出的第二個問題，算是有了交代。現在再看它所說的中立主義者如何在轉變。它說：

「但自去年十一月以後，這裏的中立主義也在轉變，中立主義者一方面從批評政府轉向於抨擊憲政，另一方面從批評中國國民黨轉向於侮辱中國國民黨，並否定中國國民黨。這一轉變，顯然是中立主義者從合法轉入非法的跡象，值得我們注意，更需要我們提高警覺。」又說：「我們對於單純的侮辱仍可置於不理。但若我們從這侮辱之中，發現了敵人(請讀者注意「敵人」二字)的策略路線與行動方向，(這個子句聯着下文看，不很通。不知是作者特有的文法呢，還是故弄玄虛？)那就要警覺，要戒備。」

上面的話我們可再剖析如下。

它認爲中立主義者是在從合法轉變到非法。這一轉變的跡象，是從去年十一月起的。我們檢查去年十一月以後出版的本刊，批評政府、批評憲政、批評國民黨的文章，確是很多。而且我們也確實批評得很嚴厲，或者說很不客氣。至於所謂(侮辱)國民黨，我們不知道它所指的是那些文字。請拿出證據來！至於所謂「否定國民黨」，這句話似乎是特種語言，其意義是什麼，我們實在不懂。我們現在假定它在這裏所說的——包括所謂「侮辱」與「否定」——都是事實，也說不上是什麼「轉變」。如果說是從合法轉到非法，那末，所謂「非法」之法，一定要有所指。如有所指，爲什麼不依那個法條起訴，讓法律給我們以應有的制裁？

提到「法」，我們是很高興的。歷年來我們爲法治問題不知道寫了多少文章，爲的是要求政府與人民同樣地守法。現在，執政黨既然遭受了所謂「非法」之徒的「侮辱」，而不訴諸法律以自衛，偏要說些什麼「警覺」「戒備」這一類的字眼，用心何在？

我們信賴讀者，我們相信讀者也和我們一樣，不難從它這裏臭出一股血腥氣來。因爲它除掉用「警覺」「戒備」這一類的字眼，暗示中立主義者正轉變到爲朱毛匪黨間接作戰以外，還輕輕地寫出了「敵人」二字。文字寫到這種地步，豈只是戴帽子？簡直是在舞魔牙。豈只是「猜疑」？簡直是存心險毒。想不到我們在一個反共而又號稱民主的政府統治下，爲反共爲民主而辦刊物而寫文章的人們，竟被執政黨的機關報這樣存心陷害！海內外千千萬萬嚮往民主自由而反共的人士，該作如何感想！

橫逆之來，我們是無所謂「防禦方法」的。我們只知道憑知識的責任、憑道德的勇氣來寫文章。是與非，曲與直，公正與奸邪，全憑千千萬萬海內外的讀者下評判。如果說我們有什麼防禦的話，我們敢於自信，千千萬萬海內外反共而信仰民主自由的讀者是我們的精神堡壘。

附：中立主義的轉變（二月七日中央日報社論）

在我們中華民國反共抗俄基地之臺灣，共產主義與共產黨的組織為非法的。因而國際共黨與朱毛匪幫都不能直接行動。他們採取的方式只是通過中立主義來間接作戰。他們的間接作戰到今日是正在從合法轉變為非法的階段。

去年十一月，莫斯科舉行的世界共產黨會議與十二國共產黨會議，對於自由世界各國共黨的顛覆工作，決定了一個新的策略路線。這一新策略路線有兩個要點：第一是在議會活動之同時，要策動羣衆運動；第二是從和平方式轉向暴力。莫斯科這一決定，對於東方各國，首先的鮮明表現是在印尼。自去年十一月以後，印尼的共黨一方面掌握了蘇卡諾的國務會議，一方面採取直接的羣衆運動，劫取荷蘭人的銀行和企業。這種羣衆運動雖為軍部所制止，但是耶加達政局已陷入混亂，而整個國家也就趨於分裂。其次就是日本共產黨。在日共的內部，和平方式已被檢肅，羣衆運動轉向暴力鬭爭。日共的學生運動與工人運動已有種種跡象轉入這一新方向。

在我們這反共抗俄的臺灣基地上，國際共黨及朱毛匪幫雖為非法的，但在憲法與法治的秩序之下，中立主義是存在的。如果中立主義嚴守其合法的與和平的範圍，也是可以繼續存在的。中立主義存在的事實，說明了我們反共抗俄的基地乃是民主法治的區域。

然而我們必須警覺。在事實上，我們也正在提高警覺。這個中立主義是會轉變的。在事實上，中立主義也正在轉變。在去年，中立主義者誇張尼赫魯的和平勢力足以阻止世界戰爭。因而主張我們放棄反攻的國策。這種論點，當然歸結到「兩個中國」，也就是歸結到承認中國大陸匪偽政權。這種論點，顯然違反並且破壞我們中華民國的國策。因為我們的國策是反共抗俄和反攻復國。並且我們大陸各省仍然屬於中華民國的主權。我們放棄反攻的國策，就是放棄大陸的主權，也就是接受「兩個中國」的謬論。中立主義雖發展至此，而仍然在中華民國法律秩序之內。

但自去年十一月以後，這裏的中立主義也在轉變，中立主義者一方面從批評政府轉向於抨擊憲政，另一方面從批評中國國民黨轉向於侮辱中國國民黨，並否定中國國民黨。這一轉變，顯然是中立主義者從合法轉入非法的跡象，值得我們注意，更需要我們提高警覺。

我們中國國民黨黨員是革命黨人。革命黨人應該接受批評，但不能忍受侮辱。我們對於單純的侮辱仍可置於不理。但若我們從這種侮辱之中，發現了敵人的策略路線與行動方向，那就要警覺，要戒備。

易經上說：「履霜堅冰至」。民國二十三年，國民政府第五次圍剿朱毛匪軍，擊破了匪的主力，使其不能不化整為零，抱頭鼠竄。此後朱毛共匪利用中立主義間接作戰，竟然掩護了陝北殘餘匪軍，使其死灰復燃。到了抗戰勝利結束之後，民國三十四年至三十七年之間，中立主義的發展，使國民政府陷入束手待斃，任憑匪軍來打的困境，終於大陸淪入蘇維埃帝國主義之手，造成中國與亞洲的慘禍。我們今日應該領受那兩次「履霜」的教訓，防制當前中立主義結為「堅冰」的趨勢。

中立主義者第一種防禦方法，是指責我們給他戴帽子。記得去年中立主義者鼓吹「反攻無望」，我們便揭破他「兩個中國」的主意。這並不是什麼帽子，這可以說是實至名歸，名副其實。再恰當也沒有的了。中立主義者第二種防禦方法，是指責我們「猜疑」。我們革命黨人對朱毛共匪作生死鬭爭，三十餘年之久。我們沒有別的本領，只是有兩隻明亮的眼睛。任憑你變什麼戲法，玩什麼花樣，我們都看得清楚。我們決不會猜疑任何人的合法行為。我們今日只是警覺中立主義的轉變——從合法到非法的轉變而已。

「和平共存」？

——「百聞不如一見」

蔣廷黻

蘇俄為配合其和平攻勢，特於聯合國大會第十二屆常會提出「國與國間和平共存宣言」一項項目，俾可藉以從事宣傳。蘇俄所提決議草案內列五項和平共存原則與匪共前此標榜之和平五大原則相同。西方國家雖洞悉蘇俄虛偽奸計，然蘇案文字冠冕堂皇殊難加以反對，因有瑞典、印度及南斯拉夫草案之產生，此一新案雖亦標榜國與國和平相處，然措辭均係引自憲章，且西方得以支持三國草案為辭反對蘇案。第一委員會審議階段，雖有若干國家指責蘇俄言行不符，然對通過三國草案此種多餘舉動，則無一國有勇氣明白說出。我代表蔣廷黻於一九五七年十二月十三日發表聲明痛斥蘇俄戰後所為以證其甜言蜜語純係自欺欺人，且對大會通過三國決議草案獨持異議，斥為無意義舉動。

編者註

沙烏地阿拉伯代表方才發表的言論，至為可佩，而且頗足發人深省的。它昭示了我們僅就抽象原則發表宣言並不能自動地解決問題。只因為我們作了崇高或甚至宗教般地神聖宣言，冷酷的現實並不就此為之消失。沙烏地阿拉伯代表所說我們不能與國際上違反正義、侵略、侵略者或是侵略的成果共存一點至為動人。本人希望委員會對此高見慎加思考。本人認為此種意見適用的範圍與所牽涉到的問題，較沙烏地阿拉伯代表心目中所想的問題更為廣大。（註：沙烏地阿拉伯指以色列邦之成立乃對阿拉伯侵略的成果，阿拉伯人民絕不與以色列和平共存）

昨晚晚會中，蘇俄代表發表了一篇很長的聲明作為本項目辯論的開場白。蘇俄代表的聲明確屬字字珠璣，因為該聲明表面言論原亦無疵可尋。在聲明中，蘇俄代表曾引用了中國一句諺語：「一百個故事不如一見」（註：即「百聞不如一見」）。本人可以向委員會證實確有此句中國諺語，而且其西文譯文也相當準確。不過該諺語亦可另作他譯，本人擬將其譯爲「聽一百次，不如看一次」。

蘇俄代表聲明中含有無數故事——實際何止一百個蘇俄所謂和平或蘇俄心目中所謂和平共存的故事。「百聞」之後，讓我們「一見」所謂蘇式和平，蘇式和平共存的眞正表現與行爲吧！我們縱然窮搜二次大戰後紀錄亦難找到蘇俄果眞實施和平或和平共處的半個例子。

現在先簡單一說我國與蘇俄的關係。本人所以提到此點，因爲我國之企圖與蘇共存的歷史遠較在此任何國家爲長，努力亦遠較任何國家爲大。在過去卅年，我們不但一再設法與蘇共存，甚至設法與蘇合作。最後一回合之努力乃在二次大戰期間。我們算是合作了，合作的結果引致一九四五年八月中蘇友好同盟條約簽訂。

本人已將該約文字在第四、第五、第六各屆大會常會中向聯合國提出。本人並曾就該段所謂中蘇合作經過提出了各種文件與證明。目下，無意再加詳述。所要說的僅爲，當該友好同盟條約尚在談判期間、簽訂期間、批准期間，及在批准後幾個月之內，蘇俄在中國東北數省的軍隊竟曾屢次將鉅量的軍火交中國匪共。近來大家所聽到的關於中東軍火的買賣較之蘇俄當時之接濟數量不啻小巫見大巫。

這就是蘇俄實行和平與和平共存的一個例子。有些委會會員也許認爲本人對這一問題難免有成見，有偏頗，那麼再看看別的區域又是如何？試問蘇俄對波羅的海國家——拉脫維亞、愛沙多尼亞、及立陶宛實行的共存是否使我們對世界和平更有信心或更感興奮？

假使蘇俄果眞以和平共存領導者自居，那麼最低限度，蘇俄應該讓與其毗鄰的這些小國能夠與蘇俄共存。

再看另一方面吧，蘇俄代表昨晚對「社會主義」政權大大恭維了一番，據他的說法，社會主義國家間確在實行彼此間友誼與合作。他說：

「新的社會主義制度已產生了一個新的和平外交政策。社會主義國家的外交關係基於對其他國家主義之承認與尊重原則，基於平等、互惠與和平共存。國際間爲和平、進步與友誼的奮鬭乃係社會主義國家本質中早已存在的因素，在此等國家中，沒有任何階級或集團有意佔取外國領土，攫奪原料或市場。」

這是蘇俄代表昨晚講給我們聽的故事。現在讓我加以考驗，不是用中蘇關係或是蘇俄與波羅的海關係來考驗，而正是用蘇俄與東歐所謂社會主義國家的關係來考驗。

委員會中有些代表諒尚憶及大會第六屆常會中一個大辯論，那就是南斯拉夫代表團控訴蘇俄、保加利亞、匈牙利、羅馬尼亞、阿爾巴尼亞政府以及捷克、波蘭對南斯拉夫採取敵對行動。本人認爲南斯拉夫總應該算是社會主義國家，南斯拉夫代表在談到此節時，也總應該對蘇俄對付東歐社會主義兄弟國的眞面目有深切認識，在那次控訴場合中，南斯拉夫代表提請我們注意及若干重要事實。他感到南蘇關係由於一九四八年六月廿八日國際共產情報局決議之公佈而遭受嚴重的破裂。他也老老實實說明南蘇關係在該事件後自不能與事件前的關係相同。他承認在該決議公佈後，南蘇關係確有相當程度的惡化。因此，他特別請專設政治委員會（註：南控案大會交專設政治委員會首加審議）注意南所欲描繪的南蘇關係乃係國際共產情報局決議開除南斯拉夫以前的情形。南斯拉夫代表當時說蘇俄曾不斷及繼續對南斯拉夫施用壓力，蘇俄壓力究竟如何，本人引讀一九五一年十一月廿六日會議正式紀錄中南斯拉夫代表的言論：

「……但在南斯拉夫成立獨立國家之始，就已感到這種壓力，特別是從蘇俄政府試想强加於南斯拉夫的政治經濟措施感覺到這種壓力，而這些措施也正是蘇俄對東歐其他國家採取的，這些措施的目的是在確使南斯拉夫完全屈服。例如，兩國間所訂的貿易協定規定南斯拉夫對蘇俄輸出若干主要的工業商品，尤其是生礦與金屬，並使南斯拉夫與西歐市場隔絕，就是本於此項目的。在海上保險，電影製片工業，以及蘇俄所給予的技術協助中，也有同樣趨向，而其眞正目的是在南斯拉夫設立鉅大的間諜網。蘇維埃及南斯拉夫聯營航空與水上運輸公司之設立，係由南斯拉夫負擔大部份費用，但管理、支配及行政則操於蘇俄公民手中。礦山與油田的經營亦如此，蘇俄搾取南斯拉夫的天然財富及由此所獲之外滙，並竊取全國經濟生活的控制權。」

上面所引的乃係自南斯拉夫獨立以來及在一九四八年南蘇關係破裂前的南蘇關係眞相。南斯拉夫代表在同次會中也曾告訴委員會關於蘇俄與南斯拉夫以外之東歐國家間關係。他說：

「蘇俄對於其他東歐國家內政的干涉，不限於其經濟生活且擴展到軍事方面。蘇俄教官較之本地軍官支領較優的俸給及較多的口糧，並在一切戰鬭單位中行使指揮與控制的職權；組織與訓練都照着蘇俄的方式。搾取與奴役政策之外，另有文化性質的措施。」

我很高興南斯拉夫代表提起了文化這一點，因爲蘇俄代表昨晚即曾强調文化交流之需要，茲再引南斯拉夫代表當時所說：

「東歐各國都被迫採用俄語，對蘇友好協會在「俄化」工作中佔着重要地位。戲劇節目多半是蘇俄戲劇；蘇俄影片大量進口，本國影片製造業橫遭摧殘，在出版與文學方面也是同樣情形。蘇俄政府在附庸國家的文化政策，完全是排外的愛國主義與帝國主義性質的。」

南斯拉夫代表在聲明終了作以下綜結：

「我們檢討一下蘇俄政府及東歐國家間現有的關係，就可以看出這些國家是處於對蘇俄極端屈服的狀態，因此，各該國對南斯拉夫所表現之敵對情形，是應由蘇俄政府負責的。」

假使蘇俄對業已受蘇式社會主義的國家尚且實施此類「和平共存」，那麼，冀其對一非社會主義國家」施加更好待遇豈非擬想？

上面所引讀各段均摘自南斯拉夫代表於一九五一年冬的主要聲明，有人也許認為蘇俄本質自那時起已有變更，雖然蘇俄代表昨晚自己宣稱蘇俄本質從一九一七年革命起始終如一。我們何嘗不願蘇俄本質確有更改，假使蘇俄對外關係都像一九五一年南斯拉夫代表所描寫的，那麼和平的前途便簡直無望了。

不過，蘇俄本質眞的變了嗎？假使匈牙利革命對世界有任何教訓，那就是明明白白啓示我們蘇俄制度和他的外交政策自南斯拉夫在一九五一年向聯合國提出控訴後絲毫未變。

也許有人認為本人對和平共存這個問題未免太悲觀。本人並不悲觀。本人認為世界上仍有許多光明之處，指向眞正的和平共處。譬如在西歐，我們就發現該區域中不但早已實行和平共處，而且仍在實行中。在聯合國中——本人已在此十年——我們從未聞到盧森堡代表控告她較强大的鄰邦對她施展壓力或予欺侮。在本人與西歐各國代表往來間，發覺他們對彼此政府都寄有相當堅强的互信，他們不但和平共存而且熱情共存，各享其惠，且無時不希望繼續和平共存下去。看看西歐情形，我們便了解眞正和平共處的榜樣如何，這是大家都可以見得到的事實。

至於亞洲是否在實施和平共存，本人不願加以評判。因為由於歷史上可悲的環境，亞洲遲到二次大戰後始得成立一個獨立國家間之社會，亞洲間獨立國家對獨立國家之關係歷史甚短，在這個短短的關係史中，尙不足隨便加以褒貶。

雖然如此，西歐對和平共存已貢獻有好榜樣，在西半球方面，亦另有一好榜樣，那便是美洲國家間，不論大小，我們找不到懼怕彼此侵略的心理、違反正義的觀念或是故意毀壞彼此間睦誼的慾望。相反地，我們在正式或非正式聯合國會議室中或是走廊上或在聯合國會場以外聽到的，美洲國家間總是一片友好合作的氣氛。

眞正實行和平共處的這些區域的存在，表示在這一方面，聯合國憲章並非完全係一烏托邦文件。它指出這一個和平相處的理想既能在若干區域實現，自也可以推及全球。

假使我們綜覽全球以及研究戰後發展，我們發現世界大勢有兩個路線的發展。在一方面，大不列顚授予其前屬地獨立主權。亞洲今日許多獨立國家皆係大英帝國昨日之屬地。法國在這一方面貢獻亦多，荷蘭亦然。西歐國家之帝國主義與殖民主義已卽消失，彼等對廢除前此作風方面，努力甚鉅。優越與卑下，征服與被奴役一類關係，就西歐國家與亞非國家間關係而言，幾乎蕩然無存。這是西歐國家一方面所走的發展路線。這種發展與憲章和平共處的原則完全和諧。

不幸的在戰後，另有一種發展路線正向相反方向猛晉。西歐舊帝國正在努力解放其屬地之際，蘇俄卻在戰後建立一規模遠超過殘忍伊凡、彼得大帝、或加薩林女王所能夢想到的大帝國，該帝國不但疆域大，而且更加殘暴。

今日世界實現憲章中所標榜的和平共處的理想只有一個障礙——那便是蘇俄。

我們正在考慮決議案，而提出的決議案所用文字都是冠冕堂皇無可指摘的。本人自問，這些決議案的通過，若對西歐國家來說，豈非毫無必要，若係對蘇俄而發，試問彼等又有何種效力可言？難道通過瑞典、印度及南斯拉夫所提決議等案就會發生效用嗎？我想絕對不然。本人對此舉之價值至為懷疑。

有人就說，姑不論生效與否，通過此類決議案並無害處。沒有人可以反對該決議案中任何一段或任何一句，它們都是好原則，且係憲章好傳統。誰不愛和平？誰不願和平共存？因此我們對該文件難免心中激起希望，甚至相當程度的熱情。

此地本人不能不提醒委員會追憶及第一次大戰與第二次大戰之間，不是有若干政治家忽視現實問題而轉向彼等注意於理想美夢之實現與美麗文字宣言之陶醉？我所要說的便是白里安克洛克非戰公約締訂的一回事。可是該約簽訂不到十二年，戰爭就爆發了，戰爭爆發的時候，竟無一人想到白里安克洛克公約，更不必說去引用它了。

有一位研究國際關係的學者曾經說過下面一段話：

「這些烏托邦性質的狂熱的害處，主要尙不在於浪費時間、看錯重點、或是勾起不應該有的奢望，最大的害處還在讓這種狂熱遮迷了我們的視線，因而看不到週圍眞在發生的種種現實。」

本人不願隨和這種無謂與無根據的狂熱。憲章的原則至善，他們也還存在着，若是有的不能發揮效力，那麼再三重覆仍是無濟於事，假使大家認為重覆有用，我願意與所有聯合國會員國來共同舉行一每年度重申誓言遵守憲章的典禮。目下的辦法無非白用憲章文字，而尤為可慮者，卽這些好字句經過本會這樣利用後，正好添作蘇俄向全球宣傳荒誕故事的好材料。

三論反對黨

朱伴耘

一

自由中國半月刊第十七卷第四期上載有李璜先生談「反對黨」大作一篇，拜讀之後，我不僅感佩，而且興奮。令我感謝的是他對作者「反對黨」一文之批評，無異爲作者緩頰；令我佩服的是他的卓見以短短數十字將中國近數十年來政黨政治不能合理發展的病源一語道破。我們都知道一位名醫如對病者能找出病源，自易對症下藥而收藥到病除之功。以此比譬中國民主政治的前途，大家有良醫可以請教，每位爲民主前途奮鬪的人，當不必過份悲觀。

誠然李先生對我的批評，如謂對事實情態「假定」用得太多，忽視青年黨過去三十年的奮鬪史蹟等等，我完全接受。因爲白紙寫上黑字，我無意對此作任何辯論。不過我有一點要向李先生解釋的，我之所以如此措詞，並非漠視在野民青二黨的艱苦奮鬪，而是使官方作者無法藉口反擊。我雖離國十年，對於現在的政治行情不免隔膜，而就在大陸時的所見所聞，是不會故意抹殺在野黨所受的迫害的。縱然我如此小心下筆，而官方圍剿大作，仍謂我惡意挑撥「友黨」與政府的感情；仍稱民青兩黨之不能擴大發展，乃該二黨內部分裂、或由主義不得人信服，而與在朝黨無關等語(此類大作李先生當較我更易見到)，可見今日論政下筆之難。李先生爲青年黨領導人物，在野黨一切苦難經過出諸自已現身說法，那些稱我爲惡意挑撥的先生們，該可捫心自省吧！

我譽李先生(或他的友人)爲中國政黨政治萎縮病的良醫，因爲他有獨到的見解，當他將中國執政黨與外國式的政黨比較時，他說中國執政黨乃是「一個中國式的組織，是一個家族社會，兼是一個幫會團體」，實是一針見血，簡單明瞭。這個數千年來的疑症，旣有名醫查出其病源，大家就不應視之爲「絕症」而放棄之，有陳方固好，不然也得研究新藥以求病之根除。此外，爲了國家前途的安定，即令病根已深，我們也不能、更不忍視爲「絕症」。我們要向同胞們一再言明，此項絕症存在一天，他們白白流血的機會也存在一天，不論革命也好，解放也好，甲勝也好，乙敗也好，流血的是多數無辜的老百姓，成果則爲那些少數先知先覺者坐享。一個國家如三年一革命，五年一解放，還談什麼建設，還談什麼提高生活水準。(推翻異族統治，反抗外敵侵略，自屬例外)我們的民主言論與夫主張成立反對黨，等於抗毒血清，對於多數未受病毒傳染的細胞，增加其抵抗力，對於已受病毒傳染的少數細胞發生去毒作用，只有多數同胞對民主政治的信仰堅定起來，病毒才不致擴大，也因此之故，此千年來的難症才能轉危爲安。在朝黨對我們的言論主張，大可不必小心眼的以爲我們斤斤計較目前的政權。我們是在爲中國政黨政治萎縮病下藥。假立中國政治走上政黨政治的常軌，執政黨是在公平競選下爲人民再度選出，我們都樂於以在野的地位予以協助，可是在今日的情況下，我們有喚起老百姓自覺的義務。彰明較著的主張談不上是「陰謀」；公平選舉的要求談不上是「叛亂」。官方及其發言人，必要正視我們的立場。

二

我對反對黨問題，已先後在自由中國半月刊發表了兩篇文章，其內容一見而知是着重在障碍之掃除。這類工作雖然效果如何不得而知，但着手却較易。今天我們考慮的問題，是如何使反對黨之成立與民主政治勝利之確保一致！老實講，大家提倡民主政治到今天，無論對提倡者本身的努力言，或對老百姓的期望言，都已到了只許成功不能失敗的階段。我們可能失敗於「分化」，我們也可能失敗於「自誤」。我以爲這個新的政黨能否於短期內由選民中取得政權，問題尚不重要，因爲等人民到了想「換換口味的時候」，自然有被選出之一日；主要的是這個政黨是否稱得上一國像樣的「反對黨」，——在野時能代人民盡監督之責，以取得人民的信賴；而一旦在朝，能兢兢業業表現新的作風。在今天我們提倡組黨的階段中，大體上我們可以體會到兩種反響：一種是來自對中國政治不安而常抱隱憂之士，與夫熱烈希望中國政治一躍而上民主常軌的青年，他們不僅贊助與支持，並希望早日有成功的奇蹟出現。因爲這些人的心情太苦悶了，許多似是而非的口號，自相矛盾的敎條壓得人民沉悶不堪，只有寄望於民主運動的早日成功以解放他們精神上的桎梏。另一種來自反民主運動的維持現狀者，在黨國不分的理論無法立足的時候，他們正散佈着「組黨爲名、分贓是實」的調子，以期打擊民主運動的聲勢。在我們步步爲營無隙可乘的時候，這種調子是無效果的，可是萬一有棋錯一着之時，其影響却不可忽視。

我們的責任却太大了。在一個民主政治已成習慣的國家，每一政黨本身偶有錯誤那是很平常的，小斯時一黨之成敗事小，而中國民主前途將從此暗淡無光。自一黨之內意見分歧，大至貪汚腐化，都無損於民主制度之毫末，到期人民再投一次票就可解決此類問題。可是我們的情形却兩樣；誠如李璜先生所言「二千多年來，中國的政治局面，不但在事實上是家天下，而在精神上都是家天下：國就是家族的擴大，執政首長就是家長的擴大，老百姓被稱作『子民』，執政者被稱爲『民之父母』……。」我們過去所作的民主理論，是首先要對「子民」作精神上的解放，繼之要以事實來使他們嘗到主人的甜頭，不要讓他們作一個政治上的宿命論者，以爲誰來都是一樣，誰來也不過如此。我們的反對黨必要做到使老百姓也深信甲黨與乙黨執政畢竟不同；主人與子民的地位畢竟兩樣，才可將中國的民主政治立定鞏固的基礎。假定反對黨組成之後，不幸有一、二人圖近利而忘掉原則，或本身作風不能引起人民的共鳴，那麼只要主張維持現狀的人加以渲染，人民以二千年來飽受「家天下」之精神訓練，很容易再度走上政治宿命論的道途，斯時再有什麼人來提倡民主政治，眞不知要多費幾多倍的精力，才能使人民改變態度。我坦白承認目前無論民心與輿情，對於我們的民主運動都是有利的，我們的理論與實際擁有廣大的同情與支持，正因如此，我們得戰戰兢兢，對此有利的環境予以把握與運用。每位主持新黨的有志之士，必要把中國民主政治前途的成敗時時銘刻於心，而將黨及個人政治之得失視為實現中國民主政治的方略。這個樣子的反對黨才是中國所需要的，我之所謂成功在此！而這種成功與執政或參政是沒有因果關係的。我並非對未來的反對黨期望過高，而是我們的政治環境太苦，多一次失敗就為中國民主前途多加一重阻碍。二千年來「家天下」思想的精神阻碍也迫使我們喘不過氣來，今後豈能自樹阻碍？我之反復申言「只許成功不能失敗」者，當可邀有識之士的原諒吧！

組黨之能否順利進行，在目前似乎決之於外在的因素居多，這些障碍，我們看得見感得到，只要努力，終能克服。組黨之後能否成功，那就操之在已，能運用得法，自會為中國政治前途放一異彩。如不能克服這些無形的障碍，那就功虧一簣，又為後人留下一頁痛史。我不是大法術家，可以一定保證新黨之必然成功，但我有幾點客觀意見向未來組黨諸君子提出，或能有助於防止失敗。個人篤信民主政治的原則，但無意從政，我的希望我的意見，盼組黨諸君子能視之為一般的要求，今日之在野黨可能明日在朝，老百姓對之都是虎視耽耽的。

三

防止失敗的第一要件是隨時不忘對方的「分化」。在今天新黨尚在醞釀期間，已有不少官方的熱嘲冷諷以為組黨不過是集體要挾分羹而已。如新黨之目的在整個政權之合法取得，官方的攻擊是沒有理論根據的，也因之不足以損害新黨在人民心中的信譽。是以組黨之士，千萬不要有人因「分羹」而中「分化」之計。因為只要有一點把柄落在人家手中，他們有的是宣傳機構，稍加渲染，新黨就無法立足。在野就是在野，如民青兩黨對行政院政務委員保留的兩名額，迄不提名補入，對於省委保留之兩名額亦表示不擬參加，是光明正大的政黨作風，值得我的國人大書特書。這兩黨是有骨頭的人領導的，是有前途的，僅此一端，就為未來新黨樹立了良好的風範！在政黨政治的國家，參政與負責是不可分的，試問政院及省府，各黨派委員一名，政是參了，如何負責。結果羊肉未吃倒惹得一身羊羶，給國人一個壞的印象：「這些人組黨，那是為了政策與理想，不過想敬陪末座而已。」尤可怕者，收買者對被收買者，從未把人當人而把人當物，當此物有利用價值時，就不妨花點代價買下來，一旦用畢就棄之如敝屣，使你一生再也爬不起來。這類例子太多，諸位接觸過實際政治的人，當可謂我言之不誣。凡受此種過去的痛苦經驗，大家都不能輕易忘記。因為維持現狀的人，是會想方設法來破壞這個新黨信譽以證明他們的「推斷無誤」的。諸位果於將來以爭得人民的信任而全體執政，這樣作官，是出自人民的公決而非來自私人的賞賜，任何人不敢加以攻擊，也無法加以攻擊。萬一以政績不佳下次來個落選，仍係出於全體人民的公議，敗亦不會傷及個人的自尊心。這種失敗丟官的心情，與權威者板起面孔，下一「永遠革職」的手令是不可同日而語的。個人不才，僅作過小公務員數年，但是大官見了更大的官的那種惶恐失措的樣子，我卻見了不少，大有出演法門寺的縣太爺趙廉之態，眞是給我感觸太深，刺激太大。人性的尊嚴在權威逼照之下，可謂完全喪失。官小了似乎人格也不應存在。我今日之立論反極權，主張民主政治，也可說動機在恢復人性的尊嚴。向權威者叩頭作官，不如向人民求票作官。我們的目標，不僅為這一代人的尊嚴，而是為子孫後代的尊嚴！諸位如能常常憶及，此種苦口婆心的說法，加意提防，是會不墮入他人用「分羹」而行「分化」之計的。事實上這類作風，諸位知道比我更多，了解比我更深切，但我仍願提出，因為我同千千萬萬希望中國政治走上民主常軌的人們一樣，盼望諸位成功之心太切，而最足以構成中國民主運動致命打擊的，就我看來，莫過於中了旁人用「分羹」而行「分化」之計！是以我稱之為防止失敗的第一要件。要把握這一點並不太難，想想個人的自尊心，想想郿塢縣令趙廉的窘態就行了。在一個新的集團中，可能僅有百分之一想嘗點「羹味」的，這在民主基礎鞏固的國家毫不足奇，而發生在現時的中國卻萬分嚴重，在這一點上我們必要立下百分之百的好模樣，以抵制組黨即分羹的污衊！

四

誰都會說「團結就是力量」，在我的想像中，這個行將成立的新黨，必為在野各種力量的大團結，因為非此不足以形成強大的反對黨而與執政黨競爭。那麼，怎樣才能達到團結的目的呢？我不主張統一式的團結，由少數人提出一個什麼主義口號之類的玩意兒，要大家追隨其後，表面觀之似乎統一了，團結了，實際發生的力量如何很成疑問。我們談民主政治的人三句話不離本行，主張「民主式的團結」。換句話說，問題未討論之前未有定型，經過自由討論多數同意之後，這就是我們大家努力的目標。這句話說起來輕而易舉，做起來並不簡單。可是我有一個小小的建議：只要參加組黨諸君對於「世界至今尚找不出完善合乎理想的政治制度」有確切的認定，我相信要達到民主式的團結並不困難。

何以我請諸君有此認定呢？因為每人腦中有此意念，是十分有助於民主團結的。未來組黨諸君子，多為對中國問題研究有素的飽學之士，所謂讀書人是也。數十年來，諸位不僅對於問題有深切的了解，可能解決之道也有了藍圖。眞正讀書人多半具有一付傲骨，對於本身多年思索的治國方略，多堅信不移，覺得只有我的理論與辦法，才眞能合乎中國的需要。擇善而固執之，本來是難能可貴，可是今天我們要想將想法不同、辦法不同的各方領袖人物作民主式的團結，各人擇善固執，只有孤芳自賞。我是對任何主義毫無興趣而特着重辦法的人，而辦法只有不斷的實行與改進才能趨於至善。至於誰的辦法較好，必要老百姓用過之後才能下一評語。主張的人，擬定的人，事前根本用不着堅持成見。譬如說，這個新黨是甲乙丙三派的大聯合，甲乙丙三派各有其主張與辦法，但是新黨只能用一個辦法向民衆宣傳。這個辦法不是來自甲乙丙的各自堅持己見，而是來自自由討論與多數決。可能甲派辦法眞是比較完善，如果多數決的結果，卻用了丙派的辦法作為黨的政策，那麼大家只有在這一階段放棄甲乙的成見而努力為丙派的辦法宣傳。這一個辦法如老百姓不中意，則甲乙二派的辦法或三派來一綜合的新辦法，仍有下次再向人民提出的機會。民主政治的要件，第一是容忍不同的意見，第二是人民多數決的選擇。因為要容忍，就不必堅持一己之成見，因為要信賴多數決的選擇，即令真知灼見不能見用，也得淡然置之，不必灰心失望。所謂民主者是人民大多數以為對的，那就是對的，而不是少數人越俎代庖要人民相信什麼是對的。這個說法也許很含糊不清，我且舉個例子來說吧。當英國創辦公醫制度的時候，少數先知先覺的反對派，就指出下列諸缺點認為窒礙難行。第一、人民可能濫用此項權益，政府財政擔負困難；第二、醫生待遇太低，可能迫使他們改行或移居他國；第三、醫生看顧病人太多，無法給予詳細診斷，有時花上很多時間應付輕微病人反而躭誤的醫治嚴重病人的診斷。最近美國一位記者自英寄出一篇英國推行公醫的報導，他說出英國公醫制度的情況：政府覺得費用太大，必要另闢財源才能繼續維持；醫生也頗多抱怨，工作忙而待遇低，人民自己尤其患過病的人他們也不滿意，總覺得醫生診斷不夠詳盡。雖然如此，該記者的結論說「人民要它！」就這個例子看，少數人的真知灼見，抵不住「人民要它」的力量。誠然公醫制度，有其缺點，尚待改進的地方甚多，在未有好的辦法前，在「人民要它」的情況下，這個辦法就是好的。以此類推，我們對民主政治有信念的人，任何主張及辦法，均可作如是觀。也因此之故，在野諸君子儘管主張與辦法各有千秋，如認定「世界至今尚找不出完善合乎理想的政治制度」，是無礙於我所稱的民主式的團結的。再擴大言之，人民在我們的辦法中與在朝黨的辦法中，如在公平選擇的條件下仍選用後者，即令我們的辦法有獨到之處，但先得向「人民要它」而低頭。由這種方式來的團結，才是真正的團結，才有力量！

今天我們是談民主政治，許多人以為意見不一就不能團結，是未考慮到民主政治是以自由討論與多數決為基礎的。如任何一人或一派以為只有自己的主張及政策可以為天下法，旁人都不足道，聽我的領導我就參加，反之我就拂袖而去，這種態度本身就失去了民主精神，還談什麼實際的民主政治。就個人的看法，在野各派人士的團結，是沒有什麼困難的，意見不一而又加上固執己見，那麼不待旁人之分化也無法將自己團結成為一個大的力量。我承認固執己見是讀書人的常情，因為每個人費了多年心血尋求對國是問題的答案，是不願輕易放棄的，不過在這個情況下，大家要以多數的意見為意見，一切服從多數的表決。這樣，才能完成有效的團結，才能有一新的強大的反對黨出現。也只有民主式的團結，才能使此新黨發揮其反對黨的作用，否則空掛一塊招牌，並不能有助於中國民主政治的前途！我深信有了民主式的團結，新黨是不會失敗的。

五

好的開始是成功的一半，是以要減少失敗的機會，「貴慎始」是非常必要的。在一個新的運動開始，多半是非常熱鬧，不到多時，或以外在的影響，或以內在的分歧，結果是曇花一現，虎頭蛇尾。結果反對黨是有了，其在民主政治的功效却一點也沒有，那麼何貴乎有此一舉？要做到「貴慎始」，我以為下列數點，是可以提出討論的：

一、發起人物在人民心目中的地位問題：這個新黨能否發生廣大的號召力量，除了我們的主張外，發起人過去的言行與我們今日的主張是否相符值得慎重考慮。我說過有主張有意見的人，如相信民主原則，並不礙於團結，可是那些無定見，好新奇而又自命為名人者，甚至在人民心目中為身名狼藉者，我同意他們參加，因為這是合乎民主精神的，過去某種行為的失檢並非「不堪造就」的終身判決，可是我不同意這些人開始即列名於發起領導人物之林，引起人民不必要的反感。我們開始時用不着聲勢浩大、堂哉皇哉的陣容，只要我們本着原則實際的幹，人民的信賴是成功的最大保障。是以開始之際，我們應在人民心目中建立這個印象：這一羣人實在是為了一個原則在努力而非急求近功的人。因為我們得假定即令民主制度確立在公平選舉之下，最初不一定就保證必勝的。人品過雜、急功近利的人自不免滲入，這類人如為一普通黨員，一旦耐不住寂寞，他可另闢途，無損於新黨之號召力，若此輩擠入領導人物之列，即令少數，也給國人以不良印象。我不是一個偶像崇拜者，主張新黨領導人物必須赫赫有名，但我却願這些人物能受得起寂寞，對其所持的民主政治原則堅持到底。這樣才能持久，才能以行動提醒國人，這個樣子的作法就是民主。

二、下一代的扶植問題：今日組黨諸公，只是為民主政治做一點奠基工作，民主制度的確立，是一個長期的競爭，必要有人繼續下去。事實告訴我們，一個政治運動在開始的第一代，多是人才濟濟，同時大家有一個純正的動機，多能堅守原則為此動機而努力，可是到了第二代問題就來了。如果第一代能努力而達到某一運動的目的，第二代要就是腐化，要就是庸碌。許多政黨之所以沒有健康的第二代人才，第一代的領導者是要負責任。他們自身造成了一種氣氛，把黨產視為私產，結果是人才遠走，庸才與奴才湧進。他們對第二代的人，要求不高，只要絕對服從就行，只要忠於一個小的集團，是忠於某一個人，這種人自會青雲日上。因為上一代人他本身就是原則的權威，最好是主宰，於是順理成章的忠於人也就是忠於原則了。新黨的第一代是不應有此作風的。第一，我們的成功並不止於在某次選舉中取得政權，而是無形的讓人民體會出自己地位的重要確奠民主政治的基礎。因我們的成功是無形的，是長期的，這一代根本是無產階級，因為不視黨及政權為少數人之產，一方面我們無意以「甜頭」來引誘青年入黨，以為一入黨就成了子弟之一員，只要盡忠盡孝，當可承受一部產業。於是出洋深造囉，加官晉級囉，都會得來全不費功夫，只要裝着孝子賢孫的樣子就行了。我們只要求這類青年能遵守多數的原則充份發展他本人的人格，上一代只屬於扶植地位，讓他自己以其才智取得人的信任而繼續我們的事業，讓他在人海中生根，用不着上一代提之拔之放在暖房裏。同時這一代如認定「世界至今尚沒有完美的制度」，也不會過度自負來個什麼「為天地立心，為生民立命，為往聖繼絕學，為萬世開太平」。每一時代有它的進展，今日之主張辦法，未必就能應付明日的要求，何必為不可知的未來躭一憂。如人了解民主政治是走一步試一步的「凡人政治」，又何必要求第二代作一個教條主義者的信徒？每個人如能知道自我在社會的地位，縱其發展有限，但並無損其在社會的價值。將這個平凡的想法一代一代移交下去，以對抗那種「法古今完人」，為聖稱賢的頭腦，民主精神就自然而然培植出來了。一個國家多有幾位自命的聖賢，加上人人皆有向聖賢高座爬的念頭，是不會產生真正民主的。試問少數聖賢如下了「為萬世開太平」的宏願，只有他才能「為生民立命」，那有黎庶發展的餘地？

三、經費的籌劃問題：民主國家辦黨是要錢的，平日宣傳要錢，支持黨員競選也要錢。這是一個長期的活動，必要籌出一筆固定基金，來應付各種支出。我們是堅決反對以民脂民膏來作黨的私用的，是以這個黨必要對黨費問題作個通盤籌劃。當徵收黨費的時候，我們得首先向黨員聲明，這是賠本的生意，大家出錢辦黨是爲了一個共同的目標，力求民主政治的實現，這個黨可能有執政的一天，但黨員之要作政務官的，必要自己具備才能由黨提請人民的公決，作事務官的，有一定的人事制度與黨籍無關，不要以爲入了黨就等於加入了「幫會」，可以的分享一點利潤。如認爲這項交易不合算的話，最好不要作入黨的念頭。我們願接受工商界的捐助，卽令他們無意入黨，只要這種捐助不隱含某種要求之意，皆可接受。入黨與繳費皆不可視爲職業與投資的保險。這類要求似乎陳義太高，但不如此，我們所組織的不是具有現代意義的政黨，只是江湖上的社團黨會，志在互相圖利而已。此外，這個黨組成之後，因爲工作的目標是長期的，是以它的生命也必須是長期的，也因此之故，在經費的籌劃方面，必須注意到經常的來源，最好能有點生產事業。

開始能對上述三點予以注意，這個政黨才能一新社會耳目，當第一個好的印象能在人們心中留下以後，再來逐步發展，力量自會雄厚起來，那時卽令不上臺執政，也很像個在野黨的樣子，而能發生監督的作用了。

六

在這一段中我想提出討論的是上臺以後如何能維持團結？我們都知道一個團體開始時共患難易而到後來共安樂則很難。在開始的時候，都好像大敵當前的樣子，非消除成見不足以應付外在的敵人，等到事過境遷，大家就爲了權利之爭而四分五裂。果不幸新黨於上臺之後也來一套明爭暗鬪，那末組黨是否爲民主政治奠基礎與夫這個黨與以前執政黨究有什麼不同，明眼人不難下個斷語。誠然，人人於上臺之後，想掌權而一逞抱負，這幾乎是無法避免，但是我們總期望這種事情能減少發生機會。爲了做到這一點，我請諸位把目光稍放開一點，幸而當選不要自滿以爲民主政治就成功了，我們還有更大的敵人——千百年傳下來的阻礙民主政治的病毒仍待大家的團結而清除。這個病太複雜，偶然新黨上臺一次，不過等於消除一種病毒而已，其他病毒尚待不斷的治療。此外我希望辦黨的人，不必視從政爲職業，將搞政治與吃飯視爲一件事。果爾精神上是很痛苦的。如一個人將辦黨、作官與吃飯視爲三位一體，以作官爲吃飯的職業，這位先生很難會爲了原則拂袖而去的。我並不是說每位辦黨論政的人，必爲百萬富翁，但我卻希望辦黨與從政不要變成了一個人唯一吃飯的職業，更不必視三百六十行中只有做官才能爲人民服務、爲國家立功。在各種阻礙民主政治的病毒中，我以爲「學而優則仕」的想法也是病毒之一。大家都想作「人上人」，必要這個社會有「人下人」才能一較優劣。我們今日認組黨、執政，目的是爲了民主政治，既不應靠此吃口安逸飯，更不應爲了做個「人上人」。我們大聲疾呼，都在爲了給這些病毒來個一掃光，而醫治傳染病的人，自己首先得來一個免疫注射。這樣才可向國人宣示我們的言論與行爲，不僅不是「思想毒素」，相反的正是防疫血清與治病的抗毒體。果諸位他日受人民之託而執政，如三復斯言，那麼彼此所謂「利益衝突」者，稍加分析，當爲本身之病毒未加根除而已。

我說過我是反對有脅迫性、統一式的團結的，意見參差更爲民主政體之常態。我們主張民主政治的新黨，無論在野與上臺，都不會有整齊劃一的意志，是理所當然，但這不能說我們就無法團結，只要大家放棄爲生民立命、爲萬世開太平的傳統想法，遵從多數人的意見，自然可以產生團結。不論在野與上臺，兢兢業業以對宿疾求治爲己任將敵人的範圍推廣至千百年留下來的病毒，大家忙於滅毒之不暇，當可視利害衝突爲一件小事了。病根不除，今日甲來，明日乙來，姓名面孔甚至於名稱都有改變，但極權政治則故我依然，那麼又何必多此一舉。

七

本文的目的是寄望於組黨諸君要愼始才能善終，要成功必先防止失敗，在朝與在野不是成敗的標準，而今日反對黨之成敗要以該黨之存在是否與中國民主制度之奠定息息相關以爲斷。果然由於反對黨之存立，在朝黨事事小心，人民因有候補公僕有恃無恐而對在朝黨加重其負擔，卽令一時不能當選我們仍應視此爲成功，再接而再厲。那麼什麼是我們所稱的失敗呢？一在組黨未成功前卽遭分化而流產，一在組織成功甚至上臺之後，來一個換湯不換藥。無論是流產或換湯不換藥，則中國的民主運動又是春夢一場。我們這一輩中國人，在許多方面都是不幸的，可是就促進中國的民主政治言，無論在大陸或在臺灣或在海外，這是最好的時代，民主與集權之爭，界限分明，我們只要將事實的是非善惡向世人剖析，必能滙成一股民主的大流，迨極權政治擊潰，少數人卽令握有洲際飛彈，也無法向無往不在的全體人民進攻的。要想消滅戰爭，首先要擊潰一切極權政治，要想擊潰極權政治，今日吾人惟一可恃的武器，就是民心。由於我們工作的對象，不僅是極權政治本身，而是進一步極權政治之所以能在中國立足的各種病毒，所以，我們的努力必是長期的。在長期的奮鬪中，我們不得不以減少失敗的機會來增加成功的可能性。

在中國當前的環境，反對黨的責任太大了，在野時我們要盡言責，在朝時我們要立風範，其堅苦的程度，十倍於民主基礎業已奠定的國家，但是我們不能因爲工作堅苦而畏縮。這一代人不咬緊牙關開步走，中國只有永遠讓那些自命爲「爲萬世開太平」的英雄聖賢統治下去，而「革命」也永遠與中國結上不解之緣，進而整個國家的命運也會斷送於爲「政權」而革命之手。我之對反對黨如此求全，並非說組黨諸君必爲「聖人」才可領導反對黨，我是不相信人間有所謂聖人的。我故意將反對黨之成功作很廣的解釋，不以和平取得政權爲限，而責其在野與在朝都應小心翼翼一新國人耳目，完全是我們政治環境太壞，大家不得不把理想的目標提高。這一種說法，我想必能獲得組黨諸君諒解的。

四六、九、五。

論政黨政治

梁叔文

一　甚麼是政黨

自由中國有句很時髦的話是政黨政治，但甚麼是政黨政治？我們要解答這一個問題，首先要說明什麼是政黨。政黨的定義是怎樣？特質如何？這也是議論紛紜，莫衷一是的問題。有些人把政黨分類爲革命政黨，和普通政黨；所謂革命政黨，卽如蘇俄的共產黨，意大利的法西斯黨和德國的國社黨是；而所謂普通政黨，則如英美及其他民主國家的政黨。可是上述的分類，殊不能差强人意。革命黨，和政黨，其性質根本不同，不能混在一起。若把革命黨包括在不同類型的政黨裏頭，那是不合邏輯的律例的。兩者的性質，其根本不同的地方；第一，革命黨是不惜用流血的非法手段，以武力來奪取政權，而政黨則用溫和的合法方式，以選票替代槍彈，來達到其目的；第二，革命黨是具有獨佔性，排他性，絕對的不容許其他黨派，以實現其主張，而政黨與政黨之間，像球賽的雙方，不但缺少了任何一方都不能成事，而且雙方的强弱，不宜太過懸殊，否則這球賽也會令人感覺到沒什興趣，而失却其角逐的意義，所以民主國家裏的政黨，不但容許其他政黨之存在，而且歡迎有其他勢均力敵的政黨之同時存在；第三，革命黨用急劇的方式，推翻現存的政府和社會的一切秩序，而政黨對於現存的政府和社會秩序，只用漸進的方式，以求改進。據此，兩者的性質，既然根本不相同，故不應把他們混在一起，而統稱之爲政黨。這種說法，未嘗不持之有故，而言之成理。

以選票替代槍彈以取得政權，這是政黨的特質，其與革命黨主要的分野，卽在於此，這是政黨的要素，其與民主政治有不可分離的關係者，亦卽在於此。因此，凡不採用選舉的方式而取得政權的集團，都不應該名之曰政黨。在美國各州的法律，規定一個合法的政黨，必須在上一屆選舉州長或其他官吏時，能夠有達到一法定的票數標準，才算合格，否則就不能夠當作一個政黨而在直接初選時提出其候選人。雖然這個法定的票數標準，各州不同，在紐約爲五萬，在德薩斯則爲十萬，其以百份比來作計算的，從百分一以至百分之廿五不等，質言之，卽須佔上屆選舉時總票數百分之一或百分之廿五也。一般言之，各州的所謂合法政黨，只指其能達到各該州所規定的選票數額而言。根據美國各州法律的規定所謂政黨定義的主要內容，離不了選民的數額。換句話說，政黨就是擁有法定數額的選民採用投票的方式，來選出其所要選出的官吏，和實現其政治主張的政治團體。既然要擁有法定數額的選民，因而政黨卽與法律發生關係。民主國家的政黨，有如雨後春笋，爲易於表現社會公意起見，自有以法律限制之必要。不過，這一點不能概括其他一切民主國家的政黨，卽使在美國，競選總統的時候，法律亦未嘗有參加競選的政黨，必須於上屆選舉時的票數，能達到總票數百分之幾的規定；事實上，美國政黨中只有兩個勢均力敵的政黨——民主黨與共和黨，互相角逐，以爭雄長，其他小黨，力量相差太遠，不但無與兩大黨角逐的可能，而且亦不敢存與兩大黨角逐的夢想，雖因此故，遂無以法律規定政黨選舉數額之必要。

從上面的分析來說，政黨就是揭櫫一種政治主張，用和平合法的手段，獲得選民的支持與其他政治組合相角逐，以取得政權，而實現其主張的一個政治組合。照這個定義來說，政黨的要素有三：其一，要有一個政治組合的人羣，揭櫫一種共同的主張或政策，所謂政治組合，就是其行動和國家或政府有着直接關係的團體，和其他宗敎文化甚或經濟的團體不同；其二，這個政治組合的目的，在於取得政權，以實現其主張；其三，他所用以取得的政權是和平而合法的手段，以獲得選民的支持，而與其他政治組合相角逐。最後一項要素最爲重要，政黨的行動，是依着法律去做的合法行爲，他是以人民的志願爲依歸，斷斷不憑藉武力來決定一切；復次，他需要其他政黨的同時並存，互相角逐，絕對的沒有獨裁或獨佔的意義存在。據此，則所謂革命黨和其他一切獨裁的黨，都被排除於政黨範疇之外了。

這個定義，是否滿意，我們姑不具論，然而在今日的民主政治潮流裏，來談政黨政治，則我們只可採用這一個定義了。

二　政黨與民主政治的關係

政黨的定義既明，我們進一步來說明政黨和民主政治的關係。政黨在民主政治的重要性在十九世紀前，還未十分明顯。美國第一任總統華盛頓，在他的告別演詞中，警告全國人民，要以最嚴肅的態度，應付由政黨精神而產生的惡果，他認爲政黨是民主政治的最大敵人。也許華盛頓在當時所見到的，只是政黨對於政府權力，似乎在分化，在削弱，而並未見到政黨在民主政治的作用，此孟子之所謂見牛未見羊也。

其實，政黨在民主國家裏不但是有用，而且爲必需。在從前希臘時代之所謂市邦，地小民稀或在選民資格大受限制的國家，選民的人數不多，對於選擧或重要問題的投票表決，大可聚集在一個廣場上直接表決，或經由若干領袖，互商而決定之，在這些國度裏尙可無政黨存在之需要。但在現在的民主國家，選擧權普及到幾乎每一個男女公民，選民的數目，多則超過億人以上，少則亦有幾百萬人，若要推動這千百萬人，使他們接受一個共同的行動基礎，則在選舉或投票以前，許多複雜的事情，必須安排妥當。故律德(Elihu Root)嘗言；民主政府的主要工作，就是在於可以達到投票結果的程序。羅威爾(Lowell)更說得明白：政黨的主要功用，與其所以存在的主要理由，就是集中社會的輿論與公衆的主張，而將當前的問題，有系統地提交公衆來決定。他又說，政黨之存在，主要的原因，不是人類性情之不同，或利益之衝突，與夫人類情感與意見之差別，而係因為政黨乃一個把大衆注意力，集中在那些必須解決的問題上的機構。政黨乃集中民衆意見以推動民主政治的工具，其功用卽在於把候選人和當前要解決的問題，宣佈給人民知道，而將無數的選民，拉在一起，讓他們能聯合發表他們的意見，而不至議論紛紜，莫衷一是。把幾千百萬的選民，拉在一起，讓他們作一個明智的決定，却不是易事，要辦到這一點，很需要的一個步驟，是把問題的答案簡單化——簡單到只要表示贊成或不贊成的方式。否則選民無法投票，無法表示其意見，而所謂民主政治，亦卽無法推動。把當前要解決的問題，在技術上簡單化，使之有系統地具體地提出於選民之前，讓他們好作一個明智的決定，那是政黨的工作和功用。而且，人類雖然說是政治的動物如亞里士多德所說的，可是，為着種種原因，如生活的壓迫，教育程度的差別，和其他環境關係，事實上人們不能够把他們大部份精力和時間，集中在政治問題上，因此對於政治問題，未必都感覺到有興趣。在民主國家裏，選民對於政治問題不發生興趣，不去投票，不參加選舉，試問民主政治，怎樣推行？所以，把無數選民的興趣和注意力，提起來集中在當前的政治問題上，而謀得合理的解決，這是政黨的艱鉅任務。人民的公意，既然型成了，發表了，則應如何使其發生效力，這也是政黨的艱鉅任務。因此，政黨在民主政治裏，自然而然有了他合法而需要的地位。政黨政治不但是民主政治的一種特徵，而且像賽德 (Sait) 所說，民主政治一定是政黨政治。

民主政治一定是政黨政治，這一句話，不但說明了民主政治離不了政黨政治，而且說明了政黨政治，非在民主政治裏頭不能存在。很明顯，獨裁政治是不容許政黨存在的，因為在獨裁政治之下，需要嚴格的訓練，絕對的服從，故一切自由的結合，與夫言論的自由，都受到嚴格的限制，甚或完全禁止。結社不得自由，言論不得自由，那就整個破壞了社會的公意，社會公意既不存在，則政黨根本就沒有作用，更無由發揮其作用。湯姆斯基 Tomsky 有句批評蘇俄政治的名言，這句名言以之批評蘇俄的政治，固然很恰當，就是以之批評希特勒的德國，慕沙里尼的意大利，或是其他一切的獨裁政治或其類型的政治，都無不一樣的恰當。他說；「一黨在朝，他黨在獄。」有人更深刻地指出，一個獨裁專政的黨，嚴格說起來，不但不能說是一個政黨，並且簡直不能說是一個黨，而只是一個不擇手段，排除異已，以掠奪政權的集團而已。這些集團，一旦得勢，不但要根本破壞了社會公意，而且連帶着這社會公意所以型成的政黨，也為之破壞無餘。質言之，在獨裁政治之下，根本就不容許政黨的存在。所以，政黨不惟是民主政治所需要，同時，亦惟有在民主政治裏才可以存在，才可以繁榮滋長，在獨裁政治裏，絕對不會有政黨政治，猶如在沒有空氣的地方之絕對的不能有生物也。

三　執政黨與在野黨之關係

政黨定義和政黨政治與民主政治之關係，既如上述，則政黨政治，其中有一個重要的條件，就是容許而且需要一個或一個以上的在野黨之存在，這些在野黨，通常稱之為反對黨，與執政黨為一個對立的名詞。因此政黨與政黨間的關係存在，尤其是執政黨和在野黨的關係，相當微妙。這種微妙的關係，和他們所以互相對待的態度，絕非在獨裁政治下討生活的人們所能了解，所能想像。這種微妙的關係，尤其值得由獨裁政治而轉變到民主政治的人們，密切的研究，耐心的學習，以糾正其錯誤的觀念，而遵循着民主的作風。

在民主國家裏，所謂反對黨，並非與政府為敵，猶之乎為犯人辯護之律師之非與社會為敵，同一理解。反對黨之攻擊執政黨，表面上的理由，最低限度乃為社會之利益而出此。所以，無論執政黨也好，反對黨也好，一樣同為國家服務的公僕。人羣之組成國家，固然因為對於某些政治制度的基本原則，意見相同，但同時,在於不防害國家安全的大前提下，關於次要的政治問題,大家的意見，不防有差別。這種見解，在英美兩國，漸漸形成民主政黨政治的基本觀念。而這種觀念，最能形容盡緻的，無過於一世紀以前,哈豪士爵士(Sir John Hobhouse)對於反對黨所鑄的名詞。這一名詞，一世紀以來，膾炙人口，常如英人所樂道，就是「我皇的反對黨」。這一名詞，說明了反對黨在政黨政治的重要性，說明了他不但不是政府和執政黨的敵人，而且是政府和執政黨所需要的。羅威爾說：這種基本觀念，是十九世紀對政治藝術上一最大的貢獻。

反對黨在政黨政治裏既然如此其重要，所以有許多民主國家，反對黨的領袖，都是同內閣的閣員一樣的有薪給的。例如加拿大自一九〇五年以來，反對黨的領袖和其他閣員一樣，受有一萬金元的俸給；而在英國自一九三七年以來，反對黨的領袖，亦有二千金鎊的年俸，與其他閣員年俸五千鎊者相較，雖有遜色，然其意義蓋不在於年俸之多寡，而在於表明反對黨實為政府之一部份，或其工作是協助執政黨以謀國家和人民的福利而已。

有些人誤解了政黨政治，以為執政黨與在野黨總是處於敵對的地位的，以為執政黨一旦得勢，卽用盡種種方法，維護所得的政權，不但不願意接受他黨的誠懇而有建設性的批評和建議，甚至對於友黨的活動與發展，存着極端嫉視的心理，隨時隨地，予以種種的限制和打擊，結果則所謂內閣狄克推多

(Cabinet Dictatorship)卽植基於此，而官僚政治，因之亦日見其有力，其弊不勝枚擧。而其最嚴重的後果，就是昧於政黨政治運動的眞諦，而破壞了政黨政治的基本功用，阻滯了民主政治的推進。這是一件極嚴重的事態，執政黨應當密切注意，檢討，而糾正其錯誤的觀念。並且要常常以民主的作風，訓練其黨員，常常要告誡其黨工作人員，對於反對黨人士不要存着歧視的心理，更不要有着壓迫的行動，庶幾政黨政治可以踏着正常的軌道，向前發展，而民主政治，可以得到政黨政治的運用，而邁步推進。

人們還有另一方面的誤解，也可以發生同樣危險的，就是認爲反對黨係以攻擊政府爲職志，其主要目的，係在於使政府或執政黨喪失信用，因而推翻執政黨，取其位而代之。持此種誤解者，且以爲這是政黨政治的眞諦。其實，政黨不過是爲國家服務，爲人民謀福利的一個團體，他的執政與否，完全以人民的意旨爲依歸，倘若人民的意旨不要他執政，他只可退居在野，不能硬着頭皮不走，死幹下去。而人民眞正意旨的表現，就是大選的結果。英國的工黨，執政幾年之後，竟發佈命令，改選國會，改選結果，保守黨勝利，而工黨內閣不得不垮臺。有些人不明白在民主政治下政黨政治運用的眞諦，也許認爲工黨的領袖們是愚蠢，是自尋煩惱，自討失敗。誠然，他們何必要解散國會，冒大選失敗的危險呢？硬着頭皮幹下去，笑駡由他笑駡，好官我自爲之，不很好嗎？殊不知政黨之最終目的，不在於執政，而在於執政之後，能夠實現其主張，以福國利民。倘若執政之後，不能實現其主張，或實行其主張之後，而不能達到福國利民之目的，則只可順從人民的意旨，退居在野，讓別人來幹。這才是對政黨政治有着正確的認識，這才是在政黨政治運用上所謂公平競爭，和運動家精神之充分表現。攪政黨政治的人們，必須有這種正確的認識，必須有這種精神和雅量，斷斷不能在未執政以前，用盡各種卑鄙的手段，來攫取政權，而取得政權之後，復不擇手段，以維護其所得。同時，在野黨亦不應專以攻擊政府或執政黨爲能事。稍有政治常識的人們，都會知道，政府的措施，固然不會件件都對，但亦不會件件都錯。那麽，爲甚麽反對黨對於政府的措施，一定一律要反對呢？反對黨明知政府某一項措施是對的，而偏要投反對的票，其無理取鬧，和支持執政黨的人們，明知政府某一項措施是錯的，也偏要投支持的票，同樣的可笑。甚或國會裏的代議士接受了上級黨部或行政當局的指示，對於某些問題，昧着良知，失却了自由意志，去投支持的票。這簡直把議會裏一切辯論和商討，都視同兒戲，變爲虛僞，不值一錢了。這，都是誤解政黨政治的毛病，這，都是對於政黨與政黨間的微妙關係，沒有正確認識所產生的流弊。

四　政黨政治與政府公職

政黨既然要和其他政黨互相角逐，以取得政權，則連帶而發生的問題就是取得政權之後，對於政府的職位，應如何處置？完全由執政黨人員包辦，而不許其他黨外人員插足於其間呢？還是一秉至公，論才任用，不分黨派呢？有些人認爲一黨執政之後，則政府一切職位，上自部長閣員，下至傭員錄事，一律由該黨人員充任，所謂一朝天子一朝臣，是之謂政黨政治。這種似是而非的見解，迷惑了許多人，不可以不論。

這種見解的謬誤，在於把政黨政治和分贓制度(Spoils System 或譯之爲包辦制度)，混爲一談，分贓制度或者是政黨政治運用上一種偶然的現象，然而絕對不是政黨政治的特質。所謂分贓制度這一個名詞，本來是美國參議員麥茜(Senator Morcy)於一八三二年時所用，以描述政府職位的派任，不是以考績或才能，而是以黨派關係或私人利益爲根據的一種習行。賣官鬻爵，以挽救政府財政上的危機，我國自古已行之；而在一世紀以前的歐洲，亦視爲常事，有一個時期，巴爾幹的若干國家，其政黨與分贓制度竟結不解緣。美國立國初期，政府用人並不根據黨派的關係，其間哲佛遜總統(President Jeffreson)雖會以政黨的關係委派過若干人充任政府的職位，然而他對於用人，還是主張只問他是不是誠實，能否勝任，以及是否忠於憲法而已。但在一八二八年傑克遜總統(President Jackson)就職以後，分贓制度卽實行於聯邦政府。傑克遜之所以採用分贓制度，一方面是由於他要酬報同志，打擊政敵的熱望，而一方面爲職位輪替制度的理論所迷惑。此後三十年間，分贓制度，在美國盛極一時，而所謂職位輪替制，幾等於民主政治的象徵。一直到了南北戰爭後的十五年，分贓制度仍盛行於美國。自從一八八三年的賓禮頓法案(Pendleton Act)成立之後，考績制度(Merit System)既已實行，復有許多新穎的行政理論出現，分贓制度遂不得不隨之而銷聲匿跡了。

分贓制度的方式有二：其一，最初的方式，就是把政府職位來分配給黨的工作人員或黨的支持者。這些職位，除卻政府各機關之外，當包括福利與感化機構，和公家建築物的建築師，公營事業的經理，以及其他一切受政府管制的營業機構。不過這些政府直接間接所能支配的職位，究竟有限，不夠分配，於是而有第二種方式。其二，包括合同的簽訂，給予便利和優待，尤其是利用些偏私的條欵，以排除競爭，公家購料之作弊，監牢裏之特別優待，危難時得到優先救濟；法律的曲解以便其所好，而困其所惡；以不同的標準來評定應納稅的財產之價値……等。據此，則分贓制度之流弊，貪汚枉法，營私舞弊，無所不爲了。

現代國家之公務，非常繁雜，爲着政府行政的健全，和國家本身的安定，很重要的一件事，就是公職之委派，必須大公無私，庶幾人盡其才，才盡其用，而不致有濫竽充數，貪汚無能之病。分贓制度所給予美國的損失，不可勝計。文官制度改革者爲哥帝斯(George Wm Curtis)依登(D. B. Eaton)，和蘇爾斯(Carl Schurz)之流，極力抨擊分贓制度，體無完膚，認爲這種制度，可以令到民主政府本身，趨於崩潰。因爲强有力的政治組織，利用他的職權，利用他的贓物，把公家的職位，化公爲私，變爲向羣衆行賄的東西，因而操縱着羣衆，而其本身，則漸漸地遂非國家所能控制。政黨既然有了整個支配着公職的權力，而他的地位，遂由一個社會公僕而轉變爲社會的主人翁了。這是給予民主政治一個很大的打擊。

然而從政黨本身來說，受到這制度不良的影響也很大。推行這制度的結果，不但國家的利益，受到黨的利益所侵蝕，而且黨的利益，也爲黨內的個人或派系的利益所侵蝕。於是黨員或羣衆，只知有某一個人或某一派系，而不知有黨，更不知有國了。美國芝加哥大學巫穆廉教授(Professor, C. Z. Merriom)很明顯地指出：分贓制度本來是想用以增强黨的力量之工具，現在反而變爲破壞黨本身的東西了。眞的，他可以把整個黨的制度都攤瘓呵。當着黨的原則和政策抬頭的時候，分贓制度就要消沉下去。所以，政黨和分贓制度是不能够共存共榮的，而是互爲消長的，彼長則此消，彼消則此長，乃必然的道理。是則推行分贓制度，對於政黨的本身，也是很不利的呵！

分贓制度最大的弊病，無疑地是在行政範疇內的影響。除了破壞爲公衆利益的業務；推翻爲保障公衆權益的政策；及爲私人目的而大膽地濫用職權；與普遍的貪污之外，其最嚴重的就是使到人民對於政府本身，根本喪失了信仰，認爲政府不但在行政上不能推動一種社會福利的大計劃，而且在個人關係方面，連作一個公正的裁判員，也不能勝任。因此，而政府的地位與聲望，都爲之大大的削弱了。

我們對於分贓制度所以引述不厭其詳者，目的在於說明政黨政治與分贓制度絕對未有不可分離的關係，分贓制度並不是政黨政治的特質，不但不是政黨政治的特質，而且是政黨政治的障碍。推行分贓制度的結果，把民主政治變成一個貪污無能，完全失却人民信仰的政府，而對於政黨的本身，不但不足以增强黨的力量，反而把黨的制度攤瘓了，甚而發生了黨內派系的鬪爭。分贓制度簡直是與政黨政治不相容的東西。那些人以爲一黨執政，則政府的職位應由該黨包辦，才是政黨政治云云，那是根本錯誤，絕對錯誤的觀念。如果我們不談政黨政治則已，否則，這種錯誤的觀念，必須根本糾正。英國是政黨政治先進國家，然而在三十萬的公職裏，依規定能由執政黨所支配的，總數不超過一百個，這種鐵鑄的事實，還不足以充分證明包辦觀念的謬誤嗎？

五　結論

政府公職固然不能由一黨來包辦，即以國家政策而論，亦不能由一黨標異固執，一意孤行。無疑地他們在憲法大原則之下，對若干事物，他們的主張，可能有不同的地方，於是形成了各黨不同的政策。然而這些不同的政策，其距離並不太大，因爲兩者的政策如果距離太大，則勝利者很難使失敗者甘於屈服。在英美的兩大政黨，雖各揭櫫不同的原則，然而這些不同的原則，竟有趨於一致的傾向。在英國然，在美國亦然。哲佛遜總統在他第一次就職的演詞中所說的，並不太過。他宣稱：美國的人民，個個都係共和黨，而同樣的他們個個也都係民主黨。現在美國的民主黨或共和黨，都可以稱爲民主共和黨了。在英國的兩個大黨，當他們勢均力敵，互相角逐，以爭取政權的時候，他們對於若干重要的基本原則，亦經過互相商討，大家承認，共同遵守。否則，誠如賀爾剛(Arthur N. Holcombe)所說：「我皇的反對黨」不會和執政黨很和諧的相處下去。這句話，不能說沒有相當的眞理。所以，我們認爲在民主政治下的政黨，倘若能够把他們的所謂主義或基本原則，盡量的安排在憲法裏面，經過全國人民的承認而共同遵守，豈不比自行標榜而强人服從的來得更爲有效？這才是政黨政治聰明而靈活的運用。譬如，美國唐人街餐館裏所賣的雜碎，何必一定要標出是李鴻章的雜碎呢？

總上所述，無論政府公職也好，國家政策也好，絕對不能由一黨來包辦。政府公職，必須大公無私，量材任用，不能排除異己，據爲一黨所有；國家政策，也不能由一黨標異固執，一意孤行，亦必須決之於人民的公意；尤其是黨與黨間的關係，相當微妙，因爲反對黨與執政黨，一樣同爲國家服務的公僕，其出發點同爲社會人羣謀福利的。我們既然想利用政黨政治以圖達到利國福民，則必須有一個或一個以上勢均力敵的反對黨，互相角逐，政治始能有所改進。否則，只有一個執政的大黨，其他反對黨都是小黨，就無由與之角逐，無形中成爲執政黨之附庸，那末，不但政治上一切的措施爲其操縱，以至日趨腐化，而民主政治亦永無實現的可能了。所以，民主政治一定是政黨政治，沒有政黨政治就沒有民主政治；同時政黨政治只能存在於民主政治，絕不容許發展於獨裁政治之下呵。

介紹美國聯邦最高法院的九位法官

周道濟

本文擬將美國聯邦最高法院（The Supreme Court of the United States）九位法官的生平，作一個簡單的介紹，在未介紹之先，願就美國聯邦最高法院本身，加以鳥瞰之敍述。

美國聯邦最高法院設于華盛頓，共有法官九人。他們皆係由總統經參議院同意後而任命者。其中一人爲院長（Chief Justice 或譯首席法官），但他除開庭時充任主席，及薪俸較多外，在職權上，殆與其他八位法官無異。聯邦最高法院每年係于十月第一個星期一日開庭，至翌年六月中旬閉庭，每次開庭，至少須有該院六位法官出席，而一切判決則以多數法官意見定之。又，聯邦最高法院法官，對該院某一判決，如不贊成，可即提出「反對意見」，如贊成該判決，而其所根據之理由不同，亦得提出「協同意見」（Concurring opinion）。這二種意見，雖無法律上的效力，但由于均可與法院的意見同時公布于判決錄中；且事實上，這些意見，往往不久之後，反爲多數法官所接受，用以推翻從前的判決，故頗受人注意。

美國是一個三權分立的國家，立法、行政、司法，互相牽制，各有各的權威，而聯邦最高法院則爲其最高司法機關，它不但可受理法定的許多訴訟或上訴案件，而且擁有龐大的「憲法解釋權」。因此，該院法官之地位，非常崇高而重要。茲特根據美國一九五七年七月一日出版之「時代雜誌」，謹將美國聯邦最高法院九位法官的出身、經歷、及性格，逐一簡介如下：

㈠愛爾、華倫（Earl Warren）：今年六十六歲，一九五三年，由艾森豪總統任命爲聯邦最高法院院長。他爲鐵路工人之子，幼年生長于加里佛尼亞州的貝克爾斯場（Bakersfield）。一九一二年，獲加州大學法學士學位。一九二五年，出任阿拉米達郡（Alameda County）的地方檢察官，聲名鵲起；至一九三八年，當選爲加州總檢察長。其後，作爲共和黨黨員的華倫，由于得到了工人和實業界的充分支持，曾三度被選爲加州州長，其工作雖甚艱巨，但處理得有條不紊，實爲一良好的行政長官。同時，由于他堅決地反對「敎員忠貞宣誓計劃」，故頗爲加州大學的敎職員所敬愛。他是一位浸禮會的敎徒，工作勤奮，心地熱誠。在未榮任聯邦最高法院院長之前，他從未擔任過法庭裁判的工作；直到如今，一般人還認爲他拙于法律上的實質推敲，却長于不拘泥字義的明快判斷。

㈡希果・拉・費葉德・布拉克（Hugo La Fayette Black）：現年七十一歲，爲羅斯福總統首次任命之聯邦最高法院法官（以後極反對羅斯福總統的措施）。他生長于阿拉巴瑪州的一個貧苦之家，後入阿拉巴瑪大學研習法律，旋執律師業，熱心地爲那些生活窮困、命運坎坷的人服務，並曾一度擔任警察法院的裁判官。一九二七年，當選爲參議院議員，充分支持「新政」之推行。雖然他在三十七歲的時候，曾爲三K黨的黨員，但他身爲參議員，對于遊說團和托辣斯組織的調查，却鐵面無私，嚴厲非常，始終屹于自由開明的一邊。

在聯邦最高法院中，以憲法學的素養言，他其實只能算是一位「新進」，尙未臻于熟練，但由于他的不斷努力，使他發揮了在這方面的卓越天才。他對于議論紛紜、莫衷一是的公民自由問題、及法律的社會解釋問題，都有獨到的見解；但對于佛蘭克佛特法官的執拗態度，則常表不滿。他也是一位浸禮會的敎徒，爲人機智，具有學者風度；惟談起審判工作，則每以「外行」自居，而極爲謙遜。

㈢費來克司・佛蘭克佛特（Felix Frankfurter）：現年七十四歲，一九三九年，由羅斯福總統任命爲聯邦最高法院法官。他出生于維也納，十二歲時，來到美國，初爲送貨童工，週薪僅四美元。一九〇六年，他進入法律方面最負盛譽的哈佛大學深造，後曾一度於曼哈登法律事務所爲低級職員，但不久便轉入政府機關服務。一九一四年，又返哈佛任敎。

遠在羅斯福首次當選爲總統之前，佛蘭克佛特便勉促他的學生們進入政府機構工作；比一九三二年以後，他的學生們（有 Happy Hot Dogs 之稱）已遍佈于各聯邦機構內。由于羅斯福總統的敦請，這位倔强的、架着夾鼻眼鏡的哈佛敎授，終于放棄了他的紛筆生涯，出任聯邦最高法院法官。他身材矮小，只有五呎五吋高，但在聯邦最高法院中，由于他具有權威性的强有力的意志、明察秋毫的注意力、及應付律師們辯護的耐性與天才，故頗以功績顯赫及顧全憲法程序著名。

㈣威廉・奧威爾・陶格拉斯（William Orville Douglas）：現年五十八歲，一九三九年，由羅斯福總統任命爲聯邦最高法院法官。他出生于明尼蘇達州，幼年時期則係于華盛頓州的雅基瑪市度過，後來隨着大批人羣來到東部，以最優異的成績，卒業于哥倫比亞大學法律研究所。旋于紐約華爾街掛牌做律師，繼又短期地在哥倫比亞大學執敎，比任耶魯大學敎授時，聲名已大噪。

他是一位天生的「反叛者」，因此，當他于一九三七年受任爲證劵滙兌委員會（Securities and Exchange Commisson）的主席時，即「虎兕出于柙」，大放厥辭，向華爾街展開極富有火藥氣味的無情攻擊。越二年，聯邦最高法院原任法官路易斯・白蘭特斯（Louis Brandeis）退休，羅斯福總統遂命他繼任其職（他前此從未做過法官）。在法庭上，他慣于將鉛筆架在耳朶後面，蓬鬆着頭髮；可是，這位長老敎會的信徒——陶格拉斯，對于勞工福利及公民權利，却是一位勇敢的贊助者，並曾寫下了很多判決。由于他的基本立場堅定地偏于「左派」，故他與另一法官——布拉克，已成爲聯邦最高法院中的最主要的抱持異見之人。

㈤赫羅德·希茲·白爾頓 (Harold Hitz Burton)：現年六十九歲，曾一度當選爲共和黨籍的參議員(出自俄亥俄州)，且爲杜魯門總統首次所任命的聯邦最高法院法官(一九四五年)。他出生並成長于馬薩諸塞斯州，曾肄業于鮑杜恩學院 (Bowdoin College)，擅長撐竿跳及足球，又爲ＰＢＫ社 (Phi Beta Kappa) 社員。後來，他又進入哈佛大學習法律，旋卽于俄亥俄州執行律師業務，而尤喜爲公用事業機構辯護。繼之，他又擔任克利夫蘭市長，並在參議員的競選中，擊敗勁敵愛得·司靠爾 (Ed Schorr)，而其時之司靠爾，則爲共和黨的頭目，因此，白爾頓常說他自己是一位背離司靠爾的共和黨員。在擔任參議員期間，由于他工作負責，態度公正，故頗受人的愛戴，且曾因之獲奬。

他是一位唯一神敎的敎徒，說起話來，聲音沙裂，面孔方方正正的，乃聯邦最高法院中之首要的保守者。他處理案件的態度，往往是折衷調和的，尤注意細節，故對于華倫領導下的聯邦最高法院最近所作的若干判決，如克魯格爾案件 (Kreuger Case) 及杜·蓬特案件 (Du Pond Case)，頗有强硬而尖銳的批評。

㈥湯姆斯·康拜而·克拉克 (Thomas Campbell Clark)：現年五十七歲，一九四九年，由杜魯門總統任命爲聯邦最高法院法官。有人揶揄他說：他之所以能爲聯邦最高法院法官，蓋由于受到前聯邦最高法院院長文生 (Fred Vinson) 的支持，因爲文生在該院內需要一位懂得法律較他自己爲少的法官。

克拉克籍隸德克薩斯州，是一位民主黨黨員，而在宗敎上，則爲長老會的信徒。當他于佛吉尼亞軍事學院 (Virginia Military Institute) 及德克薩斯大學法律研究院 (University of Texas Law School) 畢業之後，便在達拉斯地方做律師，生意頗爲不惡。繼而，他又前往華盛頓服官，曾于司法部若干機構中工作。一九四五年，奉杜魯門總統命，出任美國總檢察長(卽司法部長)。他對于涉及「聯邦」與「地方及諸邦」之權力關係問題，始終站在聯邦方面說話，並于一九四八年，爲潮汐地帶的石油權歸屬問題，與若干州展開激戰——雖然他自己是德克薩斯州人。他强硬地追查共產黨徒，而且往往爲了各種「效忠國家計劃」(Loyalty Program)，使一般自由份子對他大爲憤懣。

克拉克喜着外表比較保守的衣服，並喜結上活潑的美麗的蝶形領結，意態頗爲安閒。在他的心智中，雖然原來完全缺乏司法經驗，但他現在已很快地得到它了。

㈦約翰·馬歇爾·哈倫 (John Marshall Harlan)：現年五十八歲，爲艾森豪總統任命至聯邦最高法院的第二位法官(乃一九五四年所任命者)。他是前聯邦最高法院法官哈倫 (一八七七——一九一一) 的孫兒，而這位老哈倫，在一八九六年的 Plessy v. Ferguson 案件(黑人和白人隔離)中，却猛烈地反對該院的判決，至謂：「這樣一來，我們的憲法豈非變成色盲 (Color-blind)！」

哈倫出生于芝加哥，從小便是一位溫文爾雅的「少爺」，有一位與他同在芝加哥拉丁文學校念過書的同學追憶地說：「哈倫風度之好，好得驚人！」

哈倫先于普林斯敦大學肄業後轉入羅得島州立學院爲領受奬金的學生，繼之，他又進入紐約法律研究院，畢業後，卽考取律師考試，擔任律師，而成爲一位卓越的公司法律顧問。他如此做律師做了三十年，直至一九五四年，始被艾克任命爲第二聯邦巡廻控訴法院的法官。

他是一位共和黨員，在法庭上，極能發揮獨立的精神，雖時而偏護自由集團，時而贊同保守主張，但決不有意作左右袒。他也是一位長老會的敎徒，身材修長(六呎一吋)，態度閒適，做事有方法，有條理，可稱爲「法學家中之法學家！」據說：在史密斯法案 (Smith Act) 的判決意見中，他單單爲了界說「組織」(organize) 一字的意義，便費了八頁的篇幅，其頭腦之精細，由此可見一般了。

㈧小威廉·約瑟夫·白里南 (William Joseph Brennan Jr.)：現年五十一歲，去年九月，由艾克任命爲聯邦最高法院法官。他出生于新澤西州的內瓦克 (Newark) 市，先後受敎育于賓夕凡尼亞大學及哈佛法律研究院。他是一位民主黨黨員，信奉天主敎，哈佛畢業後，曾任新澤西州高等法院法官，一九五二年，又升任該州最高法院法官。他雖然是已故而偉大的新澤西州最高法院院長范德比特 (Vanderbilt) 的義子，但在意見上，他與他的義父卻往往不同。當他在新澤西州任法官時，法學家們發現他的見解既不偏于保守，亦不十分開明。他之所以受人尊重，要在于他的問訊鋒利，文筆清明，及意見溫和。但隨着聯邦最高法院對于「杜·蓬特」及「蔣克思」(Jencks) 二案件的判決 (在這二個案件中，小白里南附和法院中大多數的意見)，使華盛頓的一位法學家不禁說：「新澤西州的律師界，正準備揭破小白里南的眞面目。他在蔣克思案件中的意見，充滿着鬆懈的字句……許多法學家認爲他已走向極端。」

㈨查爾士·伊凡斯·惠塔克爾(Charles Evans Whittaker)：現年五十七歲，爲艾克最近所任命的聯邦最高法院法官(係一九五七年三月所任命)。他出生于堪薩斯的農場；在進入堪薩斯市立法律學院之前，所受到的正式敎育頗爲有限。比畢業之後，便到米蘇里州的堪薩斯市執行律師業務，而尤擅長公司法。

他頗具才能，且有學者風度。艾克就任總統不久，卽任命他爲米蘇里聯邦地方法院法官，後又升任爲聯邦第八巡廻控訴法院法官。他自參加政治活動以來，始終爲共和黨的黨員。他的意見，由于深合理則，故頗爲律師界所推重。

他是美以美會的敎徒，爲人甚公正，不易爲感情所左右。他常以聖經上的立身之道自勉，那就是：「對人須敬愛，對事須公正，處世須謙虛。」(love man, deal justly and walk humbly.) 由于他是一位法律專家，且生活嚴肅，賦性平穩，故在案件的裁決上，很可能變成一位保守者，不過，他自接任聯邦最高法院以來，爲時尙極短暫，欲知他的態度究竟如何，還須將來事實證明吧了。四十六年九月三十日

由北大西洋公約國家首長會議說起

龍平甫

去年十月四日及十一月三日蘇俄相繼發射兩枚人造衞星，使東西世界冷戰的形勢突然改觀。蘇俄因一向在科學方面落後的自卑感與恐懼而產生的對外虛驕與粗暴，理應因此次科學成就而消除，使東西世界間的關係趨於好轉（Bevan 之語），但事實却相反。蘇俄政權利用火箭與人造衞星技術的搶先，在國際政治上大肆宣傳運用，並於去年十月在中東製造空前嚴重的危機，一時世界大戰幾乎有一觸卽發之勢。然而莫斯科政權究竟不敢作孤注一擲，它因西方態度堅强，不惜以武力還擊，也祇好改變策略緩和局勢。

人造衞星由蘇俄搶先發射成功在短期內對世界局勢影響是很大的，因爲蘇俄政權可以此向世人炫耀，獲得國內某部分人民的擁護，及附庸國某種份子的畏服；「人並不是因人造衞星而生活」（法國某極左派作家之語）。但蘇俄政權可分在鐵幕世界暫時挽回淸算史大林運動以來所產生的不利情勢。同時蘇俄對亞非地區的滲透工作因人造衞星的發射而獲不少便利。西方國家的軍事地位因人造衞星的發射而顯然處於劣勢；因此心理上感覺不安，甚至發生某種心理上的危機。一時美國政府在國內受人責難，美國在自由世界的領導地位也大受影響。在這種局面下，美國及西方國家的政治家深感有振奮人心加强團結合作的必要，這便是北大西洋公約國家首長會議召開的來由。

去年十月下旬英首相 Macmillan 乘陪同英女王赴美訪問之便和艾森豪總統會談時局，會後發表公報强調自由國家的「互相依賴」，主張彼此間加强政治經濟軍事等方面的合作。這個會議在原則上決定召開北大西洋公約國家首長會議。十月三十日公約組織秘書長史巴克（Spaak）正式宣佈召開此會。

十二月十六日北大西洋公約組織高層會議。北大西洋公約國家首長會議正式在巴黎夏堯宮（Palais de Chaillot）舉行，出席各國政府首長如下：㈠美總統艾森豪，㈡英首相 Harold Macmillan，㈢加拿大首相 John G. Diefenbaker，㈣西德國務總理 Konrad Adenauer，㈤法內閣總理 Félix Gaillard，㈥義大利內閣總理 Andone Zoli，㈦希臘首相 Constantine F. Caramanlis，㈧土耳其內閣總理 Adnan Menderes，㈨荷蘭首相 Willem Drees，㈩比利時首相 Achille van Acker，(十一)盧森堡首相 Joseph Bech，(十二)丹麥首相 H. C. Hansen，(十三)挪威首相 Einar H. Gerhardsen，(十四)冰島內閣總理 Hermann Jonasson，(十五)葡萄牙內閣總理 Salazar 沒有出席，而由內閣總理府部長 Marcellano Caetano 代表。同時出席的尙有美國務卿杜勒斯及各國外交部長。代表團人員由盧森堡的七人以至美國的一百五十人，但在五六百名代表團團員中祇有二百八十五人正式出席會議。

這次會議出席政府首長與外交部長之多，是第一次世界大戰後巴黎和會以來的最大規模的國際集會，同時也是一九五五年日內瓦四巨頭會議以來最重要的國際會議。因此有籍隸三十八國數達一九〇九名的新聞記者向會議採訪新聞。但是會議祇有首一天是公開的，由各政府首長講演說明其對時局的看法與應付辦法，並於事後發表新聞摘要，其餘的會議是不公開的，新聞記者要探聽消息祇有出席記者招待會，某次招待會中新聞記者提出一些問題使史巴克動肝火，弄得不歡而散。

蘇俄政權因此次會議能在西方國家的政治合作與軍事佈署方面發生重大作用，故事前極力破壞。開會前一週由布加寧分別致函美英法西德及印度政府首長，就收信人的政治立場分別施行威脅，誘惑與宣傳伎倆。例如他對美國要求終止冷戰及軍備競爭，訂立美蘇雙邊友好條約，及訂立北大西洋公約組織與華沙公約組織間的互不侵犯協定。蘇俄這種耀武揚威的和平攻勢目的在：㈠要求美蘇單獨談判，藉此離間美國與其他西方國家間的關係；㈡以三次大戰的殘酷遠景威脅自由世界藉以拆散北大西洋聯盟，並使若干國家畏戰而走上中立之途；㈢制止西歐國家儲存或製造原子武器及建立飛彈基地，使西歐國家在事實上是原子武器的非武裝區域，而經常地受蘇俄原子武器的威脅，蘇俄這一策略並得波蘭共產政權的協助：自十二月九日起波蘭外交部長 Rapacki 分別延見美英法瑞典挪威等西方國家大使及蘇俄捷克東德使節，提議在中歐（包括波蘭、捷克、德國）成立原子武器的非武裝地帶，在這個地帶內禁止原子武器的製造與存儲。波蘭的這種提議顯然是受蘇俄的指使，或至少事先獲得蘇俄的同意，因爲後來蘇俄的最高蘇維埃也提出同樣意見，這種提議對於那些不加思考研究的人或那些沒有時間思考研究的人是很動聽。的因此可以發生宣傳作用，何況西德的輿論對德軍是否應配備原子武器還在爭論中，所以西德及其他西歐國家首長在會議中發表政見及採取軍事措施時不能不有所顧慮。美國原擬以加强北大西洋公約國家軍事力量爲主要目的，而若干不甚踴躍的歐洲盟友却答以「政治與經濟的重要不下於軍事」。因此引起美國輿論界的失望，甚至誤解 Adenauer 在會議中所持態度，說他成爲中立主義者。

北大西洋公約組織政府首長會議首次會議由輪值主席盧森堡首相 Bech 致開會詞，大意說：「北大西洋聯盟的目的在對付蘇俄在自由世界各地進行的富於威脅性的滲透，並接受蘇俄的挑戰」。他說「聯盟的政治性應重於軍事性。今後應加强聯盟，設法消除近來信心動搖的危機」。法內閣總理 Gaillard 繼起以地主身份致歡迎詞。他主張大家對一般問題進行坦白而充分的討論，「我們在政治問題方面的利害常越出地理範圍，而彼此的利害又不一致，因此應設法調和意見，加强團結，以應對廣泛性的威脅」，接着艾森豪以來賓中地位最高者的資格發言。他說「會議的目的在如何應付蘇俄的挑戰，消除自由世界所面臨的陰影，並建設完美而安全的世界」。「如吾人能調協團結則可使自由的和平及早降臨」。

十六日午後北大秘書長史巴克及各政府首長相繼發表政見：㈠史巴克說：「西方國家對共產集團的態度應爲既不挑釁亦不畏縮」，他又說「蘇俄拒絕西方裁軍建議是近數月來的最大事件，西方對此事的對策應爲在軍事上加强警覺，在外交上採取攻勢」。㈡Adenauer 說：「共產主義的世界革命是蘇俄不變的政策，蘇俄將在有利時機以武力實現此目標。因此西方國家應根據相互依賴原則加强聯盟，對中歐、中東、及北非應有共同的政策，加强北大國家和其他非共產國家的合作」。他重提德國統一問題之宜及早解決。㈢荷蘭首相 Drees 說「蘇俄最險惡的政策是利用第三者向西方進攻。印尼對荷蘭的政策卽受蘇俄與中共的支持，但西方若採取一致立場則可使印尼極端份子斂跡」。㈣義內閣總理 Zoli 說：「義大利極端贊成裁軍，但因蘇俄態度强橫，不能不先求恢復軍事平衡」。他在講詞中主張加强聯盟與拉丁美洲國家的政治經濟合作。㈤挪威首相 Gerhardsen 聲明「挪威無意在其領土內存儲原子武器及建立飛彈發射基地」。他主張①延緩討論建設飛彈基地問題並使俾蘇俄有充分時間表現其談判的誠意；②對於外間建議在歐洲建立部分的非武裝地帶應予以仔細的研究；③美蘇直接談判裁軍，㈥比首相 Van Acker 認爲北大西洋公約組織的主要目標之一是「以和平爲目標，用和平手段自極權主義奪回後者自歐洲以武力所奪取的」。他主張西方儘可能與東方國家民衆發生接觸，使之明瞭北大西洋公約組織是世界最大的和平解放勢力。㈦艾森豪在其講詞中主張：①德國應在和平自由之內統一，②任何盟國被攻，其餘盟國應傾全力援助；③北大組織理事會成立技術諮詢委員會。他又說「美政府將向國會提議把對外貸款由三億美金增至六億五千萬金美金，進出口銀行對外貸款限度提高至二十億美金，互惠貿易協定展期五年，㈧杜勒斯繼起宣佈美國的軍事援助計劃：①美政府願參與北大西洋公約組織原子武器的存儲；②美國將以中距離射程的火箭（IRBM）移交盟國備用，藉以加强集體武力。㈨法內閣總理 Gaillard 認爲北大組織應適應情況予以革新，「否則將如運動戰中的堡壘有被敵人超越的危險」。他所提出的辦法爲：加强盟國間的經濟與科學的合作及政治的團結，調和聯盟國家間的政策，俾不妨害其他盟國生存攸關的利益。㈩希臘首相 Caramanlis 在講詞中提及塞浦露斯島問題，他說此問題雖使希臘深感苦惱，但未動搖希臘對北大西洋聯盟的忠誠。他懷疑新武器是否爲保衛自由世界所必需。他說：「吾人應對態度遊移的國家在行動上表現若干道德與思想信條的價值」。(十一)丹麥首相 Hansen 說丹麥不贊成在目前情形下在其領土內存儲原子武器及建設火箭基地，在建設火箭基地之前，應盡力與東方集團談判裁軍及其他足以引起衝突的問題。他對加强聯盟問題主張減低盟國間的關稅壁壘。(十二)葡總理代表 Caetano 說「新火箭出現後產生的形勢，葡國際此西方世界面臨危難關頭的今日決心在各方面支持北大西洋聯盟」。(十三)冰島內閣總理 Jonasson 贊成以新武器加强聯盟，但公約組織不僅爲軍事的，且爲政治的，而經濟合作亦甚重要。(十四)加拿大首相 Diefenbaker 主張先從科學與文化方面試行與蘇俄成立協議，如在此方面有所成就再推及其他方面。(十五)土耳其內閣總理發言主張加强巴格達公約，使之和北大西洋公約組織發生某種聯繫，他並主張在各盟國適當地區存儲原子彈頭，在某種情形下此類武器的使用權可以授予公約組織的地區司令或各盟國的最高統帥。(十六)英首相最後發言說：「我們在軍事上不能在歐洲專顧正面，而應預防敵人兩翼包抄，同時應防備敵人的內部顚覆活動及其心理的與經濟的包圍」。他認爲聯盟現遇四大危險：㈠軍事的，㈡經濟的壓力，㈢政治顚覆活動，㈣人民因冷戰持久而感疲倦。他又說：「我們和俄人進行心理作戰時不能作任何危及安全的讓步，但應努力與俄人談判」。

十七日及十八日各國外長先就下列問題作初步討論並由各政府領袖作結論：㈠裁軍，㈡德國問題，㈢中東問題，㈣北大西洋公約組織與其他組織的關係，㈤對非洲的政策，㈥對經濟落後地區的政策，㈦布加寧的信函，㈧加强北大西洋盟國間的諸商程序，㈨智慧同盟，㈩古典武器的革新問題，(十一)北大西洋公約國家領土內儲備原子武器，(十二)火箭基地問題，(十三)波蘭提議之中歐原子非武裝問題地帶之建立問題。

英法比加四國外交部長根據首長會議的決定起草公報。十九日北大首長會議結束發表公報。全文三十六段，其重要內容如後：㈠聯盟之原則：Ⓐ相互擔保集體援助任何一個被侵略的盟國，Ⓑ相互依賴爲充實防衛及實現社會經濟進步之唯一途徑，㈡世界局勢：聯盟應針對共產黨在世界各處所進行的活動，而不應限於公約所規定的地區或其軍事的方面，對目前重大國際問題說明會議的立場（Ⓐ德國問題——保衛柏林，以自由選舉辦法實現德國的統一——Ⓑ中東問題——中東的安定爲世界和平之所繫——Ⓒ非洲——關心非洲政治經濟的安定與平衡，並希望歐非國家合作——Ⓓ印尼關心該國的嚴重局勢——。㈢裁軍：檢視爲裁軍是否誠心的條件，但是蘇俄拒絕檢視辦法。北大公約組織決定成立裁軍技術顧問委員會，以備諸詢。公約國家願從事任何有效的裁軍談判，雖然認為在聯合國範圍內談判裁軍為宜，但亦願與蘇俄舉行外長會議以求打破僵局。㈣北大西洋公約組織的自衛：決定存儲核子彈頭，並以中程火箭移交盟軍最高統帥，關於核子武器與火箭的存儲與發射基地的建立及其使用條件應遵照公約組織的防衛計劃及有關協議。聯盟的武力組織應以發揮其最大效能為條件，因此軍事當局應向理事會提出各兵種的儘可能標準化與同一化的有關建議，一九五八年春季召開國防部長會議，促進研究及製造新武器的共同努力，公約國家在國防方面有顯著進步的國家應使其他盟國分享其技術生產與研究之成就。㈤聯盟的改善：在政治諮商方面應有所改進，北大西洋公約常任代表應獲悉政府在政策方面涉及聯盟及其他聯盟國家所採行的改變。理事會與秘書長於重要問題發生後應進行諮商，期及早調解。㈥科學與技術合作：加强培養青年科學家及技術人員，盟國共同享用科學便利與知識，任命「科學顧問」負責在科學問題方面協助秘書長，並即成立科學委員會以包括所有國家的卓越科學人才，負責研究並提供有關聯盟國家的科學與技術合作的建議（如法國所提議的西方科學研究基金成立計劃），㈦經濟合作：各盟國相互合作以促進經濟及社會的發展努力，消除貿易障碍，鼓勵共同市場及擬議的自由貿易區的成立，充分注意經濟尚未充分發展國家的利益，公約組織的理事會應定期檢討經濟情勢及經濟進步。

這次會議最大的決定是在防衛方面：㈠公約組織決定存儲原子彈頭以為自衛之用：現在英國、西德(盟軍的)、土耳其、意大利已有原子武器的存儲，丹麥、比利時、挪威尚不願接受，法國與加拿大尚無原子武器，但勢將允許存儲，惟其條件尚待兩國分別和美國洽商，㈡火箭：土耳其、英國、荷蘭公開接受在其境內裝設射程二千四百公里的中程火箭發射基地，法國在原則上同意，但要求在政治上獲得相當交換條件。北歐國家及比利時則目前尚不贊成。西德軍事當局認為該國地域狹窄，不宜裝設中程火箭基地，但贊成德軍配備射程一二百公里的活動的飛彈發射站。

在會議中或會外提出而未解決的問題有：㈠以色列問題：土耳其主張以色列的領土應依一九四七年聯合國瓜分巴勒斯坦的計劃予以調整，藉以平息猶太人與阿剌伯人的衝突。此提議在會中遭受反對，認為不能實行，土耳其也未再堅持。土耳其此舉祇不過是加强巴格達公約的一種策略而已。㈡阿爾及利亞問題：法總理與美總統會談北非及阿爾及利亞問題，未能使美政府公開申明承認法國在北非的特殊地位(十一月間英首相聲明承認此點)，僅由杜勒斯發表演說，否認美國有意在北非取法國地位而代之。法政府因鑒於若干國家的立場，未便在會議中提議要求贊許其對阿爾及利亞的政策。僅由法國外交部長提出一個泛泛的關於非洲問題的議案，後來包括在公報之內。㈢北大西洋公約組織與其他組織的合作問題：會前菲律濱政府提議北大西洋、巴格達、東南亞等公約組織在華盛頓成立諮詢聯絡機構以求互相合作對付國際共產主義的全球性戰略，秘魯總統 Manuel Prado 主張北大西洋公約組織與美洲國家組織發生合作關係，會議中對此類問題僅交換意見，未作任何決定。

這次會議的結果在西方世界頗得好評，認為在軍事的需要與政治的考慮兩者之間作了折中的處理，自然也有許多人很感失望的，(例如美國某部分輿論)。西方世界對蘇俄的全球性威脅所持策略是一方面武裝，一方面談判，同時更以經濟與政治行動對付蘇俄在亞非地區的攻勢，關於如何加强武裝這是目前美國國會所最熱烈討論的問題，因為會前公佈 Rockefeller 報告說，「美國如不立即努力並作必要犧牲，則兩年內蘇俄將擁有全部軍事優勢」，現在美政府已提出空前龐大預算，由七月份起的一九五八年至一九五九年度預算支出為七百三十九億美元，其中百分之六十四用於美國的「保障」，關於和蘇俄談判問題，我們很難找出理由以相信談判會成功的，因為在美國獨佔原子武器的時代和蘇俄談判尚無結果。今日蘇俄氣焰萬丈自然更無結果，對莫斯科言，舉行談判祇是一種國際宣傳的手段，它絕不會放鬆擴軍及對自由世界的政治陰謀。至於對亞非地區的政治經濟行動，這是今日自由世界最弱的一環，蘇俄之所以能在此地區滲透，其責任應由此地區的若干獨立國家及若干擁有殖民地的西方國家分別負擔。美國在政治上對此地區現尚無善策，但在經濟上已決定增加對外經濟援助，減低貸款利息及改善還本條件，以抵制蘇俄的經濟援助的宣傳。(對外經濟援助是一月九日艾森豪致國會咨文兩重點之一，另一重點即是美國的保障)。

總之蘇俄對自由世界採取兩種不同的策略而同時進行，它一方面拒絕接受有效的裁軍辦法，却同時高唱和平與裁軍，以向西方世界作正面的宣傳攻勢，阻止西方世界的自衛努力。一月七日莫斯科宣佈「裁軍」三十萬人，並「希望美英法採取同樣步驟」，一月九日布加寧致函北大西洋公約十五國政府要求在三月之內召開二十九國政府首長會議(包括北大西洋公約及華沙公約兩組織的國家及六個中立國)，討論建立歐洲非原子武裝地帶及訂立兩公約組織的互不侵犯公約問題。另一方面蘇俄利用第二次亞非會議向亞非地區擴大宣傳與滲透，以側翼進攻自由世界，第二次亞非會議(十二月二十五日至一月一日)由三十八個亞非的國家(非政府「代表」參加，議案完全採取共產黨的論調，强調反美、反法、反所謂殖民主義，現在開羅有一個亞非會議永久秘書處，由蘇俄中共參加，這可以說是亞非地區的共產國際情報局(一九五五年四月萬隆會議召開的眞正目的至是完全暴露)。今後亞非地區不但是多事之地，如西方應付不當，該地區的問題可能愈來愈多，危機愈來愈嚴重。

面臨共產國際的全球性戰略與花樣繁多無孔不入的宣傳與滲透，自由世界應有全球性的策略以資對付，應聯合所有集體防衛組織成立一個冷戰的參謀本部，以計劃並配合一切對蘇俄冷戰的努力，俾收事半功倍的效果，切不可人自為戰，互不相關，而有為敵人各個擊破、或受敵人側翼包括的危險。

從國際輿論看北大西洋公約會議之成果

孔　治

上年十二月十六日至十九日在巴黎召開的北大西洋公約組織高階層會議與該組織過去各屆會議有著顯然不同的地方。以往在北大西洋公約組織理事會中所討論者，多係關於如何加强聯盟間的團結及軍事防禦合作一類的事務，而今日席上非僅就各方面討論經濟及核子科學研究合作事宜，且更是政治問題重於軍事；在研討聯盟防禦問題的同時，歐洲國家却更重視東西方的關係及向蘇俄建議談判等問題。今日大北西洋公約組織高階層會議已結束多日，然而此次會議其結果究係成功抑或失敗？迄今各方反應殊不一致。美國總統艾森豪當時提議將本屆北大西洋公約組織理事會改由各國政府首長參加的最高階層會議的初衷，除擬討論如何加强北大西洋國家的軍事部署及進行公約國家科學合作研究外，明顯地期在振奮人心，以消除近月來因蘇俄人造衛星兩度搶先放射或功給自由世界人士所帶來的恐懼不安的心情。然而會議結果，如十二月二十日「紐約先鋒論壇」報所說，此次會議固有原則上的協議，但自蘇俄人造衛星發射的成功及美國的失敗，使美國聲望大墜。美國務卿杜勒斯在大會中一再遭遇意外，歐洲國家的態度，如暫時反對儲藏核子彈頭及建立中程飛彈基地，意欲與蘇俄談判，傾向於中立主義，使美國朝野各界頗受刺激。美國輿論對歐洲國家不急於要求新式核子武器的獲得，而關切於與蘇俄談判甚表不解，此等態度與美國外交當局的政策大爲相悖。致民主黨有勢力的參議員曼費德(Mansfield)，漢佛瑞(Humphrey)及費伯特(Fulbright)等更持有力的理由攻擊杜勒斯不明瞭歐洲國家的態度。換句話說，歐人的立場正與杜勒斯者相違，而同於美國反對派人士史梯文笙(Stevenson)及肯南(Kennan)所堅持者。美國報章尤重視歐人「中立主義」的傾向，一般分析爲：歐洲各國政府雖甚欲與美國精密合作，但又不得不注意到各該國內的輿論反應。而歐洲輿論却對美國的領導地位及威力失去信心。致鍾豪(Roscoe Drummond)在「紐約先鋒論壇」撰文稱：「歐人需要藉談判以拖延時間，至美國的威力得以重新鞏固的時候爲止」。「要認淸艾德諾所採取的意外態度在欲及時掌握其國內輿論，而歐洲其他國家的政府亦處於同樣地位」。其結語爲：「就在巴黎所表現的情形言，美國應儘速放射其人造衛星及製造其洲際飛彈」。自由派的「華盛頓郵報」(Washington Post)和「華盛頓星報」(Washington Star)則認爲巴黎會議的公報對談判一事未充分盡力。後者更提出：①我們的政府應撇開不能與蘇俄開誠談判的說法，否則須有接受核子戰爭危險的準備，②我們的政府不得再如過去的因循，而須儘力謀求開誠談判的早日實現。相反地，Scripps-Howard 系報紙對美國盟友所持的態度甚覺失望。如 Floride 州 Tampa 城的「早晨論壇」(Morning Tribune)鑑於美人付稅的負擔，而提出除忠誠的盟友外，應不再援助其他外國，召回駐外美軍。以必需的開支集全力製造洲際飛彈及充實美國國防……世界其他各國則可任其自毀之！這是孤立主義論調的再現。

美國方面輿論，不論其對會議結果表現失望，或對歐人「中立主義」傾向的指責，多着重批評西德總理艾德諾。尤其「紐約先鋒論壇」指責艾德諾表現中立主義傾向使西德方面聞之感到驚訝。「佛蘭克福通報」(Frankfurtur Allgemeine Zeitung)以「美國不了解艾德諾」爲題，撰社論爲其解釋云：「艾德諾的基本思想乃西方國家的共同思想，其同意與莫斯科談判並非欲放棄堅定的立場而採取犧牲一切的妥協政策。其在大會中的態度僅為處理問題的技巧，而實非政策的改變。」西德一般意見認爲此次會議爲歐洲盟國首次與美國開誠談判。政府反對派則認爲艾德諾在會中言詞簡略，其當時的態度並非其眞實意志，而僅爲一種巧妙手段的運用。何況艾德諾事後宣稱反對中歐非原子武裝地帶的建立，並稱關於中程飛彈放射基地的建設將根據軍事及技術上的考慮而決定。致德文世界報(Die Welt)於二十日刋載一漫畫，描繪艾德諾總理左半著軍服而右半爲和平神裝束，並加按語爲：「我眞不知人們將對我如何看法。」至於波昂獨立派報紙「普通報告」(General Anzeiger)則認爲會議中歧見依然存在，艾德諾在會中僅建議試由外交途徑向蘇俄探詢其誠意，而其他西方國家首長的言論則引起與蘇俄獲致協議的無根據的希望。

在英國方面，政府於北大西洋公約組織會議事在國會下院辯論時所提出的信任案獲三十餘票的多數而通過。工黨雖照例反對政府措施，但其「影子內閣」的外相貝萬(Aneurin Bevan)却認爲美國在英國境內建立飛彈放射基地一事實非辯論問題的重心，而問題的重心乃英國得自美軍手中取得該項基地管制權。工黨人士指出會議公報所給予的失望乃由於對東西方關係的前途尙難預測。輿論界分析局勢均對東西關係特別注視。如經濟學者雜誌云：「與蘇俄談判應以具有獲得協議希望的問題爲限，如東西德境內限制軍隊數量及關於在裁軍談判中應停止原子武器試驗等問題。」至於美國火箭一類新武器的分配，該報則云應不以妨碍對蘇俄談判成立協議爲着眼點。工黨的報紙如「每日先鋒報」(Daily Herald)及「每日鏡報」(Daily Mirror)的態度亦復如是。前者云「北大西洋公約組織會議的結果使人獲得一線新希望。西方並未拒絕與蘇俄作最後談判的機會，以避免世界大戰之災禍。至於裁軍問題談判的成就有賴雙方的誠意。吾人不能相信雙方的誠意，但若蘇俄肯表示其誠意則情形立即改觀。」而後者則稱：「此次會議主要成就爲向蘇俄提議談判，如俄人拒絕合理條件，則西方國家自可充分武裝，但英國及歐洲民族應確認任何和平途徑均未被

紅樓夢的藝術價值與小說裏的對白（一）

——就教于勞榦先生與石堂先生——

徐　訏

（一）

近年來因爲許多新材料的發現，以及許多學者的努力，對于紅樓夢的研究有很大的收穫與發現。但這都是考證上的成就，至于紅樓夢這部書的藝術價值與其在創作上的功力，則很少有人談到。

這原因很簡單，是中國新文藝運動以來，始終沒有出現過一個文藝批評家，也沒有出現過一個有體系有規模的藝術批評的理論。社會上所謂文藝的批評，不是捧捧自己的朋友，就是罵罵別人的朋友。所反映的很像政治上派系與圈子。

關于紅樓夢的藝術價值，大陸上的說法不外是敎條主義的公式，這公式可以引王耳先生爲例：

「紅樓夢是曹雪芹依據自己的生活感受，通過高度的藝術手腕，所唱出的封建貴族階級走向滅亡的輓歌。曹雪芹在一定的程度上對于他的時代，還保有某種感傷的氣息——依戀和徘徊。因此，從他這部作品的世界觀看，不可避免流露着若干對垂死階級的悲憫情致，但是，在方法上，無容置疑地，作者身上所滿蘊的現實主義得到了偉大的勝利。」

把紅樓夢的藝術價值按在敎條主義的模子裏，任何人都可以建立同樣的結論。但從欣賞藝術的人讀紅樓夢，實際上，誰也無從看到「作者身上所滿蘊的現實主義得到偉大的勝利！」

這樣的評語，可以說並未接觸紅樓夢的藝術價值與創作上的功力。

最近，我在文學雜誌第二卷第六期上讀到老同學勞榦先生的「中國的社會與文學」，裏面有談到紅樓夢的：

「曹雪芹才華蓋世，紅樓夢的文學價值可以說很高，但裏面所含的卻只是根據老莊思想中的淺薄部分而形成的人生見解，這是明淸世俗談論中所常見，並未超過當時的庸俗社會。」雖然他又說：「單是思想一點，並不足以成爲批評小說的絕對標準，」可是他仍以爲：「偉大作品所以能稱偉大，不僅需要高度技巧，還更需要超脫庸俗的思想。」紅樓夢既然未超過當時的庸俗的思想，自然，紅樓夢是不足稱爲偉大作品了。

這裏我不能確切知道勞榦兄所指的「裏面所含的卻是老莊思想中的淺薄部分而形成的人生見解」，這究竟是什麼？所謂老莊思想的淺薄部分是哪一部份？所謂形成的人生見解是什麼樣的人生見解？

如果我所推想的不錯，這「人生見解」應當是指賈寶玉的人生見解。那麼，以此來代表紅樓夢則是不對的。儘管曹雪芹怎麼樣以寶玉自喻，也無法推說寶玉的見解就是他的見解。進一步講，賈寶玉那時候不過是十幾歲的孩子，曹雪芹以懺悔的心緒寫他自己的過去，要說是他的見解，則一定是他童年時的見解，在寫書的時候，正是不斷的在笑自己了。這在小說裏到處可看到的。

許多弄學問的朋友，有一種通病，他們愛在文藝作品中尋找思想的含義，結果是把哲學的課題放在文藝家的身上。這樣的接近文藝，這若不是他們缺乏一種欣賞的感能，就是他們根本沒有享受過藝術的美。

如果我們在藝術作品裏，去尋找思想，那麼莎士比亞，福樓貝爾，托爾斯泰，密開朗基羅，羅丹，裴多芬，莫扎，高干，米葉……的作品裏，請問有些什麼呢？西洋所稱謂代表文化尖端的藝術品，不是希臘哲學的淺薄部份而形成的人生見解，也就是基督敎敎理的淺薄部份而形成的人生見解了。

不用說，全部的建築史，歐洲不同時代的敎堂

忽視。」自由黨的「新聞紀事報」(News Chronicle)認爲美國及歐洲國家在會議中對軍備及談判兩問題能獲致妥協乃北大西洋公約組織成熟的象徵。泰晤士報更認爲此次會議促使西方政治家的意見更爲接近，而形成會議的意外成就。至於保守黨報紙的言論，其「每日電訊報」(Daily Telegraph)僅云此次最後公報的公佈使人感到心安，此可證實中立主義者並未在聯盟之內得勢。

法國的輿論反應甚不協調，右派的「震旦報」(L'Aurore) 則對公報未提出法國在阿爾及利亞的特殊地位甚表不滿。而社會黨機關報「大衆報」(Le Populaire)則認爲政治的要求及軍事的需要在大會中獲得適當的平衡，故謂此次會議爲今日國際政治的一個轉捩點。更主張在求西方與東方間問題解決以前，應使北大西洋公約組織內部在政治經濟科學各方面力求緊密合作，並製定一完整政策。「巴黎日報」(Paris-Journal)則以歐洲地位在聯盟加强而感欣慰，「戰鬪報」(Combat)則指稱北大西洋公約組織雖仍存在，然歐洲與英美政策頗不一致。」法國報界權威「世界報」(Le Monde)則稱此次北大西洋公約會議的大事乃對蘇聯再度提出談判裁軍問題的要求，爲會議中採取軍事方面若干決定的相對條件。

義大利方面一般意見認爲此次巴黎會議的結果爲美國外交的失敗，反對派藉此更得攻擊政府政策的有力藉口。至於北歐方面挪威首相格爾哈會(Gerhardsen)在會中不贊成在挪威境內存儲原子武器，事後聲稱如與莫斯科談判時不能獲得協議則挪威屆時將有重新考慮其對儲備核子武器及建立飛彈放射基地的立場，一般言之，北歐國家對北大西洋公約組織高階層的成就表示欣慰。

這次會議美國本欲積極進行北大西洋盟國的武裝，但其他盟國多要求同時和蘇俄談判。於是會議對於軍事與政治作了折衷的協議。有人因此認爲這次會議由歐人予美人以謙卑的敎訓。這是有利於北大西洋國家的團結，這個團結是目前對付蘇俄危脅世界生存的必要條件。

，印度的廟宇以及敦煌的壁畫，還不是根據基督教佛學哲理的淺薄部份甚于迷信部份的一種表現麼？而全部舞蹈史，從祭神到芭蕾以及近代的象徵派、印象派所努力的，不也都是祇根據宗教迷信的神話所形成的人生見解的銓釋嗎？

藝術與文學並不是以表現思想或人生見解爲任務的，藝術文學則是表現赤裸裸的人生的。這並不是說藝術文學裏沒有思想與見解，可是思想與見解在藝術文學創作者手中，是當作人生的一部份來處理的。因此藝術文學作品裏的思想或人生見解不是冷冰冰的思想，而是通過了作者的生命的思想。

因此一個藝術與文學創作者不一定要了解哲學或思想，他沒有義務去研究那一家思想，也沒有義務去表現別人的思想。紅樓夢作者曹雪芹，固然不能說沒有受過老莊思想的影響，但是他決不是「根據」明清世俗談論來寫紅樓夢的。

要了解一件藝術作品所含蓄的思想與見解，那自然要問到這個作品的主題，儘管有許多作家借小說主人翁發表他自己的意見，可是除了作品的主題恰巧放在主人翁的身上外，主題決不在小說主人翁的意見上。

要問紅樓夢主題是什麼？這是人人可以回答的，一句「人生若夢」的話已經够了。人生若夢這句話的含義是人人都清楚的，這正如「兩點中最短之線爲直線」一樣可以稱謂公理。我們可以說凡是有人的地方都有人生，凡是有人生的地方都有「人生若夢」一類的話。印度的詩人唱過，希臘的詩人唱過，波斯的詩人唱過。

中國的詩人說：

「人生若朝露」，而這句話正也見于新約：

「For what is your life? It is even a vapour, that appaereth for a little time, and then vanished away.」

所以這個主題，可以說與老莊思想是不一定有關係的，紅樓夢是無須乎借重老莊。曹雪芹沒有義務去「根據」什麼，也沒有義務去了解老莊思想。

紅樓夢的主題是「人生若夢」，但是他由什麼來表現這個主題呢？我們不妨借一句佛經裏的話，那是「色即是空，空即是色。」這祇是我隨便引來作說明的，紅樓夢並不是根據佛理來寫的，作者祇是從過眼煙雲的生活中體驗到「色即是空」來表現「人生若夢」的主題。

人生若夢，原是說人生的短促，因此作者對于時間非常敏感。在時間的變易上，作者看到了色與空的衝突，盛與衰的矛盾，生與死的對立。

生命原是從衝突矛盾中顯現，人生也是在衝突矛盾中演進，所以藝術與文學所表現的就是這些衝突。我們可以說一切中外藝術與文學，所表現的都不外是各種衝突。有些作品在衝突中有和諧的答案，有些作品則留下一個衝突的問題。這些衝突，歸納起來，可能是很簡單的。我並沒有把古今中外的偉大藝術作品的主題作個分析統計與歸類，不過就我平時的閱讀，從許多偉大作品想起來的列在下面：

生與死，個人與社會，生活與命運，愛與恨，性格與環境，理智與情感，個人幸福與道德良心，理想與現實，物與心，靈與肉，時間的永久與生命的短暫，神的感召與魔鬼的誘惑，上升與下沉，出世與入世，永生與現世，利己與利他，新與舊，此外當然還有理想與理想，意志與意志，情感與情感，人與人……

這些衝突上的問題，也許都是哲學上早就提出過的問題，但無妨于藝術與文學上的一再表現。這因爲藝術與文學所表現的則並不一定要「別人沒有提過」，而是別人沒有充分感受過，或感受過而沒有充分表現過。

一件偉大作品之所以偉大，乃是作者在作品中充分表現了他在人生中深刻的感受。

充分的表現是屬于技巧的，深刻的感受則屬于內容。所謂感受即是從各種矛盾中衝突中而來，這些矛盾衝突，可以屬于時代，也可以屬于時間，可以屬于社會，也可以屬個人的內心。

莎士比亞的故事，許多都採自當時的傳說，其所表現的思想，也沒有一項不是希臘哲學家所提及過的，但是他藝術上所表現的則是他的感受。他對于各種人物各種性格在各種環境中的感受，他都能洞悉如親身的感受，深刻而廣泛，這就是所以使我們覺得偉大的理由，也無怪後世有人懷疑，莎士比亞應當不是一個人而是一個公司了。

我覺得紅樓夢的偉大是足以與全世界任何偉大的作品比美的。這因爲他所提出的問題是人生中人人都感到永久的問題，他的感受是深刻而廣泛，他的表現是充分而有力。

紅樓夢所表現所感受的衝突，有生與死，有個人與社會，有生活與命運，有愛與恨，有性格與環境，有理智與情感，有幸福與道德良心，有理想與現實，有物與心，靈與肉，時間的永久與生命的短暫，神的感召與魔鬼的誘惑，上升與上沉，出世與入世，永生與現世，利己與利他……這可以說，他的感受眞是包括了所有文學上的各種永恆的主題，在世界文學史，是很少有人可以與他相比的。

自然，紅樓夢祇是一部作品，或者減去高氏的所續，祇是半部作品，在上述的各種衝突，各種問題中，曹雪芹表現得最充分親切的則是「生與死」，「入世與出世」，「性格與環境」，「時間的永久與生命的短暫」，「個人與社會」，「理想與現實」的矛盾。

還不止此，紅樓夢對當時時代提出的問題，在社會上是當時「經世之學」與「老莊人生」的矛盾，在婚姻上，「自由戀愛」與「父命媒言」的矛盾，在教育上是嚴厲管束與放縱溺愛的矛盾。

這兩種衝突，前者是永恆的問題，後是是時代的問題。時代的問題可以解決，永恆的問題可以說是人生永沒有解決的問題，曹雪芹也並沒有解答，他祇是表現出他深切的感受。紅樓夢是一部可以與任何悲劇比美的悲劇，而這悲劇則是人生中這些千千萬萬的矛盾所造成的悲劇。

以紅樓夢的表現能力來說，在世界小說中，他也眞可以說獨一無二的。我所知道的小說中，人物在量與質上講，是沒有超過紅樓夢的。所謂量，是一部小說中所創造人物的數字；所謂質，是這些物不是隨意一個人可以代替而言。小說裏的人物，如果非常特殊的如水滸傳裏的一些人，還不難創造，即所謂畫鬼容易畫人難。可是紅樓夢人物則是非常平常，每個人的身份大同小異，能夠表現得生動活躍，個個人都見個性，則決非大天才不可。在許多部小說中寫人物，一部寫吝嗇鬼，一部寫勇敢的兵士，一部寫慷慨的賭徒，這還不難；在一部小說中，出現這麼些人物，前後統一，而表現不同，這就難了。許多西洋名家的小說，雖然作品很多，可是所創造的人物實際上不過幾個，祇是安排在不同的故事上出現罷了。紅樓夢如許的人物在一個故事上出現，而每個人物都能有血有肉，可以說是前無古人後無來者的。

現在因爲近代心理學發達，有許多心理小說出現，紅樓夢時代並沒有聽見心理學，但是曹雪芹處理人物，處處都有心理上的分析與暗示，中國的說法，是小說家必須具有很深的世故，世故就是了解人的心理；像紅樓夢裏這許多人物，要使他們個個詡詡如生，活躍紙上，見靈見血，倘若沒有能力刻劃心理，那可以說是不可能的。

以小說論小說，紅樓夢最足爲批評的，是結構嫌鬆懈，但是如此不緊湊的結構，竟無損于它的一氣呵成的魅力，其原因還在主題的聯繫與人物的統一。主題的聯繫可以說是各種矛盾的發展，人物的統一則是人的活動與心理的發展。紅樓夢更足爲詬病的是許多詩詞的插穿。詩詞的穿插是作者賣弄才華，論學講道是作者賣弄學問，這都是小說裏最庸俗的成份。但曹雪芹處那個時代，並無發展的小說技巧可據，故而難免流俗。不過他的詩詞，許多都是有暗示與象徵作用的。還有一些則陪襯着作爲人物個性的表現的。這也正是他沒有離開小說的主題的難能可貴之處。

如果在技巧上紅樓夢有不及西洋文學名著之處，那還是中國小說因爲一向被輕視而沒有發展，曹氏並沒有可能讀到其他偉大的作品。在這樣貧乏的小說環境而產生紅樓夢，因更見曹雪芹之天才實在是遙遙地遠在任何西洋作家的上面。我們甚至可以設想，曹雪芹氏如果有更多小說的薰陶，他的成就一定更偉大，而任何西洋的大作家，如果放在這樣一個沒有小說傳統與環境之中，其成就一定比他們已有的成就爲少。這是以作家的崇高與偉大來作的比較。

(二)

中國文化界，五四運動以來，似乎一直有兩派，一派是太看重西洋，認爲中國什麼都不行；一派是太自尊自大，認爲中國什麼都有。實際上都是自卑感與自大狂的歪曲的心理所造成的幻覺。

我很同意居浩然先生「講學問」那篇文章裏的意見，他說：「中國的大學問，具有一種整合地作用，一方面是個人人格的整合，一方面是社會全體的整合。」與西洋的學問是兩件事情。我記得金岳霖先生在馮友蘭的中國哲學史上也有相做的意見，他說，中國似乎並沒有西洋所謂哲學這個東西。這也就是說，所謂「中國哲學」是西洋所無的另外一種東西。

這一種了解，我想是可作我們以後研究中西文化的一個通道。硬要把西洋的各種思想到中國思想上找根據，則大概不外兩種結論，一種是我們中國早就隱隱約約有過，覺得樣樣是我們早發明，不過是沒有發展罷了；一種是我們中國講的都不是那麼回事，覺得什麼都不如西洋！前者可以產生自大狂，後者可以產生自卑感的。

可是這是學問。在藝術作品上，則是不同的。居浩然先生說：「中國的大學問是故意加入情感成份的非科學思想，……」與純大腦的科學思想是不相同的。藝術作品則正是無論中外古今都是有情感成份的。因此藝術作品，中外古今都可以拿來衡量。藝術所表現的是人生，藝術家對于思想祇作人生的一部分來了解接觸，一個藝術家沒有研究哲學或了解哲學思想的必要，他的創作也不必「根據」什麼思想什麼人生哲學。他可以有哲學、社會學、政治學、心理學的修養，但不是必要的；固然也有許多文學家因爲有這些修養，而有助于他作品主題的選擇，但也有文學家有了學問上的修養，處處炫耀學識，妨礙了他的藝術表現。這因爲藝術的表現來自感受，沒有感受，任何思想不過冷氷氷的理論，就談不到藝術的表現。

現在談藝術的創作，要有生活體驗，廣義地講，這句話是不錯。但這不是說每樣生活都要作者去親身經歷。老實話，我們有親身經歷的人而毫無感受的很多，可是一個有天才的藝術家他可以憑觀察想像與同情，有廣泛深刻的感受。一個雕刻家他雕塑希臘神話中被毒蛇咬死的女性，他表現出與死神搏鬬的生的意志，就成了偉大的藝術品。這因爲它象徵着人生，它廣泛地表現出人在生死邊緣的感受。作者並沒有被毒蛇咬死過，但是憑他的想像，他可以有親切的感受。

這生與死的題材，我們在文學作品中是熟見的，在繪畫中，在音樂中，在舞蹈中更是常見的一個主題。爲什麼這樣一個主題，可以爲古今中外藝術家屢次採用，而我們欣賞者會百看不厭，這很簡單，這因爲他們所感受的固然各人不同，他們所表現的也各人不同。

不但如此，同一個舞蹈，如也是以對死亡掙扎爲主題的芭蕾舞——「垂死的天鵝」來說，它的音樂也永遠是一樣的，可是由不同的舞蹈家來表現，就有不同味道，這因爲舞蹈家各個人的感受不同，表現也是不同的。

藝術是人生的表現，中西的藝術都是人生的表現，因此這是可以比較的。這比較就是在作品所表現的對人生這種矛盾激撞的感受與表現深刻與廣泛上。

藝術與文學有許多永恆的課題，如生與死，新與舊，個人與社會，性格與環境……；這因爲這是人生中永遠沒有法子解決的問題。這些主題人人在用，人人可用，但是要有深刻與廣泛的感受與表現，則要看藝術家的天才之高下了。

紅樓夢的作者雖然不見得不知道什麼是老莊的人生見解、孔孟的人生見解或者是佛教的人生見解，可是他所創造的人物幾乎沒有一個是徹底有這些信仰能照信仰來實踐的人。

紅樓夢裏有自認名教正統的賈政，有信道煉丹的賈赦，有混噩無爲的寶玉，有孤傲自賞出了家的妙玉，有秀逸不羣多情善感的黛玉，有深于世故大家風範的寶釵，這些人物並不是代表什麼思想或遵守某種人生哲學的人，而是一個一個活生生平凡的人物。這些人物每個人都是自己有解決不了的矛盾，與外界又有無數矛盾的關係。這些人物個個都是在現實中生活而又想脫離現實的人，個個都想逃避現實而又無能逃避現實的人。紅樓夢是現實與空幻的交響，也卽是入世與出世的激蕩。他正面表現的人生是當時社會的功名的進取與淡泊退隱的矛盾，可是骨子裏大觀園就是一個人生的舞臺，裏面的人物個個都是在進退的矛盾中，明明知道樹倒猢猻散，飛鳥各投林，可是人人都想占些大觀園的風光，有的欲進不得，有的以退爲進，有的欲退不得，有的謀進無門。可是人人還得從人生舞臺上退去，不是被逐，就是爲情勢所迫。不是出家，就是出嫁。否則就是死亡。

他寫一個家庭之衰敗，正是寫一個龐大無比的生命的死亡，掙扎，呼號，哀鳴，呻吟，以至于任人宰割。作者的感受之深刻，表現之超絕，實在不是隨隨便便讀讀的人所能體會的。

要說紅樓夢所表現的思想，一句「色卽是空，空卽是色」的話雖可以包括。可是他所感受所表現的色，則是入世最深的色，他所感受所表現的空，則是出世最澈底的空。紅樓夢之所以偉大者也就在此，高鶚的續作在這方面可以說完全是失敗的。

紅樓夢的題材是文學上永恆的題材，他寫家庭的盛衰，個人的進退，青春的短暫，生命的無常。都是人人會用，人人可用的題材，可是其感受與表現竟是前無古人後無來者的。

勞榦先生以爲儒林外史曾有不爲時代庸俗思想所囿的表現。我以爲它是無從與紅樓夢相提並論的。儒林外史是一部諷刺小說，諷刺小說的題材可以是人性，可以是社會現象，人性是文學上永久的題材，可是社會現象則是暫時的平面的東西，儒林外史的失敗，就是他把握的人性太淺，他所注意的祇是社會現象；光注意社會現象而加以諷刺，則跡近于黑幕小說；這可以說談不到有什麼文藝價值的。社會現象的諷刺，當這些被諷刺的社會現象都已不存在的時候，這些諷刺還有什麼意義？讀起來恐怕祇是些低級滑稽而已。所以儒林外史的失敗，決不是光是「結構却是一團糟」；我覺得他是否可以說是一部文學作品還有疑問，豈能與千古絕唱的紅樓夢相比。

自從唯物史觀在中國流行以後，談到藝術文學的價值往往愛用社會背景與時代意義來考核，這並不是不對，因爲既然是人生，他就有社會背景與時代意義，可是這並不能測量所有的藝術作品與文學作品的。這因爲有許多藝術的文學的題材正是超于社會與時代的。這就是說，這些題材是永恆的題材，是任何時代任何社會都存在的人生中的問題。

紅樓夢的課題正是文學上永恆的題材。作者的故事儘管放在一定的社會，一定的時代上，但是作者的課題不是在社會上不是在時代上，紅樓夢的作者因此不在時代上落墨而在時間上落墨。歐洲許多小說寫一個貴族家庭的崩潰與沒落是放在時代上社會上的，就是說，因爲時代不同，社會變化，所以它不得不趨于死亡。可是紅樓夢作者處理賈府所以崩潰死亡則不如此，他把它放在盛極必衰的自然律上，這也就是說是放在時間上的。由于時間的推移，那羣驕奢淫佚的老爺太太少爺公子們不斷的裏虧外空，以致無法避免于滅亡。

所以，批評紅樓夢，想以社會時代的意義來測量往往是不着邊際的，用當時社會的庸俗思想來衡量紅樓夢的內容尤其是空無所指。

一切文藝對于現實不滿，這是對的。因此代表一個時代一個社會的文藝，他必是超于時代，因爲時代與社會也正是現實的一面。這也沒有錯。但是許多藝術上永恆的題材則以整個人生爲現實，他對于現實的不滿則是對于整個人生的不滿。這就不是社會與時代的尺度所能夠衡量的。

小說裏一個社會一個階級的人物，是社會與時代的產物，這是不錯的；可是人性，則是永恆的。在紅樓夢裏，這個特殊社會特殊環境的人物，是遠離現代的生存了，其所以仍能够活躍于紙上，讓現代的我們欣賞者，因爲作者深刻地接觸了人性。紅樓夢作者對于這些人物的描寫刻劃，在表面的行動與擧止上從未使他們有失身份，可是在個性造作，心理塑型上則永遠緊依着人性。

人性是什麼，用孟子的話，是：「食色性也。」用現代的話來說，則是人性不外兩個目標；一個是求個體的生存，一個是謀種族的延續。一切人生的活動，儘管千變萬化，都不能超出這二者的演變。把個體生存依附在階級解放，以此而解釋人類活動，那是馬克斯主義，從種族延續看到性的壓抑，以此而解釋人類活動的則是佛洛伊德主義。人性既然是任何時代任何社會的人類都有的本質，因此任何時代的任何社會的小說裏的人物，祇要是接觸人性的，他就可爲別個時代別個社會的讀者所欣賞，因此這也是文學上永恆的題材。

但是小說裏的人物，不是抽象的人性就可以站住，它還要個性。我們在理論上人性不過兩種不變的本能，可是在藝術創作上，他必須放在有血有肉的人身裏，這就是人物的個性。人性則是有人類以來就存在的一種性質，身份則是特定的社會時代環境的產物，而個性則是個體的生理心理所賦予的性質。

人物的創造，要有這三個成份，這是不錯的。但其中最容易注意到則是第二種——身份。這因爲身份這一項是可以有模型參考的。而人性與個性則是融化在個別人物身上作各種不同的表現，是不容捉摸的。

所謂諷刺小說，儘作社會現象諷刺，用到人上，不過是身份的諷刺，這裏就談不到人物的創造，作者也談不到感受，談不到表現，所以也就談不到藝術價值。儒林外史人物創造的不够，往往祇限于身份上。因爲他是諷刺社會現象的，就算表示超時代社會的進步思想，那麼笑林廣記，也正多這一類諷刺，難道也可以稱爲文藝傑作嗎？

紅樓夢的主題是文藝上永恒的題材，他不是諷刺小說，他不必注重社會現象，紅樓夢的人物則是個個有個性的充實人性的表現的人物，這些人物正是賈府這個家庭一樣，他們並不是在時代中淘汰，而是在時間中消滅。紅樓夢所表現的不滿，並不是對于一個社會一個時代不滿，而是對于整個人生的現實不滿。在文藝永恆的題材上，作者對于時代可以說是不放在眼睛裏的，時代在永恆時間裏算得了什麼？在文藝永恆的題材上，他已經宣佈了一切都要死亡，也豈止預告了「這一種社會將要死亡。」所謂超越不超越時代這個批評標準，放在藝術文學作品上，所量得到往往是第二流作品。碰到第一流作品，如密開朗基羅的雕刻，裴多芬的音樂，莎士比亞的戲劇以及紅樓夢，那就無從量起了。

寫到這裏，我覺得有一件事情很有意思，即勞榦先生對于儒林外史的褒詞：

「例如對于形式化的科學制度，及冷酷的禮教的諷刺，預告了這一種社會將要死亡。」

恰恰同大陸上一位王耳先生對于紅樓夢的褒詞一樣：

「……通過高度藝術手腕，所唱出的貴族封建階級的輓歌。」

「……這部不朽的著作不止是描寫了一個貴族之家走向敗壞的三代生活，抑且卓越地描繪出封建貴族階級的無恥和墮落，進而明顯地暗示了封建時代的必然消亡。」

我覺得用這個公式作文學藝術批評的根據，則是太容易了，因爲它到哪裏都可應用。任何文藝作品都有暴露社會，或說到社會現象，或不滿社會現實的話，而任何社會都一定在變動一定要滅亡，因此我們用到哪裏都可以覺得合式的。

小說裏一些對社會黑暗暴露，現象諷刺，可以說並不需要有什麼思想，更談不到超越時代的。報紙上有不少連環圖畫，毛厠上有許多粉筆聯句，老媽子廚房裏也有怨言，小官僚天天都在發牢騷，我們何常不可說這些都是：「預告了這一種社會將要死亡呢？」

自然，你可以說，文藝作品還需要加高度的技巧；可是文藝家有點技巧的很多，是不是拾點社會黑暗，挖苦一點社會現象就可以成爲偉大作品呢？

文藝作品，當其深切地表現作者在社會上的感受時，當然有希望改革社會的理想，也自然會引起社會改革的思潮。但這並非作者思想上超越社會。他的理想可說是沒有不早被世界思想家說到過的。這祇是提出一個社會上壓抑的一種主張，如婦女參政，反對科舉，反對纏脚，解放農奴。這類文藝作品，自然也有偉大的，但這不是所有文藝作品偉大的唯一條件。因爲許多偉大的作品我上面已經說過，他的題材是永恆的題材，不是時代所能包括的。

可是，在這些所謂反映時代的小說之中，到必須內涵着接觸到永恆的人性或永恒的題材時，才配說是偉大。如果僅僅限于時代的社會現象，他不過是很庸俗的社會小說。黑奴籲天錄這本小說也够動人了，可是它之不足稱爲偉大作品者就在此。

這就是說，所謂「不爲社會上庸俗思想所囿」這個標準，能用在文藝作品的衡量上實在是很有限的。(待續)

本社啓事

本刊第十八卷第三期社論(一)「近年的政治心理與作風」一文，第5頁上半頁倒數第四行「……君子之過也，如日月之失……」應爲「君子之過也，如日月之食(蝕)」。又第6頁下半頁第一行「……道不失遺……」應爲「……道不拾遺……」。特此更正。

遷居

思果

從前我時時搬家，因此，常會想起伽利略那句（其實不是他說的）話：「可是地球確是在移動的」(E pur si muove)；我覺得我好像是一座星球，不斷在太空流浪。抗戰的那幾年，我沒有在一個地方住過兩年以上，而且在一個宅子裏也沒有住過一年那麼長的時間，記得在我婚後的十年中，我遷居了三十多次，住過八個城市，每想起有些人在一所精美的住宅裏住上幾十年，眞不禁生出極度羨慕的念頭來。

誰知到了香港以後，一住就是十年，在我現在的住處就像生了根似地。天主教說一個人墮入地獄，或升到天堂，就永遠在那兒了，再不會改換地方；不論別人說香港是天堂也好，地獄也好，我似乎就要在這兒住下去了。

在我的舊作「一天的刑罰」裏，我會經提到搬家的難處。我說，「我之只得忍受那隣人的磨折，看來似乎是終身的了。」在這個要用一兩年的薪水做頂費，一個月三分之二的薪水做房租的地方，我當然就只有住下鄉去的分兒。在我那半城半郭的住宅裏，我有一所院子，給孩子們踢球，捉迷藏，和做別種遊戲。我們的屋子高大，空氣、光線都好，就是沒有淸潔的水食用。門前的菜田每天要澆糞，隔壁的人家養豬，蒼蠅多一些。但是據一個西醫說，這種地方還是可以住的，只要飲水煮滾過就行。我記得抗戰的時期，我在內地也住過鄉下，連煤油燈都沒有，鄉下人端出來的菜，上面罩滿了烏合之衆的蒼蠅，好像是一種裝飾。我們一家在那兒住了一段時期，平平安安地過去了，等於經過了一次慘烈的戰役，而毫無傷亡，很爲這件事稱慶。我每每看到朋友們在鬧市或高等住宅區受擁擠之苦，和沒有地方讓孩子玩，總覺得我的選擇不錯，「開荒南野際，守拙歸田園」，「久在樊籠裏，復得返自然」，都是很可羨的境界，在鄉間，我倒可以領略一些的。

但不曉得從什麼時候起，我發見有些來訪的朋友，從不喝我家的茶，而且自從五兒生過小兒痲痺症以後，別人家的孩子大都不敢來了。從前我和一個美國神父下鄉，他特地把鄉下人連殼煮的鷄蛋讓給我吃，而他却吃那釘了許多蒼蠅的魚，使我感愧——在那種食物面前我一定現出了害怕和遲不下箸的神情。另有一個西人說過，四萬萬人吃的東西一定是合乎衞生的。但是我那鄉間，一定眞地不宜於居住。我開始想起了若干年來孩子們確是漸漸消瘦，比起剛從上海搬來的時候大不相同了，前年在我住的那個區域裏，患小兒痲痺症的就有六個之多！我有一個住在香港山上的朋友，據他說，幾年來他的孩子從不生病。還有一個從我那兒搬了出去的人，他也可眞長胖了些。

一個人發覺自已錯了是一件苦痛的事，尤其是錯了這麼久，使孩子受許多磨折，何況五兒還染了難以治愈的殘疾。拜侖說，「一天早上醒來，我發見我出名了」。可是我呢？一天早上我望了彌撒回來，看見鄉間沿途的兒童，無不面有菜色，多數是瘦削的；我發見我住錯了地方。

於是我恨不得立刻就搬家。第一步我找了幾個朋友商量一下，他們都（關照的成分多，責備的成分少）說，「我們早就對你說過了，鄉下住不得的。」據說住在城裏並不需要費很多的錢。他們租下昂貴的一套房間，再分租出去，有時還可以賺錢。有人租了房屋自已根本不住，靠分租的利潤，不久就買了房屋。卽使在鄉下，也有人把厠所改成一間房去租給人，自已不用花錢可以有房屋住。這樣說起來，就是我這人無用了。

要想搬進城，第一要預備受擠。爲了孩子的健康，我倒也刀鋸鼎鑊不辭的。照我家的人口算，有兩間大房本也可以對付，但一看分租的廣告，一律有「歡迎高尚仕女，無孩家庭」，或「有孩免問」的話。在別人心目中我是否高尙，我至今不知道。在夏天，我穿了夏威夷衫出外，陌生人對我不大客氣，但到了冬天，我穿上外衣、打起領結，就到處受到禮遇了。至於「無孩家庭」受人歡迎，我看了並不以爲侮，這可以證明現在的人已經不像從前的人那樣，連媒人都要找「全福」的那樣荒誕。不過「有孩免問」口氣就未免太唐突了一點。香港的人喜歡敎訓，有時像是你的父兄或者師長伯叔，如公共汽車上的售票員敎訓乘客不該在車中有座位時站着等，倒也不必去管它。男女結了婚以後生孩子，原是天經地義的事，居然有人會很不客氣地拒之於千里之外！想起從前耶穌降生的時候，黑落德王下令把伯冷城內及四鄉、凡兩歲以下的嬰兒全都殺了。這件事如果發生在今天，倒替有些父母解決了居住的問題。無論如何，像我這樣有五個孩子的人，要想去住別人的餘房，是不用想的了。

我第一次看到我認爲滿意的房屋，是在九龍最出名的住宅區最幽靜的一條巷子裏。那所房屋據說只要租兩間出去，就可以不用出許多錢就可以承租下來。我當時一想到我的孩子馬上可以不再和豬做隣居，手指上不再會染上成千成萬的針蟲或蛔蟲的事，就不禁心花怒放了。可是我的一個朋友知道我的情況，說這是冒險的行動，我明白他的好意，可是却固執地說：「我已經付了很多的錢給醫生了，以後我想改爲付給房東。」可是我雖然嘴硬，心裏已經有些發慌。付給房東的錢換回居住的淸潔的快樂，但却是約定了的，又等於繳保險費；而付錢給醫生，雖然得不着快樂，而且數目可能也很大，可是如果運氣好，也可以分文不付。

原來分租給人的問題並不簡單。不用說你的獨居之樂是沒有了，還有許多的麻煩，你都得預先算計在心裏。我有一個朋友把他的房間租給一對西洋夫婦，誰知男的不在家，女的就帶了別的男人回來，另一次他租給兩個姊妹似的小姐，以爲是女職員，誰知竟不是正經人，連印度人都帶回來。我想到孟母三遷的事，不禁就寒了半截。如果你挑房客(另一個朋友說)，說不定廣告費用了上百，時間過了兩個月，未必就有房客，而且這種房客不一定是常住的。這還不要緊，有好幾位朋友老老實實就警告我：「你揀人，人家也要揀你的。像你府上有五位少君，別人一看就不想和你住在一起了。」這眞是當頭一棒，我應該猛省的。

在那種高貴的住宅區裏，一切日用必需品的價錢都貴，女工的工價也貴。如果你租給美軍的軍眷，他家的女工由政府供給，薪水大，假期多，你家女僕的「士氣」就低沉了，(她不知道那些軍眷的女士是通番話的)，無形中你受很大的威脅。

在香港目前，可以說是並沒有房荒的現象。有許多新樓，十層八層的，四處建造起來。分期付欵的辦法，使得買一套房間，表面上看起來並不太貴。但據一個朋友說，這種樓是絕對不可以住的。爲了避免毀謗的罪名，我不能把他的理由列舉出來。可是我到底也去看了一下，那種大樓，大抵有很多層，每層很矮，可以住的太貧，住得起的不堪住。我不但生了很多孩子，把我弄到沒有屋子住的地步，而且孩子的個子都很高；大兒已經有六呎的身材，二兒就要和我齊肩，女兒的年紀雖小，似乎也不讓鬚眉，要和哥哥們比個高下。那種矮樓，用以招待故事中小人國的人物就適宜，我家的孩子住進去，就眞地休想抬頭了。香港多數宜於住人的房屋是舊的建築，現在正被一一拆除，原址另建起多層的違背人道的新樓來。

有許多新樓就造在工廠區的中心，那種煤灰就够要人的性命了。在各種噪音的圍剿下，再佈滿奇臭烏黑的濃煙，誰能有做人的權利呢？

我當然會想到去住政府建造的廉價屋去，可是這種屋宇對申請人的限制極嚴，弄到手很不容易。我的申請書送去，只換回來一個號碼。有一晚我去看了一下，發覺那兒竟是一座麻將城，連雲的座座高樓把牌聲關住，好像空谷傳聲那樣振耳。照這樣看即使分配得着，我是否去住還要躊躇一番的。香港人的麻將可以和湖南人的筷子同以巨型並稱，不比小學生的硯臺小多少。他們慣常喜歡重重地敲在一絲不掛的紅木桌上，眞像放爆竹似地，據說這樣才能過癮。這和猜拳的人一定要振臂疾呼的原理是一樣的，雖然別人無法去欣賞它。西洋人玩紙牌遊戲就好得多——他們似乎特別怕吵，件件東西要講究個無聲：打字機、空氣調節器、甚至打樁機，都有拿無聲做廣告的。而我的祖父母玩的紙牌如今却式微了。

除去這種種的不適於居住以外，還有一項叫人不能克服的困難——交通不便，你得考慮。在香港山上，或者更遙遠的郊外，也許有很寬大的屋子空在那裏，租金也不太貴。可是你自己不去說它，幾個孩子每天要上學，怎麼趕得及呢？這就叫你明白，你的分兒是受苦，看你選擇那一種。自由、空間、新鮮空氣、光線、清潔便利都很貴，你又想不少一件；少出些錢，又要與病魔周旋。多出些錢，最可怕是每月的一號，房東要來收租的。

當我極其狼狽的時候，隣居人家來了一個朋友。「我從前住過這裏的，」他說，「現在還要搬回來。這裏全村的人都互相認識，而在城裏，你的朋友來訪，你的姓名就給譯成了『前房』或者『尾房』；這裏我從前發見賊，四面的隣居全起來幫着捉，可是城裏呢，有了什麼事大家都把門關起來自顧自。」我在半信半疑的情形下就問他，城裏的孩子是不是病得少些。他同我說城裏的孩子如果住在不潔的人煙稠密的地方，就會染上肺病，比起腸寄生蟲來要可怕得多了。

現在我想起來了，怪不得我每次看了房屋回來，都覺得還是我鄉下的屋子比較好了，雖然隔壁住着豬。我看見孩子正在院子裏，蹦着、跳着、嚷着，高興得很。我又覺得我並沒有錯。這原是我的家，我在香港所能住到的最好的地方。我眞不知道，除了暴富，幾時我才能搬。

然後我才發見：我本來一直就在找一所較好的住宅的，或者每一個人一直都在找一所較好的住宅，換一個較好的環境。也許我是庸人自擾，根本不應該找房子；我那所住宅千眞萬確是無數的人羨慕而住不起的。我不知怎樣做我才算對。

讀者投書

論港務警察的正名問題

匡煥球

本省的港務警察，究竟是怎樣性質的一種警察？至今無人能回答這個問題；說他是一般警察，他又以港務爲名，並受港務局監督指揮。說他是特種警察，他又是港口地方維持治安秩序的唯一警察行政機關，與縣市一般警察無異。眞算得上是不倫不類，不知其屬於何種性質的警察了。當然也有人根據港務警察所的組織規程，認爲港務警察是特種警察的（見警民導報第二五〇期康乃平著本省專業警察簡介），但是這個見解筆者不能同意，因爲根據特種警察的性質，特種警察以擔任特定的任務爲限，（警察法上稱此特定的任務爲專業）本此港口應另有維持治安秩序的一般警察存在，港務警察是沒有資格獨霸港口治安權的。那麼問題在那裏呢？筆者的答覆，是錯在名稱上的一個字。「港務警察」的「務」字應改爲「口」字。

第一、請先看港口與港務之分別：港口是指一個地方，港務指一種行政。港口行政機關甚多，有海關，有檢疫所——等等，各自獨立。港務局儘爲港口獨立行政機關之一，其行政的範圍，以港的建設與管理爲限，港口治安應由警察維持，在昔市港警權尚未劃分時代，由市警局設立港口水上分局負責。對港務局言，亦爲港口獨立行政機關之一。嗣後警務處爲擴大港口治安範圍，確保港口安全起見，乃有市港警權分家，各自獨立之舉，後者並隸屬於省，其地位已與港務局平行，惜以錯用港「務」之名，而成港務局附庸。

第二、論警察的性質，有一般警察與特種警察之分，前者以地區爲服務單位，故亦稱地方警察，後者以任務爲其區分，故多以專業命名。地區有水上陸上之別，而水地又有內河、港口、外海之分，當知港口爲介於內河外海之間的水陸交界之地。水上警察既有內河外海之名，當亦有港口之稱。但應曰港務警察，則非地方警察而爲專業警察，可是今日之港務警察事實上是一般警察，並非專業警察，故應正名爲港口警察。

第三、再論警察的作用：一般（地方）警察，以保安爲目的，擔任地方治安秩序之維持，特種（專業）警察，以協助其他行政爲任務，（即所謂協助諸般行政之行政，爲一般人誤以爲一般警察之作用爲協助諸般行政之行爲，實爲大錯，請參看拙著從警察的分類論警察的正名一文）爲行政上的一種補助作用，故必須隸屬於其他行政之下，或受其監督指揮。港務警察如爲特種警察，是應受港務局監督指揮，但其任務必須以協助港務行政爲限，而港務行政之需特種警察協助者，至多爲碼頭倉庫之看管，亦駐衞警察之性質，且十餘人數足矣。過此則爲治安行政範圍，也即是港口警察的行政機關。

或者有人對筆者這些意見提出反駁，以爲港務警察港口警察反正都是警察，凡是警察都可維持治安，又何必咬文嚼字呢？果如此說，則警察法上又何必斤斤於一般警察與專業警察之別，蓋所以明是非，辨利害也，警察的性質與作用豈可亂乎。何況以港務警察代替港口警察，等於把警察權奉送港務局之乎？

或者又有人要批評筆者不懂行政組織原理，以爲港務局乃港口行政最高主管機關，港口警察以港務爲名配屬於港務局監督指揮，乃天經地義；昔首都警察廳尚要受南京市政府指揮，各省省會警察局無不受市政府監督指揮，臺灣省各縣市警察局不僅要受縣市政府監督指揮，而且還要隸屬於縣市政府，港務警察亦猶縣市地方警察一般耳，有何稀奇。這種說法是不對的。須知港區原爲市區之一部，（市港一體），港務行政亦即市政建設之一種，建港即所以建市，而建市亦必須建港，第因港有國際省際之分，中央或省惟恐建設或管理一國際或省際港口，非省或市（縣）地方政府人才物力所能勝任，乃本着國父均權主義之原則，將此一部份事權，予以獨立，設立專門機關管理，此專門獨立的機關是即港務局，非所以劃港區於市區之外，另成立港口地方政府以與市政府對抗也。（現今省府一般公務員對此觀念甚爲流行，儼然把市港看成兩個政府），況港口專門獨立的行政機關甚多，已如前述，港口行政事務除特殊性質者由一般專門獨立的行政或技術機關辦理者外，其餘一般性行政事務如戶政、民政、敎育等，仍併由當地市縣地方政府管轄，即其明證。

正名是重要的。港務警察應正名爲港口警察。我警界同仁寧無同感乎！

給讀者的報告

我們在「今日的問題」中會提出當前若干重大問題來討論，本期提出「反對黨問題」對此一序列的問題作一總結。我們在此文中不是從理論上來闡釋反對黨，而是就當前的國情來討論爲什麼我們需要强大的反對黨；分析現存的反對黨不能成爲强大的原因何在。至於如何組織强大的反對黨，我們僅提出了幾個要點，其中所涉及的許多具體問題，當非本文所能詳述。爲配合此篇社論，我們又登出朱伴耘先生的「三論反對黨」和梁叔文先生的「論政黨政治」。對於反對黨問題，朱先生曾在本刊多所論述，在這篇文章中，朱先生特別强調有志組織反對黨者「只許成功，不能失敗」，他對於組黨者在組黨之前、組黨之時、以及上臺之後，提出了幾點具體而切實際的意見，這也可代表一般篤信民主政治原則人的要求。梁叔文先生是從理論上來闡釋甚麼是政黨政治，政黨政治與民主政治有何關係。

自從本刊十八卷第二期發表社論「勿陷總統於違憲」之後，國民黨言論機關中央日報即不斷爲文給我們戴帽子，對於那些廻避重點、斷章取義、不遵循邏輯的文字，我們無法一一與之理論。本期社論(二)僅提出該報最近一篇社論「中立主義的轉變」來在讀者面前加以剖析。請讀者注意「剖析」二字，因爲剖析是基於冷靜的思考，而不是狂熱的情緒。在此剖析之中，是非曲直，讀者自可一目了然。

「和平共存？」是我駐聯合國代表蔣廷黻先生於一九五七年十二月十三日在聯合國大會所發表的一篇演講詞，駁斥蘇俄「國與國間和平共存」此一提議，由蘇俄過去所作所爲而推論與蘇和平共處的不可能，因此，大會通過瑞典、印度及南斯拉夫的所提決議草案，實爲一無意義的擧動。

首屆大法官任期已滿，二屆大法官即將提出。本刊特於本期刊登周道濟先生大作「介紹美國聯邦最高法院的九位法官」，以供遴選大法官者參考。

北大西洋公約高階層會議，爲近年來最重要的一次國際會議，在蘇俄發射人造衛星成功、氣燄萬丈的今日，此會議對於振奮自由世界人心與加强團結至爲重要。因此，本期通訊特刊登龍平甫先生的「由北大西洋公約國家首長會議說起」和孔治先生的「從國際輿論看北大西洋公約會議之成果」二文。前者報導北大西洋公約國家在此會議中個別所表現的態度，後者報導各國對此會議之反應。

徐訏先生的「紅樓夢的藝術價值與小說裏的對白」是當前少數有份量的文藝批評之一，將分期刊出，以饗愛好文藝讀者。思果先生以散文著稱，「遷居」是思果先生特爲本刊所撰。

「今日的問題」於本期結束。本社將發行「今日的問題」單行本，約於本月底出書，敬此預告讀者。

自由中國 半月刊　第十八卷第四期　總第一九九號

中華民國四十七年二月十六日出版

發行人 / 編輯主編：『自由中國』編輯委員會

出版者：自由中國社

社址：臺北市和平東路二段十八巷一號

1, Lane 18, Ho Ping East Road (Section 2), Taipei, Taiwan.

電話：二　八　五　七　〇

航空版：友聯書報發行公司（香港九龍新圍街九號）

總經銷：自由中國社發行部

經售者：

美國：紐約友方圖書公司 Hansan Trading Company, 65, Bayar D Street, New York 13, N. Y. U. S. A.

紐約光明雜誌社 Sun Publishing Co., 112 Mulberry St., New York 13, N. Y. U. S. A.

日本：東京僑豐企業公司

韓國：漢城裕昌德號

馬尼剌：大中華日報社

印尼：新疆書店

椰嘉達天聲日報

泗水文光圖書公司

緬甸：仰光振成書報店

印度：阿拉哈巴中印文化出版社

澳洲：雪梨瑞田公司

北婆羅洲：西利亞坡青年書店

星加坡：友聯書報發行公司（小坡大馬路四六九號）

吉隆坡：友聯書報發行公司（馬華公會大廈三樓七室）

怡保：友聯書報發行公司（希尼華沙甘街十六號）

檳城：友聯書報發行公司（林連登律七十二號）

澳門：友聯圖書公司

印刷者：精華印書館股份有限公司

廠址：臺北市長沙街二段七一號

電話：二　三　四　二　九

本刊經中華郵政登記認爲第一類新聞紙類　臺灣郵政管理局新聞紙類登記執照第五九七號　臺灣郵政劃撥儲金帳戶第八一三九號（每份臺幣四元，美金三角）

自由中國

FREE CHINA

第十八卷　第五期

再版

目錄

中華民國四十七年三月一日出版
中華民國四十七年三月五日再版
社址：臺北市和平東路二段十八巷一號

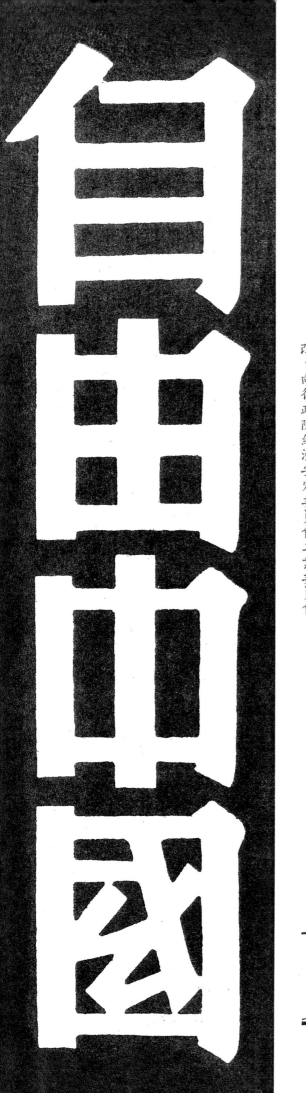

半月大事記

二月九日（星期日）

美發展新式飛武器，計劃將人載往太空；透露空軍能在今年將一隻無人火箭射往月球，使用有翼火箭飛機能載人環繞地球運行，並設計擊落敵人人造衛星武器。

法機轟炸突尼西亞村落，突決召回駐法大使，促法撤退駐突軍隊。

二月十日（星期一）

突就邊境村落被炸事件向聯合國提出控訴。

二月十一日（星期二）

杜勒斯談高階層會議，認為必須先作準備，呼籲法、突和解爭端，願將阿爾及利亞問題提交國際會議討論。

突尼西亞促法關閉突境內法領館，決定驅逐十五位法籍農民家庭，並徵收其農場。

二月十二日（星期三）

美對法突紛爭，建議充任調人，希望能以任何方式協助獲致解決方案。

二月十三日（星期四）

約但政府發表聲明，伊拉克和約但即將成立聯邦；伊考慮退出巴格達組織。

艾森豪簽署緊急撥款案，加速飛彈空防計劃。

突總統向全國播稱，突願與法談判，但須法駐軍自突撤走。

法向突提出正式照會，如突干涉法軍補給，可能發生嚴重事件。

二月十四日（星期五）

約旦與伊拉克聯邦今在安曼宣佈成立，伊王費塞爾為聯邦元首，擁有一支軍隊，設置一個外交部。

突要求安理會商討薩村事件，指法侵略行為危害突國。

二月十五日（星期六）

印尼中蘇門答臘革命軍宣佈成立全國臨時政府，由普維潤為總理，辛鮑倫任外長。

法對突尼西亞事件，接受美國斡旋，為便利法突雙方舉行談判，法決定賠償突平民所受損失。

二月十六日（星期日）

法突糾紛局勢好轉。美國國務院刻正從事調解努力，突應哈瑪紹請求恢復法軍補給。

二月十七日（星期一）

艾森豪覆布加寧函中，對美俄安排高階層會議，建議事先進行非正式及較非公開的接觸，來決定高階層會議是否可以有益的舉行。

美國務院正式宣佈，法突接受美英斡旋，突尼西亞表示願與法國談判，惟須法先接受突方撤軍要求。

二月十八日（星期二）

共匪揚言自北韓撤軍，美韓認係宣傳作用；美建議十六個盟國在華府集會，商討應付共匪的撤軍宣傳攻勢。

二月十九日（星期三）

法突爭端之調解發生困難，法堅持不得討論阿爾及利亞問題，突主張包括阿境戰爭。

印尼革命政府發表聲明，促蘇卡諾解散內閣。

二月二十日（星期四）

美對高階層會議態度突然強硬化，認完全依照俄條件不可能舉行。

蘇丹請求安理會，立即制止埃及侵略，控埃軍在蘇邊界大規模滲透。

二月二十一日（星期五）

美斷然拒絕共匪建議，即由中立國監督韓選舉事。美堅持應在聯合國監督下選舉；俄要求開國際會議商韓國問題。

二月二十二日（星期六）

印尼政府出動空軍轟炸革命軍防守區。

埃敘兩國全民投票一致贊成合併，納塞被選為首任總統，敘總統庫瓦特里政府解散。

安理會通過埃及與蘇丹糾紛由兩國談判解決。

在英建造飛彈基地，美英簽訂協定。

二月二十三日（星期日）

印尼陸續出動空軍炸毀革命軍兩電臺；蘇卡諾稱決以全力對付革命軍。

『自由中國』的宗旨

第一、我們要向全國國民宣傳自由與民主的真實價值，並且要督促政府(各級的政府)，切實改革政治經濟，努力建立自由民主的社會。

第二、我們要支持並督促政府用種種力量抵抗共產黨鐵幕之下剝奪一切自由的極權政治，不讓他擴張他的勢力範圍。

第三、我們要盡我們的努力，援助淪陷區域的同胞，幫助他們早日恢復自由。

第四、我們的最後目標是要使整個中華民國成為自由的中國。

社論

（一）

從滿街蘋果談到外滙管制的弊端

前些時候，由於西藥外滙舞弊案之發現，傳聞內政部部長王德溥氏曾向行政院長提出一項報告，把西藥外滙舞弊形容爲整個外滙舞弊中的「九牛一毛」。此訊一經傳出，頗引起社會人士的注意，紛紛企圖探求畢竟「九牛」何在。旋於上月十四日，王氏復於記者招待會中公開證實了此一傳聞，並且表示他之所以使用「九牛一毛」字樣，目的是在强調外滙舞弊的嚴重性，以促使當局及各部門的重視。他本人在過去卽曾接到過很多密告，在密告信中且指出很多線索，但因對外滙舞弊的調查涉及範圍甚廣，搜集證據極爲困難，如期澈底調查，可能將遭逢很大阻力。有王氏這一番證詞，可見外間久經傳聞的外滙管理百弊叢生之說，決非空穴來風。祇是要搜集確切證據，究竟是否如王部長所說那樣困難，在我們看來，恐怕未必盡然，眞正成爲澈底調查之障礙的，還是那個躲藏在背後的特殊勢力。

爲什麼說要搜集證據並不困難？因爲，卽連我們都曾搜集到不少確切資料，可以指陳毛病是出在什麼處所。我們不是司法機關，也不是監察機關，沒有調查事實的種種方便與權力，尚且可以搜集到這些幾乎可說是鐵證的資料，司法機關與監察機關如果決心調查，那有找不到證據之理。問題是倘若因觸及特殊勢力而退轉，那就一輩子也調查不出一個所以然來。

我們於此，擬僅舉一例，以概其餘。

去年入秋以來，本省各地突然間發現到處都有日本和韓國的蘋果出賣。這在往年，是一項稀有的珍品，卽使以高價搜求，都不易購得。我國與日本逐年訂立易貨協定，日本曾一再請求向我輸入蘋果，我方因把它視爲奢侈品而曾一再拒絕，所以從未列入易貨項目。這一項管制輸入品之突然大量進口，稍稍肯用一點腦筋的人，都可以推想內中必有蹊蹺，能夠進口此種特殊物品的貿易商，必然大有來頭。究竟是怎樣一個內情，請讓我們慢慢道來。

蘋果之類的管制物品，並無外滙配額，而必須申請特種外滙。申請特種外滙以購買蘋果者，首先有一個資格的限制，那就是他必需爲國民黨黨員。他初步接洽的對象，不是外滙審核機關，亦非其它管理貿易事務的機關，而是國民黨中央黨部的財務委員會（該會主任委員爲行政院長俞鴻鈞，副主任委員爲財政部長徐柏園）。國民黨籍的貿易商，先要尋覓有力的中間人，與財委會往返交涉，先與財委會談妥條件並經該會正副主任委員核准以後，乃由物資局出面與貿易商訂立合約，由物資局代爲結滙，由貿易商向日本、韓國辦貨。

至於貿易商向物資局繳納的臺幣貨欵，則並不以官價滙率計算，甚至亦並不比照黑市的滙率計算，而是任意約定，且往往超出黑市滙率甚遠。如進口蘋果，大概貿易商所付出的滙價，每美元常達臺幣六十元到八十元之譜。除此之外，商人同時還要負擔關稅與「手續費」等項，並且致送介紹人（介紹貿易商與國民黨中財會之中間人）以每美元約臺幣八元至十元的佣金。據我們所知，有一位立法委員（姑隱其名）爲貿易商與中財會拉關係，一口氣就拿了佣金臺幣四十餘萬元之多。至於幕後是否尚有人分肥，那就不得而知了。照此情形，商人進口蘋果，事實上也就無法獲得暴利，倘逢蘋果跌價，可能還會招致損失。眞正得利者是那些從中奔走者流。

物資局以每美元臺幣六十元至八十元的高價向商人出賣特種外滙，它向臺銀付出的，却仍然是每美元臺幣二十四元七角八分的官價。但是這個龐大差額，也並不歸物資局所得，它祇是替國民黨中財會出面而已，眞正得到這個差額的，是中財會而非物資局，是國民黨而非政府。國民黨是把特種外滙權利之出讓當做了籌措黨費的方法之一。單以蘋果一項而論，在去年間約進口三十萬箱，每箱以美金一元六角五分（實際上蘋果每箱售價爲美金二元四角至二元六角，這個差額由貿易商用自備外滙或套滙塡補）結滙，共耗費國家外滙約五十萬美元，而中財會卻可以從中賺取差額約二千萬元臺幣之譜，而中間人的不當利益，至少也在四五百萬元以上。二千萬的黨費卽令不是貪污，確是舞弊，但那個四五百萬元卻是不折不扣的貪污。

從蘋果輸入這件事，我們要提出如下的責問：

㈠管制輸入與特種外滙這些辦法，是否專爲了便利籌措國民黨黨費而設？如果爲此而設，則國民黨黨部究竟依據何種法律可以享受此項特權？如果並非專爲籌措黨費而設，則這些制度究竟爲何而存在？申請之准與不准，配額之多寡，以及滙價之高低，究竟根據什麼標準來決定？是不是有意留一個便宜行事的隙縫來上下其手？

㈡爲什麼特種外滙之申請要經過有力者之中間而不能直接與有關機構洽辦？有關機構何以不拒絕中間人之牽線？這豈非等於在製造貪污的機會？倘若機關經辦人自身沒有好處何以肯這樣的圖利他人？

㈢民間的外幣黑市買賣，至今仍爲法律所禁止，何以政府機關反而能以遠超出黑市的價格向貿易商公然出賣外滙，使政府或國民黨黨部成了一個最大的外滙黃牛？

㈣蘋果之類的物資，究是算不算是奢侈品？如果不是，何以不肯與日本作易貨貿易，讓國內產品增加輸出的機會？如果確為奢侈品，何以為了籌措黨費就可以耗費國家寶貴的外滙？

㊄為了蘋果之大量輸入，使省產桔柑的內銷市場大受打擊，桔農桔商，均叫苦連天（本刊收到許多桔農桔商來函訴苦），是不是為了黨費之籌措而就可讓外來物資與國內產品競爭，而置一部分民生於不顧？

我們對於蘋果輸入的弊端，瞭解如此。倘若這一切均屬事實，請問是否可以不查不辦？這樣的制度，是否還可以不再改變？我們並不以為蘋果舞弊，即為我們所要找尋的「九牛」；可能，它也祇是像西藥舞弊那樣的「一毛」而已。但祇此「一毛」，已屬可觀，倘若眞是還另有「九牛」，我們還能說這究竟算是一個什麼制度？我們的管理當局，把滙率弄得如此複雜，把辦法弄得如此花樣繁多，難道眞是為了營私舞弊預開方便之門？

我們現在不擬從理論上來談外滙管制問題。從理論說，儘管我們反對，人家總多少還可以找一些堂皇的理由來為自己辯護。現在我們面臨的，是這樣一個弊端叢生的事實，而且這些弊端，已與一個特殊勢力相結合而不可分，以致一切理論的爭辯，就永遠觸不到問題的邊際。我們首先要求那個特殊勢力放棄特權，才能談到政策與制度對於國計民生的利弊得失。如果政策與制度的目的正在維護特權，那我們又有何話可說。

最後，我們還必需對國民黨黨費的問題略略發表我們的感想。黨費取諸國庫，以致弄得黨國不分，是我們所一貫反對的。憑藉特殊方便而作無形的運用，實質上也與取諸國庫毫無二致。我們却不一定反對黨部為了籌措黨費而經營營利性事業，祇是這種營利性事業至少應與民間業者站在公平競爭的基礎上，而不能具有明顯的或隱藏的獨佔性格，亦不能經由其從政黨員從政府獲得某種特殊的優惠。倘有優惠，就是營私舞弊，這不是民主法治的國家所能容許的。現在的黨營事業，具有獨佔性格者，為數之多，已無法列舉，而許多經濟政策上的必要改革，也正在這些處所受到種種牽制，遭遇種種阻礙，長期的停止於書面計劃的階段而無法實施，這就比黨費之取諸國庫，為害尤烈。直接取諸國庫，還不會破壞政策；如此作便宜行事的運用，卻使政策無法形成，制度無由建立，永遠是那麼一個百弊叢生的亂糟糟局面了。

為「被誣衊了的資本主義」一書之被擅删改，向行政院經濟安定委員會工業委員會抗議

夏道平

米塞斯（L. von Mises）的近著「反資本主義的心理」（The Anti-Capitalistic Mentality）一書，前經本人根據「美國新聞與世界導報」(U.S. News and World Report) 的摘要，譯載於「自由中國」半月刊第十六卷第一期至第四期（後來印有單行本）。去年秋間，本人又將該書全部譯出，書名改譯為「被誣衊了的資本主義」。該譯稿經取得「自由中國」社的同意，由行政院經濟安定委員會工業委員會（以下簡稱工業委員會）接收，作為「經濟叢刊之七」出版，並交商務印務館及正中書局發售（當時工業委員會曾在中央日報刊登廣告）。不意發售後數日，工業委員會經辦人告訴本人，說是該書內容涉及自由民主，致受外來干涉，只好停止發售，删節改版云云。至於如何删節，工業委員會事前既未商得本人同意，事後也未經本人過目。删改再印後數月，幾經本人催索，直到本年二月十一日才索得該書的删改本（原譯本為二十四開七十二頁，删改本為五十二頁）。經翻閱後，本人始知被删去的不僅是該書的本文，而且把「譯者的話」也删去四段；不僅删去「譯者的話」，而且在「譯者的話」裏，擅自增加最後一段；而所增加的，又復文句不通，不知所云。

基於以上的事實經過，本人不得不向工業委員會提出一個問題，一個抗議，和一個警告：

米塞斯為一澈底反共的經濟學家，他的作品譯本，在反共的臺灣，竟被取締而不能自由發售，本屬怪事。但近年來政府在取締書刊方面所顯出的無知與胡鬧，已經司空見慣，不足為奇。可是，「被誣衊了的資本主義」一書，出版者是工業委員會。工業委員會為一政府機關。政府機關所出版的書籍，為什麼會因所謂「外來干涉」而停止發售，而删改重印？這是本人要向工業委員會提出的一個問題。

工業委員會不商得譯者的同意，擅自删節書中本文，及「譯者的話」，尤其以不通的文句，妄自增加在「譯者的話」中，不僅侵害譯者的著作權，而且也影響譯者的寫作名譽。這是本人要向工業委員會提出的一個抗議。

現在，「被誣衊了的資本主義」已有兩個印本。一為原譯本，一為删改本。如果工業委員會不講是非，情願接受所謂「外來干涉」而不再發行原譯本的話，原譯本的發行權，本人特聲明保留；同時要向工業委員會提出一個警告：删改本不得發售，也不得贈送。

社論

(二) 高階層會議與聯大會議

高階層會議之說，近日正甚囂塵上。蘇俄總理布加寧不但向北大集團各國一再發出函件，要求及早舉行一次由二十八國所參加的高階層會議，而且亦致函尼赫魯和納塞等這些中立國家領袖，呼籲他們運用其影響力量，從旁促成這一高階層會議的迅速實現。而在西方國家方面，它們雖提出先舉行外長會議及一般性外交接觸，作爲召開這一高階層會議的前提條件，可是也並沒有完全拒絕這一會議的原則。西方對這一高階層會議所以採取這種彈性態度，是基於兩種顧慮，即：一是世界各地輿論的反響；二是西方集團本身對此問題並無一個堅定不移的共同立場。前者表現於英國工黨及中立國家的公開叫囂；後者表現於法國總理最近不久的態度。鑒於一九五五年的日內瓦會議終於經過這種曲折而得以舉行，可知一次新的高階層會議似已成爲不可避免了。

可是在今日來舉行一次高階層會議，並不比一九五五年的那次高階層會議具有更多的成功的機會。當一九五五年日內瓦高階層會議舉行時，正值蘇俄作了一連串讓步之後，並有一個遠景在前面，西方國家還有若干理由作一次和平冒險。縱使那次會議並未解決任何問題，徒供蘇俄作了一次重大的和平宣傳，而對西方國家，由此也獲得了一種認識蘇俄新統治者的寶貴經驗。可是時至今日，蘇俄不但沒有提出任何讓步的事實，而且亦未表現出任何讓步的跡象，在這種情勢下來舉行新的高階層會議，從最好處着想，除了對蘇俄的人造衛星所帶來的新聲勢提供一個大事宣揚的機會以外，絕不會有別的好處。我們並不以爲西方將在這一新的高階層會議上會作出讓步，亦絕不以爲這一新高階層會議將會成爲慕尼黑第二或雅爾達第二，可是我們眞正相信，這一高階層會議勢將成爲日內瓦會議第二。若果如此，那也是蘇俄的一種收穫了。所以我們願再度強調申明，我們是堅決反對這種少數國家的高階層會議的。假若各方面眞正感到爲了促進世界和平與安全，非召開一次高階層會議不可，那麽我們亦願鄭重提出建議，要求將這一高階層會議移到聯合國來舉行，由聯合國全體會員國派遣其首長來共同參與，共同主持這一會議的進行與決定。尤其重要的是，這種全體聯合國會員國的高階層會議，不應該是一次聯大的臨時會議或特別會議，而祇是把下屆聯大會議——即第十三屆大會——加以強調，由各國首長擔任首席代表而已。

使下屆聯大會議具有一種世界高階層會議的性質，而代替正在醞釀中的少數國家的高階層會議，至少有下列幾種好處：㊀既然聯合國全體會員國派出其首長舉行這一重要會議，那麽少數國家的任何高階層會議，在法理上，在事實上，在今天，以及在以後永遠的將來，都沒有再單獨舉行的必要和理由。㊁過去所有高階層會議，都限於少數的大國參加，結果任意解決弱小國家的問題，製造出許多歷史的不幸。而這種在聯合國範圍內所舉行的全體高階層會議，一面大國得有機會商解決重大問題，一面小國得過問其事，以收小國集團制衡大國集團之效。㊂今日自由世界各國的首長多數雖曾訪問過美國，而少數國家的首長始終未得空暇赴美一行。若聯合國下屆大會變成爲一種首長會議，則這些從未訪美的各國首長，亦可一舉兩得，藉機作華府之遊。㊃蘇俄曾於去年藉其四十週年慶典之便，集合全世界共黨代表於莫斯科，發表共同宣言，擴大共產集團聲勢。今美國亦可乘這種全體高階層會議的良機，與全體自由國家首長聚會，藉以加強整個自由世界的共同團結。㊄過去高階層會議一直由美國作主體，一直卻在美國之外舉行。今後任何高階層會議，正如杜魯門所說應該首在美國舉行。使下屆聯大會議成爲高階層會議一事，便是這種會議既在美國舉行，而又足以打銷蘇俄集團拒絕出席的最佳方式。㊅這一高階層會議既在聯合國總部舉行，又屬聯大的正式例會，所以出席這一高階層會議的代表，祇嚴格限於聯合國的會員國，絕不接受其他的份子。㊆也是最重要的一點，便是任何高階層會議所商討的目標，都是攸關世界和平與安全的大問題，而聯合國基於憲章規定與職責所在，它比任何少數國家的高階層會議更有資格與權力商討這些問題。所以要使下屆聯大會議成爲高階層會議負責商討和平大計，不但可由此大大提高聯合國的威信，而且也是理所當然的。

或者要問各國首長出席下屆聯大會議的辦法是不是一個可行的建議？這種高階層商談是否會妨碍聯大的正常工作？我們的回答是：由各國首長出席聯大會議，既不需要變更聯大的議事規則，也不違反聯合國憲章，更不會妨碍聯大會大會議一般議程及工作的進行。過去每屆聯大會議爲處理世界政治情勢，曾設有政治委會與特別政治委會兩小組會。若各國首長出席下屆聯大會議，聯大會內這種原有組織將仍其舊，繼續處理一般性政治事務。而唯一須要稍作更張的，便是在這些小組會之外，另設立一個「和平與安全」之類的非正式臨時性委會，由各國首長親自出席，商討數項事先嚴格規定的重大問題。如是一面高階層會議在聯合國內舉行，一面聯大的一般性辯論亦照常進行不誤。高階層會議的成就及其獲得批准，將有裨於聯大的一般問題的氣氛，但一般問題的爭辯絕不會影響到高階層會議。等到高階層會議一告結束，則各國首長所擔任的各國首席代表名義亦即移交於各國的通常代表，繼續商討其他問題。如是縱使這一高階層會議一如一九五五年日內瓦會議的毫無成就，對自由世界並無副作用，對共產集團亦不會有額外收穫。反之，假若行之有效，略有成就，這種會議對於世界和平與安全的貢獻，將不是少數國家的高階層會議所能比擬的。而眼前的急務，便在如何開展這種聯合國全體會員國的高階層會議的運動，而立即停止那種少數國家的高階層會議的醞釀。

自治捐與防衛捐及其紛爭與解決途徑

白　瑜

自治捐(即戶稅)與防衛捐，是自由中國租稅史上的姊妹花，也可以說是難兄難弟，在統一稽征條例內，僅用特別稅課與臨時稅課僵持了八年之久。立法院爲了維持該兩種稅課的收入，旣不能剔除，又以該兩種稅課頗不合理或者與法抵觸，無法完成立法手續，只好半明半暗的逐年延長，並力促政府迅予改進。但行政院始終不求問題的解決，只是逐年咨請立法院延長統一稽征條例，如此的年復一年，局面拖得至爲尷尬，導致紛爭層出不窮，尤其以去年底爲甚。財政部長與立法委員之間，鬧了一場不小的風波(情形外間雖知之而不詳，此處亦不便縷述)。不料最後又添上省議會與立法院的誤會，紛爭更是擴大，演變爲一個政治問題。其實一切皆屬寃枉，原因是壞在一個拖字，事態雖然越拖越複雜，但求紛爭的解決，並非難事。尤應以國家爲重，早息紛爭。

（一）未免兒戲

臺灣戶稅，久爲社會詬病。立法院有鑒於此，已於民國四十年五月有所決議，促請政府速予改進，四十一年重申前項決議，雙方鬧了多年的紛爭。後來經雙方諒解，應於前年五月前由行政院擬具改進草案，咨送立法院審議。不料延至去年十一月，始有所謂自治捐條例草案的提出，而且僅僅是將現行戶稅徵收辦法改換一個費解的名稱，內容完全不變，送出了事。如此行政，財政部未免太出之兒戲；內閣會議通過時，也未免太馬虎了。現任內閣有財經內閣之稱，民間矚望甚殷，何以竟然出此？雖然不能說令民間失望，至少是令民間難於了解。各部閣員，各有專司，也許無暇兼顧，不管專部的政務委員，正有暇兼顧，並非諸事不管。我們的政務委員，袞袞諸公，何以也讓財政部如此兒戲？緘默固屬美德，是否培養紛爭？應請注意。

什麼叫做自治捐？按租稅的分類，以支出的用途爲標準者，有一般稅與特別稅之分。前者爲彌補一般經費的支出徵收的稅課。後者專爲某種特定經費的支出徵收的稅課。惟後者必須另立特別會計，不免破壞預算的統一，非可輕用者，且屬臨時性質(租稅分類亦有經常稅與臨時稅之稱)。地方自治顯然非一種臨時業務，而係地方一種永久性且屬概括性的行政，決非臨時性質，亦無特別性質。地方政府的其他稅收，亦莫非主要的爲了地方自治的行政業務而徵收。是否其他地方稅收的支出可以列在自治經費之外？自治捐的收支是否可以另立特別會計？在地方普通預算之外，是否又需另立特別預算專充地方自治經費的支出？顯然的不必，也不可能。尤其是臺灣省原有戶稅或徒改名稱的所謂自治捐，根本不是特別支出，更說不上特別會計的存在。我們的財政當局（包括省級），竟有此自治捐的提出，必自有其高深之處，但民間很難測其高深之所在。更須注意者，自治捐這個名稱，北伐之前，大陸上軍閥割據，橫征暴斂，巧立稅目，或濫施附加，已有自治捐或自治特捐這類名稱的採用，亦即苛捐雜稅兇罵之由來，我們的財政當局，難道完全不能記憶乎？萬一因此重開苛捐雜稅之門，又何以自解？如果說財政當局連租稅分類的初步原則也一概不管，我不相信，我只能說他們未免兒戲罷了。

不特此也，更有可以證明其出之兒戲者，當自治捐草案咨送立法院之初，臺北市長發表談話，表示興奮，謂已廢止戶稅，我固相信某市長爲人忠厚，但我不敢相信戶稅可以貿然的廢止。因爲値此財政困難之秋，在未覔取補償之先，斷然廢止一項租稅收入，依照常例，是不可能的一回事。當時外間傳聞財政當局的改戶稅爲自治捐，正是爲了解救臺北市長的處境困窘（因爲報載該市長競選時，曾以廢止戶稅爲號召，臺北市議會屢次逼迫他實現諾言），我仍不敢相信。繼以私人場合晤及財政當道諸公，均有如此云云，我還以爲開開玩笑而已。誰料最後在一正式會議席上，財政當局公開說明，確係如此，使我不敢相信，也得相信，不禁咋舌。在坐即有人勸告財政當局不要再出此言，並謂假若將來有人以廢止兵役法競選，是否政府也得遷就，說得大家面面相覷。後來有人還說，財政當道對某市長的好意，實成惡果，因爲財政當道不將戶稅僅更換名稱完全不換內容的改爲自治捐，某市長尙可在市議會繼續答覆質詢的說：「關於戶稅的課征，本人還是主張廢止」，以及「本人還是主張廢止戶稅的，將來當再盡力爭取」。自治捐這麼一來，戳穿了西洋鏡，向稱忠厚的某市長，倒是只有啼笑皆非。選民非皆爲傻子，如果指市長或財政當局爲欺騙，其將何辭以對？倒是立法院未接受自治捐草案，不予審議，還算是救了某市長的困窘。至少某市長尙可落得個繼續「盡力爭取」，亦可免掉政府有涉欺騙之嫌。現任財政當局諸公，皆係有爲之士，何以竟至如此兒戲？幸好這場紛爭，未及惡化。

（二）惜太敷衍

臺灣戶稅是日據遺物，光復後因襲徵收，凡在本省各縣市有住所或居所達三個月以上者，自居住之日起，均應負繳納戶稅之義務。戶稅課征對象，以戶爲單位，但具有獨立生計的能力者，雖未獨成一戶，亦應征課。戶稅課徵標準，以其資產額及收入額分別計算之。課徵對象，原來至爲廣泛，尤其所課之收入額，係在所得稅起征點以下，旣已破壞所得稅，而且凡納有所得稅者，又可抵繳戶稅，顯係純由貧民負擔，至不合理，尤欠公平。至其徵收手續之複雜，更非一般細民所得了解，不僅可以武斷鄉愚，筆者按期繳納，亦曾被武斷過(證據如寫出來，太可笑了，姑且保留)。立法院遷臺之初，審議統一稽征條例時，只好遷就事實，權宜的將戶稅一項附列爲特別稅課之戶稅(當時我曾建議改爲財產稅)，迄未正式完成立法程序，屢次力促政府儘速改進。八年來，財政當局一味敷衍，年復一年，遷延不決，立法院乃自動的逐年減少按收入額課徵之部分，已於前年將戶稅內容完全蛻變爲一部的財產稅，社會輿論亦多主張改戶稅爲財產稅。但財政當道絲毫不察，逼到去年底，乃隨便的僅換一個自治捐的名稱，咨送立法院審議，未免是出之太敷衍。而且連自治捐這一名稱，亦非財政當局費了一番心思擬訂出來，僅係聽取某一人士隨便說說而已，不料恰中財政當局的偏好，竟至呈請行政院院會通過，皇皇咨文，送達立法院審議，而社會與論主張已久的財產稅，財政當局則充耳不聞。等到立法院審議時，財政當局袞袞諸公列席備詢，一經立法委員齊聲指出自治捐名稱欠妥後，財政當局竟無辭以對，也就隨即同意欠妥，並未說明命名自治捐的理由如何。如此行政，敷衍乎？兒戲乎？無傷政府威信乎？無損立法尊嚴乎？

我個人主張改戶稅爲財產稅，決非偏好這一名稱，相反的頗願不用財產稅這名稱，因爲一提到財產稅最易惹起阻力，只求戶稅的內容公平合理即得。不過這項稅課也得求個名正言順，如果課徵的對象是什麼，還是名稱什麼稅爲妥順。如果該稅的收入有特定的用途，而且另立特別會計，又當別論。如果定名爲自治捐，確有經過研究的根據，把理由說出來，是站得住，亦無不可，甚至求之不得，但財政部迄未說出理由的根據，不無惋惜。擧辦財產稅，固然反對者必多，也可以說出很多理由，我的答覆，崇尚美國事例的此時此地，不妨先看看美國財產稅的情形如何，以便縮小討論的範圍，否則純憑理論的爭執，仁者見仁，智者見智，不易找出同意的結論。美國人口調查局一九三二年的報告，各州政府及其所屬各級政府各種租稅總額中，財產稅所佔比例爲百分之七三點六，其他各項租稅之和，僅佔百分之二四點四。至於僅在學區的比例，財產稅已高達百分之九九點八(至一九四二年竟達百分之百)。美國工商業最爲發達，而財產稅屹立不移，至今仍爲地方稅收的支柱，臺灣工商業因已頗爲發達，但比之一九三二的美國，又是如何呢？

租稅的分類，以課徵主體或客體而別者，又有對人稅和對物稅之不同。前者如往昔的人頭稅與現代的所得稅，後者如財產稅。考財產稅的興起，由於往昔以人爲課徵對象的人頭稅，易於移動與逃避，不易徵收，歸着亦欠公平。加之政事日繁，政府支出日增，更須另闢稅源，個人財產較爲固定，征收較易，財產稅興焉。現在臺灣情形尚未超過此種境界，財產稅之建議，似非離經叛道。筆者建議確立財產稅(在臺灣是改戶稅爲財產稅)，爲時頗久，決非反對臺灣戶稅的收入，相反的是要增加地方稅收，正如美國財產稅已成爲地方稅收主幹。現在臺灣戶稅，僅佔地方稅收總額的小部分，如能使其增加到一九三二年美國的比例，當不爲過，臺灣地方稅收，即可增加很大。問題的解決，則在乎要使有錢者出錢，亦即符合政府「量能課稅」政策的實施，只要財政當道肯拿出魄力來，不難辦到。總之決非如現行不加研究一味敷衍的作爲所能辦到。只要財政當道啓用自己的智慧，並參考社會的輿論，擬具可以實施的方案，一拖八年的戶稅紛爭，決無不可克服的困難。一味敷衍，只有培養紛爭。

(三) 亂在妙處

臺灣省防衛捐征收辦法課征對象，共十四種之多，均係「帶征」，有八種與現行稅法抵觸，民國卅九年二月開始征收時，原定實施期間爲三個月，曾經省政府會議通過，呈報行政院核示。行政院當時以該辦法與各稅法「不得以任何名義征收附加」之規定不符，但爲遷就事實，姑准照辦，乃飭補送地方民意機關審議。同年四月廿一日，防衛捐征收三月滿期，省政府請將征收期限延長三月，同年七月又請延長半年，均經行政院先後核准。據謂戡亂期間防衛經費繼續需要，乃不予規定征收期限，至此防衛捐成爲長期性之捐稅。延至同年十二月，始由省府函送省參議會審議，俟其通過，四十年三月廿日由省政府正式公佈施行，既不再有確定的限期，亦未改變附加，從此臺灣省防衛捐成了一大問題，潛伏以後無窮的紛爭。四十年五月，立法院審議「臺灣省內中央及地方各項捐稅統一稽征條例」時，爲了顧全政府收入，而又要避免稅法的抵觸，乃將防衛捐附列爲「臨時稅課之防衛捐」，其決議文爲「防衛捐係附加稅，對於現行各項稅法，原多抵觸，本條例雖暫予維持，以免影響政府預算。但今後仍應於各類正稅中，設法增籌稅款，以期法制之健全」。其立法原意，在乎顧全事實，同時在統一稽征條例內規定時效只有一年，也好賦予政府時間與機會，籌劃改良稅制，用意原在避免紛爭。不料財政當局，一味敷衍，年復一年的拖下去，八年於茲，並有長期拖下去的趨勢，竟於去年十一月一日擬具「自治捐條例」草案與「戡亂時期臺灣省內防衛捐征收暫行條例」草案，同函咨送立法院審議，顯然的是只有增加紛爭。

一拖八年的防衛捐，其徵收項目及捐率，有營利事業所得稅及綜合所得稅、地價稅、契稅、營業稅、戶稅、房捐六項，各依稅額附加百分之卅，娛樂稅附加百分之百，機器行駛車輛之使用牌照稅附加百分之五十。以上八項附加，均與現行多宗法律「不得以任何名目征收附加捐稅」牴觸。蓋值北洋軍閥苛捐雜稅之後，國民政府揭櫫改革稅制，健全財政政策，雖以戡亂建國並進，需用孔殷，然亦決定實施，經久始得達成預期目的，已深得全國人民的擁戴。現處臺灣，仍以遵守爲宜。防衛捐徵收之其餘六個項目(包括三項礦物油、兩項電費、進口結滙證)，亦均係「帶征」。防衛捐徵收辦法中，竭力避免附加字樣，但外國報紙仍稱我們的防衛捐爲防衛附加稅(defence surtax)。防衛捐內容名稱，均有不免欠妥之處，稅目爲省稅，收入則有一部分遥屬中央者，亦有由省協助中央者，殊爲淆混，至易引起紛爭。何謂防衛捐？稅捐以用途命名，同樣與自治捐犯了應列爲特別的毛病，是否我們防衛捐的收支另立特別會計以及列有特別預算？既稱防衛捐，顧名思義，是否應爲中央稅收？何以又列爲省稅？政府爲了保衛國家的獨立與人民身命財產的安全，始有租稅權的發生，是否我們可將中央一切捐稅統稱防衛捐？臺灣既屬行省，是否應該獨立防衛？新的名稱「戡亂時期臺灣省內防衛捐征收暫行條例」，是否越來越彆扭？一省之內，對誰防衛？國家防衛業務，又決非一臨時行政，戡亂時期暫行征收防衛捐，難道非戡亂時期國家就無需防衛經費了？我們現行的國防預算，難道不算防衛經費？或者是僅以防衛捐收入而充支出？這一防衛捐，依租稅分類，既不可列入特別稅之類，亦無法列入臨時稅之類，我們竟以防衛捐行之，自有其妙處，但是妙之所在，即亂之所在，自難免於紛爭。

立法院對於防衛捐之有乖稅法，不滿的情緒，已蘊藏八年之久，而對於軍公敎人員待遇微薄，又早有調整的建議，財政部長總說財源無着。去夏正值立法院檢討防衛捐收支問題之後，可巧的忽然報載臺灣省財政廳長在省議會答覆調整待遇的質詢有云：「政府一直硏究考慮中，這是一個十分重大的問題」。同時廳長並就問題發表他的個人意見：「這是個政治問題，如果將此問題看成有無財源來調整公敎待遇，則未免太簡單化了。目前政府每年收入都增數億元，所以現在不是政府有無財源來調整的問題，而是這些錢先作其他更要的用途呢？抑或先作調整待遇的問題？」。這番說法，聽者誰都惶惑，不知其葫蘆裏賣的什麼藥，自然也不免惹起立法委員動了腦筋。同時在立法委員腦子裏，政府代表在議會答覆質詢，即是代表政府說話，不該視爲個人意見，調整待遇，亦不應視爲政治問題，既不是有無財源問題，應該儘先調整待遇。立法院乃於去年十一月一日毅然的決議，將防衛捐全部收入自四十七年一月份起改列國庫，由中央統籌支配(仍有一部分補助省庫)，支出所餘之二億三千九百萬及可能超收之數，作爲加發國軍中下級軍官及士兵薪餉之用，並請行政院自四十七年一月份開始實施。從此防衛捐的部分支出與調整待遇，混成軍民注目的新聞。立法院走這一着棋，是被迫的臥槽將軍，因爲調整待遇，拖得太久。筆者並不贊同此舉，因爲據報載行政院秘書長的聲明，防衛捐已全部列有用途，意即並無「支出所餘」，萬一迫得會要以發行彌補，豈不更糟？防衛捐開始即亂，自然難免越演越亂，甚爲可惜。

(四)　何以理亂

「戡亂時期臺灣省內防衛捐征收暫行條例」草案，去年十一月一日由行政院函送立法院審議後，立法院想做一番理亂工作，有人建議仍以延長統一稽征條例的時間，重中八年前的原決議，應請行政院在下一年內「仍應於各類正稅中，設法增籌稅欵，以期法制之健全」。本草案的審議，不易進行，故在立法院審查會中，財政當局與立法委員紛爭很大，立法委員之間，紛爭尤烈，講理、講法、講狠、講惡，各顯身手，風波鬧得不小，以致該草案更難審議。乃用金蟬脫殼之計，改由財政部呈請行政院來函延長統一稽征條例，一面可使四十七年該項稅收先有着落，一面將防衛捐課徵項目及捐率挾帶的擁塞統一稽征條例第九條內，以便更進一步的確定或釘死防衛捐全部收入改列國庫。這種手法(有人稱爲挖腸換肚或借屍還魂)，自詡聰明，勇而有爲，其實大可不必而且不需，只落得又是一個妙之所在即亂之所在，不啻加强紛爭。立法院既不能接受防衛捐的完成立法手續，遷就事實，維持稅收，照例延長統一稽征條例一年，即得之矣，又何必將其課徵項目及捐率擁塞在統一稽征條例第九條之內？畫蛇添足，弄得不倫不類。原來絕大多數立法委員反對此舉，不料遲到十二月廿八日，臺灣省議會臨時動議，有謂「立法院決議將本省防衛捐收入歸中央統籌，不但與原來立法原意不符，而且失信省民」。一場緊張，有所決議，並推定正副議長及財政預算兩委員會議員於十二月卅日上午九時持有書面意見，赴立法院「堅決表示此項意見」，據云方式亦有未合。適值立法院院會表決統一稽征第九條之際，一部分立委感情受有刺激，以致在十分困擾的情緒之下反而舉手贊成。雖然統一稽征條例第九條轉爲通過，但多數委員依然感到遺憾，在我則更是反對此舉。同時省議會亦感受刺激，更不罷休，形成一個政治問題，由是擴大紛爭，落得報章大肆報導。某報竟以紅色大標題「防衛捐多邊爭奪戰」全版登載，洋洋萬言，蔚爲大觀。其實問題的本身太寃枉了，絕不該鬧得如此複雜。

防衛捐亂糟糟不合理，財政當局早就該理個清楚，惜乎不此之圖，反而變成條例草案(其實內容照舊，也是只換了一個彆扭的名稱)，老是不肯解決問題，至少未免太因循了。其實連同戶稅，兩案一齊理個清楚，均非難事。先從技術上說，戶稅已蛻變爲一部分的財產稅，率性改爲財產稅，名正言順，擴充課徵財產的範圍，更可增加收入。鬧了八年，財政當局不是敷衍，就是兒戲，或者巧立自治捐的名稱，或者一味盡拖的能事，總是不解決問題，延長紛爭，不知有何好處？理個清楚，不知又有什麼不好？改戶稅爲財產稅的建議，我早有專論發表，社會與論，也早趨一致，茲不贅述。畸形的防衛捐，其收入亦畸形的成爲政府稅收的最大一宗，事實上已經不能貿然廢止，所謂另謀財源補償，目前也是徒托空言。不過實在不必標奇立異的形成一種新稅，八項附加，倒不如率性提高正稅的稅率，反正羊毛出在羊身上，幻爲附加或帶征，並不減輕人民負擔，到不如簡化稅目，減少稽征手續，亦可節省稽征支出，也就是減少人民負擔。納稅人最怕既苛且擾，他們寧苛而不擾。其餘六項帶征，或者可循例單獨成稅(如美國的汽油稅)，或者小額收入，儘可取消。尤其是進口結滙的帶征，實在可以改變管制外滙辦法，使差額利益歸公，萬不得已，亦可問徵過分利得稅，並可提高稅率，事例皆屬名正言順。如此則全部防衛捐的收入，正稅中原屬省稅者則列入省庫，原屬國稅者列入國庫，收入分沾，一切紛爭可以迎刃而解。自治捐條例草案，立法院審查會已決議不予審議，又再延長戶稅徵收一年，並請由財政部另擬戶稅改制方案。財政部長列席說明，已有口頭承認，希望今年底至少可以理淸戶稅，結束一項紛爭。防衛捐立法院雖決議全部改列國庫，仍以延長徵收一年爲限，在此過渡期中，最好省議會不必「繼續力爭」，各方面通力合作，理個淸楚，大可息止紛爭。防衛捐收入列歸省庫的收入，部分轉爲協助中央，要知既稱防衛捐，順理成章，應該列入國庫，一年之內理個淸楚以後，財政部亦不應再堅持防衛捐全部收入列歸國庫，而以部分補助省庫。目前中央與臺灣省雖採統籌調度，能分淸楚者，仍以分淸楚爲宜，不必轉補助爲協助，或轉協助爲補助，輾轉循環，是否確有必要？

從原則上說，我們現階段的稅制，省稅還是該以財產稅爲支柱，中央則應竭力整頓所得稅，形成租稅收入的支柱。同時所得稅中的財產所得部分，尙待財產稅的推行，確定可稅財產的調查登記，以充財產所得徵稅的基礎，使其相得益彰。依卅八年十月九日頒布的臺灣戶稅徵收辦法，按資產額課征者，其種類有六，包括動產與不動產，範圍頗廣，實具財產稅的規模。同時省市戶稅評議委員會的組織，也很健全，如當時肯剔除按收入額課征的部分，稍加改善，逕稱財產稅，亦無不可，惜乎當時只知着重於按收入部分的課徵(佔總收入額四分之三)，沒有切實推行按資產部分的課征。以後更減爲僅徵機器與不動產，只稅一部分的財產，以致日據時期徵收戶稅之籍冊記載，漸漸缺損。再者，如果當時有完整的財產的建立，則原擬短期征收的防衛捐，推行一次臨時財產稅，即可充數，負擔更爲公平合理，何至細民電燈費也要帶征。同時免掉了以後無窮的糾紛。凡事制度之可貴，由此可以類推。目前臺灣還是此路可通，希望財政當局加番努力，建立省稅以財產稅爲支柱、國稅以所得稅爲支柱較爲合理的稅制，俟以財產稅爲中央所得稅的基石推行健全之後，再來推行省所得稅，逐漸的代替財產稅，可使我們的稅制更進一步的合理。例如美國，一九三二年各州政府及其所屬各級政府各種租稅總額中，財產稅所佔的比例，爲百分之七三點六。一九四二年降爲百分之四七點四。一九五二年可能降爲更低，但在一九一一年未行州所得稅 (state income tax)之前，則比百分之七三點六更高，皆爲可供參考的事例。臺灣地區不大，易於行之有效，將來推及大陸，豈不是一種光復大陸的實際設計工作？至於防衛捐已經形成一個政治問題的紛爭，自然不能再拖，導致擴大問題的嚴重。歷史上由經濟問題擴大的政治問題，最不容易收拾。亟應早日釜底抽薪，在不減少防衛捐的收入的條件之下，正本淸源，廢止防衛捐這個彆扭而不祥的名稱，以免各方面繼續感受刺激，實爲上策。解鈴還是繫鈴人，質之財政當局，以爲如何？如不及早收拾，政治問題繼續擴大，財政當局所負責任，也就最大。

（五）結語

由防衛捐惹起的政治問題，當然不是僅屬省議會與立法院的紛爭，暗中不免涉及甚廣，有關各方面皆當注意。余敢冒昧陳辭，請有關方面均宜反省。老實說，臺灣省政府防衛捐的措施，始作俑者就亂了步法。現代政治，唯常識固不足以行政，連常識也不管，更說不過去。防衛捐的名稱內容均欠妥善，如果當初顧及租稅學的初步原則，即不會如此蠻幹。籌欵之道，決不只此。或者實踐諾言，短期徵收，適可而止。需用孔急，亦非別無正路可走。當時的財政當局，確係能員，爲何疏忽至此？行政院「始准照辦」，明知與稅法牴觸，明知這不是地方民意機關的權限所及，爲何偏又飭補送地方民意機關審議？行政的軌範安在？難道不知一味敷衍，卒將導致越拖越亂的後果？省參議會當時審議防衛捐徵收辦法時，或者也太大意，全未參考中央稅法及一般租稅原則，不顧牴觸，已經有越權限。報載今省議員有人反謂立法院「簡直侵犯了地方議會的權限」，恐怕也是大哥不說二哥了。立法院既一貫反對防衛捐的立法，已經八年之久，今又有統一稽征條例第九條的畸形立法，也是自毀立場。硬性的將防衛捐全部收入解列國庫，亦不免矯枉過正。依照租稅原則，剔除某項巨額稅收(不論屬中央或地方)，在其財政並非豐裕有餘之際，不言補償，很難說得過去。尤是其是防衛捐草案原件，尙在審查會中懸着，又將如何了結？完成立法程序，是自失立場，不予立法，又何以言統一征稽條例第九條？總之有關各方面都該以國家爲重，早息紛爭，更需大家合作，理個淸楚。自然財政部長不能以全部防衛捐改列國庫滿志躊躇，更要主動的努力於此項理亂工作。立法委員固應支持財政當局，但得從積極方面用力，不可護衛紛爭。

談實際政治的人，落得發表文字來批評，實在是一大悲哀。發表文字，又是賣稿補貼生活，更爲可憫。我何人斯，固不足以語此。但我來臺之初，喜向有關當局建議，不但毫無影響，甚或結怨。乃改爲寫稿批評，又覺無聊，還得投鼠忌器，擱筆已有年餘。可是到了教堂禮拜，常受聖靈的譴責和鼓勵，回頭又寫。自然管見所舉解決紛爭之道，不過舉例而已(記得爲了解決自治捐與防衛捐兩項紛爭，也在前兩年向現任財政當局口頭建議)，財經內閣，當然另有宏猷。其實本文所說兩項捐稅，不過財經方面最小的問題，餘如金融的滯塞，外滙的混亂，確實重要。現在因防衛捐惹起了政治問題，只待各方面合作，不難一舉澄淸。問題鬧得雖然複雜而且混亂，內容却很簡單，「多邊爭奪戰」，實在多餘。萬一拖到金融外滙惹起其他問題，就會遭致極大的困難。誰也對財經內閣盼望殷切，重大改革，且待慢來，對於這兩項拖了八年的捐稅之調整，求個紛爭的結束，應不困難。自由中國各方面皆有迅速的進步，惟財政一環，似乎配合不來，何況財政又爲庶政之首。三餘年往矣，軍公敎人員嗷嗷待哺，財經內閣，何以遺此？萬懇及早有所建樹，民間虔誠默禱以待。

四十七年一月卅日於臺北

預訓班與大專學生的軍訓問題

陳　孜

我是個正在鳳山預訓班接受軍訓的大專畢業生，從大專軍訓方面說來，我是個過來人，從預訓班方面說來，我又是個當事人。現在，我願根據自己的切身經驗，對這兩方面的問題，提出一點實實在在的報導，但也不妨看做檢討。

遠從四十一年起，政府正式確定以大專畢業生為預備軍官訓練對象，並由國防部製訂了「專科以上學校畢業生養成預備軍官訓練計劃」，成立了「預備軍官訓練班」，接着就在這一年的八月，第一期便開始征集。屈指算來，到現在已經有六年了。

六年以來，可說的事當然太多了：但在這裏，却只能提出幾個重要的問題來說一說。

一、政治課程問題：政府認爲純軍事訓練，不足以養成健全的預備軍官，非配以思想訓練不可，於是政治教育佔全期教學百分之二十，中國國民黨概史列爲必修課目，我不知道這和預備軍官的培育，有什麼關係？軍事訓練期間，有枯燥無味的小組討論，心得報告，以及思想的考核和教條的灌輸。往往剝奪了學生的休息時間，使他們操練歸來，還要拖着疲乏的身子厭倦地趕辦這些事情，國民黨在普通學校不太公開的智識青年黨部，在這裏可以透過指導員公開從事黨務活動，政工指導員可以在講堂上激昂慷慨地叫囂：「不參加中國國民黨就是反革命！」說「軍隊國家化」的人也是反革命，我是第一個到指導員房間去應徵報名，申請入黨的人，結果給審核否決了。我捫心自問，一笑置之，我得過祝壽論文獎狀，愛國反共俯仰無愧，今天我並不是吃不到葡萄說葡萄是酸的，我完全是以純軍事訓練的觀點，覺得木柵、陽明山那種訓練機構的方式用諸於預訓班來，是多餘的，同時仍有所謂救國團直屬預訓班支隊在預訓班，也是多餘，因爲做了三年高中，四年大學的救國團團員，都是老牌貨了。每一學生的思想品德，早經原校的訓導人員存案（如對學生不求甚解的訓導人員應以曠職論），用不着再在預訓班添油加醋了。

二、計劃問題：預一期至預四期的入伍教育由陸軍官校負責（小部份受空軍訓練者由空預校負責），預訓班是陸軍官校的附屬單位，全銜是：陸軍軍官學校預備軍官訓練班；學生則佩陸官校的領章符號，稱陸官校校長爲「我們的校長」，預訓班學生就是軍校學生，在規則上並取得陸軍官校的學籍。除空軍外，在陸軍官校入伍，以後分科到海軍各校的也是如此。陸、海軍種的預備軍官不僅都具有陸軍官校學籍，而後又都取得陸軍各兵科、業科學校，海軍各校的學籍。到了第五期，聞係接納某方建議，將預訓班改歸陸軍預備部隊訓練司令部，由預訓部負責第一階段（入伍）教育，預訓班稱爲陸軍預備軍官訓練班，分科到各陸、海軍各兵科、業科學校後，再取得各該校的學籍，使成完整的系統，前者負責預備軍官基礎教育，後者負責預備軍官養成（專科）教育。不像一至四期叫陸軍官校預訓班，海軍官校預訓班，兵工學校預訓班，工兵學校預訓班，憲兵學校預訓班，步兵學校預訓班，外語學校預訓班等等，誰是正科，不得而知。可是到了第六期（本期）又將預訓班劃歸陸軍步兵學校，由步校負責爲期二十四週的入伍教育，然後再分科到各兵、業科學校，預訓班的名稱叫做陸軍步兵學校預官隊或陸軍步校第三總隊，像一至四期一樣，預訓班祇是步校的一個附屬單位，學生當然首先取得步校學籍。分科到其他兵、業科學校也取得各該學校的學籍，假如仍舊分到步校接受分科教育，那就取得步校的雙重學籍了。不過這一期已將陸、海、空、憲，分別由步校、海軍官校、空軍預校、憲兵學校集訓，步校單是陸軍方面而已。綜觀預訓班的短短六期，已經滄桑三度，聽說下一期又有變動。就已有的六期而言，其中那一期比較理想，我不敢斷論，但政府之舉棋不定，則顯而易見。再以各期的期限而言，一至四期是這樣的：入伍訓練四個月，綜合教育兩個月，反共抗俄鬪爭教育一個月，分科教育四或六個月，總計一年完成。隨卽還鄉，聽候召集。第五期是入伍訓練十二週（三個月），反共抗俄鬪爭教育二週（半月），分科教育十六週（四個月），任官十一個月，全期分四個階段，總計十八個月（由四十五年十月至四十七年三月）。到本（六）期又將各階段加以調整。這些變化，政府是在試驗當中，我人固不宜多所訾議，然在時間的安排上，我們却希望政府能擇善固執。沒有確定計劃所造成的劣點，可以第五期爲例；該期自命令改轄遷址後，傢具器材要從鳳山遷到車籠埔，消耗人力物力財力，既經改制，又鬧人事糾紛，預訓部沒有適當場地，就逕令所屬新兵第五訓練中心（團）騰借，這一來，便分成「老預訓班派」和「新五團（包括預備第六師）派」，爲了就地取材，預訓部不得不用自己直屬的幹部，班主任副主任分由預六師師長新五團團長兼任，原有預六師和新五團的幹部，自然順便地接充這期的班部官長、教官和隊職官，而原來預訓班的幹部，除了一部份隨班遷中外，大部份（一百名以上）留在臺南永康營坊「冷藏」起來，但仍保持預訓班的「正統」名義，編制上鬧着雙包。這一邊雖是借人借地，政府却撥出一百多萬開辦費，天曉得這筆錢是怎樣用的？這還不算，預訓班辛辛苦苦地從南部遷到中部，佔用了專爲訓練新兵而設的新五團營區，該團排好接訓新兵程序不得不更延至「客人」走後，先天注定預訓班下一期又要搬家。等到三個月的入伍結束，學生早上離開，當天下午，「老預訓班」幹部就給「地主」炒魷魚了（炒魷魚爲粵語捲舖蓋滾蛋之意），竟無「稍息」之餘地，其情況相當悽慘。這是預訓班制度的一大諷刺。

三、管教問題：管是隊職官的事，教是教官的事。先說管吧，不可否認的是，隊職官的好壞關係着訓練的成敗，因此，選擇優秀幹部充當隊職人員，是訓練問題的先決條件。做隊職官眞是一件吃力不討好的事，一方面不能違背訓練的原則和上級的要求，一方面對學生又不能太無人道，在大專學生面前有自由感，也有强烈的自尊心，既不能跟訓練新兵一樣，而要求的又完全是新兵的一套（入伍時均以兵的身份待遇），怎樣才恰到好處呢？確是相當的困難。當局在選擇此一工作人員，應顧到他們是否勝任愉快，不應一律以軍校廿幾期爲準則。因爲剛畢業的軍校學生往往沒有「帶人」的經驗，同時，他們的年齡和大專畢業生們差不多，在後者的感覺上會這樣想：「這些小子們是考不取普通大學才投考軍校的……」第一個印象就不太好，職是之故，隊職人員以年齡較被訓者長一點爲妙，但是年齡較長的，以前所學的動作日久生疏，失去標準化，又會貽學生以笑料。這些問題，都是有關當局應加注意的。說到教的方面（包括教官與教材）値得改進的地方更多；我發現有些課程，在高中有之，大專有之，入伍有之，分科以後又有之，講來講去都是炒冷飯，不僅引不起學者的興趣，而且根本不應該放在純軍事訓練的寶貴時間中。有些分科所授的專門課目，如地圖判讀，參謀作業，小型野戰演習，以及兵工、工兵、砲兵或其他業科的專科作業，又似嫌簡略，不能給學者以深刻的印象。不等退役，就交回給教官了。有些教官素質很差，水準不够，簡直是濫竽充數；有的未經語言訓練，一口土話，教人聽得不舒服；有的講不出什麽名堂，發生催眠作用，學生「當堂出竅」，隊職官在外面記名，受到處分，此種教官，不無責咎。所以安排教材，遴拔教官，都非常重要，否則，就不如不訓了。

四、待遇問題：凡接受預備軍官訓練的人，都是中國國民，理該不分貧富，一律平等看待。這一點，基層的隊職人員執行得很好（明知某乃貴介公子，照樣處罰），但在領導階層，却違反了這一基本的訓練原則；有錢的人「獻金」若干，可以例外放假，黨員學生的學、術科差一點不要緊。正常操課時間裏，黨員學生可因開小組會而缺席，更可以借黨務活動的理由，而堂堂皇皇的請公假。入伍時間很短，偏要搞什麽訪問團，賽球隊。有一「技」之長的（跳舞、唱歌、打球、演講）可以找機會避免操課。某大學校長的兒子，可以在服役期間到外國去重整道德。某名流之子可以在服役期間到外國去跳芭蕾舞。某前任巨公的侄子可以應列入調往金門的名單而仍留本島。還有很多不足爲外人道的「內幕」，仔細想想，這種種現象都不是軍事訓練所應有的。軍事訓練的兩大特點是嚴和正，在一定時間裏做一定的事情，否則，就失去訓練的意義了。

以上四點，係就預訓班以往幾期的實際情形加以論列。不論這幾期收效如何，也不管是陸軍官校的預訓班，預訓部的預訓班，步兵學校的預訓班，政府每年都得花一筆龐大的經費，這筆錢却沒有能換來甚麽了不起的代價；假如換一種花錢的方式相信必能換來更高的代價。政府實施預備軍官訓練，其目的不外乎培養健全的預備軍官，根據這點要求，我認爲有一種方式既省時省事省錢，又可保持國家的訓練政策，就是：取銷高中軍訓，加强大專軍訓。

所以，我們在說完預訓班以後，便得接着說到大專軍訓。自從行政院公佈「在校學生軍訓實施方案」以來，一個學生從高一到大四，要受七年的軍訓，漫長七年的軍訓課目，都是各個、班、排、連的基本教練和戰鬪教練，沒有多大的進度。單拿現在的一個高中生來說，畢業後考取大學，再受四年跟從前三年一樣的軍訓。考上軍事學校，要受軍官基本教育（入伍教育），沒有考進大學或軍事學校，就得服兩年常備兵役，服常備兵役，又要從頭開始受新兵入伍訓練。於是考大學（包含軍校）也好，當兵也好，高中時代的軍訓都推翻了，採取「不承認主義」。這樣，高中的點綴性軍訓，實在沒有存在的必要。

同高中一樣，現在大專的軍訓也是點綴；別看書生小姐們穿的是黃卡其布軍訓制服，實際他們和她們對軍訓這一門功課遠較其他功課看爲輕。這不怪學生，不怪學校，只怪軍訓沒有當一回事辦好，主要原因是：大專學校有關軍訓的設備太差，大都因陋就簡，敷衍了事。場地不切實用，武器陳舊，軍訓教官吊兒郎當，馬馬虎虎，但是他(她)們的待遇却比照學校的文職人員，一個中尉可以拿到講師待遇，要比前方流血拼命的野戰部隊的少校中校主官拿的錢多。眞是豈有此理！學校軍訓既是這樣的一種病態，不能不大刀濶斧地醫治了。

整頓與充實大專學校的軍訓，最好是在各大專學校設置「預備軍官訓練指揮所」，選拔優秀幹部，注重授課的質量，以四年的在校時間，代替畢業後所受的四個月的入伍訓練，使空洞的學校軍訓變爲實用，不致浪費時間和金錢。二、三年制的專科學校照四年制大學或獨立學院，每週軍訓時間略增，但平均起來，每週僅數小時而已。(現在各校的軍訓時數也是如此)各生學業修滿，學行畢業考試後，舉行二至四週的複習演習，由國防部派員監督指導，及格的就發給預備軍官適任證書。將來遇到征召，只要按科系分別派赴有關的兵科、業科學校接受一兩個月的軍事專科教育，以求對新的戰略戰術以至武器，有一番認識，然後正式派赴軍中任職。

總之，現正在推行中的預備軍官制度，還是個大有問題的制度。這一制度的原則，縱然可以保留，但在技術上却不能不加以改革了。

看大陸念反攻

——如何迎接大陸的反共抗暴運動？

張益弘

前言

大陸上的反共抗暴運動，現在已經開始醞釀和爆發了！

中共向來是報喜不報憂的，然而近幾月來，却不斷公佈破獲了許多「反革命集團」，查出大批武器和文件，逮捕爲首的份子，分別判處重刑。這一方面固然是殺雞嚇猴，給那些圖謀反共的「民主黨派」和知識份子以威脅，使其不敢亂動；另方面，也是大陸內部的矛盾激烈，紙包不住了火，不得不採用毛澤東所謂「左傾教條主義者」的方法——「殘酷鬪爭，無情打擊」所致。

作者在另一文中曾經指出：毛澤東之一再逼人「鳴放」，無非是要察看大陸上知識份子的意見，以占其心理向背，然後拿住口供，加以整肅。中共「人民日報」四十六年七月一日的社論也承認：「在五月八日至六月七日這個期間，我們執行了中央的指示，其目的是讓魑魅魍魎、牛鬼蛇神大鳴大放，讓毒草大長特長，使人民看見大吃一驚，原來世界上還有這些東西，以便動手殲滅這些醜類。……有人說這是『陰謀』，我們說這是『陽謀』。因爲事先告訴了敵人：牛鬼蛇神只有讓它們出籠，才好殲滅它們；毒草只有讓它們出土，才便於「鋤掉」。可見「鳴放」完全是預佈陷阱，將人作牛鬼蛇神和毒草來鋤誅。

然而，它不知人民是不可欺的，知識份子尤不能輕侮。他們「鳴放」以後，激起了人民的積怨，尤其是青年學生不顧一切的起來反抗，「弄得進退失措，收不好，放也不好」(章伯鈞語)，殊非毛澤東的始料所及。在「鳴放」之初，許多人對中共的暴政雖然不滿，而惑於毛澤東所謂「言者無罪，聞者足戒」的謊語，或許還希望他能接受批評者的意見，帶着若干改良的幻想。自從他的假面具揭開，人們再度看清其爲强盜騙子以後，一切幻想都歸於消滅。歷史上任何暴政覆亡的原因，都不外人心離散，今日中共使人厭惡，使人失望，正是自掘墳墓。

一　國人皆反共

現在，大陸反共抗暴運動的情形，可以從附共黨派、青年學生、反共勢力，以及共黨團員等四方面所表現的事實，而求得具體的證明。

（一）附共黨派的背離

大陸上的附共黨派，多是由一些知識份子及工商人士所組成。他們之傾向共黨，或是由於對政府不滿，或是投機，或是爲「社會主義」和假「民主」的口號所欺騙，以爲中共眞能給他帶來什麼福音，滿足其權利的慾望。及至陷入鐵幕，受盡烏氣，纔知不是味道，由不滿而發生怨恨。尤其是從俄共清算史大林及波匈事件爆發以後，使他們更有了新的覺悟，「對共產主義發生了懷疑」(羅隆基自白)，「總認爲蘇俄的制度缺少政治民主，……不滿意共產黨的無產階級專政，……覺得西方有科學技術、有民主」(章伯鈞自白)比較好，「在許許多多場合，都歌頌資本主義」(同前)。於是，他們由擁共一變爲反共，從思想走向行動，成立所謂「章羅聯盟」，作附共黨派的中心。

章伯鈞在農工民主黨中央舉行的鬪爭大會上承認：「章羅聯盟是有事實的，是從去年(按：指四十五年)開始的，過去同羅在盟(按：指民盟)內爭權奪利，從去年開始合作，先從思想聯盟開始。我思想上是資產階級右傾思想，羅有英美民主思想，我們思想一致。從思想聯盟到工作聯盟，即工作聯盟，再度爲政治上的聯盟。這政治聯盟是否有具體綱領呢？具體綱領寫成具體條文是沒有的。聯盟是共同的，是爲了個人的政治野心。因爲聯盟是大知識份子的集團，我想通過羅隆基影響大知識份子，……取得大知識份子的支持」。他「主張民主黨派要大大的發展，至少應該發展一兩百萬人，無黨派的人都應該參加組織」(四十六年七月四日「人民日報」載閔剛侯文)，以便和共產黨對抗。

在這種方針之下，大陸上的附共黨派，於是便活躍起來，形成一個力量。它們盡量發展，人數大增。中共「人民日報」四十六年八月十六日載：「民主同盟的組織，由於資產階級右派份子的操縱，初步調查：右派份子數目最多，佔各民主黨派右派份子總數的百分之三十九以上，民盟的中央、省市、基層組織都有。他們是與章羅同盟發展勢力，同共產黨分庭抗禮大發展的方針分不開的」。例如上海的民盟，四十五年只有九百六十七人，四十六年驟增爲三千三百八十四人(一說三十八年爲三千一百人，四十六年已有十一萬人)。他們的政策是越多越好，無限制發展，只要是仇恨共產黨的份子，都可成批加入。四川民盟的勢力最大，它訂了發展盟員一百萬人的計劃，其負責人潘大逵公開宣稱：「脫離共產黨的領導和控制，民盟要有完全的獨立和自由，與共產黨平起平坐。我們有權不要社會主義的方向，民盟有自己的一套，不容他人干涉！」農工民主黨也是一樣，中共說它「參加黨比買電影票容易，實行拉、騙、搶、挖的辦法。……章伯鈞要『打破防區制』(指各「民主黨派」的重點分工），不管老年、少年、落後份子都可發展。發展對象有判過刑的，有勞改的，還有軍統、中統等，凡恨共產黨的人，都到農工黨來，共要發展八十萬人」（四十六年八月十六日「人民日報」載）。九三學社也不例外，據新華社的統計：在最近一年內，「九三」發展的成員，相當於一年前的百分之二百三十五。中共的「長江日報」說它發展組織，好像放「驢打滾」的高利貸一樣，三滾兩滾就連本加利的發展起來。四十六年四五兩月內，它發展的人數，等於最近四年的一倍，而許德珩仍認爲不够，說：「就是壞份子，發展進來也沒有關係，爛在社裏比爛在外面好」。於此可見他們是存心團結一切反共力量，與中共平分天下。

四十六年七月中旬，中共對所謂右派的活動，作了一個總的分析。它說：「右派的一個最大的特點，就在他們是聯合起來的，有組織的。他們的政治基礎是民盟、農工民主黨、民革等黨派；他們的社會基礎，是失掉了生產資料的資產階級，以及尚未改造過來的資產階級知識份子，包括一部份青年學生等等。在這樣一些基礎之上，右派集團建立了一個遍佈全國的陰謀活動系統，時機一到，右派首腦人物發難於上，各地右派份子響應於下」。它並指出「右派不僅有嚴密的組織，而且有全面的綱領。反共、反人民、反社會主義是他們的總綱，在政治、經濟、法律、文化、軍事、外交等各方面，還有具體的實際綱領。……這些綱領，並非出自一人之口，亦非自一地發出，是互相呼應，彼此配合的。右派份子這次進攻的總的戰略方針，就是假幫助共產黨整風之名，行搞垮共產黨之實，誇大缺點，煽惑羣衆。他們上下溝通，接觸頻繁，多方串通，擴大影響，務期達到到處點火，使天下大亂的目的。對於羣衆，他們採取了團結右派，爭取中間，孤立和打擊左派的策略。凡是共產黨員和積極份子，他們加以攻擊咒罵，說這些人『無惡不作』，是『特務』，是『築牆隊』。他們在各個機關、團體，都發動驅逐共產黨員領導幹部的運動，中間的他們就盡力拉攏，或封官許願，或略施小惠；他們甚至以最惡毒的手段，分裂共產黨的團結，公開向共產黨員喊話：要他們「起義」，揭露黨的秘密。……凡此種種，說明右派份子這一次猖狂行動，並不是偶然的，而是有組織、有計劃的，也是有路線、有目標的。他們的路線，就是資本主義路線；他們的目標，就是顚覆人民政府」。證諸上述事實，它這段話，並不算是過分渲染！

大陸上的附共黨派，經過這次「整風」以後，其上層人物雖被監視或整肅，分支機構亦多停止活動，而下層基礎却不容易動搖。因爲它們參加的份子，多是反共的人，今後受中共壓迫，縱有少數投降附敵，多數必將仇恨蘊蓄在心中，實力潛藏於地下，或轉移陣地，改變方式，作更艱苦的奮鬪，將來一旦時機到臨，終必起而傾覆中共的政權。

（二）青年學生的覺醒

現在，大陸上一個最好的現象，就是知識青年普遍的覺醒過來。無論從西北到東南，或由西南到東北，凡是各大都市的大中學生，幾乎無不羣起反共。我們以前擔心大陸上的青年受中共教育的麻醉，思想或許會要改變，失掉本來的人性。然而，今日事實證明：中共統治大陸八年，不僅沒有將青年的思想改變，反而被他們看清了馬列主義的錯誤，批判得體無完膚。中共給他們一套馬列主義的東西，他們却用來作反共的武器。自從鳴放以後，他們看到各地教授對共黨尖銳的批評，激起了熱烈的反抗情緒，由北京大學開始，重新燃起「五四」的火炬，用「民主接力棒」的期刊傳遞到各地去，使各校學生羣起響應，展開了普遍的反共運動。

這運動，具有下列幾個特徵，非過去一般學生運動可比：

一、有政治性　他們的目標非常鮮明，一開始就是反對中共的極權暴政，爭取民主自由。北大物理系四年級學生譚天榮，爲這次運動的領導人物之一。他是共青團員，在控制北大印刷廠後出版的「民主接力棒」中，發表一篇題爲「教條主義產生的歷史必然性」的文章說：自從一九五二年以來，大陸已「不是人民民主專政，而是三害份子的統治。從黨中央到全國各地，都是官僚化的黨團員的統治：專制，獨裁，蹂躪人權！」他號召「認識了歷史必然的戰士們，和像樹葉一樣被蹂躪的人們，組成百萬大軍，進行自下而上的民主運動」。當他被中共鬪爭時，在北大的檢討會上，仍繼續宣言：「頭可斷，血可流，自由意志不可屈！」像他這樣的精神，眞是至堪敬佩！南開大學的學生李藝林，組織了「廣場詩派」，他在秘密會議中說：「在搞學術活動的同時，逐步變爲政治活動，深入羣衆，向三害作鬪爭」，將來「人多了，就可以成爲一股政治力量」。當時代發生劇烈的變動時，我們就走上政治舞臺」。他們發展組織的原則，是「由知識份子到工農，最後爭取軍隊掉過槍口來」，完全爲一種有目的的政治運動。武漢大學的學生說：「中國是六億人的中國，不是共產黨的中國，要剷除三害，就只有把共黨連根拔掉」。四川大學學生在發出的傳單中，要求「全大陸學生重新燃起五四的火炬，聯合起來，行動起來，打倒共產黨的統治！」不僅各大學如是，中學生的反共運動也非常激烈。像西寧高中、太原市中和成都第二師範內，還有反共的政黨組織，目標極爲明顯。

二、是有組織　自從鳴放以後，各校的學生組織，便如雨後春筍一般繼續發展起來。例如北大有「百花學社」，南開有「廣場詩派」，西北師範有「爭鳴社」，湖南礦冶學院有「解凍社」，北平師大附中有「安平社」、「隆基社」等，都是以反共爲目的。他們宣傳民主自由的思想，領導學生罷課、遊行示威、請願、張貼各種大字報，斥責共黨的罪惡。據中共的報導：各大專學校的反共小集團多如牛毛，活動至爲猖獗，單是重慶九所高等學校內，便有四十多個「右派小集團」，其它各地可以概見。最驚奇的是成都市立第二師範內，有一個共產黨的職員徐昌明，居然領導學生成立「大同黨」，油印出版「大同報」，並籌組「大同軍」，準備上山打游擊，其黨員包括成渝內地許多中學生和農民。昆明師範學院也有一個中文系一年級的學生吳文懿組織「大同黨」，以推翻中共政權，建立大同社會爲目的。還有西寧高中內，有人成立「中國國共黨」，不僅刻有印章，還規定了通信暗號和聯絡密碼，所有文件都埋藏在山中，黨綱訂得非常周備，活動方式也很巧妙。它要「以知識份子作領導，農民階級爲部隊，積極積蓄力量，發展壯大組織，設法搞好經濟基礎，等待第三次世界大戰起來消滅共產黨」(四十六年七月廿六日「人民日報」載)。又據八月十五日中共「中國青年報」載：在太原市立中學內，有一個「中華革命黨」的組織，由十九歲的學生劉金珠領導，除設有組織、宣傳、地方三部及司令、軍醫處長等外，並訂出紀律，籌組「中華革命軍」，企圖從事武裝起義，由控制山西全省，爭取共軍反正，進而奪取大陸政權，到八月上旬被中共破獲時，其黨員和軍隊已近六百人，都是反共的青年。這眞是「後生可畏」了！

三、範圍廣大　現在大陸上的學潮，可說是自五四以來範圍最廣大的。以地區而論，北至北平、天津、瀋陽、長春、太原、哈爾濱，西至西安、蘭州、西寧，南至成都、昆明、桂林、廣州，東至山東、南京、上海、厦門，中至武漢、湖南，幾乎全國各地無不有學生鬧事，尤其是西寧、蘭州，一向被認爲落後的地方，現在也同樣進步激烈。以學校而論，大學、中學、師範、專科、學院等的學生，幾於無分軒輊。其批評共黨言論之深刻，反抗暴政之激烈，都是本諸良心，激於義憤。例如漢陽第一中學學生於四十六年六月十二日上街遊行，搗毀了中共的「縣政府」及「縣黨部」，並捆打共幹及黨委，說要「以革命的手段打倒反革命」，被中共稱爲「小匈牙利事件」，其爲中共事後槍殺的副校長王建國義士，還是一個共青團員。同在這一天，成都第二師範的學生也上街遊行示威。四川大學更爆發了一個驚人的事件，就是生物系四年級的一個女學生馮元春，居然公開講演，題爲「毛澤東是僞馬克思主義者，共產黨是官僚主義、宗派主義、主觀主義武裝起來的更巧妙更殘酷的剝削集團」，聽講的人，連同校內校外的師生員工及機關幹部、工人、農民等，在二千以上，情緒非常激昂。上海各大專學校，到九月間還發生攻擊中共黨委的學潮，其熱烈與緊張的情形，不亞於五六月間的鳴放時期，可見他們並沒有屈服。

(三)　反共勢力的蠭起

近幾月來，中共在大陸上，連續不斷的宣佈破獲了許多反共組織，拘捕了主犯，搜得了證據。這其中固不免有些揑造事實，羅織成罪，然亦有許多確係事實，不能隱瞞。四十六年九月二十日，中共在北平舉行了一個「反革命和其他刑事份子罪證展覽會」，據新華社的報導：在展出的證件中，屬於一九五五年六月到一九五六年十二月的，於破案時，共繳獲反共證件十七萬二千七百九十六件，長短槍一萬零八百三十七枝，子彈五十二萬五千四百零二顆，電臺五十七座，共查出反共分子八萬一千多名，另有一百三十多萬人有政治問題。這些都是在鳴放以前所破獲，與反對右派無關。依此計算：在一年半之內，大陸上平均每月要發現反共份子四千五百人，連同有政治問題的在內，月達七萬六千七百人，其所繳獲的證據，每月亦有九千六百件，而且還有許多槍枝、子彈和電臺，當然不是僞造！

事實上，就中共公開宣佈和秘密透露的統計：八年來，大陸上的人民抗暴活動，已達六千六百六十多萬起。其中所謂「反革命」的政治案件，有二百零五萬八千九百五十五起；一般刑事案件，有四百五十九萬九千多起。合計平均每年爲八十三萬二千三百多起，每月平均六萬九千多起，每日二千二百多起，每小時九十五起。單以遼寧一省爲例：據四十六年十一月十六日「遼寧日報」載，中共最近在瀋陽舉辦「反革命罪證展覽會」上公佈：截至九月爲止，遼寧省在內年中，共逮捕反共份子一萬五千四百八十五人，繳獲各種槍枝一千五百一十三枝，各種子彈和手榴彈二萬七千一百九十顆，各種炸藥二百零五公斤，各種凶器二百十一件，還有電台、報話機等通訊聯絡工具，及大批反動證件。此外，有十七萬零九百四十八人思想上有反共嫌疑。其它福建、新疆等省，也有類似的情形公佈。可見大陸上的反共運動，的確是如火如荼，非常激烈！

鳴放以後，各省發現的反共團體，尤其非常之多。據中共報紙報導：在四十六年七月至十月之間，先後被破獲的反共黨派，廣西有中國志和黨、掃赤黨、鐵血黨、自由黨，青島有中國自由黨，濟南有中國國家共產黨，南京有中華建國黨，安徽有中國民主黨，江西全南有中國農民黨，豫鄂邊區有新中國青年天主黨，湖南瀏陽有社會民主黨，江蘇泗陽有中國大共和黨，瀋陽有工農自由黨、自由獨立黨、東北工人黨，青海有中國國共黨，新疆有中華民族聯合黨，太原有前進黨、中華革命黨，成都、昆明有大同黨。這些黨派，都是以推翻中共政權爲目的，有黨章、黨綱及工作計劃，甚至還訂得有黨旗、國旗和印信作標誌。它們都準備發展軍事組織，從事武裝起義，迨中共破獲時，已有若干時期的活動，深入社會各階層，並滲進共黨及共青團內，以掩護其活動。這樣各別發展，是極權統治下必然的結果，將來中共一旦推翻，便造成黨派林立的局面。

除了黨派以外，各地還有許多反共的武裝團體，爲中共所破獲，搜出武器(刀矛、槍彈)、文件和印鑑甚多，並有電台的設置。例如陝西有中國正義救國軍、中國人道救世軍，瀋陽有國際青年救國軍，新疆有中華民族挺進軍，桂林有華南民主聯軍，浙江有括蒼山行動隊，廣東有中國國民革命軍信宜獨立軍第十四總隊、中國人民定國軍、反共復國別動隊、粵桂邊區反共自衞救國軍，湖北石首有中央華中將軍府，並編組一個二〇八番號的軍。諸如此類，都是以推倒中共政權爲目的，各有其具體的行動計劃，多方面的從事破壞活動，要擴展勢力，上山去打游擊。還有些宗教性的團體，如三佛道、一元會、大刀會等，也都參加反共。中共「山西日報」四十六年九月二十日的社論說：「山西省在最近連續破獲了一批嚴重的反革命案件，他們寫標語，投寄恐嚇信，散發傳單，煽動羣衆，以造成一種聲勢，支援右派份子進攻。有的是組織反革命小集團，企圖搞匈牙利事件。反動的農民也聞聲而起，進行反攻倒算，行兇殺人；反革命份子也見機而起，策動右派份子向黨進攻。這兩股政治上的反動逆流，一明一暗，互相支援，企圖顚覆人民專政」。這種情形，不僅山西如此，其它各省亦無不皆然，中共報紙迭有記載。中共中央統戰部部長李維漢公開承認：大陸上「大部人民均心存反對及不滿情緒，而一部份人民則堅決表示反對共產黨」（新華社四十六年十一月十六日電）。這就毋怪反共勢力的蠭起了！

現在大陸各省的農民，爲了反對「農業合作化」與「統購統銷」的剝削制度，正與中共展開全面的搏鬪。他們不惜用種種方法，如破壞生產，隱藏糧食、退社、散社，搶奪社產，以及毆打或襲殺共幹等，打擊中共政權。這種反抗運動，尤以兩湖、兩廣、江浙、贛、川、滇、黔及晉、魯、豫各省爲最普遍。中共始而想利用所謂「社會主義大辯論」的謊言來欺騙，繼因遭遇失敗，無法收拾，又改採幹部下放及鎭壓政策。四十六年九月二十日中共「人民日報」的社論承認：大陸各地農民的抗糧運動普遍劇烈，上一糧食年度預定征購的糧食，及本年早稻登市後的夏征任務，都未完成。江蘇、浙江等十五個省市糧食征購的困難情形尤爲嚴重，這些廣大地區的糧倉，目前均已陷入空虛及緊張狀態。至於城市的工商業者，也普遍反對「公私合營」，用種種方法抗拒，如開設地下工廠，盜竊原料器材，抽走資金等，使中共的合營事業無法維持。上海從四十五年下半年起，一年內所開設的地下工廠，有一萬二千家，其中包括五金、紡織染、油料、機械、電氣、製藥等二十七種行業。廣州這一年來，已查出的地下工廠有二千多家，未發現的尙約有數千家。其它各大都市（如成都、重慶、南京、武漢等），亦復如此。對中共的經濟基礎，實予以致命的打擊。

（四）共黨團員的動搖

在中共黨內，現在有許多黨員和青年團員，看到共黨統治的殘暴，大陸人民生活的痛苦，受良心的驅使，已發生思想動搖，覺悟到中共的錯誤。尤其是一般青年團員，對共黨嚴格的控制深爲不滿，形成一個強大的反黨集團。鳴放以後，中共黨內被指爲右派的份子，已達十多萬人；甚至十年以上的老黨員，對共黨也表示不滿，提出許多指責。例如中共中央宣傳部新聞事業局科長劉賓雁，就是一個十三年的老黨員，他批評共黨統治說：「新三反以後，人權受踐踏，人的尊嚴受侮辱，肅反中錯誤更大。共產黨員不尊重人性，把人的尊嚴看成是微不足道的，現在很難怪誰，這是全國性問題、歷史性問題，也是個悲劇」（他對上海人民廣播電臺全體幹部講話）。在僞中央宣傳部領導幹部會議上，他公然說：「跟着工人階級喊社會主義萬歲的口號，已經喊得不少了，我不願再喊了」！另一個中共十三年的老黨員孫力行（上海僞文化局幹部），在上書給毛澤東嚴厲指責其錯誤，而被鬪爭淸算，押解到僞公安局去時，居然高呼口號：「馬列主義動搖了！」他談到匈牙利事件時說：「我們國內形勢是坐在火山口上，危險得很！……中國也應該這麼來一下，如果搞起來，我一定去參加」。還有一個十八年的老黨員薛毅（僞地質部辦公廳政策研究室主任），也批評黨「共黨和國家現有的各級幹部，都是一些不稱職的官僚主義者、宗派主義者、主觀主義者，都是一些庸庸碌碌、知識淺薄、飽食終日、無所用心的人，都是依靠自已的黨員身份，依靠老資格，依靠國家授予的法律地位來領導工作」的。他認爲中共反右派鬪爭，是以勢壓人，是圍剿，是「言者有罪」，說：「這樣搞，比判幾年徒刑還厲害！」僞淸華大學的中共黨委袁永熙，也是十八年的老黨員，當羣衆高呼「反對共產黨的特權」的口號時，他不但不加制止，居然鼓掌響應。化學工業部的閻義采，甚至自動宣佈脫離共產黨籍，並宣稱要「組織新的統一陣線，目的是爲了打倒共產黨！」僞科學院綜合考察委員會的副主任顧準，是個三十年的老黨員，也竟不滿中共的種種作風，要人民再來一次革命，推翻中共政權。

在文化新聞界內，也有許多黨員公開對共黨叛變，揭發其殘民以逞和暗無天日的暴行。例如新華社的記者戴煌，是十三年的老黨員，要另組「中國共產黨革命委員會」來推翻中共，其同志雷朋說「共產黨這幾年騎在羣衆頭上，黨組織的形式逐漸趨向封建幫會，如哥老會之類的組織形式，一切都講服從，龍頭壓迫蝦兵蟹將，蝦兵蟹將又去欺壓組織以外的善良人民，青年團組織被黨利用來培養唯唯諾諾的奴才」。「廣西日報」副總編輯王譚，是二十年的老黨員，歷任中共要職，對毛澤東領導的黨中央激烈加以批評，認爲累犯錯誤，沒有民主。老黨員而兼社會學家的陳達，現在厭棄中共，已到了「我不願聽共產黨這個名稱」的地步。「遼寧日報」副總編輯李惠羅，更公開號召黨員叛黨，說：「這是我們做人還是做狗的鬪爭」。他勇敢的宣稱：「我不怕坐監獄，十年後還要出來革命！」這種精神，至堪欽佩！

除此以外，其它各方面，如法院、學校、共青團等，也有許多黨員或團員積極批評中共，指斥其獨裁專制的罪惡。像福建僞高等人民法院的助理審判員林登文（共青團員），就駡中共把持的司法機關爲「法西斯統治」，說：「現在人命不如一隻螞蟻」。中共黨團之間的矛盾，現已發展到了敵對狀態，擴及於各省市。自共青團的中央委員陳緒宗、陳謨、魯光等領導反黨而被整肅後，黨團矛盾不僅沒有結束，反而日趨擴大。現在許多高級和低級團員，也起來反抗黨的壓迫。他們說共產黨對共青團的控制，「像元朝每十戶漢人放一個韃子統治漢人一樣」，團員是「被壓迫的蚯蚓」；他們號召團員起來「進行眞正的共產主義革命」，要求「有絕對的民主，絕對的自由」，甚至要學匈牙利青年的榜樣：

「走吧！上大街去！」山西省工業廳的共青團員陳祥雲，還寫了一首詩，公然反對布爾什維克，歡迎自由主義，分發給他的同志說：

「民主的光芒在前面，
鼓掌歡迎自由主義，
我們的工作絕不容布爾什維克，
也不准他們後代有立脚之地！
進攻呀，英雄們！
使用你們的頭顱，
去冲擊那罪惡的鐵壁！」

這首壯麗的詩詞，眞足代表大陸青年的勇氣，象徵中共的覆滅。

現在，中共採取所謂幹部「下放」政策，將百萬以上的知識份子幹部分發到農村、工廠中去勞動，說是給他們以「實際鬪爭的鍛鍊和取得基層工作的經驗」（鄧小平語）。這一方面是想藉此整風，扔下包袱；另方面，使這些幹部到下層去控制農民、工人，監督他們的行動。然而，依照中共傳統的習慣：由上層調到下層去參加生產，等於降格錄用。幹部受此處分，自必心懷怨懟；且農村生活困苦，他們面對現實，亦只有增加不滿，發生離心傾向，並無實際效果。到了中共幹部大量動搖之時，也就是它自掘墳墓之日。

二　反共的什麼？

然則，他們反共的什麼？一言以蔽之曰：極權暴政。在中共統治下，現在大陸上是實行一黨專政，奉行一個主義——馬列主義，擁護一個頭袖——毛澤東，崇拜一個國家——蘇俄，它要人民服從這個「軸心」的領導，放棄一切權利，毋視個人人格的尊嚴；換言之，擁護極權主義，打倒自由主義！八年以來，它雖用盡一切恐怖手段，強迫人們接受這個意旨，仍沒有絲毫效果。

現在大陸人民所要求的是什麼？所反對的是什麼？下述各點可以看出。

一、他們反對一黨專政　中共「人民日報」在四十六年七月一日的社論中，曾靦顏無恥的說：「共產黨向人民發號施令的地位和作用，是歷史發展的自然結果，是實現無產階級專政的必要條件，是任何其它黨派和其它政治組織所不能代替的」；換言之：一黨專政是它的特權。然在鳴放以後，一般人都反對這個特權。他們認爲中共所謂「三害」（亦名「三大主義」）發生的原因，就是由於有此特權所致。上海華東師範大學教授戴家祥在其「告全體同學書」中，指出『三大主義是一母所生的難兄難弟，這個母體是共產黨人的專制集權，因此造成人民沒有自由，沒有民主，人與人之間不平等，人身生存沒有保障』。他要「同學們起來，反對共產黨的專制集權」。哈爾濱醫學院的師生，曾發表「政治綱領」二十項，其中主張「各黨派一律平等」，「成立聯合政府，反對一黨專政！」淸華大學的學生八千多人，六月二日集會，齊聲高呼：「無產階級專政過時了！」「民主萬歲」！

一黨專政必然歸結爲個人獨裁。「共產黨是獨裁的黨，對人民沒有民主，對黨內也沒有民主」，「毛主席對大黨員獨裁，大黨員對小黨員獨裁，小黨員對人民獨裁」。這是山東曲阜師範學院一個二十三歲的學生耿秀田所寫的。由於獨裁，把領袖看成神化，專門歌功頌德，卑劣無恥，雖有良心的共產黨員也看不慣。中共對外貿易部歐美研究室主任嚴文杰，就是一個例子。他認爲在中共社會制度下生活的人，個個養成了丫頭性，奴才根。他們「出言走筆，專旨奉承，情之不由衷與態度之做作，聽之讀之令人如噉糞蛆」（四十六年七月廿三日「人民日報」載）。他討厭研讀毛澤東的文告，並歌頌其功德，說：「好似當今天下，除此以外，就再無學問了，我眞不知何必如此？若一個人寫了東西，要這麼多人解說人家才能懂，則本來那個東西便可以休矣！一提到領袖，就要加上些感恩的心情：什麼虔誠仰慕啊！偉大啊，樸素啊！……」也大可不必。這種論調，出自一個十五年的共產黨員之口，更可看出一般人民的心理。所以，反對專政獨裁，實爲大陸今日民心的趨向。

二、他們反對馬列敎條　中共把馬列主義奉爲經典，當作敎條，要人民信仰服從，說是放之四海而皆準的理論，亦爲人所反對。大陸上的青年學生，近幾年來，受中共的思想改造，雖讀過許多馬列主義的書籍，仍不能使其心服。北大學生遠在二三年前，就有一句口頭禪：「這小子馬列！」用來指那些背誦敎條、蠻不講理、自高自大、沒有溫情、缺乏人性的人。四十六年暑期展開「馬列主義理論學習」，竟有一個共青團員的學生李思果，在小組會上說：「什麼馬克思，牛克思，我們要的是使人信服的道理，不要這老一套的馬列」。許多北大師生，都要求取消馬列主義的政治理論課程，說：「這些年來，馬列主義政治理論課，只是敎人以惡，不是敎人以善，因此必須宣判馬列主義的死刑了。」南開大學的敎授雷海宗，先後發表過馬克思主義的停滯論、過時論和不合國情論的文章，批判它的錯誤。中共黨員兼共青團北京市東單區委書記李魯，在向團員作政治報告時，居然也說：「馬克思主義不是工人階級的學說，而是知識份子提出來的；馬列主義沒有客觀的眞理標準，而是大小由之的東西，這套東西搬到中國來後，竟被稱爲放之四海而皆準的眞理，這簡直是笑話！」中共中宣部副部長周揚，在四十六年十月發表一篇關於文藝政策的文章，其中承認「我們中間有些人，已經墮落(?)到對馬克思列寧主義發生厭倦，在反敎條主義的幌子下，成爲抱着另一種心情來歡迎百花齊放方針的機會主義者。」這就毋怪一般人民痛恨馬列主義了。

現在，大陸上許多敎授學者，不僅反對馬列主義，也討厭用任何學說作指導思想。淸華大學敎授徐璋本認爲「任何思想學說，都是在一定的歷史條件下產生的，都有其局限性，若以一種比較固定的學說作爲指導思想，就不可避免要犯教條主義」。沈志遠是有名的左傾經濟學家，他附共以後，也深惡共產黨的統治，說：「在教條主義長期統治下，我們的學術思想、自由思想幾乎達到窒息而死的命運。因此，解放八年來，我們的學術界顯得非常的沉寂，沒有任何獨立思考，聽不見有任何自由辯論，也就是說：我們的學術界，是沒有生命、沒有生氣的」（四十六年七月十八日「人民日報」載）。他不僅主張「用批判的精神來對待以前的制度、方針、政策」，而且把『那些過了時的、不合理的、不符合當前形勢要求的制度，必須堅決地、澈底地加以消滅』（同前）。據新華社的報導：「最近以來，右派份子放出來一股很兇惡的歪風，那就是猖狂地反對馬列主義，而把為資產階級服務的舊法學、政治學、經濟學、舊社會學搬出來復辟。他們詆譭（？）馬克思主義是產生教條主義的根源；他們說馬克思主義不值得學，學了也只是增加些教條，還不如學習曾國藩家書；他們否認馬克思主義對科學研究的領導思想，認為馬克思主義不過是百家中的一家」。由此可見大陸上一般人的心理，是非常反對一個黨的主義。

三、他們反對崇俄媚外　自從中共實行一面倒的政策，投入蘇俄懷抱以後，因其處處仰承俄人的鼻息，崇俄媚外，盲目信從，深為大陸同胞所厭惡。其初大家是敢怒而不敢言，後因在鳴放期間，龍雲公開批評蘇俄刼走中國東北物資不還，引起一般人的重視，反蘇言論更見普遍。北大植物系主任林孔湘說：共產黨有「三偏」，即偏愛蘇俄、偏愛黨員、偏愛工人，他們對蘇俄專家有拜佛似的虔誠，眞像吳三桂借清兵一樣。為全國政協委員劉亞林在四川政協會上說：「一邊倒的政策是頂笨拙的，為什麼交一個朋友而要得罪許多朋友呢？」河北省下花園發電廠，有一個統計員更恨蘇俄刺骨。他在四十六年十一月六日的日記上，居然寫着：「蘇俄是人類最大的敵人，共產主義式的蘇俄在世界存在，人類一天不能過安寧生活，我恨不得一下子把布爾加寧、伏羅希洛夫、赫魯歇夫的頭割下來，獻給匈牙利的青年！」像他這樣的人，在大陸上比比皆是。民盟的上海負責人陳仁炳，在整風小組會上，承認他們「公開地或隱蔽地反蘇，反對學習蘇俄」。尤其是匈牙利事件爆發以後，許多老共產黨員，如新華社的記者戴煌也良心發現，說：「從公正及道義上來說，蘇俄出兵鎭壓匈牙利革命，是講不過去的」。可見反對蘇俄，已成大陸人民共同的心理。

大陸人民之反對中共一黨專政、馬列主義與崇拜蘇俄，主要為的是什麼？一言以蔽之：爭取自由民主。如前所述，許多中共黨團員和知識份子，都認為在共黨統治下，大陸沒有眞正的民主。例如選舉「人民代表」，候選人不僅是共黨圈定的，而且候選人名額與當選人名額相等，選不選都是一樣，完全成為形式。南京大學和許多學院的學生，都先後提出「爭取民主自由」或「爭自由、爭民主、爭人權」的口號，主張各黨派一律平等。天津市立第三女中的教務主任黃心平，更要求自由普選，由各黨派輪流執政。他說：「既然允許民主黨派的存在，各民主黨派的黨綱，又都要求走向共產主義，為什麼不可以實行各政黨輪流執政的辦法呢？如果不要共產黨一黨執政，而要共產黨和各黨派提出不同的政綱來，由羣衆自由的選擇，這樣做可以刺激共產黨和各民主黨派不得不努力克服缺點，來博得選民的選票，為人民服務」。

自從匈牙利事變發生以後，大陸人民受到鼓勵，都要進行民主革命，上海稅務局的非共黨幹部，於五月中旬舉行反共示威，包圍共黨上海市黨部的大厦，其中有一個人在羣衆大會上宣佈：「匈牙利事件要在中國發生了，我們要進行大民主運動！」北京大學的學生也號召全國青年參加「爭自由、爭民主的運動」，他們指出：「馬克思主義過時了，無產階級專政過時了，如果不改變，就脫離羣衆，應該向民主自由的國家學習。」陝西師範學院的講師王尊一，向毛澤東建議：「一、開放政權，建立一個眞正的人民民主國家；二、眞正給人民以思想言論的自由，解放人類個性；三、把民主的尺度放寬，給人民以眞實的民主生活。」我們可以看出：大陸人民所要求的民主自由，實是不折不扣的英美式的民主自由。

三　我們憑什麼反攻？

由前面所說看來，現在大陸上的反共運動已日益劇烈，情勢日漸好轉，於我們絕對有利。自從政府遷臺以後，所標榜的國策是反攻，所希望的目的也是反攻。近幾年來我們對於反攻的準備很積極，軍事力量也益見增加，然因臺灣的面積和人口有限，與大陸相差甚大，要支持一個艱巨的戰爭，達到反攻的勝利，單憑本身的力量，顯然還是不夠。政府當局曾經一再聲明：只要友邦援助武器，不必出兵參戰，我們可以單獨反攻。這種情形縱使能夠實現，其所假定的前提是什麼呢？換言之：我們不倚靠世界大戰，而要用臺灣的力量去反攻，憑什麼有取得勝利的把握？無疑的是依靠大陸，即大陸同胞反共運動的合作。

現在，一般人都承認反攻要得到勝利，主要是靠大陸人民反共抗暴的力量能夠和我們配合，今後的反共鬬爭，要把大陸人民視為主力，而以臺灣的軍事力量作輔助。大陸人民之堅決反共，是沒有疑問的，其希望我們反攻，也不成問題。他們過去對國民黨雖然不滿，而經過中共這八年來的壓搾，相形之下，又覺得共產黨的統治比國民黨更壞。中共「內蒙古青年報」一個共青團的副組長說：「從前人民把共產黨當做自己的黨，現在把共產黨當做殺人的黨；從前人民和黨員親如一家人，現在是見了黨員敬鬼神而遠之」（四十六年十一月二日「中國青年報」載）。假如一旦時機到臨，我們的軍隊踏上大陸，能夠穩定戰局，向前推進，多數人民必將聞風興起，共謀響應，只要得到人民的支持，共軍的人數雖多，亦難逃失敗的厄運。這種道理，任何人都能明白。山東曲阜師範學院的學生耿秀田說：「匈牙利有九百萬人口，暴動發生後，俄軍和匈共約十萬人進行鎭壓，平均一個共軍鎭壓九十個人民，才勉强把局勢平靜下來；但今天大陸上有六億人口，軍隊只有三百萬，平均一個士兵要鎭壓二百人，這就太難收拾了！」所以，我們反攻要能致勝，必須有大陸同胞的援助。

今天我們所面臨的問題是：能不能夠反攻？何時可以反攻？所謂「能不能

夠」也者，包含兩個意義：一是本身力量夠不夠，二是受「中美協防條約」的約束，有無單獨行動的自由？政府旣說要友邦援助武器纔能反攻，則本身力量不夠是事實；如果要別人供給武器，而不徵得其同意，是不可能的。我們若沒有力量或不能自由行動，選擇適當時機去反攻，則大陸人民縱有一次匈牙利事件發生，在我們尚未與友邦協議之前，來不及去援助，恐已爲中共所撲滅。如是，國軍反攻行動要與大陸抗暴運動互相策應一點，根本很難實現。這種顧慮，並不是杞人憂天。試看英法兩國出兵埃及之後，因未得美國的贊同，只好罷兵言旋，就可知友邦的態度不能不加顧及。英法進攻埃及，有如以石擊卵，其於美國，旣不需要它援助武器，也沒有條約的義務，尚且如此牽就，何況我們？所以，要解決反攻大陸的困難，不僅應充實力量，還須事先與美國協商，對「中美協防條約」作一新的解釋或修正。否則，國軍無法取得反攻的主動權，便只好等到第三次世界大戰爆發，再一道跟着前進。

這樣，要推翻中共政權，便只有兩條路可走：一是由大陸同胞逼到忍無可忍的時候，自行奮起抗暴，造成全面革命；二是要他們忍耐一個時期，蘊藏力量，等我們配合着國際形勢去反攻，再解救他們。前者是匈牙利式的，成功與否尚不得而知；後者是西德式的，要我們自己的政治、經濟有辦法，先立於不敗之地，能夠拖得。大陸同胞假如迫不及待，走匈牙利的道路，一旦成功，則光復大陸便不是我們的功績。他們自己把中共政權推翻了，還要我們去做什麼呢？

有人會說：反攻大陸，解救同胞，是我們中華民國神聖的責任，如果大陸上爆發了匈牙利式的革命，我們必將揮戈西指，乘時去援助他們，造成裏應外合的形勢，使中共崩潰。這是我國的內政問題，美國亦不能干涉，「中美協防條約」是贊助我們保衛臺灣，並不阻止我們反攻大陸。果眞如此，則我們重回大陸以後，又將如何應付那個新的局面？換言之：我們帶給大陸同胞的，是一些什麼作風？能否受他們的歡迎？

古云：「天下歸之之謂王，天下去之之謂亡」。我們能否使大陸同胞歸之，抑或去之，就全在於自己的作法是否合乎他們的需要。在中共統治下，大陸同胞尚且慼不畏死，反對它的一黨專政、馬列教條、崇俄媚外，要求民族獨立，建立眞正民主的制度，給人民以言論思想的自由，實行各政黨輪流執政，我們重返大陸以後，如果還蹈襲它的故轍，亦必爲人所唾棄。因此，最重要的是一切反共黨之道而行。「平虜之策，在事事與虜相反」，這兩句話，用在今天，尤其切於實際。有些人不以爲然，認爲打仗要旗鼓相當，共產黨有一套，我們也要有一套，自己拿不出一套新的來，便學它的舊的，跟着人家的尾巴走，染上一些布爾什維克的色彩。這眞是「畫虎不成反類犬」。這種情形，如果不加改變，甚至像共產黨那樣，也有所謂官僚主義、宗派主義、主觀主義的三害，企圖再造一個「黨天下」的局面，把領袖置諸國家之上，也來歌功頌德，加以神化，則縱然能返大陸，不出一年，恐怕要像戰後南斯拉夫國王彼得的政府一樣，爲大陸同胞所驅逐。因此，一黨專政的作法必須取消，唯我獨尊的觀念也應該放棄！

當中共敗亡之初，大陸上將是一個羣雄並起，黨派林立的局面。那些黨派和英雄，各有其功勞和實力，旣不會受一黨一人的領導，也不是那個領導得了的。因此，要重建統一的國家，惟有訴之民主，制定憲法，大家立於平等地位，抒誠共商國政，而不可用武力對付反共的勢力，再來一次內戰。我們今後只能從原則上着眼，求得「民族獨立、民權自由、民生幸福」——卽民有、民治、民享的實現，而不可把某種主義看成教條，用來指導思想，强求其同，像共產黨之於馬列主義那樣，勢必爲人所詬病。大陸上的人，這幾年來，受單一思想的桎梏，已經感到非常厭倦，要求思想自由，呼吸新鮮空氣。我們若把三民主義當成一種普通的學術思想，任人自己研究，而不强迫接受，反容易受人歡迎，或許有更大的效果。教條主義的方式已經過時了，我們決不可重蹈覆轍！

蔣總統於四十六年雙十節向全國同胞所提示反共復國的「六大目標」與「三項保證」，以及國民黨八全大會通過的宣言、政綱，關於光復大陸方面的意見，都非常切合實際。尤其是「六大目標」所列各項，都是反於共黨之道而行，可謂「事事與虜相反」。「三項保證」對大陸上的個人和團體，都以「反共」作是非、友敵擇別的標準，不咎旣往，一視同仁，不失爲開明遠大的主張。有了這種很好的主張，今後只須確實遵照實行，必能博得大陸同胞的擁護。古人說：「爲政不在多言，顧力行如何耳！」國民黨過去執政，言則很多，力行太少。其歷屆大會發表的宣言、政綱，都不乏美麗動人的詞句，只可惜公佈以後，常隨年月消逝，很少見諸施行；甚至所行所爲背道而馳，不僅予人以食言寡信之譏，亦且喪失民心甚大，從前大陸失敗，卽由於此。這幾年在臺灣，雖存心向善，力圖改進，而積習已深，尚無若何效果。將來重返大陸，這些宣言、政綱和蔣總統提出的目標、保證，務必一一兌現，方能重樹信仰，使天下歸心；不然，若仍安於故習，口惠而實不至，必將爲人民所厭棄。大陸同胞現在是覺悟了，我們若不能給以眞正的自由和幸福，一反共黨之所爲，決不足以滿足其反共抗暴的願望。

爲今之計，要迎接大陸的反共抗暴運動，使國內外同胞相信國民黨有貫澈蔣總統「六大目標」與「三項保證」的誠意，莫如從現在起，立卽在臺灣實施。譬如政府要「保障人民言論、出版、集會、結社、居住與宗教信仰之自由，免除一切控制、迫害的恐怖」，就不宜有任何非法的措施，使人平白受過；又如國民黨八全大會的政綱規定：「凡參加反共之大陸各政治集團及各民間組織，均依憲法常軌，享受平等合法權利」，則於臺灣及海外現有反共的政治集團與民間組織，便須開誠接納，一視同仁，使其公平合理的競爭，而不加以排擠和壓抑。這樣召大公以示大信，大陸人民必聞風景從，相與團結於國民黨旗幟之下，共同爲反共復國而努力。

民國四十六年十二月十三日

土敍糾紛與中東前途

易浮生

一　中東的一般情況

中東——這一具有豐富石油資源與戰略價值的地區，已成爲東西雙方爭奪的重點。而中東內部情況的複雜，正是導致紛爭的原因。爲要明瞭中東局勢的可能發展，必須先對牠的現況作一般性的了解。

(A)中東是回教世界，除以色列外，都是回教國家。只有伊朗與土耳其不是阿拉伯民族，其餘阿拉伯民族各國組成阿拉伯聯盟。而阿拉伯聯盟本身並不健全，目前形成兩個力量，一是伊拉克、黎巴嫩、約旦、沙烏地阿拉伯等四國，他們標榜在反以色列的立場上是一致的，但伊拉克加入了巴格達公約，反共立場堅定，而沙烏地阿拉伯在表面上不願過份開罪埃及與敍利亞，採行以阿拉伯爲本位的親西方政策；另一是親蘇反西方的埃敍聯盟，但在反以色列的立場上又與前四國一致。至於伊朗與土耳其都是參加巴格達公約國家，反共立場堅定，對於以色列則保持友好關係。所以目前中東的局勢是①以阿糾紛②親蘇與親西方阿拉伯國家本身的對立③反共的巴格達公約國家三種錯綜複雜的局面。

(B)中東的政治環境，有如上述的複雜。而其戰略資源——石油的生產情況，也有一些特殊。下面是生產地區與資本分配情形：

生產地區	資本分配情形
伊朗	美、英各百分之四十，荷蘭百分之十四，法百分之六。
伊拉克	英、荷、法、美各百分之二三、七五，其他百分之五。
喀他	英國資本。
庫威特	英、美各百分之五十。
沙烏地阿拉伯	美國資本。
埃及	英、埃各百分之五十。
巴林島	美國資本。

而中東的石油儲藏量與世界其他地區比較，幾佔百分之六十，其估計數如次：

美國	三二、一九三、〇〇〇、〇〇〇桶
西半球其他各國	一四、〇〇〇、〇〇〇、〇〇〇桶
蘇俄及其附庸	五、九七〇、〇〇〇、〇〇〇桶
西歐	三九六、〇〇〇、〇〇〇桶
中東	五一、九九〇、〇〇〇、〇〇〇桶
遠東	一、七三四、〇〇〇、〇〇〇桶

每日產量以桶計，則有如下的情形：

北美	七、〇三五、〇〇〇桶
中南美	二、三二〇、〇〇〇桶
中東	三、三四八、〇〇〇桶
亞洲與澳洲(中國大陸與中東除外)	二九五、〇〇〇桶
蘇俄、中國大陸、東歐	一、〇五五、〇〇〇桶
西歐	二九、〇〇〇桶
非洲	五〇、〇〇〇桶

中東油產主要係供應西歐。如伊拉克幾爾庫克(Kirkuk)的油有一條油管通過敍利亞到達地中海東岸的巴尼亞斯(Banias)，兩條通過敍利亞到達黎巴嫩的黎波里(Tripoli)港，一條通過敍利亞到達黎巴嫩的沙依塔(Saida)港，此四條油管每日輸油量達二十八萬桶。沙烏地阿拉伯之達赫朗亦有一條油管經敍利亞到達黎巴嫩之沙依塔港，每日輸油三十四萬桶。其由海道運輸者，每日往遠東有五十萬桶，往南非有八萬桶，經蘇彝士運往歐洲，有一百八十萬桶。

從上述情況可以獲知，中東石油的開採，大部份是美國資本，英國次之，法、荷又次之。而其儲藏量佔全世界一半以上。生產量亦達全世界四分之一。故缺乏石油的蘇俄，對中東地區垂涎三尺。而一部份油產須通過敍利亞以達東地中海海岸，故當英法以進軍埃及之際，即有敍利亞截斷油管之惡毒舉動。致歐洲一時缺乏石油之供應。可知截斷油管與封鎖蘇彝士之交通，即可使西歐陷於混亂。

(C)中東之所以爲東西雙方必須爭取之另一原因，則爲其具有極重要之戰略價值，而本身則問題重重。中東各國之軍事情況，可以別爲五個單位：

①埃及與敍利亞：埃軍有十萬人，包括蘇式米格機二百架，伊留申轟炸機五十架，T三四型坦克三百輛。正分別由蘇俄軍事顧問予以訓練。敍利亞軍六萬人，原係法式裝備，以敍利亞倒向蘇俄後，蘇式武器大量輸敍，已改蘇式裝備，接受蘇俄軍事顧問之訓練。

②伊拉克、約旦、黎巴嫩、沙烏地阿拉伯：伊拉克約有五萬人，士兵多庫爾特族，好勇鬪狠，戰鬪力頗强，現正接受美國訓練。約旦亦有五萬人，其中由英人格魯布(Glubb)將軍訓練之約旦軍團約一萬人頗有戰鬪力，現正接受美國之軍援。黎巴嫩約有一萬人，無戰鬪力。沙烏地阿拉伯亦僅一萬人，無戰鬪力。

③以色列：以國有常備兵五萬人，美式裝備，戰鬪力極强。且有二十萬後備兵，可以隨時入伍。

④土耳其：土國爲此一帶地區最强國家，有常備兵三十萬，具有堅强之戰鬪力。接受美國之援助與訓練，年來其戰鬪力更强。

⑤伊朗：伊朗有十萬人，但戰鬪力不强，現正由美國予以訓練並逐漸改善其裝備中。

上述五種力量，若能團結一致，抵禦外侮，仍不失爲一强大力量。但由於政治原因，互相衝突，互相抵消，予蘇俄共產侵略者以可乘之機。如第一種力量之埃、敍，事實上已投入蘇俄之懷抱；第二種力量，伊、約、黎、沙四國漸漸形成一集團，且可能與伊朗、土耳其二國彙成一堅强力量。以色列以阿猶糾紛關係，與①②兩種力量勢成水火。

二　戲劇性的土敍糾紛

中東地區本身不健全，蘇俄乃利用反殖民主義與民族自決運動作武器，挑撥英美與中東各國的感情。埃及與敍利亞相繼被蘇俄誘惑。蘇俄爲欲懾服土耳其，乃以大量軍火援敍，企圖使土屈服。

由於蘇俄不斷以軍火輸敍，土耳其感於本身的安全受到威脅，調軍防守土敍邊境，這是極其自然的現象。但蘇俄認爲土與美國勾結侵略敍利亞，布爾加寧於九月十三日致電土總理孟德勒斯提出警告，謂「土耳其在敍利亞邊境集結部隊，係遵從美國進攻敍利亞之計劃。……對敍利亞之任何軍事行動，可能導向一次世界大戰。」十月八日敍向土提出正式抗議，十月九日土敍邊境發生槍戰，敍警首先開槍。十月十四日埃軍入敍增防，開赴土敍邊境。

蘇俄鑒於土敍糾紛之緊張程度，已達到戰爭一觸卽發之勢。因恐爆發戰爭蘇必須親身參加，故爲和緩局勢計，乃促使敍利亞向聯合國大會提出控訴，謂土軍集結土敍邊境，威脅敍利亞之安全並有損國際和平。要求大會組設調查委員會前往土敍邊境實地調查，並向大會提出報告。

蘇外長葛羅米柯則於十六日致函聯大主席支持敍之控訴，謂係美國鼓動土耳其侵略敍利亞。並謂土軍俟十月二十七日大選以後，卽發動攻擊。十月十八日聯大總務委員會審議敍利亞控案，通過列入大會議程。同日下午大會審議總務委員會關於敍利亞控案之報告書，土耳其代表表示沙烏地阿拉伯國王願居間調停，土政府已表接受，大會應暫緩議本案。蘇俄與敍利亞代表反對，並攻擊美國勾結土耳其侵略敍國。但大多數國家代表均贊成調停辦法，敍代表鑒於情勢不利，提議散會。

十月二十五日聯合國大會再度討論敍控案，美代表洛奇列擧事實指陳蘇俄侵略中東之陰謀。大會又無結果而散。

十月二十八日大會續議敍控案，敍利亞提出組設調查委員會之決議草案，加拿大、丹麥、日本、挪威、巴拉圭、秘魯、西班牙七國則提調停草案，又未能獲得結果。

十一月一日大會將上述兩草案提付表決，印尼代表呼籲土敍雙方以互信互尊之原則解決爭端，並請提案國不要求將提案提付表決。敍利亞代表鑒於當時會場空氣於彼不利，乃以順水推舟之辦法不要求表決。加拿大等七國提案亦不要求表決，於是敍利亞控訴土耳其侵略案，在聯合國大會不了了之。

由於上述事實，可以獲知所謂土敍糾紛，實際上爲蘇俄一手所製造。查糾紛極度緊張之際，杜勒斯國務卿於十月十六日在記者招待會上曾明白表示：「如果蘇俄攻擊土耳其，美國將猛炸蘇俄」。這無異向蘇俄提哀的美敦書。敍控土案在聯大不了了之，當然又係蘇俄之指使。

蘇俄之所以製造土敍糾紛，乃由於土耳其之達尼爾海峽控制黑海之咽喉，蘇俄黑海艦隊欲有事於地中海，首先爲土國所遏阻。而土爲巴格達公約國家，復有强大之陸軍，土之東北與高加索接壤，一旦戰爭爆發，將威脅蘇俄之心臟，且可能破壞巴庫油田。美國在土設有遠程雷達站，探測蘇俄國內情况，尤爲蘇俄所不能容忍。故土耳其之存在，就蘇俄言，等於臥榻旁之臥虎。但蘇俄又不敢公然武力侵土，故只有製造土敍糾紛，借顯對土威脅。

三　未來局勢的可能發展

中東局勢由以阿糾紛演變到土敍糾紛，情勢嚴重，有立卽爆發戰爭之可能。目前局勢雖暫告和緩，而人們對其未來之發展，抱有各種不同的看法，爰就筆者管見所及作如下之研討。

(A)蘇俄之於土耳其，目前尙無發動軍事侵略之意圖。但無疑將繼續使用威脅利誘之手段，能使土耳其從親西方轉向中立，則蘇俄之目的卽已達成。故蘇俄一面誇耀武器優於美國，一面不斷恐嚇土國，企圖迫使土國屈服。若目前之僵持局面繼續延長，而國際局勢發展至對蘇有利時，蘇俄可能促使敍利亞進攻土國，而由蘇軍以志願軍名義大量支援。

(B)目前另一危險地區爲約旦。約旦本身脆弱，但又介於埃及與敍利亞之間。埃敍正積極進行組設聯邦，若能吞併約旦，卽可將埃敍二國連成一片，此一做法，合乎埃敍之要求，亦合乎蘇俄之要求。敍利亞不斷在安曼製造混亂，當爲吞併約旦之陰謀。此一陰謀成功，黎巴嫩將成爲埃敍吞併之另一目標，而伊拉克與沙烏地阿拉伯亦將受到嚴重之威脅。以色列勢亦不能安居於東地中海濱。混戰之局面極可能因埃敍之侵略約旦而發生。這種混戰當將牽涉巴格達公約國家與北大西洋公約國家，因而爆發大戰，並非不可能之事。

(C)中東爲目前最具爆炸性之地區。美國雖以「艾森豪主義」力圖挽此危局，但蘇俄針對「艾森豪主義」積極滲透，故演變成今日之尖銳局勢。然而中東局勢與整個國際局勢息息相關。若美國能積極推行「艾森豪主義」，全力支援約旦，挽救其危亡，則蘇俄與埃敍之陰謀不能獲逞，而緊張局勢卽可趨於和緩。反之，美國不能瞭然於全般局勢，顧此失彼，與蘇俄以可乘之機，則不出半年一年以後，中東大部土地，將淪入蘇俄魔掌。

(D)赫魯曉夫於十一月二十二日與埃及記者海高文談論中東問題時，曾作如下之表示：①殖民主義者仍想留在中東地區，以利用其天然資源，②美國欲使約旦、伊拉克、及終於使土耳其進攻敍利亞，③蘇俄對中東的政策，乃爲協助各民族加强經濟與政治的獨立，並支持作爭取獨立鬪爭的國家。赫魔的上述表示，無異爲蘇俄對中東的陰謀作坦白的招供。其第一點，卽等於說蘇俄要取代英美在中東地區的地位；第二點說明土敍糾紛爲蘇俄所製造；第三點則爲利用阿拉伯國家反西方情緒，以僞裝之姿態示惠阿拉伯國家，從而使其投入蘇俄懷抱。赫魔所表明之態度，卽等於說蘇俄將繼續有事於中東，未來之紛擾，方興未艾，是和是戰，有待以美國爲首西方國家之抉擇。

四十六年十二月

巴格達公約會議

土耳其通訊・四十七年二月五日

孔　治

本年一月二十七日至三十日參加巴格達公約組織的各國外交部長羣集於土耳其首都安哥拉舉行該組織成立以來的第四屆會議。

巴格達公約組織是在三年以前於美國贊助下由英國、土耳其、伊朗、伊拉克及巴基斯坦五國成立的，其目的在團結中近東地區反共國家成一集中陣容，建設該地區與西方世界的聯防，以抵禦蘇俄對回教國家的侵略行動及設法對付莫斯科對該區域的陰謀滲透顚覆企圖。然而時經三年，雖經歷次的會議與周密的計劃，我們仍無法看出這一個組織有何顯著而積極的成就。相反地，一般自由世界的觀察家却認爲近年西方國家對中東政策所遭遇的失敗，大部直接受累於徒具形式而不能發生作用的巴格達公約組織。因此公約組織不但不能團結阿剌伯國家，反而發生反作用。阿剌伯世界分成兩個陣營，使無孔不入的蘇俄得機可乘，歪曲事實，中傷西方國家與中近東國家的關係，而儘其陰謀挑撥離間的能事。並自標榜「和平」「友善」及「反殖民」立場，儘量向中近東國家實行多方面的滲逐。許多人認爲埃及及敘利亞兩國的親蘇，以及約且局勢的危殆，巴格達公約應負相當責任。

在本屆巴格達公約組織會議的前夕，蘇俄方面所採取的行動，正如在上年北大西洋公約組織高階層會議時由布加寧致函西方國家政府首長提出所謂和平建議一樣，於一月二十一日由莫斯科電臺廣播，提議建立與「拉巴奇（Rapacki）方案」同出一轍的「中東非原子武裝地帶」，欲以此刺激阿剌伯輿論以打擊土耳其及西方國家，並圖使計擬在土耳其境內爲防備蘇俄所設的原子基地計劃不能實現。其廣播宣言中充滿了惡意的挑撥離間的言詞，如：「北大西洋公約國家有意使巴格達公約組織內中東國家加入其富有危險性的計劃。」「美國企圖在中東建立原子基地及火箭放射基地的本意，明顯的是要使未來的戰場遠離美境而在中東地區。」同時更修言把原子基地設於伊斯蘭教聖地附近顯然是對回教信徒的侮辱。且更指稱：「目前國際緊張局勢轉向鬆弛而使美國感到不安，於是杜勒斯參加這次巴格達公約會議，期再推進巴格達公約國家軍事統一的活動。」

巴格達公約國家因鑑於蘇俄年來對中近東國家積極的活動及公約組織本身的脆弱，故各盟國對本年一月二十七日在安哥拉召開的巴格達公約會議均特別重視，並先行於一月十七日至二十一日召集組織的經濟及政治各委員會，美國雖爲非會員國亦派有代表參加。至二十四日軍事委員會的秘密會議，美國更有泰羅將軍（Gen. Maxwell D. Taylor）出席參加討論。美、英兩國對此次會議期望甚殷，均盼關於軍事合作問題能獲成就以加强中近東的反共實力。美國當局尤望安哥拉會議能加强巴格達公約組織，以軍事合作及美國對該區域國家的經援來打擊蘇俄，在開羅會議中對落後國家的宣傳及經濟攻勢。然而會議的進行自始即不甚十分融洽。各公約國由於信仰、民族性、地理環境的不同，以及彼此間的多多少少的歧見，而要求殊不一致，美國國務卿杜勒斯以觀察者身份列席會議，於一月二十四日道經德黑蘭時，伊朗當局向渠表示甚望美援能夠增加。一九五七——一九五八年度美國對該區援助爲美金二千萬元，但伊朗政府認爲此數字如與蘇俄對敘利亞的援助加以比較則實感微薄，況數月來莫斯科儘量加强其援助與合作，伊朗政府一向激烈反共，因此對蘇俄宣傳攻擊的影響尤感危脅，故此如美國僅從傍贊助並予以有限的援助，則德黑蘭政府則感無力抵禦。同時土耳其及巴基斯坦政府亦向美國提出請求增加援助。這只不過是巴格達公約會議中所遭的第一個困難。

在杜勒斯抵達德黑蘭的同日，土耳其內閣總理孟德勒斯（Adnan Menderes）突赴伊拉克首都巴格達。土耳其內閣總理這次突然的行動頗引起各方的注意。一般觀察的看法，孟德勒斯此行的目的除在與伊拉克首相米爾江（Abdel Wahab Mirdjan）及外長巴沙顏（Burhaneddin Bachayen）除商談關於解決塞浦露斯島問題的土耳其方案外，同時在勸伊拉克放棄其數週來對巴格達公約組織的消極態度。誠然在近週來伊拉克當局對今日中東問題所持態度有些接近開羅的「中立主義」。米爾江首相且會巨國會議員宣稱伊拉克參加巴格達公約組織並不必須同時有義務接受在其國境內建立火箭放射基地。這種宣言在莫斯科當局建議成立中東非原子武裝地帶後，自然引起西方世界不良的反感，伊拉克在過去三十年來向爲中東地區最傾向西方者，而成爲阿剌伯國家中的一個對西方忠誠的盟友，然而今日該政府立場未免趨向於「中立主義」。目前伊拉克當局對巴格達公約組織的態度，頗得伊朗方面的附和；兩國認爲如美國不能即時參加巴格達公約組織，則此組織實無存在的必要。此次伊拉克派往出席會議的首席代表爲前首相薩亦德（Noury Said）爲阿剌伯國家中唯一以非首相資格出席會議者，由此更可看出伊拉克對會議態度的冷淡。其在會議中提出的問題多爲有關阿剌伯民族利益者，有：①以色列問題得根據一九四七年規定執行，因其認爲以色列問題及阿剌伯難民問題最有利於蘇俄對中東的滲透，②期望會議討論阿爾及利亞問題，並指責法國在此地區所行的措施。諸如此類，再加上塞浦露斯島問題，都是足以阻止這次巴格達公約組織理事會議發生具體作用的因素。

會議於一月三十日結束，其發表的公報中除申述有關共產主義對中近東地區所進行的間接陰謀活動外，並謂近幾年來自由世界對此地區的政策雖以平等、自由爲原則，盡力扶植各地民族獨立，但國際共產集團竟利用各地區民族的覺醒，人民對戰爭的恐懼心理，經濟的困難，以色列邊境的阿剌伯難民問題，亞非人民的心理因素等等實行陰謀挑撥。並云自一九五七年六月在巴基斯坦首都喀拉嗤會議以來，共產帝國主義以多方面的陰謀向中東侵入，尤特別集中攻擊土耳其。因此各盟國得特別警覺及加强團結。故各國決議：①巴格達公約組織理事會建議聯合國安全理事會放棄有利於冷戰的否決權。②認爲混亂的地區應接受聯合國軍隊。③公約國贊成與北大西洋公約組織及東南亞聯防組織等建立關係。④正式譴責有利於共產集團陰謀滲透的「和平共存」政策。關於軍事方面，此次會議並未有若何成功的表現，僅決議將「軍事的聯合設計組織」改稱爲「軍事設計聯合參謀部」。該參謀部以土耳其陸軍阿凱林 (Ekrem Akalin) 中將爲參謀長，美坎貝魯 (Daniel Campbell) 空軍少將爲副參謀長。參謀部中並設立有關聯合訓練組織，爲進一步成立聯軍的準備。在經濟方面杜勒斯雖承諾一千萬美金的援助來建立公約國間的電訊網，且大會秘書長賈立第 (Khalidi) 在會中指出連年美國對中東援助屢屢增加。然而在中東國家說來却頗感不足。何況蘇俄在開羅亞非團結會議中還在說：「請告訴你們的需要，我們當能使你們滿意。」這是多麼大的引誘啊？

綜合分析這次巴格達公約組織理事會雖僅重申各盟國的團結而無絲毫新穎的表現，且盟國中除土耳其外無人接受建立原子基地，而土耳其却係因其爲北大西洋公約國所致，而非因其爲巴格達公約國而接受。但說來仍有不少地方得算是西方國家成功的地方。不但是薩亦德的計劃未被列入公報，且阿刺伯國家期對法國、印度、希臘及以色列，甚至一些英美政策的指責亦未能實現。況聯合軍事訓練組織的設立，雖不能使英美立即看到巴格公約聯軍的組成，但已朝此方向走去。不過，反過來說，聯盟國間的摩擦及阿刺伯國家態度的消極，而美國又不願即刻加入巴格達公約組織，這都阻止了公約組織的有效發展；加之蘇俄的經濟及心理戰的盡量發揮，實有使盟國誠心檢討，盡量發揮團結聯防的必要了。巴格達公約組織高階層會議將於本年七月在倫敦舉行。然而在此以前巴格達公約組織是否會維持現狀尙頗成問題。埃及與敍利亞成立阿附刺伯合衆國，這是對阿刺伯人民一個最强力的誘惑，而使伊拉克及約旦兩國特別受到嚴重的生存威脅。爲此，伊拉克與約旦成立阿刺伯聯邦，伊拉克當局更宣稱如在一年內阿刺伯聯邦一切進行順利則其將退出巴格達公約組織。如屆時伊拉克果眞退出的話，則巴格達公約組織將成爲無「巴格達」的巴格達公約組織了。

曼谷通訊

克魯克氏談澳洲的移民政策及對中國的外交政策

李達生

上月(一月)二十七日到本月一日，在曼谷曾舉行了一次文化性的圓桌討論會，澳洲現駐加拿大高級專員克魯克 (Walter Russell Crocker) 氏亦應邀參加。克氏不但是一位外交家，並且是一位學有所專的學者。於一九四九至一九五二年間克氏曾執教於「澳洲民族大學」，講授國際關係。克氏爲一富急進思想之學者，其所著關於人口問題、種族問題及其他關於國際政治問題諸書皆帶自由主義色彩。克氏曾任駐印度高級專員及駐印尼大使等職，現任駐加拿大高級專員。

本月三日，即在圓桌討論結束之後，記者特就澳洲的移民政策及其對中國外交政策與克氏作了一次長談，並提出若干具體問題請其解答。克氏對記者所提諸問題均曾作詳盡之發揮，惟其因格於外交家之身份，對所談若干部份不便公開發表。下面記者所紀錄下之部份均爲克氏所同意發表者：

問：在迅速增加中的澳洲人口中，外來的移民所佔百分比如何？在移民中，亞洲人所佔百分比如何？

答：我不能確知，但你可從澳洲年鑑中找到切實數字。

問：爲了經濟的發展及國防上的需要，澳洲是否需要大量的移民？

答：當一個國家的資源需要開發的時候，除非她不採取一個充份就業的政策，否則她必感到人力缺乏。澳洲有廣大的資源待開發。因她的經濟政策亦包含充份就業的原則。因此澳洲恒感人力缺乏，亦即是澳洲需要大量移民。但談到大量移民問題時，我們就不能不同時考量到另一問題，即同化的問題。任何大量的外來移民，都將構成同化上的困難，而在這一點上，中國人所產生的問題特別大，因爲他們最不容易被同化。

問：一個由來自不同地區不同血統的若干民族所組成的國家，是否仍能保持其國家的統一性？

答：應該可能。

問：那末，倒底是由於那些具體的原因而致使澳洲採取「白澳政策」呢？

答：就我所知，導使澳洲採取「白澳政策」的原因，絕不是由於種族的偏見。如閣下所知，亞洲人在生活上的忍耐力遠超歐洲，而亞洲人的生活水準也遠較歐洲人爲低。亞洲工人往往願意廉價出賣其勞力，而白種工人則不肯。因此，當澳洲的白種工人想到將有大量的亞洲工人以廉價的勞力與他們競爭時，他們即會感到是一種嚴重威脅。這種心情爲政黨所利用，遂產生了不幸的「白澳政策」。

問：使澳洲傳統的保守移民政策轉變爲一較進步的移民政策之展望如何？

答：時間可以解決此一問題。

問：從過去的經驗來判斷，中國移民對澳洲的國家統一會產生不良的影響嗎？

答：不，絕不會。

問：基於同樣的經驗，閣下是否認爲中國移民，對澳洲進一步的經濟開發，社會建設以及文化建設等，對會有幫助呢？

答：中國移民在以往，對於澳洲的經濟開發曾經有過偉大的貢獻，將來的中國移民對澳洲經濟的開發必仍將有重大的貢獻。至於對社會建設及文化建設等方面的工作是否會有幫助一點，則須中國移民被同化的程度而定。

問：澳洲政府之所以不承認中共政權，僅僅是爲了表示一種外交上的態度呢，還是基於更深刻的理由，譬如說是基於人類正義的立場？

答：澳洲之不承認中共政權，一方固是在表示一種外交的態度，而另一方面亦是基於人類正義的立場。

四七、二、五日於曼谷。

紅樓夢的藝術價值與小說裏的對白（二續）

徐訏

——就教于勞榦先生與石堂先生——

（三）

上面的話，我不過說我對于紅樓夢及其作者的評價，所以敢牽涉勞榦先生的意見，因爲他是我的老同學，我是特別要就正于他的。

但因爲談到紅樓夢對于人物的創造，這就很容易想到紅樓夢人物的對白。恰巧文學雜誌第三卷第三期有石堂先生一篇「紅樓夢對話」的文章，而他的文章裏，竟把紅樓夢的對白與我風蕭蕭裏的對白來對比，這怎麼不使我慚愧惶恐。一粒沙石放在金剛鑽的旁邊，這有什麼比較的意義呢？

但是說到紅樓夢對白藝術，到是正接着我上面所說的人物創造上的話。

小說裏對白的成功，許多人好像祇要求它符合身份，「像眞人說話」「會運用口語」，實際上這祇是人物創造上最淺近的一步，這在第三流的內幕小說，以及落難公子中狀元私訂終身後花園這一類小說都已經做到的。石堂先生注意到它還要符合一種要求——「另外還要有情節，還要隨時帶着情節發展」的要求。這當然是很正確的。但是這不是小說家最大的困難，因爲這些還是表面的屬技術方面的；屬于深一層的，則是對白要表現人物的個性，再進一層則要表現這人的個性在小說「事」的場合中的心理，再進一層則是要對白要創造事的場合中的空氣。這則是小說家眞正的難題。

爲符合身份，我們用各色人等的口語方言，這當然可使對白活潑自然；小說家如果要在這方面努力，最好用一本簿子，帶在身邊，隨時聽到茶館裏市場上各種言語，紀錄下來；如此訓練，日子一久自然很有收穫。許多相信寫實主義的作家往往由此而見成就。

爲符合「情節發展的要求」，這是與故事的發展不能分離，配合組織安排，這是任何藝術的基本要求。

至于個性在「事」的場合上的心理，與乎創造事的場合上的空氣，則是小說裏人物甚至是小說的靈魂了。

許多把符合身份的條件做得很完滿的對白，也僅管很好的配合情節的發展，因爲缺乏第三種的注意與努力，這就使人物陷于典型，沒有個性；壞人一開口是壞人，好人一開口是好人；諂媚祇是諂媚，淫蕩祇是淫蕩。等于平劇中紅臉花臉小花臉一樣，語言變成人的代表，而不是人的表現了。

要把對白表現人物的個性，這就不很容易。人的個性裏有人人共有的一種人性，也有基于不同個體而人人各殊的特性，自然還要因他後天的生活環境階級地位，對他造成的身份特徵。把這些化在一起，是一個活生生的人。這個人在事的場合上的心理反應，這時候對白比敍述更見效果，因此也最不容易。其次，對白還要創造事的場合中的空氣。這往往就是用人物客觀的反應來代替作家主觀的敍述了。

在創作程序上我們不妨說是有三個步驟，第一步是作者用對白與動作來創造人物（成一活生生的人），第二步則是人物自己創造自己，他在各種場合上自然的出現心理反應，第三步，則是這些人物幫作者創造場合裏的空氣了。

羅勃脫．史蒂文生說過一句話，說他創造的人物在小說裏往往自己活動起來，而變成不是他所能控制的存在。這句話倒是切實的經驗之談，因爲小說裏人物的個性一經建立，他有他的情感與意志，作者不得不隨他自己發展。因此小說裏人物個性的活動，他很自然要牽動作者預想的情節與布局。

這當然是說人物的一切活動。對白是人物活動之一種，當它來創造場合上的空氣時（甚至來變場合時），則正是所創造人物個性的要求，而作者的意志往往是强它不過的。

身份的表白是完全可以用作者敍述的，個性的表白作者也可以用借喩與過去的歷史來描摹。而人物在事的場合的心理反應，作者的描摹就不够直接眞切，因爲這個人物已經自己能够反應了。因此，對白的效用最見有力的是用于事的場合上心理反應與用于創造事的場合上的空氣。

因爲這些關係，對白「像眞人說話」，用「口語方言」所謂作爲身份籍貫年齡階級職業的一種表現，許多作者就認爲可以不必看重了。這些作家雖是在寫實主義前早就有過，但要說到作家們認爲運用口語方言表現人物後天身份的是一種小道。則是反寫實主義的一種理論。

原來要把對白寫得「眞人說話」，原是爲的要逼眞，即是寫實。可是寫實主義在理論上有一矛盾之處，就是小說根本無法寫實。小說所寫的祇是回憶。

最能寫實的應當是繪畫了，但是反對寫實主義的人就說：「這是謊說，你所寫的現實，不過是現實通過你眼睛到你腦海中的印象。」又有人說：「如果繪畫祇爲寫實，那麼照相豈不是更好？畫家的任務是要表現藏在現實形象深處的事物。」又有人說：「畫家所選擇的對象，乃是畫家的精神與對象的交流，因此畫家所表現的，乃是這被選的現實中畫家所貫注的生命。」

繪畫裏寫實都無法存在，那麼何況小說。如果小說的對白，祇就活潑自然，配合籍貫的口語方言，那麼電影豈不是更好，要小說有什麼用呢？因爲小說的文字根本就不能與電影相比。

小說是回憶，不是紀錄，所以無法做到寫實。回憶是什麼呢？回憶可以說是一種翻譯。每一個人都有每一個人的語言，我們的回憶就是把任何我們聽到見到的都譯成自己的語言，表爲文字，這也就是風格。

即以電影來說，各國的電影，無論故事發生或開展到什麼地方，都是用本國言語來作對白的，現在美國電影有時也插一二句法語或華語，但是大都與情節故事沒有關係之處才採用。電影尚且如此，何況小說。

說電影是低級的東西，談不到藝術；那麼莎士比亞的戲劇，把那些丹麥意大利各處的人都寫成說英文，又是怎麼講呢？戲劇都無法做到，怎麼能向小說要求？

譬如小說裏寫一個外交家或旅客，周遊世界，他自己可能會七八國語言。可是在小說裏，最多也祇能用一句「他用德語回答說」，「用意大利語問道」，如果作者想賣怪，一本小說用十幾種語言的對白，這除了妨礙讀者的欣賞外，可以說一無好處。因此，他的對白，都是要翻譯成自己的一種語言的。

小說既然原則上無法作紀錄，也不是作紀錄；而回憶祇是一種翻譯；既然是一種翻譯，碰到外國話對白時也一定是需要翻譯，那麼口語方言爲什麼一定要保留着而不作翻譯呢？

現代心理學已經證明人的思想就是語言，文学不過是語言的紀錄。我們的思想活動，可以說沒有一樣不是將所見所聞的現實譯作語言的。小說家對于現實的採納與表現，根本就是一個翻譯的程序，而欣賞者則又是從作者的文字經過了翻譯，變成自已的言語來欣賞的。

石堂先生在引了拙著風蕭蕭一段對白以後，他說：「若有人說它是外國小說的譯文（假定我們不知道它是徐先生的創作），我們是沒有理由不相信。」這話當然沒有錯。但如果舉紅樓夢裏的一段對話（假定我們不知道是曹雪芹的創作）說，它是外國小說的譯文，我們有什麼理由不相信呢？我們最多也祇能說這譯文高明而已。他說，紅樓夢裏的對話，在「句法上、詞彙上、味道上看，說它不是中國人的『話』是不成的。」那麼我似乎應當仔細看看石堂先生所引的那一段風蕭蕭對白裏的不是中國人的「話」的成份了。

㊀句法上，也許不十分合于「口語」，但並無違背中國的文法。爲什麼不是中國人的「話」呢？

㊁字彙上，對的。這裏的詞彙，的確有許多曹雪芹所不用的，我把牠仔細地找出來：

「跳舞」「情感」「理智」「美感的距離」「警告」「色彩」「意志」「接近」「解釋」。

這些字彙，我仔細想想，是不是可以用其他的所謂紅樓夢式「中國」味的字彙來代替呢？但是竟找不出。這也許是我笨。但我竟發現了這些字彙則正是現代人的字彙。語言的發展是無形的，在這個時代，要避免現代人的「話」來要求「中國」味（實際上是古典味），眞是不容易。我還非常科學地做了一份工作，我用了二星期的時間，在往來的朋友們對白中，看是否有這些字彙的出現，我的記錄是這樣的：

「跳舞」——四千八百十二次
「意志」——二千三百十一次
「理智」——五千另六十四次
「情感」——五千七百另八次
「警告」——六千另十九次
「色彩」——五千一百另六次
「接近」——六千五百次
「解釋」——四千九百次
「美感的距離」——三十四次
「衞星」——一萬六千多次。（這是因爲蘇俄人造衞星成功的關係。）

除了「美感的距離」以外，這些字彙竟是很普通的在流通了。

㊂味道上，我不知道道地中國話應有什麼味道？我以爲用中國文字，照着中國文法表示一種思想或感情，一定是中國味道。這正如用中國材料，照中國燒法燒出來一定是中國菜一樣的眞確。但是現代的味道自然與過去的味道不同，這不同，怎麼可說現代的不是中國的味道？言語無異于水流，有接觸有溝通就必有變化，也豈祇中國爲然。老實說，言語就因爲溝通接觸而豐富。舊的言語因爲多用而成陳腐的不知有多少，如「亭亭玉立」「如花如玉」之類，現在用起來往往變成不明朗了。

用過去中國味道來衡量現代的中國文字，那麼任何文章那裏還有「中國味道」呢？石堂先生可以細讀三遍他自己的「假如我們不知道它是徐先生的創作」這句簡單的話，其「句法」「字彙」「味道」够得石堂先生所說的「中國味道」麼？

（四）

上面所說小說家在對白把口語方言運用得流利活潑，不過是小道，有時反是欣賞的阻礙。這因爲文學的欣賞在空間與時間上要求普遍與永久。而口語方言，非深通這地域上的口語方言者不但無從欣賞，甚至無從懂得。我們看翻譯小說，所以可以欣賞其文藝的美者，因爲它的美並不在于原文的口語方言；身份背景的表現，靠「對白」的表面成份可說是很浮淺的。譬如我們讀譯本的俄國小說，一個俄國貴族說話明明是中文英文，我們怎麼並沒有懷疑他不是俄國貴族呢？這因爲我們的欣賞在心理過程上很自然的是經過一層翻譯程序，我們用自己的言語在讀文字。這可見作家在表現俄國貴族身份的是並不完全靠他「對白」的口語了。水滸傳裏的許多方言與口語，現在我們讀起來，有很多不懂。這也是這些方言口語變成欣賞的阻礙的證據。即使有深通這些方言口語的人來讀，有時候也不一定是好。這因爲方言口語的字眼往往不是常用的字，在聲音上我們因爲是同鄉，所以懂，可是在文字上看起來我們可能比看普通文字還陌生。這時候，欣賞的翻譯程序就需經過兩層。本來我習慣于從普通文字譯成我自已的語言，就可以欣賞，如今則必須先譯成普通文字，再譯成自己的言語了。

幸虧欣賞並不要求小說裏的對白「像眞人說話」，否則不要說我們讀翻譯小說，看到俄國貴族說

「中文」，會哈哈大笑。卽如讀紅樓夢，發現林黛玉的對白竟是自己的聲音，豈不駭死人？我們說紅樓夢水滸的對白成功，說祇在它們像眞人說話。這倘若不是一句看輕紅樓夢水滸的話，就是自己是一個不懂得小說的外行話。

偉大小說的對白之所以成功，可以說都是我上面所說的三點的成功，因爲這才是藝術的成就，不是技術上的小功夫。

這三點就是：

「第一、對白表現人物的個性；第二、對白反應這個性在『事』的場合上的心理；第三、對白創造事的場合上的氣氛。」紅樓夢當然不是例外，卽以石堂先生所引爲印證的話爲例：

『那鳳姐……端端正正坐在那裏；手內拿着小銅火箸兒撥手爐內的灰。平兒站在炕沿邊，捧着小小的一個塡漆茶盤鍾兒。鳳姐也不接茶，也不抬頭，只管撥那灰，慢慢的道：「怎麼還不請進來？」一面說，一面抬身要茶時，只見周瑞家的已帶了兩個人立在面前了，這纔忙欲起身；猶未起身，滿面春風的問好，又嗔着周瑞家的：「怎麼不早說！」劉老已在地下拜了幾拜，問姑奶奶安。鳳姐姐忙說：「周姐姐，攙着不拜罷。我年輕，不大認得，可也不知是什麼輩數兒，不敢稱呼。」周瑞家的忙回答：「這就是我攙回的那個老老了。」鳳姐點頭。劉老老已在炕沿上坐下了。板兒便躲在背後。百般的哄他出來作揖，他死也不肯。鳳姐笑道：「親戚們不大走動，都踈遠了。知道的呢，說你們棄嫌我們，不肯常來；不知道的那起小人，還只當我們眼裏沒人是的。」劉老老忙念佛道：「我們家道艱難，走不起，來到這裏，沒的給姑奶奶打嘴，就是管家爺們瞧着也不像。」鳳姐笑道：「這話沒的叫人惡心；不過托賴着祖父的虛名，作個窮官兒罷咧。誰家有什麼？不過也是個空架子。俗語兒說的好，『朝廷還有三門子窮親呢，』何況你我？」說着，又問周瑞家的：「回了太太了沒有？」周瑞家的道：「等奶奶的示下。」鳳姐兒道：「你去瞧瞧。要是有人就罷；要得閒呢，就回了，看怎麼說。」周瑞家的答應去了。這裏鳳姐叫人抓了些菓子，給板兒喫，剛問了幾句閒話時，就有家下許多媳婦兒——管事的——來回話。平兒回了。鳳姐道：「我這裏陪客呢，晚上再來回；有要緊事，你就帶進來現辦。」平兒出去一會進來說：「我問了，沒什麼要緊的，我叫他們散了。」鳳姐點頭。只見周瑞家的回來，向鳳姐道：「太太說：『今日不得閒兒。二奶奶陪着也是一樣。多謝費心想着。要是白來逛逛呢，便罷；有什麼說的，只管告訴二奶奶。』」劉老老道：「也沒甚的說，不過來瞧瞧姑太太姑奶奶，也是親戚們的情分。」周瑞家的道：「沒什麼說的便罷；要有話，只管回二奶奶，和太太是一樣兒的。」一面說，一面遞了個眼色兒。劉老老會意，未語先紅了臉；待要不說，今日所爲何來，只得勉强說道：「論今日初次見，原不該說的；只是大遠的奔了你老這裏來，少不得說了。……」剛說到這裏，只聽二門上小廝們回說：「東府裏小大爺進來了。」鳳姐忙和劉老老擺手，道：「不必說了。」一面便問：「你蓉大爺在那裏呢？」只聽一路靴子響，進來了一個十七八歲的少年，面目淸秀，身段苗條，美服華冠，輕裘寶帶。劉老老此時坐不是，站不是，藏沒處藏，躲沒處躲。鳳姐笑道：「你只管坐着罷，這是我姪兒。」劉老老纔扭扭揑揑的在炕沿兒上側身坐下。那賈蓉請了安，笑回道：「我父親打發來求嬸子。上回的那架玻璃炕屛，明兒請個要緊的客，略擺一擺就送來。」鳳姐道：「你來遲了。昨兒已經給了人了。」賈蓉聽說，便笑嘻嘻的在炕沿上下個半跪，道：「嬸子要不借，我父親又說我不會說話了，又要捱一頓好打。好嬸子，只當可憐我罷！」鳳姐笑道：「也沒見我們王家的東西都是好的；你們那裏放着那些好東西，只別看見我的東西纔罷，一見了就想拿了去。」賈蓉笑道：「只求嬸娘開恩罷！」鳳姐道：「碰壞一點兒，你可仔細你的皮！」因命平兒拿了樓門上鑰匙，叫幾個妥當人來擡去。賈蓉喜的眉開眼笑，忙說：「我親自帶人拿去，別叫他們亂碰。」說着便起身出去了。這鳳姐忽然想起一件事來，便向窗外叫：「蓉兒，回來。」外面幾個人接聲說：「請蓉大爺回來呢。」賈蓉忙回來，滿臉笑容的瞅着鳳姐，聽何指示。那鳳姐只管慢慢喫茶，出了半日神，忽然把臉一紅，笑道：「罷了你先去罷。晚飯後，你來再說罷。這會子有人，我也沒精神了。」賈蓉答應個是，抿着嘴兒一笑，方慢慢退去。這劉老老方安頓了，便說道：「我今日帶了你姪兒，不爲別的，因他爹娘連喫的沒有，天氣又冷，只得帶了你姪兒奔了你老來。」說着，又推板兒道：「你爹在家裏怎麼教你的？打發俗們來作煞事的？只顧喫菓子！」鳳姐早已明白了；聽他不會說話，因笑道：「不必說了，我知道了。」因問周瑞家的道：「這老老不知用了早飯沒有呢？」劉老老忙道：「一早就望這裏趕咧，那裏還有喫飯的工夫咧。」鳳姐便命：「快傳飯來。」一時周瑞家的傳了一桌客饌擺在東屋裏，過來帶了劉老老和板兒過去喫飯。鳳姐這裏道：「周姐姐，好生讓着些兒，我不能陪了。」一面又叫過周瑞家的來問道：「方纔回了太太，太太怎麼說了？」周瑞家的道：「太太說：『他們原不是一家子；當年他們的祖和太老爺在一處做官，因連了宗的。這幾年不大走動。當時他們來了，却也從沒空過的；如今來瞧我們，也是他們好意，別簡慢了他。要有什麼話，叫二奶奶裁奪着就是了。』」鳳姐聽了，說道：「怪道，既是一家子，我怎麼連影兒也不知道？」說話間，劉老老已喫完了飯，拉了板兒過來，舔唇咂嘴的道謝。鳳姐笑道：「且請坐下，聽我告訴你。方纔你的意思，我已經知道了。論起親戚來，原該不等上門就有照應纔是。但只如今家裏事情太多，太太上了年紀，一時想不到是有的；我如今接着管事，這些親戚們又都不大知道；況且外面看着雖是烈烈轟轟，不知大有大的難處，說給人也未必信。你既大遠的來了，又是頭一遭兒和我張個口，怎麼叫你空回去呢？可巧昨兒太太給我的丫頭們作衣裳的二十兩銀子還沒動呢；你不嫌少，先拿了去用罷。」那劉老老先聽見告艱苦，只當是沒想頭了；又聽見給他二十兩銀子，喜的眉開眼笑道：「我們也知道艱難的，但只俗語說的：『瘦死的駱駝比馬還大呢。』憑他怎樣，你老拔一根汗毛，比我們的腰還壯哩！」周瑞家的在旁聽見他說的粗鄙，只管使眼色止他。鳳姐笑而不睬，叫平兒把昨兒那包銀子拿來，再拿一串錢，都送至劉老老跟前。鳳姐道：「這是二十兩銀子，暫且給這孩子們作件冬衣罷。改日沒事，只管來逛逛，纔是親戚們的意思。天也晚了，不虛留你們了。到家，該問好的都問個好兒罷。」一面說，一面就站起來了。

在這一大段對白中，第一層是一個陌生窮苦的老太婆到榮華富貴的親戚來求救濟，由一個大家富豪的少婦來接見。

如果祇是一個老少、貧富貴賤的對比，(身份)這不是什麼困難。困難的是第二層劉老老雖是貧窮粗鄙，但是飽經世故胸有成竹的女人；鳳姐雖大家少婦，但是一個幹練機智潑辣風騷的人。(個性)與第三層是場合變化中的心理反映，(心理)與由此而轉入場合中的新的氣氛。

像這像的對白，如果祇表現前一層，第二三流的作家都可以寫得很好。可是第二層就是不是平常的人所能寫好了。

照劉老老的情形，雖是為求助而來，但是到了裏面，一定會說不出話來的。要照顧這個心理上的事實，所以第一用「周瑞家的遞了個眼色兒」，由她「會意」「紅臉」，于是開口；第二她推板兒道：「你爹在家裏怎麼敎你的……」但是雖是這樣，作者還是沒有使劉老老把話說出，而鳳姐已經笑着說：「不必說了，我知道了。」我覺得這句話很表現鳳姐的個性，作者用一個「笑」字接了這樣一句話，襯出鳳姐的風度。更妙的是鳳姐打斷了話馬上問劉老老有沒有吃飯？這因為鳳姐還不知道劉老老究竟同賈府是什麼關係，才能定怎麼樣打發。就在劉老老去吃飯的時候，她問了周瑞家的。才定了二十兩銀子的數目。

為表現劉老老，周瑞家的與板兒演了一個重要的角色。

為表現鳳姐，陪襯的人周瑞家的以外，有平兒來回管事的回話的對白。這是對于「事」的場合中空氣的創造。賈府這份氣派，幾乎使劉老老不敢說出來意，所以她祇說：「也沒甚的說，不過來瞧瞧姑太太奶奶，也是親戚的情分。」于是周瑞家的下面提醒的話就來了。

但是這還不够，這裏使鳳姐性格突出之處，是賈蓉的陪襯。鳳姐在生人面前，當然落落大方，句句話有分寸，無法插入她另外一面的性格。(倘在劉老老對白中插進去，那就是第三流的筆觸了。)

曹雪芹用了一個賈蓉。這個十七八歲漂亮的小姪子與鳳姐嬉皮笑臉的對白放在與劉老老長長的端莊大方的對白中，眞顯得無限風韻，這才不是第二流手筆所想得到的。鳳姐聽見賈蓉要來，就對劉老老搖手：「不必說了。」這是一個事的場合中的心理反應。以後賈蓉進來，大段對白，句句見聲見色，就變換了整個場合上氣氛。這豈是什麼如「眞人說話」或是「十足口語」所能完成的？她第一句可以說是撒嬌：

「你來遲了，昨兒已經給了人了。」

這句話很普通，文字究竟是文字，雖用了標點符號，還不是說話可以由重輕抑揚來表達。作者並沒有寫鳳姐的表情，但接着就寫賈蓉笑嘻嘻的在坑沿上下個半跪，這可見鳳姐這句話決不是很端莊地說的，而且他們平常就是這樣開玩笑慣的。

鳳姐的第二句話：

「也沒有我們王家的東西都是好的……」這就表示鳳姐的低俗了。王家的東西？怎麼不是賈家的東西？即使是你陪嫁過來的，此處又何須點明。這氣氛可以說要點打情罵俏。

鳳姐的第三句話：

「碰壞一點兒，你可仔細你的皮！」這正是鳳姐的潑辣口吻，雖像厲聲厲色，可是玩笑也更大了。

同美秀的少年姪子這樣一問一答的開玩笑，鳳情已經畢露，然而作者還不够，畫龍點睛還在賈蓉走後，向窗外叫他回來。于是，「出了半日神，忽然把臉一紅，笑說：『罷了你先去罷。晚飯後，你來再說罷。這會子有人，我也沒精神了。』」(「晚飯後，你來再說吧。」不見得是口語。但寫盡了鳳姐當時的心理。)

把這個鳳姐與同劉老老對白的鳳姐對比着看，才出現一個活龍活現的鳳姐。她在賈蓉出場後的心理反應，以及整個場合上的空氣的變換，對白發揮很大的效力。

鳳姐在與劉老老全部對白之中，沒有一句不是有身份有禮節落落大方的表現，也沒有說錯一句話。但是有一句話是出格的。這就是一聽到二門上小厮回說：「東府裏小大少爺進來了。」她馬上和劉老老搖手，道：「不必說了，」而一面便問「你蓉大爺在那裏呢？」這些地方都是作者刻劃鳳姐心理反應的微妙處。

(五)

上面所分析紅樓夢那一段用對白的微妙處，可以說完全不在他的十足的中國味道中國詞彙中國句法，而是在他如何運用對白創造空氣，如何運用對白表達性格與心理的波瀾。如果把它譯成英文，拋去中國味道詞彙與句法，我相信，仍是可以為懂得英文的讀者所欣賞的。

紅樓夢的對白，是不是處處都在用二百年前當時的北平方言？實際上恐怕不盡然。我也仍舊祇是用石堂先生那篇文章所引用的小小幾段來說。

如雨村與士隱的對白：

「老先生倚門佇望……」

「非也；適因小女啼哭，引他來作耍，正是無聊得很。賈兄來得正好，請入小齋彼此俱可消此永晝。」

這裏如「倚門佇望」，如「非也」，如「適因」，如「消此永晝」，我想二百年前的談話，也決不是這樣的。

又譬如：

張友士論醫的話：

「看得尊夫人脈息，左寸沉數，右關沉伏；右寸細而無力，右關虛而無神。其左寸沉數者，乃心氣虛而生火；右關沉伏者；乃肝家氣滯血虧……或以這個爲喜脈，則小弟不敢聞命矣。」

這顯然更不是口語。

如果因爲這些地方用了書本上的詞彙，因而批評曹雪芹不會運用對白，那不啻是因名畫上多了一二點灰塵，而怪畫家多畫了兩點。一樣的可笑了。

言語是隨時代與地域的變化，而對白成就的力量並不受時代與地域的限制。

司馬遷的史記是兩千年以前的作品了，他以文言所寫的對白，應當我們現在看來覺得不够生動活潑了吧。但是並不，擧例來印證：

項羽本記：「秦始皇游會稽，渡浙江，梁與籍俱觀，籍曰：

「彼可卽而代也。」

梁掩其口，曰：

「毋妄言，族矣！」

這短短的兩句對白，眞是不但表現出項羽的性格，而且也表現出這性格對于這個場面的心理狀態，而項梁的一句話，寥寥幾個字，也已創造了當時觀秦皇渡江的空氣。

像這樣的例子，在史記在左傳在戰國策……在無數中國經史子集中，眞是俯拾卽是的。如果我們以爲旣然這些不是口語，何不用敍述手法，豈不經濟？那可謂眞是完全不知道文章上用對白的意義了。

對外國文學的翻譯，中國已經有了不少。在小說中，任何人都可隨便翻到裏面的對白，卽使稍稍譯得生硬一點，但仍可以爲我們所懂所欣賞，這也用不着我來擧例。

其原因就是作者運用對白上的成功，是因爲他必是表現了人物的個性與心理或者創造了場合上的空氣，並不僅僅要靠口語的表現國籍身份與階級地位的。

觀念限于庸俗的寫實主義，用人物的身份、籍貫、階級衡量對白的意義，那就等于以風聲雨聲去衡量交響樂裏的象徵一樣的可笑。

在莎士比亞的劇作中，掘坟墓的人發出哲理的對白當然是不現實。十五六的林黛玉論文論詩，獨俱見解，豈是可能？她與薛寶釵「你一言我一句，『交戰一番』」，其含蓄鋒銳，恐怕是實生活中二十歲的姑娘都說不出的。又豈是「聰明」兩個字可以解釋。在大陸被「解放」以後，文藝作品裡對白曾經吸收無數的口語方言，表面上作品的確多了一點色澤，可是內容是什麼呢？所表現的又是什麼呢？主題是口號，人物是死呆的，意識是敎條。

我並不是說寫實主義就沒有好的作品，我也並不是說對白絕對不描摹，我祇是說：寫實主義在理論是無法站住，而這也正是寫實主義衰微的原因。對白的描摹，不管你多麼眞切，可是這于小說的成功的帮助是太有限了。

上面說過最近因爲有許多新的材料的發現，紅樓夢考證上的研究有不少的成就。但是對于曹雪芹在紅樓夢中藝術上的成就，則很少有人作分析的研究。

石堂先生「紅樓夢對話」實在是一個很好的題目。但是可惜沒有論到它的對話在藝術的効果。說是小說的對白一定要『「像是」眞的人眞的話』。這句話仔細推敲，也是很含混，因爲卽使是論文，如石堂先生的那篇文章，在我讀來也是眞的人眞的話。因爲文字，凡是我懂得的不過是一種言語，怎麼會不是眞的話呢？

斤斤把紅樓夢裡的對白同二百年前北京話或者與現代人說話作比較，那是無從了解它的對白藝術上運用的成就的。好的文學譯成任何文字都可以被人欣賞，紅樓夢如何祇限于近乎口語的運用，那就太估低紅樓夢了。運用口語成功而爲人所欣賞的小說，恐怕要算「九尾龜」了，但是，它在文學上講，有什麼價值呢？

讀者投書

（一）大法官人選問題

陳玉章

在此第二屆大法官急待任命之日，據各報所傳，司法院已擬定一項二十九人的名單，送請總統作提名參考。其中包括最高法院現任庭長及推事共六人，行政法院現任庭長及評事共三人，全國公務員懲戒委員會委員六人，上屆大法官九人，以及大學教授及其他人士五人。

此項名單，自經各報透露後，雖據司法院解釋，僅係資料性質而非舉薦，但事實上是會發生舉薦作用的。

大法官的人選，原有資格上的限制。據新經修正之司法院組織法第四條規定：「大法官應具有左列資格之一：一、曾任最高法院推事十年以上而成績卓著者；二、曾任立法委員九年以上而有特殊貢獻者；三、曾任大學法律學主要科目教授十年以上而有專門著作者；四、曾任國際法庭法官或有公法學或比較法學之權威著作者；五、研究法學富有政治經驗聲譽卓著者。具有前項任何一欵資格之大法官，其人數不得超過總名額三分之一。」這一規定，是否過寬或過嚴，姑不置論，然具有同一資格者，不得超過總額名額三分之一，顯已有硬性限制。但現傳名單，僅就各人所具資格而分析，其人數，卽未按各欵所定資格較爲平均的提出。換言之，卽具有某一欵資格者嫌太多，而具有另一欵或另幾欵資格若又太少。何況在太多之中，令人有濫竽充數之感。又何況在太少之下，更使人發野有遺賢之嘆。

依據上述大法官資格，無論是所謂「成績卓著」，或「特殊貢獻」，或「專門著作」，或「權威著作」，或「聲譽卓著」，固難有絕對客觀標準，但若所有主其事者，不徒憑一己之好惡愛憎，而能虛心向學術界司法界及與論界尋求共同評價，則其人選可能較孚衆望。

對大法官的人選，首需執政黨不企圖控制。依據憲法第八十條之規定，卽令是普通法官，尤須超出黨派以外，況爲關係整個法治前途的堂堂大法官，自更當超出黨派之外。唯有如此，大法官會議將來行使解釋權時，始不至受到干涉。亦唯有如此，始可能眞正忠於憲法，作獨立之解釋。

不過，除希望執政黨不加控制之外，還希望政府當局在任命之時，對於大法官人選的條件，能特別注意到下列三點：

一是有學識：因大法官會議的職權，在於解釋憲法並統一解釋法律命令。此固非不學無識之徒所可擔任，卽在法律方面，僅能爛背幾條條文或死記幾個字句者，也不足以勝任。例如在第一屆大法官的解釋內，把國民大會也解釋爲我國國會。這一嚴重的錯誤，足證學識對於大法官的重要。

二是有品格：因大法官會議的職權，雖係所謂解釋憲法並統一解釋法律命令，實際上，解釋憲法又常與審查法律或命令相關聯。卽爲審查法律或命令是否與憲法牴觸，故有同時解釋憲法的必要。經解釋結果，如認爲有違憲之處，則此項法律或命令，無論出自何種機關或官員，均應宣告無效。故若大法官無品格，則爲迎合某一特殊機關或人物的意旨，便難保不故意曲解。例如在第一屆大法官任期內，經過解釋的案件，有七十九號之多，但解釋法律與憲法牴觸，或命令與憲法或法律牴觸者，似尚無所聞。對於這一點，我們固希望是由於我國一切已走上法治正軌，迄無違憲之法律，或違憲或違法的命令，否則，我們也希望是由於雖發生而未聲請解釋，並非大法官會議故作違心之論，以至使違憲之法律或違憲或違法之命令，反得逍遙法外，然卽此一端，却證明品格對於大法官的重要。

三是有魄力：因大法官會議之職權，原在解釋憲法並統一解釋法律命令，則無論爲中央機關或地方機關，於其職權上適用憲法已發生疑義，或適用法律或命令已發生有無牴觸憲法之疑義，或適用法律或命令所持見解各異，而依法聲請解釋或統一解釋時，則勢非由大法官會議作最後解釋，卽不足以解決當前現實問題。但一經解釋，便很難面面討好及人人滿意，且可能開罪某一特殊機關或人物。故若大法官無魄力，則爲減少怨恨及麻煩，對於某些重大案件，便可能根本擱置不理。例如在第一屆大法官任期內，據報傳依法應予解釋而未予解釋者，倘有十件之多，其中且包括司法行政部隸屬問題。而這一問題的重要性，是人所共知，所以早望能得一合法解決，但據說大法官會議却基於所謂顧全國家大局的理由，竟予擱置。卽此一端，足見魄力對於大法官的重要。

第二屆大法官的人選，假使像以上所說都不能做到，則後果又何難設想？因任何條文的疑義，一經解釋之後，便該是最後的有效解釋。若大法官人選不當，則大法官會議所作之解釋，又如何能望其恰當？其結果，不要說件件不當，只要有一兩件關係重大者解釋不當，便將徒增紛擾，以至於遺害無窮。

總之，但願第二屆大法官人選，能做到野無遺賢，至少能做到朝無倖進。所以，非但希望總統在提名時要特別愼重，更望監察院行使同意權時，尤其要愼重又愼重，寧可失之過嚴，切勿失之過寬。相信只要主其事者，不私心自用，眞能以國家利益爲利益，則大法官的人選，理該不至成爲嚴重的問題。

讀者投書

（二）俞鴻鈞眞的不是拒絕調查嗎？

陳文峯

關於監察院彈劾行政院院長俞鴻鈞違法失職一案，自經監察院移送公務員懲戒委員會以後，各方面無不關心該會的議決。沒想到，等到該會的議決書全文在報端批露後，却令人普遍失望。因爲統觀這一議決書的理由，凡對俞院長不利之處，無不竭盡曲辯之能事，像是句句出自俞院長之口。所以有人說：這根本是俞院長申辯書的翻版，那裏像是公務員懲戒委員會的議決書？

其中尤其是「關於中央銀行部份」的理由，所謂：「至彈劾案所指拒絕調查賬冊一節，檢閱監察委員與俞總裁談話筆錄，係因故請其暫緩，與故意違法拒絕調查之情形，尙屬有別。」更是不成其爲理由。

很明顯，公務員懲戒委員會對於俞院長公然拒絕監察院調查這一鐵的事實，是用「係因故請其暫緩」七字，而替俞院長輕輕曲辯過去，才進而得到這樣一個結論：「與故意違法拒絕調查之情形，尙屬有別。」因此，一項明明是違憲的行爲，便可以不受到法律應有的懲戒了！

但是，我們現在首先要追問：所謂「因故」究竟是因何「故」？這「故」何以如此的重要有力？竟可以使俞院長的公然違憲行爲而不受法律制裁？公務員懲戒委員會爲何不把如此重要的「故」加以公開說明？難道這所謂「故」根本是不可告人之「故」？還是這所謂「故」根本不成其爲「故」？監察院的調查權，是憲法所賦予的，誰有特權可以拒絕調查？誰又能借「故」拒絕調查？老實說，假使我們這部憲法眞還有效，任何人都沒有法外的特權可以拒絕調查的！

同時，我們還要接着追問：所謂「暫緩」究竟是怎麼說？難道「暫緩」的意思不就是拒絕調查嗎？難道「暫緩」的結果不就等於拒絕調查嗎？難道一定要俞院長說了「拒絕調查」才能算數嗎？相信公務員懲戒委員會的每位委員，都是老於官場的！難道不知道主管官對某一案件決定打消的時候，在下屬所擬呈的文稿或簽條上，也只不過批上個「暫緩」，或「緩議」，或「緩辦」的字樣嗎？老實說，這都是不使對方過分下不了臺的官場要訣，難道俞院長做官做到行政院院長還不懂得這點要訣嗎？難道俞院長對於調查自已違法失職的監察委員還必定要給人家硬釘子碰才算數嗎？

所謂「因故」和「暫緩」，既然都不成其爲理由，請問不是「拒絕調查」又是甚麼？請問還有甚麼區別？

抑有進者，暫緩究竟「暫」到什麼時候爲止？現正時逾數月，是不是現在監察院可以調查呀？須知查帳是不能出之於暫緩的。帳册是可以「改造」的。最少有「變造」，「僞造」，「改篡」之可能。我不敢說，俞院長要暫緩調查，其目的是要「從新做帳」，但這明明是授人以口實。監察法第二十七條第一項規定：「調查人員必要時，得臨時封鎖有關證件或携去其全部或一部」，就是爲防止「淹沒證據」的意思。公務員懲戒委員會諸委員對於這一點起碼的常識應該知道的（如不知道就不配做委員），何能說：「因故請其暫緩，與故意違法拒絕調查之情形，尙屬有別」？公務員懲戒委員會，屬於司法性質，應與法院一樣，要「獨立審判」，不受其他干涉，不懼威力權勢。

這一點關係我們的憲法，關係我們的政治制度，甚爲重要，如果監察委員之調查權受到干擾，而公務員懲戒委員會不予糾正，還要曲意庇護，那末，我們的監察院可以關門大吉了。因此，我對於公務員懲戒委員會這一段判詞，要特別表示異議。我素仰貴刊主持正義，希予發表，請社會公判。也好留爲歷史裁判！

本社啓事

本刊第十八卷第四期社論（二）第五頁上排第八行「駁斥中央日報九月一日社論」中，「九月一日」係「一月九日」之誤。又同社論同頁下排倒數第四行「漫篤」係「漫罵」之誤。特此更正。

讀者投書

(三) 給司法院大法官會議的一封請願書

曹浪平等

查臺灣省各縣市議員選舉罷免規程第十三條第一項第二欵規定，凡曾因貪污瀆職行爲，經判決確定者，不得爲縣市議員候選人，明令煌煌，無可移易。本(第四屆)屆縣市議員選舉，屏東縣政府曾呈請臺灣省政府解釋：「縣市議員選舉罷免規程第十三條第一項第二欵曾因貪污瀆職行爲，經判決確定者，不得爲候選人。惟如一般人民幫助公務員對於主管之事務直接圖利，經法院判決確定者，是否認爲適用此項條欵不得爲候選人。」當經省府以四十六年十二月冬字第五十七期公報第九〇四頁解答：「查刑法第三十一條第一項規定：『因身份或其他特定關係成立之罪其共同實施或敎唆幫助者，雖無特定關係仍以共犯論。』刑法第一百三十一條第一項規定：『公務員對於主管或監督之事務，直接間接圖利者。處一年以上，七年以下有期徒刑。併得科七千元以下罰金。』按公務員對於主管之事務直接或間接圖利，即習慣上之所謂「貪污舞弊」，助公務員對於主管或監督之事務直接圖利，既經法院判決確定，依照臺灣省縣市議員選舉罷免規程第十三條第二欵規定，不能爲縣市議會議員候選人。」等語，確定在案。乃本市現屆議員候選人張啓仲，因邱秀松違反森林法一案，幫助公務員直接圖利，經臺中地方法院判處有期徒刑七月，不服上訴於臺灣高等法院，當被駁回後，申請再審經依刑事訴訟法第三百六十一條第一項上段，(第二審法院認爲上訴有理由者，應將原審判決經上訴部份撤銷，就該案件自爲判決。)第三百五十六條，(第二審之審判，除本章有特別規定外，準用第一審審判之規定)，第二百九十一條上段，(被告犯罪已經證明者，應諭知科刑之判決。)刑法第二十八條，(二人以上共同實施犯罪之行爲者，皆爲正犯。)第一百二十二條第三項，(對於公務員或仲裁人，關於違背職務之行爲，行求、期約或交付賄賂，或其他不正利益者，處三年以下有期徒刑。得併科三千元以下罰金)第四十一條，(犯最重本刑爲三年以下有期徒形以下之刑之罪，而受六月以下有期徒刑，或拘役之宣告，因身體敎育職業或家庭之關係，執行顯有困難者，得以一元以上三元以下折算一日，易科罰金。)改判有期徒刑五月，如易科罰金准以三元折算一日，業已確定在案。查該張啓仲犯罪事實，核與屏東縣政府請示者，同一情形，省政府既經釋示在前，自應依照通案辦理。乃選舉監督連震東，竟別有用心，另呈由省政府電准司法行政部四十六年十二月卅一日臺(四六)電參六七四三號代電復稱：「按刑法第一百二十二條第一、二項之行爲，係習慣上所謂「貪污」行爲之一種。而同條第三項之行爲，依法不認爲「貪污」之共犯，查臺灣各縣市議會議員選舉罷免規程第十三條第二欵，「曾因貪污瀆職行爲經判決確定者」之用語，與同條第一欵體例顯有不同。所以不仿照同條第一欵之例稱「犯懲治貪污條例(已失效)之罪，或刑法上瀆職罪」而定爲貪污瀆職行爲者。殆因懲治貪污條例(已失效)及刑法上瀆罪章處罰之行爲，未必盡屬貪污瀆職行爲之故，如懲治貪污條例(以民國三十九年最後一次修正者爲準)第五條第十一條所定之犯罪行爲，以及刑法瀆職罪章第一百二十二條第三項，第一百卅二條所定之犯罪行爲，當然不能稱爲貪污瀆職行爲，即其適例。按所謂「貪污瀆職行爲」者，依文理解釋，當指貪賍營私有虧職守而言。再參以我國傳統觀念，輒視納賄者之惡性，遠較行賄者爲重大，故對於公務員違背職務之行爲行賄其法定本刑極爲輕微，對於公務員非違背職務之行爲，自不爲罪，即民國三十六年頒行之罪犯赦免減刑令亦僅以納賄爲不赦之罪，(註：該令乙項第二欵所稱懲治貪污條例係指民國卅九年修正以前之懲治貪污條例) 又行賄與納賄在學說上雖有稱之謂結合共犯者，但在我國現行法令，既以行賄爲獨立之犯罪，另訂處罰之專條，自不能論之以貪污懲職之共犯，因之，不論依文理解釋，或論理解釋，所謂「貪污瀆職行爲」，似難解爲，包括行賄在內」等語。省政府遂將該部釋示轉知張啓仲及臺中市議會議員選舉事務所遵照辦理，全市人民聞悉之後，莫不駭然。

查張啓仲申請臺灣高等法院再審之確定判決書，已認定張啓仲係觸犯刑法第二十八條，二人以上共同實施犯罪之行爲之正犯。司法行政部雖爲中央主管司法行政之機關，但依該部組織法規定，並無解釋法令之權，縱令該部對此項條文有獨特之見解，亦應依循法定程序聲請司法院大法官會議解釋，方爲合法，乃該部竟自作聰明，曲解法律，顯有越權行爲。按臺灣省各縣市議員選舉罷免規程第十三條第二欵所稱之「貪污、瀆職」，係指貪污及瀆職兩罪而言，懲治貪污條例雖已取消，而刑法上之瀆職罪，即仍然存在，並不因懲治貪污條例之取消而受影響。反之，自從懲治貪污條例取消之後，凡關於公務員有違背職務上之行爲，而收受賄賂，及對公務員行賄者，亦皆適用刑法上之瀆職條文處理，可見刑法上之瀆職罪章，已取懲治貪污條例而代之，甚爲明顯。至於受賄與行賄量刑之較重，此乃罪質問題，與所犯瀆職罪行，並無關係，絕不能因其量刑較輕，而謂爲非犯瀆職之罪，司法行政部所擧之民國卅六年頒行之罪犯赦免減刑令爲例，顯屬不合。蓋行賄之罪，既包括於刑法第四章瀆職罪章之內，即不論從文理上，或論理上解釋，皆不能脫離瀆職之罪責，司法行政部所謂因另訂處罰專條，（按該另訂專條亦在刑法第四章瀆職罪刑之內），即認行賄不屬於瀆職之罪，不能與受賄者，處以共犯之刑，其見解實屬錯誤已極。須知本案既已依據刑法第廿八條共犯之罪論處，即使司法行政部之言爲是，亦應依循法律途徑聲請再審，或聲請最高法院檢察長提起非常上訴，將原判決撤銷，另爲判決，始可不受縣市議員選舉罷免規程第十三條第二款之拘束，亦不能以一紙命令推翻既定之判決，該部之所爲，顯有違背法律程序，殊屬不合。請願人等與張啓仲原無恩怨，但事關地方自治之安危，實難安緘默，若選舉法規可以任憑個人好惡，隨意解釋，影響自治前途，將不堪設想。爲維護神聖地方自治，對此司法行政部之曲解法律，實不容坐視不言，爲特依法提出請願，仰祈鑒核，賜予轉請司法院大法官會議解釋，以重選政，而維法制，自治前途，實深利賴，迫切陳詞，是否有當，仍乞鑒核示遵。

請願人臺中市人民　曹浪平

住臺中市北區光大里五權路三五號

謝太平

住臺中市中區錦花里安全巷一號

王瀛洲

住臺中市中區柳提里成功路一三三號

鄭李勸

住臺中市西區利民里三民路一三三號

賴天和

住臺中市北區仁和里仁和巷六號

臺中市西區平民里　里長林阿成

臺中市南區調解委員會主席王老添

住臺中市南區新榮里復興路三一五號

中華民國四十七年正月十二日

編者按：凡適用法令之機關必然有解釋法律之權。如經濟部對於公司登記之適用公司法及其施行細則，法院審判案件之適用一切法令。但除法院外，其他機關之解釋，當以各該主管事務有關之法令爲限。

臺灣各項選舉規程未經立法程序，本係行政命令，省府就其執行範圍爲之解釋猶可。至於司法行政部既不主管臺灣此種選舉，又不容過問有關選舉之訴訟，無論對刑法或選舉規程，均無解釋之權。

司法行政部監督法院，雖可有所指示，但不能解釋法律，影響審判。例如刑訴法第七十六條規定拘提之條件，該部儘可通令各法院，對于被告非有該條所列條件之一者，不得拘提，但不容對條件之如何構成，加以解釋。現行制度，法院祇應尊重㈠司法院經大法官會議決定正式公布之解釋，㈡最高法院之判例。在不違以上二者之下，法官辦案，有自行解釋之權，並不受任何行政機關所爲解釋之拘束。

在未有訴訟之際，倘兩個平等有權解釋之機關見解互異，不知孰從，便應請司法院爲統一之解釋。民政廳長兼選舉監督對於省府命令（省府對選舉規程之解釋實係命令）應有服從之義務，逕向司法行政部另求解釋，已有不合。司法行政部竟予解釋答覆，亦屬越權。嚴格言法，均爲無效之行爲。

本社非人民請願之對象，惟政府如此違法措施，主管機關自應從速補救，故本社特發表此文。

自由中國　第十八卷　第五期　內政部雜誌登記證內警臺誌字第三八二號　臺灣省雜誌事業協會會員　一七二

給讀者的報告

本刊第十八卷第三期社論㈢曾呼籲當局改革當前的財經，該文是概論當前財經方面一般的問題。本期社論㈠專論及外滙管制此一問題，以蘋果之進口為例，而論及當前外滙的混亂情形。僅此一項，就弊端叢生，黑暗重重，其他可想見一斑了。關於財經方面的文字，除社論之外，我們特刊登白瑜先生的大作「自治捐與防衛捐及其紛爭與解決途徑」，自治捐與防衛捐這兩種稅課之不合理，久為輿論所詬病，而財政當局，一拖再拖，對於這兩種捐稅迄無改善的辦法，以致紛爭層出。白瑜先生在此文中提出了解決的途徑。希望我財政當局一改以往敷衍塞責的作風，擬出可實施的方案來，不再拿國家命脈當兒戲了！

近來關於高階層會議這個問題，甚囂塵上，至於如何召開，美俄雙方仍未達協議階段。我們有鑒於此可能召開之會議對世界和平與安全的重大影響，特於社論㈡中提醒自由世界應對長於詭譎狡詐的蘇俄提高警覺。蘇俄一向是利用其政治陰謀以擴張其聲勢。我們建議將此一高階層會議移到聯合國來舉行。

「預訓班與大專學生的軍訓問題」是陳孜先生根據他親身的經驗而撰述的。他對當前的軍訓提供了幾點需要改革的地方。任何制度是必須隨時改進的。希望當局能參考輿論而對此問題有所改進。

大陸上的反共運動日趨劇烈，張益弘先生在「看大陸念反攻」一文中分別論述大陸上附共黨派、青年學生、議起的各反共勢力、以及共黨團員各方面反共的情形，並且指出他們之反共為的是爭取民主自由。無疑的，在我們日後的反攻過程中，大陸人民是一股強大的主力，如何把握住這股反共主力來達成我們的反攻目的，是我們在反共鬬爭中必需注意的一個問題。我們必須首先在此反共堡壘的臺灣實行眞正的民主政治，以昭大信於大陸人民，若以共黨之道來反共，必為人民所厭棄，那才眞是「反攻無望」了！

中東一個具有很大爆炸性的地區。易浮生先生在「土敍糾紛與中東前途」一文中對於中東情況作有一般性的分析，並指出蘇俄在該地區的陰謀。

自從蘇俄發射人造衛星成功以後，更加緊了對中近東國家的積極活動，極盡挑撥離間之能事。因此，此次在土耳其首都安哥拉所舉行的巴格達公約第四屆會議，意義特別重大。孔治先生的「巴格達公約會議」便是報導該會議的情形。

自由中國　半月刊　第十八卷第五期　總第二〇〇五號
中華民國四十七年三月五日再版

發行人　兼主編　『自由中國』編輯委員會
出版者　自由中國社
社址：臺北市和平東路二段十八巷一號
Free China Fortnightly, 1, Lane 18, Ho Ping East Road (Section 2), Taipei, Taiwan.
電話：二八五七〇

航空版　友聯書報發行公司（香港九龍新圍街九號）
總經銷　自由中國社發行部
經售者
美國　紐約友方圖書公司 Hansan Trading Company, 65, Bayar D Street, New York 13, N. Y. U. S. A.
紐約光明雜誌社 Sun Publishing Co., 112 Mulberry St., New York 13, N. Y. U. S. A.
日本　東京僑豐企業公司
韓國　漢城裕昌德號
馬尼刺　大中華日報社
印尼　新疆書店
椰嘉達天聲日報
泗水文光圖書公司
緬甸　仰光振成書報店
印度　阿拉哈巴中印文化出版社
澳洲　雪梨瑞田公司
北婆羅洲　西利亞坡青年書店
星加坡　友聯書報發行公司（小坡大馬路四六九號）
吉隆坡　友聯書報發行公司（馬華公會大廈三樓七室）
怡保　友聯書報發行公司（希尼華沙甘街十六號）
檳城　友聯書報發行公司（林連登律七十二號）
澳門　友聯圖書公司

印刷者　精華印書館股份有限公司
廠址：臺北市長沙街二段七一號
電話：二三四二九一號

本刊經中華郵政登記認為第一類新聞紙類　臺灣郵政管理局新聞紙類登記執照第五九七號　臺灣郵政劃撥儲金帳戶第八一三九號
(每份臺幣四元，美金三角)

自由中國

FREE CHINA

第十八卷 第六期

目錄

中華民國四十七年三月十六日出版
社址：臺北市和平東路二段十八巷一號

半月大事記

二月二十四日(星期一)

共黨要求自韓境撤軍，聯軍代表斷然拒絕。

二月二十五日(星期二)

杜勒斯正告美國會，除非俄能接受艾森豪所提條件，高階層會議希望渺茫。

艾森豪呼籲美國人民，充份支持援外計劃。

二月二十六日(星期三)

美國際合作總署長史密斯報告美國會，俄帝利用緊張局勢，企圖在中東經濟滲透；並稱美仍繼續對中共禁運。

艾森豪在記者會表示，美難與俄訂立停止試驗核子武器的協定。

二月二十七日(星期四)

杜勒斯告美衆院軍委會稱，共匪任何侵臺行動，必將遭遇美國反擊，並謂目前無意更動在韓兵力佈署。

二月二十八日(星期五)

美與盟國已獲致協議，不理蘇俄抵制，決定召開裁軍會議。

三月一日(星期六)

開始舉行外長會議，蘇俄態度突趨軟化，同意先開外長會議訂高階層會議議程，及決定邀請那些國家參加會議。

艾森豪杜勒斯對俄所提外長會議計劃會作初步討論，決定先與北大公約盟國磋商。

美促請法突兩國，在爭執條件上讓步，俾僵局情勢有好轉希望。

印尼陸軍總部宣告開除四名軍官軍籍，因其皆爲革命軍領袖。印尼革命政府移入武吉丁宜，準備從事長期鬭爭。

三月二日(星期日)

聯軍統帥部要求共黨在板門店舉行會議，討論釋放在被刼持之韓國飛機上的兩名美國人。

三月三日(星期一)

俄主召開大規模外長會議，西方認應大加縮減。西方正緊急諮商答覆俄建議。

艾森豪與俄大使密談，內容包括最高階層會議，及美俄關係一般問題。

板門店談判無結果，韓共拒釋美德乘客，堅持須與美德韓政府直接談判。

三月四日(星期二)

俄所提關於外長會議的條件，杜勒斯聲明拒絕接受。

俄致美法照會內容，係建議高階層會議確定六月舉行，由美、英、法、義及俄、波、捷、羅等國參加，德國統一問題不包括在議程內。

東南亞公約組織秘書長乃僕發表東南亞公約年度報告，指責國際共產黨徒繼續從事滲透顛覆，要求東南亞各國保持警覺。

北大組織發表聲明，拒絕俄所提高階層會議條件。

參加韓戰十六國獲致協議，拒匪撤軍建議。

三月五日(星期三)

美英兩代表與法總理蓋雅會談，斡旋法突間糾紛。

『自由中國』的宗旨

第一、我們要向全國國民宣傳自由與民主的真實價值，並且要督促政府(各級的政府)，切實改革政治經濟，努力建立自由民主的社會。

第二、我們要支持並督促政府用種種力量抵抗共產黨鐵幕之下剝奪一切自由的極權政治，不讓他擴張他的勢力範圍。

第三、我們要盡我們的努力，援助淪陷區域的同胞，幫助他們早日恢復自由。

第四、我們的最後目標是要使整個中華民國成為自由的中國。

三月六日(星期四)

美發射第二顆衛星未能進入軌道。

東南亞公約軍事顧問會議在非揭幕，舉行三天秘密會議，討論對抗共黨顛覆方法。

布加寧又致函艾森豪，討論高階層會議問題。

三月七日(星期五)

韓共綁架之民航機乘客廿六人獲釋，機上共黨份子八人未獲遣返。

美致俄備忘錄中提出，造成國際緊張的原因應列入高階層會議議程。

美拒絕蘇俄所提外長會議條件。

俄發表布加寧致艾森豪函，乃要求早開高階層會議，拒絕在會中討論德國統一問題。

三月八日(星期六)

東南亞軍事顧問會議結束，刻正採取積極行動，防止共黨發動侵略，該會議協議與大西洋公約組織及巴格達公約組織加强交換軍事情報。

阿拉伯聯合共和國及葉門訂立協定，葉門加入埃敍聯合。

蘇俄關閉大彼得灣，美國務院再提抗議，聲明保留採取一切行動的權利。

三月九日(星期日)

俄恫嚇東南亞公約組織，企圖在亞設核子禁區，謂公約國境內若建立飛彈基地，可能面臨來自蘇俄的核子報復，並指各國以武器經濟援助印尼革命分子。

美考慮對裁軍問題，提兩次新建議：確立視察制度以停止核子試驗；設歐洲視察區防止突擊發生。

社論

(一)

中國人看美國的遠東政策

——對美遠東使節的臺北會議提幾點坦率建議

美駐遠東各地外交使節，在杜勒斯國務卿與主管遠東事務的助卿勞勃森主持下，於本月十四日至十七日齊聚臺北，舉行一爲期四日的檢討會議。這一會議雖屬例行性質，並無特定的重大的問題可資討論，但證之過去許多年來的歷史事實，美國遠東政策上的一切應興應革事項，以及對這一地區的長遠的政策設計，都是先從這種會議中產生最基礎的概念。尤其從去年八月底美國副國務卿赫特與艾森豪總統的特使李查茲因參加馬來亞獨立慶典之便，聯袂考察過遠東情況以後，世界局勢與遠東局勢都已發生了重大的變化。因此，這次美國遠東區使節的臺北會議，除了一如過去要檢討各駐在國內部的一般情況外，也要對這種重大國際變化所引起的影響加以仔細的估量。

從世界範圍說，去秋起蘇俄的連續發射洲際飛彈與人造衛星，使蘇俄在對亞非國家的宣傳上，無形中獲得了若干過去所不能取得的便宜。從遠東範圍說，這一年來也有三件事情值得我們特別注意。㈠是由於蘇俄及北平僞組織對東南亞各地的大規模經濟與滲透攻勢，這一地區所面臨的被顚覆與分崩離析的危險，不但沒有減輕，反而比過去任何時候還要嚴重。印尼的瀕於全面分裂與赤化邊緣，便是這一發展的一個最突出的表現。㈡由於去年巴黎會議決定開放對北平僞組織的禁運，以及美國宣布解除對大陸的部份新聞採訪及旅行限制的結果，使北平僞組織今日處在更易於對美國實行敲詐的地位。如去年十二月十二日美大使强生與王炳南間的日內瓦談判宣告休會後，北平僞組織即拒絕再行與會，藉以壓迫美國要在這一方面付出讓步；又如最近爲鮑威爾案尋求證據的辯護律師魏林，於進入大陸旅行數週後，北平僞組織即利用這位「自虐狂」律師的愚蠢天眞，重彈舊調，企圖壓迫美國由此簽訂一項司法互助協定。假若美國在日內瓦會議及這一司法爭執問題上稍作讓步，那麼北平僞組織對美國的更大敲詐與壓力又將繼之而來。㈢由於北平僞組織突宣佈將於本年底前從北韓撤退一切駐軍，以及北韓傀儡政權一再向大韓民國發出各種誘惑姿態，可以看出國際共黨今後將利用韓國問題作契機，企圖由此破壞東北亞洲乃至整個遠東的反共安全體系。今日自由亞洲及美國的整個遠東政策，正面對着國際共黨這一有計劃有步驟、非常狡黠靈活和惡毒陰險的擴張壓力。假若美國今後的遠東政策，或美國在遠東任何一地的外交政策稍有差錯，其所產生的影響將是不能想像的。

那麼作爲自由亞洲安定力量的美國，在面對這一强大的共黨擴張威脅下，今後應該如何作？美國應採取何種政策才能產生有效的反共成果而不致帶來相反的副作用？如何才能使美國反共的外交政策在遠東各地的廣大羣衆間發生共鳴的影響？如何使美國的想法與這一地區最大多數人民的想法協和一致？現在我們願以自由中國和自由亞洲與論一分子的立場，對這些問題坦率提出我們的看法，希望這次出席臺北會議的美駐遠東各地的使節，以及負責美國遠東政策的國務院各先生，於根據美國自己的觀察與情報舉行檢討之餘，也注意一下我們的這種看法。

首先，我們覺得現時美國遠東政策中一個應該堅定把握的原則——即這一政策中主導的靈魂力量，應該是擇善固執堅持不移的反共原則；也就是不與國際共黨妥協的原則，不向國際共黨示弱的原則。過去數年美國的遠東政策，若說並未與國際共黨妥協與示弱，則是事實；但若說根本沒有與國際共黨妥協與示弱的跡象或趨向，那又不然。今日國際共黨未在遠東發動大動亂者，主要就由於杜勒斯國務卿的不妥協不示弱政策所賜；但遠東局勢中一般滲透危險與不安的日趨嚴重者，也由於杜勒斯國務卿的妥協與示弱的各種傾向所使然。從一面看，杜勒斯國務卿的遠東政策是强硬與堅定的，但從另一面看，杜勒斯的這種政策又是軟弱與動搖的。杜勒斯國務卿可能發表一長篇的堅强反共演講，但每於這演講的結尾或字裏行間，我們又會發現一種妥協與示弱的晦暗的陰影。杜勒斯國務卿可能於今天大張旗鼓的宣布一堅强的反共政策，可是明天又會不聲不響中採取一些妥協與示弱的小行動。最明顯的事實表現在：杜勒斯國務卿一面表示不承認北平僞組織，一面却舉行日內瓦大使談判並希望這種談判若有需要將會三年五年的延長下去。一面表示堅決反對美國自己開放對北平僞組織的禁運，一面對美國西海岸商人與大陸間的暗地貿易往來又裝着看不到。一面表示絕不解除對大陸的一般旅行限制，一面又允許美國律師與美國公民前往大陸。一面聲明絕不改變對北平的態度，一如去年六月二十八日舊金山獅子會上的演講所表示；一面又在今年一月十六日對記者說：「任何時候；如果承認中共政權對美國有利，我們便將這樣作。」杜勒斯國務卿的遠東政策的本質既屬如此矛盾，在堅定中有一種妥協的傾向，在强硬中有一種示弱的趨勢，所以由此阻止國際共黨的有形的擴張來說，這一政策可說暫時是有點收穫的；但若說由此鼓勵自由亞洲的各國政府和人民產生一種堅强的反共意志，由這種意志產生一種不拔的信心，藉使其採取一種斷然的反共態度來說，美國這一政策可說是完全失敗了。由於美國自己對於國際共黨並未表現出百分之百的堅强，所以，我們就不能希望自由亞洲各國的政府和人民對共黨的態度會有如此的堅强；由於美國自己對北平僞組織存有不正常的幻想，所以我們也就不能責怪東南亞各國對北平存有幻想了。

事實上，要對付北平這個僞組織，正如對付任何國際共黨一樣，祇有堅强的態度和實力才能產生效果，任何善意的讓步與示弱的姿態，不但不會有何收穫，反而將招致更悲慘的結局。過去數年的遠東史實，已清楚提供了一個美國遠東政策應何去何從的指標，祇是美國雖經常檢討這一政策，但顯然並未從這些外交史實中發現出最所需要的有價值的敎訓。這就是一九五一年至五三年的韓國停戰談判，一九五四年夏的海南島事件，一九五五年初的臺灣海峽風浪，和自一九五五年八月一日開始的日內瓦大使談判。前三者證明祇要美國表示出堅定不移的態度，不爲威脅與誘惑所動，並於必要時不惜出之於斷然的軍事行動，北平僞組織終於會溫馴的軟化，逐漸接受美國所堅持的立場和原則。反之，如後一個例證所表示，美國若以一相情願的想法，認爲北平僞組織尚不失爲一可與之談判的對象，企圖尋求妥協，準備長期和平共存，那它的要求又勢將越來越大，終至於迫使美國付出它所預期的全部讓步而後止。所以我們認爲除非美國在遠東不堅持自由與人道主義的道德立場，除非願意聽任自由亞洲全部陷入共黨統治，否則，美國就得鍥而不捨繼續堅持反共的原則，不與國際共黨尋求妥協的原則，和不向國際共黨表示任何軟弱的原則。

其次，我們認爲戰後遠東局勢的所以混亂，使國際共黨勢力得以乘西方國家後退的空隙藉機滲入東南亞，不祇是由於東南亞各地經濟落後，民生困苦，抑且由於文化水準的低落，民智未開，和中等以上敎育的不發達。貧窮爲共產主義的溫床，已爲一般皆知之事，但民智不開則更易爲共產擴張作開路前驅，似尚未被各方所重視。貧窮決定愚昧，但經濟開發與生活水準的改善，亦並非立即獲致民智的相對進展。所以敎育情況的改進與文化水準的提高，在東南亞的反共努力上具有與經濟開發同樣重要的作用。

在促進東南亞的經濟與工業開發方面，年來美國和聯合國已予以大量的經濟援助和技術支持，另哥倫坡計劃各國也正推行一長遠的互助合作的努力。但在促進民智與發展敎育這方面說，現在的情況與過去相較，實際進展則遠不如理想。從緬甸至菲律賓及新幾內亞的這一廣大地區內，生存有約兩億左右的人口，試問自戰後以來這一地區的中等以上的學校增加了多少？這種增加是否與人口的增長成正比例？有多少青年已接受高等敎育成爲這些國家的建設所需專門，有用的人才？這一嚴重情況，特別表現在華僑敎育方面。在整個東南亞地區，華僑總數不下一千萬人，可是遍歷東南亞各地，除了在新嘉坡有南洋大學一所之外，實沒有幾所像樣的可供華僑青年以資深造的高等學府。甚至連像樣的中等學校，亦沒有幾所。在這種情況下，華僑青年或者就根本沒有好好受中等敎育和高等敎育的機會，或者就受北平僞組織的欺騙宣傳，紛紛前往大陸接受共產主義的奴隸敎育。等到這批青年被麻醉改造以後，再送返僑居原地，這批青年便無法脫離魔掌，遂成爲活躍的共黨滲透的細胞。最近年來，自由中國方面雖致力改變這一情勢，招收大批僑生來臺就學，但以人數畢竟有限，所以與東南亞華僑的實際需要相較，實仍無濟於事。新嘉坡今日的情況，已爲整個東南亞華僑的前途帶來了一種惡兆，若再不從敎育的普及與穩定，以求南洋華僑社會的政治與心理的穩定，整個華僑社會勢將都要步新嘉坡的後塵。今日開展東南亞各地的華僑高等敎育，自有很多經濟的、政治的、和敎育本身方面的困難。要想由各地華僑自己和自由中國方面單獨來解決這些困難，這一問題自屬不易。但假若由美國出面，以解決任何一個重大國際難題的決心與魄力，來嘗試就地解決這一華僑敎育的問題，這一困難就不是一個完全不可克服的難題了。例如美國就東南亞各地華僑集中之地如泰國、馬來、越南、印尼等地，各辦一所像樣的華僑大學，由美國負擔經費支出，由美國、自由中國與華僑所在地的當事國共同負責其他事項，協力爲之，這種大學一定會有很好的成就。這種敎育上成就，會帶來這種大學所在國政治上的成就，這種政治上的成就，又可帶來整個東南亞反共努力上的成就，也就是美國遠東政策上的成就。美國過去所以沒有注意到這一華僑敎育問題，一面由於習慣於頭痛醫頭脚痛醫脚的作風，沒有想到這一遠大的治本之圖，一面也是由於沒有充分認識華僑問題在長遠的意義上對整個東南亞問題的影響。現在是改變這一認識的時候了，也祇有美國改變這一態度，認眞注意此事，這一局面才有轉捩的可能。

第三，我們認爲美國遠東政策中的一項重要資產，是美國傳統立國原則的民主自由思想，可是美國在實施其具體的遠東政策時，却並未有效使用這一寶貴資產，未能充分發揮民主自由思想的道德力量，甚而往往與民主自由思想完全南轅北轍，背道而馳。例如：美國在其國內實行民主自由，尊崇法治，可是在遠東，美國並未推行民主自由政治，而是支持不自由不民主的政治。美國在國內竭力宣傳兩黨政治，倡導黨派之間的公平競爭，可是在遠東，美國却極力維護一黨專政。美國在國內認爲軍人的不得干政是神聖不移的原則，如罷免麥克阿瑟之事，可是在遠東，美國却容忍或鼓勵各種各樣的軍人獨裁政權。美國在國內，認爲人權、自尊、公正等等觀念，爲國家立國的最高準則，可是在遠東，美國將這些崇高理想，連同林肯總統的平等觀念，威爾遜總統的平民路線，羅斯福總統的四大自由，完全置諸腦後。所謂羅斯福的四大自由，就是言論自由，信敎自由，不虞匱乏的自由，和不虞恐懼的自由，可是在今日遠東，除了日本以外，沒有一個國家具有眞正的言論自由，至於不虞恐懼之類的自由，在遠東各國比言論自由更難獲得。美國在國內，認爲政府隨便侵害人民基本權利與干涉司法獨立，是不可想像的事情，可是在遠東，美國却支持各地的政府，對其人民實行專橫的法外的特務統治，而毫不有動於中。美國在國內竭力反對貪汚，厲行淸明政治，可是在遠東，美國却支持各國的貪汚政府繼續爲所欲爲。杜勒斯國務卿的一切外交演講，都特別重視道德與宗敎信條，可是美國在遠東政策上的一切作法，却與人類的抑强扶弱，拯濟無助的道德標準相去很遠。美國曾與遠東各國實行敎育交換計劃，但所允前往美國者，最大多數是屬於各國特殊集團的子弟，而未盡到切實培養各國優秀人才的目的。美國年來予東南亞各國的經援，爲數相當可觀，但這種經援一大部份經過幾度轉變之後，最後都落到各國少數既得利益集團的私囊，並未使各國人民大衆均受其惠。去年在寮國與巴基斯坦所發生的美援貪污事件，便是一個活生生的例證。結果美援使各國的少數統治階級更進一步强化其不合理的腐敗統治，變得越來越富，而一般大衆的生活水準却愈趨愈低，愈缺乏政治上的發言力量，各國內部的政治秩序亦愈形混亂與不安。

實際上，今日的東南亞各國正在進行兩種歷史性的鬭爭。其一，在求民族的獨立解放，想澈底擺脫舊日帝國主義的羈絆，建立一個現代化的國家；其二，便在求從各國內部封建的落後的半法西斯的獨裁統治下解放，以建立一個民主自由的新政治秩序。美國戰後幫助東南亞各國爭取獨立，接着並予以大量的軍經援助，使這些國家的民族安全得以保障，美國的貢獻彌足珍貴。但歷史事實證明，美國祇支持東南亞國家完成第一種使命，却忽略了更重要的第二種使命，結果各國的民族獨立雖已獲得，而這種民族獨立所獲得的成果，却完全落入各國少數統治集團的掌握。正如美國作家海明威的「老漁夫」一樣，雖費盡氣力捕得了大魚，結果却祇剩下了骨頭。對於遠東各國的一般人民講，民族獨立以後，在其國內的不合理的落伍統治下，一般人民連骨頭都未得到。所以影響所至，東南亞各國的人民便對美國發生了反感，美援越多越積極，這種反感亦愈甚。過去美國完全不明瞭這一根本道理，所以頗爲奇怪何以美國對他們的援助反而招來了惡感，現在美國應該可以瞭解了。

美國在支持東南亞各國實行第一種歷史使命時，採取軍經援助的辦法。今後美國要支持東南亞各國實行第二種歷史使命，就得採取軍經援助以外的新辦法。這種新辦法便是在東南亞各國實行一種政治、文化與道德的新援助計劃。所謂政治、文化與道德的新援助者，實際就是民主自由思想的澈底發揚與實踐，使美國的遠東政策具有一種堅强的精神動力之意。假若美國在制定其遠東政策時，把政治文化與道德的援助視與軍經援助同等重要，作爲外交政策的一個重心目標時，那麼東南亞各國內部現時這種政治上的各種黑暗、不民主、不公正的情形，就會很快獲得改正。如是東南亞各國的廣大人民才會對美國發生好感，才會培養出一種穩定社會的新生力量，才能使美國的外交政策在各國內部建立深厚基礎，才能使美國對這些國家的軍經援助發生眞正的效力。

美國駐遠東各地外交使節也許不免要提出美國過去不是也很注意政治、文化與道德方面的努力，何以就沒有發生這種效果？誠然，美國在過去多少也曾注意到這些方面，但由於各種認識上和方法上的錯誤，使美國在這方面的作法，結果祇限於一種希望和說法，並未成爲一種眞正的外交政策。那麼這種錯誤是什麼？㈠美國過去在東南亞各國，祇注意抓上層，走官員路線，與少數的統治階級聯絡密切，廝混得很熟，使這些少數特權人物可以作到開口美國友誼，閉口美國偉大，但把眞正的人民大衆忘記了。而國際共黨却與美國反其道而行之，它們專門走羣衆路線，把所有功夫用在下層，所以在平常時，這些國家往往上層親美，下層反美，及至一個變亂到來，美國所支持的上層階級一夜之間被推倒，對美關係立刻發生變化，而國際共黨却穩紮穩打，很輕易的就控制了這個國家的羣衆。既然抓上層，走官員路線靠不住，所以經由這種方式而進行的政治與文化等作法，自然也就可想而知了。㈡美國過去在東南亞各地，完全採取一種消極適應現實的保守作風，而缺乏積極的作爲。對於政府不論如何壞，美國總是表示支持，明日又一個政府比過去更壞，美國也是照樣支持。美國這種作風在各國大多數人民看來，不祇表示美國的無能與外交上的鄉愿態度，也使他們產生一種誤解，以爲美國總是喜歡壞政府。在這種情形下，美國的一切宣傳與政治上的作法，便談不到好的影響了。㈢是由於美國所標榜的不干涉各國內政的態度。美國以爲不干涉各國的內政，就可以避免牽入各國的內爭漩渦，不致引起各國政府更迭所帶來的困擾。其實所謂「干涉」一辭，是有各種程度與方式上的不同。要把某一友邦的各種問題都予以干涉，也許並不一定需要；但作爲美國這樣一個國家，有時其決策將嚴重影響另一個國家的存亡命運時，所謂完全不干涉說法，不祇不切實際，而且亦是行不通的。要美國出面强使某個國家的某人組閣，或某人擔任某職，這類的干涉是一種帝國主義的行爲，自然不應該有。但爲了共同的利益要求某一國家須在某些方面採何政策，必須堅持某項基本原則之類的干涉，實際上正是實踐美國這一地區外交政策的必需步驟。難道美國眞的不干涉各國內政嗎？美國對東南亞的軍經援助，都是附有政治條件，都嚴格規定有如何使用的詳盡細則，不得絲毫違反，可是並沒有用這種軍經援助作手段，來達成改造各受援國內部政治民主與經濟合理化的目標。假若美國今後改換一個方式，把這種經濟援助的重心不專放在各國的政府，一面也放在各國的人民，或嚴格規定凡接受美援者，必須遵受國內言論自由，保障人權，一切案件公開審判，經濟政策須符合平民大衆利益，及司法獨立等爲前提條件，那我們相信東南亞各國沒有一國的人民會反對這種干涉。而今天美國所作的，不是爲受援國的人民利益或政治社會的進步着想，而祇是爲短見的美國利益着想，所以對於東南亞各國的人民大衆，美國的這種作風，便失去了政治上的誘導意義。

以上我們對美國遠東政策的各方面作了一番坦率的批評。假若美國出席臺北會議的外交使節或東南亞各國當局對我們這一態度持有異議，認爲這一說法不符事實，那麼就聽美國自己所講的話吧。去年十一月三日美大法官道格拉斯，在華府發表了一篇電視廣播演講，其中一段說：「我們在與蘇俄爭取世界人心的鬭爭中，顯已遭受挫折。我們在國外的許多作法，好似爲一位將軍所爲，而不像一位傑斐遜或一位林肯的所爲。我們在國外的關係應建立於各國人民的身上，建立於人民的夢想與希望上。我們更要支持眞正的民主力量，不應支持腐敗的反動派」。這篇演講表示美國在亞非各地、在東南亞極力支持各國腐敗的反動派，而不去積極支持眞正民主力量的作法，就是在美國內部也已引起了許多有識之士的寒心與隱憂。

這次美國遠東使節的臺北會議，顯比過去類似的會議更重要。一是這一會議首次在反共抗俄最前線的臺灣舉行；一是這一會議聚集了美國外交決策層中這樣多的第一流遠東問題與共黨問題的專家，使這一會議更生色不少。一個新的美國遠東政策，顯然將要從這一會議中萌牙產生，那麼現在參與這次會議的美駐遠東各使節，對今後遠東大局的如何發展，實負有一種歷史性的任務。

社論

(二)

究竟誰在給共匪利用？

最近香港的「自由陣線」週刊發表了張君勱先生的一篇談話，以及李璜、左舜生、張發奎、伍憲子四位先生的響應文字，在我們這裏頗引起了一些騷動。「自由陣線」是一個反共態度至爲鮮明的刋物，每期發表的反共文字不僅數量甚多，並且內容尖銳而深入，其水準還在我們這個反共基地的公式化反共宣傳之上。但這個刋物，因爲也經常批評政府，在臺灣是禁止進口的，絕大多數人都關心張先生等的談話，却根本沒有機會看到原文，以致更加的以訛傳訛，驚相伯有，以爲海外反共人士不知發表了什麼荒乎其唐的論調。其實此種反共刋物之禁止進口，本來已經不該。現在却又由於不准進口而增加其神秘性，那就更不值得。

我們也祇是由於偶然機會看到了那一期的「自由陣線」，對張先生等的那幾篇文字，仔細咀嚼，也發現不出什麼「大逆不道」的處所。我們認爲應該把那幾篇文字的要點介紹出來，以明眞相，是是非非，可留待各人自本良心作公平的判斷。

第一篇不是文章，而祇是張君勱先生於本年一月二十三日在舊金山對合衆社記者的一段談話，相信它還是從英文翻譯的。張先生表示：臺灣的政府官員會和他接洽，並告訴他，「這是返國的良機。」他說：「我常願返國服務，但要條件許可。」「當我看到國民黨眞的努力從事時，我便會返國。」他所稱的條件有三：一、「憲法必須被遵守。」二、「軍隊必須不受政治影響、不受國民黨或任何其它黨派的節制。」三、「內閣必須對國會負責，而不是像現在一樣對最大政黨負責。」在他整個的談話裏，分量最重的一句話是：他懷疑國民黨或蔣總統「會實踐其新方案所許下的諾言。」

另外四位先生的文字主要都是表示對張先生主張的支持。李璜先生特別指出今日的情形與抗日戰爭時的情形不同：「今天去反共復國，最主要是一個原則之爭，民主原則與極權專政之戰，而仍只用『國家』這個大帽子想把意志集中、力量集中於軍事第一、領袖第一之下，便不够了。」他最後說：「如果說，獨裁政治也可打倒共黨極權，我們不敢相信。如果認爲非獨裁不可，則大家各行其事好了。」左舜生先生特別不滿意於軍隊中「效忠領袖」的宣傳，他認爲這樣的軍隊，不僅不能稱爲「國軍」，甚至也不能稱爲「黨軍」。他說：「現在中華民國的黨、政、軍大權，還是掌握在最高當局及其實際繼承者的手裏，這個形式不起根本的變化，在今天的臺灣，決無所謂民主，也決無所謂憲政。」他最後說：「我希望今天留在海外的反共民主人士，應該多多考慮自身的問題，對臺灣不宜多存幻想。」如果說李左兩位先生的文字過於刺激，則最「刺激」的詞句也不過如這裏所引。張發奎先生的意見至爲簡單，事實上祇有一句話：「我認爲祇有照着君勱先生的說法去做，才能够推翻中共政權，也才能够把中華民國建設成一個眞正自由民主的國家。」伍憲子先生祇是嚴正的提出主張：「今後中國眞欲引政治上民主軌道，國民黨應自動退處於普通政黨之列，萬不能再留戀殘夢，繼續爲專政之黨。至於民主人士，更應破除小圈子之見，努力爲大團結之運動，必要在國民黨之外，組織成一個有力量與國民黨對立之大政黨，方算得具備行憲之機能。」

有一點附帶可以提起，即那一期的「自由陣線」，在標題上有兩處逕稱蔣總統之名。這在我們這裏養成了提到總統必需空格的習慣的人們看來，可能有點刺眼。其實這也算不得什麼。在民主國家，人民在文字上與口頭上直呼元首之名，稀鬆平常。即連我國，在民國初年也是如此。我們值不得爲這一點事大驚小怪。

對海外民主反共人士的態度表示，我們這裏的政府當局已認爲是一種「離心運動」。當然，他們所指稱的離心運動，並不專指張君勱先生等幾位而言，凡是以較爲率直的言詞批評政府而不願作阿諛頌揚之詞者，以至於「不聽話」的民意代表等，都一律的被目爲離心分子，本刋當然很明顯的亦在其列。我們於此不能代表他人辯答，却不能不把我們自己的態度强調表明。我們當然不滿意於當前的政治，但根本沒有想到離心不離心的問題。我們基於認知，感覺到自己負有責任，不得不以率直的言論去推動政治的改革；我們鼓吹成立有力反對黨，也是爲了推動政治的改革。我們不管實際上是否推動得了，我們仍然認爲必需盡其在我。如此而已。

本來，政府當局倘若感覺到有一種離心運動之威脅，應該算是一件好事。這至少說明政府並不麻木；倘若再進一步，它還可以促使當局的反省。如果確有離心運動存在，政府倘能平心靜氣去研究一下它之所以發生並發展的根本原因，並且從根本上去予以補救，則不僅離心傾向可在無形中消滅，而且可以大大的提高政府的威信，並增加反共的力量。政府誠能做好，則張先生就可以自動回國，李先生不會表示要各行其事，左先生也不會勸人對臺灣勿存幻想。他們那些稍稍顯得激烈的言詞，是長期間失望所引起的當然結果，其所以失望，原因是在政府，而不在他們幾個人自身。

我們誠不能斷言政府無絲毫改革的動機。如最近爲行政改革，要成立機構研究方案，行政院並已宣布要歸併治安機關，並將其他十二個駢枝機構裁撤。這些擬議與行動，雖不免過於遲緩與枝節，我們仍對之保有期望。但除此之外，就甚少有足以叫人興奮之事。當局所更感興趣的，似乎還不在厲行改革，而是準備用一種抑制批評的方法來在形式上消滅離心運動。他們呼籲團結，他們要求建立所謂領導中心。本來，團結是無人會反對的，但是我們仍然要反對那種藉團結之名來掩蔽一切弊政的企圖。至於所謂領導中心，則更不能不使人聯想到這是爲了要延長專政的局面，尤其容易招惹反感。本來一切施政出於政府，它是當然的中心，用不到去強調，我們實難想像除了整個政府的當然領導之外，還可以有什麼中心產生出來。這所謂中心，究竟是個人，還是全體政府以外的什麼小集團？這種口號，祇顯示鞏固權力及保護既得利益的動機，還是超過了一切。

爲消滅對時政的批評與指責，除了上述的團結與領導中心以外，還有一句常常被用來壓人的話，那就是「勿爲共匪利用」。他們似乎是這樣說，批評太多，就足以使家醜外揚，供給共匪以宣傳資料，以致損削了大陸人民與海外人士對政府的向心力。這一種說法，還是比較客氣的，有些人甚至乾脆指批評者直接執行了共匪所賦予的打擊政府威信的任務，批評就等於是匪諜行爲。對於這種說法，我們已感覺無法講理，因爲他們可以公開的表示說話不必合乎邏輯，但是，所謂爲共匪利用的問題，却不能不辯。

當然，在互相敵對的兩個政治集團，這一方面多一件壞事，就是使敵對方面增一宗資產。我們反共人士內心是不願共匪做好的，實際上在共產專政的原則下它也無法做好。反過來，共匪當然也祇怕我們做好。而我們的情形是應該做好並且可以做好，而竟不能做好，這才眞正是反共人士所至感痛心的。眞正有利於共匪的，是這些弊政之存在，決非希望糾正這些弊政的批評與指摘。倘若沒有這些事，批評與指摘，又豈能無的放矢。縱令有少數惡意者吹毛求疵，甚至無中生有，政府可以辯白，聽者也不會盲目的予以附和。政府當局以爲現在的公開批評，已經演變到了「放縱」的程度，但是他們却不去聽聽民間耳語，對時政是怎樣一種觀感。公開輿論所反映出來的，事實上祇是極小極小的一部分而已。爲共匪所利用的是此種弊政本身。共匪正希望弊政永不革除，因爲弊政不除不革，我們就永遠不會有反攻復國的眞實力量。說批評指摘爲共匪利用，那無異是患病拒絕服藥，却反而痛恨醫生、仇視醫生、怪醫生不該把病症診斷出來。我們要提出警告：如果這種病者諱疾的心理不加改變，不怪自己不做好，而祇怪人家批評，那麼即使批評之聲從此沉默，這個艱危的局面終於會有維持不下去的一天。

也許有人會提出這樣的辯答：如果批評得對，那是可以的。但現在的批評却已過分，那些批評不提政府好事，而專挑剔出壞事來攻擊。甚至還有人說政府根本沒有什麼不好，臺灣無論在政治、軍事、經濟、文化、教育等一切方面都莫不飛躍進步，所謂做得不好，完全是批評者編造出來的。果眞一切都是出於人們的挑剔與編造，那麼批評者眞是罪該萬死了。但我們仍須辯明一下事實究竟如何。

我們承認，批評者也不能句句話都說得對，所謂言多必失，一兩句話說錯是可能的。我們也承認，政府與執政黨也並不是一件好事也沒有做。但表揚好事，也不宜流於阿諛，否則就祇有不良的影響。爲此，一些嚴正的批評者，即對於他們所支持的政府措施，亦不願作溢美之詞，而仍保留分寸。雖保留分寸，却絲毫沒有抹煞的動機。即以本刊而論，如總統在去年雙十節提出六項自由，我們就會在社論中予以贊揚。無奈在此以後不久，就發生了公論報總主筆被捕事件，而其被提起公訴的「罪狀」，僅僅是對於一個在二十多年以前曾一度參加共匪組織而早已確實脫離了的朋友「知情不報」，這樣的罪狀，豈能服人？這樣的事件竟在總統提出六項自由以後發生，豈不令人氣短？

說批評者完全寃枉政府，那是無法令人折服的。張君勱先生說政府沒有遵守憲法，這並無錯誤。如果政府能恪遵憲法，何以軍隊裏有特種黨部？何以立法院不能討論軍事預算細目？何以監察院不能調查中央銀行帳目？何以國防會議、青年救國團之設立可以不經由立法程序？這是顯而易見的一些項目，至於選舉之受非法控制，司法之受行政干涉等個別事件，更是舉不勝舉。言論自由的尺度誠見放寬，但基本人權的保障依然未能建立，被拘留者一兩年不予審結，長期的不判不放之類的事，依然司空見慣。至於政治風紀，近年來尤趨下坡。省府遷移，發生了徵購地皮的貪污，營建的貪污，裝置衛生設備的貪污，購買傢俱的貪污，配購木材的貪污，配購水泥的貪污，幾乎無往而不貪污。現在此類貪污雖在法辦之中，而前省主席嚴家淦居然可以絲毫不負行政上的責任，依然貴爲行政院政務委員和行政院美援運用委員會主任委員兼經濟安定委員會副主任委員，最近還被指派爲行政改革委員會的委員。這一切的一切，才眞正的爲共匪所樂聞、所利用。去年一年之間，我們實在極難找出什麼值得稱道的政府措施，所聽到的祇是如殷臺造船公司那一類的建設，以及免試升學那一類的革新，實也難怪政府當局要感到離心運動之趨於顯著了。

我們自始抱持與人爲善之心，即使事實已把我們逼迫到絕望邊緣之時，我們仍想強自支持，保存希望。但我們却不會動搖對民主自由的信念以及爭取的決心。正如李璜先生所說，當前的問題是一個原則之戰。如果民主自由仍然是建國目標，則提倡民主自由者，豈能被誣衊爲共匪的同路人！如果有人認爲民主自由根本要不得，非予以抑制不可，請坦白明言。權力者要抑制民主自由，那是一定可以做到的，但我們將面臨一個「道路以目」的時代。何去何從，我們仍願當局作深長的反省與考慮。

自由世界十病

李中直

(一)

自從第二次世界大戰結束之後，以兩種不同政治制度為中心所結集的兩個集團之間的衝突便正面地開始了，不用說誰都知道，在這衝突中的兩個集團之中，其一是共產世界，其二則是我們的自由世界。在這種衝突中，衝突者的勝利恒決定於兩個基本因素：㈠決定於衝突者所定的基本方向；㈡決定於衝突者的努力。在這兩項基本因素中，若任何一項發生嚴重缺陷時，則身負此嚴重缺陷的衝突者，就只好將勝利恭送給對方。

我相信自由世界所走的基本方向——粗略地說，自由世界所走的基本方向亦即是自由、民主和人道主義的方向——是沒有問題的，問題只在自身的努力如何。

在氫彈、越洲飛彈和人造衛星（美國人造衛星的放射僅是數週或數月內之事，其品質並將較蘇俄所放射者為佳。）一類的武器未出現之前，「自由世界或傾向自由世界的」人們總以為要戰勝共產集團，最後必取決於一場世界規模的戰爭，亦即是第三次世界大戰。在這一假定之下，於是人們因專務於準備有形的戰爭，乃忽略了謀求對自由世界的很多根本問題之解決。

上帝似乎是在給日夕期待第三次世界大戰的人開玩笑；人們越是期待另一次大戰，而這另一次的大戰就偏偏無影無踪。特別是在各種毀滅性的新武器陸續登場之後，新世界大戰的可能性更是日漸減少；現在這種可能性雖然還沒有等於零，不過已相距不遠。

在這裏有一點我必須指出的是，我之强調第三次世界大戰爆發可能性的微小，並非在說，自由世界過去不應該積極備戰，或從今以後不應該再繼續積極備戰。在第二次大戰結束之後，第三次大戰爆發的可能性之所以日漸減少者，乃是由於敵我雙方競相積極備戰的結果。陶蔭鄙(Arnold J. Toynbee)說得好：「在歷史上，從來沒有發展出一種能够取消戰爭的條件，但自從氫彈出現後，取消戰爭的條件似乎形成了。」當陶蔭鄙作上述聲明的時候，不但人造衛星或越洲飛彈尚未出現，甚至於連一千五百英哩左右的中程飛彈亦尚未試驗成功。然而，在陶氏聲明後三年還不到的今天，中程飛彈、越洲飛彈、人造衛星，都紛紛登場了。從科學演進的歷史來看，我們可以很有把握地斷定，在不久的將來必然還要有更利害的武器出現。假定陶蔭鄙之武器發展可以取消戰爭的理論具有眞實性時，那末我們就可以說，縱使兩大集團現有的武器尚不足以取消戰爭時，但不久的將來雙方必將擁有可以取消戰爭的武器。

共產集團從事軍備競爭的原本動機有二：

㈠它經常恐懼自由世界會干涉它的內部問題，為了阻止它認為的可能之干涉，因此建立强大的軍備以與自由世界對抗；

㈡建立强大的武力，以構成它對其擬進行赤化的國家人民之一種心理上的威脅。

共產黨人一向就認為，他們赤化世界的主要武器是階級鬭爭而非射擊戰爭；直到現在為止，多數共產黨人還仍然認為，他們無須透過三次大戰即可赤化全世界，而他們之必須建立强大武力者，不過用來作為其赤化世界之附庸工具而已。當然，當共產集團發現其武力已遠超過自由世界，而後者更無還手之能時，它當然也會老實不客氣地使用武力來完成其赤化全世界的工作。因此，除非共產集團已被澈底消滅，或其力量已變得不足道時，否則，自由世界的備戰或從事軍備競爭的工作必須繼續進行，直至戰爭的可能性根本消滅為止。

今天我們雖不能百分之百肯定地斷言，第三次世界大戰已完全失掉其可能性，然而可能性之不大是可以斷言的。現在的問題在：假定第三次世界大戰果眞永不能發生時，那末，難道我們還能坐等共產世界的征服嗎？

我相信任何不甘為馬克斯主義者所奴役的人們，其對這個問題的答覆必然是否定的；誰也不願坐等敵人的征服。可是，所謂不甘坐等敵人的征服也者，不過是一種心願而已；至於一種心願之是否能如願以償者，根本上須看體現此心願所作的努力之效果如何。我在前文中曾經指出：在我們的自由世界中，「人們因專務於準備有形的戰爭，乃忽略了謀求對自由世界的很多根本問題之解決。」俗話說：「種瓜得瓜，種豆得豆。」我們自己因不謀求根本問題的解決，結果就會發現我們的世界裏處處有問題，到處有毛病。但是，一隻千瘡百孔的破船是經不起暴風雨的吹打的。今後，要想使我們生命與共的渡船衝過暴風雨的襲擊，安全地抵達彼岸，那就必須首先把這條船修好。

自由世界的毛病之多，實不勝枚舉，但在不勝枚舉的毛病中，其中有十病我覺得最具關鍵性。現在先把這十病列舉在下面：

①自方言文學運動，特別是自民族國家形成之後，西歐即開始了民族割據；這一民族割據的形勢至今未已。

②西歐人對殖民地的掠奪是歷史的嚴重罪惡之一，到現在為止，西歐仍有若干國家擁有大量的殖民地。

③種族歧視曾使美國人付出了一次南北戰爭的代價；到現在為止，美國人對有色人種歧視的毛病仍非常嚴重。

④以今天全世界的人對美國人的感情而論，共產黨人或親共份子之痛恨美

國人固不足怪，然而反共者對美國人亦並不喜歡，其所以然者，實在是由於美國人太傲、自大和處處表露優越感之故。

⑤因爲中國人是有色人種，因此西方國家和聯合國至今仍歧視中國難民，忽略對中國難民問題的解決；這乃給於共產世界絕好的宣傳資料。

⑥鼓勵亞非人民和一切有色人種以與西方敵對，是自列寧起共產集團的一貫策略；到現在爲止，多數能够容納移民的西方國家，仍然繼續對有色人種持歧視政策。

⑦南非聯邦境遊的歐籍人對其國內的有色民族迄今仍然推行着近代歐洲人最野蠻時期的政策；這乃提供給共產世界一個反西方、反資本主義和反自由世界的最好條件。

⑧到現在爲止，亞非地區內還有很多國家，儘管在立場上是反共的，然而她們也反對民主；這使亞非地區本身不能形成强大的反共力量。

⑨印巴關於克什米爾的糾紛至今未能解決；這一方面使世人懷疑印度民主的本質和尼赫魯的人格，而另一方面則提供共產世界一個赤化該兩國的絕好機會。

⑩西方國家的人民既不懂東方語言（就大體而論），亦不熱心研究東方文化；結果是他們不懂東方，輕視東方，而另一方面亦失掉了發展他們自己，或健全他們自己的一項良好機會。

（二）

在把自由世界的十病作了一般展示之後，下面再讓我對這些病症分別作進一步的批評。

在上述的十病中，頭兩病純然是歐洲人的病患。就着自由世界在未來克制共產集團的形勢而論，歐洲人和歐洲這個地區都是非常重要。因此今天歐洲人的病，也就是整個自由世界的病；歐洲人與自由世界其他部份無不同病相憐。

近代歐洲之所以日趨於衰落，並非歐洲人之沒有理想，而是他們對其理想不能誠而明之，不能把一種理想轉變爲其地區人民的普遍情操。這乃形成了歐洲人的人格分裂症。他們用概念思考的方式得出一種理論，然而他們却不能經常服膺其理論。從浮面上看去，他們似乎已產生了一種偉大的理想，然而當這種理想一旦被孕育出來之後，即遠離歐洲人的腦際，天馬行空，很不容易再退轉到歐洲人的內心而發爲相應的行動。這種人格分裂症所表現的具體現象是：他們在歐洲經常喊非攻的口號，然而却終年不停地在海外掠奪殖民地；他們在其自己國內高唱自由、平等、博愛，但在殖民地裏却經常表現與此等理想相反的行動；他們在人性上從來就認爲一切人都是一樣的，然而他們在心理上總覺得有色人種是劣等民族；他們明知歐洲統一是歐洲人全體的幸福，然而他們偏偏要長期地實行民族割據；……。結果是歐洲人一方面創造了近代文明，而另一方面則表現了與其所創造的文明同樣「高度的」野蠻；歐洲可以說是十八世紀、十九世紀以及二十世紀初期的世界之主宰，但經過第一次大戰之後，它即一蹶不振，而隨着第二次大戰的結束，它乃墮爲北美和蘇俄之附庸。從具體問題上來看，歸根結蒂，還是他們犯了具有因果關連的兩個錯誤；在內實行民族割據，對外則進行殖民地的掠奪。今後歐洲人無論爲了自存也罷，爲了想在世界上產生重大影響也罷，都必須積極地改正這兩個錯誤。

歐洲過去既然病在分裂，醫治之道卽是積極設法統一。

「歐洲統一」本來是歐洲有識之士一百多年來的老調，然而絕大多數的歐洲人因爲病疴沉重，對於促其覺醒的呼聲竟是充耳不聞。不過，一個在地理形勢和文化淵源上本來應該是統一的地區，總不能永遠分裂下去；只要人類不毀滅，歐洲遲早是要統一的。當歐洲統一陷入在「理論」不能見效的情形之下，在第二大戰結束之後，忽然又來了勢迫；因不統一而作附庸還不是頂嚴重的後果，頂嚴重的是隨時有被蘇俄或在大戰中毀滅的危險。於是歐洲人着荒了；對於歐洲應該統一的說法已能逐漸理解。不過雖然如此，歐洲人從事統一的行動仍然是太緩慢，趕不上東西間問題發展的形勢之需要。不過在現階段的歐洲統一只能就西歐說話，亦卽是就着許曼計劃下的六個西歐國家說話。等到這六個國家的統一粗具規模之後，瑞士和奧地利亦必將加入。至於北歐、伊比利半島以及東歐諸國之加入，那就是另一問題了。

到現在爲止，西歐六國已統一了關稅，鋼鐵的經營，原子能的經營和市場等，而更重的政治和軍事的統一還遙遙無期；但留給歐洲人做統一工作的時間已經不多了。

歐洲的第二種病既病在殖民地的掠奪，因此要醫治這種病的卽應該：第一、儘速扶持所有殖民地走上獨立之路；第二、對有以前殖民地的人民做贖罪的工作。

自從第二次大戰結束之後，英國人已先後放棄了他們以往所擁有的殖民地之絕大部份，並且能够相當地對其殖民地在走上獨立的途中，盡扶持的義務。在這一工作上，英國人做得最好，而其他所有歐洲擁有殖民地的國家，無論是荷蘭或比利時，法國或葡萄牙，都還沉睡在往日殖民地的夢幻中，沒有覺醒過來。荷蘭人絕不肯放棄東印度羣島，法國人亦絕不願意放棄越南，而印尼之和越南所以終能獲得獨立者，完全是他們經過一番流血鬪爭換來的結果，法國人和荷蘭人的這種作風太不體面了。最可笑的是，在英國人已經放棄了那樣大的一塊印度半島之後，而法國和葡萄牙還要繼續在印度半島上擁有幾塊彈丸之地。

早在列寧時代，第三國際卽已定下了利用亞非地區民族主義的情操以打擊西方世界。在這一點上，列寧果然有其獨到的見解；幾十年來世界共產主義主要地就是利用了亞非地區民族主義的 力量把西方國家 打得節節敗退。現在西方國家所面對的空前利害的敵人仍是世界共產主義，因此，假定歐洲若干擁有殖民地的國家仍不能從其往日的夢幻中覺醒時，則共產主義者仍可有效地繼續利用亞非地區民族主義的力量，以打擊自由世界。這是歐洲國家不能不面對的問題。

(三)

上述十病中的三四兩種病是純然屬於美國人自身的病。美國是今天自由世界中實力最强大的國家，是自由世界的臺柱。假定這根臺柱因內部腐朽而斷頹了的話，則整個自由世界這一個舞臺，也將隨着傾倒了。因此，歐洲人之病固與整個自由世界同病相憐，而美國人之病更與自由世界其他部份息息相關；自由世界任何一分子之病無不與其他部份息息相連。此理自明，無待解釋。

種族歧視可以說是現代世界文明中最汚穢的部份之一，而今天在全世界中，除了南非聯邦的歐籍人之外，美國人(指美國白人而言)竟是患有種族歧視病最厲害的民族之一。粗略地說，一個患有嚴重的種族歧視病之民族，其文化中必然也存有深刻的毛病。至於這其間的關係如何，不在本文討論的範圍之內；本文要討論的是，在我們與共產世界的鬥爭中，像美國這樣一個重要的國家，其國內存留着嚴重的種族歧視問題，因而會產生如何嚴重的後果。

共產集團與自由世界的鬥爭，從一種意義上來說，可以說是基於兩種理想的試驗之競存；它與以往任何類型的民族與民族之間的鬥爭迥不相同。傳統的民族與民族之間或國與國之間的鬥爭，主要地決定於鬥爭雙方所擁有的具體力量，但這一因素在自由世界與世界共產主義的鬥爭中雖不能說不重要，但並非決定性因素。在一八四八以前，甚至於在一九一七以前，世界共產主義並沒有擁有如何的具體力量，然而在第一次大戰結束後，它卽建立起了一個以莫斯科爲中心的共產主義堡壘，第二次大戰結束後，這個堡壘卽控制着歐亞大陸的主要部份。共產世界的具體力量所以能够迅速地擴張者，並非靠着原有的具體力量對外決鬬的結果，而主要地是靠着它的理想和制度試驗的局部成功。因此，今後自由世界在與共產主義的鬥爭中，只憑實力是不行的。因爲實力充其量只能把對方的實力暫時消滅；然而在消滅了之後，它仍然可以死灰復燃，而況在大戰漸漸不可能的情形之下，實力之爲用又更不如以往了。

共產黨在很多方面都是以一大宗教的姿態出現的。它宣稱：全世界的人，無分種族膚色，都應該享受同等的權利。這是世界共產主義能給與西方世界以外各民族的最大誘惑，然而對於這一誘惑，美國人(就一般而論)竟然充耳不聞。自從第二次世界大戰結束之後，在全世界的反共鬭爭中，美國人卽無可推脫地居於領導地位，但在美國國內還依然盛行着種族歧視的情形下，美國的領導工作是做不好的。因爲在這種情形之下，非西方世界根本就瞧不起美國這個國家，並從而對於植根西方文化的民主發生懷疑。

杜勒斯在沒有做國務卿以前所寫的那本「戰爭或和平」中，曾一再地慨嘆：美國人的精神力、道德力破產了！美國在世界上全無號召力！美國人精神上太空虛了，他們對於自身的安全時懷恐懼！

那末，美國人爲甚麼會表現的如此衰敗呢？

杜勒斯的答覆是：信仰與行動的脫節。我相信這個答覆大體上是不錯的。

自由世界用以反共最具代表性的武器是民主。然而不幸的很，對於這項最具代表性的武器，我們並沒有能運用得很好。這類代表性的武器之在若干弱小國家運用不好，其後果尙不甚嚴重，而像美國這種居於領導地位的國家，若也不能有效地運用此一武器時，問題就十分嚴重了。

某種程度的民主，在美國建國之始就已經存在了。然而從美國建國到現在，已經快兩百年，美國的民主確沒有本質上的進展。在一七七六年前後，北美地區內卽存在着種族歧視的問題，而這種種族歧視到今天依然存在，甚至於在若干方面，今日美國人所表現的種族歧視，更過於以往。但種族歧視的行爲是違背民主原則的。

民主的另一種原則是，內政和外交二者所涉及的道德原則必須一致。如我們在前文中曾指出的，歐洲人只是在其國內才實行民主，而對外則實行武裝侵略，作殖民地的掠奪。這結果造成了歐洲人的人格分裂症，使歐洲日趨於衰落。而今日美國在這一點上所犯的毛病雖沒有當年歐洲所犯的嚴重，但已足以破壞她所奉行的民主原則了。具體地說，美國在這一方面所犯的錯誤是：她經常在自由世界其他地區，强制着推行她一相情願的政策。譬如在雅爾達會議時的羅斯福之越俎代庖，馬歇爾的來中國調停內戰，以及其近年所推行的雙邊協定等等，都是美國在外交上所表現的不民主作風之傑作。我們從近年美國的這種作風推上去，可以推溯到老羅斯福的「巨棒政策」，以及在門羅主義的名義下對拉丁美洲所表現種種的跋扈作風。實在說來，美國在外交上的不民主作風，確是淵遠流長，有所自來的。他們在外交上的作風之所以如此，乃是基於一種極其可卑的心理背境，這種心理背境是狂傲和自大。美國人老是以爲美國的白人是天之驕子，世界上其他一切都是劣等民族。在諸「劣等民族」中，又有高下之分；而以亞非地區的有色人種最爲低下。在這種幼稚心理背境影響之下，美國人在外交上的跋扈作風之出現，豈不是很自然的。

美國將永遠無法贏得世界其他民族的尊重，除非她能迅速地醫好了她下面的兩種嚴重毛病：

第一、國內的種族歧視；

第二、對外的自大狂傲作風。

(四)

上述十病中的第一二兩項純是歐洲人的毛病，三四兩項純是屬於美國人的，而五六兩項則是整個西方人的毛病。對於這兩種病症，若說歐洲人和澳美地區的白種人有何差別時，那充其量只不過是程度上的問題而已。西方人的毛病眞是太多了！

自從中共佔據大陸後，先後逃到港澳和東南亞沿海各自由地區的中國難民，充其量亦不過三百萬人；而在這三百萬人之中，至少已有一半以上可以自謀生計，不願意再作進一步的遷徙。這本來不應該形成一世界性的問題，但由於西方人傳統上歧視有色人種心理的作祟，結果乃構成了當前世界的一大問題。

中國難民問題如不解決，對於自由世界來說，勢將發生下面的不利影響：在鐵幕以內，共產黨將利用西方對中國難民所表現的冷淡歧視的態度，向在它統治下的人民大肆宣傳，結果將是使鐵幕以內的人民對自由世界失去好感，甚至於對自由世界感到根本絕望；而另一方面，在鐵幕以外，共產黨機構更可以利用此一事實，從側面向亞非自由國家的人民，數說西方國家的不是，其結果將是加深亞非地區各民族對西方的反感。而況種族歧視本身即是一種人性的墮落；西方國家歧視中國難民，即又反映着他們所患深重的種族歧視之毛病，亦即是又反映了西方人性的墮落。一個人性墮落的人或民族，做人做事是無法見精彩的。

總之，西方歧視中國難民的表現，是當前自由世界的嚴重病患之一。假定這一病患不能儘早除掉，則其影響所及，必將構成自由世界在爭取勝利途中的一大障碍。

上述十病中的第六病與第五病本來是同出一源的，所不同者在，第五病在根本上是全體西方國家的病，全體西方國家都應該負責任，而第六病則只是西方世界中某些國家的病；只有那少數國家才應該付責。而在這某些國家中，特別難辭其咎的是：澳洲、美國、加拿大和阿根廷等國家。因爲第六病根本上仍是一種族歧視問題，而這些國家就是由於種族歧視心理的作祟，才用種種限制阻止亞洲國家的移民。

第五第六兩種病患的前因後果是差不多的；一切對於第五病患後果的論斷如眞實時，則對於第六病患亦應眞實。

（五）

一個民族所表現的種族歧視行爲亦即是這個民族卑劣心性的一種表現。在上述十病中，從第二到第六，皆可以說是西方人所患種族歧視病的種種表現，固極可哀，然而在諸西方民族中除了一個之外，其餘的大體上說來仍有甚多可以原諒之處。譬如，諸西歐國家在以往都是掠奪殖民地的好手，然而在第二次大戰結束以後，他們都先後作不同程度的對其掠奪殖民地的責任，開始自我清算了；在美國消除其國內的種族歧視工作中，雖然仍有幾個南部的州郡橫加阻撓，然而假定我們就整個的發展來看，仍會發現美國人在這方面的正面工作是有進展的；聯合國對中國難民問題的關注雖遠不如其對歐洲難民，但是最近終於作爲正式議題而加以討論了；諸西方空曠國家對亞洲移民之吸收，雖然仍有很大的差異，然而他們究還沒有對亞洲移民全部拒絕。我舉出這種種事實，並非意謂此等西方國家的病患已經無足輕重，可以忽略，而是在襯托着一個病患更重，更不應該忽略的西方國家；這個國家即是聲明狼籍的南非聯邦。

到現在爲止，南非聯邦境內的歐籍人還原封原樣地貫行着壓制其他民族的落後野蠻政策，他們公然向現代文明挑戰。南非聯邦的歐籍人之倒行逆施，特別是史末資元帥去世，聯邦黨失勢之後，更是變本加利；他們幾乎剝奪了其他民族的文明人應享的一切權利。但南非境內的歐籍人亦是西方民族的一支，亦是基督教最具支配力的部落之一，因此，其他西方國家若不及早對這個野蠻的部落採取行動時，則除了該地歐籍人遲早難免遭到集體屠殺之危以外，世界共產主義必將藉此從兩方面來中傷自由世界：第一、它將指出，因爲南非聯邦的歐籍人是西方民族的一支，而這支西方民族居然是如此的落後野蠻，因此西方文明在價值上是低劣的；第二、它將指出，在推行南非聯邦的野蠻政策中，該地基督教的教士恆居於領導地位，因此，基督教是沒有價值的。無論是基督教被中傷，或是西方文明被中傷，都是對自由世界極端不利的。因此，今天的西方國家，無論是基於人道主義的立場，抑或基於反共的要求以防止此種不利形勢的發生，都必須迅速採取包括以下各點的斷然措施：

Ⓐ驅逐南非聯邦出聯合國；
Ⓑ各國分別與南非聯那斷絕外交關係；
Ⓒ發表共同宣言，以聲援南非聯境內的其他民族爭取人權的運動；
Ⓓ採取積極而具體的步驟，援助南非聯邦境內其他民族爭取自由的運動。

假定西方國家能够如此的話，則不啻在與世界共產主義的鬪爭中，打了一個大勝仗。

（六）

我們之反共在根本上即是爭自由反極權統治的戰爭，這已經說破嘴了的老話題，無待再說的了。然而不幸的很，在我們亞非地區的若干反共國家的領導階層和領導人物中，至今都還昧於這個話題的意義。他們經常强調以組織對組織，而事實上就是要以極權對極權；這如何能够反共？粗略的說，我們要想勝過共產黨，就必須：第一、要比共產黨更高的理想；第二、在原則性的場合中，應該反其道而行之。具體的說：我們要以人道主義的理想來對抗馬克斯的烏托邦主義；以民主來對抗共產黨的極權；否則，我們即會不自覺地變成了共產黨的一個小徒弟，永遠跟在它的後面走，直至被它吞掉爲止。總之，我們要想鼓勵在鐵幕內被共產黨壓迫下的人民爲自由而戰，我們就必須先能提出自由的保障；我們要想鼓勵人們爲了反極權而戰，我們自己必須先得民主。這也都是說破了嘴的老話題，無待再說了。

在亞非的反共地區中，別的國家政治之不民主或暫時不能民主，嚴重性都還很小，惟獨反共的中國之不能民主，其事太大。因爲中國大陸是世界共產主義的第二個重要堡壘，而擊破這個堡壘的工作基本上是中國人自己的事情。因此，假定我們不能挑起鮮明的民主旗幟來號召時，我們就永遠無法號召起來龎大的中國羣衆以及社會其他各階層，共同團結起來，以反抗中共的極權統治。但我們要想挑起來民主的旗幟，必須先有一個民主的政治組織或民主的政府；只把民主做爲騙人的幌子來用，除了在世人心目中製造反感之外，是毫無意義的。

（七）

上述十病中的第九病，從表面上看來，似乎是印巴兩國的通病，而事實上則只是印度一國的病患。

以前印度境內的回敎王國海德拉巴，本來是一以印度敎人爲主的王國，後來被尼赫魯以武力併入印度共和國，這原是很合理的舉措。可是在另一方面，克什米爾則是一以回敎徒爲主的地區，若照海德拉巴的例子，則克什米爾之併入巴基斯坦實爲順理成章。但好幾年來，印度不但不容許克邦併入巴基斯坦，甚至於連由克邦人民自由選舉以決定其從屬的原則亦不能同意。尼赫魯氏常自命是甘地的傳人，若干年來，並經常以東西雙方的仲裁人自居，而這位甘地傳人，東西的仲裁者，在其自己的國家剛從殖民地的地位脫出之後，居然已經忘了帝國主義和殖民主義之罪惡，而自己又成爲帝國主義者了。

無論如何，印度和巴基斯坦都還算是亞洲的重要反共國家。假定這兩個國家不幸陷入世界共產主義之手時，則自由世界不但又失掉了四萬萬人口，並且在世界的戰略地位上也喪盡優勢；這將構成自由世界一個不可估計的損失。克什米爾是中共進入印度半島——印巴兩國的要點；除非印巴在這一地區的糾紛能夠解決，否則，這條要道遲早是要被中共大加利用的。而況印度之强佔克什米爾還牽涉到一個民主的原則問題；到了二十世紀的六十年代，一個在國內實行民主的國家而還要對外侵略，那眞是太笑話了。

必須兩種壓力才能促使克什米爾問題的解決；其一是來自聯合國的壓力，其二是來自印度國內的壓力，特別是來自尼赫魯本人良知上的壓力。但尼氏似乎陷溺已深，良知很難透出，而在共黨集團阻撓之下，來自聯合國的壓力亦不够大；克邦糾紛一時尙看不到解決的端倪。但這一問題必須儘早獲得解決，否則，印巴兩國和整個的自由世界都將蒙受重大損失。

（八）

馬克斯雖是德國人，但共產主義基本上仍是東方的產物。數十年來，與西方決生死存亡的敵人是共產主義，但西方人對於這一套富於神秘色彩的政治思想並不眞正瞭解。相對地說，兩百年前的西方人對於東方的瞭解，似乎超過當時東方人對西方的瞭解，但在兩百年之後的今天，當東方人對西方的瞭解已經很深時，而西方人對於東方的瞭解居然還和兩百年前不相上下。這眞是一可哀的現象！

那麼，西方人對於瞭解東方工作的進展爲甚麼會如此的緩慢呢？說穿了，這仍是種族歧視或種族優越感毛病在作祟。

近百年來，特別是近幾十年來，研究漢學，研究阿拉伯文化以及研究印度文化的西方學者，其數目雖然已較前大爲增加，但仍然只是少數學者專家的事，而一般知識份子對於瞭解東方的工作，並不感到任何興趣。幾乎在任何一個東方國家中，都至少有一級學校普遍設有學習西方語文的課程；反之，在所有的西方國家中，絕沒有一個國家的學校是普遍設有學習東方語言之課程的。這即說明，到現在爲止，西方人對於東方文化依然抱持着輕視的態度，依然低估東方文化和東方人在此世界中所能發生的力量。但幾十年來，世界共產主義主要地就是利用東方人的力量，把西方人壓迫的着着後退。西方人應該覺悟了！

爲了普遍提高西方人對東方的瞭解，我覺得西方國家今後至少應該作下面的諸種措施：

Ⓐ在中小學裏，至少應該在中文、阿拉伯文和印度文等三種主要東方語文之中，選一種爲必修課目。

Ⓑ在大學中，應普遍設立研究東方語文的科系，而在研究歷史文化的科系中，亦應該普遍開設東方歷史文化的專文課程。

Ⓒ大量派遣留學生到東方留學。

Ⓓ大量翻譯東方書籍。

Ⓔ多設立獎學金以獎勵學者研究東方。

西方人必須積極地設法瞭解東方，否則，吃虧最大的還是他們自己。除自由世界能醫好上述的十病，否則，在與世界共產主義的鬬爭中，前途是不會樂觀的。

（四十六年十月二十八日）

勘誤

本刊第十八卷第五期社論㈠，第三頁上半頁倒數第五行「……國民黨中央黨部的財務委員會（該會主任委員爲行政院長俞鴻鈞，副主任委員爲財政部長徐柏園）……」這是三年以前的情形，現俞鴻鈞已離該主任委員職，由徐柏園繼任。敬此更正。

本刊編輯部

日本爲政者的老獪性

余蒼柏

一

「老獪」一詞是不是出於中國古典，我不明白，可是日本的文人學士似乎很喜歡用它。他們用這個名詞所指的對象往往是老政治家。例如：在德國則如畢士麥，在中國則如李鴻章，在英國則如邱吉爾、狄斯拉伊里，而在日本則如大隈重信、山縣有朋。當然，他們也往往把它適用於老練機智的民族，例如盎格魯·撒克遜民族之類。這樣看起來，「老獪」一詞並沒有多大惡意存乎其間；不，不僅無多大惡意而已，毋寧有若干敬羨嚮往的善意存乎其間。我在這裏所說的「老獪」，原也不過諸如此類的日本文人學士所謂「老獪」之意而已。

老獪者的性格當然是極複雜的，從而要定義他是非常困難的。可是有一點不妨直截指出而無所用其含糊的是，凡屬老獪，其手法必然是多方面的，至少是兩方面的，而且是極其虛實之能事，往往令人目迷神眩而至於莫名其妙的。從這種意義說，日本的爲政者確也不失爲一種老獪的人種；其爲老獪也，當不亞於西方的盎格魯、撒克遜民族的統治者，而其中若干獨到之處，或且尤遠過之。

且舉幾個眼前的事實吧。自民黨是自他共許的向美一邊倒的黨，可是在同一時期，它可以一方面派人到華盛頓去宣誓效忠，而一方面又可以派人到莫斯科去施放秋波。社會黨之爲黨也，縱不見得眞正是採取「中立」或「第三」立場之類的黨，然而其爲不快於美國，要也應爲自他共許的事實；可是這樣一個黨，在同一時期，也可以一方面派人到華盛頓去說明自己的政策，而一方面又可以派人到莫斯科去請教對方的眞意。最近軍縮討議大爲緊張，美蘇各提其性質對立的提案以迫對方，印度也總其頻年的主張以大聲呼籲，各有千秋；而聯合國會員年齡勉强足够一歲的日本，也以和平新天使的姿態，提其性質複雜的提案，踴躍周旋於三個營壘之間。但經老於時務者過細研究，怎樣也無法認清其提案果眞屬於那一系統的東西，甚至果眞屬於助長緊張或導致和平的東西。事實上，其案之本質本亦和美案並無二致，那是爲美日雙方所完全同意的，可是究以其外貌是撲朔迷離的，多方面而毫不乾脆的，於是不僅爲蘇俄所指責，爲印度所詬病，且亦爲美國所大感不快。至於日本這個國家所處的位置，那是應該一目瞭然的。據地質學家科學地證明，不過僅僅在幾萬年前，它還是東亞大陸的一部分；縱使在脫離表面連繫的現在，還是一個不折不扣的亞洲國家，可是代表這個國家的政府，在同一時期，可以硬說自己是亞洲國家，而略一轉背，則又硬說自己是歐系國家；它對A·A集團大聲說自己是A·A集團的一員，而對歐西國家輕輕地說自己是歐西國家的信徒。

諸如此類的例子是舉不勝舉的；而且不僅限於眼前或二十世紀的日本史，在通千餘年的日本史中，要找這些類似的例子是找不勝找的。於是人們必然會疑問：日本的爲政者究竟爲什麼會那樣老獪呢？

二

一個階級所以成爲老獪必然有它深遠的原因的。這原因是極其複雜的，決不是三言二語所能够說得清楚的。在這裏預備先就日本民族形成的經過來試索日本統治者所以老獪的原因。所言大抵均爲大家所已言者，作者所爲只能說是一種綴述而潤色的工夫。不敢掠美，並以誌之。

日本民族究竟是怎樣形成的？到現在還是聚訟莫決的問題。但是根據考古學、人類學、民族學、言語學、先史學等已有的業績，已經不妨作確定性結論的是，日本民族確是一個混血異常複雜的民族。

日本是孤懸在海上的島國，驟然看起來，它的民族成分毋寧應該是單純而決不會複雜的，可是在原始海上交通未發達的時候，正由於日本那種孤懸在海上的環境的特殊性，從各方面無意有意飄流進來的人，縱使是斷斷續續地，零零星星地，而不是川流不息地，反而比較許多大陸地方還可能種類多一些，積聚性大一些。這種地理環境的特殊性是：第一、它和日本南北其他許多島嶼一樣，本來就是東亞大陸的一部分(註一)，而因爲它本來是東亞大陸的一部分，所以在地形上就容易吸收東亞大陸各種人；第二、它在它的北方，有自北南流的大寒流，在它的南方，有自南北流的大暖流，有了這些大海流，更可以容它吸收有意無意從東北亞和東南亞飄流進來的各種人。這許許多多被吸收進來的人，有的是北方系統的各種烏拉爾、阿爾泰語系人(註二)，他們主要是被那些大寒流帶進來的；有的是南方系統的各種印度支那半島人、南洋羣島人、甚至於遠處於澳、紐一帶的波利納西亞人，他們主要是被那條大暖流帶進來的；有的是西方系統的各種韓族人(古三韓族)和中國人，他們主要是從那個狹窄的對馬海峽渡過來的。這許許多多種類的人，最初進來的大概是北方系，其次大概是南方系或西方系。可是西方系，特別是西方系中的中國人，進來的時期雖然不一定很早，而於某一較短的時期中大量進去的人數之多，却以他們爲第一。這話從什麼根據說起呢？因爲這是不僅有許多可資信憑的古文獻中的數字可以考證的(註三)，而且也有在接近中國的西南日本(特別是九州)在紀元前後突然繁榮起來的無數遺物遺跡可以反證的(註四)。這些話說起來太多了，在此只好從略。

剛才說，關於日本民族的形成最值得注意的是它的混血異常複雜。從上面各種情形看，當然已經够複雜了。可是在這裏應該補充，我所謂複雜並不是僅僅說複雜就算了，主要還在於說它於複雜中混得很澈底。舉例說，中國人的血混進去的是異常多的，可是你能夠說得出日本民族中有明顯的中國人成分嗎？中國人於三、四世紀至六、七世紀間進去日本的無慮數十萬人(註五)。這些人對於當時的日本，無論在任何方面都起了偉大的指導作用，其勢力之大和影響之深，談起來可以令後之人者難以置信(註六)。這些人在當初所用的還是不日不中的姓名，可是一到七世紀後，這種奇怪的記號很快地不知去向了。到現在，除掉稀疏的三、五例以外，你還能找得到中國人姓氏的影子嗎？這原因，除掉用地理環境上的特殊性來解釋以外，恐怕又是不容易得到正確的答案的。剛才說，日本的環境特別在原始交通未發達的時候是很容易吸收外來人種的。然而應該明白，這種特別環境在原始交通未發達的時候却更成爲進去以後就不容易出來的陷穽，不像其他大陸地方那樣合則留不合則去來去自在地來得大開大放。這就使得任何人一進去，不管是出於有意或無意，被動或自動，非向原住者遷就不可，非和原住者同化不可；如其不然，勢亦非具有雄厚的力量，迫原住者向其遷就與和其同化不可。自動的或被動的遷就而至於同化，其均爲融合主客於一體，則一也。這就是使得日本民族於形成過程中所以能夠吸收無數不同的人種並從而澈底同化之的原因。日本八幡一郎博士在其給日本人類學會編輯的「日本民族」一書所作的書後中說：「這些人（指古時從各方面進來的人），由於地理的關係，幾千年來從各處飄流停居於日本，而又常常和四周隔絕，於是不知何時變成了像阿馬而干那樣看不出來究竟是什麼東西的一種東西了。」(註七)這是很透闢之見。

可是我們應該特別指出，日本民族縱使怎樣融合，然而究其極，總不免是複合了許多不同的人種而成功一個民族，從而無可避免地必然是一個性格極其複雜的民族。性格複雜的母體，不也就是使得日本的爲政者老猾化的大原因嗎？

三

除掉民族血緣成分的複雜性以外，使日本的爲政者成爲老猾的另一重大原因，是千餘年來日本統治階級血緣的連續性。在這裏，我希望讀者們特別注意這「血緣的」三個字。

當着日本正在開始大量吸收各種外來人種而積極形成日本民族的時候，也正是它脫離原始蒙味的階段而積極轉入於古代社會階段的時候。這個轉換點大旨在紀元前三世紀左右，就中國的歷史進程說，就是戰國末期渡至大一統的秦、漢王朝的時候。日本從這時候起，大約亘四、五百年間，一方面，特別由於中國人、朝鮮人大量湧進，很快地完成了日本民族成立的基礎，一方面，又由於大陸農業生產經濟和大陸高度文化的大量輸入，很快地脫離了原始共產社會而進入於原始氏族小國（奴隸小國）簇生的階段，並以這種原始小國爲過渡，又很快地進入於以「大和朝廷」爲代表的初期古代統一國家的形態。很顯然，日本在紀元前後的幾百年間，是異常重要的時代。

我們在這裏寫了二、三百個於內行則認爲無聊而於外行却有些莫名其妙的文字，用意在那裏呢？沒有別的，不過要想說明另一種使日本民族成爲老猾的重大原因，於是不能不稍稍敍述一下它所出發的時代究竟是怎樣一個時代的輪廓而已。這個重大的原因就是剛才所說的千餘年來日本統治階級血緣的連續性。

在這裏，讓我非常粗略地先說一說這種「血緣的連續性」的脈絡：

㈠原始小國階段（前三世紀—後三世紀）　首長是族長，輔佐者是族中其他有力者。

㈡大和朝廷階段（三世紀末—七世紀中）　首長是前一階段中大和地方（現奈良縣）成長起來的有力小國的首長們就該地首長中共同推定的，輔佐者就是這些負推定責任的首長們。因之這個大和朝廷的首長，也就是當時大和地方最有力的族長，此外的輔佐者就是實力略遜一等的其他大族的族長。這個大和朝廷的第一代首長，日本舊史家們認爲就是神武天皇，此說早已被否定。又，在這一階段中，大和朝廷的首長還叫做「オホキミ」（讀做 Okimi），不叫做天皇。「オホキミ」其後寫作「大君」或「大王」，這顯然要到五、六世紀採用漢字以後。

㈢奈良、平安王朝階段（六四五—一一九一）　從七世紀初頭起，「オホキミ」改稱「天皇」。這一階段中天皇還是從前階段中繼續下來的有力族長們（其中很多已經失勢，但仍有發言權）就天皇一族（也就是就原大君族一族）中共同推定的，輔佐者當然還是負推定責任的族長們。不過從七世紀中期起，小國分據的局面總算眞正結束了，日本變成眞正的古代統一國家了，從而有力的族長們也變成朝廷的貴族了。我們說這一階段中的天皇是有力的族長們就天皇一族中共同推定的，應該寫作有力的貴族們共同推定的。

㈣鎌倉、室町、江戶幕府王朝（一一九二—一八六七）　這一階段中的天皇是幕府的將軍或其輔佐者就天皇一族中指定的，天皇的輔佐者當然還是平安王朝的王族和貴族的後裔。可是應該特別注意，這時候作爲日本事實上的天皇的「將軍」—幕府的首長、幕府的有力者，甚至地方上大大小小封建諸酋（諸侯）和其有力的部下們大概都是平安王朝的王族或貴族的後裔。他們所以是這些王族或貴族的後裔，說來非常複雜；大體言之，因爲平安王朝中期以後，天下漸亂，中樞解組，許多王族或貴族，爲得生活與安全，不能不到地方上去把持土地，於是便自然而然地和地方勢力結托起來，漸漸變成了封建時代的有力者。他們的稱呼是很多的，可是一概可以稱他們爲武士。因爲幕府的首長事實上就是武士的頭子。

㈤明治維新以後（一八六八——）　明治維新是江戶幕府（德川幕府）末期一部分落魄的中小青年武士和一部分落魄的中小青年貴族，利用當時人民對幕府與諸藩的不滿和美英等西歐資本主義國家對幕府的壓迫，於是結成同盟而獲得成功的維新之學。這些中小武士和貴族中最成功的人就是我們所習知習聞的岩倉具視、西鄉隆盛、大久保利通、木戶孝允、大隈重信、山縣有朋、伊藤博文……一類大小維新功臣。這些人的血緣，如果把它們過細追索起來，十九可以通過其前身的武士或貴族的身份，一直追索到千餘年前大和朝廷時代的大小豪族們(他們是很樂於如此追索的)，至於天皇和其左右的血緣，那更可以不必說了。又，關於天皇繼任的人選，在明治維新以前亘七八百年間的幕府封建時代，剛才已經說過，當然是將軍或其有力的輔佐指定的，要到明治二十二年(一八八九年)皇室典範制定，才破千餘年來混亂無軌之局，確定由長子充任。在這以前，因爲皇位一直由有力者就天皇族中推定或指定，所以天皇的兒子或兒翟孫翟固然可以被立爲太子，就連父翟祖父翟被立爲皇太子的也殊不乏其例。

從以上的情形看，日本千餘年(約一千六百餘年)以來統治階級之富有血緣上的連續性是很顯然的。這種連續性，就天皇一家系而言，就是在戰前則「誇耀於萬邦」而在戰後則稍稍自重自肅了一些的所謂「萬世一系」。然則「萬世一系」之於日本統治階級，我人從以上縄縄濟濟的血緣的連續性質看來，又何獨只有天皇一家系爲然？如以衆所周知之近衛文麿一家系爲例，則此近衛一家者，固爲千年前權侵天皇的最大貴族藤原氏的一個分家，而千年以來，跟着天皇權力之隆替而隆替，以迄於二十世紀中期，未嘗中輟之一家系也。

此血緣的連續性之和政治特權的必然關係，到了這次敗戰、降服而繼之以廢除特權實現和平爲目的的新憲法的頒布，除掉狹義的天皇一家以外，總算勉強被斬絕了，可是事情還是不許我們急急乎肯定其爲必然會被斬絕而不至於復活的。因爲世間事，往往法律爲一事，傳統爲一事，而依舊大權在握的許多高貴血緣的苗裔們矢志欲毀法以活復千餘年來誇耀世界的傳統則更又爲一事了。不是嗎？這幾年自由民主黨不是正在竭其全力想修改這個憲法嗎？它想修改的目的，無非在想恢復以天皇爲中心的傳統；而念念不忘於家長制的恢復，則其目的更極顯然地在圖家庭內小天皇的恢復而已。

四

日本爲政者之所以那樣老猾，當然還有其他的原因，可是上面所擧的二種——民族的血緣成分的複雜性和統治階級在血緣上的連續性，要不失爲其中的最重要者，具有決定性者。這裏面，尤其是統治階級在血緣上的連續性，眞是足以誇耀萬邦而無愧色的。爲什麼呢？這樣高貴的傳統，在這個世界，除掉阿比西尼亞的皇室和其貴族社會勉强可以和它爭一日之長以外，恐怕再沒有別的可以和它比美了的。像中國那樣，三代以後，一個帝王家系有繼續到三、四百年之久的，一個貴族家系也有靠帝王餘蔭而勉强繼續到幾代之久的，然而像劉邦、蕭何、朱元璋……之流，那裏有他們的父祖之蔭可以憑藉呢？而他們的末世尾代，又那裏有他們的遺風餘韻可以洩尾到下一王朝呢？年久則石頭可以解人意，壽長則狐狸可以成仙物，其斯謂乎？

昧於事物變化之理而不之深究者，往往以爲民族的歷史久，則其民族必衰朽而無復興之望；而向日帝國主義的學者們也往往拿了這種貌似而實則完全是胡說的說法，以打擊後進地域的民族自信心，爲帝國主義者作精神侵略的先鋒。然而究其實，民族之新或老，和其他任何事物之新或老一樣，完全要看它是否會不斷地更新。在這不斷更新的過程中，舊的老的成分不斷死去，新的小的成分不斷壯大起來，乃至又跟着舊的老的漸漸不斷死去。這樣不斷地往前推陳出新，縱使民族的生命滿幾千歲、幾萬歲，還是一個永恒的年青民族。如其不然，縱使只有幾百歲，千多歲，還不是大有僵化的可能？我人於論日本爲政者的老猾性之餘，對於日本執政政黨如此熱中於憲法的修改，必須復活其舊日的傳統以爲快，誠不能爲日本民族前途憂。

(終)

註一：日本羣島和在其北的千島、庫頁島、在其南的臺灣、澎湖、南洋羣島一樣，在洪積世時期，都是東亞大陸邊緣的一部分。其後邊緣土地下沉，若干未沉的孤立特出於海面，便成爲這些島嶼。

註二：朝鮮語、蒙古語、土耳其語、匈牙利語、芬蘭語等都屬於「烏拉爾・阿爾泰」語系。日本語，尤其是他的結構，頗似朝鮮語。因之有些言語學者認爲日本語也屬於這個語系。

註三：例如：據後漢書郡國誌載，在漢武帝滅朝鮮置樂浪等四郡不久後，只樂浪一郡，連同改籍爲中國籍的朝鮮人在內，尚有中國人住戶六一、四九二戶，人口至少三〇萬。而據晉書地理誌載，到晉泰始十年(二七四年)，合樂浪帶方二郡同類人口，只剩了住戶八、六〇〇戶，人口至多五萬。那時中國漸漸大亂，在朝鮮的勢力大殺，朝鮮各民族乘機獨立，互爭雄長。日本大和朝廷(大和連和政權)渡海北侵，與西南朝鮮的百濟勾結而與北朝鮮的高勾麗和東南朝鮮的新羅發生亘二百餘年的長期衝突。這時候的日本侵略戰有些史家認爲就是爭奪朝鮮的漢族遺民的戰爭。因爲這時候在朝鮮的中國人循北路回家的歸路已斷，而日本方自原始時代進入古代初期，視這些中國人都是高度技術人才，爲爭取這些中國人，不惜作長期侵略。這種看法，固然不免失於偏頗，可是不能否認，也說出了此時侵略性質的大部分眞理。

註四：據考古學資料的分析，日本在紀元前三四世紀前的人口分布，東北密於西南。西南就是九州一帶。可是從那時候起，西南就密於東北了。九州，特別是北九州，所以突然繁榮，完全由於受到了從那時候起通過朝鮮而播入日本的大量中國文化的影響。這些文化的影響之大，可於北九州一帶出土的大量秦漢時代的銅劍、銅鏡、銅鉾以及中國式農具等知之。

註五：參註㊂。

註六：當時的中國人和朝鮮人，日本古文獻上一概稱爲「歸化人」。特別是當時的中國歸化人，不僅在農業、手工業方面起了偉大的指導作用，而且在財富上是土地的大所有者，在交通上是當時唯一的海上交通事業的瀨戶內海交通的獨占者，在政治上往往是政變的後臺或主要參與者。關於這些，說來太多，只能從略。

註七：阿馬爾干 (Amaegam) 是水銀和其他金屬合成的合金。

註八：日本人類學會編：日本民族。岩波書店昭和三十年第五段八五頁。

關於「留學生問題」

——謹以此文紀念已故崔書琴教授

馬逢華

前言

在自由中國的學者，作家，並且對國事有看法，願發言的人中間，崔書琴教授是一位難得的開明之士。他生前的活動雖然不限於一個學者通常的活動範圍，但他始終沒有離開過一個學者的崗位：教學和研究。即使在從事其他活動的時候，他始終也不會失去一個書生的本色，違背一個讀書明理的人底良知。

崔先生去世的噩耗，我先在紐約的中文報紙上看到，無論如何不肯相信。我對自己說，這些報紙辦得不好，出錯誤並不稀奇。一直等到把訃函拿在手裏，我還是惘然如在夢中：難道這種不幸的事，眞地這麼早就輪到了他？

我最後一次看見崔先生是在民國四十五年（一九五六）五月十九日。那天我們同車從安娜堡（Ann Arbor）到東蘭星（East Lansing）去。我送他在密西根州立農工大學下車，然後和幾位同學到蘭星去參加密州州長威廉底國際學生節宴會。

他那天到密州農工大學去的主要目的，是要和該校政治系的懷丁教授（A. Whiting）開誠布公地談談中國問題，希望藉以改正懷丁對於中國問題的許多荒謬的偏見。在此之先，懷丁曾在安娜堡就中國問題作過公開講演，散佈他底謬論。崔先生和這位自命的「中國問題專家」那天的會晤，由我先為安排，懷丁寫了封很客氣的信來說，他已特別為崔先生準備了一個茶會，恭候光臨指教。崔先生對我說：「這次去和懷丁會談，我決不跟他爭執，但是要把事實告訴他，並且耐心地向他解釋為什麼我們對他的見解不能同意。像他這樣少年氣盛的人，如果和他爭執，結果可能更糟。」

那年春天中共代表在日內瓦的美毛會談中，曾就中國留美學生問題，大肆宣傳，誣蔑美國當局扣留中國學生不許他們返回大陸。甚至裝腔作勢要請印度人出來調查中國留美學生底志願。那時美國當局應付失當，手忙脚亂，一面由移民當局通知一部分中國學生，限他們於短期之內離美（後來又自動取消了這個「通知」），一面又在全國各郵政局的公告牌上張貼公文，說美國大使詹森和中共「大使」王炳南已經達成協議，遣送雙方被扣人員回國。任何在美的中國人士都可以向移民局辦理離美手續。美國郵政局底公告牌上，通常都是張貼一些FBI緝拿逃犯的通緝令，那時加上這樣一張東西，眞是不倫不類，使人對美國外交手段之拙劣，頓足扼腕。

崔先生平日對青年學生，關切愛護，視同子弟。那時他在美國，適逢此事，自然對於所謂「學生問題」十分關心。他在安娜堡小住作客時，和我談得最多的就是這件事。五月十八日晚間，他在一個簡單的茶會上，與一些中國教員和學生見面，也曾把他對這個問題的看法，和大家懇談，並且諄諄勸告留美同學，要把有用之身，留在自由世界，不可輕信共產黨的虛偽宣傳，回到大陸去助桀為虐。

六月間崔先生在紐約，準備經歐洲回臺灣去。那時他寫信給我，說曾抽空到伊沙卡（Ithaca）去，勸阻當時在康乃爾大學的郭永懷博士夫婦回大陸去的計劃。他在信裏很失望地說：「費時三日，舌敝脣焦，未能生效，深感痛心。」並且希望我在他赴歐之前，把我所了解的「留學生問題」寫篇文章寄給他，使他對這個嚴重的問題有更進一步的認識。

我底文章在六月二十三日寫成，在他行前趕寄給他。並且在信裏聲明，因為寫得太過直率，所以只能供他自己參考，絕對不能以任何方式發表。此後接到他從維也納來信，說是這篇文章決不發表，但是他相信如果能使更多的人看到，一定可以使世人對這個問題，有更正確的認識。

為了紀念故去的崔先生，我決定把此文修正發表。我底要點是在說明並沒有一個孤立的「留學生問題」，只有許多個別的「問題留學生」（problem student），如果一定要談「留學生問題」，那實在是一個整個的大問題：國家問題。只要國家一切上軌道，留學生自然沒有問題。

這篇文章經過此次修刪，主要部分全成了事實的描寫。我相信任何綜合性的敘述都不及眞率的事實描寫更能表現問題。文中各例，都是關於「問題留學生」的，這些人代表不了留學生，正像醫院裏的病人代表不了全城的人口。

為什麼在一個五色絢爛的大花園裏，我偏要採摘這些病態的，褪了顏色的花朶，拿來紀念崔先生？因為這些都是他生前所最為關切，最為愛護的。如果此文眞能像崔先生給我的信裏所說的，幫助世人對這個問題作更正確的認識，那就是意外的收穫了。

（民國四十六年十一月，安娜堡）

× × × ×

自從「日內瓦談判」以來，留美的中國學生，幾乎成了國際球場上的足球，被人踢來拋去。先生日前來信問我對這問題的看法如何，一時倒覺得好像一部二十四史，不知從何處講起才好。民國四十年（一九五一）七月以前，我在北京大學，曾有機會遇到不少從歐美各地回到大陸去的留學生。近年在美讀書，雖然年數不多，但是就對留美同學所遭遇的問題底了解而論，因為日常的接觸面並不太窄，也許我底了解，不至於離開現實太遠。但是，話從那裏說起？其實對於這類問題，與其抽象地分析，似乎還不如舉幾個具體的例子來看看，更能增加了解。後面便是近年以來，我所接觸到的一些事實。因為限於時間，只能十分簡單地寫，並且我是只談問題，有關人名都是假的。還有一點應該說明的，就是，後面所舉人、事，都多少反映某一類的問題，看的時候，應該抱了同情心去了解，尤其千萬不要以為所有的留美學生，都像這樣，非此即彼。實際上大多數的留美同學，愛國好學，堅貞自持，在千辛萬苦之中，都能卓然自立，學有所成，他們都是國家未來的寶貴資產，前一輩的先生們，實在應該為他們感到驕傲。

（一）

D君是南京某國立大學的學生，畢業後到北平的一個學術機關去作翻譯工作。民國三十五年他參加教育部在大陸舉辦的最後一次留學考試，被錄取為自費留學生。他起初籌不出這一筆出國的費用，後來他底服務機關送給他幾百塊美金，作為旅費。那時大陸上正是惡性通貨膨脹，美金黑市早已是兩萬多法幣一塊美金了，準備出國的學生還可以用「三三五〇」的官價向國家銀行買美金。D君把手裏的幾百美元在黑市賣出，再到銀行去買官價外滙，這樣「周轉」了幾次，居然成行。

他初出國的一兩年，在美國西部一家學費最低的大學讀書，常向國內的友人寫信說自己成績怎樣好，教授如何器重他。他在討論班上講了幾次中國哲學史上的問題，很得好評，因而立志要把他底報告大綱擴充，寫成一本書。他在國內的同學，同鄉，聽說他在美國的大學裏講課了，並且要用英文寫書，都覺得他很了不起。

不久共產黨佔領了大陸，他底消息漸少。我在北大的一位同學和他是同鄉，有一次很興奮地對我說，D在美國結婚了，博士學位也快唸完了，書大概也快寫好了，「眞是了不起！」原來D轉學到了芝加哥某大學。「雖然原來學校底先生要留他教中國哲學史，他還是轉學了，因為新學校有兩位大師，是他最佩服的，一定要去追隨。」他底結婚，也是一件佳話，因為他在國內就曾追求這位女士的，人家看不上眼。那次轉學到芝加哥後，居然打聽出這位女士也在附近讀書。於是再作努力，也許是在國外彼此選擇的範圍都縮小了吧，竟然很快就結了婚。「這寃家，」他在給他同鄉的信裏說，「折磨了我這許多年，總算到了手！」

此後他在給他同鄉的信裏，常常說希望早些把學位唸完，好回國「為人民服務」。他底同鄉急得不得了，我也替他底同鄉着急。怎麼會有這麼傻的人？他不是一向都聰明過人一等嗎？這眞是「天堂有門他不進，地獄無路他偏入！」又不能寫信去勸他不要回國，只好巴望他底學位一時讀不完。

到了民國四十年，（一九五一）國內情形愈來愈壞。我決定在暑假時冒險到香港去，連家人也不告訴。D君的同鄉叮囑我：「你若是能够平安走到香港，務必替我寫封信給D。告訴他，我用頭顱擔保，他若回來，一定要後悔一輩子的！」

那是民國四十年的事，一轉眼已是五六年了。

民國四十二年我初次來美，兩次經過芝加哥，D夫婦都約我到他們家裏吃飯，殷勤招待，但是因為兩次都是過往匆匆，沒有機會深談。不過我那時才知道D君又改了行，正在唸物理學的碩士學位。他一再對我解釋：「我並沒有放棄哲學！我有功夫時還要繼續寫完那篇哲學論文，將來預備拿兩個博士學位。現在弄物理，雖然是因為一個教會大學底實驗室肯給我工作，對於家用不無小補，但主要還是為了興趣。我現在對於自然科學的興趣大極了！」問起他底書寫得怎麼樣了，他說，基本材料都弄齊了，只等坐下來動筆寫，費不了多少時間。

四十四年我再來美國，聽說他又轉了一次學，那時正在美國底西北角上某大學唸物理學博士。但是過了一年，他忽然回到了美國中部，又換了一個學校。就我所知，這應是他在美國住過的第五個大學。這次我們離得很近，終於有了長談深談的機會。我和他有過兩次長談，每次都是爭論得非常熱烈，不過在熱烈之中，都令人感到一種澈骨的凜寒。

他有一股子强烈的「懷才不遇」的怨氣。一開口就痛罵美國社會和美國教育制度底不合理。美國底社會是不看重人才的，據他說，一切都是講錢，講關係。因而中國人無論怎樣有學問有能力，永遠也不會有機會。美國底教育制度也是糟極了，阿貓阿狗都可以進學校。只要有錢，智力商數再低些也沒有關係。他們進學校的目的也不是求學問，而只是混分數，逢迎教授。「我看了這麼些大學了，哪一個大學底研究生是眞正在唸書？沒有！絕對沒有！都是在那裏鬼混。只要能說些教授們喜歡聽的話，就可以拿好分數，我不會這一套。我老老實實地唸書，反而考不過他們這些人！有一次考試，我照書上的話一字不改寫在卷子上，分數還是不好。我拿了書本子去當面指給教授看，他一句話都說不出來，分數還是不肯給我改！」他愈說愈慷慨激昂，滿嘴都是白沫。

當我儘量壓低自己底聲音，向他指出事實並不完全如此，因為在我底美國同學之中，天資聰敏而且好學苦讀的，頗不乏人時，他忽然暴跳如雷，從椅子一躍而起，向我大叫：「你才來了美國幾年？你吃過什麼苦頭，踫過什麼釘子？告訴你，我把文理法醫四個學院都讀完了，美國大學見也見過不少了，從來沒有看見過一個眞正用功的美國研究生！我這幾年吃的苦，你連想也想不到！有一次一個南方的大學要找教員，約我去面談，結果沒有成功。原因很簡單，我底西服穿得很不够漂亮！他後來用的那個美國傢伙，我知道是個從來不唸書的人。就是這樣！你知道不知道！」他忘了一件小事：他底英文發音非常怪，可能人家根本就聽不懂他底話。

為了保持友好的空氣，我當然不好再駁他。我把話題轉到他底博士論文上面去。這是指的哲學博士論文，因為他底物理學研究，似乎還沒有到論文階段。誰知對於這個問題，他底牢騷更多！

「那論文停頓了好幾年，因為我底導師是個權威，先是被普仁斯登大學請去講學一年，期滿又延長一年。他離開了，別人不能指導，當然只好等。結果是普仁斯登完了之後，又被史丹佛大學請了去，老等下去怎麼辦？只好把論文指導委員會改組，這一下子可眞把人氣死啦！換進來一個年輕小夥子，原來是我底同班，現在混成了副教授啦！這傢伙什麼都不懂，却專會挑我底毛病，我論文去年就寫好了，送了去，一壓就是半年。前不久送回來了，不行，並且批得一塌糊塗。這裏批個『不清楚』，那裏批個『意義不明』——」，他忽然提高聲音：「這傢伙根本看不懂我底論文！我底理論太深了，他從前和我同班時就不唸書，怎麼會看得懂！」

那麼，我問，爲什麼，系裏拿他來遞補那位權威教授的缺？

「爲什麼？因爲我底東西太新，那些老傢伙們更不懂！只有我這個同班也算是弄這一行的，所以找了他！」

好啦，這問題又談到了頭兒。再談下去豈不又是無益？我又改了話題，問他何不早些把他底中國哲學史寫出來，這次他底回答聽在我底耳朵裏竟然像一陣冰雹敲打在鐵皮屋頂上：

「哈哈！」這個慘笑眞是其聲淒厲，他接着說，「你還在迷着這一套！給你說老實話，我老早看透了，一門學問頂多也不過只有五六本好書，教授們所知道的，也出不了那幾本書底範圍。寫來寫去，還不是東抄西抄？別說是哲學的東西啦，我看見人家埋頭寫科學論文，都覺得好笑。哼！那些 papers 算什麼玩藝兒？孩子氣！我聽見人家談寫東西就覺得幼稚，簡直是 childish！」

在這種關頭，我也不好意思猝然起立告辭，我只好沉默地坐在那裏納悶，不懂得究竟是怎麼會事。

這樣枯坐了好久，終於他說話了，這次聲調很緩和：

「你知道不知道，前些時賀先生從北京來信，說汪子嵩已經作了哲學系的副主任，我跟他熟得很。我最近在想，共產黨講馬列主義，講得不够好。我若是回去，可以替他們好好闡發一番，保險比他們講得更能使人信服，更能發生作用！」

這幾句話眞可以稱得上是「撥雲霧而見青天」。原來D君又有意回大陸去。我以我底親身經歷來作證，向他說，一個喜歡自由空氣的讀書人，在那種環境裏是絕對受不了的。想不到他胸有成竹：「第一，現在和共產黨剛上台那幾年情形不同了，國內來信都是這樣說的。第二，要講實用，我物理也可以來，這不正是他們所需要的嗎？並且……」

他那位在北平的同鄉底「頭顱擔保」早已被他遺忘了。我想想他底那些牢騷，覺得和他想回大陸的考慮隱約地互相呼應。只是哪個是因，哪個是果，有些弄不清楚，也許是互爲因果吧？回想他那些在共黨統治下受罪的同學和同鄉們對他的期望，和他目前這種狂妄空疏的狀態一加比較，眞是使人不寒而慄，我甚至於狠心地想，像這樣的人，還不如讓他早些回到大陸去，嚐嚐連牢騷也不能隨便發的滋味。

（二）

下面這件事情，是我在北平時候看到的，我不想誇張這類事情的普遍性，但是我怎麼也忘記不了那個誠懇樸實的面孔。那是老王，留學瑞士的醫科學生。

他是上海同濟大學醫學院畢業的，到瑞士去深造。民國卅九年（一九五〇）秋初回到北平。那時西城的「回國留學生招待所」已經住滿了，他和同時回去的一些人住在東單附近的遠東大飯店，那旅館有一個獨院，由中共教育部包了下來，作爲臨時招待所，裏面住了好多位從歐美回去的留學生。我去看另外一位回國的友人，因友及友，認識了老王。

這個臨時招待所裏，一切都是亂糟糟的。裏面的那些住客，也可以稱得上是形形色色。不過他們有一件事情相同：都在那裏耐心地等候分發工作。我到那裏去過好多次，希望能够從這些新近回來的人底談吐裏，呼吸到一點新鮮的氣息。

每次去，無論是白天，是晚上，總是有人在床上睡「回頭覺」，有人打紙牌，有人看書，也有人聽無線電。

我漸漸知道，那個每天聽無線電的高個子，是從美國回來的。別人告訴我，他在美國時，就很「進步」。共產黨「南下」的時候，他在美國碰到中國同學就是滿嘴的「我們又解放了某城」，「我們如何英勇」之類。他所謂的「我們」，就是共產黨。現在在招待所裏，却聽不到他講「我們」。他大部分的時間，都花在收聽美國之音上面去了。爲什麼？據說他恐怕分發工作之後，就「沒有功夫」再聽美國的廣播了。

老王常常是坐着或躺着看書者之一。見過幾次面之後，才知道他們看的都是劍俠小說或是鴛鴦蝴蝶派的「言情小說」。用共產黨發的零用錢在東安市場的書攤上租來的。這眞使我感到奇怪極了，留學生竟然對這些落伍的東西感到興趣。問起老王，他說，「從香港買的一些書刊，在天津上岸時都被沒收了。國內的新東西看不下去，倒是這些舊小說，好久不見，現在讀起來津津有味。」

我底朋友告訴我，老王底父親從前是河南省參議會的副議長，王友梅。共產黨來了以後，王友梅以民主人士的身份，被指定爲「全國人民政協」的代表。這可能是老王回國的原因之一。他回國的另一個原因，據他自己說，「我們是學醫的，並且知道中國需要醫生。」我底朋友接着說，「我們在國外得不到家裏的消息。所以要回來看看。就算是受罪吧，家裏底人既能受，我們總也可以受得了。這是我們回來以前的想法。」老王不苟言笑，給我的印象是老實，誠懇，對人親切。

老王被派到大連去工作。因爲和他不太熟，不久就漸漸地把他忘記了。直到那年年底，一個熟人到開封去省親，回到北平以後，悄悄告訴我，河南省「民主人士」，前任省參議會副議長，現任政協代表，王友梅，在兩個月以前，被共產黨槍斃了。消息一直被扣起來。他只聽說，「組織上」勸王友梅到武漢的中南區軍政大學研究班去學習。王在乘火車赴武漢途中某站，不明不白地被人拉下火車槍斃。我聽了以後，立刻想起老王那張誠懇的面孔，不知道他在東北，什麼時候才會聽到消息。

又過了一個月，才在報紙上看到一條小消息，標題似乎是「慣匪王友梅伏法。」下面只簡單地說，王從前在豫西南領導民團，殺死過不少共產黨底游擊隊員，現在已經「血債血償。」

（三）

我相信傑夫還在美國，只是不知道現在他底生活淩亂成了什麼樣子，意氣消沉到了什麼程度。我最後一次看見他，是在一九五四年的三月初，在金光明媚，日麗風和的巴克萊(Berkeley)。那時他在加州大學旁聽功課，住的那間小房子，仍然是髒衣服，破書爛紙，扔了個滿地。我們分別時的幾句話，我仍然記得：

他：希望以後常通信，我寂寞得很。

我：當然很好，不過你知道我在基本上不贊成共產黨。

他：我在基本上還是同情共產黨。不過，那有什麼關係？

再見，再見。——從此以後，我們誰也不知道誰底消息。

一九五三年春天，我和傑夫同在美國東部某校讀書。他是老資格，我剛剛到美國。雖然他底班次比我高得多，不過說起來，我們在國內還是校友。

那時他住在一個兄弟會底房子裏，常常表示希望我有功夫時，去找他聊天。一天晚上，我從圖書館出來，覺得還不睏，就到他那裏去。我從來沒有走進過那樣的房間：滿地橫七豎八，全是空啤酒瓶。還有些爛紙，破衣服，幾乎無處可以插足。他斜倚在枕邊，一手拿了半瓶啤酒，一手拿了本書。那天晚上我們底談話，幾乎由他獨占，我只是偶然備他諮詢而已。他說了許多在我聽來又新奇，又荒唐，又充滿了問題的話。下面只是我記得的一些片斷。

「我來美國已經六年了。沒有錢的時候就作工，有兩個錢，就唸書。有時一面作工，一面讀書。這樣的窮日子已經混了六年。這六年裏，我什麼工都作過，什麼氣都受過。現在我還在一個公司裏兼點工作。雖然和美國同事們處得很好，但大家都只是些點頭之交，我們底臉皮是黃色，永遠打不進他們底圈子。他們升遷的機會多，我們作一輩子恐怕也還是個小山芋。——這倒不去管他，誰也不打算在美國一輩子。最受不了的，是生活太枯燥，太單調。已經拖了六年，誰知道還要拖好久？我眞想回到中國去，大家苦一點有什麼關係？不管怎麼樣，下了班，泡壺茶，和朋友們上天下地聊天，高興了來幾句京戲，那樣的日子過起來才有意思！我在這裏眞是受够了。」

我說，就我所知，就是回到大陸去，那樣逍遙自在的日子也找不到了。他要想回去，就得準備接受共產黨的生活方式。下了班以後的時間，大概都要用在小組討論和政治學習上面去，要不，就是自動要求加班，突擊完成任務。喝茶聊天唱京戲那種生活，恐怕更是渺茫。你若是爲了信仰共產主義而想回去，人各有志，我沒有什麼話好講。若是因爲在美國待膩了，想換換口味，而回到大陸去，恐怕會有後悔已遲的一天。

他說：「我很同情共產黨，不過對於政治學習並沒有興趣。我嚮往中國的生活情調，可並不熱心於什麼小組討論。——談到這裏，我還有一個想法，沒有和你談起過。我認識一個瑞士女孩子，在Swarthmore唸書。我們在一起玩得很好，也很談得來。她底父親是個銀行家。我想，再停一些時候，向她求婚，她也許不會拒絕我。和她結婚以後，如果瑞士的規矩和美國一樣，我就設法子更改國籍，作瑞士人。然後，帶着她一同回到北平去，以外國專家底身份替中共作事情。那時我既然是客卿，共產黨大概不會要我去參加他們底政治活動。同時，因爲我實際上是個中國人，又有不少朋友在那邊，自然可以儘情享受中國情調的生活。你看，這樣不是把問題都解決了嗎？」

他喝了一口啤酒，兩眼看着我。我底腦子裏正在想着四個字：「痴人說夢！」當時只簡單地說：「你這如意算盤恐怕太不實際。共產黨只愁你不回去，在你回去以後，他們決不愁沒辦法讓你自己悔過，承認自己底荒唐。」談話快到午夜十二點鐘時候，他忽然說還沒有吃晚飯，要乘飯館沒有關門的時候去吃東西，這樣結束了我們底談話。

那年暑假，一夏天沒有看見傑夫。朋友們誰也不知道他到哪裏去了，不過我們相信他不會回到中國大陸去。九月初快要開學時，他從維吉尼亞州寄了封給朋友們傳閱的長信。發信地址是維吉尼亞州某號公路旁一個怪名字的農場。在那封信裏他說，他參加那個農場，已經兩個多月。那農場是一些對現實社會失望，而具有社會主義理想的人們合辦的。裏面有美國人，也有外國人，一共三十幾個。大家帶去的衣物，在進去以後，都變爲公共財產。他們在那裏是日出而作，日入而息。有衣大家穿，有飯大家吃。每人每天的工作，由公舉的管理人來指派，誰也不許挑剔。他似乎很滿意，在信裏說，「這裏完全像一個原始共產社會」，他並且很希望別的朋友們去參加那個農場。又說，「即使不能來，那也希望你們能試行仿效一部分我們底生活規律，那樣一定可以減輕你們精神上的枯燥和痛苦：要早起，起太陽剛出來的時候起床，面對紅日靜坐半點鐘，這樣可以使你們忘記繁擾的塵寰。然後開始工作，要作緊張的體力勞動工作，這樣有助于精神上的安寧。要茹素，肉食不但對生理方面有害，並且對心理方面也有極不健康的影響。……」

此後直到一九五四年的三月初，才又在加州的巴克萊看見他。我問他農場情形怎麼樣，爲什麼離開了，對第一點，他苦笑着說，因爲財產公有，私人沒有負擔，農場裏的男女，就「拚命生孩子」。對于第二點，他沒有回答。

（四）

最近一年多以來我所認識的中國學長之中，有四位女哲學博士。她們中間，出國最遲的，來美也有八九年了，都還沒有結婚。其中唯一學自然科學的一位，似乎也是她們中間唯一對共產黨表示熱心的一位，大半年來，一直在嚷着「回大陸」，上學期我們大考以前，她已在忙着準備行李。聽說行裝甚盛，買了不少資產階級享用的奢侈品。據她自己說，除了華船免費的行李外，大概還要過重一千多磅。另外還想買架鋼琴帶回去。相信暑假過去之後，我再回到學校去時，一定看不到她了。

我第一次有機會聽她談話，是在一個朋友家吃晚飯，大家都是客人。那時她正在和一位同席的老教授談些什麼，我沒有留意。忽然聽見她用英語說：「誰講共產黨不合中國底傳統？共產黨特別在學校裏告訴學生，作兒女的要孝敬父母。哪一個兒女不孝順父母，就業以後不供養父母都要抓到監獄裏面去！」

因爲離開事實太遠了，我很想插口問一句：「小姐，你這消息哪裏聽來的？」由于是初次見面，由于禮貌，我沒有問。

此後在朋友們底家裏，在學校底自助餐廳裏，時常遇到她。漸漸知道她是生長在上海租界裏，小學、中學、大學，唸的都是教會學校。上海租界以外的街道，她都不大認得。中國別的城市，一個也沒有到過。在上海一家教會大學畢業之後，就到美國來了。據一位和她同學相當久的朋友告訴我，她初到美國的幾年，在伊利諾州的一個大學讀書。那時她年紀很輕，生得很清秀，喜歡紮兩條小辮子。在中國同學之間，非常神氣，時常給男同學釘子碰。後來也許是由於這個原因，朋友漸漸少起來。加以博士初試考得不大順利，就轉學到中西部另外一個學校去，埋頭讀書，五年如一日。民國四十三年讀畢博士學位，然後到我們底學校來，從事研究工作。

她在我們學校裏，顯然是非常孤獨。同學會底活動她不大參加，經常來往的，只有兩三位朋友，都相當左傾。經常只看兩份報紙，一份紐約時報，一份紐約出版的中文華僑日報(The China News)。這份報紙，人人都知道是共產黨在幕後主辦的。她有時還可以從一位左傾朋友家裏，借到中國大陸寄來的「大公報」。從她底談吐裏，我得到這樣的印象：她自己那一門本行的自然科學，大概唸得很不錯。我不懂，無話可說。但是除此以外，社會科學方面的知識，和關於中國的一般常識她都知道得太少，比一般留學生知道得少。她對於中國共產黨，和中國大陸上的情形，可以說是盲目地樂觀。她又最喜歡談這些事，她底談話常常是像這樣：

「中國文字拉丁化還不好嗎？有人怕拉丁化之後，全照白話拼音，許多古典的書籍，以後的學生都沒法子讀懂了。——那有什麼關係！比如說，我就沒有讀過論語一類的老書，還不是照樣！」

「學俄文當然是應該的。俄國底科學是比美國進步嘛！——俄文三個月就可以學會，就可以看書！我妹妹寫信就是這樣告訴我的。」

「多開會，多開小組討論，有什麼不好！在這裏看電影還不是一樣要花時間？」——記得那次她說到這裏時，我問了她幾句：

我：既然如此，爲什麼同學會屢次開會，你都不到？

她：不高興去嘛！

我：不高興去就不去，這就是「小資產階級」一百零一種毛病之一：「自由散漫」。共產黨有現成的帽子給你戴。你在這裏可以自由散漫，不愛開會就不去，回到大陸就不行！開會不到，說話不對，就得受檢討，就得低頭認錯！

她：認錯就認錯，怎麼樣？向中國人民低頭，總比向帝國主義低頭好得多！

我：誰是帝國主義？你在這裏憑自己底智能來讀書，作研究，要向誰低頭？說到向帝國主義低頭，你對大陸情形那麼關心，你知道不知道大陸上五萬萬中國人，連共產黨在內，都得向半野蠻的俄國人低頭？

她：俄國人當然不同！中俄是兄弟之邦嘛！

這樣當然沒有道理可講。她又是位小姐，我自然得讓她多講兩句。

她好像已經無條件地接受了一個簡單的公式。無論什麼問題，只要套進那個公式，就會得出個顛撲不破的結論。她學習自然科學所受的嚴謹科學訓練、推理、分析、和求證的功夫，一碰到和中共有關的問題時，就都完全忘記了，雖然她是個哲學博士。

我無意在這裏重覆她那些屢次地不講道理的、簡單的、盲目的論調，只擔心她這樣地不了解現實，回到中國大陸之後，一旦發現一切和她所想的都不一樣時，會發生什麼結果，——大概也只有像「啞子吃黃蓮」一樣了。

她從來沒有表示過婚姻問題是使她想回中國大陸的原因之一。但熟人們都覺得像她這樣一個有了博士學位，年事漸長，而又傾心於中國共產黨的女孩子，在目前的美國，要想結婚，恐怕不大容易。上學期大考以前，她在和幾位朋友心平氣和的談話中，曾經很緩和地說：「講老實話，想回大陸去的人，不見得都是對政治那麼有興趣。許多都是爲了家庭問題，個人問題，等着要解決。」我那次覺得她好像是另外一個人。

（五）

我想到李的時候，就有一種痛苦和無可奈何的感覺。他是一個非常忠厚、誠懇、勤勉的中國留學生，又是一個虔誠的基督教徒。他不能接受共產主義，也反對中共在大陸的那一套作法。可是，同時他也反對現在在臺灣的當局人物，認爲他們所組織的政府，不能爲他和一些與他看法相類似的中國人所接受。他生長在臺灣。我一想到他底家鄉不在共產黨底統制下，而他還不得不準備過長期的流亡生活，就感到非常難過。

他是一個有抱負，有熱情的人。當史塔生還在賓夕凡尼亞大學校長任內，而同時政治聲望還相當高的時候，李曾跑到賓大校長室去和史塔生深談中國前途問題。爲了想向艾森豪總統問幾句簡單的問題，他曾在一個星期日的早晨跑到華盛頓去，坐在艾森豪常去參加禮拜的教堂裏，等候那寶貴的幾分鐘。

有天晚上我到他底住室深談，一直談到次晨兩點多鐘。他向我暢述他對議會政治、政黨運用、宗教、治學，等等問題的見解。他也毫不隱瞞地向我傾吐他對從前在臺灣的日本政府，現在在臺灣的中國政府，和大陸上的中共政權，底比較和批評。雖然他底觀點，有許多我都不能同意，但我不能不承認他是個好學深思、憂時感世的有志青年。他對許多問題，都有獨到的看法。我在和他談話的時候，覺得意見不同的人可以互相容忍，可以暢所欲言，眞是一種極其寶貴的自由。那種談話本身，就是一種最大的享受。

他對於神，對於學問，的意見，我在這裏無須敍述。他對中國特別是臺灣底政治前途，有如下的意見：日本政府無論好壞，都不應該統治臺灣。臺灣也不應該受任何其他外國或國際組織底託管。在目前的情形下，他相信大多數的臺灣人都不願接受中國共產黨底統治。同時，他（據他說，還有許多臺灣知識青年）認爲現在臺灣的國民政府也不行。

現在李在那裏，我不知道，不過我相信他底看法一定沒有變，因爲他是那樣一個有自信心的人。

（六）

我底例子寫到第六個時，我覺得非常躊躇，不知道寫那一個人，那一類問題是好。因爲要是一個一個寫下去，我怕至少也要寫出一打左右，我沒有時間寫那麼多，別人也不見得有時間和興趣看，我想止於半打，因而取捨爲難。

我遇到的中國學長之中，的確頗有幾位糊塗蟲。他們底意志閃灼不定，忽然這樣想，忽然又那樣想。其中一位是一面申請在美永久居留，一面辦理經香港回大陸的手續。我對這樣的人雖然覺得扼腕不置，但也不忍深怪他。因爲我相信是長久的歲月，窮困枯燥的生活，家庭的隔絕，職業的困難，婚事的遷延，和許多其他無情的現實問題，把他折磨壞了。他那些使人無法了解的矛盾行爲，只能向病態的心理分析專家去找答案。

還有一位在美學習近代物理的學長，聽說從前在民國三十八、三十九那幾年，非常左傾，非常活動，他底許多朋友，都已先後到中國大陸。據說，有些作了工程師，有些作了副教授。他在美國却爲愛情所俘虜，結了婚。現在已經有了孩子。太太是位林黛玉型的嬌小姐，並且太太底父母也都在美國。她不喜歡共產黨，不願遠離父母，也受不了苦。當然他無法再作回大陸的打算。唸完學位，只好在這裏找工作。可是他在精神上很憂鬱，時常可以看到他一個人坐在僻靜的地方，垂頭納悶。這一幕時代悲劇將來如何收場，誰也不曉得。

我還有機緣認識不少其他的中國學長們。他們大都是民國三十六、三十七、三十八，那幾年出國的。有些學理工科，也有些學文法科；有男，也有女。雖然他們分散在許多學校和不同的工作部門，可是他們對於國是的看法，不談則已，談起來都很相近，眞可以說是不約而同。你差不多可以根據他們底態度和觀點，塑造一個「平均的」大陸來美留學生的模型，他們學有專長，多數都有工作經驗，都可以稱爲專家。他們出國都在七年以上，無論生活苦樂，至今都還留在美國，這件事實證明他們並不喜歡共產黨。另一方面他們對於臺灣，在事實上知道得很少，在感情上覺得非常陌生。他們從地圖上來看，臺灣只是那樣小的一個海島，自己又沒有親友在那邊，似乎沒有什麼吸引力使他們考慮去臺灣。過去國民黨在大陸上所留下的壞印象，至今在他們腦子裏，還並沒有泯滅。（在許多美國人底心目中，也並沒有消失）。而且偶爾還有新的令人失望的消息，從臺灣傳過來。他們覺得「到臺灣去」似乎等于下決心永遠和家人訣別，到一個並沒有吸引力的地方去。因此，他們大都選擇留在美國一途。許多人說：「若是只有回大陸和去臺灣兩條路，強迫我們選擇，我們寧願回大陸去，因爲無論如何，那裏是我們底家鄉，有我們底親人。」

（七）

前面所寫的一些事實，似乎並不使人感覺愉快。這一點我自己知之最深，因爲當五年前我離開北平，初次踏上自由世界的土地時，覺得海濶天空，到處都充滿了希望。可是五年以來，親見自由世界在各方面的發展，留待我們去期望的地方，實在很多。是在這種情況之下，產生了上述的一些事實。無論是否使人愉快，它們是事實，誰也無法躲避或掩蓋它們。

一位前輩最近重遊美國。談起他底觀感，他說：「國家興亡，匹夫有責。」中國底前途，一部分是在留學生底肩上。這次看見有些留美學生，對於國事漠不關心，十分感到憂慮。」這一點我是深有同感。不過我們如果眞要了解問題，解決問題，必須十分客觀，從各方面尋求對于現狀的解釋，千萬不能有厚于責人，薄于責己的傾向。有些留學生不關心國事確是事實。可是，在另一方面，多年以來，國家不關心留學生，也是事實。用個不太恰當的比喻，我們可以說從大陸來美的留學生好像一羣遭受遺棄，失落海外的流浪兒，無人照顧，自生自滅。自從「日內瓦談判」以來，有人要出面認領這些流浪的孩子了，於是發生了誰是親生父母的爭執。這時候如果只是片面地責備這些孩子們不能辨認生身父母，似乎有失公平，而無助於問題的解決。這中牽涉到血緣，家族，對於鄉土風物的懷念，對於新環境的調整和適應，以及其他許多細微的因素，尤其決不能僅僅從一個政治角度來看問題。

若是問我對於「爭取留學生」底意見，我所能說的並不多，因爲這問題已經超出了本文底範圍。不過「爭取留學生」這個原則總是正確的，他們都是國家未來的資產，沒有放棄他們的道理。但是既談「爭取」，就表示已經有了距離。爭取之道，首先要虛心尋求發生距離的原因。首先要極客觀地了解他們底處境，並且也要讓他們有機會極客觀地了解國情。要供給種種便利，幫助他們去認識臺灣和大陸底眞象，好讓他們自己去作理智的抉擇。其次是不可爲淵驅魚。正像下棋一樣，自己走錯一着，

（下轉第24頁）

英國財長的辭職

萬　遜

正當麥克米蘭首相行將起程赴不列顛邦協各國作爲時五週訪問的前夕，英國內閣經過了一次空前的波動。在英國政府的傳統下一向被視爲僅位次於首相的財政大臣於一月六日提出辭職。與其同時採取行動者尙有國庫財政事務次長鮑衞魯 (Enoch Powell)及國庫經濟事務次長比爾赤(Nigel Birch)。托耐克夫特 (Peter Thorneycroft) 財政大臣及其兩位助手的辭職是英國政府中整個財政負責人員向麥克米蘭首相提出公開抗議的表現，亦即等於保守黨內部的分裂。因此英國各界評論紛紛。

托耐克夫特等三人辭職的原因，籠統的說，起因於麥克米蘭首相及大部份閣員不同意財長所擬的下年度的新預算。在托耐克夫特看來，政府對目前財政及經濟困難局面的處理應以身作責，所以堅持緊縮開支得由政府作起，使下年度的開支預算總數不得超過本年度開支總額，至於預算支出項下所列五千萬英鎊的增加額，則擬再在關於敎育，養老金及公共衛生事務一類的社會事業的原預算開支項下實行削減五千萬英鎊以期達平衡。此事就托耐克夫特的態度來說，並非突然，他自始卽認爲須先行設法穩定幣制，重建英鎊的信用以抵制通貨膨脹，因此他不惜犧牲充份就業的原則並凍結社會事業的支出。他向首相提出的辭呈中有如下的幾句話：「我不能同意下年度預算方案的支出超過本年度政府開支的總數。」「您的行期旣已定爲一月七日，因此我必須在今日對此問題採取決定。明顯的，在此問題方面我未能獲得您與一些其他內閣同僚的支持。而政府總預算的擬訂應爲我擔任財政大臣的主要職責。在此情形下，除了向您提出辭職外將無其他途徑可循。」「我承認爲達到此最後目的(指預算平衡)，將必須採行一些不受歡迎的措施。但我尤認爲緊縮國家開支乃穩固英鎊及安定物價的先決條件；同時更爲保障英國在國際上的威望與聲譽的必要決策。」然而麥克米蘭及其他閣員則認爲托耐克夫特的「硬性政策」如被採納而實施，將無疑的要刺激物價使之波動，因之政府與工會間又將再行發生直接的糾紛。況保守黨左派人士的反對態度甚爲堅決，如財政大臣的政策得以執行，則內務大臣布特勒 (Richard A. Butler) 與勞工及國民服務大臣麥克路得 (Iain Macleod) 將會辭職以表示抗議。當時麥克米蘭亦曾多方努力以調和雙方的意見，且謂某些大臣所要求增加五千萬英鎊的開支實只不過全部預算下的百分之一。然而托耐克夫特堅持其原則提出辭職。

英國內閣此次因預算問題所引起的糾紛，實際上乃兩個不同的經濟理論的爭執。托耐克夫特的絕對保守性的「緊縮財政」原則，以硬性的節流辦法，利用甚至不受民衆歡迎的措施來抵制通貨膨脹及貨幣的貶值。而黨中左派布特勒等則爲進化的自由政治及社會政策的積極擁護者。在爭執中，托耐克夫特得有英格蘭銀行及財經社團的極力支持。如就這一點看來，此次內閣局部危機的結果，使英鎊在國際市場中，甚或在英本國內的地位有受打擊的顧慮。有鑑於此，麥克米蘭首相不得不把握時機，在行前卽時從事內閣的局部改組。其新人事更動如下：

財政大臣：阿茂奈 (Heathcoat Amory) (原農漁大臣)

農漁大臣：哈爾 (John Hare) (原陸軍大臣)

陸軍大臣：梭姆斯 (Christopher Soames)

國庫財政事務次長：西蒙 (J.-E. Simon) (原內務次長)

國庫經濟事務次長：由司庫大臣毛得林 (Reginald Maudling)兼代

這次內閣的局部改組的結果，顯然的是布特勒的勝利，使保守黨左派幾掌握了內閣中的整個的財政系統。新財政大臣阿茂奈在前年蘇彝士運河事件發生時，曾以反對當時首相艾登的政策，而與布特勒同成爲一時的新聞人物。其在麥克米蘭內閣中的農漁大臣任內工作頗爲活躍，且處事亦較圓滑，故在保守黨中甚得各派人士的支持，這次阿茂奈走馬上任之際，爲了爭取托耐克夫特支持者的信心及避免英鎊所能遭遇的危險，當日卽宣佈稱：「今後政府的財經政策將循其年來的一貫態度，而不會有任何改變。」並謂：「今後國家開支不論是在有關投資性的支出方面，或在經常行政支出方面，將與政府向各界所提出的要求相符合，卽儘量緊縮。」他更強調：「鞏固英鎊及穩定國內物價兩事將是政府財經政策方面最被重視的兩項。政府中對此兩項事務的處理，在政策上從未發生過歧見，我們在這方面的表現，過去曾有顯著的成績。雖政府對於制止通貨膨脹尙未能有絕對的成功。但我們如能堅決不變的繼續努力下去，則成功之日是不遠的。」事後代理首相事務的內務大臣布特勒爲平息此次政潮及制止不良的反應起見，亦曾公開聲明謂：「托耐克夫特等三人的辭職僅由於對問題處理方式上的歧見所促成，而實非原則問題。對緊縮開支以抵制通貨膨脹方面政府的政見仍繼續一致，期儘速獲得成功。」

對於因托耐克夫特辭職而引起的風潮，英國輿論反應不一，保守黨報紙如「每日電訊」(Daily Telegraph) 及「每日快報」(Daily Express) 均支持麥克米蘭首相。自由黨的「新聞紀事報」(News Chronicle) 則撰論謂：「近月來托耐克夫特及與其同時辭職的兩助手曾堅持主張應以穩定英鎊在國內的地位爲第一要務。此一堅決的態度明顯的鞏固了英鎊在國外的地位。然而相反的危險亦同樣的顯明。此時必需要使輿論及國外財經界相信英國政府決不放鬆制止通貨膨脹的任何努力。」無黨派「泰唔士」報 (The Times) 的態度對麥克米蘭首相的指

從開羅會議看蘇俄對中近東的陰謀

開羅通訊・四十七年二月十五日

魯 冀

一九五五年四月的萬隆亞非國家會議曾在國際上發生相當作用。所以一九五六年下半年蘇彝士運河事件發生後，納塞爾即屢次企圖召開第二屆「亞非會議」，以求在國際上獲得支援，並進而實現其爲阿剌伯國家盟主的野心。然而却因時值匈牙利人民革命運動發生，莫斯科政權在國際上的聲譽很壞。而過去在萬隆召開的第一屆「亞非會議」席中，若干反共國家的代表曾揭發蘇俄暴政，使共產集團的陰謀在當時無法得逞。由於這許多的考慮，於是莫斯科方面一再拖延，以謀求有利的條件與環境下召開，致使納塞爾所期望的第二屆亞非會議遲至去年終始行召開。

去年十二月二十六日至本年一月一日在埃及首都開羅召開的「亞非團結會議」實非第二屆萬隆會議。這不僅是由於兩屆會議名稱上的不同，在性質上則有更大的區別。一九五五年四月十七日由亞非國家政府代表參加的萬隆會議係印度、巴基斯坦、錫蘭、緬甸及印尼五個哥命坡國家邀請召開。當時討論者集中於反殖民主義，反奴役及反原子戰爭一類的問題。印度總理尼赫魯則欲利用萬隆會議宣傳其應付東西兩集團的「中立主義」，成立其所謂在東西集團相持下的「第三集團」及爭取對亞非國家的領導地位。與會國家中由周恩來爲首的中共代表團則企圖借用會議以擴張其對亞非國家的關係及加強其在亞非國家中的地位；同時更準備利用這個機會儘量打擊美國在國際上的聲威及分化亞非國家與美國間的關係。然而由於反共國家如非律賓、南越、土耳其、伊拉克及巴基斯坦等國代表在會中指責共產帝國主義，致使共產政權代表及所謂中立國家的代表的主張無法全部通過。開羅會議的情形則完全不同。與會各地區代表雖想法不盡相同，如埃及和敍利亞與蘇俄和中共的用心不盡相同，日本代表團僅以發展其對外貿易爲着眼點。但是，就「亞非團結會議」本身而言：①蘇俄首次被承認爲亞非國國家，派代表團參加會議，得機直接且正面參與亞非國家的活動。②「亞非團結會議」爲亞非國家間的非官方會議。與會各地區代表除部分有受官方支持或贊成出席的代表外，不少則因其政府反對參加而由反對黨或流亡人士組成的「代表團」參加。③反共國家如非律賓、南越、高棉根本拒絕參加，因之會中無人能對共產陰謀加以揭穿及反擊。何況又值蘇俄人造衛星兩度放射成功之後，美國的威望受打擊的當時，使莫斯科的陰謀滲透政策暢行無阻。

此次會議雖仍以反殖民主義及反戰爲討論中心，但所涉及的範圍甚爲廣泛。如就會議對象及與會分子而言，無論這次會議的結果如何，對西方國家均屬不利，而其中尤以法國處境更爲惡劣。阿爾及利亞「民族解放陣線」(Front de Libération Nationale) 代表於發言時，激烈攻擊法國對阿爾及利亞的「殖民主義」政策，同時因美國援助支持法國，致連帶指責美國。以及北韓及中東國家政府反對派及流亡者對美國的攻擊，黑人非洲親共份子對法國的毀罵等等。這一類的發言使蘇俄正中下懷，借機大肆煽動之能事。況與會「代表」中的阿剌伯民族「代表」雖尙表現團結合作，但非洲非阿剌伯民族間的立場却由於本身的利益而呈現摩擦。例如愛求與比 (Ethiopie，即阿比西尼亞) 因其佔有索馬利蘭的部份領土，故對該地區「代表」發言時要求帝國主義勢力自該地區撤退極表不滿。以及黑人非洲「代表」抗議摩洛哥反對黨代表要求牟義達尼 (Mauritanie) 歸併該國的提案等，更給予蘇俄從事離間活動的便利。埃及本欲藉開羅「亞非團結會

責雖未甚激烈，仍謂：「關心而明悉英國經濟安全尙未確切恢復的人士本甚望麥克米蘭首相能支持其財政大臣托耐克夫特，然而，事實上，首相並未對其勇敢的財政大臣加以支持。甚爲明顯，英鎊的前途已繫於對公共開支的有效的節制。且凡能有效緊縮開支的人均確知唯一能達到目的方法乃確定一硬性的標準，而依此標準毫不逾越的做下去。

反對黨的工黨對政府黨每一事件的指責自不後人。工黨領袖凱次克爾 (Hugh Gaitskell) 事後卽聲稱麥克米蘭首相啓程後留在後面的是一個歧見叢生的內閣及一個分裂的政黨。此種說法並非無稽之談。雖然麥克米蘭首相於乘機赴新德里之前，以英國的傳統的「紳士風度」安祥而冷靜的說其在行前得處理一些無關緊要的瑣事。但是，實際上，這正如一年多以前艾登首相將赴百慕達 (Bermudes) 時一樣。麥克米蘭赴不列顚邦協各國後所留下來確是一個意見頗爲分歧的政府及一個滿身裂痕的保守黨。在保守黨右派看來，這位堅決的托耐克夫特先生當成爲保守黨的黨魁。但布特勒一派則一再反駁。而其黨中溫和派的議員亦認爲內閣不接受托耐克夫特財政大臣及其兩助手的政策爲不幸的事件。因此事件甚至有人懷疑英政府在放棄緊縮開支抵制通貨膨脹及防止英鎊貶值的政策。

保守黨經過前年底的蘇彝士運河事件所發生的裂痕迄今尙未能得以彌補。而對於塞浦露斯島問題的處理及國防問題且亦無一致意見。年來人們一直認爲政府閣員尙對財經問題態度一致。但是今日放在面前的事實已說明保守黨中對此問題意見亦相矛盾。因此使一般政論家在懷疑麥克米蘭將如何保持其在黨中的領導地位。但就此事本身看來，英國似已進入大選的前夕。托耐克夫特的辭職則可稱爲英國保守黨放棄其堅定的財政政策而採行準備選擧的財政經濟政策，期以儘量維持社會事業來迎合選民。根據規定英國的下屆大選應在一九六〇年春季擧行。但就目前情況看來大選可能提前擧行。

議」一來儘量表現共在非洲及中東地區的領導地位，及設法實現納塞爾統一中東及非洲地區的迷夢。但當時在會議中，共產勢力來勢甚兇，使埃及中途改變態度，對外宣傳較爲保留，官方稍緩和其對西方的不利宣傳，納塞爾也放棄了正式出席大會的意思。中共代表團以郭逆沫若爲首參加會議，在大會中表現得亦甚活躍，但與萬隆會議相較則遜色不少。中在這次會議決議案中與會各地區「代表」曾一致通過主張中共應加入聯合國。但是中共代表團在大會政治委員會提議在決議案內得列入臺灣應「歸還」「中國」一項則未獲通過。這也許是因爲與會的所謂中立主義者不願親親共得過份的緣故。

以最高蘇維埃主席團副主席及烏孜別克共和國最高蘇維埃主席團主席阿失杜維赤(Rachidov Charaf Rachidovitch)爲首的蘇俄代表團在會中則儘量活動，利用一切有利機會大肆宣傳或挑撥離間，且竟掌握得會議中的領導操縱地位。蘇俄爲了打擊美國對中東所採行的「艾森豪主義」及抵制美國對外的經援計劃，及討好亞非地區民族以進行赤化世界的陰謀，除指責西方國家的軍事武裝競賽的「陰謀」外，並在開羅會議中向大會經濟委員會提議修言蘇俄準備對任何國家實行絕無任何條件或保證的經濟援助。同時更陰險的嗾使亞非國家以埃及及印尼爲榜樣，盡將其各該境內外國企業收歸國營。蘇俄此一挑撥煽動計劃在會中甚得與會各「代表」的贊許。其代表於十二月二十七日提出上項宣言竟獲得一羣被愚弄者的激烈掌聲。此外除夕日蘇俄首席代表阿失杜維赤再度發表富有煽動性的演說，他要求亞非民族團結從事反抗帝國主義的奮鬬，並謂蘇俄將堅決支持任何亞非國家在帝國主義的政治經濟控制中獲得「解放」。這段美妙而裏有糖衣的演詞，與會的「代表」聽了實感嚮往。與會的這一羣被愚弄者竟忘了這位滿口談「義舉」的代表就是於十三個月以前命令屠殺匈牙利民族革命者的發言人。

綜析這次開羅會議的決議宣言，除對美、英、蘇呼籲促請即時停止核子武器的試驗，外主張召開裁軍會議及世界「和平共存」大會；宣稱帝國主義的統治與剝削政策爲一切病態的泉源，譴責法國在阿爾及利亞，英國在葉門等地區及美國的一般性政策如艾森豪主義，等一類反戰爭，反殖民主義及反干涉主義的決議。並在蘇俄指使下，針對北大西洋公約組織最高階層會議，譴責軍事集團及軍事基地的建立，反對以核子武器及火箭存儲於外國境內。但其決議中最主要且不得忽視的一項當爲成立包括二十四名代表的亞非團結理事會，及設立永久秘書處於開羅一事。永久秘書處設秘書長一人爲埃及人擔任，秘書十人分由蘇俄、中共、日本、印度、印尼、伊拉克、敘利亞、蘇旦、伽納及喀麥各一人擔任。由於共產國家代表的行動有其政府的支持與授意，而其他八名秘書僅爲代表其個人的非官方人士，故使此一永久性機構成爲蘇俄對外的御用組織。在共產國際解放後，莫斯科政權可借此組織作其對亞非國家宣傳滲透以達到其陰謀顛覆目的的中心。

年來莫斯科政權一再積極執行其「和平攻擊」政策藉以攻擊美國及分化西方的勢力。自其人造衛星放射成功後，更借此所產生的有利情勢擴大宣傳。在去歲北大西洋公約組織會議前後，俄酋布加寧兩度致函西方國家首領呼籲「和平」及召開政府首長會議。並繼開羅會議之後更竭力利用其有利地位向中東亞非國家滲透。一月二十一日莫斯科電臺廣播其外交部發言人的宣言促在中東建立非原子武裝地帶。這一個陰謀計劃主在巴格達公約會議之前挑撥離間中東各國，及分化西方國家在中東的勢力，以期達到在土耳其境內建設中程飛彈放射基地計劃的流產。宣言中陰險的措詞如「明顯地，美國在中東建設原子軍事基地及飛彈放射基地，企圖使戰場遠離美境而移至巴格達公約國境以內。」表面上似爲對中東國家的「忠告」了。事實上不論蘇俄在開羅會議中抑或在會外所標榜的「反殖民主義」和「和平共存」，均與其對匈牙利、波羅地海國家及其境內的回敎民族所施行的政策絕對矛盾。這是顯而易見的事。開羅會議雖構成對蘇俄有利的新亞非共產國際，因爲它是蘇俄今後在亞非地區活動的中心機構。但如中東反共國家能堅定立場，而一些所謂中立主義者及極端的民族主義者能認清其所處的環境，不上蘇俄的當，則蘇俄所能施行的陰謀仍是有限的，如仍爲當前一時的利害得失或爲求某種野心而和蘇俄接近，如埃及敘利亞葉門，受其操縱，則遺患無窮。

(上接第21頁)

就等於替對方幫了一個大忙。也許有人覺得僅只作到「不爲淵驅魚」，未免太嫌消極。實際上只要作到留學生都能認清專制和自由的分野，都能爲了將來一個自由祖國的重建，而在目前留守在自由世界，不到鐵幕裏去，就是一件大成功。只要是非弄清楚了，無論人在什麼地方，似乎都沒有關係。每一個在海外的學生，都可以是一個很好的國民外交使節，都可以增進外國人士對中國現狀的了解和同情。一個政府，即令有心要想派遣這麼多的親善使節，恐怕也還沒有力量辦到。假如有人因爲中共在爭取留美學生回大陸，便也主張使留學生都回到臺灣去，他恐怕是忽略了許多實際上的困難。而且即令是勉強辦到了，這件事也未必合理。許多研究工作，在臺灣不一定能夠順利進行，而臺灣人浮於事的現象，也只有因此而更趨嚴重。中共一方面盡力爭取「留學資本主義國家」的中國學生回大陸，一方面還在大量資送大陸上的中國青年到蘇俄和其他「人民民主國家」去留學。到去年(四十四年)年底爲止，被中共送到蘇俄去的中國學生，已經有四千四百多人，今年中共還計劃選送更多的學生到蘇俄去。注意「留學生問題」的人，對於這件事情底意義，似乎也不應該忽視。

其實儲備人才，原不必集中於一隅，主要的是在於能否獲得人心，作到「近悅遠來」。而人心的向背，和若干根深蒂固的印象(不論是否正確)。都不能期望於一朝一夕之間有重大的改變。能夠促成潛移默化，就算成功。操之過急，在目前的情勢之下，恐怕會造成許多相反的選擇，那就成了爲淵驅魚。

千言萬語一句話：只要國家上了軌道，留學生不會有問題。

民國四十五年六月廿三日寫成，
民國四十六年十二月修改。

紅樓夢的藝術價值與小說裏的對白(續完)

——就教于勞榦先生與石堂先生——

徐訏

(六)

至于拙著小說裏的對白，那是不值一提的東西，與紅樓夢放在一起，自然更顯出我的低能。可是說我的對白的句法詞彙與味道都是濃重的洋味兒，那可眞使我不知怎麼好了。原因是我寫的英文、法文或者說幾句洋涇濱的英語法語別人都說是充滿中國味兒；如今有人說我的中文裏是「洋味兒」，豈不是叫我不知適從了麼？爲證實石堂先生這個論斷，我祇得廣泛地去請敎幾個朋友。有幾個朋友是正面的，可以舉其中一個的話爲代表，他說：

「這話沒有錯啊。但是我們平常所說的話都帶着洋味兒，比方說：『你明天給我一個電話，我再告訴你是不是有事。要是有事，我就不可能同你一道去了。』這種話如『給我一個電話』，『不可能同你去』，都是帶洋味兒的。」

有幾個朋友則是站在反面的，可以舉其中一個的話爲例，他說：「白話文嗎，都是這樣。」

仔細歸納一下，得一個結論：凡是認爲我小說裏對白有洋味兒的朋友竟都是會洋文的朋友。而不認爲我小說裏對白有洋味兒的倒是完全不懂得洋文的朋友。

這使我頓然悟到，文字語言的演變是自然的，是跟着社會的演變而來。知道洋文的人也就想到了洋文；不知道洋文的人則直接了當就承認了這是白話文了。這好像是我家外祖父看到父親吸紙烟就認爲是「洋派」，也正像民國初年前輩看到剪了頭髮的人是充滿「洋味兒」一樣。因爲他們開始看到紙烟是洋人吸的，開始看到無辮的人是洋人。但到了我們這一代，看到父親輩早已在吸紙烟同沒有辮子了。因此就覺得這些是中國人自己的事情，同洋味兒沒有什麼關係。倒是看到留着辮子，吸着旱烟筒的人覺得是滿淸的遺老，不是異族的感覺，也是歷史的感覺了。

不留神，不知道；一留心，就暫且使自己拖上辮子，看看別人的作品是不是充滿洋味兒呢？

就以第三卷三期的文學雜誌爲例，從第一篇開始，除出寫明翻譯的不算（因爲這些是應該有洋味兒的）以外，我每篇隨便摘一句，看這些作家們是否有「洋味兒」呢？

請聽：

但有了浪漫主義和作品這觀念，就使浪漫時期的確定發生了困難。——第一篇，張沅長作

夜安夫人們，夜安，嬌美的夫人們夜安，夜安，這樣子一個繁華的夢消逝了，只剩了使人微笑的追憶，和談話的資料。——第二篇，梁文星作

某時代的「文藝思潮」，政治經濟對于文學的影響，某作家的生平與其作品的關係，某作家的政治理想與其人生哲學——這些題目我們不能否認是屬于文學批評的範圍，而且二十世紀的批評家仍舊不斷的有人介紹討論着。——第三篇，夏濟安作

他在生活和行動上追求盡善盡美和眞實；恨不得有一個特別的世界，單單爲滿足他藝術上的需要而設——雖然這樣一個至高的藝術境界未必是另外一個藝術家所滿意的。——第六篇，思果作

但他不能從醜惡的現實奔向他日夕想望的東西——「那陽光炫目色彩鮮麗的地方」，所以他惟有全心灌注在藝術上，從那裏他能獲得眞正的安慰和希望。——第七篇，林光中作

天氣陰沉得像重傷風的鼻涕，膩膩的，逗引得他的情緒如當年錯過了女朋友的約會一樣懊喪。——第八篇，何言浩作

我們讀紅樓夢，不管是爲了欣賞，還是爲了寫作的目的去研究，若不能看出「對話」對于這部小說成爲不朽名著的重要性，那是很可惜的。——第九篇，石堂作

「明天就要死」細細想來對于我們是一種新鮮的感覺，試想假如有那麼壹天，一個權威的天文學家向全球提出警告說：「地球明天將會與什麼的星球相撞，全球生物，連一個螞蟻，都無法倖免。」——第十篇，劉紹銘作

爸爸有點動心了，可恨那倒霉的梅阿姨不知怎麼的年年把我的生日記得這麼牢，她在早兩天就送了一個大洋娃娃給我。——第十一篇，陳秀美作

除了翻譯的以外，沒有遺漏，全部三卷三期的文學雜誌的每一篇作品我引到了。因爲篇幅有限，我每篇祇引一句，文學雜誌的讀者，自然不難找出幾十句的。有目共賞，這些文句，連石堂先生自己的作品也在內，有哪一篇不是帶着石堂先生所說的「濃重的洋味兒」的呢？其句法、詞彙、味道、恐怕許多即使說明是創作也或許還無法令人相信不是從翻譯來的呢！

這祇是說明，現代中國的文字言語已經不是以前的文字言語了，沒有任何人可以阻止它改變。一定要說是「洋味兒」，那麼一照鏡子，自己也正是一身「洋味兒」呢。

從香港到臺灣，那當然回到中國了。可是臺灣的小姐正都是充滿日本味道呢！不但如此，因爲氣候的關係，居住房屋的關係，許多從內地去的人也染出日本味兒。她們房間的佈置，衣着，進門換拖鞋……等等的習慣都使他們的談話動作都有了改變，可是我同他們交往仍是充滿着中國的感情與味兒。

在臺灣，文學雜誌社曾經請我吃飯，那天到的客人有三桌，少說說也有三十個人吧？我已經記不得是否有人穿着中國的長衫，所能回憶的則都是穿

着西裝或夏威夷衫。我們的交談一點沒有華洋不同的感覺，要是阿Q在座，恐怕要被罵爲一大羣「假洋鬼子」了吧。

時至今日，再要把句法劃分中西，字彙拘泥華洋，甚至「聰敏」也要別以「洋聰敏」，恐怕也太「閉關自守」而「望洋興歎」了。

其實，世界各國的語言文字，在句法字彙上，哪一國不是經常的在受外國言語文字的影響？要是有一種文字言語一直不受外國的影響，這一種言語文字一定是垂于死亡。有了蒸氣機以後，沒有「蒸氣機」這個概念的文字與言語，就是這個民族還不知道這個事實。有了「氫氣彈」「人造衛星」以後，如果沒有代表「氫氣彈」「人造衛星」這些概念的文字語言，就是這個言語文字就已經爲人類所棄置了。我們能因爲物理學上來了「中子」「質子」，經濟學上來了「剩餘價值」「邊際效率」，美學上來了「美的距離」「感情移入」的一類新概念，而認爲表現這些概念的字彙都是洋味兒？

現代的英語法語德語俄語…，其沿化變遷的歷史所告訴我們的，還不是因貿易戰爭而彼此交流，互相影響，吸收擴充而形成的。祇要以 Sputnik 這個字來說，現在英文法文德文日文都已普遍的吸收，而且已經是被當作動詞來運用了。

語言上的字彙與概念越擴充越增加得快，越顯得這個民族有進步。這是無法否定的事實。這些吸收溝通，是極其自然而寶貴的事情，再要細細分別「中」「外」「華」「洋」，劃此分彼，守舊非新，那麼我們恐怕祇好回到三皇五帝的時代！或者說最好回到穴居時代，廢棄文字，說我們中國本來就沒有文字，爲保持「中國味」，我們不用文字了。

我是最笨的人，中國的聰敏固然沒有，何來「洋聰敏」？要是這是一個不帶譏笑的名詞，我想應該給我們今年得諾貝爾獎金的兩位物理學家吧。雖然他們已經入了美國籍，完全是洋人了，但是招待歡迎之中，我們對他們的洋聰敏總還要拉點血統之聯繫吧。

我的作品與紅樓夢之比，在文學藝術上講，雖是沙粒與鑽石之對照，但若從文字言語上講，那無疑的是我的比紅樓夢要接近現代中國人的文字言語，這理由很簡單，因爲曹雪芹是二百年以前的人，而我是現代的人，勞榦先生所說的「紅樓夢只代表二百年前的一種北平方言……」，而我所寫文字言語則代表了國語已經廣泛地普及以後，受了各種科學名詞與新的思潮洗禮後而產生的一種「普通話」。說曹雪芹的文字言語比我更代表現代中國，這話眞不知從何說起了。

祇要翻開任何一本臺灣出的書刊，把我的文字同紅樓夢的文字與它來比。即以文學雜誌爲例，誰都可以看出裏面的文字與我的比與紅樓夢的要接近。

什麼是「現代中國人的文字言語」，不用說，即是「現代中國人普通流行文字言語」，也可說是現代報章書刊，包括「文學雜誌」多數所用的文字言語就是現代中國人文字言語。而與這些比較接近的我的文字言語，怎麼能說比紅樓夢的文字言語要遠離現代中國的文字語言呢？

我這話，自然與紅樓夢的文藝價值無關。莎士比亞所用的文字言語，當然不是現代的英文；我們從不說現代的英文充滿了「洋味兒」，因爲它受了許多別國言語文字的影響，也不硬認爲莎翁的英文才更是英國字彙、英國句法與英國味道，而我們還是可認爲莎士比亞作品的光芒照耀全世。

我常見道地的北平人，打着滿腔京腔說，祇有他的話代表眞正的國語，以爲他的才是中國句法，中國字彙與中國味道，可是他並不能同我們談到現代科學上的許多問題；等到他學上了現代各種科學上許多字彙，他的話，就有了洋味兒的字彙。所謂「中國味道」也失去了。（事實上是他接近了現代的中國言語的味道。）

下面可以擧一個很普通的例子：

「你的病恐怕是腎臟發炎，吃消炎片也許有用，可是頂好還是去打一針配尼西林，我倒認識一個德國醫師，他叫司巴的司拉維克，他的一個診所在西門町，恰巧是一個可口可樂霓虹燈廣告的對面；一個在羅斯福路，門前有一塊塑膠的牌子，就寫着他的名字……」

這一段話，用十足京腔的人來說，恐怕也變成了普通的國語，請曹雪芹來寫，恐怕也接近了我們現在所寫的文字。但是這是一段太簡單的日常的話語。複雜一點的如果談到人造衛星、火箭、心理變態、美學、哲學上的唯心唯物、文學上的浪漫主義寫實主義，……不管你發音的京腔多濃，中國舊味道恐怕也就沒有了。

最大的原因是現代中國話的詞彙變了，豐富了，也擴大了，而不用說，許多詞彙都是外國來的。以前我們談天下大勢用不着「聯合國」「阿拉伯」「中東問題」「艾森豪威」……這些字彙，現在無法不用。以前談醫藥用不着說：「腎臟炎」「配尼西林」「消炎片」……，現在也無法避免。以前談地名，東城西城，長安街，騾馬市街……，現在不得不用「西門町」「羅斯福路」；這裏還有「霓虹燈」「塑膠」「可口可樂」一些我們都無法避免的字眼。

其次，我們的生活變了，我們住洋樓或者日本房子，咖啡店代替了茶館，我們也有了各種工廠，我們有國際貿易，我們有大學——大學裏有文學院、理學院、醫學院，我們用洋貨有各種牌子，這些生活上的變化，不但字彙增多，而句法也因而有了改變。

其次我們的服裝打扮都變了，舉動也變了。以前我們用「拂袖而去」，現在已經無袖可拂；以前「袖手旁觀」，現在祇能說：「兩手插在袴袋裏在旁邊看」。以前「手內拿着小銅火箸兒撥手爐內的灰」，現在也許祇能說：「手內拿着手帕兒揩橡膠熱水袋口上的水」……

其次我們的客套禮節都變了。拱手長揖已變成握手；寒暄話早已簡縮；寫信也用不着八行；諸如此類都影響我們文字言語的味道。

但是這些新的味道是現代中國味道，說這裏的有「洋味兒」，那是生活上政治上經濟上學術上，：：很自然的增多的味道。生活上政治上經濟上學術上……的各種交流與輸入，在現在世界內旣無法也不能阻止，要斤斤輕視文字語言之新氣息而以爲舊的是中國句法字彙味道，這不是很可笑嗎？

（七）

要是把「洋味兒」的「洋」字廣義地解釋作「外來的」。那麼我敢說紅樓夢裏的所用的言語實在也是十足充滿「洋味兒」的。

這因爲紅樓夢的產生，在二百年前，那時滿人統治中國已有幾十年，而曹雪芹又是旗人，儘管滿人用漢字，但我們敢說他們言語的「句法」「字彙」「味道」對固有的能沒有影響改變嗎？這只要我們拿明代的戲曲小說與紅樓夢比較，我們馬上可以發現其文字言語的句法詞彙味道上的不同的。

滿人統治漢人二百六十多年，歧視漢人壓迫漢人也不可謂不厲害。爲什麼他們影響了我們的文字言語，而我們要認爲「道地的中國味兒」呢？

那麼要「道地的中國味兒」，就需一直追溯上去，元朝是蒙古人統治中國，元以前有金有遼，再上溯還有五胡亂華，當時鮮卑語風行得像現在美新處裏的美國話，最後恐怕祇有學漢魏古文才是「道地的中國味兒」了。

那麼爲什麼我們對于這許多外來語影響，特別受過滿淸影響的言語文字不覺得是洋味兒呢？這因爲我們習慣了，我們也沒有去比較。如果在紅樓夢出世之時，有一個一直隱居鄉間明末隱士的後裔讀到了這部書，他一定也會說它是充滿着「洋味兒」的。這正如淸末民初的人看到穿西裝的人，會罵他「假洋鬼子」。可是他正沒有想到他身上的長袍也正是異族輸入的服裝，對鏡一看，仔細想想，也就會覺得自己也是一個「假洋鬼子」了。

文字言語是依着生活的變化而變化發展而發展，是自然的流動的東西，即使現在宣統重新登基，也無法叫文學雜誌的文體句法味道回到了紅樓夢文字的味道。許多字彙的增多，固然無法阻止，許多詞彙的淘汰與變易是無從防禦的。

現在我且把上面所引那段紅樓夢中的一些已淘汰與快淘汰的句法詞彙列在下面：

「周瑞家的」

現在普通話很少用「什麼的」去代表人，卽如「掌櫃的」「看門兒」的都說成掌櫃門房。「周瑞家的」就需說「周瑞家的媳婦」或「周瑞家的老婆」。

「要得閒呢，就回了，看怎麼說。」

這個「回」是「回話」的意義，現在普通話恐怕要用「報告」或「請示」。

「就有許多媳婦兒——管事的來回話。」

「媳婦兒」現在普通話裏也業已淘汰。「回話」同上條。

「有要緊事，你就帶進來現辦。」

「現辦」在普通話裏沒有這樣用法。

「……來到這裏，沒的給姑奶奶打嘴……」

「沒的給姑奶奶打嘴」這是道地北京話，連我也不知道它的確實意思，現在或者該說：「沒有帶禮物來送姑奶奶」吧。

「因他爹娘連喫的沒有，天氣又冷，只得帶了你姪兒奔了你老來。」

現在普通話或者應譯成：「因爲他爸爸媽媽連飯都沒有吃，天氣又冷，只得帶了你姪兒來求靠你了。」

「快傳飯來。」

普通話：「開飯」，「快叫他們開飯來。」「傳」字已經沒有人用了。

「改日沒事，只管來逛逛。」

這「逛逛」兩字，普通話裏，現在也沒有這樣用法了。

這些句法詞彙並不是特殊的名詞如「炕沿邊」「小銅火箸兒」，但是如果給在臺灣的大中學生來閱讀，恐怕已經要一一翻譯或詳加注解了。

我們這一代可以讀紅樓夢，但讀元曲南曲，困難就多了。下一代人讀風蕭蕭決不會感到困難，可是讀紅樓夢，就不是這樣容易了。這因爲時代在演進，言語文字同人類一樣，他們也是在配合結婚生子。希脫拉想找純粹亞利安種的人都感困難，石堂先生想辨別什麼是眞正中國的句法字彙與味道恐怕更不容易了。

認爲紅樓夢的言語比風蕭蕭更有中國味道的石堂先生，他那篇文章的題目是：「紅樓夢的對話」。這「對話」兩字就不是中國字彙。比方現在有人寫小說，來了下面幾句「對話」：

『您看見過臺灣出版的第三卷第三期的文學雜誌嗎？」

「昨天美國新聞處寄了我一本。」

「裏面有一個作家寫了一篇「紅樓夢的對話」，他是誰啊？

「……」』

你說這是紅樓夢式的中國句法字彙與味道麼？自然不是。可是再看下面：

「昨兒您去廣和樓了嗎？」

「是啊，戲眞好啊！」

「余叔岩梅蘭芳那幾句道白，眞是沒有話說。」

「……」

够中國味兒了吧？可是京戲裏的說白叫道白，而石堂先生的題目不是「紅樓夢裏的道白」，小說裏如果把它改作「道白」就顯得說話的人把題目弄錯了。而不用說，「美國新聞處」雖沒有「廣合樓」够中國味道，但是無法改爲廣和樓；「第三卷第三期的文學雜誌」自然更不是紅樓夢的語彙所有的。

這就是說「對話」這個詞彙，雖是充滿洋味兒，現代人用起來，倒比「道白」方便些，我們改了舊有的，自己往往不知道。

這也可見新的詞彙是怎麼在無形中代替舊的詞彙了。

（八）

中國推行國語，以北平話爲骨幹，但到現在，言語的統一已經完成了十之七八，但所流行的普通話究竟不是北平話。旗籍作家老舍常常以他的北平話道地，表示他的小說的優越，而我獨討厭他小說裏「貧嘴」式的北平腔。小說裏偶而點綴一點口語方言，固然也可使小說多點色澤，但常常耍弄，就等于在小說裏做詩塡詞賣弄學問一樣，祇顯得小說的空虛了。

現在香港的作家們，受廣東語影響很大，作品裏就滲雜了許多廣東詞彙，最近論語裏雷震先生一篇文章，「餛飩」就被編校的人改爲「雲吞」。抗戰時期，我們也曾吸收了許多四川口語，這些變動往往很自然的由交流混合淘汰來決定。正如國語的推行，變成現在流行的普通話，因中西文化的接觸，變成現在流行的文字。

勞榦先生以爲「語言和文字是有階級性」的，這句話沒有錯；但是光是階級性，並不足以說明言語文字的類型。言語文字，除了階級以外，有地域性，有民族性，有行業性，有小圈子性……。即使幾個常在一起的朋友，他們也隨時都會產生新的字彙與術語，往往爲外人所不能了解。我們到臺灣，談到政治與時局，馬上就可以聽到許多與海外不同的字彙與術語。這也是語言文字因環境氣氛而起的變化。我們現在去看看中國舊式的商店用在通信上的文字，同我們的文字也有很顯然的分別。强調言語文字的階級性，這是不必的。以前貴族與平民不往還，言語文字往往可保持分別；現在民主社會，達官顯要，不與平民往還，也就會失去選票。英國的郤爾皇子也進了普通學校去唸書，報紙已成爲大家平等的讀物，階級性的意義是遠不及地域性與行業性爲大了。如果把知識階級列爲階級之分野，那更是題外的話，知識包辦的時代已經過去，倘若有所謂知識階級存在，則是教育與社會的問題，並不是文藝家的問題。寫文章的人是行業，「文體」本是他們的專業。許多工程師音樂家，他們偶而寫點東西，並不用我們的「文體」。他們難道不是知識階級？他們與寫文章的人文體上的分別當然不是知識階級與非知識階級的差別，而祇是行業的差別了。小說的文體同報紙的文體一樣，談不到階級不階級，小說是藝術，所以不同于報章雜誌，因爲它要有它個別的風格，說文字有階級性，不如說文字本身就是一個階級，因爲它總不是任何文盲階級所能懂的。但是文盲是教育與社會的問題，我們不能說因爲要小說大衆化，因而不用文字作寫小說的工具了。

說舊小說的起源是說書，本來鄙俗，勞榦先生這話似乎是說新小說的起源或者說西洋小說的起源是高雅了。其實這是不然的，西洋小說的起源也是「說書」，原也祇是在朝聖進香的路上，有人講講傳說新聞與故事。我們所謂新小說，不是承繼舊小說的傳統，也總逃不出西洋小說的傳統吧。藝術的起源都是民間的，而且還都是文盲的。但這並沒有限制小說成爲嚴肅的文學作品。至于文字與思想，在歷史沿化中，他正是不斷的在變化，高雅的文人學士，有志于把他根本解決恐怕也祇能像林琴南先生一樣，否定地說指斥他不登大雅之堂而已。

中國小說沒有西洋小說豐富，這是事實；但中國有一部紅樓夢，這是足以與任何世界一部第一流小說比較的。我們沒有理由因爲自卑感而因此都不敢承認。我覺得小說在中國所以不發達的原因，是中國始終沒有把文藝當作獨立的事業，也沒有把小說當作文藝。這也不僅對小說如此，對繪畫音樂詩歌也無不如此。勞榦先生以爲中國小說不够深刻，原因可以說由於「閒書給閒人讀」，作者並無「爲天地立心，爲生民立命」的抱負。我的意見剛剛相反，我覺得中國對于學術、思想、哲理、藝術，似乎都處處要求「爲天地立心，爲生民立命」。因此使哲學沒有「純理的判剖」，「思想」脫離不掉「治國平天下」的實用，科學也無從有純理論的建立，藝術因此也從不重視。中國人生活腐敗的很多，可是對藝術科學……因其不能「爲天地立心，爲生民立命」，而看不起。西洋藝術家或文學家幾曾有什麼「爲天地立心，爲生民立命」的抱負。他們所以認眞，因爲他們不看輕「閒書」，不輕視「娛樂」。莎士比亞是一個戲子，但是戲劇是他的事業，他自己看重他的事業，人家也看重他的事業。在中國對于專門寫寫劇本演演戲的人決不會重視。所以藝術祇是做官的文人閒下來當玩玩的小玩意，小說詩歌也祇是遊戲筆墨而已。直到現在，中國人的知識份子還是下意識的看不起閒書，以爲，「閒書」是無益于國計民生的。最近還有有名的文人爲文稱文藝沒有學術重要呢。因此過去的小說作者都沒有把生命放在小說裏面，所以作品都是辟僞意假。曹雪芹的紅樓夢所以有大成就，就因爲裏面有他自己的生命。

藝術的欣賞也是一種感受，這于學問思想基本上可以說毫無關係。學問思想在藝術作品裏是一個界限，有許多作品，不越過這界限無從欣賞，但越過這界限的也不見得就會欣賞。正如文字是詩詞小說的界限一樣，不識字的人是無從欣賞，但識字的人也不見得會欣賞。

離開界限來說，我覺得「引車賣漿」之流，不見得比大學教授缺乏欣賞力。這可以用音樂來作試驗，因爲音樂是較沒有界限的藝術。讓一羣學富五車未接近過音樂的學者同一羣「引車賣漿」之流共同聽一星期好的音樂唱片，看誰能够發生欣賞的興趣。這馬上可以證明，藝術的欣賞並不是靠知識的。我們還在許多名人傳記裏看到，很多有學問的學者，他們對于音樂自己承認是毫無欣賞的能力的。

中國人看輕娛樂，因此對于藝術有兩種態度，一種是太看重藝術，要求「文」以載道，要求藝術家有「爲天地立心，爲生民立命」的抱負，一種是太輕視藝術，以爲藝術不過是玩意兒，把藝術家看作無足輕重的人物。

「娛樂」這意義實在很難講，以我自己來說，偶而讀些外行的書，在別人以爲是「爲天地立心，爲生民立命」的著作，無論經濟學與社會學，無論是生物學或人類學，倒是一種娛樂。在別人所謂閒書，在我倒不是娛樂。我知道有許多朋友是同我一樣的。

藝術之特別具有娛樂意義，正是因爲欣賞藝術不需要學問與智識，虛心去接近，慢慢就會發現味道。莎士比亞的戲，貝多芬的音樂，到現在還可以寶座，就因爲它有娛樂價值。小說在這點上講，的確是閒書。但閒書不見得就沒有價值，也不見得就低于學術知識或思想的書籍。

有許多學者，因爲他們知道藝術在文化的重要，但又不承認「娛樂」在人生中的重要，因此總想把藝術拉作幫凶幫忙的夥計。要藝術家有「爲天地立心，爲生民立命」的抱負。現在流行的要藝術爲政治的號角與宣傳的武器，其出發點也正是在此，思想家政治家以爲自己的理論學說主張是「爲天地立心，爲生民立命」，他希望藝術家也都有他同樣的抱負。這結果往往是等于宣佈藝術的死刑。

我覺得藝術或文學，在西洋所以發達就在人家看重藝術的娛樂性，戲劇要觀衆，音樂要聽衆，莎士比亞的戲劇，貝多芬的音樂，所以歷久不衰，就因爲他始終有觀衆聽衆。因爲重視娛樂，寫閒書演戲的人，才會認認眞眞去當作事業。把生命獻給藝術。這也才有藝術的創作。

美學上有許多欣賞的學說，但沒有一種學說承認美的欣賞可以由判析其中之思想成份而成立的。現代美學對于欣賞的心理的了解，都承認需成立一種忘我的境界。所以充滿音樂知識的學生想在名家演奏中學些什麼的人，往往遠沒有專爲享受的聽衆多能欣賞。藝術不是什麼尺可以死板地量高低的東西，批評文藝，第一步還先要欣賞。文學之累贅就因爲他的表現是通過文字的，所以凡是識字的人都以爲他自己是有欣賞能力，而總以爲沒有超越文字界限的人是決不會有欣賞能力。音樂就不同了，它界限祇是耳朵，有沒有欣賞能力與是否可以從音樂中得到欣賞的享受，則是自己很容易了解。

自然，能欣賞音樂的人不見得能欣賞小說。要驗測對于小說的欣賞，在識字通文的「知識階級」倒也不是難事，他祇要體驗自己是否能在閱讀小說中得到享受就得。當然許多小說可以不合個人口味，但如果讀了十部第一流的小說，他閱讀時並不能使他有去看一張低級的電影的享受，那麼他的欣賞力可以說是很低了。

有不少朋友，談到文學滿口是理論，可是他在作爲消閒的享受的則是低級的武俠小說；談到音樂，滿口是理論，聽別人演奏，有這樣批評，那樣批評，可是他自己當享受的則是流行的電影歌曲。這正同許多人在小說戲劇電影上要求這個道德，那個道德，要愛國愛民要積極有爲……，可是他自己的私生活則是貪汚，奢侈，納妾，蓄婢，借公濟私：：等一樣的可笑。

藝術的欣賞與享受可說是最沒有階級性的。有愛好，有接近，誰都可以享受。他對于一個農夫一個工人同對科學家思想家是一樣的。文學這東西，因爲有許多界限，文字以外，還有時代、地域、社會背景及賴以表現的思想與智識，所以要欣賞的人必須先超越這些界限，但是這是屬于教育與社會的責任，不是文學家的責任。

勞榦先生所說的：「對青年人的關係而言，紅樓夢的時代已經過去了。」這原因實際上就是「界限」問題。文學上的界限，除言語文字外，有歷史、地域、社會背景、時代種種的界限。

爲什麼翻譯的西洋作品，不易爲人所欣賞。這也因爲一般讀者對于西洋社會背景與其風俗習慣不熟稔，因此有一種界限；要欣賞這些作品，就先要有越過這些界限的常識。但這與欣賞本身是兩件事。

對于時代也是一樣。古代作品所以難以欣賞，也就是先要有種種知識才可越過界限。譬如讀離騷，文字以外如果一點不知屈原的時代社會，自然根本就無從欣賞。讀古典作品可以說多多少少都要越過一些界限的。無論是漢魏文、唐詩、元曲，都是有各種界限的。不越過這些界限，所有文學作品都是「讀不下去的書」，也豈祇紅樓夢而已。

勞榦先生說：「紅樓夢的事實不是現代生活，這不算重要，然而紅樓夢的感情不是現代的，就麻煩了。」我很了解勞榦先生的意思，但是這句話很有語病。感情如果是指喜怒哀樂，有什麼是現代古代？人之有愛有恨，正是人性，這是有人類以來，沒有變過。所以這裏祇能說「感情的表現」不是現代的。如果是指「感情的表現」，說它不是現代的，那麼，「感情」的本質還是現代大家有的。那麼這也是「界限」問題。文藝的永久性也就在這裏。感情的表現不同，不但因時代不同而不同，也因地域階級社會甚至因個人的職業身份不同而不同，但是越過「界限」，我們都可以了解。不然希臘的悲劇，我們怎麼還能够欣賞？莎士比亞的羅米歐與朱理葉的戀愛，難道還是現代的戀愛？照勞榦先生的感慨，那麼，㈠希臘悲劇與莎士比亞劇作，因舞台不同，一般結構方式大不相同。㈡希臘悲劇與莎士比亞劇作的語言也不是現代言語。㈢這些戲劇的事實不是現代的，感情也不是現代的。㈣這些戲劇裏的許多諷刺幽默，也不是一般所人能了解。難道希臘悲劇與莎士比亞的劇作也因此就過時了？

我記得以前北京大學國文系的小說一課，就是以紅樓夢爲讀本，我不知道現在臺灣大學是否還有小說這一課？是否仍以紅樓夢爲讀本？如果是的，那麼，紅樓夢上的界限，正如楚辭漢魏文杜詩等一樣，有待于教授先生幫助學生去超越的，因爲不超越這些界限，文學的欣賞是無從產生的。祇有超越這些界限以後，讀者才能往藝術作品中感受到作者的感受。

藝術所表現的是人生的感受，藝術家任何高越的理想都需通人生的感受來傳達，人生的感受不外是生命的與社會的。他可以把這些人生的感受讓觀衆聽衆讀者有同樣的感受，因這些感受而啓發有思想的人去思想。藝術家的人生感受可能符合某種流行的思想，但沒有理由要了解或傳播某種思想的。說這些話的意思，還是從一般藝術的欣賞態度與批評態度來說時下對于紅樓夢價值看法的錯誤。

大陸上稱紅樓夢之所以偉大，乃在：「……通過高度的藝術手腕，所唱出的封建貴族階級走向滅亡的輓歌……」而勞榦先生貶抑紅樓夢，說它：「根據老莊思想中的淺薄部分而形成人生見解……並未超出當時的庸俗社會。」我覺得都是沒有把文學當作獨立的一種藝術來看，而是用對思想家與政治家的要求在要求藝術的作品。

這在一二人的主張與看法上，最多是于紅樓夢的價值有所歪曲，可是，倘若大家把文學藝術批評都建立在這樣立場上，那麼我想這倒眞會阻礙了中國文學與藝術的發展的。這因爲，中國的藝術與文學之所以不發達，我覺得正是「知識階級」太在藝術上要求「功利」。

祇有將文學當作文學，文學批評建立在欣賞上；不將政治的或思想的帽子壓在文藝作品上，文藝才會莊嚴地蓬勃起來。所謂嚴肅的文學作品才能够產生。文字是自然在流變，思想早已有時代在推動，現在所要的倒是尊重文藝的獨立與自由了。要批評文藝需跳入文藝的園地。沒有閱讀第一流文藝作品的人，無從知道第二流作品的欠缺；沒有能在第一流文藝園地中有忘我的享受者，可試試第二流的作品，甚至第三流作品，日子一多，趣味就高，再到第一流作品的園地就會知道欣賞的享受是什麼了。站在文藝的園外，無論是政治家，科學家或思想家來批評文藝，要求文藝，這結果總是妨礙文藝的發展或壓殺文藝的產生的。

一九五八、二、四、晨、香港

司法行政部秘書室來函

受文者：自由中國社

一、貴社刊行之自由中國第十八卷第五期（中華民國四十七年三月一日出版）讀者投書欄內㊂給司法院大法官會議的一封請願書其中內容本部認有應請更正之點如左：

1. 本部答復臺灣省政府所詢法律上之見解純以客觀立場就法理上研究分析所得之結果與請願人就主觀立場上所申述之理由自屬不同從而其見解之是否正確毋待贅述

2. 本部前代電原係應臺灣省政府之請就臺灣省各縣市議會議員選舉罷免規程第十三條第二欵規定（因牽涉刑法上凟職罪方面問題）提供本部法律上之意見備其參考固無行使解釋權以拘束其他機關之性質是以原代電第五節特別强調聲明「地方自治法規之解釋依法應屬內政部主管本部意見無拘束力以上所論僅堪供貴省政府參考而已」等語而文末亦有「復請查照參考」之語原案具在可以覆按此係基於行政法上國家機關間相互關係之協助之法理而爲之要非就本身職權上適用法律或命令所持之見解（此種適用法律或命令所爲之解釋學說上稱爲有權解釋可參閱司法院大法官會議規則第四條前段大法官會議釋字第二號解釋）可比

二、貴刊前文請願書末所附編者按語謂爲「司法行政部予竟解釋答覆亦屬越權」云云揆之上開事實顯屬誤解即請願書中所謂「司法行政部雖爲中央主管司法行政之機關但依該部組織法規定並無解釋法令之權縱令該部對此項條文有特殊之見解亦應依循法定程序聲請司法院大法官會議解釋方爲合法乃該部竟自作聰明曲解法律顯有越權行爲」等語亦係不明事實誤以本部向省政府提供意見爲有權解釋且對上述有權解釋之意義尚嫌未盡明瞭（按大法官依法祇係解釋憲法及統一解釋法律與主管機關適用法律所爲之有權解釋不容混同）至省政府爲縣市議員選舉之監督機關對於該項選舉法令係其主管之範圍因而本於職權上適用法令自得爲有權解釋

三、函請　查照依法更正爲荷

司法行政部秘書室啓
三月五日

讀者投書

（一）浪擲民脂之一例

李元禾

編者先生：

前日偶讀中華日報南版登載臺南市議會開會，有議員質詢市府，謂周主席巡視臺南市時，市政府支出招待費三萬元，該欵如何來源？內容項目又如何？市府方面答復，謂動用臨時費，而原因則謂主席到屛東時，屛東之招待甚爲隆重，臺南市政府爲面子問題，亦不得不爾。（大意如此，因手中已無該報）三萬元鉅款，用於一次招待，雖然非破天荒，亦已使人咋舌。社會人士，無不同聲嘆息，敝人爲一老百姓，與議員之身份責任不同，故無意追問其責任手續，反正已經拿得出來，支得出去，自然更有方法可以合法報銷。可憐民脂民膏，如此浪擲。而全省有二十幾縣市，主席並且深入不少鄉鎮。各地方首長如何招待，無暇詳求，相信縱不力爭上游，至少亦竭盡肝膽。全省合計，其數必有可觀。而主席出巡之事，今後仍屬必有。政府（無論中央、省與地方）天天嘆窮，天天高呼節約，天天叫人刻苦。姑不談整個公教人員生活如何困窘。就以臺南市論，市民最逼切而在食一個問題中最基本需要之自來水荒，多年來無解決，甚至無絲毫之改進。每到夏季恒有二、三日無點滴下降之事，總委之經費無着，一拖數年。現夏季又將來臨矣，市民早既疾首蹙額，呼天無路。而市政府一面又慮費浪擲至此，未免毫無心肝，此僅舉其最急逼者之一言耳。原來做官之道，首在揣摸逢迎上級之所好，盡人皆知。但主席以簡樸務實爲主政之原則，此次出巡之先，更高呼不受招待的口號。但各地方如此一來，豈不正予主席以一個諷刺。故逢迎亦得別出心裁，否則不免拙於技矣。另一面吾有相當理由可以相信主席未必知如此盛大之招待，花巨大之費用。但今日如其讀而知之，不知其感想如何？更不知其對今後杜絕重演之方法又如何？吾以爲凡有責任感之人，必不願負「口號政治」之辱。蓋我雖不殺伯仁，伯仁由我而死；我雖不受招待，巨額之招待費由我而花也！敝人本於愛護政府，亦愛護高級官吏之動機，故敢書所聞見，希望貴刊以一角之地予以發表，以達下情而已，絕非攻擊任何人也。倘因此而獲得亡羊補牢之事實，更因此而有裨補於挽救改進政風之萬一，豈唯敝人之望，想亦貴刊之願望也。

即頌

撰祺！

李元禾上　三、七日

（二）部編標準教科書爲何加價？

崔文若

近教育部爲減輕學生家長經濟負擔，限制中等學校教科書價格，這可說是教育部近幾年來唯一顧到學生經濟負擔的德政（這幾年教育部令大中學校增收學費，將列在預算內之大專學校清寒學生工讀獎助金經費大部分挪作別用，僅設少數獎學金額，這都是不利於學生的措施）。但是有點使人不明白的，就是部編中學標準教科書何以不在限價之列，高初中標準本教科書各有國文、公民、歷史、地理四種，因係普遍採用，銷售很多，當初定價，本較低廉。乃教育部會將其售價提高，而不與一般書局所出之書同樣予以核減，這樣只許州官放火，不准百姓點燈，似乎說不過去。且標準本教科書行銷數年，它的成本低，銷路廣，每學期獲利，應該可觀，據估計總共可有數百萬元，這筆賬究竟怎麼算，這筆錢究竟怎麼用，這問題恐怕也很值得檢討吧！教育部是不是有勇氣可以把它公開出來。最少監察機關也應該調查調查。

還有一點題外的話，教育部佔用植物園地方，設了許多什麼館和什麼研究所，眞有，如各報上所說，好像萬花筒，放煙火，儘管花樣翻新，拆穿了空空如也。這些機關都是隨便任意設置，行政院竟莫奈他何。最近政府裁併機構，對於這些，提也未提，可謂怪事！另外有個建築研究所，據說招牌掛在一私人建築師家，究竟是公是私，如何研究，目的何在，那就非局外人所能知了。

如果說我們的國家還要講點法治，如果說我們的政治要有一點軌道，如果說我們政府的施政還要得點人心，像教育方面這些問題，實值得政府自己加以注意。前幾期貴刊談今日的教育，希望辦教育者高抬貴手，不要把這部車子向深淵裏開。我看還不知他要橫行到幾時呢！

中國國民黨中央委員會秘書處來函

逕啓者：

一、頃閱貴刊第十八卷第五期社論「從滿街蘋果談到外滙管制的弊端」一文，其中涉及本黨中央財務委員會各節，查與事實不符：

①本黨中央財務委員會於四十六年委託物資局申請進口蘋果，係以自備外滙申請，經政府核准輸入，絕未向政府申請結滙，貴刊社論稱：「國民黨是把特種外滙權利之出讓當做了籌措黨費於方法之一。單以蘋果一項而論，在去年開約進口三十萬箱，每箱以美一元六角五分結滙，共耗費國家外滙約五十萬美元。」等語，全非事實。

②本黨中央財務委員會曾以自備外滙委託物資局申請進口蘋果計爲六萬零六百零三箱。貴刊社論所稱「約進口三十萬箱」及「申請特種外滙，以購買蘋果者首先有一個資格的限制，那就是他必需爲國民黨黨員。他初步接洽的對象，不是外滙審核機關，亦非其它管理貿易事務的機關，而是國民黨中央黨部的財務委員會」等語，尤非事實。

③本黨中央財務委員會前項委託物資局進口之蘋果，其出售手續與僑資、外資進口貨物之處理手續，並無二致，絕非出售外滙。貴刊社論所稱，顯有誤解。

二、爲使貴刊讀者明瞭事實，特此函達，敬希查照更正爲荷。此致

自由中國半月刊

中國國民黨中央委員會秘書處啓

四十七年三月八日

編者按：關於本刊上期社論㈠，中國國民黨中央委員會秘書處來了一封更正信，茲照登如上。查本刊那篇社論，除掉關於國民黨中財會主管人員有誤、另行自動更正以外，我們所講的話是有可靠的資料作爲根據，謹向讀者聲明。

自由中國　第十八卷　第六期　內政部雜誌登記證內警臺誌字第三八二號　臺灣省雜誌事業協會會員　二〇四

給讀者的報告

美遠東各地外交使節即將在臺北舉行會議，檢討有關遠東地區的諸般問題。此一會議顯然對今後的美國遠東政策有很大的影響。而美國遠東政策之得失對今日的反共鬪爭至關重要。因此，在此會議召開之時，我們願將我們中國人對美國遠東政策的看法與希望，提出來作爲與會者的參考。在本期社論㊀中，我們對美國遠東政策提出了幾點具體的意見，其中有一點，我們必須在此特別强調的：美國今後的外交政策應在軍經援助之外，同時實行一種政治、文化與道德的新援助計劃，即民主自由思想的澈底發揚與實踐。

本刊常有批評時政的文字發表。對於批評者，常有人加上「爲共匪利用」的紅帽子。那種人既已公開表示「無意於講邏輯」，我們也就無法與之理論，但我們必須辯清一點：究竟誰在給共匪利用？在本期社論㊁中，我們說明對共匪有利的，是當前貪汚腐敗的弊政，而決不是對這些弊政的批評與指責。希望我政府當局平心靜氣的來反省一下這些批評之所以發生的根本原因何在，從而設法補救，這才能提高政府的威信，加强大陸人民與海外人士對政府的向心力。

自從蘇俄人造衞星成功之後，東西兩大集團軍備競爭的氣氛更趨緊張。李中直先生認爲「人們因專務於準備有形的戰爭，乃忽略了對自由世界的很多根本問題之解決」，以致於自由世界本身千瘡百孔，如此，根本無法與世界共產主義鬪爭的。李中直先生在「自由世界十病」一文中，即列述自由世界最具關鍵性的十大毛病。

近年來，日本在外交上的表現撲朔迷離。僅就目前的事實而言，一方面與我政府在臺北舉行「一九五八年度貿易計劃會議」，一方面又與中共在北平簽訂「貿易協定」。這種投機取巧的作風便是老猾者的特質。余蒼柏先生在「日本爲政者的老猾性」一文中即分析這種老猾性的由來。余蒼柏先生與李中直先生大作都是去年收到的，因爲編排上的困難，至今始登出，敬此致歉。

馬逢華先生的大作『關於「留學生問題」』，不僅是一篇討論問題的文字，而且是一篇情文並茂的好散文。原文中第五節關於李君的故事，我們基於某種考慮曾刪去了三百五十餘字，這一點，我們特別提出，希望作者見諒。我們刊登這篇文字，固然希望我政府當局明瞭此中實情，同時也希望美國人對此問題也多一點了解。在反極權運動中，留學生問題不僅是我國的問題，也是屬於自由世界的問題之一。

本年一月六日，英國財政大臣托耐克夫特因爲預算問題向麥克米蘭首相提出辭呈，以致造成英內閣的局部改組。萬遜先生的「英國財長的辭職」即分析此事件的前因後果。英國財長的辭職是責任政治的表現，比起我們行政院長被申誡仍留任的情形，自不可同日而語。

自由中國　半月刊　第十八卷第六期　總第二〇一號

中華民國四十七年三月十六日出版

發行人兼主編　『自由中國』編輯委員會

出版者　自由中國社

社址：臺北市和平東路二段十八巷一號

Free China Fortnightly, 1, Lane 18, Ho Ping East Road (Section 2), Taipei, Taiwan.

航空版　友聯書報發行公司（香港九龍新圍街九號）　電話：二八五七〇

總經銷　自由中國社發行部

美國經售者　紐約友方圖書公司 Hansan Trading Company, 65, Bayar D Street, New York 13, N. Y. U. S. A.

紐約光明雜誌社 Sun Publishing Co., 112 Mulberry St., New York 13, N. Y. U. S. A.

日本　韓國　馬尼剌　印尼　緬甸　印度　澳洲　北婆羅洲　星加坡　吉隆坡　怡保　檳城　澳門

東京僑豐企業公司
漢城裕昌德號
大中華日報社
新疆書店
椰嘉達天聲日報
泗水光文圖書公司
仰光振成書報店
阿拉哈巴中印文化出版社
雪梨瑞田公司
西利亞坡青年書店
友聯書報發行公司（小坡大馬路四六九號）
友聯書報發行公司（馬華公會大厦三樓七室）
友聯書報發行公司（希尼華沙甘街十六號）
友聯書報發行公司（林連登律七十二號）
友聯圖書公司

印刷者　精華印書館股份有限公司
廠址：臺北市長沙街二段七一號
電話：二三四二九號

本刊經中華郵政登記認爲第一類新聞紙類　臺灣郵政管理局新聞紙類登記執照第五九七號　臺灣郵政劃撥儲金帳戶第八一三九號　（每份臺幣四元，美金三角）

自由中國

FREE CHINA

第十八卷 第七期

目錄

中華民國四十七年四月一日出版
社址：臺北市和平東路二段十八巷一號

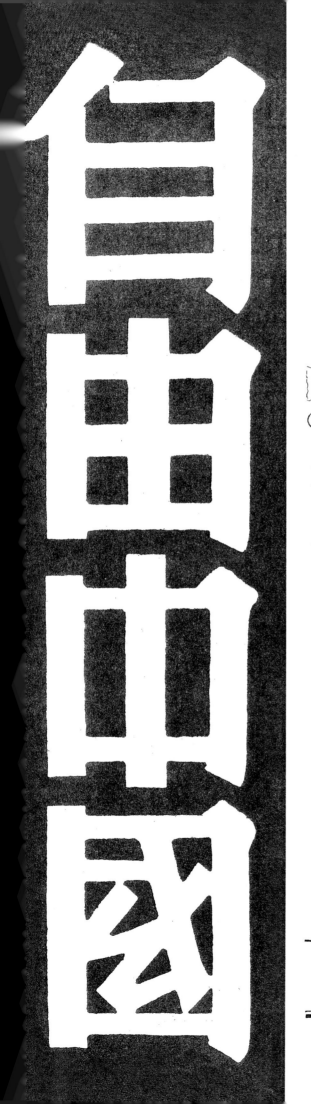

半月大事記

三月十一日（星期二）

東南亞公約理事會今在馬尼拉揭幕，杜勒斯呼籲加强亞洲防禦組織。

三月十二日（星期三）

杜勒斯向東南亞理事會表示，只有在高階層會議有助於世界建設的目標時，美始歡迎高階層會議。

有關高階層會議的新建議，美英法獲協議。

東南亞公約會議通過，加强亞洲反共力量，應付任何緊急事件。

三月十三日（星期四）

東南亞公約會發表公報，抨擊中立國家，決與其他三反共聯盟建立聯繫，對印尼內戰決採取不干涉態度。

杜勒斯催促蘇俄，履行過去各項協議，藉以表示對高階層會議的誠意。

美參謀首長聯席會議主席戴寧在美國會作證，支持鉅額軍援計劃，謂中韓土均需較大軍力，始能對抗共黨急迫威脅。

三月十四日（星期五）

美遠東使節會議今在臺揭幕，杜勒斯親臨會議致詞。

印尼北干峇魯戰事在繼續中；亞齊省十五萬軍隊宣佈加入革命政府。

俄發表聲明，不參加裁軍會工作。

三月十五日（星期六）

蘇俄外交部發表聲明，如西方放棄歐亞非基地，即同意不以太空用於軍事目的。

『自由中國』的宗旨

第一、我們要向全國國民宣傳自由與民主的真實價值，並且要督促政府(各級的政府)，切實改革政治經濟，努力建立自由民主的社會。

第二、我們要支持並督促政府用種種力量抵抗共產黨鐵幕之下剝奪一切自由的極權政治，不讓他擴張他的勢力範圍。

第三、我們要盡我們的努力，援助淪陷區域的同胞，幫助他們早日恢復自由。

第四、我們的最後目標是要使整個中華民國成為自由的中國。

赫魯雪夫發表競選演說，指控西方干涉東歐，對高階層會議建議六項議題。

三月十六日（星期日）

對於俄拒絕參加二十五國裁軍會議，美國務院發表聲明，譴責俄蔑視聯合國；美正另草新建議準備向俄提出，由國際監督停止核子試驗三年。

三月十七日（星期一）

艾森豪宣佈，前鋒火箭發射成功。

美遠東區使節會議今結束。

杜勒斯拒絕俄建議，謂禁止太空武器和撤除美國海外基地兩事，不容混淆並論。

三月十九日（星期三）

行政院局部改組，內政、財政、經濟各部部長由田烱錦、嚴家淦、楊繼曾繼任。

為抗議日匪貿易協定，我已告知日本，對日施行經濟抵制。

伊約聯邦宣佈新憲法，伊拉克國王為新元首。

三月廿日（星期四）

美國務院鄭重考慮對印尼革命軍立場，可能承認革命政府為交戰團體。

美助理國務卿勞勃森在美國會提警告，匪俄正加緊其顛覆活動，遠東情勢仍極危急。

三月廿一日（星期五）

印尼革命政府宣佈，革命海軍展開活動。南蘇門答臘守軍宣佈中立。

三月廿三日（星期日）

印尼革命政府總理談話表示，革命運動最終目標，在於統一全部印尼。

印尼革命政府舉行緊急內閣會議，商討有關俄人俄船援助雅加達事。

印尼革命政府總理指控蘇俄干預內戰。

三月廿四日（星期一）

杜勒斯在美國會作證，支持援外計劃。

美參謀首長聯席會議主席戴寧在美國會作證，强調援外方案之重要。

三月廿五日（星期二）

俄又致美新照會，對於高階層會議，絲毫未改變立場。

社論

(一)

改組與改革

兪鴻鈞氏所領導的行政院，從成立以迄今日，將近四年。在這相當長久的時間內，他似乎祇有在一件事上顯出成績，那就是政院本身人事的安定。四年以來，祇有經濟一部，曾經易長，其它各部會，從未變動，安定到了幾近於凝固。但也正在於這種凝固狀態之下，不但各項政務乏善可陳，甚至過去的一些有限成就也都漸漸的在他手上喪失。兪氏上臺之初，有財經內閣之稱，却偏偏在財經方面，秕政尤多，國帑浪費，稅風敗壞，外滙貿易管理弊竇叢生，金融措施把市場利率刺激到舉世無匹的高度，民間工商業困扼得喘不過氣來。政績如斯，令人扼腕。加以去年之間，又連續發生殷台造船公司案，五二四不幸事件，以及外滙舞弊案等，如果是在行「責任內閣」的民主國家，祇要有一件這樣的事，就可以引起倒閣風潮，而兪氏的行政院，居然渡過了這些難關。及至歲尾年頭，他遭逢監察院的彈劾與公務員懲誡委員會的申誡宣告，一般都估計兪氏終將因此而去職，兪氏自己也曾一再請辭，但還是被挽留了下來，而且不像是作短期「看守」的樣子。如此「內閣」而居然能長久維持，也不能不算是政治史上的一個奇蹟。

但無論如何，彈劾案與申誡的宣告究竟是一個重大的刺激，人非木石，究竟不能無動於衷。兪氏在辭職未能邀准以後，頗顯示從今以後要振作一番的決心，長期安定的政院人事，也就打破凍結狀態，開始有了更動。內政、財政、經濟三部，已另換首長，外滙貿易委員會則從財部劃分，派專人主持。改組應爲改革的先導，政府人事一經刷新，使人多少總要生出些新的希望。既然兪氏仍負國家如此重任，且表示了從此奮發的意志，我們也不必多算舊帳，且看將來。

對政院此番局部改組，我們有滿意的處所，也有仍然不能滿意的處所。首先，改組之不能澈底，是顯而易見的，英文的「中國新聞」(China News) 曾於三月二十二日的社論中加以評論，認爲應去而未去的政院部會首長，至少尙有三四人之多。這篇社論說：「我們在內閣中有一位病夫，他把甚多的時間消耗在美國作醫藥治療。另有一位過去大部分時間均爲軍人，對電訊事業中的電子學曾坦白表示一無所知。又有第三個具有閣員同等身分，他已使我們的海外僑務工作陷於一種可悲的情況，現在實已到了應該告退的時候。另有第四位，雖然在他的機關裏發生兩起自殺事件，且其若干僚屬又曾受到貪汚的指控，却依然戀棧不去。」我們雖未必能同意這篇評論中的每一句話，但確也深感政府中仍不免有愚昧、顢頇、虛矯、狂妄之輩，依然不能去，改革的成就難免因此有了限度。尤其是，司法之未能整飭，最爲國人所詬病，腐敗情形，決不僅限於英文「中國新聞」所稱的若干僚屬，據傳那一位部長却反因行政干涉而邀功，因「黨性特强」而贏得信任，雖遭受各方攻擊而終獲蟬聯，國人對之特別不能諒解。再如敎育當局，完全沒有制度與法治觀念，重要設施不經立法程序，用錢不依預算。凡此種種，我們均不得不在此明確指出，甚望當局再加考慮，把改組工作推進一步。

至於新任首長的人選，除了嚴家淦氏之重長財政以外，大致說來尙能符合理想，値得我們欣幸。內政部是一個形式上無事不管，而實質上却又是無甚重要業務的機構，現在以個人操守廉正的田烱錦氏來接任首長，堪稱適切。田氏在受命之時卽曾宣布，爲力求精簡，不擬多事更張，祇擬找尋若干重點，加以致力。這也正好是一個合乎當前現實需要的原則。我們要附帶在此向田氏提醒，據外間傳聞，內政部這幾年來，於許多種審查或申請事項，都有弊端，不止限於西藥而已，我們雖未明其詳細情形，甚盼田氏能加注意改革。楊繼曾氏之出任經濟部長，是由於他六七年來整頓臺糖公司的卓著成績，以實際成績爲升遷的標準，這是進步的，爲此國人對楊氏之委任，特別有新穎之感。擔任外滙貿易委員會主任委員的尹仲容氏，更是爲國人寄予殷切期待的人物。尹氏之爲人，不是沒有缺點，性情剛愎而恃才傲物，且曾爲胡光麃案而一度有失足之嫌。但此種種，國人都願予以諒解，他的勇於負責的長處，足以掩蓋缺點而有餘。在政治上到處都發生反淘汰作用的今日，人才倖存者已經無幾，像尹氏這樣瑕不掩瑜的人，我們也得珍惜。

至於嚴家淦氏之重膺財長重任，我們却不敢贊同。省府疏遷以及中興新邨的一連串舞弊案件，嚴氏首當其衝，如果我們還是一個法治國家，嚴氏至少應負行政上的責任，他之居然能留任政務委員並兼美援會主委，已表示國家之綱紀蕩然。政務官要負責任，有責任感，今後政治才可刷新。財長一職，難道竟是除了嚴氏一人之外，無人可以承擔？而且卽使撇開中興新邨一案不談，嚴氏是否財長的適當人選，也是大成問題。我們絕不願抹煞嚴氏的長處，他聰明而精細。但這一長處是無用的，因爲他缺乏今日當財長的最重要條件，那就是魄力與決心。而嚴氏却正好是「鄉愿主義」的典型代表，無事不瞻顧徘徊，因循沓泄。這種評議，決不是我們一家的私見，幾乎可說是國人的公論。而今日的財政，至少需擔當節約浪費與整頓稅收這兩重艱鉅任務，還要抵抗有力者預算以外的要索，照嚴氏過去那種作風，實甚少完成任務的可能，他充其量祇能做到一個各方面週旋應付而已。當局既然銳意改革，爲什麼在像財政這樣一個重要的環節上，竟安上如此一個薄弱的人選，還是令人不解。

說到改革，在今天眞可說是經緯萬端，我們無法期望短期間內，在各方面都收到實效。而且，我們也認爲不宜過於猛進，以致弄得萬路齊開，一無重點，落得個欲速不達的結果。但是，究竟也不易過於緩慢，以致看不出一點實質的進步。據當局直接或間接表示，大概準備實行的方案，有下列幾項：㈠治安機關之歸併；㈡十多個行政院各部會所屬駢枝機關之裁撤；㈢高等法院以下法院之改隸司法院；㈣外滙貿易管理辦法之改進；㈤保持經濟政策之獨立性，勿使受財政考慮的牽累。項目不多，却有相當的重要性。可是我們基於過去的經驗，很難相信今後不會言詞多於行動，計劃多於實踐。因爲過去行政院爲研討改進方案，早有權責委員會之設，且已提供許多可以採行的實際建議，現在却還要成立總統府改革委員會來重新研究。雖然說，行政院那個委員會的研討對象，祇限於行政院內部的組織，而改革委員會則要研究到中央各院間的關係以至地方的機構，但僅僅關係政院內部的那些既成方案，何以就不能擇要提前施行，而定要等待到半年以後呢？審愼誠屬必要，希望不是以審愼爲拖延的藉口才是。國人期待改革眞如大旱之望雲霓！

社論 (二)

日匪貿易協定與我們的對日外交

自日本民間與匪政權第四次貿易協定簽訂後，中國與日本的外交關係已蒙上一層灰黯的陰影。現在我們政府已宣布暫時停止與日本的貿易談判及一切對日採購合同，而日本方面經過一再表示之後，至今仍未提出滿意的答覆。相反的，日本內閣官房長官愛知揆一正式發表談話，聲稱日政府將在法律範圍許可之內，將對日匪貿易協定予以全力的「合作及支持」。我們不知道愛知揆一這一表示是否爲日政府對日匪貿易協定的最後態度，但縱使這一表示僅係愛知揆一私人談話性質，由這一表示中我們亦可看出日本政府對此一事的一般傾向。所以在這種情況下，除非有一種國際力量如美國者，出而積極從事斡旋，設法加以協調，中日兩國間這一爭執勢將導致嚴重的後果。

就事論事，日本假若單純爲了貿易目的，而與匪方簽訂必要的合同並與之往還，我們內心縱然深覺不快，也願予以容忍，不會作太强烈的反對。因美國既已允許各國開放對匪僞禁運，西歐的西德和英國等，也都在進行匪區貿易，我們即使作這種反對，亦是無效。所以甚至如一九五五年四月日本民間與匪僞簽訂漁業協定，性質相當嚴重，我們照樣也容忍過去。不過凡事都應有個限度，像這次日本民間與匪政權的第四次貿易協定，不僅規定得在對方設立一永久性的商務代表團，而且還規定這一代表團得以懸掛僞旗，並具有包括司法權在內的外交特權，甚至還暗示經過相當時間以後，匪僞人民銀行得以和日本的東京銀行直接辦理通滙。這一切的作法和規定，實已超越了進行貿易的單純目的，而有一種對匪僞政權的實事上承認的意義。面對這一情勢，假若我們繼續容忍，不提出嚴重的交涉，要求日本立即改正，那就等於我們已默認了日本事實上承認匪僞政權一事的合法存在。既然允許日本如此作，其他國家也會紛起效尤，繼續向日本看齊。到那時，再想挽救恐怕也已來不及了，所以自日匪間這一協定成立之後，我全國上下，及東南亞各地僑胞能一致對此一事提出嚴正的表示和反應，我們認爲也是理所當然的。

不過在我們看來，我們今天所要堅決反對的，並不僅是反對匪僞商務代表團懸掛旗幟和具有外交特權，而是要根本反對日本容許匪僞在日本設立商務代表團。假若不根本反對匪僞設商務代表團而祇反對匪僞商務團懸掛旗幟和具有外交特權的話，那麽日本便很可能採取一種緩兵之計，先和我們虛與委蛇，答應匪僞商務代表團不掛僞旗和不具有外交特權，祇允許這一商務團的存在。等到這一商務團一經正式設立，即使原先談妥不掛僞旗和不具有外交特權，而僞旗和外交特權自會次第出現。所以我們要使這一外交行動產生實效，絕不能把反對的重點放在懸掛僞旗和外交特權的上面，而應該放在根本反對匪僞商務團的設立上面。祇有根本上打銷匪僞商務團的設立，才是解決這一問題的釜底抽薪之道。

我們堅決相信，日本與匪方實行貿易是一回事，而允許匪僞在日本設立商務代表團是另一回事，兩者之間並無絕對的關係。如上述西德與匪僞的貿易額亦相當大，但並無商務團的設置，何以日匪間一定非設立商務團不可？我們認爲即使不交換這種商務團，日匪間的貿易亦可照樣進行。這種辦法就是充分利用香港這座橋樑，使日本與匪僞通商的貿易公司，儘可在香港設立綜合的貿易機構，以與匪僞接觸，負責辦理與匪僞間的貿易；同時由於日匪間貿易係用現金支付，所以雙方通滙亦儘可利用在港的英商銀行進行，不必藉助於東京銀行與匪僞人民銀行的直接往來。所以祇要日本與匪僞間的貿易協定是單純爲了貿易目的，這種商務代表團就無根本設立的必要，所謂懸旗和外交特權問題亦即無從引起。而事實上，日本現政府和匪僞政權，都是醉翁之意不在酒，名爲進行商務，實在都別具政治用心。在匪僞方面，企圖利用這種商務團而在日本進行政治活動，逐漸達到與日本建立外交關係的目的，而在日本方面，亦想經過這種商務團，抓緊大陸市場，藉此爭取日本選民的支持。正由於這種商務團具有如此複雜因素，所以日本政府亦遲遲不能對日匪貿易協定表示一肯定而最後的態度。

我們很同意最近華府方面對此一事的根本看法。華府認爲日匪間這一貿易協定牽涉之廣，影響之大，已波及整個亞洲。最主要者，日匪間這一協定不僅大大提高了匪僞政權的聲望，鼓勵了中立主義的氣燄，而且也動搖了亞洲反共國家和人民的信心。所以日本這一行動直接違反了中日和約的基本友好的精神，破壞了中日兩國間的外交關係，間接也影響了自由亞洲的反共陣線，背叛了自由世界的反共立場。站在自由中國的自身利害來說，我們固然當仁不讓，不惜代價，要堅決制止日本這種不合正義不友好的舉動；但在另一方面，我們同樣亦要呼籲自由亞洲以及和東方問題具有利害攸關的自由世界各國，共同行動，一致對日本這種作法予以譴責和反對。祇有如此，我們才能希望我們這一對日外交會有實際的效果。

最後，我們亦要對我們的政府說幾句話。對日外交演變到今日這一地步，眞可說是冰凍三尺，非一日之寒，早在數年前已有這種跡象。可是當時政府却採取一種報喜不報憂的政策，用以自欺欺人，結果事實的本質早已發生變化，而一般國人猶爲「中日友誼」的糖衣所矇蔽，不知眞相究竟如何。等到一個大變突如其來，無法再行遮蓋時，國人連起碼的心理準備也沒有。假若當時政府具有眞知灼見，肯以實際態度瞭解問題，官方通訊社和報紙肯將日人對華實情報導給國人，我們相信這一問題早已有了預防。所以今日對日外交這一變局的到來，我們過去的新聞言論不自由，及宣傳上的自我陶醉政策實在要負大部責任。今後政府假若再不尊重新聞自由與言論自由，允許與政府意願相反的消息和意見可以公開發表，以集思廣益，那麼更嚴重的危險的問題恐怕還要接踵而來。

社論

(三)

反共冷戰中的政治力量與現代的主權觀念

本刊上一期社論㈠「中國人看美國的遠東政策」一文，內容有三個要點：

第一、我們指出，過去數年美國的遠東政策，總不免有些向國際共黨妥協與示弱的跡象或傾向。所以我們責備美國應該堅持不移的反共原則，絕不與國際共黨妥協，絕不向國際共黨示弱。

第二、我們認爲，戰後遠東局勢之所以混亂，之所以易被共匪滲入，不祇是由於這一地區的經濟落後，也由於這一地區文化水準的低落。所以我們希望美國對於這一地區的現代化教育工作，負起主要的責任來推進。

第三、我們確認，反共鬪爭不是單純的民族間或邦國間的鬪爭，而是超民族超邦國的自由對奴役、民主對極權的鬪爭；同時我們深信，在這一艱巨的反共鬪爭中，可以保證自由世界獲得最後勝利的，就是自由世界的領導者美國有其深厚的自由民主的傳統思想或立國精神。這一傳統或精神，在世界性的反共鬪爭中所可發揮的力量，所應發揮的力量，當不下於它的軍事或經濟力量。可是，美國在制定反共的援外政策時，只知道運用經濟和軍事力量，把自由民主的精神放棄了，因而對於若干受援國不自由不民主的政治，沒有發生點扭轉作用，使之趨向於自由民主。美國援外政策中這一缺陷，固不限於遠東方面，但在遠東方面，這一缺陷表現得更爲明顯。爲着增強我們反共陣營的政治號召力或政治力量，所以我們希望美國對於遠東或東南亞若干政治不民主不自由的受援國，發生有力的誘導作用，使它們都在政治上具備反共的資格，使它們做到實質上的反共。所謂實質上反共者，就是要在有目共睹的實際政治上，而不是在空口的宣傳上，以自由來反奴役，以民主來反極權。

以上是本刊上一期社論㈠的三大要點。那篇社論發表以後，臺灣官方與半官方的報刊，都以上述的第三點作謾罵或批評的對象。謾罵的，我們不屑與之申辯。批評的，我們歡迎；所可惜者，批評的人大都着眼於文字上三兩處稍欠修整的地方。現在，我們再就上述的第三點，爲讀者申述我們的理解如下：

我們說過，反共鬪爭不是單純的民族間或邦國間的鬪爭，而是超民族超邦國的自由對奴役、民主對極權的鬪爭。尤其是在全面熱戰的蓋然率很小很小的現階段，冷戰的持續與取勝，主要的要靠我們自由世界自由民主的政治力量之全面配合。自由世界的政治力量，簡言之，是發生於自由制度；具體地說，包括：民主國憲法所列舉的各項自由與人權的保障；選舉公平，人民代表機關眞正代表人民而有效地控制政府；司法絕對獨立，無任何法外的特務機關可以捕人用刑；軍警屬於邦國，而不是政黨爭取或維持政權的私有工具；經濟自由，讓人民發揮企業精神，而不以繁苛的管制或龐大的公營事業來困扼人民的經濟生活；教育以發展個性爲中心，而不把活生生有血有肉的青年學子，嵌進固定的模型，塑成政治工具……這些就是自由制度所賴以構成的條件。號稱反共的邦國，必須具備這些條件，才可說有了反共的政治力量。有了這種政治力量，在反共的冷戰中，才可以使我們的攻勢持續下去，才可以使我們的攻勢不斷地加強。

就美國本身來講，它的這種政治力量是很深厚的。但就整個反共陣營看，政治方面的改革、調整與配合，以期全面的政治力量的加強，尚有待於各國的自我努力，尤其有待於居領導地位的美國之有所作爲。關於這一點，在事實上，遠東的許多邦國是已經承認了的。例如一九五四年九月八日在馬尼拉簽訂的東南亞聯防公約，同年十二月二日在華盛頓簽訂的中美共同防禦條約，都在第三條有同樣的規定：「締約國承允加強其自由制度 (free institutions)，彼此合作以發展其經濟進步與社會福利，並爲達到此目的而增強其個別與集體的努力。」

這一條文，完全涉及內政。從文字上看，締約國彼此是平等的。但在實質上的意義，只是締約國的一方(自由制度未經確立的若干邦國)向另一方(自由制度已經確立的邦國)承允加强其自由制度；也即是在內政方面接受了一個約束。在內政方面接受約束，又何嘗不是向對方承允其有條件的干涉內政呢？這一實質上的意義，是每個有政治常識的人，都可以看得出來的。如果有人拘於表面上的文字而否認這一實質意義，這個人不是不懂得外交文件措辭的技巧，就是故作違心之論。

如上所說，締約國的一方(自由制度未經確立的一方)既是承允加强其自由制度，在內政方面接受約束，向對方承允其有條件的干涉內政，這是不是前者喪失主權呢？我們的答覆：不是的。

這可從㈠冷戰的利害關係，與㈡現代的邦國觀念或主權論這兩方面來講。我們曾經一再指出，反共鬪爭中全面熱戰的發生，蓋然率很小很小。冷戰將持續到甚麼時候，我們很難說，但有一點我們是可以確說的，即冷戰的持續與取勝，主要的要靠我們民主自由的政治力量。冷戰既然也叫做「戰」，那末，所賴以作戰的政治力量，也當和熱戰所賴以作戰的軍事力量一樣，要有全面的配合，協調的部署，才可以發揮最大的效能，克敵致勝。我們縱然不能說，政治的配合與部署，要像軍事那樣置於一個聯軍統帥之下，但至少至少不得讓各國在政治上各行其是，以致有的走上反民主反自由的途徑，抵銷了自由世界的政治力量。如有反民主反自由的情勢存在或發生，為着冷戰的共同利害關係，相約接受對方的干涉(實質上是未經確立自由制度的締約國承允接受對方的干涉)，這不能說是喪失主權。

其次，就邦國觀念和主權論來講，我們生活在二十世紀中期的人，應該知道，以布丹、霍布斯、與斯汀等人的學說為代表的虛妄的邦國觀念和主權論，已經是思想史上的玩意兒。現代的政治科學(以當代英國的政治學者巴克爾 E. Barker 的學說為代表)告訴我們，邦國是為保障人權並器化人權的一種「法制組合」。自然人權是先於這種「組合」的。邦國既非權利之源，也不是權利的正常主體。如果政治學上還要保存主權觀念的話(法國學者馬希丹 J. Maritain 是主張完全放棄主權觀念的)，主權不再是一個虛妄的玩意，是確有所指的。而是確確切切有所寄託的。寄託在那裏？寄託在以自然人權為基據的憲法。因為憲法是邦國的構成法，也即邦國的「組合條件」，邦國是由「憲法」而「構成」、而「組合」的。憲政國離開了它所賴以構成的憲法，即不成其為國。此所以說到憲政國的主權在於憲法。

憲政國的主權既在於憲法，如果憲政國的政府在施政上違反了憲法的明文規定或憲法所涵蘊的精神，因而受到外來干涉，這種事，與其說是侵犯了這一國的主權，倒不如說是維護了這一國的主權。如果一定要說是侵犯主權，那就是把政府所肆意濫用的權力解釋為邦國主權了。這與現代政治科學告訴我們的主權觀念，是根本不相容的。

以上兩點，因為篇幅關係，我們說得不够詳盡，尤其關於現代邦國觀念與主權論方面，說得過於簡略。但我們相信一般讀者看完這篇文字以後，對於我們這一次之又被圍勦、當更可明辯是非曲直之所在了。

落後國家的資本形成問題

高叔康

一　資本的作用

一般經濟學敎科書，將資本與勞力和土地併列爲生產三要素之一，這原是古典派規定的槪念。其實，生產要素不只此三者(有的主張另加組織或技術)，而資本的特殊機能，也超過勞力和土地對生產的作用。因爲現階段的生產，已不是原始時代和農業手工業的生產，而是大規模的機器生產；大規模的機器生產，最重要的條件，就是作爲生產手段的資本。原始時代和農業手工業生產，其生產手段是由個人或家族直接投下勞動而形成的；如羅射(W. Roscher)所舉之例，漁人徒手捕魚，每日不過三尾，以其餘暇，結網造舟以捕魚，每日可獲三十尾，網與舟便是直接投下勞動而形成的資本，以此資本可獲得更多的利益，所謂迂廻生產的利益，中間生產物的效用，即是指此。現在是大規模的機器生產，且是在分工和交換最發達的社會下進行的，各個經濟主體所使用的生產手段的資本設備，大都不是直接投下勞動而形成的，乃是節約貨幣所得，以積蓄的貨幣，通過流通經濟購入的，比原始時代和農業手工業所獲得的生產手段的過程要複雜得多，其發出的生產力也較大。

美國勞動生產力比全歐洲勞動生產力大三倍，西歐先進國家勞動生產力又比東歐落後國家勞動生產力大三倍(Maurice Dobb: Some Aspects of Economic Development; Three Lectures, Delhi 1951)。也就是說，同一勞動量，所表現勞動生產力有大小的不同，美國勞動所費的勞動量少，生產力比較大；東歐國家勞動所費的勞動量多，生產力比較小。並不是美國勞工有三頭六臂的本領，而東歐人民百無一能，其根本關鍵，就在於彼此資本設備大相懸殊。資本設備是決定一國勞動生產力的要因。資本設備越高度化，勞動生產力越大；勞動生產力越大，需要勞動量越少。反之，資本設備越低下，勞動生產力越小，勞動生產力越小，需要勞動量越多。資本設備與勞動生產力成正比例的增減，與勞動量成反比例的增減。所以美國人民每周工作五日，每日七小時勞動，全國生產量達世界之一半，人民生活水準之高，亦無出其右。而落後國家人民，終歲勤勞，反不得一飽。這是由於美國資本設備高度化而落後國根本缺少資本設備之故。

現代資本設備更有高度的發展，無人工廠和自動化工業在歐美逐漸發達起來，既能提高工作效率，更大量的減少勞力；同時，化學工業發達，幾乎一切原料，皆可由化工製造，也打破了自然資源的限制，所以現代的生產，無論資本主義國家，抑或是社會主義國家，資本設備的量和質的成長問題是決定經濟發展的最基本條件，是生產的生產手段，是支配生產要素的要素。如果缺乏資本設備，雖有豐富的勞力，廣大的土地，亦不能免於貧困，此正是落後國家貧困的基本原因。

二　落後國家之特徵

落後國家沒有現代化生產手段的設備，不能發達生產；其經濟的特徵：第一，國民所得水準甚低，大都每人所得不超過一百美元。第二，農業佔社會產業絕大的比重，工業尙在幼稚狀態。第三，國內市場窄狹，產業間相互需要量不能擴大，因之，銷路有限，不能激起購買力的增漲。第四，對外貿易，以輸出農產品和原料爲大宗。第五，農業人口佔百分之六十以上，而且增加率往往超過資本增加率。這些特徵不是各個孤立的，是互爲因果的。如照魯爾克塞(Ragnar Nurkse)的「貧窮的惡性循環」(the vicious circle of poverty)說法，那就是：所得水準低，消費支出佔所得的大部分，所餘無幾，儲蓄能力低；因爲儲蓄能力低，積蓄不多，資本形成不易；資本既不足，便不能擴大生產力，生產力必低；生產力低，每人實質所得亦低。因爲實質所得低，消費少，購買力自低，購買力低，激發不起投資需要，又形成資本不足，生產力低，所得水準低一連串的事實。若將資本分爲供給和需要兩方面作成以下解式的說明，即是：

①供給方面：所得水準低→儲蓄能力低→資本缺乏→生產力低→每人實質所得低。

②需要方面：實質所得低→購買力低→投資誘因不足→資本不足→生產力低→所得水準低。(R. Nurkse: Problems of Capital Formation in Under-developed Countries. Oxford 1953 p.5)

如何切斷此種貧窮的惡性循環？應該抓着那一環節作爲打開惡性循環的根本關鍵？如果說，以提高生產，增加所得爲出發點，便歸結到資本問題；資本既不足，如何能提高生產，增加所得？如果從增加資本着手，資本是從所得中之儲蓄而來，所得水準既低，儲蓄能力低，又如何能增加資本？然而巧婦不能爲無米之炊，落後國家要切斷貧窮的惡性循環，必須解決資本不足問題，解決資本不足問題，只有增加投資；投資的資本從何而來？或主張運用內部過剩勞力以造成資本，或主張發動內外投資以增加資本，西方專家學者主張甚多，意見不一，而各國資本形成的過程，亦不相同，何去何從，頗有爭論。以下分別說明，以爲參證。

三　幾個資本形成的方式

資本作用是貫徹全經濟的核心，而資本形成關聯到一國歷史，自然環境，文化傳統，人口多寡，敎育程度，以及經濟體制等等作用。因爲各國所處的時間和空間不同，故所採取資本形成的方式，自不一樣，試舉幾個國家爲例，以說明其方式的各別。

美國資本形成　美國自南北戰爭後，國內市場開始統一，產業資本隨之發展；它是先由農業發達促成工業發達。因農業有廣大自由土地，出產大量的農作物，工業得到廉價的原料和糧食的供給，能減輕成本；而農民需要工業品，以發展生產，又擴大了工業品的銷場；工業與農業相互依存而發達，使資本積累，有增無已。同時，勞力缺乏，工資昂貴，激起技術不斷的發明和創造，革新資本設備，更創出龐大的生產力。二次大戰後，生產的發達，國民所得的上升，與時俱增；而大量的儲蓄和投資的供應，又加速加大資本形成。因爲美國是新大陸的開闢，資源豐富，得天獨厚，人口少，沒有封建勢力的阻礙，再加以自由民主的制度的鼓勵，所以不過八十餘年，已超過英法百餘年產業發達的歷史；可以說是經濟發展史上的奇蹟。

蘇俄的資本形成。(也許共產黨人不接收資本形成的說法，但在共黨政權下，一切生產設備，不外加大生產力量，與資本主義下的資本設備，其作用相同。)蘇俄在第一次大戰前，工業水準不但不及美國，也趕不上日本。一九一七年布爾什維克革命，建立共產主義政權，照列寧的共產主義定義，就是：「蘇維埃的權力加電氣化」(L. V. Mises: Socialiam 1951. p. 567)的說法。則共產主義不過是另一工業化的方式而已。現在已四十年，一般人認爲它的工業水準僅次於美國。無疑的，蘇俄工業水準，雖然沒有具備它所宣傳那樣的內容，但有進步却是事實。然而蘇俄的資本形成，完全採用原始時代的方法，卽是盡量的榨取勞力與自然結合以造成資本，再全面控制流通界鞏固其效用。就是說，蘇俄挂着無產階級專政的招牌，而以强制勞動，奴隸勞動，無償勞動，爲資本形成的源泉；以沒收人民的資財，剝奪人民的所得，爲集中儲蓄和積蓄的方法，所以蘇俄人民生活水準低，個人所得水準低，爲世界任何落後國家所沒有，而國家資本形成乃是由此而增加而龐大。一面鐵幕低垂，與外界斷絕經濟往來，强制人民節約，減少消費，增加積蓄，更加速其資本形成，所以它沒有運用外資，能將落後俄國而形成工業化，其得力就在此。然而以暴虐的政權，壓榨人民的勞力，犧牲人民的生活，建立共產帝國主義，對內與人民爲敵，對外與自由世界不併存，爲全人類反對的目標，根本違反了資本形成的正當作用。資本形成是要爲人類創造物質生活的幸福，而不是帶給人民以悲慘的世界。而且蘇俄資本形成方式，進度甚爲遲緩；以四十年的歲月，德國和美國已完成了產業革命，而現在蘇俄只是重工業比較發達，輕工業還是落後，工業化只完成了一半，不要以爲它放射了兩枚 Sputnik ，而對蘇俄工業水準估價過高。

德國資本形成。戰時德國經濟所受的損失，戰後迅速復員，生產水準已超過戰前，而資本形成率之高也超過各國，此中「奇蹟」，①得力美援之提携。②戰前逃出的資本及美國德僑的資本大量返回德國。③人民意志集中，忠實勤勞，一致動員，向此一目標邁進。④生產技術發達，產品不斷的革新，能擴大商品內部銷路。⑤以價廉物美爭取國際市場，贏得勝利。這些都是加速其資本形成的重大因素。此外如放棄統制經濟，採取自由經濟政策，亦有加强資本形成的作用，自不待說。

美俄德的經濟開發，原是落後於英法的落後國家，現已發達到高度階段，其資本形成的過程，也可作爲現在落後國家的參考。不過沒有美國的優越條件，決不能如美國資本形成之速且大。蘇俄的方式，就其本身說，雖有成就，但是得不償失。其附庸貧窮，日甚一日，只有資本破產，沒有資本形成，證明其完全失敗。唯有德國人民從艱難困苦中，運用一切力量，在短期內造成社會經濟繁榮，並超過戰勝國的英法，其埋頭苦幹的精神，是值得落後國家學習的。

四　兩種資本形成的主張

二次大戰後，西方政治家和專家學者，提供落後區域經濟開發理論甚多，因見於落後區域經濟開發問題，不僅是落後區域的本身問題，且是先進國家經濟發展的問題，也是決定自由世界和極權世界的鬪爭勝負問題。其中關於資本形成所提的具體方案，就我所知，可歸納爲以下兩種。

一、聯合國所發表的「落後國家經濟開發方案」(Measures for Economic Development of Under -developed Countries)，經過專家學者研究而成立的。關於資本形成方法，分爲兩項：

(A)由國內促成資本形成方法：

①勸員民間死藏資金的出籠。②儲蓄機關普遍設立。③抑制消費，增加儲蓄。④勸員休閑勞力建設公共事業。⑤顧慮通貨膨脹危險。

(B)利用外資促進資本形成方法：

①解除外國私人投資種種障礙引導其投資。②政府可向美國輸出入銀行及國際復興開發銀行借欵。③設立「國際開發局」(International Development Authority)爲贈與落後國家急速開發經濟的用途。

此外聯合國負責研究落後國家經濟的學者新格 (W. H. Singer) 的「落後國家經濟發展的機構」("The Mechanics of Economic Development, A Quantitative Model Approach" in Indian Economic Review" August 1952) 論文，也是强調利用外資促進資本形成。

二、另一種主張落後國家的資本形成以潛在的失業(disguised unemployment) 爲其源泉，由哥倫比亞大學經濟學教授魯爾克塞所倡導，所著「落後國家資本形成問題」一書，卽闡明此義。他認爲落後國家的農業人口過剩，存在着大量的潛在失業，而沒有農業以外的就業機會，使社會邊際生產力等於零。此不生產的勞動者由生產勞動者扶養；而生產勞動者必須生產自己消費以上的生產物，供給不生產的剩餘人口消費。如果勸員此等潛在失業人口移作其他創造資本形成之用，既減少農業過剩人口，也減少原來農村消費的負擔，而農業生產並不隨之減少；則原來農業生產自己消費以上的生產物，卽爲有效的儲蓄，增加實質國民所得，以促進資本形成。他並認爲落後國家，因利用外資與先進國家交換頻繁，最易刺激落後國家的人民消費慾望提高，增加消費，爲資本形成的發生所謂「啓示作用」(demonstration effect)，以致犧牲儲蓄，重大障礙。此不僅影響個人自願儲蓄的損失，且對於政府運用強制儲蓄的手段亦有困難，有減少外資的資本形成之效果。此外，如杜楼 (M. Dobb) 的「農業國的工業化問題」(Some Problems of Industrialization in Agricultural Countries) 的講題中，說明：「利用農村過剩勞力製成商品輸出，例如不必要的資本設備的輕工業或手工業的生產，以達成資本形成的目的」。也是主張過剩勞力的輸出以創造資本。

聯合國所提示的資本形成方法，主張發動內外投資以增加資本形成，頗適合於落後國家需要而利於行；在理論上，事實上，沒有什麼弱點。若如魯爾克塞氏所說，由利用外資而發生「啓示作用」刺激人民提高消費，有損於儲蓄，對於資本形成，沒有多大效果。以及認為落後國家的投資不能獲得如先進國家的同樣效果，其利益微薄，即此微薄的利益亦不歸於落後國家，而歸於投資國。更有以為利用外資，使落後國家陷於從屬性，即是以自由契約的經濟支配代替殖民地的政治支配，此等顧慮，實值得警惕；但有效的利用，決不致有此惡果，如第一次大戰前，日本資本形成，得力於外資之助甚大。二次大戰後，接收美援國家，大半由復員而復興。不善於利用，則其後果，如上所顧慮的事實，不是不會發生的。

其次，魯爾克塞主張以潛在的失業人口為資本形成的源泉是值得重視的見解。但問題是在如何能動員潛在的失業人口？若以增發通貨，提高工資而動員，便不是妥善的辦法。若以強化政治力量，實行強迫勞動，又與民主政治衝突。尤其以過剩勞力為資本形成的源泉，總比以資本投入的進度緩慢，應該一面發動內外資本的投資以增加資本，一面動員潛在失業人口以創造資本，雙方併進，使資本形成，更能加速。

五　基本問題

無論實行聯合國方案以資本增加投資也好，或是實行魯爾克塞主張動員潛在失業人口以過剩勞力為最初資本積蓄的源泉也好，這兩種資本形成的方法雖不同，其根本都是要由增加投資，以增加就業，增加生產，以增加所得；由所得增加，再增加投資，再增加就業，以至於實現乘數理論則一。但必須解決幾個基本問題，纔能實現，而這幾個基本問題，也是落後國家最不易解決的問題。

第一，落後國家增大資本形成，必須增加投資，要增加投資，就要增加儲蓄，抑制消費；勵行節約。所以落後國家的資本理論還是要尊崇古典派的說法。亞丹·斯密 (Adam Smith) 說過：「資本以節約而增大，由浪費而減少」。又說：「節約是增加資本的直接原因，勤勉是提供節約的積蓄之目的物；然而勤勉無論獲得如何多的物資，若沒有節約而成為儲蓄，決不能增加資本」。(國富論第二篇第三章資本之積蓄) 凱因斯 (J. M. Keynes) 的見解與此相反。他以為過分的儲蓄招來不景氣的深化；必須打破儲蓄美德的迷信，提倡增加消費以為克服不景氣的方法，是以有效需要不足為前提，使閑置的生產資源，走入生產活動之中，以吸收失業。但落後國家的問題，在資本不足，必須節約儲蓄，增加投資，故不適用凱因斯主張增加消費的理論。為什麼節約可以增加資本形成？因為儲蓄在表面上儲存了貨幣，實際是節省實物消費，儲存了實物。所以儲蓄一面增加資金的來源，一面增加實物的存在量。前者是貨幣形的儲蓄，後者是實物形的資本形成。所以節約是個人的美德，也是保障社會經濟成長的方法。另一方面，儲蓄增加，即消費財的需要減少，生產財的需要增加，故儲蓄必走到投資之路。然而落後國家的國民所得之少，消費傾向之大，如何能從低的所得水準而產生高的儲蓄率和積蓄率？如菲律賓和印度的國民消費傾向為所得百分之八十以上，因所得之少，節無可節。表示消費率之高，但落後國家的資本形成，最重要的就要打開這個難關，盡量抑制現在消費的慾望，增加儲蓄，增加投資，以充足將來消費的欲望。

第二，凡是人口少，勞力不足，其資本形成速度較快；產業革命首先發生於英國，就是這個原因。以後的美國，加拿大，澳洲能迅速的開發，資本形成速度加快，也是這個原因。只是亞洲落後國家，如印度，中國，受了人口過剩的壓力，至今都是資本不足。資本不足與人口過剩是同義語。因為資本不足，所以人口過剩；人口過剩正表現資本不足。同時，人口過剩，有大量的廉價勞動力供應，可以阻止資本形成；即在資本形成的過程，也要減少勞力的用途，發生人口過剩。如果資本形成率超過人口增加率，則資本形成增加，由是而生產增加，所得增加。如果人口增加率超過資本形成率，則經濟發展上成為一大負數。因為由資本形成增加的生產，為增加的人口所吸收，使每人所得為之停滯或低下，資本不足的問題依然不得解決，而人口過剩的壓力，始終存在。故必須限制人口增加，實行移民和勞務輸出為解決過剩人口的方法。

第三，當落後國家經濟開發之初，生產機關的增建，資本財的購入，社會物資的加多和流通範圍的擴大，需要貨幣供給的增加，為必然的趨勢。貨幣供給增加的初期，可以刺激物價溫和的上漲，使生產者獲得較多的利潤，提高增加生產興趣，擴大再生產，為促成社會經濟繁榮的因素。但開發資金無限制的無計畫的增加，必導致物價上漲；首先由資本財的需要增加，激起資本財的價格上漲；因之，資本財生產增加，消費財生產比較的減少；消費財的減少，消費財的價格便上漲。於是促成一般物價上漲，而貨幣供給不得不增加。貨幣供給量既是為了物價上漲而增加，則貨幣用於流通界周轉的多，促進增加生產作用的少，演成通貨膨脹。更有的落後國家，以赤字財政為資本形成的支出，一樣的導致通貨膨脹，在通貨膨脹下，資本形成，必歸於停滯。因為貨幣資本與實物資本有相生相剋的關係，貨幣資本可以左右實物資本的形成，所以落後國家為了急速發展經濟，最易陷於通貨膨脹，也最要避免通貨膨脹。

第四，資本形成的過程，是以貨幣資本形態，通過流通經濟和價格經濟而進行的；促成貨幣資本通過流通經濟和價格經濟而作投資活動，便是利率和利潤的比例。利率的高低可以左右投資的進退，投資進退決定資本形成的增減。如果利率高過於資本邊際效率，投資利潤少，資本形成有了阻礙。反之，利率低於資本邊際效率，投資利潤大，可以促進資本形成。但落後國家社會資金缺乏，一般的都呈現需要多而供給少的現象，故利率高，使資本形成緩慢；如果實行低利政策，提高投資利潤，促進投資，必須供給大量的貨幣，此等供給大量的貨幣，如不是來自民間的儲蓄，而是銀行增發的通貨，以發行爲貸放，必促成通貨膨脹。如何規定適當的利率，使社會資金集中於銀行運用，造成投資的誘因，這是資本形成最複雜的問題。

以上基本問題在資本形成的過程中必然發生，是決定資本形成的重大關鍵。關聯到全盤經濟的活動，也只有從全盤經濟的活動把握其核心。

六　我們當前的任務

臺灣正進行第二期四年經濟計畫，向工業化前途邁進；其進展的程度，可從資本形成率的高低來測量。據專家的統計，自第一期四年經濟計畫施行以來，資本形成的幅度，數字上略有增加，若就年來物價上漲，幣值低落，從實質折算，近兩年資本形成數額不但未增加，而且減少。要扭轉這種逆勢必須考慮以下問題的解決以爲當前的任務。

一、與論界正呼籲改良工業環境，改善資本形成環境。換言之，就是工業環境不良，資本形成環境不善的意思。然則是什麼原因造成不良和不善的環境？這是一個根本問題。一般人認爲我們的經濟建設，還沒有脫離落後地區民族的意識，因循，依傍，敷衍，檢便宜，找現成，總想從天上掉下來一幅美麗的經濟樂園來享有，所以沒有遠大的思想，建立不起自己撐握自己命運的志氣，也缺少獨立自主的打算。臺灣有日本留下的基礎，美國的援助，公營事業佔重大比率，四周環海，境內治安無虞，幅員之小不過大陸一專區，而人民有守法的精神，也易治理，假使能澈底改變傳統的財經作風，以艱苦卓絕，力行獨立自主的經濟政策，必有所成；而臺灣的經濟建設的進展，也決不止此。

二、資本形成主要依存利潤積累，利潤大小決定資本形成大小。但利潤積累增大，必須依存社會政策和財政政策的提攜。這即是說，在經濟開發之初，不應仿行二十世紀的高度資本主義國家的分配，或加以過重的稅負，分散其利潤，削弱其資本形成；應培植其生產力的幼苗，由成長而壯大。如在鼓勵其增加生產階段，要提高解決分配問題的願望，則生產問題不能解決，分配問題也不能解決。尤其加重稅負，以塡補赤字預算，更有害於資本形成。

三、政府的預算既未達到平衡，就有罅窣，也就談不上儲蓄。而公營事業的盈餘已作爲塡補政府內外收支的漏洞。公營事業的資本形成佔現代國家總資本形成的重大成份，在民營企業的資本形成不能完全滿足社會經濟的要求，或是民營企業的資本形成陷於停滯狀態，需要公營事業的資本形成來補助和代替。公營事業盈餘既塡補了政府預算的平衡，影響社會資本形成當然減少，所以政府預算不平衡是對資本形成一重大威脅。

四、個人的儲蓄要靠節約，政府的儲蓄也要靠節約。而社會的節約也要由政府來提倡。政府是一個大的消費單位，每年要支出千千萬萬的巨額欵項，如果不免有浪費，在表面上支出的是貨幣，實際耗費的是物資，也就是耗費了增加社會生產的力量，耗費了資本形成的力量。也就是消費財的生產增加，資本財的生產減少，資本財的生產減少，即是資本形成的減少。且政府的浪費要激起社會的浪費，社會產生種種作業和機構來承接和供應政府的浪費，結果，大量的外滙流出，奢侈之風形成，儲蓄減少，資本形成減少。

五、從大陸逃難的巨額資金，由於銀行利率低，銀行吸收的部分甚少；而私人經營的公司廠商，苦於借不到低利的貸欵，又迫切的需要資金周轉，不得不乞靈於私人的借貸，負擔超過銀行利息三四倍的暗息。最近大東公司因負債一千五百萬元，每月須支付四十餘萬元的暗息，不能支持而改組，證明高利貸的作祟。臺灣大大小小的公司廠商，幾乎很少不吸收私人存欵而吃高利貸的，也證明臺灣有一大羣人靠利息爲生活的。利息生活者是脫離了生產過程，因之，沒有企業精神，勞動意識亦隨之衰落，導向娛樂方面發展，此爲今日社會奢靡、腐化原因之一。十八世紀的荷蘭不能與英國海上爭覇，戰後法國產業不能振興，都是由於國內有一大部分人靠利息生活摧毀了生產事業的緣故。因爲生產者之利潤須取去一部分，甚至於大部分支付高利，使利潤減少直等於零，則生產日漸萎縮，如何能有資本形成？所以利率政策也是決定資本形成一重大因素，如利率政策不能促進資本形成，便失去利率政策的重大的功效。

六、臺灣市場狹小，必須向外發展貿易；資本缺乏，應該獎勵僑資的流入，都是促進資本形成應有的方法，但外滙政策未能配合，增加輸出，吸收僑資，不能順利達成，時論指摘甚多，勿庸喋喋。此外，經濟計劃以自給自足爲目標，實行「三平」政策。因之，「備多力分」，不能依據已有資源、技術、資本而發展其所長，也就不能將資本集中使用而發揮其效力。更忽視國際分工的原理。這也是對於資本形成沒有講究有效的方法。

以上六點，不過是說明當前與資本形成最有密切關聯的問題，沒有提出解決問題的具體方案。其實，有資本在手的人，誰也知道追求自己資本的利益，雖沒有什麼積極的促進資本形成的政策，只要沒有消極的阻力，也就能增加資本積累和資本形成。這個道理一百八十餘年前的亞丹·斯密的「國富論」就說得有：「因爲各人的利己心，自然會使他們把資本向着最有利益的地方去投。某種事業，資本放下過多，這些事業的利潤便會減少，其他事業利潤便會增加；因此，他們就會改正此種錯誤的投資。如此，即無何種法律的干涉，人人的利己心自會領導他們把社會的資本向着該社會內各種事業適當的地方分配去。」這不僅僅是理論，而且是擺在眼前的事實。例如香港政府並沒有積極的誘導外資的投入，年來外資的投入香港，其增加之速和形成之大，爲東南亞之冠，由於香港沒有抵制資本投入的阻力，也沒有束縛資本形成的障礙，所以資本的形成，如水之就下，成了一種自然的趨勢。這就是我們落後國家解決資本形成問題的一面鏡子。循此方向推進，一切問題，皆可迎刃而解的。

再談財經政策

趙岡

在九月二十九日(四十六年)中央日報上看到劉支藩先生「今日的財經政策」一文，其中有幾段似乎是針對我在自由中國半月刊十六卷十一期所寫「發展臺灣經濟的方向」那篇文章而發的批評。(我假設劉先生是針對此文，如果假設錯誤也沒有關係。)既然有人注意這個問題，我也就願意再借用自由中國半月刊的一點篇幅，把它提出來重新討論。下面將分三段來談。第一部份說明劉先生自己所提出來的三個新理由似乎都不够堅强。第二部份說明我原文中幾點值得追究的地方。第三部份把一般人對農業政策的幾種看法提出來逐一檢討。

在開始討論以前我有兩點聲明。第一、我不是「責難當前的經濟政策」而是提出問題加以討論。經濟學不是自然科學，沒有絕對肯定的預測，也沒有絕對完美的政策。一切好壞與對錯都是比較的，相對的。誰也沒有把握去責難誰。相反的，任何政策既然不能十全十美，便一定會有若干缺陷和遺漏，這許多缺陷和遺漏就可能成爲別人討論的目標。這種情形與其說是「責難」勿寧說是「獻策」。

第二點聲明是：我不是劉先生所謂的「人口問題悲觀論者」，因爲如果是悲觀論者，則只有做到懷疑和否定一切的地步，而不會提出辦法和政策。如果一個醫生告訴病人說：「你患的是肺炎，如果不及時治療可能有性命的危險」，這個醫生不能說是對這個病人悲觀，因爲他這句的反面是有所肯定。那就是說「如果你能及早治療，注射盤尼西林，你就沒有性命危險」。只有在醫生說：「你患的是絕症，無藥可治，你回去等死吧」，這樣他才能算是悲觀論者。今天的經濟學早已脫離當年 Dismal science 的階段，很少再有悲觀的成份。所以我要聲明，我不是悲觀論者，而是指出問題可能有的嚴重性。

現在言歸正傳。劉先生在文中第二段「經濟建設與人口問題」中舉出三點新的理由說明「集中資金，全力從事工業建設」理論之不當。劉先生所列舉的理由本身似乎都有問題，所以顯得不够强有力。我現在依原次序討論之。

一、劉先生首先提出的理由是：「美援……即使徹底改善運用以後，對我們的工業建設仍恐有其一定的限度。」但是由此我們推論不出「因此不必集中資金，全力從事工業建設」的結論。提倡集中資金發展工業是因爲工業和農業比起來，是較有利的投資對象。我們不能說美援數量不够多，所以就不必全部把它投用於最經濟有效的地方，而不妨分散使用。相反的，愈是資金不足，才愈有選擇最有利投資對象的必要。只有在美援「過多」的情形我們才可以不必斤斤於這種投資取捨的標準。

二、劉先生的第二個理由是：「臺灣仍爲農業社會，從事農業……比較有利。」這一點在經濟理論上和事實上都缺少根據。農業社會中繼續發展農業，顯然比較不利的實例比比皆是，我們不可能肯定地說在農業社會中發展農業比較有利。農業社會發展農業有利，工業社會發展工業有利，這種情形是不能想像的。世界上那有原始的工業社會呢？

三、劉先生又舉出日本的例子說明發展工業不能解決人口問題。這個問題太複雜了。簡單的說日本的問題無法與臺灣的問題相比照。日本有過人口問題，這是不錯的。至於日本發展工業究竟會否解決人口問題很難說。但是根據目前的資料，我們至少可以相信，如果日本今天還有人口問題，它的人口問題也不會像臺灣這樣嚴重。更重要的是日本人口問題與今日臺灣所遭遇的人口問題在本質上完全不同。由於篇幅的限制，我無法在此詳細說明日本的人口問題是什麼，我只能簡單的說明日本的人口問題不是什麼。日本的人口問題不是農村人口問題，它對經濟的壓力不發生於農業上。日本是採長子繼承制，不是中國這樣的多子繼承。無法繼承農田的人，不能長期停留在農村，早晚是要流到農村以外另謀維生之途，日本的單位農場面積也不會因繼承關係而愈分愈小，所以在日本的農村裏，除非有土地利用之變化與外來的移民，農業人口和單位農場的面積大致沒有什麼變化。就人與土地的關係來說，日本農村不可能發生人口過剩，報酬高度遞減，和隱蔽失業等現象。新增加的人口早晚都會流出農村以外。如果說日本人口也形成一種經濟壓力，這種壓力不在農村而在城市，從某個角度上來看，這種勞動力的高度流動性正幫助了城市工商業的發展。至少消極方面可以使日本農村不遭受目前臺灣農村所遭遇的各項困難。硬拿日本的人口問題來比照臺灣的問題是不會得出結論來的。

四、劉先生最後又舉出大陸上共匪五年經濟計劃之失敗，來說明過分發展工業而偏枯農村投資之不當。這個比喻和前述日本人口問題比照臺灣人口問題一點犯了類似的毛病，因爲這許多問題在字面上看起來是一樣，但是在本質上卻完全不同，缺乏比較的基礎。共匪五年計劃失敗，主要不是由於工業與農業投資比例不當，而是由於其他原因。共匪搞五年計劃的狼狽結果，應該是經濟史上很有趣的一段參考資料，在此也因限於篇幅，我只簡單扼要的提一下。共匪的經濟計劃範圍甚廣，不但對投資的方向和總的數量有所計劃和規定，而且對各個生產部門的產量也有硬性規定，同時在分配方面也事先規定了各種貨品的銷售價格。用經濟學的術語來說，就是他們固定了各生產部門的供給曲線和市場價格。但是他們忘記了(其實是無法)控制或掌握各種商品的需求曲線，計劃執行的最後結果無法保證各種商品的供求曲線一定相交於預定的價格水準上，於是 gap 發生了。共匪則稱之為「偏差」。一種偏差是他們所謂的「供應緊張」，另一種偏差與此相反，就是「滯銷」，「廢品」，「產品積壓」。在一個經濟體制下一旦失去了一般均衡 (General equilibrium)，這兩種「偏差」一定要同時發生，若某些生產部門供不應求，則一定會有另外一些生產部門供過於求。這兩種「偏差」都造成了社會的損失和資源的浪費。如果這種不均衡狀態被人力壓制住長期不能調整，則整個經濟秩序一定大亂。這就是中共今天所面臨的厄運，同時它也是一切全面性經濟計劃的致命傷。拋開「人權」「自由」等價值判斷標準不論，單從純經濟的立場上，研究在純計劃經濟裏一般均衡究竟能否出現，是一個很有意思的學理問題，它的答案目前還是否定的。我們姑且假設共匪有足夠的人員和熱忱，掌握了足夠的資料和經濟知識，然後採用類似 Walras 的公式 Liontief 的 Matrices，計量經濟學的原理，再配備上最有效率的計算工具如 Electronic calculators 在理論上還是不可能得出答案。

共匪在農業上還遠不如對工業上有那麼有效的掌握。農業在今天大陸上是距「社會主義」最遠的一個生產部門，中共只能定價，還不能充分控制供應量。所以問題也最尖銳。不過所發生的種種困難主要都不是由農業投資比例適當與否所引起的。譬如說大陸上，猪肉「供應緊張」，並不是因為共匪對養猪事業投資太少所致，而是由於共匪的統購價格和農村集體化所造成的。也就是說這種供需失調的紊亂現象是共匪當局對經濟事項不當干擾的後果。如果沒有這些干擾，即使對農業投資再少一點也不會有這種畸形現象發生。

大陸上經濟紊亂的另一個主要原因是通貨的膨脹。中共雖然計劃和安排了固定資本的投資，但是忘記了安排流動資金的供應問題。廠房修好了，機器買來了，裝置了，但是還需要有一定數量的流動資金，用於購買原料及其他週轉之需，才能進行生產。這種流動資金的來源，一部份是各生產部門自己手中掌握的流動資金，另一部份需要向銀行或其他金融機關貸款解決之。固定資本投資增加，生產規模擴充，則對流動資金的需求也相對地應增加。由於中共經濟計劃人員的無知，事先沒有想到這些問題。這種生產流動資金的貸款是由中共偽國家銀行辦理。在這種經濟制度下銀行以昇降利息率來調節資金供需是早已失靈。向民間吸收存款已經差不多是不可能的事了。不要說人民早已喪失了儲蓄的能力，即使手中有餘錢也不會送到銀行去存，以免被扣上「資本家」的罪名。唯一的途徑就是倚賴發行，結果自然是引起通貨膨脹。中共在一九五六年之間市場貨幣流通量就增加了一六·九億元偽人民幣。這就是所謂「信貸不平衡」的後果。從一九五七年開始，中共把「基本建設」的投資降低，而勻出六億元做為流動資金貸放基金，這就是今年(一九五七年)在預算上新出現的銀行信貸資金一個項目的來源。這是以前未曾有過的事，算是中共經濟計劃人員在慘痛教訓中的一點領悟。一旦一個政權希望以全面性的計劃來代替市場機能，則勢必得計劃的面面俱到。任何一個小環節的遺漏都會引起整個經濟體系的失調。在上述情形下，若欲控制流動資金的貸放，則只有蹧踏已經投下的固定資本。無論貸放與否，都會造成整個社會的損失。

中共在投資對象的選擇上，也曾犯嚴重錯誤，成為引起經濟膨脹的另一個主要原因。所有的生產部門在製造產品 (output) 的同時也在創造所得，這兩件事是在同時進行的，但是它們實現 (rialization) 的時間並不完全一致，產品的實現與所得實現的時間差異 (time lag) 因生產性質與社會制度不同而互異，其對經濟膨脹的影響也大小不一。從原料到製成品之間要經過很長的時間與手續，然而勞動者的工資却是每週或每月發放一次。當生產者的所得已經實現時，却未必有相對應的產品出廠，其中一部份還在半製成狀態。所得實現以後很快地就湧到市場上，變成了購買力，但是市場上的貨物供應量却落在購買力之後，如果沒有存貨來彌補這一個間隙，則物價一定要上漲，所以一個社會在開始工業化的初期，很容易遭遇到這個困難。不過如果中共的五年計劃一開始，就着重輕工業，對重工業的投資比例不那麼高，則問題尚不致像今日這樣嚴重，因為輕工業生產所需時間較短，所得之實現與產品製成之間的時間距離不會太大。

簡言之，中共的經濟危機由三個主要原因造成：㈠全盤計劃與不當干涉失去了均衡，㈡實際投資超過了投資能力，㈢重工業比重太高而輕工業比重太小。

我對於劉先生生這一段整個的看法雖有異議，但對最後一句話「共匪經濟計劃失敗……實應引為前車之鑑」，却深表贊同。共匪所遭逢的難題是任何計劃經濟都可能碰到的，只是程度深淺不同而已。我並不是說計劃經濟絕對要不得，在落後地區私人利益與社會利益不調合的地方很多，而且距離很大，若聽任其自然發展，則經濟生長的速度不免過於緩慢。英美的學者今天都承認這一點，認為在落後地區進行經濟開發，政府加以計劃與局部控制有其必要。但設計的人一定要具備足夠的經濟知識，考慮要周密。關於這一點我們可以參考印度政府設計當局的態度。他們對於各種新的經濟開發理論及每一個有關的因素莫不加以詳細考慮。他們的態度引起了英美經濟學者的興趣，很多權威學者都跑去參加印度的經濟設計。他們認為這是計劃經濟的新天地。

以上幾點是附帶提出的感想與意見，而我寫本文的用意是在討論下面的一些問題。如果這篇文章會引起人不快的感覺的話，那麼就讓我們忘記前面那幾段，而去注意後面的一部份好了。

很多經濟學上的論述是演繹性大於歸納性，尤其是在統計資料缺乏的時候更是如此。這類文章都是從幾個基本假設上，按照經濟學上的原理和推理步驟推得某些結論，它一般的形式是：如果有某些某些情形和條件，就會發生某種某種結果。這樣說並不是「機械論」，而是要求理論上的嚴格。只有在辯證法高度靈活運用之下，人們才能夠四面八方隨心所欲地抽取結論。這樣雖然不機械，可也就不嚴密了。要想推翻這種演繹性的理論很簡單，只要能夠否證它的某些或全部假設命題，整個的理論不攻自破。

我的那篇文章，就是屬於這一類。要討論我的看法能否成立，只須要逐一研究，證實或否認我的幾個假設。事實上除了人口增殖率的數字是有所依據外，其他的假設都僅僅是幾個假設而已，並沒有實際資料爲根據和佐證，所以大有討論的必要。我願意自行將它們提出如下：

一、我所根據的國民所得資料是民國四十年政府所做的第一次估計，想來一定不會十分精確。可是這是我唯一看到的，也許有新的資料而我沒有看到，也許政府尚未將其全部內容詳細公佈。總之，如果我們有實際資料可以證明臺灣每年的儲蓄和累積能力(不包括外援)能够達到國民所得的百分之十左右，再配合上美援，大概可以應付得了人口的增殖。所以我希望政府，在國民所得會計方面再多做些努力，不但要把結果公佈給國人，最好連計算的辦法也公佈，讓大家研究一下在計算方面是否還有待改善的地方。在歐美經濟學家對於計算國民所得的技術與概念有很熱烈的討論。閉門造車總不是一個很好的方式。

二、臺灣整個經濟的資本產品比率究竟有多大，始終無人估計，這也是一項很有意義的工作，希望有人能够出來作。初步的估計不正確沒有關係，大家可以商討修正。只要有人領頭開始，多少會有些成果的。我所舉出的幾個數字都是參照外人研究東南亞地區經濟所得的結果而擬出幾個假想的數字。這許多外人在計算方法上彼此並不一致。有人是計算平均比率，有人是計算邊際比率，有人是根據總額數字，有人是根據淨額數字。得出的比率也有很大的出入。有人估計巴基斯坦的資本產品比率是五，聯合國在一九五一年估計所有落後地區的此項比率平均是八，印度政府的計劃委員會計算印度的比率是三，有人計算智利和哥倫比亞的此項比率是二·五，Colin Clark 氏對於某些落後地區的估計是四。這許多估計適不適用於臺灣很成問題，我們最好還是自己給臺灣計算一下。如果臺灣的資本產品比率能够低到一·五左右，則即使每年國民所得可供累積的只有百分之四或五，配合上美援我們還是有發展的可能。

三、在計算資本產品比率時我們應該附帶着調查一下那種行業或生產部門的資本產品比率比較最小。這樣可以幫助決定理想的投資方向。如果能够證明目前臺灣農業增產的邊際資本產品比率比工業小得多，則拋開人口效果不論，單從投資標準來說，我們應該集中於農業增產。只有符合這個條件的農業社會，才是「發展農業較有利」。

四、每年舉行人口調查及整理出生死亡報告時，最好附帶多做一點統計工作，看一看是那一類行業和地區的出生率最大。在許多國家是農村人口出生率比工業人口爲速，可是也有不少例外。臺灣究竟是那種情形我們還不知道。如果能够證明農村人口比城市人口出生率低，則發展農業也不會增加人口的壓力。

總之，臺灣人口可能成爲一個問題，但是嚴重程度如何尙很難斷言。既然是一個問題我們就應該研究。問題本身不會因爲人們不研究就不存在，再說這種人口問題並不是什麼丟人的事，不可能成爲敵人造謠侮蔑的材料和口實，我們不必諱言。這種人口增殖加速的現象，正是經濟發展初步階段必然發生的事。當一個社會的生活水準提高，醫藥設備發達之後，死亡率首先要下降，在出生率不變的時候，人口增殖自然加速。這是社會開始發展的徵兆，可也是發展的第一個難關。如果能够突破這道難關，繼續發展下去，人民生活水準更見改善，平均受教育的年齡延長，結婚年齡延遲。以及其他種種原因，出生率便要開始下降，人口增殖率便逐漸減小。這種人口增殖率的曲線在許多先進國家的歷史上都出現過。

現在拋開經濟政策的人口效果不談，或者姑且假設任何經濟政策對於人口都不發生影響，然後專門討論投資的標準問題。我在那篇文章中說過，我們的資金不足，欲求以有限的資金來獲得眞實國民所得最迅速的增長，我們必須選擇資本產品比率最少的生產部門做爲投資對象。臺灣農業部門中存在着「隱蔽的失業」，這是人力資源的浪費，我們必須設法利用這批隱蔽的失業人口。很多人在討論這個問題時都完全同意我所提的這個投資標準，不過大家却不同意將資金集中起來，按這個標準去投資。既然同意這個標準，而又不願意按照這個標準行事，合乎標準的要投資，不合這個標準的生產部門也要投資，這豈不等於是沒有這個標準或是不承認這個標準嗎？當然啦，上述的標準不一定是唯一的標準，有的時候也會有例外。譬如說電力和交通建設的資本產品比率是非常之高，固定資產所佔比例極大，然而它們是發展一切工業的基礎，電力與鐵路交通等之生產勞務是無法自外輸入的，非自行供應不可，所以它們雖然不符合上述標準，但却有優先發展之必要。農業是否也屬於同一性質的呢？顯然不是。大家都承認農業部門中存在着隱蔽失業，是人力資源的浪費。大家又完全瞭解臺灣目前的農業投資都是 deepening 的投資，而不是 widening 的投資，它的結果是增加每個生產者或是每單位土地面積上的資本量，也就是增大原有的資本產品比率。而且這種 deepening 的投資無法提供新的就業機會。儘管這種投資的邊際報酬仍然很高，但却無補於「隱蔽失業」的救治。如果要採用節省人工的農耕器具和機械則更要增加「隱蔽失業」的程度。然而大家爲什麼又要堅持這種投資呢？仔細追究下去，我們不難發現這其中牽涉到許多思想背影，使得大家認爲農業雖然不符合上述投資標準，但還有某些理由非繼續加以投資不可。爲了要廓清這個問題的討論，我們必須平心靜氣地，理理智智地把這許多思想淵源逐一加以檢討。

(一)首先要提出的美國農業經濟學家在這方面所抱持的基本觀念。一來是因爲很多中國人在這方面受到美國農業經濟思想的影響，至深且鉅，一方面因爲許多美援款項的使用，美國人還具有很大的決定權，所以需要特別加以研究。美國是一個極力主張貿易自由、反對政府干涉的國家，但唯獨在農業生產方面，近三十年來相繼不斷有各種農業政策出現。這不但是美國民間極爲注意的一件事，而且也是兩黨政治鬪爭上主要題目之一。兩黨雖然彼此攻訐對方的農業政策不够理想，但是從整個的路線上來，無論那一個黨執政，大致都雷同。美國農業政策的出發點與其說是經濟的考慮勿寧說是人道與公平 (humanitarian-ism and justice) 的理由。農產品需求的價格彈性 (the price elasticity of demand）及需求的所得彈性（the income elasticity of demand）都非常之小。一旦農產品生產略增加了一些，價格就要大跌特跌，農民的收入反要比以前降低。也是因爲這種緣故，再加上農業生產許多不利之點，使得農產品與工業品交換的貿易條件（terms of trade）對農業生產者非常不利。農產品的價格上漲不如工業品迅速。農民賣掉自己的作物換不回很多工業品。第一次世界大戰以後，農業生產技術有了進步，產量增加，於是這種不利的情形日趨嚴重。農民的平均所得僅及工人所得之一半，於是很多經濟學者便以人道主義及公平原則的立場（主要是如此），相繼提出許多農業法案。從一九二一年 Warren 教授所提出的農產品價格調查報告，一九二四年 McNary-Haugen 法案之提出，一直到一九五六年艾森豪總統的農業法案，三十幾年來美國的農業政策一直就是建築在所謂的 "Fair exchange value" "parity price" 及 "fair share in the national income" 等公平觀念之上，三十幾年來的主要農業立法都是旨在幫助農民獲得較高的所得。最初的農業政策是政府收購農產品，貼補農產品之輸出，限制農產品進口，以維持農產品在國內市場的較高價格水準。這種政策並未能奏效，於是從羅斯福總統的「新政」開始，又在收購政策之外，補之以限制耕種面積，如果農民願意把土地閒置不用，政府可以補償他不生產的損失。限制耕地面積尙不足以奏效，又補之以政府津貼食品消費，以增大對農產品的需求。於是貧民食物票之發放，學童午餐之津貼，廉價牛奶之供應等辦法並擧齊施。除了第二次大戰時期中的幾年，廿幾年來這許多主要農業政策一直未曾間斷。一九五六年艾森豪總統的農業法案如土地銀行計劃及收購價格標準之修正等都是這一套政策的沿襲，只是在內容及執行辦法上大同小異而已。（關於艾森豪總統農業法案詳情，可參閱自由中國半月刊第十四卷九期楊志希先生之「美國的農業問題」一文）

這就是美國農業政策的概要，它的經濟目的不是沒有，但却是次要的，主要是出於人道主義與公平概念的立場。第二次大戰以後，美國友人們便把這種農業政策的基本觀念推而廣之，應用到落後地區。譬如說中國吧，農民佔全國人口百分之八十，農民的生活更苦，更值得同情，更需要援助。可是在中國既不能用抬高農產品價格的辦法，那麼便只有提高農民生產技術，增加農業投資才能幫助這些窮苦的農民。農民們的生產增加後，生活水準自然會提高。這似乎是一個很自然的邏輯。這種人道主義的農業政策觀念，配合上中國傳統對農業的好感，很快的便確立了一個堅强的農業政策指導原則。其次，在抗戰以前，中國國內也很流行過一種類似的理論。那時正是左派經濟理論相當風行的時候。他們對中國農村的解釋與「反帝國主義」連接成一片。帝國主義剝削中國的城市居民，城市居民又壓榨農村。農村資金流入城市，城市中的資金又流入帝國主義者手中，於是農村破產了。帝國主義者是否壓榨中國城市居民現在不必去討論，起碼城市居民有意壓榨農村奪取資金這一點是不正確的。其實這個問題與美國所面臨的農業問題在本質上是一回事，那就是工農產品供需彈性大小懸殊以及其他先天缺陷，貿易條件很自然地要不利於農業生產者。要不然的話，城市生產者壓榨農民，農民也可以壓榨工商業者，那個城市居民又能不吃飯不買菜呢？

這種種思想淵源，最後形成了中國的「農村復興」政策。中國人口百分之八十是農民，吾國以農立國，農民是國本也是亂源。目前農民生活困苦，農村破產，所以亟需加以「復興」，加以「援助」。

在這裏我必須聲明，我不是反對人道主義，也不是不同情農民的困苦情形。美國友人以大仁大義的心懷，來援助中國農民是十分值得敬佩與感激的。不過問題在這裏，經濟落後的國家，除了這種人道主義與公平的考慮以外，還有經濟開發的要求。促進農村的生產固然也是經濟開發的途徑之一，但却不是最理想的途徑。更重要是，即使以援助農民本身而論，直接扶助與投資不是根本解決農村貧困問題的辦法。問題最基本的癥結不在其他，而在於農村勞動力流動性（mobility）太小。農產品的需求彈性小，就一個國家來說，它的農業生產部門不能爲它自己創造需求，而有賴於農村以外人口對農產品的需求。其他部門的人口愈增加，農村人口佔全國總人口的比例愈減少，則農村以外對農產品的需求愈大，農村愈趨繁榮，農民生活水準也愈趨上昇。在農村人口不斷增加的情形下，要想靠增加農民的生產量來繁榮農村不是絕對不可能，也是十分費力的事。美國友人們不妨回顧一下美國自己的農業發展史，農村人口流出農村速度最大的時期都是農業發達最速，農村最繁榮的時期。相反地，農村人口不減少，或是增加的時期是農村不景氣的時期。其他各國莫不如此，農村人口佔總人口比例遞減的速度都代表着該國經濟發展的速度。農村勞動力不能適時向外流動，是因爲有許多天然的或人爲的障碍。救濟農村最根本的辦法就是在農業以外製造就業的機會，設法除去農民轉業的障碍。美國三十年來治標性的農業政策只是每年爲政府增加巨額的財政負擔，實效並不顯著。美國國內的農業經濟學家已經將注意力逐漸轉移到勞動力流動性的問題。他們開始極力鼓吹提高農民的敎育水準，增加他們在城市中謀生的能力，訓練他們具備一個產業工人所應有的技能，並輔導他們向農村以外覓求就業機會。在經濟發展過程中，農業已經註定了是一個相對沒落的生產部門。農村中不斷增加的人口早晚是要流到農村以外去。不過流出去的途徑却有不同。最殘酷的辦法就是讓這種不平衡的貿易條件使農民日陷於不利的地位，而終于被「擠」出去。最人道的辦法就是鼓勵並輔導他們轉業。幫助農民轉業就是救濟農民。如果我們能够幫助十分之一的農民離開農村，實際上就等於是向餘下的農民做了一筆投資，使他們的產業增加了十分之一。

美國友人以人道精神援助我國農民，我們非常感激。但如果能够採取一種更治本的方式，我們將格外感激。

（二）第二個常被人用來主張繼續擴展農業的理由是工業生產的「投入與產生」的關係（input-output relation）。他們認爲工業生產必須依賴農業供給原料。如果農業不發展，工業就無法獲得足够的原料，發展工業的理想一定要落空。這種經濟觀念是十九世紀工業發展初期的產物。當時以英國爲中心的工業化運動，最主要生產部門是紡織業。紡織業需要棉花和羊毛爲原料。這些都需要由農業或畜牧業供應。但是英國本土紡織業的原料供應不敷，英國爲了發展它的紡織業，所以想盡了辦法到世界各處去搜羅羊毛與棉花。因此當時的經濟學家便得了一個印象，認爲要發展工業必先發展農業以保證原料的供應。這個觀念或理論，在今天因爲科學進步和工業技術的進展，逐漸失去了它的眞實性。今天的紡織業雖然還有一大部份是用農產品爲原料，但是陸續發明的各種人造纖維已經逐漸有取代植物纖維之勢。同時因爲各種工業的發展紡織業在整個工業中的比重遠較從前爲小。除了食品加工工業以外，許多工業原來是以農產品爲生產原料的，現在都已逐漸發明了代用品。塑膠業逐漸奪取了一部份製革工業的銷路，礦物油逐漸取代了植物油。目前農業可能提供的工業原料種類愈來愈少。就化學成分而論，農產品不是不能做工業原料。不過在生產者的成本考慮之下，很多的農業原料與其代用品相比較是一種最貴最不經濟的原料，所以沒有人願意用它。要不是如此，農產品的需求彈性決不會如此小。對農產品需求一定會因工業高度發展而大爲增加。如果農業對工業眞有那樣密切的「相輔相成」關係，美國政府的農倉中今天也不會積壓了八十幾億美元的小麥和棉花，美國政府也不至於廿多年來每年以數億美元去貼補農民，哀求他們少種幾畝地。難道他們都不知道去利用這筆金錢和這些閒置的土地去生產工業原料嗎？美國經濟史上也應該不會出現 “Cotton plow-up Campaign” 和 “pig-killing campaign”。

事實上美國朝野人士對於農產品逐漸失去工業用途這件事，一直在密切注意中。自從一九三三年以來，每一次的農業法案都把「進行科學實驗，爲農產品找出新的工業用途」列爲主要工作項目之一。在一九五六年艾森豪總統的農業法案中還特別提出，將農業研究費提高百分之二十五，總額爲一億零三百萬元，以期發現農作物的新用途。儘管如此，到如今爲止，在這方面依然毫無成果。

這種農業與工業的投入產出關係，雖然是一個陳舊的觀念，但是它在失去時效以後，仍然還能够支配一部份人的思想，因爲人們往往不容易擺脫一個先入爲主的印象。就如像許多軍事學家的戰略思想往往無法追隨武器的發展一樣。各種兵種的將領對於各該兵種的戰略重要性，常常是按老的觀念去估價。美國政府欲擴充軍備，三軍首腦便一致堅持本軍應在同比例的擴充。就因爲這許多觀念的影響，使得美國軍部無法集中力量發展原子武器和洲際飛彈。結果在武器競賽中無法掌握重心，終于輸給蘇俄一步。

現在，讓我們更實際更具體一點，來討論一下，在臺灣發展工業要依賴本地農業的程度，臺灣不產棉花，想發展農業以供應紡織工業的原料根本談不上，臺灣沒有牧場，不能養牛羊，毛紡業的原料談不上，製革工業究竟能依靠當地的「猪皮」到什麼程度也很成問題。臺灣農業唯一能大量供應原料的是甘蔗的種植。然而如今蔗糖的外銷數量已被國際糖業協會的配額所限，現有的製糖設備還無法充份利用，增加甘蔗產量又會有什麼用？其餘就是那些食品加工。這類工業究竟能擴充到什麼程度是一個很大的問題。由此可見發展臺灣的工業，需要依賴農業發展的理由實在並不充份。也許有人會說，工人需要吃飯，這也該算是工業原料之一呀。但是食糧不但是工業的原料，也是一切人生活的「原料」。所以這是人口問題，而不是工業與農業相輔相成的問題。卽使不想發展工業，這些人也要消費同樣數量的食糧。在這種情形下，已經不是工業發展仰仗農業問題，而是究竟發展那種生產部門有利的問題。既然不是相輔相成，我們就不必固執於非同時發展工業或農業不可，而應該集中發展最有利的生產部門。在今天國際貿易發達的情形下，我們生產蓬萊米可以當飯吃，生產好的電風扇也一樣可以當飯吃。

(三)主張發展農業人士的另外一種理由是：發展工業必先發展農業，因爲發展工業的資金要靠農業來累積。這也是一種似是而非的理論。這種理論，似乎是假設發展工業需要資金而發展農業就不需要資金，所以我們可以不化本錢地先發展農業，然後有了錢，累積了資金，再來發展需要本錢的工業。可是事實眞是如此嗎？發展工業需要資金，發展農業也需要資金，在某種情形下也許需要更多的資金。今天如果我們沒有資金，無論發展工業，或發展農業都談不上。如果有這筆資金，爲什麼一定要先投入農業，然後由農業累積起來再發展工業？爲什麼不直接把這筆資金投入工業，然後從工業本身再累積資金，進行擴大發展。在廿世紀的今天我們實在看不出有什麼堅强的理由要繞這麼一個彎子，轉這麼一道手續。這是說，在投資以前，沒有理由必須發展農業，如果我們從投資以後的效果，也就是生產部門內部累積過程來看，我們更相信工業比農業有利的多。工業比農業更具有累積的能力。大家知道一個生產單位內部累積或擴大生產的能力是與其規模大小成比例。較大的生產單位，其內部累積的能力也較强。今天臺灣的農業生產單位都是面積很小的農場。這些農業主的邊際消費傾向 (Marginal propensity to consume) 很大，而其邊際投資傾向 (Marginal propensity to invest) 却小得可憐。所以雖然他們的所得增加，還是很少有力量對其生產事業進行再投資。然而工業生產的情形就不如此，卽使是小型的輕工業，它的生產單位之規模也比農業生產單位大得多。工業業主的邊際消費傾向較小，邊際投資傾向較大。只要經營得法，他們總會在每年的盈利中抽取一部份來擴充工廠規模。所以工業生產的累積能力比農業要大得多。集中發展工業，就是增加整個社會內部資本累積的能力，加速整個社會的資本形成。農業在最近幾年內在這方面不會有大的改觀。如果我們今年在農業上投資，農產品產量增加，明年我們還要繼續這種投資，否則農產品生產便不再增加。一次投資不會創造相繼不斷的產量增加。工業却不然，今年我們投資建立十個工廠，明年以後我們對於這十個工廠便不需要繼續不斷的投資。只要經濟得法，它們就會靠自己內部累積的力量，逐年擴充生產規模。

主張發展工業要靠農業累積資金的人，常常喜歡舉出英日兩國爲例，認爲除了共產國家發展經濟的方式以外，只有英、日的殖民地政策和發展農業兩個經濟開發的途徑。這也是過份强調的說法，不免忽略了其他更重要的因素。英國之能成爲工業國家最主要的因素究竟是工業革命呢？還是殖民地政策呢？

我們可以從反面來回答這個問題。西班牙和葡萄牙在殖民事業上是英國的老前輩，但是他們工業化了嗎？荷蘭的殖民勢力在幾年前才由印尼退出，而且至今還保留着新幾內亞的殖民事業，可是又怎麼樣？荷蘭至今還不是一個農業國家麼？古巴是一個農業國家，它歷年對外貿易數額差不多都佔每年國民所得總值百分之七十五左右，這應該可以累積資金了吧，可以工業化了吧？但是古巴今天的情形又如何呢？相反的，比利時並不具備上述各國的那些條件，但是沒有人會反對它是一個工業相當發達的國家，起碼比西、葡、荷、古要發達得多。

在美國及西歐各國的經濟發展史上，工業和農業差不多都同時向上發展，而非工業發達農業停滯不前，這是事實，但是它却無法證明發展工業必先發展農業的因果關係。當馬車在路上跑的時候，固然是馬與車同時前進，但究竟是馬拉車而非車推馬。在我看來，應該工業是馬而農業是車，工業發展才促成了農業進步。這一點可以從工農業產品的性能上看出。前面我們已經提到農產品需求的價格彈性小而且需求的所得彈性也小，當一個社會的所得增加時，他們對農產品的需求增加不了多少。因此農業生產部門不能靠他們自己的生產力之提高，所得之增加來繁榮自己。必須有賴農業以外對農產品需求之增加，才能促成農業的繁榮。我們可以設想一個簡單的例子。假設有一個純農業社會，人口衆多資源豐富，不過沒有國外貿易。此時這個社會對其產品之需求永遠與人口數目成比例，生產力與產品供應之增加，不會爲該社會帶來繁榮，而只是爲各生產者帶來吃不完用不了的剩餘產品而已。沒有人願意費事去以自己的剩餘大米換別人的剩餘小麥。在這種情形下的社會超過某個階段以後只有長期停滯，永遠能自給自足，但永遠也不會繁榮和向上發展。現在再假設這個社會是一半工業一半農業，但是也沒有對外貿易，這時我們就可以很容易看出這個社會具有向上發展和自我繁榮的能力。這主要就是因爲工業品的需求所得彈性大。當工業部門的生產技術改善，生產量增加後，生產者對於其他工業品的需求相應的隨之上漲。汽車、電冰箱、電視的生產增加，大家便都買汽車，都買電冰箱，都買電視。所以工業生產力的增加可以爲自己創造相對應的需求，可以自我繁榮，不但能自我繁榮，而且能繁榮農業。因爲工業界生產者的生活水準提高，農民便不斷的流入都市，工業人口相對的增加，農業以外對農產品的需求也就增加，此時增加農業生產方有利可圖。由於農產品價格增加，農民的所得自然增加，同時工業又爲農業製造各種節省人力的耕作機械，使得更多的農村勞動力被解放，而去從事工業。這就是工業促成農業繁榮的過程，工業發展，農村人口大量流出，日漸減少的農民要供應日漸增加的工人對糧食的需求，於是農產品價格上昇，所得增加，農村繁榮。

上述簡單的例子，不但可以說明工業繁榮農村的過程，而且可以部份地說明中國過去幾千年經濟長期停滯的原因，和美國經濟對外貿易額每年只佔全國國民所得總數百分之九，但却能迅速增長的奧秘。

（四）主張發展農業的另一個理由是所謂的 "Agriculture fundamentalism"。這一派思想在美國也頗盛行過一時。他們認爲農業社會是比較理想的社會。農民比較淳樸，利害衝突少，社會秩序良好，生活環境對身心有益。相反地，在城市中則充滿了各種「罪惡」。這種看法與前述兩種論調不同，因爲它不是一種「似是而非」的理論，這個理論的本身是可以成立的。不過這種理想是從社會學的觀點出發，不屬於經濟學範圍之內。如果它與經濟理論最後發生了衝突，那就要訴諸於人們的價值判斷與取捨，純樸安寧但較貧困的社會，與複雜罪惡但享受較高的社會，究竟那一個更值得企求？再說，都市中的社會問題，也不見得無法解決。

（五）逐個分析的結果，很多理由似乎都不能成立。事實上堅持今天臺灣要繼續發展農業生產的人士心目中的眞正理由是儲備軍糧與換取外滙的考慮。也就是說他們是在米的生產上面打算盤。儲備軍糧是基於經濟以外的要求，在此不多談。不過儲蓄軍糧似乎無需累積增加。所以歸結到最後，最基本的原因還是換取外滙問題。目前臺灣的工業品對外沒有可靠的銷路，前途未可觀樂，爲了要換取外滙，唯一的辦法就是設法不斷增加米的產量，以供外銷。可是米的銷路眞是這樣穩固可靠嗎？近幾年來與日本在這方面的貿易經驗可以幫助說明這個問題。在國內市場上米的需求彈性小，在國際市場上又何嘗不如此。食糧的國際市場是最完全的競爭市場，不像工業品有消費者的味口，產品式樣，花色等的保護。任何地區的大米與臺灣的大米都是最完全的代用品。只要有一個國家把它的剩餘食糧傾銷出來，臺灣的米便立刻沒有外銷的出路。農產品的生產期間比較長，例如甘蔗的種植就需要十八個月之久（現在的改良品種，仍需十四個月），因此很難調節產量來適應市場上隨時發生的供需情況之變化。譬如說，今年市場米價高昂，大家認爲有利可圖，於是開始多種稻子，等到稻子熟了，米的供應突然增加，於是價格大跌，大家又都認爲無利可圖，於是又紛紛改種其他作物，到了第三期米的供應又呈不足，價格再度上漲，所以市場上的米價總是一漲一落，循環不已。工業生產是繼續不斷地，隨時都有產品出廠，但農產品的生產則是間斷地，大家的耕作期間和收穫時間差不多都一致，而且決定生產與產品完成有一段很長的時間距離。這種原因所造成的物價漲落循環，就是有名的 Cobweb theorem。這個原理在國內市場上（自由市場）適用，在國際市場上也適用。再者，人類對於農產品產量的控制不像對工業品那樣有把握。一旦遭逢天災，我們的外滙來源便無着落。這許多情形都是大家所熟知的，不過財經當局認爲發展工業其國外銷路更無把握，反而不如農產品，所以主張繼續發展農業以換取外滙。然而，工業品之無法外銷，其病源不在工業品本身，而在現行外滙制度。

所以，推論到最後，要在臺灣繼續發展農業唯一可以成立的理由是：由於某些考慮，當前的外滙制度不能變更，因此，工業品不會找到廣大的國外銷路，因此大米是唯一可賴以換取更多外滙的東西，因此，我們必須繼續在農業上投資。

四六、十、二八。

反對黨與反共

黃　安

自從自由中國半月刊於本年二月十六日提出了「反對黨問題」之後（該刊十八卷四期社論一），引起了海內外輿論界的熱烈討論。對此問題，有的贊成，有的反對。贊成者曾提出一個條件，即「反對黨應自處於團結反共的範圍之內」。似乎他們恐怕這個未來的反對黨，會不站在反共抗俄的這一邊。這個條件，似乎是多餘的。因為自由中國半月刊的那篇社論，對于這個未來的反對黨，提出了四點綱要。其中第一點即已清楚地聲明：「想像中的反對黨，當然是一個忠誠於國家，忠誠於憲法的政治團體。也就是一般民主先進國家所稱之『忠誠之反對 loyal opposition』。……這個反對黨，必須支持執政黨的反共政策，而以推翻大陸上的極權統治為一項不可動搖的目標。為此，這個反對黨內不能容納任何形式的暴力主義者，也不能容納任何準備與共匪尋求妥協的人們。」這是非常明朗而堅決反共的聲明，實在不該再有懷疑的地方。也許提出上述條件的人士，是以春秋責備賢者的態度，期使組織反對黨之諸公，時刻都能戒慎恐懼，慎始慎終，則未始非反對黨之福，國家之幸。至於反對者的意見，大致可以歸納為下列三點：

㈠組織反對黨，是民主憲政之常規，樂觀其成。但在大敵當前之今日，似宜相忍為國，停止黨爭。蓋民主先進國家如英美等，在戰時尚且協議停止黨爭。故此時此地，我們不宜談反對黨。

㈡反對黨組織之後，將有一部份人歸到反對黨那邊去，則力量分散；既是反對黨，則意見必多相左，意志亦必分散；將不利於團結反共。

㈢中國貧病交迫，又值國家遭逢空前之災難，必須全國上下，一心一德，在一個領袖一個政府領導之下，集中意志，集中力量，共赴國難，方能救亡圖存。

以上三種說法，如果不加剖析辯駁，確實是使人頗為動聽。關於第一種意見，我們可從組織與活動二方面去討論。在組織方面，英美等民主先進國家，其反對黨不但非常強大，而且歷史悠久，所以是名符其實的民主國家。我們既稱為民主國家，又以民主主義號召反共，自應有強大的反對黨。我們今日組織反對黨，正是名正言順，符合反共原則。如果說在戰爭期間不宜組織反對黨，則英美的反對黨在戰時應予解散。但事實不然，英美的反對黨，在兩次世界大戰期間，均未解散。其次在活動方面，據筆者所知，英美在戰爭期間，並未停止黨爭。在美國，第一次和第二次世界大戰期間，各級政府和議會，仍按期舉行改選，仍照舊進行激烈的競選活動。不惟如此，各級議會裏，仍照舊進行激烈的質詢。至於英國，其中央政府在戰時之所以沒有改選者，並非由於所謂協議停止黨爭，而是由於其政治制度，內閣任期沒有一定的緣故。但其各級地方政府和議會，在戰時仍按期改選，照舊進行激烈之競選活動。在議會中的質詢，則自中央以至地方，均照常進行。我們知道，第一二兩次世界大戰，勝利者都是有反對黨的英美等國，失敗者倒是沒有反對黨的德、意、日。可見反對黨，不但是平時所需要的，而且是戰時所需要的。

對于第二種意見，在討論之前，我們須明白一個眞理，即：國家是全國人民所共有的，不是某黨某派或無黨無派的某些人所私有的。所以我們的憲法第二條就明文規定：「中華民國之主權，屬於國民全體。」因此，每一個國民都有權愛護他的國家，一如有權愛護他自己的身體一樣。每一個公民都有權過問及參預國家的事務，一如有權處理他自己的事務一樣。明乎此，就不能說：「你組黨就可以，人家組黨就不可以，你組黨是為國，人家組黨是賣國。」

人民要過問及參預國事時，因嫌個人之力量不够，便想出組織團體的方法，與今日之執政黨之形成，同其道理。講到組織團體，第一個條件就是：參加各分子必須是志同道合的。志不同道不合的，固然不能結合成一個團體，即志同而道不合的，也不可勉強結合，否則一定不會發生力量。今執政黨與反對黨之志相同，即均主反共抗俄；但達成此志之道則不相同，即一主一黨專政（事實上是如此，如黨化軍隊等），一主兩黨共和。根據「國家是全體國民所共有的」的道理，執政黨應該讓人民組織另一政黨。這是每一個國民享有之權利，一如執政黨諸公有權組織執政黨一樣，是不可剝奪的。反對黨組成之後，不但無害於團結反共，而且正因為有了反對黨，消極方面，可以把不滿執政黨的人士，組織起來，維繫在有組織的團體之內，毋使力量散失，甚或為敵利用；積極方面，使他們都能够獲得機會，發揮個人的才智，貢獻國家，從而增強國力。其次，因為有了反對黨，有隨時取執政黨之地位而代之之可能，執政黨就不能不戰戰競競，期無錯誤。尤有進者，因為有反對黨的不斷質詢與批評，執政黨必須小心翼翼，力求改進。

凡人知人之過易，知已之過難。已自知其過後，或經他人指出後，改過也不容易。因此，勸善規過成為美德之一。政黨亦復如是。執政黨往往不自知其錯誤，這就有賴於反對黨之質詢與批評。執政黨自知其錯誤後，或經反對黨指出後，往往由於惰性，或由於權利慾所蔽，不易改進，這就有賴於反對黨之「取代」。寫到這裏，使筆者想起時下流行的錯誤觀念，即：「家醜不可外揚，有話儘可私下和我說。」何以見得這種觀念是錯誤的呢？第一、批評者的意見和受批評者的答辯，都未必正確，或一方正確一方不正確。必須公開討論，集衆人之智慧，才能獲得正確的結論。杜魯門罷黜麥克阿瑟案，是很好的例證。第二、如果批評者與受批評者私相答辯，很容易發生敲搾、勒索、賄賂、收買等情事。倘若公開之後，在衆目睽睽之下，就不敢串通作弊了。在抗日戰爭開始不久成爲風氣的貪汚舞弊，就是在相忍爲國的掩護之下滋長起來的。大陸失敗之原因，主要的就是由於這種風氣，失去了民心士氣。（貪汚舞弊風氣一成，大家都鑽營可以貪汚舞弊的職位。鑽營不到者，就不顧一切，利用職權，魚肉人民，因此民怨沸騰。連魚肉人民的機會都沒有的人，就心懷不滿。於是全國上下，離心離德。不待敵人之挑撥離間，業已土崩瓦解了。所謂上下交征利而國危矣，正是對此之寫照。）今日豈可不引爲殷鑑？第三、所謂家醜，只是執政黨一黨之醜，或執政黨內某些少數人之醜。前者並不等於國家之醜，後者並不等於執政黨之醜。但這「家醜」如果不揭發出來，國家的利益就會受到損害，倘若爲了顧全少數人或一黨之面子，而置國家之利益於不顧，豈不自私之至？開口謀國，閉口愛國，豈非騙人？當然，我們承認，這個「家醜」公開之後，一定會被敵人所利用，誠然有不利於我方。但兩害相較，不公開大於公開。美國火箭發展落後案，是一個很好的例子。獨裁專制如共匪者，尚且不憚公開其本身之家醜，號稱民主之我們的政府，何憚於公開其家醜呢？尤有進者，在兩黨政治的國家，如果執政黨的家醜太多了，人民還有一個希望，即可以另請高明——反對黨。但在極權主義的國家，如果執政黨的家醜太多了，人民就沒有希望了。在此情形之下，就會迫使人民走向極端。則不僅非國家之福，抑且非執政黨之福。

至於第三種意見，如果我們了解，截至目前爲止，民主政治是最好的制度，就沒有多大的問題了。要說明這個道理，非著成巨冊，不足以解釋透澈。但我們可以摘出幾個要點，也可概見民主政治之可貴，極權政治之不可取：

㈠民主國家的各級政府首長，是基於平等的原則，自由的方式選舉出來的。（注意：所謂平等，特別指競選費用之最高額相同，競選資格之最低程度相同，及各種競選限制相同。所謂自由，特別指不受軍警特務之干涉，及不受政治力量之影響等。）所有公民，憑一己之道德學問和能力，參加競選。在公平的競爭之下，當選者必然是出類拔粹的人才。而極權主義的國家（包括個人獨裁與一黨專政，以下同），其第一任元首可能是很能幹的人。因爲他們之取得政權，是用武力和權術的。古今中外，莫不皆然。雖有例外，亦極少數。但到了第二任之後，如係傳授，必是奴才（非奴才不能得寵）。如係篡奪，必是陰險狡黠之徒。總之都非有道德之人。至於各級政府之官員，尤其是首長，因係任命，絕大多數係奔走鑽營得來，非奴才卽庸才。所以在同一條件之下，民主國家的政府是廉能的，極權的政府是腐敗的。

㈡民主國家的各級政府，因係由人民基於平等自由的選舉所產生的，所以能得大多數人民之衷誠擁護。少數反對派，也能衷心服從。當外犯來侵時，必能全國上下，一心一德，團結對外。極權的國家，其各級政府既非人民所選擧的，不易獲得其人民之衷誠擁護。倘政治不良，官吏腐敗（這是極權的國家很容易發生的弊病），人民就離心離德，外犯一來，若不起革命，卽陣前倒戈。

㈢民主國家的政府，因爲有反對黨的監督，不容易發生錯誤。萬一發生了錯誤，也容易發現，而且容易糾正。有了反對黨的虎視眈眈，執政黨必然戒愼恐懼，時求進步。而極權國家，因爲沒有反對黨的監督，容易發生錯誤。發生錯誤之後，又不容易發現，發現之後也不容易改進。他們的言論不自由，新聞被管制，外間無法獲悉其內情。故內部雖已腐敗，外表尙極美觀。但暴風雨一來，卽行倒塌。

㈣民主國家，政權轉移的力量是選票，不是槍炮。因此，民主國家沒有內戰（美國南北戰爭是由於南方各州不遵守民主主義的原則所致，這是極少的例外）。在極權國家，政權的移轉，不是篡奪，便是革命。不論其是篡奪抑是革命，其結果是政治腐敗、經濟蕭條、科學落後，甚至會招致亡國。

㈤民主國家的大事，都須經過公開討論，多數取決。所以不容易發動戰爭。而極權國家，凡事都由少數人或一二人決定，很容易發動戰爭。戰爭不但害人，而且害己。

㈥民主國家惟一的缺點是緩慢。但緩慢也有好處，卽可以減少錯誤。極權國家惟一的優點是迅速。但迅速却有壞處，卽容易造成錯誤；而發生錯誤後，爲了維持威信，須要將錯就錯。結果往往招致亡國。希特拉的德國，慕索里尼的意大利，軍人獨裁的日本，都是很好的近例。所以，無論個人獨裁或一黨專政，都是危險的政治制度。

最後，筆者要請問：我們爲什麼要反共？因爲共產黨主義是極權主義。凡是極權主義，本質上都是殘暴的。凡是極權主義的國家，必然有一批特殊階級，橫行全國；無論是法西斯的德意日，或共產主義的蘇俄及其附庸國，莫不皆然。如果我們一面要打倒極權主義的政權，一面自己也建立類似極權主義的政權，那麼，只是權力之爭，非原則之爭了。不僅臺灣及海外的同胞，而且大陸上的同胞就會想，趕跑的是極權主義的共產黨，引進的如果又是個極權主義的政權，豈非以暴易暴嗎？那麼，他們就不肯爲我們賣命了。如果說：我們的敵人是講究組織的，我們必須以組織對付組織，才能夠戰勝敵人。等到把敵人消滅後，再開放政權，實行全面的民主。這種說法，正是共產黨對其黨徒及其統治下的人民說過的。你能相信它嗎？民主國家的候選者，當其競選時，許下漂亮的諾言，當選後也有不履行者。要靠人民的選票者尙且如此不足信，不要靠人民的選票者更可想而知了。目前沒有事實給人看，而以未來的美景爲號召，人誰肯信？老實說，我們中國的人民，已歷盡滄桑，閱歷已深，不會再受騙了。

綜上所述，我們知道，民主主義代表公正與和平，極權主義代表偏狹與殘暴。民主政治是廉能的，極權政治是腐敗的。我們爲了國家的百年大計，不能僅在口頭上高喊民主，必須在行動上實行民主，而且必須立卽行動，不能等到反攻大陸後。那麼，反對黨之組織，不但不應阻撓，而且應該促其成功。

所謂「勿蹈民盟路線的覆轍」

——由「聯合報」一篇社論引起的一點意見

傅正

臺北「聯合報」在三月二十四日有一篇社論，題目是「勿蹈民盟路線的覆轍」。其說法，如出之於官方的報刊，似可不必計較，但出之於一份號稱民間的報紙，顯然值得重視。尤其站在一個素來愛護「聯合報」的讀者立場，有一點意見，不得不提出來說說。然爲免斷章取義，只有儘可能多引用一些原文。

所謂「民盟路線」，究竟是指的甚麼？這是理該先予確定的大前提。否則，所謂勿蹈民盟覆轍云云，便失去憑藉。根據聯合報的解釋是：「我們這裏所說的『民盟路線』，是廣泛的指那一羣政治團體——包括『中國民主同盟』、『中國農工民主黨』、『中國民主建國會』、『中國民主促進會』等八、九個過去標榜民主黨派後來淪爲共匪附庸尾巴的共通的政治路向而言。它們雖則名爲不同的黨派，但的確當年堅決反政府的立場是一致的，其後投共附共的行爲也是一致的。現在被共匪支解虐害的悲慘命運更是一致的。民盟是這一羣力量中的主體，爲了方便，因此我們不妨就把它們多年來的作爲，概括的稱之爲『民盟路線』。」從這一段話去分析，所謂「民盟路線」云云，根本是一個「概括」的稱呼，是指其「當年反政府的立場」，「其後投共附共的行爲」，及「現在被共匪支解虐害的悲慘命運」而言。不過，個人願站在與民盟以至民盟任何份子無恩怨、無絲毫關係的客觀立場，而說句良心話，這論斷未免太「概括」了一點，以至與事實難以盡符。事實上，這些個黨派，其想法與作法，有相當的距離，原難加以「概括」說明。卽僅以民盟而言，其內部便極爲複雜與紛歧，未便一概而論。例如民盟份子：其中固然有人「反政府」，但也有人做國共雙方的橋樑，更有人是親政府的。卽令是反政府的人，也是以反政府爲手段，其目的，通常是在爭民主，只因當年負責管理國家大事的政府，有若干不民主以至反民主的做法，所以才起來反對。其中固也有人「投共親共」，但也有人爲民主而始終反共。縱然是投共親共的人，其數目，較之於國民黨黨員，也只是小巫之見大巫。何況這中間多少又有一些人，因爲弄不到船票飛機票以至入境證，才離不開大陸，以至來不了臺灣。其中固又有人「被共匪支解虐害」，但也有人仍在繼續爲民主而奮鬥。卽使是被支解虐害的人，還有能在刀鋸鼎鑊之下，表現得那麼悲壯慷慨，竟不惜用鮮血頭顱做代價，以求當年爭民主的意向，其精神，較之當年高呼萬歲，而今却靦顏事仇的政府要員，更不可同日而語了！很明顯，他們在複雜紛歧之中，倒也或明或暗的顯出一個共同的意向，那便是爭民主。對於這一點，聯合報似乎也不得不承認說：「這一批人中，我們確信也眞有爲中國政治的民主自由規範而奮鬥的抱負和決心的。」老實說，假使眞有所謂「民盟路線」，又假使眞可「概括」說明，應該是指爭民主的基本路向而言。否則，要是根本抹煞這一點，那實在是一種不公道的說法。

至於今天流落海外的難民，這一羣虎口餘生，一個個無家可歸。雖也竭力的爭民主，雖也爲了爭民主而對政府的若干不民主反民主的做法，表示堅決的反對，然與當年的民盟究又不同。這一不同的主要點，是在這羣人飽經流亡困苦之後，仍然是個個死心反共，誓死與共產極權不兩立，絕無「投共親共」的行爲。但是，聯合報對於這一鐵的事實，却這樣解釋說：「作這些言行的人容或有這樣的辯解：民盟路線的錯誤是在於它的親共附共，但我們却堅決反共到底，不算一樣。話是可以這麼說的，我們也迄信這些先生的反共意向是應無問題的。但可惜實際上則是分散了團結，打擊了軍心民氣，更過分的斲傷了政府的聲譽與地位，如果眞正是反共愛國的人是不忍出此的。」這是說，目前若干爭民主的人，雖然的的確確是反共的，但由於實際上造成了所謂「分散了團結」之類的後果，所以算不得是眞正的反共愛國，所以「大有蹈民盟路線覆轍的可能」。這一說法，顯然牽涉到一個問題，卽聯合報撰寫這篇社論的主筆先生心目中，稱得上所謂「民盟路線」的，究竟是指的甚麼言論和主張？

對於這一問題的看法，聯合報是這樣說：「不幸最近有某些人士，其言論之乖謬，無以復加，大有蹈民盟路線覆轍的可能，如香港曾有人發出了『對臺灣不存任何幻想』、『與臺灣各行其是』的偏激論調；此間更有人向美國使節作出了請求干涉內政的奇異建議，並對亞洲各國政府——當然包括我們自己的政府在內，來一個全面否定性的汚蔑。不管這些言行主觀的意向如何，但在大前提上，確已犯了嚴重的錯誤。」很明顯，這是指左舜生李璜兩先生的言論和「自由中國」的言論而言。關於這一論斷，儘管因爲「自由陣線」禁止進口的緣故，大多數人都沒有機會看到全文，但在看過「自由中國」社論「究竟誰在給共匪利用」之後，則無論是左先生的「對臺灣不宜多存幻想」，或李先生的「與臺灣各行其是」，都可以知道一個大概。這兩種言論，從結論上看，雖似也難免偏激之病，但結論不是憑空而來的，而是建築在一種前提上，假使摒棄其前提而不問，只談其結論，顯有斷章取義之嫌。根據「自由中國」的報導，左先生所說「對臺灣不宜多存幻想」的前提，是指「現在中華民國的黨、政、軍大權，還是掌握在最高當局及其實際繼承者的手裏，這個形式不起根本的變化，在今天的臺灣，決無所謂民主，也決無所謂憲政。」而李先生所說與「臺灣各行其是」的前提，是指「如果說，獨裁政治也可打倒共產極權，……如果認爲非獨裁不可。我們每一個死心反共的人都可以靜靜的想想：假使不幸而以民主號召反共的政府，已到了「決無所謂民主，也決無所謂憲政」的地步，請問還能寄予甚麼希望？恐眞只有被逼得不多存幻想了！又假使不幸而這一政府，居然認爲「非獨裁不可」，請問爲甚麼還不該各行其是？恐也只有被逼得各行其是了！至於「自由中國」在「中國人看美國的遠東政策」社論裏，而對美國使節所表示的希望，希望美國今後的外交政策，應在軍經援助之外，同時實行一種政治、文化與道德的新援助計劃，卽民主自由思想的澈底發揚與實踐。這原則，並無錯誤之可言，甚至是自由世界的人羣對美國的共同希望。至於文內同時提出的所謂：「爲了共同的利益，要求某一國家須在某些方面採何政策，必須堅持某項基本原則之類的干涉，實際上正是實踐美國這一地區外交政策的必需步驟。」這也是基於對民主理想的渴望。而此所謂「干涉」二字的眞義，似只是條件的意思。

話說到這裏，顯然發現問題的癥結，在聯合報所指稱爲「民盟路線」的言論和主張，其大前提是否果如聯合報所說：「確已犯了嚴重的錯誤？」很顯然，從聯合報此一社論的全文分析，聯合報所認爲正確的大前提，是指「要談反攻復國，環繞中國海內外，倘沒有力量，足以與自由中國相比擬，除了大家團結在這一中心力量之下而與強大的敵人作殊死戰，實無第二條路可走。」這一大前提，與上述左舜生李璜兩先生及「自由中國」所肯定的大前提，確實還有一段很大的距離。換言之，聯合報的大前提是團結在政府下反共，不管民主不民主而左先生等的大前提是在民主的原則下反共。雖然到今天爲止，有若干言論和主張已被指爲「民盟路線」，但卽使從這類言論主張中分析，仍可發現其還是把希望寄予政府的。坦白說一句，假使這些人眞決心另走所謂「第三條路」了，則臺灣的好壞，以及民主與否，便已毫不相干，誰又願多管閒事？目前的批評，縱然嚴厲一些，也只表示望之深所以責之切而已！不過，話又得進一步說明，卽今天流落海外的反共人士，固然是願在政府的領導下而團結反共，但其所以如此，絕非爲了擁護政府而反共，更非爲了擁護政府而擁護政府，而是擁護政府眞正負起反共的領導責任。簡括的說，就是擁護政府在民主的大前提下共同反共。假使政府的所作所爲，不幸而與民主的大前提背道而馳，則每一個爲了爭民主而反共的人，又怎能死心塌地的接受政府領導？老實說，今天所有被指爲「民盟路線」的反共人士，對政府雖已有相當的失望，但還沒有到絕望關頭，所以還要冒死向政府略進忠言，以至爲了能喚醒政府的覺悟，竟不惜大聲疾呼。假使不幸有一天連這點呼聲也中止，則政府在海內外每一個爲了爭民主而流亡的反共人士心目中，那眞無地位可說了！

老實說，假使硬要說今天海內外若干反共人士，是走的「民盟路線」，退一萬步說，充其量也只有一點相同，那就是爭民主。其實，這中間的差別，左舜生先生去年在「祖國周刊」發表的「對臺北壓迫自由的一個抗議」裏，早就明確的指出：「說到當前這般要求民主自由的人，其心情可以說是與十五年前發起『民主同盟』的時候完全兩樣：他們飽經世變，受盡千辛萬苦，眼見大陸兩千萬以上的人民，慘遭共匪的毒手，而且包括每一個人的父兄戚友在內；他們僅以身免，好容易逃了出來，儘管七八年以來，他們依然陷在一種顚沛流離的情況之下，可是他們不僅沒有追訴政府不能保護人民的責任，同時他們還願以赤誠，支持政府所標擧的這一反攻復國的國策；他們惟一的要求，便是希望政府能夠逐漸放寬一點民主自由的尺度，讓大家也多少有一點機會爲實現這一國策有所致力；而且也沒有人要求在今天的政府中去分取一杯殘羹冷炙，所希望的不過是憲法所規定的幾項基本自由；自然，他們也希望一個反攻復國的政府，總得像一點樣子，卽令依然要保持一黨專政，至少也得挑選國民黨內的賢且才者，有機會可以換換班，而不能讓少數爲一般國民所不喜歡的人物，在那裏永遠包辦。大家試平心靜氣的想想，像這樣一種心情，是何等的沉重，何等的可悲！」而且我們還可以進一步指出，面對今天中國的現實，卽使是若干鼓吹反對黨的人，也未必奢望政府能在轉瞬之間，忽然做到百分之百的民主，僅僅希望政府在飽經大陸慘敗教訓之後，能眞正從內心深處肯定民主的價值，進而決心一步一步的朝向民主大道邁進；而非對民主的再估價以至再否定，反而走向歷史的回頭路而已！假使說連這樣一點希望也認爲太多太高，我們還有甚麼可說！

歸根結蒂的說，反共戰爭的本質，根本便不同於一家一姓爭天下的戰爭，或者是甲軍閥與乙軍閥搶地盤的戰爭，理該是一個民主對極權的戰爭。所以一個眞正反共的政府，理該以民主來反共，絕不應以共產極權之道來反共。其實，這一層極淺顯的道理，聯合報早在四十三年發表「新政府，舊課題」的長文時，也認爲敵人「是在反民主，反自由，殘暴虐待人民；而我們反共所該採取的基本原則，便是充分的民主和充分的自由，配合戰力。所以又進而指出：「這答案不是我們主觀認定的，實爲客觀環境決定的。不如此，卽不合自由人民的要求，更不合大陸千千萬萬渴求自由的同胞所追求的理想。」並且更進而強調：「也有人認爲：大家莫焦急，要『權』慢慢來；你先取一部份去，等我們有朝一日打垮共黨再說。這個說法也是最危險的。因爲我們『民主自由人權』對共匪『獨裁暴虐奴役』之戰，全在乎有民主自由人權作主力軍，若分割兵力，一部份上陣，一部份遣散，豈有不敗之理？」這是聯合報三年前講的話，是否聯合報現在的看法，眞已有所改變？抑或是處在目前的環境下，只有不問是非曲直，但求採取一種調停折衷的態度呢？這種種，當然非局外人所得而知了！

埃敍合併與伊約合併

淦克超

（一）阿拉伯國何以會自動合併？

本年初，若干阿拉伯國家之自動合併，對於研究國際關係的朋友眞是一樁重大的新聞；對于關心中東局勢的朋友不免有點茫然了。

現代國家的基礎是建築在領土主權之上的。在理論上經過許多大學者的主張，尤其是於一六二五年發表「戰時及平時國際公法」的國際法鼻祖格羅秀斯的主張，在國際慣例上經過一六四八年西發利亞條約之訂立，領土主權之原則總算是被各國當局接受了。如今阿拉伯的若干國家竟自動放棄主權而與他國合併，寧非怪事？

如果本上述的觀念去分析中東，尤其是阿拉伯諸國的事情，準會更陷于迷惘，而無法得到解答。

事實上今日大多數的中東國家，尤其是阿拉伯諸國，有濃厚的回教國家觀念——這觀念頗類似中世紀歐洲的基督王國觀念——而領土主權之意識反形薄弱。還有一層，那裏有許多國家的疆界建立在沙漠上，根本無法劃清疆界，風沙一起，頓改舊觀了。至以人民生活而言，仍有許多人民是從事逐水草而居的畜牧生活的，這無定居的人民如何會對于領土主權有堅定的信心呢？

（二）阿拉伯聯合共和國

以埃及的納塞為首的阿拉伯聯合共和國，係本年二月一日由埃及與敍利亞兩國總統在開羅簽訂的；葉門之加入該聯合則係于三月八日，由納塞與葉門王儲在大馬斯革簽約。研究此問題所應注意者，即埃敍兩國已成為一聯合國，而葉門所簽協定內容與埃敍兩國所簽的文書有異，其關係仍不超過聯盟性質。

埃敍聯合後所形成的共和國祇有一個國旗，一位總統，一個政府，一個指揮系統的軍隊，而由埃及和敍利亞各出兩名副總統，內閣閣員則埃及佔二十人，敍利亞佔十五名，主要首長由埃及人擔任。

前節已述及，中東若干國家，尤其是阿拉伯諸國，其領土主權的意識比較薄弱；這是一般性的解釋。至于埃敍兩國何以能夠逕行合併，這有其歷史的背景。治歷史的人們都還憶及亞歷山大征服埃及，經過短期統治後、就把埃及交給他的大將托勒彌蘇德 (Ptolemy Soter) 統轄，成為托勒彌朝，那是紀元前三二三——三〇年的事。托勒彌的王國連敍利亞現境統轄在內的，其離合爭執亦有長遠的歷史。這段話並不是說埃敍合併是合理的，祇是從今日已成的事勢追溯其歷史的根源。

至于埃敍合併之實在的動機，一般人推測其為蘇俄策動與納塞的野心，這固然不無理由。但據開羅二月十三日路透電述同日埃報所載大馬士革訊：敍利亞各政黨即聯合聲明，宣佈在埃敍聯合國成立後各政黨即解散。該報引述敍利亞國會議長與蘭尼的談話，謂共黨拒絕解散並繼續活動。全國共黨機關已被政府封閉，其領袖巴克及該黨中委八名已離敍利亞前往莫斯科。該報並稱，敍利亞總統庫特利對埃敍聯合國的敵人親自採取行動，此敵人會花大批金錢從事于神經戰，以反對二國的合併。此為埃報首次提到對合併的任何反對。

由上述電訊觀察，敍利亞共黨係反對合併的，這恰與一般的推測相反。又埃及對共黨的態度亦經該報反應了。因此要把納塞領導下的阿拉伯聯合共和國看做莫斯科的傀儡，不如認為納塞的野心及其捭闔圖利的手段，較符實際。

事實上如以今日的阿拉伯聯合共和國來和一九四五年三月二十二日成立的阿拉伯聯盟相比，則今日的範圍和聲勢遠非當年之比。尤有進者，如果以幅員和人口而論，埃敍再加上葉門眞是夠廣大的；如果以石油資源而言，則這三國都是「無的」國家，對于西方國家所需的石油之取給殊少影響。

（三）阿拉伯聯邦

與上述的埃敍合併運動對立的則有伊拉克和約但合組的阿拉伯聯邦，由伊拉克王費沙爾和約但王胡笙于二月十四日在約國首都簽訂。這協定包括六條如下：

㈠一個國旗，由約但與伊拉克的國旗組成四色國旗，並添一個星。㈡一個指揮系統的軍隊。㈢一個外交部。㈣一個財政與經濟部。㈤一個外交代表國。㈥一個由二國選出的聯邦最高委員會，一年中在巴加達辦公半年，在安曼辦公半年。

據合理推測，費沙爾與胡笙雖各保持其王銜，但費沙爾將為聯邦的元首。合併於三個月內完成。新國家將有一個中央國會，由此產生部長會議（即內閣）。

很明顯的，這聯邦是對付那聯邦共和國的，雖然納塞對此並不感到意外，而且于當日去電祝賀費沙爾。

這聯邦之形成自係受到西方國家的鼓勵，而最大的原因則為：約但立國之經濟條件太差，而軍事及政治條件又時時瀕于危機，有不得不與伊拉克合併之勢。約但經濟生活，可以一九五八國際年鑑所載的為例，遊牧人民約為五萬，半遊牧的十二萬；至少境內百分之九十五為沙漠，但並不產石油；至少半數以上的人民不識字。另一方面，伊拉克的油礦豐富，並經幼發拉底河及底格里斯河灌溉而農產品亦豐，成為阿拉伯國家中唯一可以與埃及爭雄長的國家。經組成聯邦後，約但人民的勞力當可助伊拉克經濟開發之用，既屬互利，更有裨于阿拉伯諸國情勢之安定。

（四）結論

阿拉伯若干主權國家之自動合併，乃表徵中東國家之液動性；在此實際情勢下，要想以領土主權之概念來維持國際現狀於不變，是很困難的。中東情勢雖然危機重重，而納塞的運動更加深此危機，但亦不如一般所想像的惡劣程度。埃敍合併固然不是佳音，但並不能算是莫斯科的勝利。這局勢很微妙，正測驗雙方政治家和外交家的智慧哩！

介紹曼谷關於文化問題的圓桌討論會

香港通訊・四十七年二月八日

李達生

在今年（一九五八）一月二十七日到二月一日的六天期間，東西十四個國家的十四位學者，在曼谷舉行了一個關於文化問題的圓桌討論會。類似這樣的圓桌討論會在過去只舉行過兩次：一次在意大利，一次在美國；前者舉行於一九五三，後者舉行於一九五六；兩者都是在聯合國文教處發動之下召開的。這次曼谷所舉行的圓桌討論會，無論是在發動，討論會所座落的地區，以及討論會中所辯論的中心題旨等各方面，均與上述的兩次不盡相同，因此關於這次圓桌討論會的經過及其意義乃有特別介紹的必要。

這次曼谷的圓桌討論會之推動力是來自於兩個方面：第一是東南亞公約組織的「文化處」(Culture Relations)；第二是泰國學術界人士。東南亞公約組織固是一建基在一特定政治外交立場上的軍事性組織，而圓桌會議所論的則是一純文化問題，因此，爲使此一文化的討論會不蒙受任何政治的光影或色彩起見，東南亞公約文化處在一開始卽表示，他們對於這次圓桌討論會只負責經費的提供和全部事務工作的照顧，至於與會人物的邀請，圓桌討論的內容等問題，則概請由泰國學術界人士決定。這次泰國學術界人士出而主持圓桌討論的是樸萊穆親王(Prime Prem Purachatra)。樸親王是這次圓桌討論會主持人，也是當然的主席；各國與會人物的邀請以及討論程序的安排等，概由他個人決定。這次圓桌討論會的任務旣是討論文化問題，因此，推動這一工作的人士，無論是東南亞公約組織方面還是樸萊穆親王方面，都竭力使這次圓桌討論表現高度的超然色彩。譬如對於與會人物之邀請的問題，與會人物雖是分別地來自若干不同的國家，但他們並不就代表那些國家，而只是就個人說話；每一位與會者都是以其個人的身份出席。

這次應邀參加圓桌討論的，除樸萊穆親王本人不計外，共有各國代表十四人。玆先將這十四位與會的人物簡略地分別介紹於下：

①阿非利加博士(Dr. Bernabe Africa, 1890)：阿非利加博士菲律賓人，曾就讀於美國之密西根大學，專研政治學及國際關係，曾長時間地執敎於菲列賓大學。阿氏爲一專家型的學人，對文化問題所涉及的事象頗爲熟悉，但缺乏理論的訓練，故在討論問題時不能深入。

②安紐曼敎授 (Prof. Anuman Rajadhon, 1888)：安氏是一傳統型的泰國學者，曾就讀於泰國有名的恰雷朗科大學 (Chulalongkorn University)，而後來則長時間地在那裏執敎。安氏在學術研究上所涉及的範圍甚廣，而其眞正學有專長者則是泰國文學及泰國文化史。安氏治學的態度平實，故在討論文化問題時能表現空靈的態度而不爲流行的偏見所蔽。

③艾蘭子爵 (Sir. George Allen, 1894-)：艾蘭子爵，英人，爲一醫學家，曾長時間地服務於馬來亞及新加坡，並曾任馬來亞大學副校長多年，現已退休。

④貝葛賀爾博士 (Dr. John Cawie Beagleh-ole, 1901)：貝氏爲紐西蘭人，而其人生態度則頗有東方人的情調。他是一歷史學家。

⑤契克拉發特博士 (Dr. Amiya Chakravarty, 1901-)：契氏爲印度人，曾就學於英國牛津大學，爲甘地、泰戈爾及法國史維澤 (Albert Schweitzer) 等人好友，對宗敎及文化問題獲有淵博之知識，近年執敎於美國之波斯敦大學。

⑥克魯格敎授 (Prof. Walter Russell Crocker, 1902-)：克氏爲澳洲人，現任澳洲駐加拿大高級專員，爲這次與會的唯一外交家。克氏曾先後就讀於英國之牛津及美國之施丹佛大學，並曾於一九四九至一九五二之間執敎於澳洲國家大學，講授國際關係。克氏在國際關係方面之見解極富自由主義的色彩，故參加這類圓桌討論至爲相宜。

⑦但尼親王 (Prince Dhaninivat)：但親王雖曾長時間地就學於英國，但在基本上他仍是一泰國傳統極重的學者，其對東西文化的認識及所持的態度，與時下完全西化的泰國學者迥不相同。但氏現任暹羅研究院院長，爲泰國學術文化界重鎭。

⑧哈里遜 (Tom Harnett Harrison, 1901-)：哈氏生於英國，並曾先後就讀於哈魯中學及劍橋大學，現仍爲英籍。哈氏現年四十六歲，習生物學，在東南亞各地生息已二十幾年，最近十多年來則旅居於北婆羅洲。哈氏當年在英國讀書的環境雖都是貴族式的學校，但他現在却全無英國紳士派頭；由於他與東南亞基層社會接觸特別密切的緣故，哈氏現在已具有强烈的(東南亞)地方情操。

⑨胡參博士 (Dr. Mahmud Hussain, 1907)：胡氏爲巴基斯坦人，曾就讀於德國著名的海德堡大學，習近代史，現任敎於克拉哧大學，並曾擻度擔任政府職務。

⑩郎向邦敎授 (Prof. Henri Longchanban, 1896-)：郎氏係一礦物學家，現任法國參院議員並執敎於巴黎大學。郎氏雖爲一實用科學學者，但對科學之一般理論所涉頗深；他是這次與會諸人中唯一眞正科學家。

⑪范袁心教授(Prof. Phan-Bieu-Tan, 1913)：范氏越南人，爲一醫學家，現任越南大學醫學院院長，對文化問題所知甚少。

⑫諾施綠普教授(Prof. Filmer S. C. Northrop, 1893)：諾氏爲美國人，他是這次與會諸人學識最淵博，見解最深刻之一人，現任教美國耶魯大學。

⑬拉加維拉博士(Dr. Rhagu Vira, 1902)：拉氏，印度人，爲一亞洲古典文學專家，精通二十餘種文字，現任國際印度文化學院院長及印度上院議員。

⑭山本教授(Prof. Yamamoto)：山本氏，日人，現年約五十歲，任教於東京之東京大學，爲一越南史專家，對中國文化素養頗深。山本氏爲一極富自由主義思想之日本學者，全無若干日本學者所特有之狹隘的地域觀念。

以上之十四人分別來自十二個國家。若以地區而論，其中兩人來自歐洲，一人來自美洲，兩人來自大洋洲，其他諸人則分別來自亞洲諸國中的七個國家；若以文化而論，則這十四個人分別屬於世界現存的四大文化系統，此即中國文化，印度文化，伊士蘭文化和西方文化。

語言是討論會中所關涉的最重要的技術條件；爲求討論之得以順利進行起見，會中必須有一種公用語言。在這次與會的十四人，其中十二人能英語，二人說法語（法國郎向邦教授及越南的范袁心教授），因此英語遂很自然地成爲公用語言，而兩位說法語者，則臨時由譯員傳譯。

這次圓桌討論會的中心論題是：「東南亞地區的技術之進步與傳統文化」("Traditional Cultures and Technological Progress")，或「技術對東方傳統文化的衝擊」("The Technological Impact on Oriental Traditional Cultures")。很顯然的，這裏所謂「技術」是指由應用科學所發展下來的技術，不是前科學的技術(Pre-science Technology)，而這裏所謂的傳統文化則是東方傳統文化。

要說前科學的技術，則東方技術，特別是中國的技術，實遠勝於西方，但那個時代早已過去了；科學純粹是西方的產物，而現代技術則來自科學。

技術恒影響生活，而現代技術的效用既遠大於前科學的技術，因此其對人類生活的影響自亦遠大於以前；文化是人類生活的總紀錄，因此，技術既影響於人類生活，亦必影響於人類文化。近世紀來，西方技術既不斷地介紹至東方，並在東方不斷地獲得進步，因此源自西方的技術乃不可避免地會給東方傳統文化以衝擊。

那末，幾十年來，技術給予東方傳統文化衝擊的情形如何呢？技術的進展與東方傳統文化之間究竟是怎樣的關係呢？或者說，技術的進展到底使東方傳統文化受了那些影響呢？

這乃構成了曼谷關於文化問題的圓桌討論會的中心題旨；它的全部工作即在試圖回答上述的問題。

人類的生活分很多層面，因此文化也分很多層面，譬如哲學，宗教和倫理道德的層面，文學和藝術的層面，社會生活和家庭生活的層面，而圓桌討論會亦是就着這些層面分別加以討論。

這次曼谷的圓桌討論開始於一月二十七日上午。那天上午十點鐘東南亞公約組織秘書長薩拉辛氏(H. E. Nai Pote Sarasin)假曼谷圓桌討論會會場歡迎與會人員。他於致簡短歡迎詞之後，首先介紹討論會的主席樸萊穆親王與參加典禮的人士見面。樸萊穆親王接着發表一簡短演說，以闡述此一圓桌討論的意義。下邊是薩拉辛氏請泰國內閣總理他農中將致開幕詞，以揭開此一圓桌討論的序幕。

開幕典禮共用去半個小時。當天上午十點半鐘起開始第一節討論。從那天起，每天開會四小時；會議連續六天，全部討論時間共二十四小時。以這樣短短二十幾小時的時間，來討論上述的繁重問題，自難免令與會者嘆時間太短。

在第一節正式討論開始時，主席樸萊穆親王強調，討論程序應依照過去的若干成例。於是他乃提出以下三點：

㈠由出生於亞洲地區的與會人員逐一發表，在技術進展之前，他們自己文化處境的聲明，以揭開圓桌討論。

㈡對於每一聲明都應該給予一一般性的討論。

㈢下面接着宣讀諸與會者的論文。首先應宣讀哲學和宗教方面的論文，其次是文學和藝術方面的，再其次是社會和家庭方面的。而在每一論文宣讀完畢之後，應隨之加以討論。

頭五天的討論大體上即是按照着上述的程序進行的。然而由於下面的三個原因，以致每一論題都沒有得到充份的解決：

㈠時間太短促；

㈡與會者的興趣及訓練相去太遠；

㈢主席不能及時整理所提出來的具體問題付諸討論。

第六天的討論，即最後一節的討論，爲結束議程。

由於前五天所討論的問題都沒有得到結論的緣故，因此，在結束議程中遂沒有人能對整個的圓桌討論作一結論，而主席更表示對圓桌討論亦不應該由任何一人做結論。

在圓桌討論的最後議程中，既無人做結論，於是乃由每一與會者分別發表一簡短演說，略述各人對圓桌討論的觀感。此一歷史性的圓桌討論就在每一與會者分別表述其個人的觀感之後結束了。

作最後結束發言的仍是主席樸萊穆親王。

在這次圓桌討論中所討論的諸重要問題雖說多未得到結論，但我們亦可歸納出若干大致的結論。茲將若干問題的大致結論列舉如下：

㈠近代技術爲改進人類物質生活的重要武器，人類既不能不有物質生活，因此近代技術乃爲世界各民族所接受，東方諸民族亦不例外。

（下轉第28頁）

夕陽（一）

黃思騁

一

留學生張其康，在芝加哥的一條破鄙的冷巷裏走着。

這條巷子冷落得出奇，連行人也很難碰到一個。從那些斑剝的牆門和崎嶇不平的道路看來，這區域彷彿不屬於這個現代城市，倒像馬車時代的一個陳跡似的。他記得在許多十九世紀的文學書籍的插圖中，曾經不止一次地看到過這種景物。

他在巷邊的陰影下走着，不時抬頭看一看門上的號碼。後來，他在一所破房子的門口停下來，又看了看手上的報紙，就在一扇剝蝕不堪的門上，找尋電鈴的所在。

過了三分鐘，一個老婦人出現了。從她的臉上和彎曲的背看來，大概也做過十九世紀的少女。

「我在報上看到這裏有房子出租，」張其康指指手上的報紙說：「我特意跑來問一問的。」

老婦人凝視着他，彷彿所問的事同她全不相干似的。過了好一會，她搖搖頭說：

「對不起，我不想租給外國人。」

說完這句話，那扇醜陋的門慢慢地關上了。張其康心裏完全明白，所謂不想租給外國人，實際上是不想租給有色人種的客氣說法。因爲這一週以來，像這樣的情形已經是第三次了。

他咬着下唇，用報紙敲了一會掌心，準備走開。然而他看見那扇門又打開了，老婦人帶着疑慮的神色走出來。

「你回來吧，年青人。」她說。

張其康走過去。

「你是那一國的人啊？」

「我是中國人。」

她思索着，彷彿很難立刻下一個決斷似的。

「你是個單身漢嗎？」

「是的，只有我一個人。」

她遲疑了一會，把門做開了，說道：「你進來吧。」

他走進過道，裏面是黑黝黝的一片。只有在靠天井的地方，有些光亮透進來。他正想朝前走時，老婦人把他叫住了，說道：「房間在這裏。」

她推開那扇格格作響的門，張其康走進去。這間房子又矮又小，只有一面有一個窗子。從那張積塵的床和四周發出來的霉味判斷，這間房子是好久都沒有住人的了。但張其康絕不在乎這些。他的獎學金的數目很可憐，如果不住這種房間，實際就不夠開銷。他粗略地看了一下，問道：

「這間房要多少租費呀？老太太。」

老婦人本來只想租十二塊錢一個月的，但她現在決定在膚色上加他四塊錢。因此她說：

「十六塊錢一個月。」

張其康覺得它值不了那樣多，他以爲頂多只值十二塊錢。可是他在想到他的膚色時，他就決定承諾了。

「不過，我得在這裏洗澡，燒點水喝，或者，在有時候，弄點家鄉菜吃吃。」他說。

「洗澡和開水都沒有問題，不過——」她說：「煮食物不行，因爲我只有一個灶房。」

張其康摸着下巴躊躇了一會，說道：「老太太，我不能老吃罐頭食物呀，它們把我的腸胃弄得不舒服。」

「不行，」她直截了當地說：「我不能同你共一個灶的，你得自己想辦法。」

張其康重新打量一下那間房子，他覺得它雖然破舊，對他却很合用。而且，他沒有把握能在短期內找到別的住處。想着，他說：

「那末，就照你所說的吧——我明天下午搬來。」

到了這個決定的關頭，這位老婦人似乎又有點反悔的樣子。過了好一會，她才點點頭說：「好吧，你明天搬來好了。」

張其康辭出以後，重又回頭望望這間古老的房子，然後長歎一聲，向着巷口走去。

二

第二天，當張其康把他的幾件行李搬進去的時候，老婦人的臉上分明有一種不甚歡迎的表情。說不定在前一天的晚上，還曾經考慮過它的得失。

張其康把行李堆到床上以後，就把第一個月的租費交給老婦人。她遲鈍地接過鈔票，仔細地看了一會，然後說道：

「你已經來了……這是我的信用問題……不過，我們還是試住一個月看看吧。」

「老太太，我想我不會太使你煩惱的。」

「或許是的！不過我應該告訴你，我是很喜歡清靜的。」

「我以爲應該沒有問題的，我也需要清靜呢！」

這樣談妥以後，老婦人就出去了。

張其康留在房子裏，一會敲敲隨時都有泥灰落下來的牆壁，一會又去踏一踏吱呀作響的地板。然而不論如何，比起住在朋友的家裏，這個小天地總算是自己的家。過了一會，他把毛巾紮在頭上，開始打掃起來。

當老婦人再度出現的時候，房間已經收拾好了，地板和牆壁都回復了它們的本色，傢具重新顯出油漆的光澤來。

老婦人看着，滿意地點點頭，說道：「我從前聽說你們中國人不愛淸潔，而且很懶，可是你做得不壞呀！」

「老太太，你或者記錯了，我們中國人一向沒有懶惰的名聲。那一定是亞洲某些地區的人了。」張其康說。

「不，我也讀過地理呢！」

張其康並未想到要去改變她對自己的印象。他知道西方的老年人有一種獨特的固執性格，固執到使你在某些問題上無法同他爭辯。張其康後來甚至相信西方人在晚年沒有家庭樂趣，很可能是這種固執造成了兩代人的仇視，以致不能不分道了。

張其康的生活很有規律。在有課的日子，他就坐着交通車去上課，上課回來就在街上順便買些麵包和罐頭回來，供自己一天之用。他回到家裏以後，如果沒有甚麼必要，就不再到外面去了。他知道他能到美國讀書很不容易，一想到他來美的旅費是五塊十塊美金所湊成，不勤奮也就勤奮了。

他從不去打擾那個老婦人，除了每天需要她開一兩次門以外。有時，張其康讀書倦了，就靜靜地躺在床上休息，腦海裏浮現着這個房東老太太的影子。每當這時候，整所房子都是靜悄悄的，偶爾有一兩下地板乾裂的聲音。

張其康胡亂地猜想着這個老婦人的身世。他相信她是個孤老婆子，丈夫已經死了，兒女却沒有一個。她大概是個教徒，因爲有一次他見到她手上拿着聖經從巷口回來。她在這裏可能沒有親戚，甚至連關心她的朋友也沒有。早上，她拿着籃子出去，回來時在籃底裝着一些食物，但也有時一兩天不見她出去。他不知道她一天的生活是怎樣過的，因爲他從未跑到過道的那一面去過。在一天之中，他只聽見一兩次脚步聲，一兩次放水的聲音。只有在晚上八點鐘前後，他可以聞得到做炊的氣味。

到了有一天晚上，張其康正在吃冷麵包和罐頭牛肉的時候，他的房門被推開了，老婦人出現在門邊，手上拿着一個瓶子。

「請來坐坐吧，老太太。」張其康站起來。

「我不中用了，打不開這個瓶子，想請你幫幫忙呢！」她一面說一面走進去。

「當然當然。」

張其康接過瓶子，一下就打開了，老婦人笑着接過去，說道：「啊，你開得這麼容易！」

他點點頭。

「你吃的是牛肉吧？」她望望桌上說。

「是的，我實在吃得厭了，可是沒有辦法呀！」

「我倒很想吃，只是不消化。我現在只能吃些青荳了。」她說。

「美國的青荳味道太甜，我們吃不慣。」

老婦人同情地搖搖頭，但似乎並不準備立刻離去。張其康看見這種情形，說道：

「請坐一會吧，老太太。」

她向身邊的椅子望了一眼，移動着脚步坐下來。

「我常想來看看你，但又怕打擾你。」

「我過慣了，」她說：「我一個人在這裏住了八年了。」

「一定很寂寞的。」

「頭上幾年有這種感覺，後來就好得多了。你知道做女人是苦的，我們的老伴總是死在我們的前頭，害得我們孤孤獨獨，在懷念中過日子！」

張其康看見她的悲苦神情，說道：「我可以想像得到的，老太太。我相信你和你的丈夫很恩愛。」

「是啊，他是個好性情的男人，那麼良善，可是毒瘤害死了他！」

「眞可惜！」

老婦人的臉色變得更陰沉了。她靜靜地望了一會地板，說道：「這就是我們在一起度過三十七年的房子，從前他在這間房子裏讀書來着。」

張其康向四周望了一下，應道：「哦！」

「房子太老了，」她繼續說：「又沒有新的設備，有許多人跑來看一下，連話也不說一句就回去了。」

「不論房子怎麼舊，在你的感情上總是有許多美好的回憶的。」

「你說得眞對，我就憑這個活着的呀！」

她歎息着，自顧自默想。過了一會，她站起來，指指手上的瓶子說：「我這幾天患風濕痛，非吃藥不行了。」

「哦，這是老年人常患的病。」

她望着他，說：「你是個好人，我一點也不後悔你做我的房客。」

「我希望如此。」

她悵然若失地走出去，張其康送她到門口，說道：「如果嫌寂寞，請隨時過來談談吧。」

她點點頭，說道：「我很高興同你談談，我想知道點中國人的事呢。」

三

陋巷的夜晚是沉靜的，連有人走過的脚步聲都能聽得淸淸楚楚。像這樣的夜晚，對張其康來說，眞是一種大好的讀書時光。他每天晚上都要忙到十一點以後，才肯離開他的桌子。然後站起來伸一伸腰，找點發硬的麵包來充饑。

有一天晚上，他因爲沒有注意時間，等到感覺疲倦時，看手錶已經十二點多了。他覺得肚子很餓，想找點東西吃。但他房裏除了一罐水果以外，就沒有其他東西可以吃了。

他輕輕地打開門，走到厨房裏去拿開罐子的刀子。然而找遍那裏的櫃子，都沒有找到。最後，他拿着一把菜刀，想用這個東西作替代。

他穿過走道時，燈突然亮了，老婦人正站在自己的房門口。他正要招呼她時，她却嚇得抖起來，並且慌張地回進房去，砰的一下把房門關上了。

張其康先是被她的行動弄得莫明其妙，以爲她在發夢魘。過後想到自己手上的刀子，才知道是一場誤會。

他回到房裏坐下以後，喪氣得使他再也沒有胃口吃這個罐頭了，可是爲了便於證明他確實是拿刀子開罐頭起見，他只好打開那個罐頭，將刀子放回原處。至於那罐水果，他只是稍稍嚐了一下，就把它留在桌上，準備睡覺了。

他做了一夜的惡夢，第二天一早就起身了。他想起前晚的事，心裏極不愉快。他跑去敲老婦人的門，可是好一會都沒有人答應。

「老太太，」他在門外叫道：「昨晚的事請你別誤會吧，我只是拿刀子開罐頭罷了。」

裏面依然沒有回音。

「我原不該在半夜到厨房去的，不過我那時很餓。」

裏面開始有嘟噥的聲音。

他看了看錶，快到上課的時間了，便說道：「我現在要上課去了，等回來我再向你解釋吧！」

他出去的時候，故意把大門關得很重，以便讓她明白他已經出去了。

他回家時，老婦人出來給他開門，他劈頭就對她說：「老太太，你怎麼能把我看成像那樣的壞人呀！我簡直害羞極了！」

「我也相信你不會做那樣的事，我當時沒有時間來思考。」她說。

「你知道這種事很難解釋。」

「我明白，你下次不要再進厨房去就是了。」

「好的，我記得就是。」

四

一段平靜的日子過去了。

在一個月快要過滿的那天晚上，張其康聽見過道上有猛烈的咳嗽聲，從遠處漸漸地近來，到了最後，在他門口的地方停止了。

張其康從書本上抬起頭來，緊盯着房門。門敲響以後，他走過去，輕輕地打開門，老婦人正站在那裏喘氣。

「很高興你到我這裏來坐坐。」他說。

她扶着門框，半天才挪動她的脚步。

張其康伸手去攙扶她，她善意地笑了笑。

這天晚上，她穿一身白色的便衣，脚上拖一雙軟鞋，似乎已經準備睡覺了。

他們坐下來。張其康說：「我在這裏已經住滿一個月，我想我應該繳下一個月的房租了。」

她一面搖手，一面咳嗽，等到停住以後，她說：「我不是來要房租的。」

「你想喝一杯中國的綠茶嗎？」

「這個我倒不反對，」她說：「你們中國人的茶葉很聞名的。」

他站起來，替她倒好一杯茶，端到她的面前說：「可惜水不太滾。我們中國人是用剛開的水冲茶的。」

她望了望正在杯子裏散開的茶葉，說道：「這一定是眞正的中國茶葉，顏色好綠呀！」

「是的，這是我自己帶來的。」

老婦人笑着，正如所有的西方人都看重那種小恩小惠一般。

「張先生，你信教嗎？」她忽然問道。

「我不信教。」他說。

「啊，你怎麼能不信教呢！」

張其康略一沉思，說道：「我們中國人信這個——良心！」

老婦人望着他指在胸口的手，繼續問道：「連佛教也不信？」

「我不信，可是我母親信的。」

「哦！」她說：「你們還有孔教，是嗎？」

「不，不！」張其康立刻把她的話擋回去說：「那是一種學說，可不是宗教！」

她點點頭，但稍稍有點迷亂的樣子。

「在你看來，佛教對人有甚麼好處呢？」

「那也是勸人爲善的；禁殺生，不說謊，不淫亂，救生，濟貧，做公益事業……」

她思索着，說道：「這跟聖經裏所說的沒有甚麼兩樣呀！」

「本來就如此。」他說：「有許多西方的哲學家說過，佛經更博大得多呢！」

「這是可能的嗎？」

「我想是如此的。因爲佛教一開始就不強人信仰，是一種極柔和的宗教。它相信任何個人都可與神交通的。因此，它的形式遠遜別的宗教。」他說。

「我從未聽過這種說法。」她蠱惑地說。

「這是眞的，佛教徒相信非佛教徒同樣有好人，同樣能進天堂的！」

「那末你爲甚麼不信佛教呢？」

他笑了笑，說：「問題是這樣的「老太太。我們在兩千多年前就有了做好人的標準，所以我們不在乎信不信教。」

她點點頭，乾枯的臉上開始有悅服的喜氣。

「你父親也不信教嗎？」

「他也不信教。」

「可是你不是說你母親信教嗎？」

張其康立刻明白過來，說道：老太太，你也許對東方人的氣質不大明白。我們從不把信教看成一樁很嚴重的事。在我們那裏，不同宗教信仰的人結婚是常有的事。而夫妻間有一人信教，另一人不信教，更是平常。」

「那也沒有問題嗎？」

「絕對沒有問題！」他說：「我的父母從來不會爲宗教信仰衝突過，好像他們兩人都信教或者都不信教一樣！」

「我相信。」她點點頭說。

「是的，宗教是宗教，生活是生活，並不針鋒相對呀！」他說：「還有一點，我們怎麼能把我們的許多生活信仰與宗教規範分開來呢？教規教我們助人，誠實，難道這不就是我們人類生活上的基本信仰嗎？」

「你說得眞對，張先生。我從來沒有同一個東方人談過話，到今天我才明白東方人也一樣通情達理！」

「呵！」張其康擺擺手，索然地呆立着。

「你對我們西方人的觀感怎麼樣？」

他一面搓手，一面思索着，想找一點切要的問題來談談。然而這是很難的，一兩句話絕不足以包括全部的意見。過了一會，他說：

「我或許可以這樣說；西方人在科學上非常虛心，可是在人文上抱着很大的成見！」

老婦人思索着這兩句話，一時領悟不過來。張其康會意，解釋道：「譬如說，我們東方人因爲對科學不够虛心，在許多地方都落後了。可是你絕不應該說因爲我們在科學上落後，便一切都落後了。」

「我也相信我們對東方人很少瞭解。」她說。

談到這裏，張其康忽然覺得有點鬱悶，彷彿有許多話想不起來說似的。

「老太太，你喝點茶吧，」他說：「熱茶比較嚐得出香味來。」

她端起茶來喝了一口，咂了咂嘴，說道：「這的確不同呀！我從來不曾喝過這麼香的綠茶。」

「如果你喜歡，我將送你一罐。」

她用一對沒神的眼睛望着他，吃驚了。

「是的，我們中國人是喜歡餽贈的。而且送禮的人往往比收禮的人還愉快。」

「哦，你們中國人眞可愛！」

她歎息着，默默地思索。

「張先生，你回國以後準備做點什麼工作呢？」

「我想——回去教書，同時研究我所學的東西。」

「還不打算結婚嗎？」

「那不是急迫的事，我得先安頓我的父母，同他們住在一起。」

「啊！你眞會替他們設想！不過，你總得離開他們呀！」

「不，我永不會離開他們的！」

「那末，你是想抱獨身嗎？」

「我當然要結婚的。」

「那你還能同父母同住嗎？」

「這兩件事並不衝突呀，老太太。我結婚以後非但可以同父母同住，還可以多一個人侍奉他們呢！」

她突然轉過身來，震驚地望着張其康，尖聲叫道：「這是可能的嗎？」

「我並不是一個特例，這種生活方式在中國已經保持幾千年了。」

老婦人意志消沉地低下頭去，雙手緊緊抓住寬大的便衣。

張其康到這時才明白過來，說道：「老太太，這是我們中國人的信奉之一，我們在一生中永不能忘記我們的父母。要不然的話，我們在社會上將被視爲一個叛逆。而且，還被當成不能作其他好事的例證。」

老婦人用一種感動的神態面對着他，她的眼眶中閃着淚光。

「張先生，這種行爲你們稱它爲甚麼呀？」

「啊，我們——」他敲着他的腦袋，想不起孝道應該怎麼說。苦思了一會，他說：「我很抱歉，我忘記這個冷落的字了。這在中國叫做「孝道」，就是尊重父母，順從父母和使他們晚景快樂的總稱。」

她點點頭，重又沉默起來。

「老太太，你怎麼啦？你的茶快要冷了。」

「呵！」她伸手去端茶的時候，猛烈地顫抖着。

「老太太，你有兒女嗎？」他突然問道。

老婦人剛端起茶杯，忽又放下了。她額上的筋脈因憤激而跳動起來，身子微微地震顫着，兩眼望着地板。

「我生下他們，養大他們，現在都像鳥一樣飛走了！」她哀傷地說。

「我還不知道你有兒女呢！」張其康吃驚地說。

「四個——」她說：「三個男的，一個女的……都還活在這個世界上！」

「唉，我們中國人的想法同你們不同。」他說：「我們常常覺得讓老年人跟孫子在一起也很好的。」

「這原沒有甚麼不好呀！只是我們 已經這樣過下來了，永遠讓老的一代來作沉默的抗議！」

「他們總該來看看你吧？」

「在這幾年當中，詹姆來看過我兩次——他是個好孩子——伊米蓮來看過我一次；荷佛前年到了芝加哥，只寫了封信來，說是忙得無法來看我，後來求過一次，住了一兩天就回去了；勞遜在南部，多年都沒有信了。」

張其康感慨地歎口氣，說道：「如果在中國，你將住在一個最寵愛的或者經濟環境較好的兒子的家裏，然後被另一個兒子接回去渡暑天，女兒則請你去渡聖誕。在我們那裏，獨佔父母也是不行的，但父母有權決定住在何處。」

「你們是多麼懂得享受人生呵！」

老婦人喝着茶，臉上留着不愉快的神色。

「我不會對你再有成見了，」她歎然地說：「文明不只白種人才有的。」

「是的，膚色不能決定一切。」他說：「在我們那裏，有許多缺少色素的人，皮膚比白種人還要白得多！而且，據我所知，世界上至今還有未曾開化的白種人呢！」

老婦人喝完茶，緩緩地站起身來。她的臉上出現一種喜悅的光彩，縐紋也不像剛才那樣深邃了。

「張先生，今天晚上我眞愉快，你的話對我都是新鮮的。不過，我相信我有點妒忌你們的老年人。」她說。

張其康心裏有一種溫存的自慰。他說：「老太太，如果你願意，我很想幫你的忙，你有事盡量吩咐我好了。」

「謝謝你，我沒有甚麼事。我的生活簡單得很，只是有時要上市場去一次。」她說。

「你需要我替你上市場嗎？」

她稍一遲疑，說道：「如果你方便的話，明天替我帶買點食物回來。」

「這是很方便的事。」

張其康忽然想起一件事來，說道：「對了，老太太，我要送你這罐茶葉。」

老婦人笑着接過去，說道：「啊，你還送我東西！」

「這些東西不值錢，只是携帶不便罷了。」

「是的，路這麼遠。」她仔細地瞧瞧手上的罐頭，高興得像孩子似的。

「你喜歡的話，將來我還會供給你的。」

「喲，這已經夠了。」

他們相對沉默了一會。在出去的時候，老婦人說：「我記得你向我提過，要用我的廚房。假如不是每天的事，我想你還是使用吧。」

「謝謝你。」他說：「我一個星期用一兩次也就夠了，我想弄點家鄉菜吃。」

「你們中國人的烹調很有名。我記得我同我的丈夫去吃過一次，味道好極了。」

「我想你馬上又會嚐到了。」

「那怎麼好呀！」

「不，老太太，我們中國人有受人批評烹調的嗜好呢！」

「這眞奇妙！」

老婦人向着門邊走，一面嘮叨着說：「同你談天眞叫人痛快，使我連時間都忘了——你知道現在幾點鐘了嗎？」

「一點四十分了。」

「啊，時間過得眞快！」她叫道：「而且，我正患風濕痛呢！」

張其康送她出門，道聲晚安，回進房裏去。（待續）

黃尊生詩序

陳伯莊

尊生絕句，如秋水芙蓉。在尊生的老朋友中，我該是最愛他的詩之一人了。欣賞本屬主觀，何況帶有阿其所好的嫌疑，何況不是文藝批評專家的品藻。

可是，專家却會有專家的缺點。他會被傳統意識和技術知識所囿，而低權了美的本身。

美感的構成因素或可分為三類：一、基於先天共同性的，即生物的及與生俱來之心理的；二、基於後天共同性的，即文化的（其中包括時代風尚一次類）；三、基於個人個別性的。姣若子都方是姣，故第三類因素不能作衡鑑標準。「山光悅鳥性，潭影空人心」，對一個毫無禪悅的文化意識的讀者不易甚至不會引起美感。「池塘生春草」，學凡有生之倫，都會領略到這幅語言畫圖之美，髣髴乎超古今中外的個殊文化而為美矣。（如以石遺詩話推崇這樣妙手偶得的素描為一代不數人，人不數語」。而尊生詩乃有「空庭有落花」的罷句。

尊生儘管留法宿學，儘管五年前他六十初度獨自一個休假一年於牛津大學，流連於中古宮室之肅穆與嵯峨，沉湎於西歐音樂之汪洋與萬象，而他的詩依然充盈著傳統的中國文化意識，此足為尊生病否？

竊以為自從先秦期儒道陰陽三家的思維經過相當的滙合，而有基於樸質觀察的抽象之「道」，一直到舊文化尚形完整的六十年之前，天人合一的自然觀還支配着中國知識分子的心靈。自然之美無過於山水之清。自謝靈運以詩來寫山水，自五代以畫來寫山水，自南宋擴展了本來用以歌詠男女情的詞來寫山水，無形中似乎都暗示了這支配心靈的主流入三種不同的表美形式。寫山水的詞不幸遭逢末運而發展為亡國哀音，故其流不衍。見於詩與畫的山水，久為中國文化精神之所繫，而尊生之詩仍在此範疇之內。

凡事物不能滿足時代需求的不能不做。事物之美者以其形式與內容之各自成美，兩者相交而其美益彰。形式美之可能性是有域限的。內容之美是以文化意識為主體的。（因為超文化而為美的素描句乃代不數人，人不數語。）再說「山光悅鳥性，潭影空人心」罷。這兩句是曹子建所做不出的，因為那時佛經雖已介入，而佛哲學尚未抬頭。到中唐，佛哲趣已濬進那時的文化意識之中了，所以到韋蘇州詩雖形式不殊於建安，而內容乃成創新。在今日，舊詩形式的可能性發已發掘無餘，而文化適逢舊轂幾沒，新轂未升之厄運。文化的新綜合未成，何來新意識之美化。海燕歸來，尚戀烏衣門巷，時代如此，個人何尤。

尊生做詩，幸未與同光派諸領袖接觸，不受舍本逐末的影響，所以獲保天全。隅陋有好處，西施好在未入吳宮時。（完）

（上接第23頁）

㈡近代技術既是科學的副產品，因此，若思有效的發展近代技術，則必須發展科學教育。

㈢近代技術對東方宗教並無根本衝突；技術對宗教雖有影響，但無根本的影響，它充其量不過使若干宗教中迷信的部份歸為淘汰而已。

㈣近代技術來自科學，科學產自西方文化，西方文化中的價值觀念自成一系統。那末，現代技術既為東方人所接受，自不會不影響到東方的價值觀念，而事實確已曾發生了影響。但與會諸人則多認為，近代技術雖可使東方價值觀念發生變化，但不致發生根本變化，在近代技術衝擊之下，東方最基本的價值觀念仍可保留。

㈤近代技術已使東方傳統家庭制度及家庭生活發生重大變化，這種變化仍將繼續發展，不過情形雖儘管如此，但家庭仍將存在。

㈥近代技術雖已對東方傳統的文學藝術發生影響，但東方傳統的文學藝術仍將存在，並將在接受西方影響的情形之下，沿着傳統路線繼續發展。

如我們在前文中所述，十四位與會者來自十二個國家，這十二個國家則分屬於世界現存的四大文化系統；而這十四位與會者彼此的興趣既不相同，訓練亦不一樣；因此，我們若思這樣的一個場合，在短短二十四小時的討論中，對如此一複雜問題有所解決，自是不可能之事。但在另一方面，假定我們不對這次圓桌討論要求過苛時，則亦能發現其正面意義；而圓桌討論的召開，其本即具有一正面意義。

讀者投書

(一) 如此臺北警察！

李雍民

編輯先生：

我以一顆沉痛的心情來寫這封信給你，期冀借貴刊披露，我並不是有意在讀者面前告狀，而實在是覺得臺北的警察業務(別的地方我不得而知)實在有加强和改進的必要。

二月二十八日的那天晚上六點五十八分我携帶兩口皮箱，到臺北火車站搭車南下，眼看時間還差兩個半小時，並想折轉旅社稍候，但這時，小便甚急，我眼見候車室坐椅甚空，而坐椅前，有來回巡視的警察人員在，更有許多候車的人，由於一時我想得太天眞，我以爲有來回巡邏的警察在，東西放在坐椅上，解一次小便沒關係，誰知迅速的解了一次小便出來，僅一分鐘(這時時間剛指七點正)，兩口皮箱卽不翼而飛，我急得問在塲巡邏的警員，他反問我「我又不是跟你看箱子的，你可到刑警報案去。」我急得一個箭步，迅卽到鐵路刑警報案。我跑進火車站刑警室，這時，還只七點零一分，我急着說：「請各位幫忙，一分鐘以前，我的兩口皮箱在火車站候車室不知被誰偷跑了，請你們趕快幫忙追追吧！」可是，諸位刑警大老爺都酧坐在那兒熱烘烘的吃飯，沒有一個站起來問我的，我急得又說：「僅僅一分多鐘以前，請各位幫幫忙吧！」這時，才有一位警員站起來，不耐煩的說：「你怎麼這樣不小心，你知道是誰拿了沒有。」「是的，」我只有責怪自己，「太怪我自己不小心，我因爲見有警察在巡邏，所以進厠所很快的解了一次小便，算我不對，幫我的忙吧，不知是誰拿了，請大家分頭的爲我追追吧，我想僅一分鐘，小偷不會走好遠的。」我的話和急煞的神態，並沒有打動他們。他們還是吃他們的飯，我眼見他們無動於衷，急得只有自己又一口氣跑回候車室呼喚捉賊，這時已經過了四五分鐘了，那位巡邏的警員走過來向我說：「你這個人眞奇怪，叫你報告刑警去！」我被他一說，又跑回刑警隊，這時，他們已經有人吃完了飯，於是，有一個人問我：「你急得這個樣子，丢了什麼東西？」「衣服，現鈔，公私函件，還有各書店寳書賬單以及我的未出版的稿子……」，我說。

「跟他登記一下吧！」另一個還在吃飯的吩咐着這個問我的警員。

「來登記吧！」他慢吞吞的。

「不是登記呀，僅只幾分鐘以前，我想小偷還沒有走好遠，請你們派人抓抓呀！」我急得直發跳。

「到那裏去抓，今天又不是你一個人掉了東西，今天一天發生了很多件掉東西的事情。」另一個刑警漫不經心的說，好像旅客掉東西掉得多是他們的光榮一樣。

「那怎麼辦？」我依然急得跳脚，「登記就找得到嗎？」

「誰知道，我們又不是福爾摩司偵探。」

我急得發跳的說：

「老兄，」這時差不多的人都吃完，飯了，他們問明我的身份，其中一個像是領頭的人說：「你是個受過高等教育的人，怎麼這樣沉不住氣，急就找得到嗎？」

「我不是急，但你們總得分頭爲我找呀！」我說。

「你好久掉的？」那個像領頭的人這時才問起我掉東西的時間來，好像我第一次報告，(失竊一分鐘內)他沒有聽見似的。

「正七點。」我說。

「現在已經有了六七分鐘了，也許不在火車站了。」

「那怎麼辦？」我急着問。

「我們是管火車站，東西出了火車站的大門，便是第一分局管了，你趕快去報告第一分局。」

我的天，就這樣七拖八拖的，使小偷從從容容的走了，我沒法，只有又一個跑步一口氣跑到一分局報案。

一分局的刑警值日官問我在什麼地方丢了，我照報告鐵路刑警的話報告了他，他說：「你的東西是在火車站丢的，不是我們的管區，你既然報告了鐵路刑警隊，除非他們以電話通知我們，否則，我們是不受理的。」

我急得說：「老兄，請你幫忙，現在不是誰的責任問題，而是請你們幫忙的問題。」

「幫忙也得鐵路刑警隊通知我們。」他持着自己的理由。

沒法，我又跑回鐵路刑警隊，把第一分局的話告訴了負責的人。

這時，他們都人各一杯的捧着一杯茶，有的抽着香煙在談心。

「第一分局有什麼權利要我們通知他。」一個胖胖的刑警負氣的說。

「不是說他們有權利，」我盡量壓低氣解釋：「他們說案子出在你們這裏，我向你們投案了，應該你們通知各分局。」

我急得跑得大汗直流，他們却一個個無所謂的走出了刑警隊。

「再見，喂，老兄，明天一定來玩。」

「好吧，就這樣說吧！」

「…………」

就這樣，我眼見他們一個個的很自在的溜走了。留下我一個人在刑警隊乾着急。

一會兒，才有兩個刑警走進來，笑着對我說：

「我看，你還是先回南部去，你既然登記了，找得到，我們跟你寄來。」

這時，時間已七點五十了，我絕望的陷入一片無言的深思，我沒精打彩的又走到第一分局，還想第一分局爲我找尋一線希望，但第一分局的刑警值日官說：「李先生，你回去，辦個公事到警務處，看是我們第一分局的責任，還是他們鐵路刑警隊的責任，由上面來決定。」

時間九點半，我沒法再待了，只有忍痛的走上南下的快車。

一路想，臺北小偷的猖獗，並不令人寒心，而這些睜着眼睛閉着眼睛的刑警大老爺不負責任的放縱態度，眞是令人寒心。

直到現在，我丟的東西，渺無信息，連去幾封信到火車站刑警隊探詢，如石沉海底。我算是倒霉了。我誠懇的希望這些刑警老爺們，以後辦事，應該機動點，負責任點，不然養着一隻光只吃好的睡貓，倒不如不養貓。因為不養貓，自己的東西處處小心，有了貓，睜着眼睛東西被老鼠大膽的偷食，實在太寃枉了。

我想：臺北的警察應該澈底的自我檢討一下。

專此敬請

編安

左營臺字〇七四一信箱　李雍民敬上

四十七年三月十六日

附

那位偷我兩口皮箱的梁山君子，如讀了這封信，請你注意：衣服、衣料、現鈔等算我送給你了：下面的東西，敬請你能寄還。我將感激你。

1. 拙著「失戀前後」「試飛記」和寄存各書店賣書的賬單（你拿着無用，我將損失六七千元。）
2. 各種紀念品及照片。
3. 未出版的兩部稿子（包括「遠征軍畫史」及「印緬蕩寇誌」，這是我撰寫「血戰緬北」珍貴的資料）。

讀者投書

虛矯和自我陶醉（二）

陶之本

日前臺灣所有報紙均登載出一個令人欣悅的統計數字，它說據主管當局的統計，臺灣的國民收入，現在平均每人每年已提高到一千四百六十五元。並認為中華民國的國民所得在亞洲的七個國家中居第四位；這七個國家是：日本最高為每人一百九十四美元，其次為非律賓，一百四十七美元，錫蘭一百零九美元，中華民國為九十三美元，泰國七十四美元，巴基斯坦六十四美元，印度五十九美元。

看到這個統計數字，做為一個中國人，不禁感到差強人意，因為雖然我們不能與歐美諸國來比，但在亞洲我們總算也佔到第四位啦，前護後擁，我們講究擇取「中庸」之道的，能夠這樣也就可以了。

可是再仔細一想，又不大對路兒，這一千四百六十五元的國民所得是按照十五元五毛的折合率計算才有九十三美元的結果，但拿十五元五毛新臺幣眞能買一塊美金嗎？那恐怕只有活見鬼才行。如果拿目前的三十九元到四十元黑市的行情計算，則這一千四百六十元也不過三十七美元而已。如果是三十七美元，那麼在所列舉的亞洲七國之中，似仍應「敬陪末座」才是。

我發覺望梅或倘能止渴，晝餅並不充餓。以後最好事實求是，少來這種「自我陶醉」的玩意兒！

讀者投書（三）

一個僑生的意見

蕭　展

久慕自由祖國之名及寶島的綺麗，我於是由老遠的地方跑來，也是千萬名從海外抵臺的僑生之一。鑑于近年來僑生的增多，有人以爲這全是我文化機構對外宣傳國內進步的效果，或辦理僑教的成功。其實，文化機構或僑委會的對外宣傳所收到的效果，負的比正的要多得多。我現在分兩方面來說：

㈠對海外的宣傳方面。在海外各地乃至我們現在所處的臺灣，我文化機關、教育機構及僑務機關，整天鼓吹的多是些不切實際的話，甚至以大言欺人爲得計。讀者會問所說何所憑據？那麼讓我舉一個我親眼見親耳聽到的事實做例子。有一次海外僑團（好像是由菲律賓來的）來校參觀的時候，一位官方人士（我不願意指明他所屬機關）率領着來到學校新建的僑生宿舍門口，這位人士對那羣僑領們張開喉嚨大聲嚷道：「看呀！多麼漂亮舒適而又現代化的宿舍！這是東南亞……不！整個亞洲最好的大學學生宿舍！……」那位嚮導先生每句話强而有力，所以我很遠都能聽到。現在我把他的話加上驚嘆號，尚不足以顯出他講話時的那股勁。可是此話一出，僑團中的人士面部表情都變了。整個亞洲最好的大學學生宿舍這句誇大的話，不知道這位人士是如何說出口的。這樣誇海口而不顧事實的宣傳，是近年來海外宣傳的代表作。這種幼稚的宣傳，怎不引起識者見笑呢？我認爲，這些爲有識者所不取的吹噓有改變的必要。現在正在克難時期，我們應該代以吹噓的是正告海外的青年及回國觀光的僑團們：在這個克難時期，我們能具有如此簡陋而尚可安居的學生宿舍以供海外回國青年居住，以及尚稱齊全的學校儀器工場設備等，是積年累月努力的成果。就是目前不滿意，我們將來也必須達到你們滿意的標準。最後必須强調的一點是：再破的是自己的國，再舊的是自己的家。如果用這樣的說詞，是會很感動人的。反之，大言不慚，只會收宣傳的反效果。

㈡對海外的工作方面。僑務包括許多問題，在此我傷心不忍詳談。只就目前我政府最得意的一項—爭取許多僑生—這件事來講。僑生中的絕大部份是來自香港澳門二地的，所以我們應就港澳二地的統計來看，就可以知道「爭取」這二字尚頗成問題。我在香港念的是掛青天白日旗而又在臺灣註了冊的一間中學，然而只有自我們這一班起才開始有考前幾名的學生一齊相率來臺升學。以前高我們班次的名列前茅的不是全部，也達到幾乎全部的跑到赤色大陸裏去升學了。其他那些中立或教會的學校，更是不堪聞問。由於這一事實，我們能說爭取了僑生嗎？據我個人知道，很多來臺的僑生，並不是他們受到中學校校方的鼓勵，或藉報章認識了自由中國的可愛而來，多是因爲他們的家庭背景，如雙親曾在政府內做事或對政府有好感者，或本身就是商人地主有資產者的子女，所以他們之來也不是任何機關爭取宣傳的功勞。我們所要爭取的應該是那些中立動搖的青年，甚至會入匪窩的死硬份子，這樣的工作才算艱巨，才有價值，才算偉大，才有功可表！以港澳來說，以前的比率是：去匪區升學的學生佔一半，而且是最優秀的；留在港澳工作或升學的佔一半，功課成績較次；絕少數來臺，並且功課很少有好的。現在的情形已變了，所以變的原因，主要是由於共匪的眞面目畢露，大家不再對它存有幻想了。而並不是我方爭取之功。近年來學生升學比率成爲：去匪區升學的學生銳減，然而仍有不小的數目，水準降低；留在港澳升學或工作的仍佔一半，大部份是優秀的學生，有靜觀演變之勢；赴臺升學的數字劇增，比去匪區的人數略高，素質亦在提高中，然而仍未能佔優秀分子的大部份。因此，在臺的僑生，當然好的不少，勤奮而用功；壞的，鬧事的，惹禍的，招搖過市的，也有很多。但是他們並不能代表港澳的學生界。一般人所遇到、撞到的都是在街邊上閒蕩的幾個，殊不知道尚有許多僑生整天關在圖書館內，足不出校，故來了臺北幾年，尚有不知道西門町在何處者！這也是的的確確的事實。所以有待我們有關當局努力的事還有很多，希望在民國四十七年的這個年度，對外積極工作，要深入海外僑校內層，引導更大批的優秀青年回國升學，相對的使去匪區的學生銳減，才算對海外的工作方面在爭取青年回國升學上獲得顯著的成效。

㈢我的意見。一年一度的暑期招考又要開始，在港澳在海外各地，我們又可以看到匪方誘惑僑生的慣技，我們應針對而擊破痛毀之。以港澳來說，匪方一定在報紙上大字標題：「全體大學全部免費，分文不受，並且食住穿全部供應，沒有軍訓，專車、船、機接送，而英國政府背憑學生證就可出入香港澳門境界，手續簡單方便……」等等，我不知道我方有關當局負責人看了這則宣傳有何對策？我們不能辦到全體大學全部免費，食住穿自然也不能供應；軍訓僑生免受畢業的預備軍官訓練，除掉在校的大學軍事訓練還講得過去；專車？專船？專機？我要不是買得起四川輪船票，唯有由香港游水投祖國懷抱了。至于港澳來臺的入境問題，也沒進出匪區那麼方便。那麼我們爲什麼來對抗匪方的宣傳呢？這就是我們應該動腦筋的處所。照我想，嚮往自由，是人類的天性。我們的宣傳，應該着重在這一點。舉例來說，在今年的七月中，也是大專招考的一天，我希望能看見港澳的僑報來一個大篇幅的標題：「在匪區畢業的港澳學生可以回港澳任職嗎？」這比甚麼原子彈、飛彈還要厲害，可以粉碎匪方一切宣傳詭計。令毛蟲匪主席的文化嘍囉束手無策，這也是我給予有關當局人士參考的愚見。

自由中國　第十八卷　第七期　內政部雜誌登記證內警臺誌字第三八二號　臺灣省雜誌事業協會會員　一二三六

給讀者的報告

我們一直呼籲政府作有效的政治改革。目前行政院局部改組，而且行政院長表示決以新人事、新辦法、新作風來推行政治革新運動。這是一個令人振奮的消息。對於此次行政院改組，我們認爲有令人滿意的地方，也有令人不滿意的地方，在本期社論㈠中，我們分別提出，希望當局再予以考慮，將改組的工作做得更澈底一些。政府人事每刷新一次，我們便寄以一次新的希望，但我們不得不承認，失望的成份總是居多。希望這一次改組之後，政府有些切合實際需要的辦法拿出來，切實實行，不能再讓老百姓空歡喜一場！

自日匪貿易協定簽訂之後，我國與日本的外交關係步入了近年來最黯淡的一個階段。日本外交作風一向是老猾成性，態度閃爍。我們在本期社論㈢中，不僅對日本此一外交措置表示抗議，尤其堅決反對在日本設立匪僞商務代表團。這個代表團的設立，表示日匪貿易不是爲了單純的貿易目的，而是另有其他政治企圖的。最後我們希望當局一改過去報喜不報憂的態度，開放新聞自由，讓國人明白事實的眞相，以收集思廣益之效，不僅對此一問題如此，凡對一切內政、外交上的問題都應如此。

自從本刊上期社論㈠「中國人看美國的遠東政策」發表以後，引起了許多謾罵與批評。對於批評者所批評的地方，我們在本期社論㈢中有所答辯，這個答辯也可以說是補充上期社論㈠中所未能申論的地方。我們之所以主張居自由世界領導地位的美國，應誘導遠東若干不民主不自由的受援國走上政治民主的大道，乃是從反共冷戰中的共同利害關係着眼，因爲今日的鬪爭乃是民主與極權之爭，不民主則不能打倒極權。在此我們有一點必須附帶聲明的：三月十九日的國民黨宣傳機關中華日報「老實話」一欄，以「無恥之尤」爲題，說本刊曾將「中國人看美國的遠東政策」的社論，「譯成英文，分送此次來臺開會的美國遠東使節」。這句話絕對是造謠。本社根本未將該社論譯成英文分送此次來臺美國使節，美國駐華大使館近在咫尺，現在有的是特務，請派人去調查調查！

一個國家的經濟發展有賴於資本形成。資本形成的過程各國不同，在落後國家，因爲「貧窮的惡性循環」，資本形成的問題更爲複雜。高叔康先生在「落後國家的資本形成問題」一文中，對此問題有詳盡的分析，並提出幾個當前與資本形成有密切關聯的問題，作爲我當局的參考。

對於臺灣當前的財經政策，有人主張發展工業必先發展農業，趙岡先生却持相反的見解。他在「再談財產政策」一文中，從各種思想淵源來討論此一問題，有許多獨到的見解。趙岡先生大作是去年十月收到的，因爲編排上的困難，本期始登出，敬向作者致歉。

自從本刊十八卷第四期社論㈠「反對黨問題」發表以後，引起了各方對此問題的討論。黃安先生大作「反對黨與反共」乃綜合反對建立反對黨者的意見而加以討論。從曾經面臨大敵的民主先進國家的例子來看，從有利於團結反共的觀點來看，從民主政治的優點來看，他肯定成立反對黨是必需的。

「聯合報」在臺灣現在所有的報紙之中，是最受讀者歡迎的一份號稱民間的報紙。傅正先生大文「所謂『勿踏民盟路線的覆轍』」是針對聯合報三月廿四日的一篇社論「勿踏民盟路線的覆轍」而寫。我們對這篇社論的看法與傅正先生不謀而同，「其說法，如出之於官方的報刊，似可不計較，但出之於一份號稱民間的報紙，顯然值得重視。」因此，我們特將傅正先生大作於本期登出。

自由中國 半月刊　總第二〇二號　第十八卷第七期

中華民國四十七年四月一日出版

發行人 兼主編：『自由中國』編輯委員會

出版者：自由中國社

社址：臺北市和平東路二段十八巷一號

Free China Fortnightly, 1, Lane 18, Ho Ping East Road (Section 2), Taipei, Taiwan.

電話：二　八　五　七　〇

航空版：友聯書報發行公司（香港九龍新圍街九號）

總經銷：自由中國社發行部

經售者：
美國：紐約友方圖書公司 Hansan Trading Company, 65, Bayar D Street, New York 13, N. Y. U. S. A.
紐約光明雜誌社 Sun Publishing Co., 112 Mulberry St., New York 13, N. Y. U. S. A.
韓國：漢城裕昌德號
馬尼剌：新疆書店
印尼：泗水文光圖書公司
緬甸：仰光振成書報店
印度：阿拉哈巴中印文化出版社
北婆羅洲：西利亞坡青年書店
星加坡：友聯書報發行公司（小坡大馬路四六九號）
吉隆坡：友聯書報發行公司（馬華公會大厦三樓七室）
怡保：友聯書報發行公司（希尼華沙甘街十六號）
檳城：友聯書報發行公司（林連登律七十二號）
澳門：友聯圖書公司

印刷者：精華印書館股份有限公司
廠址：臺北市長沙街二段七一號
電話：二　三　四　二　九　號

本刊經中華郵政登記認爲第一類新聞紙類　臺灣郵政管理局新聞紙類登記執照第五九七號　臺灣郵政劃撥儲金帳戶第八一三九號
（每份臺幣四元，美金三角）

自由中國

FREE CHINA

第十八卷 第八期

目錄

中華民國四十七年四月十六日出版
社址：臺北市和平東路二段十八巷一號

半月大事記

三月廿六日（星期三）
美第三枚人造衞星射入軌道進行運轉，並帶精巧「磁性記憶」錄音儀器，能探測更多的宇宙線活動情況。

三月廿七日（星期四）
赫魯雪夫接替布加寧任俄總理；最高蘇維埃主席團無布加寧。美料赫魯雪夫權力增强將危害西方。
雅加達政府軍方宣稱，東蘇島革命軍已被全部肅清。
日本首相岸信介對日匪貿易說明基本態度，日希望擴大對匪貿易，但承認匪僞尙非其時。

三月廿九日（星期六）
美海軍軍令部長勃克表示，蘇俄擁有潛艇隊威脅自由世界，美已發展水底偵察系統。

三月卅日（星期日）
美國國務院發言人稱，美將不理蘇俄抗議，仍將在太平洋區舉行核子武器試驗，認馬紹爾羣島是一個戰略地區。

三月卅一日（星期一）
蘇俄外長葛羅米柯告俄最高蘇維埃說，俄正準備簽一協定，停止舉行核子試驗，但如他國試驗，俄即不受拘束。
美對於蘇俄所宣佈廢止核子試驗，聲明斥其虛妄。
赫魯雪夫提出新閣名單，布加寧被派爲國家銀行董事長。柯茲羅夫一躍而爲部長會議第一副主席。
美決助約旦開發約旦河，贈約二百八十萬元。

四月一日（星期二）
加拿大國會議員舉行改選，保守黨獲壓倒優勢，在二六五議席中已獲一九八席。
美英法三國照會蘇俄，建議本月下旬舉行外交談判，爲高階層會議作準備。

四月二日（星期三）
盟國拒絕共匪關於舉行全韓統一選舉的建議，堅持在聯合國監督下舉行投票，反對由所謂中立國家監督之說。
赫魯雪夫抵布達佩斯，將與匈共首腦舉行秘密談判。

四月三日（星期四）
艾森豪致國會特別咨文，促設一非軍事機構，主管美國太空計劃。
印尼革命政府外長宣佈，從政府軍手中奪獲俄製武器，籲請人民合作防止印尼赤化。

四月四日（星期五）
艾森豪咨文美國會，提改組國防部方案，使國防部長有統一三軍指揮權，三軍參謀首長爲國防部長僚屬。
赫魯雪夫在匈牙利演說，要求停試核子武器，拒絕討論東歐問題，對俄鎭壓匈革命大事辯護。
印尼共黨唆使政府接受蘇俄經濟援助，俄以汽車一輛贈印尼前外長。
美國國務院發表聲明，駁斥赫魯雪夫在匈演說。

「自由中國」的宗旨

第一、我們要向全國國民宣傳自由與民主的真實價值，並且要督促政府(各級的政府)，切實改革政治經濟，努力建立自由民主的社會。

第二、我們要支持並督促政府用種種力量抵抗共產黨鐵幕之下剝奪一切自由的極權政治，不讓他擴張他的勢力範圍。

第三、我們要盡我們的努力，援助淪陷區域的同胞，幫助他們早日恢復自由。

第四、我們的最後目標是要使整個中華民國成為自由的中國。

四月五日（星期六）
赫魯雪夫唆使匈共加强鎭壓匈人，要求匈共採取更兇狠的手段，並謂如再有革命，勿依賴俄幫助。
美國太平洋區總司令史敦普在美衆院作證，認大量援助遠東仍極爲重要。
法提封鎖阿爾及利亞邊境建議，突尼西亞總統包格貝拒絕；突盼阿爾及利亞衝突國際化。
美總統命國防部，建立統一三軍司令部，並進行包括其他七項改組步驟。
美原子試驗決定不停止。

四月六日（星期日）
赫魯雪夫致函艾森豪麥米倫脅迫美英停試核子，否則俄將繼續試驗。美國務院對赫魯雪夫函件未予置評，僅謂係葛羅米柯聲明翻版，無新內容。
對俄停試核子建議，西方即將磋商答覆，北大西洋盟邦將舉行緊急會議。

四月八日（星期二）
印尼購買共黨武器，美聲明表示遺憾，顯示美已脫離嚴格不介入立場，如革命軍要求武器將加以考慮。
美總統促赫魯雪夫同意停止製造核子武器，分裂物質今後只用於和平目的，設法擬訂一項可靠的裁軍計劃，並說明美在太平洋核子試驗仍按時進行。
印尼向美國要求出售價值億元的武器。
突尼西亞以發報機供給阿爾及利亞叛軍，法向突提强硬抗議，突認法指摘爲「純係荒謬」。

四月九日（星期三）
杜勒斯向記者表示，美拒印尼武器要求，印尼局勢基本上乃是國內事務，除非抵抗外來侵略，美拒予武器。

四月十日（星期四）
美助理國務卿狄倫稱，美需認清當前危險，全力與俄經濟作戰，促國會通過軍經援外案。
蘇俄匈牙利聯合聲明，要求開高階層會議，重彈禁止核子試驗濫調。
匈共韓部及軍警官員，有數千人遭整肅，其中有正副部長十三名，將領九名，罪名是有「修正主義」傾向。

社論

(一)

改進黨政關係

中國國民黨最近對於黨政關係，傳說將有重大的改進。據聞改進的內容，先從中央高級幹部之甄別與登記着手，改進方案中所稱中央高級幹部，包括五院高級從政黨員，行政院從院長起到各部政務次長，立監兩院則包括全體立監委員的黨員。在國民黨中央黨部尚未將這個方案公布以前，我們當然未能作最後的評論。但因中國國民黨今日在自由中國所居地位的重要，國民黨內部一切措施，直接對政府發生密切的影響，間接也與整個國家有莫大的關係。我們希望政府好，國家好，對於國民黨內部的改進，自然同樣寄以殷切而誠懇的期望。

政黨這一個名辭，顧名思義，當然脫離不了政治。但是政黨本身並不是政府，政黨對於政治的運用，是通過政府的。所以一個政黨，無論其為什麼性質，革命政黨也罷，普通政黨也罷，有政黨必有黨政關係，一國政治之良窳，多少要看其黨政關係運用之是否圓滿。就以國民黨而論，在過去訓政時期，同樣有黨政關係的問題，當時由中央執行委員會產生之中央政治會議或中央政治委員會，其職掌便是管理與運用黨政關係。民國三十七年行憲，訓政時期結束。中國國民黨黨員在立監兩院佔着絕大的多數。大陸淪陷，政府迫居臺灣，國民黨經過改造。而立監兩院因為環境關係無法辦理選舉，所以就事實現狀來觀察，國民黨係由昔日的革命政黨而改處於普通政黨的地位（至少在理論上應作如是解釋），而民意機關立監兩院在現狀下面一時無法辦理選舉，仍擁有壓倒多數的國民黨黨員。中國國民黨的黨政關係，自然是當前一個迫切而重要的問題。

看了英美兩國政黨的歷史，一個長期執政的政黨，其內部能免於腐化並免於發生分裂的情形，是不容易的。最顯著的事例：十七世紀到十八世紀上期的英國民權黨，以及南北戰爭後美國的共和黨，都因執政時期過久，弄得內部分子萎靡不振，固守既得利益，不肖份子且視政權為私有，一切營私舞弊，坐地分贓，都由此而生。積之既久，奮發有為的份子，當然對現狀不滿，因而發生分裂，馴致在政治上站立不住，使反對黨乘時而起。所以一個政黨在長期中執政，對政黨本身是十分危險，對國家也有重大的影響。政黨的生存與壯大，全靠政黨本身時時惕厲，在內部不斷為各種的改進，由黨的本身改進，同時兼顧到黨政關係的改進。我們今天從各國政黨的歷史來看，國民黨的領導者與黨員，常常發覺自身的缺點，而思有以改進，從而改進其黨政關係，這種消息，無論從國民黨黨內或黨外來看，都是好的。

無論從各國的政黨歷史看，或從中國國民黨的黨史研究，大凡一個新時期的開始，或是一個新段落的形成，黨的氣象必然是恢宏而擴大的。氣象方面是恢宏而擴大，內容方面也是恢宏而擴大。在一個新時期與新階段的開始，不但在黨內，應當把有歷史有學養的優秀份子，盡量哄抬，使其盡量發揮力量。就在黨外，亦應同時物色社會各方面的優秀份子，讓他們好像萬流競進，朝宗於海。如果若干優秀份子，始終樂於保持他獨立的地位，不肯輕易加入黨派，那末，政黨方面只有充分對之尊重，並且保全培養，使其在社會上同樣發揮作用，千萬不可入主出奴，千萬不可羅致不到便想盡方法去毀滅人家。這是最大的政治道德。就中國國民黨的歷史而言，北伐前一段時期，全國青年及社會優秀份子的投向國民黨，而國民黨方面也敞開大門，開誠延納。當時投向國民黨的人，何嘗稍稍計較利害。在民國十四年春夏之交，國民黨總理孫先生在北平逝世，許多反對國民黨的人，以為國民黨從此羣龍無首，勢將一蹶不振，但事實上在那時加入國民黨的人，反比以前更為踴躍而熱烈。這就是當時國民黨示全國人以恢宏擴大的氣度，所以天下人景從而雲合。今天我們政府退居臺灣，從國家言，從國民黨言，正是一個新時期新階段的開始。我們希望國民黨根據過去的經驗，凡有興革，終應向着恢宏擴大的方向，不要反其道而行之，走向偏狹窄隘的路上去。惟有這樣，國民黨的改革，乃能在政治或社會上收到重大的效果。黨政關係的融洽美滿，自為事理之必然。

中國國民黨有一項特徵，那就是它有一位由於三十多年來的歷史關係而地位絕對不可動搖的黨魁。按理說，在這樣一位黨魁之下，黨政關係應該早已達到非常圓滿的境界，不會發生什麼嚴重的問題。但據我們風聞，國民黨中近來頗有些人卻為了書面「效忠」與「黨紀」之類的事，感覺憂慮。這一問題，似乎不可不提出檢討。我們認為，政治與宗教是性質根本不同的，政黨與宗教團體的性質亦不一樣。今天如果用宗教上的方法來辦理政黨，這是極易流入極權政治的政黨型式。我們今天既在民主憲政下號召反共抗俄，我們想，中國國民黨當然不願走向這條道路去。所以，今天中國國民黨在這樣無人可與抗爭的黨魁領導之下，不應該考慮黨員對黨魁服從的問題。而只應多多檢討黨員尤其所謂幹部與黨魁如何保持密切的接觸。尤其在黨政關係方面，對於每一個問題，幹部與黨魁，務必有一個充分與從容討論的機會，使上下的意志，相互瞭解。惟有絕對的保持密切接觸與從容討論的機會，然後能使幹部對黨魁，由信念相合而趨於一致。

政黨是一種共同意志的結合，而在一個民主國家，此種共同意志是經由一種民主程序而產生的，並不是出於片面的服從。這一點，在我國當前的情形下，似乎特別的重要。我國在今天，事實上祇有一個政黨掌握着行政、立法各部門的絕對權力，而這個唯一強大的政黨，又行的是黨魁制。如果這個強大政黨內部缺乏民主精神，不能包容並反映各方面的意見，而偏要強制地運用黨政關係，在立法部門控制黨員的投票，在行政部門控制黨員施政，甚至進而以所謂「黨紀」來干涉司法，則整個政治，將絲毫不剩有一點實質的民主氣息，而憲法所要求的權力制衡，亦完全不能發生作用。欲救此弊，最好的辦法莫過於有強大反對黨之出現。但今天事實上尚沒有這樣一個反對黨，我們就更要希望國民黨內部能有較多的民主。而所謂黨內民主，其精義亦無非是在於自由選舉（黨大會代表與各級委員之選舉）、自由討論、與多數票決。政黨的基礎建立於羣衆，而接近羣衆的，正是那些基層黨員而非領導階層。國民黨內部倘能讓基層黨員發揮更為積極的作用，相信這能開啟一個恢宏擴大的局面。

不錯，政黨是靠組織，組織靠紀律。但是組織與紀律對政黨不是絕對的。政黨內部的團結與黨政關係的圓融，還是要講是非，論道理。尤其談到黨政關係，含有各種具體的問題。一個問題當然有多方面的看法，但是經過詳盡而客觀的討論，終要討論出一個道理來。所以領導政黨，在組織與紀律之上，還須講是非，論道理，不是武斷地到處搪出紀律與組織就有用。民主憲政與極權政治的分歧在此。理性社會與神秘社會的分別也在此。人類社會今天既已進入到理性的階段，任何人也無法倒挽它再重入於神秘的時代。辦黨與搞政治必須具備此種明智之眼光，然後可以得心而應手。

講到組織，我們的感覺，今天中國國民黨所犯之病，口頭上天天叫重視組織與紀律，而實際上並沒有實在去做，更沒有正心誠意去注意組織與紀律中的人與事。譬如以立監兩院而論，從立委黨部與監委黨部的委員起，以至各小組的組長，乃至各委員會的召集人，如果中國國民黨眞正在那裏認眞組織，第一步上述各種人選，應該是比較的負着重望的黨員，第二步各小組會議與黨員大會，一切黨政問題應該在那裏已能得着解決。但是事實上，今天立法院與監察院的國民黨黨部委員小組組長及各委員會召集人的人選，國民黨中央黨部究竟過問不過問？實在是一個謎。如果說國民黨中央黨部不過問，那末，中央黨部就太溺職了。如果說在那裏過問，則今天立監兩院黨部以至小組及各委員會的召集人，人選實在不能令人滿意。無論國民黨的黨內改革也好，國民黨的黨政關係改進也好，如對這種現象尚不能糾正，還有什麼可以說的！所以今天國民黨關於這一方面，或者採取極端的干涉政策，使黨政關係的人與事，處處受着黨的集中支配；否則便絕對放任，讓黨內各種自然力量在那裏競爭，黨中央對那一方面都採取公平的中立態度。如果上述兩條路，一條也不走，只是枝枝節節，偷偷摸摸的在那裏零碎支離地操縱，而名之曰組織，這正是寃屈了組織的名辭，而事實上則弄到一團糟。今天國民黨的黨政關係，不是什麼紀律與組織問題，而是口上掛着紀律與組織，實際上已造成一團糟，怎樣澄清這個局面，或為今天國民黨黨政關係最迫切的一個先決課題。

鑒於國民黨今天與國家的關係，國民黨的命運與國家是分不開的，希望國民黨每一次的興革，能對黨有好處，進而對國家有好處，不希望國民黨經過一次改革，反而使黨內元氣受着一次傷害，間接使國家亦受着損害。在今天反共抗俄的基本國策之下，我們殷切期望中國國民黨的黨的組織與領導，能走向民主憲政的道路，走向理性與自由的目標。這是愛國家與愛國民黨者一個誠懇的祝望！

社論

(二)

立監兩院加緊自肅運動！

民主政治與選舉制度是分不開的。沒有選舉，就沒有民主；選舉辦得不好，民主政治也就名存而實亡。

臺灣的省縣市參議員和縣市長雖是民選的，但選舉辦得不好。中央政府遷臺以後，三個民選機構，國民大會、立法院和監察院，因爲選區(除臺灣省區以外)淪陷，均未能如期改選。所以就現階段講，中央政治與選舉制度實際上已經脫節。關於地方政治，這篇文字不擬涉及。這裏專談中央方面。

近年來，我們的中央政治，其趨勢是叫人擔憂的。少數官員貪污枉法，並不可怕；局部的腐化，也不難治療。怕的是有一個反民主、反法治的趨勢，在這裏助長貪污枉法，在這裏擴大並加深腐化，因而播種下不堪設想的禍根！今天，中央政治顯露了這一趨勢，是有目共睹的(行政院最近的局部改組，雖也給人相當的興奮，但究不足以顯示這一趨勢的扭轉)。這一趨勢之所以釀成，自然有它的主要因素，但也有些湊合因素。中央民選機構之不能如期選舉，照我們想，是若干湊合因素之一。

在中央的民選機構中，立法院和監察院是行政權的經常制衡機關。可是立法委員和監察委員的任期，在現狀下是茫茫無限的。選民既不能在一定期限以內，對他們來一次選擇，他們也就想不到什麼選民了。於是有的人就敢於與行政官吏乃至與司法官勾結，作出許多違背民意的壞事來。立監委員既有人自暴自棄，自瀆身份，於是立監兩院對行政權的制衡作用，也就大大受其影響。最近被揭發的幾件外滙舞弊案之涉及立委多人(據報載，包括程烈在內共計二十一人)，正說明民選機關失掉了選民控制的時候，也會與行政機關同流合污，走上腐化途徑。

爲挽救這一局勢，該怎麼辦？

對於這個問題，我們曾經建議採用「離鄉投票」的方式來改選。可是這一擬議，縱令被當局接受，也不是短期內可以做到的。我們要想想，今天，就在今天，該怎麼辦？

今天，我們只有兩個希望：第一、發揮與論力量來督責、來制裁。第二、立監兩院自身趕緊加緊自肅運動。關於前者，作爲與論界的一份子，我們是不逃避責任的。關於後者，我們要寄望於立監委員中有操守而又有抱負的人士積極地負起責任來。

據本月三日聯合報訊，立法委員李慶麐等四十五人，因外滙舞弊涉及少數立委，特於本月二日院會中提出臨時緊急動議，以期挽救立法院的聲譽，同時該院預算委員會對於同一案件也提出報告，並建議交付紀律委員會澈查。這兩件案子，經合併討論，作成決議案如下：「本案關係本院聲譽，及行政院施政成敗，除將本案交紀律委員會外，應請行政院迅速澈查，並將全盤事實及有關人員姓名於十日內專案函復本院」。在討論過程中，有好幾位立委熱烈發言，均着重於自檢自肅，以期挽救院譽。其中，陳紫楓委員表示，他當年主張立委不得兼任會計師或律師，如果當年大家同意不兼，則不會發生今日的外滙舞弊疑案。陳委員的主張，本刊也曾經提出過。現在事實證明，限制立委兼任會計師或律師的法律，有從速制定之必要。立法院是國家最高立法機關，決不能碍於極少數人的利害關係，而放棄代表民意以制定法律的責任。這件事我們要趁立法院發動自肅運動的今日，再來一次呼籲。

我們很高興看到立法院發起自肅運動。同時，監察院似乎也有這個動態。三月三十一日自立晚報「新聞限」欄內有這樣一段記載：

「近來，政壇盛傳國民黨籍監委孫××等四十四人，聯名上書該黨總裁，表示效忠之意。且聞總裁曾予召見，中央黨部亦設宴，商談今後監院『黨團』活動云云。……茲據關係方面某人士謂：孫××其人者，在監院中別具『風格』。該人士指出，監院之所以考慮澄清(指澄清上書效忠事對於監院聲譽的影響)，並非否定上書效忠之本旨，而係深恐外界誤會領銜者竟爲孫××，則其嚴肅意義將受汚損。」

從這段報導中，我們注意到幾個字眼：「別具風格」、「考慮澄清」、「將受汚損」。這些字眼告訴我們，孫××其人似乎是有汚點的，他之領銜上書效忠與其有汚點的『風格』似乎有密切關係，似乎是以上書效忠來掩飾或塗抹其汚點。所以監察院若干有操守的委員要考慮澄清孫××領銜上書效忠對於監院聲譽的惡劣影響。這個消息，是值得大家注視的。可是自三月卅一日看到自立晚報的導報以後，到今天，我們還沒有聽到下文。不知道這件事的發展如何。我們也希望監察院同立法院一樣，趕緊發起自肅運動。近來年監察院的聲譽，也被少數不肖的監委毀壞得不少了。我們相信，監察委員也好，立法委員也好，其中都有很多有操守的人士。有操守的人，是好人。但僅有獨善其身的操守而無兼善天下的抱負，我們不能認爲他是一個好的人民代表。作爲人民代表，就得站起來，把我們的政治向光明的方向推動。

好人站起來，壞人才會倒下去！我們要大聲喊這句話，把「小人道長，君子道消」的趨勢扭轉過來。

請勿濫用「學術研究」之名

殷海光

在胡適來臺的前夕，臺灣忽然出現「胡適與國運」一本小册。這本小册之出現，日來頗引起學界、新聞界、和社會上若干人士的注意。官方一部分人士及該書作者說這本小册之出現，係基于「學術研究」的動機。筆者聆悉之餘，不勝驚異，且爲我們這一國子人底前途憂。

我首先要確定的一個大前題是：胡適可以被批評。爲什麼呢？因爲：一切的人都可被批評。胡適是人，所以胡適可被批評。「一切的人都可被批評」這一原則是我們應須爭取的。有而且只有辦到這一點，才有學術思想自由可言。有而且只有辦到這一點，才能表揚民主建制。惟有古代神龍化身的「聖明神武」的「天子」、教皇、大法師；近代的斯達林之徒，才不許人批評。時至今日，我們必須要求凡在太陽底下的人，無論有什麼地位，無論有什麼權勢，無論抱持什麼「主義」，一概毫無例外地可受批評。筆者有充分的理由據以相信，提倡思想自由的胡適先生是可以接受批評的，而且胡適思想是經得起批評的。關于這一方面的道理，四月八日的聯合報說得頗中肯要，無需筆者詞贅。依此，如果任何人能眞正找出胡適思想底毛病，或發現其中不够的地方，因而予以改正，或予以充實，那末，正是中國學術思想進步的徵象。對于這樣的進步，我們只有歡迎之不暇。「認貨不認人」，這是我們衡量學術思想的基本原則。有而且只有嚴格遵守這一原則，才能打破學界無聊的殘餘人事派系。有而且只有嚴格遵守這一原則，才能促進中國學術底新生進步。

既然如此，「胡適與國運」這本小册底問題在什麼地方呢？筆者幸運，有機會將這本小册看了一遍。我所得到的印象是：一，人身攻擊；二，毫無思路；三，缺乏常識；四，漢文欠通；五，不訴諸論證而訴諸情緒；六，有主張而無解析。七、專門向眞正學人不屑一顧的現實政治權利等問題上瞎扯。這樣的小册之本身，明眼人一看就可知道是實現政治底副產物。我看過之後以爲不過是高等師範一年級程度的人幹的勾當，所以看過了以後，正如我看到這一類底任何其他貨色一樣，就放下了，沒有把它當一回事。尤其是其中有一篇說胡適不該提倡白話文的作品，却是用白話文寫的。這位作者，似乎中樞神經都有點問題。萬料不到這樣的一堆作品，竟是出于「大學教授」底手筆！我眞慚愧。

該書作者說臺灣只有捧胡適的自由，沒有反對胡適的自由。這眞是「晝不見泰山」之談。何忽視事實乃爾！將近十年來，臺灣究竟是否有思想界，乃一件很難界說的事。假定有的話，近若干年眞是汚塗胡適思想者底得意之秋。無論什麼人——無論讀過書沒有，無論有否一點現代知識，無論是否受過最低限度的思想方法訓練，只要提得起一枝筆擺出一副衞道的架式，塗鴉詆毀胡適思想，就不愁在市場上沒有銷路。君不見！近幾年來從香港到臺灣，藉反五四思想，播弄文化口號，成就了多少思想大師，多少英雄豪傑，以及各式各樣的打手！筆者認爲，一個人無論出于自覺或未自覺，不妨作貓脚爪，也可以作打手，但請切勿濫用「學術研究」之名。近十年來，我們社會上的元氣，被一幫子人因着無知和爲了現實的政治利益糟踏得差不多了。眞是不堪再糟踏了。如果像目前的風氣一樣，抱緊自己底一點點不通的成見就對人張牙舞爪，拳打脚踢，攻擊私事，這樣算是「學術研究」，那末我們底前途怎樣，不卜可知了。

近八九年來，臺灣是一天一天地沉淪在泛政治主義 (pan-politicism) 之中。官方的政治需要幾乎把一切社會活動帶着走，所謂的「學術」不能例外。官方的政治意識瀰漫到許多角落，所謂的「學術」也很難逃出這一氛圍之例外。我們稍一檢視這幾年的出版物就可知道了。尤其是中小學生底文史課本中的政治色彩之濃厚，看了眞叫人傷心。搞政治的先生們！你們搞了幾十年，把國家搞成這個光景爲什麼還不饒過下一代？「學術」做了政治工具，還有什麼學術可言？共黨匪徒之可惡處，就在他們拿學術作政治工具。號稱反共者爲什麼硬是要照樣學習？眞正的學人今後所應須從事的重要工作，就是把學術從政治的魔掌之下搶救過來，使學術能作獨立的發展。這種見解，我們在胡適思想中可以找到很明顯的線索。

如果說「胡適思想」在臺灣像在大陸一樣的受到嚴格的壓制，那末是不合事實的。但是，至少近十年來，「胡適思想」在臺灣是在窒息狀態，也是事實。目前積極擴展胡適思想的少數學人，不是成爲打手們底目標，就是心理受到威脅。此時此地，我們簡直沒有暢論「胡適思想」之自由。如果情勢容許筆者表示一點思想的話，而且「胡適與國運」小册底作者果眞有什麼「觀點」的話，那末我要表示，我底想法與該册作者底「觀點」剛好相反。我看不出胡適之和嚴又陵他們底思想在大方向上有何荒謬之處，更談不上有何大逆不道之處。恰恰相反，我認爲他們說的太不够。他們限于所處時代，在四十年前未能動員現代心理學、民俗學、社會學、文化人類學，並且運用哲學解析的技術，來支持他們底言論。所以，他們底言論無寧氣盛于理。所以，在今日看來，頗有難乎爲繼之勢。然而，無論怎樣，他們所開的大路是不錯的。並且一點也不錯！這一條光明大道，不是一點民俗崇拜和玄學名詞所能阻毀的。今後我們所應做的工作，是拿現代心理學、民俗學、社會學、和文化人類學，並且運用哲學解析的技術，來充實並擴展他們底思想。這才是眞正的學術研究工作。

論美國憲法上的種族平等

劉慶瑞

一　引言

美國在南北戰爭之後，爲了保障新解放出來的黑奴的權利，陸續制定三個憲法修正條文，卽一八六五年的憲法修正第一三條、一八六八年的憲法修正第一四條、與一八七〇年的憲法修正第一五條是。憲法修正第一三條禁止奴隸制和强迫勞役制；修正第一四條規定美國公民的要件，卽凡在美國出生或歸化於美國者，均爲美國公民，無論何州均不得限制美國公民的特權與豁免，又非經正當法律手續不得剝奪任何人之生命、自由、或財產，亦不得對州管轄範圍內的任何人，否認法律的平等保護；修正第一五條規定，無論是聯邦政府或是各州政府，均不得因種族的不同而限制人民的選舉權。上述各條均包含一個同樣的規定授權國會得制定適當法律以執行這些條文。這些修正條文的制定人，原來以爲有了這些條文就可廢止一切社會上和政治上之種族不平等的現象[註一]，但問題並非如此簡單，在美國這種種族混合的國家，種族平等的原則呈現許多複雜而困難的問題。本文的目的乃在於從美國聯邦國會的立法與最高法院的判例，究明種族平等問題在美國的演變。

二　憲法修正第一四條的適用對象

美國憲法修正第一四條規定：「任何州均不得對其管轄範圍內的任何人，否認法律的平等保護」。這個規定所限制的對象，很明顯地是各州政府的行爲。所謂各州政府的行爲，乃包括各州政府機關的一切立法、行政和司法行爲。就是說，凡是用州的名義，憑着州的權力所作的一切行爲，無論這個行爲是由如何機關或用如何方式爲之，均是州的行爲，而受憲法修正第一四條的限制，如果這個行爲有否認人民的平等保護權，則可視爲違憲[註二]。至於個人的私人行爲究竟有無受憲法修正第一四條的限制，美國最高法院在一八八三年的 Civil Rights Cases[註三]，提出一個明確的答案。先是，在一八七五年，國會通過一個人權法案 (Civil Rights Act)，規定任何人不關種族如何，對於旅館、交通機關、戲院或其他公共娛樂場所，均有平等享受其設備與利益的權利；如果有人否認這個平等享受的權利，則須負民事上損害賠償的責任，同時須負刑事上輕罪的責任[註四]。這個法律的目的乃在於補充憲法修正第一四條的原意，而廢除一切社會上的不平等現象，其用意不能謂不佳，但最高法院竟在 Civil Rights Cases 說：「修正第一四條所禁止的，是各州的某特定行爲。個人對個人權利的侵犯行爲，並不是修正第一四條所禁止的對象；個人的非法或侵權行爲，不過是個人的犯罪，這種行爲祇受各州法律之制裁，並不直接受修正第一四條之拘束」。根據這個理論，最高法院以爲國會固可依修正第一四條禁止各州政府採取有違背種族平等原則的行爲，但不能依此禁止個人的私人行爲，而遂判決人權法案有超過國會的權限而違憲。自有這個判決以後，遂成立了一個原則，就是說，憲法修正第一四條祇禁止州政府對州內人民作不平等的待遇，而沒有禁止私人對私人作不平等的待遇。最高法院的這種解釋，純粹從法理上言之，固不能謂之有失妥當，但在實際上竟使憲法修正第一四條的原意，失去了一大半，結果聯邦政府祇能對於各州政府所作的不平等待遇，加以抑制，而對於一般社會上所存在的不平等現象，則始終找不出一個有效的方法來糾正。這可以說是美國憲法中的一大漏洞。因爲有這個漏洞，在一九五四年美國最高法院宣告公立學校黑白分校制度爲違憲之後，才會發生南部二三州擬改公立學校爲私立學校之議。蓋一九五四年的最高法院判決明文上祇禁止公立學校分校制度，並無禁止私立學校分校制度，所以各州若把公立學校改爲私立學校，則可逃避這個判決的拘束。

三　黑白分別制度與種族平等

自南北戰爭之後，黑奴雖已解放，但社會上南部各州白人歧視黑人的觀念，依然牢不可破。有許外地方，不但公立國校黑白分校[註五]，火車、旅館、餐館、戲院等等，往往黑白分座，不相混淆。這種舊習，至今相襲不改。這種黑白分別制度是否違反憲法修正第一四條所保障的種族平等之原則，最高法院在一八九六年的 Plassy v. Ferguson 案件中[註六]，確立了一個「分別但是平等」(separate but equal) 的理論。就是說，黑白雖分別，但如果其設備同等，則無碍於平等，從而並不違反修正第一四條的平等保護權。在這案件中，最高法院拒絕「種族分別制度本身可能養成有色人種的自卑觀念」的主張，而認爲 Louisiana 州的法律規定火車應分別設備白人用車與有色人用車，乃是州政府爲了維持治安所採取的一種適當步驟，所以祇要雙方的設備相同，則不能視爲違反憲法修正第一四條。在一九〇八年的 Berea College v. Kentucky 案件中[註七]，最高法院又將這理論應用於黑白分校制度，而支持 Kentucky 的黑白分校制度爲合憲。自此以後，南部各州的黑白分別制度並不能視爲牴觸憲法修正第一四條，乃成爲一件不容置疑之事。

依「分別但是平等」的原則，分別制度若要主張其爲合憲，必須要證明雙方的設備相同。不過，同等的設備要到如何的程度，始可視為合憲，關於這個問題，最高法院最初採取了相當寬大的解釋。國民學校是國民基本教育的機關，所以各州政府若有設立公立的白人國校，亦應替黑人辦理設備相當同等的國校。不過，關於中等教育和高等教育，最高法院却認為各州政府不一定要替極少數的黑人或其他有色人種開辦與白人相似的教育機關。例如，在一八九九年的 Cumming v. County Board of Education 案件中(註八)，最高法院判決：南部某區沒有為其區內的六十名有色人種兒童開辦中學，雖然該區有白人中學，亦不能視為違反修正第一四條的平等權。又在 Gong Lum v. Rice 案件中(註九)，判決：自己區內若無適當的學校，可要求有色人種子弟到隣區有色人種學校讀書，與其讓她進入自己區內的白人學校。在這段時期，黑人在事實上，不但與白人分別，而且亦祇能享受比白人較劣的設備。

但是，到了二十世紀初葉，最高法院對於同等設備一事，開始採取了較嚴格的解釋。在一九一四年的 McCabe Atchison, T. & S.F. Ry. Co. 案件中(註一〇)，最高法院判決：黑白分座的火車，若白人車有臥車餐車等設備，黑人車亦應有同等的設備。在高等教育（例如大學研究院、法學院、醫學院等等）這一方面，最高法院亦逐漸要求各州為黑人設立與白人同等設備的學校，或者允許黑人進入白人學校。Missouri 州替黑人開辦一所大學，叫做林肯大學 (Lincoln University)，但該大學並沒有設立法學院，而該州法律又不允許黑人進入白人法學院，所以凡是要讀法律的黑人學生，必須到他州求學，不過在這場合，州政府會替他繳付學費。有一黑人學生不願意到他州就讀，乃向 Missouri 州立大學法學院申請入學，而被拒絕，結果向最高法院提出訴訟，主張 Missouri 州的這個法律有侵害憲法修正第一四條對他所保障的平等權。在一九三八年的 Gaines v. Canada 案件中(註一一)，最高法院支持上訴人的主張而判決：州內若無黑人法學院的設備，州政府在尚未設立這種學校以前，應允許黑人進入白人法學院。一九四八年最高法院又再處理一件與 Gaines 案件相似的案件。有一有色人種女生向 Oklahoma 大學法學院申請入學而被拒絕。在 Sipuel v. University of Oklahoma 案件中(註一二)，最高法院再確認 Gaines 案件的原則，而慫慂 Oklahoma 州儘速設立黑人法學院。

到了一九五〇年，黑人爭取教育機會平等的鬬爭，在最高法院得到兩個相當重要的成果。其一，在此以前，Texas 州為了順應時代潮流，設立一所黑人法學院（惟其設備甚不完全）。有一黑人學生因嫌其設備不全，而申請進入 Texas 大學白人法學院，對之，最高法院在 Sweatt v. Painter 案件中(註一三)，接納上訴人意見而命令 Texas 大學允許其入學。其二，最高法院在 McLaurin v. Oklahoma 案件中(註一四)，判決：Oklahoma 大學既允許黑人學生進入其研究院，不應在校內的各種設備，例如教室、圖書館或食堂，對黑人學生有不平等的待遇。

如上所述，最高法院對於「同等設備」的解釋漸趨嚴格，而南部各州在法律上為了符合最高法院的判決，並在政治上為了順應社會潮流，近來年雖然對於黑人學校大加改善，使其設備能與白人學校相比，但是這裏仍存在着一個根本問題尚未解決。這就是分別制度本身是否平等的問題。最近美國國內、國外的人士都很激烈攻擊分別制度，指責分別制度實為美國民主政治的一大汚點，根本違背獨立宣言的精神，且違反修正第一四條的平等保護權。在一九五二年，已有五個案件擺在最高法院面前。這些案件雖來自不同的州（Kansas, South Carolina, Viginia, Delaware 和 District of Columbia），但同樣都是向公立學校分別制度挑戰的。最高法院經過兩年的愼重調查與審理，於一九五四年五月十七日，由主席法官 Warren 宣讀其判決(註一五)。在這案件中，最高法院與其採取純法律上的看法，毋寧根據教育學者、心理學者、社會學者、精神病學者和人類學者的見解，而承認分校制度可能損害黑人的才能，阻礙他們人格的發展，剝奪他們在社會上的平等地位，破毀他們的自尊心，阻止他們對民主社會的貢獻。最高法院說：「我們相信：祇根據種族的不同而採取分校制度，只管這兩種學校的物質設備或其他有形因素相同，亦可視為剝奪少數種族兒童平等教育的機會」，而結論說：「在公立學校，『分別但是平等』的理論，沒有站住的餘地。分別教育施設本身原來就是不平等的。……所以我們以為這種黑白分校制度是侵犯修正第一四條所保障的平等權利」。這個判決，推翻了五十八年來最高法院一直所維持的「分別但是平等」的理論，而在種族平等的發展史上，建立了一個很令人興奮的里程碑。

這個判決不但直接影響於南部十七州一千多萬公立學校學童，而且間接影響於南部各州的整個社會生活。最高法院鑒於這個判決所可能引起之問題的複雜性，又鑒於其所適用之範圍的廣泛及各地情形的不同，乃為愼重起見，沒有即時執行該判決，再經過一年審理之後，於一九五五年五月始宣布該判決的執行辦法。此辦法規定，各州政府教育當局須斟酌地方條件，擬定方案，以儘速廢除分校制度，並授權聯邦地方法院審核該方案是否妥當。依此辦法，毗連北部各州的各州，到本年九月為止，大率採用黑白合校制度，但更靠南部的各州，則有的只實行一部分合校制度，有的根本仍未實行(註一六)。在南部各州實行合校制度的過程中，雖曾發生過一部分民衆的反抗，或 Arkansas 州州長藉口於維持治安派國民兵駐守學校以阻止黑人學生進校等不幸事件(註一七)，但就大體言之，其進行狀態尚屬順利，如無多大轉變，在不久將來，黑白分校制度將變成為一個歷史上的名詞。

茲須附帶說明者是：一九五四年的這個判決祇宣告公立學校的分別制度為違憲，所以這個判決所確立的原則，究竟能不能擴大適用於私立學校或其他社會上的分別制度，現在仍無法斷定，恐尙須待美國最高法院的一番解釋。

四　選舉權與種族平等

一八六七年三月二日，美國國會通過一個「再建法」(Reconstruction Act)，要求南部的十個州承認黑人的選舉權，並以此爲允許它們再加入聯邦的一個條件。於一八六八年履行這條件者有七州，其餘三州亦於一八七〇年從之。一八七〇年美國復制定憲法修正第一五條，規定無論是聯邦政府或是各州政府均不得因種族的不同而限制人民的選舉權，由此對於黑人的選舉權，加以憲法的直接保障。憲法修正第一五條的目的顯然地在於確保黑人的選舉權，但與憲法修正第一四條的法律平等保護條項一樣，其意義由於最高法院的解釋，大大的被沖淡。最高法院在修正第一五條制定後所發生的幾個案件中，對於該條文的適用，建立了三個原則。第一、該修正條文並不能視爲把選舉權賦與任何人，選舉權的取得要件仍然由各州規定；此修正條文所保障的，祇是各州不得因種族之不同而限制人民的選舉權而已(參照U. S. v. Reese, 92 U.S. 214)。第二、對黑人選舉權的限制，除非能證明確實是基於種族的不同，則不能視爲違反修正第一五條(參照上述案件)。第三、修正第一五條不能限制個人侵害黑人選舉權的行爲，只能限制各州的侵害行爲，所以個人的侵害行爲若各州沒有加以制裁，則聯邦政府亦不能過問(參照 James v. Bowman, 190 U.S. 127)。由於這三個原則，南部各州就不難於找出各種非法的或合法的手段，來間接限制或剝奪黑人的選舉權。最初南部各州所採取的方決乃是訴於脅迫、欺詐、利誘、暴力等手段，使黑人放棄選舉權。這種非法的方法雖收相當的效果，但總非長久之計，於是南部各州乃轉而考案種種合法的手段以達其目的(註一八)。茲就與種族平等有關的二三選舉問題，說明於左。

㈠人頭稅(Pool tax)的限制　南部有幾個州規定以繳納人頭稅爲取得選舉權的條件。人頭稅的稅額自一元至二元不等，而大率在選舉六個月前就須繳納。這種人頭稅的條件，表面上不分種族，而對白人與黑人均一視同仁，但在實際上黑人貧苦者佔大多數，而白人貧苦者不多，所以適用起來，則可剝奪多數黑人的選舉權。不但如此，在選舉時，選舉辦事人員常袒護白人，對黑人則嚴格要求檢驗人頭稅繳納收據，而對白人則敷衍了事。又有許多政治團體常違反法禁，替白人集體繳納人頭稅，使他們取得選舉權。因此，白人受這條件的限制而不能取得選舉權者，實際上爲數有限(註一九)。

這種人頭稅的條件，不關其眞正用意如何，表面上並不因種族的不同而限制選舉權，所以最高法院乃在一八九八年的 Williams v. Missisipi 案件中(註二〇)，以爲沒有違反憲法修正第一五條的限制而認定有效。人頭稅的制度，雖然經最高法院解釋爲合憲。但其爲不合理乃是至明之理，所以近來年美國國內對此批評甚激。南部各州亦順應時代潮流，有逐漸廢除人頭稅的趨向，自第一次世界大戰以後廢止者，就有六州(North Carolina 在一九二〇年，Louissiana 在一九三四年，Florida 在一九三七年，Georgia 在一九四五年，South Carolina 在一九五〇年，而 Tennessee 在一九五一年)，現在仍採用此制者僅剩五州(Alabama, Arkansas, Mississippi, Texas, Virginia)(註二一)，一方面國會對於人頭稅的廢止問題，亦積極地採取行動，曾幾次提出廢止人頭稅的法案。(National anti-pool tax law)這種法案曾通過了下議院幾次，但在上議院均逢一部分南部各州議員的議事妨害(filibuster)，而無法通過。這種法案果能通過，則可廢止人頭稅，但其是否合憲，尚有問題。因爲依一般看法，人頭稅只是人民取得選舉權要件之一，而在美國憲法之下，選舉權要件如何規定乃爲各州政府所保留的權限(註二二)，所以聯邦國會直接加以規定，未免有越權之嫌。因此這種法案縱令通過，遲早尚須經過最高法院審查其爲合憲與否(註二三)。

㈡教育條件的限制　南北戰爭之後，大多數南部各州均以教育條件爲人民取得選舉權的要件，由此圖謀間接剝奪黑人的投票權。因爲黑人曾爲奴隸，現雖經解放，但多爲文盲，所以教育條件的規定可以剝奪成千成萬黑人的選舉權。此後，教育條件的制度逐漸普及於東部及西部各州，現在採用者，有三分之一以上各州。最普通的是要求選舉人能讀寫英文，但有些南部各州則要求選舉人須能誦讀本州憲法或聯邦憲法任何條文而解釋之。在後者場合，某選舉人所作的憲法解釋是否合理，法律並無一定的判斷標準，一任選舉辦事員的自由裁量，所以在實際上這些選舉辦事員故意袒護白人，擅自判定某黑人的解釋爲不合理，而對白人則放寬其尺度之事，勢所難免(註二四)。這種選舉權的限制是否合憲，最高法院在上述 Williams v. Mississippi 案件中，認爲此非因種族不同所作的限制，所以不能視爲違反憲法修正第一五條。

由上述可知，在美國，選舉權的條件乃由各州個別規定，所以各州所規定的選舉權條件，不關其眞意如何，只要表面上沒有剝奪黑人選舉權，則不能視其爲違憲。

㈢「祖父條項」(Grandfather clause)的限制　人頭稅和教育條件的限制，固可剝奪許多黑人的選舉權，但同時會犧牲一部分少數白人的選舉權。於是，南部各州乃進一步考案一個巧妙的方法，以補救這個缺點。這便是「祖父條項」(Grandfather clause)的規定。所謂「祖父條項」乃包括兩點性質：第一、嚴格規定取得選舉權的教育條件(或財產條件)，使大多數黑人無法取得選舉權；第二、規定凡在一八六六年或一八六七年以前(卽一八六七年再建法通過以前)，已取得選舉權者及其子孫，一律可取得選舉權，無須具備上項的教育或財產條件。由於這個條項，白人因其祖先在一八六六年或一八六七年以前已有選舉權，而可以取得當然選舉權；反之，黑人在一八六七年的再建法及一八七〇年的憲法修正第一五條尚未通過以前，根本沒有選舉權，所以必須具備嚴格的教育或財產條件，始得獲取選舉權，其爲不平等，至爲顯明。Lousiana 於一八九八年採用「祖父條項」，而南部各州則相繼倣之，例如 North Carolina（一九〇〇年）、Alabama（一九〇一年）、Virginia（一九〇二年）、Georgia（一九〇八年）、Maryland（一九〇八年）、Oklahoma（一九一〇年）等是[註二五]。

「祖父條項」究竟有無違反憲法，最高法院竟在一九一五年的 Guinn v. United States 案件中[註二六]，宣告其爲違憲。這案件是關於 Oklahoma 的「祖父條項」。該條項規定，任何人須能讀寫 Oklahoma 州憲法的任何條文，始得取得選擧權，惟凡在一八六六年一月一日以前已有選擧權及其子孫，則不受此限制。最高法院謂：該條項表面上雖沒有言及種族的不同，但其所以以一八六六年一月一日爲標準來區別選擧權，其目的顯然在於區別種族，應視爲違反憲法修正第一五條之種族平等投票權，而無效。

㈣初選投票權的限制　依美國各州之制，各種選擧的候選人雖亦由政黨提名，但政黨提名誰人爲候選人，却不由政黨單獨決定，而由人民投票決定。這個方法稱爲直接初選，而自一九〇三年 Wisconsin 創始以來，各州亦相率採用。直接初選只是選擧各政黨的提名人，並不是正式的選擧，而最高法院亦解釋說憲法所謂選擧並不包括初選在內（Newberry v. United States, 273 U.S. 536, 1927）。於是，南部各州就不難於找出藉口以限制黑人的初選投票權，因爲如初選不是憲法所指的選擧，那應限制黑人的初選權亦就不能視爲違反憲法修正第一四條的平等保護權與修正第一五條的平等投票權。不過，事實上州的正式大選大率取決於政黨內的初選（這尤其在南部各州爲然，因爲民州黨在南部各州每佔優勢，凡在民主黨的初選獲勝而由其提名者，則可在州的正式大選當選無疑），所以限制黑人的初選投票權，則無異於限制黑人的大選投票權。

一九二三年 Texas 州議會通過一個法律不准黑人參加民主黨的初選。最高法院在一九二七年的 Nixon v. Herndon 案件中[註二七]，認爲該法律明白禁止黑人的初選投票權，自應視爲有違反憲法修正第一四條的平等保護權而無效。Texas 州議會爲了對付最高法院的這個判決，乃通過一個新法律，而不用法律直接限制黑人的初選權，只授權各政黨委員會自定初選投票人的資格。於是，民主黨委員會則在這法律授權之下，自定一個黨規則，而排除黑人參加初選。對此，最高法院又在一九三二年的 Nixon v. Condon 案件中[註二八]，以爲政黨在州法律授權下所作的行爲，與州自己所作的行爲，並無二致，結果同樣依憲法修正第一四條而宣告其爲無效。最後 Texas 州民主黨大會單獨通過一個決案議排除黑人的初選權。這個決議純粹是政黨內的行爲，並不是依據州法律或在州法律授權下所作的行爲，所以最高法院在一九三五年的 Grovey v. Townsend 案件中[註二九]，認爲這是政黨的私人行爲，不是州政府的行爲，自不受憲法修正第一四條的限制。不過，後來最高法院又推翻這個判決，在一九四四年的 Smith v. Allright 案件中[註三〇]，宣告其爲違憲。因此，在現在，只允許白人參加初選的制度，無論是基於州法律本身或州法律的授權，或是由政黨自己制定，均有違反「法律的平等保護」而違憲。

五　司法程序與種族平等

最後，就司法程序，提出與種族平等有關的兩個問題略述於下：

㈠陪審員的選擇問題　美國憲法對於刑事被告人的權利，加以相當周密的保障。例如憲法第一條第九項規定：人身保護令狀（Writ of Habeas Corpus）之特權不得停止；修正第四條規定：人民的身體、住所與財產不受無理拘捕、搜索與押收；修正第五條規定：非經大陪審團（Grand Jury），不得提起公訴；不得因同一犯罪受兩次生命的危險（Double Jeopardy）；不得被迫自證罪狀（Self-incrimination）；修正第六條規定：刑事被告人得享受公正陪審團（Trial Jury）審判的權利；得與對造證人對質和召喚有利於自己的證人；得受律師之協助；修正第八條規定：不得索取過多之保釋金，科過重重罰金，或加殘酷非常之刑。此外，憲法修正第五條和第一四條的正當法律手續條項，保障聯邦法院與各州法院對刑事被告人應予以公正審判。

這些保障對任何人，不分種族，均一律適用，不應有所歧視。不過，過去南部各州法院關於陪審員的選擇常常發生故意排斥黑人之事。早在一八八〇年的 Strauderv West Virginia 案件中[註三一]，最高法院就說：單因種族之理由而排斥黑人於陪審團之外，有違反憲法修正第一四條的平等保護權。這個判例後來常爲最高法院所引用，凡是有故意排斥黑人之跡象，則均宣告爲違憲。例如在一九〇〇年的 Carter v. Texas 案件中[註三二]，最高法院說：凡是州政府的行爲，不管是通過立法機關、行政機關、或司法機關，若關於陪審員的選擇，對於黑人有所歧視，則可視爲違反憲法修正第一四條。又如在一九三五年的 Norris v. Alabama 案件中[註三三]，最高法院宣告 Alabama 州某區法院的審判從來沒有選任黑人爲陪審員有違反平等權。最近在一九四八年的 Patton v. Mississippi 一案中[註三四]，最高法院亦說：如在過去相當長久期間之內，曾不許黑人爲陪審員，則由這種排外的陪審團所作的起訴和判決，都應視爲違反公正審判的原則而無效。

㈡限制契約（restrictive covenants）的問題　所謂「限制契約」是人民互相約定不把自己所有的土地房屋轉售或轉租給黑人的一種契約。這種限制契約是否違反憲法所保障的平等權，最高法院在一九二六年的 Corrigan v. Buckley 案件中[註三四]，以爲這是人民與人民之間的私的行爲，並非政府的公的行爲，所以不受憲法之平等保護權的限制。不過最近在一九四八年的 Shelly v. Kraemer 案件中[註三五]，最高法院却謂：限制契約本身雖不能視爲違反憲法，但關於這契約發生紛爭時，法院不得代替人民執行該契約，因爲法院如執行之，則無異於幫助限制契約，使法院變成爲這種違反種族平等原則之限制契約的夥伴。最高法院一方面既承認限制契約本身有效，並無牴觸憲法，但在一方面又謂法院不能執行這種契約，若執行之，則爲違憲，這種邏輯在法理上不無問題，然我們亦可從這判決中看出最高法院的苦衷。

六　結　論

美國在南北戰爭之後，增修三條憲法條文，本欲以此而廢除一切社會上和政治上的種族不平等。但因南部各州歧視黑人的積習甚深，種族平等的理想一時無法實現，而產生各種形態的不平等現象。不過綜觀上述，我們可知美國聯邦政府，尤其最高法院，已盡其保障種族平等的權責。其主要功績可舉出下列幾點：

第一、最高法院雖在一九世紀後葉承認黑白分別制度爲合憲，然從二十世紀初葉對於黑白分別制度中的「同等設備」的解釋，則漸趨嚴格，而於一九五四年竟宣告黑白分校制度本身爲違憲。

第二、在選舉權方面，最高法院又宣告「祖父條項」和「白人初選制」爲違憲，由之大大地擴大黑人的投票機會。

第三、在司法方面，最高法院復對黑人保障受公正審判的權利，並拒絕執行民間的限制契約，由之間接削減限制契約的效果。

由此可知，美國的種族平等在現在已有甚大的進步，但是有些問題，因格於美國憲法所採用的聯邦制度，迄今仍無法解決，例如社會上或民間所存在的黑白分別制度，個人以私人資格所作的種族歧視行爲，人頭稅與教育條件的限制等等是。因爲在美國聯邦制度之下，這些問題的規律權，乃保留在各州，所以除非各州自願加以限制外，聯邦政府亦無可奈何。這是聯邦國會之立法權限的終點，也是最高法院之憲法解釋權的界限，也可以說是美國憲法所面臨的苦悶。

四十六年十一月十六日

(註一) R. K. Carr, Federal Protection of Civil Rights, 1947, pp. 36-37.
(註二) Ex parte Virginia, 100 U.S. 339 (1880).
(註三) 109 U.S. 3 (1883)
(註四) 關於 Civil Rights Act 的條文，請參閱R. K. Carr, Ibid., Appendix I (5).
(註五) 法律規定須採用黑白分校制度者有十七州 Texas, Louisiana, Oklahoma, Arkansas, Mississippi, Alabama, Florida, Georgia, Tennessee, South Carolina, North Carolina, Virginia, Kentucky, West Virginia, Maryland, Delaware, Missouri)，法律允許採用者有四州 (Arizona, New Mexico, Kansas, Wyoming)。
(註六) 163 U.S. 537 (1896)。
(註七) 211 U.S. 45 (1908)。
(註八) 175 U.S. 528 (1899)。
(註九) 275 U.S. 78 (1927)。
(註一〇) 235 U.S. 151 (1914)。
(註一一) 305 U.S. 337 (1938)。
(註一二) 332 U.S. 631 (1948)。
(註一三) 339 U.S. 629 (1950)。
(註一四) 339 U.S. 637 (1950)。
(註一五) Brown v. Board of Education of Toheka, 347 U. S. 483 (1954);
(註一六) Bolling v. Sharpe, 347 U. S. 497 (1954). 關於這個案件，請參閱拙著「一個符合美國立國精神的判決」(自由中國第十一卷第二期)。
(註一七) 到今年九月爲止，合校制度已經實行大部分的，有 Oklahoma, Montana, Kentucky, West Virginia, Maryland 等五州，實行一部分的，有 Arkansas, Texas, Tenessee, North Carolina, Delaware 等五州，尙未實行的，有 Louissiana, Mississippi, Alabama, Georgia, Florida, South Carolina, Virginia 等七州 (The New York Times, International ed., Sept. 15, 1957)。
Arkansas 州教育局按照最高法院的指示，擬定一個合校計劃，予定本年九月三日先在 Little Rock 的 Central High School 實行合校制度，然後到一九六三年爲止擴大於州內全部學校。這個計劃於本年八月二十八日經聯邦地方法院核准，而 Central High School 則予定九月三日開學而接受黑人學生。不料於九月二日 Arkansas 州州長 Orval Faubus. 竟藉口於地方治安的維持，命令國民兵進駐該校而拒絕黑人學生入學。Eisenhower 總統不得不在九月二十四日派遣聯邦軍隊進駐 Little Rock，以保護黑人學生進校。(The New York Times, International ed., Sept. 22, 1957; Sept. 29, 1957).
(註一八) F. A. Ogg and and P. O. Ray, Essentials of American Government, 7th ed., 1952, pp. 124-125; H. R. Penniman, Sait's American Paries and Elections, 5th ed., 1952, pp. 28-31.
(註一九) H. Ri Penniman, Ibid., p. 33; C. F. Snider, American State and Local Government, 1950, p. 109.
(註二〇) 170 U.S. 213 (1898)。
(註二一) J. H. Fergnson and D. E. McHenry, The Americn System of Government, 4th ed., 1956, pp. 189-190.
(註二二) 在美國，各州除了受聯邦憲法修正第一五條及修正第一九條之限制，不能因種族或性別之不同，而剝奪人民的選舉權之外，關於各種選舉之選舉人資格有自由決定的權限。
(註二三) C. F. Snider, Ibid., pp. 109-110.
(註二四) C. F. Snider, Ibid., pp. 103-104, 109.
(註二五) R. E. Cushman, Leading Constitutional Decision, 10th ed., 1955, pp. 104-105.
(註二六) 238 U.S. 347 (1915)。
(註二七) 273 U.S. 536 (1927)。
(註二八) 286 U.S. 73 (1932)。
(註二九) 295 U.S. 45 (1935)。
(註三〇) 321 U.S. 649 (1944)。
(註三一) 100 U.S. 303 (1880)。
(註三二) 177 U.S. 442 (1900)。
(註三三) 294 U.S. 587 (1935)。
(註三四) 271 U.S. 323 (1926)。
(註三五) 334U.S. 1 (1948)。

談中共本身的矛盾

王厚生

我們說，大陸上的廣大民衆反共，這已是無可置疑的事實。這種民衆反對共產政權的情形是到處一般的，蘇俄人民何嘗不反對克里姆林宮的統治，波蘭人民何嘗滿意於戈穆卡的獨立路線，東德、捷克、羅馬尼亞、保加利亞、阿爾巴爾亞等共產國家何嘗是在安定之中，匈牙利人民普遍反共更用不着說了，即以南斯拉夫來說，其人民不是經常在逃亡、向鄰國(如義大利)求取政治庇護嗎？因而，我們可以武斷地說，共產黨的統治方式是絕對不得民心的，共產黨唯有借重暴力以强求被統治民衆的表面擁護，將暴力除棹，民衆在內心中的反抗就顯露出來了。不得民心的統治能够維持長久嗎？自然不能，因此共產運動已不是當代的主流，明日是屬於反共者的。

話雖這麼說，但如我們反共的人們或政府缺少積極和進取的精神，不能主動有所作爲，則中共政權仍有帶病延年的可能。中共如果苟延殘喘下去，對於反共復國的前途當然是極爲不利的，海外華僑的反共情緒能否維持得很久；自由中國的地位是否穩如磐石，決無有變；政府和當政的人物顯然會隨歲月的遞增而發生變化。凡此問題，我們應日夜思慮，而不可因共產運動已走下坡、明日屬於反共者而存過分樂觀的想法。在一種反求諸己的心理準備之下，我也願意談一談大陸上中共政權的內部危機和弱點。

關於中共政權的內部危機，可以從幾個方面去發掘，例如從工業和農業的生產方面去窺測；從都市工商業者的反抗社會主義改造、從事黑市販賣和地下工廠、破壞中共的統購統銷政策去看；從所謂「右派分子」的鳴放言論去看；從青年學生的「鬧事」去看；從民衆不重視政治學習和馬列主義去看等等。但眞正的內部危機還在中共本身，即中共內部的矛盾。

我們知道中共有整風運動，第一次在一九四二年進行，第二次在一九五七年開始。整風是整改作風，如整改文風政風，反對黨八股，反對主觀主義、官僚主義和宗派主義等。這種整風運動在中共內部雖然經常進行，但去年五月以來的整風運動顯然是出了軌，形成不能控制之局勢，糊里糊塗地把中共本身的整風發展成了各民主黨派的整風，再發展而成了全體人民的整風運動。這已經不是整改文風政風的運動了，而成了「破資本主義立場、立社會主義立場」的思想運動了。這可以說是去年中共整風運動的畸形發展之一，毛澤東輩在事先所未曾預料到的。

現在，整風運動正在大陸各地展開（中共現定於今年五月以前結束），把社會弄成熱烘烘亂糟糟的景象，這情形不僅使各階層的民衆心懷不滿，即中共內部也發生了意見上的分歧。

去年九月廿三日，中共總書記鄧小平在中共第八屆中委會第三次擴大的全體會議上作了「關於整風運動的報告」，在提到黨、團在整風運動和反右派鬭爭中的情形時說：

> 在運動中，黨內的右派分子暴露出來了，從黨內發現這些資產階級的代言人，這對我們黨的鞏固和純潔具有重大意義。此外，還有一些黨員有嚴重的右傾思想，對黨有嚴重的不滿情緒，在一些重大政策問題上同黨有分歧，並且在這次鬭爭中表現政治動搖。

最近，中共的省市組織正在陸續召開代表大會，人民日報對於廣東省和浙江省的大會情形作了較詳細的報導，中共浙江省委第一書記江華在題爲「堅持黨的正確路線，爭取整風運動在各個戰線上全勝」的工作報告中，也曾說出黨內的思想分歧，他說：

> 在這個大轉變的過程中，黨內對一些問題的認識不是完全一致的，而是有分歧、有鬭爭的。

所謂思想上的分歧，大致可分三類，過右、過左和不右不左，江華的報告說：

> 對於一年來的形勢，特別是對於今年上半年（按：江華的報告是在去年十二月九日向中共浙江省第二屆代表大會第二次會議作的）形勢的看法，曾經發生過「右」的傾向和過「左」的傾向。前一種傾向是看不到敵我矛盾仍然存在，後一種傾向則是誇大敵我矛盾，企圖用處理敵我矛盾方法來處理人民內部矛盾。

江華在同一報告中也曾說：「一年來的實踐證明，黨中央和毛主席的指示是完全正確的。」這樣說來，毛澤東的思想應該是屬於不右不左的一類，其餘過右和過左的思想都是不正確的。假使我們說，在整風和反右派問題上，毛澤東的不右不左思想是一種中間路線，也不算是錯誤。

江華雖然只是中共浙江省委的第一書記和繼沙文漢而新近上臺的省長，但是他這篇報告的重要性不容我們忽視。人民日報在去年十二月廿八日不僅以第二、第三兩版篇幅全文刊登他的報告，且有編者按語，謂報告的第一部分所涉及的問題不是地方性的而是全國性的；該報更於第二天，即十二月廿九日，特別就浙江省的大會發表了一篇社論，題目叫做「一次收獲巨大的省黨代表大會」。說「浙江省黨代表大會對於國內政治形勢展開了熱烈的爭辯，得到了正確的結論，批判了錯誤的傾向，這是一個重大的收獲。」正因此故，我們可以相信江華所謂黨內思想有分歧有鬭爭乃是千眞萬確的事，而且可以相信思想的分歧不是地方性的而是全國性的。

就黨內思想發生分歧、黨團員在鳴放時期採取「右派分子」的立場，以及「一些黨員有嚴重的右傾思想，對黨有嚴重的不滿情緒，在一些重大政策問題上同黨有分歧，並且在這次鬭爭中表現政治動搖」來看，中共中央和毛澤東的威信和控制並非毫無問題，紀律這東西也不是萬能的。由此而可以推想到，從共產黨內部爆發出一次轟轟烈烈的革命，仍然有它的可能性，一九五六年十月匈牙利的革命是較近的好例子。究竟，所謂思想的分歧，表現在那些問題上面呢？

鄧小平在「關於整風運動的報告」中說：

有的人唯恐揭露缺點，運動一開始就不敢讓羣衆鳴放；有的人在鳴放之後，又利用反右派把自己的錯誤掩蓋起來，企圖逃避整改，蒙混過關；個別的人甚至對提意見的人進行打擊和報復。

這是因「百花齊放、百家爭鳴」而引起的思想分歧和鬬爭。中共中央決定的政策，竟然有的人不肯執行，那些「對提意見的人進行打擊和報復」的個別的人，對鳴放政策的懷恨是可以想見的。黨內反對鳴放的人絕對不是少數，否則，鄧小平毋須乎在報告中特別提出。所謂「有的人」、「個別的人」都是些掩飾之詞，冲淡問題的嚴重性而已。表現在反右派鬬爭中的思想分歧怎樣？可以再引江華報告中的話：

在反右派鬬爭中，黨內一些有右傾思想的人，看不到資本主義同社會主義兩條道路的鬬爭仍然是尖銳的、複雜的，看不到資產階級右派和勞動人民之間的矛盾是敵我矛盾，不了解反右派鬬爭是一場社會主義同資本主義你死我活的大是大非鬬爭，不堅決進行這個鬬爭，就有亡黨亡國的危險，因而對於右派分子向黨向社會主義的猖狂進攻，表現了嚴重的政治動搖和溫情主義。……

黨內還有一部分人，誇大了敵我矛盾，認為兩條道路的鬬爭一概表現為敵我矛盾，並且認為省委上半年强調正確處理人民內部矛盾是右傾。這些同志的看法也是錯誤的。

這一方面的思想分歧，我們還可引用去年十二月廿九日人民日報的社論，因它說得格外清楚。

……當黨今年春天强調正確處理人民內部矛盾的時候，有些人就否認還有階級鬬爭，否認還有必要對資產階級分子和資產階級知識分子進行改造。當黨由於形勢的發展變化，在今年夏天强調階級鬬爭、强調政治戰線和思想戰線上的社會主義革命的時候，有些人又否認人民內部矛盾，否認正確處理人民內部矛盾的必要性，要求用解決敵我矛盾的方法來解決，例如農民退社問題這樣的人民內部矛盾。

表現在農業合作化問題上的思想分歧，仍可從這篇人民日報的社論中得之。

……會議着重地批判了在發展農業生產方面的右傾保守思想。這個問題對全國各地也有十分重要的普遍意義。在農村工作中，存在着一些對農業合作化和農業生產大躍進表示懷疑和悲觀的人，……事實證明這些「懷疑論者」和「悲觀論者」都是沒有根據的，全國絕大多數合作社是鞏固的或者是基本上鞏固的。

表面上，這些表示了中共內部的思想分歧，實質上，這些也表示了中共內部確有反毛的勢力存在，這一勢力未必是由上層的高級黨員所結成，很可能來自地方的中下層幹部，當然，操縱這批各地中下層幹部的上層人物，無形中就是反毛的中心了。

有些黨員何故要在重大的政策問題上同中央鬧分歧呢？根本的原因還是這些黨員不願盲從中央，他們了解地方上的情形比較深刻，不若黨中央只憑主觀的願望發號施令，好比說，大陸農村的實際情形還不適宜於推行合作化運動，而中央急於抄襲蘇聯的農業集體化政策，趕着走社會主義道路，於是罔顧地方的實際情況，作出計劃，限期完成合作化。中央的這一政策在農村中推行不來，幹部自然會對這個政策表示不滿，連帶對中央表示不滿。那知中央見地方上推行農業合作化不力，勁頭不大，一些已經組織了合作社的省區忽而紛紛鬧拆社，大為震怒，乃召集各省幹部開會(如一九五五年七月所開討論農業合作化問題的會議)，毛澤東親自出馬，對幹部痛駡一頓，指示一番。而實際上，脾氣儘管發了，指示儘管作了，而農村的「社會主義高潮」始終不來。在這種情形之下，幹部雖然不再表示反對中央的冒進政策，但是心中的不快和反感是可以想像的，遇到有機會，痛快發洩一下，也是人之常情。所以，當鳴放、整風開始，幹部不免會借題發揮，大彈不滿的論調。

至論反右派鬬爭，有些幹部自然不能同意，因為他們看到「百花齊放、百家爭鳴」政策是黨中央提出來的，各界人士開始不敢鳴放，而是經黨中央一再鼓勵才敢鳴放的，而且鳴放的場所，有許多次是在中共統戰部所召開的座談會上。作為一個「無產階級的政黨」和「領導黨」，不應這樣失信於人，不應幹這樣欺騙的勾當和丟人的惡作劇，何況在去年二月廿七日，毛澤東在「最高國務會議」第十一次擴大會議上作過「關於正確處理人民內部矛盾的問題」的講演，謂社會主義社會中仍有矛盾存在，但這種矛盾與舊社會(指資本主義社會)的矛盾有很大的區別，即社會主義社會中的矛盾表現為人民內部的矛盾，是非對抗性的，是能通過社會主義本身的制度而獲得解決的，而資本主義社會中的矛盾則表現為敵我矛盾，是對抗性的，是不能由資本主義本身的制度去獲得解決的，必須通過社會革命才能求得解決。鄧小平在他上引的報告中曾經提到中共已於一九五六年完成了在經濟戰線上(即生產資料所有制上)的社會主義革命。的確，中共的宣傳早於一九五六年一月就宣稱大陸已進入社會主義社會了。這樣說來，在中共統治下的大陸社會，應該不會再有敵我矛盾的存在，而只是人民內部的矛盾，既然是人民內部的矛盾，如火如荼的反右派鬬爭就變得沒有必要了，無怪乎「有些人就否認還有階級鬬爭，否認還有必要對資產階級分子和資產階級知識分子進行改造」了。(引人民日報去年十二月廿九日的社論)。

但是，中共中央却說這些人的思想是錯誤的，說他們的思想過右了。讀者們請想一想，這能令「過右」思想的黨員們心服嗎？究竟毛澤東的所謂人民內部矛盾和敵我矛盾應作何解呢？

那些思想「過左」的黨員，把一初矛盾都看作是敵我矛盾，把敵我矛盾誇大了。這些人壓根兒就不同意毛澤東「關於正確處理人民內部矛盾的問題」的講演，他們根本反對有所謂人民內部的矛盾。

中共中央指這些人的思想犯錯誤還說得過去，因為他們的思想至少和毛澤東的講演發生了衝突，可是，問題却在於：黨中央並非完全不講階級鬬爭，並非完全不講敵我矛盾，例如人民日報的社論就說，由於形勢的發展變化，中共在去年夏天又復强階級鬪爭了，又復强調敵我矛盾了，又復强調政治戰線和思想戰線上的社會主義革命了。

這樣就是說，隨着形勢的發展變化，中共中央的思想是忽兒「過右」、忽兒「過左」、忽兒不右不左的。黨中央思想「過右」的時候，也就是强調人民內部矛盾的時候；黨中央思想「過左」的時候，也就是重新强調敵我矛盾的時候；黨中央指罵一過右」和「過左」的時候，也就是它不右不左、採中間路線的時候，當前，黨中央的思想就在這個不右不左、中間路線的情狀中。那些不知黨中央的思想怎樣變、跟不上黨中央的思想的變而變的人，就不免會犯「過右」和「過左」的錯誤，於是，犯錯的永遠是黨員，黨中央永遠不會錯，史大林的「個人崇拜」錯誤就是這樣培養起來的。

目前，中共中央對於人民內部矛盾和敵我矛盾的「正統」看法是這樣的：

社會主義同資本主義兩條道路的鬪爭，既可以表現爲敵我矛盾，也可以表現爲人民內部矛盾。但是，在目前的條件下，前一種情況是比較少數的，後一種情況却是大量的。忽視敵我矛盾是錯誤的，但是決不能誇大敵人的力量。不能把不屬於右派的一般資產階級分子和資產階級知識分子對於社會主義的動搖和不滿看作敵我矛盾，也不能把富裕中農對於社會主義的動搖和不滿看作敵我矛盾，錯誤地用解決敵我矛盾的方法來處理這些矛盾。形勢的發展是時緊時鬆、曲折前進的，所以，階級鬪爭形勢的發展也是有起伏的，這種鬪爭的起(敵人進攻)伏(敵人退却)形勢，將在若干年內反覆地發生。並將通過這種起伏，逐步地減弱以至消滅，故把反右派鬪爭和正確處理人民內部矛盾問題對立起來，顯然是錯誤的。(摘引江華報告中的話)

去年十二月廿九日人民日報社論中有類似江華所說的一段話，足見以上所摘錄引用的理論可以當做當今中共對此問題的「正統」看法。人民日報社論說：

……但是在我國目前的具體條件下，即使在資產階級分子、資產階級知識分子和富裕中農中，堅決反對社會主義的人究竟只是很少數。因此，他們和無產階級之間的兩條道路的鬪爭，在大多數情況下仍然表現爲人民內部的矛盾，只在很少數情況下才表現爲敵我矛盾。在我國過渡時期，國內階級鬪爭中的敵我矛盾和人民內部矛盾同時並存，而且敵我矛盾有時尖銳起來，有時又緩和下來，這種狀況，在過渡時期社會發展的過程中是必然的。

這種「正統」的論調與去年二月毛澤東講演「關於正確處理人民內部矛盾的問題」時的理論已頗有出入，至少，毛澤東的理論已作了修正。

其實，人民內部矛盾也吧，敵我矛盾也吧，敵人進攻也吧，敵人退却也吧，具體條件也吧，大多數情況也吧，很少數情況也吧，都是可以發生解釋上的差別的，沒有一種客觀的具體事實可以證明那一種解釋才是對的，那一種解釋才是不對的，黨中央和毛澤東的指示所以是「完全正確」的原因，在於決策的權力在黨中央在毛澤東，只要黨中央和毛澤東說是這樣，便是這樣，如有人說是那樣，便是錯誤的。實際上，中共中央和毛澤東的指示何嘗是「完全正確的」？有矛盾存在，就有衝突，就有鬪爭，無所謂人民內部矛盾和敵我矛盾。中共中央和毛澤東有什麼證據可以說明在大陸目前的具體條件之下，兩條道路的鬪爭在大多數情況下仍然表現爲人民內部的矛盾，只在很少數情況下才表現爲敵我矛盾呢？「敵人」的退却和鬪爭的緩和，豈可說明在大多數情況下仍然表現爲人民內部的矛盾？這是笑話，這是毛澤東的主觀，「敵人」退却了，不能說明「敵人」已被肅淸，相反的，「敵人」經過了一次鬪爭、上了一次大當、吃了一次大虧之後，得了敎訓，改變策略，宣佈退却，暫時又以人民的姿態與中共周旋，毛澤東以爲「右派分子」與「無產階級」較量之後，已經失敗，「無產階級」已經取得全勝，這完全是自欺欺人之談。不過，我們也瞭解，毛澤東不自欺欺人也不得了，因爲如果擺事實，「右派分子」幾乎充斥整個大陸，毛澤東將何以自處？他的人民內部矛盾的理論就無法站得住了。

「正統」的論調在我們看來有問題，在黨員們看來更有問題了，因爲他們身在大陸，親眼目睹，親身經驗，實際是怎麼回事，他們比誰都淸楚，毛澤東最近南下視察，莫非是想多了解一點實際情況，但以毛的剛愎自用而論，沒有人肯將實際的情況和他的主觀作對比作直言，他所得到的，除一些阿諛諂媚的虛僞擁護之外，不會有別的東西。

中共自第八屆中委會第三次擴大會議以來，整風已進入第三階段，卽以整改爲主、繼續鳴放的階段。自北平至地方，都在「大鳴大放大辯」的運動中，大字報成了這個運動中提意見提批評的主要手段，毛澤東、朱德、劉少奇、周恩來等也曾親到工廠、礦場、農莊閱讀。根據去年年底新華社記者的報導，大字報「在運動中，批評高級領導幹部(這常常是千金難買的)，批評『頂頭上司』(這常常是難能可貴的)，被習以爲常了。據統計，各機關批評領導幹部作風的意見共有二十一萬多條，是各種批評意見中數量最多的一項。」

這現象未必是好的，因爲被批評的人多數是表面服，心裏不服；表面改，心裏不改，唯有如此，方可平安過整風的關。這現象說明整風已漸流爲形式主義，是以「官僚主義態度來改官僚主義作風」(北平一市民的意見)。整風的目的在除三害，而今天的整風現象足以顯示三害無法消除，整風終歸失敗，而遺留下來的結果將是幹部對黨中央和毛澤東的更深一層的仇恨和怨氣，因爲受批評的幹部這麼多，他們面服心不服，不免要暗自問道：難道黨中央和毛澤東沒有錯誤嗎？在集中領導的情形下，難道黨中央和毛澤東就不應負擔三害的主要責任嗎？爲什麼他們不應該整改一下？

所以，「敵人」並沒有被消滅，而是在中共的培植之下暗滋潛長着，倘使毛澤東膽敢再給人民以一次眞正的鳴放機會，保證黨團員中的「右派分子」將以驚人的數目和姿態出現，可惜毛澤東膽小如鼠，在去年的鳴放中，未敢與「右派分子」進行正面的澈底較量，就反了臉，一面下令圍剿，一面口中喃喃地自語着：我們已取得全勝了。當然，再來一次眞正的鳴放已不可能。

四七年一月二日

當前外滙貿易管理的「死結」

希　美

外滙貿易問題，多少年來，一直是聚訟紛紜，成爲臺灣經濟底中心問題，稱之爲各項經濟問題中的「死結」，亦不爲過。說牠是「死結」，是意味着它本身的內容包涵許多複雜矛盾的問題，並使其他的有關經濟問題成爲難以解決。

今年以來，這久已惹人注意的問題越發令人注意了。立法院不斷地熱烈質詢，且爲此展開了自淸運動，司法機關亦正在着手偵査，社會人士，議論紛紛，原因是在西藥外滙發生舞弊案之後，又復發生了牽連更廣流弊更深駭人聽聞的復興航業公司套滙進口案。人們一向祇討論到外滙政策有問題，而今且恍然大悟，在偏差的政策指導之下，管制、管理、審核的技術，都必然難有良好的結果，祇是，其中漏洞百出，弊竇叢生，局外人一向是懵懵不知罷了。

另一方面，今年因美援的減少（外貿主管當局過去曾聲明美援總額並未減少，事實上開發基金貸欵尙在不可知之數，今年的剩餘農產貸欵，亦一再拖延，至今未決），外滙調度，原已困難，而延續已達七年的中日貿易今又突起風波，暫告停擺。此次政院局部改組，五年來一直掌握財金外貿大權的徐柏園氏的去職，至少象徵着當前外貿困局之亟待打開，新的改革之卽將展佈。

此次改組之後，當局已表示有改革外貿制度的決心，同時，在財政首長就職之日，發表了今後財政方針將不致影響經濟發展，並擬密切配合外貿改革的談話。改革是令人興奮的。我們相信，祇要能够擺脫財政的牽制，外滙貿易問題的「死結」便大半解除，其他有關的經濟問題，亦可望迎刄而解。不過，多年以來，經濟政策之犧牲於財政目的，已有積重難返、相沿成習之勢。非有絕大的勇氣與毅力，另籌節流開源之道，難期克竟全功。

其次，臺灣現時的經濟結構與客觀環境，與十九世紀當時的先進國家並不相同，傳統的有利貿易差額觀念，至少在目前是不能適用的，亦卽今日鼓勵輸出之目的，除爲保持現有輸出品的生產外，重點應在於加强輸入能力以充實生產基礎。因而，外貿政策對輸出入貿易必須兼籌並顧，不能有所偏頗。在鼓勵出口方面，放棄固定的偏高滙率採行結滙證自由買賣以間接連鎖進出口貿易的辦法，想在外貿當局考慮採行之中，無待贅述。在進口方面，由於過去的「既得利益」的惰性心理之作祟，以及變更滙率對進口成本的影響，故在改革的初期，應卽移轉過去的「既得利益」以抵補結滙證價格的調整，用以減輕物價所受的冲擊。爲達成此一目標，對於外滙的調配，不僅不能再打過去只顧政府外滙收入的算盤，相反地且須增加進口數額以滿足發展工業生產的必要需求，以充裕民生必需物資的供應，藉以鎭攝轉變時的震盪。如此，一切「既得利益」與「特權」完全消除，公民營獲得同等待遇，出口與僑資的阻碍，迎刄而解，則今後工業生產與貿易經營的成敗，將決定於本身的經營效率而無所依賴，經濟前途，才會有蓬勃的生機。消除外貿管理所加於其他經濟活動的不良影響，使其眞正成爲推動生產貿易的助力，應該是今日「改革」的最基本的目標。

然而，過去外貿管理之所以形成「死結」，必有其客觀與主觀的原因，一步錯，步步錯，終至泥淖愈陷愈深。不能認淸楚病根，如何能對症下藥？如果知「過」而不能去，則改革徒屬空言。鑑往知來，今天我們應該不能再走錯一步了。

幾項病根

檢討外滙貿易問題，必然要追問到近年來的外滙貿易管理政策。過去，外貿當局曾經一再說明，政策的重心，是在於鼓勵輸出，減少非必需品輸入，以及扶助工業發展，吸引僑資外資，並適當的運用美援，配合進口需要。原則說來，非常正確，但政策的決定者，爲了應付財政上的燃眉之急，就不由自主的多方遷就，不特在技術上未能達成其所標榜的目標，甚至與決策原則亦大相逕庭。本文限於篇幅，無法作細節上的剖述，僅能指出歷來外貿管理的重心所在，從而探討其「死結」之所以形成與其影響的廣泛。

臺灣多年的外貿管理，其第一個重點——也是最高原則，是以財政收益爲最優先的考慮。在此一槪念之下，乃產生了進口結滙附征二成防衛捐以及公營機構進口民用物資而以高價配售，表面上此兩者皆爲進口消費者的負擔，有節約進口的作用，實際上，同一單位外幣的進口實值既高於出口結滙的所得，無異於剝削了出口事業應得的權利，而同時却並不能優惠進口，僅供財政之挹注。第二個重點，是在於儘量增加政府外滙收入與縮減民營進口。前者可以尅扣民營出口事業出口結滙來說明，卽凡民營事業出口槪不給予十足的結滙證。對于其所需進口原料愈少的，發給結滙證的成數亦愈低，這種作法，顯然是只顧政府賺進外滙，漠視了鼓勵出口，貪圖一時的利益，忘記了根本之圖。至於說到節約進口外滙，原則無可厚非，但今日促進輸出，既爲加强輸入必需物資的手段，惟有加速發展國內的工業生產，才能加强未來的輸出能力，維持進出口貿易的積極平衡。國際間的貿易關係，主要的決定於國際市場商品的供求及其供給與需求彈性的大小，尅扣出口事業應得利益的做法，顯然將使有利的出口事業，不能獲得其應有的擴張，邊際以下的「出口」，在所謂輔導措施之下，作勉强的蝕本的輸出，如此名爲鼓勵出口，實則戕害了經濟生機。其第三個重點，是在於維持偏高的滙率（高估臺幣對外價值，限制民間結滙證價格），外貿當局曾提出一個最響亮的理由，說是爲了維持物價的穩定，誠然，物價關係絕大多數人的生活，亦影響今後生產的進行與貿易的擴展，固然是値得愼重考慮的問題。不過物價的變動，係決定於物資供需及貨幣數量的變化，據臺銀統計，民國四一年至四六年進出口貿易結滙，除四三年入超一・二四六萬美元外，歷年均有鉅額出超，美援進口，自四一年至四四年，皆在八千四百萬元以上，四五年增至九千五百三十七萬餘元，四六年更增至一億四百七十七萬餘元，此外自備外滙進口，近年亦有增加，重要進口物資的供應，當無過份短絀之現象，因此，影響物價的主要因素，當不在於外滙不足，而在於臺幣發行的不斷膨脹，與臺銀對軍公墊欵及公營事業墊欵的歷年直線上升。財政開支如能遏止膨脹，則滙率或結滙證價格的調整，祇有在短期內會引起物價的波動，從長期的趨勢來看，由於生產、貿易皆能獲致其自然的發展，物資供給與國民實質所得皆有增加，物價縱然停留在較高的水準，亦屬利多於弊。所以，維持偏高滙率的主要目的，仍在於緩和財政因素的膨脹壓力（如果膨脹不能戢止，滙率的堤防，亦必然有決潰的一天），但因此却造成了畸形的物價結構，種下了無數的病因。

結不解緣的僵局

外貿當局對打開困局所採的對策，首先是多方簽訂雙邊貿易協定，推行易貨貿易。奈現時世界貿易趨勢，早已採行現金交易，並不如外貿當局所想像的對日易貨貿易的那樣順利。在上年（四六）一年之中，與我國新簽協定的有琉球、意大利、西班牙、菲律賓、黎巴嫩、摩洛哥等國，除摩洛哥以外，貿易數額均反有減少，對日易貨貿易，上年日方亦曾倡議取消並藉端多方挑剔，貿易會議延六月之久，至八月底方告簽字。對日貿易，由於歷史及地緣關係，我國對之原存有極大的依存性，如米、鹽、香蕉、紅糖等出口，全部銷納日本市場，砂糖外銷，近年努力開拓新的市場，而對日輸出仍在廿萬噸以上。至於進口，則以肥料及五金，機器為大宗，尤以後者因積習相沿，機器及其配件，非熟手即不易操作，故臺灣對日貿易仍占極大的比重。根據臺銀結滙資料統計，自四一年至四六年為止，六年之間，對日輸出所占輸出總額的百分比，依次為五四・五，四六・六，五三・一，六一・一；三六及三八・八，輸入所占百分比，依次為四三・三，五三・八，五六・七，六五・四，五七・一及五〇・八；而日本對我的貿易比重，一直在三%上下。臺灣光復已十二年，對日貿易依賴情勢仍未改觀，雖然是受了歷史地理條件的影響，要亦由於過份依賴易貨貿易，養成了惰性心理，以致省內的生產結構，未能隨國際貿易情勢的變化而調整，陷入了不能自拔處處吃虧的境地。

其次，是欲以穩定物價扶助生產來增加輸出挽回頹勢。這原則是對的。照理，偏高滙率所進口的物資，因其成本低廉，應具有平抑物價的作用，然結果並不如此，除了美援直接進口物資大都為公營事業所掌握外，公營貿易機構進口配售物資，因本着財政目的，配價並不低廉。至於民間進口商，因進口外滙數額有限，國內市場，進口貨物的需求彈性極小，故廉價之利益，全為進口商人所佔有，甚至頂讓牌照，形成進口特權，最為各方所詬病。至於民營工業、原料外滙的配給，原意在於以廉價的原料扶助工業的發展，然而數年以來，不僅造成了工業原料轉讓的權利，受配工廠，亦視廉價原料為其應得的利益，與消費大衆無干，坐享其成，不求改進，企業的競爭精神與新陳代謝機能，喪失迨盡。此種反常現象的形成，實由於外貿當局過份重視管制權力，漠視經濟自然法則，以致養成惰性心理，而無法擺脫。

再次，因為滙率的偏高，吸引僑資外資，不得不另籌對策，進口其他物資辦法，遂應運而生，此種「管制類物資」，其進口數額與物資種類，漫無標準，悉由審核當局隨時決定。據立委黃煥如質詢，指出此類物資進口，每一美元的台幣價值，自五十餘元至七八十元不等，利潤優厚，爭相奔競。影響社會風氣，便利套滙營私，審核制度的缺點，至此暴露無遺，已到了非改不可的地步。

結　語

外滙貿易的加強管制，始于徐柏園氏的初長財廳，筆者曾為文論及其外滙管制辦法，對其管制所將發生的種種後果，不幸而語語言中，撫今追昔，不勝感慨繫之茲，願在檢討當前管制制度的病根以後，際此新人新政伊始，再提醒兩項亟須注意的問題，以為本文的結束：

第一，今外滙收入的減少，已成定局，據估計，經援的削減，約近二千萬美元（據報載美國剩於農產品，已洽妥八九百萬元——編者），因糖價低落較上年減少的外滙收入，亦在二千萬美元左右，兩者約占全年各項輸入總值（包括美援，自備外滙）的二〇%，至於暫停對日貿易問題，前途發展如何，此際尚難預料。巧婦難為無米之炊，在實行外滙改革之際，如果外滙頭寸短缺，進口必需物資減少，其對于物價及一般心理的上不良影響，難免動搖整個改革的基礎，稍一不慎，將再導致經濟混亂的局面。未知有關當局，對此有無安排？除誘導僑資外資外，有無放寬各種自備外滙的進口，以充裕外滙及物資來源的決心與毅力？（結滙證開放後，將不必進口管制類物資。）

第二，近六年來貿易出超（不包括美援自備外滙進口），但就貿易以外收支而言，國外滙欵逆差，反年有增加，此種支出愈多，國民經濟的負擔愈重，亦為造成外滙短絀，財政窘迫的主要原因之一，今年出口貿易外滙的收入，既未許樂觀，政府本身的外滙開支——尤其若干毫無意義的考察、宣慰、津貼等等——如果不力事撙節，仍以尅扣輸出事業外滙與削減民生物資進口為彌補，不僅外滙及財政收支的平衡，將永無達成之望，國民經濟更趨涸竭，亦必有難以為繼的一天。這一點如果都不能改善，則外滙改革，無非為考察宣慰等等，多籌些國外來源，還有什麼重大意義之可言!?

南德風光

易希陶

我自去年六月初，搭泰國航空公司班機由松山機場起飛，別離祖國後，即經香港、開羅，直飛西德，最後目的地爲西德南部的文化城曼興(München)。關于由臺灣到開羅的一段旅行，曾有一文報告我的觀感(自由談第七卷第十二期)。其後因工作關係，每天忙於日常的應付，一直未能執筆。現在我想抽出一點工夫來，把在歐洲中心區幾個國家所獲得的一些印象，分篇向我國人作一簡略介紹。

一　由開羅到西德

我在開羅觀光數日後，即於十八日的午夜乘荷蘭航空公司(K. L. M.)的班機離開開羅。該公司客機的設備和服務，似較泰國航空公司及英國海外航空公司(B. O. A. C.)更爲完善而周到。比方飛機的航行狀況如位置、高度、速力以及有關各種氣候因子等等，在英國公司的客機內是由擴聲器作口頭報告，而在荷蘭公司的則有詳細的報告表分配給大家。又關於他們所屬公司的各線航路，在前者祇備有公用的航線圖供旅客們參閱，而在後者則對每一旅客，各贈送精美的航線地圖一册，圖的前面，且花上十多頁的篇幅，用六種語文，替乘客說明一些在旅程中應該注意的事項，其用意之周到，可謂無微不至，這自然也是各國航空業務互相競爭的結果無疑。我登機後因連日的勞頓，迨飛機離陸不久，即入睡鄉。但到天近黎明時，因寒氣的侵襲而覺醒，拂曉以後，俯瞰下方，則見地面山峰，多戴着白雪，因此而知歐陸的氣溫，已大非幾天來所通過的南亞、北非一帶可比了。

飛機到達羅馬機場，是早晨七點，下機後走進航空站時，站內的員工，剛完成屋內的洗刷清拭等工作，賣店裏已陳列着各種小巧玲瓏、富於藝術性的紀念物品，令人頓時意識到自身已踏入「藝術之邦」的首都，而感覺若干興奮！惜停留時間短暫，不能離站一步，市區的觀光，惟有待于次一機會的降臨。一小時後，我們又騰空北向，從事于最後一段的飛航了。由羅馬到曼興，費了三個多小時，所經北意、西奧、和南德的上空，大部可看到葱鬱的森林和整潔的田野，白牆紅瓦的家屋，有時點綴在叢林綠野之間，格外顯得幽麗。十一點鐘光景，我們到達曼興機場，我這爲期一週的空中之旅，得告結束。下機後，照例辦完各種入境手續，即由站內的旅客服務部代爲接洽了一家名叫勒及那旅社(Regina Hotel)的旅館，比即驅車前往。這旅館在曼興要算第一流，靠近曼興市的中心區，離飛機場約有三刻鐘的車程(自然是汽車)，到達後我付了五馬克的車費(約合美金一元二角，並不算貴)，在三樓開了一個附有單獨浴室的單人房間，室內設備頗爲豪華，臨街一面爲完全的玻璃壁，內襯兩重帘幕，一爲絲質的夏帘，一爲毛織的冬帘，他如浴盆、便池以及家具陳設等等的精美，在我這次的旅途中，確是得未曾見，但其房間的定價，每天不過二十五馬克，約合美金六元。僅由此下飛機後一兩小時間的見聞，已使我對此一國家高度的工業技術；戰後敏捷的經濟復興；乃至國民氣質的謙和誠毅等等，大有所感覺了。

關於我這次去西德的目的，無妨在此略加說明：原來德國的森林學，在世界上素居領導地位，因此她的森林保護學：——尤其是森林昆蟲學，在過去百餘年中，也有其特殊的成就。南德的巴伐利亞州(Bavaria)，是德國重要森林區域之一，比方現在屬於西德的九個行政州中，全部森林面積爲六八〇萬公頃(Hectare)，巴州一州佔去二三〇萬公頃，超過總面積的三分之一，所以該州中的最高學府曼興大學(München Universität)的森林研究所，在過去一世紀中，曾執世界森林昆蟲學的牛耳，此一專門學科的世界權威愛塞立博士(Dr. Karl Escherich)，便是在該研究所擔當森林昆蟲學的主任敎授。筆者鑒於近年來臺灣森林蟲害的愈趨頻繁，因欲藉此訪歐機會，在曼大逗留數月，以從事於有關問題的研究和觀摩，這便是我前去曼城的主要目的。可惜的是愛塞立敎授，已於兩年前去世，現在的繼任敎授，是他從前的助手戡法爾博士(Dr. Zwölfer)。我抵達曼興的第二天，即去曼大拜訪戡敎授，他對我的訪德，非常表示歡迎，同時向我介紹了關于曼敎授去世前後的情形，因而得悉他的家屬仍住在曼興市內，我在當天下午，即前往拜訪他的家屬，由他的大女公子接待，禮貌非常周到。聞自愛敎授去世後，家務即由此年近四十、而迄未出閣的女公子主持，家裏還有一位弟弟，年約三十。她聞悉我甫抵曼城，尚下榻在旅館裏，比即邀我去她家暫住，俾能物色適於較長期間的住處，我以盛情難却，即於翌晨由旅社移寓愛家。在寄居此地的數日中，我曾和愛女士談及她父親生前的一切，因她發覺我關於她父親的生前事蹟知道的很多——比方她父親某年寫了某一著作；某年曾前往某地參加某一會議，發表某一講演等等——她似乎很感興奮，曾引導我到她家的三樓，參觀她亡父的書齋，並囑我在必要時，儘量利用內部的藏書。當我看到室內的一切遺物，再瞻望壁間所懸愛敎授的一幅遺容時，不禁回憶此一世紀的科學巨人，在此房間內起居作息的當時情況，並自思今雖升堂入室，已無從一接音容，實令人感覺無限悵惘！幸其後裔對此天涯訪客，禮遇有加，使其甫卸行裝，即能得此異域家庭的溫暖，這又要算是不幸中之一幸了。

二　曼興景物

曼興（München）的英文是 Munich，故從前有人譯爲「慕尼黑」，實則德國地名，不應由英文名譯出，何況「慕尼黑」三字，匪特含義不雅，即其發音亦與英文的 Munich 大有出入，所以本文採用「曼興」的譯名。此城是德國的第三大城市，位於德國南部巴伐利亞（Bavaria 德名爲 Bayern）高原的中央海拔五百餘公尺，爲南德的文化中心，同時也是交通上乃至工商業上的一個重鎭，擁有人口九十萬，市街雖不如巴黎倫敦的偉大豪華，但極潔靜而莊麗。多腦河的支流伊塞河（Isar），從曼市的西南向東北貫流，因此而使市區風景，愈趨佳勝。淸澄的河水，和整潔的兩岸建築相映襯，使得此一以藝術聞名的大城，益增其對於文化人士的引誘力，每當風和日麗的時候，或散步於河堤之上，或坐憩於綠蔭之間，吸着馥郁的大氣，聽着濺濺的流水，誠能使你腦際的千萬塵思，都揮發到九霄雲外去。該城在過去的第二次世界大戰中，被戰火破毀達百分之四十，但戰後的恢復甚爲迅速，有名的大建築如博物館、美術館、市政廳、曼興大學等等，大致都已恢復舊觀，市中心區的熱鬧情形，殆不在任何其他歐洲第一流城市之下，就其市容的雅潔一點來說，能與曼城媲美的，在歐洲恐怕祇有瑞士的一、二大城了。上述市區的主要名勝中，德意志博物館（Deutsches Museum）爲本世紀初（一九〇三）的雄偉建築，矗立於伊塞河畔，其內容之豐富，在自然科學及工業方面，素稱世界第一。又南郊的動物園，規模也很宏大，內分歐、亞、非、澳各區，動物種類之多，爲歐洲動物園之冠。最高學府的曼興大學，位於市區的東北，內有神學、法學、政治經濟學、哲學、醫學、獸醫學及自然科學等八個學院，據一九五五年的統計，在學學生共一萬二千三百餘名，重要教員約一千人。學生性別，女生僅占總數之二一%，全校有外國學生七百餘名，最多的是美國籍（一四三人），其次爲希臘（八九人），再次有伊朗（七一人）、奥大利（四七人）、挪威（四十人），等國，中國學生僅二名，一九五六年增加到四名，就中三名去自大陸，一名去自香港，自由中國無青年在此研讀。

曼興的主要出產，爲各種工業製品如精密機械、顯微鏡、照相機等光學器械以及電機、印刷機、汽車等等，又啤酒亦爲該地重要出產之一，其價廉物美，舉世聞名。有了這種種工業的生產爲後盾，其地方的繁榮富庶，自屬勢所必至，理所當然了。

我在愛家寄住五、六天後，經愛小姐的介紹，在附近一位中國僑胞開設的公寓內找到一個房間而遷居到此。這位僑胞，即浙江青田籍的陳菁蕙氏，來德已二十多年，他在曼市開設餐館一所，名曰青田飯店，餐廳上方的三、四層樓房，則作爲公寓之用。陳氏的夫人爲奥籍，聰明能幹，能說一口流利的英語。他們夫婦初次和我晤面時，一聽我來自自由祖國，比卽允在他們自己留用的三樓住室內，讓出一個特級的房間來，作我的下榻之所，非特房間寬敞，室內一切陳設，也相當講究，若依照當地行情，月租當在百五、六十馬克（約合美金三十七、八元），但陳氏夫婦爲表示優待，僅約收其四分之三的租金。此地位於曼興市的西北角，至曼大須坐半小時左右的電車。曼城的電車是一般市民的主要交通工具，線路甚密，車輛亦多。其中行駛在主要幹線的新型車輛，兩旁的上半截全裝玻璃，內部的座位亦極精緻，自外望之，頗和行駛巴黎倫敦間，名叫金箭（Golden Arrow）的一等快車，略相彷彿。

青田飯店一帶，名曰林芬堡（Nymphenburg），爲一以幽靜著稱的住宅區，房屋整齊，樹蔭葱翠，其方石舖成的路面，在歐洲城市中，尤難多見。寓所的對面是一小型的森林公園，園的北端有一小湖，湖水澄潔，四周古木參天。湖之西端接小運河一道，直通附近的名勝林芬堡城（Schloty Nymphenburg）。每當夕陽西下，附近男女，紛紛嬉遊於公園一帶，或拍羽毛球；或蹴足球；或推着小孩；或牽着愛犬；綴逸情閒，優游自得。又曼興在每年十月間，有一個非常重要的節氣名叫「十月節」（Oktober Fest），卽從十月一日開始的兩個星期，是曼城的男女老幼，歡欣得如醉如狂的佳節，其大致情形，和臺灣的「大拜拜」相彷，但表現得更集體而更盛大。他們有廣大的會集場地，在那場地上，搭着許多像戲院般的廠屋，每一廠屋內紮設舞台數座，台的周圍則滿佈桌椅，以招待成千成萬的遊客。客人入座後，可以觀覽舞台上的各種表演；可以酗啤酒喝咖啡；也可以隨意用些菜肴糕點。不過此時此地，最大的行銷物莫過於啤酒，在這一世界聞名的啤酒產地，平時固亦以酒當茶，但在此節氣裏的狂飲，更令人望而生畏。每一大廳的兩旁，設置酒池數座，池的大小，和草山、北投一帶的溫泉池略相彷彿，他們所用酒壺酒杯之大，也幾非我們所能想像。遊客們男女成羣，落座卽飲，初則談笑生風，繼而手舞足蹈，等到他們興盡賦歸的時候，大都早已面紅耳熱，行動大欠正常了。在平時舉止頗爲嚴肅的德人，到這時候，也難保持常態，瘋瘋癲癲，載歌載舞，碰到素昧生平的青年婦女，也無妨調戲一番，爲者行所無事，受者亦不在乎，輕度的一笑置之，過份的戲謔，則以一逃了事。在這會場的範圍內，除了上述的飲食場所外，尙有各種娛樂設施，如懸掛高空的飛機；在架空軌道上盤旋疾駛的車馬；賭博性的射擊；競技性的彈子等等，可謂花樣齊全，應有盡有。

三　波敦湖之遊

德人在平時一般生活嚴謹，工作勤奮，但一到週末，大家便離開工作崗位，盡情遊樂，公教人員，固然都有例假；市面商店，到星期日也都緊閉門窗，不見人影。此在歐洲其他國家，雖然也有同樣情形，但在德國似乎更爲澈底。他們在週末的最大娛樂，是走向大自然的懷抱，尋求享樂。因此從星期六的中午開始，城市的人羣，便紛紛向附近的名勝地區流動，除火車、電車，生意興隆外，無數的大小汽車，也滙集成一股一股的洪流，沿着各主要通衢，奔流肆放。西德的汽車，有一顯著特色，即是：運輸用的汽車，像火車箱一般的大型車輛，非常普遍，有時也和火車一樣，在汽車後面，拖上一兩節，在市街上蜿蜒而過。這種辦法，一則需要良好的路面；二則開車技術，也必須非常嫻熟，否則極易闖禍。至於乘坐用的汽車，則以兩輪的摩托車特別風行，大都男人開車，女的坐在後面，兩腕向前緊抱司機，各帶防風鏡，再加上手套、皮衣，伴着隆隆的爆音，成羣結隊的風馳電掣，宛然一男女混合的戰鬪行列。郊遊人士，往往於週末之夜，傍山依水，露營餐宿，其興趣之濃厚，似不在若干中國男女，夜以繼旦的從事「方城雀戰」的「雅致」之下，惟其後果則適得其反，即一可陶冶德性，裨益身心；一則耗精損神，甚至傷風敗俗。同以娛樂爲目的，而所採方式竟懸殊若是，我想民族盛衰，國家强弱的分水嶺，就在這些地方開始亦未可知。

德國的公路，號稱歐洲第一，主要的幹線來去分道行駛，路面寬度，各約本省公路之倍半乃至兩倍，加以一般地平路直，汽車以每小時一百公里左右的速度疾駛，亦不虞危險。據云此種公路，乃獨裁王希特勒在第二次世界大戰前，以軍事行動爲最高目的而設計建造的，其偉大確爲其他歐洲公路所望塵莫及。我在曼興的逗留期間內，曾應友人的邀約，參加過星期日的郊遊兩三次。其中一次的目的地，是德國最南端和奧國交界處的勝地林島（Lindau）。該地在曼興西南近兩百公里之處，我乘浙江僑胞周李二君的汽車，於晨間九時離曼市，行約二小時抵曼興西北的烏爾莫城（Ulm）。這是南德一座雅潔的小城市，有人口七萬，其市中心區有名教堂一所，名叫烏爾莫教堂（Ulm Münster），高達百六十餘公尺，據稱這是全世界最高的教堂，尖塔周圍滿施彫刻，美麗異常。教堂緊靠在一道小河的邊旁，但此一小河，便是有名的多惱河的上游。該河發源於南德，流經奧、匈、南、保、羅諸國而入黑海，全長達千七百餘哩，是歐洲政治，經濟乃至文化上最重要河流之一，但在此地，河床的寬度，尚不過一、二十公尺。我們在此停車遊覽一周後，再驗車前進，到下午三時光景，方抵達目的地的林島。此一勝地，在名湖波敦（Bodensee）的東端北岸，爲南德主要名勝之一。波敦湖英名曰君士丹司湖（Constance Lake），位於德、奧、瑞三國接壤之點，由西北斜向東南，略呈魚形，長約七十五公里，最寬處有十四、五公里，湖的面積爲五四〇平方公里，倘以此湖譬魚，則魚之背側爲南德，腹側爲北瑞，東端是西奧，而林島則恰在魚的上唇邊緣。湖的西端分成南北二枝，宛若魚尾，而尾端的南岸，則有瑞士的重鎮君士丹司（Konstanz），英文的湖名，即由此而來。林島的最佳景致，在其湖濱的公園一帶，園內亭臺雅潔，花草爭妍，由此展望湖景，更是氣象萬千，西矚奧境，南眺瑞士，羣邦山水，歷歷在目。碧綠的湖面，梭動着顏色鮮艷的大小船艇；葱鬱的林野，襯映出紅白分明的洋式屋宇；凡此等等，都能使吾等東方旅客，獲得一種新異的感覺，這和那「落霞孤鶩，秋水長天」的純自然景致，固屬大不相同；即拿我們大陸的西湖、玄武乃至北海頤和等名勝相比，其規模的大小，眼界的寬窄，也未可同日而語了。同遊的周李二君，在公園內欣賞一番之後，猶未能盡興，建議租艇遊湖，我亦欣然應之，比即賃得小汽艇一艘，由彼等自行駕駛，開足馬力，向對岸瑞士的布勒根城（Bregenz）直駛。時值盛夏，湖面涼風拂拂，碧浪微興，我們的船和其他遊艇相遇，對方不論男女老幼莫不報以微笑，且往往呼以「哈囉」，或搖手爲禮。那種親暱的表現，匪特打破了平時男女老幼間近乎「多餘」的「裝作」，而且超越了國際、人種間的無謂界限，這雖然是一種極小的動作，但在東方人間，似乎是不易辦到，而值得我們觀摩的。我們的船乘風疾駛，約半小時，漸漸接近對岸的布城，因無入境的簽證，上岸觀光自不可能，因乃停止前進，對岸方拍照數幀，然後向林島回航。登陸後，參觀公園西端的輪渡碼頭一帶，因湖面寬濶，水上交通也相當頻繁。我在市區觀光時，頗有一意外的發現，即在公園區域的後方，偶然瞥見了一所以「銀行」字樣爲標識的建築物，但其場面的佈置，顯然和一般的銀行兩樣，詢諸同行的周君，才知道那是一所公開的賭場。據云：內部規模宏大，賭客們須購票入場，交易的大小，可任憑選擇，賭運不佳的人，三兩小時內，數萬馬克的輸却，甚屬尋常。且稱這種設施，在德國各較大城鎮，都可看到，德國政府，視爲正當營業。我聞言頗感詫異，蓋賭博一事，非僅助長國民的僥倖心理，亦且能成爲社會上無數罪惡的淵藪，在一般國家，懸爲厲禁，而賢明的德國當道，竟公開的准許，其間必有特別情形，爲我所未悉者在。吾等在該地晚食後，八時頃就歸途，回到曼興寓所，已經是午夜過後了。

四　希特勒之家

曼興在過去數十年中，尚有一段值得記述的史實。是即：德國的納粹黨首領希特勒，自一九二〇年起，曾以曼興市內的 Hofbräuhaus 爲大本營，大逞其獨裁的淫威，到第二次世界大戰開始，此公爲避免盟軍的空襲，便在曼興南方約百公里，名叫貝捷加敦（Berchtesgaden）的地方，佈置了一所臨時住宅，後人稱之爲「希特勒之家」（Hitler Haus），現已成爲巴州中有名勝蹟之一。我應友人之邀，於七月下旬的一個星期日，曾驅車前往遊覽。貝捷加敦是一個風光明媚的地方，市鎮不大，但一切佈置得整齊清潔，附近有名峰哇茲曼（Watzmann），高達二千七百餘公尺，戴着白雪的一對峰尖，高聳入雲，培增秀麗。吾等自曼城駕車南駛，約經兩個有半小時抵達貝鎮，詢諸當地居民，知所謂「希特勒之家」者，在鎮旁不遠的山上，吾等便依照指示，由旁邊一條山道盤旋而上。路的陂度極大，坐在車內，令人感到驚險。爬登十餘分鐘，地趨平坦，左邊開朗之處，見有洋樓一座，我們下車一問，始知已達目的地。原來我們所看到的洋樓處，即是「希特勒之家」的遺址，其建築物已於戰爭終熄時完全爆毁，現在的洋樓，乃爲招待駐屯的美軍而建造的，其近旁不遠處，尙有一所建築在地下的避難室，但現今已不能進入。路的右側，另有高峯一座，由此乘空纜車可達山巓，聽說該處有希麗的會議室，但我們因時間關係，未再前進，僅在地下室附近的幾家賣店內，瀏覽一些紀念的畫片，並聽取一些關於戰爭時期希特勒在此起居生活的故事，他們繪影繪聲的講，我們也就細心細意的聽，最後我帶着興奮的情緒，步出店門，遙矚山麓的村落，則宛如一盤充滿和平美麗的盆景，舖在跟前，對十年前慘絕人寰的戰爭，若無所知，眞是「風景依稀，梟雄何處？」我不知那些玩忽正義迷信武力，憑其一知半解的理想，和二十世紀的大時代背道而馳的「朋友」們，覩此前車，也能有所殷鑑否？

我們由此下山後，再驅車前進，路轉峯廻，不一會兒便到達一座小湖的邊旁。當日天氣晴和，遊人極爲擁擠，以致汽車的停放，大費心思。該湖名曰帝王（Königssee），形狹長而深邃，挾於高山之間，湖水澄潔，環境清幽，此與波敦湖之開朗嫵媚相較，自屬別具風格，若以彼等喩美人，則波敦爲大家閨秀，帝王乃小家碧玉；若以前者喩紅樓夢中略略大方之寶釵，則後者殆與聰明玲瑚的黛玉相彷彿了。湖中除划子外，尙有巡遊的大型汽艇，按班開行。吾等搭乘此艇，航行約半小時，始達湖的他端，兩側高山屹立，岩壁峭然，雖非流水，亦不無「兩岸猿啼，輕舟捷過」的感覺！行到中途，舟子取出喇叭一隻，使力一吹，谷間回音，隨聲相應，滿舟乘客，相顧燦然。湖的盡頭，有小聖堂一座名曰 St. Bartholomä，其小巧玲瓏的圓頂建築，緊靠水邊，此和四周樹影同映湖底，宛然一幅中古時代的西洋名畫。船在此略靠碼頭，我們上岸徘徊移時，乃登舟回駛。等到吾等汽車回入曼城時，已是鐘鳴八響，燈火萬家了。

五　一般觀感

我在西德的逗留期中，對於德國的國民性，獲得了一個頗爲良好的印象，回憶四十年前我在中學念書的時候，那所中學的校訓是「樸實誠毅」四字，而今覺得德國國民，在這四個字上，似乎都有相當深湛的造詣。下面且就我見聞所及的一些實際事物，列擧一二三，以資印證。

德國是十年前慘敗于第二次世界大戰的一個國家，曾經喪失了五六百萬的壯丁，全國城市，都遭敵機慘烈的炸毁；整個國土，被敵人瓜分割據；素爲其國家命脈的工業設備，也受到澈底的摧殘；弄得人民露宿風餐，衣食無着。曾幾何時，今竟恢復得幾乎超過戰前的水準，豐衣足食，有逾歐洲許多戰勝國的國民，往來街衢，看不見襤褸的裝束；見不到骯髒殘破的住屋；他如社會經濟的繁榮，金融的穩定；以及人們生活的嚴肅；秩序的良好等等，殆皆爲歐洲國家中首屈一指。這種成績，苟非「樸實誠毅」的國民，是不易做到的。實際上一般德國國民的儉樸，在其生活行動上，隨處都有表現。比方他們的衣着，雖屬整齊清潔，但婦女們的豪奢妖艷的裝束，在西德境內很少看到。他們的公共娛樂場所，甚爲單純合理，像法、意城市中所見的許多光怪陸離的現象，在西德境內是沒有的。其次德人做事的切實，也值得我們稱道。我所見到的下面幾件小事，似乎已把他們的「實」字工夫，表露無遺。比方德國人蓋的房子，一般高大而堅實，我記得當時由臺灣去曼與參加一個國際性會議的葉楚生女士，和我晤談時，曾特別提到德人喜歡蓋大房子的一點，我曾深表同感。他們的建築物非特高大，而且構造特別堅實，譬如每一座房子的大門，普通門的本身既堅實笨重，而門上的彈簧力量又極强靱，所以出入的人，想把牠推開，不是一件太輕易的事。再擧一個例：比方曼與市區許多碩大的蔭樹，都在其樹幹基部平土的地方，圍着一圈漏空的花格鋼板，鋼板內側，完全依着樹形彎曲，其在樹周圍的寬度，可達數呎，由此使樹的基部獲得保護，同時因鋼板下方略有空隙，加施肥料或水分時，也極便利而不致散逸。僅這樣一個小小措置，除了需要以德國的工業資源和工業技術爲後盾外，還得要他們有這樣一股「實幹」的衝動，肯把這麼大的工夫，下在區區的一顆行道樹上。我以爲這些地方，都可以表示德人的一個「實」字工夫出來，同時也可以看得出他們對於公共事業，是何等的重視！若叫我們中國人來作，縱有充分的鋼鐵資源和製鋼技術，在達官顯宦的庭院內如此佈置佈置，或有可能，若望其行諸一般庶民所接近的公共地區，恐怕是戛乎其難了。談到「誠」字，一般的德人，也確有此美德，他們日常個人的接物處事，大都推誠相予，很少詐欺誑騙的行爲。就其整個的國家或民族而言，在過去不到半個世紀的時期中，曾發動兩次世界大戰，闖下滔天大禍，頗爲世界愛好和平的國家所痛恨，但此乃領導階層思想政策的錯誤，似於「誠」字無傷，惟其他們不善欺僞，所以一旦有所欲求，便毫無虛飾幹一番。祇要他們今後在思想，政策上步入正軌，則像過去般的荒謬行動，當不致重見於將來。至於「毅」字工夫，我敢說是德國民族的最大特點，過去兩次的嚴重挫敗，都能在最短期內，敏捷復興，沒有特別毅力的民族，是萬萬辦不到的。

總而言之：德意志民族的優秀，我們無法否認，而他們自己，亦復如此意識。他們的國歌中有云：德意德意，超越一切……（Deutschland, Deutschland, Über Alles!）。可見其自身的優越感，已是溢於言表，徵諸實際，我們也不能說他們是「妄自尊大」。德人目前的最大煩惱，是東、西德的統一問題，我曾和彼邦的有識人士，討論及此，他們認爲這完全是一國際問題，因爲他們覺得德國民族，在思想上並無多大分歧的現象，苟能解除外部的壓力，他們卽可恢復過去的統一局面，決不會意見紛歧，自行分裂。而且他們擧出事實，說過去十年來西德內部意志的統一，乃至東德人民成千成萬的逃奔西德等現象，卽其明證。我對他們的這種推論，深表同感。我在前面已承認德國民族，有「樸實誠毅」的美德，但這是他們民族的一種「潛能」，也可以說是相當於物理學上所謂「位」「能」(Potential energy) 一樣的東西，要想把這種「位能」變爲「動能」(Kinetic energy)，以從事於國家的建設，必須採取適當的方法，運用必要的工具，才能達到目的。戰後的西德，以僅僅十年的時間，能復興到這步田地，究竟他們所採用的方法和工具爲何？我經再三考究之後，似乎可以作如下的解答：第一是「方法採擇」的問題，這是操之於西德的領導階層，他們以遠大的眼光，使其國家走上自由民主的路線，在外則得到友邦的同情，而由美國及其他盟邦獲得各種援助；在內則順應國民的需要，而得到全國人民的一致擁護，因此他們的復興大業，乃能順利推行。此方他們在內政上的許多措施如美援的運用；幣制的改革；產業的復興等等，都可謂見知眞灼，計劃周詳，此與其他因素相配合，乃使整個國家的全般努力，發生最大功效。其次是「工具運用」的問題，此則操之於全國國民，我想第一個犀利有效的工具，要算其國民的「愛國思想」——因大家有純篤的國家觀念，所以全國國民，能堅強團結，一心一德的向着共同目標，勇往邁進。第二個工具，是他們雄厚的「科學基礎」——因科學基礎良好，在工業方面，具有嫻熟的生產技術，加以煤鐵等工業資源，也相當豐富，所以在戰後一旦獲得喘息機會，便努力從事於工業生產，其成本低廉，品質優秀，而產量又高，所以能在國際市場上獲得勝利，幾年工夫之內，一躍而爲國際貿易中的重要債權國家。最後他們所運用的第三個工具，可能是國際局勢上的「機運」——因自由世界與共產集團的對壘，西德的動向，乃成擧足輕重，因此盟國方面對此戰敗國家，匪特措置寬大，而且盡量援助，以加速其復興，此亦有力因素之一。

要之：德意志這個民族，確有其特殊的地方，在過去四十年間，雖因領導者政策的錯誤，兩經挫敗，但都能很敏捷的復興，毫無頹喪的跡象，這絕對不是偶然的奇蹟，筆者希望本邦朝野人士，多加注意，多加研究。

臺灣省鐵路警察局來函

一、貴刊十八卷七期二三五頁載李雍民四十七年三月十六日投書「如此臺北警察」一文所述各節與事實不符，茲就其犖犖大者列舉事實駁正如次：

㈠時間之舛誤：李雍民君自稱發覺箱子被竊爲二月廿八日下午七時正，其到本局第一警務段刑警組自塡之報案表則書明爲七時十分投書之文字則一再堅稱其報案時間在發覺失竊一分鐘之後顯見與事實不符。

㈡刑警用飯不立即偵辦部份：本局第一警務段刑警組無眷同仁在組搭伙是日下午開飯時間爲中原標準時間之下午五時半（自四月一日改爲夏令時間下午六時）李君報案時既爲七時十分事實已在該組同仁開飯後之一小時又四十分而仍謂「諸位刑警大老爺都靜坐在那兒熱烘烘的喫飯……」顯屬故意虛構事實，繪聲繪影不知何所云然。

㈢警察機關協調部份：經查李君報案後本局第一警務段刑警組曾立電本局，桃園分駐所裁查南下火車，並即分電臺北市各分局，刑警組協助，三月二日臺北市一分局查獲紅色皮箱壹只，三月八日經確認爲李君被竊之物，即通知本局刑一組領回處理，並立即電函李君來領，李君于三月八日致函本局刑一組謂接電話知其箱子一只已尋獲，（註函及領取失物收據附照片）即以此事而論，李君從未到過一分局，而一分局于查獲失物即通知本局第一警務段刑一組領回處理，顯見該刑警組事先已盡到一警察機關協調之能事，李君詎竟于事隔八日之後復於三月十六日投書貴刊，仍厚誣警察機關互推責任，及謂該案「直到現在，我丟的東西，杳無信息」顯係別具用心。

㈣服務態度部份：經查本局第一警務段刑警組處理本案，並無如其指「漠不關心」事實，該組據報後即分派隊員三人，在站內各處查緝，除與臺北市各分局刑警組協調外，並分別至各當舖查詢，且有紀錄可查，當李君搭當晚二月廿八日廿一時卅分火車南下時，以川資不足，該組隊員莊士篤曾給新臺幣拾元，以濟其眉急，於此可見警察對其關切之情，其服務態度如何，於此可見一斑。

二、特函請

貴刊予以刊佈，以正視聽爲荷。

局長　路　鵬

臺北市警察局第五分局來函

主筆先生惠鑒：

貴刊第十八卷七期讀者李雍民君投書：「如此臺北警察」一文，內容所述本年二月廿八日李君來本分局（原文誤寫第一分局）報告失竊情形與事實不符，茲說明如下：

失主李雍民君於二月廿八日下午八時卅分來分局報案（李君進刑事組辦公室時曾看手錶，謂距九時卅分快車尚差一小時）謂：「七時正在臺北火車站內，候車室被竊皮箱兩只」分局刑事組值日員高筠雨同志當即受理偵查，並告以：「因失竊地點係鐵路局轄區仍應向鐵路刑警隊報案」李答：「該隊業已先報」說後即離分局，高員隨即前往臺北火車站附近及新公園等處查緝未獲，九時十五分李君復來分局查詢結果，時相隔九時卅分南下快車僅十五分，李謂：「須先返回高雄」言畢，即匆匆離局，迄三月二日臺北市第一分局找獲李君被竊之紅色皮箱乙只（內裝失物）並於同月八日通知李君逕向鐵路警局刑警隊具領，李君並曾致函該隊致謝（按：李君投書貴刊係三月十六日所寫）李君投書所云：一分局（實係五分局）刑警值日官謂：「不是我們管區，除非鐵路刑警隊電話通知，否則，不受理」又云「請你辦公文到警務處，看是誰的責任……」各節，顯與事實不符，蓋本分局刑事組值日員高筠雨同志，接獲李君失竊報告後，當即處理，並有李君書面失竊報告留下續查，何以要鐵路刑警隊電話，及請李君辦公文向警務處查詢，衡情度理，亦不可能」。

查偵破刑案爲我警察人員應盡之職責，火車站雖非本分局轄區，但每遇該處發生刑案，必飭屬迅速協助偵破，絕非如李君所言，互相推諉，各不願管，素仰

貴刊主持公論，謹說明如上，請賜予更正，以正視聽爲荷。此致

自由中國半月刊社

臺北市警察局第五分局敬啓

編者附註：李雍民先生已來函更正：第一分局係第五分局之誤。

夕陽(續完)

黃思騁

五

老婦人和張其康之間的那點成見的阻障祛除以後，她幾乎覺得她又回復第二度的幸福生活了。張其康每天從街上回來，總是順便替她帶些食物回來，如果順便，甚至還替她也做一份餐。

張其康的課程並不多，每天平均不過三小時。因此除了在家裏自修以外，還有許多空閒的時間。他因爲沒有別的事可幹，就替老婦人打掃房子，擦一擦地板，作爲一種運動和消遣。這件事使老婦人看了極爲感動。

「哎喲！假如我有像你那樣一個兒子多麼好啊！」她站在一邊說。

張其康一面做他的工作，一面說：「我們祖先的遺訓就是勤儉呀！」

有一天晚上，他們吃過飯，彼此都很清閒，老婦人就來把張其康叫去。她說：

「張先生，你現在有事嗎？」

「我沒有事，老太太。」

「我很想同你談談，我一個人在房子寂寞得很哪！」

「好的，我陪你談談就是。」

「不過，最好是在我的房裏，你的椅子我坐着很吃力。」她說。

他去到老婦人的房裏，發覺那是一間非常寬大的房間，裏面放着些簡單的傢具。在一邊的牆上，有一張半身的油畫像。此外，還有聖母像，書籍一類的東西。

「我在這個小天地裏住了許多年啦，多麼狹小的世界呵！」她介紹她的房間說。

「你對它一定很有感情。」

「誰不想跳出這個世界呢，我只是辦不到罷了。」

「老年人需要人侍候。」

「一點不錯——你請坐吧。」

張其康在一張失去彈力的沙發上坐下來，侷促地揉揉手，望着那張油畫像。

「這是我的老伴，」她傲然地說：「他做過參議員，是個有毅力的人。只是天不假壽啊。」

「是的，要是他還活着就好了。」

「那至少還可以同我談談話呀！」

「我明白。」

她欷噓着，說道：「我相信你們中國人有一個完整的人生，每個人都有童年，壯年和老年的歡樂。可是我們西方人沒有老年的歡樂。前幾年伊米連來看我的時候，竭力勸我到養老院去。她說我在家裏寂寞，沒人照顧我。如果到養老院去，至少有許多人在一起。可是，張先生，那是多麼喪失自尊，多麼可恥的事呀！一個女人嫁過丈夫，做過事，生過兒女，却叫納稅人來養活她！」

「是的，養老院雖然是個很好的福利機構，可也不是度晚年的好地方！」他順着她的意思說。

「我今年七十一歲了，可是我也應該享受那一份獨立的驕傲啊！」她憤然地說。

「你的身體不錯，你還有獨立的可能。」

「不行呀！我的身體本來不差，可是這八年以來，被寂寞蛀壞了！你知道一個人生活在這個小天地裏，總會想到許多過去的事。因此，歡樂的事固然要想，懊惱的事也得要想啊！」

張其康發覺她從來沒有像這一天那樣健旺過。她的眼睛放射着怨懟的光芒，白髮因身子的震顫而飄動着。

「我完全瞭解，老太太。」

「我聽到你談起你們的家庭制度以後，你知道我是多麼憤慨呀！我們的政府應該派些人來研究研究，何以中國的老年人能有兒孫繞膝的快樂，而我們都不能？」

張其康緩緩地點着頭，回答說：「我沒有好好地想過這問題，或許與經濟制度有關連也說不定。」

「不可能，張先生。我已經想過了。」

他望着她，等待她的結論。

「那是因爲西方人的兒女自私的緣故——都沒有想到他們也有老年！」

張其康不作表示，靜靜地聽着。

「好了，」她說：「兒女都是我自己生的，我責備他們也不見得光榮。我看我們還是談談別的問題吧。」

空氣沉靜下來以後，能够聽得見那隻老鐘走動的聲音。老婦人拉了拉黑色的披肩，凝神地望着膝蓋。

「張先生，你給我許多恩惠，」她說：「我從來沒有像現在這樣尊敬過中國人！你們的歷史雖然賣不出甚麼錢，可是對你們自身有用。」

「可惜我們揹不動我們的歷史呀！」

「沒有問題，你們會揹起來的。」

「讓我也有這種信心吧。」

她出神地望着他，說道：「你說我當初多麼可笑啊！我怕你會欠我的房租，弄壞我的傢具，甚至——請你原諒我的愚昧——還會偷我的東西！」

「呵，」他說：「你可以那樣想的，因爲或許只有天堂裏沒有竊賊！」

「如果每個人都像你那樣，這世界是多麼溫暖啊！」

「老太太，你過獎了，我只做了點本份的事呢。」

「還有，你做的菜多可口喲，尤其是鷄丁和紅燒肉！」

「啊，不行呀，老太太。這裏的東西都是冷藏過很久的，作料也不大對，很難做出完全像樣的中國菜來。」

「在沒有比較的人吃起來，這已經是美味的菜餚了。」

過了一會，她站起來，想在電爐子上煮點咖啡。張其康覺得她做事很吃力，就搶着去動手。等到咖啡壺放上爐子以後，老婦人已經找着一張相片在手上，遞給張其康說：「瞧，這是我的孩子們，是在學校裏讀書時照的。」

張其康拿在手上看着，說道：「他們都長得很好啊。」

她笑着解釋說：「前排是伊米蓮和勞遜，後排是薔姆和荷佛；伊米蓮嫁給一個工程師，現在住在伊利諾州；勞遜現在在海關做事；薔遜混得很不錯，做了名律師，聽說快要競選州長了；荷佛在報館裏做事，有時還寫詩呢。」

「你的伊米蓮很美，我相信她很像你年青的時候。」張其康隨便地說。

老婦人自得地笑着，或者可以說另有一種做母親的高傲感覺。

「你說得對，」她說，「她在家的時候，這所房子多熱鬧啊——那麼多的人來找她去玩！」

張其康把照片交還給她時她重新看了看，然後歎口氣，把照片放到桌子上。

他們沉靜下來時，咖啡壺開始發出嗤嗤的聲音。他們靜靜地聽着，享受着片刻的沉默。

「我或者要向他們提抗義了——至少是薔遜——我要對他們說，我不是他們的破襪子，可以把我丟在這裏的！我叫他們也看看中國人的樣，派我去照看我的小孫兒好了。」她說。

「在你的兒子說來，沒有甚麼辦不到，至於媳婦——在我們也鬧婆媳問題呀！」

「可是你們是怎麼解決的呢？」

「大家容忍呀！」

「不錯，我想我不會去干涉他們的生活的！難道那會比我孤零零過活更壞嗎？」

張其康點點頭，但心裏却想道：「這是個社會問題，你難以獨力打破吧！」

過後，他們喝起咖啡來，夜晚的那點涼意被滾燙的咖啡驅走了，心裏有一種暖洋洋的感覺。

「人與人之間的隔閡多可怕呀！」老婦人忽然有所感觸地說。

「是的。不過我們過去也輕視過西方人的，我們稱白種人爲洋鬼子，說你們是不開化的人，後來我們自動來瞭解西方人以後，就覺得我們在做人的基礎上並無甚麼不同！」

「你說得很對，」她說：「我是個信敎的人，不相信上帝在造人時是分了等級的。而且誰也鬧不清上帝是甚麼膚色。」

這時，他們手上捧着的咖啡杯只剩下一點底脚了，但依然不肯放下來。他們的身體已經回暖了，連空氣裏都有暖烘烘的感覺。

張其康懶懶地靠在椅背上，兩眼望着一處剝落的牆壁，一些紛亂的意識在他的腦海裏縈繞着。

「好一個可愛的夜晚呵！」老婦人望着窗子說。

「多清新呀！」他附和道。

這一個晚上，當他們分手的時候，又是半夜過了。

六

當老婦人從長期的孤獨生活裏復甦過來時，這個有膚色的房客，幾乎成了她的恩人了。她現在再也耐不住當初的寂寞，只要有機會，就願意與張其康在一塊談談。至於張其康本身，因爲他的根基好，所以應付功課足有裕餘。如果她有與緻同他談談，也是他所歡迎的。

後來天氣是愈來愈冷了，坐着談天使老婦人的筋骨感到不舒服。從那時起，他們就升起壁爐來，然後斜對地坐着，用綿長的問答來渡過寒夜。

「在過去，」她說：「每到冬天，我眞像條冬眠的蟲子，成天都躲在房裏。我吃得很少，周身都覺得寒冷，可是又懶得生爐子。」

「是的，單獨一個人很難養成生活秩序的。」他說。

有時候，談話到了一個盡頭，無法再抽出另一個頭來時，老婦就要求講點中國民間有趣的事物給她聽。張其康就憑着他的記憶，隨便地敍述着。然而這些鷄零狗碎的東西，却使老婦人聽得大爲高興。

「這個故事多麼有人情味喲！」她說，「你們眞是懂得做人的趣味呀！」

從許多次的談話中，張其康知道這個叫作費立蒲太太的老婦人的感情是强烈的。她在聽完悲慘的故事以後，總顯得有點悶悶不樂。可是遇到那些有趣的故事却又開懷得像一個孩子似的。

有時，她也同樣追憶她自己一生中的樂事，格格地笑。可是等到回復平靜以後，就會加上一句說：「現在都過去啦，日子不再回來啦！」

不久，聖誕節到來，老婦人首先接到兒女們的聖誕卡和郵件通知單。她滿心歡樂地跑去找張其康，她說：

「我的孩子們又寄聖誕禮物來啦。瞧吧，這裏是幾張郵件通知單。」

「啊，是的，他們眞記得你。」

「在過去，這些東西都是我自己去領的——郵局遠的很哪！」她翻看着那些通知單。

「老太太，我想不會有甚麼困難的，我替你去領好了。」他說。

「啊，謝謝你，我出門實在不方便呀！」

第二天，張其康順便替她把郵件取回來。老婦人接過幾包禮物，用一種激動的興奮把它們抱在懷裏，連聲地說道：

「我的孩子們，他們還記得我！」

然後，她邀請張其康到她的房裏去，把那些包裹解開來給他看。這時，她回復做母親的驕傲，並且盡量希望對方獲得那種印象。

「這個對我合適嗎？」她披上一塊新披肩問。

「好極了！」他鼓勵着她的興緻。

「這是我的小兒子勞遜的禮物，」她說明道：「他在一家農場裏做事。唉，他怎麼能有錢給我買禮物喲！」

她的女兒伊米莲送她的是一頂帽子，全部都是絲織的，旁邊有一個蝴蝶結。她在頭上放了一下，然後取在手上細細地瞧着。

「唉，這小妮子，她以爲我現在還常去逛街呢！」她說。

這一個預告過去以後，聖誕來臨了。張其康走在街上時，看見商店裏的那種裝飾，行人臉上的喜氣，特別使他感到異鄉的寂寞。

在聖誕日的下午，他從街上回來的時候，手上拿着一份禮物，準備送給老婦人。

他去看她時，她安安靜靜地坐在沙發上，閉目聽着收音機裏傳來的聖誕歌聲。張其康走進去，她微微地睜開眼睛，說道：

「呵，你回來了，我正在回想過去的許多聖誕呢！」

張其康把一個小巧的盒子遞給她，她呆呆地望了一會，問道：「是給我的嗎？」

「是的，」他笑着說：「聖誕快樂！」

「呵！」

她接過去，趕緊拆去縛着的那條紅絲帶，見是一雙皮手套，叫道：「啊，這對我是多麼有用呀！我就缺少這個呢。」

她戴上手套，讚歎着說：「正合適！」

她站起身，溫情地望了他一會，然後把手搭在他的肩上，吻了吻他的臉。

張其康看見她的眼眶裏有着眼淚，臉色陰沉下來。

「老太太，今天是聖誕節，你願意同我出去看看熱鬧嗎？」他說。

這個提議完全出乎她的意外。她毫無自信地望着他，問道：「一個年青人陪着一個老太婆出去玩嗎？」

「是的，我陪你出去看看。」

「啊，啊，」她抓住他的衣領說：「我想了許多年了。」

於是，他們立刻準備起來。老婦人一面穿衣服和鞋子，一面嘮叨着，說她是個被人遺忘的人，在她的生活中早就失去節日了。

他們走出門，外面很冷，而且颳着風。

「這樣吧，老太太，我們去找個熱鬧的地方坐下來，看別人狂歡好了。」他說。

「甚麼地方都成，只要你帶我去好了。」

他們乘了一段街車。在行人擁擠的街上尋找一個有笑聲的地方。最後，他們在一家低級的夜總會裏坐下來。

裏面坐滿了各色各樣的人，樂隊奏着爵士樂，許多人擠在中間的舞池裏起舞。到處都是亂哄哄的聲音。

老婦人望着那些人笑，內心的歡樂活躍在縐臉上。

「老太太，你想參加跳舞嗎？」張其康問。

「我？」她說：「我怎麼成呢！我那麼多年沒有跳舞了。」

「不妨試試吧。」

她遲疑着，被早年的記憶所誘惑。一會，她站起來，說道：「讓我試試吧！」

他們擠到舞池裏，隨着大夥人跳起來。

「老太太，你跳得不錯呀！」

「我似乎還記得這個。」她自滿地說。

他們跳着時，被那些醉漢衝撞了好幾下。張其康緊緊地扶着她，避免她失足跌倒。

「你同你媽媽一起跳過舞嗎？」她問。

「不，過去的中國女人從不跳舞的。」

「這怎麼可能呢？」

「我們是個不喜歡舞蹈的民族，而且每個人都過份控制情感。」

「那是可惜的事，是嗎？」

「或許是的。」他說。

他們重新坐下時，老婦人已經氣喘了，但她分明感到很滿意，戀戀地望着繼續跳舞的人。

「一切景象都還在我的目前，」她忽然說：「先是同我的朋友們在一起，後來是我的費立浦，最後是我的孩子們！」

「是的，我體會得到你那時的快樂。」

「我今天比以往還快樂喲，我有五年沒人來叫我一起過聖誕了。」

後來，侍者分派給他們兩頂紙帽，這件事激起了他們的興緻，又去跳了一次舞。離開夜總會，他們還到街上去走了一會，看看夜景，然後就回家去了。

他們進房時，正好是午夜一點鐘。老婦人把帶回來的兩頂紙帽放到火爐架上，滿心安慰地搖搖頭說：「這才叫聖誕呀！」

他們坐下來，老婦人餘興未盡，同張其康談起許多往事，感歎着。

過後，疲乏的感覺侵擾了她，然而她的腦子似乎不曾休息。她斜靠在沙發背上，注視着張其康，感恩地說：

「張先生，你來的時候，我曾經要了你太多的房錢。這間房子最多只值十二元，可是我却要了你十六元。不過從下個月起，我不打算收你的錢了……」

「不，老太太，這是不行的。」

她立刻舉起手，說道：「你沒有白住我的房子！

我們還是維持原來的租約吧。

「我不能收你。我有足够的錢用！」

「我付房租比較公平一點。」

「不要爭執了，」她說：「我這裏還有五個房間，到現在還沒有租出去。這分明是我的房子太舊，設備不全的緣故。在我的樓上，還有四間房子，現在讓老鼠在那裏住。前幾天你去上課的時候，有三個人來看過，其中有一個連價錢也不問就走了；有一個嫌交通不便；還有一個說是不願同有色人種住在一起。我當時就對他說：『你請便吧，先生。他一定比你更會做個好房客。』他說：『再見吧，老太太，你的房子只配住蜘蛛！』嘿嘿，去他的吧，我要錢來幹什麼？」

張其康感激地望着她，分明不想爭持了。

「張先生，」她咂了下嘴唇說：「如果你願意，你盡量到樓上去打滾好了，那地方很大！」

「不，我用不着很大的地方呀！」

他們的談話沉寂下來時，張其康打個呵欠，說：「你應該休息了吧。」

「我興奮得睡不着，」她說：「我的耳朶裏還留着喇叭的聲音呢！」

「我以後還會陪你出去的。」

「我非很高興。」

於是，聖誕夜就這麼度過了。

七

日後，在氣候快要回暖的一天晚上，張其康回家比較晚一點，他拿鑰匙開了門，就逕自到自己房裏去了。

他喝了杯水，正要脫衣上床時，忽然聽見通道裏有一種古怪的聲音傳過來。他重又穿上衣服，跑到門外去聽聽，聲音却愈來愈淸晰了，彷彿是有人喝醉酒的樣子。

他開亮過道上的電燈，搜索着走過去。等到走過老婦人的門邊時，才明白聲音就在她的房裏。他推開門，裏面一片漆黑，甚麼也看不到。

「老太太！」他叫道。

「哦，你……」那聲音說。

他走進去，摸着了電燈開關。燈亮起來以後，他看見老婦人睡在床前的地板上，身上只穿着睡衣。他搶上去，把她從地上扶起來，問道：「你怎麼啦？」

「病……了。」她用微弱的聲音說。

他急忙抱她到床上，替她蓋好毯子。當她去摸摸她的額頭時，才知道她病得不輕。

「我替你去請醫生去。」他對她說。

她微微地點了下頭。

他出去一會，醫生來了，臉上帶着不愉快的神色。他替老婦人診了診，說是病情不很簡單，有傷寒的徵狀。

張其康墊付了十五塊錢診金以後，醫生就回去了。

「老太太，你要我做些甚麼事呀？」他在床邊問。

「醫生說什麼？」她吃力她說。

「他說——好像不是短期能好的。」

「到明天看看吧。」

張其康在她的房裏逗留了一會，不知道應該把她怎麼辦。過了一會，他再走到床邊去，說道：「我們明天再想法子吧。今天晚上我會睡得驚醒一點的。」

張其康回房的時候，爲了要聽得見聲音起見，沒有把老婦人的門關實，自己的門却完全打開。到了三點鐘，他過去看了一下，因爲沒有甚麼動靜，就回來睡覺了。

次日，他沒有課。先跑到老婦人的房裏去看看她的病況，然而體溫並沒有退去，精力衰微到連說話的能力也沒有了。

他跑去請醫生，驗出她患的是肺炎，認爲最好能够送她到醫院裏去。

張其康知道美國的醫療是出名的昂貴。如果他逼她進醫院去，必得墊一筆很可觀的費用，而他身邊傾其所有只有兩百多塊錢，一旦繳去以後，生活就要發生問題了。假如不把她送進院去，責任也很重。在經過一番抉擇以後，他決心送她進醫院去，一面寫航空信給她的兒女，叫他們自己來決定。這樣一來，他的手續就完全了。

當天，他送她進醫院去，在經過說明以後，替她繳了一百八十塊錢的最低住院費。做完這件事，他回來找她的四個兒女的地址，結果只找到伊米蓮的。他回到房裏，寫了一封信給伊米蓮，告訴她母親的病情，希望她轉告她的哥哥，作一個很快的決定。

兩天以後的一個下午，張其康正要出去上課的時候，門鈴響了起來。他滿以爲是郵差來了，可是打開門一看，站在門口的却是一個打扮入時的少婦。她當時顯然有些吃驚的樣子，以致說不出話來了。

「你找誰呀？太太。」張其康問。

「你是誰？」她反問道。

「我是這裏的房客。」

她不再答腔，昂然地走了進去。張其康見到這種情形，心裏有點不快，但只好跟進去。

她在老婦人的房裏匆忙地看了一下，就走出來，問張其康道：「屋子裏沒有別的人嗎？」

「沒有了。」她說。

「那末你一定是張先生了？」

「是的，你是——」他有點悟着了。

「我是伊米蓮，我收到你的信了。」

「啊！」他鬆了口氣說：「你母親在醫院裏，我正焦躁地等你們的回音呢！」

「我現在要到醫院去。」她說。

「我本來可以奉陪，可惜我下午要到學校裏去上課。」

「不必了。」

她說着走出去，可是未到門邊又停下來，問道：「你一個人住在這裏嗎？」

「是的，」他說：「我現在變成管房子的人了。」

她皺着眉頭，靜靜地想了一下，說道：「回頭再說吧。」

她匆匆離去以後，張其康與緻索然地呆了一會，用手指彈彈書本的封面，隨後就到學校裏去了。

四點光景，張其康到醫院裏去看老婦人，一進門就碰上伊米蓮。她發覺他想進去，就用身子擋住了門，並且說：「對不起，我想你不便見她！」

張其康討了個沒趣，覺得很不開心，但這種感覺不久就平息了。

晚上九點左右，伊米蓮回來了。她一進門就對張其康說：「張先生，我有句話同你商量。」

「你有甚麼話呢？」他疑惑地問。

「你可以離開這裏去住旅館嗎？」

張其康詫異起來，說道：「我在這裏已經住了四個多月了，一向都沒有甚麼不妥呀！」

「因爲，今晚我也住在這裏。」她說。

「我不會妨害你的。」

「不，這不妥當。」她固執地說。

「我想你母親可以保證我的。」

「她病着。」

張其康苦思了一會，說道：「我的錢都墊作住院費去了。」

「噢，」她說：「這沒有問題，我們要歸還你的。」

「我住旅館也不是長遠的辦法呀！」

「或者三四天就够了，我母親的病恢復得很快。」

張其康極不高興，可是碰到這樣的女人，又覺無可如何。最後，他取了點應用的東西，就出去找旅館去了。

發生這件不愉快的事的第二天，張其康去看老婦人。他一進門，看見伊米蓮坐在病榻邊，正在與老婦人談話。她一見他的面，就客氣地站起身來，臉上有點歉疚的表情。

「你來了。」她說。

老婦人側過頭，用低沉的聲音說道：

「他，就是他！」

「是的，我知道，媽。」她說。

張其康笑着去看老婦人，問道：「你感覺到好一點嗎？」

「好多了。」她說。

「我希望你能早點好起來，」他望了一眼伊米蓮，說：「我現在變成無家可歸的人了！」

「張先生，」伊米蓮歉然地說：「我過去對你不瞭解，今天媽把你的一切都告訴我了。因此，我想你還是回來與我同住吧！」

張其康悽苦地沉默着。伊米蓮懇切地說：「我希望你不介意這件事！」

老婦人竭力裝出想說話的樣子，張其康會意，趨過頭去聽着，她說：「我眞對你抱歉，回去吧！」

張其康點點頭，說道：「我明白，我照你的意思做。」

晚上，張其康回到原來的住處，悶悶地坐在房裏讀書。隔了不久，伊米蓮回來了，皮鞋沉重地響了一陣，在他的房門口停止了。接着是扣門的聲音。

「進來！」他應了一聲，沒有站起身來，只是注視着門邊的動靜。

伊米蓮推開門走進去，老遠就說道：「我很抱歉，張先生，你照顧我母親這麼多。而我——唉，或者在禮貌上欠缺了一點！」

「沒有甚麼呀！我不會把它放在心上的。」他說。

「原諒我！」

她笑着點了下頭就退出去了，鞋跟的聲音從過道上響過去。

八

一個星期以後，老婦人出院了，她的健康恢復得很快，精神看來也很不錯。

張其康到她房裏去時，她躺在床上，伊米蓮在桌上寫信，看見張其康進去，就放下筆跑過來。

老婦人含笑招呼他，說道：「這次如果不是你，我恐怕連死了也不會有人發覺呢！」

「不，那是不會的。」他說。

「那是一定的，我那天晚上怎麼還能爬上床去，怎麼能去找醫生呢？」

「張先生，這件事使我們做兒女的人都感謝你！」伊米蓮插嘴說。

張其康謙遜着，但心裏却想着她那天晚上的無理要求。

「你使我的兒女慚愧喲！」老婦人說。

「媽，事情過去了你還是靜養吧。」伊米蓮說。

「不，你侮辱過他，你得好好道歉才行！」

伊米蓮望了下張其康，微笑着說：「我會的！」

「不要談它了。」張其康說。

老婦用呻吟代替了感喟，說：「他是多麼懂得做人喏！」

「張先生，我眞替你驕傲，」伊米蓮說：「我從沒有聽到過母親像讚揚你那樣讚揚過別人。」

他苦笑着，說道：「這或許是因爲她在這段日子中特別需要人關懷的緣故。」

「我知道不全如此，你有你的長處。」

又過了十多天，氣候暖和起來，墻縫裏的小草露了頭，這是老屋裏的唯一春訊了。

老婦人已經起床，蟠在那張常坐的沙發上。經過這場病以後，她的外貌已大不如前了，臉上更加枯瘦，眼神也失去了。

張其康每天都要到她房裏去看她一兩次，隨便詢問幾句。她雖然病後乏力，但依然很親切，喜歡拉他的手，來表示出她的愛撫和感謝。

伊米蓮常常不在家，彷彿她在芝加哥還有甚麼私務的樣子。

有一天晚上，張其康正在房裏讀書時，伊米蓮來請他去，要他過去談談。

他到了那裏，大家一起坐下來。從談話開始時的那段沉默看來，他知道將有甚麼事發生了。

不久，伊米蓮開始說話了，她說：

「張先生，我對你有說不出的感激。現在，我們將有一個困難的決定，希望你來參加意見。」

「有甚麼事呢？」他說。

她望了望坐在一邊的母親，說：「事情是因爲我母親年紀大了，在家裏沒有人照顧她，非常不方便。目前雖然有你在照顧，可是不是久遠之計。最近我同我的哥哥們通信，徵詢他們的意見，他們都認爲把媽送到養老院去比較妥當一些。可是，媽，她——」

她說到這裏，轉頭去望她的母親。

「瞧，張先生，他們都以爲那是我的好去處呢！」她用譏刺表示抗議。

「媽，事實是我們照顧不到你呀！」

「照顧？」她說：「我這幾年有誰來照顧我呀？」

「媽，這是沒有辦法的事呀，我們已經想遍辦法了。」

「不，我有丈夫留給我的住處，我要保持一個議員夫人的自尊！」老婦人堅決地說。

伊米蓮對着張其康，好像要他規勸母親似的。

「我們中國人有一句話，湯姆遜太太。」他對伊米蓮說：「一個最有智慧的法官，都難以判斷家庭事件的。而我，我只能算是一個局外人呀！」

「你說得好，張先生，」老婦人說：「誰知道我想做什麼？」

「可是張先生，現狀是沒法維持下去的呀！」

「是的，我相信這對你們是個大問題。」

「這種事在你們中國是怎麼處理的呢？」

「我們的處理方法跟你們完全不一樣的。」

「哦，那又怎麼樣呢？」

他遲疑着，老婦人說：「張先生你坦白點告訴她好了。」

張其康沉思一下，說：「在中國，子女拋棄老父母，被社會上的人認爲是最大的罪惡，他們將成爲輿論的衆矢之的。」

伊米蓮吃驚地望着他，說道：「你們把老父母怎麼安排呢？」

「讓老父母住在自己的身邊，或者住在有人照顧的地方。」

「這在我們是辦不到的事！」

「是的，我們的觀念跟你們不同！我們卽使兒女做了乞丐，也得帶着老父母生活的。」

伊米蓮困惑地聽着，說道：「那或者是因爲你們根本沒有養老院。」

「不，我們也有慈善性質的養老院，不過多數都是沒有兒女的人。」

「這不適合美國人的生活，這個很難辦到！」

「我並不要求你們贍養，我只是要求住在這裏而已！」老婦人生氣地說。

「可是，媽，你使我們多掛心啊！這次要不是張先生，後果眞是無法想像了。」

「不，我要住到不能住下去的時候爲止！」

老婦人裹緊她的衣服，靠在沙發上，不想再聽勸解了。

伊米蓮站起來，鞋跟沉重地落在地上，十足顯出她是個健美而高傲的女子。

「張先生，」她說：「問題是我住得太久了，必須趕快回去！你說我怎麼能不解決這件事就走呢？」

「是的，這在你是個問題。」

她走到他的面前，俯下身子，尖嘴子幾乎要觸到他的面頰上去。

「張先生，你或許能感動她，我相信你對她有一種不可思議的力量！」她說。

他遲疑一下，說：「我答應你試一試，不過這是違反我的意願的！」

「你的意思怎麼樣呢？」

「不！我只是憑中國人的觀點說這句話而已。」

「你得趕緊替我辦一辦，」她說：「我急於要走，我家裏有孩子，還有許多家務呢。」

當天晚上，伊米蓮進浴室去的時候，張其康帶着一種負罪的心境，跑到老婦人的房裏去。

她正在那裏假寐，伸展着腿子，兩手緊緊地抱在胸前。

「老太太，你沒有睡着吧？」他說。

她睜開眼睛，竭力表示她是淸醒的樣子，說道：「我沒有睡熟，你來這裏坐吧。我很想同你談談呀！」

張其康坐下來，自覺很難做成這個說客。

他沉默着，隔壁傳來潑水的聲音，伊米蓮還在用她的低嗓子哼歌。

「你得常常來看我啊，」老婦人說：「不要把伊米蓮失禮的事放在心上，她本來就是那種鹵莽的人！」

「我不會的。」他說。

「他們都勸我進養老院，你覺得我應該聽他們嗎？」她說。

「他們有他們的想法，」他順着這個題目說：「也是兒女孝心的一種表示。」

「你說我應該去嗎？」

「事實是你在家裏已經不方便了，你得自己做炊和洗衣，還得打掃房子。你患着風濕呀！」

她有點回心轉意的樣子，但沒有立刻表示意見。

「進養老院當然也有好處，你用不着做日常的事了。」他說。

「是的，不過我的房子怎麼辦呢？」

「你得想個辦法處理它。」

我決不能把它賣掉的，我在這裏生活過大半生了。」

「如果你對它有感情，你可以留着。」

「你可以替我管房子嗎？」

「這當然不成問題，可是得看看有沒有別的困難。」

「有甚麼困難呢？只要我一朝活着，房子的產權是我的。」

「我明白。」他說。

她的臉上掠過一層悲哀的影子，喃喃地說道：「養老院，我終於要進養老院了！」

「我相信我會常常來看你的。」他說：「如果你願意，我還會接你回家度週末。」

「啊？那眞好極了，你不是隨便說說的吧。」

「這並不是一件難事啊。」

「你知道美國的孩子們不成，他們從不理會老年人的。彷彿老年人會把他們吞掉一般。」

「他們愛好玩樂得很。」

「是的，亂糟糟吶！」

隔壁的潑水聲停止以後，過道上響起拖鞋的聲音。伊米蓮進來了，身上穿一件藍絨浴衣。她剛進門忽然叫起來：

「呵，對不起，我得拿衣服去換。」

她進去拿了衣服，又走出去。大約過了十多分鐘，她穿好衣服進來了，淡棕色的頭髮在燈光下閃動着。

她笑盈盈地坐下來，說道：「我決定乘後天下午的飛機走了，可是——」

「你母親已經決定了。」他說。

「媽，你——」她望着她的母親。

「我聽張先生的勸了。」

她又轉向張其康，他說：「她想明白了，進養老院比較安全一些。」

「啊，」她高興地合上她的手掌，說：「你有那種感人的力量！」

「我答應常去看她，接她回家度週末。因爲，我也可藉此解救我的寂寞！」

「我眞感謝你，相信我的兄長也同樣感謝你。」她說。

「這是不值得提的。」

過了一會，伊米蓮說：「那末，媽，房子必須留着了。」

「直到我死了爲止。」她說。

伊米蓮的心裏分明輕鬆了，她在房子裏走來走去。老婦人沉重地倒在沙發背上，自言自語地說道：

「我能夠嫁一個中國人多麼好呵！我絕不在乎我的孩子們的皮膚上帶點黃色……」

「媽，你怎麼啦？」伊米蓮叫起來。

「我看不出一匹白馬和一匹黃馬在本質上有甚麼兩樣！」老婦人說。

「媽，你休息一會吧。」

「我休息這麼多年還不夠嘛！」

伊米蓮歎口氣，就坐下來，準備給她的兄長寫信。張其康站起身，一面望着老婦人微闔的眼睛，一面躡足退出去。

九

第二天下午，張其康剛小睡起來，伊米蓮來敲他的門了。

他過去開門，伊米蓮笑瞇瞇地走進去，說道：「張先生，我必須趁今天把我母親送進養老院去，我得親自向管理人交代一下。如果你有話，現在不妨同她談一談。」

張其康稍一沉思，說道：「我沒有甚麼話說，反正我們常要見面的。」

「那末我現在就要送她去了。」

「好的。我本來應該一起去，可惜我還有一堂課。」

「不必了。」

他們相對有好一會，伊米蓮說：「原諒我，甚麼都原諒我！」

「沒有甚麼，我們只求別人瞭解而已！」

她伸出手去，緊緊地握了他一會，戀戀地退出去。

張其康歎口氣，伸了伸臂膀，從桌子上拿起書本，就跑到老婦人房裏去了。

她們已經收拾好了。老婦人呆呆地坐在那裏，身上披着黑色的坎肩。在她身邊的地上，放着一口很舊的箱子。伊米蓮在那裏收撿抽屜。

他走進去時，老婦人一聲不響地望着他。他再仔細看看她的臉，發覺她正在那裏流淚。

「老太太，我抱歉我不能送你的行。」他說：「不過，我馬上就會來看你的，說不定就是明天！」

她陡地站起來，一下撲到張其康的身上，緊緊地抱住他，一陣哀慟的聲音震撼着這所老房子。

伊米蓮抬起頭，默默地望了望他們。然後又俯下身子去收撿抽屜去了。

「不要難過，」他說：「我們隔得不遠。」

「我供獻給人生的是青春、勞力和血汗，人生供獻我的是什麼呢？」她哭着說。

「人生本來就是供獻，你是個偉大的母親！」他安慰着她。

過了一會，她平靜下來。這時，伊米蓮已經準備好了，說道：「媽，我們走吧！」

老婦人毫無表情地走出去，依依不捨地回頭望她的房間，但伊米蓮隨即把門帶上了。

她們走出大門時，張其康看見老婦人又回頭看她的房子，蒙住自己的鼻子哭泣。她的女兒帶點强力挽住她，她只好一路哭泣着走了。

張其康站在石級上，自覺眼眶有點濕黏黏的感覺，他腋下的書本在這時不知不覺中掉落到地上。他趕緊撿起書，抬頭再看看時，老婦人正在夕陽街頭慢慢地遠去！

鼠

沙基(Saki)作　思果譯

提奧多瑞克·伏勒從嬰孩時代到中年邊緣，就是由他溺愛的母親一手撫養的，這位母親主要關切的，就是把他和她所謂生活中不大好應付的現實隔離。她死掉了之後，她可把提奧多瑞克撇下來了，讓他一個人活在和平日一般眞實的世界上，而且世界這樣難以對付，在他認爲實在沒有什麼理由。像他這種性格和敎養的人，即使作一次簡單的鐵路上的旅行，也會充滿了許多麻煩和不調和的瑣事，所以當一個九月的淸晨，他在一節二等車廂裏就了座以後，馬上就感覺到種種的煩亂，和精神上一般的不安了。他本來在鄉間牧師家住着的，牧師家的人當然是旣不兇惡、也不酗酒，可是那家人家家務的管理並不嚴格，這樣就會招來許多不幸的事故。那輛送他到車站去的小馬車從沒有裝備妥當，所以等到他動身的時候快要到了的那一刻，那個該把馬車準備好的工人，竟到處找了都找他不到。在這種緊急狀況之下，提奧多瑞克嘴裏雖然沒有說出來，可是心裏却厭惡極了，因爲他只有和牧師的女兒一塊兒來做把馬具套在馬身上，和把馬套上了車的工作，這件事須要在光線不充分的一間喚作馬房的小屋子裏摸索個半天……，而那間小屋子閉起來又眞像一間馬房似的——除了有幾塊地方帶着老鼠味道。提奧多瑞克倒並不眞正怕老鼠，可是他把老鼠歸入人生不好對付的一類，而且認爲老天只要多利用一些道德上的勇氣，早就可以承認老鼠並不是少牠不了的東西，不再讓牠們在世上橫行了。火車一滑出站，提奧多瑞克神經質的會想像的腦子就發見自己身上有馬房院子裏的微弱氣味，而且也可能在他平時刷得光潔的衣服上有一兩根發了霉的麥稈。幸而車中隔成的小室裏另一個唯一的乘客，一位和他年紀相彷彿的女太太，好像喜歡打盹而不喜歡仔細察看似地；火車不抵達終點是不停的，路上要走大約一個鐘頭的時間，這列車還是舊式的車，車廂不通車中的走廊，所以一路上不會再有別的旅伴來侵犯提奧多瑞克的半獨處的旅程。可是火車在剛剛開到平常行車的速度的當兒，忽然他很痛恨地可也明明白白地發覺，他並不單單是和那個打盹的女太太在一塊兒；甚至他自己的衣服裏面，他也不單單是他自己一個人。一個在他肉上的溫暖的、爬行的動作使他知道，有一隻走錯了路的老鼠，顯然逃到了他的身上拿現在的地方當退避之所了，看雖看不見，可是千眞萬確是在那兒的，這他可眞不歡迎，而且也非常厭惡。他私下頓足，搖撼，而且還亂七八糟地搯了一陣，都沒有趕走這個隨便亂闖的傢伙，因爲牠的格言好像是「百屈不撓」；這時這套衣服合法的主人躺在椅墊上，想法要很快解決這種鵲巢鳩佔的把戲。他想都想不下去，在整整一小時的光陰中他要繼續做許多流浪的老鼠的改良的旅館註一（他的想像早已把外來的侵略者的數目至少加了一倍。）另一方面，不採取脫去部分的衣服那樣非常的步驟是絕對不會把磨拆他的那隻老鼠撵走的，而當着一位太太的面脫衣裳這個主意，即使爲了這樣值得稱贊的原故，也使他爲那卑賤的恥辱而感到羞慚的耳根發響。在女性面前，即使是像微微露出網狀的襪子來那種事情，他也從來不會做到過。可是——那位太太表面上在這時的情形之下，是安心地熟睡着的；而另一方面，那隻老鼠好像想法要把一年的旅行在費力的幾分鐘之內度過似地。如果輪廻的說法可以相信的話，這隻老鼠的前身一定是阿爾卑斯山攀登會的會員。有時牠性急不過，一滑了一脚，就會跌下個半寸左右；然後，爲了嚇了一跳，或者更作興是發了脾氣，它就咬他一口。提奧多瑞克可就給牠刺激得決心要去幹那件在他平生算是最大膽的事情了。臉紅得顏色像甜菜根，兩眼苦痛地釘着望着那睡着了的旅伴，他很快地不聲不響地把火車上的地毯在車廂兩邊的架子上縛住，所以有一道堅實的幔子把車中隔成的小室遮了。在他那間臨時作成的狹小的更衣室內，他拚命飛快地把自己部分地，把老鼠連皮帶骨地，從蘇格蘭呢和半羊毛註二的包裹中解脫出來。那隻脫羈的老鼠猛地往地板上一跳，一下，那塊地毯就從縛着的兩頭滑了下來，砰地一聲也落在地下，聲音大得叫人心寒，差不多同時那位睡着的人，就給吵醒了，眼也睜開了。提奧多瑞克的動作幾乎比老鼠還快一些，一把攫住了地毯，就握着寬濶的褶，一直提到他下巴那麼高，遮住他脫了衣服的身體，自己却倒在車廂的另一個角落裏。他的血液沸騰，在頸子和額頭上的血管裏狂奔，一方面他等着車廂內的報警索有人去扯。可是那位太太，也不開口，望着她那位特別遮掩着身體的同伴也就心滿意足了。提奧多瑞克問着他自己，她看見了多少？而且，到底她對他目前的情況作何感想呢？

「我想我得了傷風了，」提奧多瑞克拚了命冒昧地說。

「眞的嗎，我可替你難過呢，」那位太太答道。「我正預備問你是不是願意打開這扇窗子。」

「我猜我有了瘧疾，」他補充道，他的牙齒有點打抖，好像因爲害怕，又好像因爲一心要支持他的理論似地。

「我帆布袋裏有一些白蘭地，可不可以請你去替我拿一拿，」他的旅伴說。

「萬萬用不着——我是說，我從來是一滴不進嘴的，」他一本正經地向她說。

「我猜想你的瘧疾是熱帶地方得來的吧？」

提奧多瑞克對於熱帶的認識只限於他在錫蘭的叔叔每年送給他的一匣茶葉，因此他覺得甚至那瘧疾也從他身上滑掉了一小部分。他在籌算，是不是可以把事情眞相的一小部分地告訴她呢？

「你怕老鼠呢？」他冒昧地問，假如他的臉還能更紅些的話，就該越過越紅了。

「只有來上一大羣的時候我才怕，好像有吃掉了哈陀主教的那麼多的一羣註三。你爲什麼要問？」

「剛才就有一隻爬進了我衣裳裏去了，」提奧多瑞克說話的喉嚨幾乎不像是他自己的。「這種情形眞糟透了。」

「要是你的衣服穿得太緊就會了，」她表示意見，「不過老鼠對於舒服有牠的古怪的想法的。」

「你睡着的時候我要把牠撵走，」他繼續道；然後，想要吞下什麼似地，他又說道，「就是撵走老鼠才把我弄成——弄成這副樣子的。」

「把一個小老鼠放走無論如何不會受涼的，」這位太太喊了出來，她那種隨隨便便的樣子提奧多瑞克覺得非常討厭。

很明顯地這位太太一定多少發見了他的窘境，而且覺得他的張皇失措是很好玩的。這時他全身的血液好像總動員集中了叫他臉紅，他覺得令他難堪的的丟臉的感覺在他心靈上忽起忽落比成千成萬個老鼠還要糟。然後，他的想像開始得勢，純粹的恐怖代替了恥辱。每一分鐘過去，火車都更衝向擁擠嘈雜的終點，到了那兒，那車廂另一個角落的一對令人麻痺的、釘着瞧他的眼睛，就要換成無數好管閒事的眼睛了。他是否能有一個難得的機會，再過幾分鐘就一定有個分曉了。他的旅伴可能重新睡它一大覺。可是一分鐘一分鐘雖然有規則地急遽跳過，那個機會却像退潮似地不見了。提奧多瑞克偷偷地不時瞧一瞧那位太太，僅僅乎發見她眨都不眨眼睛地淸醒瞧在那兒。

「我想現在我們快要到站了，」這時那位太太開口了。

提奧多瑞克已經注意到一堆又一堆的小而醜陋的住宅出現，那本是旅程到底的先聲，他愈來愈害怕了。那位太太剛才說的話就是信號。就像一頭被人追逐的野獸從潛伏處衝出來，發瘋地奔向另外一個暫時安全的隱蔽所似地，他把地毯扔開在一邊，狂亂地套上了他的散亂的衣服。他已經覺察到冷落的郊外的站頭飛快地從窗外駛過，喉嚨和心頭覺得窒息，覺得鐵鎚在敲打，而那隻他不敢一顧的角落裏却冰也似的沉寂。然後當他倒在他的座位上的時候，衣服是穿上了，可是人也快要癲了，火車慢慢停了下來。這時那位太太說話了。

「可不可以勞你的駕，」她問道，「替我找個脚夫、送我上馬車？眞不好意思麻煩你，你人還不舒服呢，不過我是個瞎了的人，到了這種車站上眞是一點用處都沒有了。」

作者簡介：沙基本名 Hector Hugh Munro(1870—1916) 英國小說家，極知名。

註一：原文 Rowton House 是借用英國人 Montague Lowry-Corry, Baron Rowton (1838-1903) 的典故，他研究工人階級的狀況，設計比普通旅館爲好的窮人的旅館而極爲成功。

註二：指衣服。

註三：十世紀的時候傳說馬因斯 (Mainz) 地方的總主教在九百七十年那年大饑饉的時候，在穀倉裏聚集了大批窮人把他們燒死，好供給有錢的人當食物。後來他給一大羣老鼠追趕，躲在來因河上的一座塔上，給老鼠吞下去了。

讀者投書

（一）

大學教育與學術環境

楊德本

大家知道，在歐洲中古基督教統治時代，學術的發展相當困難。當時的大學，簡直是愚人的淵藪，其最重要的課本莫過於聖經，神學是唯一的學問。基督教的權威，使學生不敢有懷疑之心，尤其不敢懷疑上帝，此時學術的尊嚴是完全沒有了。及文藝復興，人們才敢大膽地對那些荒誕不經的「眞理」，加以無情的痛擊，不再承認什麼權威，即使是上帝說的話，也要考慮考慮了。從此歐洲的文明日新又新，科學的發展，政治的進步，社會的改革，皆非昔日可比。

以英國來說，在她踏進現代文明的過程上，大學盡了不少的力量。英國史上有所謂「牛津的思想」，「劍橋的思想」，英國的政治、宗教與社會改革，每每都是以這種思想爲根據。這種成就應歸功於研究學術自由的精神，不受任何政府的干涉，超然於政治之外。故養成學生有獨立思考的能力，一切問題都要經過大腦仔細想過，不盲從，不狂熱，唯有這樣，其求得的知識才較有效，才能比較接近眞理。

講到中國教育，有所謂私家之學，春秋戰國時私人講學之風很盛，研究學術之自由，遂有先秦諸子之學。及漢武帝尊儒學而黜百家，設立五經博士，所謂教育僅是儒者的製造工具，所謂學術只是通經致用——做官之學。唐宋有所謂官學，「近代的制度，則始於明太祖，一切一元化，設立的目的是在訓練公務員，敷施教化。結果，只是科舉的附帶品，無論中央的國子監，或府廳州縣的官學，實在多無補于學術，無多供獻于教化」（傅故校長斯年中國學校制度之批評。）政府以政治力量控制教育思想，以遂一己之目的，學術怎會進步？於是我們可以明白：爲什麼淸代古典考證學獨盛？這因雍正時大興文字獄，文網之密，士人戰慄，學者只有把精力化在「與世無爭」的考證學上面。梁任公先生說：「凡當權者喜歡干涉人民思想的時候，學者的聰明才力，只有全部用去註釋古典，歐洲羅馬教皇權力最盛時，就是這種現象。」（中國近三百年學史。）影響所及，學術界無創關新路之志趣與勇氣。淸代學者只能在小學、樸學的字紙堆中度生活，是有他們的苦衷的。

臺灣今天研究古學的風氣也很盛，有人認爲是好現象，這却未必然。蓋在政府高唱恢復民族精神，尊敬孔老夫子（中國歷史上的帝王，遇到政治沒有辦法時就把孔夫子抬出來。）之際，有些無聊文人就乘機附和了，因而他們抓住孝經、易經、倘書等就大寫文章，自命博學，自命風雅。我不相信這些聖經賢傳在今天還有大事表揚的必要，它除作爲歷史的資料以外還有什麼意義？在尊孔之下，也可說在思想統治之下，傅故校長雖把北大的自由精神帶來臺大，可是這種精神無法發展，其他學校更無論矣。政府對學校的控制愈來愈嚴，凡在大陸的作家，其作品一概不准閱讀。這是一件最糊塗最顢頇的禁令。再說，檢查學生刊物之結果，致使刊物之內容枯燥而貧乏，沒有一點思想，沒有一點生氣。政治的壓力如彼，學術的空氣如此，在此種死氣沉沉的空氣下，怎能孕育出眞正的人才？

學術思想是一個民族的靈魂，它的興廢關係這民族的盛衰。而今，大學無疑是研究學術的中心，要我們學術有進步，就必須提高學術的尊嚴。換句話說，就必須有研究學術的自由環境，只有在這種環境下才能產生各色各樣，奇奇怪怪的人才。近數十年來我們國家學術沒有進展，沒有傑出的人才，就是「唯我獨尊主義」在作祟，不容與我思想相異的人存在之罪過!?。

三月四日

讀者投書

（二）

籲請立監兩院澈查司法黑暗

喻伯凱

編輯先生：

任何黑暗，都是人民的公敵；殲滅黑暗，人皆有責。今日司法之黑，有目共覩；雜誌爲人民之喉舌，理宜率先聲討。本民爲司法黑暗所害，首向公敵衝鋒，茲已草就「籲請立監兩院徹查司法黑暗」一文，敬懇　貴社賜予代郵披露，毋任感幸！

代　郵

立法院、監察院公鑒：

今日司法之黑，與論早有定評；影響人民離心，危及國家興亡，利害攸關，不容忽視；劃除黑暗，人皆有責，本民不敏，率先嘗試，不憚法魔，藉端加罪，謹此籲請立監兩院徹查左列黑暗：

一、臺北地方法院，藉交保爲名，以索賄爲實，索賄不遂，私行拘禁，受害者何止萬千？本民其一；聯合報亦有「對保」一黑暗之報導，事多不勝枚擧，請徹查者一。

二、經被害人將右述黑暗，向各級司法機關提出嚴重抗告，均置之不理；執法犯法，縱法，莫此爲甚，請徹查者二。

三、由當事人將法院黑暗事實直接向法院提起自訴，不意法院一脈相通，極盡歪曲庇縱之能事——如判決書隨意變當事人爲非當事人，變檢察處通知內所承認的「刁難情事」爲子虛，其所歪曲庇縱者，率多類此，請徹查者三。

四、檢察官張澄江替同仁陳光宇等假公報私，違背刑法總則第十三條之規定，公然以「犯罪並無須任何動機與意圖」。作爲上訴理由，故意對無罪之人提起上訴，企圖故入人罪，請徹查者四。

司法代表國家實行法治，今竟如此黑暗，民心安附？謹此籲請立監諸公，萬勿等閒視之！

大聲疾呼者喻伯凱　三月廿七日

住址：建國南路一四一號之二羣力商店後面

讀者投書

（三）

一次莫名其妙的圍剿戰

金燕君

在上月「自由中國」的第十八卷第六期出刊以後，我看到有些「官報」在罵「自由中國」，認爲是「賣國主義者」、「荒謬的內政干涉論」、「吳三桂思想」，我以爲「官報」罵「自由中國」本是司空見慣的事，無足重視，誰知這次竟不同，一兩天後，中央日報、新生報率領着大小嘍囉和一些外圍分子，對「自由中國」竟展開了一個新的圍剿戰，這個說「自由中國」是「無恥之尤的賣國賊」，那個說是「犯了民族自虐狂和亡國慾」；這個說是「奴才、乾兒子」，那個說是「沒有出息的買辦思想」；這個又說是「民主同盟在臺灣翻版」，那個又說是「符合共匪顚覆陰謀」；聲勢赫赫，不一而足，好像煞有介事一般。

我一向不大喜歡看任何雜誌，雖然大部份贊成「自由中國」的論點，却也很少看「自由中國」，但自看到那些官報對自由中國的圍剿後我想「自由中國」這次不知有甚麼荒謬的建議或言論失當的地方，以致給人以口實，不禁引起興緻找來「自由中國」仔細看了一遍，及至看後，我竟對官方報紙這次繼祝壽之後掀起的新圍剿高潮感到丈二的和尙，摸不着頭腦，尤其這次竟是勞師動衆，一體遵行，傾巢而出，一致聲討，排出「大會戰」的場面，更覺得莫名其妙了。

「自由中國」在那篇「中國人看美國的遠東政策」的社論中的第三點建議(也就是引起圍剿的建議)裏，對於圍剿者所說的「干涉內政」解釋得極明白；它說：「其實所謂「干涉」一辭，是有各種程度與方式上的不同。……要美國出面强使某個國家的某人組閣，或某人擔任某職，這類的干涉是一種帝國主義的行爲，自然不應該有。」「自由中國」所指的「干涉」是認爲美國應該「嚴格規定凡接受美援者，必須遵受國內言論自由，保障人權，一切案件公開審判，經濟政策須符合平民大衆利益，及司法獨立等爲前提條件。」」

是不是以中央日報爲首的官方報紙，對於「自由中國」這種論調一向卽持相反的意見呢？我發覺並不是的。卽以最近的一篇社論爲據就可以得到證明，三月二十五日中央日報的社論——「印尼問題的嚴重性」裏特別呼籲西方國家和東南亞公約諸國應干涉印尼的內戰。中央日報說得好，「美國國務卿杜勒斯也曾於本月一日的記者招待會上明白的指出蘇卡諾的『指導民主』正與印尼憲法相背離，它已經建立了一個共產型的政府，爲大多數印尼人民所反對。那麼，民主國家爲維護民主與自由與反對侵略，對印尼當前的局勢，豈可袖手旁觀」。中央日報更「殷切期望」民主國家能够採取「積極有效的行動」，「決不可因爲顧慮匪俄的藉口與攻訐，便瞻顧徘徊，畏首畏尾」。中央日報這種積極主張「干涉」的目的是爲了甚麼呢？是爲了幫助印尼人民「維護民主與自由」。這可以說和「自由中國」的那篇「中國人看美國的遠東政策」的意見是初無二致的，意見上沒有多大的軒輊，而竟對「自由中國」大加圍剿，此乃令人莫名其妙者一也。

「自由中國」在這篇社論中，只是提出美國應對遠東國家中接受美援的反共而又不民主的國家，應干涉使其加强民主制度，但並沒有指出我們的政府是不民主的，是應被美國干涉的。何以中央日報、新生報等官報却認定「自由中國」所指的不民主的政府就是我們的政府？自己認爲自己不民主的原因何在？何以官報們認爲我們的政府竟是「自由中國」提議的應受美國干涉加强民主制度的對象？此乃令人莫名其妙者二也。

查我們的國家，也有一部憲法，而且這部憲法，也還算是相當民主的憲法。如果我們的政府確實是實踐了憲法的各項條文，則我們的國家早已具備了「自由中國」所說的「言論自由，保障人權，一切案件公開審判，經濟政策須符合平民大衆利益，及司法獨立等」，那麼，自然也就不符合「自由中國」建議美國應「干涉」的對象了。如果我們的政府只是具備了憲法的形式，而並沒能建立了眞實的民主制度，是否中央日報、新生報等並不願意在人家的「干涉」之下加强民主制度？是否不願意反共反極權戰爭的前哨堡壘——臺灣，能够享有「言論自由，保障人權……司法獨立等」這些條件呢？此乃令人莫名其妙者三也。

再，中央日報、新生報等若因他人或多或少「干涉」而受迫加强民主制度，如對之不感興趣，何以却寫爲文社論鼓勵西方國家和東南亞公約各國協助印尼人民「維護民主與自由」？此乃令人莫名其妙者四也。

總而言之，今日世事雖然紛亂複雜，莫衷一是，可是有一項道理却是極其淸楚又明顯的，卽反共反極權鬪爭之最後目的乃在於爭取自由。這可以說是全世界反共人士的起碼常識，我雖然愚頑之至並且又不是搞甚麼社會科學的人，但對於這一點還能看得明白。甚至於今天這種觀念已經形成了有自由的地方就是反共人民的樂土，沒有自由的地方雖然是自己的祖國也應加以背棄的觀念；正因爲這個道理，所以我們才對深陷鐵幕中的人民鼓勵他們選擇自由，所以我們才對背棄極權政府而選擇自由的人給以無限的同情和敬佩。在目前面對共產極權這種「漢賊不兩立」的世界上，如果一個國家反共但又不民主，或無意加强自由制度，那恐怕除去說它是「怪物」之外實在也就無以名之了。所以我極端贊成「自由中國」的那篇建議美國干涉反共而又不民主並且又接受美援國家的內政，因爲這個「干涉」不是別的呀，是讓你「加强自由制度」呀！因此，我也極端贊成中央日報三月二十五日的社論，西方國家和東南亞公約各國應速對印尼內戰加以干涉，以協助印尼人民維護民主自由制度使他們不致陷入極權政府的掌握！

自由中國　第十八卷　第八期　內政部雜誌登記證內警臺誌字第三八二號　臺灣省雜誌事業協會會員　二六八

給讀者的報告

中國國民黨爲自由中國的執政黨，其本身的好壞，對政府和國家的影響至深且鉅。現在中國國民黨正醞釀改進黨政關係，我們在本期社論㈠中，竭誠對國民黨進幾句忠言。希望國民黨這一次的興革，能有一番新氣象表現出來，則不僅爲國民黨之幸，也爲自由中國之幸。

由於外滙舞弊涉及少數立委，立法院展開了自肅運動。這次外滙舞弊僅僅是少數不肖立監委與行政官吏勾結貪汚枉法的事例之一。這一趨勢若任其發展下去，則自由中國的前途實不堪設想！因此，我們在本期社論㈡中，不僅呼籲立法院加緊自肅運動，並且希望監察院也發起自肅運動，讓立監兩院的好人站起來，壞人倒下去！

在胡適之先生返國之前，臺灣出現了一本小冊子「胡適與國運」，這是借「學術研究」之名而從事人身攻擊的一本小冊子。殷海光先生有感於濫用「學術研究」之名的嚴重性，特撰「請勿濫用『學術研究』之名」一文，本刊特於本期登出。

共產主義一貫的策略就是鼓動亞非有色人種對西方敵對，因此，身爲自由世界領導地位的美國，不論基於人道立場，或是基於反極權的立場，都必須澈底解決其本身的種族問題。所幸美國在這方面的工作，一直在不斷的推進中。劉慶瑞先生大作「論美國憲法上的種族平等」，即從美國聯邦國會的立法與最高法院的判例，而說明種族問題如何在美國演變。

大陸上的反暴運動已很普遍，關於這方面的報導，已經有很多，王厚生先生大作「談中共本身的矛盾」，乃是分析共黨政權內部的危機和弱點。中共必垮，這是可以預言的，但我們不能因此而輕敵，必須看中要害而擊之，就是澈底實行民主政治。

當前臺灣紊亂的經濟局面深爲社會人士所憂慮。希美先生認爲外滙貿易問題爲各項經濟問題的「死結」，他在「當前外滙貿易管理的『死結』」一文中，提供了幾個改正時弊的意見，可供當局參考。

代郵

戈人先生：祈示亨址，俾奉稿酬。

編輯部

自由中國 半月刊　第十八卷第八期　總第二〇三號

中華民國四十七年四月十六日出版

發行人兼主編　『自由中國』編輯委員會

出版者　自由中國社

社址：臺北市和平東路二段十八巷一號

Free China Fortnightly, 1, Lane 18, Ho Ping East Road (Section 2), Taipei, Taiwan.

電話：二 八 五 七 〇

航空版　友聯書報發行公司（香港九龍新圍街九號）

總經銷　自由中國社發行部

經售者

美國	紐約友方圖書公司 Hansan Trading Company, 65, Bayar D Street, New York 13, N. Y. U. S. A.
	紐約光明雜誌社 Sun Publishing Co., 112 Mulberry St., New York 13, N. Y. U. S. A.
韓國	漢城裕昌德號
馬尼剌	新疆書店
印尼	泗水文光圖書公司
緬甸	仰光振成書報店
印度	阿拉哈巴中印文化出版社
北婆羅洲	西利亞坡青年書店
星加坡	友聯書報發行公司（小坡大馬路四六九號）
吉隆坡	友聯書報發行公司（馬華公會大廈三樓七室）
怡保	友聯書報發行公司（希尼華沙甘街十六號）
檳城	友聯書報發行公司（林連登律七十二號）
澳門	友聯圖書公司

印刷者　精華印書館股份有限公司
廠址：臺北市長沙街二段七一號
電話：二 三 四 二 九 號

本刊經中華郵政登記認爲第一類新聞紙類　臺灣郵政管理局新聞紙類登記執照第五九七號　臺灣郵政劃撥儲金帳戶第八一三九號

（每份臺幣四元，美金三角）

自由中國

FREE CHINA

第十八卷第九期

目錄

中華民國四十七年五月一日出版
社址：臺北市和平東路二段十八巷一號

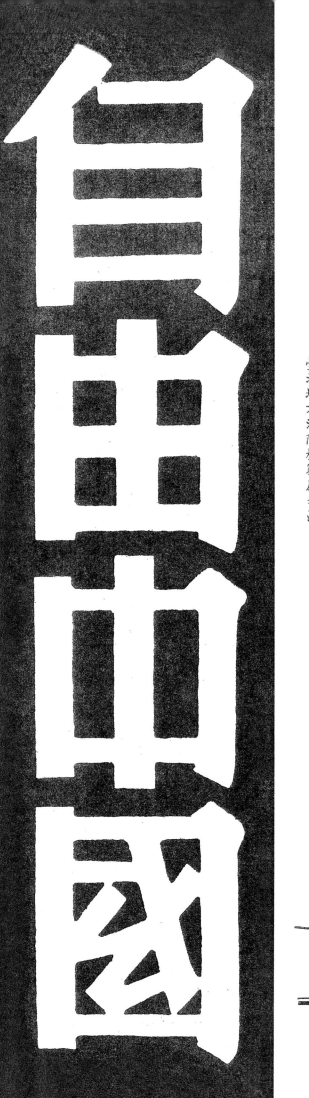

半月大事記

四月十一日（星期五）

美國防部長麥埃萊支持艾森豪所提國防部改組計劃，謂美若遭攻擊，需速採取行動。

俄向西方三國提覆照，建議高階層會預備會於四月十七日舉行，美認俄覆文未接受西方建議。

四月十二日（星期六）

美正從事最後努力，以調解法突間糾紛。艾森豪致函蓋雅，盼迅速解決糾紛，強調西方對棘手問題應保持團結。

俄要求舉行較低層會議，美國已予拒絕。

西方開始緊急會商，討論舉行高層會議問題。

美總統科學顧問提警告，美與蘇俄及中共的實力，在比較下，美國的相對力量在退落中。

四月十三日（星期日）

法總理蓋雅接受英美建議，再與突國直接談判，保留將阿爾及尼亞問題提交聯合國的權利；法國內閣通過對突政策。

四月十四日（星期一）

北大西洋盟國同意與俄開始低層談判，並決定答覆赫魯雪夫照會大綱。

四月十五日（星期二）

北大西洋盟國國防部長，計劃增強中歐兵力，將現有廿師增到廿八或卅師。

美國會原子能委會主席宣佈，去年美大西洋海岸外，發現蘇俄潛艇一百八十四艘。

印尼政府聲明，警告國際干涉印尼的內戰，指革命軍的轟炸機為美製的B廿五型。

四月十六日（星期三）

法國蓋雅內閣倒臺，因北非政策不獲衆院信任。美英對法突爭執之斡旋乃暫告停止。

西方盟國今照會蘇俄，同意十七日與俄舉行高階層會議之前的外交談判，堅持有權討論將來可能遭遇的重要問題，拒絕事先提出參加高階層會議的保證。

艾森豪認為俄國公佈它致美國的秘密函件及外交照會，乃含有宣傳目的，如果高階層會議能緩和緊張情勢，他仍願冒險與赫魯雪夫會談。

俄正策動蘇卡諾沒收蘇門答臘島上的美國油田。

美陸軍部長布魯克稱，關於洲際彈道飛彈重入大氣層的問題，俄尚未解決。

四月十七日（星期四）

北大西洋公約組織國防部長會議通過協調軍火生產，增強中歐地面部隊。法同意設飛彈基地儲核子彈頭。

美駐俄大使湯普森，今與蘇俄外長葛羅米柯單獨會談，為高層會之前的首次外交會談。

艾森豪發表演說，促請國會通過軍事改革方案，並檢討全球反共防禦新情勢。

非洲八國協議，協助阿爾及利亞爭取獨立。

四月十八日（星期五）

印尼雅加達軍攻下巴東，正向武吉丁宜推進，革命軍退入叢林中作戰。

「自由中國」的宗旨

第一、我們要向全國國民宣傳自由與民主的真實價值，並且要督促政府(各級的政府)，切實改革政治經濟，努力建立自由民主的社會。

第二、我們要支持並督促政府用種種力量抵抗共產黨鐵幕之下剝奪一切自由的極權政治，不讓他擴張他的勢力範圍。

第三、我們要盡我們的努力，援助淪陷區域的同胞，幫助他們早日恢復自由。

第四、我們的最後目標是要使整個中華民國成為自由的中國。

俄又指控美國軍用機携帶氫彈飛向蘇俄；俄聲稱已向安理會提出抗議。

英法兩國駐俄大使分別與葛羅米柯會談。

四月十九日（星期六）

對俄誣控美機「挑釁飛行」，美國務院斷然否認，謂美核子訓練飛行係防衛措施，決不可能成為意外戰爭的原因。

俄共及其附庸國拒絕派代表團參加南斯拉夫共黨大會。

四月二十日（星期日）

蘇俄延宕外交談判，企圖與美英法三國個別會商，三國大使已獲訓令，決予以抵制。

四月二十一日（星期一）

蘇俄外長葛羅米柯召集附庸國使節，說明俄對高階層會議立場。

俄控美轟炸機向俄飛行，安理會集會商討，西方盟邦對俄誣控將予以拒絕，美擬重提開放天空計劃。

美國務院發言人稱，美考慮於明年停止核子試驗。

四月二十二日（星期二）

東南亞公約五個國家，開始陸空演習，旨在對付假想侵略行動。

狄托向南共大會演說，謂俄對南態度，淺見而又愚笨，但仍盼俄南關係不再惡化。

四月二十三日（星期三）

艾森豪嚴正表示，拒與蘇俄總理赫魯雪夫單獨會商。

杜勒斯在紐約演說，斥俄窮兵黷武，認俄未提出限制軍備認眞的建議。

社論

（一）跟着五四的脚步前進

在這古老而多難的國家，五四的脚步不是坦易的。科學與民主的論旨之揭櫫，固然靠着一股衝勁，一時造成舉國規模的感興；可是，科學的發展和民主的建構，不能僅靠衝勁和感興，而更有賴乎兩大條件：第一，必須有長期和平與安定的環境；第二，必須掃除主觀心理的蔽障，運用理知，虛心學習。不幸得很，自五四運動以來，我們很少有機會得到這兩個條件。因此，五四的脚步一直踼踏在坎坷不平的道路上。

五四運動到現在已是四十年了。回顧這四十年間我們遭逢的環境動盪和思想激變，眞是令人不勝感慨繫之。第一個動盪是北伐運動。第二個動盪是抗日戰爭。第三個動盪是反共戰爭。從北伐運動結束到民國二十六年這十年中，我們可以說是在小康的局面裏。在這小康的局面裏，社會、學術、建設，等等方面都有若干可觀的進步。不幸得很，抗日戰爭爆發，民族遭逢空前的厄運，人口大事播遷。抗日戰爭一打就是八年。在這八年期間，我們顚沛流離，困難重重，因此各方面不易進步。民國三十四年抗日戰爭結束。我們於大難之餘，希望從此重整山河，建設一個新國家。然而，藉抗日戰爭的形勢而壯大起來的共黨匪徒却乘機造亂。於是，反共戰爭爆發，禍亂延續至今未已。

社會思想常常是社會情況的產物。社會情況常常決定着該一社會中大多數人的思想傾向。我們在前面說過，科學和民主思想，只能在長期和平安定的環境裏才能慢慢滋長，只有在大家尊重理知的心理狀況之中才能徐徐發展。在動盪、混亂、貧困、落後、和焦急的氛圍裏，沒有幾個人準備本着理知的態度來了解問題，來解決問題的。於是，科學和民主的思想也就難以在人衆之中滋生。沒有科學和民主思想領導的人衆，常常是盲目的人衆。盲目的人衆，最易被簡單的口號，動聽的教條，美麗的諾言，遙遠的景象，玄虛的主義，或對過去事物的回憶所吸引。我們且看這四十年來中國社會思想的幾個大的波瀾吧！一九一七年俄國十月革命成功，馬克斯主義的思想威力之震幅可說是無遠弗屆的。陷于動盪、混亂、貧困、落後、和焦急氛圍裏的中國人民，尤其是青年們，最易受這種思想的感染和誘惑。於是，馬克斯主義的思想，泛濫成爲赤潮。這一赤潮所產生之政治、軍事、和文化的實際力量，漸漸使當時掌握政權的在朝黨派感受到嚴重的威脅。爲了保衞政權，他們怎樣辦呢？除了武力以外，他們還拿得出什麽「思想武器」呢？自己的「主義」嗎？自己的「主義」的號召力已經一落千丈了。於是，他們又回頭乞憐于過去的傳統。因此，讀經，提倡中國本位文化，等等節目紛紛演出。同時，一部分人炫于法西斯一時的成功，急于起而效尤。就這樣，這幾十年來，中國成爲極權主義思想和保守主義的思想互相激盪互相對演的大戰場。在這樣火藥氣和血腥氣交織的戰場裏，科學和民主的思想怎能向前邁進一步呢？

依據以上的指陳，我們可以看出中國弄成目前局面的端倪之一。中國之所以弄成目前這個局面，原因自然不止一個。抗日戰爭所形成的混亂和虛脫，以及國際形勢之不利，無疑是重要的原因。但是，在學術、思想、和政治上的實質原因，顯然是由于科學和民主未能繁榮滋長，並且產生其應有的實際影響。而保守的舊思想又抵不住新起的煽動，於是馬克斯主義等思想乘虛而入，逐步取得壓倒的優勢，以致不可收拾。

我們知道，科學的態度，科學的思想方法，一旦鞏固，一旦形成習慣，我們便事事求證，不易輕信虛浮無根之談。這樣，我們對于一切煽動的言詞，以及不合推論規律的結論，練成靈活的抗力，及堅强而又穩定的免疫性。所以，科學可以抵抗一切「主義」的煽惑。民主的政治制度則可以予權力衝突的問題以適當的解決。民主的生活方式對于極權統治更構成社會性的絕緣抵抗。西方社會之免于赤化，就是顯明的例證。這樣看來，可知近年少數宣傳家將中國目前的禍亂歸咎于五四運動，這簡直是不明事理之談：第一，彼輩無視上面所陳示的事實；第二，把毫不相干的因素當作由于其他因素所產生的結果之原因。張冠李戴，這個樣子論事，當然是一點也經不起分析的。

也許有人問：五四運動破壞中國舊有文化，怎麼能說五四運動不應對中國目前的禍亂負責呢？

這種提問法是「故入人罪」的提問法。這種提問，乍看起來似乎是一個問題；但是，稍加分析，就可發現它不是一個眞正的問題。不是一個眞正的問題其本身就不能成立。何以呢？五四運動曾否破壞舊有文化是一回事，中國目前的禍亂怎樣形成是另一回事，二者不能扯在一起。首先，我們必須劃定一個國家禍亂形成的因果關聯之範圍。如其不然，則任何一個事件的發生可以牽扯到整個的宇宙。這就是漫無限制。漫無限制的說法，對任何事件的因果關聯也說明不了。泛文化主義者對于人間任何問題之發生都歸因于文化因素，就是犯了這個毛病。這個毛病之所以發生，係因中了黑格爾的混沌思想之毒。如果我們說中國目前之所以發生禍亂係由于舊有文化遭受破壞，那末就得證明：一，在歷史上中國文化未受破壞時絕無流寇之禍，或毫無天下大亂之事；二，凡文化破壞的國家一定禍亂大作。歷代中國文化未受破壞時也是常有禍亂如麻的事實。復次，在舊有文化崩潰而新的文化方在形成的過程中的國家，不見得即都有中國這樣鉅大的災禍。從這一番解析，我們可以明瞭，將中國目前的禍亂歸因于文化遭破壞，這是說不通的宣傳。中國目前的禍亂之發生，只能追究一些直接相干的原因，扯不到文化上去的。

有些將歷史和文化一起談的人士把文化談成一種神聖不可侵犯的東西。這就是父親意像之文化化 (culturization of father-image)。所謂父親意像之文化化，就是將父親意像嵌入文化中去，並且又把文化變成父親意像之化身：父親是尊嚴的，因而文化也是尊嚴的。父親是理性的，因而文化是理性的。父親是高壽的，因而與歷史絞在一起的文化是悠久的。這麼一來，文化就被于不知不覺之間賦予人格，而成爲崇拜的對象了。這種文化觀，頗富于圖騰社會的意識形態意味。圖騰社會的禁忌 (taboo) 良多。圖騰社會的思想受禁忌的控制，因此不易與之論理。

我們認爲要談文化，必須以科學爲基礎。搬弄玄學名詞，價值判斷，情緒片語，是談不出一個結果的。在文化人類學這門經驗科學中，文化一詞所表示的只是人與人之間的「調合模式」。文化既是調合模式，於是它非崇拜的對象，而係人羣生活的工具。文化既係人羣生活的工具，當然隨時可視需要而充實、增進、修正、或放棄，以至於再造。復次，倫範之創制，也非古代的人所可獨佔。沒有人能够證明創制倫範的古人一定前無更古之人，後無更新之來者。爲了適合現代生活的需要，我們有理由創制新的倫範。所以，五四運動之對于舊有政教制度提出批評，這不僅說不上大逆不道與否，而且是促進社會新生之所需。我們對于文化不取父親觀，而係取工具觀，所以很自然地得出這一結論。

也許有人說，無論怎樣說，過去的傳統消逝了，却使人感到虛無。我們必須知道，感到虛無與否，這完全是個人的心理狀態。一個人所愛好的東西消失了，他會感到虛無。當迷信者的迷信被破除而又尙未吸收到新東西的那一剎那，他會感到虛無的。認爲天下只有一個東西是好的人，當這個東西破滅了時，他會感到虛無。可是，當過去的文化傳統不復發生有助于人際的調合作用時，如果我們能够迅速適應這一情況，吸收新的知識和技術，建制倫範，鑄造新的調合模式，過起新的生活方式，那末便不覺得虛無了。從事這一工作，至少須以科學知識和科學技術爲必要條件。科學是建立在經驗基礎之上的。在吾人所居住的世界上，那有比經驗更實在的東西？那有比經驗更可靠的東西？如果說經驗不及玄幻名詞更易把握，那末這眞是不可想像的事。

根據以上的解析，我們可以知道，近幾十年來反對五四運動的人所提出的問題，乍看起來似乎是一個問題，細看起來則根本不成其爲問題。這樣的問題之被提出，是出于情緒之不安。這類情緒之不安，是與中國現代化蛻變的歷程相始終的。在這一歷程中，第一個階段是對于顯然易見的外來事物之反感與拒斥。幾十年前，許許多多守舊人物，見了洋服洋房洋東西就生氣，必欲毀之碎之而後快。後來「船堅炮利」所產生的效果太「過硬」，抵擋不住了，因此「在鐵的事實面前不得不低頭」。事勢逼到這一步，於是若干人想出一種自我解嘲的說法，說我們底「政教禮法」還是對的，只是製器利用之巧不如人罷了。因此，我們要學的只是器用之學；政教禮法還要保存。於是出現了張之洞的「中學爲體，西學爲用」論。順着這一主張發展下去，產生了「西方人有物質文明，東方人有精神文明」的妙論。順着這一妙論發展下去，又發展出玄學的文化主義。玄學的文化主義者襲取黑格爾的發展程序，執着斐希特的唯我主義，強調主體意識，托起康德的架構，糅雜孔孟，立脚于狹隘的民俗殘壘，來保衛這個「中學之體」。照這類人士看來，西學爲「用」是可以的，因這是「外在的」東西，像換一件衣服似的，換換沒有關係——無損于尊嚴。但是，如果我們說一個人頭腦裏裝的東西有問題，那就觸及他人格構成的核心，有損其尊嚴，他會冒火，一定發展出一套「自我防衛的機制」作用的。近若干年來，反五四思想的言論，以及強調文化傳統的作品，都是這一心理機制作用的產品，並非知識的產品。

這樣看來，目前阻抑五四運動和窒息五四思想的行爲和言論是苦亂環境和心理慣性二者交相作用的結果。人當遭逢鉅大的挫敗，六神無主，正沒好出氣的時候，抓着五四這個出氣筒，便當做洩憤的器皿。我們看得很清楚，大的環境一時不易平靖下來。人們的心理慣性也不是一下子改得過來的。當着一個大家庭破敗下來，山窮水盡時，翻翻舊族家譜也可取慰于一時。看樣子，這個霧沉沉的局面還有幾年混。不過，混不了好久的。世界局勢的發展一天一天地朝着打破小格子主義的方向走。現在，天上有地球衛星，水裏有原子潛艇。科學已經形成了一股巨大而又無可抗拒的力量。面對這股力量，無論你喜好或不喜好，無論你自作何等價值判斷，你如不甘心自取滅亡，那末你只有適應它所造成的新形勢。現在的事與勢逼着咱們記起五四，逼着咱們承認只有學習科學與實行民主才能救我們免于淘汰。

四十年來，胡適先生是倡導科學與民主的導師。他這幾十年間的行誼和生涯，可以說是一部倡導科學與民主的紀錄。近年來若干人士播弄的烏煙瘴氣，較之葉德輝、徐桐、倭仁所爲者毫無遜色。中國今日之需要科學與民主，比四十年前更爲迫切。所以，我們仍需要胡適先生領導。胡先生應恢復當年發動五四的精神，促使大家一齊覺醒，照着他自己開闢的道路，跟着五四的脚步前進。

社論

(二) 出版法修正案仍以撤回爲妥

國際新聞學會International Press Institute第七屆年會本年四月十五日在華盛頓舉行，剛巧我們的國際友人—斐律賓新聞社代表歐立瓦 B. T. Oliveira 對該會一直指斥中華民國沒有新聞自由，拒絕中華民國報業代表參加，提出嚴重質詢時，我們中華民國政府，却不先不後，將一份被公認爲違反新聞自由的出版法修正案，秘密地送進了立法院。消息傳到華盛頓，引起會場內一連串憤怒抨擊，結論是大家認臺灣此一舉動，正十足證明國際新聞學會過去拒絕臺灣參加，並無錯誤。我們的國際友人，在抹了一鼻子灰以後，並未氣餒，仍於閉會的那天，要求執行委員會派員赴臺灣及其他同樣被拒參加的地區實際調查，看看這些地區，究竟眞的有沒有新聞自由。這要求被接受了。只是受權調查的執行委員會主席包洛克却很幽默地說：我們向這些地區去調查，我們要遭遇困難，因爲我們所願意接觸而通力合作的，只是在獨裁制下面爲新聞自由眞實奮鬪的報人，而不是純粹受政府指派的官報記者。言外之意，他們如果到這些地區，獨立性的記者，或者根本沒有，有也將不容易獲得自由的接觸。我們的臺灣，自然也就包括在他所指的這些地區之內。

國際新聞學會在一九五一年成立，是一個民間團體，並不代表國家，中華民國的報業代表能否參加，本非一個什麼了不起的問題。只因我們在國際上，一向大力宣傳,我們的報紙，享有充分的新聞自由，而國際新聞學會,却偏偏把我們和鐵幕國家及若干中南美獨裁國家，列在一起,作爲沒有新聞自由的地區，是可忍，孰不可忍？政府以各種方法，企圖打破該會成見，自屬外交上應有措施。過去幾次活動，都不幸遭受失敗，這一次,就該會開幕前一般形勢推測,本已相當好轉，不料竟意外地出現了這份出版法修正草案，不僅打破成見，未能達到目的，反而使那些對我們有成見的人，更洋洋自得，加强了他們的成見，說臺灣與鐵幕或獨裁國家一樣，都沒有新聞自由，已眞憑實據，無可辯解。時間如此巧合，眞使我們有啼笑皆非之感。

作爲一個現代民主國家，新聞自由之有無，最顯著亦最有效的測驗，是看下列四項基本條件，是否符合：㈠人民辦報，無須獲得政府許可，如有所謂登記，也只是報告性質；㈡沒有事先的新聞檢查；㈢對報刊任何處分，必須經過司法審判；㈣報刊記載違法,犯罪者乃報刊法定的負責人，負責人受法律懲處，但並不影響報刊的生存。凡與上列四項基本原則相符的，這個國家的人民，就會被一致公認，享有高度的新聞自由。如在這四項中，有些相符，有些不相符，新聞自由，即一定受了限制。倘竟完全不符，那就無法避免準鐵幕或準法西斯國家的指責。因爲只有鐵幕或法西斯國家，才會澈底否認這四項基本原則的存在。

中華民國四十一年公佈的現行出版法，就上述四項基本原則說，人民確享有相當高度的新聞自由。第一、雖然辦報要向行政機關登記，但第九條規定：「登記手續，各級機關均應於十日內爲之。並不收費用。」除第十一條規定，①國內無住所者；②禁治產者；③被處二月以上之刑在執行中者；④褫奪公權尚未復權者，當然不得爲新聞紙或雜誌之發行人或編輯人外，即再無其他限制。這等於說，人民可自由辦報，登記只是報告性質，政府並沒有在同一情形下，許可某人或不許可某人，出版報刊的特權。第二、沒有事先檢查制度的規定。第三、第六章「行政處分」，雖然有背新聞自由的基本原則，但第四十三條規定，其觸犯刑法者依刑法辦理，對所予行政機關的權力，尚未過分擴大。第四、雖有第四十一條定期停止出版品發行的規定，但並非永久封閉，更無撤銷登記之說。所以在出版法剛由立法院通過時，中外各方多有好評。不料出版法於四十一年四月九日公佈以後，同年十一月廿九日，內政部以行政命令公佈的出版法施行細則，却將出版法前所列舉的各項合於新聞自由原則的優點，大刀濶斧,慘予殘害。其中最嚴重的,首爲施行細則第廿七條:「戰時各省政府及直轄市政府爲計劃供應出版品所需之紙張及其他印刷原料，應基於節約原則及中央政府之命令，調節轄區內新聞紙雜誌之數量」，自四十二年起，政府就經常藉口臺紙產量不足，爲節約用紙，禁止或留難他所認爲自已無把握完全控制的新報新雜誌出版。將新聞自由第一個基本原則，澈底摧毁。實則臺灣的白報紙生產早已供過於求，被迫減產，或停閉，何來不足之說？另一最嚴重的，爲施行細則第十九條第二項，行政機關得無限制延長禁止出版品發行之期限，也即等於變相的封閉報刊，撤銷登記。新聞自由的四項原則，在現行出版法中，第一、第二、第四，原算比較完整，第三項處罰報刊，行政機關，未賦予無限權力，尚可說一半合格，但有了出版法施行細則，第一第四全告毁滅。我們雖尚能勉强以沒有事先檢查，爲誇言享有新聞自由的確證，但一個國家的報刊，新辦的既不許登記，現有的又隨時有被永久停刊的危險，則實際上無須事先檢查，政府自會收到等於事先檢查的實效。因爲最大多數報刊負責人，爲企圖報刊生命的延續,對政府所不願批評或記載的話,自然事先都將作安全第一的最佳考慮，儘量避免激怒政府,批政府的逆鱗,中華民國的新聞自由，到此地步，確已面臨絕境，間不容髮。過去國際新聞學會將我們列作沒有新聞自由的國家，蓋卽有鑒於出版法施行細則的嚴酷，而爲「自侮人侮」的必然結果。

中華民國的新聞自由，爲一紙行政命令斷送精光，其所引起國際間不良印象，雖如此可悲，但我們尙有一線希望，可資補救。那就是非法的行政命令，隨時可予以變更或廢止。幾年以來，曾有過不少要求廢止出版法施行細則的呼籲。在去年本刊第十七卷第十二期今日的問題：「我們的新聞自由」一文中，也曾確切指出，要政府將出版法施行細則第廿七條及其他一切違背出版法有關各欵，一律削除，恢復出版法保障新聞自由的本來面目。此外，立法委員戰慶輝等七十五人，且已正式提案，請立法院對出版法施行細則違法各點，採取行動。不幸民間呼籲，未能轉變政府對新聞自由的既定方針。且變本加厲，當戰慶輝等提案正待大會討論時，政府突然秘密向立院提出令人驚詫的出版法修正案。在這一修正案中，不僅並未「俯順輿情」，廢止施行細則，反更進一步，要變違法的行政命令爲合法。將禁辦新報一項，輕輕改在第九條，「前項登記手續」之下，「各級機關均應於十日內爲之」以前，加上「除情形特殊者外」七字，使依法每一機關應於十日內辦完登記的時限，得延長至十月，十年，凡主管官署所認爲可能於己不利的，且將永遠不能獲得登記的許可。至變相封閉報刊的施行細則第十九條第二項，則更明目張膽，於出版法修正案增列「撤銷登記」一條。修正案儘量擴大行政處分，卽如宣告報刊死刑之撤銷登記，其決定權也僅操之行政機關，雖然行政院爲了應付中外輿論的抨擊，向立法院，提送了兩項補充修正，但整個出版法修正案的血腥氣氛，並無改變。政府藉口要加強誹謗及藐視的法庭處罰，其處罰的決定權，亦只屬行政機關，而無須經過司法審判。如果這一出版法修正案竟眞由立法院通過，則身受重創的「新聞自由」，不特正式宣告死亡，更是送進了火葬場，澈底化成灰燼！國際新聞學會再開會，我們再也不敢想像，任何國際友人，會有勇氣，說我們有新聞自由，爲我們挺身辯爭。

出版法修正案的違反新聞自由，除前述各點以外，荒謬可笑之處，仍俯拾皆是。中外報紙，多已有嚴正批評，我們於此，不欲再加駁斥。總而言之，此一修正案的提出，正如許多名報人在國際新聞學會所說：「無疑的這是走向錯誤的道路」「這種法律，毫無理由，將來必會造成寃枉，與引起糾紛」。但我們是中國人，我們是中國的新聞從業員，在此反共抗俄大鬪爭中，我們何忍長此被人，將我們與我們的敵人——共黨與法西斯比肩並論，同爲沒有新聞自由的國家。因此，我們願以十二分沉重的心情，切望政府能接納國內報業請求，向立院撤回修正案，萬一政府不肯撤回，則遵行憲法代表人民的立法院，卽應該對此案屏除私見，嚴正審核，務使與現行出版法尊重新聞自由的基本原則不相違反。

社論

(三) 評外滙貿易改進方案

自中央財經機構更易首長以來，整個財經政策，似已漸漸顯示一種從管制與計劃轉變到自由的趨向。上月十二日外滙貿易委員會所公布的外滙貿易改進方案，是一項具體的表現。外滙改制，從去年下半年起卽經各方喧傳，改進的內容，亦曾有多次透露，由於當時政府遲遲未予決定，一般都估計最後拿出來的方案，大概不會走得太遠，充其量不過是一些技術的改進，對不合理的偏高滙率，也祇能作一些枝節的補救，因此大家對之期望不高。不意最後公布出來的方案，却令人大感興奮。這個方案雖不能算是十分澈底，却非常的勇敢。這一步可說是跨得相當的遠，有若干處所，甚至遠到超過一般民間自由經濟論者所敢於建議的程度。我們看慣了過去那種畏首畏尾的作風，眞不禁爲之刮目。

這個方案優點有五：

㈠過去阻滯輸出的偏高滙率，已可經由結滙證之運用而獲得全面的補救，今後祇要運用適當，不必再去找尋枝枝節節的辦法。

㈡把過去所存在的那許多明顯的和隱藏的差別滙率，一舉廢除，祇簡化爲兩種，今後尙擬進一步做到眞正的單一滙率。

㈢祇就輸出入物資的性質，分爲甲乙兩類，適用兩種滙率，而公營貿易與民營貿易之間的界線，却已不復存在，它們全部都已被歸納於一個共同的辦法，接受共同的待遇。

㈣工業原料進口之優惠滙率，除若干特殊物資以外，一律取消，其申請進口，照樣需附繳全額的結滙證。

㈤對外貿僑資的不合理優惠，也全部予以取消，這不僅符合於公平的原則，而且可以預先防止了許許多多的流弊。

以上所舉的五項優點，其中的㈠㈡兩項，原爲任何改革方案所應有；如果連這兩點都辦不到，那就根本等於沒有改革。但後面的㈢㈣㈤三點，却是超越了我們所期望的。我們從未打算會一下子走得這樣遠，也從未敢於想像政府在財經方面會進步得這樣快。如果沒有觀念上的根本改變，這是辦不到的。我們不得不爲此而特別感覺到慶幸。

我們瞭解，管制與自由的基本分別，是前者經由政治的力量來製造種種差異，而後者則務期維持機會均等，聽任競爭與價格機制去發揮作用。本來，如鼓勵輸出這一目的，既可採用自由的方法來達到，同樣也可採用管制的方法來達到。所謂管制的方法，就是對政府所計劃輸出的物資加以差別性的津貼，如過去發給不同成數之結滙證，在出口底價予以酌量的放鬆，以及給予不同成數的保留外滙這類方法，卽是經由管制的手段來促進輸出。此種辦法，也可收效於一時。但其長期的結果是，使整個生產結構喪失了自動調節的機能，達到最不經濟的生產，而使國家承擔長期的負累。此次改革方案的最大進步之處，是在於根本不採取此種破壞價格機制的方法，相反的，它是要使價格機制恢復其固有的功能，使之能逐漸導致貿易與生產之健全發展。我們認為最值得珍貴的，就是這一點觀念的改變。

像這樣的一個改革計劃，在短期間，必然要影響一部分物價，因為它的目的正是要把偏高匯率糾正，同時也把阻滯了生產之健全發展的價格結構糾正。過去維持低物價的方法，是硬生生的把出口利益移轉過來補貼進口，結果輸出是被扼殺了，物價事實上也並不能達到長期的穩定。因為，由於輸出不振而外匯短缺，也由於輸出不振，而生產萎縮，此二者均在無形中減少物資的供應，而為物價之慢性上漲伏下根源。現在把辦法改變，物價雖難免發生一時的波動，卻可以消減長期慢性上漲的經濟原因，倘能進一步把財政原因亦一併消除，在此次波動以後，實可望達到長期的穩定。目前朝野上下，對物價問題，亦已形成一個更為正確的看法，並不因目前的波動而感覺慌張。這也是一個進步。我們相信政府當局也不致在這一種並不十分驚險的動盪之前就退下陣來；它有改革的勇氣，應該同時也具有堅持的毅力。

但是，一次改革之成功，一半依靠方案，另一半卻依靠執行。我們現在所已經看到的，還祇是方案的一面，至於那執行的一面，還不能清楚的看到。現在，至少還留下兩個相當重大的問題，沒有獲得澈底解決，而這兩個問題，卻可以牽涉到許許多多的枝節。如果這兩個問題不能解決得非常妥當，甚至可以使方案的原意為之完全喪失，而一切都回復到過去的老路上去。

那兩個問題呢？

第一個是關於結匯證的價格。新辦法之公布，已經有半個月以上，我們卻至少尚未能看得清楚，究竟還採取釘死價格的辦法，還是眞正能夠實行自由買賣。照當局的一再表示，似乎臺銀之掛牌，並不等於把價格固定在不變的水準上面，但事實卻是，祇要臺銀繼續照牌價無限制買賣結匯證，就不可能同時再有市場的自由買賣，成立結匯證市場等等的措施，亦變成毫無必要。甚至，結匯證價格究竟應否固定，也是一個可以爭論的問題。有些人恐懼，如果結匯證價格完全交由市場供求關係去決定，可能直線上漲，勢必如脫韁之馬，未免過於刺激物價；同時，價格不能固定，也使進出口事業的成本估計發生困難，影響業務之進行。此種看法，亦頗具動聽的理由。但相反的方面，如果為了穩定而釘死不變，也就從根本上妨礙了價格機能之發揮，終致供求不能適應，又不得不加上種種人為的限制，既使偏差匯率之弊再度顯現，同時又使外匯成為配給式的，因而產生特權。我們對這一問題，倒不一定主張臺銀放棄牌價，儘可掛牌，也儘可照牌價無限制買賣，但必需做到使牌價成為長期間供求關係的正確反映。祇要不把牌價釘死而能作機動的調整，供過於求之時，降低牌價，供不應求之時則提高牌價，這樣也就可以做到與完全的自由買賣甚少分別。但這較諸市場買賣，卻增多二項利益，一、牌價之調整儘可不理會那些季節性的供求變化，而以長期變化趨勢為歸依，季節變化既被清除，進出口事業的成本計算，就不致發生困難。二、匯價縱有變動，也不致過於急遽，可以做到緩慢而溫和，並可有效防止投機性的騷亂。簡單說，祇要執行當局把持得住根據供求以決定牌價的基本原則，那麼由市場進行買賣也好，由臺銀掛牌買賣也好，都祇是一個形式問題，無關實質。

第二個問題是進口物資的申請辦法。現在顯然有一件事使當局大感困惑，那就是：貿易商牌照是否應該立時予以開放呢？不開放則牌照頂讓之風無法根除，使新辦法始終留下一個缺陷。如果開放呢，則現在申請的物資數額已經超過預算，使分配感覺困難，一旦開放，就更加要無法應付。但我們要於此指出：問題的關鍵不在牌照登記之是否開放，而是在於物資預算本身。我們敢於說，如果物資預算的辦法照舊不變，則即使開放牌照，也仍然消滅不了特權。如果牌照可以頂讓，則申請獲准的配額，也同樣可以頂讓，祇是在開放以後，那少數的大「黃牛」將為許許多多的小黃牛所替代而已。

我們在上文曾說，此次的外貿改制，顯示決策當局在觀念上有了本質的改變。但我們尚須補充說，他們的思想，祇搞通了關於輸出的一半，而關於那輸入的一半，卻依然沒有進步。他們還是要保留把進口申請一筆一筆分別審核的辦法。他們始終迷信，祇有政府所作的物資預算，才是符合於國民經濟之需要的，卻不肯相信眞正的客觀需要，仍然是反映於價格，並要靠不受干擾的價格機能，來予以調節。照新辦法，現已把輸入的總額整個聯繫於輸出的總額，則除了自備外匯之外，有多少出口結匯，就祇可能有多少進口結匯，無法多出分毫，那就根本用不到在物資配額方面再加上一重管制，平均利潤的法則，自然會把各種物資配合得恰到好處，非常客觀的適應着國民經濟的需要。我們根本不主張政府干涉人民消費。即使退一步承認此種干涉仍有必要，以免輸入大量奢侈品，並因而耗費了可用以購買必需品的外匯，則政府亦仍有儘多的辦法，不必一筆一筆的審核。政府可以乾脆禁止某一些奢侈品的輸入。政府也可以運用關稅政策，以控制某一些輸入品的數量。放棄物資預算以後，就可以做到凡持有結匯證者，即具備不折不扣的進口權利，祇要是准許進口的物資，就都無所謂牌照，也無所謂配額，任何品類都可以無限制進口。有配額必有特權，如果進口商在取得了結匯證以後尚須爭取配額，特權就無法消滅。但結匯證本身卻並非配額，因為它是以價格來調節供求的。無論自由經濟或管制經濟，都有購買之限制，但其區別是：自由經濟採取「價格限購」(price rationing) 而管制經濟則採取「非價格限購」(non-price rationing)。現在政府對於進口外匯，似乎是採取了雙重的限制，那是不倫不類非驢非馬的，並且因此而在牌照之開放問題上感到莫大的困惑。我們實想不出放棄物資預算會有什麼害處，縱令有害處，也儘多補救之道。唯一可慮之點，似乎祇是在放棄逐筆審核以後，外匯貿易委員會的許多人員，將變得無公可辦而已。

整個的說，我們對此次改制，已感覺甚大的欣慰。即使祇是照這樣做而再無改動，已經是甚大的進步，而且定能在鼓勵輸出方面收到相當可觀的實際成效。改制方案，多採民間論者呼籲多年的建議，由此我們更可相信，今天尚未被採納的部分，也終有一天會續被採納，因為事實將說明，體制不容混攪，半自由半管制的辦法終將顯露其缺陷。決策當局在觀念上應更向前躍進，把管制主義的思想殘留澈底清除。

社論

(四) 安全室是幹什麼的？

立法委員張九如氏於三月十一日向行政院院長提出的「敬問治道」質詢，甚為各方重視，其中特別引起大家注意的，是關於「安全室」的那一段話：

「已往政情之否塞，衆志之散亂，殊難為諱。今又於維持治安之正常設置外，復於各機關遍設安全室達七百五十五單位之多，尚擬增設者二百八十九單位，置各機關熟習業務人情之全體職員不之信，而惟寄安全重任於三數新進人員之肩，逼使其憑捕風捉影、向壁虛造之報告以塞責，將至人人疑之，事事防之，以為邀功之地。疑之深，則人無奮志，防之密，則人有遁心。一室之內，即有千里之隔，肝膽之間，亦成吳越之勢，各以計智相槊，無復同寅協恭。倘過少數好事之徒媒孽其間，則既開誣搆傾軋之端，更授匪共挑撥離間之譏，求通而反至不通，本和而漸至不和，豈不可憂。」

這些都是許多人所想說而不敢說的話，現在由張氏痛快說了出來，當然會引起萬千公教人員內心的同感。對安全人員之所作所為，大家早就痛心疾首，卻自始祇好在二三知好之間，透露其不滿的情緒，甚至在張氏提出公開質詢以後，仍甚少有人作公開的響應。即此一端，就可以看到我們這個國家已為怎樣一種氣氛所籠罩。

政府之所以要在各機關遍設安全室，其唯一拿得出來的理由，當然是在於防止匪諜分子之潛伏。照我國目前這樣的處境，加強安全措施，無人可以反對。但是政府所採取的方法，大可懷疑，以致其真正動機之所在，亦使人感覺不易測度。我們不知道今天各機關之內，是否真如政府當局所恐懼的那樣，到處都有匪諜分子潛伏。我們雖無法獲得此項必要的資料，但有一點事實我們是可以看到的；即在最近三五年來，無論是正規的治安機關也好，或是非正規的治安人員也好，都沒有破獲什麼真實的匪諜案件，有之，祇是拿二三十年前的舊帳來充數，明明是早經反正的，都硬派他是潛伏匪諜，如此而已。對於這個未有重大破獲的事實，我們只可能作兩種解釋：

㊀潛伏匪諜事實上已在早先幾年破獲殆盡，所以近年來就無所破獲。

㊁匪諜依然到處潛伏，而安全人員卻沒有在那裏認真工作，以致始終破獲不了。

如果解釋㊀可以成立，則目前根本沒有在各機關遍設安全室的必要。如果解釋㊁可以成立，則更正好證明現在所設立的那些安全室是無用的，要加強防諜，必需另想辦法。所以無論採用那一種解釋，我們都無法避免安全室可廢的結論。

這是從正面說明今日的安全室，實無所貢獻於國家的安全。至其附帶生出的惡劣影響，則張九如氏已在「敬問治道」的質詢中描寫得淋漓盡致，也無待我們再加補充。簡單說，它們在製造不滿與猜疑的一點上，卻確實已經大有成就。

我們決不反對正常而健全的安全措施。我們也完全知道，即連最進步最開明的民主國家，也設有秘密的安全機構與秘密的安全人員，經常的在那裏從事偵查工作。但並沒有人把這些國家稱為警察國家，也沒有人把這些國家的政治稱為特務政治。但何以我們卻要把共產統治稱為警察統治或特務政治呢？這裏面應該有一個顯著的分別。在我們看來，這其間的分別是簡單明瞭的。

民主國家的安全措施，不會使人民認為「免於恐懼的自由」已受威脅。儘管安全人員在暗中把每一個人都認為被偵查的對象，但守法的人民均無所恐懼。這是因為安全人員並不具有任何執行的權力，縱令偵查到危害國家的確實證據，也必須經由完全合法的程序，才能有所行動。他們決不會把一兩句批評政府的話拿來打小報告，作成紀錄，視之為嫌疑犯；他們也決不會對人民的基本自由予以干涉，使人感覺到一切活動都處處受到注意。簡單說，在民主國家，安全措施祇是司法之輔助，而不是能夠代替司法。特務政治就不是如此。在特務政治之下，是安全權力凌駕了司法，安全人員用不到搜尋證據，也用不到講什麼法律手續，祇是捕風捉影，就可以行動，甚至為了私人的爭權奪利，也可以假借名義，陷搆良民。在特務政治之下，人可以無緣無故的失蹤，即使不致嚴重到失蹤的程度，至少行動的自由也到處受到干擾和妨礙，即使有形式上的法律保障，亦形同虛設。所以，極權國家與民主國家，雖均有安全措施，但它們的安全措施，卻有本質上的區別，並非祇有程度上的差異。

我國今天那些安全人員的作風，究竟應該算是屬於那種類型？據我們所聽到的情形來看，至低限度，安全人員的權力，已經漸漸凌駕司法，我們不願把我們所確知的事實全部在這裏發表，因為我們不得不顧到提供資料的那些人的「安全」。我們於此，祇擬舉出一件最不重要的事，以概其餘。

我們最近曾接到臺中縣梧棲「臺中港工程處福利分會學術部」的一封來信，信上是這樣寫着：

「敬啓者：第六期安收，我正擬付欵，這一期（編者按：指第十八卷第七期）可巧由收發彙安全管理員收到，遂將上面命令不許訂此刊物文件交我看，我吵亦無用……。尚盼貴刊再努力，大力爭取自由，此處以後勿再寄了。此期已退，……」

在我們的國家裏，這的確是一件小事。但如果發生在別的國家，這是一件大事。本刊是向政府登記有案依法發行的，而一個安全室人員卻可以把我們依法享有的權利剝奪，也可以把人民閱讀的自由剝奪，這是一個妨礙基本自由的違法行動；如果這行動是根據命令，這命令本身也是違法。我們始終沒有看見過一條公務人員不得訂閱本刊的法律，這一件小事，即說明安全權力業已凌駕了司法。我們要在這裏提出警告：這一條界線是不容許超過的，因為這是法治與非法治的界線，一旦超過，可能的發展會不堪設想。而事實是，在許多地方都已經超過了。

相信讀者會向我們提出責難說：你們所舉的，祇是九牛之一毛而已，何以竟是明察秋毫而不見輿薪。不錯，即以妨礙出版自由來說，扣留一二期刊物在今天已算不得一回事。早在幾年以前，國民黨的軍隊特種黨部，透過政工單位，嚴禁閱讀「自由人」、「民主潮」及本刊等，後來甚至「聯合報」亦在取締之列。此外，如海外反共刊物之不准進口，准予進口而時予扣留，省內刊物之整批違法沒收，更是數見不鮮。但我們祇擬說到這「一毛」為止，以促使政府當局之反省。這些對反共防諜甚少幫助而徒然招來不滿情緒的安全措施，究竟為什麼而存在？

四論反對黨

朱伴耘

一

在我的「三論反對黨」一文中，我曾再三强調今天組黨的目的，是將中國納於民主政治的常軌，不僅無意分羮，即令有朝一日被選出而執政，也不以爲滿足，大家尚須隨時檢討，無論是在野或在朝，對於促進中國政治民主究竟做了多少。這個黨如果能產生的話，它是民主高潮下的產物。這個黨的努力目標旣爲全中國民主政治的實現，那麼這個黨的本身組織及作風就必須是民主的。試想這個新黨的組織及作風，不知不覺走上墨索里尼之褐衫黨或希特勒之國社黨的道路，很可能它在政權的取得上會獲勝利，可是這種黨會爲中國帶來民主政治嗎？我不是杞人憂天，因爲在一個政治上「排斥成性」的環境裏，這種由於壓迫過甚而產生的反動力量結合成爲一個褐衫黨式的政黨，並非絕不可能。我們及全中國愛好民主政治的人，都無意且反對有這類的政黨出現。那麼，如何使這個黨不會走上這一條路，就有提出商討的價値。有人會駁斥我神經過敏。因爲今日組黨之士都是篤信民主的書生，根本不會將一個以促進中國民主政治爲已任的政黨變質。誠然這種反駁用之於對今日之有意組黨諸公不無理由，可是誰能保證這個黨的第二代？中山先生自創立興中會而至著書立說，四十年來無日不以中國之「民主」爲念，他何嘗料到他死後之中國政治情勢？由此觀之，我對新黨提出的幾點關於組織及作風方面的「防微」建議是意味深長的。

二

第一點「防微」建議，是這個黨最好不要標榜什麼「主義」，不要來一套本黨要爲實現什麼主義而奮鬬的騙人高調。讀者看到這裏，可能拍案罵我荒謬：「一個黨沒有主義，還能發生領導作用嗎？」「一個黨沒有主義還像個黨嗎？」諸位多少年來爲主義、黨這類名詞「敎育」太深，很自然的就視我的「無主義論」而能組黨爲妄語，如細看我所列的各種理由，諸位必另有一番感慨！

第一、讀者必要明瞭我的立場。我是爲中國實行民主政治而講話。共產黨是以共產主義爲標榜的。共黨在蘇俄成功而執政，於是蘇俄成了「共產主義的蘇俄」，憲法上更明載爲「社會主義的國家」。這樣一來，無論蘇俄人民同意也好，不同意也好，大法師如馬列者所開的救國良方，人民就得咬緊牙關呑下去。很明顯的這是以上統下法，至聖至賢立下爲萬世開太平的宏規，大家就在這一個模型之下活下去。試問民主精神何在？假定這個新黨也來上一個什麼主義，是否又準備爲中國人民另鑄一套模型？諸位總見過不少的「主義」，本身洋洋數十萬言，加上各種註釋闡揚，可以成一小型書庫，如要人民對此「主義」了解的話，自入幼稚園而至墳墓，必有恭讀之義務，否則人民眞是無法了解。此乃訓政時期之必然應運而生者也。如新黨有此雄心，視人民爲子弟，以其主義作經典敎之訓之，諸位能承認這個黨將對中國實現民主政治有所貢獻嗎？

第二、我們講民主政治的人，是承認人民，也只有人民，對一黨或政府之措施有最後決定權的。同時不承認世界上有所謂理想的完美的制度。我們如提出一個主義，這些人心理上必以爲這個主義是至善至美，僅這一點心理，就不合乎民主的精神。希特勒說國社主義是至善至美，史太林說共產主義是至善至美，那有人民說話的餘地？當時的德人，今日的俄人，誰敢對這些「主義」懷疑？

第三、我得向讀者請敎什麼是主義，什麼又稱爲主義之實現？主義是一個包羅萬象的玄想，言詞之美妙，足以使實現之時期延續至千年萬世。這是獨裁者騙人的文字魔術。因爲實現之期是無窮盡，那麼誰來實現這個主義呢？自然只有發明者及其黨徒世代相傳下去以求主義之實現。這不是專政是什麼？民主國家各政黨所提出的是解決問題的辦法，每三年五載必有新的問題發生，各黨就得以辦法簡單明瞭地於短期內獲得人民了解，而最後取決於人民之選擇。辦法是具體的，成效是顯而易見的，也因此之故，人民以其辦法之成效爲參考，來表達對該黨之擁戴或反對。中國之有今日是主義太多，在所謂「主義鬪爭」之下，人民根本無地位之可言，等於軟泥一團，甲來揑之成爲圓形，乙來揑之，又成了方形。我們爲民主而努力的新黨，何苦又來一個什麼主義？

第四、也是最實際的理由，空口叫主義的時期業已過去，不必重演老調。我在三論中，提到新黨要想發生力量，必爲在野各方人士之大聯合，各種領導人士都有其固定的想法（所謂主義是也），試問這個大黨如必以主義爲號召的話，究用誰的主義呢？豈非團結未成，首先爲這些空洞無意義的爭執而破壞和諧的空氣嗎？我無意要求各位放棄其堅信的主義，而是希望各位不必過於重視形式，大家針對目前情況提出各種具體辦法，來向人民號召，使人民知道新黨是賣的什麼藥，旣不空洞，更不含糊，更無意長期要人民信服黨的所謂「主義」，而只要於競選前的短期內使人民知道解決問題的辦法。

三

第二點「防微」建議，是這個新黨絕對不要採用什麼領袖制。首先我來談領袖制的可怕之點。我相信主張民主的人，對於個人英雄主義是深惡痛絕的。我不漠視某個人對某件事有獨到的權威見解，我絕不相信世間眞有「萬能博士」。採用領袖制的人們，是與我的信念相反的。他們感謝上帝給他們產生一位法古今完人的英明領袖，於是自己終身只要追之隨之就可受用不盡，不要動用絲毫的腦筋。我們無意崇拜偶像，也不相信世上有完人，更要緊的我們每一個人的腦筋都應自主地派上一些用場，何必要有什麼領袖？

其次，我們知道有法治未必就有民主，而談民主絕對不能離開法治。領袖制是人治的產物。這種制度用之於國，國必危；行之於黨，黨必毀。這個黨如大家以爲只有某某人才能號召，不將號召力建之於辦法及作風上面，結果不出二途：如這位領袖長命百歲的話，所有的黨員必淪爲奴才而後已。因爲他太英明過人，一切都是先知先覺，那有黨員操心之機會？又如這位領袖天年不高的話，這個黨只有分裂或瓦解。因爲到了領袖與黨不可分割之時，當然是領袖死了，大家已羣龍無首，只有作鳥獸散。果爾，人存黨存，人亡黨亡的話，這個組織不是政黨，只能視爲黑社會的幫會組織，大阿哥一旦歸天，這個組織也隨之而烟消雲散，再不然內中互鬪一番，又打出一個領袖來支持這個幫會。二者都不是我們敢於「領教」的。大家既一再主張民主法治，首先就不要有「靠領袖威望來號召」的念頭。在對外時自有一人被推選出來爲代表，但他不是希特勒式的領袖。極權國家將國是寄望於領袖之英明，而民主國家却將國是取決於人民之公諾。大家是爲求中國民主政治之實現而組黨，那麼何必念念不忘於民主無益的領袖制？

除此之外，一黨採用領袖制的最大禍根，是陰謀與玩弄權術破壞黨之和諧精神。我們知道凡採領袖制的黨，那個領袖實際上就是大權在握的獨裁者。獨裁者爲了維持本身的權力，於是對其下屬採分化而互相牽制的權術，時而扶甲而制乙，時而又扶乙以制丙，使下屬互相猜忌而爭獲領袖之歡心。這樣一來，他的地位就鞏固了。至於下屬呢，他們理念中的權之來源既出之領袖，他們無意也無法做爭取黨員而推至爭取人民信任的工作。領袖的欣賞，勝過全民的選票，與其向黨員羣衆討好，不若向領袖盡忠來得簡捷有效。這樣的黨，凡有骨氣之人誰會加入？表面上是服從恭順，實際上是貌合神離。同時貪權與自私乃人之天性，一旦領袖地位造成，他不僅想於有生之年要保有此領袖地位，進一步尚想將此地位世代相傳。我們爲民主而努力的黨，若一旦走上這條路，還有什麼民主前途之可言？

最後又是實際的理由，不容許這個黨採領袖制的，那就是誰來出任這一大黨的領袖呢？我們可以預料此一大黨要就無法組成，一旦組成必是一個强有力的政黨。這一政黨的領袖是可能被選出任中國元首的，誰作了這一黨的領袖，誰就有候補總統的資格。如事先就設了領袖一席，大家之爭取是必然的，結果黨未組成已先因爭奪領袖地位而不歡而散。爲了避免這一場領袖爭奪戰，取消領袖制乃是根本之圖。

四

我對「防微」的第三點建議，是這個黨之內不應設特務組織。一個國家之應有特務機構以防止內奸外敵，乃是天經地義。不論一個國家民主到什麼程度，這一保護國家安全的情報機構是決不可少的。可是就一個民主政黨言，如設一個特務機構，這種政黨根本就是民主政治的大敵。

一黨之內設有特務組織，其目的是保密，是視其他政黨爲生死大敵而刺探他黨的動態。可是主張民主的人，一切是明來明去，根本無密可保，大家是彰明較著的批評時政、發表主張。新黨目的之一，在合法的公平選舉下取得政權，是光明正大之舉，不僅沒有秘密，反而歡迎人民了解。人民對一政黨愈了解，則他們的判斷愈正確。大家是本此信念而組黨的。堂而皇之的政黨絕非秘密會社可比，無事不可以公諸國人，而這些秘密會社却有不可告人之企圖。其次，大家今日之要求組黨，既是爲了實現民主國家的政黨政治，則旁人之組黨活動，應視爲當然之事，他黨之內部活動，根本沒有刺探的必要，所注意的只是這些黨的政綱政策是否比新黨的更完善，更易獲得人民的支持。如就對在朝黨言，所注意的是其政績，是其對選民所作諾言兌現的程度。所謂政敵，所謂反對，都是就政見與辦法而言，並不將他黨視爲生死大敵必予消滅而後快之意。如這一新黨不靠作風及政策來取勝，專恃特務來排斥異己，全中國人會贊同這樣民主其名、獨裁其實的政黨嗎？

據說黨內設一特務組織,另一目的在監視黨員的言行與其對領袖的忠貞。這一目的是更可怕，更違背民主的原則。民主政黨的黨員之間，是以互信爲原則的，是承認黨員有權發表意見的，他們決不討論事先卽有結論的問題。因爲一個問題結論在先，討論則流於形式，黨員之是否誠意接受這個結論無法明示，那麼只有派人密探其態度。這個新黨則不然，是先有問題，次經自由討論，最後來一投票表決。黨員對於某一問題的答案，一經投票，誰是贊成，誰是反對，一目瞭然，無庸偵察其態度，只要他相信多數人的智慧勝於個人的卓見，大家並不因爲他對某一問題持不同的意見就失去了他對黨的熱忱。更可怕的是有了監視，必然就發生猜忌。黨員之間如有互相猜忌的現象發生，結果是人性消失。大家想保持一點人性，自然「談黨色變」。這樣的政黨如一朝執政，以治黨之方式來治國，這個國家會有什麼局面，大家不難想像。其次談到偵察黨員對於領袖是否忠貞一節，更不是新黨對其黨員的要求。第一、新黨是不會採用領袖制，以一人之意志來君臨全黨之意志的。第二、新黨是以承認黨員有一己之意見與人格的。大家對於黨員決不要求他做一奴才限定對於某主子盡忠，只要求他遵從黨內的多數決議。因爲這是大家求政治民主的基本條件。如某人一定堅持已見要一言而爲天下法的話，這種態度本身就是不民主的。最好請這一類的人不必加入這個新黨。雖然他個人的立異鳴高與孤芳自賞，我是不反對的。

五

談到組黨，自然要徵求黨員，是以在第四點「防微」建議裏，我希望新黨不要以「革命」的口號來作吸收黨員的號召，不要以「殊遇」來作爲誘人上鈎的香餌。大家希望黨員愈多愈好，這是人之常情，但無意要那些來沾光分潤的黨員來充數。這些人之入黨如是因爲沾光分潤，一到本黨無光無潤之時，他們是識時務者爲俊傑，又入其他的黨了。這一新黨對於旁人成功之道固要引爲參考，而對其失敗之原尤應隨時警惕。

主張民主政治的人是不敢輕言革命的。一個民主國家，任何一黨也不敢視政權爲私產。政權之轉移是出自公平的選舉制度，簡易之至。可是在一專制極權視政權爲私產的國家，情形就兩樣。這類國家取得政權的人是靠「革命」，而政權之轉移亦惟有乞靈於「革命」。誠然今日之組黨動機就是對時政不滿，組黨目的之一也是在取得政權，但是決不用革命。我們對於以「革命」取得政權的方式深惡痛絕，我們要這種方式在中國絕跡，我們不主張陰謀，不主張暴力。我們是將是非黑白寫出來、說出來求人民之公決，訴諸理智而不憑藉武力。大家不僅不以「革命」來號召，相反的是以消除內政上的「革命」作號召。因爲中國一旦政治民主，「革命」一詞是要拋到字紙簍中永不錄用的。我寫得如此清楚，旨在向國人釋疑，我們是重視以獲得民心爲取得政權之方式，而鄙視以暴力手段爲取得政權方式的。既非謀叛，更不造反，在朝者對之不必視爲匪盜而嚴防之，而志同道合之士可以挺起胸膛加入這個訴諸理性的陣營。

至於以「殊遇」來誘人入黨一節，我以爲是下流作風，是一黨之辱，我寧可見這一新黨黨員是寥寥可數，也不願主持者採騙人入黨之策。採用這種方法以徵收黨員的，不外暴露下列諸弱點：第一是暴露該黨主張及作風均不足以動人，假定採取志願入黨法的話，誰也不會加入，於是只有採取「殊遇」法以收羅惟利是圖之輩，縱然好人會遠走高飛，但該黨擁有黨員數百萬或千萬的堂堂之陣的目的已達。第二是暴露該黨爲一道地的幫會組織，黨證等於吃飯分肥的執照，無論口號是如何爲國爲民，實際上是以民脂民膏養活少數打手而已。第三是暴露其專政的意圖，因爲黨員既是爲了「殊遇」而來，「殊遇」出自何處，那是出自掌握政權後的國產。是以要想維持黨之存在，「殊遇」之供應必要源源不絕。要想維持「殊遇」之來源不斷，惟一的辦法只有專政下去。一黨成立之初，本有救國救民的雄心，可是經過這一演變，大家都忘了組黨之初衷，主持黨的人及加入黨的人大家都在斤斤於保持這一點甜頭。一切作爲不過爲了保持此一甜頭之源泉而已，那裏談得上是爲國爲民？

由上觀之，無論革命的口號也好，「殊遇」的誘惑也好，以此來發展黨務徵收黨員，無一不與組黨宗旨相違，我們的目標是不折不扣的純正，一切底牌清清白白，攤在國人之前，寧可黨員寥若晨星，但是不可採用與原則初衷相違的辦法。因爲那種辦法既不值得用，也不屑於用。發起組黨諸公，可能權威不及人，但是在人民的心目中，他們自重而尊人的一片誠意，促進中國民主的一腔熱忱，與夫不畏强暴的一副傲骨，是有很重分量的。我堅信如能憑此原則與作風，那些對人性尊嚴願予維持的人，自會加入。尤其富有正義感的青年，更會與諸君携手並進。

六

以合法方式在人民選票下出來執政，既是新黨目的之一，果爾新黨一旦獲得人民寵信而上臺，許多黨員隨黨之當選而作官，那也極爲順理成章。易言之，黨員於該黨上臺而作官是不可避免之事。可是我希望新黨黨員，多多努力以獲取人民的信任，作民選的政務官，市長也好，議員也好，凡出諸人民之賜的官位，多多益善，可是我不願意這一新黨黨員眞的以「入黨爲作官之橋樑」，大家「競搶」作事務官。怎樣才能避免「入黨爲作官之橋樑」的惡習呢？在我的第五點「防微」建議中，我得提出新黨的組織體系中，不要滲入「黨官」的氣氛。「黨官」之來源，是等於第三百六十一行的行業，是所謂吃「黨飯」者也。我在三論中提到辦黨從政的人並不要是百萬富翁，可是千萬不要以此爲職業。我們鼓勵黨員終身爲黨努力，他可利用畢生之餘暇時間爲黨工作，而他自己的前途仍要依賴他自己對本身工作的努力，如一個以繪畫爲業的黨員，儘管他爲黨服務甚久，他的成就仍在繪畫上面，黨對他的成就不能作絲毫的幫助。假定一個人要以政治的出路爲前途的話，他得以自己的努力首先獲得黨之提名競選某職，其次應設法獲得人民的首肯，無論這位黨員對黨如何工作，黨對他的出路不能作法外的支援。換句話說，他的出路與其對黨的工作，並無因果關係。在我這個原則下，某甲在地方黨部工作也好，或在中央黨部辦事也好，無「黨階」之可言，他之能否被選，或爲縣市議員，或爲立法委員，均與「黨齡」無關。更要緊的是黨員不可「競搶」事務官，更不應爲了幫助黨員「競搶」事務官來一個黨階與官階的對照，規定什麼在黨部任總幹事若干年就可出任簡任官的一套違法的法律。第一、公務員的任用法是國家的法律，一個奉公守法的公務員，即令長官賢明，其升遷之苦，也是令人難以忍受。一黨之「黨階」，只是「私法」，如每個黨都有其比照，則置國法於何地？某甲以作公務員爲業，爲出路，自委任官案牘勞形起，可能坐上三十年的板凳未必能爬上一個簡任，而某翩翩少年，只要在「黨」內混一個三五年載，於是馬上可以高官厚祿，不平之事，孰有過於此者？求上進之心人，皆有之，誰願苦守「公房」安心工作，而坐待他人走旁門捷徑騎在自己的頭上？有「黨階」之存在，同時黨階與官階又可相比，當然人人皆要以「入黨爲作官之橋樑了」。本來一個人對於黨毫無興趣，但爲了作官起見，也不妨在黨中混一下資格求爲作官之捷徑。縱然「革命的請進來，做官的滾出去」的口號再漂亮又何濟於事？第二、一黨之內如設有黨階以便其黨徒「競搶」事務官，組黨之目的不是民主政治之實現，而是準備「黨國不分」之重演。因爲這種以黨階比官階的作風，除了在永遠以黨治國及黨國合一的國家可以發現外，在任何民主國家根本是於法無據、於理不通的。

這個新黨如將「不設黨階」之規定聲明在先，入黨者自會以爭取人民信任競選政務官爲其職志，而不作「入黨爲作官的橋樑」的打算，那些想作事務官的，自有考試之道路可循。新黨上臺，因黨內無「黨階」之規定，決不會破壞國家的法令。事務官的升遷有一定的法令可循，我們絕不勉强事務官入黨。同時本爲黨員而作事務官的，亦不因黨之執政而鷄犬昇天。我們注意的是政務，是政策推行之成績。因爲這是執政黨應負責、對人民交帳的。

七

上列「防微」的五建議，可以說是消極的不作爲方面。在我個人看來，這五點不作爲是這個新黨不致成爲極權政黨或幫會組織的最低要求。必要具此五點不作爲才能對中國的民主前途有所作爲。我承認這是書生之見。我更承認在中國的情況下，如保持五點不作爲，則「黨」的成功機會可能甚小。試問組黨不爲了馬上取得政權，何必組黨？入黨者如毫無甜頭之可言，如何會踴躍？雖然如此，我仍堅持上述五點不作爲應爲新黨所具的特點，儘管大家短期內不致上臺，但新式的民主政黨在中國正式成立了。以事實提高人民對民主的認識，就是我所謂的成功。人民對新黨的作風愈看得清楚，新黨之會受人民之託而出掌政權只是時間問題，用不着犧牲原則來求近功。誠然，由於新黨未以「甜頭」來誘人入黨，短期內加入者不會踴躍也在意料之中。不過稍久之後當人們自名利春夢中回復清醒之際，想到這些「甜頭」後面的汚穢，想到這些少數人的「甜頭」是來自多數人「苦頭」的結果，想到爲了這點「甜頭」所付出精神上的代價，自然會放棄「甜頭」與大家携手向公正的道路邁進。

現在，我再進一步將新黨在上列五不作爲情況下的輪廓作原則性的簡述：

一、主義是空洞而過時的玩意兒，當前的中國是需要解決問題的辦法。縱然民青二黨各有其主義，其他在野人士各有其信念，在大家爲了實現民主提供辦法的前提下，並無不能團結的理由。過去數十年來的政治鬪爭，如以爲是爲了「主義」問題，未免自我恭維。現在大家既撇開主義，僅從討論辦法上入手，問題就容易解決了。大家是承認在朝黨對於當前國是問題，是有他們一套辦法的，站在在野黨的立場是不承認在朝黨的辦法是盡善盡美的。這樣一來，大家勢必另有一套辦法來與在朝黨抗衡，以求人民的公決。今天不是以主義對主義而是以辦法對辦法。儘管新黨內部各有主義不同，但辦法只有一套。這一套辦法（或曰政綱政策）如何產生呢？產生於民主式的討論與夫多數決的實行。這一套辦法就是號召的標本，果參加者能遵守此集體智慧多數決的產物，這種團結才是眞正的團結。

二、這個新黨既不採用領袖制以避免獨裁自私的黨禍，我主張它自發起以至黨綱之訂立，都要將民主方式的運用包括在內。新黨是靠黨及黨的多數決作領導，而不靠個人的什麼「威望」作領導。在開成立大會時，在發起人中推出九至十三位委員（爲舉例方便言而寫出此數目，並無固定之意）爲議事中樞，擬定辦法（政策與討論建議），十三人中以姓名筆劃之多少或其他方式輪流作主席。所謂主席也者，僅在任期內對外代表本黨並充召集人而已。此十三人中以多數決之方式推選秘書長之類的人員一名，綜理全黨之事務。這種委員制的領導，就是全黨的領導，十三人各個號召力量之總和也就是黨的號召力量。一旦各級黨的機構成立時，中央級之委員人數可以酌情增加，但增加之人員必爲自下而上的逐步推選而出。一個基層黨員，只要具有特殊才能，就有資格被選出而參與中央級的黨務，沒有「圈定」與「提拔」之類的花樣。在競選之時，某甲適於競選總統，某乙適於競選副總統，同樣以多數決的辦法提出，決不偶像崇拜而造成一個什麼「領袖」。大家如希望中國成爲民主的國家，那麼這個新黨也必要是民主的政黨。如果發起人中大家以爲某某人未參加、未出來領導，好像這個黨就不够煊赫似的，那是大家腦中偶像崇拜的觀念尙未除盡。必要自信即令發起者都是無所謂聲望的話，只要正式組織成功，以公正的態度批評時政，對於國家當前的問題能提出對策，自會引起國人的注意。大家要建立的是黨譽，而不是偶像。

三、組黨的都是讀書人，大家或受過特務之苦，卻從無辦特務的經驗，我對黨內不應設有特務機構之建議，豈非過慮嗎？誠然就目前來說這是過慮，因爲我相信書呆子是不懂這一套高度技術的。我之所以提出討論的原因，是將這一種未來可能的傾向要根本除掉。譬如說，當黨在人民心目中的地位提高之際，有人過度躭心他人的發展，或者有人以爲掌握黨權就可滿足個人的政治慾望，凡此種種，都是特務應運而生的傾向。我要使這種傾向都不致在黨內發生，是以先將黨內設特務之害明白指出，請全黨同仁都不可棋錯一着。就憑這一作風就可顯示出：①新黨是名實相符的民主政黨而非幫會組織，大家只有意見之參差而沒有利害之衝突；②新黨視其他政黨有權作各種活動，無明查暗探之必要。大家將自己的前途取決於人民之公決，工作集中於取悅主人，根本無暇計及其他黨派的活動；③承認一切黨員有其各自的判斷、自由、與人格，毫無視黨員或如子弟或如盜賊之意。作風如此，試問黨內要特務何用？

四、有人或問作者曰，這個黨既無「革命」之口號，又無「甜頭」之誘惑，在中國的現在情況下可以聲勢浩大嗎？誠然在這種作風下，我無法預計這一黨的發展。不過我以爲就內政問題而言，中國人的命也被革得差不多了。我們是講求理智而不利用一般人的感情。情感的衝動可能收一時之效，但這只是曇花一現的玩意，衝動一過，力量也就完了。經理智濾過了的行動才是有力的，是永久的。至於不以「甜頭」引誘一節，除表明大家無意視政權爲「黨產」的態度外，充分表明這個組織是理智的大結合，不誘惑人家入黨，也不强迫人家入黨，更不利用人們感情衝動的弱點爲政治圖謀的工具。今天不必考慮本身的聲勢是否浩大，大家是憑「理」而不是講「力」，既無意黨化全國，要全國人都入黨，同時大家所持之理由，又寄望於人民之公決，聲勢之大小與理由是否充實，是毫不相關的兩件事。

五、最後的「不作為」是本黨之內不必另設一套「黨階」，以為異日與「官階」比照之用。民主國家只有一個被人民選出的政府為人民服務，而咱們中國人民却為黨政軍三個機關照料得無微不至。今天組黨是向人民請示，不敢事事以至聖先師自居來「指導」主人。在這個條件下，黨務工作只限於收點黨費及捐欵，辦點宣傳報紙或刊物，競選之時印發一點政綱政策，借廣播電臺或擴音機向人民傳達自己的意見而已。平時各人都有自己的活路，誰也未把在黨內作事視為職業、視為前途(前途只限於被人民選出而從政)，何必來一個等級參差年資久暫的「黨階」！再進一層分析，吾人當不否認階級之存在是促使利害衝突的原因之一。要避免黨內不必要之衝突，我因主張不採領袖制，基於同一理由，也不要黨內另設「黨階」。因為事實告訴我們，人人都以為一黨之中央委員，其能力、學問、道德乃至於人格都比一區分部的幹事為高，本諸向上之心人皆有之的原則，在下者都想向上爬，而所謂在上者為了終身的「榮譽」，只有拼命朝下壓。若在黨內便有上爬下壓衝突不已的現象，其作風如傳染在政治上，豈不可怕？這種不必要的階級，豈不愈少愈好！

八

這個黨能夠具備上述的五不作為，照世俗的看法，難收近功。因為既無領袖，又不講組織與用間之道，加以無甜頭作餌，上鈎者少，會有什麼力量。關於這樣的黨是否有力量一節，暫且留在以後討論。假定新黨眞能兼具五不作為的話，中國從此就產生了一個強大的具有現代政黨意義的民主政黨，不會為中國再造一個家族式的幫會組織。僅此一端，中國的政治就向民主之途大大地邁進了一步。如大家將成功的標準提高一點的話，這就是我所指的成功，而大家的努力也未白費。

那麼，什麼是積極的作為呢？談到積極的作為那是經緯萬端，絕非在一篇短文之內所能包括的。如到競選之時，積極的作為更會構成政策之一部。數年執政期間，也不必將千年萬世也作不盡的工作草成無法實現的巨著要人拜讀。照我的愚見，消極的不作為是根，積極的作為多屬枝節問題。根固了自然會生氣勃勃的生長，也許某部陽光不足影響其發育，可能明年情形改善又重新發芽生枝。如專一注重枝節之美麗，那等於一株假樹，看起來整齊美觀，實際上是無生命的！是以在積極的作為方面，我僅討論數點與根本有關的問題，而將枝節問題撇開不論。

第一點要提出的，是作到黨與人民的關係僅做到恰如大公司向顧客兜售商品為止，不多也不少。讓人民心目中知道你的存在，他們如需要你的貨品時，可以找到公司地址付欵定貨，平時無關係之可言。不論你是黨魁也好，領袖也好，人民不過視作為一售貨員而已，支票(選票)握在他的手上，是否買你的出品，他有決定權。因為黨與人民的關係太多太密，人民是受不了的。你心血來潮寫點卓見，一定要人民拜讀而筆記之，非銘刻於心不能入學，不能應試，甚至不能獲一工作的升遷，人民自己的團體集會，也必請黨方派員指導訓示，關係如此密切而又含糊，人民眞何可當也？新黨應除於競選之時與人民碰頭送點宣傳品外，無任何關係之可言，不要一年三百六十日都深入民間攻佔人民的神經中樞，破壞人民的生活寧靜。當人民感到一個政黨是無時不在，無地不在之時，這個政黨不會是民主的。

第二點我要討論的是黨與黨員間的關係。這種關係較人民與黨的關係為深切，這是沒有問題的。但深到什麼程度呢？深到恰似股東與公司行號之間的關係為止。大家以平等地位志同道合而聚，如有一、二人不願繼續此等關係，可以依約退出。此種行為決不能視之為破壞統一團結，而必以「鐵的紀律」制裁之。誠然政黨是一個團體組織，加入者必要遵守共同的約束。這個黨也必有幾條共守的規約，但立約的精神必以維護基本人權、承認個人人格為原則。多予黨員自動作為或不作為的機會，少來被動的所謂懲罰；不要將組織變成了「枷鎖」，不要將股東與行號的關係變成親屬或子弟關係，一經加入，就終身無法擺脫。切切不可將入黨與個人的命運聯繫起來，否則誰也不敢入黨。我對「犧牲小我、完成大我」之高調是不敢苟同的。國者人之集，如果每個小我能站起來，活下去，我想大我也不會崩潰的。言之者如堅信此高調為仙丹妙藥，我請他不要向旁人說教，自己先犧牲一次作個榜樣試試看？本此原則大家決無意要黨員犧牲小我，而黨與黨員的關係，決止於股東與公司行號的關係。

第三點我要提出討論的，是新黨在野時的積極作為。一個國家政治是否修明，在野與在朝都是要負責任的。所謂反對黨只是政治學上的一種說法，大家不必在絕對服從習慣下過久了偶而見到「反對」二字就感到刺耳。誠然既云「反對」，自然是表示在野者的意見不與在朝黨相同，為了向人民爭寵，也自然是對在朝黨批評以協助人民盡監督政府之責。可是反對不等於「造反」，「批評」不等於「造謠」，大家的言論不僅向法律負責，也要向人民負責的。在這種情況下，怎能指鹿為馬，是非不分？不錯，在朝黨有官報黨報，新黨也有報章雜誌，除此之外，尙得承認有兩不屬的民間報紙。新黨的言論必是言之有物，作一個眞正的諍友。人民對於在朝黨的判斷，是憑政績之好壞，對於在野黨之判斷，則憑言論之眞僞。切不可在發言上給人民一個印象，誤以為大家吹毛求疵。凡是自己上臺無法完成的目標，絕不提出來苛責在朝黨，儘管在野黨不負政治上的責任，却不能卸除道義上的責任。總而言之，在野時的積極作為、方式與技術，當隨情況而變，但原則只有一個，監督政府、取信人民。

第四點我要提出討論的，就是新黨一旦上臺應有什麼原則來推動積極的作為。所謂作為的內容自是政綱之類的諾言，大家批評旁人太久太多，上臺之後必會小心翼翼。這個政黨如能上臺的話，那是中國第一個民主式的政黨第一次在眞正民選之下而執政，最重要的作為就是「公僕」的樣子，自己也不過是國民之一而已。我不修言革命，但就這一點民主精神言，我主張一切被選出的人員，先來「革心」一次。縣市長固不必以父母官自居，做總統的也不必讓人民對他有「天地君親師」的牌位之感。會客不必稱爲「召見」；講話不必名之「訓詞」，簽名送照少用「頒發」；慰勞軍民莫稱「犒賞」，少用密探保鏢以增一己之威嚴，多與平民接觸藉提百姓之地位。這樣一來，老百姓才如大夢方覺，知地位之重要與可貴，而無「起而代之」的念頭。當人們覺得作總統也不過如此的時候，「民主」自然有其內容而非空洞的口號了。當然這只是作風上的原則問題，若一切細節果能不違背此一原則，雖不中亦不遠矣。許多人自命民主，中國之被稱爲「民國」亦快有半世紀的歷史，可是如不在精神上縮短人民與官吏間的距離，官高者不僅祿厚，而學問道德乃至人格也無不與人民有天壤之別，在這種氣氛下，縱然遍地掛的是民主招牌，其奈「查與事實不符」何！

九

寫到這裏，不待讀者之批評，我知道大家會以我爲腐儒書呆子目之，太理想了，大有曲高和寡之意。人人心中一定想到陳義如此之高，而組織又如此之鬆懈，會發生力量嗎？我願對此問題稍加解釋，以爲本文之結束。

陳義太高乎？在中國現有的政治情況下，一個政黨如能顧到我所謂的「作爲」與「不作爲」兩方面，標準似乎太高，黨之能否組成尚成問題，追論世俗之效果？我得反問一聲：大家爲什麼要提倡組黨？組成强大反對黨之目的不是爲了中國民主政治之實現嗎？也不就是改變現有的政治氣氛嗎？如果不高懸上述的標準，即令新黨上臺，在老百姓看來又有什麼分別？大家口口聲聲高叫改變政風，而政出自黨，黨風不改而要求改變政風，豈非捨本逐末？大家如在這一方面稍加考慮，這是民主政黨之起碼條件，焉得謂之「陳義太高」？有志組黨之士，一方面希求改變政風，同時又希望能收速效，試問在我們的政治環境下，那有一石投二鳥的辦法？

談到組織鬆懈一節，我也並不否認，我無意把一個民主政黨視爲一個家族團體。黨部不是祠堂，黨揆亦非族長。我的認定是：參加者人人平等、各有人格、各享基本民權，僅在政治意見上大家稍微接近，於是聯合起來，以求政治意志之實現而已。彼此之間多爲常人，智力常數相差有限，無天才與白痴之別。也因此之故，沒有一個至聖至賢而又未卜先知之士發明一種合於中國國情千年萬世皆準的「主義」要人家奉行不悖。加入新黨固不名利雙收，退出亦不身敗名裂。組黨之目的本在求中國民主政治之實現，怎能設一組織樊籠將那些本有自由之士一齊圈入，豈不自相矛盾嗎？誠然組黨目的之一是以合法方式取得政權，同時也承認其他政黨亦以合法取得政權爲目的。可是大家無一人懷「以黨治國」之大志，更無一人敢有「以家治黨」之雄心。無隱藏內心不可告人之雄圖大略可言，一切昭若日月，何需此摧毀人性之嚴密組織？

至於這個尊重個人自由的政黨是否會發生「力量」的問題，如若詳加解釋，至少又需我來一個萬言「謬論」、本文已嫌太長，雖我文思未盡，而手已寫酸，背已坐痛，無法在本文內作答。今我且向關懷者說明一聲：「如果這個黨果爲意見分歧、烏合之衆、形同散沙、不堪一擊的話，何以那些堅信組織之士，想方設法來防阻破壞此一聯合之成立？」僅此一端，諸君不難想見無論國家也好，政黨也好，依此方式的結合，其力量是雄偉的！

中國不再有一政黨則已，如有的話，就大體上說是這個樣子，儘管細節尚待補充，而它却不會離開「民主團結」的原則！

臺北地方法院檢察處來函

頃閱貴刊第十八卷第八期喻伯凱「籲請立監兩院徹查司法黑暗」投書一件內容荒謬任意謾罵公然侮辱法院茲說明事實三點敬請惠予刊載以正社會視聽

㊀喻伯凱與張戊鏢互訴傷害一案，於上年八月廿二日開庭偵訊，承辦檢察官陳光宇以喻伯凱既無正當職業，又無固定住址，乃諭令責付候傳，詎辦理責付手續時，與法警李元泰發生爭吵，當經據報查明李警辦理手續，有違規定，確屬不當，本處爲嚴厲整飭法警風紀，即將該警予以免職之行政處分，至其有無如喻伯凱所指「勒索未遂」及「故意妨害自由」，因事涉刑事，亦經分案發交檢察官依法定程序進行偵查，並以書面通知喻伯凱。嗣喻伯凱對該警提起自訴，本處即停止偵查，移送本院刑庭審理。本處對該事件之處理，一秉至公，態度至爲嚴正，對屬員毫無庇縱之處。乃喻伯凱於自訴法警後，復連續自訴誣控承辦檢察官及首席檢察官教唆法警勒索，妨害自由，及縱放犯警等罪名。近更變本加厲，公然侮辱，誣指「臺北地方法院藉交保爲名以索賄爲實索賄不遂私行拘禁……」云云，顯係別具用心。

㊁喻伯凱因不滿臺北市政府審核違章建築補償金額，於上年一月廿九日私入市府二樓秘書室，竊取違章補償金等文件，藏匿於新聞紙內，走出秘書室時，爲陳秘書光華撞見，喻即圖逃，經陳呼喊追踪扭獲，由警局移送本處偵查，經檢察官張澄江提起公訴，嗣經本院刑庭宣判喻伯凱無罪，張檢察官不服提起上訴，經臺灣高等法院撤銷改判「喻伯凱隱匿公務員職務上掌管之文書，處有期徒刑三月」。喻伯凱於投書中所指「故意對無罪之人提起上訴，企圖故入人罪。」顯非事實。再查張檢察官提起上訴，係在上年九月九日，而喻伯凱自訴檢察官陳光宇教唆勒索，係在上年十二月卅日，喻伯凱所稱「檢察官張澄江替同仁陳光宇假公報私。」顯屬有意揑詞誣衊。

㊂喻伯凱既向法院提起自訴各案，（如自訴市府秘書陳光華誣告僞證及自訴本院法警檢察官各案）請求法院維護其權益，理應尊重司法審判，而各該案均已進行審理，並無「均置之不理」之情事。當事人如對審判有意見，自可依法提供，如對裁判有不服，亦可依法請求救濟。今竟以裁判不愜其意，即指爲法院一脈相通」，即混罵爲「司法黑暗」，登報攻訐，混淆視聽。除喻伯凱公然侮辱官署部份，當依法追究外，敬請

貴刊惠予更正。

此致

自由中國半月刊社

臺灣臺北地方法院檢察處

四十七年四月十七日

由印尼事件談杜勒斯外交的矛盾與錯誤

艾國勳

去年十二月十日，美國務卿杜勒斯在記者招待會上當被詢及印尼問題時，曾對印尼的不安情形表示憂慮，並指責印尼共黨及其同路人從事煽動。十二月二十九日，美國新聞總署又根據印尼共黨頭子的著作，把印尼共黨準備奪取政權的詳盡計劃予以揭露。從這些行動中，我們不難看出美對印尼問題的重視及意向。接着本年二月十一日，卽當蘇門答臘中部的反對派準備成立全國性臨時政府，向蘇卡諾實行攤牌前的第四天，杜勒斯又在一次記者會上，對當時具有爆炸性的印尼局勢發表如下的聲明：「在我看來，印尼的現政府未能代表其人口中的極大部份。蘇卡諾總統的『指導民主』已與印尼憲法相背離，它已經給印尼人民建立起一個共產型態的政府，相信那是大多數印尼人民所不喜歡的。……華府願看到眞正能代表該國的政府取代那一『指導的民主』。因印尼人民大部是回教徒，他們更不會要共黨或共產形式的政府」。杜勒斯這一聲明不論就國際法的眼光看，抑或就這一聲明所用的辭句看，都是十分嚴重的。除非美國覺得對雅加達政府已經到了絕不能再行忍耐的地步，非欲去之不可，杜勒斯就不該發表這種聲明的。由於杜勒斯經過審愼考慮才發表這一聲明，而且選擇了一個如此重要的時機，直接對蘇島反對派和全體印尼人民說話，所以當時一般人對杜勒斯這一聲明的印象，總以爲美國縱使不用公開軍事支持的手段，也會用其他的辦法來積極援助蘇島新政府，使其足以眞正達到取代雅加達政府的目的。至少認爲美國一定會使印尼這一反對派力量在一個很長時間內繼續存在，使其對印尼的整個政治動向產生一種平衡與克制的作用，防止蘇卡諾過份囂張。可是事實發展的結果，證明這一切想法和瞭解竟是完全錯誤的。

在蘇島新政府剛成立之初，美國不但未予這一新政府以卽時的物質及精神援助，反而立刻遣派新大使赴爪哇，向雅加達保證美國絕不干與蘇島紛爭。這一保證以及當時美對雅加達所提出的諸種友好姿態，實際上已經斷送了蘇島革命政府的一切前途。及至印尼政府軍登陸蘇島，相繼攻佔油田重心，宣布予蘇島以海空封鎖時，美國竟連撤僑要求亦不敢堅持。嗣後，印尼政府軍節節進攻，蘇島反對派軍隊相繼退入山地，準備進行長期游擊抵抗時，杜勒斯國務卿便在四月一日發表了他對印尼問題的小型「白皮書」。在這天的記者會上當再詢及印尼蘇島情勢時，他避免作詳細的解釋，只簡單說中蘇門答臘革命是印尼的一項內政問題；換言之，蘇島反對派政府的成功與失敗，都屬他們自己之事，美國不便過問。

美國不願過問印尼內爭，是美國的自由，美國正與任何國家一樣具有這種自由。但問題在於既不過問今日印尼內爭，何以在過去半年內繼續不斷鼓勵印尼的反雅加達份子，起而行動，要求取代蘇卡諾的「指導的民主」？我們相信假若沒有杜勒斯國務卿的一再明顯的慫恿，這批蘇島反對派絕不會採取如此魯莽的行動，竟至於成立全國性政府以與雅加達相對抗；同時我們相信假若不是這批蘇島反對派存有它們一有行動卽可獲得美國支持的錯誤想法，它們對蘇卡諾的鬭爭也絕不會訴諸這一方式。不管杜勒斯個人是否願意承認，他在這次蘇島事件前夕所發表的聲明，頗有一九五五年對危地馬拉事件所發表談話相似的口吻。可是等到蘇島事件一經爆發，眼看情勢不妥，杜勒斯國務卿卽開始退却了。這等於把一個人放下井去而又擅自切斷其繩索一樣。一九四四年當蘇軍進抵維斯杜拉河時，莫斯科卽廣播要求華沙的波蘭義勇隊起而行動立與納粹佔領軍進行血戰，準備迎接蘇軍的前進。但等到華沙義勇隊開始行動，與納粹優勢武力實行焦土血戰，蘇軍却隔岸觀火，不動聲色，直至整個華沙全部毀滅爲止。一九五六年匈牙利革命，多少也是受了西方的鼓勵，但這一革命亦遭到與當年華沙民軍同樣的命運。蘇俄和西方對於華沙及匈牙利事件，都曾有過解釋，認爲它們並未負這種鼓勵責任。可是對這次蘇島事件，我們很難相信杜勒斯國務卿亦會作出這種同樣的解釋。

在過去以前，我們對杜勒斯國務卿的外交作風保持一種中道的看法，認爲其中有失敗，也有成就；有缺點，也有優點。但經這次印尼蘇島事件的刺激，把杜卿五年多來重大外交言行加以檢討，我們便發現杜勒斯的外交中實包含有太多的錯誤和矛盾。這次印尼事件不過祇是其中之一而已。現在就擧犖犖大者數項，藉作這一問題的實證：

㊀在一九五二年，杜勒斯一度高唱對鐵幕的解放政策，尤其大選前夕在俄亥俄州所發表的一篇演講，更把解放政策作爲他在外交上的中心思想。可是一俟他正式出任美國的國務卿，實際主持美國的外交大計時，他便在一九五三年一月二十七日對全國發表首次演講，鄭重宣告美國將永不主動發動對蘇戰爭。嗣後杜勒斯雖仍表示不接受東歐的奴役統治，却亦明白聲明絕不鼓勵東歐的革命。及至今日，事實證明美國已在逐漸接受東歐的既成現況。於是杜勒斯對鐵幕的中心政策，已由所謂「解放政策」，退而爲「和平解放政策」和「不解放政策」了。

㊁一九五二年二月十一日，杜勒斯曾首次提議解除臺灣中立化，一九五三年二月二日，美正式宣布解除臺灣中立化決定。可是兩天以後，當杜勒斯抵英

與邱吉爾、艾登會議時，卻告訴後者美國今後在遠東採取任何重大行動前，一定要先與英國諮商。二月十三日，杜勒斯在美參院外委會作證，更聲明美國在未與有關盟國磋商前，絕不在遠東有所行動。這就是說，美國的宣布解除臺灣中立化，並不包含有允許國軍進攻大陸之意在內。於是解除中立之說，實際上自始就是一句空話，後來事實更證明如此。

㈢一九五三年二月十九日，杜勒斯談稱新政府的「亞洲方案」可適用於越南，在某種接受條件下亦可安排越南的停戰。當年九月二日杜勒斯在聖魯易發表演說，明白表示歡迎以和談方式解決越戰。這是杜勒斯對越戰問題的首一轉變。可是剛過一星期後，杜勒斯又建議美國國家安全委會以三億八千萬美元的額外欵項援法，要求法國積極加強越境作戰，準備以戰爭方式解決越南問題。旋即於當月二十九日，美法兩國正式簽訂協定表示對這筆欵項的使用已迅速獲致決定。這是杜勒斯對越戰問題的又一變。及至一九五四年三月十三日越南奠邊府之戰發生，杜勒斯先則發表激烈强硬的演說，聲言將以聯合行動對付越戰，繼之採取外交步驟，連續與有關國家使節會談，並親訪英法兩國，表示對越南的一個重大行動已是箭在弦上。可是等到四月十六日尼克森公開發表若法軍遭受挫折美國即將派兵入越的堅强談話時，杜勒斯即於當月十九日聲明，斷然否認尼克森談話係代表美國的政策。五月七日奠邊府失守，當日杜勒斯即聲言由於越南情況複雜，美國無法單獨派兵參加越戰。五月十一日，杜勒斯更要求國會將原定援越欵項准予移作建立東南亞同盟用途。六月八日，杜勒斯又談稱除非情勢發生變化，美將不干與越戰。至此越南瓜分已成定局，杜勒斯的越南政策遂在矛盾中宣告失敗。

㈣一九五四年一月十二日，杜勒斯在紐約演講，首次提出了他最拿手的所謂「大力報復主義」。主張把美國大力集中於國內，準備隨時對侵略者予以有效的選擇的摧毀性的報復攻擊。可是杜勒斯在發表這一演講的三週前（一九五三、十二、廿二），在另一次演講中卻認爲蘇俄內部的不穩，已阻止其發動對外的侵略。在發表這一大力報復演講的三個月後（一九五四、三、十九），杜勒斯在參院外委會解釋大力報復的內容時，卻又解釋地方戰爭不適宜於大力報復主義，並認爲除非美國本土直接遭受攻擊，對涉及北大公約國被攻的反擊，將先依照規定與各盟國進行會商。既認蘇俄因內部不穩不發動侵略行動於前，又認地方戰爭及美國以外的自由地區被攻不適用直接大力報復主義於後，那麼所謂大力報復主義究有何意義？

㈤一九五六年一月十一日，美生活雜誌發表杜勒斯曾對其記者透露，過去三年美國曾三次瀕於戰爭邊緣；意謂美國爲貫澈其外交政策，曾準備不惜冒三次戰爭的危險。一在韓國，二在越南，三在臺灣海峽，說來眞是活神活現，似若眞有其事。但事實究竟如何？先看韓國：當一九五三年初杜勒斯表示美新政府對共黨强硬計劃時，另一面卻在二月廿二日聯軍向共方建議舉行交換傷患戰俘的秘密談判；當七月十八日李承晚宣布釋放韓籍戰俘時，也沒有一個有國際常識的人會認爲共黨將退出停戰談判。次看越南：一如前述當奠邊府保衛戰正屆最危急關頭，杜勒斯既明言美國絕不派兵前往參戰，也未保證美國將不容坐視奠邊府陷落，可知所謂美國瀕於參戰的戰爭邊緣實際即未存在。再看臺灣海峽：四十四年（一九五五年）一月十八日，即一江山被大舉進犯當日，杜勒斯即談話願接受聯合國從事安排臺灣海峽停戰。及至一月廿一日一江山宣布正式失守，美國旋於二月六日與中國政府聯合宣布，將協助大陳島軍民的撤退。就在這同時，美國經由各種外交途徑，要求蘇俄約束中共不得在臺灣海峽有過份行動。既然一面歡迎聯合國安排停戰，並壓迫中國政府退讓，一面又要求蘇俄約束對方行動，試問戰爭邊緣又在何處？所以戰爭邊緣之說，充其量祇不過是一種當時的外交姿態而已。

㈥一九五五年五月五日，杜勒斯在美參院外委會作證，認爲若干跡象指出蘇俄的外交政策已趨於和平。一九五六年二月二十四日，杜勒斯又在參院外委會作證，認爲蘇俄政策的改變係屬蘇俄失敗象徵。二月二十六日在費城獨立廳演講，又認蘇俄外交政策已有轉變。二月二十八日在記者會上，杜勒斯又進一步表示將爭取蘇俄向友好方向轉變。四月三日杜勒斯在記者會上又說，蘇俄現政府政策已趨和緩，並望有深遠的變化。一面既說蘇俄的外交政策已向和平轉變，並望有深遠的變化，一面又說蘇俄這種轉變係屬失敗與軟弱象徵，顯然是兩個極端相反的看法，自身也是一種矛盾。根據這兩種相反的認識，美對蘇俄的外交決策，自然也會有極大的不同，眞是差之毫釐，失之千里，而杜勒斯卻把兩者混淆不清，可說眞是一大奇蹟。

㈦一九五三年十月六日，杜勒斯在一次談話中表示美正考慮與蘇俄商簽互不侵犯條約。杜勒斯這一表示終於帶來了以後蘇俄要求美國簽訂友好條約的和平攻勢，可見眞是一個莫明其妙的外交姿態。

㈧一九五六年二月七日，杜勒斯在一次記者會上公開表示要想消除戰爭危機與爭取和平，即必須訴諸於秘密外交。這一說法與現代的外交觀念不合，也與杜勒斯本人過去一再所宣示的信念相違背。

㈨一九五六年七月十九日，杜勒斯作了撤銷助埃及建阿斯旺高壩的決定。這一行動破壞了美對埃及的既定政策，也是玩弄十九世紀外交技術的一項最拙劣的表現，結果爲美國的中東政策及西方在中東的整個地位帶來了災害。

㈩一九五六年六月九日，杜勒斯在依阿華州演講，公開指責中立主義爲陳腐觀念。在本年東南亞公約的第四屆理事會中，杜勒斯又領導各國一致譴責中立主義。但在外交的事實上，杜勒斯又大力支持亞非各地的中立主義。

以上這些例證指出：杜勒斯的外交眞是充滿了各種各樣的矛盾與錯誤。今日之言與昨日之言矛盾，言論與實際行動矛盾，尤其是一種言論或一種行動自身也有矛盾。固然國際環境是變動不居的，美國的外交也得根據這種環境變化而變化，但變得如此的沒有道理與軌跡，恐怕還是以杜勒斯的外交爲最顯著。這種原因何在？

一、這是杜勒斯的外交缺乏一致性與連繫性的結果。所以缺乏一致性連繫性者，主要又由於杜勒斯本人常常不能堅持一個問題的固定原則。從好的方面講，杜勒斯這種作風能使美國的外交隨機應變，不拘泥於一定格式；但從壞的方面講，杜勒斯這種外交完全是一種機會主義的外交，使美國長遠的外交目標反而由此糢糊不明。因今日國際局勢雖一變再變，而基本問題則始終未變，在這種情勢下杜勒斯竟經常改變立場，不但未能獲致變化的利益，反而招致了多變的紛擾，原期以變來適應外界情勢，結果反因多變而脫離了客觀的事實。

二、也許由於杜勒斯本人因日理萬機，無暇對各個問題作深入考慮，所以常常現出他對許多重大問題不能把握其完整的概念。如對蘇俄外交動向的瞭解，對美國的國務卿是一項最重要的課目，而杜勒斯對於這一問題的認識，竟有如前述那樣的矛盾與前後不一致，頗使人懷疑他根本未注意一個問題的本質，而祇注意其各種表面現象。既以各個問題的表面現象爲決定對這一問題的對策根據，那麼除了頭脚各醫，隨機應付以外，便不會有統一的長遠的根本作法。

三、杜勒斯的外交常常表現出承諾、義務與實際力行不能相稱。根據李普曼的外交理論，所謂一個外交政策者，就是一種承諾，一種執行力量，和一種決心。除非不接受義務和不答允承諾，否則，就得準備有實現這種義務和承諾的力量及條件，以使這種義務和承諾兌現，方可防止外交政策的破產。而杜勒斯的外交，却完全違反這一理論。他使美國接受了很多義務，隨時開出支票，但並未同時準備好完成這種義務的執行條件，也未具有實現這種義務的堅强決心。所以結果便形成了言大而誇，行不符言，僥倖投機，怕負實責，以及鼓勵他人行動而又不支持其行動的荒謬現象。

四、杜勒斯外交缺乏堅强的道德力量。對於這一點，我們可摘錄張君勱先生於三月廿六日在舊金山所發表的一篇時評以資佐證。這位堅强的民主老戰士在其時評中說：

「蘇俄以推廣共產主義顚覆民主政治與自由企業爲使命，美國雖名爲西方民主國之領導人，然其所扶植者不一定爲民主國家；如昔日安南之保大，亞拉伯國家之君主。但求其站在美國方面者，固無一不授之以軍火與金錢者也。蘇俄不守信義，不守國際法，多方勾結各國之共產主義者，以期其勢力之擴大。而美國信守不干涉之原則，對於他國內戰則遠而避之，此乃戰後與美同盟之中華民國，所以淪陷而入於蘇俄懷抱之中也。

二次大戰後東歐鐵幕造成與韓戰開始後，美國自知其撒手政策之爲害，乃有所謂馬歇爾援助，相互安全援助與夫所謂『四點政策』。然不知僅有軍援經援，而不求其受援國政體之民主，安定與開明，則此等國家雖欲善用軍援經援而收其效果，不可得也。安南往事，可以證政治之不安定不開明之國家，難與共產主義相抗矣。

就軍援及於受援國內政之影響言之，假令受援國原爲施行民主政治之國，則美援之來不至引起一種特殊情況，如歐洲之英法等是。反之，受援國中原有獨裁政治之流毒者，則美援對於其內政上之影響，可以舉而出之者：㈠爲獨裁者養成一種私黨軍隊，㈡此私黨軍隊中設置政治部，足以引起政治舞臺上之內部傾軋，㈢軍費既來自美國，政府可以置憲法上之監督機關於不顧，㈣一黨獨霸政權，如輿論與選舉均由在朝黨把持。因此種種，其政府之設施，去民主原則日遠，人民之不滿日深，其人民既不愛戴，如何能與共產主義相對抗乎？

吾人以爲美國除軍援經援之外，應另設一種政治援助或顧問之民間機構，研究受援國之政治，如憲法之是否遵守，基本自由之是否保障，立法院是否能盡監督之責，司法是否眞正獨立，各政黨間的關係如何，輿論如何，此等等事，難由外交部兼管，應另由美國國會議員及教授等共組成一私人機關，以指導各國之民主政治且促其安定，此乃對抗共產主義之根本要圖也。」

張君勱先生這篇文章已清楚指出杜勒斯外交的另一缺陷。要加强美國外交的道德力量，亦非從張先生所提建議這一角度努力不可。

總之，這次印尼事件已澈底暴露了杜勒斯外交的根本危機。雖然我們很瞭解杜勒斯國務卿具有五十年以上的外交經驗，爲當代最老資格的外交家，稱霸外交玷壇，但以其缺乏現代外交的基本精神，所以杜勒斯這種寶貴的外交經驗並未能獲得充分的發揮。爲了自由世界的共同利益，和爲了美國的反共外交能有更大的收穫，我們切望杜勒斯國務卿能對他的外交作風乘此印尼事件的不幸演變作一深刻的檢討。

高階層會議前夕的美國外交政策檢討

丁　堅

四月十五日下午，美國務卿杜勒斯在華盛頓記者招待會中，經各記者質問之下，一時忍耐不住，將其過去積怨一併而發，攻擊蘇俄的外交手段猶如「妓女賣淫」，謂莫斯科當局的利用高階層會議建議，向國際作和平攻勢宣傳，數度向西方國首腦發出函件，而實際上並無和平誠意，此種外交宣傳方式，跡近「卑汚無行」，實創世界歷史先例。但杜勒斯同時又向記者招待會宣稱，美國政府希望高階層會議的大使級籌備談判，能在短期內于莫斯科舉行。

杜勒斯這種矛盾態度，很使一般美國人士不解政府對高階層會議的立場。惟明眼人士不難看出杜氏內心的苦衷。杜氏本人從未相信蘇俄對和平的眞意。如果美國不受國際及國內民意的壓力，現政府決不會同意與蘇俄舉行高階層會議。遠在去冬蘇俄前總理布加寧向西方各國首腦投函時，艾森豪總統及杜勒斯卽公開斥爲宣傳伎倆，不加重視，但美國民間對未來核子戰爭的懼怕，及國際輿論的壓力，已使美國政府不得不改變其初衷。數日前莫斯科同意西方國建議，定期四月十七日在蘇京舉行大使級的籌備談判。當時美國務院因蘇俄的答覆附有苛刻條件（卽籌備談判僅討論未來高階層會議及外長會議的參加國、地址、與日期，不討論具體政治問題），立時的反應爲加以拒絕。紐約各報甚至用頭條登載此訊。不料數日以後，美國在與北大西洋同盟諸國諮商之後，又改變立場，接受蘇俄建議。同意在莫斯科舉行外長級籌備談判。杜勒斯在盟國壓力之下，不得不與蘇俄妥協的苦悶心理，可想而知。不過他在記者招待會中所發的牢騷，可能又將成爲蘇俄反美宣傳的資料，借此反控杜勒斯沒有誠意。高階層會議的開成與否，實際上仍在未知之數。

蘇俄對杜勒斯個人的惡感並不下于杜勒斯對莫斯科的惡感。布加寧開首投函建議舉行高階層會議，堅持不必先開外長會議籌備時，卽曾暗示係因不願與杜勒斯共席談論之故。現在蘇俄雖已同意高階層會議的舉行應由大使級及外長級逐步籌備，但仍堅持在籌備會談中不討論實際政治問題。西方盟國在這點上則與美國立場一致，認爲高階層會議的成功與否，完全依靠于籌備工作是否充分。

至于美國反對舉行高階層會議者，是否僅艾杜的共和黨政府呢？說來令人不信，民主黨前總統杜魯門及前國務卿艾其遜亦認爲此種會議毫無價値。民主黨顧問委員會最近開會，艾其遜發表演說，聲明反對與蘇俄舉行高階層會議。但其他民主黨領袖如史蒂文生、羅斯福夫人、哈立曼等則反對將艾其遜演說作爲民主黨的正式立場，要求艾氏將其演辭修改，被艾氏拒絕。哈立曼甚至私下表示將因此辭退民主黨顧問委員會外交政策小組。史蒂文生、羅斯福夫人與哈立曼等，並不贊成舉行未加籌備的高階層會議。但彼等辯稱，美國應該顧到世界民意，至少要使盟國相信美國亦確有誠意于世界和平的談判，而不應斷然表示反對和談。

在高階層會議舉行的前夕，美國政府對蘇政策目前面臨的基本問題究竟爲何？根據各著名時論家，特別是紐約時報蘇俄問題專家許華茲的意見，美國執政當局在籌備談判時應該做到兩點，一爲正對現實，一爲除去過去對蘇俄假設的幻象。在正對現實上，有三點必須認淸：

一、蘇俄的最後目標仍是世界共產主義。蘇俄總理赫魯雪夫曾再三作明白表示。某次甚至在莫斯科告西方外交家稱：「我們必將你們埋葬」。去年赫氏在哥倫比亞廣播公司所攝製的電視節目中亦稱：美國人民的第三代將生活在社會主義制度中。蘇俄在人造衛星研究上的搶先，及美國目前的經濟衰落，已使莫斯科更具自信。

二、蘇俄常自食其言。歷史顯示，蘇俄在外交政策上，難得保守其諾言。最明顯的例證爲：一九五六年十一月匈牙利人民革命時，蘇俄一面假裝與布達佩斯特談判撤兵，一面利用軍隊壓抑革命。

三、赫魯雪夫的要求舉行高階層會議，起因當然是自私自利。蘇俄爲求國內發展，提高生活水準，再加上經援共黨國家及中立國家，在經濟上已覺困難。俄共無疑認爲，如能在目前暫時鬆弛國際緊張局勢，減少軍事費用，將對其本身有利。共黨理論並相信，資本主義國家的經濟繁榮依靠于軍事建設與耗費，因此裁軍協議如果成功，將使西方國經濟更趨衰落。

美國政府在籌備高階層會議時必須認淸上述三個事實，惟同時也不能忽視現有對蘇俄的不正確觀念。此種假設觀念有下列五個，如不認淸，在會議談判之時，將受阻礙。所謂「知己知彼，認淸敵我」，實爲明確外交政策的要略。此五個觀念爲：

一、認爲時間對我方有利，以爲自由世界只要等待，蘇俄最終必因內部爭權或革命而崩潰。杜勒斯外交政策曾再三反映此種態度。但時間不一定對我方有利，我們只要看看過去十三年來美蘇雙方對峙勢力平衡的傾向，卽可知之。一九四五年時，美國爲世界最强的國家，獨家擁有原子彈。但今日不但世界三分之一以上人口已在共黨統治之下，而且蘇俄已在亞非落後國家增加聲勢，其在火箭科學上的研究，若干方面甚至優越于美國。美國如再保持其自滿的優越感，而不認淸此項錯誤態度，在高階層會議籌備中必被蘇俄趁虛以攻。（下接第23頁）

法國通訊·三月二十四日

今日法國政治與經濟之危機

姜懷平

一　序　言

一九五七年法國經過兩次閣潮，第一次導源於財經問題，在右派政黨溫和派的攻擊下，迫使維持約十六個月，以社會黨爲主的莫萊 (Guy Mollet) 內閣辭職。第二次閣潮則起因於國會下院否決政府提出的關於阿爾及利亞政治改革的綱領法律 (Loi-cadre)，使社會激進黨的布爾熱斯牟奴里 (Maurice Bourgès-Maunoury) 爲首的內閣，在左右雙方的反對下而告垮台；而由另一社會激進黨議員，原任財政與經濟部長的加亞爾 (Félix Gaillard) 繼任內閣總理。

莫萊內閣辭職所引起的閣潮，經三個星期卽告結束；而布爾熱斯牟奴里內閣辭職後的閣潮，則由於法國各政黨的態度無法妥協，而達三十五日的紀錄，這是法國歷屆閣潮所少見的。直俟莫萊及溫和派的領袖畢奈 (Antoine Pinay) 相繼被法總統提名試組內閣失敗後，年青的加亞爾纔得到國會下院的同意，授權組閣。因此，僅就這一點看來，使我們會無形感到今日法國政黨政治的危機，由於連續閣潮的發生而逐漸嚴重化明朗化。至於莫萊內閣能維持十五個月零二十一天，已打破「第四共和」的紀錄；布爾熱斯牟奴里內閣僅維持一百零九日的短短光陰，尚不是最短的；而自去年十一月五日成立的加亞爾內閣，迄今亦只不過主政近五個月的時光，在左右各黨中醞釀倒閣的已大有人在。但是，內閣壽命的長短實不能作爲判斷各內閣人事及施政成績的準繩。況自布爾熱斯牟奴里內閣以來，除政府的經濟社會政策較莫萊內閣的政策趨於自由主義經濟制度外，在內政外交等的基本政策多是蕭規曹隨。就目前情形說，法國閣潮的起伏，政治問題並非唯一的因素，但是閣潮的頻繁却在法國的政治上發生不利的影響。旣然近數年間法國的閣潮均直接由經濟、財政及社會政策問題或阿爾及利亞問題所釀成，所以在研究法國今日政治危機時須對以上政治問題予以確切的認識。然而，由於憲法的規定政府對國會下院負責，下院議員則爲全民選擧的數目繁多而複雜的政黨代表所組成；因此，同時得對政黨政治及有關憲法規定予以研究，以澈底明瞭今日法國的危機。

二　法國財政經濟的困難

近年來在法國政治上最感辣手的兩大問題，當算是阿爾及利亞問題及經濟問題了。先就經濟方面來說，今日法國的經濟呈現着空前的繁榮與空前的危機。由於生產設備的現代化與新企業的建立，工業生產指數近年增進甚高。工業生產指數所促成的空前經濟繁榮，却因國民購買力的提高及原料輸入的增加，而造成空前的危機，卽生產品大部銷售於國內市場，出口銳減，進口大增，而有龐大的入超。在去年上半年度，法國尙能以津貼及輸入物品來維持，物價大致穩定，官方公佈的批發價格指數在這六個月中，僅上漲百分之〇·八。然而到去年六月間情形卽漸惡化，危機日趨嚴重。對內對外的支出需要鉅額金錢，政府於不得已的情形下只有向法蘭西銀行貸欵來應付對外支付及國家支出。但貸欵若不能如期歸還，將促成通貨膨脹。莫萊內閣倒台，加亞爾繼社會黨籍的拉麻第(Paul Ramadier)出長財政與經濟部後，在國會下院首次發言時卽稱：「國庫已無法應付國家的需要，國家已無力繼續負擔對外支付……。」在此財經危困的遭遇下，政府再不能不顧一切的執行莫萊的社會福利政策，而改執行一種「以毒攻毒」(typehoméophatigue) 的經濟政策，換言之，就是拿漲價來抵制通貨膨脹的「高物價政策」。及至加亞爾繼布爾熱斯牟奴里組閣，新任財長人民共和黨籍的傅林蘭 (Pierre Pflimlin) 仍執行此一經濟措施。「高物價政策」的執行一方面放棄上屆內閣的凍結物價政策，承認物價的自然水準，藉此停止國家的津貼及重徵過去爲執行限制物價時對某些貨品局部或全部免繳的稅金增加稅收；同時更以此減低國民購買力，以求增加輸出謀求法國對外貿易的平衡。

布爾熱斯牟奴里內閣與現內閣均認爲在法國目前情形下，僅因阿爾及利亞戰爭實不必建立「戰時經濟」實行配售，故僅採取財政節約政策以求消除法國在財政與經濟上所面臨的嚴重危機。除上述「高物價政策」外，且利用直接稅及凍結國民所得等辦法來減削個別國民的收入，及儘量緊縮國家開支。雖然在法國國會中，右派政黨的議員，尤其是溫和派者，强烈反對增稅(去年因政府建議增闢稅源而使莫萊內閣垮臺)，但自去年六月以來，前後兩屆內閣仍在國會通過一九五七年增加一、五〇〇億佛郎及一九五八年四、〇〇〇億佛郎的新稅收(汽油加價，公司紅利稅及營業附加稅等事項的提高)。對於減縮開支一事，法國政府更是盡全力以赴。財長傅林蘭將一九五八年預算減削七、八四〇億佛郎之多(包括投資性支出項下二、七〇〇億，軍事開支二、四〇〇億，各項津貼二、三六〇億及政府機構開支三八〇億)。因開源節流，使法國本年度預算虧空(國家稅收所不能抵消的開支額)不超出六、〇〇〇億佛郎(一九五七年此數字爲九、四八〇億，一九五六年爲九、九五〇億)。傅林蘭此擧的另一目的則在重樹法國財政的信譽，以期爭取外援來應付目前無從應付的外滙問題。

解決外滙困難問題之一辦法便是提高美金對佛郎之比值。法國政府於去年八月十日卽調整佛郎外滙率，提高外幣兌換率百分之二十，並於十二月二十日對此百分之二十的貶值措施普遍執行。並恢復進口的管制，藉此緩和法國經濟危機。此辦法雖刺激國內物價的上漲，在對外貿易方面頗有成效。茲就法國海關公佈的統計數字，把法國一九五七年間貿易入超列表如後藉以參考：

單位：億佛郎

月份	入超額
一月	六一三
二月	五四五
三月	五一四
四月	五三八
五月	五一四
六月	四九五
七月	四四七
八月	四四一
九月	三〇七
十月	一〇〇
十一月	一二〇

(註：四二〇佛郎折合美金一元)

法國政府的一連串的經濟政策經過幾個月的執行後，在對外貿易方面，雖使進口能受管制而減低；但就出口而言，政府的努力與物價的上漲正相抵消。在百分之二十貶值措施採行以前，法國整個出口受政府的津貼約為百分之十一・五。故在理論上而言，百分之二十貶值措施的執行應使出口商多受惠百分之八・五。但是官方公佈批發價格的指數在去年七月至十一月間上升百分之九。因此政府執行的有關政策實無任何效果可言。自前法國獲美國借欵，使對外支付得以維持。然而月來阿爾及利亞戰事的緊張發展使軍費支絀；以及工人薪給人員因物價上漲購買力減低而要求加薪。故法國財經危機仍在嚴重發展中。

三　頭痛的阿爾及利亞問題

阿爾及利亞回教民族的武裝叛亂自一九五四年十一月一日始，迄今已進入第四年。開始時法國對此武裝行動視為零星叛變，認為武力鎭壓卽可短期肅清。不料叛亂延續，法國一再增兵，用兵逾四十萬人仍無法平息；現已成為法國內政外交上最感頭痛的問題。在外交上，自一九五五年九月三十日阿爾及利亞問題被阿剌伯集團正式提出聯合國大會後，卽成為法國在歷屆聯合國中最感難於應付的課題。阿爾及利亞戰事不但成為亞非國家指責法國政策的藉口，妨碍法國與獨立後的突尼西亞及摩洛哥的友善合作，更成為西方國家與亞非國家，尤其是阿剌伯國家間良好關係的絆脚石，及成為東方集團及所謂中立主義者宣傳攻擊西方國家「帝國殖民主義」的良好題目。在內政方面，由於大規模的軍事綏靖行動的無效，及阿爾及利亞「民族解放陣線」(Frontde Libération Nationale 簡稱 F.L.N.) 與「阿爾及利亞民族運動」(Mouvement National Algérien 簡稱 M.N.A.) 彼此仇殺事件的頻繁，使法國人民及阿爾及利亞人民的心理上均印有恐怖不安的陰影。加以法國右派堅決主張阿爾及利亞應為法國領域的一部份，左派人士倡言阿爾及利亞應在獲得獨立主權後與法國保持合作，更使法人意見無所適從。至於就財經問題着眼，則阿爾及利亞連年的戰事更成為法國財政的重大負擔。雖然法國的軍費開支僅佔民事預算的二分之一，但阿爾及利亞戰事的開支如根據聯合國的統計已有七、〇〇〇億佛郎。法國內閣阿爾及利亞部於二月二十日公佈有關阿戰開支，其數字較聯合國提出者較低：在財政項下阿戰軍費為三、〇五〇—三、三〇〇億佛郎，佔法國全部開支的百分之六到百分之六・五。然而此數額中並不包括法國在北非正常駐軍的費用，後者至一九五五年以前已為一、七〇〇億佛郎。在經濟方面，由於兵員的需要，使兵役期限無形延長，直接影響生產人員的減少，國家生產因此所受損失，據估計約為一、二六〇億佛郎，佔生產額百分之〇・七。同時阿戰使民事需要增加三九〇—一、〇六〇億佛郎，軍事需要增加一、一五〇—一、二九〇億佛郎。在出進口方面，法國更因阿戰蒙受一、四九〇億佛郎的重大損失，數字中包括進口增加四六〇億佛郎及出口減少六〇〇億佛郎，此項損失總值約佔入超額的三分之一。

就上述情形看來，法國有卽刻停止阿戰的必要。然因阿爾及利亞「民族解放陣線」堅持要求阿爾及利亞的獨立，無法使法國接受。且在處理阿爾及利亞問題時，法國確有種種困難：①阿境內有一百二十萬歐籍居民與九百萬土著回教人民混處，此項歐人中有許多於數代前移入，又在阿爾及利亞有相當的經濟潛力。對於這批人士在阿境應享的權益、地位與保障，確使法國政府煞費心機。成為政府對阿政策的最大考慮。②阿爾及利亞位居北非突尼西亞與摩洛哥之間，如一旦此地區脫離法國，將有利於北非以及中東極端民族主義的發展，而間接有利於共產主義者的滲透運用，進一步威脅自由世界。③阿爾及利亞的獨立抑或自治將引起法屬黑人非洲及馬達加斯加島人民的嚮往，要求獨立，發生武裝行動的危險。況今後法國經濟的復興頗有賴於非洲地區富藏的開發，如年來發現的撒哈拉沙漠中的大油礦(已證實的油礦已逾十億噸石油)。為了要保全法屬非洲的安全，法國則不會放棄阿爾及利亞。在法國政黨方面，除共產黨外均多少反對阿爾及利亞的獨立，但各黨意見仍不一致。社會黨方面認為國會前曾通過的「阿爾及利亞政治改革綱領法律」，採用「單一選擧團制」(College Unique)，使阿爾及利亞內部自治，分區成立議會及阿爾及利亞中央行政機構；並認為此為起碼措施。也就是說，使阿爾及利亞在法國治理下成立「自治區」。而該黨左派則堅持停火後談判阿爾及利亞今後的地位。右派政黨則反對談判，並激烈反對在阿爾及爾(Alger)成立阿爾及利亞的中央行政機構及議會。社會共和派更稱在修改憲法前不應在阿爾及爾成立任何中央組織。社會民主抗敵同盟及其附着黨非洲民主同盟認爲應修改憲法第八章(有關法蘭西海外地區者)後，成立法國與其海外地區的聯邦國體。在今日「阿爾及利亞政治改革綱領法律」已經通過。政府已公佈開始解散原有機構作選擧的準備；但這只是法國單方面的意見，並未能得到阿爾及利亞「民族解放陣線」的同意。法國雖自始認爲阿爾及利亞問題爲法國內部問題，一再避免將問題擴大而國際化。然而經過三年來不停的武裝綏靖政策沒有結果，法國又因突尼西亞援助阿爾及利亞民族主義份子，而於本年二月八日轟炸突境沙街 (Sakhiet-Sidi-Youssef) 村，結果法突關係突形緊張，由美英派員調停，使阿爾及利亞問題在事實上國際化。就目前局勢客觀地說，法國如不能及時澈底地對整個的海外地區作一勞永逸的處理，逐漸實現聯邦制，則實沒有什麼更好的辦法單獨解決這一個辣手的阿爾及利亞問題。

四　散漫分歧的國會對政府的牽掣

法國是採行代議制度的民主國家，政治決策權當操於全民投票選擧產生的國會。雖然法國的國會分上下兩院，但是根據憲法規定，法國政府僅對國會下院負責。這也就是說內閣的去留權握於國會下院。目前法國國會的下院是一九五六年一月二日大選後組成的法國第四共和的第三屆國會。法國向以政黨繁多，政見分歧見稱。而其第三屆國會較之第四共和的前兩屆國會尤爲散漫。茲先將目前法國國會下院議席的分配與其第二屆末期時的分配情形列比較表如後藉以參考：

黨別	第二屆國會末期議席分配額	第三屆國會成立時議席分配額	一九五八年三月議席分配額
共產黨	九四	一四五	一四二
進步派	四	五	六
社會黨	一〇四	九五	九五
民主社會抗敵同盟及非洲民主同盟	二三	一九	二一
社會激進黨	七六	五七	四三
左翼民主社激會進黨①	—	—	一四
左翼共和同盟②	—	一四	一四
人民共和黨	八六	七三	七五
非洲大會黨③	一六	一〇	一〇
社會共和派④	六八	二三	二〇
溫和派⑤	一三五	九五	一一一
法蘭西博愛聯盟⑥	—	五二	三一
無黨派	一五	八	一〇
合計	六二一	五九五	五九二

註：①即一九五六年十月社會激進黨里昂大會時分裂後成立該黨離異派。

②原爲社會激進黨與民主社會抗敵同盟等於一九五一年大選時成立之聯合機構，於一九五六年大選時由社會激進黨被開除黨籍的佛爾 (Edgar Faure) 主持成立單獨政黨。

③即前海外獨立黨，其今名爲：Convention Africaine。

④即前戴高樂派。

⑤該派現包括社會行動獨立及農民派九十一席，社會及農村行動農民派九席及農民派十一席。

⑥即布雅德派。

就上表看來，我們實不難指出法國政黨在國會下院黨派衆多，勢力分散，但其中除共產黨外卻竟再也找不到擁有佔國會議席五分之一的大黨。在法國第四共和第一、二兩屆國會下，閣潮的頻繁與今日雖然沒有兩樣，但情形卻遠沒有今日的嚴重。當時社會黨、人民共和黨、社會激進黨與溫和派尚能合作，後來社會黨退出，由戴高爾派部份議員取代其地位。故閣潮的不時起伏多由於法國的政黨除共產黨及社會黨外，多沒有嚴密的組織與紀律所致，因使黨內政見的分歧及人事的糾葛以致永不能有較能維持長久的多數黨集團，祇要一少部份議員鬧問題，便會產生閣潮。在第二屆國會末期，孟德斯法朗士 (Pierre Mendès-France) 一派勢力崛起，大大地削減了社會激進黨在過去左右逢源的能力。至一九五六年一月二日大選，戴高爾派勢力減縮三分之二以上，布雅德派異軍突起，再加上一九五六年十月社會激進黨里昂大會時葛儀 (Henri Queuille) 和毛利斯 (André Morice) 等人反對孟德斯法朗士的整黨作風，成立離異派的社會激進黨等，因使第三屆國會的組成更形散漫。加之人民共和黨因過去多年參政而在選擧中蒙受損失，不願再與右派政黨合作，組織或參加內閣。大選後莫萊內閣的組成受惠於當時社會黨與孟德斯法朗士派及米特朗 (François Mitterrand) 派等成立的「共和陣線」(Front Républicain) 和人民共和黨於大選後極力拉攏社會黨所予的便利。事後「共和陣線」因政府對阿爾及利亞所施政策發生摩擦而終至瓦解。但因溫和派認爲社會黨籍駐阿爾及利亞部長拉寇斯特 (Robert Lacoste) 的政策符合該黨利益，故繼而代之。再加上蘇彝士運河危機，使莫萊內閣得繼續維持。及至溫和派不能同意社會主義的社會經濟政策時，而發生閣潮後，以駐阿部長拉寇斯特的蟬聯而支持布爾熱斯牟奴里內閣。經過第三屆國會下的第二次閣潮，加亞爾組成包括社會黨至溫和派各黨人士的聯合內閣。表面上由於新閣包括共產黨及布雅德派以外的全部政治勢力，應在國會中握有實力雄厚的後盾。但是，事實上卻適得其反，各黨政見互相矛盾，使加亞爾內閣必得藉各黨代表的圓桌會議以綜合各方意見來制定政府政策，而終日奔走於倒閣危機的邊緣上。況自「阿爾及利亞政治改革綱領法律」通過後，使溫和派及社會共和派大部議員感到失望。加以突尼西亞沙街事件發生後，突尼西亞總統布給巴 (Habib Bourguiba) 要求撤退突境法軍，法政府接受美英出面調停，右派政黨甚表反對，而一度主張退出內閣，期以閣潮拖延「阿爾及利亞政治改革綱領法律」的實行。由此可以看出法國內閣苦惱的所在。

極端主義政黨的存在直接加強散漫國會的嚴重

性。極右派的布雅德派在國會下院中雖僅佔有三十餘議席。而共產黨及其附着份子進步派的一四八席對法國政黨政治實發生强大的牽掣力，使政府無法治理。法國與意大利兩國的共產黨勢力的雄厚，是自由世界僅有的現象。法共在每屆大選中能掌握百分之二十至百分之二十五的選票，其選民中百分之三十八是工人，這也就是法共勢力始終不輟的原因所在。就事實分析工人階級沒有中產階級的動搖。法國不少工人投票選舉共產黨却並非身爲共產黨員，只不過是由於對社會制度的不滿現實所促成。此外又有不少法共選民來自農村，他們也是對現實不滿的。法共議員衆多的第二個因素，爲法國第四共和所採行的選舉法。無論是就理論抑或實例着眼，比例選舉法制都是有利於羣衆性政黨及小黨的。比例選舉法有助於人民共和黨的地方很多。但由於此選舉法的採行，各政黨在競選中各自爲主，致使不得有效的抵制法共的候選人。且所獲選票在分配議席時又得充分發揮，終於助長法共勢力的擴大及國會組成的越發散漫了。

五　憲法的弊病

法國內閣的產生以及國會的職權的行使均係根據一九四六年十月二十七日所頒佈的憲法爲依據，故在討論今日法國問題時，如不將憲法中有關條文加以釋述實有避重就輕之嫌。在一九四六年，國當時兩屆制憲會議諸公均感在過去第三共和時閣潮的頻繁，認爲此係政治不振的泉源；故在制憲法時一再設法謀求內閣力量的鞏固，而有第五十一條的成立，使內閣在國會下院於十八個月內依憲法第四十九條以絕對多數拒絕政府的信任案，或依憲法第五十條以絕對多數通過對政府的彈劾案之規定下發動兩次閣潮，則部長會議於諮詢國會下院議長意見後，可能決定解散國會。同時更在第四十五條規定內閣總理於任命前應向國會下院提出施政計劃，經國會投票以過半數的絕對多數通過後始可組閣。期以絕對多數來維持內閣總理的威望，使其能長久執政。且國會下院對內閣的信任投票案的拒絕及彈劾案的提出又均須獲得過半數的絕對多數始能成立。然而在數年的執行後使人發覺制憲諸公的苦心並未獲得其所期望的收穫。政府政策在國會下院中於不能獲得多數支持時，並不需要過半數拒絕信任案仍可掀起閣潮，故第五十一條形同虛設。而第四十五條中過半數的規定，在黨派分散的國會中却又無形增加組閣的困難，於是始有一九五四年修憲之舉，將有關組閣程序的第四十五條修改爲內閣總理於被總統提名後，應由國會下院提出內閣部長名單及施政計劃，經國會下院投票以普通多數通過後即可組閣。殊不知第四十五條的修改對事實毫無補益，普通多數原應比過半數容易湊攏，但根據一九四六年憲法規定，內閣總理於諮請授權組閣不須提出內閣名單，在投票時可使一部議員爲了要獲得部長職位而投贊成票；一九五四年的修正案却喪失了這一個對某些議員的引誘。同時憲法中一切的明文規定都無法使內閣得有效利用來抵制散漫而又任性的國會，對問題本身絲毫不發生影響，閣潮的不時發生使人束手無策。故此近兩年來不少的人均在爲修憲而奔走，期能以憲法來矯正這個毛病。

在第三屆國會下的前後三屆內閣均會就修憲問題苦心研究，但由於經濟問題及阿爾及利亞問題的急待解決，使莫萊與布爾熱斯牟奴里兩內閣無暇提出修憲方案。加亞爾在組閣之初即將修憲問題列爲當前三大急務之一。經人民共和黨籍司法部長勒庫爾(Robert Lecourt)經月磋商，國會及其所屬有關委員會一再研討，終於三月二十一日首經國會下院以三〇八票對二〇六票通過憲法修正案一則，根據現行憲法第二十條第二欵規定移交上院討論。此一修正案包括六條，其內容大要爲：①憲法第十七條修正爲：凡國會議員所提出之建議與修正案涉及減縮國家收入及增加國家支出者不予受理。②第四十九條修正爲：凡在未有彈劾案提出時，不附帶任何條件的議程一經通過，則質詢辯論即得停止；彈劾案應有國會議員絕對多數的通過始能成立。該案成立後內閣應提出辭職。③第五十條修正爲：信任投票案提出應根據內閣部長會議決定，於國會辯論時或於政府提出宣言後由內閣總理提出。在內閣總理提出的信任投票案，或請求信任內閣一般政策，或請求否決其所反對之提案，屆時如無不信任案提出，則國會下院議長應認爲內閣信任案已獲通過。在每次信任案提出後，不信任案的提出應至少由同一黨籍二十八名議員簽署。不信任案於通過後內閣應即辭職。在信任案投票時，全體議員無投票棄權的自由，凡棄權者應受一次扣薪半月之處分。④第五十一條：(a)每屆國會成立後的起初十八個月內，除有兩度發生閣潮外不得解散國會。(b)在十八個月後，內閣任期在不滿兩年時，如有彈劾案或不信任案的成立，國會得由總統公佈解散；但於投票前內閣總理應向國會提出解散的警告。然而在總統認爲在當時內外情勢特別嚴重，解散國會將有害於國家時，可拒絕解散國會。(c)在國會任期最後一年時，內閣總理可在任何時間在內閣部長會議中提出解散國會。國會得由總統公佈解散；但總統有權依上欵規定拒絕解散國會。⑤第九十條第六欵修正爲：憲法修正案除在國會下院於最後通過外，應提經公民複決投票……⑥本修正案於新選舉法成立後及國會規章修正後生效。

這次修正案將原憲法作了許多很重要的修改。一方面强迫使議員在信任投票時參加投票信任或反對票。這在以前憲法中是找不到的。在過去法國議員可以自由棄權的。另一方面利用不信任案辦法，使議員在反對政府時必須提出政府政策的對案，不能像以前空口無憑的一味反對。此外更建立自動解散國會辦法以求避免不時的閣潮。這一切規定旨在維持內閣較長久的壽命。期以內閣的安定貫澈政策的執行。因爲法國內閣的平均壽命甚短，平均僅半年餘，五日京兆的政府，時時得提防倒閣，自難有充足的精力與足够的威望來解決內政外交的一切重大問題。

六　結論

這次憲法的修正雖可使內閣對權力過大的國會有所牽掣，並可因此避免若干無益的閣潮。但這却不能免使國會衆多的黨派集中於少數大黨。關於國會黨派集中問題，則牽涉到法國的選擧法及法國人的性格。在選擧法說來，依擧理言，法國第四共和所採行的比例選擧法是能保障少數意見較更民主的選擧法。然而法國人的個人主義性格使黨派過多；選擧結果勢力分散，更顯得法共過大。同時比例選擧法的採行，選民在選擧時以黨爲對象，無形使候選人與選民脫節，一些頗孚衆望的人士，因與黨的關係不佳而不能中選。因此不少人提議採行「多數選擧法」，也就是法國習慣稱爲的「選區選擧法」(Système d'arrondissement)。只可惜目前在法國國會中，此一選擧法雖有溫和派、社會激進黨的支持，共產黨因共在採用「多數選擧法」後勢力必將削弱而反對，人民共和黨及社會黨亦同樣因其對已不利而不顧接受。

在法國政治上最嚴重的問題乃法國海外地區問題。根據一九四六年憲法第八章，法國海外地區爲法蘭西邦聯(Union française)的一部份。但自印支三邦相繼獨立後，「協合國」(Etats Associés)已不復存在；除寮國外，越南及高棉亦不再參加「法蘭西邦聯會議」，因此憲法第八章各條已不能與實際情形相吻合。況自上年「海外地區行政改革綱領法律」通過執行後，使此類地區逐步成爲半自治狀態，在憲法上更無法解釋。況阿爾及利亞問題在目前法國雖不允其獨立，又沒有更好的辦法。故非洲各黨及民主社會抗敵同盟及不少的法政專家均建議成立「法蘭西聯邦共和國」，期將法國海外領域及阿爾及利亞問題一併解決。目前法國政府已在商討修改有關憲法第八章事，使其能與目前法國海外地區新地位相符合。屆時如能向聯邦制方向走去，則法國海外地區及阿爾及利亞的地位問題想均可獲得解決。一言以蔽之，法國今日的一切政治經濟的嚴重情形不是由殖民地的獨立運動而起，便是因對付此運動而嚴重。如能對此問題予以適當的解決，則其他問題的解決便容易得多了。但殖民地問題的解決需要法國人的智慧勇氣與決心。

四七、三、二四草竣。

(上接第18頁)

二、認爲自由世界與共黨世界間的衝突，爲「絕對善良」與「絕對腐惡」之間的衝突。此種「絕對」觀念也必須改正。我們必須認淸事實，蘇俄在共黨統治之下，雖無個人自由，但工業、教育與衞生方面確有進展。根據此項事實，我們始可瞭解爲何共黨黨徒對其主義的信仰猶如信教徒的熱狂。美國必須認淸，多數蘇俄人民從未嘗過美國民主制度下人民所享受的自由味道。當代俄人無從將其生活實況與民主國家比較，只知將目前實況與過去比較。因此，美國在施行其政策時，如果斷認蘇俄人民必因對生活不滿而羣起革命，可以等待，反而延誤。

三、認爲共黨經濟制度在理論上不合實際，最終必將自動崩潰。可是目前蘇俄經濟制度是不是完全依照共產主義理論呢？其實不然。蘇俄政府爲刺激人民努力于生產起見，已在國內形成一個不平等的社會。此種不平等程度在若干方面甚至甚于美國。例如蘇俄科學家與一般工人間薪資的差別，遠超過美國科學家與美國工人間薪資的差別。另一方面，美國經濟制度不能與蘇俄制度相比，美國經濟着重于個人物質享受，在汽車、電視機、洗衣機上面耗費。蘇俄制度則可犧牲人民在消費與奢侈品上面的享受，而集中心力于科學、火箭、衞星方面的研究。

四、認爲自由世界站在人道、正義的一邊，故必可自然而然獲得最後勝利。這個錯誤觀念僅可用以自慰，不幸在歷史上無從依例證實。古希臘人民無疑亦自認爲正義人道，惟最後終被羅馬所逞。共黨的說謊宣傳，常被自由世界人士目爲不道德的行爲。可是，目前事實是世界上充滿饑餓無知人民，容易上當，確實相信共黨的虛僞宣傳。

五、認爲與蘇俄之爭主要爲軍事之爭，以爲只要在軍事上保持優越地位，必可安全。此項錯誤觀念爲最危險者。今日的簡單事實是，現代化武器發展到此地步，任何大規模戰爭必引起兩敗俱傷。蘇俄無疑也瞭解這點，所以不敢驟然發動戰爭，而改在政治、經濟與宣傳方面與美國作競爭。在政治方面，一九五五年以來，蘇俄通過與埃及的納塞親善，已在中東取得立足點。在印度，共黨已控制克勒拉省(Kerala)。而在印尼，共黨滲透政府亦已生效，使反共者不得不公開叛變來反對蘇卡諾政府。在經濟方面，蘇俄已在亞非兩洲大部份地區交友與增高地位。同時並在拉丁美洲施用同樣手段。莫斯科此種手段的運用甚至影響及于反共國家。我們猶記得，東南亞公約最近在馬尼拉開會時，巴基斯坦代表發言，批評美國在經援方面不如蘇俄慷慨。不少其他經濟落後國家可能獲有同樣印象。儘管蘇俄對落後國家的經援僅爲僞善，可是其策略的有效不容忽視。在宣傳方面，蘇俄在最近一年來也收得甚大效果。例如蘇俄放射人造衞星的搶先，宣佈停止核子武器試驗的搶先等等，都在世界各國起了極大宣傳作用。而美國國內事件，也有損于其在國外的地位。世界多數人民爲有色人種。諸如亞根梳州小石城的歧視黑人學校的事件，正被蘇俄用作爲有效宣傳資料。此外蘇俄又在趁美國經濟衰落及失業問題嚴重之時，誇稱其本國的經濟擴充。凡此種種指出，美國與蘇俄競爭如欲取勝，不僅必須在軍事上佔優勢，而且更須設法在政治、經濟方面獲取世界各國人民的信心。現代性戰爭已不僅僅限于軍事方面。

上述各點分析，也許使自由世界人士聽了沮喪。美國有地位的時論家在論述各點提供政府作爲外交政策的參考後警惕稱，糾正政策思路的錯誤，目前尚不爲晚。在高階層會議擧行的前夕，美國執政者面臨的基本問題即是不能應時而變。外交政策必須具有可伸可縮的靈活性。國務卿杜勒斯近來聲譽低降，屢受批評。美國與論界特別指出，美國必須在經濟上增加援助落後國家，始能與蘇俄相競爭，不能單靠軍援。高階層會議的成功與否，將看艾森豪與杜勒斯是否能認淸過去錯誤，作充份準備，應付赫魯雪夫與葛羅米柯的狡詭。四月十五晚于紐約。

北大西洋公約會議後的西德外交動向

紀夢平

在去年底北大西洋公約組織高階層會議後，德意志聯邦共和國務總理艾德諾 (Konrad Adenauer) 一再强調這次會議的成功；認爲北大西洋國家的聯盟能由軍事而成爲政治與經濟的聯盟，使其能完全應付國際局面的變遷，然而當時美國方面却對艾德諾的態度頗表驚訝，美輿論界頗有人指責艾德諾的作風，認爲其政策趨於轉變，甚至帶中立主義的色彩。探其緣故，實由於西德總理在巴黎會議開幕日所發表的那篇演說所引起的誤會。去年十二月十六日艾德諾在北大西洋公約組織高階層會議席中稱：「布加寧在其信中所述各節多屬舊提議的重提，但他在此次信中所用的語氣較爲緩和，這倒是少有的。但信中建議均甚籠統，所以在今日實不能就其建議提出意見。至於遵循外交途徑以求對其所建議各點獲得正確解釋，我則無任何意見。」他當時主張與蘇俄再度談判一點與美國態度發生出入。況西德方面一些以促成東西兩集團談判爲己任的報章，如「德文世界報」(Die Welt) 於十二月十八日即撰社論，謂艾德諾總理希望與蘇俄談判，並說他在巴黎會議的立場將可能成爲德國富有主動性的外交政策的開端，在那裏捕風捉影的大事渲染。究竟西德外交政策是否有變？僅就艾德諾主張以外交途徑試探莫斯科的底蘊一事，實不應即下斷言，說西德政府的外交政策有所改變。如要解答這個問題，並對西德今後外交動向作肯定認識，我們應對西德官方在巴黎會議後對國際大事所持的態度及艾德諾總理的言論加以分析研究。

布加寧於去年北大西洋公約組織高階層會議前向世界各國展開「外交文牘戰」，於十二月十日個別致函聯合國八十二國政府首長，對國際間問題的處理及東西兩集團「和平共存」提出種種「建議」。其在致艾德諾總理的信中除指責西方備戰，要求西德「放棄强力政策」及拒絕接受在西德境內建立原子基地外，關於德國統一問題應由東西德雙方成立協議。至於有關裁軍問題事，信中所提主張爲：①北大西洋與華沙兩公約組織成立互不侵犯公約，②成立中歐非原子武裝地帶，③撤退東西德境內的外國駐軍。雖如艾德諾所說信中語句較前溫和，但字裏行間對西德仍極力威嚇。

在艾德諾覆函以前，於本年一月十日布加寧又二度致函西德總理，建議召開包括二十九國的政府首長會議討論其在第一封信中所述有關互不侵犯公約及中歐非原子武裝諸問題，以及暫時停止關於核子武器的試驗，擴大國際間貿易，撤退駐德外國軍隊等等。布加寧在致艾德諾第二封信中並稱蘇聯當局對德意志聯邦政府欲儘先處理德國統一問題的立場甚爲了解；然謂如欲避免武力解決辦法唯一的途徑乃「兩個德國」應首在彼此尊重的原則下相互接近。

西德朝野各界對布加寧信件的反應並一致，在反對黨中，社會民主黨認爲信中建議各點頗值得詳細加以研究；自由民主黨更謂西德不應僅爲了反對東德出席而使二十九國會議不得召開。在艾德諾覆函以前，政府方面由發言人愛凱特 (Von Eckardt) 公開聲明，指出該信仍以原子戰爭毀滅德國城市相恐嚇，而云布加寧信中頗富威脅成份及欲施行軍事壓力的意思。西德政府發言人更揭穿蘇聯建議召開二十九國政府首長會議的陰謀在向各方宣揚其爲「世界和平」的保障者。並云蘇聯的眞正意向並不希望國際局勢的弛緩。

艾德諾給布加寧的覆函至本年一月二十日始行發出。除要求蘇聯接受美國總統艾森豪關於設法獲致國際裁軍協議的建議，聲言西德政府既無意製造亦無意獎勵原子武器的生產及其軍事的使用。並在信中指責布加寧在其致艾德諾的第一封信中與其致法國內閣總理的第一封信中採用不同的論調。因爲布加寧致法國內閣總理的信中警告法國應當心德國的政治及軍事的力量，而其致艾德諾的信中則云西德的盟友們在毫不猶豫的嗾使德國民族從事侵略行動，以圖使德國成爲戰場。故艾德諾在覆函中說布加寧於其致法德當局信中所採的論調實非獲致國家間彼此恢復信心的良好辦法。至於其在信中責備德國採行「强力政策」實「頗饒趣味」，然而譴責德國當局的人却曾屢次聲言「能利用其在軍事上及技術上的優勢全部毀滅對方。」艾德諾在覆函末段提及各國政府首長會議，建議未來的會議須要討論的問題應先由外長會談中充分討論，確定方案以備抉擇，俾使政府首長會議獲得成就。該信一再堅持先以外交途徑來了解彼此的觀點，並進而設法解決有關東西方久懸未決的問題。否則僅以往來信件公開辯論實在貽誤解決問題的機會。至於中歐非原子武裝地帶的建議及德國統一問題，艾德諾認爲中歐非原子武裝地帶的成立並不能解決核子武器生產及禁用問題，其實後者乃裁軍問題爭執的焦點。因此認爲布加寧在信中關於裁軍所提出的建議其實甚不誠懇。艾德諾在覆函中同時要求蘇聯履行其在一九五五年日內瓦四巨頭會議以自由選擧解決德國統一問題的諾言。

艾德諾的覆函，由於其所表示的意見和指明莫斯科當局的政策與態度的矛盾，及希望將來國際局勢能得到弛緩等等，在西德政界頗得好評。

鑒於國際間懸案的處理迄不得要領，德意志聯邦共和國總統賀斯 (Theodor Heuss) 於去年十二月三十一日廣播新年文告時述及外交問題，建議採用過時的「秘密外交」。並提出過去對於的里亞斯得港問題及柏林封鎖問題採用秘密外交而獲成就爲例。其建議多有與肯南 (George Kennan) 建議相吻合。賀斯的言論在西德頗得輿論界的讚揚。然而由於西德總統不負外交上的權責，且目前蘇俄方面只在利用「外交文牘戰」向中近東等地中立主義國家宣傳，並無談判的誠意，故賀斯的建議在今日情況下是頗難得實行的。

至於本年一月四日英國首相麥克米蘭廣播建議與蘇俄締結互不侵犯條約事，西德政府的反應甚爲冷淡，政界人士認爲不得以東西集團成立互不侵犯條約爲今後談判的中心問題。而輿論界則表示驚訝，因爲英首相並未事先與盟國政府諸商而逕行提出主張，故表示不滿。連一向主張談判的德文世界報亦謂互不侵犯條約在一九二〇年及一九三〇年時頗爲盛行，但目前問題乃裁軍、非原子武裝地帶、德國的統一……

在目前各國爲未來的政府首長會議的召開程序正在爭論的時候，波蘭外長拉巴基 (Rapacki) 所提議的「中歐非原子武裝方案」在一月二十三日至二十四日西德國會下院辯論外交政策時成爲辯論的中心。本來「拉巴基方案」並沒有什麼新穎出奇的地方，蘇俄在一九五六年二月二十七日及一九五七年三月十八日在聯合國裁軍委員會的提案均包括此點。也許因爲蘇俄的宣傳所致，部份西方人士感到該方案可能有助於國際局面的弛緩。一月二十三日西德外長布列坦諾 (Heinrich Von Bretano) 向國會下院解釋外交政策時，即明確的指出蘇俄的建議並不能減緩世界的緊張局面及增强普遍的管制裁軍的希望；其實莫斯科當局則在以微妙的外交宣傳攻勢借此轉移國際間的注意力。布列坦諾在分析施行「拉巴基方案」所能產生的後果時更指出「由於成立非原子武裝地帶須承認蘇俄佔領區(指東德)爲談判與簽約的一方。我們可知蘇俄建議的目的在欲使東德無形獲得承諾以達到其多年未能實現的目的。同時在接受此方案後，盟國在德駐軍必須撤退，這將是蘇俄建議的另一個目的了。況且在禁止盟軍擁有適當武器後，其是否仍能繼續駐防？這豈不是無異的在削弱西方的防禦。」然而反對方面終認爲「拉巴基方案」是逐步實現有管制的裁軍打破今日的僵局的理想辦法，並認爲有可能將此方案擴至其他地區以鬆緩國際局勢。同時更指責政府既無對案，又不接受來自東方的任何建議實屬不當。

艾德諾總理在二十四日答覆議員質詢時指出普遍裁軍協定成立前接受「拉巴基方案」並不能解決問題。況布加寧建議中謂外國軍隊應自非原子武裝地區撤出。如是豈不等於北大西洋公約組織的瓦解及西歐自由的終結。他認爲「如無北大西洋公約組織美英法對蘇俄的侵略將無以對付，而西德會在蘇俄核子武器的優勢下合併於蘇俄佔領區。」並云「政府將尋求所有的途徑逐步進行，以期達到有效的普遍裁軍。且西方國家已同意在預作充分準備的條件下召集政府首長會議以設法弛緩國際局勢。」由是觀之，西德政府的立場爲：①拒絕接受「拉巴基方案」；②欲促使國際局勢的緩和則唯有首先實現德國的統一；③德軍與盟軍在執行共同防禦應有同樣的裝備以抵禦侵略。

如再就艾德諾在一月十五日的廣播言論來分析其所持的態度，我們可以發現西德外交基本政策實在是沒有改觀。艾德諾演說的大意可分以下三點：①布加寧第二封信在轉移世界輿論的注意力。其信中無任何足以緩和國際局勢的建議。至於其所建議的政府首長會議尚可舉行，但除應事先充分準備以期能獲致協議外，且參加國家不宜過多。②目前的軍備情形實不足說明有成立中歐非原子武裝地區的需要。況且此一地區成立後對於有關國家的安全無從保障，而又足以促成北大西洋公約組織無形瓦解及西歐國家自由的喪失。③指責布加寧食言，拒絕實行一九五五年日內瓦會議的決議，以自由選舉統一德國。但是西德立場堅定決不與東德直接談判。

於二月二十五日西德國防部長史托斯 (Strauss) 公佈了「拉巴基方案」的對案。此「史托斯方案」包括：①中歐非原子武裝地區除包括東西德，波蘭及捷克外，應擴及所有蘇俄附庸國；②東西集團古典軍備應分期裁減；③原子武裝及古典武裝的減裁應受管制與檢視，此管制與檢視必須擴至非原子武裝地區以外的隣近海港、車站及機場；④非原子武裝地區應予以有效保障以對付外來的核子武器的侵擊；⑤任何有關建立非原子武裝地區的協定應包括德國統一的有效辦法。這個方案很具體，但能否爲蘇俄接受則頗成問題。談到西德的外交政策不能不提及西德對我政府以及中共政權的態度。年來西德駐遠東各地的使領館對中共的政治、經濟及文化的動態均在密切注意。由於西德工業的發達，對國際市場的開拓亦甚迫切。去年九月中西德工商界的非官方組織東方委員會曾與中共的「國際貿易促進會」簽一項貿易協定。該項協定的成立雖與西德政府無關，但商業利益的追求却是西德與我建交的一個相當嚴重的阻礙。西德議員訪華團於年初自臺灣返國後，對我國的觀感一般說來尚可稱良好，但對建交一事迄不積極。基督教民主黨議員赫爾曼 (Müller Hermann) 且曾公開聲稱與我建交的時機尚未成熟。更何況西德外交當局對議員組織訪問團來臺灣一事從未表示贊同呢。但西德對自由中國的基本態度是友善的。然因西德以工商業立國，其對外政策不能不以經濟利益爲主要考慮點。而某些亞洲國家(如印度與印尼)對我方所採的立場也使西德對我建交猶豫瞻顧。

四十七年三月二十七日。

代郵

寶由先生：

承在考試前夕寫賜寄長函，謝謝！尊見甚是，我們完全同意先生所說：「讀者的觀察是明晰的，讀者的判斷是公正的。」所以，我們始終願意接受讀者先生們的指教，並決永遠跟在讀者後面，爲民主自由而奮鬬到底。

編輯部敬啓

陳正宏先生：

關於軍人從七月份起調整爲美援待遇是否屬實問題，因無可靠資料，故歉難報導。不過，我們認爲軍人待遇早該調整了。

編輯部敬啓

笑容

徐訏

(一)

錢令眞從英國回來時，與巧明認識，很快就戀愛結婚，這份姻緣可以說是非常順利美滿。巧明在香港四年，自己認識的同別人介紹的男人何止三四打，可是沒有一個是她看得上眼的。她對她看不起的人常常似理不理，許多男人見她一二次也不敢再找她，所以有一個時候，她顯得很孤獨。

在香港，她沒有一個其他的親戚，祇有我。她一個人從大陸出來，家裏都不放心，她寫信給我，要我寫信給她母親，勸勸她老人家放心，她母親才讓她出來。她來香港時就住在我家。這是很自然的事情，她是我姑姑的女兒，我從小看她長大，妻同我結婚，也是我姑姑介紹的。她是小妹妹，我們都很疼愛她；我們給她一間房子，不去擾她，聽她自己進出。但是她祇住了兩個月，後來找到了事，就要搬出去與一個女朋友合住，我當時還以爲妻有什麼地方虧待她，很不安，再三挽留她，要她說出她不滿意的地方。她沒有表示，我因此就不許她搬，我說：

「你一個女孩子，不住在自己人家裏，偏要找房子同朋友合住，這是不通的，將來有什麼事，我怎麼對得起我姑母。」

她當時沒有說什麼，後來又同我妻講，仍是想搬。我沒有辦法，說她要搬，除非搬到女青年會去，外面租房子，我決不能同意。

這樣，一星期後，她就搬到女青年會去了。

她搬出去後，但還是常來我家。後來我發現，她同妻的感情一直很好，祇是她愛清靜，又有潔癖，而我們家朋友來往太多，而這些朋友都不是她所喜歡的。太有潔癖的人往往是孤獨的，我的姑母就是這樣的人，她很早就死了丈夫，一手把兩個孩子撫育成人，巧明就是她的大女兒，大學畢業了又獨自來了香港。

巧明那年才二十三歲，長得高高的，有一個很端正的臉龐，眼梢長長的，鼻子小小的，嘴唇薄薄的，一口短齊美麗的牙齒，的確很可愛，可是偏偏不苟言笑，衣服永遠筆挺，一有一點點汚漬或縐紋就想馬上換去。她的房間裏永遠一塵不染，桌上沒有一滴水，椅子上沒有一瓣灰。像這樣的脾氣，我眞擔心她會找不到丈夫。

她搬到女青年會以後，每次來我家，我總問她有沒有男朋友，可以一同約他來我家玩，她總是冷笑一下，不說什麼。起初妻總怪我不給她介紹，所以逢到像樣的獨身漢，就愛備酒備菜的請他們吃飯，可是吃了飯總是沒有下文，巧明眼界高，不是說人家髒，就是說人家粗俗；不是說人家愚蠢，就是說人家沒有學問。日子一多，妻也不像以前熱心，所以當錢令眞回到香港來看我時候，我與妻都沒有想到可以爲巧明介紹。

錢令眞可以說是一個圓滑大方討人喜歡的人。他學的是文學，可是對文學並不愛好，常識很豐富，但並無專長。他的學問似乎剛剛够他交際，他的文藝趣味正好够他談情說愛，他的記憶力口才都很好，英語講得很漂亮。巧明從小在敎會學校讀書，也有一口流利的英語，我想他們也許就是以英語來談戀愛的。

錢令眞到香港時大概還有點錢，所以很悠閒，許多人請他敎書他都不幹，他蕩來蕩去，沒有事，看看那個朋友，又看看這個朋友。我的家交通方便，所以許多朋友都愛來玩，錢令眞因此也變成常客。據他對我說，加拿大有一個學校要請他敎書；美國又有朋友在爲他找事；南美洲也有一個親戚在辦廠，可以去幫忙；可是他還未決定到那裏去。

有一天，他于傍晚時份到我家，正是我們吃飯的時候，巧明也在，我就替他們介紹了。錢令眞說已經吃過飯，就在書房裏等我們。飯後我們吃水果，我就邀錢令眞一同來吃；這是錢令眞同巧明交際的開始。水果是巧明帶來的，是梨與蘋果，巧明好像說這蘋果是美國來的，錢令眞說南非貨，他說了一大套關于種仔土壤一類的話。我當時就說：

「你不用搬用這些空話，這水果是她買來，她自然比你知道得清楚。」

「啊，是丁小姐買來的？」錢令眞說：「那我眞是班門弄斧了。」接着他就講了一個故事，他說：

「有一次，在從歐洲到美國的大西洋船上，我也出過笑話，我在甲板上同一個人坐在一起談話，有一位小姐走過，我就說這位法國小姐一看就是法國小姐；那個人就說她是美國人；我因爲同那位小姐交談過，她同我一直說法語，所以肯定說她是法國人，我還說了許多法國人的特徵，你猜那位先生怎麼說，他說：『先生，你講這許多話都很科學，可是我是她父親。』」

自然，蘋果雖是巧明買的，也不能證明是美國貨，就是店員這麼說過也不可靠；我的話原是一句笑話，可是錢令眞就是這種地方可愛，他永遠有機智不使自己同人家有正面的衝突，但又標榜了自己。大概就是這個地方引起了巧明的注意，他們就很快做了朋友而戀愛而結婚了。

(二)

後來我知道錢令眞平常所說的加拿大學校敎書，美國找事，南美有親戚邀他的話並無根據，他在香港實際上是一種觀望，我不知道他最後決定在什麼時候，總之，他同巧明結婚後，就很快的去了臺灣。

巧明從臺灣起初也有信來，信內附着家信，叫我轉給她母親。自然這些信都是非常簡短，很少談到錢令眞，好像祇提到過他在那面做什麼處長。以後信就少了，在我的經驗中，與我通信的女性，無論是親戚朋友，總是當她們在不順利或困難痛苦情形中，信來得又密又長，當她們是快樂幸福的，信就又少又短。所以巧明少來信，我相信她是很幸福的，我還想或者已經有了孩子；所以也就把我們淡忘了。

可是，出我意外的。去年五月裏，她忽然來了一封信，說定于某日搭CAT的飛機來香港，要我到機場去接她，我還以為是她同錢令眞一同來的，誰知到了機場祇接到她一個人。

一別近兩年，她竟很少改變，衣服仍是那麼挺，頭髮也是很整飭，似乎還稍稍瘦一點，更顯得清秀出衆。我同她拉拉手，問她：

「你一個人來？」

「我離婚了。」她說着露出一點也不婉惜的笑容。

「你開玩笑？」

「眞的。」她平淡無奇的說。

「為什麼？」

「到家裏再告訴你。」巧明還是很隨便的說，接着她就問我的妻與孩子情形。我告訴她，妻因為在家裏預備飯等，所以沒有來接她。

到了我家，妻自然也問：

「怎麼，錢先生沒有來？」巧明又是笑着說：

「我離婚了。」

「不要胡說八道。」妻以為巧明開玩笑。

「眞的。」巧明又是平淡無奇地說。

「眞的麼？」妻驚奇地問我。

「我怎麼知道。」我說，但是我知道巧明不是愛開玩笑的人，所以就急着問巧明：

「到底怎麼回事？」

「是他不好麼？」妻問。

「我不知道。」巧明微笑着說。

「怎麼，他同別人……」我問。

「沒有，沒有。」

「難道你……？」

「沒有，沒有。」

「那麼為什麼，夫妻間除了這個，有什麼不可以原諒的？」妻說。

「是不是虐待你？」

「也沒有。」

「到底為什麼。」

「說起話長，」巧明說：「讓我先休息一回吧，晚上再說好麼？」

……

晚上，等孩子們睡了以後，妻與我在洋臺上，開始聽巧明談她離婚的經過。她的態度非常自然，一點也沒有惋惜痛苦的表情，她說：

「我說出來，也許你們還要怪我不好；可是我已經盡我的力量忍耐；實在忍耐不住，才同他離婚的。」

我與妻都沒有說什麼，巧明于是接着說：

「也許你們會覺得他一點沒有什麼不好，可是事實上，我仔細想想，恐怕這就是眞正個性不合。」

「個性不合，」妻說：「那麼戀愛時候怎麼會沒有發現。」

「理由什麼都可以講。」我說：「誰要離婚都是這麼說。其實，嚴格說起來，夫妻間，那一對的個性是相合的？」

「我沒有想到，」巧明說：「他竟完全不是我所愛的人。」

「這怎麼講？」

「他也許根本不是愛我，或者他根本是沒有愛情的人。」

「那麼他同你結婚？」

「他祇是要找一個像樣的太太就是。」

「那就是普通所謂愛情了。」我說：「你年紀也不輕了，難道老是夢想羅米歐這樣的愛情？」

「不是這麼說，」巧明忽然說：「我覺得他太可憐。」

「你眞是……」我說：「你知道他可憐，還有什麼不能原諒他呢？」

「也許我應該嫁一個鄉下人才對。」

「你又是自說自話了。」我說：「錢令眞就說不好吧，也是碩士，人也很活潑聰敏，你同他都就不下去。要是嫁給鄉下人，一天就要離婚了。」

「你們男人大概都自以為了不得的。」

「自然有的男人自以為了不得，我想有的女人也是這樣想。但是這也不是什麼可鄙視的。」我說。

「你講這些幹麼？」妻忽然說：「巧明要告訴我們她為什麼離婚，又不是同你討論結婚哲學。」

「可是，」巧明忽然說：「我實在沒有什麼可說的。我祇是覺得同他住在一起再不能再忍耐了；我不願意他近我，我看他一舉一動都討厭，聽他叫一聲傭人都覺得可憎，我也不知道為什麼？」

「但是你們結婚也有兩年多了。難道一結婚你就這樣討厭他了？」

「我開始時也許就有了這個感覺，可是一天一天加深，到後來我就覺得他什麼都討厭，尤其是他得意的笑容，我一直忍耐，但是……」巧明說到這裏，突然哭了起來。

「到底是為什麼離婚的呢？」

「沒有什麼，」巧明揩揩眼淚，一面站起來說：「我祇覺得他卑屑討厭。」

「這……這不是理由，你總可以告訴我們是為什麼事呢？」

「啊，我不願意說了，你們不了解。」巧明一邊走一邊說：「我先去睡了。」

妻看她走了，站起來去陪她，一面說：

「早點睡吧，你也累了。」一面同我說：「你們明天再談好了。」

（三）

巧明每次想使我們了解她離婚的原因，每次都使我覺得不成其為理由，因此我很想使他們破鏡重圓。我一面暗地裏寫信給錢令眞，探聽他的意思，一面我想勸服巧明。實在說，巧明年紀也不輕，即使在香港再找一個可嫁的男人，也不見得會比錢令眞好。而且像她這樣孤傲，不見得容易碰到她喜歡的。卽使自己去做事，一年一年過去很快，青春易逝，也一定不是幸福的途徑。

錢令眞很快就有信給我，說他也不知道巧明爲什麼要同他離婚，他原說如果巧明想到香港玩一趟，他覺得沒有什麼關係。可是巧明一定要辦一個手續，他沒有辦法。他又說他的門永遠爲巧明開着，他接着說他可能會出國，而那時候，他相信巧明一定會回到他懷裏的，最後還表示他終會愛着巧明，叫我放心。

有了錢令眞這樣的信，我自然更想說服巧明。我覺得一定是巧明脾氣怪，從少太嬌養；或者甚至是因爲臺灣生活苦一點，就受不了了。于是我決定想找一機會好好的同巧明談一次。

有一天，我故意叫妻帶着孩子出門去。家中祇剩了我同巧明，我就把錢令眞的來信給她看。

巧明讀了信，笑了笑，就還了給我，沒有說什麼。我說：

「我覺得你這樣態度太不應該。巧明，我們同自己兄妹一樣，沒有什麼不可以說。究竟他有什麼不好，或者根本是你自己不好。想想人家想想自己。」

「他並沒有什麼不好，我也沒有什麼不好；祇是我覺得他完全不是我所愛的人。」

「你還是要講這些空空洞洞的話。」

「但是這是眞話。」巧明說：「不瞞你說，我現在讀她的信，正像讀一個我不認識的人寫的信一樣。」

「你的意思是不是說你決定不回去了。」

「我要是會回去也不出來了。」

「你不喜歡臺灣？」

「我不喜歡他。」

「巧明，老實說，我不喜歡你這樣講話，你們是戀愛結婚的，誰也沒有勉强你，今天講這話，不是很可笑麼？」

說到這裏，巧明忽然流淚了。這是又一次對于她離婚的談話勸了感情。這幾天來，幾乎每天都談到她離婚的事，她一直是不當它一回事似的。

我沉吟了好一回，吸着烟，等她揩好了眼淚。

她嘆了一口氣，最後說：

「你究竟認識錢令眞有多久？」

「我還是在北平時候認識他的，可是以後一直沒有來往。所以不敢說相知很深，不過他總是一個讀過書的人，常識也很豐富，人也活潑，是不？」

「也許，也許太活潑了。」巧明又揩揩眼淚，于是很認眞的說：

「他並沒有愛我，也許他根本沒有愛情。他所要的是一個我這樣的太太就是。」巧明說着又嘆了一口氣，抬頭看我一眼，接着說：

「結婚第三天，他就對我說，他因爲決定去臺灣，所以才同我結婚的。這句話我當時並不覺得有什麼，可是到了臺灣以後，我慢慢的發覺，他所要的祇是一個像樣的幫他做官的太太。

「他很要面子，家裏要弄得很像樣；他佈置一個書房，書房裏放着整整齊齊的書，可是他很少靜下來看書，每天都是應酬交際。每次有人來看他，他總是要我先去應酬，隔了很久，他才請人到他書房裏去，這時候他一定有書攤在寫字枱上。他對于下屬，總是很有威嚴，處世接物，也很和氣，每次在客人走後，或者在應酬交際回家以後，他總是要談到那些我們碰到的人，他從來不批評人，從來不說誰好誰壞，也不說人們學問道德的高低，他談的都是那個人的背景與關係。

「他同我從來不爭論，對于藝術文學的意見，我們很不同，可是他從來不固執自己的意見。奇怪的，在應酬交際的場合，他就把我的意見作爲自己的意見，侃侃而談。我在家時間多，沒有事有時候就看看書，看了書同他談起。我明知道他沒有看過那書，可是在交際場合中，他總是就把那本書名搬出來，好像他早已讀過一樣，而且發表了許多偉論。

「認識他的人的確沒有一個不敬佩他，誇讚他；半年中他就升了兩次官。他很沾沾自喜，時常對我表示一半是我的功勞。

「其實那時候我雖是不喜歡他的作風與趣味，可是我是他太太，自然祇好忍受。等他升了官以後，我們又搬了家，氣派大了，他的架子也跟着大了。他對下屬，威嚴很足。有一次，他要派一個姓李的科員到屏東去，那位李先生因爲太太要養孩子，很不願意，可是他令出必行。李先生沒有辦法，祇好服從。令眞等他走了以後，就叫我去看他太太，幫助她進醫院。後來那位李先生從屏東回來，看他太太已經平安地養了孩子，對令眞非常感佩。像這樣的事情很多。每次在這樣的時候，令眞就很得意露出一種可憎的笑容，他認爲這就是他的勝利。」巧明說到這裏，歇了一回，我就順口接着說：

「這難道不正是他好的地方？」

「也許，」巧明冷笑一下，接着說：「也許，所以他對這種事做完了以後，很得意的要對我表示他的成功了！

「至于對外面的交際，如一切應酬的場合，如果需要帶我一同去的，他總是事先要關照我穿什麼衣服，同我詳詳細細講宴會上有些什麼人，每個人背景是怎麼樣，關係是怎麼樣。如果有美國人在場，他就要我多講英文，並且要告訴我隨時替某人某人盡翻譯的責任。

「這當然沒有什麼，我會英文，在交際場合中替人翻譯傳話，也是很自然的事情；可是有一次，因爲我同一個同席吃飯的人做了翻譯，回來他竟說我太沒有分寸，有失自己身份；當時我有點生氣，他就再三解釋，說他不願意那個人接近那個美國人，所以不希望我一直把那個人的話譯給那個美國人聽。

「像這類事情實在太多，我也不能一件一件來說，總之，我實在越來越對他太不感興趣。但是我一直沒有想到離婚，生活無聊的時候，我就想去敎書或者找一個職業。同他商量，他極力反對。

「就在我想到去敎書的事情上，我忽然想到我們的經濟情形，他的薪水不多，你當然知道臺灣現在的情形，公務員待遇都不高；可是就是從我經手的家用應酬請客一類的化費來說，也遠超過他的收入了。難道是一直在用他自己的積蓄麽？我當時就提到我去教書或者到洋機關去充速寫打字，也可以給家用一點幫助；你猜他怎麽說，他很得意的露出那種自傲的可憎的笑容說：『這個你不必管，錢我難道沒有辦法。』

「你不知道，我最討厭他這種表示得意的笑容。偏偏每逢他一些小小的自以爲的成功，無論是對于下屬，同事的一種假仁假義的買弄，就露出這個討厭的笑容。我實在看不慣這種笑容。」巧明說着，看我一眼，好像在我臉上尋找令眞得意的笑容似的，接着又說：

「不瞞你說，從那時候起，我已經怕他來接近我了。可是我還是沒有想到離婚。我對于他事業根本不感興趣，可是我知道他很順利，每天晚上，他要同我談他得意的事情，一談得意的事情，就露出他那種低卑的笑容。你說我怎麽受得了，我總是假作打呵欠，我說：『我想睡了！』

「于是，有一次，我也是託辭先睡，可是並沒有睡覺，偷眼看他。你想他在幹麽？他一個人對着衣鏡，擺着一付官僚架子，得意地自己對自己的在笑。

「啊！你不知道！一時我也不知道爲什麽，我想馬上躲開他，我恨不得有一個地洞可以讓我鑽下去。

「當時我沒有辦法，我就逃到浴室；我心裏非常不舒服，我吃了一粒阿司匹靈。在藥櫃裏，我忽然看到了安眠藥，當時我計上心來，我到了一杯開水，放了兩粒安眠藥，和化了，拿出去給他吃。他吃了不一回就睡着了，我一個人就到他書房裏看書。我一直不想睡，一直到五更時候，天一涼，我忽然害怕起來。我想到我剛才給他吃安眠藥，是不是一種有毒殺他的心理在裏面？我因爲討厭他，所以要他睡眠，如果他再可憎起來，是不是我會用更凶的東西要他睡去，一直發展到我不得不毒殺他呢？這樣一害怕，我再也不能看書；許多奇怪的幻想都浮上來，我甚至想到那兩粒安眠藥可能使他一眠不醒。我當時很想跑到寢室去看他，又怕去看他。最後天亮了起來，我越想越怕，我忽忽的趕回臥室，唉，你猜怎麽樣？他睡得很好，而他的臉上，在睡夢中還露着那個可憎的笑容。

「我一氣之下，就跑了出來。這時候佣人們也已經起來，我關照了一聲，就一個人跑到淡水河旁邊，散步，那天我孤獨地在那面躭了一上午。

「但是我還是沒有想到離婚，我想到的是我必須有一個自己的生活。我要有一個職業，我要有自己的朋友。

「以後我就常到他一個下屬的太太家去走走，我開始交了些與他沒有關係的朋友，我比較有些逃避的世界。除了沒有法子擺脫的應酬以外，我終算擺脫了一些他的環境。一個月以後，我在委尼瑞拉使館裏找到一個事情，他自然不贊成，但是我一定要去，他也沒有辦法；我還假托失眠的關係，同他分房睡眠，這樣我的生活也比較正常一些。我想如果這樣過下去，倒是彼此清淨，可是他不能了解這點，還是常常麻煩我。

「不過，雖是如此，我還是沒有想到離婚。……」

巧明講到這裏的時候，妻帶着孩子從外面回來。這就打斷了巧明的話。我爲要巧明講下去，所以叫妻爲孩子們洗澡去，可是巧明似乎不想講下去，也跟着走出去了。

（四）

巧明雖是沒有說完她離婚的故事，但是我已經了解要她與錢令眞破鏡重圓是再也不可能了。男女的關係，我以爲即使是彼此痛恨，還可以重好；到了厭憎，那就無法挽救了。夜裏我與妻談到這件事，妻以爲既然如此，我們又應該爲她介紹男朋友才對。我說她自己找的都這樣，我們介紹的怎麽會好。妻說正因爲錢令眞不是我鄭重介紹的。現在她一定會聽我的意見了。

但是這祇是說說想想而已，我們認識人不多，有的都有了太太，沒有太太的有的年紀太輕，所以並不是很快就可以爲巧明介紹。以後幾天，巧明天天到外面去，我也有應酬，所以並沒有機會可以安安靜靜談談。

有一天，我在家裏，巧明從外面回來，她非常高興，她一見我就說：

「你今天應該賀賀我才對？」

「有什麽喜事？」

「我找到職業，待遇很好。」

「那有什麽可賀的。」我說：「我還以爲你找到了男朋友。」

「男朋友，我要男朋友幹麽？」

「難道你不再結婚了。」

「我不敢說，」她一面開風扇，一面坐下來說：「不過，……至少我最近不想結婚。」

「你以爲你還是十八歲麽？」

「也許我永遠不想結婚了。」她說：「你們男人把結婚當作手段，我們，……。」巧明話沒有說完就停止了，她避開我的視線。

「這怎麽講？」

「我覺得我們女人把什麽都當目的，你們男人把什麽都當作手段。」

「什麽都當作手段，那麽目的是什麽呢？」我問。

「目的，我覺得男人根本就沒有目的。」

「祇少還有一個名利或者是權位？」

「這些其實也是手段。老實說，你們男人自己都不知道自己的目的。所以要造出一個字——Success。」

「這是美國人的話，你眞是個受洋教育的女人。」

「中國叫『成功』，成功是什麽，是沒有目的的目的。所以一切都是手段。」

「啊，你講的還是錢令眞，」我說：「你說你已經想不起他了，但是你還是忘不了他。」

巧明一霎時忽然冷笑一聲，幽默地說：

「是的，他是成功的代表，他的可憎的笑容，我就叫他『成功的笑容』。」

「巧明，」我忽然想到她未完的故事說：「你還是沒有告訴我你實在離婚的理由。」

「你還想知道？」

「自然。」

「我現在可以告訴你。」巧明忽然很直爽的說：「我怕再不離婚，有一天我眞會把他毒死的。」

聖陵的晨歌

Conrad Aiken 作
余光中 譯

這是早晨，聖陵說，在如此的早晨，
當曙光滴進百葉窗，像露珠晶晶，
我起身，我面臨這日出，
而且做先人學做的事情。
屋頂的紫色的朦朧裏，有星星
在鬱金的霧中蒼白，似將死去，
而我自己在一顆疾轉的星上，
站在鏡前，打我的領結。

爬藤的葉子敲我的窗子，
露滴向園中的白石歌唱，
一知更鳥在中國樹上囀起
一連串清越的三響。

這是早晨。我站在鏡前，
又一次打我的領帶。
而遠方，在淡薔薇的曉色裏，有波浪
在衝擊白沙的沿海。
我站在鏡前，梳我的頭髮：
小而蒼白是我的臉！——
綠色的地球斜轉於一圈大氣，
且浴於燃燒的空間。

此刻有屋子們懸在星上，
也有星子們懸在海底……
而遠方有一個太陽自沉默的轂中
灑圓暉於我的牆壁……

這是早晨，聖陵說，在如此的早晨，
我應否停步於光中，且回憶上帝？
直而穩地，我立在一顆不穩的星上，
他是像一朵雲那樣龐大而孤寂。
我願在鏡前將此刻奉獻，
只奉獻給他，爲他我願梳我的頭髮。
請接受這些渺小的供獻，沉默的雲！
我將念你，當我自樓梯走下。

爬藤的葉子敲我的窗子，
蝸牛的軌跡在石面閃光，
露滴耀眼於中國樹梢，
一連串清越的兩響。

這是早晨，我醒自一牀的沉寂，
煥然我起身，自無星的夢之海底。
四壁仍環繞着我，像昨日黃昏，
我仍是我，我仍用同樣的名字。

地球隨我而旋轉，但沒有動作，
羣星在珊瑚紅的太空默默地蒼白。
吹着口哨，我茫然立在鏡前，
無牽無掛，打我的領帶。

遠處的山崗有馬羣在仰嘶，
且抖開長長的白鬣，
羣峰在白薔薇的曙光裏閃動，
肩上有黝黑的雨滴……
這是早晨。我站在鏡前；
再度給我的靈魂以驚異；
藍色的空氣在我的屋頂洶湧，
有許多太陽在我的脚底……

這是早晨，聖陵說，我昇自黑暗，
乘空間的風去我不知的地方，
我的錶已上緊，我的袋中有一把鑰匙，
天空被遮暗，當我自樓梯下降。
窗上有許多陰影，天上有許多雲，
星間還有個上帝；而我要去了，
一面念他，像我也可能念着黎明，
且哼着我熟悉的曲調……

爬藤的葉子敲我的窗子，
露滴向園中的白石歌唱，
一知更鳥在中國樹上囀起
一連串清越的三響。

註：中國樹 (chinaberry tree, or china tree)，美國南部一種紫花黃菓用爲裝飾的蔭樹。

「你們眞是在鬪法。」妻笑着說：「他是一個永遠成功的人，所以很有自信。」巧明說。

「眞的，他很自信；他以爲你決不會找到比他更成功的人，他還相信他到了香港，你一定會跟他去做大使夫人的。」

巧明搖搖頭，嘴角又露出諷刺的笑容，沒有再說什麼。

「難怪他有自信，他在臺灣才多久，眞是一帆風順。」我玩笑似的說。

「大概他的願望沒有不成功的。」妻說：「可是這次對巧明的一相情願，也許會是第一次受到失敗的打擊了。」

「我算得了什麼，」巧明忽然說：「他找不到我，在香港一定會找一個大使夫人的。」

我們怕巧明有太多的感觸，當時沒有再談下去。飯後，巧明出門了，妻問我，是不是可以勸勸巧明，使她回心轉意，同錢令眞重修舊好。我告訴她這是不可能了。將來如果錢令眞不結婚，到歐洲去找她，那也許還會破鏡重圓。但那就不是我們所能幫助了。

……

四月中，巧明啓程到歐洲去，我們到船上送她。船開動時，巧明在船欄上望着站在碼頭上的我們，我清清楚楚的看到她臉上的笑容，這是一種她談到錢令眞時經常有的笑容，是一種高潔的帶諷刺的冷笑吧！

不知怎麼，這個臨別的笑容給我的印象特別深，以後我一想到巧明，眼前就浮起這個笑容。

以後，錢令眞果然如期到香港了，我去機場接他。我特別注意到他同我招呼時的微笑，這馬上使我記起巧明所說的「成功的笑容」。我于是想到巧明的那個超脫的譏刺的冷冰冰的笑容。那大概可以說是「失敗的笑容」吧！

人類的笑容也許正可以分爲兩種，一種是成功的，一種是失敗的。這也許就注定了一個人以後的命運了。

一九五七年八月五日晨

讀者投書

(一) 無處訴苦——代請願

姚和民

編輯先生:

讀了貴刊第十八卷第一期,林合源先生為我們說的話後,雖然我們在這偏僻的地方,仍然感到林先生就在我們的身旁,因為說出了我們內心的話,在這裏除了向林先生致敬外,我們還想補充幾句,也就算是借貴刊一角之地請個願吧!因為我們找不到衙門在那兒,更不知道該投到那個衙門才對,祇好在這裏拋塊石頭希望能引點玉出來。

㈠林先生說的工資三百元,確實我們也是一樣,並且也聽說是省政府的規定,假使眞有規定的話,那麼這規定應該叫做「隨心所欲」。據我們所知道,很多機關都不是一樣的,並且同一性質的機關也有差異,就拿警察局來說,各地警察局於去年度把這份工資從三百元調整為四百元,唯獨屏東警察局仍然是三百元的老價錢,他們也曾詢問過主計及人事單位,並向警務處請示過,所得到的答覆是「限於預算,未便照准」。這就怪了,屏東眞的沒有預算嗎?不是的,是屏東警察局把這筆從臨時雇員身上刮下來的錢,建築了他們在編人員的宿舍,確實這是何等高明的辦法啊!這不比其他縣市向地方百姓硬性攤派好得多嗎?這筆臨時雇員的經費「結餘」多達二萬餘元,足可蓋房子了,可是你們是否也曾想到,這是從別人應拿的血汗錢裏面挖出來的嗎?說句不好聽的話,簡直是尅扣糧餉,刮的民脂民膏,這種措施,警務處也竟能核准,眞叫人想不通。因為我們和屏東警察局比較接近,所以清楚這麼個內幕,其他機關尅扣的如何開支了,祇有天知道!警察局能調整為四百元,其他像我們為什麼不能呢?不過,同是縣市政府裏,有的早就四百元,有的仍然三百元。這當然要看「來頭」如何才享受得到。大縣市似乎比小縣市也要多點,因此使我們對省府的規定有所懷疑。我們在想:假使省府規定為三百,那麼四百的從那裏多出一百來,假使規定為四百,而這一百又跑到那裏去了?

㈡為了限期趕辦某項業務,有時必需漏夜加班完成,這加班費也是五花八門,有的十元,我們是七元。從基隆到屏東共有六種行情,自十元到五元不等,這也是省府規定的嗎?雖然在一年之中很難有幾天這種忙的時候,但我們總感到這是我們應該拿的錢,不能被人家剝削。

㈢在一片調整待遇聲中,沒問題,我們這一號的又是不在其列,因為三等九級、三教九流都沒有我們的份,可是正如林先生所說,事可沒少做,為何受到這樣的歧視?我們並不想也不敢和那些一個月燒二千餘元木炭的人比較,但最低限度也得有個合理而公平的待遇。請問三兩百元能維持生活嗎?這年頭眞成了「朱門酒肉臭,路有餓死骨」了!

基於上列的原因,在這裏,我呼籲行政單位,請你們厘定一個準則,看看我們到底值幾個錢,也好有個依據,免得受人家施捨似的,多少不一。因為我們沒有銓敘及升級等資格,祇有希望多拿幾張鈔票來糊口。我們也更向民意機構請願,我們這些艱苦的老百姓有冤無處訴,需要你們的賜福。在這國破家亡的今天,我們沒有過高的奢望,還是老話一句,祇求在一定的標準制度下,得到個平等而相同的待遇,使這把老骨頭能維持到帶回大陸去,就達到我們的心願了!

鳳山讀者 姚和民敬上

元月廿二日

(二) 一個軍人的話

夏貴培

編輯先生:

我是甫自前線返臺的軍人,不久又將回到戰地去,在留臺期間得以拜讀貴刊,使我益信自己所參與的實際戰鬪有其正確的意義。顯然,貴刊目前已成為促進自由中國民主政治的指導刊物。我對貴刊的勇氣和魄力深致敬意。茲借貴刊篇幅陳述軍中某些危機,俾促請有關的黨政人員作有效的改革。

自從政府撤退來臺以後,朝野上下曾逐級檢討力求改革。但由於一黨政治在先天上有其無法避免的缺陷,政府若干部門中的浪費現象已使軍人看到灰心。誠然,軍中的政治教育已使我們「瞭解革命是犧牲事業」的意義,但當我們發覺較高級的官員正沉迷於若干享受時,我們便無法肯定自己的「犧牲」價值了!

從歷次校閱和檢查的表報、資料,以及統計數字看來,我們的革命情緒是在「日日增長」的狀態中,但大家都明白那極可能是有關業務人員漏夜製造的成品,我想基層業務人員多有受命偽造紀錄的經驗。這種虛偽的應付作風在部隊行政上已視為當然,不足為奇。

事實上目前的士氣是令人憂慮的,犯罪案件和病患的數字是驚人的,部屬請求調職成了主官難予處理的問題,甚至以犯罪為手段求得脫離軍職的事時有所聞,情緒低落、工作敷衍、濫用裝備、私用公物等現象很普遍,這些都與檢查時的資料相去千里。我們不能否認士氣低落的事實。

按理,國民黨員在軍中所構成的監察系統對上述的現象應該有糾正的作用,但事實並不如此。假設目前取銷黨在軍中潛在的人事權,我可斷言黨員在三軍人數的比例將於一日之間作急驟的下降,可見黨員的忠黨程度是極不可靠的。儘管黨員在「組織」活動時,都依各人的「立場」按「政治指示」,背誦一些「革命」「犧牲」的字眼,但私人的場合他們也和非黨員一樣無法肯定自己的「犧牲」價值。

國軍的行政效率是低落了,戰力也受到了影響。要挽救這種危機,必先從政治上着手;欲整飭政風,只有循政黨政治的常軌,除此別無他途。現在海峽的彼岸便是共匪的軍隊,我呼籲有關的黨政要員正對現實,拿出勇氣來改革。

夏貴培

二月十九日

自由中國　第十八卷　第九期　內政部雜誌登記證內警臺誌字第三八二號　臺灣省雜誌事業協會會員　三〇〇

給讀者的報告

五四運動到今年是四十年了。四十年前的五四運動所揭櫫的論旨是科學與民主，我們認為，四十年後的今天，我們仍有強調這兩大論旨的必要，甚至於，我們對於科學與民主的需要比當年更為迫切。因此，我們在本期特發表「跟着五四的脚步前進」這篇社論。有些人士認為中國目前的混亂局面是因為五四運動破壞了中國舊有的文化。我們在這篇社論㈠中，特別對這個錯誤的觀念加以澄清，並希望倡導科學與民主的導師胡適先生，領導我們跟着五四的脚步邁進。

中華民國四十一年公佈的現行出版法，就基本原則說，確享有相當高度的新聞自由，但由於出版法施行細則的公佈，已受到嚴重損害。我們的新聞自由，既被一紙行政命令所斷送，各方原期早日加以糾正，詎料政府近來又秘密向立法院提出出版法修正草案，企圖使違法的行政命令變為合法，致使內外輿論譁然。現中外報紙，對此已有嚴正批評，我們站在中國新聞從業員維護新聞自由的立場，特在社論㈡懇切希望政府順從輿情，迅速撤回出版法修正草案。

最近外滙貿易委員會所公佈的外滙貿易改進方案，是一個相當進步的方案，令人欣慰，但我們認為，任何一個改革的成功，僅僅有一個良好的方案是不够的，還必須依靠執行，我們在本期社論㈢中，除了指出這個方案的優點外，還提出了兩個沒有徹底解決的重大問題：即關於結滙證的價格，和進口物資的申請辦法這兩個問題，希望當局再加以考慮。

立法委員張九如先生向行政院院長提出「敬問治道」的質詢後，甚為社會人士所重視，本刊即曾接獲讀者來信，表示希望本刊發表張先生質詢全文，並希望我們表示意見。本刊因為篇幅有限，不擬登載張先生質詢原文，但對於張先生關於「安全室」的那一段話，我們必須表示熱烈的響應，特於本期發表社論㈣「安全室是幹什麼的？」

朱伴耘先生在本刊發表過好幾篇論反對黨的文章，朱先生在本期「四論反對黨」一文中，乃是討論如何才能防止新黨步上極權政黨的道路。他提出了幾點建議，作為有志組黨者的參考。

本期本刊發表了兩篇討論美國外交政策的文章，一篇是艾國勳先生的「由印尼事件談杜勒斯外交的矛盾與錯誤」，一篇是丁堅先生的「高階層會議前夕的美國外交政策檢討」。毫無疑問的，美國外交政策的得失，對於今日世界局勢的影響至深且鉅。現在美國正與蘇俄作高階層會議之前的外交會談，我們特將此二文登出，作為美國當局的參考。

現在法國蓋雅內閣又倒臺，新閣尚未組成。法國閣潮頻繁，其原因何在？姜懷平先生在「今日法國政治與經濟之危機」一篇通訊中，對於法國國情分析甚為透闢，法國閣潮起伏的原因，我們可以由此文中得一解答。

紀夢平先生的「北大西洋公約會議後的西德外交動向」，是根據西德自該會議後對於布加寧的「外交文牘戰」、以及對於波蘭外長的「中歐非原子武裝方案」，所表示的意見和態度，而分析西德今後的外交動向，他認為西德的外交政策的基本並未改變，仍然是站在自由世界這一邊的。

自由中國　半月刊　總第二〇四號　第十八卷第九期

中華民國四十七年五月一日出版

發行人　兼主編　『自由中國』編輯委員會

出版者　自由中國社

社址：臺北市和平東路二段十八巷一號

Free China Fortnightly, 1, Lane 18, Ho Ping East Road (Section 2), Taipei, Taiwan.

電話：二八五七〇

航空版　友聯書報發行公司（香港九龍新圍街九號）

總經銷　自由中國社發行部

經售者

美國	紐約友方圖書公司 Hansan Trading Company, 65, Bayar D Street, New York 13, N. Y. U. S. A.
	紐約光明雜誌社 Sun Publishing Co., 112 Mulberry St., New York 13, N. Y. U. S. A.
韓國	漢城裕昌德號
馬尼剌	新疆書店
印尼	泗水文光圖書公司
緬甸	仰光振成書報店
印度	阿拉哈巴中印文化出版社
北婆羅洲	西利亞坡青年書店
星加坡	友聯書報發行公司（小坡大馬路四六九號）
吉隆坡	友聯書報發行公司（馬華公會大廈三樓七室）
怡保	友聯書報發行公司（希尼華沙甘街十六號）
檳城	友聯書報發行公司（林連登律七十二號）
澳門	友聯圖書公司

印刷者　精華印書館股份有限公司

廠址：臺北市長沙街二段七一號

電話：二三四二九號

本刊經中華郵政登記認為第一類新聞紙類　臺灣郵政管理局新聞紙類登記執照第五九七號　臺灣郵政劃撥儲金帳戶第八一三九號

（每份臺幣四元，美金三角）

自由中國

FREE CHINA

第十八卷第十期

目錄

中華民國四十七年五月十六日出版

社址：臺北市和平東路二段十八巷一號

半月大事記

四月廿三日（星期三）

南斯拉夫副總統兼南共幹事長蘭柯維克在南共會議上責蘇俄壓迫，誓言南不受蘇俄統治。俄使等不滿，紛紛退出會場。

四月廿四日（星期四）

南斯拉夫另一副總統卡代志，斥蘇俄干涉內政。蘇俄及附庸代表又參加會議。

四月廿五日（星期五）

中共於一九五七年十二月廿一日，與蘇俄訂「通商航海條約」，並與蘇俄訂「貨物交換議定書」。

蘇俄副總理米高揚抵西德簽訂蘇俄與西德間的首次協定，規定三年內易貨額。協議在兩國設領館。

南斯拉夫外長表示，南堅守中立，不參加任何陣營。

美原子能會批准建核子驅逐艦。

四月廿六日（星期六）

艾德諾與米高揚舉行會議，討論裁軍等問題。

四月廿七日（星期日）

蘇俄拒絕西方關於舉行四國外交會議的建議，竟要求准波捷參加會談。

對俄南間爭執，狄托將不妥協。

美國戰略空軍司令部為防止意外地觸發核子戰爭的「保證無誤」系統，要求美國轟炸機在飛抵距俄國領土還有兩小時的飛行距離之前，便返回基地。

四月廿八日（星期一）

艾森豪促赫魯雪夫支持北極視察計劃，呼籲俄科學家與美科學家合作，俾緩和緊張情勢，增進國際信賴。

關於波捷參加會談事，英國力促美法接受，謂俄要求不致阻礙高層會議。

赫魯雪夫在演說中稱，俄仍盼望開一最高層會議，並謂波捷參與會談始「公正民主」。

阿爾及利亞促摩洛哥與突尼西亞支援抗法戰事；摩突則促阿叛軍採緩進和解態度。

四月二十九日（星期二）

安理會開始辯論美提北極上空視察計劃，法挪西德等國均贊同美國建議，俄帝電臺指美建議為宣傳策略。

蘇俄要求將北極視察建議交由高階層會議討論，葛羅米柯促美停止氫彈飛機飛行，否則美將面臨挑釁行動後果。

對於設置北極管制建議，葛羅米柯悍然拒絕，謂非解決裁軍問題正確方法，揚言俄將發射火箭擊退美機。

四月卅日（星期三）

哈瑪紹介入安理會辯論，歡迎美提視察計劃，促俄誠意參加商討，為裁軍僵局獲解決途徑。

五月一日（星期四）

對美建議視察北極區計劃，蘇俄準備予以否決；美英法加商討對策；瑞典提折衷案主張提高階層會議討論。

北非各民族主義份子聯合向法提警告，要求法保證阿爾及利亞獨立。

五月二日（星期五）

美已宣佈接受瑞典所提的折衷計劃，英代表發言支持美立場。

五月三日（星期六）

艾森豪向十一個國家建議，共同簽訂南極條約，保證南極洲用於和平目標。

美、英、法三國向俄提新照會，拒絕波捷參加會談，勉強同意與俄個別會商。

北極空中視察計劃，竟遭蘇俄悍然否決。俄所提停止北極飛行案，未獲通過。

五月四日（星期日）

赫魯雪夫正式出面支持塞島自英爭取獨立。

五月五日（星期一）

北大西公約組織外長舉行為期三天的會議，呼籲西方加強團結，指斥俄帝拖延高階層會議的技倆；咸信不計代價的高階層會議非善策。

西方三國駐俄大使與葛羅米柯分別會議。葛羅米柯面交俄致三國一項新函件，不同意外交會談涉及最高會議的議程及組成。

五月六日（星期二）

北約組織總部發出警告，俄帝軍力日漸膨脹，可能發動核子戰爭，細菌戰和毒氣都可能被使用。

五月七日（星期三）

艾森豪發表演說，要求國會迅速通過美國防部改組計劃，並通過援外案及互惠貿易法案。

北約十五盟國發表公報，呼籲加強團結齊一目標，責俄阻礙高階層會議，重申北約各國不放棄談判原則，德國問題，裁軍管制等必須討論。

美英法發表共同聲明，願與北約若干盟國參加東西高階層會議。

五月八日（星期四）

杜勒斯對西德議會演說，勿信俄帝宣傳濫調，繼續建立嚇阻力量。杜勒斯重申三國保證，柏林如受任何攻擊，即視為對三國攻擊。

『自由中國』的宗旨

第一、我們要向全國國民宣傳自由與民主的真實價值，並且要督促政府(各級的政府)，切實改革政治經濟，努力建立自由民主的社會。

第二、我們要支持並督促政府用種種力量抵抗共產黨鐵幕之下剝奪一切自由的極權政治，不讓他擴張他的勢力範圍。

第三、我們要盡我們的努力，援助淪陷區域的同胞，幫助他們早日恢復自由。

第四、我們的最後目標是要使整個中華民國成為自由的中國。

社論

（一）學術教育應獨立于政治

俄式極權統治和民主政治最基本的分別之一，是前者乃泛政治主義（Pan-politicism）的，而後者則否。在泛政治主義的大氣瀰漫之中，政治信條成爲衡量萬事萬物的標準，主義黨綱成爲人衆一切主要活動的根本出發點。於是，在這類地區，一切設施都是既定的政治前題之演繹。學術教育是創獲知識並陶鑄品性的重要程序。這一程序可以決定新生代的思想形態、情緒反應、和興趣方向。因此，極權統治對于學術教育的管制，絲毫不下于對經濟的管制。在這種統治之下，政府不僅掌握着學術教育的機構，而且政府還要代人作價值判斷，說人民應該如何如何，哪些事該做，哪些事不該做。復次，在政府中人的頭腦中認爲除政治以外世間絕無更有價值的事物。既然如此，於是他們認爲學術教育應該「配合國策」。所謂學術教育應該配合國策，這就是說學術教育應該作國策的工具。學術教育一作國策的工具，就不能獨立存在，和獨立發展。

泛政治主義籠罩的地區，目前大都是「以黨治國」的地區。在這樣的地區，政府只是一黨專政的工具。在一黨專政的工具統治之下，所謂教育一定是「黨化教育」。黨化教育是怎麼回事呢？黨化教育有下列幾項特色：一，灌輸青年，使青年們於不知不覺之間從黨的立場和一孔之見來看世界、看人、看事。二、將教育當做黨的宣傳工具，製造青年們分享黨的情緒：憎惡黨所憎惡的事物；喜好黨所喜好的事物。三，神化黨的人物，和黨的歷史。四、造成青年們一個印象，以爲國家雖大，若無此黨，則日月爲之無光，天地爲之色變；故捨此黨莫屬。五、要把下一代牽着鼻子走，跟着歌頌這個黨，爲這個黨搖旗吶喊。這種教育的目標，係爲黨鑄造下一代的預備隊，奠立一黨統治的萬世之基。所以，黨化教育就是一黨統治的意識向下一代的延伸。

這個樣子的黨化教育之成效怎樣呢？要黨化教育高度收效，必須有許許多多條件，而其中最重要的一個條件就是建立密不透風的鐵幕。建立鐵幕的意義之一面，就是建立在思想和知識方面的一個絕緣體。在這個絕緣體中，外界的思想和知識透不進來。辦到了這一步，彼等就可在這一絕緣體中依照政治的需要來設計一個天方夜譚式的「知識世界」。悶在這個知識世界裏的人，從孩提以至昏老，他們底大腦活動不能越出這個世界一步。然而，要能辦到這一點，必須滿足一個前題，就是鐵幕不能漏一點縫。萬一漏一點縫，讓裏面思想的囚徒看出外面的世界與平素所聽到的頗不相符，那末統治者費九牛二虎之力所建立的知識世界就爲之破滅。知識世界一經破滅，那末，人民底身體縱然還在囚籠之中，可是他們底心思則已放洋了。現在，科學交通高度發達，地球衛星自由飛行太空，因此天衣無縫的鐵幕一天一天地難得維持了。所以黨化教育不易做得合于「理想」。匈牙利的黨化教育在上次抗暴行動中之一敗塗地，中國大陸青年在鳴放運動中之反共表示，莫斯科大學學生之曾以噓聲表示對赫魯雪夫的輕視，都是顯明的例證。

就臺灣目前所處形勢來觀察，臺灣更非實行黨化教育的適合地區。第一、海空交通頻繁，無法不對外接觸。第二，經濟和軍事都仰賴外援，無法完全遮斷民主勢力的影響。第三，交換教授，出國留學，民主國家的書報流入，等事逐年增加。這些事項之逐年增加，意含着民主思想之逐年增加。這三種因素之存在與擴大，使思想一元化的局面根本無從形成。所以，在臺灣目前所處的形勢中，如果要實行黨化教育，那末就是逆勢行事，逆人行事。逆此二者行事，一定徒勞無功。如果藉着强硬的政治力量來施行，當然在形式上不難辦到。形式上的黨化教育，只能給予强力推行者以形式上的滿足，以象徵性的安慰。他們自己可以告訴自己：我黨的勢力還是很大，黨權在此島上還是維繫于不墜，下一代還會繼承我黨的黨統。這一套辦法，固然可以說是「聊勝于無」。然而，它所招來的是什麼結果呢？是普遍的冷感，無情的淡漠，和盡可能的敷衍應付。茲以中學生須寫週記爲例。吾人須知，生于當今之世，很少人是傻瓜了。十年來臺灣的這種環境把傻子都教訓得很聰明了。誰還肯對人說眞話？週記是檢查思想的根據。有幾個學生肯在週記上吐露眞情實意。照理說來，人在十幾歲時最是熱情揚溢的時期。可是，在我們這裏，十幾歲的人就得開始學習保留自己，掩飾自己，應付環境，甚至應用謊言。因非此將招致不利，甚至難以生存。這麼一來，他們在人生旅途的初程，就被鑄成雙重人格，就學會作「兩面人」。復次，他們在學校裏聽的那一套八股教條，空中樓閣，回到家裏和家長談起，碰到稍明事理的家長，只須眉頭一皺，表情冷淡，就够他們覺得這個世界沒有什麼東西是眞的了。這類事態，有心人只須稍加體察，便不難發現。臺灣目前這個樣子的教育，別的功效的確尙未顯著，但確足把我們的下一代鑄成這一類型的國民。這筆戕賊國民品質的孽債，眞不知那年那月才算得清楚！

每一個人的生命是屬于他自己的。沒有人有權藉着國家的名義加以塑造，然後拿去作一黨的政治資本。每一個人有知識的自由，每一個人有教育的自由。在黨化教育的壟斷之下，在教條八股的前題之下，國民不可能得到健康的教育，不可能得到正確的知識。得不到健康的教育和正確的知識者，在今後這個將嚴格憑科學知識與科學技術來競爭的世界裏，根本無法生存下去，會在競爭中受淘汰的。黨化教育本來襲自蘇俄。可是，即令是蘇俄這樣天字第一號的極權國家，自斯達林死後，學術教育也開始對于科學與技術讓步，不硬性規定科

（4）

學與技術人才接受黨化教育。爲什麼呢？因爲黨的教條頂在科學家腦袋上，科學的眞理就進不了科學家的腦袋。縱然科學家本人不敢拒絕「黨的領導」，其奈科學的眞理拒絕黨的領導何！沒有科學的眞理，怎能造出地球衞星？沒有地球衞星，怎能震嚇世界？問題逼到這一關頭，黨化教育只有在科學眞理面前讓步。由此可見，黨化教育根本就是時代落伍的東西，根本就是行不通的東西。這樣的一套東西之存在，除了象徵一個黨的統治之存在以外，我們看不出它對受教者有任何益處。

也許有人說，現在是反共制俄的非常時期，所以必須把學術教育與之配合。在此，我們必須嚴正指出：也許有非常時期的軍事，但沒有非常時期的學術教育。學術教育是百年千年大事。學術的目標是吸收知識，發現眞理，增進技能，保存文化。教育的目標，除此以外，還在陶鑄優良的品性。這些項目都是學術教育的常道。從事學術教育的人或機構貴能守住這些常道。誠然，如果一個國家的學術發達教育優良，那末學術教育所發揮出來的力量，可能有助于這個國家應付它所面臨的非常時期。第二次世界大戰時期的美國就是好例。但是，我們不能倒過頭來說，有所謂非常時期的學術教育。恰恰相反，非常時期的那些非常因素，剛好是毒害或扼殺正常的學術教育的。這幾十年動亂中的經驗，應該足够教訓我們了。

認眞說來，一切眞正的學術教育都是中性的東西。它不特別偏待誰，也不特別有利于誰。科學是學術的中堅主幹。科學的性質和功能最足以說明這個道理。科學眞正是「不爲堯存，不爲桀亡」的東西。科學並不特別幫助艾森豪，也不特別幫助赫魯雪夫。如果雙方都不懂原子物理學，那末雙方都造不出原子彈。如果雙方都懂原子物理學，那末原子物理學對雙方的幫助完全相等。純正的科學都是「爲科學而科學」的產品，都是「無所爲而爲」的興趣之結晶。波爾（N. Bohr）等人有關原子物理學的理論是典型的實例。我們總不能說有所謂「非常時期的原子物理學」。因爲，原子物理學在平常時期與在非常時期完全是一樣的。復次，要能建構原子物理學，必須精通高等數學。我們總不能說有所謂「非常時期的數學」。因爲，數學在平常時期與在非平常時期也完全是一樣的。依此，推廣而論，學術教育的本身也是如此。

科學所能爲力的，根本不是在非常時期或非非常時期，更不是誰站在正義那一邊或不站在正義那一邊，而是在有無與高下之間：如果別人有科學而你沒有，那末你就受制于人。如果雙方都有科學，那就要看誰比誰高。如果別人有科學而你沒有，那末你不僅在非常時期吃虧，在平常時期一樣吃虧。如果雙方都有科學的話，而別人的比你深高，你就只有讓別人佔上風。你要避免這類不利的結果，全靠平時的努力；到非常時期臨頭，就來不及了。總括起來說，科學並不能幫助我們，只有在我們有科學而別人沒有科學時科學才現得是幫助我們的。雙方都有科學時，科學也不能特別幫助我們；只有在我們的科學高于對方時，科學才現得是特別幫助我們的。這個道理，在平常時期可以應用，在非常時期同樣可以應用。科學只認得經驗與邏輯，認不得平常時期與非常時期的分別。推廣而論，學術與教育亦然。

多少年來，若干官方人士動輒揚言「爲國爲民」，「救國救民」，「天下爲公」，而不是天下爲私。果眞如此，就應該爲民「除礙」。臺灣十年來產生了許許多多的「礙」。這許許多多的礙，不是別人所設，正是官方人士所設。別人要設也沒有這分權力。官方人士之所以設這些礙，有兩種原因：第一，係由于思想中殘存的觀念形態作祟；第二，一切設施總是首先以統治利益爲主要着眼點。近年來官方人士似乎也知道科學的重要。科學乃健全的學術教育之產品。所以，如果眞要提倡科學，必須解除官方所加于學術教育的鉗制。官方所加于學術教育的鉗制，大致分別起來有兩種：一種可以叫做「內在的鉗制」。所謂內在的鉗制，就是爲學術教育提供政治的前題，規定政治的路線。這種鉗制之不當及其造成的深遠惡果，我們在前面已經說過，這裏不再贅述。另一種可以叫做「外在的鉗制」。所謂外在的鉗制，就是：一，在學校建立黨化的政治組織，控制校內師生的生活，掌握學生的社團生活；二，安置秘密或半秘密的「安全」人員駐校偵察並監視教師及學生的言論和思想，致使師生感到有一隻冥冥之手威脅着他們，什麼正當事體都不敢放膽去作；三，憑藉政治力量，把一黨的黨義等等列爲必修課目。雖然，官方人士所作內在的鉗制之成績遠較此外在的成績爲差，但二者俱足使教育者與受教者的思想言論等等活動歸于窒息。胡適先生在五四發表講演，倡導文藝應該海濶天空，發揮創作的自由。近幾十年來由于「革命」之說流行，文藝已經很政治工具化了。文藝尙且應有自由，何況學術教育！官方人士果眞爲國爲民，就應該首先把這些扼殺學術教育的措施解除，爲國家保留一片生機。讓學術教育獨立于政治，自由發展。

代郵

遊子先生：

來信敬悉，大著「傷感的旅程」，倘採用時當然可用筆名發表。最好，請抽空親自送來，以免郵誤。

編輯部敬啓

社論

（二）

出版法事件的綜合觀

引起海內外輿論一致斥責的出版法修正案，經過一個多月錯綜複雜的發展，到現在已進入立法院秘密審議階段。臺北市報業公會的請願書，立法院程序委員會曾經把它當作參考資料，交由內政等三委員會與出版法修正草案一併秘密處理。當本文脫稿時，該請願書又經院會決議，由程序委員會再行考慮處理辦法。但其終極的結果究竟怎樣，我們無法預知。

現在，我們綜合這些時各報刊，尤其各民營報刊的報導，申述我們對於這件事的觀感：

㈠我們首先從這次出版法修正草案與再修正草案提出的經過來看國民黨的黨政關係。一個政黨，透過它的從政黨員把黨的決策制成方案，再以黨團作用使立法機關支持或通過這個方案，這本是政黨政治的常軌。可是國民黨在這次事件上，又一度顯出了黨政關係的不圓融。這裏我們可以指出的，有下面三件事：

第一、這次出版法的修改，其原則是由國民黨中央黨部決定的。但在討論原則的階段，國民黨若干從政黨員比較開明而合理的意見（尤其關於反對撤銷登記、封閉報館的意見），一概未受理睬。

第二、到了修正草案成爲定稿，經由行政院以密件送到立法院以後，作爲行政院首長的俞鴻鈞，對於該案似乎還很生疏。有的報紙甚至說他「被蒙在鼓裏」。以致在四月十五日接見了各報負責人以後，他還要調閱該案的全部卷宗，以求了解。

第三、以密件的方式處理這件案子，是國民黨中央的決策。這一無知的決策，似乎也不是行政院的本意，至少不是行政院所十分贊同的。所以該院副院長黃少谷在立法院公開表示，這次出版法修正草案以密件送達立法院，乃手續上的錯誤。後來，行政院補送再修正草案，也改用公開文件送出。

從以上三件事看來，國民黨的黨政關係弄得這麼蹩扭，毛病出在什麼地方呢？一句話，出在無知的決策而又要强制服從。

㈡我們從這件事也可看出，國民黨的若干中央幹部，對於他們的黨魁，並不像他們口頭上平常所高叫的什麼「忠貞」或「愛護」。這裏，我們可以兩件事作證：

第一、當輿論界對出版法修正案一致抨擊達於高潮的時候（四月十六日），國民黨中常會在其總裁主持之下商討對策。這時，頗有可能顧及輿情，作一較爲開明的決定。可是，當時有人挑出立委成舍我在兩天前報界座談會中講的一句話（成的意思是說，就在軍閥張宗昌時代，把記者邵飄萍等槍斃了，也未把報館封閉），以激怒他們的總裁。於是會場空氣突轉緊張。其結果就是一件在實質上不關重要的再修正案之提出。至於撤銷登記，也卽封閉報館等最惡劣的規定，並未加以修正。

第二、五月一日蔣總統以國民黨總裁的身份，召見國民黨籍的五個民營報社社長。當時談話的內容，第二天經若干報紙摘要登出。大意是說總統對五報社長垂詢甚詳，並表示對新聞界之意見，願予採納。而且總統還提及，他曾經給有關主管部門一再剴切指示，必須崇尙法治，尊重輿論，更應保障新聞言論自由。可是就在這一天，國民黨中央黨部的秘書長張厲生對中央社記者發表談話，把總統五月一日對五報社社長的談話轉述一次。而轉述的內容與五報社社長親自聽到的大有出入。這樣一來，各報又羣起辯正並寫社論指責。

上面這兩件事，第一件如在君主時代發生，就叫做「逢君之惡」；第二件事，有的報紙已斥之爲「權臣矯旨」。「逢君之惡」與「權臣矯旨」這兩種現象，是沒落王朝所常見的，在現代民主國家中根本不可能發生這類事情。可是在今天的國民黨中央，竟有類似這樣的事情發生，這是國民黨的悲哀，也是我們國運的悲哀。

㈢這次出版法修正草案關係新聞言論自由的生死存亡。這一層，大家已講得够多了，我們不必再說。這裏，我們特別感到悲憤的，就是立法院在目前所表現的那股反動氣氛。

出版法修正草案以密件送到立法院，這件事旣經行政院副院長黃少谷公開表示，係手續錯誤，而再修正草案又係以公開文件送達。這已足够表明行政院並不堅持這個案子要秘密審議。但是，在號稱代表人民的立法院，反而有若干立委要堅持秘密審議，要堅持把立法院與輿論隔絕，要堅持在黑暗中以勢壓人而不以理說服。以致程委員滄波等二十四人主張公開審議的提議，未經充分討論而被否決，彭委員善承、薛委員興儒等一六一人的提請復議，又是未經充分討論而被否決。這件事，與民十二豬仔議員們投靠直系的津保派奸人，因而演出「紅羅廠賣身」事件雖不一樣，但在我們中華民國議會史上留下的恥辱或汚臭，也僅次於紅羅廠事件。據公論報五月三日的報導，主張公開審議出版法修正案的立委李公權，因發言時提到「豬仔議員」一詞，以致觸怒了部份立委，幾乎挨揍。可是，大家應知道，歷史家的筆不是今天的幾隻拳頭所可嚇倒的。

出版法不關任何國家秘密。國民黨中央一定要立法院秘密審議這次出版法修正案，而國民黨籍的部份立委也就拋棄了人民代表的立場，堅持秘密審議的主張。為什麼呢？唯一的理由，就是由於這個修正案本身經不起在光天化日之下講是非，論道理。我們在第十八卷第八期的社論「改進黨政關係」一文中說過：「政黨是靠組織，組織靠紀律。但是組織與紀律都不是絕對的。政黨內部的團結與黨政關係的圓融，還是要講是非，論道理。」國民黨如果在決策方面老是像這樣不講是非，不論道理，這是國民黨的自殺。國民黨自殺，如果也拖着國家的議會自殺，則政治上和平改革的希望也就徹底根絕了，其嚴重的後果，是够人憂慮的。因此，我們雖悲憤立法院目前的反動氣氛，但我們仍不得不對立法院寄予期望。期望那些對自己有自尊心，對人民有責任感，對政治有抱負的立委們，尤其是具備這些條件而又佔立法院絕大多數的國民黨籍立委們，以積極的作風，扭轉立法院目前的反動趨勢。過去立法院曾有些光榮的記錄，其中如國防會議組織法的不付討論，以及去年十一月一日對於防衛捐問題所作的決議，都是博得大家叫好的。現在有了直接關係新聞言論自由，間接關係自由中國政治前途的出版法修正案及報界請願書，一併擺在立法院的議席上，這是給立法院一個最嚴肅的考驗。考驗行憲後第一屆立法院究竟是想把國家帶到民主的前途，還是帶到反民主的前途。

㈣最後，我們要在這裏說到一個附帶的感觸。本月五日中央社駐印尼雅加達的特派員謝善才被印尼政府逮捕。本月七日泗水的華僑報紙「青光報」又被封閉。我們對於這兩件事，要向印尼政府表示嚴重的抗議。作為一個現代化的國家，任意逮捕記者和封閉報館，都是不可思議的事。中央社社長曾虛白為記者被捕事急電瑞士蘇黎世國際新聞學會，請其援救，這是應採的步驟。國際新聞學會，為一民間的國際組織，其地位與聲望，在國際上是很受尊重的。本刊在上一期論出版法事件時，曾說到：國際新聞學會正在華盛頓舉行年會，並指責臺灣沒有新聞自由的時候，我們中華民國政府却不先不後，將一份被公認為違反新聞自由的出版法修正案秘密送進了立法院，真使我們有啼笑皆非之感。現在，這份出版法修正案，又經國民黨的黨團作用，由立法院來秘密審議。在這個時候，偏又不先不後，發生了印尼政府逮捕中央社特派員及封閉華僑報館事件，而中央社又要求救於國際新聞學會。時間的湊巧，好像有鬼神捉弄，故意在和我們開玩笑似的。我們站在維護新聞自由的立場，當然希望國際新聞學會能够援救謝君善才及抗議封閉報館。但是我們一想到在立法院秘密審議中的出版法修正案，又不免為我們的執政黨和政府慚愧。在慚愧中，我們要鄭重地提醒大家：內政開倒車，外交就難免受羞辱。要為國家爭面子，必須從內政方面着手。

社論

(三)

從王國柱之死談臺灣地方自治

嘉義縣的議會議長王國柱，因熬不過國民黨地方黨部的煎迫，於四月廿六日懸樑自殺身死。半月以來，已由各報連篇累牘的報導加以證實。由這些報導，使我們得到一個結論：這不是地方自治，而是地方黨治。

臺灣的地方自治，推行得很不像樣。這是有目共睹，特別是經官方承認需要改革的一大問題。然而對於如何改革，民間和官方的觀點却大有出入。官方似乎置重點在「怎樣使民意能隨附官意」。換言之，就是地方民意代表既聽命於官方，而又不致使議會完全遭到人民所唾棄。這是由民主只求形式化的心理所演成。至於民間的看法則正相反。他們認為，現在的重大關鍵，並不是官意與民意之是否相融，而是民意是否必須受黨意的控制或吞蝕。明白點說，他們要追究今天的所謂自治，究竟是「地方自治」呢？還是「地方黨治」？因為事實上，地方黨治與地方自治，如水火之不相容；有自治即無黨治；行黨治則根本沒有地方自治的生路。我們說地方自治很不像樣，理由在此。

這一問題並不是今天才出現的。從臺灣實行地方自治以來，事實告訴我們，「黨治代替自治」的作風，一天比一天厲害。臺灣的民主政治，形式上有中央與省及縣市之分，而實際上則均置於國民黨的控制之下，尤以縣市地方為甚。中央級的議會政治，由最近立法院秘密審議出版法修正草案的「奉令舉手」，可以概見。至於省級，則連形式上也是「殘缺了一半」——有民選議員而無民選省長。惟有縣市級在形式上比較完整——有民選的議會，也有民選的縣市長。若將這三階層比較一下，顯而易見，臺灣地方自治的重點實在縣市級。然而正以此故，縣市地方自治便首先被强化為地方黨治的目標，黨化的力量全面向縣市傾注。在實行地方自治的初期，縣市政府及議會的主任秘書由國民黨黨方透過上級政府分別派任(今仍如此)；後來出現了黨提名圈定黨籍縣市長議員候選人的措置；進一步，又以同樣手法圈定議長副議長的名單。一經圈定，期在必勝，絲毫不許變樣。因之今春第四屆縣市議長選舉時，有三四個縣市選出的議長副議長雖仍屬執政黨黨員，而黨部以其非當初提名圈定之人，迫其辭職，鬧得當選人有的突發神經病，有的潛匿起來不敢赴議會就職，有的托人進行「精神的」和「物質的」活動，並保證效忠聽命。最凸出的，是新竹縣議員於投票選舉議長的前夕，全體黨籍議員被黨部「招待」(軟禁)在一幢房子裏，不准外出，喪失掉幾近二十小時的人身自由，直到集體投票為止。(事見各報地方通訊版)這些光怪陸離的現象，都明證了地方黨治的加强，也反證了地方自治的沒落和脆弱。按政黨提名，並不悖理。但先決條件有二：一是必須同時有在野黨參加競選提名，並允許其合法活動；二是選舉確能在公平無私的情形下進行。如果沒有兩個以上的政黨同時同地提名競選，則提名之舉，先已失却意義。如果選舉不能在公平無私的情形下進行，則黨提名的候選人縱然當選，也不過是黨部包辦政治的一項騙人的花樣而已。

近年來，海內外對黨化的指責日烈，認係當年「訓政」的翻版。其實，今天四十歲以上的人，當能記憶訓政時期的景況，那時候確沒有今天這個樣子的地方黨幹。這並不是說當年的地方政治比今天好過多少，但至少是，黨治的惡劣程度不像今天這般嚴重。現在我們只將造成議長自殺的嘉義地方黨治事實略舉數例，便可佐證王國柱的自殺實在是一聲警鐘，警告我們，民主政治已在遭受黨治的嚴重危害和摧殘，我們應如何急起糾正這一顯著的錯誤。

臺灣共有二十一個縣市；但一般人往往太注意臺北市而忽略了其餘廿縣市的實況。如祇根據瞭解臺北的資料而評判臺灣的地方自治，那是很不公正而且也很不切實的。老實說，當任何人明瞭其他各縣市的「地方黨治」情況之後，實在不能不驚駭震撼，認之為民主政治的最大障碍，甚至是攫奪憲政生命的「魔掌」。我們絕不反對政黨在各地設置地方黨部。但我們堅不贊成地方黨部作為當地一切機構和人民團體的「太上皇」。嘉義這地方，需要略作介紹。據我們所知，那是一個風景秀美、民性純樸而耿直的好地方。然而近幾年來，它被人「有計劃地」强調為「特別複雜」、「流氓橫行」、「派系衆多」。實則為了藉此以加强統制。所謂「複雜」和「派系」，莫非「有目的」地一手造成，以收「分化」之功。所謂「流氓」，遠非便衣人員之衆多可比。那地方自實行「地方自治」以來，表現在民選縣長及議員各方面的，是「太上皇」的「一把抓」主義。選民投票名冊公然揑造，雖經監察院糾彈有案，亦置若罔聞。特別令人驚異的，是黨籍議員的競選活動費數字竟超過無黨派候選人者數倍之多。他們的錢花到那裏去了，是一公開的秘密。尤其令人駭怪者，是議會與縣府並不發生制衡作用，却都是同病相憐被置於「統一管理」的悲慘命運之下做羔羊。甚至一個紀念會，「主委」在「各機關首長」面前是「首席權威」，他有優先致「訓詞」的「光榮」。這只是形式上的一例而已；實際上，從行政到司法，人民團體到議會，完全在「定於一尊」的狀態下慣常運行。這種太上皇作風，除了扼殺地方自治之外，所給予地方人民的體驗，首先是對民主的懷疑。我們在倡導而且實行民主，但我們想像不到，一個實行民主的寶島上，會有這樣的奇怪事象。這些事象，誠不能不令人替民主擔憂。

縣樑自殺的嘉義縣議長王國柱，在上述這樣一個環境裏，最初是被牽着鼻子走，後來為一點小事（具見報載）被疑為不够「忠貞」，於是千方百計地逐日折磨打擊紛至沓來，他恐懼萬狀，患了精神病，最後迫於一死（另傳自殺他殺亦成疑問）。死後還要封鎖新聞，禁記者使用「自殺」字樣，揑稱係因「高血壓及心臟痳痺致死」。

以上引述，均見報載。我們無意在為王國柱一人抱不平（像他這樣的人太多了），實在是鑒於「黨治代替自治」之害，足以陷憲政於萬刼不復之境。我們傾千萬人的生命血汗與智慧所締造的民主憲政基礎，不容如此摧毀。我們決不以暴露上項黑幕為逞快；相反的，我們痛心於反共救國的緊急關頭而竟有此自毀憲政前途的黨治。這不是可以漠視不問的事情。

我們現在只提出一個問題：究竟因頑强推行黨治而摧殘民主自治對呢？還是放棄黨治而收回千千萬萬已喪失的人心對呢？這是今天橫在面前的最大問題。執政的國民黨如何處理這一個大問題，將是自由中國民主成敗的嚴重考驗。我們有時懷疑國民黨中央是否會指示地方黨務幹部如此胡為，但比「訓政」更惡劣的事實清清楚楚擺在眼前，因之我們不能不公開提出這一問題，要求國民黨迅予糾正——特別是要首先糾正「黨治可以維持政權」的錯誤想法。

「黨治」為什麼不能維持政權呢？這是並不難解答的問題。第一、先要弄清了黨政關係。黨的政策，只是一種爭取選票的政治綱要；執政黨底政策能否得以貫澈實行，要靠最高行政首長（如中國的行政院長）的本領，不能靠在他身後拿著鞭子或牽線的黨部主腦去「指導」干涉。否則就是黨治。黨治之下黨權高於一切，自然沒有民治的餘地，更談不到民權了。民治之下，黨不能出頭過問政務，因政務非同政策。政策好比是一條路；人民同意走這條路才投票選它。至於怎樣走，那是平日的政務，黨不得干涉。這樣就該明白：民主社會，人民和政治的關係，是直接與政府打交道，而不是與黨部打交道。如果政府首長一面要遵從民意，另一面又須接受黨意，或聽命於黨意而摒棄民意，則必造成民意與黨意的對立衝突；摒棄了民意的政府，得不到公衆支持，定然會失敗垮臺。這就是黨治不能維持政權的理由。

第二、再談談民主自治的責任問題。地方的縣市長，是由民選產生的。他當然要向選民負責，而不是向黨部負責。縣市議會的議員和議長亦然。不管縣市長及議員議長身屬何黨，在政治責任上，須先遵從民意；縱使黨意與民意相背馳時，也不得遵從黨意而摒棄民意。因為㈠他們不是由黨票選出來的（選舉前的各黨提名投票，係各黨黨內之事，選民的投票才算生效）。㈡黨衆不過是民衆中的一部分，而黨幹又是黨衆中的極少數；縣市長及議員議長，沒有理由摒棄衆多的民意而遵從少數黨幹的意旨。㈢執政黨的政策，由黨中央決定；各地從政黨員或身為議員議長的黨員，只要不違反中央政策（請注意：是「政策」不是「政務」），更沒有服從地方黨部任其干涉政務或議會事務的義務，因之他們根本不要向地方黨部負責或聽從指揮。

政治之是否民主，能否民主，黨政關係很關重要。然而我們只注意黨政關係還不够；近幾年來的黨與議會關係，已處處表現著「黨治」精神，特別是縣市地方為然。我們基於前述「黨治不能維持政權」的理由，誠摯地希望國民黨中央要從長檢討，從速放棄其錯誤的黨治觀念和作風。王國柱之死，實死於黨治。此一惡果，應引為烱戒。如再忽視此種惡果所造成的民間之反感，則民主政治的前途，實在潛伏著極大的危機。

自由中國　第十八卷　第十期　中東危機與其前途

中東危機與其前途

王雲五

一　中東的重要性

現代歐洲著名戰略家邁克士基（F. O. Miksche）上校有言：「直布羅陀與蘇彝士對於西方盟國與蘇維埃集團同爲兩個最重要的位置；在西方國家掌握此兩地點之時，彼等當能防阻蘇俄發展其世界戰略的絕對意義。」蓋中東在今日具有如是遠大的重要性，今後對此地區的爭取足以決定世界鬭爭的命運，殆鮮疑義也。因此，歐洲前途實繫於西方諸强之能否在中東保持主要的立足點。

西歐之石油供應，在一九五四年來自中東者，佔百分之七十七；而估計在一九五九年來自中東者將佔百分之九十。甚至美國依賴於中東油量之供應也有增無減。由於中東擁有全世界估計之石油儲量約百分之六十四，此一地區的油源設不幸落入蘇俄集團之掌握，定然是西方莫大的禍害。

即使中東沒有這般豐富的油源，它的戰略重要性仍然是很高度的。著名的美國戰略家麥韓（Alfred Thayer Mahan）有言：「局勢使地中海，在商業與軍事的觀點上，均較其他同等大小的任何水道，爲世界歷史舞臺作更大的表演。」這種觀察在今日尤顯示其正確性。地中海的戰略地位，係因其形成一個重大的水道，從直布羅陀伸展二千英里，以達於世界地緣政治中心之中東。徵諸史乘，凡野心霸主，懷有征服世界之企圖者，無不力謀控制這個位於東半球中心的十字路，例如阿歷山大、土耳其的蘇禮曼、蒙古的大可汗、拿破侖、威廉大帝，以及三世紀以來的俄羅斯統治者，無不以程度不同的成績攫奪這個權力的樞紐。二十世紀此地區大量油藏的發見益增其戰略性。任何一個强國如能首先控制中東，它將不難掌握亞歐非三洲所聯合構成的大島。試觀蘇俄對於歐非亞三洲的野心，我們定能意識到蘇俄對中東的注意。此地區可爲共黨進至非洲的走廊，也可爲從南方侵入西歐的通路。目前業已構成冷戰的主要戰場，故蘇俄囊括此地區的主要目標也就彰彰明甚。

二　中東危機的前奏

中東的危機，在今日無疑地業已形成；然危機形成以前，實經過一連串的插曲，總計不下八次。這就是㈠伊朗石油國有案；㈡埃及革命；㈢英埃條約；㈣巴格達公約；㈤以色列衝突；㈥軍火交易；㈦法國的牽涉；㈧亞士溫水壩。現在先就這些事件逐項略爲敍述：

㈠伊朗石油國有案　這是近東對西方不調協的縮影，也就是現今中東危機插曲的前奏。外國石油公司在中東國家內從事於資源的開發，縱然有補於此地區的經濟；然以現代的企業經營深入於中古式的社會中，自不免產生若干不調協的狀況。加以伊朗國境內最大的外國石油企業，英伊油公司，係以一私人獲得的開發獨佔權，轉授於一個英國公司，更由英國政府掌握其大部股權，使該公司漸成前此經營印度的東印度公司的局勢。縱然英伊油公司側重經濟，與東印度公司之側重政治不同，畢竟經濟與政治往往有不易劃淸的事實。當民族主義覺醒與抬頭之今日，在愛國主義者看起來總有些不順眼，於是激烈的排外主義者也就隨而興起。伊朗於一九五一年早期，國務總理拉治馬拉將軍遭激烈派暗殺後，穆沙德博士Mosaddig繼起執政，即反映此邦反西方情緒之高漲。由於他對國會議員的脅迫，伊朗石油國有案便照他的意旨通過。經過了兩年餘對英國的齟齬，終因自行經營石油開發與推銷之不善，使伊朗財經陷於嚴重的地位，既遭國人之不諒與前此支持者的反對，乃轉而傾向於蘇俄，致爲視蘇俄如世仇之伊朗人民所反對，西方國家對此尤益關懷與焦慮。穆沙德竟倒行逆施，謀廢其國王，國王因此逃亡。幸參謀總長柴希特將軍（General Zahedi）策動勤王，卒推倒穆沙德，一切復返正常。西方國家與伊朗新政府續行交涉，獲致協議，在維持伊朗石油國有政策之下，西方石油權益大體仍獲保持。此事至此似已告一段落。然其餘波盪漾，終成爲中東危機本體所在蘇彝士運河國有的濫觴。

㈡埃及革命　在伊朗的動盪終止之時，埃及隨即開始了一種綿長的鬭爭；嗣後埃及與阿拉伯地區便成爲鬭爭的中心。此種鬭爭起於民族主義與英國特權之間。其在埃及境內釀成的內部改革遠過於在伊朗，而其對世界之影響也遠較伊朗事件爲重大。

民族主義在埃及有長期的歷史，在英國佔領埃及以前已奠其基，它植根於宗教，係爲保存伊斯蘭教而起之一種阿拉伯運動。一八八一年英軍佔領埃及，其主要動機係屬戰略的。彼時英國殆不具有建立一個中東帝國的欲望；而對於此地區的經濟資源亦未嘗想像；其惟一目的祇在維持對印度的交通線，換言之，蘇彝士運河實爲英國對埃及關係的引線。然自英國佔領以來，埃及原有的民族意識益加敏銳，及至第一次大戰結束後，鑑於土耳其帝國之瓦解，此種意識更大爲加强。

英國自一八八二年以迄一九二二年間，申明其將自埃及撤退的志願共六十六次；但口頭諾言迄未實現，轉使英人的信用喪失。自一九一九年以後，英國因受埃及高唱民族主義之華夫特黨壓迫，確曾逐漸從其掌握權力的位置撤退。於是透過了一九三六年的中埃條約，英國對埃及的保護者地位一變而爲英埃同盟，而英人在埃及境內的特權祇限於在所謂運河地帶的狹小範圍內駐軍。該條約的始意雖僅限於維持運河的交通，然局勢的發展竟使此一地帶構成西方國家在中東的軍事基地，即以其在陸海空交通三方面均具有極重要性，從亞洲進至非洲之通路固在此交滙，而從地中海進至印度洋之通路亦經過此點。

由於蘇俄對西方的壓迫日甚，西方國家遂發動於此地區組織所謂中東防衞組織（MEDO）」。但此項主張不爲埃及與其他阿拉伯國家所接受，蓋彼時中立思想已瀰漫於中東，縱然中立主義還沒有像後來發展得那樣明顯。隨着中東防衞組織之流產，埃及更從外交手段轉變至行動。一九五二年一月間，開羅的羣衆竟演進至攻擊英國建築物與居留民。埃王法魯克爲恐釀成事變，乃解散華夫特黨所組織的政府。此一事變之演進，卒使軍人抬頭，推翻君主政體。軍人的團體，多爲中下級軍官，實際上以納塞爲領袖，而名義上則擁戴一高級軍官納吉布爲領袖。故發動革命之時，由納吉布出面，及新政權穩定後，則以實際之領袖納塞上校接替納吉布。他們之拋棄納吉布，係當他表示有恢復議會政治與政黨的傾向時。繼起之納塞則頗具有德國納粹主義之色彩；而在阿拉伯人眼光中，納粹主義並不如其在歐洲之遭遇反對。因此，埃及革命之起因在民族主義，而其進展至現階段已有軍人獨裁之傾向。

㈢英埃條約　在埃及革命後不久，英國即與埃及恢復談判。埃及新政府對英國於其政變中保持中立雖頗表好感，但強烈的民族意識仍使他們堅持原有立場，絲毫不肯妥協，時時以恢復運河地帶的游擊活動爲威脅，結果卒使埃人贏得其所要求的大多數。關於蘇丹之交涉，埃及雖未獲得其所企求之完全主權，但英國允許蘇丹充分自治，得自由抉擇其最後命運；或完全獨立，或與埃及聯合，均不加反對。一九五三年二月英埃兩國對此問題之協定頗使埃人滿足，因其認爲終可以種種方法使蘇丹入彀。對於其他問題，即基地撤兵問題，却消費了整整一年有半的交涉。英人原擬以一軍事協定代替前此所訂的條約。據其提議，此協定訂期不妨較短，在此限期內，英人於緊急情況下得重行佔領該地帶與基地。英人並允許撤出其原有駐軍，但望埃人同意其保留一象徵的部隊，以維持基地上原有的裝備，俾臨時可以應用。交涉的最後結果，英人仍多所讓步。一九五四年七月達成的協約，規定英軍於二十個月內全部撤退；祇有當阿拉伯國家或土耳其遭遇除以色列以外任何國家的攻擊時，英軍始有重返基地的權利；至原有裝備之保持，並不依賴英軍，改由英法兩國民營公司所雇用之文職技術人員擔任。同時埃及重申其對尹士坦丁堡協約保證船舶通行蘇彝士運河之規定。此一協定結束了歷史上一個時代，其意義便是英國在中東軍事無上權力之終止；縱然英軍在約旦與伊拉克的基地仍存在，但已喪失許多的重要性。英國雖可在塞普魯斯建立新的基地；但因其密邇蘇俄，在此氫彈的時代，犯不着作大規模的建設；故軍事學者咸認爲分散的與較小的基地較惟一集中的基地更切實用。中東國家對此協定多表欣慰，獨以色列因英軍撤退，驟然失去其對埃及的緩衝，不免有些疑懼。

在此協約的談判進行中，英國迭由美國勸其讓步；此在美國的國策固應如是，但有些人不免懷疑美國擬於英軍撤出後，將以美國勢力代替英國原有在中東的勢力。這是國際上的一種誤會。至於英國國內政治，不免因此發生不少磨擦。外長艾登是主張英軍撤出的，却受到保守黨一部分人的反對。英國的政治氣氛已有相當的變動。在一九四七年大多數的保守黨人都贊同退出印度，然在一九五四年一個強有力的部分却反對從埃及撤退。保守黨中的這個反對派，通稱爲「蘇彝士的叛徒」，初時人數無多，但漸漸吸入許多的同情者，尤其是對於以色列的同情者。他們認爲英軍撤退，以色列難免受埃及的報復，因而陷於危亡。可是艾登不顧任何阻力，卒簽訂此一協約；蓋認爲藉此獲得納塞的好感，從而加入西方的防衛同盟。但反對派認此爲一種幻想。果然，艾登的名譽因此而受損。艾登後來意識到納塞出賣了他，特別是在二十年前艾登以反對張伯倫內閣對希特勒的綏靖主義而著稱，現在自己却被視爲對納塞的綏靖者。艾登本來是英國首相中最衝動的一位人物，因此對納塞的憤恨，自不待言。這便伏下後來艾登對埃及政策的張本。

㈣巴格達公約　西方國家鑑於中東防衛組織之流產，英軍須撤出埃及，在此地區對抗蘇俄之力幾等於零；因此，美國外長杜爾斯建議，由若干迫近蘇俄的國家自行締盟互保。蓋中東防衛組織範圍太廣，所有距離蘇俄較遠之國家未嘗意識到蘇俄之威脅，即如埃及便是顯著之例，它也就是率先反對中東防衛組織之國家。最先響應此種建議的有土耳其及巴基斯坦兩國，都不是阿拉伯國家，對於阿拉伯與以色列問題均無牽涉。次一步則由土耳其提議與伊拉克締約，彼時伊拉克正怵於蘇俄對庫第斯族的煽動，遂立即接受簽訂，構成現所通稱的巴格達公約。締約時在一九五五年二月；約中規定阿拉伯聯盟之任何國家，或其他任何國家，凡關心於中東之安全與和平而業由該兩締約國家承認者，皆可加入。以色列因未經伊拉克承認，故不能加入。同年巴基斯坦，英國及伊朗先後加入，成爲現今的巴格達五個公約國家。

由於伊拉克之參加，此一組織便對其他阿拉伯國家發生了一些問題。伊拉克與埃及同爲阿拉伯民族互爭雄長的對手。它在一九三五至一九五五年間，石油的年產由四百萬噸增至二千四百萬噸。一九五六年度政府得自油產報效之欵多至七千四百萬鎊，民間經濟亦大有進步。就西方標準而言，伊拉克雖仍不脫落後國家的地位，然其足與埃及比擬，則毫無疑義。初時該公約目的純在對抗蘇俄，並未涉及埃及，甚至邀請埃及加入。聞最初數小時內納塞頗有加入之意，欲藉此以奪取伊拉克在該公約國家中的領導權。旋以其有使西方國家參與阿拉伯國家事務之嫌，遂予拒絕。該組織既懷有爭取阿拉伯國家的意旨，首先便由伊拉克與埃及各別拉攏敍利亞與約旦；因而釀成阿拉伯國家間不調協的局勢，其重要性却未爲西方國家所充分認識。在此項爭取與國的競賽中，伊拉克自始即處於不利之地位，則以英土兩國之加入公約，致爲反對者藉口伊拉克與帝國主義者提携。敍利亞原爲最強烈民族主義的所在，故不顧土耳其壓迫，傾向於埃及，更轉而受蘇俄之牢籠。最後遂有埃敍合邦的事實。至於約旦初時本不易爲伊拉克所爭取，但經過了種種的運用，終於埃敍合邦成立後，伊拉克與約旦的合邦也隨而構成。這算得是西方國家的一種成功。然而阿拉伯國家之彼此劃分鴻溝，益顯著矣。

英國之加入巴格達公約，實爲解決英伊兩國間糾紛的唯一辦法。依一九三○年英伊協約之規定，英國得在伊拉克境內擁有空軍基地。伊拉克的民族意識使其人民漸感不滿；自一九四八年起業有修改該約之談判，協議訂立一個新約，稱為樸資第司條約；但伊拉克人民認為對舊約並無根本的變動，反政府者遂在巴格達首先激起暴動，直至政府讓步，對該約不予批准而後已。英國鑑於對埃及駐軍既已應許撤退，其對伊拉克之要求，自亦無法拒絕。乃自動加入巴格達公約，期藉此將舊約所得的一切特權歸還伊拉克後，另依公約之規定，仍向伊拉克獲得實際上與前約相等的軍事權益。當然，此舉也為伊拉克所贊同。然天下事有利則不能無害。由於英國之加入公約固對公約有不少的便利；但也由於英國之加入，致不免為埃及等反對公約之阿拉伯國家所藉口，謂為西方勢力滲入的新花樣，使不少的阿拉伯國家發生疑問。

㈤以色列衝突　該國原為巴勒斯坦之英國委任統治地，自一九四八年五月建國後，不久即為埃及、伊拉克、約旦、黎巴嫩與敍利亞的聯軍進侵。在戰爭中，以色列雖佔領了分配給阿拉伯國家的若干土地，卻對約旦喪失了約旦河以西之一地區，對埃及也喪失了加薩地帶。一九四九年一月停戰，並經美英法三國於一九五〇年發布聯合宣言後，迄於一九五五年初期，雙方尚能相安；在相安期內，以色列得以積極發展，並從世界各部分吸收更多的猶太難民；雖一切皆有進步，惟以入超過多，不能不依賴美國的援助與西方猶太民族的報效。本來猶太人長於經濟組織，未必是優良的戰士；但事實上轉證明以色列的人民竟成為第一等的士兵，與第二等的商人。乍聽起來，似頗奇特；但定居於以色列的人民卻染了周圍的阿拉伯人風尚，變為好勇善鬥。此外更有一重大原因，即以不滿一百萬的猶太人，給四千萬的阿拉伯人所圍繞，以色列之時懷恐懼，自屬當然。然在另一方面，阿拉伯人對以色列所懷恐懼者至少也有兩事：一則目擊以色列以狹小之領土容納這數近百萬的居民，且外來的猶太難民日增不已，深恐其勢力必向外伸展，奪取附近地區，致與阿拉伯人不相容；二則認為以色列祇是西方的一個傀儡國家，其建國目的無非要使西方永久在中東佔據着一個立足地。像這樣的彼此疑忌；加以邊境密邇，雙方衝突遂時有所聞。自一九五五年普選後，班孤倫復任國務總理，在十日以內，大規模的邊境衝突即發生於加薩地帶。埃及的獨裁武人納塞當然不甘受此軍事上的屈辱；於是以埃間之武裝對峙益烈，不僅是猶太人與阿拉伯人間的一般惡感而已。

㈥軍火交易　納塞對以色列加強軍事的對峙後，即謀改進軍備，增購新式軍器。首先向英國洽購，雖允供應若干坦克，為數究未充分。納塞乃正式通知西方國家，以既不能自彼等獲得充分的新軍器，自不得不向他處洽購。惜西方的反應不積極，殆因顧慮到以色列安全之故。於是納塞轉而求諸蘇俄。此舉實現於一九五五年八月，其影響所及，使中東全部推翻了原有的平衡狀態，並使蘇俄乘機插足於中東，中東之危機因此進至白熱之點。埃及之向蘇俄購買軍火，其主因雖如上述，但如何開始，傳說不一。有謂出於偶然者。據說在一九五五年七月埃及紀念推翻法魯克王政的第三周年，其時任俄國眞理報編輯之謝比洛夫（後來任蘇俄外交部長）前來參加。在一次酒會中，納塞的一位助理員對他抱怨西方國家不肯供給軍器。謝比洛夫答以為何不向蘇俄試行商購。於是從次日起便開始商談，結果出乎意料之外，在極短期間內獲得極大量的軍火供應，有來自捷克的，也有來自俄國的，而且商定在波蘭境內設施對埃及軍官與技術人員的訓練。初期運到的軍火，據以色列估計，包括有米格機一百架，轟炸機五十架，坦克三百架以及若干小型的軍艦。但一年以後當以色列攻佔西奈地區而奪取大量的軍火儲藏後，經即斷定前此之估計未免過低，或者至少係在初期定貨後續作大量的定購。同時蘇俄對於敍利亞也供以為量較少但很關重要的軍火。

由於這樣的軍火交易行為，使蘇俄以最少的成本，根本上變更了中東全部的局勢。前此美英法對於以色列停戰時的三國宣言，主張維持中東阿猶兩方軍火平衡之局勢者，至此已自動失其效用。以色列受到嚴重的威脅，全地區的恐怖與緊張突增，西方國家在此地區的威望也隨而降落。

我認為這顯然是蘇俄乘隙滲入的實例，所謂出於偶然者絕非事實。蓋蘇俄對中東之虎視眈眈已久，其所以未即採取行動者，以西方國家向來對此地區之把握至為堅強，尚無機會可乘。自埃及革命後，傾向於英國的法魯克王已不存在，加以埃及的民族意識在革命後益加抬頭，難逢之機會業已成熟。況納塞既欲排斥英國殘餘的勢力，或亦採取遠交近攻的策略，因其距離蘇俄甚遠，向未領略蘇俄的惡辣手段，其漸萌拉攏蘇俄的意念，或亦自然的趨勢。故在納塞執政以後，迄於推翻王政的三周年以前，埃及與蘇俄間定然發生不少的接觸，否則以眞理報主編而後來一躍成為蘇俄外交部長之謝比洛夫又何至不遠萬里，參加祝典？納塞政府又何至接受這位遠來的特使？即使有所謂酒會中偶談的故事，其事前自必早有商談，乃故意在酒會中公開，以掩世人之耳目。此中蛛絲馬跡，本不難尋繹，特以蘇埃兩方故弄虛玄，以惑世人；世人不察，遂以耳為目。況據傳說，酒會之次日，便開始商談軍火交易，以蘇俄這般的獨裁政治，駐外人員苟無事前指示，至少必先請示，層層轉折，斷非甫隔一日，即可進行談判，也極顯明。因此，上述的傳說，當可不攻自破。

㈦法國的牽涉　法國原與英國同為中東的主要西方勢力，在第二次大戰期內，被迫退出敍利亞與黎巴嫩，但其對於北非的回教地區，如突尼西亞、摩洛哥與阿爾及尼亞仍然保持。這些地區的回教民族並非眞正之阿拉伯人，大多數皆操閃族言語。表面上法國確曾在此地區花了不少錢，以發展工礦事業，並作其他種種建議。但是經濟發展的結果往往使貧富差別更大，且使廣大民衆放棄其原有職業，當地民衆因而對法國有怨言。加以法政府資助法國人民移殖於此，以致阿爾及尼亞擁有白人約一百萬，摩洛哥約五十萬，突尼西亞約二十萬。此等白人的一切待遇不免與當地居民差別，不平觀念自亦由此而起。及大西洋憲章發布，法軍自黎巴嫩撤出，法國威望日益低落，以及美國對於反殖民主義的提倡——凡此種種無不激起法國殖民地的動盪。加以北非殖民地目擊中東阿拉伯民族紛紛獨立，當然見獵心喜。一九四七年阿拉伯聯盟國家為北非法屬殖民地特設一個機構，北非的回教民族領袖們訪問開羅者亦日多，頗受埃及戰術和游擊行動的影響。除摩洛哥與突尼西亞獨立係受阿拉伯國家的影響外，更阿爾及尼亞之獨立，因法人以其中白種居民佔九分之一，且新近發見油藏，更堅決不肯放棄，致惹起當地人民的暴動。而暴動所用的軍火大多數來自埃及。這是法國所最痛心疾首的事。因此，法國認爲惟有打擊埃及，推倒納塞，才得解決阿爾及尼亞的問題。

(八)亞士溫水壩　由於埃及之貧瘠，這個高壩早被認爲是解決埃及經濟問題的惟一希望。依賴這個水壩所發的電，埃及可能達成工業化，藉以給養過贍的人口。這原是西方工程家的建議，納塞早有所聞。執政以後，因自己的聲望遠遜於納吉布，思有以收拾人心，而認爲此一水壩如經他的手上建築完成，其功將遠過於金字塔。但水壩之建築費龐大，估計約需十三億美元，需時十五至二十年始克完成。他曾向世界銀行請求貸欵，經過勘測後，允貸與二億美元，但附有兩個條件：一須美英兩國貸以七千萬美元；二須埃及提供價值九億美元之勞力與材料；此外還要埃及對尼羅河沿岸的國家蘇丹、烏干達與愛斯厄比亞獲致協議。埃及對這些國家經過冗長的談判，進步甚小；於是全部計劃等於停頓。其時旋卽擔任蘇俄外長的謝比洛夫適訪問開羅，與埃及當局談及一般的經濟發展。外間盛傳他允由蘇俄投資於該水壩；埃及更鼓勵此項謠言之流行，藉以激起西方國家之注意。埃及希望蘇俄如肯貸欵，將由埃及以棉花陸續折價償還，而其時西方國家向埃及購棉之量每況愈下。此一謠傳的確引起西方注意；世界銀行的總經理因此特來開羅訪問，不爲無因。然未幾謠言突有轉變，謂蘇俄已無意投資，埃及不得不轉而求諸西方國家。同時美國因埃及向蘇俄與捷克大量購買軍火，此項軍火並非贈與，其價格必須償付；於是美國顧問們與世界銀行顧問們便質問埃及有無以專供建造水壩之欵作爲軍火購價的抵押；加以一九五六年埃及的財政景色又較上年爲可疑；在此不穩定的狀況下，世界銀行曾建議應否改取其他需費較小，而更有利的設計。又其時適埃及承認中共僞政權，將爲其他阿拉伯國續予承認之先導；於是美國對於埃及須作重新檢討。不遲不早，是年七月中旬埃及駐美大使於返國述職後，正式向美國請求援助建造水壩；美國參議院撥欵委員會由於不滿埃及的態度，遂決議通知政府於未商得國會同意以前，不得撥欵援助埃及。兩日後，國務院發表文告撤回美國前此援助埃及的諾言，英國隨亦作同樣的表示。世界銀行的貸欵，本以美英贊同貸欵爲條件，因此也就取消原議。數日以內，世人頗多懸揣納塞將轉而告貸於蘇俄，可是蘇俄也狡獪規避，卒無成議。同年七月二十六日，納塞突然在亞歷山大宣言，將蘇彝士運河收歸國有，以其收入應付水壩的建築。

三　危機突發

所謂中東危機，無疑是指蘇彝士運河之宣布爲國有。此擧於一九五六年七月二十六日突然發生，以致中東發動不大不小的戰事，險些釀成全世界的大戰。迄於同年十二月正式停戰；其間四五個月的事態進展，實爲危機的本體。

反應此一事件的最早行動，當然出自英法兩國。在宣布運河國有之次日，卽七月二十七日，在英國衆議院中，首相與反對黨領袖同樣對此行動嚴重指責。反對黨之蓋茲克爾甚至較首相艾登更激烈，主張立卽提請聯合國安理會討論制裁。在法國，外長對埃及駐法大使作最激烈的措詞。法國政府並宣言永不同意運河之國有。三十日艾登對衆議院稱，蘇彝士運河斷不能被容許受一個國家單獨控制。此一說具有深長的意義，蓋埃及政府與運河公司之合約原定於一九六八年止，合約終止後，並無其他文件足以束縛或限制埃及對於運河的控制權；於是艾登此說假使是經過熟思的，而不是一時衝動的，未免有利用埃及事前廢約的行爲，以要求前此所未想像到的要求條件。這可以說是英國進一步的主張或預爲其後軍事行動的張本。反之，在埃及方面，納塞於其宣布運河國有之初，主張以運河收歸國有後之收入移供水壩之建築，不免使人懷疑他將對運河公司不作任何的補償，而益震駭於其不法的行動。但他在第二次的演說，雖強調不惜以武力對付武力，却力言將使運河開放，並供各國自由通航。是則納塞本人已由衝動而漸返於理智。

同時美國鑑於英法兩國之劍拔弩張，備極關懷，遂由其外長杜爾斯於同月三十一日趕緊飛往倫敦參加兩日前業已開始之三國商談。八月二日商談中公布由英法兩國政府趕卽召集一個會議，以討論對運河建立國際的管理。同時英政府召集某類的後備兵；法國的海軍艦隊也開始集合於杜隆港。在英國衆議院中，反對黨支持政府的軍事措施，但以武力的使用須得聯合國許可爲條件；而在上議院中艾德禮勳爵贊同自由通航之目標，但勸告政府尊重世界公論。杜爾斯返國後廣播稱，蘇彝士運河切不可任由一國以其自私的目標而利用；其是否已贊同艾登的主張，在一九六八年運河公司合約屆滿後仍堅持此原則，則不得而知也。

倫敦巴黎所發出召開運河會議之邀請書，除埃及與希臘（後者因塞普魯斯案對英爭議正烈）外，接受參加者有二十二國，其中十八國贊同杜爾斯所提國際利用運河委員會的建議。反對者祇有印度、蘇俄、錫蘭與印尼四國，而由印度力主埃及有權國有化運河，並謂國際共同利用有損埃及的主權，應改由埃及自行管理，僅向聯合國提出每年一度的報告。會議既經十八國大多數的決議，卽派一個以孟齊士爲領袖之五人代表團前往開羅交涉，經過九月三日至九日的討論，毫無結果。此次交涉失敗後，埃及迅卽向一切使用運河之國家（除以色列外）提議集會商討組織一個交涉團體，以研擬有關自由通航，運河發展與收費各種問題。惟英法二國宣稱埃及不願交涉（按卽指就孟齊士代表團之建議而交涉），於是運河公司下令非埃籍之領港人員於該星期末離職。同時艾登對暑假中臨時復會之衆議院報告一個由美英法三國協議之蘇彝士運河使用協會（簡稱 Scua）計劃。他拒絕在使用武力以前先將對埃爭議提交聯合國，並稱如果埃及阻止運河使用者協會執行其任務時，英國將保留採取其他措施的權利。然在國會第二日的辯論中，他應許如果情勢容許，或除因緊急局勢外，將先向安理會提出討論。

這個蘇彝士運河使用者協會的意義殊欠明瞭。一位法國外交家稱它爲沒有尖端的燒肉針。它雇用從埃及離職的領港人員，徵收運河通過費；但關於埃及發生爭議的要點，則協會之發起會員間意見不免紛歧。英法兩國人視爲對埃及施壓力的工具，當以挑釁的護航艦隊通過運河，激起納塞的阻撓，而使之陷於違反一八八八年協定的錯誤地位；或則藉此控制運河的使用與收費，使納塞實際上不能利用運河，以致因經濟上的重大損失而屈膝於西方。但是該協會最初創意者杜爾斯另有用意。他不主張美國藉武力衝入運河，也不希望任何國家如此。他又反對採取經濟的或武力的戰術。他初時雖主張由該協會徵收運河通過費，而以其中一部分繳交埃及；但後來又解釋他的立場，說是美國之利用該協會服務，祇在其與埃及的經營公司獲致協議之後。但如該協會不能行使有如獨佔的一種權力時，它是不能施用壓力的。因此，杜爾斯主張的結果，祇使該協會成爲純粹的交涉團體而已。此一觀念實使英法二國受到嚴重的打擊，因爲它們自始卽希望美國的援助以壓迫納塞。杜爾斯的態度好像同時跨着幾匹馬，既要防止用武，以免東西兩方破裂；又不能以他的立場明示西方國家，而且在一個月中間自己的心思也不免屢有轉變。美英法三國間對於運河使用者協會的作用既有這些歧見，則該協會之不易發生效力，殆可斷言。果然，經過了第二次倫敦會議後，尚未定期正式成立該協會以前，英法兩國政府便於九月二十三日提請安理會討論因埃及違約行動以造成的局勢。安理會於十月五日開始辯論，至十三日英法提案，經過修正，增加有關原則之第一部分，而以英法原案作爲第二部分。付表決時，除第一部分通過外，其第二部分因蘇俄與南斯拉夫之反對，而告失敗，蓋蘇俄具有否決權，僅其一票之反對便足打消提案也。當運河問題不能在安理會獲得解決之際，中東又發生一種新的糾紛。那就是約旦與以色列間緊張狀態的益加惡化。據約旦選擧之結果，親埃及、反英國與反伊拉克的派系得勢；於是埃及敍利亞與約旦間成立一個陸軍聯合統帥部，約旦的參謀總長宣稱「阿拉伯人進攻毀滅以色列所當選擇的時期已經到臨了」。因此，以色列益秣馬厲兵以待，艾森豪總統接連對以色列作了兩次的警告。及至十月二十九日以色列便向埃及進攻。美國也就立卽召集安理會緊急會議，提請決議勒令以色列軍隊撤返至其國境，任何國家亦不得使用武力。然而在此數小時以前，美國駐英大使方與英外長會晤，以美國提出安理會之決議草案商榷，英外長勞合德並未告以英國出席安理會代表已奉訓示投否決票，也未告以半小時內法國外長卽到倫敦共同對埃及和以色列兩國提出最後通牒，其措詞簡直邀請以色列深入埃及國境一百英里。其時在華盛頓內美英法三國正商談前此之三國宣言如何利用，以釋紛爭，實際上這祇是敷衍場面，蓋英首相艾登早已認定三國宣言不能適用於此，一面在衆議院表示此種認定。同日下午二時十五分英法政府對以色列與埃及致送最後通牒，要求雙方停戰，退至距離運河十英里之界線。查運河係在深入於以埃邊界之埃及國境內一百英里，那不是讓以色列留在埃境內九十英里嗎？通牒中更聲明，若此條件不能於十二小時內遵行，英法兩國卽將佔領波賽港、伊士邁利亞及蘇彝士。當然的，英法聯軍便於次日開始對埃及進攻。

由於一九五〇年聯合國大會通過「聯合維持和平」的決議案，聯合國對於此種事件已不再受安理會否決的拘束，而得於大會的緊急會議中表示其意志。因此，在十月三十日英法兩國在安理會行使其否決權後，卽於十一月一日召開聯合國大會緊急會議，於二日的黎明前以六十四票對五票之大多數，通過停戰案。所有投反對票的五國，除當時的英法及以色列三國外，祇有澳大利亞與紐西蘭係贊助英國。此停戰案包括立卽停火，以色列與埃及軍隊各自撤至本國的邊界，普遍禁止軍用物資之輸入衝突地區，並於停火後迅卽採取重開蘇彝士運河的步驟。在辯論中英國代表表示他的政府願見聯合國負起實際維持該地區和平的任務。次日(十一月三日)英法兩國經過隔夜的協商後，表示附有條件接受聯合國大會的決議。這些條件是：聯合國應派遣軍隊至該地區維持和平，直至運河與以埃爭議解決時爲止。以埃兩國並須同意接受聯合國的軍隊。在這些條件被接受以前，英法兩國政府將繼續其軍事行動，以制止敵對行爲，並保護運河。運河在此時實際上業已阻塞，又因以色列業於十一月二日擊潰西奈半島之一切埃軍，戰事亦經停止。因此，埃及與以色列分別於四日五日接受聯大的決議。但是英法兩國還沒有以其部隊登陸，或達成其佔領波賽、伊士邁利亞及蘇彝士的宣言；經法國首相飛英商談之結果，於是在五日的破曉時間英法的降落傘部隊卒踏上埃及的土壤。同日波賽總督決定投降，惟所屬士兵多不願意，納塞也不肯照准。次晨海軍的部隊來自馬爾它，鎮日交涉強迫投降，不果，卒由英法軍猛攻，雙方死傷均甚重，卒告陷落。聯軍尚擬向運河進發，以便佔領伊士邁利亞和蘇彝士，但估計需時七日乃至六星期。其時英國內部既有政爭，而搶兌金鎊極烈，幾陷於經濟崩潰；外部則蘇俄以發射火箭於西方首都爲威脅，美國亦私下以經濟制裁爲威脅。英法兩國遂不得不同意立卽停戰。

四　東西的歧見

記得小時讀羅馬故事，有兩武士自不同方向而來，同止於一銅像側，見銅像所持之盾，甲武士謂係銅製，乙武士謂係鐵製，爭持不下，相與決鬪，結果兩敗俱傷，彼此倒臥地上，但互易位置，擧目一看，甲武士原謂盾係銅製者却變爲鐵製，乙武士原謂盾係鐵製者却變爲銅製，蓋盾之兩面質料不同，兩武士所見互異，竟因誤持所見與一時之憤，而鬪狠流血，至此始覺悟。此一故事正可表明今日中東地區內東西兩方之歧見。雙方如及早覺悟，中東之危機始可免進一步的惡化也。

中東之問題雖多，然歸納起來不外三個基本要項：一是排斥蘇俄問題；二是中立問題；三是以色列問題。對此三個問題，西方與東方的觀點互異。

關於第一問題，就西方的看法，蘇俄是斷斷不可能被容許插足於中東的。無論插足的形式是像第二次大戰結束時俄軍之佔據伊朗的亞才拜揚，或是像蘇俄與敍利亞之所謂結盟，或像蘇俄對埃及之滲透，都是西方國家所不能容忍的。由於此故，美國不惜變更其歷史上的政策，對中東負起積極的責任。先之以杜魯門主義，負責武裝一個中東國家，以加強其對野心國家的防衞。繼之艾森豪主義，聲明美國將以軍事行動對抗軍事行動，對蘇俄作了一次直接的警告。這不是對抗共產主義，乃是對抗蘇俄之侵入中東。換句話說，美國已負起十九世紀英國在此地區所負的責任。因爲俄國對中東的野心遠在共產主義出現以前，所以在十九世紀中英國曾爲此作了三次的戰爭，一次在俄國；兩次在阿富汗，無非要制止俄國向中東的前進。質言之，西方國家是不折不扣地不許俄國進入中東地區的。至於中東的看法，却出自另一角度。首先我們注意到的，這地區祇有兩個國家是自願而熱誠地加入巴格達公約的，那就是伊朗和土耳其，因其認此公約對兩國的防衛均有補助之故。至於伊拉克縱然也是巴格達公約的重要分子，但其加入自許多伊拉克人看起來，祇是其首相薩德紐利（Nuri Sard）個人的雄心，欲藉此獲得公約中的領袖地位，並不是眞正熱心於該公約。試觀去冬敍利亞對土耳其之爭，伊拉克件隨其他阿拉伯國家支持敍利亞之傾向轉較其因巴格達公約關係而支持土耳其者爲强。所有中東國家，除伊朗伊拉克及土耳其，因迫近蘇俄感受其威脅者外，其他則因久爲英法的屬地，對西方國家向無好感，至對於蘇俄因尙鮮接觸，未受到直接威脅，轉視對蘇親善爲一種機會。同時蘇俄又善於利用機會。當西方市場無法利用埃及棉產之際，鐵幕國家便出而擔任購銷。又當西方國家對中東提供經濟援助之時，不免附帶一些政治條件；蘇俄則提出相對的經援，却聲明不提正式條件。世界銀行應允貸給敍利亞供開發用之欵三千萬美元，其所收利率爲四厘七五，並限定其設計須受美國人的督導；反之，蘇俄則畀予更大的貸欵約美金一億元，年息僅二厘半，至少在表面上不附任何條件。

關於第二問題，自西方看起來，這樣一個重要地區是不可能讓其中立的。所謂中立不是孤立於世界局勢之外，便是對於兩個敵對的陣營一視同仁。中東居舊世界之中央，在勢不可能孤立，而置身於世界局勢以外；於是祇有採取積極的中立主義，那就是對蘇俄與對西方國家同等待遇。同等待遇便要涉及第一問題，即容許蘇俄插入該地區，那是西方國家所不能同意的。但是中東國家的看法是否與此相同呢？凡願放棄中立主義，而加入西方陣營者，不是對於蘇俄深有恐怖，便是對西方國家毫無疑慮者。伊朗土耳其伊拉克因對蘇俄深有恐怖，故樂於加入西方陣營；然而新獨立的國家或與西方發生齟齬的國家，前者如敍利亞、約旦等，後者如埃及等，要其倒向西方，自非易事；祇要嚴守中立，不受蘇俄牢籠以排斥西方，還算是好的。

關於第三問題，自西方國家，特別是英美兩國看起來，對以色列國的支持，殆如天經地義。遠在一九一七年英國的巴爾福宣言已肇其端。其時英國外相巴爾福致書英國的猶太人聯盟主席洛士齊爾特勳爵，首先提出英國贊助猶太人在巴勒斯坦建國之諾言。美國更因容有多數的猶太祖籍公民，更不能不率先贊同。基於英美之努力，以色列國家便於一九四八年五月十四日成立，成立後英美也不斷予以協助。英美此項主張，無非是以人道及同情爲基礎，初不含有其他意義。但中東阿拉伯國家的觀點適相反。阿拉伯各國，初時雖有所謂阿拉伯同盟，其組織至爲鬆弛；後來且逐漸分裂爲親蘇俄與親西方兩派，主張更非一致；但它們中間有一個一致的主張，便是反對以色列。這除了宗教與民族的不同外，還有一個根本的誤會，那就是認爲以色列是西方帝國主義者所建立，不僅永留西方帝國主義之象徵，而且是帝國主義者留存在該地區的前哨；不消除這個前哨，阿拉伯國家將永無安寧的日子。加以以色列民族流亡於世界之分子，不斷來歸，使其人口日益膨脹，自附近的阿拉伯國家觀之，有非狹少的領土所能維持其生計；同時以色列復厲行强兵利械政策，本欲藉以自保，却被誤會爲大舉外侵的準備。雙方疑懼既深，幾有不兩立之勢。

五　中東的前途

俄國之覬覦中東，不自今始。沙皇時代無論矣，即自俄國革命以來，在蘇俄政權甫成立，即圖染指。第一次大戰也使它有一嘗試機會。但兩次均告失敗。則因彼時蘇俄的勢力尙弱，而西方國家在中東的勢力尙强，且鮮瑕隙可乘，是以蘇俄企圖終告失敗。今則時移勢易，英法勢力逐漸撤出中東，其舊日之屬地或保護國紛紛獨立，而獨立後又多與原主國相處不善，齟齬時起。於是蘇俄勢力突入的機會殆已成熟。

蘇俄策略的第一步，通常是把傾向另一方面的國家拉到中間，換句話說，就是使之中立化。中立化的結果，在此時此地，既然無法維持孤立，那便是對於兩方面一視同仁，於原有西方國家的勢力外，滲入蘇俄的勢力。

蘇俄策略的第二步，是在插足於某一地區後，盡量迎合該地區的重要風尙和民心趨向，推波助瀾，一以爲俄人討好的張本，一以煽動當地政府人民之反對他國或他人。由於中東的阿拉伯國家甫經獨立，民族意識異常蓬勃，而舊日西方主國不免尙留下若干陳迹，遂煽動其一掃而淸，以開罪於舊日之主國。像這般煽動其他國家民族間之不睦，更足以增進蘇俄深入的機會，例如英埃關係之惡化，即其顯著者。

蘇俄策略的第三步，便是找到適當機會，即對落後國家予以經濟援助，例如物資器材的供應以及低利貸欵之給與，表面上並不附任何條件，但蘇俄這般不顧信用之國家，無緣無故尙可吞併他國，何况握有債權，反起面來，那怕沒有藉口？且以僞善的姿態爲掩護，暗中實行顚覆當地政府，首先助其所親的外圍分子，隨後則代以直接受命的共產黨人，凡此都是蘇俄慣用的伎倆。

在此情形之下，假使西方國家與中東國家的關係無隙可乘，蘇俄尙可製造事故。現在中東地帶，既有上述之八項危機前奏，其中多由於西方國家措施不善，或應付遲緩所致。及危機爆發，雖幸聯合國大會出而干涉，無窮戰禍得以消泯；惟衝突之原因仍在。既有阿猶之對峙，而阿拉伯國家間，又劃分鴻溝，親蘇之埃敍合邦與親西方之伊約合邦對峙；其他態度未甚堅定者皆爲兩方爭取之對象。以西方國家過去之着着失敗，與蘇俄之無孔不入，成敗之數殆已斷然。西方國家如欲挽回此種頹勢，則檢討失敗之原因，改進未來的策略，前途其庶幾乎？

（四十七年四月十四日脫稿）

共黨爲什麼清算「胡適思想」？

殷海光

當赤潮淹沒整個中國大陸之初，共黨即積極進行洗刷兩種思想：一種思想叫做「胡適思想」；另一種思想，作者姑且拿「部族思想 (Tribalism)」這個名詞來概括它。對于部族思想，共黨不久發現它頗有工具價值，所以「清算」了一下子以後，即行收兵，轉而利用它。在所謂「抗美援朝」行動中，共黨軍隊與聯合國底警察部隊對陣。共黨利用這個機會對大陸人民和海外華僑宣稱「你看！咱們一國打十六國」。他們希望這句話所引起的直接心理反應是：「這多麼神氣！」他們藉此滿足中國人自八國聯軍以來因受外力欺侮而亟思雪恥的心理。據說，現在共黨强調「民族形式」，又大量翻印古籍，包含四書五經在內。由此可知，拿民族主義之類的東西來作反共的論據，是最沒有力量的。如果有人說，共黨之該反，係因他向蘇俄「一邊倒」，係因北平上海廣州蘇俄顧問滿街走，那末連白痴也會反問：美國第七艦隊現在保護誰？誰主要地靠美援過日子？……

共黨能把國際主義和民族主義這兩種「矛盾統一起來」而運用之。他能把這兩種思想「辯證地」綜攝于其實際政治的需要之中。蘇俄底實際情形可以例示這個道理。俄國十月革命似乎是反傳統的。但是，十月革命成功，斯達林們還是住在克姆林宮。斯達林底宅第內部，高掛恐怖伊凡和彼得大帝底照片。狄托與俄共之爭，與其說是民族主義之爭，不如說是統治權的衝突。如果所謂「民族意識」對于俄共想混一世界的抗阻力小于某種思想形態所生的抗阻力，他是無寧拿民族意識來打擊這種思想形態的。就中東、印度、和東南亞這些廣大的地區觀察，民族主義對于俄共勢力擴張的抗阻作用，雖不等于零，但也簡直逼近于零。近數十年來，若干落後地區底「反帝」的民族思想，剛好爲共黨所利用，作爲反西方勢力的心理動力。如果想拿民族主義抵抗共產勢力，那末頗似以卵擊石，一定勞而無功。以爲民族主義與共產主義不相容，這是宣傳所造成的錯覺。作者看不出民族主義與共產主義有任何實質上的不相容之處。

所以，共黨根本不怕部族思想之類的東西。但是，共黨對于胡適思想則惡之甚深，必欲盡滌之而後快。自大陸赤化以後，共黨接二連三地大規模從事「清算」胡適思想。清算胡適思想的文字，堆起來有半人高。並且除了胡適思想底本身以外，共黨又清算胡風底文藝思想。胡風底文藝思想，是胡適思想在文藝方面的表現。所以，清算胡風底文藝思想就是清算胡適思想底延長。

共黨爲什麼對于胡適思想這樣過不去呢？這並不是因爲胡適講道德，說仁義。誠然，就我們所知，胡適底行事爲人並沒有不合仁義道德的地方，但是胡適不會提高嗓子講道德，說仁義。提高嗓子講道德說仁義的人，大多是本身底仁義道德極成問題的人。如果仁義道德因眞能支配人心而對于共黨底發展眞能起積極的阻礙作用，而且胡適講仁義道德，那末共黨一定會清算胡適思想的。如果仁義道德並不復能支配人心，因此對于共黨底發展並不能起眞正的阻礙作用，而且胡適除了空講仁義道德以外拿不出對共黨實際不利的思想，那末共黨是不會理睬胡適的。

共黨之所以對于胡適思想這樣過不去，係因胡適思想是共產思想底死對頭。胡適思想一天隱藏在大陸知識分子底心靈深處，則共產思想一天不能穩固。至少，胡適思想在大陸知識界潛伏着的時候，能使若干知識分子面對共產思想不安、徬徨、徘徊、苦悶。祇要如此，就足以把共產思想抵消到某種程度。這是努力于統一思想的毛澤東們所不能忍受的。所以，他們必須澈底消滅胡適思想。

胡適思想何以對共產思想構成這樣的嚴重威脅呢？因爲：共產思想是權威主義的；胡適思想是非權威主義的。共產思想是理想主義的；胡適思想是試驗主義的。共產思想是集體主義的；胡適思想是個人主義的。共產思想認爲歷史底發展是必然的；胡適認爲在歷史發展中也有偶然的因素。共黨要求一切的人絕對信仰他們底教條；胡適則一直提倡懷疑。共產思想唯「主義」是尚；胡適認爲我們應該少談主義，多談問題。胡適思想與共產思想眞是處處針鋒相對。共黨怎樣容忍得了？

更有進者，四十年來，胡適提倡科學與民主。民主底核心就是自由。沒有自由的民主，一定是「集中的民主」、「人民民主」、「指導的民主」。這些都是民主的冒牌貨。這些冒牌貨，都是民主其名，獨裁其實。共黨不怕你提倡民族主義，不怕你高談歷史文化，更不怕資本制度，現在也無所懼于西方世界底武力。他只怕一樣東西。這一樣東西就是自由！自由一來，共產統治就垮臺。關于這一點，費雪爾 (Louis Fischer) 說的十分中肯。他說：「共產主義就是齊一主義 (Communism is conformism)。蘇俄文化乃一螞蟻文化。在這一文化中，除了體積比螞蟻窩大些以外，並沒有什麼新的因素。」又說：「蘇俄並不畏懼西方底軍事力量。因爲蘇俄的人知道西方不會攻擊他們。蘇俄的人不畏懼資本制度：他們知道他們底經濟制度可與資本制度共存。共產黨人畏懼自由。」(註) 俄共這樣畏懼自由，中國共黨亦然。他怎麼不清算胡適思想呢？

依據以上的指陳，我們就可知道共黨清算胡適思想之原因及理由是什麼。我們由此也可以看出，胡適思想在反共運動中的眞實價值爲何。從這裏，我們可以確定：眞正從事反共者是應歡迎胡適思想，還是窒息胡適思想？

(註) 這些話引自 Louis Fischer: Russia Revisited, Doubleday & Co., New York, 1957。作者並沒有直接讀到這本書。這裏所引的話，係間接從張灝氏所作書評得到的。張氏書評見于 Free China Review, February, 1958, Vol. VIII, No.2 第四四頁至第四五頁。作者在此應該向該書書評作者致謝。

出版法修正草案程序之爭

崔　霖

出版法修正草案從本年四月八日行政院以「密件」送達立法院起，這一個半月來，自由中國為了新聞自由與基本人權，已經開始了一場極大的奮鬥。這一次出版法修正草案內容的不妥以及其影響，臺灣各民營報刊的評論，均已詳盡指出。「自由中國」上期（第十八卷第九期）社論，也希望行政院能明智的將這一個草案，自動撤回。如果這一個希望不能達到，更呼籲與論界及全體人民，信賴我們的立法院，能根據人民的付託，把這一個損害新聞自由，並且損害整個國家信譽的法案，根本否決，或通過一個比較妥善的修正案。

但事實上的經過，在一個半月的過程中，國內全體新聞界大聲疾呼，海外言論界同聲響應為祖國新聞自由作殊死的奮鬥。行政院於四月十八日對立法院函送「出版法修正條文草案第四十條第四十一條再修正條文草案」。這兩條「再修正條文草案」，根據報章所登載：第四十條的第二項，修正草案原案的文字為「違反前項第三欵之規定者，得同時扣押其出版品。第一項定期停止發行，非經內政部核定，不得執行。」再修正草案關於第四十條的第一項，與原草案同。在第二項，將原草案的第二項，變成兩項，第二項文字為「前項定期停止發行處分，非經內政部核定，不得執行。」第三項「違反第一項第三欵之規定者，得同時扣押其出版品。」所以第四十條的所謂再修正草案，除了文字排列稍有變更外，實質內容並無變化。至於第四十一條的再修正條文，其實質上的變更：㊀原草案「出版品有左列情形之一者，得予以撤銷登記。」再修正條文草案改為「出版品有左列情形之一者，由內政部予以撤銷登記。」除了加上主管機關內政部以外，其執行較原草案更為硬性。㊁再修正條文草案第四十一條第一項第一欵在原修正草案「情節重大」下，加「經依法判決確定者。」第二欵加入「出版品之記載，以觸犯或煽動他人觸犯妨害風化罪為主要內容」。所以再修正條文草案除於第四十一條第一項第一欵加上「經依法判決確定」，對原修正草案稍有改進，其餘實質上並無變更。

出版法修正草案從行政院提出立法院後，從四月八日到四月十八日，經過自由中國新聞界的反對、呼籲與請願，行政院乃有再修正條文草案的函送立法院。在立法院方面，四月八日秘密院會將本案交內政、教育、民刑商法三委員會審查後，因為秘密院會交議的案子，三委員會在審查時對於審查會及院會討論本案的公開或秘密會議，三委員會與程序委員會爭持不決。四月廿五日立委程滄波等二十四人臨時提案，主張本案在審查會與院會討論時，均應公開。同月二十九日院會表決未能通過。五月二日，彭善承薛興儒等一百六十一委員提出復議案，表決仍未通過。五月六日臺北市報業公會代表向立法院請願。由當日院會決定交程序委員會處理。程序委員會決定交三委員會於審查出版法修正草案一併參考。五月九日，立委吳延環等三十一人提出臨時提案，認為按照立法院議事規則第十五條第一項第一欵規定：「請願文書應否成為議案，由程序委員會逕送有關委員會審查，審查時得邀請願人列席備詢。」程序委員會不應將本案交三委員會「參考」，而應逕送三委員會審查應否成為議案。程序委員會將本案送交三委員會參考，不啻對本案於未經審查，即予打銷。

綜合上述的事實，出版法修正草案提出立法院後，到今天已逾一月。海內外對這一個問題，雖然鬧得滿天星斗。但在事實上，新聞界最初要求由行政院將原案撤回，既渺無消息。其次希望立法院能根據民意將本案打銷，也是同樣渺茫。因為行政院既已函送再修正草案到立法院，這不啻表示無意撤回這個案子。其次，在立法院方面，從四月八日到現今，我們在報上所看到的，從三個委員會對於公開審查抑秘密審查的爭執，經過立委程滄波等臨時提案主張公開審議，到立委彭善承薛興儒等提出復議。臨時提案與復議一再經過否決。再看從五月六日臺北市報業公會到立法院請願，以至五月九日立委吳延環等提出臨時提案，主張這一個請願案，應由三個委員會審查後決定是否成為議案。由這一連串的事實可以說明本案在立法院，經過一個多月的時間，與立法院院會多次的激辯與表決，始終環繞在程序問題上，而沒有觸到本案的實質問題。

在海內外萬方注目這一個新聞自由問題，與基本人權問題，而我們的議會，化了一個多月的時間，纏繞於程序問題。使得全國民衆，目眩神昏。好像這一個法案的程序，不知是怎樣一個複雜的問題。在會議制的議會，議事要講求程序，原是無可非議。但化了一個多月的時間來絞這個程序問題，我們先要問：究竟程序上有什麼不能解決的問題？現在立法院對本案在程序上的爭執，易詞言之，便是對這個法案的審議究竟是公開審議還是秘密會議。明瞭這一個前提，本來就不應有所謂程序問題的爭執。我們簡單地舉出幾個觀點：第一、按照立法院組織法第十三條規定：「立法院會議公開舉行，必要時得開秘密會議；」又同條第二項：「行政院院長或各部會首長得請開秘密會議。」第二、本草案四月八日行政院函送立法院時，列為密件，立法院程序委員會照例列為秘密會議議程。但新聞界代表謁見行政院正副院長時，黃副院長少谷對新聞界代表公開表示：此次本案以密件函送立法院，係主管人員之疏誤。該主管人員已自請處分。這個消息，在臺北各報均經登載，立法院院會辯論時，亦經幾位委員引述。行政院始終未予否認。四月十八日行政院函送本案再修正草案於立法院，係照普通公文送達，並未特表「密件」。第三、四十一年立法院第九會期討論本案時。從委員會到大會，始終在公開會中審查討論。從未開過一次秘密會議。所以從上述三點來論。出版法修正草案本身性質既不構成國家的機密，立法院對此案審議，絕無開秘密會議之必要。何況從本案送達立法院後，本案內容及新聞界的請願書，已將本案條文及論爭各點完全在報上披露。更沒有什麼地方再可保留秘密。至於行政院方面，始終沒有積極要求立法院對此案舉行秘密會議。再修正草案以普通文件函送立法院，更正證明行政院對本案絕無要求以秘密會議審議。所以本案在法理上，在事實上，均不應有引起秘密會議與公開會議的爭執。然而立法院今天竟化了一個多月的功夫，在這一個問題上絞纏，經過三個委員會的爭持，院會的臨時提案與復議，終於不能在立法院爭得本案的公開審議。這是使我們選民十分惶惑而失望的！

會議中的程序問題，誠然是可以嚇唬外行人的。也可以對參加會議者，對於程序生疏的人，使他一時無所措手足。但這套把戲的伎倆，終久是有限的。程序問題，根本是沒有什麼深微與妙。幾十條議事規則，經不起什麼深切研究的。況且一個議案的程序與實質，實質是目的，程序是手段。手段原是爲了實現目的。程序還是應跟着實質走的。把出版法修正案來講，這個法案既涉及人民的基本自由，涉及國家的新聞自由，在法案本身的性質上與現行法規上，根本沒有絲毫秘密的必要。也就是說根本不應發生程序問題。然而這個法案從開始起，立法院程序委員會以密件排列在秘密會議的議程上，在程序上逼迫出公開會議的要求。逼迫出來一個公開會議的要求以後，而在立法院院會，經過兩次提案激辯而始終不能得着多數的通過。這無異說明今天立法院的一部份委員，對本案是非開秘密會議來審議不可的。法案本身無秘密的必要，行政院沒有要求開秘密會議，而立法院一部份委員，硬是堅持非開秘密會議不可。秘密會議的主張說不出口，秘密會議的理由拿不出來，藉口程序問題來絞亂視聽，這是什麼一種用心！我們選民是有權揭出請教於一部份立法委員的。

公開是民主政治一個重要的條件，所以民主政治是公開的政治。民主的社會也是公開的社會。立法院組織法第十三條規定「立法院會議公開舉行……」，這說明立法院的會議，公開是原則，秘密是例外。民主政治所以要主張公開，便是一切政治主張，惟有公開，然後全體選民可以判斷各種主張、是非與曲直。我們主張民主政治，首先要主張政治上的公開，尤其民意機關會議的公開。立法院這次對於出版法修正案的審議，一部份立法委員竟出死力反對公開會議。這正是反證公開的力量。擁護民主自由的人，決不畏懼公開。爲民主自由奮鬪的人，必需爭得公開的政治與公開的社會。報紙上登載在立法院中，有一部份人想活埋新聞自由。更想用程序問題來做工具去活埋新聞自由。但是，新聞自由是埋沒不了。新聞自由即使暫時遭難，終於要復活的！希望民主自由的鬪士，背着新聞自由的十字架，維護新聞自由的光榮與永生！

固步自封的僑務

喬迺南

一　華僑的潛力及其處境

從近百年歷史過程而言，我旅外僑胞，每逢國家遭遇艱難困苦，需要支持時，無不出錢出力，共同奮鬪，以實現祖國所爭取的目標；雖至傾家蕩產，或犧牲性命，亦在所不惜。所以，華僑之於國家，誠屬休戚相關，榮辱與共；其愛國熱情，是自然流露，出自天性。

我僑胞流寓海外，源遠流長；迄於今日，僑胞足跡遍天下，其分佈之廣，人口之衆，並世國家，無可匹擬；而其勤勞奮鬪之精神，優良傳統之德性，對於國家及人類具有不可磨滅的功績，亦早為世人所共仰。今日華僑人口，達一千四百餘萬，較之現有臺灣人口為尤多；故任何人都不否認華僑是自由中國一根支柱，復興的一大動力。

華僑移殖海外，其先也，目的全在經濟，毫無政治目的。近來受時代潮流的激盪，政治意識正逐漸增長，其興趣已不再局限於經濟的領域。他們對於國內的政治情況關心，對於居留地的政治設施，亦日感興趣；有些華僑，同時也是僑居地的公民，不但享有參與當地政治活動的權利，且不乏在僑居地居於領導地位，對國際局勢具有影響力量者。

華僑聚居於東南亞者，佔全體百分之九十五以上，經濟力量亦較之其他地區的華僑宏大；而其處境亦比較艱困。東南亞在地理上最接近中國大陸，在文化上和經濟上，都還比較落後，為共產毒菌最適宜蕃殖滋蔓的地方。因此，我僑胞不但面臨中共陰謀爭奪之衝，同時也面臨僑居地政府的歧視與排擠之境。由於僑胞在東南亞地區的商業與經濟地位，早已奠定基礎；一般新興國家，因為文化與經濟都還比較落後，以為華僑經濟力量的雄厚，對於他們經濟的發展，將受到不利的影響；甚至誤認華僑艱難積蓄的財富，是向他們人民攘奪而來者；因此由疑懼而生怨嫉，遂有排斥華僑行動的發生。今日全球各地區華僑固然面臨着或多或少的問題或困難；但比較起來，東南亞地區的華僑面臨的問題最大，遭遇的困難最多，是無可諱言的。就維護最大多數僑胞的利益，或解決最大多數僑胞的問題和最大的困難而言，僑務重心應側重在東南亞地區，當為不爭之論。

二　中共對華僑的統戰陰謀

中共竊據大陸初期，深知海外華僑力量之雄厚，認為具有可供利用的價值，乃廣泛展開爭取華僑的活動，企圖利用華僑的財力與人才，以加速所謂「社會主義建設」；在政治上進一步拉攏華僑，對自由中國進行政治攻勢，瓦解臺灣。其次，認為華僑辛勤經營，長期積蓄，經濟力量雄厚，爭取華僑可取得僑滙僑資，解決財政的枯涸，並以發展經濟建設。其三，認為華僑與僑居地的關係，甚為密切，可以利用之作為對僑居地進行滲透顚覆活動的工具，尤以東南亞各地，更為良好目標。因此，中共乃恩威並施，大力展開其統戰陰謀：

㊀加强對華僑的統戰工作，擴大爭取華僑：中共於竊據大陸之後，即以華僑為所謂「人民民主統一戰線」重要組成份子之一，先後於偽政協共同綱領和偽憲法中均規定「保護華僑正當權益」，藉示對華僑的照顧；偽憲法中且特別規定華僑享有參政權，以爭取華僑之支持。自民國四十五年一月周匪恩來提出所謂「努力爭取用和平方式解放臺灣」的口號後，中共隨即在港澳及海外各地區，積極展開爭取華僑的活動，企圖「擴大華僑愛國統一戰線」，以達到「團結一切可能團結的力量，參加建設」的目的。

㊁實施保護僑滙政策，加强吸收僑滙：中共僭立偽政權之初，即提出「便利僑胞，服務僑胞」的口號，以吸引華僑。民國四十四年二月，偽國務院發出「關于貫澈保護僑滙政策的命令」，禁止地方匪幹侵犯僑滙和干涉歸僑、僑眷使用僑滙的自由，但下級匪幹執行並不澈底。四十五年六月偽第四次僑務擴大會議乃又決定「貫澈執行保護僑滙政策」，禁止强迫僑眷與僑滙投入生產，企圖爭取海外華僑的信任，以加强吸收僑滙工作。

㊂對華僑投資採取優惠政策，加强誘騙華僑向大陸投資：中共在大陸實施農業集體化，沒收農民所有的生產手段；實行工商業公私合營，以「定息的贖買政策」，吞沒私營工商業。但對華僑投資，却允許以私資經營或個體經營，所投資金到所謂「社會主義」建成時，仍按個人股金處理；表示華僑在所謂「社會主義改造」中，可享受優惠待遇。企圖藉此加强誘騙華僑投資，以補助建設資金的不足。

㊃照顧歸僑僑眷的特殊利益，加强控制歸僑和僑眷，爭取僑生回國升學：中共竊據大陸的初期，由於地方匪幹作風的粗暴，忽視歸僑和僑眷的特殊情況，頗引起華僑、歸僑和僑眷的普遍不滿。到了民國四十五年五月，偽「華僑事務委員會」副主任方匪方向偽「政協常委會」作僑務報告，乃正式提出在「農村社會主義改造」中，照顧歸僑和僑眷特殊利益的十項辦法，如提前改變歸僑和僑眷的地主和資產階級成分，給予華僑土地代耕租金，充分配給僑眷缺糧戶的糧食，僑眷可以依靠僑滙生活，不勉强其參加生產，不强遷華僑祖先墳地等，以示照顧。同時為加强對歸僑和僑眷的組織和控制，則設立全國性的「歸國華僑聯合會」及地方性的「歸僑聯合會」，設立「華僑學生補習班」和「華僑中學」，進一步誘騙僑生回國升學；圖通過歸僑、僑眷及僑生，達到騙取僑滙、僑資、和全面爭取華僑的目的。

中共組織僞「歸僑聯合會」的企圖，是政治目的與經濟目的並重：第一、利用僞「僑聯」作爲「華僑事務委員會」聯繫歸僑、僑眷和華僑的橋樑，作爲中共控制歸僑、僑眷和華僑的工具，藉此通過歸僑、僑眷、僑生，影響海外華僑，擴大所謂「華僑愛國統一戰線」，廣泛開展和海外華僑的聯繫，促進海外華僑的所謂愛國大團結。第二，利用僞「僑聯」控制僑眷，加强榨取僑滙，騙取僑資，爲其以軍事工業爲重點的工業建設籌措資金。第三，利用僞「僑聯」加强對匪區「地方歸僑聯合會」的領導，使各地方僞「僑聯」充分發揮監督各級僞僑務機構幹部，正確執行所謂僑務政策，並以所謂服務僑胞的假殷勤，爭取華僑對大陸發生好感，以混淆國際視聽。

今日中共的僑務政策，在海外，是以「擴大華僑愛國統一戰線」爲中心，企圖爭取華僑作爲所謂「通過和平途徑解放臺灣」的橋樑；在大陸匪區，是加强籠絡和控制歸僑、僑眷和升學僑生，影響海外華僑，擴大吸收僑滙和誘騙華僑投資，以解決財政經濟的困難。但由於海外華僑尚能明辨是非，認清順逆，所以中共的華僑工作成效，亦未如預期那樣顯著。

三　我們的僑務政策

由於華僑力量的雄厚，和對國家貢獻的偉大，國家對于華僑，亦視爲無價之寶，在中華民國憲法中，特別規定「維護僑民利益」條欵，明定國家對華僑應有的責任。憲法第一四一條規定：「中華民國之外交，應本獨立自主之精神，平等互惠之原則，敦睦邦交，尊重條約，及聯合國憲章以保護僑民權益，促進國際合作，提倡國際正義，確保世界和平」；第一五一條規定：「國家對于僑居國外之國民，應扶助並保護其經濟事業之發展」；第一六七條規定：「國家對於左列事業或個人，予以獎勵或補助：……㊁僑居國外國民之教育事業成績優良者，……」此三者，爲中華民國對海外僑務的基本政策；一切僑務設施，均應以此爲範疇。因此，我們的僑務的重要目標，可歸納爲三：

㊀維護僑民合法權益；

㊁輔導僑民經濟事業；

㊂扶助僑民教育文化；

這三大目標之中，屬於㊀維護僑民合法權益者，是國家對海外僑胞應有的職責，一旦僑胞的合法權益受到威脅或損害時，政府須立即採取行動，加以維護。屬於㊁輔導僑民經濟事業，及㊂扶助僑民教育文化兩項，是目前急應展開的重要工作。爲使華僑在海外的經濟基礎日益鞏固，必須擴展華僑經濟事業，逐漸由商業資本，轉移爲工業資本，幫助華僑在僑居地向工礦生產事業方面發展，進而協助僑居地民族改善其生活，促進人類社會的幸福；爲繁衍民族生命，必須充實華僑教育，推廣華僑文化事業，使新生的下一代僑胞，得以接受祖國文化的薰陶，發揚光大華僑在海外的貢獻，故平心而論，這三項僑務政策是正確不易的，目標是鮮明不移的。僑務當局若能針對此目標，實踐「乃役於僑」的口號，遵循「工作地區應由側重國內到側重國外」的方向，以積極輔導的精神，主動的展開工作，則僑務工作的成就，是不待言的。

去年十一月二十五日，僑務委員會委員長鄭彥棻曾以「三項僑務工作的檢討」爲題，在中央紀念週作僑務報告，他認爲當前僑務問題很多，但一般人都能接觸到而大家都關心的，是僑團回國觀光，僑資回國參加生產事業及僑生回國升學三者。其實無論是在國內或在國外，對於華僑的問題，大家所最關心的，是海外華僑的處境日益困難，僑胞的合法權益，正日受威脅，僑胞的經濟事業，正漸被排擠，僑胞的文化教育，正處在不絕如縷之中；有些地區僑胞的生命財產，且正處於驚濤駭浪之中，杌隉不能自保。應該將目光移置國外，始能爲僑胞解決面臨的困厄。僑務工作重點，應側重在國外，不應局限於臺灣，是任何人所不否認的；在臺灣辦僑務，將被認爲捨本逐末，不切實際。所以有識之士，都以爲即使這「三項僑務工作」有最大的成就，也並非僑務工作的成功，因爲這並不是僑務的重點所在；而況這三項工作，執行得也並不盡合理想。

四　僑團回國觀光、年費三千萬元

僑團回國觀光，足以表現僑胞的熱心愛國，人數愈多，愈足表現僑胞愛國的程度；從來的地區愈廣，愈足顯示僑胞擁護祖國的普遍。僑胞在觀光之後，目擊一切設施可以瞭解國內的狀況，傳播海外，增强僑心的內向，故就僑團觀光本身言，是正確的。

自由中國既然歡迎僑胞回國觀光，僑胞遠涉重洋，人地生疏，給予合理的接待，乃屬義無容辭。今日國家處境之艱，遠非昔日可比；僑胞不避艱險，投奔祖國觀光，自然無任歡迎。僑務當局將招待華僑事務，列爲僑務重心，原則上也未可厚非；但過份的舖張浪費，却使人有僑務委員會變成華僑招待所之感。立委林競忠曾在立法院提出質詢，指摘「僑務委員會所表現的，是招待華僑，於是外間有人主張僑務委員會應改爲華僑招待處，專作有關招待事宜。」（四十六年十月二十七日香港工商日報）若干有地位的歸僑和僑領，也率直指出僑委會類似華僑招待所。中國是個窮國家，僑胞遠道而來，理應招待；但若每年要費三千餘萬元，則未免裝潤浪費。據吾人瞭解，回國僑胞，多能深體國家多故，財用浩繁，宜以有用之財，爲國家建設之用；對於無間晝夜的酬應，每深以爲苦；而對於招待的糜費，亦深致不解。

僑委會對於組團回國觀光的僑胞，是標榜不論貧富職業，不問宗教黨派，不分男女老幼，都一律予以招待。因爲是來者不拒，所以若干地區的組織份子，就難免品類不齊；有些是平日想來而受入境條例限制者，有些是臺灣有商業關係急待處理而迫不及待者，甚至有些是想借觀光以撈一筆者，都假觀光之名而俱來。因此借觀光之名走私牟利者有之，運毒販毒者亦有之。泰國某觀光團的母女運毒案，香港某僑團部份團員的集體運毒走私案，固已破獲有案；星馬某工商考察團部份團員挾帶私貨，以「原機撤回」要挾海關人員放行的場面，星洲報上亦曾喧騰一時。這固然是個人的不良行爲，不足影響全體僑團熱愛祖國的聲譽。但觀光演變至此，實大背原來旨趣。善良僑胞爲此痛心疾首，有識人士亦莫不同聲嘆息。負責的僑務當局，能不負其責乎？

回國僑胞愈多，愈足表現僑胞愛國之熱烈；但忽視其代表性，却無以起領導作用。有代表性者，一人常可代表千萬人；無代表性者，則僅可代表自己，其對外影響力，自有霄壤之別。須知在回國僑領中，有如假包換者，有似眞似假者，亦有自號自稱者。後者恆冒華僑之名以朦蔽政府；挾政府之勢以欺騙僑胞；政府以其有代表性、有號召力，凡事優待有加；僑胞認其關係夠，份量足，萬事拜託如儀；因此，內外朦混，左右逢源。例如星洲「某僑領」，在當地僑社中頗不受歡迎；而在臺灣却視爲無價之寶，捧之上天。他以走單幫姿態，每年率同全家婦孺老幼，闔第光臨觀光。經費例由「義捐」，團長非己莫屬；到臺之後，一應開支，自有政府招待，經費無形化私爲公；有時代請入境證，還可撈他三五萬叨幣；有時還可買空賣空，挾勢請售砂糖三兩千噸，賣權利轉手圖利。此之謂僑領，叫正義僑胞如何折服？難怪善良者心灰意冷；偏激之徒則難免憤而左轉。

去年一年中，海外各地回國觀光的僑團共一三八單位，四〇九一人。此爲自民國三十九年以來最多之一年；其個別回國者且未計及。但請勿自滿，據去年四月六日香港華僑日報所載，去年淸明節由香港進入中山縣掃墓者，達八九千人。這雖是季節性的特殊現象；但將此數字一比，仍可證明我們的自滿，尙嫌過早。僑胞回國觀光，既歡迎之至；則無論組團或個別回來，理應一視同仁，無分彼此，一概給予方便與優遇。但觀上述集體回國的數字，顯示受方便與優遇者，僅限於招待有案的組團回國的僑胞與極少數有地位的僑領；其屬個別回來者，似未在方便與優待之列。立委林競忠曾於立院會議質詢中指出：「華僑個別回國案件，延遲辦理，故意拖延；而凡以團體回國致敬者，莫不從速辦理。此種作風，應予糾正。」（四十六年十月十七日香港工商日報）僑委會副委員長黃天爵雖於答詢中否認此事實；但事實勝雄辯，識者固咸知其乃屬飾詞搪塞也。

五　僑資回國生產、有人從中漁利

僑資回國，可誘導僑胞資金從商業轉向工業；同時可利用此項僑資加速發展臺灣生產事業。臺灣乃一島嶼，受自然環境的限制，先天上難於自給自足；須藉發展工商業，推進對外貿易，才能使本身經濟穩定。發展工商業的先決條件是資本、技術與市場；臺灣的國民所得不高，資本的集積不豐，故必須歡迎僑資，充裕生產資金，方可有成。

僑資回國，可分四階段：第一階段自民國四十年至四十一年十月，此時並無固定辦法可循，僅由臺灣省政府建設廳斟酌實際情形，核准香港十家僑資工廠遷臺生產。第二階段自四十一年十一月至四十三年八月，行政院公佈「鼓勵華僑及旅港澳人士來臺舉辦生產事業辦法」，及「自備外滙輸入物資來臺舉辦生產事業辦法」，作爲誘導僑資的手段。在此時期核准來臺之僑資計三六家，連前共四六家，投資總額共計美金一、五一五、九一九元，港幣一〇、六三九、六三六元。第三階段自四十三年九月至四十四年十一月，行政院另頒「華僑回國投資辦法」，將上述兩項優惠辦法取銷。因有利條件已不存在，僑資回國隨之銳減，投資者僅九家，投資額僅美金一二一、四三二元，港幣四七三、九〇〇元，英鎊一五、五〇〇鎊。連前計五五家，金額共美金一、六三七、三五一元，港幣一一、一一三、五三六元，英鎊一五、五〇〇鎊。第四階段自四十四年十一月以後，「華僑回國投資條例」正式公佈；依此條例規定，華僑可以自備外滙輸入暫停進口之物資，獲得較黑市外滙更優的利益，作爲建廠的資金；在投資滿二年之後，每年得以其投資本金總額百分之十五，結滙滙往國外；對於稅捐亦分別獲得減免。在此有利條件之下，僑胞回國投資，乃日漸踴躍；截至民國四十六年六月底止，計八一家，金額共美金一六、〇三〇、三九五・九七元，港幣八、四七〇、二九〇・一〇元，英鎊一一、三〇三鎊一五先令。連前共計投資一三六家，總金額美金一七、六六七、七四六・九七元，港幣一九、五八三、八二六・一〇元，英鎊二六，八〇三鎊一五先令。在此一三六家中，已正式開工生產者計六二家，已來臺正在籌建尙未開工者計四一家，正在來臺途中者計三三家。就投資種類言，計紡織工業三九家，化學工業二六家，食品工業一九家，金屬工業一一家，機器工業八家，窰業五家，印刷工業四家，礦業三家，交通運輸業三家，農牧業二家，其他業一六家，均屬日用品工業。就地區言，港澳八〇家，投資金額折合美金八、八五三、一七七・八〇元，佔百分之四一強；日本二九家，星馬八家，印尼五家，泰國五家，菲律濱三家，緬甸二家，越南一家，共五三家，投資總額折合美金一一、八九七、七〇四・三六元，佔百分之五六強；美國二家，投資總額共美金一二四、二四四・五〇元，佔百分之〇・五八；紐西蘭一家，投資額美金三九七、四一一元，佔百分之一・四〇。港澳投資額中，可能有若干屬於大陸逃港遊資，及若干由臺灣套滙香港以僑資名義轉回投資，以獲取優惠待遇者；美洲澳洲爲數甚微，歐非二洲且無分文，顯示此四大洲的僑資回國，比重甚輕；東南亞方面除港澳另計外，投資總額達百分之五六強，顯示這方面的僑資回國所佔地位最爲重要。故無論就僑胞人口言，就僑資回國言，東南亞方面較任何地區的比重都大；但考其目前處境，則較任何地區爲艱困。平日僑務當局重歐美輕東南亞的作風，實屬輕重倒置。立委林競忠在立院會議質詢中，曾指摘「僑委會鄭委員長在正當越南國籍法問題發生嚴重階段時，却前往美國，置百萬旅越華僑國籍問題於不顧，實爲一大過失。」(四十六年十月十七日香港工商日報)其實，鄭氏不但於此時滯留美國，且轉道歐洲；可爲重美輕亞之佐證。說眞的，今日美國及歐洲華僑並無困難問題發生，鄭氏歐美之行，所爲何來？難怪海外僑胞對鄭氏輕重倒置之作風，交相指責。

撇開輔導華僑經濟應側國外不談；過去華僑投資果眞有二千餘萬美元(姑將套滙者併計在內)，對資金缺乏的臺灣經濟，自不無貢獻。但若不自我陶醉，則對七年來這點成就，不應感到滿足。據香港銀行界估計，每月由星馬流入香港的有一千五百萬鎊(四十六年七月廿三日香港工商日報)；在去年一年間，海外華僑約有十三億港元滙港，主要是來自東南亞，(四十七年一月十四日臺灣新生報)把這三個數字對比一下，我們七年來用盡心力爭取，而所得者尚不及流入香港一月之數。相形見絀，實在令人慚愧。我們應該自省，香港之所以能吸收大量僑資，在他們能善造優良的投資環境。而我們則不然，名爲鼓勵，實則政出多門，層層受制，手續麻煩，使有意回國投資者，望而却步。

僑胞都具有熱愛國家，熱愛自由的心理，只要國家給予他們以機會，給予他們以合理的待遇，事實上不必待什麼鼓勵，他們都將欣然來歸。但無論任何僑胞，對於投資事業，總離不了牟利的目的；只要不出諸非法的手段，投資賺錢是天經地義的。所以爲鼓舞華僑投資的信心，不僅須爲造成優良的投資環境，給予充分的保障，也應盡可能的使其有利可圖，以助其事業的發展。

臺灣固亟需僑資，以充裕生產資金；但因滙率不合理，乃有僑資進口其他物資辦法的規定，使投資者得輸入管制或暫停輸入的物資，以示鼓勵。僑資回國的程序，是由僑委會認定華僑身份後，送請華僑投資審核會初審，將進口物資名單轉送外滙會專案輸入小組；經該小組在進口物資名單之下，逐項加以說明，並簽註意見，連同原案送回僑資審核會審核；僑資審核會核准後，通知臺灣省政府建設廳，准其設廠；建設廳再將核准進口其他物資名單，通知專案輸入小組，請專案小組轉請外滙會通知臺灣銀行簽證，准許其辦理輸入手續。物資輸入後，出售要經過中信局及物資局，售貨價款要專戶儲存於臺灣銀行，動用必須先經報准。這樣規定，照理不應有流弊；但却有人利用法律空隙，從中取巧漁利，以致弊竇叢生，物議沸騰。

僑資輸入物資流弊之源，是華僑身份的認定；此項認定包括投資人的投資能力及誠意。所以事先應詳細調查申請人信用，資產狀況，及投資金額的確實來源，以爲處理的依據。但由於有關方面對於華僑身份的調查和投資的審核不能配合，遂致流弊滋生，有等投機商人，利用法律空隙，假冒華僑投資的身份，以自備外滙輸入其他物資，而將權利金出賣圖利，並不設廠。有等假華僑利用眞華僑出名申請，一切資金由假華僑負責，每核准一美元物資進口，則致酬五元至十元新臺幣，如一次核准十萬美元，即此出名者可不勞而獲五〇萬至一百萬元的利潤。有等華僑申請進口物資獲准後，自己不辦進口，而將進口物資權利轉讓商人圖利，每一美元進口額，最盛時可獲取二十至三十元，最少可獲取十元至十五元的權利金，如獲准進口十萬美元的物資，可獲取權利金一百萬元至三百萬元。有等華僑利用增資舊有工廠，逃避政府機構代管資金的限制；因爲增資案件物資進口出售後，其所得價款，可歸投資者自行處理，將資金套滙國外，而以所得利潤增資。上述一三六家中，增資舊廠者達三十三家，佔百分之二四．二七弱；足見大利所在，爭相趨焉。由於僑資輸入其他物資有優厚利潤及頂讓權利，所以內外投機者爭相競取，於是奔競請託之風遂起。據去年九月十五日臺灣某報載：「此間工商界傳說，投資開設觀光旅社，已有一項暗盤行情，價格爲每一隻房間新臺幣一萬元。因此不明行情的業外人士，無法競爭開設觀光旅社。而能達到開設觀光旅社目的者，由於籌備活動等支出，成本浩大關係，必須從進口其他物資，獲取報償。因此，市場最近發生某一國際觀光旅社，於獲准申請進口卡車等一批其他物資，將進口權利出賣於商人，獲得一百八十萬元新臺幣巨利之後，竟逃往香港。」這說明僑資進口物資，不但在內外投機商人之中發生流弊，在主辦機關之中，也有人從中漁利。

「華僑信託公司」的籌設，將是大規模僑資回國的轉機。但是立委張貞、李鈺、林競忠、沈之敬等認爲該公司由僑聯總會籌備，不能取信於華僑；主張應由眞正華僑遴選有信譽有聲望人士負責籌備，於立院院會中提出質詢：「政府准許華僑設立華僑信託公司，不失爲適時的措施。但據鄭委員長彥棻本月七日在僑政委員會報告謂：該公司已由僑聯總會推人籌備，開始募股。當卽引起在場委員反對。吾人認爲華僑信託公司是華僑金融機構，必須由僑界中遴選有信望人士出來籌組，並建立良好制度與信用，乃能取信於華僑，然後才有發展的希望。如果介入某些空洞的團體和複雜的份子，將使華僑懷疑又是少數人居間運用，更將失去政府鼓勵華僑投資的本意。應請貴院長特別審愼、重加考慮，務必達到由華僑自己來主持，才有效果。」(四十六年十二月廿一日聯合報)這個質詢內容，充分反映華僑的心聲，也暗示僑聯總會非純由眞正華僑主持，不足取信於華僑，雖負籌設華僑信託公司之重責；主張應由眞正華僑自行主持，以免此唯一的華僑金融機構，因份子複雜，而爲少數人居間運用。這一見解，並非「多心」之見；試觀僑聯總會實際主持者，幾會見有眞正華僑在!?

六　僑生回國升學、仍嫌做得不夠

上一代的華僑，拋家離井，遠涉重洋，只有經濟問題，並沒有文教問題。因爲在文化上，僑胞一般智識，較諸當地土著並不落後，不致有受淘汰的威脅；在教育上，僑胞都有自費所辦的學校，以祖國的語言，讀祖國的書；如要深造，可以隨時回國肆業於大專學校。但自第二次世界大戰以後，若干新獲獨立的國家，由於狹隘的民族主義作祟，都不期然的因嫉妒華僑而採取排華措施，除限制僑胞經營某種行業外；對僑校大都實行嚴格管制，有些地區甚至禁授華文，圖使華僑子弟，與祖國教育文化脫節，從基本上消滅華僑。在此情形之下，僑敎之困難，可以想見；但僑胞愛國心切，年仍有大量僑生回國升學，接受祖國文化。及中共竊據大陸後，僑生回國升學，卽逐漸成爲問題；初期中共因急於鎭壓內部，無暇顧及海外僑敎，及後，認爲華僑青年，可利用作爲在海外從事傾覆工作的幹部，因此，展開其滲透、欺騙的手法，引誘大量僑生，回歸大陸升學，其作用不但圖以敎育方法，改造僑胞思想，且圖以僑生爲橋樑，以爭取海外僑胞之內向與僑滙的內流，在初期數年，中共在這方面，表面上確有若干成就。

自由中國列扶助僑胞文敎業爲僑務政策之一。但由於環境的限制，和人謀的不臧，對於海外僑校所面臨的困境，並無法給予扶助；而對於爭取僑生回國升學，亦因形勢所限，未能有所作爲。後來政府鑒於爭取海外僑生的重要性，認爲有積極展開之必要，乃下決心，悉力以赴；因此，僑生回國升學，乃逐年激增，其所來地區，則以東南亞地區爲最多。這說明在這一工作上，仍以東南亞地區爲最重要。

年來華僑人心的背棄大陸，主要原因，固然是由於中共的殘暴專橫，多行不義；但促使華僑明辨是非，棄惡向善的，則是千萬回到大陸及臺灣升學的海外僑生；因爲他們在臺灣或大陸所身受的，影響僑胞們的認認，因而有了正確的選擇。所以爭取僑生回國，這政策是正確的。

僑生回國之年有增加，除上述中共的殘暴專橫，多行不義的原因之外，其次是因爲自由中國敎育發達，各級學校設備及辦理均比較完善，使華僑青年嚮往。其三是政府爭取僑生，出於至誠，盡其所能，優待有加，華僑青年樂於來歸。其四是若干僑居地政府，規定僑生來臺就學者，准予回居僑居地；赴大陸就學者則不准享有此權利，使來臺僑生無復後顧之憂。此外政府爲使僑生安心向學，除建築比較華麗之僑生宿舍外，並設置㊀淸寒補助金，助淸寒僑生以生活費，使其能繼續就學；㊁醫藥補助費，凡患病僑生，視其經濟狀況，予以全部或一部醫藥費之補助；㊂旅費補助，僑生因僑居地政府之限制，須於規定期間內返回僑居地簽證，以取得繼續居留權者，來回程旅費全部補助；㊃優惠滙率，僑生家庭由海外滙欵接濟其在臺子弟，可獲優惠滙率之待遇。總之，政府視回國僑生爲天之驕子，溫愛無所不至，在好的方面言，自然足以鼓勵僑生踴躍回國升學；而在壞的方面言，則愛之過甚，不免陷于驕縱，姑息，遂於有意無意之中，造成僑生的特殊化。

能夠遠道回國升學的僑生，其家庭間有比較富有者，在生活享用方面，比國內學生爲優，因而在一般學生中，表現着優越感；益以政府之優待備至，無論在學業、在住宿、在膳食方面，均有與一般學生不同的待遇；日子一久，僑生在學校中，遂形成一種特殊階級。在這種不同的生活與待遇之下，便容易養成僑生飛揚浮燥的習氣，若干羣毆衆鬪，以及越軌行爲，多由此而發生。我們相信最大多數的僑生，都能潔身自好，勤苦力學；但只要有一個僑生滋生事端，便是當局輔導，責有未盡。不容諱言的，目前在臺升學的僑生中，是有部份的問題學生在。由於部份問題學生的不良行爲，對于學風就不無影響，而對于整個僑生的信譽，也發生動搖；因而亦有人對于爭取僑生回國升學這一措施，發生懷疑。

僑胞遣其子弟回國就學，一方面是希望藉此以增强其民族意識與國家觀念；另一方面，也希望在祖國的敎育之下，使之成爲品學兼優的好青年。他們固然希望當局對其子弟獲得回國升學的機會，給予若干便利；但決不希望因享受特殊待遇，而造就其子弟的特殊化，養成其驕縱放蕩的惡習。僑委會站在爲僑胞服務的立場，隨時對僑生關切照顧，是義無容辭的；但事事冠以「僑×」，適足以在學校中，造成僑生之特殊化。國家敎育是整體性的，在敎育體系之下，僑生在國內就學，應屬于敎育部門的任務，僑務部門只可從旁輔導協助，不可喧賓奪主，或政出多門。現在僑務當局，事事製造僑生特殊化，讓僑生在一般學生中，自成一種特殊階級，與國內學生，格格不相入，這樣驕縱、姑息的優待，期收鼓勵僑生回國升學之效，其結果，恐將適得其反。

僑生回國升學人數，七年來由六十名激增至七千餘名，以言增加率，可謂差强人意。但若以海外華僑的需要言，則覺其尙嫌不够。海外華僑爲數一千四百餘萬，足跡遍全球。在歐美澳非各洲中，華僑子弟早與祖國敎育脫節，沒有中國學校可讀，只好就讀於外人學校，十九都不識漢文，甚至不懂華語。這種情形，甚屬嚴重。當局在別的僑務方面，特別重視歐美；而在爭取僑生方面，在這些地區却一無作爲，實在令人不解。在東南亞地區，僑敎原甚發達，僑校遍佈各地，每年中等學校畢業希望深造者，遠非國內大專校院所能容納，向隅者甚多，益以中共之全力爭取，僑生之赴大陸升學者，仍大有其人。僑生來臺升學逐年增加的比率雖高，若與七年來的人數總和相比，則覺其尙不及人。所以我們尙不可自滿，以爲在爭取僑生方面，已佔上風；事實上我們仍須迎頭趕上。

因爲港澳僑生無須於規定時間內返回居留地簽證，以取得繼續居留權，無法享有來回程旅費的補助；聰明者間有設法由港澳赴其他地區，然後以其他地區的僑生身份來臺升學，以享受來回程旅費之優待；復由於僑生來臺升學，可獲免試入學優待，聰明者間或先行設法出國，然後以僑生名義，免試回國升學。此種情形，雖不多見；但衡量實際情形，不能謂其無。只要有一於此，則可說明當局未善其責。

七　結　論

我僑胞移殖海外，爲的是求生存，並沒有政府力量爲其後盾，僅憑自己不斷的努力，披荊斬棘，克勤克儉，在僑居地開創事業。由於一向寄人籬下，受盡凌侮，所以對祖國企盼之情，非常殷切，渴望祖國富强康樂，使他們身居異邦，可以揚眉吐氣。他們最瞭解國家與個人的關係，因而對國事特別關切；每當國家有急難，他們也特別勇於輸將。他們對國家的奉獻只是盡心，希望國家富强，並無望報之意。但是歷年來，我們有一個錯誤的觀念，認定華僑是有錢的，因而或公或私，都時常向他們伸手，取而不予；有些僑官，且以華僑關係而斂財。平情而言，華僑對國家貢獻如是之大，政府不能久讓僑胞處于失望之境；允宜善盡保衞華僑利益之責，使華僑在海外的地位聲譽，日有增益。葉外長曾向立院外交僑政兩委會聯合座談會中激動而言：「今後我們必須維持並增進東南亞華僑的繁榮，不能空口講白話；要以貿易來對匪作實際的鬪爭，要以實際的愛護來對付共匪對華僑的欺騙」。這是深知僑情之言。我們過去紙上談兵，空口說白話太多了，今後應該亟謀所以實際濟助華僑之道。濟助之法安在？「空口說白話」是不行的了，必需以實際利益濟助僑胞；最低限度，給予華僑的，要多於華僑所奉獻的，切切實實做到：「非以役僑，乃役於僑」的境地。時至今日，對於華僑，專門吸取的時代已經過去，今後所應致力的，應該是給予，給予僑胞以實際濟助。

政府當前的僑務政策，應該是以維護僑胞在僑居地的合法權益爲第一要務。但是，近來以來，無可諱言的，我們的僑務工作，却是關起門來，在臺灣做表面工作。今日僑胞最多，處境最苦的東南亞地區，或因狹隘的民族主義的發展，或因自卑感所發的自大狂，或因媚共、恐共的關係，大多對我僑胞橫加壓迫與排擠。如印尼的外僑稅、與排斥華僑的民族化經濟政策；越南的國籍法、與禁止外僑經營十一種行業的越化案；菲律賓的各種菲化案等等，使我僑胞的生存權益，遭受嚴重的威脅。政府雖或力謀維護，但因環境困難，多未能收到圓滿效果。海外環境，情況各殊，若不相度其不同實況，而與之配合行事，則僑務工作與僑居地的實際情況，必然扞格不通，自難收良好的成果。難怪在許多涉及僑胞痛苦的問題中，當局都未能給予妥善的解決。

今日僑務工作的方式與方法，固宜有所更張，以適合僑居地的實際情況；而僑務人員的任用，尤宜本以事業用人，用人唯才的幹部政策；不因人而設事，要因事以擇人，方可任用咸宜。華僑最重社會關係，辦理僑務，要能因親及親，因友及友；故必須選拔眞正華僑人士，或熟悉僑情而與華僑有親切關係者，付予重任，方符以事業用人之本旨。過去忽視適人適地原則，隨便派員出國，不計效果的作風，實應重加檢討。中共爲加强海外華僑工作，先後於「厦門大學」成立南洋研究所，及廣州「中山大學」設立東南亞研究所；研究範圍，包括華僑及華僑所在地的各種有關問題；計劃於七年內，培養南洋華僑問題專家一百人以上，以推展海外華僑工作。日本侵略南洋時，亦利用臺灣的高山族語言與南洋各地土著民族之語言相通，驅其充任侵略先鋒，以收事半功倍之效。吾人侈談開展海外工作，爭取海外華僑，既乏專門研究南洋問題的機構；對私人研究，亦未曾充分予以鼓勵。用人不問才德與專長，只問關係與好惡，重用僑棍，或以不識僑情，與華僑毫無關係者，濫竽其間，其工作之偏差不合理想，自在想像之中。時乎，不再來，對海外僑務，尚可固步自封，蹣跚粉飾，不事振作乎？

（一月廿四日）

我要編一本新尺牘

思果

> 爲人行善者要行到精密的細目上去。
> 一般的善是無賴、僞君子、佞人的托詞；
> 藝術和科學無精密組織了的細目就不存在。
>
> ——白來克 (William Blake)

凡是翻過百科全書的人，總不免感覺到他所要找的，百科全書裏不齊備，或者沒有，而百科全書裏的那麼多的東西，他却很少用得着。用這種眼光來看一本尺牘大全，你就心平氣和了。百科全書的編者未嘗不知道百科全書的先天的缺陷，可是他的書還是照舊要出版的；所以尺牘大全也還是出個不停。

因此我對尺牘大全的作者，總存着佩服的心。一看題目，你就會覺得天地之間，凡是和人類有關的事，差不多都給他包羅進去了。舉幾個例子吧，有「子稟父沿途平安」，「稟祝父母壽（通用）」，「稟報營業情形（有「發達」、「盈餘」、「消縮」、「虧折」四種）」，「稟滙寄家用改用郵局滙票」，諸如此類。另外還有動人的題目，如「兄寄弟論嫁妹宜奩粧從豐」，「因子女訂婚託弟探堂上意旨」，妯娌類裏的「告隨夫旅行請歸主家政」。但最辣手的要算請求類的信件了。一個有求於人的人要把話說得不卑不亢，打動對方的同情心或利害心，眞不是一件容易的事，如「商籌添資本」，「商借欵買書」。此外規誡一類的信更是難以措詞。我眞佩服尺牘作者所撰的「規友人宜戒狎邪」、「勸擇交並戒嗜好」那一類的信，眞是言婉意深，氣勢酣暢，我絕對作不出來。現在抄一段在下面：

近聞閣下頗以聲色自娛，花月春江，及時行樂，豈賢者固將使人有不可測者？惟醇酒婦人，前賢本係有託而逃，原非得已。不料今人假借名義，轉以自豪。其功成身退，終老溫柔，論者且爲不取；至我輩青年，正宜求學，更不可厠足其間。況一經墮落，後悔難追。雖艷史流傳，掛人齒頰；然情深兒女，即足斷送一生。吾兄素慕偉人萬世之勳名，當取於大者遠者，若沈溺此中，竊恐有人笑其後矣……。

當然底下還可以加一句「狂夫之言，敢乞垂聽」之類的話。我想起來我倒有這樣的朋友，不過我還沒有勇氣去照抄下來，寄給他罷了。

至於「論初等小學男女合校之原理」那一封信，眞是非教育學者不能著筆，這封信如果加以擴充經營，未嘗不可以成爲一篇博士論文。還有祝賀一類，更是肚子裏沒典故的人萬萬寫不出的。想想看你的朋友的母親過七十歲，你去信祝賀，一張八行紙怎麼寫得滿？這種信只要不像「幸有香車迎淑女，愧無旨酒醮嘉賓」那樣惡俗無聊，都可以抄幾句的。

但是現在這個征服太空，月球旅行的世紀，所有的尺牘似乎都要重編才能合用，至少許多目前遭遇得着的難題，應該放進去，如「勸友預定月球旅行來回票」，「建議宜擇地避原子塵輻射」等等。這本新尺牘當然要適應潮流，兒子再也不用稟告父親到學校的情形。事實上，他只要寫一句「爸，我到了。」就够了。我第一封想起的是一位富豪寫給兒子的信，這封信從外國發出，那時這位富豪的第五任太太（比兒子小四歲）正在家住着。外面有風聲到老太爺耳朵裏，說少爺和他的新「母親」有曖昧，他心裏當然很不安，在這種情形之下，信是一定要寫的了，這封信，照我想該這樣寫：

諭某兒知悉（按：凡是富豪對兒子寫信，一定要用文言）：近聞吾兒益以聲色自娛，花月春江，及時行樂，余雅不欲深責。（註：老爺的許多風流事蹟，對兒子也無法完全隱瞞，有時在某種場合中，兩個人也會碰頭的。）蓋醇酒婦人，爲致富必由之徑，且係商業行爲，買賣雙方，各受其利，市場賴以繁榮，人生欣有所託。不料汝對瑪麗（按這是新太太的名字，老太爺本想用「汝母」的，但平常少爺見了她的面，直喊她 Mary，所以就改爲「瑪麗」吧）竟亦迷戀，人倫絕滅，與禽獸何殊！況情深兒女，最爲不智。余服膺「好兎不食窠邊草」之訓，汝當效法於此，況余平昔對汝揮霍，從未查究用途，汝豈毫不知感耶？見字望即與瑪麗嚴男女之防，若仍執迷不悟，竊恐有人惡意舖張，則余之一生斷送，吾兒亦將一無所獲矣……。

這封信是不用一問三答的，因爲少爺不一定高興寫回信，回信也許用英文寫，而且少爺看完之後，也許交給「瑪麗」去復，或者直接用行動答復，都不在本尺牘範圍之內。

至於語體譯文，可能需要。根據這種翻譯體例，大都是把「花月春江」翻成「花呀、月呀、春天的江呀」，我也不必多費筆墨了。

我接着想起的是一封阿飛寫給女友的爸爸的信。這封信看起來 也許不大順眼，但是如果 也寫成「某某世伯大人尊前敬稟者……」就不適用，因爲情況可能有些出入，如果尺牘上全是文言，飛哥就無從改動兩個字了。現在的商品（書籍也是商品）要講究迎合買主的心理，如果用起來不便，阿飛之流的少年根本就不會去買。這封信是這樣的：

我和娜拉的愛情不準你管老子管女兒是落五府敗你眞正頑固極了我告訴你快放娜拉自由她自由我才自由你也管不住我會想法看娜拉的面子和你斯文你不通氣就叫你負責記着你負責我實在受不住了對不起。

這一封信裏有幾個別字，不過千萬不能改正，因爲改正了飛哥就看不懂，以爲尺牘不通了——到底誰通誰不通，本來沒有標準。至於標點，根據我的經驗有些人至今不用它，要就全用句點，要就等文章寫完了來一點，這一來文法家的意見就無須那麼紛歧，也省了許多麻煩了。不過尺牘作者雖然不是國文先生，有把中國人的國文敎通順了的神聖使命，或者是負責治安的，有不許人家犯法的責任，可是犯法的事是不能做的，也不能敎人去做；因此，上面這封信裏本有一句

……你如果再不放娜拉自由，當心你的老命！

（下面畫一把一按彈簧就彈出來的小刀）給我刪掉了。這一句不但是實在會有，而且也有力量，那位世伯接到了倒也不能不考慮到他自己的安全，如果他不知道把這封信送給警察局的話。

現在國際間元首們常有私人函件往來，這種信從不發表，也不知到底寫些什麼。有一天我們做了大總統的秘書，他要叫我們起這樣一個稿，就要命了。好在一般人做總統秘書的機會不多，而且眞地做了，也可以找一位國文先生或者國學家去斟酌措詞，本尺牘也可以不去傷腦筋了。我現在想起的是一封兒子寫給父親的，內容是：

爸：這幾天水緊極了（註：這是廣東話，意思是錢不够用），您一定要滙點錢來——不能少過——元（按：這個數目空在那裏）。我已經有六七張好片子沒有看了，最糟的是貓王的一張歌舞片，同學都看過了，大家談起來很起勁，我只有躲開。香烟總抽人家的。都怪我不好，上次打梭哈，腰裏的錢都輸光了，還借了查理王的錢，倒霉透了。您知道，我沒法不跟他們打，不打就惱人了。下次一定要好好地打。還有——眞急死我了，玖廸下星期一生日，她家有Birthday party，她也請了我的，我的西裝舊了，我還要送她一點禮。她已經快要不睬我了，她說我已經幾個星期沒有約她了，眞地，我沒有去約她，水緊。爸，您一定要滙點錢來。問候媽。

男××上

再者：我還要買幾本書，不過這筆帳沒有幾個錢，您不用怕。爸，水！

在這封信後面我要警告年青的朋友，如果他的父親並不十分寵愛他，可千萬不能這樣老實地直寫，這樣寫就糟了。沒有照抄以前，先要「掂掂斤兩」，假使他的父親是位道學先生，他就不得不編個謊出來騙他一下了，至於措詞，無非是說，他幫了一批難民的忙，已饑已溺，想不解囊也不成等等，本尺牘也不須代擬了。

在現今這個世界上，有許多事是從前的人做夢也想不到的。譬如說，一對男女已經相識，預備結婚了，但他們還要找一個介紹人。說起了婚禮，我就想起了求婚。對於想在出版事業上發財的人有一個秘密消息奉告，就是他可以出一本「求婚尺牘不求人」，這本書包它暢銷。我現在擬一封樣本如下：

比利：我們認識已經快三年了，當初貝貼介紹的時候，本來說你要找對象的。不過我覺得你的主意很難捉摸，你對我臉上掛着神秘的微笑，可是等你你總不來。我有幾次很成功地把你擠在一隻角落裏，單看你到底有什麼話要說。可是你總像吃了啞吧藥似地。我想我們有話還是說明了吧；我問你：你想不想結婚？如果你想結婚，想不想跟我結婚？告訴你：彼得追得我很兇，我等你的答覆再說。

凱蒂

這封信很直率，而且是女子口氣。我不懂爲什麼求婚的信不能直說，也不懂女子爲什麼不能先開口。這兩件辦不到還講什麼男女平等和自由？這樣說來男的回信的時候也不用躲躲藏藏地，我這本尺牘裏就是這樣回復的：

親愛的凱蒂，謝謝你的信。我想我們之間大大地有個誤會。我和你認識了雖有三年，不過是普通朋友。天在頭上，我絲毫沒有向你示過愛。你說我「臉上掛着神秘的微笑」，這是很滑稽的。天啊！我難道對朋友要一臉殺氣騰騰麼？凱蒂，我和你明人不說暗話，偺倆都是老白相了，我也沒有心思結婚——除非有一天結人圈套套上了——你呢，還是找個初出茅廬的小子去吧，要不然弄個老頭子也好。你只要不談什麼結婚不結婚，我總是你的

比利

這位先生洋氣十足，可是這種信看起來很乏味，把我們一部分本來很美麗的世界也弄醜了。所以在本尺牘內，是不是把這兩封信放進去，還沒有決定。我要勸這樣一對男女：如果能打個電話，就打個電話，或者託「貝貼」把對方的心意探問一下，就什麼痕跡也不留了。

我這樣寫下去不免對我將來這本尺牘的銷路大有影響。電影預告片裏，不但精彩的鏡頭只讓人看一小部分，而且同時有許多說明的字句，映得特別大，把大部分人物和動作都擋去了，那才是生意經。不過我既然已經寫了這麼多也顧不了多少，現在就再發表一封算結束吧：

○○兄：我上次結婚，總以爲像你我這樣的交情，你該體貼我送點現欵——你知道我爲結婚借了不少錢，婚後還要過日子——誰知你竟會送我一套瓷茶具，眞虧你想得出！這套瓷器有一隻茶杯口上已經打壞了一些，是次貨，三文不值二文買的。（我再告訴你一句，我這次一共收到十二套茶具，簡直可以開茶館了。）而且不瞞你說，這套茶具本來是我花了兩塊錢買下來送老吳結婚的，你請老吳吃了一枝可口可樂，就跟他把它要過來了。我一打聽，什麼都淸楚了。這也是天

（下轉第29頁）

鎌倉三週與「三文判」印章

雷震

民國七年春夏之交，留日學生爲反對北京政府和日本簽訂膠濟鐵路的密約而提議「罷學」，要求留學生全體卽日歸國，不再留在日本念書，以表示學生們的堅決抗議。當時我也是其中最强硬的一分子，除了極力勸導別的學生採取一致行動之外，我自己則毫不顧惜的放棄了一年多的升學準備工作，並出售在日所置備的應用物品，如書桌椅子書架衣服等物，而毅然決然於五月底束裝返國。在這「回國團」的行動中，我也擔負了一部分糾察和宣傳的任務。

不料返國之後，一事無成，還鄉省親的期間，還被當時湖州鎭守使王桂林栽誣爲「亂黨」（當時軍閥政府稱國民黨爲亂黨）分子，不得已逃離家鄉，而於民國七年十二月底再度走日本。這番來日，可以說是留學，又可說是逃難。我雖深深厭惡日本當局的對華政策和日人一般輕視中國人的態度，然爲個人前途計，又不能不忍辱負重再去日本。因爲此時留學他國，不僅經濟上能力不够，而言語又成問題。我習日語已有一年多的功夫，此番前去可能考入政府設有官費的學校。還有一項特別的便利，卽是當時往來中日兩地，和旅行國內一樣，無需政府簽發護照，可免軍閥當局的留難。

這個時候，距離第一高等學校特別預科的考期，不過五六個月左右。而過去一年多所預備的日文、日語、英譯日、日譯英和數理化等功課，幾乎荒廢殆盡。於是又重新開始準備，像數理化這類功課，還須從頭念起，無法中間插入，故只有按部就班的再讀一遍。因而夜以繼日的溫習功課，每晚常常讀到夜半更深，甚至次晨一二時左右始就寢。早晨不到六時又起床，每晚僅睡四五個鐘頭。這樣繼續準備了四個多月，不料在入學考試之前一個月，忽然頭部劇痛，眼睛昏花，彎腰時眼中發黑，星火迸發，口中乾燥無味，夜間不能睡覺。惟因入學考試在卽，又不能輟學休息。只有半讀半息，重服催眠藥，勉强把入學考試應付過去。其成績雖不若理想之佳，仍獲錄取，亦云幸矣。因爲一高考取之後，卽可得到官費，故投考人數至衆，其錄取人數與考生的比例，常在十多個人中錄取一個之數。

× × ×

暑假期中經過一個半月的休養，失眠症可說已經完全好了，惟因住進一高宿舍的結果，常被終年不休的 Storm 吵得夜間不能安睡，而失眠症終於復發，至民國九年春而益加劇烈，常常整夜不能合眼。這是因爲一高宿舍除了 Storm 經常爲害睡眠之外，到了溫暖的春天，又加上跳蚤的滋擾。

一高宿舍的臥臺，係用塌塌米舖成的，幾乎終年無人來清除整潔，每日雖有工人來打掃房間，也只是掃掃塌塌米上和地板上的表面灰塵而已。塌塌米中間的草團，最易隱藏「跳蚤」，冬天不甚覺得，可是一到春天，氣候溫暖，跳蚤則逞威侵襲，橫行無忌。我本已失眠，復遭到跳蚤終夜不停的騷擾，益使我晚間不能安睡。跳蚤與 Strom，可以說是我此時睡眠的二大勁敵。

我記得有一天晚上，大約是星期日夜晚，我一人因困乏而先睡。迨睡下不到一個鐘頭，覺得整個被內有東西在跳躍襲擊，週身被咬得發癢難熬，實在無法繼續安睡下去。於是急急忙忙的跳起來，趕緊掀開蓋被一看，只見芝蔴大小的黑色跳蚤，忽上忽下，跳動不已，如平劇舞臺上武生翻筋斗一般。我此時眼花撩亂，不曉得要捉那一個好，只有雙手在被上亂搓亂揉。一場苦戰的結果，被我搓死了上十個，個個肚滿腸肥，被上盡爲血漬汚染，未經揉死而逃亡者尙不知有多少個。次晚在睡前我向同房的伙伴報告此事，籲請大家共採一致行動，以消滅這羣跳梁的小醜。於是大家戮力同心，羣起圍剿，經過一二個星期的繼續苦鬪，居然肅淸了大部分跳蚤，在短時期內似乎平靜了一些。可是跳蚤繁殖力極强，不出一二星期，餘孽又復依然故我，猖狂橫行。

一高宿舍裏除了 Storm 和跳蚤的肆擾之外，同室中有些人的鼾聲如雷，也是大大的防碍了我的睡眠。未曾失眠過的人，不曉得鼾聲之可畏，正在失眠中的人，不僅同房中的鼾聲聽得淸淸楚楚，因爲宿舍每間房間是用木板分隔的，而左隣右舍的打鼾之聲，亦淸晰可聞。愈是睡不着的時候，不僅屋內鼾聲可畏，就是外面一些風吹草動，往往會爲之驟然驚醒。在這個時候，身上必定出汗，心中發慌，愈想再睡而愈不能合眼。書本上所提供的催眠方法，如「數數」、「念經」、「集中想像一件事情」、或「起床散步」等等秘訣，一槪不會發生效力。第二天則頭昏腦脹，眼皮乾澀，口枯舌苦，四肢軟弱無力。

日本各高等學校，此時春假只有一週（過了一年，特把新生入學考試改在春季擧行，因而春假期間遂延長到一個多月），經友人一再勸告，我趁春假之便，另外請准病假二週，乃往鎌倉海邊小憩，欲藉大自然的力量來醫治我的嚴重失眠症。

× × ×

鎌倉在民國九年的時候，還是一個小小的市鎭，屬於神奈川縣的鎌倉郡，在縣境的東南部，位於三浦半島的西頸。北東西三面爲羣山環抱，南面則臨着相模灣，海岸線彎轉屈折，叫做「由比海濱」。因此，冬季由北面襲來的寒風冷氣，爲背後環繞的山地所遮蔽，故冬季的氣候較比東京橫濱等地均爲暖和。空氣中含有適當的濕度，對於身體不健康的人，療養則非常適宜。由比海濱一帶，因海岸灣入很深，而白沙平坦，海水碧澄，波濤不興，爲一良好之海水浴場。

鎌倉距離東京火車站爲四十八公里點三。由東京坐火車前往，當時須在大船車站換乘開往橫須賀軍港的列車，大約一點半鐘可達。間亦有由東京直開橫須賀之列車，但不甚多。今日火車速度增加，據說由東京乘坐電氣火車只要五十八分鐘就可到。現在公路業已開通，由東京坐汽車前往更爲方便，因此今日公共汽車，則往來如梭。由於交通方便的關係，故東京、橫濱一帶的居民，於春秋佳日、星期假日和海水浴季節而前往遊覽者，最多的時候可日達數萬人。

鎌倉地方不僅氣候溫和，風光明媚，而名勝古蹟，則隨處可見。茲就古蹟來說，當西歷第十二世紀的末葉，即日本建久三年（西歷一一九二年，南宋光宗紹熙三年），源賴朝氏任征夷大將軍後，乃開幕府於鎌倉地方，遂成爲當時政治的中心。這中間繼續維持了約一百五十年，世稱之爲「鎌倉時代」（一一九二——一三三八即元順宗至元四年）。當時日本的首都在京都（西京），鎌倉幕府開創之後，極力在這個地方提倡中國文化和佛教文化，以與京都相抗衡。故鎌倉一帶，廟宇寺院極多，現存而比較著名者，有極樂寺、建長寺（爲宋僧大覺禪師開山的）、東慶寺、圓覺寺、長谷觀音寺（內有鍍金的觀音菩薩坐像，高約三十呎三吋。據說是用一株極大的樟腦圓木刻成的）、本覺寺、妙本寺和八幡神社、鎌倉國寶館等等。而鎌倉國寶館爲珍藏鎌倉時代許多稀有的藝術品。

鎌倉最能引人前來遊覽的是一尊有名的如來佛像。一般人稱之爲「鎌倉大佛」。就是用青銅鑄成的如來佛坐像，原置於高德院大殿之內，建造於建長四年，即西歷一二五二年（南京理宗淳祐十二年）。而後來這座寺院被由比海濱沖上來的海嘯沖毀，而佛像就一直在露天之下存在着。大佛身高四十二呎六吋，面長七呎八吋，連蓮花座墩共高四十八呎六吋。中間是空的，遊人可從佛像背後拾級攀登，從二樓佛眼中望出去，由比海濱的景色可以一覽無遺。許多人來遊玩鎌倉，專爲瞻仰大佛而來的。

鎌倉的風景，不僅秀美綺麗，而且隨處皆是，多不勝書。由鎌倉往南走，經過「逗子」的風景區而至「葉山」勝地。逗子和葉山亦爲夏季游泳的有名的海水浴場。日本天皇的離宮則建築在葉山，依山傍海，眺望絕佳。由鎌倉西行則是「七里海濱」。在濱之尖端名曰「方瀨」，距鎌倉約有六公里的路程，坐電車或汽車前往則半小時可達。方瀨對面有一屹立海中之小島，乃有名之「江之島」，從方瀨過去有一條很長的鋼骨水泥橋通達其間。島上有三百幾十呎深的龍洞，相傳曾爲龍窟，遊人多前往探幽，惟潮漲時常不能步入。

江之島上面有旅館、茶樓、酒肆和販賣玩具和風景畫片的商店。這裏在春季裏有一種非常有趣的玩意兒，就是把新鮮的河豚魚吹成一個小小燈籠。河豚魚春天湧到，非常的多，在那個時代，大家恐怕中毒都不敢烹而食之，於是把他捉起來，以小竹管插入魚的口中而通至其腹部，然後放在人的口中吹氣，邊吹邊揉，河豚魚腹部遂慢慢的鼓脹起來而成爲一個小圓球的東西。頂大的河豚魚可以吹揉成爲和足球差不多大小的一個圓球。迨吹大之後，把頭部和尾部剪掉，身子當做燈籠的殼子，腹內則裝置一具可以插上臘燭的座盤。這樣就變成爲一個很好玩的小燈籠。遊客無人不以此爲戲樂，幾乎人手一個，因爲一尾河豚魚此時不過幾毛錢，連吹管一併在內。可是要吹成一個可用的燈籠也不是很容易的事，要花上點把鐘的功夫，遊客無此耐性，大都吹玩一下就拋掉了。也有製好的河豚魚燈籠，價不昂，晚間遊客們買來點得玩。聞說河豚魚今天已成爲日本的名菜，價極昂貴，不曉得江之島現在還有這套玩意兒沒有？

江之島上面還有一個好玩意兒，就是魚夫下水去撲錢。來此遊玩的人們常常喜歡把銀幣或鎳幣投入海中，由赤身裸體而下部只裹一塊布的人躍入海內把錢幣撈取出來。撈出的錢幣當然歸打撈者所有，其敏捷和迅速則博得岸上觀衆們的喝彩。據說，這些玩意兒在南洋一帶碼頭上很多很多，每當遠洋航行的輪船停泊的時候，就有不少船上的旅客們從船上拋擲硬幣於海內，讓一些土人爭相撲撈，而旅客則以此爲嬉樂。

× × ×

民國六年的夏天，我和朋友潘震餘葛志元二兄同去葉山海邊住了一個月。當時由東京至葉山，須坐火車至鎌倉站下車，再坐「乘合馬車」（設有驛站及規定時間和班次之馬車，如今日聯絡各都市的公共汽車一樣。此爲當時沒有火車電車地方之陸上唯一交通工具。民國十一年夏天，我和丘景尼兄遊靜岡縣屬之三保松原和久能山的時候，還坐過好幾次這個馬車，目前恐怕已經沒有了）。在這一個月中間，我們特地跑到鎌倉海邊游泳了一天。這裏的海水浴場，平坦廣濶，潮浪不大，遠較葉山逗子爲佳，對於初學游泳的人極爲合適。此次來鎌倉養病，舊地重遊，倍感親切。民國十五年春天在京都帝大畢業後，我們結隊作全國的參觀旅行，又來遊鎌倉一次。這一晚就住在江之島上。

此次既爲治療失眠症而來，故特地選擇鎌倉南邊名叫「小坪」一個極其僻靜的漁村中漁夫家居住。小坪距離鎌倉市鎮約有二公里之遙，距逗子地方約有一公里半，在當時人烟甚少，僅有漁戶三數家，而我寄居這一家緊靠在海邊上，背後乃是一座小山，在小坪的盡頭，面對着鎌倉市鎮和由比海濱。

這些漁戶除捕魚之外，天晴之日就去海中打撈海草。海草中有些比較嫩的則挑選出來，放在味噌湯裏煮來吃，和海帶的味道一模一樣。據說，海草晒乾之後，可爲製造炸藥的原料，有人定期下鄉來收買，故以此爲業的人家很多。我住的這家漁戶，男主人經常出外經商，一二週返家一次，老父老母均健在，天晴時必操小舟去海邊打撈海草，妻子照理家務，還有一個約莫三歲的男孩。因爲朋友介紹，他們特地把客廳一間房子騰出來讓我住。女主人給我煮飯、升爐子和洗碗，我自己燒茶，藉以消磨時光，而鍋灶碗盞等等應用器具都是由房東借用的。

我在鎌倉的三週期間，正是陽曆三月底到四月初的仲春季節，陽光普照，氣候溫和，故每日上午於潮水退下之後，常到海邊淺灘去捉魚捕蝦和檢拾蛤蜊海螺以爲消遣。小坪這一邊面臨懸崖絕壁，海底盡是石頭，高低不平，步履維艱，不適宜於游泳和海水浴，而岩石中間則隱藏着很豐富的魚蝦和蛤蚌之類。其捕捉方法很簡單。通常是用一個約有二尺來高的圓木桶，下端口大而裝上一塊厚玻璃，上端口小用以窺探水中的小動物。用時將木桶浮於水面，左手扶着木桶在淺海中慢慢的移動，右手拿着一根小竹竿子，而下端嵌着一根極其鋒利的叉子，捕者眼睛則從木桶上面的小口，朝下窺探躲藏在岩石旁邊的魚蝦蛤蚌。因爲這些東西，透過木桶下面的玻璃而被放大了，故躲在岩石縫中一切生物都可看得淸淸楚楚。海螺和蛤蜊之類則吸吮在岩石上面，非觸及他的身軀則不會捲縮，很容易捕獲，惟其顏色和岩石相彷彿，頗不易於發見。而小魚和蝦類一聞海水振動的聲音即刻逃走或隱藏起來，故必須輕輕移動脚步，一發現即須對準一叉。可是常常因爲描準不確，叉子放空而一無所獲。頭幾天在亂石堆上行走，我極感不慣，常常被尖石刺傷而跌倒，有時還弄得脚趾流血，腿皮擦破，過了幾天才稍稍習慣。

這樣每日雖略有所獲，究竟所得甚微，好在醉翁之意不在酒，不過以之消磨光陰醫治失眠耳。當然，一般漁夫並不用這個方法來捕魚。

還有，當潮水退去的時候，漁村的女孩子則成羣結隊來到淺海攤上摘取長在岩石上的青苔。這是煎製「海苔」唯一的原料，而海苔乃是日本人名貴的食品之一，全國各階層人士，幾乎每食均有此物佐餐。據說，常食海苔可以醫治高血壓，確否尙待考證。

× × ×

第一天我下海捕魚的時候，看到了許多活鮮的海參，一頭吸在岩石旁邊，伸展其柔軟的身軀，像一根黑炭頭斜豎在那裏，約有四五吋長，當然大小不一；另一頭則吞吐海水，使海水如珍珠般向上翻騰，和山東濟南的珍珠泉朝上不斷翻泡差不多。海參大概是用這個方法來吸收海水中它所需要的養料。它如海螺蛤蜊一樣，沒有視覺，觸之馬上縮成一堆，外力去後幾分鐘，又復伸展黑身軀而吞吐如故，極易捕獲。第一天我就捉了滿滿一簍子，很興奮地跑回去亮給女主人看。不料女主人却很掃興地說：「日本人不大吃這種東西。凡下海捉魚和摘青苔的人，誰都不去理會他。」我於是始悟出海灘岩石邊上到處都是爬着海參的道理了。她接着又說道：「春天來了，更不宜吃海參。因爲吃了要想睡覺的。」我聽到後面這段話倒十分高興。我是爲醫治失眠症而來到海邊休養，今既遇到這樣的妙藥——吃了就想睡覺，何不多吃一些。我即詢問女主人關於海參的吃法。她說，日本人是吃生的，和吃生魚一樣。就是把海參洗刷乾淨後，切成薄片，加些葱末、薑米、和料酒、酸醋、醬油以拌食之。是晚女主人特地做了一大碗，她留了一半給自己和家人吃，餘一半給我。我只吃了一兩小片，其本身軟帕帕的，一點味道也沒有，而腥氣則咄咄逼人作嘔。次日易法烹而食之。拿了五六條洗淨後放在鍋中，足足煮了七八個鐘頭，還是一點也咬不動，只有棄之不食。自從這次烹食失敗，以後下海再也不去理會海參了。

中國人把海參當作高尙珍貴的菜餚，而社會上復以參燕爲滋補營養的食品。因此，每年自外國輸入者眞是不少。中國人還有吃魚翅的習慣。魚翅較參燕更爲名貴，價錢極昂。中上階層人士宴客非有魚翅則不足以言排場或表示敬意。一碗魚翅的價錢往往佔上一桌菜價的五分之一至四分之一。其實，海參和魚翅本身一點味道也沒有，完全要靠鷄湯或味精來增加味道，營養價值很有限，而價錢則極昂貴。據說，我們現在吃的魚翅，日本的出產還不够供應，已經吃到挪威生產的魚翅了。一年消耗於此類食品的外滙，正復可觀。人家棄之不吃的東西，我們拿來當做珍饈可貴之食品，而耗盡物力財力去裝點門面，眞是寃大頭的作風。是故吃魚翅、海參、燕窩這類務名而不重實的習慣，實在應該戒除的。

× × ×

在鎌倉這段養病的期間，我碰到一次極其尷尬的場面。事情的經過是這樣的。

有一天，天氣特別的好：眞是天朗氣清，惠風和暢，麗日高照，春意聊人。在那前幾天晚間，我的睡眠較爲舒暢，因而精神頗感愉快而振奮。於是我打算這一天作整日之遊，希望瞻覽幾處古蹟和名勝。我來此雖已二週，仍有很多的地方未曾遊過，再過幾天假期屆滿就要回東京去了。下次何時再來遊覽，那就不得而知。我和女主人說明今天不回家吃午飯，請她不必準備午餐。

這時正是賞櫻的季節。日本人對於看櫻花當作一年中的一件大事。無論怎樣窮苦人家，每逢這個季節，總是扶老携幼，帶着許多吃的喝的東西，出外賞玩櫻花，盡情遊樂，不過有錢的人家，玩得潤些，走得遠些罷了。每年在這個時節，火車電車(其時尙無公共汽車)均特別加班，其他交通機關，也都相應的增加班次。櫻花壽命不長，盛開只有三幾天光景。可是櫻樹高大，枝椏展伸，每當盛開之際，櫻花花朶則遮蔽天日，而花片四飛，猶如天女散花和飄雪一般，此時竚立樹下，確有飄飄欲仙、忘懷自我之感。尤其是美麗的少女，身着鮮艷綺麗的和服，五彩繽紛，走起路來，長袖搖曳生姿，在櫻花下面，亭亭玉立，使粉紅色的櫻花與美人天姿國色相映對照，確實構成一幅美麗的畫圖。

在賞櫻季節裏，大工廠和大公司大都輪流休假，俾其員工們可以成羣結隊的去看櫻花，盡一日之樂趣。他們帶着辨當、水菓和酒類飲料，手持工廠或公司鮮艶特別的旗幟，有些人頭上捆着花巾，搖搖擺擺，載歌載舞，大呼小叫，笑語戲謔，在路上遇到另外看花的人們，則舉手招呼，揮帽示意，而對方亦以同樣的動作報應之。你若是單身獨行的人，他們還會拉你參加他們的行列，把攜帶的食物給你吃，把飲料給你喝，和你同歌共舞，表示一同行樂之意。惟這種情形，在東京市區如上野公園、日比谷公園等處看櫻花的時候，則不易看到。大概是都市人口衆多，如任遊客狂呼亂跳，可能會鬧出亂子，對國際人士發生不好的影響。

這一天我一個人正玩得高興的時候，忽然在路上遇到一大隊紡織工廠的男女員工來看櫻花，大約有二三百人，內有三分之一是女性。鎌倉的櫻花，本不算是很有名的，惟因風景秀美，名勝古蹟遍地，看櫻花而兼遊山玩水，瞻覽古蹟，確是一舉數得之事，故春天來遊鎌倉的人，較比夏天來洗海水浴的人還要多的多。他們這一隊伍，男女老少，邊走邊唱，時而舞蹈，時而高歌，嬉笑歡樂，煞是高與。我不知不覺地站在路傍欣賞他們及時行樂的風趣，深感日本國家因歐戰的繁榮而大大的提高了人民生活的水準。正在羨慕不置、冥想發呆之際，隊中忽然閃出幾個二十來歲的小伙子硬把我拖進他們的行列，強迫我喝酒，還說我一人獨行怪可憐似的，邀我一同去看櫻花。這些傢伙大概已經半醉，脚步輕飄，說話重複而又重複，態度則嬉皮笑臉。這在他們是好玩，並無什麼惡意。我當時很客氣的說：我不大會喝酒，另外還有一點急事要做，恕不能奉陪遊玩。他們竟不由分說，強迫灌酒，並脅持同行。此時如果斷然拒絕，好像我這個人不識抬舉似的。我知道這批傢伙已經喝上許多黃湯而假裝發酒瘋，只要不出手打人，不惡口傷人，警察只是視而不見，只聽而不聞，決不會出來予以制止的。這點常識我知道得很清楚，故不願攖其怒而自討沒趣。過去在東京市外（現在把東京市和東京府合併在一起，叫做東京都了）「飛鳥山」看櫻花的時候，我親眼看見酒瘋子故意發酒瘋，指手劃脚，狂呼亂跳，拉着別人灌酒，看到年輕少婦則嬉皮笑臉擠眼做怪相，而警察老爺僅僅遠立注視而無動於衷。日本老百姓最怕的是警察老爺，連小孩子在內（小孩子最怕雷公、父親和警察），可是他們深深知道在這種時際，警察是採取極端放任主義的。

對於日本清酒我本有幾杯之量，所以喝幾口倒不算什麼爲難，惟在這個極不痛快的當兒被脅迫來喝酒，心中眞有說不出來的苦楚。「酒逢知己千杯少」，此時此地就是一點一滴也難以下咽。我一面虛與委蛇，一面伺機逃跑。可是他們立卽看出苗頭而故意加緊戒備，竟把我一人陷於隊伍的中間而無法自由行動。我看到苗頭不對，這樣下去，一定會被他們灌得酩酊大醉。於是假獻慇懃，表示願意和他們同遊，乃恣意狂飲，不過暗中把酒倒在口外，淋在身上；一面則手舞足蹈，口中念念有詞，使他們疏於戒備。迨看到隊伍快要走到警察派出所門前的時候，我拼命奔到那裏去避難。他們原是捉弄好玩，並無什麼特別目的，我逃掉了也就算了。這場飛來虛驚，至今思之猶有餘怖。

我常常想到日本這個民族，老練不足，而熱情有餘。惟其如此，所以在做事的時候，眞是拼命工作，而在玩樂的時候，也是盡情玩樂，眞正做到西諺所謂 "Work while you work, play while you play." 一個極其落後的國家，經明治維新幾十年之經營而變成一個現代化的國家，當不是一件偶然的事情。而第二次大戰後復興工作之迅速，更可爲我們復國建國的借鏡。我們不要輕視日本民族者在此。中國民族則反是，處處都現出「少年老成」的樣子，卽令在玩耍行樂的時候，也常是表現得「從容不迫」和「雍容瀟洒」的樣子。因此，無論在做事或遊嬉的時候，也就缺乏活力、熱情和眞誠，好像虛應故事一樣。因而缺乏積極進取心，沒有冒險精神，什麼「樂天安命」、「知足常樂」一套逃避現世的說法，則變爲立身處世的準則。這實在是民族衰老的象徵，我們應該引以爲隱憂的。

× × ×

這次來鎌倉的時候，身上帶的錢已經不够多，故在東京起程之前，特把私章交給同住一高宿舍的同級同學金庸，托其代領四月份的官費滙給我。這一個月的用費因到鎌倉休養已要寅吃卯糧，詎料浙江經理員偏偏遲遲發欵，迨欵子滙到時已是假期屆滿的頭一天上午。我原來預定這天下午就返回東京，這一天乃是星期六，次日星期日整理三週來所缺功課，下週一卽可照常上課，免得臨時茫無頭緒。

滙來的欵子是三十日元，領欵人當然是我的名字。我卽持着滙票向鎌倉郵局兌取現金，俾將以之支付各種零星帳目，下午就可動身返京。惟兌欵須在滙票上面蓋上滙票抬頭所寫的領欵人的圖章，而我的圖章因托人領取官費則留在東京，此時縱想另刻一章，在時間上也是來不及。不得已特和郵局負責人洽商，說明我是滙票上所寫的雷某，現爲東京第一高等學校的中國學生，此次來鎌倉養病，而圖章則留在東京，今日假期屆滿，下午必須返京，可不可以用簽字方式以代替圖章。郵局負責人毫不遲疑的回答說，日本法律是採用形式主義，「手形」（滙票、支票等）是一種「要式行爲」。凡屬證明要式行爲的方法，如當事人爲日本人，在法律上一定要當事人蓋章（日人稱之爲捺印）。中國也是用圖章來證明法律行爲的國家，故在滙票上必須和日本人一樣要蓋領欵人的圖章，不能以簽字來代替的。歐美國家的文書，是以簽字來證明的，他們在日本所履行的要式行爲只要簽了字就算事。他接着並說，他相信我是雷君本人，不會有冒領情事，但他不能變更法律上的規定。於是他很同情的說，隔開郵局兩三家門面就有一家玩具舖子，在一大堆雜亂的玩具之中，有一種橢圓形木質彫刻的東西，像圖章一模一樣，名叫「三文判」。叫我立刻去買來蓋在滙票上，則法律上所規定的手續算是履行了，他可以有個交代，卽刻就可付欵。他並加上一句說，只要我履行了這一合乎規定的形式上的手續之後，其餘的責任由他來擔負，萬一支付錯了，他情願擔負賠償和接受行政處分。其態度的懇切和用意的週到，眞不是我們天天宣傳「便民、便民」而實際上一點責任也不肯擔負的官僚們所能想像得到。

我聽他這番好意的答復，當時還是將信將疑，以爲天下那有這等便易之事！但此時已沒有別的路子可走，只有「遵命辦理」了。隨卽照他所說的方向去尋找，果然買到這個玩具式的圖章，價錢僅日幣三毛。這個東西驟看起來，模式大小，完全和圖章一樣，不過上面刻的是花紋，猶如「篆文」的曲折，蓋到紙上則模糊不清，誰也辨認不出上面究竟刻的是些什麼字。我當卽蓋上這個圖章，郵局卽予付款，毫未延誤我原先預定的日程。我當時心中愉快和感激之情，眞有說不出的樣子。如果郵局一定要我蓋章，那是法定手續，我也只有遵章照辦。那末若不是寫信給東京朋友把我圖章寄來，就只有在鎌倉就地另刻一顆。不論採取那種途徑，至少要延誤一天到二天的行程，因爲第二天又是星期天，郵局是不能取款的。

× × ×

時隔七年有半之後，我在上海又遇到一次類似的情形，而其結果則恰恰相反，實在值得我寫出來供給研究行政技術和倡導改革行政者之參考。

民國十六年冬天，我在上海賦閒，與亡友丘景尼兄同居於法租界馬浪路寓所。出國已有十年，而中國衣服早已蕩然無存。上海冬季天氣很冷，房中又無暖氣設備。我想做一件羊皮袍子來過冬，而生活費用也快要完了。我乃寫信給母親，要求滙一點款子來用。她手頭現款不多，只滙來一百七十塊大洋，信封上寫明上海法租界馬浪路十二號「雷儆寰」收啓。中國這時的習慣，收款人往郵局兌款時，必須交出郵寄滙票的信封給郵局驗看（此時郵局滙與兌業務尙未劃分）。此時我身邊只帶有刻有「雷震」的名章，而無刻有與信封上面相同的別號的圖章。也許出國太久了，中國社會上一切習慣都很陌生。我收到滙票之後，卽刻趕到郵局，很天眞的據實說明我叫雷震，別號儆寰，並拿出名片一張作證，因爲名片上印有名字和別號。並懇切說明，現在身邊只有名章，沒有別號圖章，而滙款信封上卻寫的是別號（其時郵局滙票上並未書收款人的名字），問郵局滙款管事人，可不可以讓我用名章取款，以示通融。該管事人毫不猶豫的回答說，絕對不可以，必須蓋上與信封上面所寫的名字相符合的圖章，郵局始能付款。

我聽到他說的話是：言之成理，持之有故，只有遵章辦理，立卽離開郵局，另去刻一顆「雷儆寰章」的圖章，亦卽此次郵寄滙票的信封上所寫的名字之圖章。

第三天蓋了這個圖章再往郵局取款，因爲一切手續已與其所要求的完全相符。及到郵局之後，而滙款的管事人正是前日說話的人，滿以爲馬上卽可兌取現款。卻不料這位管事人反說，不可不可。我詰問其故。他說我如果第一次蓋了此章來兌款，當然沒有問題，今日則不可，因爲他明明曉得我是爲兌取此款而臨時刻此圖章的。我一再詰問何以不可。他老是重複這句話，再也說不出別的理由來，而款子總是不付，把我丟在一邊，另去應付別人的滙款去了。不得已我又懇求似的說，再加蓋上「名章」何如？我此時因爲需款孔急，不能再遷延下去。他卻扳起面孔，不予理睬，不和我繼續講話。我只有忍氣吞聲的問他應該怎樣辦。他說需要一家舖保，要蓋上上海商號的戳子才能取款。我聽到這些話，眞是怒氣沖天，但又控訴無門，不僅急等錢用，而在上海灘上找個舖保，對我這個初住上海的人，尤其感到十分困難。如不照辦，滙票總是不能兌現，眞是奈何他不得！

自郵局歸寓途中，遇到上海的「交際博士」（一般人都如此稱呼）黃警頑先生。我和他認識多年，遂託他轉懇「商務印書館」蓋個圖章。他慨然承當下來，次日卽予辦妥。這次以爲再不會有問題出來，詎料滙款管事人又說不可，拒絕付款。他說要用經理的圖章，再加上公司或商號的戳記，或者會計方面和銀行錢莊往來的圖章亦可。我有過上次交涉的經驗，這個人再不會給人方便，故不繼續交涉。可是這一下眞把我難倒了。找公司商號的圖章已夠困難，要找經理或會計上的圖章則談何容易。這些人只知打官腔，卸責任，從未替顧客設想一點。但是錢在他手上，付與不付，大權操之在他，我此時怎能和他對抗。況且冬天來了，皮袍也不是咄嗟可成的東西，只有掩住滿腔憤怒而四出托人想法。結果，還是照着滙款管事人所吩咐的手續履行了。

這是我親身經歷的事情，一點也未過甚其辭，郵局則是在上海南京路，時間大概在民國十六年陰曆十一月初旬。郵局如果保存有當年的紀錄，則一查便知。

（上接第24頁）

網恢恢，我不怪你。我眞佩服你的皮厚，那天我結婚，你帶了你的太太，你的兒子，你的媳婦，你孫子，還有你的那個過房女兒，整整坐了大半桌，就像你家絕了糧似地。不但來了一家，而且你灌起老酒來，足足喝了一瓶多三星白蘭地，大半瓶白馬威士忌，好像前世都沒有碰過酒杯似地。你家的別人，喝了兩打七喜，一打啤酒，可樂和橙汁還不算，像是剛從蒙古回來似地。我當天若不是因爲有別的客人在那兒，眞就要死揍你一頓，把你們撣走了。此刻埋怨你也無益，言歸正傳——

好了，我可眞寫不下去了，我料不到在這個題目上我能寫這麼多。現在一般通用尺牘太陳舊，太不切實用是眞的，可是我也斷不定我那本尺牘編得成編不成，編成以後出得了出不了。不過世界上永遠沒有一本適用的尺牘是可以斷言的：尺牘大全，先天上全不了。

附記一：此文受必額彭 (Nax Beerbohm)「我該怎樣措詞？」一文的提示，不過內容是各寫各的，應該聲明。

附記二：在共產主義的國家裏，怎樣寫向人民控訴自己的父母親的信也該編進去。不過這種信不像艾森豪和赫魯曉夫之間來往的信件，公開的很多，如果隨時留心把名家作的剪下來，就可以有一本尺牘那麼厚了；而且在不實行共產主義的國家裏還用不着，所以尺牘書裏用不着備這一格。

讀者投書

（一）我們應當查究部編「標準教科書」的盈餘欵項

施濟民

編者先生：

上月拜讀了貴刊第十八卷六期讀者投書「部編標準教科書爲何加價」一文後，不覺使我想起了關於「標準教科書」方面另一重大問題來。就是部編印標準教科書，發行已有五年，銷售數量約在六百萬本以上，據估計至少約有臺幣一千萬元以上的盈餘。可是這筆盈餘欵項，教育部會計室無帳，編輯該書的國立編譯館無帳，經售該書的臺灣書店無帳，據傳這份帳目，是由教育部長張其昀先生的私人秘書保管的，實際的收支情形，除了張部長個人和他的核心人員知道外，教育部的其他官員（包括次長在內）都是不過問的，行政院的主計處和監察院的審計部，當然也從未審核過。如此龐大的企業，成爲個人的私產，寧非怪事？茲將筆者從有關方面獲得的資料，分述如次：

一、標準教科書的編印經過：

現行中學標準教科書共有「公民」、「國文」、「歷史」、「地理」四科，總計三十七本，（內計初中公民三本，國文六本，歷史六本，地理六本，高中公民二本，國文六本，歷史四本，地理四本）係由教育部聘請專家，分別成立編輯委員會，並由國立編譯館擔負編審方面的行政工作。先後分下列四期編就：

㈠四十二年八月出版八本（高初中公民、國文、歷史、地理各一本）

㈡四十三年二月出版十本（初中國文、歷史、地理各二本，高中國文二本，歷史、地理各一本）

㈢四十三年八月出版十三本（初中公民、國文、歷史、地理各二本，高中公民一本，國文二本，歷史、地理各一本）

㈣四十四年二月出版六本（高初中國文、歷史、地理各一本）

當時的編輯經費是透過有關機關向臺灣銀行借貸的。僅用去三十多萬元。計初中教科書每本稿費六千元，高中教科書每本稿費九千元。三十七本共支稿費二十七萬元，連同審查費及各種行政費用在內，實支三十六萬餘元。以這樣便宜的稿費和這樣匆促的時間，編就的教科書，是否「標準」？恐怕祇有「天曉得」了！

二、標準教科書銷售數量的估計：

中學標準教科書「公民」、「國文」、「歷史」、「地理」四科課本，爲目前臺灣省中學生必須採用的教科書，平均每個中等學校學生，每學年要採用七本，計國文、歷史、地理各二本，公民一本。所以每個年度的銷售數量，可根據學生總數估計出來。依據教育部編印的「第三次中國教育年鑑」及救育廳的統計資料，這幾年的中等學校學生人數如左：

㈠四十二學年度：中學生一〇六、七七五人，師範生六、〇一四人，職業生四五、六〇二人，共計一五八、三九一人。

㈡四十三學年度：中學生一二五、八〇八人，師範生六、五三九人，職業生五二、八三〇人，共計一八五、一七七人。

㈢四十四學年度：中學生一四六、三六〇人，師範生六、七八二人，職業生六三、四一七人，共計二一六、五五九人。

㈣四十五學年度：中學生一七〇、九四〇人，師範生六、九三五人，職業生七〇、六八四人，共計二四八、五五九人。

㈤四十六學年度：中學生一九二、四三六人，師範生七、五四一人，職業生八三、二二一人，共計二八二、九八八人。

上述五個年度的中等學校學生總數爲一、〇九一、六七四人。平均每個學生購買標準教科書七本，共應銷售七、六四一、七一八本。其中應除去四十二、三兩學年度，因標準教科書尚有部份未出版無法採用，因而減少之數字；以及極少數家長因子女衆多而可應用一部份舊書外，估計這五年來標準教科書的銷售總數，至少應在六百萬本以上。再退一步說，總不會少於五百萬本吧!?這個數字，實是相當驚人的！

三、標準教科書盈餘欵項的估計：

按目前臺灣省各書局銷售教科書的實際情形，大約每售出一本，可獲純利二元五角。標準教科書定價較爲低廉。（本學期標準教科書漲價，而其他書局的教科書則不准漲價，比較下來，售價已經相仿了）但推銷費、廣告費及其他開支則亦較一般書局爲少，假定以每本獲純利二元計算（據熟悉商情者談，此爲最低的估計），則售出五百萬本，至少可獲純利一千萬元。這實是一個非常龐大的數字，而主持其事的人，始終沒有正式公布過這筆帳目，審計機關也從來沒有審核過這筆帳目，實是一件大怪事！

上述各點有關標準教科書的資料，是有相當可靠性的。我們站在學生家長的立場，應當請張部長公布這筆盈餘欵項的開支情形，尤其希望監察機關、審計機關、和司法機關，重視這個問題。假使查究結果，這筆盈餘欵項尚未動用，我們更虔誠地希望能用諸於學生福利或文教事業方面。假使已經支用，也希望教育部張部長有個明確的帳目公布，讓大家看看用途，是否有一部分作爲政治活動經費！敬

祝

撰祺！

施濟民上　四月十六日。

讀者投書

（二）一個假退役軍官的呼籲

李濟才

二三十年以前，我們與現在的一般青年一樣，但有愛國家愛民族的高度熱忱，當我中華民族頻臨憂患的當時，我們放棄了學業，放棄了家庭，毅然從軍報國。我們既然是獻身革命，當然不去計較所謂升官與發財的問題，一轉眼就過了三十多年的職業革命軍人生活。今天老了，我們只有退出青年與軍人的行列，可是問題發生了，在這生疏的社會上，我們怎樣活下去呢？我們除了軍隊上的朋友和在軍隊中所養成的那一套之外，沒有一個商業上的朋友，也沒有一點謀生的技能，所以我們今天後悔了。

不錯，退除役官兵有一個輔導就業委員會的設置，我們期待了五年之久，可是我們失望了，失望極了！該會於四十三年初設立，在傅雲的任內，已經搞得一場糊塗，那龐大的組織，消費了四千萬以上的美援，可是退除役官兵所得到的是什麼呢？我們這些老弱殘兵，在輔導委會的恩惠下，變成了開路英雄（橫斷公路），變成了衛生英雄（縣市衛生大隊），而輔導委會的情形，可以稱之謂科學時代的衙門，高大的樓房，堂皇的設備，漂亮的汽車，內部工作的男女職員，使我們退除役官兵一見心寒，那不是退除役官兵的機構，他們不過借借我們的名義吧了。

我們有八成薪的待遇，三個月領一次，以我這個上尉來計算，每月一百七十二元，要維持一個月生活，則每天只有五塊多錢，再扣去保險費和黨費等，請問我們能不能活下去呢？這還是小事，使我們最感頭痛的是每三個月領一次買酒不醉，買飯不飽的八成薪的情景了，不管是風雨多大或太陽多狠，必須按着秩序排成一條長蛇陣，叫號而入，最少也要等上幾個鐘頭，忍苦忍辱。我們曾爲革命軍人，也是國民黨的黨員，今天落到這種地步，實在又氣又憤。

我們現在只有一個要求，希望當局取消只有中華民國僅有的假退役制，既有後備軍人協會，退除役官兵輔導委員會的存在應否考慮？即或具有存在的意義，但退除役官兵是有功於國的英雄，應該改變非擔任工役清道夫一類的工作，便無法輔導的原則。最後我們有一個切身的要求，就是即辦眞退役，我們要求的是退役金（養老金），同時請當局開放准許我們還鄉，即凡是假退役軍官其家鄉在共匪區域以外的地方都可以回去。另外還有一點，值得當局研究的，假退役軍官的死亡率應否加以統計，難道等到我們死了之後，發一點埋葬費就算了嗎？同時我們向輔導委員會領導我們的人們要求，八成薪我們活不下去，你們有沒有責任來解決這個問題呢？你們還有較好的具體計劃嗎？那些開路英雄、海洋英雄、樹林英雄等的美名，眞是不勝其任了！我們更希望社會人士、與立監委員、省市議員以及各民意代表，能督促政府替我們退役官兵說幾句公道話，便感之不盡了！

（三）大哉！周主席的巡視場面！

李覺

臺省主席周至柔氏近來巡視中南部諸縣市，據說處處有着偉大的歡迎場面，聲威顯赫，路人側目，各該縣市更大事鋪張，粉刷修補，辦公廳爲之一新，馬路不見攤販。不過，時當國難，國家正努力裁減機構，提倡勤樸的當兒，省主席似乎不必效法那些「沐猴而冠」的新貴大擺其場面，大顯其威風。若謂探求民隱，考察吏治，則宜輕車簡從，何必事先預告？這次主席臺南市之行，報載（中央日報三月十日地方漫談）市府送議會之賬單共計化掉招待費三萬八千七百○二元○五分（其中便餐費一萬四千六百○九元三角五分，糖菓費一千七百五十四元，毛巾費一千二百六十八元，汽車租金四千八百九十元，香皂香水費一百三十四元，衛生紙六十五元，派克墨水費四百四十六元五角，茶壺茶杯費二千一百九十五元，工作費印刷費二千二百廿四元，安平古堡修築費九百三十五元）。可證浪費之大，眞使人拍案稱奇！今主席不只一縣而罷（已歷十二縣市），據說巡遊方興未艾，計劃詳盡，大約有巡視臺灣全島之可能，似此巡視，未知能收何效？主席素以便民、簡民爲稱，尚望體恤民艱，否則各縣市庶務人員不讓南市專美於前矣。

勘誤

本刊第十八卷第八期六頁下半欄第二四行「虞又陵」係「吳又陵」之誤。

編輯部

自由中國　第十八卷　第十期　內政部雜誌登記證內警臺誌字第三八二號　臺灣省雜誌事業協會會員　三三二

給讀者的報告

一國學術教育，是百年千年的大事。儘管學術教育正常發展所發生的力量，可能有助於此一國家應付其所面臨的非常時期，但我們却不能倒過來說，有所謂非常時期的學術教育。近年來，政府似已知道科學的重要，但却不知道科學正是健全的學術教育之產品。因此，我們特在社論㈠中向政府懇切呼籲，把一切扼殺學術教育的措施解除，讓學術教育獨立於政治，而能眞正的自由發展。

行政院提出的出版法修正案，現由於立法院之堅持秘密審議，已進入一個新的階段。對於這一事件，我們除發表社論㈡以外，並同時發表崔繇先生「出版法修正草案程序之爭」的大作，讀者當不難獲得明確認識。不過，對於民營報界及一部份開明進步的立委，為維護新聞自由所作的奮鬪，除表示崇高敬意外，並願將胡適博士於上月十九日出席本刊編輯委員會上所一再讚譽和勉勵本刊的「功不唐捐」四字，轉送海內外為民主自由而殊死奮鬪的朋友。

嘉義縣的議會議長王國柱之自殺身死，這件轟動海內外的大新聞，實在是一聲警鐘。即警告我們：號稱民主政治的地方自治已遭受黨治的嚴重迫害和摧殘。因此，我們不僅為王國柱一人抱不平，特發表社論㈢希望國民黨中央從長檢討，從速放棄黨治的觀念和作風。

中東現已成為冷戰的主要戰場，今後對於此一地區的爭取，顯足以決定整個世界的命運。王雲五先生在「中東危機與其前途」的大作中，對於中東危機的形成與突發，東西雙方的歧見，及其前途的展望，均有極詳盡的敍述與精闢的分析，值得自由世界的重視與警惕。

共黨對於「部族思想」之類的東西，根本無所畏懼，但對於「胡適思想」，則深痛惡絕，所以要接二連三地從事大規模清算。殷海光先生在「共黨為甚麼清算『胡適思想』？」的大文中，除明白指出共黨此一行動之原因及理由外，並暗示「胡適思想」在反共運動中的眞實價值。則眞正的反共者，究該歡迎「胡適思想」抑或窒息「胡適思想」？自不必多說。

僑胞對於祖國之偉大貢獻，早已是人所共知的事實。但政府的僑務工作，無論政策、效果、以及方法究如何，顯為海內外所共同關心的問題。喬廼南先生在「固步自封的僑務」通訊中，有極詳盡而具體的報導，希望僑務當局能特別重視。

自由中國 半月刊　總第二〇五號　第十八卷第十期

中華民國四十七年五月十六日出版

發行人兼主編：『自由中國』編輯委員會

出版者：自由中國社

社址：臺北市和平東路二段十八巷一號

Free China Fortnightly, 1, Lane 18, Ho Ping East Road (Section 2), Taipei, Taiwan.

電話：二八五七〇

航空版：友聯書報發行公司（香港九龍新圍街九號）

總經銷：自由中國社發行部

經售者：

美國：紐約友方圖書公司 Hansan Trading Company, 65, Bayar D Street, New York 13, N.Y. U.S.A.
紐約光明雜誌社 Sun Publishing Co., 112 Mulberry St, New York 13, N.Y. U.S.A.

韓國：漢城裕昌德號
馬尼剌：新疆書店
印尼：泗水文光圖書公司
緬甸：仰光振成書報店
印度：阿拉哈巴中印文化出版社
北婆羅洲：西利亞坡青年書店
星加坡：友聯書報發行公司（小坡大馬路四六九號）
吉隆坡：友聯書報發行公司（馬華公會大廈三樓七室）
怡保：友聯書報發行公司（希尼華沙甘街十六號）
檳城：友聯書報發行公司（林連登律七十二號）
澳門：友聯圖書公司

印刷者：精華印書館股份有限公司
廠址：臺北市長沙街二段七一號
電話：二三四二九號

本刊經中華郵政登記認為第一類新聞紙類　臺灣郵政管理局新聞紙類登記執照第五九七號　臺灣郵政劃撥儲金帳戶第八一三九號
（每份臺幣四元，美金三角）

自由中國

FREE CHINA

第十八卷 第十一期

目錄

中華民國四十七年六月一日出版
社址:臺北市和平東路二段十八巷一號

半月大事記

五月九日（星期五）

南斯拉夫維持獨立政策，決不接受俄帝統治。俄對南提威脅性攻擊，揚言撤銷經濟援助，指南共犯有思想錯誤。

赫魯雪夫悍然拒絕杜勒斯所提高階層會議的建議。

五月十日（星期六）

印尼駐在國外官員大批投向革命陣營；革命軍呼籲亞洲各國派志願軍協助印尼革命。

五月十一日（星期日）

俄策動附庸各國對南斯拉夫猛烈攻擊，企圖阻止狄托思想在鐵幕內蔓延。

赫魯雪夫致艾森豪覆照，悍然拒絕北極視察，僅對停止核子試驗同意作技術上的會商，但須事先規定談判截止的期限。

五月十二日（星期一）

黎巴嫩貝魯特發生暴動，美新處圖書館被焚毀，軍隊與暴動羣衆發生槍擊爭鬪。反對黨促政府立即辭職。

美白宮發表聲明，盼與俄就停止核子試驗舉行技術性會談時，討論整個裁軍問題。

俄致函狄托政府，要求回到共產集團，否則將面對其後果。

五月十三日（星期二）

貝魯特曾有示威行動，暴動者在街頭縱火，美使館人員座車曾被石塊擲擊。

五月十四日（星期三）

阿爾及尼亞發生大暴動，叛亂份子接管政府，成立執政委員會，由法將馬蘇領導，要求法總統起用戴高樂，反對傅禮林出任法總理。

五月十五日（星期四）

法駐阿爾及尼亞總司令薩蘭上將宣佈，支持阿軍人執政團，阿境各地相繼成立公安委員會。

美艦隊馳赴黎巴嫩，將以壓制暴動配備運交黎國，黎政府續捕煽動份子。

五月十六日（星期五）

黎軍掃蕩北部地區。貝魯特逮捕三十三名便衣敍利亞兵；黎促美予坦克與軍備。

黎總理控敍利亞唆使暴動。

五月十七日（星期六）

美軍裝備空運抵黎，貝魯特情勢漸平靜。

法兩院多數通過授予政府緊急權力，傅禮林在三個月內得採應急措施，表示將「兩面作戰」以拯救共和。

五月十八日（星期日）

俄稱美艦隊駛往黎國，正在從事登陸準備，指稱美行動將有嚴重後果。

『自由中國』的宗旨

第一、我們要向全國國民宣傳自由與民主的真實價值，並且要督促政府(各級的政府)，切實改革政治經濟，努力建立自由民主的社會。

第二、我們要支持並督促政府用種種力量抵抗共產黨鐵幕之下剝奪一切自由的極權政治，不讓他擴張他的勢力範圍。

第三、我們要盡我們的努力，援助淪陷區域的同胞，幫助他們早日恢復自由。

第四、我們的最後目標是要使整個中華民國成為自由的中國。

五月十九日（星期一）

戴高樂招待記者，抨擊各黨現行立場，認其不可能有何成就，自稱準備起而領導法國。將阿境問題歸咎巴黎政府，不承認阿執政團爲叛逆。

俄與埃及責美介入黎國危機，謂將構成中東戰爭序幕。

五月廿日（星期二）

杜勒斯答復記者詢問，對高階層會議不存奢望，盼與俄開裁軍談判。杜氏並在記者會上聲明，美總統可採取行動保持黎國獨立完整，指黎國動亂與埃及干預有關。

五月廿一日（星期三）

法國參衆兩院通過延長緊急授權法案。

五月廿二日（星期四）

俄建議與義大利簽訂互不侵犯條約，企圖中立亞得立亞海。

五月廿三日（星期五）

黎巴嫩向安理會控訴埃敍干預內政。

阿爾及利亞境軍民設全國性公共委員會，誓使戴高樂成爲法領袖。

日總選結果，自由民主黨獲勝利，岸信介將組新閣。

五月廿四日（星期六）

艾森豪向赫魯雪夫建議，美俄各派科學專家，於三週內集會於日內瓦，以商討監視停止核子試驗方法。

共黨華沙公約會議今在莫斯科開幕。

社論

(一)

再論青年反共救國團撤銷問題

青年救國團這個問題機構，是當前一個極爲嚴重的問題，所以本刊在第十八卷第一期曾以社論檢討。我們曾坦白指出：無論從其成立的理由及根據以至工作的後果上說，都該撤銷；而且也只有撤銷，才是解決問題的唯一辦法。

在我們的社論發表後，至二月五日，青年救國團終於發表了一篇「告全體團員書」。看過這篇東西的人都說，這是針對我們社論的答辯。不過，很遺憾，我們讀來讀去，總覺得其中所辯護的理由，實在沒有一點站得住脚，如果這也勉强算是答辯，那眞是不成其爲答辯的答辯。我們所提到的幾項重要問題，諸如成立的理由不充分，成立的根據不合法，以及成立後之既無成績而且有破壞法制與浪費公帑的弊害等，究有那一點解答可以勉强使人心服？

例如關於成立理由的解答是：「當我們撤退來臺的時候，共匪對在臺青年的爭取，更是無所不用其極，各地學校中的情形顯得極度的複雜與不安；如果我們不能及時解決這一個嚴重的問題，則昔日在大陸各地的罷課、請願和遊行，必將重現在這塊反攻的基地上。我們深知，僅靠消極防範共匪活動的手段，決不是解決問題的根本辦法。我們必須以積極的方式來團結青年、教育青年，使每一位青年人都能認淸是非，明辨敵我，以及瞭解他自身對國家民族所負的重大責任。」這是說，爲了防止匪諜在學校活動，所以有採取積極方式組織青年的必要。其實，時至四十一年十月三十一日青年救國團成立時，臺灣各學校之間，幾乎絕無匪諜活動，更沒有罷課、請願和遊行等行爲。青年們鑒於在大陸時被利用爲政治鬪爭工具，因而遭受慘痛犧牲，所以對於各色各樣的青年販子，無不敬鬼神而遠之。在那個期間，各學校眞是安定得靜如止水。所謂「極度的複雜與不安」，甚至所謂「罷課、請願和遊行、必將重現」云云，完全是抹煞事實的說法。

至於說到成立的根據，其解答是：「民國四十二年七月三十一日，行政院爲實現文武合一的敎育政策，培養術德兼備的人才，乃令頒『臺灣省高級中等學校及專科以上學校學生軍訓實施辦法』，限令高中以上學校學生，一律接受在校軍訓，並規定由國防部成立救國團，負責實施學校軍訓。」如果這些話完全可靠，固已足够證明我們在上次社論中所說「顯未另經立法手續」，即「不經立法院通過，而由行政院擅自成立機構」的話，絲毫沒有說錯。不過，這裏還有一點須特別指出，就是這次的解答，明明說是根據四十二年七月三十一日行政院令頒的一紙「辦法」而成立。按理，卽使根據行政院的一紙辦法，便可以成立這樣龐大的機構，則其成立日期也不應早過行政院令頒辦法的日期。事實上，青年救國團是早在令頒辦法之前的四十一年十月三十一日成立的。對於這一事實，可由青年救國團印行的「新團員入團訓練敎材」上得到充分的證明：一、在「中國青年反共救國團答客問」第二項答案上說：「政府仍遵照總統的昭示，接受青年的要求於本年（編者按：係指民國四十一年）十月三十一日總統六六華誕，成立了『中國青年反共救國團』。」二、在「中國青年反共救國團概況」的前言裏也明明的說：「本團在偉大的革命領袖蔣總統的六六華誕成立。」三、在「怎樣做一個中國青年反共救國團團員」中更明明白白的說：「政府爲遵循領袖的號召和滿足青年的熱望，特於四十一年十月三十一日成立了青年反共救國團。」事實眞是再明顯不過，青年救國團是的的確確早在四十一年十月三十一日便成立了！也許有人要問：現在青年救國團爲甚麼硬不肯承認這一鐵的事實？又爲甚麼硬要說是根據四十二年七月三十一日行政院所頒辦法成立的？難道眞糊塗到連自己成立的時間也弄不清了嗎？其實，這原因很簡單，因爲在四十一年十月三十一日前，連行政院的那一紙辦法也還沒有正式頒發，這更可證明我們上次社論中所說：「試問除掉總統的文告以外，又有甚麼法律上的根據？」是百分之百的合乎事實。

至於五年來工作之無成績可言，青年救國團已迫於事實，而不得不如此表示：「至於本團的工作，過去我們卽曾隨時檢討改進，今後仍將繼續求取更大的進步。……又如在校學生實施軍訓一項，由於國軍預備軍官和預備士官制度的建立，我們現正加緊研究如何改進這一訓練的方式和內容，以求避免重複而獲得實效。」以至於相繼在四十七年工作會議擬訂「學校軍訓敎育改進方案」時，大會也不得不「建議將高中、大專軍訓與預備軍官分科敎育連繫起來，成爲一貫性與整體性之完整制度。」這便是承認了我們上次社論中所說：「一切顯得全無計劃，自高中以至大學，雖有七年之久的軍訓時間，但既沒有分別規定一定的訓練進度，又沒有規定學科和術科的全部內容。其結果，高中是這一套，大學還是這一套，事事雜亂無章，處處手忙脚亂。」

至於說到破壞法制和浪費公帑的兩大弊害，對於破壞法制一事，青年救國團的解答僅僅提到「軍訓敎官由學校遴聘」一點，以爲搪塞。實則破壞法制之事，較此嚴重者尤多。而且卽就此一點而言，也非事實。各校行政主管人員都知道，軍訓敎官的人事，其所以忽來忽去忽西忽東有如走馬燈者，完全是青年救國團一手安排。所謂遴聘云者，有其名而無其實，如此而已！對於浪費公帑一事，青年救國團竟公然如此大膽的辯護：「目前，總團部的經費每月十七萬五千元，由內政部在民衆組訓費中撥發，各支隊業務經費平均每月爲七千五百元。至於本團每年暑期青年戰鬪訓練的經費，是教育行政當局爲輔導學生假期正當活動，自四十二年起撥助一百萬元舉辦，嗣因人數逐年激增，至四十六年該項補助費增爲二百八十萬元。」這未免說得離事實太遠了。實際上，僅僅以一次青年年會而言，雖然時間只不過七天，人數只不過八百名，據最保守的估計，至少便已有五十萬元之多。何況此起彼落的活動和會議要錢，大大小小的歡宴和招待要錢，各色各樣的訓練和講習要錢，以至於補助李某的太太出國又要錢，津貼鮑某某的父親喪葬也要錢，假使每月經費眞只有十七萬五千元，那麼一大筆又一大筆的欵項，又從那裏開支？請容許我們坦白問一句：是否所有這類欵項，都另有特別項目開支，根本不包括在這區區十七萬五千元的數目之內？請原諒我們更坦白的問一聲：自從每年有五億零四百萬元防衛捐未列中央政府總預算問題鬧出來之後，各種的傳說很多，請問青年救國團究竟也動用過其中的錢沒有？如果動用了，每年又究竟動用了多少？又請問有沒有用各種不同的方式，向軍人之友總社以至其他單位找過津貼？我們早就在上次社論中說過：「這當然是青年救國團的高度機密，非局外人所能證實。」然而，關於外傳青年救國團在四十五年一年的開銷，便有高達臺幣三億元左右之說，這一傳說，我們可以憑常識判斷其不太虛妄。現在即使退一步承認所解答的全是事實，但我們還要追問：青年救國團成立以來，經費究竟如何列入預算？又如何送交審核？是否都經過了合法的手續？所說由內政部及教育行政當局撥欵，又究竟是以甚麼做根據？是根據有效的法律抑或是政治上的特殊關係？現在賬據是否全部存在？是否經得住監察院的澈底調查？

我們的社論發表後兩三個月，無論官方或民間報紙，都先後紛紛傳出青年救國團撤銷或改進的消息。在當時，大家以爲縱然不撤銷，至少至少也將加以澈底的改進，便都把希望寄托在青年救國團工作會議的檢討上。眞沒有想到，工作會議雖在三月二十七日舉行了，但會議檢討的結果，却仍然使人失望！

青年救國團經過會議檢討的結果，並沒有眞正面對客觀現實，而自動決議撤銷，僅僅在學校軍訓教育方面，做了一點改進的決議，預定在四十七學年度開始實施。實際上，只消細細研究一番，便可以發現，即連這一點改進，也是有名無實。因按所謂改進辦法所定，一個高中男生，在校時仍舊每週要接受兩小時軍訓，畢業後如不能升學，依然須受爲期六月的預備士官訓練。一個大專男生，在校時仍舊每週要接受兩小時軍訓，四年制以上者雖然從第四學年起免除，但二年制者每週還有三小時；且在畢業後，依然都須接受爲期一年又六個月之久的預備軍官訓練；縱然將來可以免除入伍訓練，但反須另行接受暑期連續訓練十二週之久。凡此種種，均證明祇是以改進之名，來搪塞各方面的責難而已！

按理說，依據兵役法第九第十兩條之規定，無論是專科以上學校畢業男生之接受預備軍官教育，或高中以上學校畢業男生之接受預備士官教育，原則上均應「依志願考選」。縱然依據同法第十一條之規定：「在國防軍事上有必要時，得依法征集召集入營，」而一律施以教育；但僅就專科以上學校畢業男生而言，據同法第九條之規定，其接受預備軍官教育期限，仍以一年爲原則。縱然認爲又有必要，也只能「分發見習六個月以內」。總而言之，一個大專學校畢業的男生，其全部接受預備軍官教育及分發見習時間，即令在主管單位認爲一切均有必要的情形下，也不得超過一年又六個月。可見當初立法的本意，原認爲一個預備軍官的養成，最多也只須一年又六個月便已足够，實在不需要更多的時間。但是，現在一個大專學校畢業的男生，除畢業後的受訓和見習時間，早已有足足一年又六個月之外，在校求學時期，却先之以高中的三年軍訓，又繼之以大專的二年甚至四年軍訓。但不知道這前後五年甚至七年的學校軍訓，又是根據兵役法的那一條規定？坦白說一句，青年救國團在校實施軍訓，是與兵役法規定不符的！事實上，大專學校男生所受這五年甚至七年之久的軍訓，等到畢業後正式接受預備軍官訓練時，也不被主辦訓練單位認爲有效，而是一概不予承認，視同根本未受軍訓一樣，再從基本教練一步步開始訓練。足見青年救國團在校實施軍訓，非但與兵役法規不符，也是養成預備軍官階段中所不必要的。對於這一點，青年救國團似乎也清楚，所以經過這次檢討之後，却宣稱學校軍訓的目標：「高級中學以養成學生良好的風度和規律的生活，大專學校以完成三軍預備軍官之入伍訓練爲中心。」這說法，也許自以爲找到了一個在校實施軍訓的有利藉口，而不知道却是自行否定了在校實施軍訓的理由。請仔細的想想：高中軍訓的目標，既是「以養成學校良好的風度和規律的生活」爲中心，則無異推翻了以前所賴以在高中實施軍訓的理由：「是預備士官教育的準備訓練。」也就是反證原沒有在高中實施軍訓的必要。因爲整個的高中教育，並非不管學生的風度和生活。高中教育的固有職責，原就包括有「養成學生良好的風度和規律的生活」在內，根本不必另行實施軍訓。至於大專軍訓的目標，既是「以完成三軍預備軍官之入伍訓練」爲中心，爲甚麼等到眞要免除入伍訓練時，還須另受十二週的暑期集訓？豈非反證平時每週兩小時以至三小時的軍訓，並非眞正的入伍訓練？又豈非反證僅需十二週的暑期集訓，便足够代替入伍訓練，而不必平時在校另加訓練？則無論爲以前所賴以在大專學校實施軍訓的理由：「是預備軍官教育的準備訓練」，抑或是現在所找到的藉口：「完成三軍預備軍官之入伍訓練」，現無異均證明無法成立而自動推翻。至於無論爲高中或大專學校的女生，依據兵役法規定，即連服兵役的義務也沒有，青年救國團也要施以訓練，更是於法無據，自毋庸再說。

經過這一次會議的結果，所謂改進，既不幸僅限於學校軍訓方面，又不幸即連這點改進也有名無實，但是，更不幸的是還無意眞正去實施學校軍訓教育，而是假借這一名義，以求達到另一特殊目的。所以在這次會議閉幕之前，通過了一項「爲反共救國戰鬥到底」的總決議，而明白表示：「我們認定，要完成中興復國的大業，必須堅持主義、領袖、國家、責任、榮譽，五大信念」，進而肯定：「我們認爲三民主義是我們立國的大經，是我們青年反共救國的指標，必須堅持這一正確的方向，才能團結青年，走向革命救國的大道。」總之，儘管青年救國團在校實施軍訓，法律上既無根據，事實上也無需要，但爲了給青年救國團的存在找一個似是而非的理由，却不得不藉口於實施學校軍訓。不過，也正因爲這原只是一種藉口，結果是，青年救國團這個組織，名義上雖然是爲實施學校軍訓而設立的政府機構，實質上却是爲製造一黨一派預備隊而建立的政治組織。所以現在又處心積慮，企圖憑藉着政府的權力，更進一步在各學校加强其活動，以求更嚴密的控制學校敎育，更澈底的使學術失去獨立自由，而完全聽任其掌握和操縱，成爲一黨一派的附庸和工具。從而扼殺青年學生自由思想和獨立判斷的機能，牽着青年學生的鼻子，盲目的跟着一種死的敎條走。這一切，便是青年救國團最近所標榜的「新的工作內容，新的活動方式」。

從今年二月的六、七兩日起，到同月十三、十五兩日止，青年救國團同時創辦了六個號稱學術性的青年年會，這顯然是一次政治把戲要得較爲高明的得意傑作。在各個年會中，確實邀請了很多名流學者，像煞有介事的研討很多學術上的重大問題。請看青年救國團幼獅社是如何的透過一位記者的筆下，對於霧社理工青年年會的活動報導，做了一番荒誕的宣傳；據說只經過短短幾天的研究討論，會員們居然就「了解了動力的重要，火箭的構造，人造衛星的原理，太空與醫學的常識，文化與科學的關係……」這眞是了不起的成績！這該不愧爲天字第一號的學術研究速成班！恐怕世界上任何一個辦得最有成績的第一流學府，也無法在短短幾天之內，利用兩三個小時，便可以使一些青年學生，尤其是使若干連大學門都沒有進過的中學生，都了解了現代科學上很多極艱深極複雜的道理。這種自欺而不能欺人的謊言，眞使人聽過後啼笑皆非，不知道究該怎樣說才好！至於其他各個年會的情形，當然也是如此這般，不必細說。其實對於這一事實，青年救國團並非全不清楚，只因爲限於一種不可告人的苦衷，既不得不製造這樣一個機會，更不得不進而再利用這機會，以求獲得一個有力的藉口，可向各學校加强其活動而已！實際上，像青年救國團這樣一個負有特殊使命的政治組織，既不配侈談學術研究，也無意從事於學術研究，現在，只不過利用學術研究做幌子，而求達成政治上的特殊使命罷了！請看就在這次以學術研究來號召的青年年會中，有一項「新的時代與新的任務」的專題討論指導綱要，這是要灌輸給每一個參加青年年會學生的。在此一綱要的結論中，便明明白白的洩露了學辦青年年會的眞正企圖是：「救國團的責任就是爲國家造就大量的青年鬪士，有理想，有抱負，有優秀的品質，能畢生爲三民主義的實現而奮鬪！」換句話說，根本與學術研究毫不相干。

不過，事實儘管如此，但青年救國團却始終想利用學術研究的美名做掩飾。因爲唯有這樣，才有藉口向各學校作更進一步的控制。所以在今年三月二十七日的四十七年工作會議閉幕前，又透過參加會議的代表佟某某等六十三人，以聯署的名義提出一項臨時動議，卽「爲擴大青年年會成果，倡導學術研究風氣，俾有志青年研究科學，趕上時代，請成立中國青年各種學術研究團體案。」這一案，當然又照例順利通過。但據熟悉內幕者透露，根本是青年救國團早在開會前便擬妥的方案，不過交由這些代表提出來罷了！這也只需一看青年救國團預定的四十七年度工作計劃綱要，原擬定以「倡導學術研究」爲第一項中心工作，便可知道所謂「臨時動議」也者，原不過是一種掩飾的安排而已！

今後，我們大家將可以看到一項事實，就是原爲實施學校軍訓而設立的青年救國團，却儼然要以「倡導學術研究」機構的姿態出現，在各學校大活動而特活動，從暗中控制學校、控制青年，以完成其特殊使命。

誰都知道，青年救國團根本不是敎育行政機構或文化學術團體，卽令姑且假定不是一個於法無據的「黑」機構，充其量，也只是一個隸屬於國防部之下實施學校軍訓的小單位，請問這與「倡導學術研究」何關？更根據甚麼去「倡導學術研究」？

新任中央研究院院長胡適博士，在不久之前，向光復大陸設計研究委員會發表演說時，曾經特別提出爭取學術獨立的主張，呼籲以全國力量，建立獨立的學術研究環境；最近在東海大學演說時，又再度勉勵其發揮自由獨立精神，使不受政治上的任何影響。這些話，豈是無的放矢？其所以一再公開强調者，眞是語重心長。這些話，又豈只是胡先生一人的希望？其所以値得在這裏特別提出者，實由於這早已是學術界共同的呼聲。但要達到這理想，根據以上所述各項事實與理由觀之，青年救國團非先予撤銷不可。否則，其他任何努力，都勢將白費。

我們在這一次的社論中，其所以更堅持青年救國團必須撤銷者，概括的說，主要是由於這一組織的存在，必先假托於實施學校軍訓，足以浪費青年學生太多的時間和精力，妨碍了青年學生求學的機會。請大家靜心的想想：現在一個青年學生讀到大學畢業，僅僅接受在校軍訓，便達七年之久；在這七年之內，直接浪費於立正稍息之類的時間，竟有五百八十小時之多；請問僅僅在軍訓這一門課程上，竟要浪費如此多的時間，是否太可惜了一點？何況這種軍訓，一如上面所指出的，根本於法無據，根本沒有一點實際的需要。但青年救國團還不滿足，現在反要更進一步，企圖成立「中國青年各種學術研究團體」，再利用學術研究之名，而在各學校加强其活動，進而控制學校敎育，以求青年學生在時間和精力被浪費之後，又在思想上和精神上也全部被控制，而百分之百的符合其政治的特殊要求。其結果，終由於這一組織的存在，憑藉了政府的權力，使純潔的青年學生，成爲一黨一派爭權奪利的工具和犧牲品，而使國家的元氣大傷。老實說，我們並不反對任何黨派採取自由的方式，向青年學生宣傳其政治主張，而聽憑其自由的接受或反對；但我們却堅決反對某一黨派憑藉政府的權力，運用强制的方法，向青年學生灌輸其政治教條，而不容其享有拒絕或反對的自由。我們今日之所以堅決反共，這正是一個主要因素。我們這樣講，並是不反對青年學生關心政治，甚至還希望青年學生能冷靜而客觀的分析和研究當前各項政治問題；但我們堅決反對某一黨派爲了維護旣得特權，而控制學校、控制青年，使青年學生失去對政治明辨是非的能力和自由。

總而言之，如果像青年救國團這樣一個機構還不撤銷，而且還要聽任其在各學校加强控制，以完成其特殊使命，則我們還有甚麼青年前途可說！又有甚麼學術前途可說！更有甚麼法治前途可說！

記得我們在上次「青年反共救國團問題」的社論中，最後曾懇切的向立監委員諸公呼籲，希望「也能做一次澈底的調查和檢討」。近幾個月以來，聽到立監兩院對軍訓方面已提出若干質詢，我們固然感到很興奮，但請原諒我們坦白說一句，還做得不夠澈底。現在，我們要再懇求我們的立監委員諸公，爲了這一代的青年，也爲了整個的學術，更爲了國家的法制，對於青年救國團這一問題機構，趕快做一次全盤的澈底質詢和調查吧！

社論

(二) 爲學術教育工作者請命

祇要不存心廻避現實，任何人都可看得淸楚，目前臺灣一般公務人員、軍事人員、和學術教育工作者的生活之困苦，以及處境之蹇蹙。關于公務人員與軍事人員生活方面的種種問題，我們預備留待其他的機會申論。現在，我們單論學術教育工作者的情形。

我們在這裏所說的「學術教育工作者」，包括學術研究機構的行政人員和研究人員，與大學、中學、以及小學教師。這些工作者目前大多心情欠佳，精神不振，並且工作的效率低落。他們工作的效率僅够維持一個表面，只够應付功令，決不足以擔負創造發明，承先起後，認眞作育人才，陶鑄下一代的優良品性，這般大任。之所以如此，環境沉悶，和前途茫茫，自然是基本的原因；而直接的原因，則是待遇太低。現在，小學教師月薪平均在四百元左右，中學教師月薪平均在五百元左右，大學教授月薪平均在一千二百元左右。以目前物價之高，區區這點薪水，維持免于餓死的最低生活尙感萬分吃力，誰還有餘心餘力眞正從事文化生活？文化生活是人類生活之較高級的層面。這美麗的花朶必須有較優裕的環境，才培養得出來。日光、空氣、水分都缺乏的環境，如何長得出蝴蝶蘭？

茲以大學教授爲例。大學教授應享的正常生活水準如何，值茲「非常時期」，我們不敢想望。然而，如果要一位大學教授能克盡厥職，對學術有所貢獻，則必須維持一個最低限度的標準。這個最低限度的標準就是：不爲柴米油鹽操心，不爲家務所累，有一個不太受音噪干擾的獨立住宅，每月至少有相當于購買價值美金五元的書籍一册的購書能力。其餘加衣、添製用具、婚葬、醫藥、交際應酬、娛樂等項，暫且一概免談。就作爲一個大學教授的人而論，這個標準總不能不說是最低限度的標準吧！然而，說來也眞可憐，在臺灣的大學教授够得上這個標準的眞是寥寥可數。我們常常看見大學教授在街頭提籃子買菜，在家裏司「灑掃應對」之事，他們月月爲薪水不够用而發愁。我們又常常看見大學教授因太太小孩害病無錢醫治而上課時心緒不寧；對于學生提出問題沒有興趣詳作解答，甚至發煩。至于買書，說來更慘。照理說來，大學教授應該是買書最多的人。可是，就我們接近書店所得到的印象而論，現在大學教授能買書的眞是少之又少。我們並不是說，當大學教授的人高人一等，應該像古代希臘學人一樣蓄養奴隸，從事勞役。在當今平民主義之世，大學教授自己買菜也不是什麼有辱身分之事。美國當教授的人自己開車是常事。我們的意思只是說，如果臺灣當大學教授的人因請不起一名工人而被迫得不能不自己上街買菜，被迫得自司灑掃應對之事，就無心無時無力充分從事研究和教學了。這並非身分問題，而是一個經濟問題。這個經濟問題所造成的這種結果，對于作大學教授者個人而言，固然是生命的浪費；對國家而言，更是深遠的損失。

今日在臺灣作大學教授的人處境如此。人總是要活下去的。政府既然不能替他們想想辦法，於是他們只有自己想辦法了。

比較有名望而又便于出口的，紛紛往海外跑。在這些人中，最有辦法的是往美國另謀高就。其次就是往南洋等地找工作。僅僅就南洋大學一校而論，臺灣往教者就有二十餘人之多。在這些人中，又以理工人才爲多。這種現象，如果說是人才出超，那是說客氣話。其實是人才外溢。這種人才外溢的現象，還只是有形的損失。海外的留學生看見這種光景，不由得不考慮自身的出處。考慮的結果，多半就是設法繼續留在外國，而不願來臺爲自己的人服務。從臺灣出國的，也多半是「一去不復返」。這幾年來，臺灣各大學甚感理工師資的缺乏。結果造成一種現象：上面只是幾個老人在啃老講義；下面想請幾位助教也很困難。主持清華大學原子能研究院的梅貽琦先生，就對從外國延攬物理學家之事大感棘手。有許多老一輩的學人眼看到這種「人才中空」的現象，不禁爲學術教育的前途發愁。然而，臺灣的環境，除了沉悶以外，待遇又這麽差，發愁又于事何補呢？

至于留在臺灣的大學教授呢？留在臺灣的大學教授，稍有名氣的，多從事兼課。談到兼課，眞是形形色色，不一而足。有的教授兼課，從臺北遠征至臺中；有的教授兼課，竟至每周三十幾小時；有的教授兼課，非本行之所學。研究理工科的人，有的則兼作工廠顧問，等等。在這種情況之下，大學師資的品質怎樣能够保持于不墜？

這種低落的情形還是比較容易觀察的現象。除此以外，大學教授待遇非薄，還有更深遠的惡劣影響。由于待遇太差，生活不易維持，大學教授們被迫不能不藉上述的方法以及其他種種方法維持生活，於是，獨立精神易于喪失，作人的風格也很不容易保持。試把今日在臺灣的一般大學教授之獨立精神和風格與當年清華北京等著名大學的教授所具有者相比，是否完全一樣？有的甚至以勾結權要，走官家門路，迎合現實政治路線，拿政治口號寫教材爲得計。爲人師表者竟甘心走下坡路，如此，寧不可悲？獨立精神和風格，是優良環境的產品，大學教授的獨立精神風格之存在，對于青年學子的學行及品鑑力之養成，絲毫不在課室言敎以下。但是，「人窮志短」。今日在臺灣的一般大學教授，因扼于現實生活而把這一點珠光寶氣幾乎消磨殆盡。這樣一來，何能在青年中起示範作用？青年失去模範，無所適從，豈不苦悶？又豈不危險？

問題說到這裏，也許有人責備一般大學教授，認爲他們之所以致此，不能歸咎于環境，而應自責「道行不堅」。這種人也許要說：「君子固窮」，「士志于道」，不應斤斤于衣食；清貧自守，正所以顯示教授的風格。

這類的道德官腔說來似乎好聽，也沒有人敢于明白表示反對；可是，在今日這種情況之下，却很少人聽得下肚。世上並無所謂先天的道德 (a priori morality)。有之，唯在談玄者的筆底下。當着一種道德倫範只有極少數人付出極大的代價始能實踐時，那末這種道德倫範本身的效準就很值得考慮。古往今來，只有極少數人能堅持「餓死事小，失節事大」的原則。最大多數的人是「衣食足而後禮義興」的。正常的人正是如此。在此，我們絕對沒有意思鼓勵人爲了吃飯問題去失節，去走向沉淪之路，尤其是從事學術教育工作的人。傳記中所載爲了堅持自己的原則而挨餓的人，我們無寧認爲是值得景仰的人。但是，我們同時也要指出，這類道德操守的要求，是屬于倫理界域以內的事，政治界域裏的人當他站在政治界域時不可援引；尤其當他未能改善大家的生活時，更不可搬出這一套話頭來罩人，來塞人之口。御用的道德家更不應在這種時候替有權力的人獻出這類壓人的大帽子。時至今日，除非一個人自發自動地爲道德原則刻苦自勵，否則沒有任何人配拿這一套來對人搬弄。愈搬弄，離道德愈遠。合于生活的道德原則之當遵守，這是不在話下的。可是，當着大多數從事學術教育工作者的生活陷入目前這種困境的時候，我們不忍拿一套道德高調來對他們作「道德的鞭策」。我們只有對他們的處境寄予最大的同情，代他們呼籲。經驗知識告訴我們：際此時日，要解決目前學術教育之不振，與其提倡空頭道德，不如除了使學術教育獨立于政治以外，積極改善學術教育者的生活。生活一經改善，大家沒有生活上的顧慮，工作的效率一定可能提高。

也許有人說，你們所說的誠然不錯，其奈政府財政拮据何？「財政拮据」之說，我們聆之久矣。誠然，在某種意義之下，這話是眞的。可是，這話的內涵並不如此簡單。依近十年來的現象觀察，官方人士用錢的重點，除了軍事以外，在下列幾方面毫無吝色：第一、當局者認爲直接足以培養、鞏固、並擴大其權勢的事項。第二、足以增長面子和湊熱鬧的事項。前者例如，樹置特殊勢力，開辦各種訓練班，這個團那個團，……。後者例如，祝壽，紀念節日，招待外賓。前者耗資之鉅，究竟到達甚麼程度，這是一項機密，我們未便揣測。至于後者，凡住在臺北的人，很容易得到深刻的印象。這幾年來，官方人士較已往任何時期對于紀念節日特別感到興趣。這幾年來官方人士對于紀念節日的種種作爲，予人以藉紀念節日來打發日子的印象。官方在紀念節日紮彩坊，搭高臺，……耗資之鉅，是不難看出的。其次，就是拉海外僑胞來臺觀光。這也是耗資鉅萬的事。我們並不是說，要海外僑胞歸心一定是一件要不得的事。我們的意思是說，海外僑胞來臺玩玩，湊湊熱鬧，並非根本之圖：既提不高政府威信，又不能在基本上改善反共的形勢。何況常常鬧出販毒走私的笑話？如果官方不做這些表面虛浮的事，那末所可能撙節下來的錢，一定相當可觀。

這樣看來，官方並不是絕對的「財政拮据」，而是用錢的基本觀念與我們不同，因此用錢的重點與我們不同。他們用錢，除了直接維持權力以外，就是要表面熱鬧好看。合于這兩大原則的事，他們用起錢來手面是濶綽得很的。至于學術教育，他們認爲迂遠，所以用起錢來非常吝嗇，動輒以「財政拮据」爲詞拒絕之。誰都知道學術教育是國家百年大事。這遠比表面熱鬧好看重要。從遠大處替國家社會前途着想，我們要求把這些浪費移用于改善學術教育工作者的生活。

所以，今日學術教育工作者要想改善生活，所碰到的問題還不是政府是否有錢的問題，而是官方人士用錢的基本觀念和用錢的重點問題。因此，學術教育工作者要官方改善他們的生活，必須改變官方對于用錢的基本觀念和用錢的重點。至低限度，要他們明白，關係乎國家社會百年大計的事比表面的熱鬧競賽重要。表面的熱鬧競賽，是鏡花水月，到頭來萬事皆空。唯有提高學術教育者的生活，從根本上培養國家社會的元氣，將來發生的力量，才未可限量。本月二十五日，在清華大學原子能研究院物理學館落成暨原子爐基地破土典禮中，胡適先生也呼籲改善教授生活。他說：「要提高研究學術風氣，應從改善教授的待遇着手。」這是很切合實際的話。我們願意依據此話，向當局爲學術教育工作者改善生活請命。

社論

（三）南美洲教訓了美國什麼？

最近在國際間，接續發生了一連串的重大事件。法國第四共和正在危機中；黎巴嫩的暴動及其所造成的國際爭執仍持續未已；蘇俄又發射重達三千磅的第三顆人造衛星；南美各地曾以美副總統尼克森的訪問引起激烈的反美運動。尤其最後一項，對美國外交聲譽及國際地位的打擊，正如美國有些權威評論家所指出，實不下於「珍珠港」、「斯普特尼克」、和去年堪薩斯州所發生的小岩城事件。委內瑞拉的臨時總統拉瑞薩伯曾說，在他一生他將永不能忘記這一不幸的事件；事實上，在未來的五十年以內，假若美國人還會記憶「珍珠港」和「斯普特尼克」的話，一定也會記得這次尼克森在南美的遭遇。

拉丁美洲各國為美國的近鄰，而美國又是整個美洲的領導者，一百多年的門羅主義與數十年的善鄰政策，使美國人慣常地感到美洲絕不會有問題，而今竟變生肘腋，禍起蕭牆，當然使美國吃驚不小了。因此經過一陣騷動與痛苦的不安後，全部美國人包括尼克森本人在內，正在尋找這一不幸事件所以發生的根源。

綜合各方面的報導，美國對於這一事件的背景大致有如下幾種看法：㈠這是由於國際共黨的幕後煽動，乘尼克森這次訪問機會，破壞美國在南美的聲譽；㈡這是南美各國對強大與富足如美國的一種嫉視，借題發揮，以洩內心宿怨；㈢這是年來美國在處處淡漠南美的一種結果，抗議美國過份重視其他各洲而忽視了它們；㈣這是最近南美各國經濟問題嚴重化的反映，致影響到一般人民對美國的不滿；㈤美國過去對南美國家的關係，只注意作生意與維持表面的外交關係，而未注意到提高當地人民的生活水準；㈥便是尼克森本人對這一事件所下的最後的結論。尼克森說他這次在加拉加斯的不幸遭遇是因在委國人民心目中，把它們的十年獨裁統治視為與美國具有聯繫的一種直接後果。換言之，在尼克森本人看來，這次南美各國驚人的反美暴動，是由美國長期容忍與偏愛南美各國獨裁統治的不正確外交政策所激起來的。鑒於烏拉圭、秘魯、委內瑞拉各國暴動羣衆對尼克森直接所發出的各種光怪陸離的口號與質詢，我們可以說美國對這次事件的看法都正確的，而尼克森的結論則尤其正確。

我們深為這一事件惋惜，也為這一事件替美國代抱不平。以美國的傳統立國精神和慷慨大度作風，假若美國在外交上的作法稍為像樣，就絕不會遭遇到這樣大的侮辱。而事實上，美國對於南美各國，正由於長期習慣於門羅主義的安全與自大感，所以在外交上從未把南美各國內部變化視為一個問題。結果南美各國內部變亂迭起，軍事獨裁愈演愈烈，一般人民經常生活於被捕與屠殺恐怖下，而美國却是置諸不理，聽任這種情況繼續下去。甚至在最壞的環境下，有時南美各國的天主教會也會挺身而出，號召人民反對獨裁政權，而美國却支持獨裁如故。因此現在南美一句最使美國難堪的說法，便是「美國國務院遠不如羅馬教廷更民主」。以此類推，其他可想而知。照理以今日南美各國與美國的友好關係，再加上泛美安全組織的廣泛效用，祇要美國肯對南美各國政治情況予以必要的關切與注意，南美這種政治上的不安情況，即可迎刃而解，毫不費吹灰之力。例如美國敦勸泛美組織通過一個決議，要求凡以軍事政變手段奪取政權、或以軍事獨裁維持統治者，泛美各國概不予以外交承認，則這種政權便於一夜之內即會垮臺。只要有一個這樣的軍事冒險家因不能獲得美國及泛美各國支持而失敗，其他欲圖效尤者，在未發動軍事政變之前，即會三思而行。如是不求公開反對軍事獨裁，而軍事獨裁自滅，不求倡言民主自由，而民主自由即會自來。美國在南美外交上不懂這一道理，所以雖有民主自由的强大傳統與道義基礎，可是由於言行不符，在實際工作上沒有發揮自由民主的力量，結果毫無作用。反而在南美各國人民的觀感中，美國却變成了它們的獨裁者的同謀者、支持者與庇護者。一個國家外交的失敗，沒有甚於此者，一個具有民主自由的强大傳統如美國者，竟有此外交失敗，更是一件十分不幸與可惜的事。

經過這一慘重的失敗教訓之後，美國也開始針對這一缺陷籌劃對策。尼克森返抵華府後的第一個重要行動，便是與艾森豪總統及杜勒斯國務卿舉行一緊急會商，報告此行對美國的影響。接着表示於短期內他將向艾森豪呈遞一正式的書面報告，對改進南美外交提出廣泛建議。現這一報告書尚未提出，吾人自不知其最後內容如何；但就尼克森陸續所發表的片斷談話看來，他的這一建議將不出三個主要的範圍。即：㈠美國將全面改善與南美各國的經濟關係，加强在這一方面的互助合作，使美國對南美各國經濟情況的改善與人民生活水準的提高，多提供一點貢獻；㈡美國將澈底修改在南美各國的外交作風，由偏重對少數統治者與上層官員的聯繫，而轉移為和廣大的青年羣衆，勞工界與知識份子謀取聯繫；由單純的社交性往還轉而為深入各種社會領域，實際去爭取一般人民對美國的瞭解與同情；㈢美國將澈底放棄對獨裁者的容忍與偏愛政策，而積極支持各國的民主力量，鼓勵建立穩定的民主政府，建立一個和平與安定的泛美大家庭。我們支持美國的這種決心和作法。我們相信這位年青的共和黨政治家會這樣作，我們也相信美國會這樣作。

最後我們覺得，假若沒有「珍珠港」，美國絕不會從它的孤立主義迷夢中猛醒；假若沒有「斯普特尼克」，美國絕不會發現它處境的危險；假若沒有這次南美各國反美事件，美國亦絕不會認識到它的民主自由偉大傳統的寶貴。所謂生於憂患，死於安樂，假若因這次尼克森被辱事件，美國能急起直追，亡羊補牢，積極宏揚民主自由力量，策進其他各國向民主自由方面共同努力，則正是塞翁失馬，焉知非福了。

從爭取言論自由談到反對黨

胡適講
楊欣泉記

雷先生，各位「自由中國」社的朋友，以及在座的各位朋友們，我的確沒有準備說話的材料，但雷先生要我說幾句話，我不敢推辭。

記得前幾年我回來時，曾經在一個像今天這樣的場合裏，提出一個要求，就是把「自由中國」半月刊印上的「發行人胡適」五個字除掉，我很願意加入「自由中國」社編輯委員會做一個編輯委員。因爲那時我想到，假如「發行人胡適」這五個字在創刊時爲爭取言論自由有一點點掩護的作用，到現在也用不着了。因爲「自由中國」半月刊已經站住了。如果在最初沒有一點掩護作用的話，即令把「發行人胡適」五字放在上面，更沒有什麼用處。如果能把這幾個字去掉，而我做一個編輯委員，仍可表示大家都站在一條線上，都是爲爭取言論自由而努力。以後承社裏同仁接受了我的請求，將「發行人胡適」五字除掉，以後「自由中國」社的發行人便是雷先生。在那次集會場合中我又說（以後在臺北市新聞記者歡迎會上也曾說過）：言論自由不是天賦的人權，言論自由須要我們去爭取來的。從前或現在，沒有那一個國家的政府願意把言論自由給人民的，必須要經過多少人的努力爭取而得來。所以自由中國的言論自由，也須要大家去爭取的。

我這一次回來，感覺到很高興的，就是我在離開自由中國的四年中，自由中國有進步，這種進步，尤其表現在言論自由這方面。以前有少數人常說，自由中國只有胡適享有言論自由。這句話我絕對否認。這種觀念完全是錯誤的。要知道胡適的言論自由也是自己爭取出來的，大家能爭取言論自由，大家便一定能得到言論自由。我好久沒有在「自由中國」上寫文章，但「自由中國」半月刊到現在還繼續存在，不但「自由中國」半月刊有言論自由，臺灣許多報刊雜誌，比諸四五年以前，已獲得更多的言論自由，比如夏濤聲先生的「民主潮」、李萬居先生的「公論報」、李玉階先生的「自立晚報」等等，都有很獨立自由的言論。所以現在不僅僅是「自由中國」一個刊物在爭取言論自由，大家都在爭取言論自由。今天在座諸位，都是「自由中國」社的朋友，許多位在「自由中國」做文章的，堪稱爲言論自由的鬪士。還有許多位朋友，或者自已辦刊物以爭取自由，或者辦學校，訓練新聞記者，參加爭取言論自由運動，比如成舍我先生創辦新聞學校，杜蘅之先生辦英文中國月報。還有許多爲言論自由而奮鬪的朋友，我無法一位一位地說出姓名來。

剛才雷先生提到出版法修正案的問題，這是我剛回來發生的事，但我始終沒有看到修正案的全文，有時偶而看到修正案的一部份，並不完全知道修正案的詳細內容，眞正修正的那幾條，究竟怎麽樣重要，鬧得滿城風雨，大家惶惶不可終日。我到現在還是懷疑一個國家是否需要出版法。像美國便沒有出版法，也就一樣過去。我們知道美國憲法第一次修正案規定「國會不得立任何法來限制言論自由」。這部憲法到現在已有一百七十年歷史，這其間並不因爲沒有出版法而發生什麽危險。對國家的安全幸福毫無妨害。所以我不知道政府爲什麽要修正出版法，而引起這許多風波！

在這裏我很願意對爭取言論自由的鬪士，包括「自由中國」社內社外的朋友，尤其是許多民營報紙的領袖，立法院裏的許多立法委員們，爲了這個問題，曾經冒了社會上某一部份人的責難，而主持正義，我們對於他們應該表示很崇高的敬意。

上次在「自由中國」編輯委員會一個很小的聚會中，我曾經說，這幾年來，雷儆寰先生應該得到我們許多朋友特別的敬意。這幾年來，如果說言論自由格外普遍，我覺得雷先生的功勞最大。他是眞正爭取言論自由的英雄、好漢、鬪士。在此時此地，我想請求諸位一起舉杯共祝雷震先生健康。

我雖是「自由中國」社編輯委員，但是很慚愧，由於身體不好和工作忙，沒有爲本刊寫文章。我今天要說幾句話，就是對於「自由中國」最近受人家批評最多的一個小册子，不是「胡適與國運」一書，而是「自由中國」出版的「今日的問題」那本小册子，其中有篇文章，引起不少的批評，就是關於反攻大陸的問題。

前幾天我在國大代表聯誼會歡迎會上發表一個沒有預備的談話，今天我再想對這個問題表示一點意見。我覺得自由中國社儘管爭取言論自由方面很有成績，但在技術上還要學習，比如就「反攻大陸」的問題來講：「反攻大陸」是一個招牌，也是一個最重要的希望和象徵，不但是臺灣一千萬人的希望的象徵，而且是海外幾千萬僑胞的希望的象徵，還可以說是大陸上幾萬萬同胞的希望的象徵。這樣一個無數人希望的象徵的一個招牌，我們不可以去碰的。這與出版法修正草案情形一樣。出版法修正案的提出，是一個技術上的錯誤。對許多人所希望的象徵——言論自由，拿一個法案來制裁，這在技術上有欠高明。這和「自由中國」社同仁去碰「反攻大陸」這個招牌一樣。我們要知道，凡是有希望象徵的招牌，都不應該去碰的。況且，我覺得「反攻大陸」並不是那樣的沒有希望。比如在「自由中國」那篇社論中講反攻大陸問題，認爲反攻大陸問題很多，不可能的理由有三點，第一，人民厭戰，愛好和平。第二，武器技術的進步。第三，尼赫魯之流的第三勢力囂張。那天我在國代聯誼會歡迎會上，就提醒大家注意，在本月二十日中央日報登載駐紐約特派員陳裕清先生的一篇文章，談到世界大戰何日爆發。我覺得這篇文章很好，並不是玄空的夢想，他把許多專家的正反意見湊在一起，然後把許多事實告訴你。他的大意是說：「儘管有許多人以爲世界大戰不可能爆發，但現在事實告訴你，頂多在十二分鐘之內(甚至幾秒鐘之內)可能爆發一個世界大戰，出現一個很危險的局面」。今天我很願意借這個機會告訴大家。至於說人民的厭戰，這是當然的事。我於一九三七年以非正式的使命到美國，後來出任駐美大使。那時全美國人都厭戰，不但在精神上、思想上、感情上厭惡戰爭，而且國會已通過「中立法」，使得美國不可能參加戰爭。該法的大意說：「無論在那個區域發生戰事，美國總統可以宣佈那個區域爲衝突區。在那個區域裏面美國政府不許美國國民去，不許美國船隻駛進去」。這就是當時他們有一種孤立主義的哲學，他們認爲第一次世界大戰，美國是被騙而參加進去的。就是拿海上通商自由這個招牌，騙美國參加戰爭。現在的「中立法」有個基本原則就是自己放棄海上通商自由，那就不會參加戰爭了。另外還有一個哲學，認爲第一次世界大戰是受了軍火商人的欺騙，先有了財政經濟牽涉，然後軍事方面牽涉進去，所以「中立法」規定，不許政府借錢給任何交戰國家，這就是除掉一個財政經濟的關係。但是買賣不能不做，於是又規定要付現欵，而且要用自己的船來裝運，美國船不許運。所以「中立法」可說沒有一點漏洞，那比尼赫魯他們的中立主義完備得多了。以後一九三六年西班牙內戰發生，內戰不在中立法範圍之內，於是大家手忙脚亂。西班牙的內戰，一邊是俄共做後盾，一邊是法西斯德國意大利做後盾，名義上是內戰，實際上是國際戰爭，他們的軍火商人獲得中立法的空隙，將軍火接濟西班牙。後來到一九三七年五月一日，兩院在一天當中通過一個修正案，擴展「中立法」範圍，不但包括國際戰爭，就是內戰也適用中立法。這個修正的中立法，由美國總統簽署。於是那一班好戰的世界軍閥，如德國、意大利、日本等更形猖獗。從五月一日到七月七日，只有兩個月零七天，蘆溝橋事變發生，這不是偶然的。那時大家知道美國是不會加入第二次世界大戰漩渦的，因爲有中立法的保障。到現在中立法還沒有廢止，然而這個中立法沒有用處，變成廢紙，這是因爲時代不同了。請各位看看陳裕淸那篇文章，他寫美國國防工作緊張的情形，每天廿四小時都在戒備狀況下，因此我們可以知道這個問題不是很簡單的，很可能在幾秒鐘之內會爆發世界大戰。當然我們並不希望第三次世界大戰爆發。不過對於幾萬萬人希望所寄託的象徵——反攻大陸這個問題，我們不必去碰牠。這是我對本社發行的那本小冊子所載該篇文章的意見，相信雷先生一定同意我享受這一點言論自由。

此外，對於那本小冊子最後一篇有關反對黨問題的文章，我也有一點異議。該小冊子有幾十萬字，把「反對黨」問題作爲最後一篇文章，中間有一段大意是說有了反對黨，前面所談十幾個問題，都可以迎刃而解。我以爲也沒有這樣簡單的事。就是今天有了一個反對黨，不見得馬上就能解決前面的十幾個問題。我個人對此問題，認爲最好不要用「反對黨」這個名詞，一講「反對黨」就有人害怕了。不明道理的人，以爲有搗亂、有顚覆政府的意味。所以最好是不用「反對黨」這個名詞。今天大家覺得一黨當政的時間太久了，沒有一個制裁的力量，流弊甚多，應該有一個別的黨派出來。我在多年前曾公開說過，希望中國國民黨能學土耳其凱末爾的榜樣。土耳其凱末爾時的黨也叫國民黨，那時一黨專政，到了一九四六年，由國民黨分出的民主黨成立，過了五年到一九五〇年，土耳其大選，從原來國民黨分出來的民主黨佔絕大勝利，於是和平方式轉移政權。那時紐約時報報告這個消息，我看到很興奮，當時寫了一封很長的信給中國國民黨的領袖和國民黨內我的朋友們，告訴他們說：你們內部可以自由分化，讓立法院中那種政治的分野，讓他們分爲兩個黨三個黨或四個黨，後來慢慢歸併爲兩個大黨。這樣等於都是自己的子女，今天我的大少爺執政，明天我的二小姐執政，結果都是自家人，這不是很好的事嗎？國民黨的黨員有政治組織的經驗，由他們分出一部份黨員出來辦黨，憑他們的政治經驗、組織經驗，也許可以比現在兩個友黨辦得好一點，也許比另組新黨更好一點。這句話我已說了好多次，但到現在還是沒有實現。今天雖然看到立法院的分野還是存在，但我所希望的民主黨共和黨都沒有出來。今天在立法委員的黨員中，也許有他們的困難，我們不能再等他們能朝這個方向走。現在可否讓教育界、青年、知識份子出來組織一個不希望取得政權的「在野黨」。一般手無寸鐵的書生或書獃子出來組黨，大家總可相信不會有什麼危險。政府也不必害怕，在朝黨也不必害怕。我想如能從這個新的方向走，組織一個以知識份子爲基礎的新政黨，這樣一個在野黨，也許五年十年甚至二十年都在野也無妨。

雖然這樣的黨組成，當然也不能解決「今日的問題」中所包括的十幾個問題，但至少比現在等國民黨裏邊分出來要快一點。不知道我們是否可以從這方面想，從這裏找出一個新的方向走去，產生一個沒有危險，不可怕的在野黨，將來也許可以走到一個新的方向。

今天在座許多先生，大家都在爭取言論自由，請大家不要悲觀。現在爲什麼要修改出版法，恐怕是有人覺得爭取言論自由太多了，所以有些人想要阻止它。我可以告訴諸位，無論舊出版法也好，新出版法也好，大家所希望的言論自由，還是要我們大家去爭取的，相信大家一定能勝利。舊的出版法不能阻止我們爭取言論自由的努力，新的出版法也不能阻止我們爭取言論自由的努力。這是我的最後一句話。

一個臺灣人對建設臺灣成模範省的看法

楊金虎

在二月份，美國有一個環球旅行團來華訪問，這是由美國的報紙、廣播公司、及電視公司的發言人、記者、編輯和評論家等一行三十二人所組成。據報載，行政院院長俞鴻鈞曾向他們特別强調：「中國政府決心把臺灣建設成一個模範省，作爲光復大陸後建設的藍圖；藉此來鼓舞大陸同胞對自由祖國的信心。」

關於建設臺灣成模範省的說法，雖已經是舊調重彈，雖已經不大能引起一般人的重視；但我站在自由中國一分子的立場，尤其是站在臺灣同胞的立場，對於這樣重要的問題，實又無法不關切。

所謂「模範」的詳細內容，雖未聞俞院長具體指出，然按理而言，既要「作爲光復大陸後建設的藍圖」，又要「藉此來鼓舞大陸同胞對自由祖國的信心」，應不至於是依照某一黨某一派的主義或敎條，而建立一個黨化最成功的臺灣省；而該爲根據全國人民所共同制定的憲法，而建立一個眞正自由民主富强康樂的臺灣省。對於這一解釋，相信俞院長也不至表示反對的。

現在的臺灣省，是否已够得上稱爲「模範省」或勉强可稱爲「模範省」？我們對於這問題，只有從客觀的事實中求答案。國事到此地步，我們實在不忍再閉起眼睛說謊話，而自欺欺人。若不幸而未符「模範省」的要求，又究該如何去努力？關於此一問題，當然只應根據憲法去解答。

要談這一問題，所牽涉的事實在太多，我們只能擧其犖犖大者，依次加以一一說明。

一、關於政風民風：一國之興衰，往往受政治風氣之影響至大。因爲政治風氣非但可直接影響到行政效率，且可間接影響到民間的社會風氣。但目前政風之敗壞，已到十分嚴重的地步。諸如考選部的出賣中醫師證件案，內政部的西藥受賄案，中興新村的建設工程大舞弊案，及司法界張金衡的所謂「屍諫」案，以至其他種種貪汚浪費案件，叠見報端，令人怵目驚心，實不忍詳述。卽以立意甚善的地方自治而言，僅推行及於縣市而不及於省，已屬怪事，況數年以來，各縣市各種選擧中，竟亦有違法舞弊情事，甚至有以金錢收買選票者，選風掃地，可謂達於極點。而自治綱要規定的縣市自治事業，竟又形同具文；以致財政、警政、人事、稅務，都由上級控制；縣市每年施政準則，也需省府頒發；縣市政府及所屬人事的任免、奬懲，縣市長反無權過問；縣市議會所通過的收支預算，竟須報省核准；縣市議會所議決的地方自治事業議決案，省府却可任意改廢；凡此種種，都足以說明政風之惡劣，而造成這種破壞法制以至權責混亂的怪現象。由於政風如此，影響所及，終使民間社會風氣，也更見衰頹；從李積慶的殺妻案，到楊士榮的被焚屍滅跡案，八德鄉的滅門慘案，張昌年的被殺分屍案，以至其他種種他殺、自殺、情殺、姦殺案件，每日翻開報紙，幾乎無日無之，眞使人幾疑置身恐怖社會。現在全省監獄和看守所，都有人滿之患。卽僅以商人違反票據法而言，據法院發表去年的統計，全年經辦十萬餘案，違反票據法犯罪者，竟佔六萬案之多。至於倒風之接踵而來，尙屬餘事。以上所述，都是有目共睹之事實，請問如此政風民風，怎可稱之爲模範省？今事既如此，若政府果有使臺灣成爲模範省之決心，自非求澈底革新不可。現在，政府已成立全國行政改革研究委員會，從事通盤研究計劃，以作行政改革之藍本，固不失爲有效方法之一，但同樣重要的，須提高公敎人員待遇，並對一切貪汚違法份子，不分官職，不問背景，一律依法嚴懲，先造成一種良好的政治風氣，作爲民間的表率。然後再進而充分輔導國民就業，切實改良工農大衆的生活；並對一般老弱殘廢以至於乞丐遊民，都能予以適當的社會救濟，使不至鋌而走險，而危害社會。果能如此，則政風民風，自不難日見改良，而漸達於模範省的境地。

二、關於司法行政：民主政治的推行，有賴於健全的法治。倘法治建立不起來，根本就無法成爲一個現代化的國家，任憑高談行政改革，亦屬徒然。但目前法治的實際情形又如何？卽以其中關係重大的司法行政方面而言，實在令人失望。一爲司法行政的系統問題：按法院組織法第八十七條的規定，雖未明白指出司法行政部的隸屬，然依據憲法保障司法獨立的精神推斷，全國各級法院之應隸屬司法院，應無問題可言；況在民國三十二年以前，卽有司法行政部長期隸屬司法院的事實。但行政院組織法第三條制定時，竟將司法行政部改隸於行政院之下，而使全國各級法院，除最高法院外，竟置於行政權控制之下。如此則司法院既管不到地方法院與高等法院，試問司法權如何獨立？司法政令又如何統一？司法考核又如何公正？司法效率更如何提高？二爲行政干涉司法的問題：目前的臺灣，除極少數老年法官外，凡在法官訓練班受過黨化訓練的青年法官，有幾個不是國民黨黨員？又有幾個不在參加黨的活動？尤其在號稱「黨性特强」的司法行政部部長嚴密控制下，行政的力量，更可能隨時左右審判，卒使若干非法違法的行爲與措施，反可能得到法律的保障。如此則行政權的地位固已超越法外，但請問審判的獨立何在？司法的尊嚴又何在？三爲司法風紀的問題：去年十月十三日，臺北地方法院民庭公設辯護人張金衡，痛於司法風紀之蕩然，企求挽救頹風，竟不惜懸樑自盡，以死進諫。不意在此一所謂「屍諫」案正轟動內外之時，相繼而在十二月二十五日，最高法院民事第二庭庭長林拔，竟也懸樑自盡。兩案連續發生，全國譁然。日本訪問記者也於二月十九日發表於東京之讀賣新聞。如此則司法界的黑暗固已暴露無遺，但試問司法的風記何在？上述三端，顯爲人所共知之事實，難道像這樣的司法行政，也可以稱之爲模範省？現事實既已到了無法掩飾的地步，則政府如確有誠心使臺灣成爲模範省，豈可熟視無睹？最近，臺灣高等法院爲整飭司法風紀，特擬就生活公約十則，而嚴禁與律師往來、冶遊、及跳舞等等，發交全省司法官共同遵守，固不失爲治標之一法。但尤爲重要的，必須將各級法院劃歸司法院管轄，先求得司法權的完整，進而依據憲法第八十條規定，做到「法官須超出黨派以外，依據法律獨立審判，不受任何干涉。」唯有如此，始可有成爲模範省之希望。

三、關於國防軍事：世界上軍事的發展，雖已到了核子武器，但士兵的作戰意志，仍具有決定性的影響。今天，由於政府長久據守臺灣的關係，臺灣同胞服兵役的人數，已愈來愈多。儘管臺灣同胞在日本的奴役統治下，特別富有民族觀念，尤其更富有爭自由爭民主的精神，所以在日據時代，發動過文化協會運動和民衆黨的活動，日本人使用驅逐以至坐牢等手段對付，但臺灣人民前仆後繼，一直給予日本人以長期困擾。臺灣同胞這種愛祖國愛自由的傳統精神，應該是反共產極權戰爭中的最大精神武裝。但是，目前的情形如何呢？大家一進到軍營，政府却不進一步激發大家這種傳統精神，而先由政工人員加以調查考核，把大家當做防諜保密的對象；再由軍隊中秘密活動的特種黨部從後面操縱運用，透過黨團活動，以求對每一個人作澈底的控制；並由國民黨員以隊職官的姿態出現，而訓之以「主義、領袖、國家、責任、榮譽」等教條，以求進而在思想上加以嚴密的控制。使每一個眞正願爲祖國爲自由而戰的臺灣同胞，非但不能提高原先那種愛祖國愛自由的傳統精神，反而懷疑到反共戰爭的目的究竟是甚麼？是爲了某一黨某一派以至某一二人的利益？抑或是爲了全中國人民的共同自由？以至於精神武裝，有日趨瓦解之勢。這事早爲各方面所憂慮，請問這樣的國防軍事，又怎配稱之爲模範省？今事實既已到此嚴重地步，當然非加以重大改革不可。至於改革之道，便在澈底取消黨化軍隊的一切作爲和措施，而眞正依照憲法第一三八條的規定：「全國陸海空軍，須超出於個人、地域及黨派關係以外，效忠國家，愛護人民。」及憲法第一三七條的規定：「中華民國之國防，以保衛國家安全，維護世界和平爲目的。」只有按照這樣規定去做，臺灣始可能配稱爲模範省。也只有這樣，每一個臺灣同胞以至全中國愛祖國愛自由的人民，才會以最大的誠心與決心，獻身於反對共產極權暴政的神聖戰爭。

四、關於財政經濟：國家經濟的繁榮與發展，以及人民生活的安定與改善，處處都受財政經濟方面的嚴重影響。這幾年來，由於政府集中全部財力物力在臺灣的關係，由於三七五減租及耕者有其田政策的推行，水利、郵政、電信、電力、糖業的建設生產，以及紡織業的保護扶植，未始無若干差强人意之處，但整個財政經濟的局面又如何呢？關於這一方面，「自由中國」半月刊的檢討和建議最多，而且也最能獲得一般人民的支持與贊許。我只想再概述如下：一是財政收支方面：我們的財政，自三十九年以來，中央及地方收支，逐年皆有虧欠，挖肉補創之未遑，自然談不到施行功能財政，以補助經濟的成長。二是稅收方面：由於稅制的不健全，以及稅法的任意變易，造成法院管理違反稅法的案件，多達二百餘萬起之現象，而使工商業建立在逃稅的基礎上。三是金融方面：由於銀行存欵，多係公共機關，而且過半數以上，係美援存欵。可見銀行未能充分吸收社會資金，失去調節金融的能力。又由於銀行放欵，偏重於公營事業，額鉅時久；多用於資本支出，更從根本上違反金融的功能。更由於公定利率雖一再減低，市場的黑市高利率仍屹立不動，且有向上挺進之勢。一般工商業週轉金枯竭，已到奄奄待斃階段。四是貿易方面：在當局侈言鼓勵出口之今日，除公營外，一般民營出口，並無鼓勵的實效可言。若再將進出口的總額加以檢討，而將美援物資及自備外滙進口等額一併計算，則我國的對外貿易，每年都有大量入超，足見貿易趨勢，已漸入萎縮之途。五是外滙方面：由於外滙滙率偏高，而扼殺出口貿易。又由於差別滙率，更是流弊百出。在在都傷害一國經濟之成長，失去管理外滙之眞正目的。上述五端，幾已是人所共知的通病，試問以這樣的事實，又何能大膽稱之爲模範省？現在事已如此，倘政府仍想使臺灣成爲模範省，則自非針對弊端，加以痛改不可。而痛改之道，要在採行自由經濟政策，使工商企業所受到的各種管制，能迅速而澈底的解除，並使金融貿易所受到的大小管制，也能局部而漸進的解除。且進而採取健全的財政政策，以求打開經濟害於財政的死結。只有這樣做去，我們的生產與國民所得，才有增加的可能，才有增加到超過人口增殖的可能。也只有這樣，此一作爲反攻基地的臺灣，才有走向模範省的希望。

五、關於教育文化：一個國家的國力，常常來自教育文化方面。近幾年來，教育當局常以教育文化的各種誇大虛浮的措施來自豪，但整個教育文化的情形又如何呢？這可以概括如下：一是國民教育方面：儘管政府一再自吹自擂的誇耀，强調現已達百分之九十五的就學率，殊不知整個國民教育，已淪入二部制三部制以至四部制的奇鬧中，致國民教育，喪失其功能。使大多數受完國民教育者，連一張政府需要家家戶戶塡報的綜合所得稅申報表，都不知如何塡報。二是中等高等教育方面：在所謂民族精神教育以至時事教育之類名義的掩護下，透過軍訓教官或訓導人員，而灌輸主義訓詞，進行黨化教育，使得學生忙於背誦主義訓詞之類的教條，而盲目的進行黨團活動，却不知道如何去追求眞理，如何去研究學術。三是科學研究方面：目前其他國家對科學研究的重視，僅預算一項，有的每年十億美元，有的且多至每年十八億美元。但在今天的臺灣，儘管也設有各種學術機構以及文化館所之類，但大多數均無正常而足夠的經費，幾乎只有一塊招牌而已，難道這也是「節約」的榮譽？四是學者待遇方面：一般進步國家，對學者的尊重，總是佔第一位。物質上則汽車別墅，應有盡有，薪給超過一般官吏，研究費沒有限制。精神上則討論研究，極其自由，既不受教條的限制，更不受黨派的干涉。但我們的教育文化工作者，除掉極少數御用者之外，大多數窮到不足以養家活口，而且還得處處向人低頭，事事受政府管制。上列四端，已爲天下人所共見共聞，請問以這等事實，又有那一點可稱之爲模範省？政府面對這種事實，倘仍希望臺灣成爲模範省，那有不痛加改進之理？至於改進的主要方法，首在依據憲法第一百六十五條的規定：「國家應保障教育、科學、藝術工作者之生活，並依國民經濟之進展，隨時提高其待遇。」而澈底改善教育文化工作者之待遇。並進而放棄黨化教育之一切措施，諸如撤銷靑年救國團，取消政治課程之類。以求眞正做到學術自由，而促使文化教育之進步發展，並使各級教育都能一步步走上正軌。只有這樣努力，臺灣始有成爲模範的希望。

總之，今天的臺灣，還絕對稱不上模範兩字，而眞要想建設成爲模範省，需要政府當局諸公，拿出最大的誠心與決心，對目前一切不合模範的地方，加以澈底的改革。現在我得掬誠聲明一下：在這改革過程中，如果仍然保留「以黨干政」的積習，令從政黨員處理政務失其充分自由，下級官吏工作遭受干擾，上行下效，以致連地方政策、事務、人事，永遠壓在「太上首長」的鐵蹄之下，結果只有走向一黨專政的死路，臺灣永也不會成爲眞正的模範省。據聞臺灣各機構以至公私營工廠，安全室之設立，數目將達一千。安全室設立時間雖短，成效立見。各機構裏面，自安全室成立之日起，卽行改觀，頓呈一片靜肅氣氛。辦公人員戰戰兢兢，惟恐一語不愼，而犯「偶語」之嫌。此種現象若任其繼續下去，則改革不改革，僅是百步與五十步之差，臺灣永也不能成爲模範省。

我是一個臺灣人，我是個飽經日本人專制統治之苦的臺灣人，我愛臺灣，我更愛中國。因此，我根據事實和良心，而說了這一些老老實實的話。我的動機，非但是希望臺灣眞建設成爲一個模範省，更是希望整個的中國大陸，也能得到一個美麗的建設藍圖。相信政府當道的衮衮諸公，該能諒解這一點苦心吧？

本社啓事

一、沈易先生：大函敬悉，函內所指第一點，本刊在編輯當時，亦有人持先生看法。本刊發行後胡適之先生閱後，亦不贊成這一段。函內所指第二點，經將原信轉送胡先生矣。

二、本刊第十八卷第十期第五頁上欄第二十二行「黃少谷在立法院公開表示」句內，「在立法院」四字是多餘的。

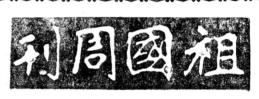

再駁徐福卽神武天皇說

宋　岑

神武天皇是日本開國神話中的主角，日本近代史學家已公認其爲架空虛構的人物；徐福是爲秦始皇入海求仙藥的方士，他的最後下落不明。衞挺生先生作「日本神武天皇開國新考」及「徐福與日本」兩書，認爲徐福卽神武天皇。衞先生的設想是：徐福攜三千童男女自瑯琊直接航到日本，在九州的日向經過十年訓練後，東征而稱王日本，然後又實行愚民政策，絕滅了中華語言文字，並使自己神化，於是徐福開國日本之眞情乃被隱沒，而以神話代替史實流傳。因而日本開國神話傳說中的主角神武天皇實卽徐福。衞先生此一設想曲折而富傳奇性，但其論證却無一可靠。我曾於第十六卷第四期的「自由中國」上以「駁一種浮誇的歷史考證」爲題駁辨其非。

八卷十四、十五兩期的「民主評論」，刊出衞先生「談徐福建國日本問題研究的現階段」，對我的駁論加以答辯。衞先生除了承認我指出的徐福直航日本不可能爲有「半點是處」外，對其他各點，仍有所辯駁。基於理愈辯愈明的觀點，我再針對衞先生的答辯，提出我的駁覆意見。以貢獻於衞先生及注意此題的諸位先生。

一　年代之不可靠

徐福能否成爲神武天皇，年代問題是一重要關節。照日本舊史傳說，神武天皇卽位於公元前六六〇年，當我國春秋初期周惠王十七年。而徐福則爲秦始皇時代人，二者相隔約四百餘年。衞先生則認爲神武卽位之年爲公元前二〇三年。他的計算方式是，自卑彌呼死之年（公元二四七年）照日本舊史傳說的世代，上推十五世，每世皆以三十年計，十五世共四百五十年，加起來恰好是公元前二〇三年，也就是他假定的徐福稱王日本之年。

在年代問題上衞先生的錯誤很顯然，他用一般性的概數，去推定一個特定的年代。我國以三十年爲一世是基於「男子三十壯有室，始有子」（禮記）的假定，但事實上並非人人皆在三十歲結婚生子，因而每一王室每一家庭的平均世，實際上並非恰爲整整三十年，有的相差很遠。譬如漢代的平均世爲廿六年多，唐代則爲廿二年，可知三十年爲一世並非放之四海而皆準的絕對數字，何以日本神武至卑彌呼間的平均世，一定要以整整三十年計算呢？這不是有意製造巧合是什麼？衞先生在答辯中竟然說：「用三十年爲一世作計算未知年代的標準，已經是中日學者常用而無需乎再加說明的標準」。我眞不知何所據而云。

我再用一個實例來證明衞先生的這種推算之結果，與眞實可能相差多遠。孔子第十四世孫孔光，死於元始五年（公元五年），若果我們不知孔夫子的生年，而用三十年爲一世的標準，上推十四世，以決定孔子的生年，則推算結果是公元年前四一五年，比實際相差一百三十六年。衞先生此種推算未知年代的標準和方法之不足爲於憑，於此可見。

二　徐福稱王海外說之不可靠

前次我已指出幾點理由，說明衞先生引爲「有至高無上準確性」的徐福稱王海外之說不可靠。

1. 照史記秦始皇本紀中的記載，徐福並未携童男女止王海外。

2. 徐福稱王海外說最先見於伍被的供辭，供辭中的記載與秦始皇本紀不合。伍被是個舌辯之士，徒乘利口，對史事不究其實，同一段供辭談到的三個史事，徐福稱王海外說與始皇本紀不合，劉邦事爲高祖本紀所無，趙佗事顯然錯誤。註漢書的顏師古、王先謙早有伍被之言「不究其實」、「辯士之言，難可徵實」之按語。

3. 三國志所載徐福入止亶洲和後漢書的類似記載，明記其爲「傳言」或「長老傳言」，自非可靠史料，而且此傳言可能是受史記、漢書所載伍被供辭的影響而發生的。

關於前兩項衞先生的答辯，多出臆想。如徐福止王海外與史記不合，他說是伍被獨得的特殊情報；劉邦事爲高祖本紀所無，他說是伍被與劉邦同鄉，所知較司馬遷爲多。在趙佗事的錯誤上，他無法再說伍被獨得特殊情報，乃承認其「一部分尙缺乏事實上之證明」及「修辭欠佳」。

但始皇本紀中有關徐福的最後一段記載，却是一個很顯明的標誌，指出徐福並未如伍被所說，止王海外，一去不來。始皇卅七年（公元前二一二年）「（始皇）還過吳，從江乘渡，並海上至琅玡。方士徐市等入海求神藥，數歲不得，費多恐譴。乃詐曰：蓬來藥可得，但常爲大鮫魚所苦，故不得至」。

據此，我會指出，在始皇有生之年徐福並未如伍被所說在海外「得平原廣澤，止王不來」。因爲始皇於卅七年在琅玡見過徐福後，行至平原津而病，至沙丘而死。而且徐福自言未曾得至蓬萊。伍被說他在始皇時去海外止王不來，百姓悲痛相思欲爲亂云云，自不足爲憑。

於此衞先生再也無法曲爲伍被辯護，再也不能說他的供辭是「有至高無上準確性的史料」。但却另外穿鑿附會，說三國志中有關徐福的「長老傳言」爲「極端負責可靠之文書」。認爲我不信伍被之言，當信長老傳言。

該段記載爲：「黃龍二年春，遣將軍衞溫諸葛直將甲士萬人，浮海求夷洲及亶洲。亶洲在海中。長老傳言：秦始皇帝遣方士徐福將童男女數千人入海求蓬萊神山及仙藥，止此洲不還。世相承，有數萬家。其上人民時有至會稽貨布。會稽東冶縣人海行，亦有遭風流移至亶洲者。所在絕遠，不可得至。但得夷洲數千人還。三年春，衞溫諸葛直皆以違詔無功，下獄誅。」

以下是衞先生對「長老傳言」何以爲「極端可靠之文書」之解釋：「至於『長老傳言』與『父老傳說』不同。『父老』汎指『民衆』。『傳說』則屬不負責任之故事，其中有可信及有不可信之部分。而『長老傳言』乃地方長官之郵遞報告，乃負責之公文。兩漢三國六朝，縣之萬戶以上者，其縣官稱『令』，餘縣之縣官稱『長』，皆受命於朝廷，例如『太邱長』。鄉里自治，有『鄉擧里選』。鄉選『三老』，例如『壺關三老』。古代郵遞曰『傳』。郵遞下行『命』『令』，曰『傳命』『傳令』，例如孟子，公孫丑章『德之流行，速於置郵而傳命』。郵遞平行文書曰『傳檄』，史記蒯通曰『傳檄而千里可定』。上行公文曰『言』，例如諸葛孔明出師表曰『臣亮言』，陸士衡謝內史表曰『陪臣陸機言』等等是。傳遞奏報曰『傳言』，例如史記絳侯世家，文帝使使持節詔將軍勞軍，『亞夫乃傳言開壁門，天子乃按轡徐行』。故吳志中之『長老傳言』乃吳帝國會稽郡中有亶洲人貨布之縣鄉地方長官，卽縣長鄉三老聯名呈報之郵遞地方情報，乃極端負責可靠之文書。所以吳帝國朝廷，據以命將出師，派遣二將軍『將甲士萬人浮海求夷洲及亶洲』。孫權者，智勇兼備之赤壁大戰名帥，魏武帝曹操之勁敵。曹操長而敬仰之，曰『生子當如孫仲謀』！倘僅得一民衆不負責任不可靠之『父老傳說』而遽命將出師，如宋先生之解釋，則至愚至妄，荒唐萬分，何以爲孫仲謀！宋先生解釋之不近人情甚爲顯然。不明古史文義，而論古史，所以失之遠矣」。

這裏我先要說明一點。我所謂長老傳言之不可靠，是指徐福入止此洲之說，我和衞先生辯論的也就是這項問題。我絕未連亶洲及其人民存在均予否認抹殺，猶之乎我只認爲衞先生所謂徐福稱王日本說不可靠，絕無抹殺日本存在之意。此至顯明之事。至於孫權派將遠出，志在拓地掠民，非爲探求徐福下落，徐福入止傳聞可靠與否自非所深究。有何愚妄可言，請衞先生不要胡扯亂罵。

至於長老傳言實與父老傳說相同，是不負責任之故事。長老與父老、耆老均爲對年長者之通稱，傳言也就是傳說。三國志中記海外荒遠難於盡信之事而用類似字義者甚多。如東夷傳中有：「長老說，有異面之人，近日之所出」。辰韓傳有「其耆老傳世自言，古之亡人避秦役來適韓國」。而史記和漢書西域傳亦均有「安息長老傳聞」。所謂長老傳言者，卽汎指老一輩人有此一傳說而已。其非可靠之史料甚明。衞先生爲了要證明伍被之言有「至高無上之可靠性」，竟於辭窮理屈之後，用算命先生測字的手法，把這四個字拆而解之，以爲是「縣長鄉三老聯名呈報之郵遞地方情報」，而確定其爲「乃極端負責可靠之文書」，這實在是一種對古史文義的極端不負責不可靠之解釋。

再者，長老傳言中之亶洲，更顯然不在衞先生所認爲徐福（卽神武天皇）東征建國之畿內地區。因在孫權派將浮海求夷洲、亶洲之後幾年，魏已與倭通使，而倭女王卑彌呼所都卽在畿內。三國志魏志東夷傳載倭國行程、風土、見聞甚詳，並有「自古以來其使詣中國皆自稱大夫。夏后少康之子封於會稽，斷髮以避蛟龍之害，今倭人好沉沒捕魚蛤，文身亦以厭大魚水禽」等傳聞與連想。但無一語及於徐福之傳說。可知長老傳言卽使可靠，徐福入止之亶洲亦非日本之畿內，亦與神武建國無關。

就以上可知衞先生所認爲「有至高無上準確性的史料」伍被供辭，和「極端負責可靠之文書」長老傳言，經證明均不可靠。神武天皇旣係神話中人物，而徐福稱王海外說又不可信，傳說中之亶洲又顯然不在日本畿內，則指二者爲同一個人，當然是不足爲憑的浮誇之言。

三　平原大澤並非確切不移的地理標誌

徐福稱王海外說之不可靠已如上述，衞先生既誤伍被供辭中「徐福得平原廣澤，止王不來」說爲「其正確性高至無可再加」；又認爲「平原廣澤」，或「平原大澤」（漢書改廣澤爲大澤，衞生生亦確認二者含意相同）爲確切不移的地理標誌，必指有平原兼有大湖的地方，於是他用列擧方式指出中國海外海南島、澎湖、臺灣、琉球、濟州島上均無湖，日本九州僅有面積十一方公里之小湖「田池湖」，不夠稱「廣澤」、「大澤」。只有畿內附近有琵琶湖面積六百餘方公里可稱「大澤」，「廣澤」。而徐福稱王之地也非此地莫屬，絕無第二個地方。用以使徐福稱王之地與神武建國之地巧合。

我在前次文中會引擧司馬相如子虛、上林兩賦中有關「平原廣澤」的四個例，說明這不過是西漢人形容廣袤富饒之地的習慣用語，不足以作爲確定不移的地理標誌。而相如兩賦之作又早在伍被提供供辭之前。衞先生答辯中說皆出於相如一人之手，事屬孤證；又謂賦中所指地皆實有「大澤」，指我所擧爲「極無理由之旁證」！

現在我再擧例說明，西漢人文句中所謂「大澤」，有時指一個大水塘和草澤地，並非必然要有汪洋大湖。

漢書高祖紀：「母媼嘗息大澤之陂，夢與神遇」。顏師古註：「古曰，蓄水曰陂，蓋於澤陂隄塘之上休息而假寐也。」王先謙補注：「沈欽韓曰：寰宇記，大澤在豐縣北六里。」查豐縣北數里無湖，這裏「大澤」顯指田野之大水塘。

史記項羽本紀：「陳涉等起大澤中」，陳涉世家作「大澤鄉」。按陳涉起事地在蘄縣，今安徽宿縣，其地亦無大湖，却有大澤之名。

史記項羽本紀：「項王至陰陵，迷失道，問一田父，田父紿曰左，左乃陷大澤中」。按陰陵在今安徽定遠縣西北六十里，其地無大湖，而且令人因迷道而陷入之大澤亦可知其非大湖。又高祖本紀有高祖到「豐西澤中止飮」;「夜經澤中，前有大蛇當徑」。則「澤」亦可指低窪草地。

從這三個例子，可知大澤不一定必指大湖，則「平廣大澤」，「平原廣澤」也並不必然要有平原兼有大湖之地，而徐福稱王之地必爲日本畿內之論據，當然也是不可靠了。

四　承認直航不可能後所引起的問題

徐福如何到日本呢，衞先生原認爲是自琅玡直航的，他曾繪出往來路線。我上次就中日有關交通航路的記載，指出中日間直航之開闢遲至唐代，在此以前中日間往來路線皆繞道朝鮮半島及遼東，其所以迂迴繞道，因航海術幼稚，無法克服遠海航行困難和危險之故。在徐福之時，攜衆直航日本爲不可能的事。現在衞先生承認「此項見解有半點是處」。並說「這種錯誤，他早已改正了。徐福是沿朝鮮半島西岸繞航的」。

但衞先生忘記了他的徐福爲神武天皇說的若干重要論證是建築在直航的假定上的，承認直航不可能，無異自己拆散了搭湊起來的骨架。

譬如經琉球到日向的假定，自日向起師東征的巧合都落空了，而購運銅砂也成了大問題。但最重要的還是否定了三月中自瑯玡到日本去、來、去航行三次之假定。

衞先生假定徐福在始皇留瑯玡大樂之三月中，先去日本九州視察一次，回來後向始皇報告，請准徵發童男女後再去。因爲衞先生假定徐福是自瑯玡直航的，所以徐福「在三月中，能往來而又往」（包括停留瑯玡徵發數千童男女的時間在內），又說「徐福等前往，已有記載的卻是曾經於三月中往來復往者三單程」（見神武開國新考第一一三頁）。他並以此否定徐福航到他處的可能。但在直航不可能而必須繞航的情形下，試看三月往來而又往三單程可能嗎？

中日間早期交通皆繞道遼東、朝鮮，至唐初仍然如此，唐高宗以後始有直航。若徐福是繞航赴日的，則也只有循此一途。但自瑯玡循此路繞航，海程在一千五百浬以上。帆船航行，絕非一月間可能達者。

魏志倭人傳所載行程，乃據魏使入倭所記，爲中日交通行程之最早史料，有云：「從郡（帶方郡，今漢城仁川等地）至倭，循海岸水行，歷韓國，乍南乍東，到其北岸狗邪韓國（今釜山一帶）七千餘里。始度一海千餘里至對馬國。……又南渡一海千餘里至一大國，……又南渡一海千餘里至末盧國（九州西北岸）。……東南至奴國百里。……東行至不彌國百里。……南至投馬國水行二十日。……南至邪馬一國女王之所都，水行十日，陸行一月。……」據此，自九州西北到日本京都，水陸行程凡兩月。其間水程不及三百浬，約當繞航遼東朝鮮到九州全程的五分之一，而行期達一月。則全程需時多久可以想知。

再就三國志所載孫權與遼東公孫淵往來的事，可以想到徐福如繞航遼東，需時多久？江南與遼東間的海程尙較自瑯玡經遼東、朝鮮到九州爲近。但嘉禾元年三月孫權遣將軍周賀校尉裴潛乘海之遼東。秋九月才爲魏將田豫要擊，斬賀于成山（山東半島尖端）又：嘉禾二年三月，遣將率兵萬人乘海授公孫淵，也到秋季才到遼東爲公孫淵所攻殺。以此爲例，則徐福繞航遼東和朝鮮西海岸赴九州，三月還未必能到，遑言往來三程。衞先生所擧航行需時數日或十餘日，乃唐代直航開闢，而且知道了候信風往來以後之事，絕不能爲準。

繞航來往三月內航三次既不可能，則衞先生假設的徐福於始皇留琅玡時先去日本視察一次，及藉此爲伍被僞辭所作的辯護均不攻自破。其因此轉而確定徐福只能到日本不可能到他處的假設也落空。

五　古物與日本文化傳入之路線

日本彌生式文化之來自中國大陸和其傳入期間爲公元前後二三世紀間，早爲日本學者所主張，如梅原末治「從考古學上所見之古代日韓關係」，喜田博士「銅鐸考」，濱田耕作博士「考古學入門」等均有此推斷。至於彌生式文化輸入之路線，根據古物的分佈情形，學者多認爲經由朝鮮傳入，此與中日古代交通情勢甚爲符合。

衞先生却於承認徐福直航日本爲不可能之後，仍持彌生式文化直接輸入日本之說，而認爲日本境內之中國文化不可能間接自朝鮮輸入。他說：「由考古學上遺物時代之比較，燕人衞滿等在朝鮮建國在西漢初年。樂浪等四郡之建置在西漢中葉。辰韓華人之聚居在西漢中葉以後。中國文化之入弁韓則自王莽時代始。因而朝鮮半島之文化皆漢代氣味濃厚。而日本之彌生式文化，其早期均無漢代氣味，乃先秦及秦代氣味其後期乃自秦文化物而自行演進者。換言之，日本彌生式早期文化物，其時代反早於朝鮮境內之中國文化物。故知日本境內之中國文化物，不可能間接自朝鮮輸入」。

這種論據既違史實，又抹殺了古物分佈實情。朝鮮開國相傳始於周初箕子之受封，戰國時燕國關地已至朝鮮，秦代勢力亦達朝鮮，何能以衞滿稱王在漢初，樂浪開郡自漢武而否認朝鮮未感受先秦文化？

日本彌生式土器主要分佈於關西、九州地方，朝鮮亦有出土，伴着彌生土器出土的還有各種青銅器，由其分佈更可顯明的看出彌生式文化的輸入路線是經過朝鮮的。

明刀——日本備後三原町和備前邑久郡山手村都曾發現。明刀爲先秦貨幣，出自燕國。除日本外考古學者在遼東半島營城子、旅順附近牧羊城，和朝鮮平安北道寧邊郡細竹里，全羅南道康津均有發現。此種分佈正可以看出中國文化是經過遼東朝鮮傳入日本的。

銅劍銅鉾——分佈地區以九州爲中心，四國紀伊亦有發現，往東則漸少。向北則對馬島、朝鮮慶尙南北道、黃海道黑橋驛，以至旅順附近，都有銅劍銅鉾出土。這又說明了中國文化是經由朝鮮傳入日本的。

銅鐸——早在七世紀天智時代，便已開始發現。分佈地區包括山陰、山

（下轉第18頁）

八股論調的悲哀

朱佛心

若干年來，官營的報紙和雜誌慣於刋載長篇累牘的宣傳文字或點綴應景的文章，這類文字都是表面上冠冕堂皇，骨子裏空空洞洞。說它冠冕堂皇，無非是翻來覆去的搬弄一大堆意義不確定的詞彙；說它空空洞洞，便是實際上沒有東西，其內容空虛貧乏得可怕。大家把這個叫做「黨八股」。黨八股的目的都爲的「加强宣傳」，然結果只是令人生厭。連奉命執筆的人也不會相信會有人去多多拜讀它的。

如大家心目中所明白的，所謂黨八股絕不會收到宣傳的好效果，「不過是那麼一回事」，除了糟踏紙張印刷和浪費了一部份人的心力以外，既不生作用，好歹都無所謂，原不必去管它。況且，我們於此如向政府官員或其代言人（官營的報紙雜誌）盡其忠告，希望他們拋棄黨八股作風，這在他們簡直是一百個不可能。所以，對於這個問題，大家雖心裏明白，也覺得不必談，或懶得談。

大凡一件事，到了大家多覺得不必或不想談它，幾乎失去了評論的價值而不屑一顧時，那眞是悲哀之至了。其實，卽使是持八股論調或受命執筆的那些人本身，在心理上已是一個絕大的悲哀，就是在明知其爲空洞的陳腔濫調而又不得不天天「照說無誤」。

「八股」的論調早被人公認爲無聊乏味，不值得評論，現在，值得我們分析的是：這些無聊乏味的陳腔濫調究竟有什麼原因幫助它蕃生滋長，在那裏自拉自唱，不要眞心的聽衆，而竟不自慚呢？還有，我在上面提到，如想這些人拋棄黨八股作風，自覺自勵以力爭上游，簡直是不可能，這個「不可能」的原因又在那裏呢？關於這些，倘稍加分析，便不難觸及問題之本質；也唯有觸及了問題之本質，纔可知道其所造成的無形弊害已不僅僅是糟踏紙張印刷和浪費一部份人的心力而已。此一問題，儘管大家沒有興趣談它，而其弊害所至，實亦未可完全等閑視之。正視這個問題，將來纔有從根救起的希望。

分析所謂八股論調存在滋長的背景，大概不外下面幾點：

一是狃於政治集團的利益觀念　一個政治集團如果不是遵循現代民主原則的，都會要求齊一的意志，狹隘的效忠。絕不願眞正的服從多數，或在異中求同，從理性的發揮中謀得和諧。既要求齊一的意志，狹隘的效忠，就不能不發明一套思想理論，利用種種的方法去配給大衆。久而久之，提倡並發揮那套理論的人爲符合政治利益，自覺與不自覺的在思想言論方面成爲一種特別的定型，而希望別人也都一樣。他們認爲這樣的齊一纔是遏亂和圖治的基本法寶。

二是出於奉行故事的敷衍心理　這點和第一點不同。抱第一點看法的究竟是少數人，存着第二點心理的纔是多數。前者是向下面的人要求，認爲非此不足以言救黨救國，後者則是向上面交差，覺得非此不足以言報功。後類人中，如再細分，也可分出好幾種，他們同爲存着奉行故事的敷衍心理，但在表現的程度上，視其職業性質而各有不同。有的搖旗吶喊，心裏空空洞洞，談不上精神的充實。有的隨機附和，無非表示並不自外於這個圈子。

三是原於思想的貧乏　這樣的人也許熱情有餘，並眞純得可以，如施以正常的教育，啓發其思想，增長其識見，其品德和能力方面恐怕眞是可以擔當反共救國的一份工作。但他們吸够了政治空氣之後，他們懂得所謂「思想純正」或不純正的「標準」，並相信這個「標準」，於是使其失去了自已創進的能力，思想停頓在極度貧乏的渾渾噩噩狀態裏。

最重要的，如本文第一點所述，八股論調的源流，乃是伴着政治權威以俱來的，有了這個現成論調的存在，「有心人」信手拈來，縱不云借以自重，至少認爲可以避免發生毛病。久而久之，思想上受了局限，連所用的詞彙也只有翻來覆去的那一套，其欲不成爲政治八股者，難矣！譬如我們常看到「革命性」「時代性」「進步性」或者什麼「化」：一大堆叠床架屋的相似用詞，說理含糊籠統，擺着一副空架子，這類舖張揚厲的「文風」，眞令人歎爲觀止了。

上面把八股論調之所以能够存在滋長的背景已經分析得差不多了，有了這許多因素，我們如寄望於某些有關的方面，把這一個實在是病徵的論調自動改變過來，此時可說無法辦到。首先，政治利益的觀念豈容放棄，況依一些人的想法，那是「動搖國本」的問題。再說，在這樣的環境之下，多數存心敷衍隨聲附和的人，其「但求無過」的心理似又不能深責。至於一般思想的貧乏，正有賴於啓發性的教育，如果反其道而行之，恰是錮蔽聰明，馴至使一部分讀書人習於濫調，安心做應聲蟲而不以爲恥。

八股論調之爲害，實不僅僅是糟踏印刷紙張和一部人時間精力的問題了。認眞說來，它已經招致了下述的嚴重弊害：

第一、我們的政治所以不能在根本上求進步，原因雖多，但最主要的，是有許多觀念上的問題，距離現代立國的進步原則太遠。例如民主自由這幾個字的重要內涵，本無爭論或加以「特別銓釋」的餘地，可是「八股論調派」偏要在這上面做起洋洋灑灑的文章，想把國人拖進思想的泥沼。我們可以一句簡單的話歸總，現時的一切現象，無非妄想把官定的那些解釋定於一尊，這首先便違反了民主精神。而一切進步的契機，遭受這泛政治主義的嚇阻扼殺，正不知多少多少。

第二、許多人既存着奉行故事但求無過的敷衍心理，此不但不足以言工作的實效，而且，在這樣的情形下，大家唯唯否否，缺乏認眞討論的自由，便無法做到表裏一致，這裏邊就構成一個嚴重的二重人格問題。八股論調派常常標榜儒家的道理，似也懂得「誠」字的愼獨功夫，試問一個在心理上躲躲藏藏，在言語上唯唯否否，在文字表現上空空洞洞，這個樣子的人能要求他擇善固執，

言語上唯唯否否，在文字表現上空空洞洞，這個樣子的人能要求他擇善固執，心口如一嗎？所以，獨立的個性人格如不被尊重，所謂「革命」的精神，最多只能流爲口號而已。而且，很顯然的，這些人當中，縱談狹義的效忠，也是做不到的。

第三、有意的想把大家的思想局限於某一範圍，在天地間原是不可能辦到的事，因爲人類的思想，是一個最不可方物的東西，任何力量都沒有方法可以管到人家腦子裏愛想些什麼就想些什麼。不過，如果把一種理論用播種生根的方式去多方灌輸，並以政治的力量去大力傾銷，使人警覺到：你如果不表示接受，則隨之而來的將是權力的壓制，個人的出路更不必談了。這樣，寖假所至，則不外造成兩種惡果：㈠年輕的下一代自始從這個空氣中長大，所受的學校教育，有濃重的政治成份，聽慣了八股一類的論調，讓他們感到那些是「國定」的最高無上的眞理而不容懷疑修正，那麼，思想缺乏彈性，創進的能力首先被局限了，被削弱了，人才之被斲喪，莫此爲甚。我們的教育目的，旣在培養這樣的庸才，大家可以預料將來在中華民國的歷史上出現不來一位眞正的思想家。如竟有之，纔眞算是「彗星」出現哩。㈡現時中年以上的知識份子，有的也許對於中國文化精神，比較有個清楚的認識，而對於古聖先賢之說，哪些是被人所歪曲、所利用、所特別誇張渲染的，具有辨別的能力。同時他們也能認識現代的人文精神是怎樣的一回事，而不容牽强附會。但卽便是這樣的知識份子，在此時的環境下，他也不易替社會盡到什麼啓發蒙昧的責任，一則他迫於本身的安全感（據「自由中國」所載的讀者投書，各機關學校不是都有「安全室」之設置嗎？），覺得應當「危行言遜」。再則也可能陷於消極的憤懣，而在別的方面去謀情感的出路(例如私人談話)。其實，懂得憤懣的人，也不能說他是消極的了，因爲他至少不痲木；只是比起「是什麼、說什麼」「心裏怎樣想，嘴裏和筆下便怎樣說」的態度來，比較顯得是消極而已。

上面㈠㈡兩點所指陳的惡果，很顯然的，都足以造成整個文化的萎縮，吃虧的還是國民以至我們的後代。顧炎武云：「八股之害，甚於焚書」，這兩句話我們現在正可借以說明新的八股將造成國家文化萎縮的情形，這是難逃歷史的責任的。

如果像現時所流行的八股論調，眞可以救亡圖存的話，大家倒是要拜謝不遑的了，無奈與這些論調有關的一些道理，開始提倡時雖未始沒有其好的用意和苦心，但一經吹棒式的宣傳，濫調陳腔，再變不出什麼新的文字魔術來，絲毫激不起別人的興趣。有時在宣傳的方法上，偶爾新變一些花樣，想沖淡政治的味道，也逃不過明眼人的眼睛，其欲使國人相率而爲僞，更是一個大大要不得的想法。

八股無用而又不能不用，這就是八股論調本身的悲哀。如就其壞的作用看，則將是國運前途的悲哀。我們明知，有許多觀念上「死夾纏」的問題，空論無益，這也是許多人覺得「予欲無言」的想法所在，然而若竟到了大多數的人都欲無言的一天，那纔眞是悲哀之至了。——幸虧我們還沒有到這一天，大家還應當有的是希望。

(上接第16頁)
陽、北陸、畿內、東海各地，朝鮮慶尙南道，慶州入室里亦有銅鐸出土，梅原末治認爲其製作技術受中國影響，先發生於古辰韓地方，然後傳入日本。此又爲一證明。

衞先生又說：彌生式文化之初入日本，表現爲有組織之大集團，合於神武東征之傳說。但考古學家發現的事實却恰恰與衞先生的想法相反。「考古學家在以關東爲中心之各處，發現所謂『接觸土器』，位於繩紋土器與彌生式土器之間，由此推斷彌生式文化之推移經過很長時間，並且是自然的發展，而非以武力征服而擴佈」(見余又蓀著日本史)。衞先生硬要把日本早期受中國文化的影響之情事，作爲徐福入王日本的結果，以爲其徐福卽神武天皇之說的佐證，實在是牽强附會之至！

衞先生又說：「神武之『天降民族』，考古學家證明其爲彌生式文化人。其人之骨骼，經日本考古人類學家細量多具之尺寸，而決定其爲現代日本人之祖先，而現代日本人之人體度量之結果，與大陸之中國各地居民相比較，則認爲與華南閩廣之人近似，而不似華北河北山東之居民。換言之，日本人種，接近與百越混血之後裔而不接近北方之長大人種。徐福發童男女數千人起自瑯琊。而瑯琊越人舊都，居民人種似百越而不似北人。此一考古人種學之事實，使徐福更能爲神武天皇，而其他燕齊亡人不能成爲神武天皇」。

但衞先生却似乎忘記了徐福本人就是齊人，瑯玡之屬於齊國似自齊始建國時起。越遷都於此，不過八十餘年。而自越南遷，地又屬齊，至徐福徵童男女時又已百六十年。這是衞先生自己承認的(見新考第廿一章)。然則瑯玡人爲齊人者多，爲越人者少，體型似齊人的成分又大於似越人的成分，當爲不爭之論。又：衞先生還曾說：「至於徐福所徵發之童男女數千人百工及船員，人數可能有七八千之多，其來必非瑯琊一地」。「當時被徵發而去之青年振振令名男女，區域非常之廣。卽伍被（楚人）之族亦非卽能幸免者。而伍被有間接關係之各族，親戚家之親戚，朋友家之朋友。受徵發之子女，必然甚多。」(見新考第八章)。

據此，除非衞先生又自己否認前次假定，而謂徐福專徵發瑯琊一地之人，又專選越人的苗裔，不然，則彌生式文化人爲日人祖先，而日人體型與閩廣百越人接近之說，又無異否定了其徐福入王日本之假定。

總之，衞先生所認爲「有至高無上準確性」和「極端負責之可靠文書」經證明均不可靠，而平原廣澤又非必有平原兼大湖之地，亶洲亦非日本畿內附近之地，而地下出土物更無法證明其爲徐福所帶去，因而徐福至日本並卽爲神武天皇之說根本不能成立。衞先生勇於立說，精神可佩；又以歷史界的愛因斯坦自擬，足見自信之强。但任何一項創論均不能以曲解史文、史料穿鑿附會出之，更不能以亂罵、痛斥嚇退辯駁者。承衞先生不棄，勸我對歷史學再作十年努力。長者厚意，敢不拜嘉。我亦希望衞先生不要先懸一個驚世駭俗的結論，照結論去拼湊巧合。衞先生若不倡徐福卽神武之奇論，而平平實實冷冷靜靜的分析史料，則對中國早期文化影響日本之情形當可獲得較爲適切之結論。庶不致因浮誇曲解以致使整個研究結果成爲怪誕之論。

四十六年八月於臺北。

從政治與軍事因素看大戰爆發的可能性

鼎山

華沙波蘭共黨方面的傳說如果屬實，高階層會議舉行的可能性又成疑問。據五月十一日紐約時報華沙特電報導，波共認為克里姆林宮高級內部又起爭執，以俄共中央委員塞斯洛夫 (Suslov) 及中央候補委員泡斯丕洛夫 (Pospelov) 為首的史大林派份子，以中共為後盾，企圖排擠赫魯雪夫。原因不僅是為了對南斯拉夫問題之意見不同，而且也為了史大林派與中共反對高階層會議的舉行之故。據時報所載，中共對赫魯雪夫的推動高階層會議十分不滿。中共既不能因此而擠入世界大國之林，索性與俄共死硬派聯合，排擠赫魯雪夫。

此一消息傳到美國後，華盛頓對赫魯雪夫失勢與否，將信將疑，大部份時論家及外交觀察家對高階層會議前途又起疑問。跟着的幾個問題是：如果高階層會議不能開成，戰爭爆發的危機會不會因此產生？蘇俄在聯合國安全理事會之否決美國的國際空中偵察北極地區計劃，會不會使戰爭更臨近一步？莫斯科的指控美國戰略空軍載氫氣彈的飛機飛近俄境，會不會使「冷戰」發展為「熱戰」？

美國一般專家對此問題的答覆仍是否定性的，但是最重要的一個危機仍然存在。這個危機卽是，最近數年來蘇俄在軍事科學及火箭飛彈方面進展的速度遠超過于美國。一般美國人士雖認大戰不致于發生，仍不免惴惴不安，猶如熱鍋上的螞蟻。火箭研究競賽成為茶餘酒後的談資，各報章雜誌亦不斷發表討論此題的文章。

然而，什麼是大戰爆發的因素，什麼是和平的因素呢？筆者在此綜合一般美國政治問題與軍事問題專家的意見，分為三個部份，討論如下：

政治因素

我們不可否認，美國政策的目標，無論在其政策本質及美國本身利益而言，是為和平。美國雖曾不時提及「防止性的戰爭」(preventive war)，可是在受侵攻之前，決不致故意向蘇俄及其附庸國首先發動戰爭。蘇俄可能不相信美國這點。歷史證明，自從第二次大戰結束以來，向外作侵略發展的，不是英法帝國主義，也不是美國「帝國主義」，而是俄共帝國主義。西方的政策在過去十三年以來是防守性的，主要係在謀求阻止一種新式帝國主義的膨脹。如某侵略戰爭眞的發生，無疑必係共黨國家方面發動。

西方雖不致發動戰爭，我們也不能忽視若干足以促成戰爭的要素，這些要素，東西雙方都尚不能完全控制。比如全球性的軍備競賽尚未曾加以制止。根據過去歷史經驗，軍備競賽雖不是一個戰爭爆發的原因，却無疑為戰爭發生的一個徵象。其次，最基本的幾個世界政治問題，如被瓜分的德國，被瓜分的越南，被瓜分的韓國，阿爾及利亞戰爭，阿拉伯與以色列間糾紛，及中共與自由中國間的問題，都尚未解決。

我們再返觀歷史，大小戰爭一向是世界史上的重要部門。大規模戰爭幾乎每隔二十年或四十年必發生一次。小規模的戰爭却幾乎從無中斷，不少歷史學家推論，戰爭在地球上簡直是不可避免的。

上述三點：共黨的侵略本性，未解決的國際問題及歷史的推斷，都似乎說明大戰終必發生。可是就另一面而言，我們不妨談談防阻戰爭發生的可能因素。

一、第二次大戰終結以後的十年中，世界各國分為東西二大陣營，一以美國為首，一以蘇俄為首，而最近數年來若干國家的崛起，已形成一個具有牽制性的所謂中立主義第三集團。這些國家如印度、緬甸、南斯拉夫，大部份阿拉伯國家等，雖然就個別或集體而言，力量尚弱，可是各該國所發表的立場，相當受東西雙方的重視，因而可阻礙任何一方的發動侵略行為。

二、各國軍備競賽雖然仍在進行中，但同時裁軍談判也勢將恢復。此項談判目前雖然暫停，華盛頓當局仍具希望，赫魯雪夫于五月九日向艾森豪致函，表示願意與美國談判禁止核子武器試驗的技術問題，已使華府受到相當鼓勵。美國仍希望因此能擴大裁軍談判的範圍。白宮秘書哈格蒂 (Hagerty) 于五月十一日向記者招待會稱，赫魯雪夫致艾森豪之函：「可以作為向裁軍協議進展的基礎。」而人類的首次進入太空，也可能鼓勵雙方更進一步的促成裁軍協議。

三、過去歷史經驗不一定是未來歷史的嚮導。今日的人類已經握有足能摧毀全人類文化的力量。在原子時代中，戰爭已不是一件有限性地方性的毀滅行動。今日的人類與過去不同，在發動戰爭前也許要三思而後行。

四、最後，我們必須注意影響蘇俄政策的三個基本因素。第一是馬列主義的基本原則。馬克思與列寧的理論並沒有將征服世界限定日期，共產主義者相信資本主義本身具有走向自滅的種子。他們所談的是階級鬪爭，對資本主義鬪爭，對帝國主義鬪爭。對共產主義者而言，國際戰爭並非他們的最後目標。他們重視以經濟、政治、理論方面的方法來引起資本主義的敗亡，而軍事力量的運用僅是最後的手段。（當然，共產主義者也是機會主義者。共黨國家如果認為資本主義國家與資本主義國家間的戰爭對他們有利，會毫不躊躇的參戰。）

第二是蘇俄社會制度的變更。蘇俄的社會已不再是馬克思的理想中的社會，例如蘇俄本國內階級的劃分，羣衆教育的影響，經濟控制的地方化，反史大林主義運動的後果，克里姆林宮的爭權及外來思想的影響等，都使蘇俄社會的現制度與馬克思所預期的有所不同。這些因素無疑正在逐漸改變共產主義理論的原來意義。

第三是蘇俄至今爲止對世界共產主義發展的成就。這一點也影響蘇俄政策。不久以前，赫魯雪夫曾向西方記者誇口稱，「我們必將你們埋葬。」赫氏的誇言不一定指軍事性。他所說的也許是指共產主義社會經濟制度最終必勝資本主義。過去數十年來蘇俄在工業與經濟發展方面的成就，使蘇俄領袖更具自信力。赫魯雪夫一流人物相信，根據過去成績，在二三十年內蘇俄實力不變而有增，何必在目前冒險以戰爭方式征服世界？

軍事因素

就軍事觀點而論，蘇俄如比美國搶先而有洲際飛彈，是不是會趁早攻擊呢？美國既爲蘇俄控制世界的唯一障礙，蘇俄是不是會趁美國尚無報復性的洲際飛彈之前，突襲美國呢？

可起作用的洲際飛彈，美蘇雙方仍在努力競爭發展中。試以目前雙方軍力觀之，蘇俄不但在長距程飛彈上佔優勢，而且擁有世界最大的潛水艇艦隊。根據軍事專家估計，蘇俄配有戰略性核子武器的陸軍也較美國爲强。此外中共所擁軍隊人數也佔世界第二位。可是我們不必過份悲觀，不要忽視美國的軍事威力。美國的戰略空軍轟炸部隊 (Strategic Air Command bombing forces) 實力遠超蘇俄，戰略空軍部隊擁有各式短距程的飛彈。據華府方面透露，在今年年底時，美國可在歐洲設有飛程一千五百里的中程飛彈基地。美國的潛水艇艦隊雖不及蘇俄，海面艦隊則遠較蘇俄爲强。在陸軍方面，美國在鐵幕邊的西德駐有雖小而强有力的軍隊。此外，美國在海外的不少軍事基地，實際上將蘇俄包圍，其力量也不可小覷，巨大的航空母艦也無異浮水的基地。

說到長距程飛彈，這種飛彈雖可裝以核子彈頭，但尚不是具有決定性的「絕對武器」。據紐約時報軍事問題編輯鮑德溫稱，要將長程飛彈發展爲目標準確的可靠武器，研究尚需時日。此類飛彈尚不能替代有人駕駛的長程噴射轟炸機。蘇俄防空制度雖强，但與美國同樣，尚未能達到十全十美的地步。雙方轟炸機與飛彈仍可以逃避雷達偵察制度而偷入彼方境內。

若干人士懼怕蘇俄發動猶如珍珠港事件的原子突襲。但這類突襲不致獲得百分之百的效果。美國在本國境內及世界各地設有許多基地，蘇俄一有突襲之勢，各基地可立即施予大規模的報復。由于珍珠港事件的經驗，美國國防當局對突襲的發生特別加以小心提防。蘇俄之一舉而取美國，決不會如此容易。

不可想像的因素

根據上述各項因素，大戰得以不致發生，實在係由于美蘇二國軍事實力的均衡，雙方都擁有足能毀滅地球的威力。人類已自原子時代踏入飛彈時代與太空時代，世界已因噴射機而縮小。美國如能維持其勢力均衡或甚至優于蘇俄，蘇俄似不致發動核子戰爭。對蘇俄而言，冒險太大而所預期的收獲則太小。

可是戰爭並非不可能發生。這裏我們要提的是美國評論家的所謂「不可想像的因素」(Imponderable factors)。戰爭有時常因一件偶不謹愼的小事而爆發。人性變厲之時，常因暴躁而不顧理性。共黨領袖都是狡智的政客，他們雖不如拿破崙的自負或希特拉的瘋狂，可是有時也難免不講理性，作貿然之舉。

此外，軍事人員的計算錯誤也可能引起大戰的爆發。武器發展越進步，速度越快，軍事科學越週密，此種可能性也越大。例如美國的戰略空軍基地正作一天二十四小時的提防，一見雷達網上有可疑的訊號，裝有氫氣彈的轟炸機立即起飛，飛向俄境相迎(按，此即爲蘇俄在聯合國所指控美機飛近北極俄境者)，如發現並無俄機飛近，乃即返回基地。天空流星常在雷達網上出現。往迎的美機必須在十五分鐘作決定，如確係俄機或飛彈飛近，立加還擊，不然爲時太晚。因此在美國邊境戰略空軍基地的人員，如果在計算與偵察上偶有錯誤，將流星誤爲蘇俄飛彈，加以還擊，無疑必將引起大戰。

此種錯誤可能也由在第三國所犯，因美國在他國也配有核子武器。

最後，大戰當然也可能因其他國家的小戰而擴大。在歐洲，鐵幕已經劃定界限，雙方也已嚴防，成爲均衡之勢。可是在亞洲非洲則不同，不少國家尚未確定傾向于何方，各種小衝突如印尼內戰，阿爾及利亞反法戰爭，以色列與阿拉伯國家間的偷襲，共黨在各國內的挑撥離間與反政府騷動等不斷發生，也可能化爲大戰。

× × × ×

從上述綜合美國一般與論意見所下結論爲，從美國人觀點出發，核子性大戰，在不久的將來尚不致于「有意」的發生，但是大戰「無意」時爆發可能性仍然存在。身處這個奇特的時代，我們是不是會親身經受核子戰爭，只有天曉得了。

五月十二日于紐約

狄托與莫斯科爭執內情與影響

丁堅

十年以前，當史大林與南斯拉夫首腦狄托(Tito)決裂時，莫斯科以下列詞句形容狄托：「狄托是勞工階級的叛逆者，是一個將南斯拉夫轉化爲反革命軍火庫的布爾喬亞民族主義者，在對蘇俄關係上創始一個充滿憎恨的政策」。十年之後的今日，赫魯雪夫宣稱：「狄托的節目奇特而唬人，與生活的眞理相矛盾，而且批評以蘇俄爲首的牢固社會主義陣營。」言辭內容雖有程度的差別，可是南斯拉夫共黨與克里姆林宮之間在理論意見上的裂痕，顯然未曾彌補成功。西方對此極爲注意，因爲共產世界的分裂，即是自由世界的收穫。美國繼續不斷在經濟上援助共產主義的南斯拉夫，自有其在外交策略上的理由。南共第七屆大會于四月下旬開幕時，蘇俄、中共及其他附庸國家都未派代表團參加，而狄托竟公開在同日的演說中，批評蘇俄，讚揚南國與美國關係建設在「互相尊重，互不干涉內政」的基礎上。南蘇二國是不是會達到最後決裂階段呢？南蘇二國的未來關係將怎樣影響自由世界與共產世界的冷戰？我們不妨借歷史上的資料來作一次檢討。

一　十年來的南蘇關係發展

自從史大林與狄托決裂十年以來，南蘇關係共經歷下面三個重要局面：

一、狄托脫離正統共產世界時期。蘇俄對南國採取經濟性報復，並借「反狄托主義」爲名，在各附庸國實施大清算。在此時期內，狄托自稱其理論爲「民族共產主義」，廢止共產主義制度中若干殘酷的方式，終止强迫性的集體農場制度。鬆弛中央集權制，放寬秘密警察制。但是狄托仍保持其「個人、一黨」的共黨獨裁制度。

二、史大林于一九五三年逝世後，南蘇間關係解凍時期。此時期以赫魯雪夫親赴南國道歉之時達到最高點。當時赫氏將責任完全推給史大林的「錯誤」，而且接受狄托的理論，即「社會主義發展之路各國不同」。狄托也在莫斯科宣稱，「和平或戰爭，南斯拉夫應與蘇俄共肩邁進。」

三、一九五六年波蘭與匈牙利革命時期，狄托首先批評蘇俄軍隊壓迫匈人革命之舉，後見匈牙利共黨統治趨向平穩，乃又宣稱蘇俄的干涉乃屬「必需」。此後，狄托並支持赫魯雪夫在莫斯科與史大林份子的鬪爭。去年夏季，彼二人在羅馬尼亞秘密會面，同意「經常維持聯繫」。但到去冬開始，裂痕又逐漸顯明，莫斯科慶祝布爾雪維克革命四十週年紀念時，狄托未曾到場。世界各國共黨當時發表二項聯合聲明，一爲「和平宣言」，南共簽了字，一爲「團結宣言」，內容重申蘇俄的領導地位，南共拒絕簽字，理由爲「我們不同意此項宣言」。

從以上三個時期的發展，我們可以看出，南蘇二國間的分歧並不是表面性的，而且狄托對莫斯科採取相當强硬不屈的立場。南斯拉夫與蘇維埃陣營在理論上的區別在那裏呢？

二　南蘇二國的理論區別

欲知南蘇二國間在理論上的區別，我們必須從共黨所發表的文件中比較。文件之一爲南共七屆大會開幕前的政策草案。另一個爲蘇俄理論雜誌「共產黨員」最近所發表對南共政策草案的駁斥。下面爲二國間理論爭執的三個主要關鍵：

第一、誰引起世界緊張局勢？

南共稱：「目前世界上的兩個敵對的軍事經濟集團的存在，除了社會上與經濟上的原因外，主要係產生于第二次大戰時及大戰後各項問題的解決方式。東西雙方全不顧人類的眞正福利，在解決國際問題時，完全依靠軍事實力來示强，因此而引起軍事政治集團的組織。」(簡而言之，南共歸咎雙方，認爲目前緊張局勢，不但應歸咎西方，而且蘇俄也應該負責。)

蘇共稱：「南共認爲軍事集團的存在爲戰爭威脅的來源，因此而將社會主義國家的和平政策和帝國主義國家統治階級的侵略政策相提並論……南共在表面上似批評所有軍事集團，其實是在批評各國共產黨和社會主義陣營的團結。」

第二、莫斯科是否應統治共產世界？

南共稱：「社會主義國家內黨與黨之間必須有自由、民主的關係，始能對社會主義發展有利。在爲社會主義勝利而鬪爭之時，某一國家勞工階級由于其在物質上的實力，可在相當時期內做他國的榜樣，但此並不給予該國在勞工運動中以專斷的地位，更不予該國在理論方面的專斷權。過去的經驗證明，勞工運動中的合作，惟有以平等爲基礎始能成功。」

蘇共稱：「南共的草案實際上替民族共產主義辯護。一九五七年十一月各社會主義國家共黨代表的聯合宣言，明白聲明社會主義國家陣營應由蘇俄領導。在爲和平、爲人民自由、爲社會進展的鬪爭中，蘇俄的領導權係由歷史賦予。」

第三、蘇俄是不是一個馬克思主義國家？

南共稱：「政府機構集權，黨與政府機構的合一，和單獨中央集權制等所引起的官僚主義傾向，史大林並未曾加以消除。馬克思列寧主義的理論是，無產階級專政及政府制度，終必消逝。但史大林理論則加變更，政府專制不但不消逝，而且在所有社會生活各方面加强。」

蘇共稱：「上述武斷之害，將蘇俄理論思想與社會生活發展過程完全歪曲。史大林並非不同意政府制度終必消逝。此種對史大林思想的觀念，實是錯誤。」

根據上面三點，南斯拉夫共黨不但批評蘇維埃的軍事集團（華沙公約）和自由世界的軍事集團（北大西洋公約，東南亞公約，巴格達公約等）同樣威脅世界和平，不但反對蘇俄的領導地位，而且根本否認蘇俄實行眞正的馬克思主義。此種在理論上的基本區別，證明南蘇二國間的裂痕，不是在一朝一夕內可以獲得彌補。由于南共此項政策草案的發表，蘇俄、中共、及其他所有附庸國皆未派正式代表團參加南共第七屆代表大會。

三　南斯拉夫共產黨第七屆大會

南共第七屆大會于四月廿二日開幕，于廿六日閉幕，在開幕之前，南共曾將長達十萬言的政策草案，向共產世界分發，重申狄托的「民族共產主義」理論。此草案雖經一度修改，仍未能壓平蘇俄的怒氣。蘇俄理論家批評此草案的內容爲「不科學，非馬克思主義，非列寧主義。」狄托不但不加理會，而且在四月廿二日演說稱，蘇俄若干人士之干涉南斯拉夫內政爲「短視而笨拙」。次日南共一理論家再度發言攻擊蘇俄，列席的蘇俄大使率同其他附庸國大使，包括中共在內，一起步出會場。僅波蘭大使留座。同時，南共大會已于廿六日一致投票通過修改後的草案。狄托並于廿六日大會閉幕時警告蘇俄稱，蘇俄如欲再以史大林路線對付南國，結果反足以損及本身及國際共產主義運動。狄托並呼籲在未來討論理論上的異見時，應採用「同志愛」的態度，不應用攻擊與抵制的方法。

此次南蘇爭執的結果，在表面上似尚不致有重大的影響。南斯拉夫人士認爲，二國間關係雖又將趨冷淡，但蘇俄不致採取報復手段。蘇共中央政治局惟一女性委員佛茨伐 (Furtseva) 稱，一九四八年時的決裂情形將不再重演，「我們將永與南斯拉夫爲友。」

四　南蘇爭執對外界的啓示

在瞭解南共與蘇共爭執的內幕性質後，我們不妨就其所啓示的徵象加以分析。首先我們所注意的是，蘇俄仍能繼續控制其東歐附庸國，各國包括波蘭在內，皆追隨蘇俄，未派代表團參加大會，可是莫斯科同時也面臨爲難的局勢。蘇共懼怕狄托主義對各附庸國（特別是波蘭）所具的影響，一面希望能促成各國在赫魯雪夫新領導之下團結，一面却又欲向世界證明克里姆林宮不會再重現史大林主義。赫魯雪夫因此只能對南共作理論上之爭辯，而不敢採取猶如史大林的斷然決然手段。在南共所發表的聲明中，狄托與其同僚顯然不相信蘇俄已改進所有史大林所犯的錯誤，暗示莫斯科仍威脅各共黨國家的獨立。這次爭執，更使赫魯雪夫懼怕南共對東歐諸國所起的作用。僅在三年前，東歐諸國認爲仿傚蘇俄爲社會主義惟一道路。匈牙利革命發生後的今日，蘇俄僅要求各附庸國在重要本質上與蘇俄一致。根據西方國家情報透露，去年十一月各國共黨領袖在莫斯科開會時，波蘭由匈牙利支持，曾使蘇俄在其原來所提之節目上作相當修改。

自從第二次大戰結束以來，波蘭所達成的獨立程度，在一九五六年十月哥莫爾加 (Gomulka) 領導共黨時達到最高度。哥氏雖聲明在政治上必須忠于蘇俄，一面却與南斯拉夫建立友好關係，並接受美國的經援。但就過去一年半東歐歷史而言，主要爭端存在于莫斯科與南斯拉夫之間。據曾訪東歐諸國的西方人士所獲得的印象，南共的掙扎有相當效果。除波蘭與匈牙利外，羅馬尼亞也對南斯拉夫具有相當同情。匈牙利總理卡達爾 (Kadar) 雖爲莫斯科傀儡，惟爲取悅人民起見，也不得不向南國表示友好。

我們從上述各項事實所獲的一般結論是：蘇俄雖仍可控制東歐附庸國，但由于南斯拉夫從中作梗，相當惴惴不安。可是蘇俄又因此而不敢與南斯拉夫完全決裂，僅能在理論上與南共爭辯，希望在理論上獲勝而說服其他各國。可是這種控制是不是會持久？

四月廿七日于紐約。

教育部中學標準教科書編印委員會來函

逕啓者：閱貴刊第十八卷第十一期讀者施濟民投書，「我們應當查究部編『標準教科書』的盈餘款項」一文，茲特提出說明如下：

一、中學國文、公民、歷史、地理四科前奉上級指示，編印標準教科書，數年以來，對齊一程度，便利教學，獲益不少，其發行悉照成本計算，並無贏利目的，故售價僅及坊間同樣書價之七成，甚有低至三分之一者，對於減輕學生家長經濟負擔，亦頗有貢獻，最近監察院移送之現行教育措施糾正案中，尚有中等學校主要科目如英文、數、理、化一類，似有編纂標準本之必要」等語，足見過去國、公、史、地四科標準本之編印，實有必要。

二、中學標準教科書之編印業務，係由本部呈奉院令核准，設置委員會，作爲統籌聯繫之機構，並延聘專家教授及擔任各該科教學著有成績之中學教師，組織各科編輯委員會，負責編輯工作，至與編輯有關之一應經常事務，仍由本部國立編譯館辦理、而發行事宜則交由臺灣省教育廳轉委所屬臺灣書店辦理。

三、此項教科書編印發行所需資金，係由本會向臺灣銀行透借而來，未由政府撥定資金，欵項收支，均由主計室逐一登賬、一切稽核手續，悉依財務法規處理；歷年財務狀況經分送行政院主計處及審計部將收支報告審查核定，手續（原文想係「續」字之誤。——編者註）周密，以昭鄭重。關於紙張印刷等之採購，並逐案通知審計部參加。監視驗收有案，該讀者投書所云主計處和審計部從來沒有審核過，及對於贏餘數字及用途之揣測，全非事實。特函奉達，即請惠予披露，以正視聽。

此致

自由中國半月刊社

教育部中學標準教科書編印委員會啓

五月廿二日

捶帖

朱西甯

祖母騎上牲口，又下來，說驢肚帶鬆了，叫大夥計替她緊緊。

父親他們帶着夥計們已經走到徐家地頭那邊。田野上很多這樣結成夥兒的，都扛着鐵鍁、木鍁，還有上供的提籃。

祖母望着二哥，又望望我。祖母要多望我們兩眼，一定要在我們身上大小找點兒錯處才行。我把手縮回來，正經地放在膝蓋上，免得惹她疑心我要檢石頭子兒往口袋裏裝。

「小二！脚是那個樣兒了，你可給我老老實實待在家裏！」祖母臨上牲口，到底還是不放心二哥：「要是到處去瘋，脚爛掉了，我也不給你治！」

二哥抱着場邊的一棵白千層，摳上面樹皮。他無倚無靠的那樣子，連祖母也騙得過。祖母又心軟了，應許下次逢集，給二哥買頂新草帽。

頭一天，我們從學屋裏放晚學回家，路上二哥就說：「明天，一定去捶帖。」

他什麼事都要充內行的。他不說「做字帖」。那還是過年趕集會，從賣字帖的老和尚那兒看來的。當然我們並不懂得爲什麼不叫做刷帖，偏叫做捶帖。

我們這一帶——那是說，我們這麼大的孩子能壯着膽單獨跑去玩的地方——只有史大善人的大墳上才有那樣一塊大石碑。站在我們大門前的那宅子上可以看見一遍黑色松林，天天淸早都有一個到鄉下逃難來的老頭子在裏面推太極拳。遠遠瞧過去，好像他在那裏一棵松樹一棵松樹地試着推動，非要推倒一棵才肯罷休。

當然我們沒法去到那兒做字帖，因爲我們知道，凡不是大人們吩咐做的事情，一律都是犯私的；給抓住了，要罰跪錢板子，像跪在刀刄上那樣痛法。

那天，天亮時落過一小陣雨，砂灰路上密密的小麻窩兒。驢蹄往後彈着土，砂灰只濕淺淺的一層，蹄印下面還是乾的，叫人見了就想抓一把，當做炒麵搦着玩兒。

「還要多久才過淸明？」我在地上抓了一把砂，衝着二哥問道。

二哥低下頭來，望着我瞪眼睛：「今天不就是？傻瓜蛋！」

「不是！我說錯了；我說六月六。」我的手搦着那一把砂。

二哥就不理我了。他一定也不知道要多久才過吃炒麵的節。

「走吧！快去史家……」我撒掉了那把砂，拉了一下二哥的胳臂。

「忙什麼！」二哥掃了大夥計一眼。我才明白去史家大墳，一樣地不能讓大夥計知道。

爬上宅子，二哥走在前面裝做瘸子，一扭一拐地，把鞋窩兒當做鞋底。我總要學他的，一扭一拐跟在後面。

「奶奶要是非叫我們一道去添墳呢？」想到這個，我就覺得我們只有永遠永遠望着那一遍黑松林，夢想從那塊苔蘚斑駁的大石碑上揭下一張一張黑底白字還帶着些墨臭的大字帖。

我們一直瘸進一道院子，堂屋裏，祖母守着一大疊錫箔，在摺元寶。瞧着我們頂面就罵：「小討債的！嫌鞋子壞得慢啦！」

我沒有二哥那樣的膽子，要不規正過來，給娘發現了，保管要挨兩下頰兒脆，打得跟斗踉蹌。二哥却迎着罵，一直瘸到祖母跟前，抱着脚直嚷痛，說是給先生家蹲耙，蹩壞了。祖母也不疊元寶了，又是痛，又是恨，又是埋怨先生家亂拉學生的官差，又忙着燒熱水給孫子焐傷。不管怎樣，我們不用去十二里外的祖陵去掃墓了。我這個死心眼兒又不惹祖母疼的孩子，是被二哥撒嬌要脅留下給他作伴的。

現在祖母他們已經走遠了，幾個黑點點重在一起，分不出誰是誰，只有牲口頸子上掛的幾串元寶，一明一暗地擺動。

大夥計提提套褲繫子，嘴裏嚼着一根麥楷，爬上宅子去：「你們好生玩，我下田去了！」

我們跟在後邊，二哥不得不裝下去，歪歪斜斜走回家。大夥計是祖父手裏的老長工，我們得把他當作父輩看，怵他三分。他把牲口套上紅石滾子，又跨進二門裏來，肩膀頭掛一條大鞭。那鞭梢拖在地上，把剛掃過還留下掃帚印子的地上，留下彎彎曲曲的線痕。當他看到我們哥兒倆一人一方硯臺磨着黑墨，他就樂了：「嗐！這才是正經！生在書香人家，老記着勤寫個仿兒，就沒錯兒。想你們爺爺在世，雙手能寫梅花篆字，遠近可沒不知名的。寫着吧！門戶可留給你倆了！」

我們瞟着大夥計折身出去，聽見他吆喝牲口，這才歪歪鬼臉，趕緊分頭去搜尋要帶的傢什！又是盛黑墨水的小琉璃瓶，又是下田送茶用的煨罐兒，又是大筆、刷子、還有破布絺……路上碰到那些掃墓的，瞪着我們瞧，就猜不透我們要到哪兒幹嗎去，怪不好意思。

史家松林裏，男男女女剛祭完坟，零星走了。我們也不擇路走，漫着麥田直奔。苦差事總是我的，煨罐兒裏大半下子水，跑起來可直洸盪，把棉套褲和羊毛蒲鞋都潑濕了。「我不幹！煨罐兒你提！」我跟在後面直嚷。二哥頭也不回，彷彿他再遲跑一步，那座石碑就靠不住還能留在那兒了。

松林北面，正有一個人撒開大步往松林裏跑，背上背着糞箕，是個老頭子，跑起來板直着腰，硬腿硬脚的。他沒有我們跑得快，但他一定連吃奶的勁兒都使出來了。眞想不出有什麼值得他這樣賣老命的。

松林的松樹直也成行，橫也成行，斜着也成行。老傢伙先跑進松林好像穿牆一樣，一面又一面的牆壁，讓人擔心隨時他都會一腦袋碰昏過去。

二哥好像也覺得這個老頭子有點奇怪，不敢再朝前跑。那老頭也把脚步放慢下來，望着我們，似乎想試試認清我們，腦袋歪在一旁。

「哈，我當是……我還當是誰！讓你倆小先生拾吧！」

聽聲音，我們立刻認出他是後莊的湯瞎子。可是他讓我們拾什麼呢？二哥回頭瞧瞧我，他一定也不懂要拾什麼。

「拾什麼？拾糞哪？我用這兩隻手跟你搶？」二哥壓根兒不像同年長的人說話。其實誰個對湯瞎子也都是這樣，好像他瞎了一隻眼就什麼都不如人了。他側着臉看我們，那一隻瞎眼睛像剛擠過膿的熱瘡子，瘡瘡的，中間有一條潤濕的縫子。他那件破襖領子沒了，頸子顯得很長。我們幫忙替他看，沒瞧見哪兒有什麼糞便，也不信他那隻獨眼能瞧得那麼遠。除非他老遠瞧見有人在這一帶出恭。

二哥不耐煩地瞥我一眼，彷彿說：「跟他拾糞老頭嚕嗦什麼呢？臭死人。」我們就不理他，堵住鼻子朝大石碑走去。

石碑上只有中間一行大字，兩邊的小字也都排得不怎麼整齊。我喊道：「這也不像字帖上的字，怎辦呢？」這時二哥撩着袍子對着一棵松樹撒尿，回頭吆喝了一聲：「傻瓜蛋！你不到背後看看！」

「背後？」我疑惑：「背後能有什麼？」我跑前大墳後頭，到處張望，什麼也沒有。但我發現一棵松樹上面有個才築的斑鳩窩。迎着放睛的天空，疏疏幾根草，再過十天就能來摸斑鳩蛋了。瞞着二哥吧！讓他知道了，我只能分到一個。

坟前面，噗啦啦，噗啦啦，二哥在那兒開始用嘴吧噴水了。坟上是才添的新土，我一口氣爬上大墳的頂頂尖上，石碑的背面已讓二哥噴得濕淋淋的，二哥不知躲到哪兒去了。漫着石碑頂上能够看到湯瞎子。石頭供臺上人家上供丟給祖宗吃的零碎祭品，他正傴僂着腰檢拾那個。他每拾起一塊，就尖着嘴吹吹，隨手放進另一隻手托着的氈帽殼兒裏。嘴吧還在嚼着。

「不要臉喎！不要臉喎！」我嚷着，拍着手：「二哥，你瞧他拾死人吃的東西。」

「比你早看見！」

二哥一定在大石碑前面。我蹲着，從大墳坡上一路滑下來，找到石碑前。二哥數着大字本後半本空白的仿紙，頭也沒抬：「他還當是我們要同他搶那個呢，氣死人！」

「眞氣死人！」我附和着；我附和二哥是個習慣。等我覺得這個瞎老頭以爲我們提着煨罐是趕來拾人家上供的東西的，才認眞地氣得要命，想抓把土撒進他的氈帽殼兒裏。

瞎老頭把石供臺上收拾乾淨，就坐下來，背靠在一支石瓶上面，開始全心全意地品味着他拾來的東西，還好像不忍心嚼得太匆忙，下顎像一隻倒嚼的老牛那麼緩緩地挫動着。

二哥選出一張頂平整的仿紙，上面沒有一根做紙漿時沒爛透的草梗。他把它摺一道平摺，用舌頭尖從摺縫這頭舔到那頭，舔出一道濕線，就從那兒裁下來。然後恭恭敬敬貼到石碑背後那一遍濕的上面。二哥做這，做那，我自然只有一旁瞧着的份兒，下不下手，一下手幫忙就準要承受結果裏面那錯的一部份。

湯瞎子從石碑前面把腦袋探過來。我注意到，他那隻瞎眼睛一樣也眨着，眞奇怪。

「嘿！你們搞什麼鬼！打紙靠子？」他冒冒失失地來這麼一聲。手裏拄着糞勺，身子斜探過來。

二哥望我嗤嗤笑，眉毛提成無可奈何的八字形，好像說：「這個什麼都不懂的老傢伙，眞拿他沒辦法。」

「你那光是水怎麼成！」老頭子眞不識相，把糞勺伸過來，指着我們才貼平整的仿紙。「打靠子不用漿子成啊？」

「你把那臭傢伙往哪兒伸的？」二哥叫着。

老頭子抱歉地笑笑，連忙縮回糞勺，掉換另一頭來指，那骯臭的勺頭便握在手心裏，也不嫌髒。

二哥唧咕着：「給他三分顏色，倒拿去開染坊了！」要是順利，二哥就不發脾氣的；現在貼上去的這張紙，全都濕透了，看來不是那回事兒。二哥暴跳起來：「你走開好不好？瞎老頭你走開！」又掉轉頭喝着我：「不是叫你把破布絡拿來嗎？」

我記得他沒這麼吩咐過我，但一定是我沒留心。我搶着把那一堆爛布拾過來，雙手捧到他跟前。我敢說，如果我只用一隻手，二哥就會說：「拎着煨罐兒，你給我家去吧！瞧什麼都壞到你手裏。」

「不用了！早你幹嗎啦？」到底還是沒討到好。我只能怨沒長三隻手，或者四隻手更好一些。二哥氣虎虎把那張濕仿紙揭下來，握成一團扔掉，重蹲到石碑前面去裁紙。

「是不是水太多了，二哥？那個老和尙沒噴這麼多的水呢！」

「有本領，你做你的！」

我眞有那個本領，但我不要做就是了。反正那一窩斑鳩蛋我是十拿九穩的。我瞧着湯瞎子，他站在那裏，站在石碑的一側。如果他兩隻眼睛都是好的，他就用不着轉動腦袋，正好一隻眼看到石碑前面的二哥，一隻眼看到石碑背後的我。他自然沒辦法這樣，只好把腦袋轉過來，轉過去。牙齒縫兒好似塞進什麼，一面咂着。滿嘴裏一定是很臭的又長又稀的老黃牙：「你都知道這是誰家的祖墳，恁麼糟蹋！」其實他是討好逗趣的，該他碰着二哥的氣頭上：「你家的嗎？你那份德性也配？」

老頭子不知道爲什麼還會笑，要是我，就直着頸子頂嘴了。他笑得聳着肩：「讓我這生成拾大糞的命，再修三生三世，甭想有那造化。人家史大善人，是個什麼德性！」

「什麼德性？」我有一個想惹他氣個死的念頭：「醃犯死髒屙厠堆的德性。」

他看看手裏的氈帽殼兒，指頭伸進裏面撥弄那些檢來的東西，一點也不氣，反把人氣死了。他吭那指頭上的油水：「那昝子，你都還沒出世啦——光緒年間！你們小人家，不是我說。」

「什麼光緒年間嘛！光緒年間是古時候啊？」我說。二哥却白我一眼。他沒再往石碑上噴水，就把仿紙貼在剛才那一遍濕印子上。可見他到底承認第一次沒有弄好，是因爲水太多了。他不肯看我，却白了湯瞎子一眼：「瞎老頭！好不好把你寶貝糞箕拿遠點兒？擺在上風頭臭死了人！」

「種出莊稼就不臭啦，小先生！」瞎子唧咕着，唱小調子似地：「大糞也值錢，這年頭！論斤秤着賣咧。」他走過去提起糞箕，辨一下風向，移到下風頭去，又回到剛才的位置，抱着石碑，好像他就可以安心站在那兒，站到天黑。

這一次彷佛很有希望，那仿紙貼板正以後，乾的地方留出來，現出碑文的字樣子。

「能刷黑墨啦！」我叫着，好像我們馬上就可以有整本整本的大字帖。「二哥，一本大字帖不是賣聯銀票(僞鈔)三百多塊嗎？」

「誰告訴你？五百塊好不好？」

「他那本字帖……小辮子那本不是三百多塊嗎？」

「一斤大糞賣到五塊錢啦！」湯瞎子也插進嘴來，我們扭過頭去不理他。

「五塊錢合多少？五個五，五四二十，合現大洋七毛！」他數着指頭，跟他自已算賬：「七毛，五七三十五，三吊五百錢咧！放在光緒年間，一個大子兒倆肉包子，哪裏講理去，他奶奶個孫孫的！」他用握過糞勺頭的手，揑一塊鷄蛋片送進口裏。彷佛想到光緒年間那樣盛世年月，要趕緊吃點什麼才成。他把帽殼送過來，讓我們吃。那裏面最大的一塊五花肉，白白的，像從屍首上割下的，瞧着就想噦。

我把盛黑墨水的小瓶拿給二哥，巴不得他快點兒動手塗。

天上那些像爛棉花一樣的髒雲已經退淨，天空藍得水汪汪的，松林裏一團團的陽光。湯瞎子就解開當作腰帶的洋麵口袋，把破襖脫下，歪在墳坡上捉起虱子。他那個瘦髒髒的赤膊像蒙上一層豆腐皮，皺紋密密的，上面抓出些白條痕子。

「就只有那個大荒年，從沒有過。也不知餓死多少人！」

二哥塗着黑墨，望湯瞎子一眼，笑着道：「又是光緒年間？」

「你別笑，小先生，那是眞的。」他抓着後脊梁。「到處可都是餓死的，屍首上，肉都讓人鏇走啦！只剩個鷄巴。」

我抵抵二哥，縮着肩膀偷笑。

「你聽他的！——瞎說八道。」

老頭子扭轉過腦袋，用那隻好眼瞪着我們：「哏！不信！妞兒們像你們這麼大，都殺掉吃啦！還不信呢！小小子有的還留着傳種就是了。」

「你是小小子啊？」我覺得說他是個小小子很可笑，就笑得前仰後合的。這時二哥正塗着黑墨，紙上的白字是有了，就只不是石碑上的字體。像化凍的冰琉璃，比原來的筆劃瘦掉一套。「怎不像呢？」我說。

二哥甩過筆來，衡着我額蓋上抹了一下：「臭嘴！你就不能說點兒好聽的？」

「你才臭嘴！」我抹着額蓋，想把指頭上的黑墨反抹他一下。但我挨過去，抹到老頭子的瘦髗骨上。從他瞎的這一邊哪怕揮起大龍刀砍他，他都不知道是死在哪個手裏呢。

「黑墨不要糟蹋呀！聖人的。」他抹擦着，發現那是黑墨，就用舌頭去舔。「運數！那樣大的荒年是打從盤古開天地，沒有過。運數！遭刼遭難，都是運數走的。」

「你怎沒有餓死呢？」

「他有大糞吃。」二哥說。我發現二哥在吃什麼，好像吃桑椹，嘴唇烏黑的，石碑上那張仿紙沒了。他把那張紙吃掉了。他重又到石碑的前面裁紙去。

「你怎麼不會餓死呢？」我問他。他一定吃掉不少的死屍，瞞着不肯說。他現在忙着吃他破襖領子上的虱子。

「你怎麼沒有餓死嘛！」我喊着。

「我啊？」他抬起頭望着我，臉上的肉扭曲在一邊。他那一口又長又稀的老黃牙上帶着血，眞像吃死屍的。他指指身子下面坐着的墳坡，說：「不是史大善人放賑，不知要餓死多少啦！還有我這個苦老頭？」

我瞧着身底下坐的這墳，順坡子望上去。這樣大的墳堆，或許要拖上一百牛車的土才得堆上這樣大。作什麼呢？死人埋在下面一定很悶很悶。

二哥又開始往石碑上貼第三張仿紙。現在，就是揭下來一張就是字帖，揭下來一張就是字帖，不一定比湯瞎子說明他怎麼沒有餓死更能引起人興頭了。

「那昝子，史大善人放賑。」他把一隻胳臂伸進襖袖子裏，往回一抽，就把袖子翻了過來。

「什麼叫放賑嘛！」

「就是嘍！」他說：「放賑都不懂，還是小先生！放糧啦，懂吧？」

「放糧是什麼嘛？你才不懂！」我抓起一把土撒他：「你懂得我們要做什麼？」

老頭子撲撲身上土；「放糧也不懂？放豆餅！——打油的豆餅！」

「放豆餅下肥啊？」我覺得很可笑，他亂扯。「史大善人開油坊!?」

「豆餅是朝廷上的，懂嗎？朝廷信得過史大善人，就請他包賑，懂嗎？」

「朝廷哪來那許多豆餅？朝廷開油坊啊？」

「朝廷開什麼油坊！」他把破襖膈肢窩兒的地方送到口裏去咬，就像是鼻子埋在被窩裏說話：「史大善人說的，光緒皇上現到西天王母娘娘那兒請來的啦！豆餅上還散上仙水，吃了可經餓着。」

「屁的光緒皇上！他能到天上去啊？」

「嘿！別瞎說！」老頭子的臉色忽然變了：「皇上也是隨便說着玩兒的？」

「怕什麼！他有多高的梯子？」

「別不懂事兒，小先生！哪有唸書人不尊敬皇上的？」

再沒有比挨瞧不上眼的人數說更叫人無趣的了。我抓過他身旁的糞勺，往石碑上拼命價敲打，好讓他着急，怕糞勺柄子打斷掉。

「別打人家的石碑呀，史大善人的！」他伸手來抓糞勺。但沒有意思非要奪回去不可，只想阻止我不要再敲打。我便用糞勺去刮石碑底端那些乾綠苔。

這一次二哥放刁了，他讓仿紙上顯出字跡以後，用大筆沾着墨，一筆一筆去描那些沒字的地方。那是很累人的，我瞧了一會都覺着手頰兒很酸似的。

瞎老頭停下手來，瞧着二哥發楞。「我懂啦！

我懂啦！」他嚷着，顯得興高彩烈的。「我懂啦！……」

「你懂得那叫什麼？」糞勺刮在凹進去的字上，嘓登嘓登嘓登地顫跳。

「我懂得！我懂得！」他固執地唧唧咕咕跟自己說。重又傴僂着背，捉他的虱子。

「行善落善報，不假呀。史大善人救活多少性命！無其數！……他放了賑，他史家一下子就發旺了。懂嗎？」

「怎麼呢？」

「怎麼呢？」那隻獨眼好似埋怨我怎麼連這個也不懂。「做了好事哪有不發財的！」

「你怎麼不也去放賑？又不要你自個兒出豆餅！」我望着二哥，他已經描出四個大字。那張紙正好足足容下二十個字。

「你不要刮成麼？刮得人周身起鷄皮疙瘩。」二哥停下筆，看了湯瞎子一眼，衝着我丟個白眼：「沒出息！」

「你才沒出息！偏要刮！」我就用勁刮那乾綠苔，恨那聲音不够大。反正那字帖費他那麼大的精神，做成了也沒有我的一份兒。

「湯瞎子！」我喊得很親，故意氣氣二哥：「史大善人到底是好人還是壞人？」

「善人善人嘛，敢情是好人。」

「怎不叫史大好人呢？」善人一定不是跟好人一樣，我想。

「是啊，叫史大善人。」他用原來那個法子，把翻過來的袖筒又翻正了，去翻另一隻。「善人是善人，善人可沒得到善終；到頭尋無常啦！」

「什麼尋無常嘛！」

「一根繩子掛到樑頭上，吊死啦！」

「上吊疼不疼？」我問。

「那大遍的家私，什麼福不够享的？哏！當了年把和尙才上的吊，也不知怎麼落到那個結局？」他擤了一大把鼻涕抹在鞋頭上。

「當過和尙再上吊，是不是就不疼啦？」要不，人家怎麼好像說刀子鈍了，就說：「這刀，殺老和尙不淌血的。」

「傻瓜蛋！」二哥又插嘴罵人。

「怎麼他要上吊呢？」我用那糞勺刨土，存心想把土掘點兒到二哥鞋殼兒裏。

「他幹嗎上吊？」我問。

「說是……」他揚起頭來想，眼睛眨上好久：「說是他家從前有個丫頭，史大善人要收他做小房，那丫頭命薄福淺，上吊死了。死了就死了罷，到了陰間才又後悔，又來勾引史大善人，想到陰間去做夫妻。見天附在史大善人身上。史大善人給纏急了，乾脆，出家做和尙去了。」

「那個丫頭是吊死鬼不是？」

「到底還是把史大善人勾引去了，那個不要臉的丫頭！」

「她變成吊死鬼來勾引史大善人的是不是？」

他咂咂嘴，好像光吃襖上的虱子還不解饞，又想起到身邊的氈帽殼兒裏捏一塊好像是麵筋泡一類的東西送進嘴裏。「史大善人三個老婆啦！修德的。」

「湯瞎子，你有幾個老婆？」

不知爲什麼，我忽然覺得他要是有老婆，是件頂可笑的事。

「前世，我有五個，算命先生算的。」他豎出五個指頭，一個個數着看，彷彿他前世的那五個老婆變成這五個指頭了，而且還能認出哪個指頭就是哪個老婆。他說：「今世得折一折，命裏沒有了。」

「討小老婆的，沒一個好東西！」二哥照着地上狠狠吐了口涶沫。

我望着湯瞎子，希望他能找出理來說，討小老婆的也有的是好東西。

他嘴裏的麵筋泡還不肯輕意嚥下去，老是嚼。好像老是嚼，老是嚼，能把一個麵筋泡嚼出三個。

「你聽見沒有，我二哥說的？」我伏近他耳朵上嚷，似乎認爲他的耳朵也應該聾一個才對。

他把棉襖披上，一面穿袖子，一面歪着臉，用他那隻獨眼湊近就要描成的字帖上，一瞅就瞅了半天。

「你也認得？」二哥閃過身子，瞪着他。他望望二哥，遲鈍地退開了。

「討小老婆是不是好東西？你不說，我就不給你糞勺。」

老頭子好像晒了一陣太陽，晒得很舒坦，連一句話也懶得說了。只把一隻手朝我伸着，表示他要要回他的糞勺。

「是不是壞蛋才豎石碑？」我逼着他問。

湯老頭拍拍屁股，似乎寧可不要了，也不想再說什麼。然後他垂下手去，彳亍到石碑前面，蹲下來，很像要給史大善人磕幾個頭似的。他却是動手去收拾那些燒化的錫箔，裝進他勒腰的破洋麵口袋裏。說那個可以賣給收金銀灰的，去化錫。

二哥總算描成了一張字帖，他還不肯立刻揭下來，怕揭壞。

不管是刷的，捶的，還是描的，那總是一張捶像字帖的字帖了。那上面的二十個字是：

濟貧敦鄰
賜仁義道
邇鄉黨揚
渡慈悲佛
假年痛失

我看不懂；什麼人都看不懂的。也不像「上大人，孔乙己，化三千，七十士……」那樣讀得順口。有的字我連認都不認得。

刻這些字在上面做什麼用的呢？是不是專門留給人來捶字帖的？

忽然莊子裏喊我們，一定是大夥計在找我們。我有點膽怵了。要是能做出一本字帖，也許我就會馬上理直氣壯應他一聲。

遠遠望過去，家後嫩綠的桑園那兒，有幾個小孩子提着筐子跑。只見大夥計揚着大鞭跟在後頭追。那大鞭對着空中每揮一下，總要停一刻，我們才能聽見響聲。

「怎麼辦？有人偷我們桑葉啦！」

我把湯瞎子糞勺狠狠丟掉，望着二哥，心裏冷冷的。

四十七、三、廿一、寫在鳳山。

笑容（補登）

徐訏

徐訏先生大作「笑容」曾發表於本刊第十八卷第九期。但因排稿時間迫促，致遺漏一整頁。除已向作者謹致歉忱之外，特於本期將包含該遺漏部份的四、五兩節重登一次，並在此向讀者致歉。 編輯部 謹識

（四）

巧明雖是沒有說完她離婚的故事，但是我已經了解要她與錢令眞破鏡重圓是再也不可能了。男女的關係，我以爲即使是彼此痛恨，還可以重好；到了厭憎，那就無法挽救了。夜裏我與妻談到這件事，妻以爲既然如此，我們又應該爲她介紹男朋友才對。我說她自己找的都這樣，我們介紹的怎麼會好。妻說正因爲錢令眞不是我鄭重介紹的。現在她一定會聽我的意見了。

但是這祇是說說想想而已，我們認識人不多，有的都有了太太，沒有太太的有的年紀太輕，所以並不是很快就可以爲巧明介紹。以後幾天，巧明天天到外面去，我也有應酬，所以並沒有機會可以安安靜靜談談。

有一天，我在家裏，巧明從外面回來，她非常高興，她一見我就說：

「你今天應該賀賀我才對？」

「有什麼喜事？」

「我找到職業，待遇很好。」

「那有什麼可賀的。」我說：「我還以爲你找到了男朋友。」

「男朋友，我要男朋友幹麼？」

「難道你不再結婚了。」

「我不敢說，」她一面開風扇，一面坐下來說：「不過，…至少我最近不想結婚。」

「你以爲你還是十八歲麼？」

「也許我永遠不想結婚了。」她說：「你們男人把結婚當作手段，我們，……。」巧明話沒有說完就停止了，她避開我的視線。

「這怎麼講？」

「我覺得我們女人把什麼都當目的，你們男人把什麼都當作手段。」

「什麼都當作手段。那麼目的是什麼呢？」我問。

「目的，我覺得男人根本就沒有目的。」

「至少還有一個名利或者是權位？」

「這些其實也是手段。老實說，你們男人自己都不知道自己的目的。所以要造出一個字—Success。」

「這是美國人的話，你眞是一個受洋教育的女人。」

「中國叫『成功』，成功是什麼，是沒有目的的目的。所以一切都是手段。」

「啊，你講的還是錢令眞，」我說：「你說你已經想不起他了，但是你還是忘不了他。」

巧明一霎時忽然冷笑一聲，幽默地說：

「是的，他是成功的代表，他的可憎的笑容，我就叫他『成功的笑容。』」

「巧明，」我忽然想到她未完的故事說：「你還是沒有告訴我你實在離婚的理由。」

「你還想知道？」

「自然。」

「我現在可以告訴你，」巧明忽然很直爽的說：「我怕再不離婚，有一天我眞會把他毒死的。」

「你那天不說你自己有了職業有了朋友以後，生活得比較正常了麼？」

「是的。」巧明說：「但是他還是麻煩我。最後一次，是他要在家裏請客，一定要我在家裏，我不答應；他懇求我，說這是最後一次要我在家裏做主婦，以後他決不在家裏請客了。我說既然最後一次，我就答應了，誰知道這竟是最後一次！」

「怎麼回事？」

「他那天請了四對要人，兩對中國人，兩對洋人。我也不必說他們的名字了。

「你猜怎麼樣。那天的情形，眞是出我意外，平常錢令眞的官腔，那天竟一點都沒有了；他很早就打扮，打扮好了，對着鏡子看了半天，又看我換衣服，爲我拿鞋子，關照我這樣那樣。接着就不斷的看時間，時間還沒有到，就一次一次到外面去，又吩咐佣人這樣那樣的。每次一聽到汽車聲音，就趕快站起來。總之，一直坐立不安的等客人來，最後客人陸續的到了，他臉上馬上浮起一種謙虛自卑的笑臉，非常恭敬客氣。他談吐很有分寸，應對得不露一點自己主張，吃飯的時候，說幾個應時笑話，都很得體。他的視線一直看着別人，可以說沒有望我一眼。這整個的過程，眞是一部官場現形記。」

巧明臉上露出諷刺的笑容，歇了一回又說：

「這祇是可笑而已，並不使我厭憎。可是當我們客氣地把客人送出大門以後。我回到自己房裏，正想換衣服的時候，他忽然跑了進來。抱住我就接吻。我把他推開，你猜怎麼樣？我馬上看到他臉上的那種笑容，那種所謂成功的笑容。我心裏馬上有一種厭憎的反感。可是你猜他怎麼樣？他竟得意忘形的把我抱起來打圈圈，一面說：

「『明年這時候，你就是大使夫人了。』

「我沒有理他。他把我放下來又在我臉上吻了一下，興奮地說：

「『我今天就怕請不到他們……都來了，你看，我的面子！都來了！』他說着就對着衣鏡看他自己成功的笑容。一面整理他的領花。

「這時候，我正在換鞋子，我眞想把我的高跟鞋打他的得意的笑臉。」

「你打他了沒有？」我開玩笑似的問。

「沒有，因爲我結果沒有換鞋；我站起來，告訴

他我要出去。」

「你出去了？」

「我自然出去了，而且那天晚上我一直沒有回去。」巧明說：「第二天我回去就告訴他，我要離婚。」

「你沒有回去，」我說：「是不是有別的男人呢？」

「你這樣想我？」巧明忽然生氣起來。

「我想他會這樣想你的。」

「他肯這樣想我就好了。」

「怎麼樣？」

「我住在一個女朋友的家裏。但是我告訴他我同別的男人在一起，我說我愛了別人，所以要同他離婚。」

「他就讓你離婚了。」

「他竟沒有感覺！」巧明說：「他也不生氣，他說我要怎麼就怎麼，但是他不答應我離婚。因爲這于他前途太有影響。」

「那麼後來……？」

「我當時就更看不起他，我老實告訴他，我是住在女朋友家裏。可是我故意說有男人去試試他，想不到他竟太太偷漢子都不在乎。那麼我們做夫妻還有什麼意義，所以我一定要離婚。你猜他怎麼說？他竟嬉皮笑臉的說，他知道我不會愛別人，也決不會放棄大使夫人不做而去談戀愛的，所以他不生氣。我當時就告訴他，我沒有愛別人，但是也不會再愛他了。我還告訴他我並不想做大使夫人，我想馬上到香港去。

「這樣談了很久，他知道再無可挽回，他答應我來香港，等明年他發表了大使，上任去時候來接我。我拒絕了他的好意，一定要辦離婚手續，他一定不答應，最後他答應親筆寫一張給我；但希望暫時不公開。這樣我就到香港來了。」

巧明說到這裏，她霍的站起來，拉拉衣裳，一面說：「現在我什麼都告訴你了。以後希望你再不要提到他。」

（五）

眞的，以後我們偶而提到錢令眞，巧明就很生氣，這使我們很快的不再在她面前提他。可是錢令眞因爲我沒有再回他信，他又來信問到巧明，我自然要告訴巧明，可是巧明也不許我在給他信裏提到她。

巧明找到的事情是在西歐的一家領事館裏，待遇是一千三百元，她晚上還在文商學院裏教書；她每月收入在二千元以上，但是她把錢都交給我，她每月自己化的錢不過兩百元，她說她要儲蓄一點錢，預備到歐洲去讀書去。

在這個時期，巧明幾乎不交任何的男友；我覺得她的生活的潔癖與性格上的高貴將使她一輩子會孤獨下去，但是我也無從勸她。我的朋友很多，她從不混到我的圈子裏，逢到我們家裏約人吃飯，她就獨自出去，到了很晚才回來。

今年二月初，錢令眞又有信來，他說他很想來香港找巧明，可是因爲工作上不可能離開，沒有辦法。他很自信地說巧明決不會喜歡別人，一定很孤獨的在做事。接着他就很得意的談到他很可能會被派到國外任大使，那時候，他會路過香港，相信巧明一定會回心轉意，同他一同去上任。

三月中，錢令眞又有信提到他的大使已經發表，五月底就可以來香港。我雖然不想在巧明面前提錢令眞，可是這樣的消息如果不告訴她，使她突然在這裏碰見錢令眞，那她一定會說我不够愛護她的。

于是，我就在吃飯桌上把這個消息告訴巧明，我說：

「我想你這總不會怪我提到他吧。」

「我想得到他是露着成功的笑容寫那封信給你的。」巧明有出我意料的冷靜，露着高潔的帶着諷刺的冷笑說：「很巧，我在他來香港時，已經不在這裏了。」

「你？」妻驚異地問。

「我已經請到西德的一個獎學金，我想下月中就可走了。」

「你們眞是在鬬法。」妻笑着說。

「他是一個永遠成功的人，所以很有自信。」巧明說。

「眞的，他很自信；他以爲你決不會找到比他更成功的人，他還相信他到了香港，你一定會跟他去做大使夫人的。」

巧明搖搖頭，嘴角又露出諷刺的笑容，沒有再說什麼。

「難怪他有自信，他去臺灣才多久，眞是一帆風順。」我玩笑似的說。

「大概他的願望沒有不成功的。」妻說：「可是這次對巧明的一向情願，也許會是第一次受到失敗的打擊了。」

「我算得了什麼，」巧明忽然說：「他找不到我，在香港一定會找一個大使夫人的。」

我們怕巧明有太多的感觸，當時沒有再談下去。飯後，巧明出門了，妻問我是不是可以勸勸巧明，使她回心轉意，同錢令眞重修舊好。我告訴她這是不可能了。將來如果錢令眞不結婚，到歐洲去找她，那也許還會破鏡重圓。但那就不是我們所能幫助了。

……………

四月中，巧明啓程到歐洲去，我們到船上送她。船開動時，巧明在船欄上望着站在碼頭上的我們，我清清楚楚的看到她臉上的笑容，這是一種她談到錢令眞時經常有的笑容，是一種高潔的帶諷刺的冷笑吧。

不知怎麼，這個臨別的笑容給我的印象特別深，以後我一想到巧明，眼前就浮起這個笑容。

以後，錢令眞果然如期到香港了，我在機場接他。我特別注意到他同我招呼時的微笑，這馬上使我記起巧明所說的「成功的笑容」。我于是想到巧明的那個超脫的譏刺的冷冰冰的笑容。那大概可以說是「失敗的笑容」吧。

人類的笑容也許正可以分爲兩種，一種是成功的，一種是失敗的。這也許就註定了一個人以後的命運了。

一九五七，八，五，晨。

讀者投書

(一)

補正「籲請立監兩院澈查司法黑暗」一文

喻伯凱

編輯先生：

素仰貴社言論，公正不阿，仗義執言；人多喜讀貴刊者以是，人多好求貴刊主持正義者亦以是。敝人前次籲請立監兩院澈查司法黑暗一文，荷蒙披露，至深銘感；不意臺北地方法院檢察處本身不勇於反省迴避，反爲自己的被告掩飾罪愆，公然挺身出馬作原告，以傳票傳去訊問時，動不動即將敝人收押，直到敝人絕食抗議，至氣息奄奄時，始予交保釋放，無端拘禁九天，這是不是利用職權，欺壓無辜？國人的眼睛是雪亮的，用不着我再明言，以免再套上一頂「公然侮辱官署，妨害公務」的大帽子！不過我所遭受的牢獄之災，假若屍諫案的主角張金衡、林拔二公猶在，也不免要與我同災，幸而他倆早就看準了這一點，不惜一死了之，黑暗就讓它永遠黑暗下去！不幸的是我這個不識時務的傻瓜，偏偏要與黑暗抗衡，來自找苦吃。「妨害公務」的大帽子，已經套到了我的頭上，敝人未敢知難而退，只好繼續與黑暗週旋到底，獨與週旋的結果——失敗是註定了的，將來是以無罪判有罪的判決書來證明我的預測。因爲「莫須有」的罪名，早就成了歷史上的明鑑，這次地檢處對我所採取的毒辣行動，大慨就是沿習着「莫須有」的定律；否則，即是有失納諫如流的風度；不然，即是違背先聖先賢治政的教條；不若是，司法諸公均屬飽學之士，豈不聞召公諫止謗，子產止毀鄉校之事乎？檢察官謝俊峯在傳訊時，質詢得最厲的就是說我在「自由中國」所登的「籲請立監兩院澈查司法黑暗」一文的第一點寫得太籠統，沒有舉出實證，第二、三兩點沒有把事實與判決文號寫出，這就是我招來九天牢獄之災的原因，及其方與未艾等待傳訊加罪的禍根。也就是敝人亟亟於要補正「籲請立監兩院澈查司法黑暗」一文的用意。素仰貴社公正不阿，敢於言人之所不敢言，諒不至迴避惡勢，勇於披露。左面即是敝人所欲補正「籲請立監兩院澈查司法黑暗」一文的事實。

㈠補正籲請立監兩院澈查司法黑暗一文第一點所指的索賄不遂，私行拘禁，受害者何止萬千，本民其一，列舉事實如次：

①遠者如四十六年十二月十二日聯合報有一篇「對保」黑暗的描寫，那位作者如非身歷其事者，絕不會描寫得那末逼眞，關心黑暗的人，不妨展報翻閱。②近者如五月二日報載看守所有一位辦理交保手續的模範——卓添丁先生，竟向人索賄若干？(傳云兩仟餘元)而被人告發入獄，那位卓先生的入獄時間，恰好是敝人交保釋放的那一天，謝謝他所犯的案情就是給我所指的——「藉交保爲名，以索賄爲實」的最好鐵證。以一證百，應該再不能說我是公然侮辱，或誣指謾罵了。

③敝人於四十六年八月廿三日上午以原告身份到地檢處應訊，被檢察官陳光宇非法勒令交保，導致法警李元泰要索車資及請客等，當時敝人因無欵應付，該警即將保人身份證拿去，誘敝人於下三時半到法院去接取，去時，該警遂串通同事王壽山、謝仲謀二人，謂檢察官說：「先關起來」，遂即私行拘禁二小時半，極盡侮辱之能事，釋出時，敝人當即奔向首席檢察官蔣，哭訴被害經過，不意蔣首席不肯屈尊親查，(官僚作風)僅命警長代查，致令警長徇情隱諱，所報不實。延至八月廿八日，未得結果，敝人心有未甘，對李元泰等索賄未遂及妨害自由部份向刑庭提起自訴。此爲檢察官非法勒令交保，導致法警要索賄賂未遂，私行拘禁的經過實情，應予補正者一。

㈡補正籲請澈查司法黑暗一文第二點所指的——「向各司法機關提出嚴重抗告，均置之不理」的事實如下：敝人因上述索賄情形，而遭受非法拘禁的後果，再三思考，咎由檢察官陳光宇非法勒令交保所導致，遂於八月卅日對檢察官陳光宇非法勒令交保敎唆妨害自由部份，正式具狀向蔣首席提出嚴重抗告，並以同樣文件向高檢處、最高檢察署、暨司法行政部部長等主官提出嚴重抗告在案，迄至目前止，並無任何反應，確是實情，絕非虛構，應予補正者二。

㈢補正籲請澈查司法黑暗一文第三點所指的——如判決書隨意變當事人爲非當事人，變檢察處通知內所承認的「確有刁難情事」的事實與文號如下：敝人因蔣首席僅將李元泰免職，而置索賄未遂與妨害自由部份及其共犯於不究，乃於本年一月廿二日向刑庭控訴蔣首席違法失職，此項告訴，並非有意欲使蔣首席受刑事處分，意在提高蔣首席的辦事警覺，應該實踐國父遺敎的民主精神——公務員乃人民的公僕，不應以機關首長自居，而遇事畏難規避不負責任。不意蔣乏度量，竟怒而疑其別具用心。延至一月廿七日臺北地院四十七年度刑判字第二六七號刑事判決書謂：「縱令其所稱屬實，自訴人亦非直接被害人……」云云。明知自訴人即直接被害人，今竟判爲不是直接被害人，此種判決是否公允，國人的眼睛是雪亮的，只有讓國人去評論。又敝人所訴李元泰等索賄未遂妨害自由一案，臺北地院四十七年度刑判字第五一四號刑事判決公然謂：「李元泰奉命帶同喻伯凱覓保，原應將人帶回……處置顯有失當，業已免職」云云。竟與北檢黃字第一五一八一號通知內所承認的「確有刁難情事已予免職處分」的免職原因完全相反。像這種判決書的內容，是否歪曲、庇縱、黑暗，國人的眼睛是雪亮的，也只好讓國人去作公正的評論，應予補正者三。

讀者投書

（二）

「惡性畢業捐」應明令禁止

～～向劉真廳長提一個建議

王家燕

十年來的臺灣教育，無疑的是有許多進步的，但毛病也不是沒有。所謂毛病，「惡性補習」之外，「惡性畢業捐」亦其一也。

「惡性補習」和「惡性畢業捐」同是向可憐的羔羊似的學生身上敲錢。所異者，前者是缺德的國校教員向國校學生敲錢，後者是中學校長向畢業生身上發財，兩者同是我們的學官老爺們，為臺灣辦教育辦出的毛病。

遠在十年前，大概是日治時代毒素的遺留罷？中學畢業生，每人要拿幾個錢，辦桌酒給老師吃，名叫什末「謝恩筵」，這多少還帶點尊師意味，未可厚非。後來各校長們，見這筆畢業捐，數目很可觀（比如一校有畢業生四百人，每人捐五十元，合之即兩萬。）未免見錢眼紅，他們便不主張用這筆錢辦謝恩筵，他們主張把這筆錢交由校方全權處理購物作紀念。辦法一換變，校長們便可從中取利，從全權購物上，以詐術弄一筆錢，塡入腰包。這辦法行了幾年，有一些「流氓」校長得寸進尺，覺得代購紀念品不夠過癮了。於是便把這筆「畢業捐」，既不辦「謝恩筵」，也不購紀念品，索性便把它下了腰包。這樣目無法紀的「流氓」校長，實在多得很，試想這樣的「畢業捐」，要學生捐納，還有半點意義嗎？

政府化錢辦教育，學生化工夫來上學。事到頭來，要畢業了，還得交納一筆畢業捐，非捐不可，不捐不行，這已成了各中等學校的硬性規定。我現在要向教育廳長請問一聲：各學校這種「惡性畢業捐」你知道不知道呢？這是合法的嗎？這不是辦教育辦出了毛病嗎？

為政之道，首在興利除弊。「惡性畢業捐」就是教育上的一個大弊。希望劉廳長注意到這個大弊。倘能來一個「免捐畢業」，那才是一個莫大的德政哩！

「免捐畢業」，比「免試升學」行起來比較容易，比較有利無害，一定能得千千萬萬的中學生的歌頌歡欣。而且這事行來也很容易，只要教廳一紙命令就夠了！

我是個小公務員，我有一男孩本學期高中畢業，一男孩初中畢業，我拿不起這筆「畢業捐」。這是一個損害學生，損害學生家庭經濟的惡制度，不知劉廳長有勇氣革此惡制度否？

讀者王家燕拜上四月廿九日。

除補正上述三點外，並附帶對地檢處的歪曲更正函，再作正確的駁正，敬懇貴刊賜予一併披露，以正視聽為禱。

㊀地檢處函稱：「承辦檢察官陳光宇以喩伯凱既無正當職業，又無固定住址，乃諭令責付候傳」一節，全非事實，按敝人在鄭家擔任家教，手中尚有餘資生利，不能謂無正當職業。當時不但自訴狀上寫明有固定住址，而且對方亦書明敝人有固定住址，此種歪曲更正，顯係為自己的被告狡卸罪責，企圖掩飾自己的黑暗，朦蔽天下人之耳目。

㊁地檢處更正函中第二點所更正的事實亦不正確，按高院根據檢察官以「犯罪並無須任何動機與意圖」的上訴理由，遽予科刑三月，現已上訴到最高法院，不能作為更正藉口。同時敝人對陳光宇教唆妨害自由一案，提出嚴重抗告的日期是去年八月卅日。因抗告不理，乃於十二月卅日再行提起自訴，故前書所指張澄江替同仁陳光宇假公報私，確近情理，並非揑詞誣蔑。

㊂地檢處更正函中第三點所更正的事實，係指驢為馬的戲法，按敝人前次投書明明指的是對陳光宇抗告案，今地檢處竟扯到以自訴陳光華誣告案。並無「均置之不理」作辯解，企圖混淆事實，朦蔽社會。

除對地檢處的歪曲更正函作正確駁正外，並將去年八月三十日，及九月份為檢察官陳光宇勒令交保，導致索賄妨害自由一案，向各級司法機關所提出之嚴重抗告理由，請賜予一併披露，藉供國人批評。茲將原抗告理由補陳如下：

一、抗告人當日所接地檢處偵字第一三三四一號傳票，是以告訴人身份到庭應訊，未知根據何種法律？而遽予勒令交保，謹此提出嚴重抗告，此其一。

二、果如該檢察官所說：「今天被告張戊鏢未來，沒有人同你辯論，因他也反告了你，你也得找個保來！」試問此種交保口吻，究竟根據何種法條？根據何種程序？謹此提出嚴重抗告，此其二。

三、經抗告人當庭辯詢：「我是以告訴人身份來應訊的……」該檢察官竟强調說：「他也反告了你，不管你有罪無罪，檢察官要你交保就交保……」云云。試問此種交保理由，究竟是採用專制手段呢？抑或是採用法西斯行為？謹此提出嚴重抗告，此其三。

四、即就該檢察官所認定的理由：「因他也反告了你，你也是被告，所以要交保」的理由而論，果爾，則應事先發出被告傳票，送達被告人，方合法律程序，絕不能由原告傳審，而隨便變成被告而隨便濫行交保。如檢察官果有隨意變更法律程序之權，究竟又是根據何種法條？謹此提出嚴重抗告，此其四。

五、經查交保之依據，刑事訴訟法有明文規定，被告人必須有重大犯罪嫌疑，有羈押必要者，方得正式下令（條）交保；但遍查刑事訴訟法並無口頭交保或任何被告即須交保之規定。復查該檢察官所示反告人張戊鏢之傷單，乃屬輕微擦傷，（姑不論其偽傷誣攀。）顯非傷害，如該檢察官果欲認定擦傷，即屬傷害，然則，真的打傷或殺傷，又將算成什麼「？」害？如此不分輕重，如此不明是非，而竟濫用職權，隨便口頭勒令交保，顯屬違法已極！謹此提出嚴重抗告，此其五。

六、因隨便勒令交保之故，因而導致法警李元泰等有機可趁，要索車資，要索請客，因要索不遂而瀆職，而妨害自由等惡劣後果，追索責任，實不能不說是該檢察官非法勒令交保不當之所由起。此即所謂：「上有所好，下必有甚焉。」謹此提出嚴重抗告，此其六。

七、法警不佩帶符號、（符號上包括有職級姓名。）故在隨意要索作歹之後，有多少被害人雖欲提出告訴而不知姓名，所以此種不佩帶姓名符號之規定，實為導致法警姿意作惡之要素。如不及時糾正，將貽害良民非淺，謹此提出嚴重抗告，此其七。

最後敝人謹向編輯先生要求：因前次投書寫得太簡，敝人已遭了九天牢獄之災，此次寫得太詳，有碍貴刊篇幅，敝人此舉，非為個人私怨，實為整個社會剷除黑暗，爭取光明。敬懇貴刊秉仗義執言的一貫精神，賜予鼎力支持，多賜一點篇幅，惠予全部披露，俾供國人評論，是為至禱，耑此敬頌

公安

大聲疾呼者喻伯凱補正五月十一日

住址：建國南路一四一號之二。

讀者投書

（三）

籲請國民黨切勿再打擊立法院聲望

程海公

我深望我的這篇投書，貴刊能予以發表，因為我不願看到由於愚昧的行動而使聲望本已不高的立法院再受打擊！或者更進一步說，我因為不願看到我一向擁護的政府，和我曾經寄以期望的國民黨（我現在仍是國民黨員），在錯誤無知的舉措中使自己的聲譽也為之低降！

我有五六位好友，均為立法委員（自然都是國民黨籍立委），由於我們相知較深，從他們的言談中，我感到他們在這次修改出版法程滄波提議公開審查的案件中，雖然均投的是反對票，但心情卻極其痛苦！何以在痛苦的心情下來投反對票呢？因為本不願投，而且也不該投反對票，卻不得不投反對票。一個人做自己良心上極不願做的事情，心情如何能不痛苦！不願意做的事情為甚麼還要來做呢？因為不得不滿足黨（國民黨）的要求！

本來，立法委員是人民的代表、人民的喉舌。立法院是人民行使政權的機構。一個正常的立法院，它應隨時隨地的採集並尊重民間的輿論，依此以監督政府。這次出版法修正案，所有報紙書刊均奔走呼號，激烈反對，但立法院竟置人民的輿論於不顧，首先不允許討論程滄波的提議，更再以多數否決了一百六十一位仗義執言的立法委員要求複議的提案。這真是荒天下議會之大唐的事情！做為人民的代表，竟甘冒天下之大不韙，居然站到反對人民公意的立場上去，這是石破天驚的偏差，無可置辯的醜惡行為！

早於數年前，本已有甚多人認為：因立法委員之不能改選，立法委員實際上已經成了「鐵帽子王」，無論他是否還能代表地方、代表民意，但總之他可以安安穩穩的做下去，再加以立法院中有國民黨籍的立委是佔絕對多數的，如果這些立法委員們由於知道無法改選，因而只服從黨紀以邀寵，對人民的意見全不置顧，豈非立法院只成了政府的應聲蟲!?因此，甚多人對於立法院代表人民行使政權監督政府的前途感到憂慮。可是，事實上立法院並不像這些人憂慮的這樣壞，立法院雖然這些年來沒有改選，但立法委員中卻不乏公正之士，深感自己責任的重大，如果他們不代表人民講話，還有誰能代表人民講話！所以不斷有立法委員們棄擲了國民黨對他們的幼稚而無理的要求，仗義執言，而不斷諍諫和修正了政府許多不良的措施！因此近年來立法院總算給人民一個差強人意的印象。這不能不說是這些位公正之士的立法委員們努力的結果。

可是這一次修正出版法案，有使立法院幾年來的努力毀於一旦的趨勢！立法委員是人民的代表，怎麼可以和輿論為敵呢！無疑的，這次的出版法案使立法院的聲譽為之大大低降。立法委員（也就是人民代表）以後還怎麼能抬得起頭來見人民！不過，我們要問，誰使立法院固執這種使人民側目的修改出版法案秘密審查？是國民黨。是誰使立法院的聲望為之低降？是國民黨約束有黨籍的立委來投票的。是國民黨在打擊立法院的聲望。是國民黨在拆立法院的台！

可是立法委員中絕大多數是國民黨籍的這一事實，是任何人都知道的。立法院的聲望降低，也就是國民黨的聲望降低；也就是自由中國政府的聲望降低！我以一個愛護立法院、愛護國民黨、愛護政府的人民的立場，籲請儘速撤銷出版法修正案。不要用這種無事生非、庸人自擾的勾當來搬磚砸腳！來拆自己的台！

既然蔣總統一再表明，希望能確立言論和新聞自由；既然內政部長田烱錦也希望能保護新聞自由；既然我們的政府一向自詡是民主政府；又既然新聞界、輿論界一致認為舊有的出版法尚比較保有更多的言論自由，而認為即將修改的出版法都是摧毀言論自由、扼殺新聞自由的，則我們想像不出意欲保障言論自由的當政者有甚麼理由來修改出版法!?要修改的新出版法，既然是與輿論界一致反對的，我極懷疑政府是否如它日常所標榜的，保護言論自由、保護新聞自由的原意！

我以一個愛護立法院、愛護黨、愛護政府的人，必須向國民黨提出善意的、嚴厲的警告：國民黨切不可再打擊立法院的聲望！拆立法院的台，就是拆自己的台！須知違反所有人民與論的措施，就是反民主！就是時代潮流的反動逆流！

自由中國　第十八卷　第十一期　內政部雜誌登記證內警臺誌字第三八二號　臺灣省雜誌事業協會會員　三六四

給讀者的報告

青年反共救國團之應該撤銷和只有撤銷，才是正常建制的途徑，本刊曾在第十八卷第一期發表社論，從其成立的理由及根據，以至工作的後果上，加以詳盡說明。這一主張，雖曾獲各界共同響應和支持，却被青年救國團所忽視。現在，爲了青年、國家、及學術前途，特根據近幾個月來青年救國團所表現的種種，在社論㈠「再論青年反共救國團撤銷問題」中，再進一步證明我們的主張。相信卽使是青年救國團當局，只要能平心靜氣的想想，也只有接受這一撤銷的主張。

目前大多數學術教育工作者，由於待遇太低，僅能免於饑餓，已無餘心餘力眞正從事文化生活，政府對此旣不設法解決，於是被迫只有自想辦法，遠走高飛者有之，兼課兼職者有之，其結果，受害者並不止是學術教育工作者本身。爲此我們特在社論㈡「爲學術教育工作者請命」文中，呼籲政府節省其他浪費，從速改善其待遇。

美國副總統尼克森訪問南美時所引起的激烈反美運動，對美國外交聲譽及國際地位的打擊，實不下於「珍珠港事件」。我們特在社論㈢「南美洲教訓了美國什麼？」中，明確指出整個的美國，應已在事實的教訓中，認識維護民主自由的寶貴傳統和爭取各國人民對美國瞭解的重要。

五月二十七日晚七時，本社在臺北市南陽街一號歡宴「自由中國」的朋友們時，曾邀請本社編輯委員胡適之先生發表講演，並由專人速記，本刊因急於發表，以饗讀者，故未及送請胡先生過目，便擬定這一題目將全文刊登。相信大家在看過胡先生的「從爭取言論自由談到反對黨」講演後，非但可明白爭取言論自由和組織反對黨的重要，且可明白胡先生也是支持這種行動的。

關於建設臺灣成模範省一事，政府已經宣傳了多年，但實際情形如何？又究該如何？可從楊金虎先生「一個臺灣人對建設臺灣成模範省的看法」的大作裏，進一步認識臺灣同胞對這一問題的意見。楊先生的大作早在三月份便寄到，由於稿擠，直到本期才能發表，特向楊先生致歉意。

關於衞挺生先生認爲徐福卽日本神武天皇之說，宋岑先生曾在本刊第十六卷第四期撰文討論，因衞先生早有答辯，現特再發表宋岑先生「再駁徐福卽神武天皇說」的大文。基於眞理愈辯愈明的原則，相信這種討論，必有助於對此一問題的認識。不過，宋岑先生的大文早在去年八月送來，因稿擠而一延再延，迄今發表，深感抱歉，務請作者原諒。

近幾年來，少數號稱主義理論專家的先生們，每以「黨八股」來「加强宣傳」，這當然是一件十分可悲的事。現特發表朱佛心先生「八股論調的悲哀」一文，分析其滋長的背景及其所招致的弊害。

本期刊載了鼎山先生一篇「從政治與軍事因素看大戰爆發的可能性」的大文，於分析大戰爆發及阻止爆發各種因素外，指出「核子性大戰在不久的將來，尙不至於『有意』的發生，但是大戰『無意』的爆發可能，仍然存在」。

自由中國 半月刊　第十八卷第十一期　總第二〇六號
中華民國四十七年六月一日出版

發行人兼主編：『自由中國』編輯委員會
出版者：自由中國社
社址：臺北市和平東路二段十八巷一號
Free China Fortnightly, 1, Lane 18, Ho Ping East Road (Section 2), Taipei, Taiwan.
電話：二 八 五 七 〇

航空版
總經銷：友聯書報發行公司（香港九龍新圍街九號）
經售者：自由中國社發行部

美國：紐約友方圖書公司 Hansan Trading Company, 65, Bayar D Street, New York 13, N. Y. U. S. A.
紐約光明雜誌社 Sun Publishing Co., 112 Mulberry St, New York 13, N. Y. U. S. A.
韓國：漢城裕昌德號
馬尼刺：新疆書店
印尼：泗水文光圖書公司
緬甸：仰光振成書報店
印度：阿拉哈巴中印文化出版社
北婆羅洲：西利亞坡青年書店
星加坡：友聯書報發行公司（小坡大馬路四六九號）
吉隆坡：友聯書報發行公司（馬華公會大廈三樓七室）
怡保：友聯書報發行公司（希尼華沙甘街十六號）
檳城：友聯書報發行公司（林連登律七十二號）
澳門：友聯圖書公司

印刷者：精華印書館股份有限公司
廠址：臺北市長沙街二段七一號
電話：二 三 四 二 九

本刊經中華郵政登記認爲第一類新聞紙類　臺灣郵政管理局新聞紙類登記執照第五九七號　臺灣郵政劃撥儲金帳戶第八一三九號
（每份臺幣四元，美金三角）

自由中國

FREE CHINA

第十八卷 第十二期

目錄

中華民國四十七年六月十六日出版
社址：臺北市和平東路二段十八巷一號

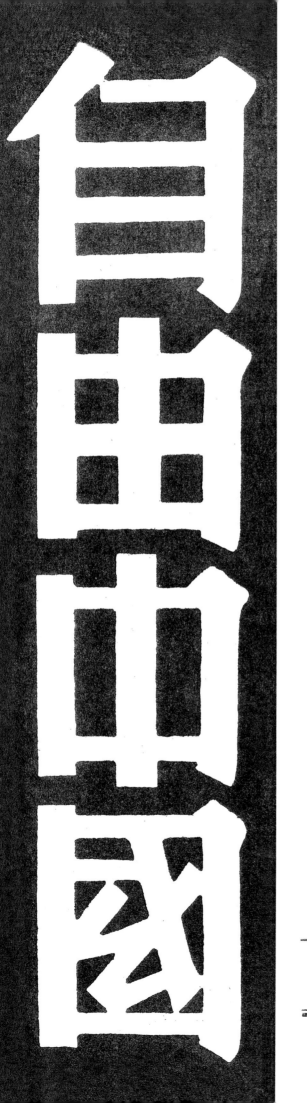

半月大事記

五月廿五日(星期日)
科西嘉島發生叛變，組織公安會反抗巴黎。
美對俄發出新呼籲，要求廢除旅行限制。

五月廿六日(星期一)
法總理傅禮林在國會警告，法正面臨內戰威脅。

五月廿七日(星期二)
戴高樂祕會傅禮林，討論法國危機問題。法國會通過憲法修正案。
戴高樂發表聲明，他將依法組織一個政府。
俄集團又發動和平攻勢，揚言與北大西公約會員國訂立互不侵犯條約，並宣稱將裁軍四十一萬九千人，同時宣稱將自羅馬尼亞撤軍。

五月廿八日(星期三)
法總理傅禮林已提出辭呈。戴高樂出任法國總理呼聲日高。
美官員明白表示拒絕與俄簽訂不侵犯條約，認為此種公約不能保證俄不侵略，願與俄商訂全球性的裁軍公約。

五月廿九日(星期四)
法總統向法國議會所提出的聲明中，促其接受戴高樂主政，認為在內戰危機中更無第二人選，倘戴氏組閣不成，考蒂總統決定辭職。
戴高樂致函法國第四共和的第一任總統歐禮和，表示不藉武力奪取政權。
印尼鈾鑛資源已抵押給蘇俄，以換取噴氣機與戰略物資。
西德官方證實，蘇俄正在加里寧格勒建立火箭中心。
法突兩國互相控訴，安理會將集會討論，突要求安理會對法侵略採取行動，法亦要求制止突援助阿爾及利亞判黨。

五月三十日(星期五)
戴高樂調晤法總統，接受組織內閣重任。

五月三十一日(星期六)
戴高樂與政黨領袖作攤牌性談判。考蒂已接受傅禮林辭職。

六月一日(星期日)
戴高樂向法國會演說，要求援權統治法國，請全國人民投票批准修改憲法，並承諾釐定法與海外領地的關係。
赫魯雪夫致函艾森豪，要求關於停試核子技術會議，改在莫斯科舉行，並要求擴大包括印度、波蘭、捷克等國。
法衆院激辯後，通過由戴高樂出任總理。

六月三日(星期二)
艾森豪將覆函赫魯雪夫，對於停試核子技術會議，堅持在日內瓦舉行，建議本月內開始，允印、波、捷參加。
法國兩院先後通過，賦予戴高樂修憲權力。

六月四日(星期三)
美國務院宣佈，對於南極中立化會議，十一個國家已同意舉行。
赫魯雪夫又致函艾森豪，要求增加美俄貿易，欲購美機器建立俄化學工業。

六月五日(星期四)
戴高樂在阿爾及利亞聲明，法阿人民權利平等，並稱三個月內在阿舉行選舉。
阿爾及利亞叛亂組織—民族解放陣線在埃及宣佈，拒絕戴高樂所提將和平帶給阿境的新計劃。

六月六日(星期五)
美參院通過援外案，總額為卅七億餘美元。
戴高樂正式宣佈，直接掌管阿爾及利亞事務。
美空軍副參謀長滕納稱，俄機經常在美北極雷達系統範圍內飛行，美飛機經常戒備，俾隨時予以阻擊。

六月七日(星期六)
英首相麥米倫飛抵華府，將與艾森豪會議，訪美後將與戴高樂會晤。
安理會辯論黎巴嫩控訴案。
南斯拉夫整肅親俄份子，逮捕約兩百人。

六月八日(星期日)
美第六艦隊舉行演習，大批艦隻駛近中東，密切注視黎巴嫩情勢，準備於必要時迅速轉變為行動。

六月九日(星期一)
塞浦路斯島發生新暴動，尼科西亞恢復宵禁。希臘要求北大西洋公約組織召開理事會，譴責土耳其居民對塞島的暴行。
艾森豪、麥米倫舉行會議，檢討世界問題，以如何應付蘇俄為中心。

『自由中國』的宗旨

第一、我們要向全國國民宣傳自由與民主的真實價值，並且要督促政府(各級的政府)，切實改革政治經濟，努力建立自由民主的社會。

第二、我們要支持並督促政府用種種力量抵抗共產黨鐵幕之下剝奪一切自由的極權政治，不讓他擴張他的勢力範圍。

第三、我們要盡我們的努力，援助淪陷區域的同胞，幫助他們早日恢復自由。

第四、我們的最後目標是要使整個中華民國成為自由的中國。

社論

(一)政治的神經衰弱症

今日的臺灣在政治上有一種很特殊的病症。這種病症眞是不容易名狀。爲了便於敍述起見，我們把它叫做「政治的神經衰弱症」。至少，在眞正的民主國家是不會發生這種病症的；卽令是在「非常時期」也不會發生。然而，今日的臺灣却被這種病症所籠罩。凡政治權力所及的角落，這種病症就隨之而至。目前的臺灣，沒有一處能不受政治力量所浸滲，所以目前的臺灣沒有一處不受這種病症所困擾。這種病症所到之處，感受之者無一不癱瘓、麻木、疲憊、厭倦、徬徨、迷茫、口是心非、人格分裂、裝腔作勢、敷衍應付。

近幾年來，有許多人一直在宣傳，臺灣是怎樣强盛壯大。的確，從外表看來是如此的：在閱兵，在演習，在招待外賓，在度紀念節日時，是够排場、够整齊、够熱鬧的。可是，這些表面的好看，就能代表內面有力量麼？凡屬稍具深入一層的觀察力的人都很容易看得出，掩飾在這一層好看的表面之背後的，是內部的脆弱。這內部的脆弱，不是共黨滲透構成的。共黨並沒有這樣大的神通。構成這內部脆弱的因素，就是政治的神經衰弱症。因着這一病症的侵襲，在社會上，在各機構中，甚至在學校裏，有一堵看不見但容易感覺出的牆，把人和人隔離起來：人和人之間接觸時，把「安全」當做第一考慮；誰對誰都不敢講眞話。「禍從口出」的古訓，在臺灣成爲最現實的敎訓。於是，除了手握統治權力的極少數人以外，人與人間的團結幾乎全部瓦解了。目前，臺灣這個局面靠什麼來維持呢？靠軍事力量，警察力量，特殊力量，金錢官爵，宣傳蒙蔽，和苛煩無比的辦公手續。誰都可以知道，這些力量，要用來維持表面的服從和整齊劃一，天天鞠躬立正，舉手敬禮，是可以的；要人眞正奉獻誠心，捐灑熱血，拋棄寶貴的生命，是根本辦不到的。基于這類事實，如果我們說目前的臺灣是「外强中乾」的，這話不算過火。國事已經到了這個地步，如果我們還要諱疾忌醫，不明明白白將這一病症指陳出來，那末我們才對不起國家哩！

政治的神經衰弱症的徵候之一，是過分敏感。過分敏感的心理原因，是將「共黨意像 (communist-image)」過分擴大。近十年來，官方人士幾乎將所有非官定的言論行動解釋爲與共黨有關。不用說，在這反共制俄的嚴重局面中，對共黨保持高度的警覺是必要的事。可是，我們同時不可將「共黨意像」過分擴大。如果將共黨意像過分擴大，那末就是幫助共黨實行心理作戰：製造赤色恐怖。眼鏡蛇的眼睛本來是很小的。但是許多動物誤把牠頭部的黑色鱗甲認作一對大眼睛，於是被牠所嚇倒，而作了牠的犧牲品。因爲將「共黨意像」過分擴大，於是將共黨看得比它自己的原形還要大；將共黨的神通看得比它自己之所能爲者還要大；將本來與共黨毫不相干的人物、言論、思想、行動、組織，動輒看得與共黨有關。這麼一來，以致只要稍有風吹草動，便大驚小怪，疑心來自共黨。這不是神經衰弱是什麼？

不僅如此，共黨是我們的敵人。在「共黨意像」背後，遂隱藏着「敵人意像 (enemy-image)」。於是，「共黨意像」一經擴大，「敵人意像」也隨之擴大。在這種心理狀態之下，若干標尙反共者就把他們視作敵人的人看作共黨或其同路人：同樣認爲罪大惡極，同樣視爲眼中之釘，一概當在剷除之列。這樣一來，他們滿眼都是敵人。滿眼都是敵人者，覺得天下之人對己沒有絲毫善意，人人可疑，事事可慮；因此其內心常在高度緊張狀態之中。內心常在高度緊張狀態之中的人，情緒無法維持平衡。情緒無法維持平衡的人，對人對事也就無法產生健康的判斷。從不健康的判斷出發來對人對事，又常覺人人不可靠，事事不順眼。這麼一來，就成爲一個惡性循環。惡性循環一經形成，便成爲一條牢結不解的鐵鍊子。這條鐵鍊子把這樣的人士死死套在裏面，讓他們在裏面兜圈子，像走不出迷津 (maze) 的老鼠一樣，無論怎樣不能從這自造的心理死結中自由解放出來。

事實是很明白地擺在大家面前的。自由人士才是共黨的眞正死對頭。因爲，無論從思想方式、思想內容、生活方式來觀察，自由人士無不處處與共黨相反。我們能够說像羅素 (Russell)，像寫「勇敢的新世界」的赫胥黎 (Aldous Huxley)，像寫「一九八四年」的奧維爾 (G. Orwell)，這類透澈了解共產制度的自由人士會變成共黨麼？無疑，自由人士是反共最積極的中堅；自由人士是反共的思想燈塔。現在，世界上眞正反共的主力，是發自西方自由民主的傳統。然而，我們這裏號稱反共的實力人士，竟把「自由主義者」與共黨相提並論，同樣視作政權的敵人。在今日臺灣官方所造成的氣氛之下，彷彿只要把「反共抗俄」這頂大帽子搬將出來，黑的就可以變成白的，不對的也變成對的。於是：如果有人的思想不合官方主觀臆定的尺度，那末他們便說他「思想有問題」。如果有人的言論不合官定格碼，那末他們便說他「言論越軌」。如果有人的行動不合他們的軌轍，卽令是十分合法的，他們也不容許。發生這些問題的人物，官方一定對之疑慮重重，紀錄叠叠。其實，這個世界不是特別爲某人或某團體所造的。權力的控制總是有個限度的。如果海外自由的反共人士對于在臺灣這一圈子主持反共的人們之所作所爲有百分之一的客觀批評，這些人們從不就事論事，就理論理，反省反省自己到底有無批評中所說的錯誤。他們最直接的反應習慣就是考查這些人的「背景」，推敲這些人的「動機」。不是說他們想來分一杯羹，就是以爲他們要來拆臺。諸如此類的想法，如果不是出于政治的神經衰弱症，那末簡直無從解釋。

基于這種想法，至少近十年來，政治圈子裏流行一種說法，即是，搞組織者準備打擊什麼人時，就先說他「有野心」。彷彿一「有野心」，就是罪惡，就該消滅。這種說法，甚至波及社會，流行于社會之間使社會爲之癱瘓。這種奇妙的「政治哲學」，我們眞是百思不得其解。「野心」就是勃勃進取的雄心。它背後推動的力量，就是「企圖心」，就是「欲望」。一個人，一個社會如果沒有這些力量來推動，怎會有進步？在西方社會，年長一輩的人稱讚年青一輩的人，動輒說「他是一個有野心的人（He is an ambitious man.）」。而我們這個國家，却把「有野心」當作打擊人的根據，難怪有今天！今日拿「有野心」來打擊人者，不許大多數人進取，難道只許他們少數人「逞野心」不成？我們必須明瞭，勃勃的進取雄心，是一個民主的健康的社會發展的動力。在一個民主的健康的社會裏，在各方面都鼓勵每一個人發揮其勃勃的進取雄心。政治方面也不例外。所以，這樣的社會格外顯得有生氣、有力量、有成就。而在病態的「封閉的社會」裏，「野心」成爲少數人的特權：少數人可以任意爲所欲爲，大多數人「只許規規矩矩，不許亂說亂動」——馴如綿羊，一任這少數人擺佈。這種光景，除了出于政治的神經衰弱者之恐懼廣大人衆進取以外，更由于隱藏在其心靈深處的自私之念。

瀰漫于臺灣全島的政治神經衰弱症是怎樣形成的呢？顯然得很，主要地是由于遭受重大的挫敗和面對巨大的敵人所產生的恐懼形成的。幾十年來，在中國專政的集團獨佔江山，政治力量居于支配的地位，軍事力量似乎可以控制大局。這種情勢，形成這一集團一種虛妄而狂肆的自信，以爲萬世一黨（抗戰時在重慶討論制憲問題的某次集會上，國民黨元老戴季陶先生曾說：「周朝的天下是八百年，國民黨當然還要多些。今天活在臺灣的人，還有人能證明聽過這句話。），天下莫我若也。他們從來沒有想到：以中國歷史之久長，歷代政權之轉移眞是常事，只要不戒愼恐懼，隨時可以失去：世上並無眞正「鐵打的江山」。可是，等到睜着眼睛失敗于草寇之手，河山易色，被迫撤退海隅，於是昔日躊躇志滿的人物之虛妄的自信，頓時一掃而空，轉變成極度的恐懼。人的心靈深處被恐懼所征服時，是不容易產生合于常理的判斷的。

其實，如果僅係出于恐懼心理，臺灣政治還不致弄成目前這個光景。臺灣政治之所以弄成目前這個光景，除了恐懼心理以外，還因「患得患失」的心理太重。恐懼與患得患失，這兩種心理糅合在一起，才產生目前的政治神經衰弱症。近三十年來，專權的政治集團由于河山獨覇而養成一種基本觀念，即視國家政權爲一黨禁臠，視國家土地爲一黨私產。既有這種觀念橫梗于心，再加上在大挫敗之餘，退駐于這一較從前所據者不到百分之一的最後立足點，於是患得患失之心較前此任何時期爲重。在臺灣，專權集團以「安全」爲理由，對每一機構，甚至每一工廠，派駐人員，加以把持與控制。人是常常將自己的心理向外投射的：自己心中患得患失，於是一動念就怕人打主意。剛在地上拾起錢財的人，最怕迎面而來的人向他分錢。這些人士因有怕人打主意的心理作祟，於是他們的許許多多作爲之基本着眼點都在防護目前這一點點既得權利。這樣一來，就產生了權利的敏感症。權利的敏感症可以加强政治的神經衰弱症。

政治的神經衰弱症害之既久，就產生一種心理的軌序。這種心理的軌序，一經形成，於是它成爲政治活動的發動機。這個發動機決定着臺灣政治的基本形態和方向：舉凡內政和外交都照着它來。臺灣的權力人物在對內決定措施時很少以客觀的經驗事實爲依據，而多係出自這一發動機。最近鬧得喧騰海內外的所謂「出版法修正案」，便是顯著的實例。這一實例告訴我們，不管言論自由是否人民應享的基本權利，官方人士只要認爲這會造成他們心理上不安的情勢，便想法打擊之、迫害之、消滅之。

基于以上的解析，我們可以知道，目前在臺灣的這股力量，從形式上看是反共的力量，從實質上看則是一股自我毀滅的力量。當然，這種力量，並非直接來自共黨，而係在反共過程中與共黨的對待關係裏衍生出來的。換句話說，這種力量是從共黨派生出來的間接力量。可是，即此派生出來的間接力量，已足使共黨在號稱反共的陣營中假手它的反對者消滅它的敵人——自由民主人士。在中國大陸上，共黨最討厭自由人士，千方百計壓抑他們，消滅他們。在臺灣，當權人物不是也最討厭自由人士，千方百計窒息他們、壓抑他們、並想消滅他們麽？從政治力學的觀點來看，這不是正與共黨的向量相同麽？我們常常聽到有人宣傳，說在臺灣的反共事業有光明的遠景。可是，像這樣倒行逆施下去，自行削弱甚至消滅反共力量，我們看不出反共事業怎樣會有光明的遠景。

官方人士要停止目前的自我毀滅的行爲，最根本的方略是從自行醫治政治的神經衰弱症開始。自己的這種病只有自己醫，別人要醫也無從着手。神經衰弱者一定反不了共的。只有神經健康者才能反共。我們要醫治政治的神經衰弱症，必須從這幾方面開始：第一、勿與天下人爲敵，只與共黨爲敵。樹敵一少，意即朋友增多。朋友增多，心理就爲之輕鬆。心理一輕鬆，判斷事物就容易正確。判斷一正確，就少逆理行事，逆人行事，逆勢行事。少此三逆，大家都歡悅。大家一歡悅，心理就更輕鬆。心理一更輕鬆，判斷事物就更易正確。這麽一來，就離開惡性循環而走上良性循環之路了。第二、勿行極權的反共，實行民主的反共。一行民主的反共，內而眞正得到人和；外而因靠緊民主世界並與民主世界眞正打成一片而獲致安全感。人和與安全感得到了，恐懼的心理就袪除了。敵人減少，朋友增多，恐懼心理消失，政治的神經衰弱症自會霍然而癒。政治的神經衰弱症霍然而癒，反共就不致弄得像目前這樣畸形異狀，而步入光明的坦途。

社論

(二)

國民黨當局還不懸崖勒馬？

出版法修正案事件發生以來，引起了輿論界空前未有的憤慨，但經過兩個多月的發展，現在居然接近立法院通過的階段了！

在這一段時間內，我們眼睜睜的看到：這一法案，儘管受到各方面的猛烈抨擊，但除行政院提出兩項所謂再修正條文來搪塞外，既未撤回，亦未函請立法院停止審議；立法院且兩度否決公開審議案，破例決議以秘密方式來審議；到最近，由於國民黨在五月二十一日的中常會，做了一項「限立法院於本屆會期內照原案通過」的決議，於是立法院的會期決定延長五十天，而立法院的內政、教育、民刑商法三委員會，更在前後統計不到五小時之內，將其全部條文審查通過；其速度之快，創下了立法院審查法案的最高紀錄；其態度之草率，更爲立法院行憲以來所未見。時至今日，眼看着這一勢將扼殺新聞自由的出版法修正案，便要在國民黨中央的一手安排之下，而在立法院順利通過；新聞界的冤獄將層出不窮，自由中國這點原已有限的新聞自由，也將隨之澈底毀滅；而國民黨在全國人民的心目中，又將增加一個更惡劣的印象。面對如此局勢，我們實在忍不住而要再說幾句話。

作爲一個現代民主國家，有一部出版法，已經違反了新聞自由的原則；何況我們的中華民國，非但有一部出版法，而且另有一套以行政命令公佈的超過母法的出版法施行細則，使人民享有的新聞自由，遭受了層層的束縛；大家正希望政府廢除之不暇，不意政府反變本加厲，秘密地提出了此項震驚內外的出版法修正案，爲中華民國的新聞自由，敲下了最後的喪鐘。

首當其衝的臺灣民營報界，爲此而提出了一連串的抗議，相繼而臺灣省雜誌事業協會，而臺北市新聞通訊協會，而一部份篤信民主自由的立法委員，而臺灣省臨時議會，而高雄市議會，而主持正義的監察委員，以至於爲自由民主國家所尊重的國際新聞學會，均一致紛紛抨擊。各方面其所以如此憤慨，主要是有見於此項法案的基本精神，根本與民主的原則相違反。這種看法，是以充分的事實做根據的；舉凡出版法修正案的主要條欵，諸如限制登記發行、註銷登記、撤銷登記等，都包括在內。一如臺北市報業公會向立法院提出萬言請願書時，曾用逐條列擧的方式，一一加以具體而詳盡的說明，明白指出：「細研該修正條文草案，其與中華民國憲法基本精神相牴觸者有之，其與立法院制定現行出版法原則相牴觸者有之，其與民法刑法以及其他法律相牴觸者亦有之……顯對人民出版自由之合法權利，圖作變本加厲之不當限制。」難怪有人說，這是從滿清專制王朝頒佈「大淸報律」以來，開倒車最厲害的一次，較諸北洋軍閥時代，尙且有過之而無不及。

但是，對於出版法修正案，儘管各方面列擧了很多理由，表示激烈反對，政府方面，却始終沒有拿出堂堂正正的理由來辯護。內政部僅以「適應當前需要」爲詞，作爲擬具此一法案的唯一理由，但究爲何種需要？似乎也是一大秘密。到後來，內政部田炯錦部長對外公開表示，指出這一法案的最重要目的，是在所謂「防止黃色新聞的泛濫」，似乎這便是「當前需要」之所在。到了四月十五日，行政院兪院長黃副院長接見各報社長時，除表示政府絕無絲毫剝奪憲法所賦予人民之言論自由的意思外，也並未能從正面提出理由來。直至五月十七日立法院內政等三委員會擧行聯席秘密會議，兪院長列席說明修正案旨趣、經過、及內容時，仍只是强調政府旨在「限制黃色新聞」，並無意箝制新聞自由。至於在立法院內，若干「奉旨」促成這一法案通過的國民黨籍委員們，也只憑人多、嘴多、手多，亂吵、亂鬧、亂擧手，破壞立法程序，混亂會場秩序，甚至違法製造決議，造成既成事實，而迫使對方就範；從未聞站在議事公開辯論的原則下，拿出理由來替政府辯護。

綜觀出版法修正案的已往過程中，國民黨的中央黨部，雖然一手牽着行政院主管官員及立法院部份委員的鼻子，而充分發揮了組織的力量，但除了找到一個防止「黃色新聞」的藉口外，却再也找不出更正當的理由。其實，所謂防止「黃色新聞」云云，根本不成其爲理由。誰都知道，若果爲對付「黃色新聞」，現行刑法及違警罰法，已足够應用，根本毋需乎再如此小題做大。事實上，通觀整個法案，除再修正案的第四十一條第二項涵有此意之外，其餘條欵，無不以整個新聞界爲對象。很顯然，此項法案之所以一再視同高度機密，由內政部秘密擬訂，而行政院秘密通過，並秘密送達立法院審議，以至立法院兩度堅持秘密審議，實在是國民黨另有其「不可告人」之大秘密。這一項大秘密是甚麼？根據四月十八日「中央日報」所載中央社訊說：「官方報紙所持的見解爲：……新聞界同人對於赤色的叛亂行爲與黃色的流毒，深痛惡絕。」此一莫須有的所謂「赤色的叛亂行爲」，或卽是國民黨的大秘密之所在。奇怪的是，何其始終沒有把這一點正正當當的拿來作爲理由？大約在國民黨的中央看來，硬要把全自由中國的新聞界假定得如此可怕，連自己也覺得有些說不出口吧？實際上，所謂「赤色的叛亂行爲」，在反攻基地的臺灣，尤其在治安人員到處皆是的臺灣，根本很少有存在的可能，更不可能存在於自由中國的新聞界。國民黨報之如此含血噴人，顯然是別有所指。證之於近幾年來，國民黨對很多獨立自由的言論，早已誣陷爲「共匪思想走私」，以及爲「共匪的統戰工作鋪路」，對於大多數發表獨立自由言論的反共人士，又早就誣陷爲「共匪外圍」、「共匪同路人」，便可知道所謂「赤色的叛亂行爲」之眞意所在了！

在堂堂號稱爲實行民主政治的中華民國，竟想背離憲法，制頒摧毀新聞自由的嚴刑峻法，其與民主原則不相容，實甚爲顯然。這一層道理，國民黨似乎並非不知道，所以儘管如此胡作非爲，畢竟不敢公開承認，要一手推翻中國民主政治；而不得不在託詞於防制「黃色新聞」之餘，且還强調維護憲法、自由、以及民主的決心。老實說，這不過是企圖指白爲黑，顚倒是非，淆亂聽聞，以求掩飾天下人的耳目而已。現在，此一法案的條文寫得清清楚楚，假使硬要說這是根據憲法，請問這是根據甚麼憲法？又是根據憲法的那一條？我們全國人民所視爲國家根本大法的憲法，是指民國三十五年十二月二十五日由國民大會通過、並在民國三十六年元旦由國民政府公佈的憲法；這一憲法的第十一條明白規定：「人民有言論、講學、著作及出版之自由。」現在國民黨所採取的企圖扼殺新聞自由措施，實在是反憲法、反自由、反民主的。

坦白地說，這些年來，每一個渴愛民主而死心反共的中國人，在飽經國破家亡、顚沛流離之苦以後，眼見着負有領導反共責任的國民黨，竟在對民主再懷疑以至再否定的死路上徘徊前進，已經感到莫大的失望；但大家還沒完全絕望，總以爲這只是國民黨一時的錯誤，而希望在大家一致的勸告以至指責之下，能很快的大澈大悟過來，重走上民主的生路。即以這次海內外共同反對出版法修正案的報刊和人士而言，其言詞之激烈，其態度之强硬，固可謂空前，然大家之所以如此，無非是本着一片眞正愛護國民黨的誠心和誠意。即使是國民黨企圖用嚴刑峻法爲手段，以求對付的那些發表獨立自由言論的民間報刊，以及那一羣澈底反共而決心爲民主自由作殊死奮鬪的流亡人士，大家也絲毫無意與國民黨爲敵。在大敵當前的此時此地，大家只有一個根本的想法，就是反共戰爭的本質，是一個原則之爭，那就是反極權、爭民主。所以大家對國民黨也只有一個希望，那就是始終堅持反極權、爭民主的原則，而團結海內外一切反共力量，共同摧毀共產極權。老實說，今天大家之所以一致反對出版法修正案，已不止是反對法案的本身，更是反對法案所代表的基本精神，根本與我們大家一貫的想法和希望恰恰相反。假使國民黨眞能體會到這一點，對於輿論界的空前憤慨，也就不至感到驚奇了。

最近，香港的一羣自由反共人士，包括文化界、大學教授、黨派領袖、民主自由人士等四十五人，以左舜生先生領銜，對於臺灣這種摧殘新聞自由的行爲，用中英文同時發表了一篇公開抗議，在這一抗議裏坦白表示：「這個以消滅新聞自由爲目標的出版法修正案」，「明顯地表露臺灣政府更進一步走向極權主義，澈底背離了反共運動的基本原則，不僅將斷送臺灣的前途，而且將危害整個的中國反共運動。」同時，又繼而指出一項事實：「今天在臺灣當政的國民黨，已往三十年來，曾不斷在布爾希維克式的極權路線及法西斯式的極權路線間徘徊；他們一向自稱爲歷史最久的中國反共者，但事實上，他們所採取的『極權反共』的路線，只是一步步幫助中國共黨勢力的發展，最後終於使整個中國大陸爲赤流所淹沒。而國民黨當局不唯不能省悟他們的『極權反共』路線的錯誤，反而在避處臺灣的危局下，極力進一步模倣布爾希維克式的極權統治。」最後，終於不得不沉痛表示：「我們願意告訴臺灣當局：消滅新聞自由的擧動若不及時停止，……中國反共運動由此所受的損失，亦將由臺灣當局負責。我們也願意告訴世界反共人士：中國人明白自己的責任，中國人會選擇自己的道路。」僅僅由我們所摘錄的這幾段話裏，便可以知道，這一法案在海外給人的印象是如何惡劣了！同時，臺灣省臨時議會第三次大會開會後，便對於出版法修正案，全體無異議通過了由議員吳三連、郭雨新、李萬居、黃運金、許世賢等五人聯署提出的臨時動議案，在此一案內明白表示其理由：「查言論出版自由，爲民主國家之基本精神，人民自由權利之基石，亦表達民意、行使民權、發揮民力之張本。我國憲法第十一條明文規定『人民有言論、講學、著作及出版之自由』，今以行政院提出之出版法修正案，震驚社會，誠以言論出版自由，爲人民最基本之合法權利，關係國家憲政及地方自治之興替，本會爲民意機關，受全省人民付託之重，自不能不寄予關注。」因而建議立法院迅採補救辦法：「請本諸民主憲政保障言論出版自由之精神，審議該項出版法修正草案，以維憲法之尊嚴。」並且在討論此項動議案時，大家還指出了一件更重要的事實，即「出版法」雖然事關中央職權，但今日自由中國僅轄臺灣一省，故該出版法之修正，實際上與臺灣全省息息相關，影響最大，因此應特別尊重臺灣省的民意。僅此一點，我們便不難知道，臺灣省民對這一法案的看法爲何如了！至於高雄市議會同樣反對此一出版法修正案，實毋庸贅述。

事實眞是再明顯沒有，此一法案之違反民主原則，除掉國民黨當局還硬想曲辯外，已是海內海外共同一致的看法了！老實說，國民黨如果眞想實行民主，便必須重視這一看法。否則，究竟如何去團結海外幾千萬自由反共人士？又如何去團結這唯一反攻基地的全臺灣的中國人民？更如何號召大陸上嚮往自由的四萬萬同胞？事實上，我們除掉依靠這些力量去反共外，又憑甚麼去反共？難道僅憑幾個「忠貞」的國民黨員，便可以反共？是否國民黨眞有決心，要走極權主義的死路，直到自我毀滅爲止？

說得更坦白一點，國民黨縱不爲中國的民主前途着想，而爲了自己的政治前途着想，也到了該懸崖勒馬的時候了！請國民黨當局冷靜的想想：假使硬要一意孤行到底，出版法修正案固不難如意通過，所有被視爲眼中釘的民間報刊也不難一網打盡，但橫在眼前的各項實際問題，諸如政治風氣問題、財政經濟問題、軍公教人員待遇問題、以至國軍士氣低落問題等等，竟不能面對現實，速謀有效辦法，一一逐步解決，却企圖以黨辦官辦報刊，用來粉飾敷衍，難道國民黨的政權，就變成鐵打的江山了嗎？怕的是，國民黨在出版法修正案方面最後勝利降臨之日，同時就是在中國政治上最後失敗開始之時！這一新聞自由的喪鐘，誰敢擔保不就是國民黨的喪鐘呢？民猶水也，民可載舟，亦可覆舟，這樣淺顯的政治道理，即在古代的專制王朝，尚且懂得，何況在現代民主政治之下，國民黨安可視民意如仇敵，而自絕於人民？

社論

（三）

積極展開新黨運動！

上月二十七日，胡適之先生在本社所邀集的餐會中發表講演，從爭取言論自由談到在野黨問題，並對本刊第十八卷第四期所刊載的「反對黨問題」那篇社論（此文同時亦收集在「今日的問題」小冊子中），提出兩點意見。胡先生所提出的第一點意見是說，本刊那篇社論，認爲祇要有了反對黨，則「今日的問題」中所包含的十幾個問題都可以迎刃而解；其實，事情沒有那樣簡單，就算今天有了一個反對黨，不見得馬上就能解決前面的十幾個問題。胡先生所提出的第二點意見是說，大家最好不要用「反對黨」那個名詞，一講反對黨，就有人害怕，不明道理的人，以爲有搗亂及顛覆政府的意味，最好用「在野黨」這個名詞來替代。

胡先生爲本刊編委之一。由於胡先生身在國外，本刊社論定稿以後，在技術上無法請胡先生過目，以致在若干處所，可能與胡先生個人的看法，略有參差。但是本社同人，非常瞭解胡先生一貫的思想路線，並且也由衷的支持這一思想路線。特別是草擬「反對黨問題」那篇社論時，更曾充分考慮了胡先生過去對此問題所發表過的主張，因此我們相信在基本原則方面，胡先生一定可以同意。在「今日的問題」那個特輯中，「反對黨問題」一文執筆最遲，主要是爲行文方便，在第一節中有了「我們相信這是解決一切問題關鍵之所在」這麼一句話，而未嘗加以强調。我們祇感覺在今日的問題中有許多問題，都是三十年一黨政治所造成的後果，所以希望强大反對黨之出現，可以爲那些問題提供一個解決的途徑。至於反對黨那個名詞，祇是一般政治學上習用的 Opposition 那個字的意譯，並不含有搗亂或顛覆的意味，但爲了避免不必要的誤解，我們也願意接受胡先生的建議，相約改用「在野黨」一詞。當然，將來新黨果能成立，它會有自已的一個專名，不會稱爲「在野黨」，也不會稱爲「反對黨」，這些都不過是政治學上使用的通名而已。

胡先生在那篇演講中關於在野黨問題所發表的正面主張可歸納爲三點：㈠他指出過去曾希望國民黨能像土耳其的國民黨那樣分成兩黨，以奠定民主政治的基礎，但是直至今日，他的這個希望始終未見實現，「俟河之淸，人壽幾何，」因爲不能長期等待，就不得不考慮其它途徑；㈡目前最好由教育界、青年及知識分子出來組織在野黨；㈢這個在野黨必須使大家相信沒有什麼「危險性」，使政府與在朝黨不必「害怕」，決不急急乎取得政權，甚至十年二十年在野亦屬無妨。我們非常欣幸，胡先生所提的後面兩點，正就是我們「反對黨問題」那篇社論所提出的主張。對此一貫主張，我們不必另行發揮，僅需引用原來那篇社論的幾段文字，以爲佐證。那篇社論說：「國家新生的機運，是掌握在知識分子之手；反對黨的運動，也必需以知識分子爲領導核心。」至於我們所希望的新黨之和平性與合法性，那篇社論更曾再三强調。那社論說：「我們想像中的反對黨，當然是一個忠誠於國家忠誠於憲法的政治團體。……它決不是一個革命政黨，並且反對任何其它政治團體使用非法方式來奪取政權。」它又說：「當然，任何政黨都必需以取得政權爲其終極的目標。但是，由於我國的特殊政情，在三年五載的短期間內，可能還談不到政權移轉的問題，而且反對黨也不必急急乎達到終極目標之實現。它的迫切任務，還是在於督促政府，使其能夠從事各種必要的改革。反對黨應祇求主張之得以現實，而成功不必在我。倘若主張之現實能經由現在的執政黨之手來完成，則反對黨即使一輩子無法取得政權，也對國家有了積極的貢獻。」它又說：「我們所想像的反對黨，應該是有抱負而不熱中。所謂有抱負，是它必與險惡的環境鬬爭，排除一切困難以爭取主張之實現。所謂不熱中，就是它決不能爲了權力之爭而不擇手段。執政黨作得不好，它可以訴諸於選民；執政黨能夠作好，它要能保持永遠處於在野地位的淡泊心情，既不是爲自身取得政權而反對，更不是盲目的爲反對而反對。所謂反對，是爲了建設而不是爲了破壞。反對黨所着急的是國家的安危，而非本身的榮辱。反對黨之組織是一項百年大計，其基本的意義是在於永遠保持一種進步的動力，而不是爲了少數人一時的飛黃騰達。」我們相信這樣明白的字句，應該是不會引起誤解的；如果還是要有誤解，那就祇可能是有意的曲解了。

祇是，對胡先生所提出的第一點看法，我們感覺仍可作甚多補充的發揮。由國民黨分化而爲幾個政黨的方式，至少就目前的情形看，顯得是無望的；但在無望之中，却也顯現了新的發展方向。

爲什麼說它無望？因爲今日國民黨的領導階層，斷然不願接受這一種分化的觀點。國民黨是一個革命手段取得政權的政黨，在今日雖稱行憲，但仍堅持爲一般人（甚至包含許多國民黨員在內）所無法明確瞭解的所謂「革命民主」的原則，近來更以反共團結的名義，號召加强領導中心，在它組織所能達到的範圍以內，更把無保留的服從標揭爲至高無上的政治道德。很明顯的，它黨內如果發生了如胡先生所希望的那種「自由分化」，就必然會被視爲一種叛逆，不惜予以最嚴厲的制裁，決不會有把分離出來的一黨，仍認爲「都是自家人」的雅量。由於此種情勢之存在，凡國民黨控制力量所能到達之處，分化是不可能出現的。

當然，如果眞是爲了反共前途，國民黨領導階層的這種想法，顯然是錯誤的。二十世紀是一個理性主義的時代，無保留的服從已經不能爲任何一個有頭腦、有思想的知識分子所接受。蠻橫如共黨匪徒，尙且不得不在形式上採取「說服」的方式，而要清算所謂「命令主義」。知識分子祇是爲了他內心要求反共而團結，決不是爲了服從某一些人的命令。黨紀之類的工具，也許可以達到團結的形式，却不能達到團結的實際，這種形式的團結斷然禁受不起考驗。我們堅信惟有廣大的包容才能把所有海內外反共力量團結起來，也惟有民主政治之實踐才能達到此種廣大的包容。但是國民黨的領導階層却不肯接受此種觀點，而且從目前的諸般迹象來看，他們拒絕此種觀點，似乎比過去尤爲堅決。他們甚至要求擧國的思想一致，如何能容忍它自己黨內的分化？

情況既是如此，爲什麼我們仍然認爲在無望之中，顯現了新的發展方向？這是因爲自由民主的運動畢竟是一個時代的巨流，它在自由中國的發展，爲一必然趨勢，不是國民黨一些頑固的領導分子所能够阻遏。在若干年前，當胡先生提出國民黨分化主張之時，此一主張雖不爲國民黨領導階層所接受，但在國民黨內接受了民主自由思想的知識分子，却確實意有所動，至少認爲這是一個可以考慮的方式。當時之所以極少人公開響應，那是由於國民黨內傾向於民主自由的分子，還認爲應在國民黨內部推行改革，這樣才能儘量減少磨擦與震動。但情勢發展至今日，一般想法又有了新的改變。一方面，多年來政治風氣之敗壞，已更進一步的暴露了一黨政治的弊端；另一方面，國民黨領導階層的作法，也更進一步的使內部的民主改革陷於絕望。國民黨要加強黨紀的運用，結果卻愈是使黨內的分野變得明顯。有頭腦有理想的國民黨員，明知他們會蒙受「叛逆」之名，卻已經顧不到這些，祇好求自己良心之所安。最近因出版法修正案所引起的爭論，已經把這個轉變明顯的表現了出來。簡單說，嚮往民主自由的知識分子，在今天已深深感到無法在國民黨以內施展其抱負。我們相信觀念之轉變應能帶來在野黨運動的轉機。

然則，這所謂轉機在什麼處所？我們認爲：在野黨之成立，並不是有兩個藍圖，一個是由國民黨分化出另一個新黨，另一個是由國民黨以外的知識分子來組織新黨。如果說，我們有兩個藍圖，則採用前一個就無異是把全部責任都加在國民黨內民主自由分子身上，而非國民黨人則根本可以不聞不問；如採用後一個，則無異是把國民黨分子除外，而一切都另起爐灶。我們的方案應祇有一個：那就是要成立一個包含各方面抱持共同理想的知識分子的聯合組織，使大家都能爲這一理想之實現而奮鬬。

說起來，我國的知識分子，眞要感覺慚愧。在世界許多地區，民主自由早已成根基深厚而斷然無法動搖，我們推翻專制政體，已快到半個世紀的時間，而我們的民主自由運動，居然到今天還逗留在「啓蒙」的階段。我們這一輩的知識分子，對於後一輩是無法交待的。歷史將不能原諒我們的無能與懦怯。民主自由制度之建設，在今天確實是一項非常艱苦而難免要遭遇甚多阻力的工作，我們不敢期望這項工作在短短的三年五載之內達到完成的階段。但我們却必須以有生之年，爲下一代樹立一點點基礎。我們不求急功近利，我們祇顧耕耘，讓後人去收穫。

自從胡先生歷次建議成立新黨，本刊一再竭力鼓吹以來，無可諱言的，我們所贏得的內心共鳴與口頭贊同，多於公開的響應。這雖表示稱爲自由地區的中國仍爲一種極不利的氛圍所籠罩，但我們亦發現動機已不缺乏，各方條件趨於成熟，現在需要的祇是決心。本刊要在此再度向海內外抱持民主自由理想的知識分子，大聲呼籲，並且相信祇要爲大家所信賴的人物願擔起創導的責任，新黨運動就可積極的展開。

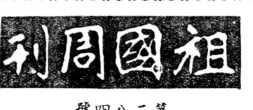

日本東南亞經濟開發基金問題的檢討

王沿津

一　引言

在一九五六年，世界各國的經濟，都呈現着戰後的繁榮狀態。日本也不例外，工業生產，竟增加了百分之二十三點四，一年間的經濟成長率到達百分之十三點九，世界各經濟學者，都認爲日本戰後的復興經濟，出現奇跡，值得重視。他們的國民經濟生活，隨着經濟的發展而提高就業狀態，也漸漸到達充分就業的境地，因此日本人自己却誇稱着有史以來所未見的「神武景氣」。可是這一好景氣，並不能長久維持下去，到一九五七年五月，日本政府，發現國際收支的惡化，使保有的黃金美滙，大量減少，等到六月，更帶來了大量入超的危機，在上旬十天中，有使日本在對外國際貿易中，損失了外滙儲備三千萬美元的嚴重事實，就引起日本朝野的注意，他們紛紛提出警告，勸國民決不能沉醉於神武景氣的美麗名詞中，必須警惕有史二千六百年以來的經濟危機！岸信介內閣，特在六月十四日的內閣會議中，商討應付日本經濟危機的方法，閣僚們都認爲治標的辦法，不外推行綜合經濟政策，在貿易金融、農業工業、交通運輸等方面，力求合作進步，希望能在最短期間，擴展輸出貿易，限制進口物資，使外滙的保有額，不致再形銳減，同時對工業基礎，切實加以强化，如動力方面，電力採取長期開發和成本減低的措施，煤田從事聯合開掘，並儘量開發油田，確立經濟輸送制度等等。但在治本的辦法上，他們一致認爲推行東南亞經濟開發，是一個目前最好的方策，而設立東南亞開發基金，是開發東南亞經濟的先決條件，日本政府，就盡最大努力，從事於東南亞開發基金的準備工作了。

二　日本各種不同的東南亞經濟開發基金方案

在日本的提倡設置東南亞經濟開發基金，是開始於吉田茂內閣時代，在韓戰停止以後，日本經濟，由於美國特種軍事需要的銳減，就逐漸有不景氣的趨向，國內人民，對吉田政權，也開始厭惡，吉田茂前首相，爲了解救經濟危機，維持政治地位，覺得必須在無辦法中找一個辦法，經過詳細的研究考慮後，認爲打開東南亞貿易途徑，確是一個良好計劃。但他知道東南亞地區的各個國家，都是些經濟落後的貧困國家，要打開這一條路，必先培養東南亞各國的購買力，提高當地人民的消費生活水準，投資開發東南亞各國，却是根本辦法。可惜日本本身財政經濟相當困難，手頭缺乏巨額資本，只有仰仗美國出來協助，所以吉田茂首相在他內閣總辭職的先前，曾經携帶着開發東南亞經濟的方案，親自到達美國，和美國行政最高當局，磋商合作開發東南亞經濟問題，倘若當時的美國財政經濟當局，能够建議總統採納吉田的主張，和日本合作開發東南亞經濟，那末到現在，可能已經有相當的成績，不幸美國政經界要人，都認爲對東南亞經濟開發，儘可由美國獨力主持，如果假手於日本，可能使事態更趨複雜，對工作效能，反而降低，尤其是在第二次世界大戰當時，日軍佔領東南亞各地，東南亞當地人民，對日本印象不佳，因此拒絕了吉田的計劃。吉田的開發東南亞經濟計劃，是經過相當期間的準備，並且延攬專家，加以詳細的檢討，還派遣了已故政要緒方竹虎，親往東南亞各地，逗留三個月，實地調查南洋各國的經濟實際情況，證實各方研究結果，而後才訂立的。主要內容，由美國出資四十億美元，作爲開發基金，由日本擔任技術協助的責任，由我國華僑，擔負聯絡當地國家和日本技術協助的責任，分別在各東南亞國家，找尋投資開發的對象，由一個業務執行機構，決定投資的主體和程序。當時緒方竹虎在接見北海道新聞記者的匆促場合中，曾經透露過吉田總理東南亞經濟開發基金方案。玆特記錄介紹如下：㈠定名：東南亞經濟開發基金。㈡目的：爲了根據戰後經濟演變的特種環境，日本有意以技術協助附近落後國家的經濟建設，開發東南亞各國的經濟資源，建立各種輕重工業，提高當地人民消費生活水準起見，設置東南亞經濟開發基金。㈢基金參加國家包括美國、英國、法國、日本、自由中國、加拿大、澳洲、荷蘭、印度、巴基斯坦、錫蘭、緬甸、印尼、馬來亞、菲律賓、泰國、越南、高棉、寮國、尼泊爾等二十個單位。㈣基金總額：規定爲四十億美元，但最初開始時，先繳足二十億美元。㈤設置開發基金後的主要業務：對開發企業所需要的欵項，用長期低利的方式，予以供應。爲了使經濟落後國家農產品價格的安定，從事短期貸欵的供應工作，還有貿易支票的中期信用供應。㈥組織：保管基金和執行基金業務，由參加基金各國推派代表，組成東南亞經濟開發基金理事會，全權處理，各國代表，都有平等的發言權。並設置諮詢委員會，由出資國家和非出資國家的各半數組成。

在日本民間，也有過一個東南亞經濟開發基金的方案。這個方案，是由當時擔任亞細亞協會會長的藤山愛一郎氏所擬訂。他想利用賠償東南亞國家的資金爲基金，配合當地的開發經濟計劃，從事各種經濟建設。他預算的基金總額爲八千億日圓，是日本今後十數年間的資金輸出總計。例如：越南的要求賠償和經濟協助共爲七百二十億日圓，高棉的都市建設十五億日圓，泰國一百五十億日圓，菲律賓二千八百八十億日圓，印尼的賠償和經濟協助總額二千八百八十億日圓，荷蘭的戰時補償一百五十億日圓，此外馬來亞半島等地，也要多少的資金，總計是八千億日圓。這基金方案的參加國家，預定爲日本、美國、英國、法國、荷蘭、越南、高棉、泰國、緬甸、菲律賓、印尼、馬來亞等十二單位，組織一個東南亞經濟開發基金委員會，以日本逐年的賠欵爲基金，但在日本沒有把資金輸出的時候，由美國用信用基金方式墊付，由於各國開發計劃所需資金的多少，而決定當年度應當撥出基金的數額，以日幣折合成美元爲單位。

此外，還有若干經濟學者和實業界知名之士所擬訂的東南亞經濟開發基金方案，大致都是主張由美日兩國共同負擔撥出基金之責，而由基金中撥出各種不同的數額，採購日本的商品原料和機器，爲東南亞各國經濟建設之用，但這些基金方案，不過作爲參考而已，目前日本正在開始準備推行的，却是岸信介所擬訂的東南亞經濟開發基金方案。

三　岸信介總理所倡議的東南亞經濟開發基金方案

關於岸信介首相所倡議的東南亞經濟開發基金方案，在日本國內外喧傳已久，但具體內容，究竟怎樣？各種報紙雜誌，少有發表，卽使有所記載，也是略焉不詳。就是在名稱方面，所傳也極不一致，有的稱爲「東南亞經濟開發基金」，有的稱爲「亞細亞經濟開發基金」，也有稱爲「亞洲落後國家經濟開發基金」的。在本年一月七日日本內閣經濟閣僚會議中，通過該項基金的定名爲「經濟協力總理大臣基金」，將來在東南亞各國正式設立基金機構的時候，是否再行變更，此刻實難預料，不過東南亞各國，對日本的岸信介基金腹案，一律稱爲東南亞經濟開發基金，因此在本文中，也稱東南亞經濟開發基金。

在菲律賓馬尼剌日本大使館，對於岸信介首相所倡導的東南亞經濟開發基金腹案的全部內容，有如下的發表，這可以說於最具體的公開內容，相信沒有公開的部份，還有很多。(甲)東南亞經濟開發基金的概要：㈠美國對外經濟援助計劃，對於和受益國家所行雙邊交涉的通融資金，必定附設那受益國家所不希望有的種種條件。而在受益國方面所需求的，却是對本國利益相一致的規模和優先順序的開發資本。㈡鑒於以上的事實，東南亞各國，得到和自由世界各國的合作，設立暫稱爲「東南亞經濟開發基金」的週轉資金，這項資金的運用方法，由參加國家來共同決定。這項基金的目的，是設立下列的通融資金機構：(子)在正常的利率下認爲不合算的公共事業。(丑)不建立在商業基礎的開發事業和生產事業。㈢設置長期和中期輸出票據再貼現機構。這樣可以使東南亞各國資本財的輸入，趨於便捷。㈣如果經濟開發急速地進行的話，國內的通貨膨脹，幾乎都是不可避免的。爲了解決這種通貨膨脹的危機，對於包含有消費物資的必需品的輸入，供給以短期信用貸欵。東南亞各個國家的農產品，由於輸出的期間不同，外滙收支，自有季節性的變動，由於通融基金等的設置措施，使全年平均化起來，那末通貨膨脹的問題，就可迎刄而解。至於詳細的事項，明白地記載在東南亞經濟開發基金的附屬文書中。(乙)東南亞經濟開發基金附屬文書之一＝東南亞經濟開發基金的設立：㈠設立的目的＝對於東南亞地域的經濟開發計劃，予以投資，爲了給予低利的借欵，設立非營利性質的金融機構，這種金融機構，用以補足現存國際金融機構的機能，而並不是去侵犯它。㈡基金的概要：(子)基金的機能＝基金是給予獨立的私企業以借欵，或者給予私企業和政府機關共同合作的事業以借欵，還有在第一個最初階段需要供給低利資金的政府公企業以及公私的開發事業和生產企業等，給予借欵。再有爲了答應研究的要求，作成開發計劃時，可以動用資金。(丑)加入國＝基金的參加國家，是希望加入的東南亞各國，和希望加入的自由世界各國。(寅)基金開始時所需要的資本＝基金約需要五億美元，以便開始工作。(卯)基金的組織＝基金組織，設置理事會和事務總長，理事會是由全部加入國家的代表組織成立，對於基金運用方面有關的所有基本問題，持有決定權。事務總長，由理事會中選任，在某種規定限額以內的借欵，給予決定的權限。(丙)東南亞經濟開發基金附屬文書之二＝對東南亞各國長期輸出票據和中期輸出票據再貼現機構的設立：㈠設立的目的＝和經濟發展不相配合的東南亞各國，外滙存儲的不足，極爲明顯。因此東南亞各國的農產物，實際的價格雖然高，但不能不去選擇供給長期信用貸欵的國家去低價出售。還有在另一方面，資本財輸出國家，因爲國際金融市場，還沒有恢復戰前倫敦市場能够供給五年乃至十年的中期和長期的信用貸欵機能，所以要滿足東南亞各國的條件，是很困難的。倘若由於基金的設置長期輸出票據和中期輸出票據再貼現機構，輸出各國，對於東南亞各國所企望的長期延付和中期延付，也可以應付了。在另一方面，輸入各國，也可以低價輸入貨物原料，促進經濟的發展。現在鑑於東南亞地區經濟發展所必要的緊急性，擬提議設置如下的再貼現機構。和這相關的世界銀行，希望在這方面能擴展它的活動範圍。㈡再貼現機構的概要：(子)機能＝這一機構的目的，是爲了向東南亞各國輸出機器和工廠全部設備的目的而簽出的美元英鎊及其他國家可能交換的外國通貨輸出票據的再貼現。條件是最大限度爲七年的期間，比較通常國際利率爲低的利率，由輸入國的政府或中央銀行，加以擔保。(丑)資本金＝這再貼現機構的初年度資本金爲一億美元。

四　東南亞各國對岸信介開發基金方案的反應

岸信介首相的提出東南亞經濟開發基金腹案，早在他第一次東南亞六國訪問的時候，已經分別和被訪問的六國行政首領談過，所得的反應，並不十分熱烈。岸信介和緬甸宇努首相會談的時候，宇努靜聽着岸氏的基金計劃，認爲計劃本身，可以贊同，不過將來推行基金計劃，恐怕就是乘機推銷日本商品而已，究竟對緬甸的經濟建設，有多少幫助，大成疑問。緬甸的報紙，批評基金的眞正意義，不易使緬人了解，尤其利用美國的資金爲基金，或許會節外生枝地發生許多麻煩，因此希望岸氏公開提出基金方案的具體內容。印度的尼赫魯總理，對基金並沒有表示接受的意思，經岸氏解釋後，認爲可以從長考慮，不過問題在於基金的出資是在美國，就要看美國的見解怎樣了。印度尼赫魯的外交政策，是採取現實主義的，也可以把政治和經濟分開來考慮，所以對經濟合作的態度，並非加以全面的否定。去年秋季，尼赫魯訪問日本，岸氏已允撥出相當數額的日圓，予印度以經濟貸欵，印度對開發基金的論調，已經轉變，尼赫魯在箱根和日報社某記者談話，竟强調東南亞經濟開發基金，印度願在某種限度內，予以支持了。巴基斯坦首相，對岸氏表示支持基金提案，因爲建立了基金，可能有助於他們農業和水產業的發展。錫蘭方面，只談日錫雙方的經濟合作，對基金的設立，沒有什麽顯著的表示，當地的報紙，對基金的出資，聲明錫蘭政府中，沒有這一筆預算，態度似乎相當冷淡。泰國對於日本的資金不足，有一種敏感，因此在日泰兩國貿易平衡沒有做到以前，不想詳談開發基金的事。至於我們自由中國，對日本的開發東南亞，非常同情，認爲基金的設置，也有必要，並且願意發動華僑的力量，協助日本完成這一方案。第二次岸信介的訪問東南亞各國，在他回國後第一次招待記者時，曾經談到東南亞經濟基金的事，大意是這樣說的：「關於開發基金，因爲有可倫坡計劃，美國經濟援助等等的關係，大部份國家，都害怕有什麽附帶條件，似乎各國都只希望有東南亞國家本身的開發基金，就是不希望有英美等國家參加，日本創導的東南亞經濟開發基金，究竟是不是和英美等國家的援助計劃完全兩樣？這些疑惑，經過解釋以後，完全反對基金設立的國家，倒沒有發現，但有兩三個國家，却願意積極合作，全體說來，印象是好的。可是美國方面，認爲日本的東南亞經濟開發基金腹案，好像沒有得到東南亞各國的歡迎，事實上，這樣大的開發基金方案，要在短期間實現，確實是不可能的。不過，就全體來說，第二次訪問期間各國對基金的認識，遠比第一次訪問時進步了。」從這岸信介的談話中，知道東南亞經濟開發基金在各國還是不能澈底了解，積極表示贊助的國家，不過兩三個而已。由於岸信介首相第二次訪問東南亞回國後日本各大報所發表的評論，知道開發基金並沒有得到被訪問國家的熱烈擁護，却是事實。

根據日本石井副總理出席西貢可倫坡計劃會議的經驗，在開會時石井的演說，極力說明設立東南亞經濟開發基金的重要性，可是言者諄諄，聽者藐藐，各國代表對石井的見解並不贊同，因此他在去年十月三十一日歸國甫抵羽田機場的時候，記者希望他發表出席可倫坡會議的觀感，他談到東南亞經濟開發基金，多少還被東南亞若干國家誤解着，希望政府對基金的具體辦法，經過澈底研究後，加以發表，而釋羣疑。雖然，在岸氏第二次訪問所經各國中，越南高棉兩國，對開發基金，也有贊同的意思，寮國對基金的設立，表示全面的支持，甚至談到寮國近頃將擴充自來水設備，建築橋樑，必須得到日本技術人員的贊助，如果開發基金已經成立的話，就可得到通融資金的便利，所以他們希望岸氏的基金理想，能够早日實現。在新加坡岸氏和首席部長林有福的談話，在吉隆坡和馬來聯邦總理拉曼的談話，對於開發基金，他們都沒有感到充分的興趣。尤其是菲律賓一國，對岸氏的開發基金方案，並不寄予什麽期待。在去年十一月二十七日東京朝日新聞所載二十六日馬尼剌的電訊，菲國外交部長在接見法新社記者時，坦白說明菲律賓對日本首相的東南亞經濟開發基金計劃，在政策作成的情形下，日本想得到支配的地位，而日本所盼望各國用各種通貨來作多額的基金投資，恐怕是不可能實現罷！美國乃至東南亞各國對基金的反應，大都只是在鄭重檢討中而已。在日本以爲菲律賓可出較多資金參加基金組織，而現在事實表現，和理想完全不同，可見東南亞各國對開發基金的反應，並不像岸氏所說的那樣樂觀。

五　日本東南亞經濟開發基金前途的預測

岸信介首相所倡導的東南亞經濟開發基金，在東南亞各國的反應，既如上文所述的那樣冷淡，那末它的前途怎樣呢？我們在這裏預測它的前途，必須從各個角度上加以仔細的觀察和檢討，才能下一斷語。第一、先從出資國家本身來研究，據日本官方所傳，將來出資，大部都仰賴美國，其次出資比較大一些的，就是日本本身。目前美國對於日本的岸氏基金方案，沒有什麽熱烈的反應，不過艾森豪威爾總統和杜勒斯國務卿，鑒於過去吉田茂訪美失敗的經驗，不願在此時表示明白的拒絕，倘若加以拒絕，可能給予岸內閣以致命的打擊，一如過去吉田的垮臺，結果日本人民選出了一個親蘇的鳩山政權，影響美日國交。目下好容易有一個比較親美反共的岸政權，美國自不忍爲東南亞開發基金問題而影響大局，因此對岸方案已交主管部門切實研究。正在此時蘇俄中共對東南亞各國的經濟援助確在積極展開中，美國政要中，有一部份認爲蘇俄的假手中共援助東南亞，其中必有原因，經發覺中共爲亞洲國家，東南亞的落後國家，對白種人多少有些戒懼，如果經中共從中參加，對經濟滲透，有極大幫助。因此美國國務院方面，就有假手日本從事開發東南亞經濟的意見，在去年十二月二十七日共同社於華盛頓發出的電訊中，美國政府各部會有關東南亞行政的官員，已經開始蒐集日本東南亞經濟開發基金有關資料，對岸氏腹案，切實加以研討，似乎美國有意援助日本所擬訂的基金計劃，當然美國的行政手續，非常繁複，目前即使開始注意研究，究竟到什麽時候提出具體意見，還在不可知的狀態中。至於日本方面，岸信介本人，對此基金方案，表示固定不變，而與論界方面，大體上沒有激烈的反對，權威的日本經濟雜誌「金鋼鑽」，在去年七月十六日的社論中，主張積極推進東南亞經濟開發，而努力實現岸氏基金方案，鼓勵首相勇往直前。因此日本政府，今年在編製預算的時候，想暫用「經濟協力總理大臣基金」科目，以便這個科目通過後，到來年以後，循着這種科目擴大，甚或等待內外適當時機到達時，就改爲「東南亞經濟開發基金」的科目，從這一點上觀察，日本政府當局的決心開始設置東南亞經濟開發基金，已有行動上的事實表現了。關於編製這科目預算的時候，社會黨方面，自然不會衷心同意，他們對於開發基金，一向看作岸首相的政治招牌，不過說說而已的空頭支票，現在竟要把基金的一部份列入預算，也有些着慌起來，但在整個日本打開東南亞貿易的大政策上，又不能公開反對，深恐要影響大選時的票數，所以這一科目，勢將成立。在編製預算的時候，大藏省和外務省的意見，是對立着的，大藏省不主張另立總理大臣特種基金科目，即使設立了這科目，預算金額，也不能過高。外務省却堅決主張特設「經濟協力總理大臣基金」科目，金額還主張得相當巨大，在預算編製爭執不決的時候，自由民主黨的外務省政務次官松本瀧藏，和議員苫米地英俊，高岡大輔，石坂繁等四人，特於一月十三日上午，趕往東京澁谷區南平臺的首相私邸，訪問岸首相，表示爲了貫澈東南亞經濟開發基金的原計劃，必須把總理大臣基金，編入預算，岸氏接受他們的意見，在預算中編入「經濟協力總理大臣基金」，共爲五十四億日圓，相當於一千五百萬美元。雖然這筆基金的用途，並不局限於東南亞，但東南亞經濟開發基金，從此發端，今後就可憑藉擴大了。第二，再從東南亞各國的事實需要上，印度推行五年計劃時，採購日本的機器，印尼發展航業，租用日本的船隻，菲律賓開發森林，利用日本的設備，越南發展工業，需要日本的技術，以及其他高棉、寮國、緬甸、錫蘭、巴基斯坦等國家，雖並不大量的需求日本援助，可是零星的經濟開發，凡可倫坡計劃，美國經濟援助，蘇俄中共經濟援助所及不到的地方，日本東南亞經濟開發基金，可以塡補其不足，從容擔當，目前在開始提倡階段，或許疑惑日本在唱高調，開空頭支票，等到一旦貨眞價實的推行起來，可能各國都會聞風響應，甚至可能要求基金組織早予協助，所以日本東南亞經濟開發基金前途，並不像一般所意料的那樣悲觀，問題還在於最初開始時的作風和實情，如果的確做到岸氏基金方案的沒有商業營利觀念，相信其前途還是光明的。(作者按：基金預算，未經國會通過。)

六　結語

日本政府所倡導的東南亞經濟開發基金，根據吉田茂前首相和岸信介現首相的理想，都有求於美國的投資，日本以技術及物資從事東南亞經濟建設的協助，從而利用東南亞各國豐富的資源和大量的勞力，使各後進國的經濟建設，能够順利進展，提高當地人民的生活水準，在理論上說來，不愧爲一個良好的方案，因爲在這共產主義集團國家，正對着這一未開發的東南亞地域，從事經濟滲透的時候，日本能以亞洲國家的立場，在東南亞各國從事經濟資源的開發，使各國的朝野人士，不致爲共產帝國主義者所乘，正符合了美國經濟援外政策的本旨，問題就在於這項巨額基金的運用，是否能完全遵照岸信介首相的原意做去？同時各落後國家所擔心而疑惑的，日本究竟爲了什麼這樣熱心提倡設置基金？倘若目前沒有什麼近利可圖，爲什麼他們也願意在財政資金不十分寬裕的情況下肯撥出一部份的欵項作基金？關於這一個問題，日本當局似乎也應當明白告訴東南亞各個國家。就是日本目前經濟上的最大困難在於各種原料的缺乏，生產製品的過剩，和失業人員的增加，以及不久可能來臨的經濟上各種阻塞狀態，只有循着開發東南亞經濟的途徑，獲得解決，而這種解決辦法，對於東南亞各國，利害關係上，並不對立衝突，並且保證日本倡導的開發基金，決不是帝國主義的侵略方式，和戰前日本軍閥的南進政策，完全不同，那末相信東南亞各國，都樂於接受，我們自由中國國民站在反對共產勢力南漸的立場，自應予日本東南亞經濟開發基金計劃以協力援助，那是無庸疑惑的。

我所知道的司法

簡暢

民主政治必以法治爲前提，其目的在於保護人民的自由權利。人民的自由權利，在法律上要能得到確切的保護，其先決條件，一定要制定法律和執行法律的職權，不屬於同一機關。所以要談民主與法治，就必須採行分權制度；將國家權力分屬於幾個不同的機關，每個機關只得行使其依法享有的權力，每個機關嚴守自己的界域，彼此互相制衡，人民的自由權利然後才能免於受到侵害。依此原理，立法與行政，固然毫無疑問的應該分立；即行政與司法，雖同爲執行法律的機關；但因行政機關主要的任務是講求政策，維護國家權益，增進公共福利，性質上是積極的。所以行政機關行使職權，雖應受法律的拘束，但自由裁量的限度較寬，只要不與法律的規定相牴觸，即可便宜行事。至於司法機關職權的運用，事事必以法律爲根據，每個案件都是審認具體的事實，適用法律而予裁判。司法機關主要的任務是於法律秩序受到擾亂或侵害時，設法維持及恢復，純屬消極性的。因此兩者性質既大有區別，所以便絕不容混同，也有分立的必要。假使司法機關審判訴訟案件，需要配合行政機關所決定的政策，則其結果必將形成行政干涉司法，使司法爲行政之附庸，喪失審判獨立的精神，而使法治政治的基本原則無從建立。

再進一步言，現代的民主政治常表現爲政黨政治，行政和立法都不能脫離政黨的關係，只有司法因其組織特殊，尙能離開政黨而保持超然的地位，不偏不黨，站在公正無私的立場來保護人民的自由權利。所以司法是否眞正獨立與公平，實在是民主法治的試金石。美國憲法前言說：「樹立公平的司法制度，爲立國制憲的基本目的之「一」，就是表明這個意思。現在試依上面所講的觀點，來檢討一下我們的司法制度，看看是否能善盡其保護人民自由權利的職責？法治的程度究屬如何？以下且分三方面來討論。

一

美國是嚴格採行司法與行政及立法三權分立的制度，依美國憲法第三條第一項前段規定：「合衆國的司法權屬於最高法院及國會隨時制定設立的下級法院」。其司法權是脫離行政權而獨立，司法機關自成一個完整的系統，而居於超然的地位。我國憲法關於司法特設專章，依照第七十七條第七十八條第八十二條規定：司法院爲國家最高司法機關，掌理民事、刑事、行政訴訟之審判及公務員之懲戒，解釋憲法，並有統一解釋法律及命令之權。司法院及各級法院之組織以法律定之。可見司法權應專屬於司法院及各級法院掌理，與行政機關劃分極嚴，自成一個獨立完整的系統。但我國現制，在審判系統方面，採三級三審制；第一審爲地方法院，第二審爲高等法院，第三審爲最高法院。而在機關統屬方面，司法院僅設最高法院，行政法院及公務員懲戒委員會；行政院下設置司法行政部，依照法院組織法第八十七條第二欵規定：「司法行政部部長監督最高法院所屬檢察署及高等法院以下各級法院」。所以司法院雖爲憲法上的國家最高司法機關，但其監督權之所及，僅以最高法院、行政法院、公務員懲戒委員會爲限，對於高等以下各級法院，則屬無權過問。而且最高法院是法律審，第三審法院應以第二審法院判決所確定的事實爲判決基礎，不得涉及事實的審認。民事訴訟法第四百六十四條及刑事訴訟法第三百六十九條均規定：「第三審上訴，非以判決違背法令爲理由，不得爲之」。又民事因財產權涉訟案件，上訴所得受利益不逾銀元一千元（新臺幣三千元），刑法第六十一條所列各罪的刑事案件，依法均不得提起第三審上訴。所以名爲國家最高司法機關的司法院，實際上所掌理的民刑審判權殘缺不全，只有最終法律審的一階段，而第一二兩審都已置於司法院管轄之外。在制度上，系統紛歧混亂，已無獨立完整之可言，顯屬違背憲法所定條文文義及精神。不特如此，第一二兩審法院在行政系統上，既受司法行政部監督，司法行政部隸屬行政院，司法行政部部長爲內閣閣員之一，自必與行政院所屬其他各部會連帶對立法院負責。立法和行政既都不能脫離政黨關係，即無異使司法受政黨監督並對政黨負責。

又司法行政部部長既爲第一二兩審法官的監督長官，操考核之權，升遷調補，何嘗不可任意出入。如是勢將形成行政干涉司法，乃屬必然之事。法官要想超出黨派以外，恐亦非易事，甚至民刑審判權的行使，也不免因政黨關係而有失公平，欲言司法獨立，決無實現的可能。例如去年國民黨召開八全大會，臺灣全省各地十二處法院院長或首席檢察官，一致行動，紛紛出而競選八全會代表；司法行政主管當局對於此項嚴重的違憲現象，竟視若無睹，未聞有絲毫表示，甚有暗中予以支持者。足證政黨與司法的關係，已結不解之緣；黨化司法的程度，何等深切！憲法第八十條：「法官須超出黨派以外，依據法律獨立審判，不受任何干涉」的規定，早已成爲白紙黑字的具文！這樣的司法，有誰相信還能擔當確保人民自由權利的職責？單純從制度上去研討，已可發現非常顯而易見的弊病，絕對難於令人滿意。我們的結論：現行司法制度的本身，即與憲法違背，非改不可！

二

國家的法令可分爲三種；一是憲法，二是法律，三是命令。三者的效力各不相同；憲法優於法律，法律優於命令。法律不得違憲，命令不得違法，此爲法治政治的基本原則，也是邏輯上必然的結論。法律既然不得牴觸憲法，命令既然不得牴觸法律，而法律有否違憲，命令有否違法，倘發生疑義時，此項審查的權限，應歸誰屬？實爲制度上一大問題。

美國司法制度，普通法院得審查法令的內容，若認爲違憲，即可否認其效力而予拒絕適用。依我國憲法規定；法律與憲法牴觸者無效，命令與憲法或法律牴觸者無效，司法院解釋憲法，並有統一解釋法律及命令之權。可見是以司法院爲有權解釋憲法及審查法令的機關，實屬無疑。至於法官在訴訟實務上，對於有瑕疵的法律及命令，有無拒絕適用的權限，在憲法上並未設有明文。依照司法院院解字第四〇一二號解釋：「與憲法或法律牴觸之命令，法院得逕認爲無效不予適用」。司法院釋字第三八號解釋：「憲法第八十條之規定，旨在保障法官獨立審判，不受任何干涉。所謂依據法律者，係以法律爲審判之主要依據，並非除法律以外，與憲法或法律不相牴觸之有效規章，均行排斥而不用」。所以法官審理訴訟案件，涉及行政命令有否違憲或違法，發生疑義時；自得本於學識經驗，依其確信的見解，以爲判斷；如認爲此項命令與憲法或法律牴觸，卽得拒絕適用。惟有須注意者，法官在訴訟實務上，對於違憲或違法的命令，固得拒絕適用；但依憲法第七十八條規定：「司法院有統一解釋法律及命令之權。」所以中央或地方機關，就其職權上適用命令，有否與憲法或法律牴觸，發生疑義。或其所持見解，與本機關或他機關適用同一命令，已表示的見解不同時，得請求司法院統一解釋。司法院對於該項命令所爲解釋，則有拘束法院的效力。又關於審查法律有否違憲的權限，憲法第一百七十一條第二項既已明定爲由司法院掌理，且依憲法第八十條規定：「法官依據法律獨立審判」。可見對於法官，法律有絕對的拘束力，審查法律有否違憲的權限，專屬於司法院，而非普通法院的法官所得越俎代庖。至普通法院的法官適用法律，以審判訴訟案件，固有解釋法律之必要。但解釋之結果，如認法律之規定與憲法牴觸，除得向司法院請求解釋外，殊不能以此項法律違憲爲由而逕予拒絕適用。

更有一問題不可不知，卽司法院雖爲有權解釋憲法及審查法令的機關，但其解釋權並非自動行使。如對於憲法法律或命令發生疑義時，必待有人出而請求解釋，司法院大法官會議始得依據憲法行使解釋權，好似普通法院所採不告不理的原則。但憲法對於何人有權請求解釋？及得請求解釋之條件如何？則均無規定。關於此項問題，依照司法院大法官會議規則第三條規定：「中央或地方機關於其職權上適用憲法發生疑義，或適用法律命令發生有無牴觸憲法之疑義時，得聲請解釋」。第四條前段規定：「中央或地方機關就其職權上適用法律或命令，所持見解與本機關或他機關適用同一法律或命令時所已表示之見解有異者，得聲請統一解釋」。可見該項請求解釋之權，只限於中央或地方機關，而非人民及人民團體所得請求。至其請求解釋的條件，則限於有請求權的中央或地方機關，就其職權適用憲法發生疑義時，始得爲之。所以縱爲中央或地方機關，如適用憲法非其職權，或雖屬其職權而未達於適用之時，也不能請求解釋。若單純對於法律或命令發生疑義，更須等到本機關或他機關適用同一法律或命令，所已表示之見解發生歧異時，方得請求解釋。所以依照該項規則所定，請求解釋的機會，可謂減至少到極點，憲法所設解釋權的功效，顯已無從發揮。且違憲的法令，每每使人民的自由權利蒙受損害，人民既爲直接間接的被害人，身受其害而無權請求解釋，只有隱忍服從，人民的自由權利何從獲得保障！

另一方面，中央或地方機關若誤解憲法或法律，制定違憲的法律，發布違憲或違法的命令，反將無從使之失效，可以永存，顯屬違背憲法上創設憲法法令解釋機關的本旨。試就目前情形而論，司法院大法官會議成立迄今，解釋案件爲數少而又少，對於確切有關保護人民自由權利者，可謂絕無僅有。事實是最好的佐證，已經充分表明，這樣的制度，「價值幾何！我們的結論：對於違憲法令，要爲老百姓開一條尋求救濟之路。否則，憲法所定人民自由權利，將是一張空頭支票，永遠無法兌現！

三

人民身體自由，爲一切自由權利的基礎；無人身自由，則其他一切自由權利，都將落空。人身自由，雖爲排除國家權力對於人民身體非法侵犯的權利。但任何自由權利，均非絕對放任個人得以爲所欲爲，而必以法律爲之劃定範圍；如超越此項範圍而觸犯刑法，卽應受司法機關依照法定程序審判處罰。規定何種行爲成立某一罪名應受處罰的法律，稱爲刑法。然如何決定刑事被告應否訴追及國家對其刑罰權是否存在，其科刑範圍如何，自必經過一定的訴訟程序；此項程序，則爲刑事訴訟。試以竊盜案件爲例：依刑法第三百二十條第一項規定：「竊盜處五年以下有期徒刑拘役或五百元以下罰金」。設有竊盜案件發生，非先確定某一特定人是否具有刑法所定竊盜罪的構成要件，卽無從確定其刑事責任之有無及範圍。所以必須先有刑事實體法上所定具體事實的存在，而後始適用刑法行使刑罰權。至於刑事訴訟，卽爲達成此項任務而設的程序。刑事實體法與程序法，相資爲用，其對於人身自由的關係，異常密切。

又刑事訴訟的範圍，有廣狹之分；狹義的刑事訴訟，專指法院的審判程序而言；廣義的刑事訴訟，則包括偵查程序，審判程序，執行程序三者。我國現制由檢察官代表國家，對於犯罪嫌疑人，有實施强制處分的權力。如拘提、覊押、搜索及扣押，檢察官固有處分之權；卽訊問證人、鑑定人，實施勘驗，也與法院有同樣的權限。且在偵查中所搜集的證據，其價值並不因檢察官於起訴後居於當事人地位而受影響。所以理論上，刑事訴訟法第二條第一項雖沒有明文規定：「實施刑事訴訟程序之公務員，就該管案件，應於被告有利及不利之情形，一律注意」。但在實際上，刑事被告每因檢察官實施强制處分權的結果，陷於非常不利的地位。而且除檢察官爲法定偵查機關外，依照刑事訴訟法第二百零八條規定；縣市長，警務處長，警察局長，憲兵營長以上官長等司法警察官，於其管轄區域內，均有協助檢察官偵查犯罪的職權。即其他警察官長，憲兵官長等司法警察官；警察、憲兵等司法警察；依同法第二百零九條、第二百零十條規定，亦得不待檢察官的指揮或命令，逕行調查犯罪嫌疑人犯罪情形及搜集證據。至我國刑事訴訟雖採證據裁判主義，刑事訴訟法第二百六十八條明文規定：「犯罪事實應依證據認定之」。但訴訟實務上，僅依據被告的自白，即予判處罪刑之事例，不勝枚舉。而所謂被告的自白，又並不以審判筆錄所記載者爲限，即在有偵查犯罪職權的司法警察官訊問時，被告所爲自白，亦不失有證據能力。刑事訴訟法第二百七十條第一項固已明定：「被告之自由，非出於强暴、脅迫、利誘、詐欺或其他不正之方法，且與事實相符者，得爲證據」。即被告的自白，必以出於任意性爲條件，方有證據能力。於此，有一値得研究的問題；即被告的自白，是否出於任意性，應否負擧證責任？由何方擧證？我國刑事訴訟採職權主義，調查證據係屬法院的職權。換言之，檢察官提出被告的自白爲證據，對於此項自白是否出於任意性一節，固無庸擧證。被告抗辯意旨，主張其自白非出於任意性，法院也應依職權加以調查。但訴訟實務上，係假定任何事物，須經發生，始有存在可言。基於以「無」爲一般通常狀態，以「發生或存在」爲特殊與非常狀態的觀念，歸納而爲「凡事應爲否認人之利益而予推定」的原則。因此，被告非有確實證據足以證明其在司法警察官訊問時所爲自白出於非任意性，即推定爲出於任意性，而認此項自白有證據能力。此與英美法基於「人本無罪」原則，對於被告在審判外自白，一概推定爲非任意性的情形，出入極大。

更須注意者，我國刑事訴訟法既認偵查機關有强制處分權，偵查程序秘密而不公開，被告在偵查中處於被訊問的地位，又無沉默權及拒絕陳述權，其立場之惡劣，不難想像，對於自白非出於任意性的證據，簡直絕少搜集可能。如認必須嚴格證明其自白非出於任意性，否則，概許推定爲出於任意性，則刑事審判無異即以被告的自白爲其主要基礎，不免由「被告有罪」的觀念爲出發點，而反使被告負責證明無罪。這樣的刑事審判，司法警察機關偵訊筆錄一經載有被告的自白，便成鐵案，三級三審，過堂而已。冤獄！勢必層出不窮。我們的結論：司法警察機關不可儘量致力於尋求被告的自白，而應着重其他具體證據的調查。刑事審判，則更有確立證據制度的必要。憲法第二十四條所揭冤獄賠償，尤須切實施行。

讀者投書

（四）

一個小攤販的呼聲

趙得寶

伊朗國王訪華沒有多久，現又傳出約旦國王胡笙，及越國總統胡廷琰，都接受了我國邀請，決定在七月間來華訪問。這固然是外交上可喜之事，但鑒於伊朗王訪華的教訓，我們這些靠小攤販爲生的，不得不提出一個公開呼籲。

記得在三月份杜勒斯來臺的時候，已臨時取締過一次攤販；到上次伊朗王訪華時，又從五月十四日到五月十八日，把臺北重慶南路、衡陽路、博愛路、中正路的攤販，一律取締。在這五天之內，我們這些小攤販，便只有和老婆兒子呆坐在家裏吃老本！可憐我們這些窮到靠做小攤販生意的人，連一點立錐之地都沒有，那裏眞有多少老本可吃呢？我們的警察先生也不替我們想想；只曉得向我們板起面孔說：「上面有命令，請你們幫忙，你要是不幫忙，我下次便不能幫你們忙了！」我們做小攤販的，一向是看警察先生的臉色做事的，對於警察先生要我們「幫忙」的事，誰還敢怠慢呢？

不過，可憐我們這些靠小攤販養家活口的，實在再經不起這樣一次兩次以至無數次的取締了！懇請警察當局，在約旦國王及越南總統以至任何一國元首訪華的時候，都不要再下同樣的取締令了！我們求求你們！千萬放慈悲一點吧！我們今天是國難期間，不要過分只求表面好看，小民生活更重要！

看兩位先哲對於出版自由的意見

金承藝

寫「失樂園」和「得樂園」的英國文豪密爾頓 (John Milton)，世人多半知道他是大詩人，其實他也是自由主義的早知早覺者。在一六四四年，英國政府爲了檢查出版內容，箝制言論自由，曾通過議會來制定「印刷條例」。密爾頓由於反對這個「印刷條例」，遂發表了他生平的第一篇名著—「言論自由論」(Areopagitisa)。在這篇著作中，他對於擁護言論出版絕對自由的意見，闡釋得最爲警闢，也最足以發人深省。

他以爲國家要想求得人民的團結，用壓迫的方法來團結人民並不能得到眞的團結，只能做到劃一死板的服從。眞正的團結，必須是人民內心湧出的自發的向心力。因此，要想得到這種團結，必須給人民以自由；尤須給以根本的自由—即是終止思想、言論的壓迫。

他曾說：「在人類追求的一切權利中，請先給我求知、發表意見、和澈底自由辯論的權利。」

他認爲只有思想上的自由是不夠的，出版即是思想發表的自由；所以出版也必須自由。他曾指出：

「取締出版自由的陰謀，它所給予我們的巨大損失和危害，比之於若干敵人封鎖我們國家的海岸和一切港口尤爲重大和厲害；因爲這樣就是阻止和遲延我們得到最豐富的東西—眞理。」

密爾頓更認爲眞理只有在自由討論下，才能發現，才能保持。他說：

「殺死一篇好的著作與殺死一個人，其相去有幾希；可是殺死一個人尙不過是殺死一個道理的動物……至於毀滅一篇好的著作簡直就是殺死道理的本身。」

怎麼樣才能知道是好的著作或壞的著作呢？他以爲，即或是壞的著作，也不應該「殺死」，蓋人們如果不知何者爲惡德，如何能知何者爲美德!?所以密爾頓認爲言論和出版是應該享有絕對自由的。

現在再看另一位先哲，「美國革命的聖人」—傑斐遜總統對於言論、出版、新聞自由的意見。在介紹他的看法之前，我要指出，在中國的社會中，我們時當會聽到有些人持這樣的意見，認爲：在野的人都希望利用言論、出版自由來說風涼話，一旦這些人當政後也都不希望別人來講話；因爲他們在知道了當政者的實際困難後，自然不願意因別人的亂講話而阻碍了應辦的事情。說這種話的人，不是懷有一偏之見的人，就是無恥政客們的狡辯。一個眞正對民主理想有抱負的人，絕不是這樣的。傑斐遜就是一個顯著的例子。他做平民的時候鼓吹民主自由思想，而當他做了總統之後呢，他仍然主張如何削減中央政府的權力，如何加重地方的權力；如何防止官吏和統治者的濫用職權，如何來確保人民自由的不被侵犯。看到近代一些自以爲了不起的用盡一切手段來攬勢貪權的政治人物，實際上却置國家的百年幸福於不顧的事實，我們不禁替一百六十年前的美國和它的人民有傑斐遜這樣的人做總統而爲他們感到幸福。

傑斐遜以爲自由的報紙是人民自由的唯一保衞者。所以他以爲任何種類的檢查制度都和眞正的民主精神相違背，那不過是把施於身體上的暴虐換成思想上的專制而已。他覺得政府必須鼓勵批評才對，而且給不喜歡的意見以發表的機會；若不許自由批評有名的人物和公共政策，民主政治將會很快的敗壞下去。一七九二年他致華盛頓的一封信中這樣說：

「沒有甚麼政府，應該不受監察的；凡是有新聞自由的地方，就是受到監察的。如果政府是善良的，對於公公道道展開的攻擊與防禦，它用不着害怕。眞理經過爭辯而後明，上帝並未賦予人以其他的方法，在宗教上、在法律上、在政治上，都是如此。」

傑斐遜以爲人是可以憑理智與眞理來治理的。但是，「我們第一個目標，應該把一切通往眞理的大道開放給他；迄今爲止，所發現的最有實效的，就是出版自由。」他曾經說這樣的話：

「我們首先應該把這一點弄清楚，就是我們政府的基礎是建立於人民的公意之上。要是讓我來決定，還是應該有一個政府而無報紙呢，或是有報紙而無政府，我絕不猶豫，寧取後者。」

新聞和出版享有自由的時候，自然難免偶有僭濫的地方，自然難免偶有目前所說的「黃色的」、「黑色的」地方。是不是有了這些小的毛病，就應該對新聞和出版自由加以限制呢？就應該來一個甚麼「出版法修正草案」呢？且看傑斐遜在一八〇三年給友人的信中，是這樣的寫着：

「出版自由的流弊，在此間確已太過，爲任何文明國家所未見、所未忍受過的。但是關於報紙的利用，要淸淸楚楚劃下一道界線，區分何者爲正當、何者爲僭濫，却也很困難；所以，直到如今，我們覺得還是信託人民來判斷，辨別其是非眞僞，較爲妥當，不必交給法官處理；而且人民的判斷，一直至今克盡厥職，且是可贊賞的正確無誤。」

在他做總統的時候，雖然很多報紙對他做妄誕的、荒謬的攻擊，甚至連他自己都痛罵這些報紙是「無恥的、惡毒的謊言」、「墮落到醜惡的地步」，但他仍說：「我將保護他們這種造謠毀謗的權利。」他認爲有荒誕、謬誤的言論，自然也會有反證、駁斥這些謬誤言論的言論，「但是，請看在上帝的面上，讓我們自由的諦聽雙方的理由吧！」

傑斐遜信任人類的品德，和人類的常識，他認爲人民可以被欺詐於一時，然而眞理之門常開，人們將學會抗拒何者是虛僞的，以及何者是有害的。他說：我確信，人民的良知常不失爲是一支好的軍隊。他們可能一時誤入歧途，但很快就會自行矯正的」。

密爾頓是在一六四四年說出他閃耀着智慧光輝的警語，那是在十七世紀。傑斐遜說的這些話是在十八世紀末葉和十九世紀初葉，那是在一個半世紀以前的時候了。

現在，已經是二十世紀六十年代的末期了，我們的國家還在發生出版法的事；還需要寫這樣的文章來給某些人提醒；我深以爲是慚愧的事！

尼克森在南美受辱的前因後果

丁　堅

美國副總統尼克森此次在週訪南美各國時，受盡各種侮辱，特別是在秘魯與委內瑞拉兩地。在委內瑞拉京都時，不但被暴徒用亂石丟擲，用口涎唾吐，而且如不是隨員保護得法，幾乎被亂棍毆斃。這事件發生後，國際震驚，但是最受震驚的還是美國朝野。身爲副總統的美國堂堂第二大員，在外竟遭受此種侮辱，爲號稱世界第一强國之美國有史以來的第一次，而且發生地點竟爲後門鄰居，更令人不能置信。該事件發生之後，艾森豪總統與杜勒斯國務卿立卽將責任推給共黨造亂。可是數星期來，經過平心靜氣檢討以後，美國政府雖不公開承認，已在靜悄悄的開始研究對南美政策的改良。美國一般人民在細讀報章雜誌分析之下，也已逐漸明瞭事件眞相，對杜勒斯的外支政策更表不滿。艾森豪共和黨政府之身價亦一落千丈。

從表面大概而論，尼克森以美國副總統身份而在南美受辱，暴動的發生有下列數個起因：一、美國對外政策完全集中在對付歐亞二洲之共黨威脅上，忽略美洲鄰國。二、美國政府不肯面對事實，將南美國家數度發生之反美暴動，目爲「少數共黨煽動」，而不作加深的檢討。三、美國外交官員的報告不够切實，未曾瞭解鄰國人民反美情緒的嚴重性。四、尼克森本人自信力太强，雖在事先受到秘魯與委內瑞拉官方的警告，仍自告奮勇，不顧一切的與暴徒羣衆混雜，自以爲可用本人的聲望和誠意說服羣衆。

但是上述四個起因仍是淺浮得很，本文將分四部份作分析：一、南美各國人民反美的眞因。二、美國一般輿論的評斷。三、艾森豪總統派兵卡勒比海的後果。四、美國如何設法挽救。

一　南美人民反美的眞因

我們首先必須承認，共黨份子的煽動，當然是毫無疑問。可是問題中心是共黨所幹的僅是點火，如果沒有火種，大火是燒不起來的。火種之在南美，爲時已久。以過去二十年歷史而言，美國一向認南美爲睦鄰，而所支持的又多是獨裁政府，對當地民意，毫不加以重視。南美諸國目前所面臨的基本問題是經濟問題，美國雖然加以援助，可是因爲所取的態度不對，猶如大哥哥對待小弟弟，結果吃力不討好，反面引起受惠國的憤慨。

以巴西爲例。美國雖對巴西貸以巨欵，但附帶有條件，卽巴西只能以美國的貸欵向美國購買昂貴的機器與設備，而不准向歐洲與日本購買價格較廉的同樣貨物。故巴西人雖一面受美國之惠，一面却怨稱其爲「經濟的帝國主義」。

以委內瑞拉爲例。美國所定之石油限制入口規例，甚使委國不滿。石油爲委國經濟主源，自從定下限制入口規例後，委國石油向美國的銷售量減少百分之十。此爲委美二國關係不佳的最重要因素，而共黨正在盡量加以利用。

以秘魯爲例。秘魯所出產的鉛與鋅向在美國廣銷。最近美國關稅委員會建議提高此類金屬物之進口關稅後，秘魯極表不安。艾森豪如果將此建議批准實行，無異將秘魯礦產在美國市場禁絕。南美諸國多靠出口爲生，美國最近的經濟衰落影響購買力，間接影響鄰國經濟。南美人士目前對美國之不滿情緒，較過去爲甚，原因卽在于此。

以智利爲例。智利爲西半球最親美國家之一，其主要出口品爲銅。最近美國正在考慮將銅之進口關稅亦提高。此消息一傳到智利，智利總統立卽突然取銷其原定訪美之行。而且爲對美國表示報復起見，智利總統宣佈將盡量增多銅礦對蘇俄的輸出，一面並宣佈將恢復國內共產黨的合法化。

以南美標準而言，巴西與阿根廷爲生活與敎育水準最高的國家，共黨難以得逞。可是經濟問題已影響及于政治問題。由于美國經濟衰落，世界咖啡生產過多，財政政策不佳，巴西今日正受其有史以來最嚴重的經濟危機。巴西的左右二派的報紙皆控責「美國帝國主義」故意少購巴西咖啡。此點可以證明，反美情緒的煽動，並不完全出之于左派的共黨，亦出之于右派的民族主義者。

當然，所有南美各國一般生活水準低落，不識字者衆多，經濟問題一趨嚴重，正是共黨宣傳的大好機會。可是難以置信的是，有知識有敎育的人士也輕易相信共黨所宣傳的「美國帝國主義」。這裏便涉及由經濟問題所引起的政治問題。一般南美人民所最憎惡的是美國支持拉丁美洲獨裁者政府。自從大戰以來，美國政府在對南美這方面政策所遺下的損害較任何其他各方面爲大。華盛頓雖常加否認，可是美國爲了獨裁政府的反共政策而不惜違反當地民意而加以支持，乃是事實。

當尼克森在南美各國週訪時，在任何一個記者招待會中，在任何一個學生與工人的羣衆大會中，其所逢到的最常問的問題是，美國爲何支持獨裁政府？尤其是在阿根廷、委內瑞拉、哥倫比亞三國，此種反獨裁的情緒特別强烈。過去三年來，該三國經推翻獨裁政府。可是委國被逐的前獨裁總統披萊茲·吉米尼(Pérez Jimenez)及其特務頭子丕特洛(Pedro)，仍獲美國准許，在美國居留。根據紐約時報，丕特洛是現代歷史中用酷刑招供的最惡毒特務頭子之一。他們二人之能在美國自由居住，實爲委國人民此次反美暴動最重要因素之一。

尼克森對此類問題的答覆是，美國不能直接反對他國獨裁政府，不然將成爲「干涉他國內政」。可是尼氏的答覆未能滿足質問者。質問者常提二項事實反駁，使尼克森啞口無言。這二個事實是：一、美國在一九五四年時爲何「干涉」危特馬拉內政，協助推翻當時之親共政權？二、美國爲何以軍火供給古巴獨裁總統巴梯斯他 (Batista)，使巴氏能壓滅反獨裁的革命游擊隊？

事實是南美人民由于過份遭受獨裁政府的壓迫，對美國的反共政策宣傳並不十分熱心。他們目前最切身的還是在于「反獨裁」。這裏舉個例子，派拉圭有一羣學生被捕，美國記者向派拉圭總統史屈羅斯諾（Stroessner）詢問學生爲何被捕。史氏答稱，此批學生高喊「自由萬歲」，不是共黨份子是什麼？

除了經濟與政治原因以外，美國國內的種族歧視亦成爲南美人民反美的原因。共黨正在盡量加以利用宣傳。南美諸國無種族偏見，黑白平等，混血種甚多。去年亞根梳州小石城事件，在南美留下極爲不良印象。當尼克森汽車在秘魯與委內瑞拉受包圍時，羣衆高喊「小石城」，「小石城」！

上述種種顯示，美國目前在南美的聲勢地位之低，創歷史先例。而在政治方面，共黨勢力日增；在貿易方面，蘇俄乘虛以進。美國不能再加忽視，應該在對南美之政治與經濟二方面的關係謀求改良。

二　美國一般輿論的評斷

美國的一般輿論，除了以黃色新聞著稱之紐約每日新聞及赫斯脫系報紙高喊派兵懲罰委國人民外，無論是民主黨或共和黨，皆主張政府重審對南美的外交政策。（赫斯脫系報紙一類的言論，當然恰中共黨狡計，被共黨用作宣傳美國帝國主義强用武力的證據。）一般言論可以下列各項代表之：

美聯社時事分析家馬爾洛指出，五年前艾森豪之弟密爾頓訪南美時甚受歡迎，爲何此次尼克森受辱，如果完全將責任推給共黨搗亂，似太簡單。馬氏指出，在暴動發生最猛烈的委內瑞拉，美國公司共投資三十億元，其數量之多，僅次于美國在加拿大的投資。由于美國對委內瑞拉油田的投資，委國人民的個人平均收入，高于任何其他南美國家人民，但所謂平均收入，乃全國財富在數字上之均分。實際上委國貧富不勻，富者極富，多數民衆都極困苦。美國雖以大量金錢援助歐亞國家，但過去十三年來，對委內瑞拉的經援全部不過三百萬元，未能改善貧民生活。

著名時事評論專欄家蘭納，以他最近在歐洲與中東各地遊歷所得印象爲例，指出南美各地的反美情緒，並不屬于少數共黨狂熱份子，而是政見不同的各黨各派的一致意見。蘭納稱，他自巴黎到開羅到貝魯特，自耶路撒冷到華沙到倫敦，到處所獲印象，證明美國在世界地位之低降。

紐約時報社論稱，「委內瑞拉的暴動之由共黨領導雖毫無疑問，但委國人民反美情緒的迅速展開也不可忽視。反美情緒的發生係基于美國的允准委國前獨裁總統披萊茲及其特務頭子在美國居留。……委國人民認爲這是美國支援拉丁美洲獨裁制度的一個明證。」

故總統羅斯福夫人稱，南美侮辱尼克森之舉，基本上應由美國本國負責。「這個局勢是由我們在那裏所採取的行動所造成的。」羅夫人疑問，國務院情報方面爲何事先不將危險局勢調查清楚，而讓副總統前往冒險？

美國「泛美協會」主席，前駐阿根廷大使勃拉登也認爲經濟是個大原因，其次是美國政府的支持南美獨裁政府。

三　艾森豪派兵卡勒比海的後果

尼克森在委內瑞拉受辱的消息傳來，艾森豪總統大怒，立即派傘兵與海軍陸戰隊一千名前往卡勒比海地區，以保護副總統爲名，就近威脅委國。這個派兵舉動不但引起委內瑞拉的不滿，而且也受到國內外輿論的批評。委內瑞拉三個政黨都批評艾森豪的派兵爲不明智之舉。紐約時報次日以半大頁篇幅節載南美各國京都各報的社論，紐約時報本身的社論稱：「以派兵到卡勒比海的行動來答覆委內瑞拉暴徒對尼克森夫婦的攻擊，不但無益，而且對美國反而有損：……感情的衝動不能作爲一個堂堂大國外交政策的指針。……艾森豪總統的行動未曾注意到，我國與拉丁美洲的關係必須根據歷史上與心理的因素來進行。」

前總統杜魯門批評艾森豪派兵之舉，「顯然已傷害美國在南美的地位。」杜魯門並預言稱，今秋政治競選運動之時，民主黨無疑將利用艾總統此一失措行動，向共和黨攻擊。

批評艾總統此舉最烈的是紐約郵報（獨立性，但傾向民主黨政策）。該報社論稱，「……總統的行動恰如共黨漫畫中的美國帝國主義者，使共黨宣傳方面拍手稱快。」

四　美國如何設法挽救？

國務卿杜勒斯難得承認自已外交政策的錯誤。尼克森受辱事件發生後，杜勒斯立時的反應是：「共黨作亂」。此後在一記者招待會中，記者問及美國對南美的外交政策是否將謀改良，杜氏却表示在「基本上」將不作改變。

但無論杜勒斯態度如何頑固，參議院外交委員會在民主黨議員摩爾斯領導之下，已開始重新研討對南美的外交政策。在這個改良的過程中，尼克森的意見當然將受特別重視。五月二十日，他在華盛頓出席記者協會的宴會，報告他在此次訪問南美經過及觀感，並由電視向全國廣播。尼氏指出下列四點：一、他認爲美國今後的外交政策，應能使拉丁美洲、亞洲、及非洲之落後國家人民，深信美國並不擁護獨裁者或使富者愈富而貧者愈貧。二、他認爲美國外交官員應爭取各地學生與工人的同情。他不贊同今日各地美國外交官員態度，僅與當地上層階級往來，飲宴酢酬，參加鷄尾酒會，而忽視下層民衆。他稱青年學生乃將來領袖，而工人組織勢力亦逐漸擴大，所以外交政策必須多得這二方人士的同情。三、他指出南美情形，正與非洲、亞洲及中東之落後國家情形相同，一般人民的印象，認爲美國乃一資本主義國家，支持獨裁政府，而美國政府的貸款或私人投資，目的爲使富者愈富，窮者愈窮。四、尼克森承認，此次南美各地暴動，並不單純是共黨份子煽動，主因乃係各地人民對美國政策誤會積怨成恨。他因此認爲美國必須表明，美國乃一民主國家，宗旨乃在協助世界各地經濟發展，使無論貧富人民，一致獲益，提高生活標準。

在杜勒斯主持下的美國國務院外交政策是否將有劇烈轉變，目前尚不能知悉，南美事件的發生只是世界騷亂的一環。美國是否能應付此種局勢，全視執政者是否能够深切瞭解各國下層人民的苦衷而定。不然，外交官員只知與上層應酬，外交政策只以他國政府的反共態度爲標準，外援對象僅是獨裁政府或其他當政者，而將下層民意完全忽視，這種政策不但不會有效果，反而發生類似尼克森受辱的事件，徒受共黨乘機利用。

五月廿七日于紐約。

尼克森不虛此行

美國對拉丁美洲政策的檢討

李　鈞

反美暴行　尼克森沈着應付

美國副總統尼克森從四月二十七日離開華盛頓，到五月十五日回華府止，作了十八天的南美訪問，走了一萬二千四百里的路程，訪問了八個國家。最初的動機是參加阿根廷總統佛朗第茲 (Arturo Frondigi) 五月一日在其首都抱諾艾爾 (Buenos Aires) 舉行的就職典禮，沿途又訪問了七國。他以親善使者的姿態出現於各國，到處笑臉迎人，見人握手，樂於和各色人等接觸，儘量交換意見，可是他換得來的竟是各國所爆發的極端嚴重的反美暴行，而且使他一度陷於危險之境。

在阿根廷，尼克森預定以三十分鐘時間和抱諾艾爾大學的學生作交換意見的談話，結果是費了一時五十分鐘的時間和學生大起爭論。尼克森雖然强調：「美國人對獨裁制度一向不懷好感」，而學生並未被其說服，仍然指責美國政府在拉丁美洲支持獨裁者。當尼氏離開該校時，學生高呼：「阿根廷是自由的，尼克森滾開！」

五月八日在秘魯首都利瑪 (Lima) 所發生的反美行動，更是前所未聞。當副總統訪問聖瑪哥 (San Marcos) 大學時，車甫抵校門即被二千多人的示威者所包圍，他們向尼氏摔鷄蛋和石頭，大罵：「尼克森畜生」。尼氏揮舞着拳頭，大喊：「來！來！你們怕談眞理嗎？」於是石頭就紛紛落在他的身上，而「呸！呸！」之聲四起，向其吐唾沫。尼氏終於說了話：「今天是聖瑪哥大學歷史上最不名譽的日子，不是因爲學生有此種舉動，我知道他們是少數，而是因爲這些暴行者拒絕我發表意見的自由。沒有這種自由，任何學術機關不能成其偉大。」

這次事件發生後，秘魯總統親向尼氏表示歉意。艾森豪總統以電話對其勇氣、忍耐、冷靜大加讚揚，並告尼氏此舉已在國內贏得新的尊敬。

最嚴重的一次暴行發生在委內瑞拉的首都克拉克斯 (Caracas)，一羣憤怒的暴民以西瓜大的石頭向尼氏的座車亂投，車子破壞，玻璃粉碎，尼氏僅以身免。委內瑞拉政府竟至出動軍隊，用刺刀和催淚彈才把暴民驅散。艾森豪聞訊大爲震怒，稱爲「瘋狂」。杜勒斯國務卿立即召見委內瑞拉駐華府的大使，質問他克拉克斯政府是否願意保護副總統？是否有能力保護副總統？當晚國防部奉總統命令派遣海軍和降落傘部隊至古巴和波多黎哥的卡勒比海的根據地，以備保護尼克森的安全。

軍隊的出動使拉丁美洲各國在華府的使者大吃一驚，他們唯恐此舉可能使拉丁美洲各國和美國的關係陷於不可救藥之境。各國勢將懷疑，過去美帝國主義 (Yankee Imperialism) 的作風又出現於今日。佛羅里達出身的民主黨參議員斯麥錫 (George Smarthers) 批評說：「這是政府的最下策。」紐約時報對艾森豪此舉亦表不滿，其社論謂：「副總統在這次旅行中，最大的損失莫過於派遣海軍至卡勒比海根據地一事，大有損傷美國與拉丁美洲的關係。美國海軍在拉丁美洲的歷史上是美帝國主義的象徵，爲各國所深惡痛絕者，爲何再使其重演呢？這種損失需要多少時間和精力才能彌補呢？」

除上述的阿根廷、秘魯、委內瑞拉對尼克森無禮和施行暴行外，還有在烏拉圭、玻利維亞、巴拉圭也都遇到反美的示威運動，只有在厄瓜多爾的魁都 (Quito) 才受到歡迎。

美國與拉丁美洲關係的演變

這些反美暴行爲什麼會發生？國務院是否知道拉丁美洲的反美情緒？面對着這種危險，中央情報局爲什麼不請副總統停止其南美之行呢？當地的美國外交人員爲什麼沒有正確的報導給政府呢？尼克森所遇到的敵對行動完全是意外的事嗎？擧一例說，早在本年三月五日，參議員傅卜萊特 (J. William Fulbright) 在參院外交委員會和國務院助理拉丁美洲事務的國務員魯拔敦 (Roy R. Rubottom) 的問答，便知國務院對南美情形並不甚明瞭。傅卜萊特參議員問：「你相信拉丁美洲對美國的政策普遍的不滿嗎？」魯拔敦答：「不然，我不相信。」因此，一般批評主張改組國務院拉丁美洲司者有之，指責中央情報局者有之，主張更換駐拉丁美洲使節者有之，眞可以說是議論紛紜，各有所見。不過我們所要追究的是拉丁美洲反美的原因。一般拉丁美洲專家承認這問題不能單純以共黨煽動了之，他們相信如果沒有普遍的反美情緒存在，共黨是無能爲力的。問題在於美國對拉丁美洲政策出了毛病。

拉丁美洲各國對美國本有傳統的不信任和惡感。所謂門羅主義的廣義的解釋就是美國爲了維持秩序和保護外國人的生命財產有干涉的權利。一九〇三年美國和古巴訂的條約明白規定這種權利。從一九一二年起美國海軍經常駐在尼加拉瓜。從一九一五年起，經常駐在海地。雖然從一八八九年起，爲謀美洲各國的密切合作，有汎美會議的召集，可是美國的巨棒政策 (Big Stick Policy) 和金圓帝國主義 (Dollar Imperialism) 所造成的惡感有增無已。

美國對拉丁美洲政策的劃時代的轉變是富蘭克林羅斯福總統的功績。他有鑒於日本自一九三一年起侵略東北所引起的太平洋形勢的緊張，和德國自一九三三年起在歐洲突飛猛進的擴軍和侵展，使世界大戰有旦夕爆發的可能。美國這時想獨善其身，所以極力避免捲入任何戰爭的孤立思想異常濃厚，所以一方國會制定中立法斷絕任何可能參戰的機會，一面團結美洲各國，加强親善關係，齊一各國的行動，使戰禍不至觸及美洲任何一地。於是羅斯福的睦鄰政策便產生了一反美國傳統的政策。一九三三年初海軍自尼加拉瓜撤退了。同年阿根廷共和國提議締結的放棄侵略戰爭，和不承認以武力造成的任何形勢，美國欣然接受，和其他美洲各國共同簽字。第七次汎美會議在烏拉圭的蒙堤菲都 (Montevideo) 舉行，美國務卿發表最親善的演說。翌年，美海軍自海地撤退，並廢棄一九〇三年的古巴條約。一九三六年十二月羅斯福當選，未幾卽親赴在阿根廷抱諾艾爾舉行的第八次汎美會議。此次會議成立一個條約，規定任何美洲共和國受戰爭威脅時，簽字國應磋商合作的辦法。

經羅斯福時代睦鄰政策的推行，美國與拉丁美洲各國的關係始進入佳境，二次大戰期間美洲各國合作無間，而戰後且有汎美組織 (Organization of American States) 的成立，親善關係益臻鞏固。不意近年來因美國對拉丁美洲的政策無論政治或經濟方面都有不當之處，以致惹起如此高張的反美情緒，趁着尼克森副總統訪問的機會便爆發了。

拉丁美洲共有二十個共和國，八百萬平方英里，一億七千萬人口。大多數的共和國雖然人口衆多，資源豐富，可是因爲缺乏資本、電力、運輸、和技術人員，工業未能發達，資源未能開發。這些國家的經濟，只靠主要的一二項輸出品而已。如智利的銅佔其總輸出額的百分之六十七，咖啡佔哥倫比亞總輸出額的百分之七七，石油佔委內瑞拉總輸出額的九三。所以從歷史上看，不論國防、經濟援助、私人投資、技術知識、工業產品，都仰賴於美國。近年來因美國經濟不景氣，使拉丁美洲受到嚴重打擊。美國已減低從拉丁美洲各國的原料輸入，而且也提高國稅以保護本國的產業，於是秘魯的鉛，巴西和哥倫比亞的咖啡，烏拉圭和阿根廷的羊毛，玻利維亞的金屬大大落價。蘇俄乘機而入，開始其貿易和經援的攻勢。二年前，拉丁美洲各國只有共黨及其同情者才提倡和共黨集團貿易，而今天因爲美國經濟不景氣使南美各國的出口貨價格慘跌，各國政府都在考慮和共產集團的貿易問題了。像巴西，財政部長阿克敏 (J.M. Akmin) 曾公然邀請莫斯科代表來購買咖啡。哥倫比亞也因爲咖啡過剩已經賣出一部分給蘇俄，現在正向其他共產國家推銷。阿根廷在東歐的信用借欵已達三千萬美元，而且如果佛朗第茲總統不能解決其財政危機時，一定會擴大對共產集團的貿易，因爲她在美國區購買貨物極端困難。這次阿根廷總統就職，蘇俄、波蘭、羅馬尼亞、保加利亞的慶賀使者大批湧到，他們的目的就是在施展貿易攻勢。

現在華盛頓覺悟了，他們承認在冷戰的危機中，美國的視線始終集中在歐洲、亞洲、和中東，反而把自己後院的事情疏忽了。卽以經援而論，拿從一九四六年到一九五四年的數字來比較，對歐洲的經援是三百四十一億，對亞洲的經援是九十七億，而對拉丁美洲的經援只十一億而已。美國年來因爲經濟不景氣，政府在國會的壓力下不得不提高關稅和緊縮對外的經援，這兩者都使拉丁美洲受到嚴重的打擊。今年對拉丁美洲的經援只一億美元。爲了亡羊補牢，不得不急起直追，目前對哥倫比亞、烏拉圭、智利、和巴西的借欵正在進行中。另一方面對拉丁美洲的貨物的入口稅也在考慮減低了。

美國政策的錯誤　援助而不得其當

美國爲了對抗蘇俄的貿易攻勢，今後對拉丁美洲的經濟援助一定積極已不成問題。然而經援要運用得當，才能發揮睦鄰的效果。也就是經援必須使人民大衆獲得實惠，決不可以各國的軍閥獨裁者爲援助的對象。拉丁美洲人民反美情緒的高漲，這一點是一個重要關鍵。過去，美國的政府和人民都不認識拉丁美洲人民的需要，簡單說就是經濟上生活的改善，和政治上自由的獲得，而美國的政策却適得其反。尼克森在玻利維亞的拉丕 (Lapaz) 與新聞記者、學生、工人領袖談話時，他們提出質問：「美國援助隋佐總統 (Hernan Sibs Zuazo) 的政權每年兩千萬美元以上，不是由於美國願意解除玻利維亞嚴重的經濟困難，而是爲了美國石油公司的利益來控制這個國家。」多明尼加共和國的獨裁者杜其樂將軍 (Rafael L. Trujillo) 把美援供他的少爺小杜其樂在美國的好萊塢花天酒地的揮霍，贈送給美麗女明星金露華的高速度汽車，價值達八千五百美元之鉅，另外還有價值五千元的珠寶禮物。這位家有妻子和六個孩子的不能飛行的空軍中將，手面的濶綽，縱使黃金之國的美國人亦瞠目結舌，一時成爲轟動世界花邊新聞。美國參議員非常震怒，主張停止對多明尼加的經濟援助。

尼克森這次訪問中所遇的暴行最劇烈的是在委內瑞拉和秘魯，而這兩個最頑强的「獨裁」總統却是最受華盛頓的寵愛和保護的。四年前，艾森豪總統派其弟彌爾敦•艾森豪博士(Dr. Milton Eiesenhower) 作爲個人代表訪問南美各國，對於這兩位軍人獨裁者，特別表示重視，曾代表美總統授以美國的最高勛章。今年一月委內瑞拉發生革命，吉米尼 (Pérez Jimenez) 的獨裁政權被民主勢力所推翻，人心大快，反美感情也幾乎絕跡。然在尼氏訪問之前，有兩件事情發生又激起委國人民反美的衝動。一件是當革命進行中美駐委大使瓦倫 (Flecher Warren) 給吉米尼總統的特務頭子伊斯特達 (Pedro Estrada) 的一封信，被革命黨搜出而發表了。那封信是恭祝他撲滅革命份子成功。另一件是華盛頓宣佈于吉米尼和伊斯特達以政治庇護，而讓其逃入美境。委國人民對這位暴戾恣睢的獨裁者和幫兇者早已恨之刺骨，當然遷怒於美國。華盛頓雖然聲明對於彼二人的庇護和美國過去對其他委國逃難者之庇護並無二致，且保證決不許二人從事政治活動。可是委國人民惟恐美國扶持吉米尼東山再起。美國對委國石油的限制輸入，也令委國人懷疑。當吉米尼執政時，並無限制石油之擧，現在是否和民主政府爲難而欲促成其崩潰呢？這樣看來，委內瑞拉人民之反美不是無因的。所以尼克森一到該國，便有一瀉千里之勢了。尼克森爲了平服這種憤激之情，曾聲明一俟委國法院完成手續，美國即將吉米尼和伊斯特達引渡。

尼克森恍然大悟 反獨裁才是正路

尼克森結束其南美之行回到華府以後，他對於拉丁美洲人民的需要恍然大悟了。過去美國政府的拉丁美洲政策如何錯誤，措施如何不當，都被他發現了。美國報紙對他在旅行中所受到的侮辱都予以莫大的同情，可是他們認爲如果尼氏能藉這次旅行的機會而使美國的拉丁美洲政策改弦更張，那就不虛此行了。尼克森回國後，一再强調：「我們需要重新估價我們的政策。」在這個前提之下，請讀者來注意尼克森自己的意見吧。

尼克森說拉丁美洲的獨裁政治是美國最麻煩的問題。美國必須極端謹愼，決不可使人認爲美國有意支持獨裁者當權。尼克森感覺一般反獨裁的情緒在拉丁美洲非常强烈，美國不能予人以愛好獨裁者的印象。美國目前在拉丁美洲的政策，發生可怕的誤解，決不能對抗蘇俄在該地區的挑戰。美國今後對獨裁者只能敬而遠之，對自由政府則予以熱烈支持。如果善與惡都被一視同仁，那就是使惡者沾光。尼氏在南美旅行期間也曾宣佈：美國人對獨裁政治一向無好感，現在一定要把這種意見變爲政策。他在想美國如何可以在不干涉內政的原則下使獨裁者放鬆其對人民的控制？他表示美國在該區的外交人員並沒有把拉丁美洲對美國政策不滿意之處正確把握，尤其沒有認識因反獨裁而反美的情緒。他在南美旅行期間無時無刻不聽到對美國擁護獨裁者政策的嚴厲批評。這種批評並非來自共黨或左翼份子，而是出自親美的有識之士。一般社論以及公開信都異口同音指責美國的政策是樂於支持獨裁者，任何批評沒有比此更嚴重者。在委內瑞拉所發生的暴行，就是因爲大家相信美國予吉米尼和伊斯特達以庇護。尼氏在出發以前，雖然料到獨裁問題可能被提出，然南美各地反獨裁的情緒如此深刻則爲初料所不及。這是此次旅行所得的重要的一課。現場的外交人員沒有和拉丁美洲的廣大羣衆作適當的接觸，沒有重視他們的輿論，沒有正確的報告，所以政府對拉丁美洲的判斷完全根據各國的少數官僚階層的意見。這個地區正在從事民衆革命，大聲疾呼要求自由。美國必須派遣對此問題有認識而同情他們的人作代表，才能改變過去的錯誤。

尼克森更進一步指出，拉丁美洲的官僚階層也沒有認識他們本國內要求自由和唾棄獨裁的社會壓力的强大。他堅信美國對獨裁者的態度必須改變，應儘量勸告獨裁者採取自由政策，讓其人民有自由放任的餘地。

尼克森承認美國過去宣傳工作的失敗。不僅未能爲美國政策辯護，而且也未能宣揚美國的民主主義。今後美國在拉丁美洲應作政治上强力的領導，幫助各國建立對人民更有吸引力的民主制度，才是美國政策的正確路線。

以上是尼克森對報界的談話，也就是他十八天旅行後的結論。

一九五八年五月三十日　寄自舊金山。

屏東縣警察局來函

47、6、5屏警督字第一一五九六號

一、貴刊第十八卷第九期讀者投書姚和民無處訴苦—代請願一文對本局多所攻擊妨害本局名譽茲說明事實兩點敬希惠予更正。

㈠關於本局臨時雇員之敍薪部份：查臺灣省各機關臨時人員管理辦法（四三府人甲字第四九二〇二號令修正）第七條規定「臨時人員待遇標準計分九級月支薪額自二百四十元起至四百元止初任人員應自九級起支（卽二四〇元）」同辦法第八條規定「臨時人員在服務期間經主管長官考核認爲成績優良次年份有繼續雇用之必要者得提高一級支薪考核期間最少不得短於六個月但一年之內以一次爲限已支最高薪者不再提敍」又各機關臨時人員起薪疑義（省府四二府人甲字第三三三〇一號令）規定「初任人員每月實得新臺幣一四〇元（此係指臨時人員管理辦法未修正前之九級薪額數）似嫌菲薄必要時得提高一級至三級（修正後之九級薪額爲二百四十元提高三級計初任支給三百元）」本局臨時雇員均係初任其薪額每月各支新臺幣三百元按照上列支薪規定標準並無違反情事（現本局臨時雇員已支三百廿元係因參加四六年度考績晉支）。

㈡關於姚和民所稱本局將尅扣臨時雇員俸給之欵項修建編內人員宿舍部份：查本局臨時雇員薪資預算編列標準爲每人每月三百五十元本局臨時雇員十三人全年計五萬四千六百元截至五月底止已發給四萬四千一百九十一元八角（編者按：查該項投書係五月一日發表，屏東警察局至「五月底止」所發數字，投書人自無法預知。）尚餘一萬零四百零八元二角尚有六月份未發給約需四千一百二十元餘欵並無移作建築房舍之用又本局臨時雇員凡經批准加班者一律照每班十元發給加班費亦無發給五元或七元之情事。

綜上所述足徵本局對於臨時雇員之敍薪與及薪俸加班各費之發給均係依據法令辦理而投書人姚和民竟誣指本局「把這筆從臨時雇員身上刮下來的錢建築了在編人員的宿舍」並罵爲「尅扣糧餉」「刮的民脂民膏」以文字登諸雜誌公然侮辱警察官署妨害本局名譽除當另行依法追究外用特函請　惠予更正以正社會視聽。

二、敬請查照辦理爲荷。

三、副本呈臺灣省警務處。

局長　周　良　輔

一九五八年度的普列茲文藝獎金

鼎　山

一九五八年度的美國普列茲文藝獎金獲得者名單已于五月六日在紐約發表。這項獎金數目雖小，爲全美國文藝界最受人尊敬的榮譽，得者身價大增，尤其是文學方面，其地位僅次于世界性的諾貝爾獎金。頭流文學作家如海明威，福克諾(W. Faulkner)等，劇作家如已故的奧尼爾等，都曾獲得此項榮譽。

普列茲獎金係由美國已故報業鉅子普列茲遺囑所設，于一九一七年開始，每年頒發一次，今年已進入第四十一屆。普氏曾在紐約創辦「紐約世界報」，後來到密蘇里州聖路易城創辦「聖路易郵訊報」。前者現不存在，後者仍由普氏之孫主持。普氏爲要鼓勵美國在新聞、文學、音樂各方面的發展，死後遺囑撥款，每年一度以獎金贈與上年在新聞、文學、音樂各方面最有成就的人士。獎金由一個各界學者所合組的「普列茲獎金顧問委員會」判定。這個委員會的主席是哥倫比亞大學校長柯克。委員爲聖路易郵訊報社長普列茲(孫)，紐約時報總編輯卡脫來其，及其他各地大報主編十一人。委員會秘書爲哥倫比亞大學新聞研究院教授霍本堡。委員的任期爲每四年一次。

獎金的分配在文藝音樂方面爲每個五百元，在新聞方面爲每個一千元。今年所頒發者共有十六個獎金，六個爲文藝音樂方面，十個爲新聞方面。

在文藝音樂方面，獎金得主如下：

一、小說——已故作家詹姆斯·亞其所作的「家中的喪事」。亞其爲一紐約作家，于一九五五年寫完此書，同年五月十六日在赴醫途中發心臟病逝世，年僅四十六歲。「家中的喪事」于去年出版後列入全國「銷售最佳書」名單。小說內容述一個父親之死對家中兒女的影響。亞其是哈佛大學畢業生，曾在「時代週刊」任編輯，並曾寫過不少電影劇本，著名者有名片「非洲王后」，「獵者之夜」等。在此項獎金名單發表之前，一般人士曾預測另一名作家考會斯所著的銷售極佳的「由愛情所主」將中選。因此「家中的喪事」之中選，實爲冷門。

二、劇本——女作家凱蒂·弗林斯所編的「安琪兒思家」。這個劇本是根據已故名作家湯麥斯·吳爾夫(Thomas Wolfe)的小說所編，現在紐約百老滙上演，賣座極佳。小說內容實爲吳爾夫自傳。吳爾夫雖爲美國當代最著名作家之一，其所著的小說從沒有獲普列茲獎金。編劇家弗林斯夫人的主要職業爲在好萊塢編寫電影劇本，丈夫出生于德國，當過拳擊家，現職爲演員代理人。

三、歷史——勃雷·哈蒙所作的「從革命到內戰時期的美國銀行與政治史」。哈蒙今年七十一歲，歷年在銀行任職，于一九五〇年退休從事著作。

四、詩——勞勃·瓦倫所作之「一九五四——一九五六年詩集。」此詩集並曾于二個月前獲「國家書獎」。瓦倫是一個多才多藝的作家，除寫詩外，並寫小說、教科書及論文。這次已是他第二次獲普列茲獎金。上次爲一九四七年時所作的小說「帝王糾衆」。瓦倫今年五十一歲。

五、傳記——已故陶格拉斯·弗利門所作的「喬治華盛頓。」弗氏亦曾于一九三五年獲普列茲傳記獎。這次所作的「喬治華盛頓」份量極厚，尚未完成，弗利門卽于一九五三年逝世。遺作由其二名友人代爲編成。

六、音樂——山繆爾·巴爾勃所作的歌劇「凡尼莎」樂曲。美國當代音樂分保守派及激進派二個極端，巴爾勃站在中間。巴氏今年四十八歲，于一九三七年因所作之「第一交響樂」成名。他所作樂曲，甚受已故的意大利籍著名音樂家托斯卡尼尼看重。

在新聞方面，獎金得主值得提及者爲：紐約時報的國際新聞報導與紐約前鋒論壇報的著名時論家華德·李普曼。但是最令人注意的還是有關去年轟動國際的亞根梳州小石城黑白學生糾紛事件報導的三個獎金。從這三個獎金的頒發可以看出美國知識界一般人士對黑白同校問題意見的反映。這三個獎金一爲「公共服務獎金」，頒與小石城的「亞根梳日報」；一爲「社論獎金」，頒與「亞根梳日報」主編哈雷·艾修摩；一爲「國內新聞報導獎金」，頒與美聯社記者萊門·馬林，獎揚其在小石城所採訪的新聞。馬林于一九五一年因採訪韓戰新聞亦曾獲普列茲獎金。他今年五十歲，一九三〇年時曾赴中國，在中國各大學中研究，戰時曾在西貢被日人所俘。

「亞根梳日報」由于支持最高法院的黑白同校的判決，自從本年九月開始，銷路跌了十分之一。當地商人甚至威脅停登廣告。目前該報每日銷數仍有八萬八千份。該報爲南方人所辦，主編艾修摩也爲南方人。關于黑白同校問題，他曾數度發表社論稱，他在個人意見上反對最高法院的判決，但是法律既已下定，南方人士必須尊重法令，始能追隨歷史進展。艾修摩的封面社論，引起「白種公民協會」的憤怒。該協會一面施用威嚇與勸告二種手段，促使當地居民停購該報，一面向全國共一千五百個廣告商發出信件，鼓動廣告商與商店在該報停登廣告，企圖在經濟上加以威脅，可是並沒有什麼大效果。該報于去年十二月共失去一萬一千份銷路，但現已在逐漸恢復，于今年三月已拉回一千份。

「亞根梳日報」獲得二項普列茲獎金的消息傳到小石城後，該報同人大爲興奮。獎金顧問委員會的選擇，向世界人士證明，美國大部份民意，在種族歧視的問題上，仍站在正義的一邊。

普列茲獎金的褒揚狀稱揚該報「在公民領導上、新聞界責任上、及道德勇氣上三方面顯示最高度的素質」，及該報「完全客觀報導新聞的大無畏精神。」

五月六日于紐約

感性的自覺

李 經

如讓冷酷的哲學觸及，
魔咒的魅力豈非要霎時消失？
天上有過一道惹厭的虹霓：
我們知道她的經，她的緯；她是
平凡而沉悶的清單的一頁。
哲學會剪却天使的羽翼，
滅掉神奇（用它的尺度準繩），
清除出沒的鬼魅，山穴的精靈——
拆毀虹錦，恰如那時，使嬌美的蛇妖
頃刻之間烟散雲消。

——濟慈：蛇妖記下篇二二九行至二三八行

一八一九年濟慈 (John Keats, 1795–1821) 寫下了蛇妖記 (Lamia)。一八二〇年收於蛇妖記及其他詩集。在這首詩裏，濟慈以典型的浪漫手法處理了一個典型的浪漫題材。這首詩的主題是哲學與詩的衝突，理知與想像的對立。它指出在理性冷酷的光輝裏，想像瑰麗的夢境將要頓時消失。濟慈將這主題寄託在一個奇譎的傳奇上。以蛇妖象徵詩與幻想的魅惑，以阿波羅尼代表哲學與理知的冷酷。想像，在濟慈的心目中，是經過情感渲染裝飾的印象。想像的美也就是夢幻的陶醉，官能的享受。理知和情感的對立實在是浪漫文學觀重要特色之一。從某一角度來看，浪漫批評也就是唯理論(Rationalism) 的反叛。唯理論以理知 (Reason) 為心靈最高的能力，認詩的創作必須在理知的指導下完成。他們提出一串作家必須遵守的法則和規律。作品如果違背了這些法規，便是失敗。浪漫批評則以詩為情感的流露。常被視為英國浪漫運動宣言的抒情短曲集序便說：詩是强有力的情感的傾瀉。從唯情論的立場來看，理知、標準、法則都是累贅。非但不足以幫助詩的創作，反而足以損害詩的生機。他們將批評歸諸理知，而以詩為情感的產物。理知與情感既然是對立的，詩與批評當然也無法調協。

十九世紀末葉，沛德 (Walter Pater 1839–1894) 嘗試調和詩和批評的關係。沛德「協商」工作的結果，是將批評變成詩，將詩的欣賞變成官能的享受。結果，所謂印象批評，創造批評，美感批評，以及司賓庚 (J. E. Spingarn 1875–1939) 的「新批評」紛紛出現。這些世紀末的批評家雖然張着各種色彩的旗幟，可是他們的立足點却是相同的。他們都承認批評是作品所喚起的印象的紀錄，是批評家陶醉在官能享受的那一片刻的再現。個人的敏感程度既不相同，個人的趣味更不一致，批評的客觀標準當然不存在。作品是批評家「靈魂歷險」的起點，不是他沉思分析 (contemplation) 的對象。

唯理論的文學觀和唯情論的文學觀看起來是如此不同；可是，如果我們深究他們的哲學基礎，那麼我們將發現他們之間基本相同之處。唯理論和唯情論分析的出發點同是：心 (mind) 及心智能力 (faculties)。唯理論堅持理知的優越，唯情論則為情感而辯護。他們或以理為最高能力而以情為從屬，將詩歸於批評的控制；或以直感為最高能力，將批評化為詩的附庸；或以情理是對立的，批評是詩的敵人。每當哲學家對心智能力有了新的瞭解、新的假設時，文學觀念也跟着起變化。這些批評，直接間接地都曾經被介紹到中國。（想起過去三十年介紹西洋思想的努力，我們不禁要驚嘆前輩過人的精力了。）到今天，我們還可以發現類似於濟慈的說法：哲學批評會窒息詩的活力。

我說從某一角度看，浪漫批評是感情官能論的批評。可是說，浪漫批評就是感情的批評，那麼，我將重蹈傳統學者的覆轍了。顯然地，德國的謝林 (Friedrich Wilhelm Joseph von Schelling 1775–1854) 和英國的考律治 (S. T. Coleridge 1772–1834) 在某種層面上已經解決了情理對立的問題。他們認為情理之上尚有一種更高的調和能力：想像 (imagination)。他們所說的「想像」並非濟慈所說的想像——感情渲染過的印象。對于他們，想像是存在的自覺 (IAM)。表現於人的心智的是統一主客的觀照 (perception) 和灼見 (insight)。詩是詩人在特殊的「貌」裏見到普遍的永恆的「神」。「美」是紛亂的「貌」，在「神」的調配下，獲得和諧。考律治分析的對象仍是心和心智能力。他在我的文學生涯 (Biographia Literaria, 1817) 一書中說過：要將批評鞏固地建立於心智能力的分析上。

這個世紀西洋哲學基礎起了嚴重的變化。哲學討論的對象從心智能力轉移到活動的「過程」(process)。哲學家的興趣從劃分心智能力，歸屬心智能力轉移到討論過程的「方面」(aspects)、「經驗」(experience)這一觀念取替了「心靈」(mind)，理知和情感兩名詞也常為知性 (intellect) 和感性 (sensibility) 所代替。知性和感性不再是不可調協的心智能力而是經驗活動的兩度 (dimensions)。所謂知性不過是經驗的規律化，感性是知性的經驗化。詩和批評同是經驗的自覺，同包括「感」和「知」兩方面。我們也許可以說詩是生的自覺再表現於經驗，而批評則是文藝的自覺被歸納成客觀的標準。一方面，批評要求敏銳的感性；另一方面批評要求客觀的原則。批評不是像唯理論所說的是一序列的信條，也不是像唯情論所說的是作品所喚起的印象和情感。杜威和艾略特 (T. S. Eliot) 的文藝思想是這樣的不同；可是，在這一基本認識上，他們是相同的。杜威稱知性是一種習慣。艾略特則無時無地不爲知性和感性的一致而辯護。考律治的批評基礎雖然建立在心智能力的分析上，可是他却能够確切認識詩中「知」與「感」、「神」與「貌」、「想」與「像」的關係。近三十年來英美學術界和思想界對考律治的注意決非是一個偶然的現象。雷叟(Rayser)教授搜羅散佚的稿件、校勘版本，史奈德教授(Snyder) 分析考氏文藝批評的邏輯基礎，繆哈德教授 (Muirhead) 研究考氏的哲學思想都有重要的貢獻。李察慈 (I. A. Richards) 的考律治論想像及最近出版的培克 (Baker) 的聖河則分析考氏的文藝思想。這幾位先生雖然觸及考氏批評的某些層面，可是(連李察慈先生也在內)，都沒有深入考氏文藝思想的底蘊。眞正瞭解考律治的恐怕還是艾略特。

如果我們承認批評是感性的自覺——技巧上意境上的自覺。那麽，批評和詩非但不是對立的，而且是相成的。最有價値的批評論文往往是詩人檢討自己的創作經驗的結果。

詩人在創作的瞬間不一定要自覺。可是自覺的訓練是一種幫助則是無庸置疑的。靈感也許是「技進於神」的那一瞬。技的素養使那神秘的一閃成爲可能。每一個文學轉變時期，技巧上的自覺尤其是必須的。在偉大的新詩人出現以前，我們恐怕只有承認目前的新詩還逗留在轉變時期，摸索它的形式。(我說「形式」，是同時指「形見於象」的「形」和「象」。)

許多人還保留着這樣的印象：莎士比亞不是個「天才」嗎？蒲柏 (Alexander Pope, 1688-1744)二十一歲就成爲大詩人了，濟慈死在三十歲以前。這些問題引起我們的沉思。讓我們承認蒲柏與濟慈的天才。可是，他們的「早熟」却有時機的「成熟」爲條件。如果我們多知道一些英國文學史，我們將發現這三位天才出現以前，都有過一段相當悠長的醞釀蛻變時期。在那些蛻變期內，詩的討論和詩的創作同時熱烈地進行着。莎士比亞以前有無數詩人和劇作家在意大利文學影響之下，嘗試新的形式。潘勃魯克爵邸 (Countess of Pembroke, 1561-1621) 是當時文人聚會的場所。他們熱烈地討論，有時甚至面紅耳赤的爭辯詩歌上的問題。但尼爾(Samuel Daniel, 1562-1619) 的韻辯(Defence of Rhyme, 1602-?) 和甘碧翁 (Thomas Campion, ?-1619) 的英詩辨藝 (Observations in the Art of English Poesie, 1602)——這兩篇批評史上重要的文獻透露了一些消息：那時候的詩人如何認眞地討論批評，創造形式。古典主義進入蒲柏時代前則有王政復辟時期一段準備。我們甚至可以將這段準備時間推早到淸教徒專政時期，流亡在法國的詩人身上。我們都知道霍布士 (Thomas Hobbes, 1588-1679) 是個政治思想家。他的國家論 (Leviathan, 1651) 是政治思想史上重要的著述。霍布士也是個文藝思想家；他的與但撫南 (Sir William D'avenant, 1608-1668) 論英雄劇詩書 (Answer to D'avenant's Preface to Gondibert, 1650) 讓我們知道那時詩人和批評家所關切的一些問題：那時流亡異國的詩人如何高度自覺地研討文學的方向，鍾鍊新的形式。至於哈德主教 (Richard Hurd, 1720-1808) 的論騎士精神與羅曼史書 (Letters on Chivalry and Romance, 1765) 及勃藍教授 (Hugh Blair, 1718-1800) 在愛丁堡所講授的修辭與美文 (Lectures on Rhetoric and Belles Lettres, 1783)，大家都知道他們與浪漫運動先驅者的關係。勃藍教授更是墳場詩派的主要詩人。沒有那些蛻變時期的準備，莎士比亞、蒲柏、濟慈的天才也許會浪擲在徬徨摸索之中。

我們無法製造天才，可是我們却能够製造一些有利於天才的條件和情勢。英國文學史上的事實使我回顧中國傳統詩歌發展時得到不少啓示。漢魏古詩，唐的律絕，宋詞元曲的產生成熟——每一次文學史上的大變動都有他的準備醞釀時期。偉大詩篇的產生是詩人和批評家努力的終極目標。可是，蛻變時期的小詩人 (尤其是對自己的藝術高度自覺的小詩人)，不容否認地有他們的重要性。

我不是個文學進化論者。每一偉大的詩篇都是「絕唱」，每一詩體都有它特殊的功能。離騷不是李白杜甫所能重寫的，李白杜甫的形式也不是李後主和柳永所能再度表現的。我要重覆一次地說明：我所說的形式是同時指「形見於象」「神藏形見」的形象和神形。一個完美的詩篇裏，神和形、意和象永遠保持着一種若卽若離的距離。使我們知道「形」「象」之外尙有「神」「意」；而同時又使我們感到神與意是這樣無間地被表現在形象裏。這也許就是一般人所說的「深度」或「强度」。傳統批評有「水月鏡花」的說法。從形與象、神與意間若有若無的關係來看，這是一個很好的描寫。

什麽是「神」？什麽是「象」？這兩個問題所涉及的範圍是這樣的廣泛，推演的程序是這樣繁複，不是這篇短文所能解答的。如果我們硬將討論凍結在文字語言這一階段，那麽我們可以說神是意義，象是符號——文字。文字可以說是詩的起點，也是詩的終點。健康的文字，符號代表一段切實的經驗或意義。詩的文字非但以符號來「代表」，而且更利用音節、聯想等等來「强化」這一意義經驗。——「言有盡而意無窮」。

過份着重詩的音樂性、暗示性、結果常發生副作用。詩的音樂、聯想不再代表肯定的意義，失去經驗的憑藉；專向那些朦朧隱約的情感招換。爲朦朧而朦朧，爲聯想而聯想。詩變得意有盡而言無窮，重又回到野蠻人敲大鼓表達情意的局面。每一次詩的「革命」，也就是詩回到日用語言(語體文)的運動。(日用語言不斷地記錄並且消化經驗。)英國古典主義的先驅者卓萊登 (John Dryden, 1631-1700)，浪漫主義的代言人華滋華斯 (William Wordsworth, 1770-1850)，和被人目爲艱澀難懂的現代詩的創導者艾略特都提出詩要語體化的主張。可是，這幾位自覺的詩人都明白，詩並不等於語體文。詩人回到語體文，同時又離開語體文，鍾鍊語體文，增强它的表現能力。蒐集民謠，研究大衆語都是可敬佩的努力，同時，我們也必須認淸民歌與詩的分野。

(下接第29頁)

也是秋天（一）

於梨華

一

車子過了哈得遜河底的林肯隧道，就到了紐約市的下城，繼續向東開，穿過市區，過了東河底的皇后中城隧道，就到了長島，沿着長島的特快公園路開，過了瑪麗斯公園，向右拐，就進了長島第一流的住宅區中村，陸正明的家就在這個安靜而不落寞，幽潔而不荒涼的地帶。

進了中村，正明那隻踏着油門的脚就鬆了一鬆，身子往後一靠，不自覺地輕吁一聲，坐在他身旁的葉羣看他一眼，想說什麼，卻又沒有說出來。

陸正明和葉羣都是普林斯頓大學的學生，普大、哈佛、耶魯等八個大學屬于著名的常春藤盟校(Ivy League)。這些學校因年代較久，不免有一種倚老賣老的外表。普大的校舍是一式古舊晦暗的建築，暗紅的牆上卻是爬滿了明亮翠綠的常春藤，迎着有錢的，或是有獎學金的學生們招手；沒有錢，或是成績够不上請獎學金的孩子們只能在飄搖着常春藤的校門外探探頭，最多只能死命地抓一把嫩綠的小葉在手掌裏揉得稀爛，以洩胸中不平之氣。

陸正明是家裏有財，葉羣是肚裏有才，兩人一先一後地進了普大。這個一九五一年的暑假，陸正明剛唸完醫預科的第一年，葉羣唸完了物理系的三年級。他們兩人因爲湊巧住在同一個宿舍，在同一個俱樂部包飯，又屬于同一個橋牌組，所以自然地就成了很投機的朋友。但是這一天卻是第一次，陸正明把葉羣約到家裏來。

「你家就在這兒？」車子在中村繞了幾條街後葉羣問道。

陸正明猛的一跳，側着頭驚訝地看他的同伴一眼，沒有作聲。

「怎麼啦，陸？」

「你說什麼？」

「我說你家是不是在這兒？」

「嗯，」陸正明含糊地應了一聲，又掉回頭去看前面的大路。

「你在想什麼，陸？」

「沒有想什麼，」陸正明嘴裏說，但他心裏卻答道：

我在想什麼嗎？我正在想我的家呢！我在想我家的過去，未來以及，以及你就要看到的我的家。我這一路上都在想着我這個家，但是我怎麼能告訴你呢？說來太長了……而且……。

二

陸正明的父親，陸志聰，是一個美國人所謂「自己做成」的人，他不但把自己做成一個人，而且做成一個「上流人」，「了不得的人」。他來自一個貧苦的家，十一歲就開始在上海××銀行當學徒。銀行的董事長大概懂點相術，因爲當陸志聰還是一個二級行員時，他就把自己的女兒下嫁給他了。此後陸志聰的步步上升，是由于岳父的提拔，還是由于自己的運氣就不得而知了，總之，他四十一歲那年當了經理，過不久，又當了上海××大書局的總經理。雖然他對書是外行，對商卻是內行的，自他接手後，書局的生意蒸蒸日上，他的財富也隨之而昇，到一九四九年初，這位有遠見的小學徒就携眷移財橫跨太平洋，在大西洋岸的長島買地買平房，做起不折不扣的財主來了。

看見過他的人都不得不承認他那副「威風凜凜」的經理相！頭圓臉方，兩耳雖未垂肩，卻也搖搖晃晃，比常人長得多。一雙奕奕有光的眼睛對人注視時猶如兩道寒光向對方射來。笑時嘴笑眼不笑，令人摸不清他是在笑，還是在觀察。他的鼻子是一種所謂夾筒鼻，一注下來，毫不長縮，猶如雕刻師精心的一抹，一點也不用修改，鼻下的嘴唇薄薄的，笑起來嘴角往右牽動，似在蔑視，似在譏諷，又似在品賞，猜不透究竟是那一種。他給人的印象除了威以外，就是冷，冷得人們不由自主地向後退一步。只有他鬢角的幾抹白髮根，好像是一隻兇黠的大黑貓身上的幾絡和平無害的灰毛，把他那副「凜然不可近」的容貌染得和善一點。在家時他很少大聲叱罵他的孩子們，但他們小的時候見了他都會雙腿發軟，大了以後腿骨長得結實了，就儘量跑得離開他遠遠的，但他們跑不遠，他們的母親的一聲乾咳就可以把他們驚住。

陸太太的樣子與脾氣可以用三個字「紅辣椒」形容。猛一看，她的臉像一粒橄欖核，尖頭，尖下巴，尖三角眼，尖鼻頂，尖嘴唇。頭雖小，卻留看一頭又長又濃的頭髮，每天早晨由她大媳婦文英細心地盤在頭頂上，遠看活像山尖上一大採牛糞。晚上由文英把她放下來，篦好，週末時由二女兒正雲替她篦，正雲不如文英細心，常常扯下幾根頭髮，她母親劈手把那個紫檀木梳子奪過來，抓起一把落髮，塞到她女兒臉上來，一邊說：

「妳看看，妳看看，要把我的頭髮都扯光才稱心，是不是？」

如果說陸志聰是一道難以近身的寒牆，他的太太就是一股能把人心都燒焦的火焰，幾十年來，這股火焰早已把寒牆燒得斑斑鱗鱗，但是外人是看不出他們之間的糾葛的，因爲在表面上，他們倆人可以說是相敬如賓，尤其在教管子女方面，他們總是站在同一條線上的。

陸志聰共有三兒三女，大兒子正剛是一個萎縮無能的人，在事業上一直是攀着他父親的後襟跑的，因爲天資不高，很早就停了學，在銀行裏做事，剛滿廿歲時，他母親就給他定了親事，娶來一個賢良寡言的媳婦，文英沒有唸過洋書，卻讀過孝女經，過門以後對公婆從不敢大聲說話。到美國以後，正剛做了他父親進出口行的會計；媳婦就長居在婆家。陸家不是外交官，出國時沒有帶傭人，到美國以後好容易找到一個半老的男僕在家打雜開門，連充司機，廚房的事及大小家務不幸都落在文英頭上，雖然她任勞任怨，一聲不響，但是她額上的細紋，卻代她說出了她心裏的無歡，然而她畢竟不像那幾個讀洋書的小姑們知道什麼叫公平，她所知道的只是命。

三兒子正強與他哥哥完全不同，他長得高大粗壯，脾氣火烈，不肯向任何事情低頭，他對他父親有三分懼怕，卻無半分尊敬，對他母親更是視若路人，而且在背後公開叫她「慈禧第二」。到了美國，陸志聰要他轉學到哈佛，以便每週末回家，但是他峻然拒絕，反而去請了密西根州立大學的入學證，他父親冷冷地說，「那你就不用想我的錢。」

「你放心，阿爸，我自己會找工作供養我自己的。」

「你想丟我陸某的臉!?」

「人家總統的兒子唸書時都是自己賺錢的，阿爸，這是美國！」

正強臨走時，他父親給了他一張五百元的支票，他抵死不要，陸志聰面上氣他，心裏卻有點佩服他的骨氣，過了兩天就把錢寄去給他，不想他馬上就把支票退回來，陸志聰一氣，再也不理會他。正強到了密州不久，就給家裏寄了一張宣布已經結婚的通知，他的太太姓黃，也是上海來的，婚後不久，正強寫了一封短信給正明，要他放暑假去玩，信上根本沒有提到要帶他太太回來拜見公婆之意，氣得陸太太日夜指着正強的照片罵道，「這個畜生，這樣目中無人，眞是三代不離舅家門呵！」原來陸太太的胞弟也是一個叛徒，爲了要娶一個舞女，當年把他的父親活活氣死。陸志聰雖然沒有被正強氣死，卻也整整氣了一個月，把頭髮都氣白了不少，從此以後不許任何人提起正強的名字。

因爲大兒子的不中用，三兒子的牛脾氣，陸志聰在晚年就特別對他的五兒子正明重視起來，何況正明看上去是一個可造之才。他除了稍爲矮胖一點以外，長得很像他父親，寬亮的額，一注而下的鼻子，炯炯有光的雙眼，方圓的臉，柔滑的顴骨，很夠得上英俊，唯有他那兩條時常綰着的濃黑的雙眉，有時會給人一個「小老頭」的印象，不知道他的人看了他，以爲他是一個負荷沉重終日爲錢發愁的長子，知道他的人則對他「少年老成」的氣息表示訝異，其實他的不快樂完全是因了他是一個特別敏感的孩子，自童年起就比他的哥哥們更感到家庭的寂寞。他父親那副寒冷的，不易近身的眼光，他母親那張尖刻的，毫無笑容的臉，常令他一個人躲到園子裏發悶，長大後，因爲沒有他三哥那股敢作敢爲的勁，只好鬱鬱不歡地做一個聽話的兒子。

他看不起一味依賴着他父親的大哥，他可憐他的大嫂，卻又怕她知道他在可憐她，所以不敢多和她說話，他討厭他的四姐正芳。她長得和陸太太一模一樣，瘦小精括，兩集小老鼠似的眼睛在人家看她時微微垂闔着，一等人家轉了眼，就立卽骨溜溜的看人，講話時，總是睜大了眼，豎了眉，假裝出不懂事的模樣，她不喜歡笑，因爲她有點暴牙，但是她不笑時，卻又像在發怒似的嘟着嘴，令人看了有氣。她的胸部平坦得猶如削平的小山，不論穿中西裝都不好看，所以她總是把衣服穿得鬆鬆的，外披一件毛衣，在學校時總是抱一大叠書在胸前，沒有書可抱時，就把手臂交叉地抱在胸前，一個小手指含在嘴裏，裝出很嬌憨的樣子。她在家最得母親的寵，因爲她會搬弄是非，造謠生事，正明最恨她這一點，所以從來不願和她搭嘴。他也不喜歡他的小妹正芬，她雖然比他只小兩歲，卻是一個渾然不懂事的丫頭，看電影時不是哭得蟋然有聲，就是笑得嘰哩咕嚕地使他受窘。只有他的二姐正雲，是他愛的，也許是因爲正雲的關係，他才沒有像他三哥一樣，毅然離開了家。

正雲比他大四歲，她不但了解她的弟弟，而且他們有很多共同的愛好，他喜歡收集郵票，她幫他找；她喜歡到紐約的大博物館去看中國碧玉、古畫，一遍又一遍，他陪她去；他喜歡照相，她伴他到風景好的地方去攝取鏡頭；她喜歡披着彩色的頭巾在細雨濛濛的街頭散步，他翻起衣領，跟着她走；他喜歡溜冰，她替他買了一雙烏亮的溜冰鞋；她喜歡在朦朧的月夜在湖上划船，他陪她到深夜……小小的愛好，小小的喜悅，把他們親蜜地連在一起。但自從他二姐結婚以後，更自從她……

三

陸志聰的二女兒正雲長得十分縹緻，據說她很像她的小姑，陸志聰的幼妹。正雲修長端麗，小腰細骨，兩條腿玲瓏均勻，走起路來兩肩稍往後張，托出她圓渾的乳房，雖然她略略承襲了她父親眉宇間的寒氣，但是她流轉欲語如水晶般的眼睛總是帶着一種特別柔美溫良的光芒。

在上海時很多男孩都來到她的跟前。陸家遷到美國的那個春天，正雲和正芳就立卽被送入惠斯利(Wellesley)女校去插班，她們臨走時陸太太叮囑她們不許在外面亂交際，週末必須回家等等，所以進了學校以後，正雲接近男性的機會就比從前少得多了。

有一個週末，陸老夫婦被朋友請到芝加哥去吃滿月酒，臨走前陸太太打了一個長途電話給正雲，囑咐她們那個週末不用回家了，正雲握着話機，正樂得不知怎麼樣才好，不想她母親接着說：

「阿雲，聽着，妳可不許跟野男人去瘋，在宿舍裏呆着，幫阿五打雙毛線襪，下禮拜回來時帶來，如果阿芳要和她女朋友們一齊去看影戲，由她去好了，她比妳安份，聽見沒有？記住下禮拜把襪子帶來呵；阿明的脚寸是六寸半過一點點……」

事有湊巧，那個週末，麻省理工學院三年級開春季舞會，男孩子們開了車到惠斯利去找舞伴，正雲的同室裘麗死命地要她去，她半喜半懼地把她小姑送給她的一件銀灰色雲綢的長旗袍穿上，外披一件對襟灰兎毛鑲邊的紅緞短襖，套上銀色高跟鞋，一咬牙就跟着裘麗到劍橋去了。她就在那兒遇見了廸克，一個灰眼睛，黑蜷髮，高大岸偉的美國孩子，當他在人叢中發現正雲後，就把她包攬了，到深夜兩點鐘才把她送回宿舍。

正雲回到房間後就怔怔地坐在床沿上，擁着她的短襖。從灰兎毛中，一陣陣傳來廸克身上的氣息，粗獷的，夾着酒味的氣息。她偷偷瞟了一眼熟睡的裘麗，就把短襖移近她的臉，冰涼的緞面貼着她滾燙的頰，灰兎毛微微戲拂她的鼻稍。慢慢的，灰兎毛變成一雙灰色的眼睛，含情的，大膽的眼睛，逼視着她，逼視着她，她薰醉似地閉上了眼，像一個做着甜夢的孩子，不肯把眼睛再睜開來。

第二個星期她和正芳回家，立即就把一雙毛線襪子交給她母親，陸太太向它們瞟了一眼就交給正明了。她畢竟年紀大了，看不出鬆緊不齊的編織，一直到很久以後，正明才知道那雙襪子是由十二雙手織成的。

但是那個甜蜜的夢，卻只由正雲和廸克倆人偷偷地編織，不容第三人知道。每星期三晚上，正雲，經過了她父母的許可，到波斯頓一個高年的女鋼琴家的夜間學校去學琴，上完了課，廸克來接她，把她帶到横臥在波斯頓和劍橋之間的查理士河畔。河畔有一排楡樹，樹下有一排靠背的長椅，椅子上有一雙雙情侶，情侶的眼睛在黑暗中閃光，比對河波斯頓的霓虹燈還令人眩目。

他們有時坐在椅上，有時坐在廸克的車內，車子停在黑黝黝的樹下，廸克把座位往後一挪，他們就半臥在椅墊上，這樣車窗外面走過的行人就看不見他們。廸克把她圍在臂彎裏，吻她。她有時在課堂上想到他的吻，就會倏然微顫起來的。她在未遇廸克前的廿三年裏，從不會體驗過廸克吻她時候的快感！他總是先用雙手捧起她的臉，兩片唇就輕輕的覆在她的唇上，輕輕的，輕輕的，像兩片花瓣似地拂弄着她，他的鼻息吹在她臉上，像一股微熱的，挑戰的小風，她閉着眼，體驗到一種像是螞蟻在她身上爬行似的舒暢的奇癢，慚慚地，不由自主地，她的肌肉緊縮了，她的十隻尖尖的、發熱的手指伸出去緊扣住他的臂膀，把它們朝自己拉。廸克就會迅速地把她攫住，左臂圍着她的頸子，右手插入她的頭髮裏，狂熱地，近乎殘酷地吻着她，他的舌尖裹着她的，把一股熱流送入她的喉，流入她的心，一直流到她的脚尖，然後上升，上升，從腿部升到她的臉，熱得她不能呼吸，不能睜眼，不能推開廸克，只能細微地呻吟着。

他們有時坐着小遊船，在查理士河上盪着，廸克有一搭沒一搭地搖着槳，正雲靠着他的雙膝坐在船板上，一頭濃髮，像一片黑色的雲，散在他的腿上，廸克一邊撫弄着它們，一邊孩氣似地說他喜歡中國女孩頭髮，以及她們細嫩的皮膚，說他喜歡她纖細而自然的身材，更喜歡她欲語還休的羞態，他說他要和她結婚。

一聽到結婚，正雲就猛然把身子坐正了，河上的燈影，河上的微風，河上的夢都散了，剩下她和一個灰眼睛不會說中國話的異國人。結婚？她從不會想過和異國人結婚。

「怎麽啦？親愛的，　妳好像很怕聽結婚這兩個字似的。」廸克有一晚說。

「我們玩得好好的，爲什麽要想得那麽遠呢？」正雲答道，順手拉了一綹髮梢在手指上繞着，垂着眼，廸克也看不見她臉上的表情。

「你們中國人眞不講實際，我們不能老是玩下去呀，是不是？明年我們都畢業了，我找到了事，組織一個家是沒有困難的。」

「但是廸克，我家裏……」

「我曉得。我家裏也不贊成，但是他們怎麽能管我呢？我母親說和一個東方人結婚我將來會後悔的，妳猜我怎麽回答她？」

「我不知道，廸克。」

「我對她說：『我希望妳以後不會後悔妳今天所說的話。』親愛的，如果妳母親勸妳不要和我結婚，妳也可以同樣地回答她。」

「我母親？她才不會勸我呢！」

「那更好了，她一定……」

「你不懂，廸克，我…她根本不知道我和你在一起的事。」

「她不知道？那怎麽可能呢？我們在一起快兩個月了！」廸克睜大了他的灰眼睛問道，正雲不答，他放下槳，把正雲垂着的頭托起來，河裏的水流入了她的眼睛，眼裏的水照着星星，一閃一閃的，廸克看了又愛又憐，就去吻她眼裏的星粒。

「怎麽啦？親愛的，妳是不是覺得我配不上妳？不是，那妳爲什麽不讓妳家裏知道呢？」

「……」

「這個週末我到妳家裏去拜訪妳父母，我向他們提出來，好不好？」

「……」

「親愛的？」

「……」

「親愛的！」

「廸克，讓我這個週末先回去和他們講一講，我的父母和你的不同，你慢慢會知道的，廸克，請不要誤會我，下星期我帶你去見他們，一定的。」

但是她沒有帶他去，她沒有勇氣向她父母開口，她一直推托着，拖延着，一直到有一天，當醫生證明了她已經有孕時，她才知道她必需爲了三個人的命運向她的家庭掙扎了。那個週末，她照例和正芳一起回家，那個晚上，她照例在臨睡前給她母親篦頭。

「姆媽，」她說。

「……」

「姆媽。」

「有話說就是了，　我又沒有聾，　叫魂似的做什麽！」

「姆媽，我想結婚了。」

刷的一聲，她母親轉過身子來，眼睛像兩道火箭似的射到她的臉上：「在上海時，吵着要進大學堂也是妳，這一下還沒有讀完書又想着要嫁人，妳倒是有個完的沒有？快給我把頭篦好，我懶得聽妳的。」

「姆媽，不是我胡思亂想，我的確想結婚了，結了婚還是一樣可以唸書的。」

「虧妳說得出，結婚結婚的，也不怕丟人。」陸太太冷笑道，「好像我有一個現成男人給妳預備好了似的，妳猴急什麼？我們做閨女的時候才不像妳這樣呢！」

「姆媽，我心裏早已有了人，我們已同意結婚，只等妳和阿爸的許可了。」

「阿雲！」陸太太唬的一聲站了起來，厲聲道，「我幾次三番地警告過妳們不許在外面亂軋朋友，妳現在居然連那一個男人都挑好了！妳這不是明明不把我放在眼裏！我現在就警告妳，妳如果不給我把這些野男人都斷了，休想我放妳出去！妳以爲現在是文明世界，這裏是美國，我就由妳們亂來了是不是？妳記住，妳一天是陸家的人，就要一天依陸家的規矩。」

正雲那晚穿着一套紅白大方格的絨睡衣褲，一低頭，她的眼淚就滴在絨衣上，絨布一時不受水，淚珠就一直滑到她的白緞繡花的拖鞋面上，把兩條繡着的鳳凰滴得深一塊淡一塊的，鳳凰飛不掉，只好眼睜睜地受淚珠的打擊，正雲看着那鳳凰，就像看見自己一樣，不覺心裏微抖一下，就衝口道：

「姆媽，妳說得太晚了，我現在已經不能算是陸家的人了，我肚子裏已經有了廸克的孩子，我只好和他結婚。」

她母親全身震了一下，連忙去扶着桌子，用力過猛，把小指頭的長指甲折斷了一大節，半晌說不出話來，只是從鼻孔裏冒氣，呼嚕呼嚕的。正雲怕她氣得太狠又要犯抽筋的老毛病，忙搶上一步，想去拍她的背，不想她母親抓起那把大梳，向她扔來，正雲把臉一偏，梳子拍的一聲戳在右頰上，她不禁倒退一步，一手扶着牆，一手蒙着臉，右頰熱辣辣地痛起來，心裏又羞又氣，那眼淚就如滾地灑到身上。

陸太太一步移一步抖着向她挪過來，一手反過去握住自己的頭髮，一手指到正雲的臉上來：「好，好，妳竟敢做出這種事來丟陸家的臉，妳存心要給我們好看，妳居然還有臉來告訴我；妳這個賤丫頭，」一面說，一面磨着她的兩排假牙，磨得正雲汗毛淋淋，「好，好，妳給我滾出去，不要在我面前現眼，我一定告訴妳阿爸，把妳趕出去，我們陸家不要這種不要臉的女兒！」

第二天，陸家夫婦把正芳叫進陸太太的房裏去細細盤問。

「我怎麼知道呢，阿爸，」她半垂着眼道：「二姐常常不在學校的，我問問她到那裏去，她總是說妳想到姆媽面前去報功是不是？我偏不告訴妳，所以她的行踪我一點也不知道，」正芳在學校裏時，遠不如正雲出風頭及逗人喜歡，所以她一向恨透了她，現在就借機會儘量把正雲說得不堪一點。

「妳見過那個人沒有？那個毛子？」

「毛子？」正芳睜着眼睛很吃驚的樣子，「我曉得有幾個中國男學生常從波斯頓跑來找她，在會客室裏一坐就是幾個鐘頭，但是我從來沒有注意到有毛子來找她……哦！對了，怪不得……」她故意不說下去。

「阿四，這件事有關家門名譽，妳不必在這裏賣關子，知道什麼就說什麼。」她父親不耐地說。

「有一天，二姐的同室裘麗拉着我問了許多關于我們家及二姐的事，她說很多人呢？很多人都喜歡二姐，我問她是誰，她說她是受人之托來打聽的，她說可惜這些人都遲了一步，我問她什麼遲了一步，她只是不肯說，我想她一定知道二姐和那個毛子的事。」

「好了，妳出去好了，不必對阿剛他們說什麼，聽見沒有？」

「聽見了，阿爸。」說着溜了她母親一眼，就出去了。

星期天晚上，陸志聰在飯桌上宣布正雲有病，從今以後不上學了，大家看看正雲的空座，也沒有問什麼。飯後，陸志聰把正明叫到他的書房裏，細細地囑咐了正明一番話，要他去和那個毛子交涉正雲婚姻的事。他要正明去交涉的原因有二、一，他自己既不屑去和廸克交涉，又不會說英文，當然不肯出面，正剛的英文講得結結巴巴的，派頭也不夠，故不要他去，二、正明有氣派，英文好，而且他和正雲最接近，一切都好辦。當時正明聽完了他父親的囑咐，着實嚇了一跳。

「阿爸，也許妳誤會二姐了，她還沒有唸好書，怎麼會要結婚？」

「我相信妳二姐不會誤會她自己的，她前天晚上親口告訴妳母親的。」他父親冷峻地說，連口不斷地吸着煙，陸志聰向來的習慣是心愈煩，咽愈抽得猛。他的大手捫着嘴，那支煙穿過指縫插在嘴裏，一連吸了幾口以後，手和煙才離嘴，然後閉着唇，吁了一口氣，煙就慢悠悠地從鼻孔裏飄出來。飄完了，啜一口濃茶，講話時，他嘴裏的煙茶相混的怪味就一直吹到正明的臉上，難聞得令他縐眉。

「阿五，跟你說過多少次不要縐眉，怎麼還是改不掉？你有什麼了不起的心事這樣愁眉不展的，嗯？」

陸志聰弄了大半生的錢，一直沒有享受過所謂家庭子女的天倫之樂，到了晚年，尤其是搬到美國以後，閒下來了，在家的時候居多，就需要子女們親近他，無奈正剛軟弱無能，他見了只有歎氣，正强性烈氣高，他想了只有搖頭，唯有正明，常常無形中給他一點安慰，他長得像他，而且行爲舉止很有氣度，像是一個有出息的人，所以私底下很巴望正明能對他親近一點，可惜正明見了他不是冷冷的，就是縐着眉，令他很傷心，也很惱怒。

「你到底有什麼心事不妨說給你阿爸聽聽。」他較爲和緩一點地加了一句。

「沒什麼，阿爸，」正明冷冷地說。

「跟你說的話記住了沒有？」志聰不由得又氣起來，「每一個條件都要記清楚，阿雲在樓上她自己的房裏，你可以向她要那個毛子的地址，順便告訴她不要無禮地賴在床上，傳出去讓人笑話。」

正明嗯了一聲就走出書房，穿過飯廳，急不待緩地跑上樓梯，向他二姐的房裏走去。他那時候的心情十分複雜，他覺得他二姐欺騙了他，至少沒有把他當知心，因爲他事先對正雲戀愛的事一無所知。他進正雲房間時，有點氣冲冲的。

正雲躺在床上，房間暗暗的，沒開電燈，正明來熟了的，就無聲地摸到床前那把罩着蘋果綠椅套的搖椅上坐下。

「二姐，妳好些了沒有？」

一聽是正明的聽音，正雲翻身起來，燃亮了床頭綠色三脚茶几上的小燈。她穿着一件黑色鑲着深紅細紗荷葉領及荷葉袖的睡衣，燈一亮，照着衣服上的淚漬閃爍爍地，她的黑髮垂下來，蓋着右頰，沒有唇膏的臉是青灰色的，見了正明，想要笑一下，眼淚却不由分說撲索索地落了一衣襟。

「二姐，不要難過，這是喜事。」他嘴上說是喜事，心裏不免有點氣。

「你都知道了，阿明？」

「阿爸大略地說了一下，他要我來拿他的地址。」

「廸克的？」她手把頭髮推開，急急地問，「阿爸預備把廸克怎麼？」

「怎麼回事？二姐？」正明欠着身，移近來看正雲的右頰，那上面腫了一塊。

「沒有什麼，」正雲把頭避開，「我昨天摔了一交，阿明，阿爸倒底要把廸克怎麼樣？他要他地址做什麼？沒有證據他怎麼能告他！」

「阿爸不是要告他，他要他馬上和妳結婚。」

「眞的？」正雲不可置信地叫道，她的上半身幾乎撲到正明的椅子上來了。

「唔，不過是有條件的，二姐。」

「什麼條件廸克都會答應的，我知道他，我知道廸克會答應的，」她狂喜地說，「只要我和他結婚，他什麼都可以犧牲的。」正雲一把抓起正明的手，忘形地搖撼着，「我高興死了，阿五，我高興死了，我明天就去找廸克。」

「阿爸說從今以後妳不必上學了，也不許再見他，什麼事都由我去接洽，妳看，二姐，我下星期就要考試，阿爸就不管。」

「我也要考了，爲什麼不許我上學？我明年就畢業了，結婚和畢業又不衝突，爲什麼阿爸不許我上學？」

「他說妳現在出去不大好，不大方便，我也不懂他的意思，他做事從來不顧到我們的，妳知道他的脾氣。」

正雲紅着臉，低頭去玩袖口的荷葉邊，沒做聲。

「還有一個條件是結婚後你們仍舊住在家裏，阿爸說等那個……等廸克畢業後找到了事你們再搬出去不遲，我想這一點廸克一定不肯答應的，他們美國人結了婚從來不肯和老一輩的人住在一起，更何況和我們這樣一個大家庭混在一起，我看阿爸是故意爲難他的。」

正雲低着頭沒有回答。

「二姐，妳爲什麼不再等一下，等他畢業後再結婚多好，他怎麼過得慣我們的生活？妳想想看，這樣對妳也不利。二姐，妳爲什麼不多考慮一下呢？和外國人結婚不是……」

「阿明，你什麼時候去找廸克？」正雲打斷他道。

「下星期六，怎麼？」

「我想寫一封信請你帶去，我把他的地址寫在信封上，他住在劍橋的哈佛大道上，很容易找的，阿明，不是我急于想結婚，我有很多苦衷，現在告訴了你也沒有用，你以後會知道的，最主要的是阿爸答應我們結婚，這是我做夢也沒有想到的事，我絕對不肯放棄機會，我們暫時可以犧牲一點的，反正廸克明年就畢業了，也委屈不了多時，阿明，你明年是不是決定要進普大了？」

「是的，怎麼？」

「你聽我說，」正雲拿看正明的手鍾愛地揉着道，「明年暑假我們就有一個小家庭，你進了普大，週末可以回到我的家裏來住，我要爲你預備一個小房間，弄得舒舒齊齊的，我們可以找廸克的同學來陪你打橋牌；呵，阿明，等我有了小家庭，你就不必回到這個家來了，我知道你沒有我，你會不開心的，阿明，廸克和我會歡迎你到我們家裏來的，」她的瞳子亮了，眼角彎彎地笑起來，下巴輕擦着紗領，整個人都沉在美麗的夢裏。他看她那份高興，也咧着嘴笑笑，對正雲守秘密的事也寬恕了。

曾幾何時，曾幾何時，這些話都會變成夢囈呢！

（待續）

（上接第24頁）

許多年來大家都在焦急地等待偉大詩人的出現。（沒有詩人的國家等於不會說話的人。）偉大詩人什麼時候出現不是我們所能夠預言的，但是偉大詩人出現的條件却是可以分析的。文學轉變時期也是感性高度自覺時期，藝術磨鍊、形式鍛造時期。也許當批評家的「意」(ideas)和詩人的「見」(vision)多方接觸之下，漸漸地調和起來時，詩才具備了一些有利的條件。

上文學了一些英美文學史上的人名和書名。這並不是因爲我覺得英美的月亮也比較大。而是希望從人類經驗歸納一些共同的現象，抽取一些共同的原則。在比較分析中，給舊的事物加上新的光輝。二十世紀是屬於「未來」的——物質生活改善了，使人可以活得更豐富，對未來更有信心。但是，二十世紀也是屬于「過去」的——物質生活改善了，使人有餘暇更深入地沉思過去的成就的意義。那鄉義在過去是一種暗示，在未來是一種可能。有人懷着一副好心腸勸告大家：不要在歷史的紀念碑前沉睡。但是，請注意：歷史不是一塊死硬的紀念碑，正如未來並非是突然出現的奇蹟。在本土的、外來的、新的、舊的種種達到溶化調和的階段，我們的傳統將重新獲得它蓬勃的生命力，我們的文藝也具備了「偉大」的條件——「周雖舊邦，其命維新」。

讀者投書

(一) 青年救國團害國害青年

路狄

近讀貴刊十八卷十一期社論㈠「再論青年反共救國團撤銷問題」，把絕大多數教授和一般青年所要講的，都講出來，讀之非常痛快。教授和青年爲甚麼不講呢？因爲講了以後，要遇到種種麻煩——此時想到「免於恐懼的自由」是多麼寶貴！

大學生除受七年（三年高中四年大學）在校軍訓，和畢業後一年半的重複軍訓外，還要在畢業後服務期間隨時接受「召集令」到部隊裏見習。事實上，部隊裏「官」力過剩，並無此需要，「召集」徒然浪費青年的時間和精力。青年因無所事事，又不能好好讀書，故時間和精力浪費。做一個自由中國的青年，太痛苦了！犧牲太多了！但這些痛苦和犧牲絕無代價，因爲對國家並無好處，只有害處。

害處在那裏？浪費國帑和使青年對政府不滿、對政治失去信心，是最重要的兩項，茲分別論述如下。

救國團大膽的說「目前總團部的經費每月十七萬五千元，……該項補助增爲二百八十萬」，完全是欺人之談。總團部分了多少組？用多少職員和工友？有多少車輛？僅憑這兩項就知道每月十七萬五千元絕對不够。

今春舉行的六個所謂學術性的青年年會用了多少錢，始終未見報告。爲何不報告，無非是怕人知道，怕人攻擊。尤其不應該的，是那筆錢的來源也不敢宣布。

「預計七千餘人參加」的「本年暑期戰鬥訓練」，最近由該團「副主任吳兆棠代表蔣經國主任」在記者招待會上正式宣布了（見本年六月三日臺灣各報）。「舉行項目」共分五大類，爲期二週至四週不一，姑且平均爲三週，還要「聘請學者專家及有關單位人員」「策劃及指導」，還要「邀請十六國青年來華訪問」，而各項「費用均由本團供給，並酌予補助醫藥及交通費用」。十六國青年的國籍和人數未宣布，費用未便估計。國內青年平均一人以三百元計，共爲二百一十萬，以五百元計共爲三百五十萬。補助費二百八十萬够嗎？但這還只是該團的「活動」之一。該團成立以來，共計浪費了多少國帑，是無法知道的，也是無法想像的。這筆錢如果眞正用於「學術研究」，定能收到很大的效果；如果用於提高「學術教育工作者」的待遇，也可使他們生活安定，不滿情緒減輕；如果用於修建國校教室，也可部分解除目前的教室荒。

現在再談上述第二個害處。軍訓內容的雜亂重複和簡陋，使受訓的青年疲勞苦惱和厭惡，這是大家共知的事實，無庸詳述。最令人難以忍受的，是絕大多數教官學識水準太差，見了大學生本有自卑感，但又不能不藉口「服從第一」，强迫青年盲目服從這，服從那，以表現「教官」們的無上權威。青年們爲了減少麻煩和「好漢不吃眼前虧」，只好忍受，只好度日如年的忍受。

另一令人難以忍受的是內容空虛、錯誤百出、笑話連篇的政治課程，任教的大都是政工人員，他們學術水準本差，原無資格講這一類有關「思想」「學理」的課程，但偏要「班門弄斧」，大唱其「八股論調」。青年們當然聽不進，只好在課堂上看其他的書作消極的抵抗，以消磨寶貴的光陰。這是「犯規」的。但犯規的人這樣多，教官們只好開一眼閉一眼「視而不見」。但青年們拒聽「八股」，對教官們也有一種好處，這便是錯誤被聽到的機會大爲減少。政治課程假使由受訓青年推選「同學」代替「教官」講授，成績一定會好些。但這怎樣能做得到！

不能引起興趣反而引起反感的，不祇是內容簡陋的軍事課程和錯誤百出的政治課程，還有那些長官的「訓話」。有位長官（某主任）開口閉口是「大陸淪亡的原因是，由於失意政客無聊文人和教授之流……」。事實上，大陸淪亡，這位長官倒有很大的責任。

這種有害無益的軍訓包括思想訓練，是一種大規模的長時期的疲勞轟炸，並不能收到預期的效果，只有使青年「內心深處」對政治根本喪失了興趣和信心。

青年絕不反對軍訓，而是喜歡軍訓，其先決條件是軍訓內容不重複、簡陋，在必需的時間內授完；現代化軍訓教官須有現代智識和良好修養，（國軍裏也有這樣的良好軍官，但爲數甚少）政治課程確能「增進新知」，而非「注入」「八股」（事實上只要是「八股」一定注不進去的）。此外還有更重要的一點，是不要强迫，至少半强迫入黨。

一講到「黑」機構，動用「黑」預算的青年救國團，連立法委員和監察委員，都是「王顧左右而言他」，不敢面對「現實」，不敢顧問「現實」，足見救國團的基礎是怎樣的堅固，救國團的「實」力是怎樣的雄厚。我敢斷言，青年救國團必將繼續存在，照常「發展」，絕不會被撤銷。

最後，我要爲受訓的青年一哭！我要爲中國的前途一哭！

讀者路狄上　四十七年六月四日

路狄先生：

附示敬悉。一切均遵囑辦理，請勿念。

編輯部敬啓

讀者投書

（二）為甚麽要教員强銷書刊？

陳偉士

敬愛的「自由中國」編輯先生：

有件事，使我白天昏頭脹腦，使我夜裏未能成眠，使我一直想哭！會經幾次提起筆，想把眼淚化成文字，但恐怕「萬一」飯碗被敲破，而又慢慢的放了下來，只好默然讓悲憤的空氣沉在肚裏。到而今，忍不可忍，我的肚皮卽將爆裂，才向「自由中國」哭訴，希望我們的哭聲遠播，換取同情，想編輯先生當不會拒絕吧！

筆者是臺南縣某國校教員，自量深愛國家，時時渴念她能早日步向康莊。但今天筆者親歷一件令人傷心的事。

言歸正傳，待我一一道來：四十七年一月十六日下午五時（上學期），距寒假只兩個星期，卽兩個星期後學期就告結束，學年主任分給我十冊「國民學校說話範本」，要我推銷給兒童，薄薄數張紙，每冊兩塊錢。但這是「上學期」用的，那時學期將過，兒童一個也不買，當「老師」的，也沒有理由强迫兒童買。同時，在一學期裏頭，兒童繳數次錢，如「紅十字」會費、「防癆紀念票」費、「統一勞軍」費、「小學生」雜誌費……等，全省國校同仁大概都嚐過「收錢」的苦味！少數家庭富裕的孩子沒關係，多數貧窮的孩子可成問題了，因此，窮教員有時得淘自己腰包。（筆者曾因收「小學生」雜誌費，每人六角，收不到八成而補了近廿元，一天沒有飯吃。）所以我們當時就請求校長「把說話範本」退還，因為我們並沒有訂購，況且它又是「過時貨」！……但，校長也有他的苦衷，他說：「我們沒有訂購，上次校長會議，我們也拒絕過，可是偏又發下來，按學生數『公平分配』，本校各學年共分到陸佰零陸冊，這一次校長會議，我們再問縣政府是否可退回，可是主辦人說不行，說是『上峯』發下的，沒有辦法」。他請我們儘力「推推看」，大家一聽之餘，愁眉苦臉，連連興嘆：「上峯？豈有此理？强迫手段？兩塊錢流了多少兒童家長的血汗？……」因近日「上峯」在催錢，所以五月一日校長把錢和餘貨送還縣府，然失望之至，據聞「統一發票」早已記上「陸佰零陸冊」，「不便更改」，錢是收去了，校長被迫再把餘貨抱回來，看他老人家的樣子，實在可憐！他再度吩咐我們說：「退不得，請各位老師，想法賣完。」事已弄到這步田地，有的叫同學抽籤決定，有的「積極」再推銷，有的老師自己買起來。悲哉！還給上峯，上峯不准；賣給兒童，兒童不要。在小學教員的心湖上，掩蓋着悲慘的雲霧，滿懷苦楚，何處訴說？不知其他縣市，是否亦有此現象發生？

該書編著者——張希文、趙繼長、席淡霞、劉樂清、高太源等先生。校訂者——何容、齊鐵恨二先生。出版及發行者——中心出版社。經銷處——國民出版社。誠然，他們為國民教育，費盡心機，編著這本書，值得欽佩！故薄薄幾張紙值不值兩塊錢，姑且不論，但我們不能不問：第一、書是什麽人發下來的？第二、為什麽兒童要放假了才發下來？且發下「過時貨」來？果眞為兒童的需要嗎？第三、沒有人訂購，更沒有人「搶購」，為什麽要「公平分配」？强迫教員推銷？教員是推銷員嗎？第四、為什麽賣不完又「不准」退？根據什麽邏輯？强要錢？悖逆天理，好令人髮指。這一連串的問號，實敎人莫名其妙!?

我們希望縣政府把已收了的錢，還給各學校，把所有的書收回，轉退「上峯」，「上峯」也要拿出「良心」來接受，留待明年再賣，則精神感動蒼天啊!!

我們國家處於多難之秋，全國上下「臥薪嚐膽」之時，本人實不忍看「自私」與「人情」的毒菌，活在人們腦中。為了國家的復興，我們希望類同此事，今後不再重見。最後，我們很願意聽到「有關先生」的指導!!

敬愛的編輯先生：這一冊「說話範本」，現在還在推銷中，為了百多萬天眞可愛的兒童；為了我們自由中國美麗的遠大前程，希望這一篇文字，能早日出現在貴刊的篇幅上！繼之，跳進千千萬萬善良的眼睛，也跳進自私人的心吧!!　敬祝

撰安！

讀者　陳偉士　四七、五、四。

（三）一部份臺灣大專教授的來函

編輯先生：

貴刊第十八卷第十一期社論㈢之「為學術教育工作者請命」一文，內容所舉各事，完全事實，而所提出的建議，我們非常贊同而感激，但其中有一段敍述：「比較有名望而又便于出口的，紛紛往海外跑，……僅僅就南洋大學一校而論，臺灣往敎者就有二十餘人之多」。這段事實，我們認有錯誤，因為現在在臺灣大專執教的先生們大都是有名望的學者，而往南洋大學去混飯的倒有些是不學無術，濫竽充數的人。這些人都是沒有學問，而又得不到學生們的重視，所以他們只有到海外去騙華僑。而所有的德高望重，宏彥碩儒，仍然在自由的祖國，為反共抗俄而奮鬭，孜孜不倦的誨導學生。我們相信，不管現在與將來，這些有高尚人格和名望的學者，一定會永遠留在自由祖國，與軍民共生死而奮鬭，絕不會拋棄祖國遠走。這是關係我們自由祖國教授們的氣節，希望貴刊能有所更正，則為幸甚。

臺灣大專學校一部分教授們同謹啓

六月六日。

自由中國　第十八卷　第十二期　內政部雜誌登記證內警臺誌字第三八二號　臺灣省雜誌事業協會會員　三九六

給讀者的報告

今日的臺灣，在政治上已被一種特殊的病症所籠罩，凡政治權力所及之處，此病症卽隨之而至。我們特在社論㈠「政治的神經衰弱症」一文中，除對此一病症，做了一些心理分析，明白指出是由於恐懼心理和患得患失心理所造成之外，並坦切表示，官方人士如眞想停止自我毁滅行爲，最根本的辦法是從自行醫治政治的神經衰弱症開始：第一勿與天下人爲敵，只與共黨爲敵；第二勿行極權的反共，實行民主的反共。

兩個多月以來，國民黨中央運用組織力量，以求達到摧毁新聞自由的企圖，已爲海內外以至全自由世界所共見與共憤。在出版法修正案接近通過的現階段，特發表社論㈡「國民黨當局還不懸崖勒馬？」我們基於一片眞正愛護國民黨的誠心和誠意，懇切忠告國民黨當局，卽令不爲中國的民主前途着想，而爲了自己的政治前途着想，也到了該懸崖勒馬的時候了！但願國民黨當局能接受我們的忠告，以免自我毁滅。另發表金承藝先生「看兩位先哲對於出版自由的意見」的大作，更願國民黨當局在先哲的言論中，能得到一些寶貴的啓示。

自胡適之先生在本社歡宴席上，公開主張知識分子組織新黨以來，已引起海內外的普遍重視。我們特發表社論㈢「積極展開新黨運動！」希望每一個流亡海內外的中國知識分子，從速拿出以天下國家爲己任的中國知識分子的傳統精神，共同爲組織新黨而努力奮鬪。本文於討論時，因胡先生事忙，未及參加本刊編輯委員會，故於付印之前，特送請胡先生過目。

日本所從事的東南亞開發基金工作，顯爲當前國際上的重大問題，値得重視。王沿津先生在其「日本東南亞經濟開發基金問題的檢討」的大文中，會指出各種不同方案與岸信介總理所倡方案之內容、各國之反應、及其前途之預測，並在最後提出若干意見，都很詳盡而有助於我們對此一重大問題之了解。王先生大作收到甚久，至本期始能刊出，敬致歉意，並希作者原諒編排上的實際困難。

一國司法，是否眞正獨立與公平，實爲民主法治的試金石。簡暢先生在「我所知道的司法」大文中，對我國司法制度，做了一番具體的檢討後，發現司法制度的本身，卽與憲法違背；對於違憲的法律和命令，應爲人民開闢救濟之途徑；至於司法警察機關，更不可專事致力於被告的自白，而應着重於其他具體證據之調查。其見解可謂一針見血，但願司法當局能速謀改進。

美國副總統尼克森訪問南美時所引起的激烈反美運動，本刊在上期已有社論發表，現以此一事件之意義重大，特再發表丁堅先生「尼克森在南美受辱的前因後果」的專論，及李鈞先生「尼克森不虛此行」的通訊各一篇，證明尼克森已覺悟到：美國過去的外交政策，有支持獨裁政府之嫌，而使南美等國對美發生惡感，今後美國決不可使人認爲有意支持獨裁者當權，而予人以愛好獨裁者的惡劣印象。相信美國必能迅速制定堅決反對獨裁政治的外交政策，以免在其他國家招致同樣後果，造成美國外交的全盤失敗，以影響今後的反共工作。

詩與批評究竟是否是對立的？李經先生在「感性的自覺」中，介紹一些英美文藝思想家對此問題的看法，結論是：詩和批評同是經驗的自覺，同包括「感」和「知」兩方面，非但不是對立的，而且是相成的。李經先生大作爲近來文壇論詩的力作之一。「也是秋天」是一個中篇小說，爲於梨華女士最近的精心創作，從本期起，將分數期刊載。

自由中國 半月刊　總第二〇七號　第十八卷第十二期

中華民國四十七年六月十六日出版

發行人　兼主編　『自由中國』編輯委員會

出版者　自由中國社

社址：臺北市和平東路二段十八巷一號

Free China Fortnightly, 1, Lane 18, Ho Ping East Road (Section 2), Taipei, Taiwan.

電話：二　八　五　七　〇

航空版　友聯書報發行公司（香港九龍新圍街九號）

總經銷　自由中國社發行部

經售者

美國	紐約友方圖書公司 Hansan Trading Company, 65, Bayar D Street., New York 13, N. Y. U. S. A.
	紐約光明雜誌社 Sun Publishing Co., 112 Mulberry St., New York 13, N. Y. U. S. A.
韓國	漢城裕昌德號
馬尼剌	新疆書店
印尼	泗水文光圖書公司
緬甸	仰光振成書報店
印度	阿拉哈巴中印文化出版社
北婆羅洲	西利亞坡青年書店
星加坡	友聯書報發行公司（小坡大馬路四六九號）
吉隆坡	友聯書報發行公司（馬華公會大厦三樓七室）
怡保	友聯書報發行公司（希尼華沙甘街十六號）
檳城	友聯書報發行公司（林連登律七十二號）
澳門	友聯圖書公司

印刷者　精華印書館股份有限公司

廠址：臺北市長沙街二段七一號

電話：二　三　四　二　九

本刊經中華郵政登記認為第一類新聞紙類　臺灣郵政管理局新聞紙類登記執照第五九七號　臺灣郵政劃撥儲金帳戶第八一三九號

（每份臺幣四元，美金三角）

自由中國

第十七集

第十八卷第一期至第十八卷第十二期

1958.01-1958.06

數位重製・印刷　秀威資訊科技股份有限公司
http://www.showwe.com.tw
114 台北市內湖區瑞光路 76 巷 65 號 1 樓
電話：+886-2-2796-3638
傳真：+886-2-2796-1377
劃　撥　帳　號　19563868　戶名：秀威資訊科技股份有限公司
讀者服務信箱：service@showwe.com.tw
網　路　訂　購　秀威網路書店：https://store.showwe.tw
網路訂購：order@showwe.com.tw

2013 年 9 月
全套精裝印製工本費：新台幣 50,000 元（不分售）

Printed in Taiwan

本期刊僅收精裝印製工本費，僅供學術研究參考使用